冯天瑜，1942年生，湖北红安人。武汉大学人文社会科学资深教授，教育部社会科学委员会历史学学部委员。从事中国文化史及湖北地方史志研究。

《冯天瑜文存》卷次

中华元典精神

中国文化生成史（上册）

中国文化生成史（下册）

江河万古流——中华文明巡礼

人文论衡

明清文化史散论

中国文化近代转型管窥

月华集

辛亥首义史（上册）

辛亥首义史（下册）

张之洞评传

《劝学篇》《劝学篇书后》注评

"封建"考论

解构专制——明末清初"新民本"思想研究

新语探源——中西日文化互动与近代汉字术语生成

"千岁丸"上海行——日本人1862年的中国观察

中国思想家论智力　上古神话纵横谈

晚清经世实学

中国学术流变（上册）

中国学术流变（下册）

冯氏所著，除文存二十卷外，另有《中华文化史》（与何晓明、周积明合撰）、《日本对外侵略的文化渊源》（与任放合撰）、《东亚同文书院中国调查之研究》（与聂运伟、刘柏林等合撰）、《国际视野下的大武汉图像》（与陈勇编著）等，又主编《中华文化辞典》，编"冯氏三藏"（《冯氏藏墨》《冯氏藏札》《冯氏藏币》）。

冯天瑜文存

中国学术流变

（上册）

长江出版传媒
湖北人民出版社

图书在版编目(CIP)数据

中国学术流变/冯天瑜编著. —武汉:湖北人民出版社,2021.3
ISBN 978-7-216-10092-2

Ⅰ.①中… Ⅱ.①冯… Ⅲ.①学术思想—思想史—研究—中国 Ⅳ.①B2

中国版本图书馆 CIP 数据核字(2020)第 203670 号

项目负责:姚德海　王建怀　左泽荣
常务编辑:左泽荣　尚晓梅
责任编辑:黄　沙　李月寒　王艳丹
封面设计:汪　汉　刘舒扬
责任校对:范承勇
责任印制:王铁兵

出版发行:湖北人民出版社	地址:武汉市雄楚大道 268 号
印刷:湖北新华印务有限公司	邮编:430070
开本:700 毫米×1000 毫米 1/16	印张:55.75
字数:905 千字	插页:11
版次:2021 年 3 月第 1 版	印次:2021 年 3 月第 1 次印刷
书号:ISBN 978-7-216-10092-2	定价:308.00 元(上、下册)

本社网址:http://www.hbpp.com.cn
本社旗舰店:http://hbrmcbs.tmall.com
读者服务部电话:027—87679656
投诉举报电话:027—87679757
(图书如出现印装质量问题,由本社负责调换)

本书最初稿由冯天瑜与彭池、邓建华合编，原名《中国学术流变——论著辑要》（40万字），湖北人民出版社1991年出版；应社会要求，增补至70万字，华东师范大学出版社2002年出版；再补本80万字，上海人民出版社2013年出版。今次本增加民国学术部分，篇幅90万字，由湖北人民出版社出版。

目录

序　言 / 1

中国学术综论 / 12

  章太炎　论教育的根本要从自国自心发出来（节录）/ 15
  谭其骧　中国文化的时代差异和地区差异 / 18
  程　颐　论秦至宋学术与政治 * / 32
  刘师培　论古今学风变迁与政俗之关系（节录）/ 33
  刘师培　南北学派不同论·总论 / 38
  冯友兰　中国古代哲学之政治社会的背景 / 39
  曾国藩　圣哲画像记（节录）/ 45
  康有为　学术源流（节录）/ 48
  梁启超　论中国学术思想变迁之大势（节录）/ 52
  梁启超　论时代思潮 * / 61
  罗振玉　古今学术之递变（节录）/ 62
  柳诒徵　中国文化史·绪论 / 66
  王国维　周末以后学术之流变 * / 73
  方以智　通雅·序（节录）/ 74
  韩　愈　原　道（节录）/ 75
  纪　昀　四库全书总目提要·道统录（节录）/ 76
  纪　昀　四库全书总目提要·经部总叙 / 77
  纪　昀　四库全书总目提要·子部总叙 / 77
  周予同　汤志钧　"经"、"经学"、经学史 / 78
  冯天瑜　"中华元典"界说 * / 87

叶　适　进卷·总述（节录）/ 88
叶　适　同安县学朱先生祠堂记 / 89
程　颐　上仁宗皇帝书（节录）/ 90
汪　循　儒志编·原序（节录）/ 90
阮　元　拟国史儒林传序（节录）/ 91
康有为　孔子改制考序（节录）/ 92
谭嗣同　仁　学（节录）/ 93
任继愈　儒家与儒教 / 94
严　复　论八股存亡之关系（节录）/ 104
汪家禧　儒与二氏出入论 / 106
梁启超　中国佛法兴衰沿革说略（节录）/ 107
太　虚　佛教对于中国文化之影响 / 113
杜光庭　道德真经广圣义序（节录）/ 120
李　渤　真　系（节录）/ 121
马端临　论道教 * / 121
唐君毅　孔子以后之中国学术文化精神 / 122
唐君毅　中国文化之过去与现在（节录）/ 129
方东美　中国哲学之精神及其发展·导论 / 130
［日］伊藤长胤　古今学变·序 / 140
［法］汪德迈　古代中国占卜术派生的理性思维（节录）/ 141
［英］李约瑟　中国对科学人道主义的贡献 / 142

论先秦学术 / 149

庄子·天下（节录）/ 151
王夫之　天下篇解（节录）/ 155
孟子·滕文公下（节录）/ 156
荀子·非十二子（节录）/ 156
韩非子·显学（节录）/ 157
吕氏春秋·不二（节录）/ 158
尸子·广泽（节录）/ 158

司马谈	论六家要指 / 159
梁启超	司马谈论六家要指书后 / 160
	汉书·艺文志·诸子略 / 162
章学诚	校雠通义·汉志诸子（节录）/ 164
章学诚	论诸子 * / 165
梁启超	汉书·艺文志·诸子略考释（节录）/ 166
刘　昼	九　流（节录）/ 167
欧阳修	崇文总目叙释（节录）/ 169
	淮南子·要略（节录）/ 171
梁启超	淮南子·要略书后 / 172
胡　适	诸子不出于王官论（节录）/ 173
柳诒徵	论近人讲诸子之学者之失 / 173
劳思光	南北传统与先秦哲学思想（节录）/ 190
傅斯年	战国子家叙论·论战国诸子之地方性 / 191
章学诚	文史通义·原道上（节录）/ 198
	史记·孔子世家（节录）/ 200
	史记·仲尼弟子列传（节录）/ 201
	史记·孟子荀卿列传（节录）/ 202
韩　愈	读　荀 / 203
朱　熹	论孔门弟子 * / 204
戴　震	孟子字义疏证·序 / 205
梁启超	孔门弟子及后学（节录）/ 206
章太炎	訄书·订孔（节录）/ 207
熊十力	原儒·原学统（节录）/ 209
傅斯年	战国子家叙论·论儒为诸子之前驱，亦为诸子之后殿（节录）/ 210
章太炎	訄书·儒墨（节录）/ 211
梁启超	墨者及墨学别派（节录）/ 212
韩　愈	读墨子 / 214
俞　樾	墨子间诂·序 / 214
钱　穆	论墨家 * / 215

　　　　　　　史记·老庄申韩列传（节录）/ 217
章太炎　訄书·儒道 / 219
成中英　儒道传统 * / 220
程　颐　论老子书 * / 225
叶　适　老　子（节录）/ 225
朱　熹　老氏·老子（节录）/ 226
章太炎　訄书·儒法 / 227
章太炎　訄书·儒侠（节录）/ 228
　　　　　　　汉书·艺文志·术数略（节录）/ 228
　　　　　　　史记·日者列传（节录）/ 229
　　　　　　　史记·龟策列传（节录）/ 230
庞　朴　孔孟之间的驿站（节录）/ 230
郭　沂　郭店竹简与中国哲学（论纲）（节录）/ 231
[美] 杜维明　楚简中的新知 / 233
陈燮君　上海博物馆藏战国楚竹书·序（节录）/ 234

论秦汉学术 / 237

　　　　　　　史记·秦始皇本纪（节录）/ 239
高　诱　吕氏春秋序（节录）/ 240
汪　中　述学补遗·吕氏春秋序（节录）/ 241
郑　樵　校雠略·秦不绝儒学论 / 242
　　　　　　　汉书·艺文志（节录）/ 242
　　　　　　　汉书·儒林传（节录）/ 245
　　　　　　　汉书·五行志（节录）/ 246
　　　　　　　后汉书·儒林列传（节录）/ 247
顾炎武　日知录·两汉风俗 / 249
　　　　　　　《史记》论汉初黄老之学 * / 250
　　　　　　　《汉书》论汉家霸王之道 * / 250
魏　源　论老子三（节录）/ 251
高　诱　淮南子叙目（节录）/ 251

刘师培　汉宋学术异同论·总序 / 252

顾颉刚　秦汉的方士与儒生·序 / 253

唐　晏　两汉三国学案·序（节录）/ 260

唐　晏　两汉三国学案·凡例（节录）/ 261

程　颢　程　颐　论汉儒（一）* / 261

程　颐　论汉儒（二）* / 261

程　颐　论书篇（节录）/ 262

皮锡瑞　经学历史（节录）/ 262

梁启超　论经学流变 * / 263

钱　穆　论秦汉经史之学 * / 265

周予同　经学史与经学之派别 / 267

章学诚　文史通义·言公上（节录）/ 271

魏　源　两汉经师今古文家法考叙 / 272

王国维　两汉古文学家多小学家说（节录）/ 274

荀　悦　申鉴·时事（节录）/ 274

顾炎武　日知录·汉人注经（节录）/ 275

章太炎　驳建立孔教议（节录）/ 276

吴廷翰　纬　书 / 278

[日] 安居香山　纬书思想研究的历史及其课题（节录）/ 279

朱　熹　易·纲领上（节录）/ 281

朱　熹　战国汉唐诸子（节录）/ 282

朱　熹　论汉唐学术 * / 283

　　　　汉书·董仲舒传（节录）/ 283

　　　　汉书·司马迁传（节录）/ 285

[美] 黄仁宇　司马迁和班固 / 286

　　　　汉书·扬雄传（节录）/ 288

叶　适　扬雄太玄（节录）/ 289

　　　　汉书·刘歆传（节录）/ 290

　　　　后汉书·马融列传（节录）/ 291

　　　　后汉书·郑玄列传（节录）/ 291

　　　　　后汉书·桓谭列传（节录）/ 292
　　　　　后汉书·王充列传（节录）/ 293
　　王　充　论衡·自纪（节录）/ 293
　　王　充　论衡·问孔（节录）/ 295
　　王　充　论衡·非韩（节录）/ 296
　　王　充　论衡·案书 / 297
　　　　　后汉书·王符列传（节录）/ 299
　　　　　后汉书·仲长统列传（节录）/ 300
　　　　　《后汉书》论原始道教之流变 * / 300
　　　　　《后汉书》论佛教传入中国之初 * / 302
　　　　　魏书·释老志（节录）/ 302
　　陶建国　汉朝佛教与老庄思想之关系（节录）/ 303
　　僧　祐　出三藏记集·安世高传（节录）/ 304
　　僧　祐　出三藏记集·支谶传（节录）/ 305

论魏晋南北朝学术 / 306

　　章太炎　五朝学（节录）/ 308
　　章太炎　学　变 / 311
　　　　　晋书·儒林列传（节录）/ 313
　　　　　北史·儒林列传上（节录）/ 314
　　　　　梁书·儒林列传（节录）/ 317
　　赵　翼　廿二史札记·北朝经学（节录）/ 318
　　赵　翼　廿二史札记·南朝经学（节录）/ 320
　　颜之推　颜氏家训·勉学（节录）/ 320
　　于慎行　颜氏家训后叙 / 323
　　程　颐　论汉晋儒者 * / 324
　　程　颐　论东汉东晋学术 * / 324
　　唐　晏　两汉三国学案·凡例（节录）/ 325
　　王国维　汉魏博士考·案语（节录）/ 325
　　苏　辙　晋唐学术 * / 327

钱　穆	论魏晋隋唐经史之学＊/ 327
刘义庆	世说新语·文学（节录）/ 328
鲁　迅	魏晋风度及文章与药及酒之关系（节录）/ 329
唐长孺	魏晋玄学之形成及其发展（节录）/ 330
顾炎武	日知录·正始（节录）/ 331
顾炎武	日知录·清议（节录）/ 332
钱大昕	十驾斋养新录·清谈 / 333
赵　翼	廿二史札记·六朝清谈之习（节录）/ 334
魏　源	老子本义序 / 335
欧阳修	传易图序（节录）/ 336
程　颢　程　颐	论王弼＊/ 337
朱　熹	王弼用老庄解《易》＊/ 337
	三国志·阮籍传（节录）/ 337
	晋书·嵇康传（节录）/ 338
	三国志·钟会传（节录）/ 339
	晋书·向秀传（节录）/ 340
	晋书·郭象传（节录）/ 340
	晋书·王衍传（节录）/ 340
	晋书·裴頠传（节录）/ 341
	晋书·戴逵传（节录）/ 342
	梁书·范缜传（节录）/ 342
	《隋书·经籍志》论佛经、佛教＊/ 343
	魏书·释老志（节录）/ 345
	周书·武帝纪（节录）/ 347
法　琳	对傅奕废佛僧事（节录）/ 348
法　琳	辨正论·九箴篇（节录）/ 348
慧　皎	译经下（节录）/ 349
慧　皎	义　解（节录）/ 350
僧　祐	弘明集后序（节录）/ 350
道　宣	广弘明集序（节录）/ 351

吉　藏　《般若》学之六家七宗 * / 352
道　宣　地论师的北道南道派 * / 353
神　清　论佛教南北之异 * / 354
安　澄　北方四宗 * / 354
孙　绰　喻道论（节录）/ 355
明僧绍　正二教论（节录）/ 355
谢灵运　与诸道人辨宗论（节录）/ 356
僧　祐　出三藏记集·鸠摩罗什传（节录）/ 356
僧　祐　出三藏记集·法显法师传（节录）/ 357
慧　皎　高僧传·支遁传（节录）/ 357
慧　皎　高僧传·道安传（节录）/ 358
慧　皎　高僧传·慧远传（节录）/ 359
慧　皎　高僧传·僧肇传（节录）/ 360
道　宣　续高僧传·慧思传（节录）/ 361
　　　　南齐书·周颙传（节录）/ 361
　　　　《隋书·经籍志》论道经、道教 * / 362
萧　衍　述三教诗（节录）/ 364
章太炎　黄巾道士缘起说 / 364
朱　熹　老氏·老庄列子（节录）/ 365
方维甸　校刊《抱朴子·内篇》序（节录）/ 366
道　宣　叙齐高祖废道法事 *（节录）/ 367
　　　　《魏书·释老志》论寇谦之改造天师道教 * / 367
刘　勰　灭惑论（节录）/ 368
道　安　二教论·儒道升降（节录）/ 369
道　安　二教论·道仙优劣（节录）/ 369
道　安　二教论·服法非老（节录）/ 370
［日］麦谷邦夫　南北朝隋唐初道教教义学管窥 / 370
［日］坂出祥伸　方术传的立传及其性质（节录）/ 371
　　　　《晋书·傅玄传》论魏好法术 * / 372
　　　　晋书·葛洪传（节录）/ 372

葛 洪	明 本（节录）/ 373
	南史·陶弘景传（节录）/ 373

论隋唐五代学术 / 375

	隋书·经籍志（节录）/ 377
	隋书·儒林列传（节录）/ 378
	旧唐书·儒学上（节录）/ 379
	旧唐书·经籍上（节录）/ 381
	旧唐书·高宗本纪（节录）/ 382
	旧唐书·则天皇后本纪（节录）/ 382
	旧唐书·玄宗本纪（节录）/ 382
马端临	论隋唐学术 * / 383
	《新唐书》论唐颁《五经正义》* / 383
刘知几	史通·自叙（节录）/ 384
朱 熹	战国汉唐诸子（节录）/ 385
陆九渊	论异端之说 * / 386
叶 适	士学上（节录）/ 387
成中英	中国佛学的传统 / 387
柳宗元	送僧浩初序 / 391
柳宗元	送巽上人赴中丞叔父召序（节录）/ 391
纪 昀	《法苑珠林》提要（节录）/ 392
	旧唐书·武宗本纪（节录）/ 392
梁 肃	止观统例议（节录）/ 393
法 藏	大乘起信论义记（节录）/ 394
法 藏	华严一乘教义分齐章（节录）/ 394
宗 密	华严原人论·序 / 396
宗 密	中华传心地禅门师资承袭图（节录）/ 397
净 觉	楞伽师资记（节录）/ 402
刘禹锡	唐故衡岳律大师湘潭唐兴寺俨公碑（节录）/ 403
道 宣	智𫖮传（节录）/ 403

智　颉	摩诃止观（节录）/ 404
道　宣	灌顶传（节录）/ 405
道　宣	道绰传（节录）/ 405
道　绰	安乐集（节录）/ 406
慧立彦悰	唐初佛教与玄奘求法 * / 406
玄　奘	谢高昌王表 * / 407
道　宣	玄奘传（节录）/ 408
李世民	三藏圣教序（节录）/ 409
续　法	二祖智俨和尚传（节录）/ 409
赞　宁	窥基传（节录）/ 410
慧　能	坛　经（节录）/ 410
崔致远	唐大荐福寺故寺主翻经大德法藏和尚传（节录）/ 411
赞　宁	法藏传（节录）/ 411
赞　宁	神会传（节录）/ 412
赞　宁	湛然传（节录）/ 413
叶　适	王　通（节录）/ 413
陈　亮	类次文中子引（节录）/ 414
宋　濂	诸子辩（节录）/ 415
	旧唐书·傅奕列传（节录）/ 416
	《新唐书》论啖助及大历时儒学 * / 416
	新唐书·韩愈列传（节录）/ 417
皮日休	请韩文公配飨太学书（节录）/ 418
熊赐履	翼统·韩昌黎先生（节录）/ 419
李　翱	复性书（节录）/ 420
欧阳修	读李翱文（节录）/ 421
方　苞	书韩退之学生代斋郎议后（节录）/ 421
冯友兰	韩愈李翱在中国哲学史中之地位 / 422
韩国磐	刘知几与《史通》* / 424
韩国磐	杜佑与《通典》* / 426
李　观	通儒道说 / 427

白居易　三教论衡（节录）/ 428

白居易　黜子书（节录）/ 428

白居易　黄老术 / 429

李世民　令道士在僧前诏 / 429

武则天　释教在道法上制（节录）/ 430

武则天　僧道并重敕 / 430

杜光庭　释疏题明道德义（节录）/ 431

杜光庭　道德真经元德纂序（节录）/ 431

　　　　旧唐书·方伎列传（节录）/ 432

　　　　旧唐书·隐逸列传（节录）/ 433

　　　　新唐书·方技列传（节录）/ 434

论宋元学术 / 435

全祖望　宋元儒学案序录 / 437

钱　穆　中国近三百年学术史·两宋学术 / 447

钱　穆　论宋代经史之学 * / 451

张舜徽　论宋代学术 * / 452

钱大昕　宋儒经学（节录）/ 452

崔　述　论宋儒 * / 453

[日]岛田虔次　宋学的特征 * / 454

　　　　宋史·道学列传（节录）/ 456

朱　熹　孔孟周程张子（节录）/ 457

陈　亮　伊洛正源书序 / 458

孙奇逢　理学宗传·序（节录）/ 458

戴　震　答彭进士允初书（节录）/ 459

戴　震　孟子私淑录（节录）/ 461

江　藩　国朝宋学渊源记（节录）/ 463

谢无量　佛学与理学 * / 466

陆陇其　学术辨（上）/ 467

毛奇龄　辨圣学非道学文（节录）/ 468

李清馥　闽中理学渊源考·序（节录）/ 470
戴　震　闽中师友渊源考·序（节录）/ 471
章学诚　朱　陆（节录）/ 472
陈　建　学蔀通辨提纲·论朱陆 * / 474
严　复　论宋明理学 * / 474
［美］黄仁宇　道学家（节录）/ 476
欧阳修　胡先生墓表（节录）/ 478
陆瑶林　李泰伯先生文集序（节录）/ 479
胡安国　伊川先生奏状（节录）/ 479
程　颢　康节先生墓志铭（节录）/ 480
张　崏　康节先生行状略（节录）/ 480
吕大临　横渠先生行状（节录）/ 481
曹　端　通书总论（节录）/ 481
王夫之　张子正蒙注序论 / 483
李清馥　闽中理学渊源考（节录）/ 485
叶　适　辩兵部郎官朱元晦状（节录）/ 487
傅文兆　陆九渊集·叙（节录）/ 487
汪廷珍　陆九渊集·序（节录）/ 488
董金裕　范仲淹与宋初学者 / 489
纪　昀　四库全书总目提要·法藏碎金录（节录）/ 492
黄宗羲　全祖望　宋元学案（节录）/ 492
钱谦益　苏门六君子文粹序 / 496
黄宗羲　全祖望　宋元学案（节录）/ 497
纪　昀　四库全书总目提要·浪语集（节录）/ 498
纪　昀　四库全书总目提要·止斋文集（节录）/ 498
冯从吾　元儒考略（节录）/ 499
黄宗羲　全祖望　宋元学案（节录）/ 500

论明代学术 / 503

黄宗羲　移史馆论不宜立理学传书 / 505

黄宗羲　明儒学案·序（节录）/ 507

仇兆鳌　明儒学案·序（节录）/ 508

莫　晋　明儒学案·序（节录）/ 509
　　　　明史·儒林列传（节录）/ 510

陈　建　学蔀通辨总序（节录）/ 511

林继平　明代理学之前驱（节录）/ 512

梁启超　论晚明学术流变 */ 513

萧萐父　许苏民　明清启蒙学术的分期 / 516

[日] 沟口雄三　论明末清初时期在思想史上演变的意义（节录）/ 520

钱谦益　重刻方正学文集序（节录）/ 522

李　颙　悔过自新说（节录）/ 523

李　颙　富平答问（节录）/ 523

顾炎武　朱子晚年定论（节录）/ 524

唐　甄　法　王（节录）/ 525

崔　述　论心学 */ 526

章太炎　王　学 / 526

[日] 岛田虔次　阳明学的展开·特别是左派（节录）/ 528

[日] 荒木见悟　阳明学评价的问题（节录）/ 529

黄宗羲　明儒学案（节录）/ 531

李　贽　论泰州学派 */ 549

容肇祖　李　贽（节录）/ 550

孙奇逢　题念庵集后 / 551

孙奇逢　题晦庵文钞 / 551

陈子龙　《明经世文编》序（节录）/ 552

[法] 谢和耐　17 世纪基督徒与中国人世界观的比较（节录）/ 552

阮　元　徐光启传（节录）/ 554

王重民　徐光启集·序言（节录）/ 555

方　豪　李我存研究作者序 / 556

上海古籍出版社　徐霞客游记·前言（节录）/ 556

宋应星　天工开物·序 / 557

论清代学术 / 559

- 王国维　沈乙庵先生七十寿序 / 561
- 梁启超　清代学术概论（节录）/ 563
- 梁启超　清代学术变迁与政治的影响（节录）/ 572
- 梁启超　五十年中国进化概论（节录）/ 585
- 　　　　清史稿·儒林（节录）/ 587
- 焦　循　辨　学 / 589
- 章太炎　清　儒（节录）/ 590
- 章太炎　说林下 / 594
- 章太炎　汉学论 / 597
- 汪喜孙　国朝汉学师承记·跋（节录）/ 599
- 曾国藩　书学案小识后（节录）/ 600
- 刘师培　近代汉学变迁论 / 601
- 汤志钧　近代经学与政治·序（节录）/ 603
- 胡　适　五十年来中国之文学（节录）/ 605
- [法] 程艾蓝　中国 19 世纪晚期的传统经文与维新精神 / 607
- 达　三　国朝宋学渊源记·序 / 610
- 章学诚　浙东学术 / 612
- 江　藩　黄宗羲传（节录）/ 613
- 谢国桢　方以智年谱·序（节录）/ 614
- 江　藩　顾炎武传（节录）/ 616
- 潘　耒　日知录·序 / 617
- 徐世昌等　亭林学案·叙 / 618
- 徐世昌等　船山学案·叙 / 619
- 徐世昌等　王先生夫之（节录）/ 619
- 文廷式　论王夫之 * / 620
- [法] 桀溺　崔述的立志岁月（节录）/ 620
- 王闻远　西蜀唐圃亭先生行略（节录）/ 621
- 章太炎　颜　学 / 622
- 文廷式　论颜元 * / 624

江　藩　惠松崖传（节录）/ 624

江　藩　戴震传（节录）/ 625

江　藩　钱大昕传（节录）/ 627

阮　元　十驾斋养新录·序（节录）/ 628

　　　　清史稿·方东树传 / 628

支伟成　龚自珍传（节录）/ 629

支伟成　魏源传 / 629

齐思和　魏源与晚清学风（节录）/ 631

冯天瑜　道光咸丰年间的经世实学（节录）/ 632

　　　　清史稿·冯桂芬传（节录）/ 633

钱　穆　曾涤生（节录）/ 633

张之洞　抱冰堂弟子记（节录）/ 634

梁启超　论"中体西用" * / 635

薛福成　治学术在专精说 / 635

章太炎　俞先生传 / 637

彭玉麟　《盛世危言》彭序 / 638

章太炎　孙诒让传 / 639

周予同　皮锡瑞传略（节录）/ 640

陈宝琛　清故资政大夫海军协都统严君墓志铭（节录）/ 642

蒋贞金　严几道诗文钞·序（节录）/ 642

周予同　康有为与章太炎 / 643

林志钧　饮冰室合集序（节录）/ 645

论民国学术 / 647

王国维　论近年之学术界 / 650

陈寅恪　吾国学术之现状及清华之职责 / 653

钱　穆　现代中国学术论衡·序（节录）/ 655

王治心　近年来中国学术研究的成绩 / 658

戴　逸　二十世纪中国学术概论（节录）/ 660

刘梦溪　中国现代学术经典·总序（节录）/ 662

顾颉刚　中国近来学术思想界的变迁观 / 665
章太炎　救学弊论 / 681
甘蛰仙　最近二十年来中国学术蠡测 / 687
蔡元培　五十年来中国之哲学（节录）/ 711
贺　麟　中国哲学的调整与发扬（节录）/ 717
冯友兰　哲学在当代中国 / 726
刘述先　从典范转移的角度看当代中国哲学思想的变局（节录）/ 730
显　教　中国佛学界最近思潮之观察 / 731
王国维　最近二三十年中中国新发见之学问 / 736
周予同　五十年来中国之新史学（节录）/ 740
杨向奎　"古史辨派"的方法论（节录）/ 749
张君劢　现代化的意义和中国现代化的尝试（节录）/ 753
徐复观　中国五四时代反传统以后的归趋（节录）/ 755
胡　适　陈独秀与文学革命（节录）/ 757
韦政通　反儒家运动的历史意义及其影响 / 760
[美] 本杰明·史华慈　论五四及其以后新一代知识分子的崛起 / 763
[美] 郭颖颐　现代科学对中国思想的教条影响（节录）/ 767
杨　深　陈序经文化论著辑要·前言（节录）/ 768
章太炎　自述学术次第（节录）/ 770
陈寅恪　王静安先生遗书序（节录）/ 774
陈寅恪　陈垣《元西域人华化考》序 / 775
陈钟凡　刘先生行述（节录）/ 776
李学勤　余嘉锡先生小传（节录）/ 777
钱基博　自　传（节录）/ 779
王永兴　陈寅恪先生史学述略稿·前言（节录）/ 781
姜义华　胡适学术文集总序（节录）/ 782
傅斯年　与顾颉刚论古史书（节录）/ 784
钱　穆　中国近三百年学术史·自序 / 786
胡　适　傅孟真先生的思想（节录）/ 788
裘锡圭　董作宾先生小传（节录）/ 792

［美］张灏　新儒家与当代中国的思想危机（节录）／795

萧萐父　熊十力全集·编者序（节录）／797

［美］杜维明　熊十力与胡适 * ／799

梁漱溟　自述早年思想之再转再变（节录）／802

［美］艾恺　梁漱溟与中国的文化保守主义／805

冯友兰　新原人·自序（节录）／807

张君劢　新儒家哲学的基本范畴 * ／807

郭齐勇　近20年中国学人有关当代新儒学研究之述评／825

童书业　新汉学与新宋学／841

李泽厚　试谈马克思主义在中国（节录）／844

《李达文集》编辑组　李达生平事略（节录）／847

郭沫若　中国古代社会研究·自序／848

刘大年　范文澜历史论文选集·序（节录）／851

吴泽　我国马克思主义史学的开拓者——吕振羽（节录）／854

侯外庐　韧的追求·自序（节录）／856

附录　学派　学说　学者概览／858

序　言

对学术史的把握，往往是通过对历代学术经典的重读得以实现的。

一

"学术"是一个联合结构的双音节词，由并列的"学"与"术"两个单字词组合而成。循戴震"由字通词，由词通道"之义，为着把握"学术"的整体意义，须分释"学"与"术"。

"学"的本义为觉悟[①]，引申为仿效[②]、认识[③]、学问[④]、学习[⑤]、学科[⑥]；"术"原义为古代城邑的道路[⑦]，从所取道路引申为权术、手段[⑧]、技术[⑨]。近人梁启超指出："吾国向以学术二字相连属为一名辞。"[⑩]先秦典籍《礼记》便有"学术"连用之例[⑪]，后之史籍又屡有类例[⑫]。这些古典中的"学术"，皆统指一切学问，特别是指"即器以明道"的形而上认识，因此又称之"道术"，

[①]《说文解字》："斅，觉悟也。从教从冂。冂，尚矇也，臼声。学（學），篆文斅省。"《白虎通·辟雍》："学之为言觉也，以觉悟所不知也。"

[②]《广雅·释诂三》："学，效也。"《论语·学而》集注："学之为言效也。"

[③]《广雅·释诂二》："学，识也。"

[④]《老子》第四十八章："为学日益。"河上公注："学，谓政教礼乐之学也。"

[⑤]《论语·为政》："学而不思则罔，思而不学则殆。"此处"学"作"学习"解。

[⑥]"学"作为含"学科"义的后缀，组成一系列学科名词，如文学、数学、兵学等。

[⑦]左思《蜀都赋》："当衢向术。""术"为城邑道路。

[⑧]《礼记·祭统》："惠术也，可以观政矣。"此处"术"指权术、手段。

[⑨]《史记·货殖列传》："医方诸食技术之人。"

[⑩]梁启超：《学与术》，载《饮冰室合集》文集之二十五（下）《学与术》。

[⑪]《礼记·乡饮酒义》："古之学术道者，将以得身也。"

[⑫]《后汉书·盖勋传》："凉州寡于学术。"《宋史·吴潜传》："诏求直言，潜所陈九事……四曰正学术以还斯文之气脉……"

如《庄子·天下》所谓"道术将为天下裂";有时则简称为"学",如《韩非子·显学》所谓"世之显学,儒墨也",《礼记·学记》所谓"论学取友"。

20世纪初叶,流亡日本的梁启超广泛接触学科分类明晰的近代西方学术文化后,不满意于古来学与术相混淆的笼统旧说,他参酌近代西方理论知识与技术知识相区别的思想,对"学"与"术"的内涵加以分疏:

> 学也者,观察事物而发明其真理者也;术也者,取所发明之真理而致诸用者也。例如:以石投水则沉,投以木则浮,观察此事实,以证明水之有浮力,此物理也;应用此真理以驾驶船舶,则航海术也;研究人体之组织、辨别各器官之机能,此生理学也;应用此真理以疗治疾病,则医术也。①

梁氏还引述西方生计学(经济学)家倭儿格的言论,阐明学术的统合性:

> 学者术之体,术者学之用。二者如辅车相依而不可离。学而不足以应用于术者,无益之学也;术而不以科学上之真理为基础者,欺世误人之术也。②

梁氏的辨析,其立意当然不限于语义学,它实际上是对以认知的综合性、学科的融通性(所谓"文史哲不分家")为特征的传统学术作出一种超越尝试,昭示了中国学术从"通人之学"演为"专家之学"、从古典综合奔往近代分疏(亦不忘综合)的方向。我们今日整理浩瀚的中国学术遗产,考察其错综的发展脉络,固然要充分尊重传统语境,真实反映中国学术史的整体性、综汇性状貌,不可强作肢解和拼组,但与此同时,又有必要以现代学术分科理念观照过往的学术史,审慎地对传统学术作出分类与要素解析。如此,既能对传统学术深入底里,获得真解;又能探幽致远,追溯现代各门学科的渊源,描述"一致而百虑"的中国学术的发展轨迹。

---

①② 梁启超:《学与术》,载《饮冰室合集》文集之二十五(下)《学与术》。

二

近三十年来，人们日渐重视文化史研究，这种研究拓展了视野，提供了观察历史和现状的新角度，使我们得以深入了解本民族和别民族文化创造的走向，以及诸民族文化间交融互摄的复杂过程，这些都有助于我们正确把握现代化与文化传统的辩证关系。文化史以文化发生发展的总体进程为对象，并特别注意人类创造文化时主体意识的演变，从而与考察客观的社会经济形态的经济史和社会状貌的社会史相区别。文化史研究应当致力于对历史过程中所发生的一系列文化现象的整合，以形成一种显示规律的记述，构成这种记述的材料则选自已知文化资料的整体。而"已知文化资料的整体"应当包括"俗文化"资料和"雅文化"资料两大部类。

"俗文化"指流行于大众民间的文化，它成自众手，是在一定时代形成于一定生活共同体的非理论化的社会意识；"雅文化"指社会上层文化，它经由职业精神生产者依靠已有的精神生产资料加工而成，较为系统、专门、定型，便于保存与传播。这两种文化的区分由来已久，我国自古便有俗乐、雅乐的对称，有风（民歌）、雅（宫廷诗歌）、颂（庙堂诗歌）的并列，有高跷、秧歌等民间游艺与"琴棋书画"等君子"雅道"的分野。然而，这两种形态的文化又有着深刻的内在联系，它们相互渗透，彼此推引，雅文化要从俗文化中汲取营养，或者以其作为依托物，或者以其作为"补强剂""复壮剂"；而俗文化又受到处于统治地位的雅文化的制约和影响。在各阶层人们的欣赏趣味上，这两类文化也并非总是楚疆汉界，壁垒分明，"雅俗共赏"这一成语便反映了两种文化相通互动的事实。

如果说，俗文化更多依赖于民间生活习俗的递嬗和大众间口耳相传的方式保存其文化资料（有的后来也笔之于书），那么，雅文化则主要是以经过认真加工的、精致的形态贮存其文化资料。在中国，"雅文化"的渊薮便是汇合为经、史、子、集四大部类的学术著作。一部中国学术史，大体反映了中国雅文化的发展历程。如果我们同时又注意对俗文化的研究，认真考察俗文化与雅文化的交互关系，便有可能对历史过程中所发生的纷繁错综的文化现象加以整合，形成一种显示规律的认识。从这一意义而言，治学术史是治文化史的重要基础之一。

三

我国自古便有重视学术的传统，学术往往被推尊到至高地位。古人说：

> 天地之所贵者人也，圣人之所尚者义也，德义之所成者智也，明智之所求者学问也。①

近人陈寅恪更指出，学术兴替"实系吾民族精神上生死一大事者"②。而学术的累积尤为人们强调，所谓"水积则生吞舟之鱼，土积则生梗楠豫樟，学积亦有生焉"③。由于我国历来着意于学术的累积，于是有五经、六经，乃至七经、九经、十三经的确立和反复疏解，有前四史、十七史，乃至二十四史、二十五史的代代编纂，使中国学术延绵不绝，传统未坠，成为世界文明史上罕见的连续性学术文化。中国学人在注意学术累积的基础上，又追求学术的"因时制宜"。"袭故而弥新"④、"濯去旧见，以来新意"⑤被认作是治学的高妙境界。加之中国本土学术不断汲纳外来学术（如南亚佛学、欧美西学），彼此融会，更增添源头活水，使历代学术各具丰采，前后辉映。总之，中国学术既代代相因，又新旧更替，内外融会，形成一种波澜起伏的万千气象。

中国学术史因其漫长复杂而带来研究的艰辛，也因其丰富多彩而引人入胜。事实上，我们的先辈已在这个困难而又饶有兴味的领域披荆斩棘，劳绩卓著。从先秦诸子开始，历代都不乏有识之士对前代和当代学术作"分其宗旨，别其源流"的工作，他们或者从微观（对某一学者、某一论著），或者从中观（对某一学派），或者从宏观（对某一时代各学派以至纵观古今各学派）梳理学术发展的脉络，穷原竟委，各有创获。

战国及秦汉之际撰著的《庄子·天下》《荀子·非十二子》《韩非子·显学》《吕氏春秋·不二》，以及《礼记》中的《学记》《儒行》等篇章便有对晚

---

① 王符：《潜夫论·赞学》。
② 陈寅恪：《吾国学术之现状及清华之职责》，载《金明馆丛稿二编》，上海古籍出版社1980年版，第318页。
③ 《太平御览》卷六〇七"学部一"引《尸子》言。
④ 陆机：《文赋》。
⑤ 张载：《经学理窟》。

周学术的综述、分论和评议，成为学术史嚆矢。

汉代刘安主持编著的《淮南子》中的《要略》等篇，司马迁《史记》中的《孔子世家》《老子韩非列传》《仲尼弟子列传》《孟子荀卿列传》《儒林列传》等篇及《太史公自序》中的"论六家之要指"等内容，班固《汉书》中的《董仲舒传》《司马迁传》，尤其是《艺文志》《儒林传》更以较为整齐、系统的文字，记载、评价周秦以来的各个学派及其著作、思想。循此传统，以后各代史书，分设艺文志、经籍志、儒林传、文苑传、方伎传等包含学术史素材的专章。

此外，在各类文集的序、跋中，在学者们的随笔、札记中，亦多有关于前代、当代学术流变的记述和评判。

唐宋以降，朝廷编纂大型类书、丛书（《册府元龟》《太平御览》《永乐大典》《四库全书》等），集历代学术大成，为考析流变提供系统的资料基础。

始于宋代而盛于明清，还有学术史专书的涌现，继南宋《伊洛渊源录》《伊洛正源书》之后，明代有《伊洛渊源续录》《闽学源流》诸书，明末至清代更有叙述学派源流并对各学派学说略加论断的"学案"式著作纷纷创制，如《元儒考略》《圣学宗传》《明儒学案》《宋元学案》《儒林宗派》《理学宗传》《清学案小识》《北学编》《国朝汉学师承记》《国朝宋学渊源记》，以及民初编纂的《清儒学案》，便是其中的名著。

佛教、道教素来注重本宗教（及其内部各宗派）的衣钵授受、系谱传递、道术承袭的记录和研究。佛教"灯灯相传"的"传灯录"一类教派史著作，直接启迪了宋明以降诸"渊源录"和"学案"的编写形式。至近代，梁启超、章太炎、王国维、陈寅恪、钱穆等学术大师则力图站在新学高度，对中国学术史重加评判，并留下内涵丰富的学术史论述。

四

前人对学术流变的追述、评论，当然都要受到自己学术观点的左右，见仁见智，各有创识。就总体而言，我国古代学术的发展是从多元走向一元的，在一元中又包蕴多元因子。这种进程也影响到各代学人评论学术流变的气度。在"处士横议""道术将为天下裂"的战国时期成文的《庄子·天下》，对先秦各学派并无特别的推尊和贬抑，关于诸子的分合变异及长短得失，都有较公允的评判，显示了学术多元时代的恢宏气象。以后，《史记·太史公自序》中"论六家之要指"、《淮南子·要略》大体沿袭着这一传统，它们虽然承汉初思潮，显示了对道家的某种程度的偏爱，先黄老而后六经，但对于各家学说的来龙去脉和优长缺失，都尽其可能地给予客观、平正的论列。

战国晚期也有学派性强烈的评议，如《荀子》《韩非子》中论学术派别的几篇专文，党同伐异气息已渐趋浓厚。《荀子·非十二子》推重孔子、仲弓一派，抨击其他诸派；韩非斥儒士为蠹虫，而将法术之士加以抬举，但荀、韩毕竟尚未明确提出一个排斥异说的单线学统。

两汉以降，随着"儒术独尊"的日趋明朗、定型，学者论学术流变大都逐渐落入儒学一脉独传的窠臼，董仲舒"诸不在六艺之科，孔子之术者，皆绝其道，勿使并进"之说，便开其端绪。到唐宋时期，更形成流行于士林的道统说。这个以韩愈的《原道》为"始作俑者"（该篇提出"尧—舜—禹—汤—文—武—周公—孔—孟"统系），由宋代理学家完成体系的道统说，以正统和僭伪为尺度，规范中国学术的发展程序。朱熹在《中庸章句》中编制的"尧—舜—禹—汤—文—武—周公—孔子—颜回、曾参—子思—孟子—二程"这样一个系列，被视作对"道统"的经典性归纳。道统说的基本思想是孔孟学说，尤以思孟学派为正宗，与此相悖的一切学说都是异端，应排斥在中国学术正统之外。两宋以来，虽有叶适等人批评道统说，但学界主潮则奉道统说为圭臬。清人熊赐履所撰《学统》颇有代表性：

> 是书以孔子、颜子、曾子、子思、孟子、周子、二程子、朱子九人为正统；以闵子以下至明罗钦顺二十三人为翼统；以冉伯牛以下至明高攀龙一百七十八人为附统；以荀卿以下至王守仁七人为杂统；以老、庄、杨、墨、告子及二氏之流为异统。①

道统说大体勾勒出儒家主流，然其有强烈的宗派性和排他性，漠视儒、释、道三教共弘的事实，甚至也未能公正界定思孟学派之外的儒家各派的历史价值。

---

① 参见《四库全书总目·史部·传记类存目五》。

晚明以来研究学术史的学者中，不乏识见卓异的人物，他们虽然很少正面批判道统说，却能在自己的论著中挣脱这个范式的束缚，实事求是地对某一时代的学术流变给予评述。这方面劳绩最著的是黄宗羲。他独立撰写的《明儒学案》，以及由他奠定基础，由其子黄百家、其后学全祖望完成的《宋元学案》，是中国最早的详尽而有系统的两部断代学术史专著。这两部书发扬王阳明的反独断论精神，指出：

学，天下之公学也，非朱子可得而私也，非孔子可得而私也。①

不拘泥于"正统""僭伪"一类衡量标准，清洗韩愈、朱熹等人在学术统绪上涂抹的神秘色彩和正统理念，着力于对明代及宋代、元代各学术派别产生和发展的人文地理、学者生平、著作、思想加以考辨，尤其注目于师生授受对学术派别延绵、变易的影响，并有意陈列"一偏之见""相反之论"，使"学者于其不同处，正宜著眼理会"②，并"为之分源别派，使其宗旨历然"③，这就把学术流变的考察置于理性主义的基础之上。而尊重中国学术的多元潜质，敢于穷原竟委，博采兼收，正隐约预示着挣脱学术大一统格局的时代趋势。这是近代学者梁启超等人在研究中国学术史时，格外看重黄宗羲，并编《节本明儒学案》以求推广的缘故所在。

清代，尤其是乾嘉时期，对中国学术进行空前规模的整理。其间编撰卷帙浩繁的《四库全书》，由纪昀等撰写《四库全书总目提要》，不仅对各种学术专著钩玄提要，而且对各学术派别的发展脉络作分门别类的述评，"嘉与海内之士，考镜源流"④，为中国学术流变的探究奠定了基础。

五

近代学人致力学术史研究，超越古人之处在于：视野更为开阔，观念及方法均发生近代转型。如对学术作分科解析，注意学术产生的政治、经济及社

---

① 王阳明：《答罗整庵少宰书》。
② 黄宗羲：《明儒学案》"发凡"。
③ 黄宗羲：《明儒学案》"原序"。
④ 《四库全书总目提要》卷首《圣谕》。

会背景，考察中外学术的交互影响、比较中国学术与异域学术（尤其是西方学术）之异同，等等。如梁启超抱着"欲救今日之中国，莫急于以新学说变其思想"①的宗旨，注目于传统学术的再评估和新学术的输入。他发表于1902年的《论中国学术思想变迁之大势》，计划十六章，综论中国古今学术思想演化之迹，但仅写出前六章而辍笔；1904年又续写出"近世之学术"部分。梁氏晚年曾立下做"中国学术史的志愿"，撰写《墨子学案》《先秦政治思想史》《清代学术概论》《中国近三百年学术史》等断代或个案学术论著。后二书尤为精粹，于清学的渊源及演进脉络，条列明晰，论断每有创意。梁氏虽未留下一部完整的中国学术史，但他在关于中国学术流变全过程的宏观把握方面，确有过人能力。今之流行说——中国学术历经"两汉经学—魏晋玄学—隋唐佛学—宋明理学—清代考证学"正出自梁氏《清代学术概论》中的概括。以此为基础，笔者倾向于将中国学术流变分为前后衔接的七段：

先秦诸子学—两汉经学—魏晋玄学—隋唐佛学—宋元明理学—清代朴学—近代新学

当然，这是就主潮而言，每一阶段又都保留着前代学术的流裔，并存种种与主潮相歧异的旁门别派。

与梁启超齐名的又一学术史家章太炎于辛亥前力倡"排满革命"时，即十分重视学术史研究，把中国学术称作"国粹"，主张"用国粹激动种性"。他对经学、史学、文字学、伦理学都提出若干新见，并对学术流变的成因独具慧眼。章氏在论及中国学术的歧变时说：

视天之郁苍苍，立学术者无所因。各因地齐、政俗、材性发舒，而名一家。②

认为"地齐"（地理环境）、"政俗"（政教风俗）、"材性"（人才素质）三者

---

① 梁启超：《与夫子大人书》（光绪二十八年四月）。
② 《原学》，《訄书》重订本。

共同导致学派的形成和学术的演化。章氏进一步指出,时代愈趋进步,人们交往扩大,而天才不世出,地理环境与人才素质的影响在缩小,对学术流变起决定作用的是社会因素,"故古者有三因,而今之为术者,多观省社会,因其政俗,而明一指"①。这是确当之论——造成学术流变的因由,除应考虑"地齐""材性"外,更多地应当从"政俗"即社会因素方面深入挖掘。

另一近代学者王国维则从"外界之势力之影响于学术"的视角,探讨中国学术流变。其将诸子学说光焰万丈的晚周称之"中国思想之能动时代",两汉为停滞期,自六朝至唐宋,佛学入华,"此为吾国思想受动之时代",又因宋儒调和中印思想,此一受动时代"又稍带能动之性质"。宋以后至清,"思想之停滞略同于两汉"。"至今日而第二之佛教又见告矣,西洋之思想是也"。②

显然,王氏寄望于今日学术由受动于西洋思想,如能调和中西,则可达到能动境界。这是一种开放的、颇富前瞻性的学术流变观。循此思路,现代学术史家多注重周秦之际、明清之际、清民之际三个历史转折期的学术演化,以之作为探讨中国学术流变的枢纽。

古人和近人对于中国学术流变的论述,或偏或全,或浅或深,皆弥足珍贵,可以为我们提供思维教训,奠定开阔而坚实的前进基地。

六

科学研究的前提是详尽占有材料。因此,资料的发掘和整理工作是切关紧要的。就学术史的研究而言,基本资料约略可分两类,一类为历代学术著作,另一类为历代学人论学术流变的论著。后者当然也是学术著作,但较之一般学术著作不同的是,它们表述了先贤对学术流变的看法,这为我们今天从事学术史剖析考辨提供了直接参考。即使是前人那些被时代的偏见所扭曲的看法,也折光镜似地反映了学术演变史的复杂面目,代表着某种时代思潮,因而也具有无法忽视的史料价值。这些古今学人议论学术流变的文献,便是本书旁搜远绍的对象。

近几十年来,各类学术古籍整理出版甚多,经过编辑的哲学史、史学史、教育史、宗教史、经济史、政治史资料书也纷纷涌现,其功德无量,但尚未

---

① 《原学》,《訄书》重订本。

② 参见《静庵文集》,商务印书馆1940年版,第94页。

得见一部历代学人论述学术流变的结集。我在从事文化史研究及教学工作时，常常以此为憾，因而萌生编辑这类书籍的想法。1988年与彭池、邓建华二君一起勉力编辑《中国学术流变——论著辑要》，湖北人民出版社1991年出版。此后十年间，时有学界人士来函寻索此书，表明这一资料书尚有社会需求。蒙华东师范大学出版社陈丽菲女士盛意，此书于2002年增补和重新出版，篇幅由40万字增至72万字。2013年上海人民出版社倡议再次增补，篇幅增至80万字，这次修订彭池君倾注心力甚多。在此次收入《文存》时笔者又作若干订正、补充。

本书新版保留原版综论、先秦、秦汉、魏晋南北朝、隋唐五代、宋元、明、清八部分，增加民国及现代部分，共为九章。前八章补入若干新篇目，包括港台学者、海外华裔学者、外国汉学家的论述，以扩大观察中国学术流变的视野。如唐君毅以《易经》元亨利贞仁义礼智之序，言中国学术精神之发展，还将中国历代文化精神与西方历代文化精神作比较，观其同中之异，异中之同。[①] 又如英国汉学家李约瑟致力于开掘中国传统学术中的科学人道精神[②]。这些论说都为中国学术史研究开辟新境界。

新版还择要反映由考古发掘、文献披露所推动的对学术史的新认识，如甲骨文的发现与破译，拓展研究殷商文化的视野，提供了"释古"以重建古史的可能；敦煌文书、汉晋木简的再见天日，打开中古史的渊富宝藏；楚简的联翩出土，揭开先秦及秦汉学术的原始状貌，以至有学者认为楚地简帛文书的发现，有必要改写先秦及秦汉学术史；而明清"大内档案"的面世，扩展并加深了对明清学术的理解。总之，新版博采新论说、新材料，意在求得中国学术流变较深广的观照。

本书各部分前均由编者撰写提要，录文则按如下顺序编排：A. 对一代学术流变的概括；B. 对各学派、学者的分论（对同一学派也先列总论，后列分论）。录文标题为编者所加者，均以＊号注明。部分录文中之夹注经编者删除者，在录文标题处加注释说明。选录自诸子书及二十五史者一律不注作者姓名。录文版本尽量采用近五十年出版的标点本。录文中的繁体字、异体字在不

---

① 《中国文化之精神价值》，广西师范大学出版社2005年版。
② 参见《四海之内》，生活·读书·新知三联书店1987年版。

导致歧义的前提下改为规范简体字。原文版式为竖排者，一律改为横排。一些现代学者遵从当时流行的泛化封建说，将非封建的秦汉以降两千年称"封建时代"，此不妥当，然本编仍保存选文原态。

对诸篇作者，于首出处注生卒年及身份。

评断历史文化，宜于相当时间距离之后作出，诚如清人阮元所说："学术盛衰，当于百年前后论升降焉。"故关于中华人民共和国成立以降的当代学术流变文字，除少数学者的材料略有延及外，本书未予普遍收录。评论当代学术的工作，留待来日。

冯天瑜

2014 年 4 月 28 日撰于武汉大学中国传统文化研究中心
2019 年 6 月改定于武汉大学人民医院

中国学术综论

如果把中国学术的发展历程比喻成江河行地,那么它时而波澜起伏,急流奔涌;时而舒展平缓,浩荡前行;时而注入新流,激越迈进。

一、元典及诸子学兴起

先秦诸子学的源头古远,从传说时代至殷商时期都能寻到诸子学星星点点的源迹,殷商巫、史、祝、卜的神本文化和西周德治初萌的官学文化,孕育诗书礼易诸文化元典,是为先秦诸子的思想渊源。春秋以降,随着教入私家、学术下移,以孔子、墨子、老子为代表的第一群思想家对先前杂沓无绪的学术文化进行创发性的总结,元典初成。战国时期,"道术将为天下裂",儒分为八,墨离而三,各种学术思想相互碰撞、推引、交融,形成诸子并立格局,时人感慨:"百家往而不反,必不合矣。"(《庄子·天下》)战国后期,道家庄子、儒家荀子、法家韩非子各以一家为主体,又博采其他诸家之说,显示出学术"一而多,多而一"的综合气象,元典定型。先秦诸子连同元典,在范畴、命题、理论体系、思维方法诸方面奠定了中国学术发展的基石。

二、经学发展与今古文之争

周秦之际,法家炽盛。有秦一代崇尚严刑峻法。汉初清静无为的黄老之学流行。汉中叶以后,出现以儒家为主,兼摄道、法、阴阳诸家思想的趋向,学术文化从多元并起走向一家独尊,以先儒经典研习阐发为旨趣的经学成为学术主流。西汉盛行今文经学,古文经在汉武帝以后陆续被发现,西汉末年至东汉初年古文经学渐趋昌盛,至东汉中叶有取代今文经学之势。东汉末年,郑玄以古文学家注"三礼",杂采今古文学,二者呈融合之势,然今古文之争并未止息，其影响垂之久远。

三、玄学、佛学、道教并盛，道统说初起

玄学以经学之反动的面目出现，分四期：一为王弼、何晏的正始之音，二为嵇康、阮籍等的纵达之情，三为向秀、郭象综合诸说而倡自然名教合一论，四为东晋玄学的佛学化。在玄学发展的同期，南亚次大陆佛教文化在中国逐渐立足并得到发展，西域、印度的佛学大师来中原弘教者络绎不绝，西行求法的中国高僧连续不断，翻译家迭出不穷，中国本土学术与外来学术进行了一次大规模交流。与此同时，中国本土宗教——道教勃兴，宗教仪式和理论渐趋成熟。儒、佛、道三教鼎立并相互融会。隋唐承魏晋南北朝学术之绪，随着政治由分裂而统一，学术也走向一体化，南北学风趋于一致。隋唐佛学特盛，大体循着综合诸家和中国化的两条相联系的路径演进。正当佛学达于鼎盛之际，以儒学为主体精神的学术在重组，韩愈、李翱提出道统说，在抑佛、排佛的大旗下蕴藏着佛学的影子。儒、佛、道的相互吸收预告着宋明理学的兴起。

四、理学与经世实学论难互摄

继先秦诸子学、两汉经学、魏晋玄学、隋唐佛学之后，中国学术迎来一个精密深邃的理学时代。理学历经开创、奠基、集大成、变态、批判与总结诸阶段。宋初胡瑗、孙复、石介三先生肇其始，华山道士陈抟的弟子周敦颐的濂溪学、二程的洛学以及张载的关学共奠其基，朱熹闽学博纳佛、道精神，集诸学之大成。与闽学鼎足而立的是陆九渊心学。理学因朱学和陆学的互为补充已达极境。与此同时，王安石的"荆公新学"、苏轼的"蜀学"亦各有创发，陈亮、叶适则树立事功经世旗帜，与朱学多有论难。元朝统一南北，理学北传。元至明初，朱学占绝对统治地位。明中叶，王守仁提出"正心"之学，风靡朝野。明清之际，社会激烈动荡，一批有识之士对王学末流进行痛切反思，经世实学应运而兴。明后期，欧洲耶稣会士来华，向中国人介绍欧洲文明，从此开始了西学东渐的曲折历程。

五、学术三变

清初学术气象博大，黄宗羲、顾炎武、王夫之开辟了重实证、求经世的新学风。乾嘉间，"朴学"独占鳌头，学者多埋头古代典籍整理，罕言义理，少涉政治，学术归于考据一途。道光、咸丰间，西方列强侵略中国，社会内部矛盾也日趋尖锐，学者鉴于朴学的琐碎、理学的空疏，力辟新路，提倡经世致用之学，倡导今文经学，同时又汲纳西学。至清代末叶，先秦诸子学、明末清初经世之学和西学备受青睐，严复、康有为、谭嗣同、章太炎、梁启超诸人综汇儒佛、融合中西，辟学术新路。纵观清代学术，实取二千年之学术"倒影而缫演之"（梁启超语），这既是清代学术流变之特色，亦为中国学术一个奇异现象。清代对中国古代学术进行了自身的最终总结；咸、同、光、宣间，西学东渐亦日趋强化，以移植西学、综汇中西的"新学"渐成风行之势。

六、现代学术确立

以清末"新学"为桥梁，民初学术初步实现由传统向现代的转换。承袭乾嘉分门研习之绪，又接受西方近代学术影响，中国现代学科分类体系初步建立。章太炎、梁启超、王国维、胡适以西方人文社会科学实证及分析工具与中国传统考据术相结合的方法探讨国学，从而树立起新的研究范式。五四以后，在批判继承传统文化的基础上汲取西方学术精华，探寻中华学术的复兴之路，成为许多学者的追求。以梁漱溟、熊十力、冯友兰为代表的新儒家，以陈序经为代表的"西化"派，以顾颉刚为代表的"古史辨"派，以李济、董作宾为代表的考古派，以郭沫若、侯外庐为代表的马克思主义学派，以及陈寅恪、钱穆等国学家各领风骚，相互论难而又相互融摄，学术界呈现出本土学术寻根与学术创新双向展开、发掘传统学术的现代价值与以西学为引导来改造传统学术并行不悖的气象，现代学术获得长足发展。

论教育的根本要从自国自心发出来（节录）

章太炎[①]

中国学说，历代也有盛衰，大势还是向前进步，不过有一点儿偏胜。只看周朝的时候，礼、乐、射、御、书、数唤作六艺，懂得六艺的多；却是历史、政事，民间能够理会的很少，哲理是更不消说得。后来老子、孔子出来，历史、政事、哲学三件，民间渐渐知道了，六艺倒渐渐荒疏。汉朝以后，懂六艺的人虽不少，总不如懂历史、政事的多。汉朝人的懂六艺比六国人要精许多，哲理又全然不讲。魏、晋、宋、齐、梁、陈这几代，讲哲理的，尽比得上六国。六艺里边的事，礼、乐、数是一日明白一日；书只有形体不正一点，声音、训诂仍旧没有失去，历史、政事自然是容易知道的，总算没有甚么偏胜。隋、唐时候，佛教的哲理比前代要精审，却不过几个和尚。寻常士大夫家，儒、道、名、法的哲理就没有。数学、礼学唐初都也不坏，从中唐以后就衰了。只剩得历史、政事，算是唐人擅场。

宋朝人分做几派。一派是琐碎考据的人，像沈括、陆佃、吴曾、陆游、洪适、洪迈都是。王应麟算略略完全些，也不能见得大体，在六艺里面，不能成就得那一种。一派是好讲经世的人，像苏轼、王安石、陈亮、陈傅良、叶适、马端临都是。陈、马还算着实，其余不过长许多浮夸的习气，在历史既没有真见，在当时也没有实用。一派是专求心性的人，就是理学家了。比那两家，总算成就。除了邵雍的鬼话，其余比魏、晋、宋、齐、梁、陈的学者，也将就攀得上。历史只有司马光、范祖禹两家。司马光也还懂得书学。此外像贾昌朝、丁度、毛居正几个人，也是一路。像宋祁、刘攽、刘奉世、曾巩又是长于校勘，原是有津逮后学的功，但自己到底不能成就小学家。宋、元之间，几位算学先生出来，倒算是独开蹊径。大概宋朝人还算没有偏胜，只为不懂得礼，所以大体比不上魏、晋几朝（中国有一件奇怪事，老子明说"礼者，忠信之薄"，却是最精于礼，孔子事事都要请教他。魏晋人最佩服老子，几个放荡

[①] 章太炎（1869—1936），中国民主革命家、思想家、学者。

的人，并且说"礼岂是为我辈设"，却是行一件事，都要考求典礼。晋朝末年，《礼论》有八百卷，到刘宋朝何承天，删并成三百卷；梁朝徐勉集五礼，共一千一百七十六卷；可见那时候的礼发达到十分。现在《通典》里头，有六十卷的礼，大半是从那边采取来，都是精审不磨，可惜比照原书，只存二十分之一了。那时候人，非但在学问一边讲礼，在行事一边，也都守礼。且看宋文帝已做帝王，在三年服里头生太子，还瞒着人不敢说，像后代的帝王，那里避这种嫌疑？可见当时守礼的多，就帝王也不敢公然逾越。更有怪的，远公原是个老和尚，本来游方以外，却又精于《丧服》。弟子雷次宗，也是一面清谈，一面说礼，这不是奇怪得很？宋朝的理学先生，都说服膺儒术，规行矩步，到得说礼，不是胡涂，就是谬妄。也从不见有守礼的事。只是有一个杨简——通称杨慈湖——在温州做官，遇着钦差到温州来，去和他行礼，主人升自阼阶，宾升自西阶，一件一件，都照着做，就算奇特非常，到底不会变通，也不算甚么高。照这样看来，理学先生远不如清谈先生。

明朝时候，一切学问都昏天黑地。理学只袭宋儒的唾余，王守仁出来，略略改变些儿，不过是沟中没有蛟龙，鲵鳝来做雄长，连宋朝人的琐碎考据、字学校勘都没有了。典章制度，也不会考古，历史也是推开一卷。中间有几位高的，音韵算陈第，文字训诂算黄生，律吕算朱载堉，攻伪《古文尚书》算梅鷟，算学也有个徐光启，但是从别处译来，并不由自己思索出来，所以不数。到明末顾炎武，就渐渐成个气候。

近二百年来，勉强唤做清朝，书学、数学、礼学昏黑了长久，忽然大放光明，历史学也比得上宋朝。像钱大昕、梁玉绳、邵晋涵、洪亮吉，都着实可以名家。讲政事的颇少，就有也不成大体。或者因为生非其时，不犯着讲政事给他人用；或者看穿讲政事的，总不过是浮夸大话，所以不愿去讲。至于哲理，宋、明的理学已经搁起一边了，却想不出一种道理去代他。中间只有戴震，做几卷《孟子字义疏证》，自己以为比宋儒高。其实戴家的话只好用在政事一边，别的道理也并没得看见。宋儒在《孟子》里头翻来翻去，戴家也在《孟子》里头翻来翻去。宋儒还采得几句六朝话（大概皇侃《论语疏》里头的话，宋儒采他的意颇多），戴家只会墨守《孟子》。《孟子》一家的话，戴家所发明的，原比宋儒切实，不过哲理不能专据《孟子》（阮元的《性命古训》，更不必评论了）。到底清朝的学说，也算十分发达了。只为没有讲得哲理，所以还算一方偏胜。若论进步，现在的书学、数学比前代都进步。礼学虽比不上六朝，比唐、宋、明都进步。历史学里头，钩深致远，参伍比校，也比前代进步。经学还是历史学的一种，近代比前代进步。

本国的学说，近来既然进步，就和一向没有学说的国，截然不同了。但问进步到这样就止么？也还不止。六书固然明了，转注、假借的真义，语言的缘起，文字的挚乳法，仍旧模糊，没有寻出线索，可不要向前去探索么？礼固然明了，在求是一边，这项礼为甚么缘故起来？在致用一边，这项礼近来应该怎样增损？可不要向前去考究么？历史固然明了，中国人的种类，从那一处发生？历代的器具，是怎么样改变？各处的文化，是那一方盛？那一方衰？盛衰又为甚么缘故？本国的政事，和别国比较，劣的在那一块？优的在那一块？又为甚么有这样政事？都没有十分明白，可不要向前去追寻么？算学本是参酌中外，似乎那边盛了，这边只要译他就够。但以前有徐光启采那边的，就有梅文鼎由本国寻出头路来；有江永采那边的，就有钱大昕、焦循由本国寻出头路来。直到罗士琳、徐有壬、李善兰，都有自己的精思妙悟，不专去依傍他人。后来人可不要自勉么？近来推陈出新的学者，也尽有几个。若说现在学者没有心得，无论不能概全国的人，只兄弟自己看自己，心得的也很多。到底中国不是古来没有学问，也不是近来的学者没有心得，不过用偏心去看，就看不出来。怎么叫做偏心？只佩服别国的学说，对着本国的学说，不论精粗美恶，一概不采，这是第一种偏心。在本国的学说里头，治了一项，其余各项，都以为无足重轻，并且还要诋毁。就像讲汉学的人，看见魏、晋人讲的玄理，就说是空言，或说是异学；讲政事的人，看见专门求是、不求致用的学说，就说是废物，或说是假古玩。仿佛前人说的，一个人做弓，一个人做箭，做弓的说：只要有我的弓就好射，不必用箭。做箭的说：只要有我的箭就好射，不必用弓。这是第二种偏心（这句话，并不是替许多学者做调人，一项学术里头，这个说的是，那个说的非，自然要辩论驳正，不可模棱了就算数。至于两项学术，就不该互相菲薄）。

这两项偏心去了，自然有头绪寻出来。

（录自汤志钧编《章太炎政论选集》上册，中华书局 1977 年版）

（参校傅杰编校《章太炎学术史论集》，云南人民出版社 2008 年版，第 15~19 页）

中国文化的时代差异和地区差异

谭其骧[①]

大约从本世纪 10 年代中期五四运动前夕起，中国思想界掀起了一场持续达十多年之久的关于中西文化（或作东西文化）比较的论争，比较两种文化的差异，阐述其特点，并评议其高下优劣。这场论争名为中西或东西文化的比较，实质上并没有比较中西文化发展的全过程，只是比较了中国封建社会的文化和西方资本主义的文化。也就是说，主要不是中西或东西的对比，而是封建社会文化与资本主义社会文化对比；比的主要是不同社会发展阶段的文化，而不是不同地域、民族的文化。这种讨论逐步引导人们注意到当时的中国社会是什么性质，因而到了 20 年代后期，中西文化的讨论随即为中国社会性质的论战所取代。整个中国学术界不谈中西文化比较差不多已有六十年之久。新中国成立前，大学里都还开有"中国文化史"一课，新中国成立后，连这门课也撤销了，在中国通史、断代史课中，一般也都侧重于政治、经济、军事而忽视文化。这对于正确、透彻地认识我们这个国家、民族的历史和现状当然都是不利的。近几年来，风气有所转变，又有人谈论、探索中国文化的特点和中西文化的比较了，本次讨论会[②]也以此为主题，这是很可喜的。

不过，我觉得我们现在再来讨论中西文化（东西文化）比较，首先对中国文化、中西文化或东西文化这几个词义的认识应该和六十年前有所不同，更要正确一些，紧密一些：

1. 无论是评议中国文化还是西方文化，都应该包括其全部文化发展过程，"中国文化"不应专指中国封建时代的文化，"西方文化"不应专指其资本主义社会文化。最好能将双方全部文化发展过程进行对比，不能的话，也该以双方的相同发展阶段进行对比。这要比过去那种以不同社会发展阶段进行对比合理得多，有意义得多。

[①] 谭其骧（1911—1992），历史地理学家。
[②] 指1986年1月6日至10日由复旦大学主办的国际中国文化学术讨论会。本书编者参加此会,得闻谭先生宏议。

2. 中国文化不等于全部东方文化，西欧文化不等于全部西方文化。不宜将中国和西欧文化的对比看作是中西文化的比较，更不能视同东西文化的对比。

3. 中国自古以来是一个多民族的国家，各民族在未完全融合为一体之前，各有本族独特的文化。所以严格地说，在采用"中国文化"这个词时，理应包括所有历史时期中国各族的文化才是。只是由于汉族占中国人口的极大多数，整个历史时期汉族文化较其他各族为先进，所以通常都将"中国文化"作为汉族文化的代名词，这等于是习称汉文为中文，汉语为中国话一样，也未始不可通融。但是，犹如讲中国通史不应局限于中原王朝的历史一样，今后我们开展中国文化的研究与讨论，或编写一部中国文化史，切不可置其他兄弟民族的文化于不问，专讲汉族文化。

4. 姑以"中国文化"专指汉族文化，汉族文化几千年来是在不断演变中的，各个不同时代各有其不同体貌，也不能认为古往今来或整个封建时代一成不变。中国文化各有其具体的时代性，不能不问时代笼统地谈论中国文化。

5. 姑以"中国文化"专指历代中原王朝境内的文化，任何王朝也都存在着好几个不同的文化区，各区文化不仅有差别，有时甚至完全不同。因此，不能把整个王朝疆域看成是一个相同的文化区。也就是说，中国文化有地区性，不能不问地区笼统地谈论中国文化。

五四前后一般认为中国文化就是孔子思想，就是儒家的学说，就是纲常名教那一套，我看不能这么说。儒学孔教从来没有为汉族以外的兄弟民族所普遍接受，例如藏族早先信苯教，后来改信藏传佛教即喇嘛教；蒙古族本信萨满教，后来也信了喇嘛教；维吾尔族在蒙古高原时本信摩尼教，西迁新疆后改信佛教，宋以后又自西向东逐步改信了伊斯兰教。所有少数民族都各有其独特的信仰与文化，只有少数上层分子在入居中原后才接受儒家思想。

那末能不能说儒学、礼教是以汉族为主体民族的历代中原王朝境内的占统治地位的思想文化呢？我看也不能。这一方面是因为几千年的汉文化在不断变化，有时代差异，另一方面是因为同一时代汉民族内部文化又因地而异，有地区差异，所以不存在一种整个历史时期或整个封建时期全民族一致的、共同的文化。本文想专就历代中原王朝范围内的文化简略陈述一下两方面的差异，希望能引起研究中国文化的同志们的注意。

（一）

中国文化的时代差异，这几乎是读史者人所共知的常识，本用不着我在此辞赘，但也不妨概括地指陈一下：

1. 上古姑置不论。自孔子以后，经战国、秦到西汉初期，儒家学说一直未取得思想界的支配地位；战国是儒、墨、道、名、法、阴阳、纵横等百家争鸣时代，秦代尊尚法家，同时又盛行阴阳神仙之术，汉初则以黄老为显学。

2. 汉武帝"罢黜百家，独尊儒术"，此后的两汉号称为儒家的经学极盛时期。但经学大师董仲舒、刘向所宣扬的实际上是以阴阳五行附会儒术的一套，大谈其天人相应、祸福休咎、灾异，与孔孟以仁政、礼教为核心的学说已大异其趣。至西汉末乃发展为虚妄荒诞的谶纬之学。一般儒生治经专重章句，支离破碎，一经说至百余万言。所以两汉经学根本谈不上弘扬了儒家思想。当时人们头脑中的主导思想是鬼神、符瑞、图谶。王充在其《论衡》里痛诋这一套世俗虚妄之言，读其书者颇为之折服。但王充是僻处江东的会稽人，《论衡》这部书是直到汉末建安中才由会稽太守王朗带到中原的许都后才得到传播的，所以王充其人，《论衡》其书，对东汉的思想文化发生不了多大影响。

3. 魏晋时代思想界的主流是玄学，先是何晏、王弼祖述老庄，并用老庄来解释儒家的经典《周易》，使之玄学化，《老》《庄》《易》遂并称三玄。既而发展到嵇康、阮籍"非汤武而薄周孔""越名教而任自然"。其时佛教已初步得到传播，道教开始形成。儒家经典尽管仍为京师及地方各级学校里的必修课目，但支配人们精神世界的，释、道、玄的势力已压倒了儒家的礼教。

4. 到了东晋十六国南北朝时代，佛道大行。梁时单是首都建康就有五百寺，由于僧尼不登户籍，"天下户口，几亡其半"。梁武帝、陈武帝、陈后主，都曾舍身佛寺为奴，由群臣出钱赎回。北魏孝文帝时，"寺夺民居，三分且一"。东西魏、北齐周对峙时期，两国僧尼总数达三百万左右，占总人口数的十分之一。茅山道士陶弘景是梁武帝的"山中宰相"。北魏自太武帝信奉寇谦之的天师道后，后此诸帝初即位，都要去道坛受符箓。南北世家甲族如南朝的琅玡王氏、北朝的清河崔氏，都世代信奉天师道。儒家的经学在南朝的国学中"时或开置"，"文具而已"，"成业盖寡"。北朝在北魏盛时重视学校与经学过于南朝，至孝昌以后，"四方求学，所存无几"。北齐时国学"徒有虚名""生徒数十人耳"。儒学在这个时期显然已极度衰微。

5. 隋唐时期佛道二教发展到执思想界之牛耳，一时才智之士，往往以出家为安身立命的归宿。儒学亦称昌明，孔颖达的《五经正义》，是一次经学注疏的大结集，举世传习，历久不衰。统治者三教并重，一统政权并不要求思想统一。民间信仰则趋向于佛道。

6. 理学是宋儒所创立的新儒学。自宋以后，这种新儒学对社会上层分子的思想意识确是长期起了相当深巨的支配作用。但理学虽以继承孔孟的道统自居，其哲学体系实建立在佛教禅宗和道教《参同契》的基础之上，以儒为表，以释道为里，冶三教于一炉，所以无论是程朱还是陆王，宋明的理学绝不能与孔孟的学说等同起来。宋以后儒者主张排斥二氏者尽管代有其人，那是极个别的所谓"醇儒"，多数士大夫则都是既读圣贤书，同时又出入甚至笃信佛道。纲常名教这一套固然产生了巨大的影响，但人们所毕生追求的却是功名利禄，他们所顶礼膜拜、崇信敬畏的不是儒教中的先圣先贤，而是佛、菩萨、玉皇大帝、十殿阎王以及各色神仙鬼怪。

明代理学之盛不亚于宋，且看谢肇淛所撰《五杂俎》所描述的明代士大夫精神面貌：

> 世之人有不求富贵利达者乎？有衣食已足，不愿赢余者乎？有素位自守，不希进取者乎？有不贪生畏死，择利避害者乎？有不喜谀恶谤，党同伐异者乎？有不上人求胜，悦不若己者乎？有不媚神诒鬼，禁忌求福者乎？有不卜筮堪舆，行无顾虑者乎？有天性孝友，不私妻孥者乎？有见钱不吝，见色不迷者乎？有一于此，足以称善士矣，我未之见也。（卷13事部）

可见当时极大多数士大夫嘴上讲的尽管是修、齐、治、平、仁、义、道德，头脑里却无非是富贵、鬼神、钱财、女色。

北京是当时的首都，江南是当时文化最发达的地区，而苏州为其都会，按理说，北京、苏州两地的风尚，即便不能完全遵守周孔的礼教，总该相去不远，实际情况却大相径庭。

> "京师风气悍劲，其人尚斗而不勤本业"，"士人则游手度日，苟且延生而已"。"奸盗之丛错，驵侩之出没，盖尽人间不美之俗，不良之辈，而京师皆有之"。"长安有谚曰：'天无时不风，地无处不尘，物无所不有，人无所不为。'"
>
> 姑苏"其人儇巧而俗侈靡。士子习于周旋，文饰俯仰，应对娴熟，至不可耐。而市井小人，百虚一实，舞文狙诈，不事本业。盖视四方之人，皆以为椎鲁可笑，而独擅巧胜之名"。（卷3 地部）

在这两个封建文化最发达的城市里，谢氏似乎并没有闻到一点点忠、孝、仁、义、温、良、恭、俭的周孔之教的气息。

如上所述，可见中国文化一方面随着时代的演进而随时在变，各时代的差异是相当大的，决不能认为存在着一种几千年来以儒家思想为核心或代表的一成不变的文化。另一方面，五四以前，无论是从孔子以诗书礼乐教三千弟子以来的二千三四百年，还是从汉武帝"罢黜百家，独尊儒术"以来的二千年，还是从宋儒建立理学以来的七八百年，儒家思想始终并没有成为任何一个时期的唯一的统治思想。两汉是经学和阴阳、五行、谶纬之学并盛的时代，六朝隋唐则佛道盛而儒学衰，宋以后则佛道思想融入儒教，表面上儒家思想居于统治地位，骨子里则不仅下层社会崇信菩萨神仙远过于对孔夫子的尊敬，就是仕宦人家，一般也都是既要参加文庙的祀典，对至圣先师孔子拜兴如仪，更乐于上佛寺道观，在佛菩萨神仙塑像前烧香磕头祈福。总的说来，控制当时整个社会精神世界的，是菩萨神仙，而不是周公孔子孟子。《五杂俎》里有一条对这种情况说得极为精采明白：

> 今天下神祠香火之盛，莫过于关壮缪……世所崇奉正神尚有观音大士、真武大帝、碧霞元君，三者与关壮缪香火相埒，遐陬荒谷，无不尸而祝之者。凡妇人女子，语以周公孔子，或未必知，而敬信四神，无敢有心非巷议者，行且与天地俱悠久矣。（卷15 事部）

除了崇信菩萨神仙之外，还有形形色色数不清的各种迷信，如算命、看相、起课、拆字、堪舆、扶箕、请神、捉鬼等等，无一不广泛流传，深入人心。甚至如近代史上负盛名的进步思想家魏源,也是一个堪舆迷。他在江苏做官,在镇江找到了一块"好地",竟不惜把他已在湖南老家安葬多年的父母骸骨,迢迢千里迁葬过来。我们怎么能说五四以前中国封建社会文化就是孔孟一家的儒家思想呢?

(二)

中国史上自秦汉以后中原王朝的版图都很广大,各地区的风土习尚往往各不相同。任何时代,都不存在一种全国共同的文化。过去研究文化史的同志们,对这种文化的地区差异一般都没有予以足够的注意,在此我举几个朝代为例,简要指出各区间的显著差异。

1. 在汉武帝独尊儒术约百年之后的成帝时,刘向将汉朝全境划分为若干区域,丞相张禹使僚属朱赣按区叙次其风俗,后来为班固辑录于《汉书·地理志》的篇末。根据此项资料,其时全国只有齐地"士多好经术",鲁地"其好学犹愈于他俗",三辅(京都长安附近,今关中平原)的世家"好礼文",此外各地区全都没有提到有儒家教化的影响,相反,到处流播着各种不符合儒学礼教习俗。例如:

> 三辅"富人则商贾为利,豪杰则游侠通奸"。"濒南山近夏阳多阻险,轻薄易为盗贼,常为天下剧"。"郡国辐凑,浮食者多,民去本就末"。"列侯贵人车服僭上,众庶放效,羞不相及,嫁娶尤崇奢靡,送死过度"。六郡(今甘肃东部、宁夏、陕北)则"不耻寇盗"。蜀士以文辞显于世,但"未能笃信道德,反以好文刺讥,贵慕权势"。以上为秦地。
>
> 中原的河内则"俗刚强,多豪杰侵夺,薄恩礼,好生分"。周地则"巧伪趋利,贵财贱义,高富下贫,喜为商贾"。郑地则"男女亟聚会,故其俗淫"。卫地"有桑间濮上之阻,男女亦亟聚会,声色生焉,故俗称郑卫之音"。陈地则"其俗巫鬼"。南阳则"俗夸奢,上气力,好商贾"。宋地虽"重厚多君子,好稼穑",但沛、楚"急疾颛己",山阳"好为奸盗"。
>
> 河北的赵、中山则"丈夫相聚游戏,悲歌慷慨,起则椎剽掘冢,作奸巧,多弄物,为倡优。女子弹弦跕躧,游媚富贵,偏诸侯之后宫"。太原、上党"多晋公族子孙,以诈力相倾,矜夸功名,报仇过直,嫁娶送死

奢靡"。钟代以北"民俗懁忮，好气为奸，不事农商……故冀州之部，盗贼常为它州之剧"。燕地则还保留着战国以来"宾客相过，以妇侍宿，嫁娶之夕，男女无别"之俗。

楚之江南则"信巫鬼，重淫祀"。吴人以文辞显，"其失巧而少信"。

就是儒教比较最昌盛的齐鲁二地，齐"俗弥侈"，其士"夸奢朋党，言与行缪，虚诈不情"，鲁地"去圣之远，周公遗化销微，孔氏庠序衰坏"，"俭啬爱财，趋商贾，好訾毁，多巧伪，丧祭之礼，文备实寡"，也不能算是风俗淳厚的礼义之邦。

2.《隋书》的《志》本为《五代史志》，以南北朝后期梁、陈、齐、周和隋五代为论述对象。其《地理志》将隋炀帝时全国一百九十个郡按《禹贡》九州编次，各于州末略叙其风俗。

九州之中，兖、徐、青三州十五郡（今山东和河南河北与山东接境的一小部分，江苏淮北部分，安徽淮北的东部）被肯定为教化最良好的地区。兖州五郡，"有周孔遗风，多好儒学，性质直怀义"。徐州四郡，"贱商贾，务稼穑，尊儒慕学，得洙泗之俗"。青州四郡，"多务农桑，崇尚学业，归于俭约"；但齐郡（今济南）"俗好教饰子女淫哇之音"，东莱"朴鲁少文义"，是其缺失。

尚儒风气次于兖、徐、青三州的豫、冀二州。豫州十六郡（今河南大部分、安徽淮北的西部、山东西南一部分、陕南东部及鄂西北一部分）基本被肯定为"好尚稼穑，重于礼义"，独帝都所在的河南（洛阳）则被讥为"尚商贾，机巧成俗"。冀州三十郡，在今河北中南部的七郡"人性多敦厚，务在农桑，好尚儒学，而伤于迟重"；今河南黄河以北的河内、汲二郡"俗尚于礼"，基本被肯定；惟介在其间的魏郡、清河则被讥为"浮巧成俗"，"轻狡"；在今山西中南部的七郡基本被肯定为"重农桑，朴直少轻诈"，惟"伤于俭啬，其俗刚强"；自今山西北部北至河套东北五郡和河北北部东至辽西六郡"地处边陲"，其人"劲悍""勇侠"，风教异于内郡；惟涿郡（今北京）、太原"人物殷阜"，"多文雅之士"。

以上五州是黄河下游两岸即所谓关东地区。

自关以西的雍州，即基本为儒家声教所不及。长安附近关中平原三郡，风气很坏："人物混淆，华戎难错；去农从商，争朝夕之利，游手为事，竞锥刀之末；贵者崇侈靡，贱者薄仁义；豪强者纵横，贫窭者穷蹙；桴鼓屡惊，盗贼不禁。"三辅以北以西的古"六郡"之地，比较淳朴，"性质直，尚俭约，习仁义，勤于稼穑，多畜牧，无复寇盗"。自此以北缘边九郡（陕北、宁夏至河套）及河西诸郡则"地接边荒，多尚武节"。

秦岭以南长江上游的梁州，惟蜀地"颇慕文学，时有斐然"；"人多工巧，绫锦雕镂之妙，殆侔于上国"；"然多溺于逸乐"，"贫家不务储蓄，富室专于趋利，其处家室则女勤作业，而士多自闲"；"小人薄于情礼，父子率多异居"；"其边野富人，多规固山泽，以财物雄使夷僚，故轻为奸藏，权倾州县"。汉中与巴地则"质朴无文，不甚趋利；性嗜口腹，多事田渔，虽蓬室柴门，食必兼肉；好祀鬼神，尤多忌讳；崇重道教，犹有张鲁之风"。汉中以西蜀郡以北诸郡则"连杂氐羌，人尤劲悍；性多质直，务于农事，工习猎射，于书计非其长矣"。

长江中游的荆州，"率敬鬼，尤重祠祀之事"；"丧葬之节，颇同于诸左云"；全州二十二郡中，只有南郡襄阳"多衣冠之绪，稍尚礼义经籍"。

以长江下游为中心的扬州地区比梁州荆州更为广大，东北起今苏皖鄂豫的淮南，中间为长江以南的今苏皖沪浙闽诸省市，南至五岭以南的今两广和越南北部。其中淮南八郡被誉为"尚淳质，好俭约，丧纪婚姻，率渐于礼"。江南岭北十八郡则大抵"信鬼神，好淫祀，父子或异居"，又分为二区："吴中"七郡（以太湖流域为中心、西包皖南宣城一带，南包浙江宁绍金衢）"君子尚礼，庸庶敦庞，故风俗澄清，而道教隆洽"，评价最高；此外十一郡（今江西福建二省及皖南浙西之旧严徽二府。浙南之旧温处台三府）风教皆不及"吴中"，尽管也"君子善居室，小人勤耕稼"，但豫章等郡有妇女"暴面市廛，竞分铢以给其夫"，丈夫举孝廉即逐前妻，庐陵宜春等郡又往往有畜蛊害人的恶习。五岭以南十九郡风气更差，"人性轻悍，易兴逆节"，而俚僚则既"质直尚信"，又"重贿轻死，唯富为雄"，"父子别业，父贫乃有质身于子者"，"俗好相杀，多构仇怨"。

总括《隋书·地理志》所载，当时被誉为尊儒重礼的，只有中原二十一郡荆扬十七郡共三十八郡，仅占全国一百九〇郡的五分之一；就是在这三十八郡中，也还夹杂着不少违反儒教的风俗。至于其他五分之四的地区（按郡数计），则几乎没有受到过什么儒教的影响：中原经济发达地区则机巧轻狡侈靡成俗，边郡则失之于刚强劲悍；南方梁荆扬三州则普遍信鬼神好淫祀。长江流域尊儒重礼的郡数已接近于中原，这当然是永嘉之乱后中原士族南迁的结果。

3.《通典·州郡典》载天宝年间的三百多府郡，也是按《禹贡》九州分区记叙，州末各记上一段风俗。据此，其时：

冀州的山东（今河北）"尚儒"，"仗气任侠"，而邺郡（今安阳附近冀豫接壤一带）"浮巧成俗"；山西人勤俭，而河东（今晋西南）"特多儒者"；并州（太原及迤北）"近狄，俗尚武艺"。兖州（今冀东南鲁西）"人情朴厚，俗有儒学"。青州（今山东济南以东）"亦有文学"。徐州（鲁南苏皖淮北）"自五胡乱华，数百年中，无复讲诵，况今去圣久远，人情迁荡"，但又说"徐兖其俗略同"。豫州只说"周人善贾，趋利纤啬"，而不及他郡。中原这几州儒学的声势，比百五十年前《隋志》所载，大致并没有什么进展，惟山东、河东多世族，故独擅儒术。

关中的雍州京辅因"五方错杂，风俗不一，称为难理"；其西北诸郡"接近胡戎，多尚武节"；"其余郡县，习俗如旧"。

长江流域上游梁州的蜀土"学者比齐鲁"。下游扬州"人性轻扬而尚鬼好祀"如旧，而江东因永嘉之后"衣冠避难，多所萃止，艺文儒术，斯之为盛"。中游荆州"风俗略同扬州"，"杂以蛮僚，率多劲悍"。

五岭以南于九州外别为一区，"人杂夷僚，不知教义，以富为雄"，"民强吏懦，豪富兼并，役属贫弱，俘掠不忌"，"轻悍易兴逆节"。

总的说来，盛唐时代的儒学兴盛地区，北方则山东、兖州，南方则吴中，略如隋旧；惟以蜀土比齐鲁，可能比隋代有所发展。

4.《宋史·地理志》将崇宁时的二十四路合半为十二区，区末各有一段论风俗，较《汉志》《隋志》更为简略，兹参以《太平寰宇记》《舆地纪胜》所载，略述如下：

中原诸路中，京东"专经之士为多"，河北"多专经术"，京西洛邑"多衣冠旧族"，文教称盛。京东二路大率"皆朴鲁纯直"，"重礼义，勤耕纴"；惟兖济"山泽险迥，盗或隐聚"，登莱高密"民性惟愎戾而好讼斗"。京西二路"民性安舒"。河北二路"质厚少文"，"气勇尚义，号为强忮"。此外河东则"刚悍朴直"，"善治生，多藏蓄，其靳啬尤甚"。陕西二路"慕农桑、好稼穑"，"夸尚气势，多游侠轻薄之风，甚者好斗轻死"；惟蒲解本隶河东，"俗颇纯厚"；

被边之地,"其人劲悍而质木";"上洛多淫祀,申以科禁,其俗稍变"。

南方的江南东、西,两浙,福建四路是当时全国文化最发达的地区,尤以福建为最,多响学,喜讲诵,好为文辞,"登科第者尤多"。但这几路普遍"信鬼尚祀,重浮屠之教";两浙"奢靡,奇巧";江南"性悍而急,丧葬或不中礼";江南福建皆"多田讼"。此外则淮南二路"人性轻扬"。荆湖南路"好讼者多",此路"俗薄而质",归、峡"信巫鬼,重淫祀"。川峡四路"民勤耕作……其所获多为遨游之费","尚奢靡,性轻扬";"庠塾聚学者众",文士辈出,而"亲在多别籍异财"。涪陵之民,"尤尚鬼俗"。广南二路"民婚嫁丧葬多不合礼,尚淫祀,杀人祭鬼","人病不呼医服药"。

这里有值得注意的两点:一、两宋是理学最昌盛的时代,可是除福建一路的"喜讲诵"当即指此外,其他各路记载里竟概未涉及。当然,京东、河北、两浙、江南和蜀中的"文学""经学",不可能完全与理学无涉;要之,由此可见,即使在宋代,理学怕也未必已为读书人所普遍接受。二、文化最发达的地区两浙、江南、福建,同时又是普遍信鬼、尚祀、重浮屠之教的地区,可见宋代的儒家尽管已"冶三教于一炉",但至少在民间佛道的权威显然还是比周孔之教高得多。

5.《元史》《明史》《清史稿》的《地理志》不载风俗;元明清三代的《一统志》中《元统志》今残存已不及百分之一,《明统志》《清统志》所载风俗一般仅趁录前代旧志陈言,不反映当代情况。所以中国文化在这六百多年中的地区差别并无现成资料可资利用,现在我只能就明朝一代,杂采诸书零星材料,略事阐述:

据清人黄大华所辑《明宰辅考略》,自永乐初至崇祯末,历任内阁大学士共一百六十三人。兹按明代的两京十三布政使司,表列这一百六十三人的籍贯如下:(内一人待考)

南直	27(今江苏20,安徽5,上海3)	广西	2
		贵州	0
浙江	26	江西	22
北直	17(今河北长城以内)	湖广	12(今湖北8,湖南4)
山东	13	河南	11

福建	11	广东	5
四川	9	陕西	2（今陕西2，甘、青、宁无）
山西	5	云南	0

明制内阁大学士皆由翰林出身，所以这张表大致可以反映各地区文化程度的高下：南直、浙江、江西三省共得七十五人，占全国总数45%；加福建省共得八十六人，四省占总数53%，是全国文化最发达的地区。其中又以相当今苏南、上海的五府得十九人，浙江的嘉湖宁绍四府得二十人，江西吉安一府得十人，福建泉州一府得五人，尤为突出。中原的北直、山东、河南、山西四省合四十六人，占总数28%。此外陕西、湖广、四川、广东、广西共得三十人，占18%。其中陕西二人都是最接近中原的同州人，广西二人都是地接湖广、省会所在的桂林人。十五省中，云贵二省全都不出一人。所以全国人才分布的总形势是东南最盛，中原次之，西北西南最为落后；西北的陕西当今陕甘青宁四省区之地只出二人，西南的广西和云贵三省也只出二人。

致位宰辅必须经由科举，应科举必须读儒家的经典；但当时的儒学代表人物不是位极人臣的大学士或名魁金榜的三鼎甲，而是以道义名节自励，讲求修、齐、治、平之道的理学家。《明史》将一代著名理学家除少数几个有事功列于专传者外，编次为《儒林传》二卷，共著录一一五人。兹表列到一一五人的籍贯如下：

江西	35	浙江	26	南直	18
福建	9	陕西	7	河南	6
山东	5	广东	5	湖广	2
山西	1	四川	1	北直	0
广西	0	云南	0	贵州	0

东南四省占了全国总数76.5%，北方四省仅占16%，此外中南西南三省合占7%。除西南广西、云、贵三省无人外，奇怪的是，畿辅之地北直竟亦无人，十五省中缺了四省，总的分布形势基本与宰辅相同，而荣枯之差更大。这应该是由于宰辅出自科举，科举各省有定额，故分布面比较广，比较平衡，而理学

的授受传播则自应由近而远，僻远处更难为传播所及。可见科举和儒术虽然是两回事，二者都足以代表当时文化盛衰的地区差异。

为了企求早日完成这篇讲稿，我未能为《明史·文苑传》中人物作出分省统计；逆料做出来的结果与宰辅儒林不会有多大差别。

多出卿相、名儒、文人学士的地区，一般当然就是儒术礼教最昌盛的地区。如上表，《明史·儒林传》中的人物以江西为最多，这是与明人著作《文武库》[①]中所记江西风俗正相符合的。全省十三府，其中南昌、饶州、广信、九江、建昌、抚州、临江、吉安、袁州九府，都被赞许为"家有诗书"，"人多儒雅"，"比屋弦诵"，"尚礼崇德"，"力学知廉耻"等等。万历中王士性所著《广志绎》，备载十四省（不及福建）民俗，他省皆不及儒术，独称"江右讲学之盛，其在于今，可谓家孔孟而人阳明矣"（卷4）。但江右风俗悖于礼教者亦不在少。通省则"少壮者多不务稽事，出营四方，至弃妻子而礼俗日坏，奸宄间出"（《文武库》）。其外出又不是经营正经工商业，往往用堪舆星相等术数，赖谭天悬河的辩才以骗取钱财（《广志绎》卷4）。各府则南昌"薄义而喜争"，建昌"性悍好争讼"，瑞州"乐门轻死，尊巫淫祀"，赣州"好佛信鬼，嗜勇好斗，轻生致死"，南安"多讼"（《文武库》）。

浙江出宰辅仅次于南直，理学之盛仅次于江西，而绍兴一府科名儒学之盛，又甲于浙江。然为顾亭林誉为"天下之大害"，"百万虎狼"，窟穴于自京师各部至各级地方衙门的胥吏（《郡县论》），正是浙江的绍兴人。

南直的文化中心，首推南京苏州扬州三处。成书于万历晚期的谢肇淛《五杂俎》，痛诋苏州人的儇巧，已见上文。南京则以秦淮烟月、旧院名妓著称（《广志绎》）卷2）。而扬州人多以买童女经过一番如何做好姬妾的专业教养后以厚直出售为业，俗称"养瘦马"。以致"广陵之姬"，成为名闻四远的名产，达官巨贾，"欲纳妾者类于广陵觅之"。且业此者并不限于平常人家，"即仕宦豪门，必蓄数人，以博厚糈，多者或至数十人"（《广志绎》卷1、《五杂俎》卷7、《野获编》卷23）。三处如此，则南直风尚之多弊可见。

南宋朱熹家居建阳，一生活动长期皆在闽中，故世称其学为"闽学"，其影响直到明代还很深。建宁、延平、邵武、汀州上四府，有"小邹鲁"之称

[①] 清初李培将此书辑入《灰画集》，序中只提到此书为张文升所藏，不著撰人姓名。

(《灰画集》引《方舆胜略》)。谢肇淛是福州长乐人,自诩"吾邑虽海滨椎鲁,而士夫礼法,甲于他郡。……市不饰价,男女别于途,不淫不盗,不嚣讼,不逋赋。"但谢氏又承认"今之巫觋,江南为盛,江南又以闽广为甚。闽中富贵之家,妇女敬信无异天神"。"惑于地理者,惟吾闽为甚"。"最可恨瘟疫一起,即请邪神"。而闽广人好男色,尤甚于他处;福州又往往"乘初丧而婚娶,谓之乘凶"(《五杂俎》)。丘濬又指出"溺子之俗,闽之建剑为甚"(《大学衍义补》)。沈德符极言闽人之重男色,至以"契兄弟"比之于伉俪;甚者都又有壮夫娶韶秀少年,与讲衾裯之好,称"契父子"(《野获编补遗》)。如此种种恶俗在福建的广泛流行,可见所谓"小邹鲁",所谓"最讲礼法",只是一些士大夫闭目塞听所作的自我吹嘘而已。

封建文化最发达的东南四省尚且不能按儒学的要求澄清社会风尚,其他地区当然更谈不上了。看来山东的"士大夫恭俭而少干谒,茅茨土阶,晏如也",河南的风俗有"淳厚质直"之誉,多半是由于地瘠民贫而导致的,与儒学的教化未必有多少关系。所以山东、河南皆多盗,"宛洛淮汝睢陈汴卫"一带,又有"同宗不相敦睦","同姓为婚多不避忌,同宗子姓,有力者蓄之为奴"这一类违反礼教的陋俗。"又好赌,贫人得十文钱,不赌不休,赌尽势必盗,故盗益多"(《广志绎》卷3)。中原如此,西南广西云贵等地民夷杂处,诸夷仍其旧俗,华人什九皆各卫所的戍卒,其不谐于名教更可想见。

(三)

总上所述,可见姑且不讲全中国,即使未讲秦汉以来的历代中原王朝,专讲汉族地区,二千年来既没有一种纵贯各时代的同一文化,更没有一种广被各地区的同一文化。虽然儒家学说一直是二千年来中国文化的一个重要组成部分,却从没有建立起它的一统天下,犹如基督教之于欧洲诸国,伊斯兰教之于伊斯兰国家那样。各时代风俗习尚的地区差异,更充分说明了好儒尚礼的地区一般只占王朝版图的一小部分,很难到得了一半。而在这小部分地区内,即使能做到"家有诗书,人多儒雅,序塾相望,弦诵相闻",支配人们精神世界的,却不可能是纯正的孔孟思想,不杂二氏之说,不信鬼神。他们的行为准则,也不可能完全符合于儒家的道德标准、伦理观念。

自五四以来以至近今讨论中国文化,大多数学者似乎都犯了简单化的毛病，把中国文化看成是一种亘古不变且广被于全国的以儒学为核心的文化，而忽视了中国文化既有时代差异，又有其地区差异，这对于深刻理解中国文化当然极为不利。今天我在这里讲的虽然很粗疏，很浅薄，若能因而引起一些同志们的注意，稍稍改变一下过去那种中国文化长期不变、全国统一的看法，则不胜幸甚！

我强调中国文化的时代差异和地区差异，不等于我否定中国文化有它的共同性。共同性和差异性是辩证地同时存在的。中国毕竟是一个长期统一的国家，汉族毕竟是一个历史悠久的具有强烈的共同意识的民族，不可能没有文化的共同性。什么是不因时而变因地而变的共同的中国文化呢？这个问题不包括在我今天的讲题之内，本可以不讲。不过凡是热情参加中国文化的讨论的同志们，大概没有一人不是在迫切关心中国文化的发展前途的。中国文化的共同性何在？这是直接关系到中国文化的前途的关键问题。

我以为中国在一个国家里，汉族在一个民族里，一贯对待不同文化采取容许共存共荣的态度，不论是统治阶级还是被统治阶级都是如此，因此儒佛道三教得以长期并存，进一步又互相渗透，同时又能接受伊斯兰教、基督教等其他宗教，这就是中国文化的共同性。也就是中国文化的特点。因此，中国（汉族地区）尽管发生过三武之厄，佛教皆不久即复兴；尽管在朝廷上发生过几次佛道之争，却从没有发生过宗教战争；即使最高统治者皇帝非常虔诚地信仰某一种宗教，却从没有强迫过他统治下的任何一民族一地区的人民改变信仰。尽管有一些和尚道士受到统治者备极尊崇的礼遇，也曾参与治政，却从没有搞过政教合一。这种早已形成，长期坚持的兼收并蓄的文化开放传统，使整部中国史只能出现政治上的封建集权大一统，任何时期都做不到思想文化的统一。秦始皇不能，汉武帝不能，唐宗、宋祖、成吉思汗、朱元璋也不可能。这些帝王不是不想做，但做不到。秦汉一统王朝做不到，一到魏晋南北朝时代，专制政权的衰落，使思想文化更得到了自由发展的机会，所以这一政治上的分裂时期，在学术思想上、文学艺术上的活跃与进步，远远超过秦汉。隋唐以一统王朝而能在文化发展上取得丰硕的成果，那是由于输入、吸收、融合了多种周围各族各国的文化之故。中国之所以能长期继续发展，汉族之所以能长期屹立于世界先进民族之林，繁衍为占全国人口大多数的主体民族，对不同文化采取兼收并蓄的开放态度，应该是主要原因之一。中国的封建统治在政治上以专制著称，但从来并不严格限制其臣民的思想文化倾向与宗教信仰。范缜坚持他的神灭论；虔诚的佛教徒萧子良、萧衍以帝王之尊，无可他奈何。就是到了君主专制发展到最高度的明清时代，统治者也只要求应试的士子在试卷上必须按经义代圣贤立言，却并不管你所信仰的到底是圣贤还是神仙，是周公、孔子、孟子、程、朱，还是释迦牟尼、耶稣基督或安拉真主。我认为这正是中国文化的主要优良传统。今后我们必须继续遵循这条道路去推进中国文化在新时代新形势下健全地向前发展。当前我国在经济上实行对外开放对内搞活的政策，理所当然，在文化上也应该采用同样的政策。文化上的对外开放，就是大胆地接受吸收外国的优良文化；对内搞活，就是真正做到百家争鸣、百花齐放。

（录自谭其骧《长水集续编》，人民出版社 1994 年版，第 171~188 页）

论秦至宋学术与政治 *

程　颐①

秦以暴虐，焚《诗》《书》而亡。汉兴，鉴其弊，必尚宽德崇经术之士，故儒者多。儒者多，虽未知圣人之学，然宗经师古，识义理者众，故王莽之乱，多守节之士。世祖继起，不得不褒尚名节，故东汉之士多名节。知名节而不知节之以礼，遂至于苦节，故当时名节之士，有视死如归者。苦节既极，故魏、晋之士变而为旷荡，尚浮虚而亡礼法。礼法既亡，与夷狄无异，故五胡乱华。夷狄之乱已甚，必有英雄出而平之，故隋、唐混一天下。隋不可谓有天下，第能驱除尔。唐有天下，如贞观、开元间，虽号治平，然亦有夷狄之风，三纲不正，无父子君臣夫妇，其原始于太宗也。故其后世子弟，皆不可使。玄宗才使肃宗，便篡。肃宗才使永王璘，便反。君不君，臣不臣，故藩镇不宾，权臣跋扈，陵夷有五代之乱。汉之治过于唐，汉大纲正，唐万目举。本朝大纲甚正，然万目亦未尽举。

（录自程颢、程颐著，王孝鱼点校《二程集·河南程氏遗书》卷十八《刘元承

---

① 程颐（1033—1107），北宋理学家。

手编》，中华书局1981年版，第236页）

（参校程颢、程颐撰，潘富恩导读《二程遗书》，上海古籍出版社2000年版，第288页）

论古今学风变迁与政俗之关系（节录）

刘师培[①]

三代以前，无学风之可言，而学风之成则始于春秋之世。夫春秋之世，公卿大夫均娴于旧典，优于文学，明于国事，达于善政交邻之义，由是趋时之士争以多闻博辨相高，然词皆征实，不尚空言。至于战国，而游说之风兴。顾亭林《日知录》论周末风俗，谓春秋之时犹尊礼重信，至于战国则并礼与信而不言；春秋之时犹宗周王，至于战国则绝不言尊王；春秋之时犹严祭祀，重聘享，而七国则无其事；春秋时犹论宗姓氏族，而七国则无此言；春秋之时犹享宴赋诗，为七国所弗闻；春秋之时犹有赴告之文，为七国所无有，以致邦无定交，士无定主，不待始皇并天下，而文、武之道尽。顾氏此言，均以战国之风迥逊于春秋之世，然所举之证半烦文缛礼之微，不得斥为世风之恶，其所以不及春秋者，则游说是也。自孔子周历列国干七十二君，弟子七十人若子贡之流争以才辩说诸侯，而墨子之徒亦欲推行己说以干诸侯，由是儒、墨之徒均与纵横家相杂。后起诸子，虽立说互有得失，然舍道家而外，莫不伺贵显之门，居奔竞之途，以自售其说。至于游说之原因，或由行道，或由竞名，或由希赏，其宗旨虽殊，然一则足以败恬退之风，一则足以启浮夸之习，此战国之学风所由逊于春秋之时也。

两汉之时，学者迷信经术，以为致君泽民之道悉寓于六经之中。自董仲舒、刘向以来，两汉三公多以经生任其职，举事发言，笃守师法，不屑罔道以殉人，虽解经之词多神秘之说，然笃信固执，安习不移，致畏天敬民之思想普及于民心，虽谲诈之儒间以经术济其私，或用以全身保位，然不足以概汉儒之全，故多数之儒生以经为道，或蛰居雒诵，不求显达，积德在躬，以

[①] 刘师培（1884—1919），清末民初学者。

尽成俗化民之责，虽造次颠沛，亦必以礼义为归；或扬身王廷，遵道而行，于民间疾苦，慷慨直陈，援引经谊，以折君非，敦厉名实，力挽颓风。此二派者，其迹均近于愚戆，然汉代风俗之良，实由愚戆之人笃信经术，故承风兴起之士，恒依道不依人。王吉、贡禹之直谏，贾谊、刘向之尽忠，朱云、梅福之抗节，盖宽饶、龚胜之直刚，不为利害所摇，不为威权所惕，在朝在野，均有裨于民风。

至于东汉，而向之蛰居雒诵者，遂一变而为高隐，如申屠蟠、黄宪是也；向之敦厉名实者，遂一变而为抗议，如党锢诸公是也。此数子者，出处语默，不拘一操，且未必咸出于经生，然经生依道不依人之学提倡于前，寖成风俗，以致富贵不能淫，贫贱不能移，威武不能屈，一矫同流合污之习，不可谓非经生之功也。夫六经之学，本不足致用于后世，惟愚戆之人迷信其说，奉若帝天，盖不以学术视六经，实以宗教视六经也。信仰既虔，故修身治国俱有定向。《后汉书·儒林传》论曰："桓、灵之间，君道秕僻，朝纲日陵，国隙屡启，自中智以下靡不审其崩离，而权强之臣息其窥盗之谋，豪俊之夫屈于鄙生之议。"又《左雄传》论曰："所以倾而未颓，决而未溃，皆仁人君子心力之为。"夫以汉室之不亡归功于仁人君子，不若归功于愚戆之儒生。以愚戆之儒生倡迷信之学术，犹足收化民成俗之功，则以学非伪学之故也。

两汉以降，儒生日趋于智，而迷信儒术之心衰，儒术既衰，故节义之风亦逊于两汉。夫两汉崇尚气节，非儒术与节义相表里也。盖迷信经术之人，均愚戆之人，而节义之风则由愚戆之人开其始，愚戆之人既稀，故迷信经术之心不若昔时之笃，而节义之风亦愈衰。先是汉末之时，纲纪委弛，忧时之士，竞言尚法，及曹操得冀州，崇尚跅弛之士，苟有治国用兵之术，虽负污辱之名，亦复弃瑕登用，由是权诈迭进，奸伪萌生。及魏太和时，董昭上疏，谓"当今年少不复以学问为本，更专以交游为业。国士不以孝悌清修为首，乃以趋势求利为先"，是则魏、晋之间渐启贪污之俗。贪污之俗既成，故一、二有智之士竞慕通脱。晋傅玄上疏谓，魏武好法术而天下尚刑名，魏文慕通达而天下贱守节，其后纲维不振，放诞盈朝，遂致天下无复清议。夫士慕通达，岂仅由魏文一人之倡导哉？居尚法之朝，处贪污之俗，非置身礼法之外，非婴祸即辱身耳。故正始以还，何、王倡清谈之风，而名士风流盛于洛下，弃经典而尚老庄，蔑礼法而崇放达，竹林七贤益崇放旷。及于西晋，此风未衰，清谈放诞以全其身。至于东晋，高门世族亦托于酣嬉淋漓，反是者则为尘俗。干宝《晋纪·总论》曰："风俗淫僻，耻尚失所，学者以庄老为宗而黜六经，谈者以虚薄为辨而贱名检，行身者以放浊为通而斥节信，进仕者以苟得为贵而鄙居正，当官者以望空为高而笑勤恪。"《晋书·儒林传序》亦曰："摈阙里之典经，习正始之余论，指礼法为流俗，目纵诞以清高。"此则虚名虽被于时流，笃论未忘乎学者。加以范宁诸人目王、何为桀、纣，而近人顾亭林又以王、何、嵇、阮为罪人，致一时之舆论均以两晋六朝之学风为非，不知两晋六朝之学，不滞于拘墟，宅心高远，崇尚自然，独标远致，学贵自得，此其证矣！故一时学士大夫其自视既高，超然有出尘之想，不为浮荣所束，不为尘网所撄，由放旷而为高尚，由厌世而为乐天，朝士既倡其风，民间浸成俗尚。虽曰无益于治国，然学风之善犹有数端。何则？以高隐为贵，则躁进之风衰；以相忘为高，则猜忌之心泯；以清言相尚，则尘俗之念不生；以游览歌咏相矜，则贪残之风自革。故托身虽鄙，立志则高，被以一言，则魏晋六朝之学不域于卑近者也，魏晋六朝之臣不染于污时者也，故当时之士风知远害而不知趋利。明杨慎有言，六朝风气，论者以为浮薄，败名检，伤风化，固亦有之，然予核其实，复有不可及者数事：一曰尊严家讳；二曰矜尚门地；三曰慎重婚姻；四曰区别流品；五曰主持清议。盖当时士大夫虽祖尚玄虚，师心放达，而以名节相高，风义自矢者，咸得径行其志。至于冗末之品，凡琐之材，虽有陶、猗之赀，不敢妄参乎时彦，虽有董、邓之宠，不敢肆志于清流。而朝议之所不及，乡评巷议，犹足倚以为轻重，故虽居偏安之区，当陆沈之后，而人心国势犹有与立，非此数者补救之功哉？杨氏之言如此，则世之以正始遗风为非者，毋亦轻于立言矣！盖魏晋以下，名士竞用之时代也，以之振民气则不足，以之矫贪鄙则有余，则当时之风尚又岂后世所可及哉？

六朝以降，至于隋唐，而士风一变。自科举途开，士人欲求进身，不得不出于科举之一途，故真挚之诚逊于两汉，高尚之风又逊于六朝。然学风胜于后世者，则以唐人之于学术无所迷信。而后人之于学术，则介于迷信非迷信之间。惟其无所迷信，故既无尊崇君主之诚（唐人文网最疏，于宫闱之隐事，明著之诗文中以寓刺讥，如白居易、刘禹锡皆然，可以知唐人无尊君之心），复无崇拜圣贤之念（唐人之著作，若《史通》诸书均斥孔子，而信老庄信佛典者犹不知凡几，不必尽托于儒）。士生其间，不为名教所囿，不为礼法所拘，一旦达而在上，则锐志功名，否则纵情佚乐。试观贞观之时房、杜为名臣，开元之时姚、宋为贤相，综核名实，长于治民，特功名心之所推耳！惟其锐志功名，故能排大疑、犯大难，为人之所不敢为，若张柬之、李德裕之流是也。即王叔文、牛僧孺、李宗闵之徒，虽威福自擅，植党营私，然率意而行，不事伪饰，故唐代鲜纯臣，其所谓贤臣者即有才之臣而已，此外则为权奸，其为恶之才亦非后世所克及，盖惟知功名权利而不知其他者也。若夫纵情佚乐者，则唐代大臣无不习于奢华，宫室之美，妻妾之奉，饮食服御之丰，均极一时之盛。虽名将若郭子仪，名相若杜黄裳，均以骄奢富厚蒙讥，而长安、洛阳之间，公卿贵戚，开馆列第，不下千余，莫不广蓄声妓，陈设华筵，以奢侈相高，虽黩货厉民，为恶至重，然不以纵乐为讳言。又如王伾之吴语，郑綮之歇后，薛昭纬之浣溪沙，莫不登之岩廊，用为辅弼，顾氏亭林讥为通脱，然魏晋放达之风至此犹存，盖此乃率性而行，不事作伪者也。至于在下之人，亦醉心利禄，以出身科目为荣。唐薛谦之疏曰：今之举人，有乖事实，乡议决小人之笔，行修无长者之论，策第喧竞于州府，祈思不胜于拜伏，或明制才出，试遣搜剔，驰驱府寺之门，出入王公之第，上启陈诗，惟希咳唾之泽，摩顶至足，冀荷提携之恩，故俗号举人皆称觅举。觅者，自求之称也。夫徇己之心切，则至公之理乖；贪仕之性彰，则廉洁之风薄。是知府命虽高，异叔度勤勤之让。黄门已贵，无秦嘉耿耿之辞。纵不肯挹己推贤，亦不肯待于三命。故选司补置，喧然于礼闱。州贡宾王，争讼于阶闼。谤议纷合，渐以成风，夫竞荣者必有争利之心，谦逊者亦无贪贿之累。至非上智，焉能不移？在于中人，理由习俗。若重厚谨之士，则怀禄者必崇德以修名。若开趋竞之门，则侥幸者皆戚施而附会。韩愈《送李愿归盘谷序》亦曰：伺候于公卿之门，奔走于形势之途，足将进而趑趄，口将言而嗫嚅，侥幸于万一，老死而后止。可以知唐人鄙恶之风矣！盖唐代以科目取士，而武后以前吏部选试，人皆糊名，而主司取士多不考实，峻其堤防，索其书策（《旧唐书·李揆传》），穷微探隐，无所不至，士至露顶跣足以赴科场（《新唐书·舒元舆传》），以致求才之道不足，防奸之法有余，待之若盗贼，视之若奴囚，故赴试之人廉耻斫丧，以侥幸苟获为荣。又因贡举之士以有司为座主，自称门生，为座主者欲汲引后进之士以为党援，或胁于权势，挠于亲故，而取才一出于私（《旧唐书·王丘传》云，开元初，选考功员外郎。先是，考贡举人请托大行，取士颇滥，每年至百余人，是拔擢出于私由来已久。观唐代之试进士,有私大臣子弟者,如钱徽是也;有苟媚朝廷,无廉洁之操,取舍偷滥者,如宋遥、苗晋卿是也;有私通请托者,如韩愈以侯喜、侯云长、刘述古、韦群玉之名转达陆祠部是也。《容斋四笔》曰,唐世科举之柄专付之主司,仍不糊名,又有交朋之厚者为之荐达,为之通牒,故其取人也,畏于讥议,多公而审,亦或胁于权势,或挠于亲故,或累于子弟,皆常情之所不能免者,可以知唐代之风习矣)。为举子者又急于进身,故挟策入都,即从事于干谒,或上书于相臣之门,或执贽达官之庭,以冀吹嘘之力,虽辱身屈节,曾不少羞,故进身以后则又怀赏拔之私,成朋比之习(顾亭林《日知录》云,贡举之士以有司为座主,而自称门生,自中唐以后,遂有朋党之祸。会昌三年十二月十二日,中书覆奏,奉宣旨,不欲令及第进士呼有司为座主兼题名局席等疏条进来者。伏以国家设文学之科,求真正之士,所宜行崇风俗,义本君亲,然后升于朝廷,必为国器,岂可怀赏拔之私惠,忘教化之根源,自为门生,遂为朋比,所以时风浸下,臣节何施,树党背公,靡不由此。观于此言,则知唐代选举无一非出于私矣)。彼以一言,则唐代士习轻浮(《唐书·选举志》云,众科之目,进士尤为贵。文宗好学嗜古,郑覃以经术位宰相,深疾进士浮薄,屡请罢之。观唐代之举进士者,无一非放浪声色,不修边幅,至于温庭筠、罗隐等人则轻薄愈甚。故顾亭林《日知录》曰,然进士科当唐之晚节尤为浮薄,世所共恶也),不以营利为耻,纵任情性,肆志于诗酒声色,不为礼法所拘,不为虚名所缚,盖率其本然之性而行者也。其逊于六朝者则以士风趋于贪鄙,其胜于两宋者则以不托伪学以售欺。唐人舍急功营利外,惟高人佚士,不恋俗营,以自高其品(如阳城之高行,司空图之高隐,或有化民成俗之功,或有不事王侯之志,盖人品在郭泰、管宁之间,即陆鲁望、张志和、孟浩然辈,亦为高士,有抗俗之风)。若夫外托道德之名,内藏贪污之色,色厉内荏,言与行违,事事必饰圣贤之迹,以风度自矜,则固唐人所不为,抑亦唐人所羞出也(惟韩愈以此博虚名而济其鄙吝,近人多不知之)。故吾谓唐人无伪德,较之后世之士风似犹差善。至于两宋,则士风日伪,其弊愈不可言矣!

(录自《左庵外集》卷九《刘申叔先生遗书》,宁武南氏 1936 年排印本)
(参校李妙根编《刘师培文选》,上海远东出版社 2011 年版,第 191~197 页)

南北学派不同论·总论

刘师培

中国群山发源葱岭，蜿蜒而东趋，黄河以北为北干，江河之间为中干，大江以南为南干。盖两山之间必有川，则两川之间亦必有山。中国古代舟车之利甫兴而交通未广，故人民轻去其乡，狉狉榛榛，或老死不相往来。《礼记·王制》篇有云："广谷大川，民生其间者异俗。"盖五方地气有寒暑燥湿之不齐，故民群之习尚悉随其风土为转移（观《史记·货殖列传》《汉书·地理志》以及王船山《黄书·宰制篇》可见）。俗字从人，由于在下者之嗜欲也（《王制》曰："中国戎蛮五方之民皆有性也，不可推移。"即俗字的解。又俗字从谷，欲字亦从谷，则以广谷大川，民生其间者异制之故也）。风字训教（《诗大序》云："风，讽也，教也。"此其证）。由于在上者之教化也（《诗大序》云："上以风化下。"而古代大师有陈诗观风之典）。

汉族初兴，肇基西土，沿黄河以达北方，故古帝宅居悉在黄河南北。厥后战胜苗族，启辟南方，秦汉以还，闽越之疆始为汉土。故三代之时，学术兴于北方，而大江以南无学。魏晋以后，南方之地学术日昌，致北方学者反瞠乎其后。其故何哉？盖并、青、雍、豫古称中原，文物声名洋溢蛮貊，而江淮以南则为苗蛮之窟宅。及五胡构乱，元魏凭陵，虏马南来，胡氛暗天，河北关中沦为左衽，积时既久，民习于夷，而中原甲姓避乱南迁，冠带之民萃居江表，流风所被，文化日兹，其故一也。又古代之时，北方之地水利普兴，殷富之区多沿河水，故交通日启，文学易输（水道交通有数益焉，输入外邦之文学，士之益也；本国物产输入外邦，商之益也；船舶交通，朝发夕至，行旅之益也；膏腴之壤资为灌溉，农之益也。故越南澜沧江，印度恒河、印度河，埃及尼罗河，美国米希失必河，皆为古今来商业发达之地。如河南、山东古代各水道今皆不存，惟有故道耳）。而荆、吴、楚、蜀之间，得长江之灌输，人文蔚起，迄于南海不衰，其故二也。故就近代之学术观之，则北逊于南，而就古代之学术观之，则南逊于北，盖北方之地乃学术发源之区也。

试即南北学派之不同者考之。

（录自《刘申叔先生遗书》，宁武南氏 1936 年排印本）

（参校劳舒编、雪克校《刘师培学术论著》，浙江人民出版社 1998 年版，第 133~134 页）

中国古代哲学之政治社会的背景[①]

冯友兰[②]

（一）

在中国哲学史各时期中，哲学家派别之众，其所讨论问题之多，范围之广，及其研究兴趣之浓厚，气象之蓬勃，皆以上古时期为第一。其所以能有此特殊之情形，必有其特殊之原因。兹分述之。

自春秋迄汉初，在中国历史中，为一大解放之时代。于其时政治制度，社会组织，及经济制度，皆有根本的改变。盖上古为贵族政治，诸国有为周室所封者，有为本来固有者。国中之卿大夫亦皆公族，皆世其官，所谓庶人皆不能参与政权。《左传》昭公七年谓："天有十日，人有十等，下所以事上，上所以共神也。故王臣公，公臣大夫，大夫臣士，士臣皂，皂臣舆，舆臣隶，隶臣僚，僚臣仆，仆有台，马有圉，牛有牧，以待百事。"古代政治上为贵族世官世族之制，故社会组织上亦应有此种种阶级也。贵族政治之破坏，使上古之政治及社会制度起根本的变化。

赵翼曰：

盖秦汉间为天地一大变局。自古皆封建，诸侯各君其国，卿大夫亦世其官，成例相沿，视为固然。其后积弊日甚，暴君荒主，既虐用其民，无有抵止。强臣大族，又篡弑相仍，祸乱不已，并而为七国，益务战争，

[①] 编者删除了文中的注释部分。
[②] 冯友兰（1895—1990），哲学史家。

肝脑涂地，其势不得不变，而数千年世侯世卿之局，一时一难遽变。于是先从在下者起，游说则范雎、蔡泽、苏秦、张仪等，徒步而为相。征战则孙膑、白起、乐毅、廉颇、王翦等，白身而为将。此已开后世布衣将相之例，而兼并之力，尚在有国者。天下藉其力以成混一，固不能一旦扫除之，使匹夫而有天下也。于是纵秦皇尽灭六国，以开一统之局。使秦皇当日发政施仁，与民休息，则祸乱不兴，下虽无世禄之臣，而上犹是继体之主也。惟其威虐毒痛，人人思乱。四海鼎沸，草泽竞奋，于是汉祖以匹夫起事，角群雄而定一尊。其君既起自布衣，其臣亦自多亡命无赖之徒，立功以取将相，此气运为之也。天之变局，至是始定。然楚汉之际，六国各立后，尚有楚怀王心，赵王歇，魏王咎，魏王豹，韩王成，齐王田儋、田荣、田广、田安、田市等。即汉所封功臣，亦先裂地以王彭韩等，继分国以侯绛灌等。盖人情习见前世封建故事，不得而遽易之也。乃不数年而六国诸王皆败灭。汉所封异姓王八人，其七人亦皆败灭。则知人情犹狃于故见，而天意已另换新局，故除之易易耳。而是时尚有分封子弟诸国，迨至七国反后，又严诸侯王禁制，除吏皆自天朝，诸侯王惟得食租衣税，又多以事失侯。于是三代世侯世卿之遗法，始荡然净尽。而成后世征辟选举科目杂流之天下矣，岂非天哉！（《廿二史札记》卷二）

吾人对于赵翼所谓天意，虽不同意，然贵族政治之崩坏实当时大势之所趋。此在春秋之时已见其端，故宁戚以贩牛而得仕于齐，百里奚以奴隶而仕于秦，此庶人之升而为官者也。《诗》有黎侯之赋式微，《左传》谓"栾，却，胥，原，狐，续，庆，伯，降为皂隶"（昭八年）。孔子本宋之贵族，而"为贫而仕"，"尝为委吏矣"，"曾为乘田矣"。此贵族之降而为民者也。如是阶级制度，逐渐消灭，至汉高遂以匹夫而为天子，此政治制度及社会组织之根本的变动也。

与贵族政治相连带之经济制度，即所谓井田制度。《诗》云："普天之下莫非王土；率土之滨，莫非王臣。"《左传》昭七年芈尹无宇曰："天子经略，诸侯正封，古之制也。封略之内，何非君土？食土之毛，谁非君臣？"所谓王土王臣，在后世视之，只有政治的意义，然在上古封建制度下，实兼有经济的意义。上所述社会上之诸阶级，亦不只是政治的、社会的，而亦且是经济的也。盖在上古封建制度下，天子、诸侯及卿大夫，在政治上及经济上皆为人民之主，例如周以土地封其子弟为诸侯，即使其子弟为其地之君主兼地主也。诸侯再以其地分与其子弟，其子弟再分与庶人耕种之。庶人不能自有土地，故只能为其政治的经济的附庸而已。《左传》《国语》中所载当时之政治，皆不过有数几家贵族之活动；所谓人民者，但平时为贵族工作，战时为贵族拼命而已。王船山曰：

> 三代之国，幅员之狭，直今一县耳。仕者不出于百里之中，而卿大夫之子恒为士，故有世禄者有世田，即其所世营之业也。名为卿大夫，实则今乡里之豪族而已。世居其土，世剿其畴，世修其陂池，世治其助耕之氓。……（《读通鉴论》）

"其助耕之氓"，即系农奴，夏曾佑曰：

> 井田之制，为古今所聚讼。据汉唐儒者所言，则似古人真有此事，且为古人政治之根本。以近人天演学之理解之，则似不能有此。社会之变化，千因万缘，互为牵制，安有天下财产可以一时匀分者？井田不过儒家之理想。此二说者，迄今未定。兹据秦汉间非儒家之载籍证之，似古人实有井田之制，而为教化之大梗。其实情盖以土地为贵人所专有，而农夫皆附田之奴，此即民与百姓之分也。至秦商君乃克去之。此亦为社会进化之一端。昔秦孝公用商鞅，制辕田，开阡陌，鞅以为三晋地狭人贫，秦地广人寡，故草不尽垦，地利不尽出。于是诱三晋之人，利其田地，复三代，无知兵事，务本于内，而使秦人应敌于外。故废井田，开阡陌，任其所耕，不限多少，数年之间，天下无敌。（《通典·食货》）案秦人此制，实仍即分人等级之法。然而民得蓄私产之法，即起于此。（《中国历史》第一册，页二五八）

史谓商鞅"坏井田，开阡陌……王制遂灭，僭差无度，庶人之富者累钜万"（《汉书·食货志》）。此农奴解放后"民"之能崛起占势力为大地主者也。所谓井田制之崩坏，亦当时之普通趋势，不过商鞅特以国家之力，对之作有意识的、大规模的，破坏而已。

其次则商人阶级亦乘时而占势力。《汉书》曰：

> 及周室衰，礼法堕……其流至乎士庶，人莫不离制而弃本，稼穑之民少，商贾之民多，谷不足而货有余……于是商通难得之货，工作无用之器，士设反道之行，以追时好而取世资。……富者土木被文锦，犬马余肉粟……其为编户齐民，同列而以财力相君……（《货殖传》）

此"民"之崛起而为资本家者也。弦高以商人而却秦存郑，吕不韦以大贾而为秦相，此资本家之与当时政治外交发生直接关系者也。世禄井田之制破，庶民得解放。营私产，为富豪，此上古经济制度之一大变动也。

此种种大改变，发动于春秋，而完成于汉之中叶。此数百年为中国社会进化之一大过渡时期。此时期中人所遇环境之新，解放之大，除吾人现在所遇所受者外，在中国已往历史中，殆无可以比之者。即在世界已往历史中，除近代人所遇所受者外，亦无可以比之者。故中国之上古时期，诚历史中之一重要时期也。

在一社会之旧制度日即崩坏之过程中，自然有倾向于守旧之人，目睹"世风不古，人心日下"，遂起而为旧制度之拥护者，孔子即此等人也。不过在旧制未摇动之时，只其为旧之一点，便是以起人尊敬之心，若其既已动摇，则拥护之者，欲得时君世主及一般人之信从，则必说出其所以拥护之理由，与旧制度以理论上的根据。此种工作，孔子已发其端，后来儒家继之。儒家之贡献，即在于此。

然因大势之所趋，当时旧制度之日即崩坏，不因儒家之拥护而终止。继孔子而起之士，有批评或反对旧制度者，有欲修正旧制度者，有欲另立新制度以替代旧制度者，有反对一切制度者。此皆过渡时代，旧制度失其权威，新制度尚未确定，人皆徘徊歧路之时，应有之事也。儒家既以理论拥护旧制度，故其余方面，与儒家意见不合者，欲使时君世主及一般人信从其主张，亦须说出其所以主张之理由，与之以理论上的根据。荀子所谓十二子之言，皆"持之有故，言之成理"者也。人既有注重理论之习惯，于是所谓名家"坚白同异"等辩论之只有纯理论的兴趣者，亦继之而起。盖理论化之发端，亦即哲学化之开始也。

孟子曰："圣王不作，诸侯放恣，处士横议。"

《庄子·天下篇》曰："天下大乱，贤圣不明，道德不一，天下多得一察焉以自好。……天下之人，各为其所欲焉以自为方。"

《汉书·艺文志》曰："诸子十家，其可观者九家而已。皆起于王道既微，诸侯力政，时君世主，好恶殊方。是以九家之术蜂出并作，各引一端，崇其所善。以此驰说，取合诸侯。"

所谓"圣王不作""贤圣不明""王道既微"，即指原有之制度组织之崩坏也。因此崩坏，故"道德不一"，故"时君世主，好恶殊方"，而"天下之人各为其所欲焉以自为方"。上古时代哲学之发达，因于当时思想言论之自由，而其思想言论之所以能自由，则因为当时为一大解放时代，一大过渡时代也。

（二）

世多以战国之末，为古代哲学终结之时期。盖一般人以为秦始皇焚书，禁天下藏"诗书百家语"，故觉秦时如一野蛮时代，以前学说，至此悉灭。其实秦始皇"第烧民间之书，不烧官府之书，第禁私相授受，可诣博士受业"（崔适《史记探源》卷三。参看郑樵《通志·校雠略》、康有为《新学伪经考》）。秦始皇李斯之意，盖欲统一思想，非欲灭尽当时之学说也。非在正齐画一制度之下，思想言论，失其自由，学术发展诚受相当阻碍，然秦亡极速，故无大影响。故在汉初，诸家之学仍盛，文帝好黄老家教，曹参以清静治国家，汲黯修黄老术，治民主清静。淮南王延客著书，杂取各家之定。司马谈叙六家，以道家为最高。贾谊明申商，晁错尝学申商刑名，韩安国受韩子杂说，主父偃学长短纵横术。《史记》《汉书》均明言之。至外《礼记》及所谓《易·十翼》，为儒家重要典籍，其中亦为汉初儒家者流所著作者。春秋公羊家言，亦至汉始为显学。故儒家哲学，亦在汉初始完备也。观董仲舒对策之词，亦可见当时之情形矣。

董仲舒对策曰：

《春秋》大一统者，天地之常经，古今之通谊也。今师异道，人异论，百家殊方，指意不同。是以上无以持一统，法制数变，下不知所守。臣愚以为诸不在六艺之科，孔子之术者，皆绝其道，勿使并进。邪避之说灭息，然后统纪可一，而法度可明，民知所从矣。(《汉书·董仲舒传》)

又曰：

养士之大者，莫大乎大学。太学者，贤士之所关也，教化之本原也。……臣愿陛下兴大学，置明师，以养天下之士。……（同上）

自武帝初，立魏其武安侯为相，而隆儒矣。及仲舒对册，推明孔氏，抑黜百家，立学校之官，州郡举茂材孝廉，皆自仲舒发之。（同上）

自此以后，以利禄之道，提倡儒学。而儒学又须为上所定之儒学。于是"天下英雄，尽入彀中"，春秋以后，言论思想极端自由之空气于是亡矣。

董仲舒之主张行，而古代哲学终；董仲舒之学说立，而中古哲学始。盖阴阳五行家言之与儒家合，至董仲舒而得一有系统的表现。自此以后，孔子变而为神，儒家变而为儒教，至所谓古文学出，孔子始渐回复为人，儒教始渐回复为儒家。

（三）

汉武董仲舒统一思想之政策，即秦皇李斯之政策也。秦皇何以行之而失败，汉武何以行之而成功？此中原因，固甚复杂，然有可得言者，则自春秋时代所开始之政治社会经济的大变动，至汉武之中叶渐停止；特此等特殊情形既去，故其时代学术上之特点，即"处士横议""各为其所欲焉以自为方"之特点，自亦失其存在之根据。上文谓春秋战国时代所起各方面之诸大变动，皆由于贵族之失势。贵族愈失势，则平民愈被解放，旧文化旧制度愈崩坏，思想言论愈自由。秦灭六国，成一统，除皇室而外，其余原有之贵族，皆夷为平民。在表面上可谓将春秋以来之变局，作一结束。然实则贵族之余孽，尚有一部分之势力，故秦皇一死，贵族复起，"楚汉之际，六国各立后"。不过此次贵族之复兴，为一种"回光反照"，等于强弩之末，故平民出身之汉高，终灭群雄而定一尊。汉高虽犹封建子弟功臣，然此时及以后之封建，只有政治上的意义，而无经济上的意义。及汉之中叶，政治上社会上之新秩序，已渐定，在经济方面，人亦渐安于由经济自然趋势而发生之制度。《汉书》曰："其为编户齐民，同列而以财力相君，虽为仆虏，犹无愠色。"（《货殖传》）由贵族政治之眼光视之，编户齐民，何能同列以财力相君！然以经济自然之趋势，竟至如此，"虽为仆虏，犹无愠色"，可见人已安于此等新经济秩序矣。汉虽行重农抑商政策，然对于此等社会的经济的秩序，亦并未有根本的变动也。自春秋时代所开始之大过渡时期至是而终结，一时蓬勃之思想，亦至是而衰。自此而后，至现代以前，中国之政治经济制度及社会组织，除王莽以政治的力量，强改一时外，皆未有根本的变动，故上古时代思想之特殊状况，亦未再现也。

（录自冯友兰《三松堂学术文集》，北京大学出版社1984年版，第159~188页）
（参校冯友兰《中国哲学史》上，商务印书馆2011年版，第23~33页）

圣哲画像记（节录）

曾国藩[①]

尧舜禹汤，史臣记言而已。至文王拘幽，始立文字，演《周易》，忧勤惕厉之意，载与俱出。周孔代兴，六经炳著，师道备矣。秦汉以来，孟子盖与庄荀并称。至唐韩氏独尊异之。而宋之贤者以为可跻之尼山之次，崇其书以配《论语》，后之论者莫之能易也。兹以亚于三圣人后云。

左氏传经，多述二周典礼，而好称引奇诞，文辞烂然，浮于质矣。太史公称庄子之书皆寓言。吾观子长所为《史记》，寓言亦居十之六七。班氏闳识孤怀，不逮子长远甚；然经世之典，六艺之旨，文字之源，幽明之情状，粲然大备。岂与夫斗筲者争得失于一先生之前，姝姝而自悦者哉！

诸葛公当扰攘之世，被服儒者，从容中道。陆敬舆事多疑之主，驭难驯之将，烛之以至明，将之以至诚。譬若御驽马，登峻坂，纵横险阻，而不失其

[①] 曾国藩（1811—1872），清末政治家、理学家。

驰，何其神也！范希文、司马君实遭时差隆，然坚卓诚信，各有孤诣。其以道自持，蔚成风俗，意量亦远矣。昔刘向称董仲舒王佐之才，伊、吕无以加，管、晏之属殆不能及。而刘歆以为董子师友所渐，曾不能几乎游、夏。以予观四贤者，虽未逮乎伊、吕，固将贤于董子，惜乎不得如刘向父子而论定耳。

自朱子表章周子、二程子、张子，以为上接孔孟之传，后世君相师儒笃守其说，莫之或易。乾隆中，闳儒辈起，训诂博辨，度越昔贤，别立徽志，号曰汉学。摈有宋五子之术，以谓不得独尊。而笃信五子者，亦屏弃汉学，以为破碎害道，断断焉而未有已。吾观五子立言，其大者多合于洙泗，何可议也？其训释诸经，小有不当，固当取近世经说以辅翼之，又可屏弃群言以自隘乎？斯二者亦俱讥焉。

西汉文章，如子云、相如之雄伟，此天地遒劲之气得于阳与刚之美者也，此天地之义气也。刘向、匡衡之渊懿，此天地温厚之气得于阴与柔之美者也，此天地之仁气也。东汉以还，淹雅无惭于古，而风骨少隤矣。韩、柳有作，尽取扬、马之雄奇万变，而内之于薄物小篇之中，岂不诡哉？欧阳氏、曾氏皆法韩公，而体质于匡、刘为近。文章之变，莫可穷诘。要之不出此二途，虽百世可知也。

余钞古今诗，自魏晋至国朝，得十九家，盖诗之为道广矣。嗜好趋向，各视其性之所近，犹庶羞百味罗列鼎俎，但取适吾口者，哜之得饱而已。必穷尽天下之佳肴，辩尝而后供一馔，是大惑也；必强天下之舌，尽效吾之所嗜，是大愚也。庄子有言，大惑者终身不解，大愚者终身不灵。余于十九家中又笃守夫四人者焉。唐之李杜，宋之苏黄，好之者十有七八，非之者亦且二三。余惧蹈庄子不解不灵之讥，则取足于是，终身焉已耳。

司马子长网罗旧闻，贯串三古而八书颇病其略。班氏《志》较详矣，而断代为书，无以观其会通。欲周览经世之大法，必自杜氏《通典》始矣。马端临《通考》，杜氏伯仲之间，郑《志》非其伦也。百年以来，学者讲求形声故训，专治《说文》，多宗许、郑，少谈杜、马，吾以许、郑考先生制作之源，杜、马辨后世因革之要，其于实事求是一也。

先王之道，所谓修己治人，经纬万汇者，何归乎？亦曰礼而已矣。秦灭书籍，汉代诸儒之所掇拾，郑康成之所以卓绝，皆以礼也。杜君卿《通典》，言礼者十居其六，其识已跨越八代矣。有宋张子、朱子之所讨论，马贵与、王伯厚之所纂辑，莫不以礼为兢兢。我朝学者，以顾亭林为宗，国史《儒林传》褒然冠首。吾读其书，言及礼俗教化，则毅然有"守先待后，舍我其谁"之志，何其壮也！厥后，张蒿庵作《中庸论》，及江慎修、戴东原辈尤以礼为先务。而秦尚书蕙田遂纂《五礼通考》，举天下古今幽明万事，而一经之以礼，可谓体大而思精矣。吾图画国朝先正遗像，首顾先生，次秦文恭公，亦岂无微旨哉？桐城姚鼐姬传、高邮王念孙怀祖，其学皆不纯于礼。然姚先生持论闳通，国藩之粗解文章，由姚先生启之也。王氏父子集小学训诂之大成，夐乎不可几已，故以殿焉。

姚姬传氏言学问之途有三：曰义理，曰词章，曰考据。戴东原氏亦以为言。如文、周、孔、孟之圣，左、庄、马、班之才，诚不可以一方体论矣。至若葛、陆、范、马，在圣门则以德行而兼政事也；周、程、张、朱，在圣门则德行之科也，皆义理也；韩、柳、欧、曾、李、杜、苏、黄，在圣门则言语之科也，所谓词章者也。许、郑、杜、马、顾、秦、姚、王，在圣门则文学之科也。顾、秦于杜、马为近，姚、王于许、郑为近，皆考据也。此三十二子者，师其一人，读其一书，终身用之有不能尽。若又有陋于此，而求益于外，譬若掘井九仞而不及泉，则以一井为隘，而必广掘数十百井，身老力疲，而卒无见泉之一日，其庸有当乎？

自浮屠氏言因果祸福，而为善获报之说深中于人心，牢固而不可破。士方其占毕咿唔，则期报于科第禄仕。或少读古书，窥著作之林，则责报于遐迩之誉，后世之名；纂述未及终编，辄冀得一二有力之口，腾播人人之耳，以偿吾劳也。朝耕而暮获，一施而十报，譬若沽酒市脯，喧聒以责之贷者，又取倍称之息焉。禄利之不遂，则徼幸于没世不可知之名，甚者至谓孔子生不得位，没而俎豆之报隆于尧舜，郁郁者以相证慰，何其陋欤！今夫三家之市，利析锱铢，或百钱逋负，怨及孙子，若通阛贸易，瑰货山积，动逾千金，则百钱之有无，有不暇计较者矣。富商大贾，黄金百万，公私流衍，则数十百缗之费，有不暇计较者矣。均是人也，所操者大，犹有不暇计其小者，况天之所操尤大，而于世人毫末之善，口耳分寸之学，而一一谋所以报之，不亦劳哉？商之货殖同、时同，而或赢或绌；射策者之所业同，而或中或罢；为学著书之深浅同，而或传或否，或名或不名。亦皆有命焉，非可强而几也。古之君子，盖无日不忧，无日不乐。道之不明，己之不免，为乡人一息之或懈，忧也；居易以俟命，下学而上达，仰不愧而俯不怍，乐也。自文王、周、孔三圣人以下，至于王氏，莫不忧以终身，乐以终身。无所于祈，何所为报？己则自晦，何有于名？惟庄周、司马迁、柳宗元三人者，伤悼不遇，怨悱形于简册。其于圣贤自得之乐，稍违异矣。然彼自惜不世之才，非夫无实而汲汲时名者比也。苟汲汲于名，则去三十二子也远矣。将适燕晋而南其辕，其于术不益疏哉？

文、周、孔、孟、班、马、左、庄、葛、陆、范、马、周、程、朱、张、韩、柳、欧、曾、李、杜、苏、黄、许、郑、杜、马、顾、秦、姚、王，三十二人，俎豆馨香，临之在上，质之在旁。

（录自《曾文正公文集》卷三，清同治十三年传忠书局刻本）
（参校董丛林编《中国近代思想家文库·曾国藩卷》，中国人民大学出版社2014年版，第139~142页）

学术源流[①]（节录）

康有为[②]

二

中国在昆仑之南。〇《世本》伪书。夏、汉、唐为古今三大国。〇《尚书》言蛮夷猾夏，是后人传说。〇以德报怨，及棘子成言质，亦改制也。战国诸子皆改制。〇……儒分为八，墨分为三。……〇魏文侯推行孔子之学，李克推行井田之学。〇《诗》《书》《易》《春秋》，皆古名也。宋钘与墨子相近。〇太学始于汉武，文、景时无之。〇孔子之学，推行者，七十子始，（尊之者）〔行始于〕魏文侯。立博士者，秦始皇。大一统者，汉武帝也。〇两汉所立博士，皆今学。〇孟子传公羊之学，荀子传谷梁之学。孟子高明，直指本心，是尊德性，陆、王近之。荀子沉潜，是道问学，朱子近之。〇学术之争，争于

---

① "〇"为句与句、段与段之间的符号，以示口说原抄本句、段之间的独立性。
"〔 〕"表示改过来的字或添加的字、句。
"（ ）"表示原抄本中的明显错字、漏字或重复文字。
② 康有为（1858—1927），中国近代思想家、政治家。

道外者有各（一作异）教；争于道中者有汉、宋。(《史记》除窜乱外，皆孔子今学。)○《前汉〔书〕》杂乱无章,《后汉〔书〕》为伪学,刘歆作。读《史记》，班氏仍之，所异者二（一作三）万余字（见《西京杂记》）。○《史记·五帝三王本纪》谓三代皆各数百年。《韩非子》则谓各千余年。《汉书·吾丘寿王传》则谓唐虞三代六千余年，然则三代上果不可考矣。……○古今立学有三：西汉十四博士，用孔学；晋太康九年，立博士，用刘歆学；元延祐六年，用朱学。○自孔子出，诸子所称道，皆孔子制度也。○春秋诸子多托古明权，各自立教。孔子发愤改制。○诸子之中，以墨、老为最老辈。○老子后学分两派：一派清虚，庄列是也；一派治国，申韩是也。老氏之教为我，墨子犹稍胜之。○孔子制度在《春秋》，义理亦在《春秋》。然义理于《易》尤多，乾坤二卦尤多。○孔子有经有纬。纬者口说微言也。纬书虽有礼学，而以发明天道为主。……○现在历学、天文学皆出孔门。诸子书莫不以儒、墨并称，可知墨学是儒学劲敌。○六代之乐，皆孔子之乐所托者也。咸池、韶、武、舞，〔岂〕隔春秋二千年，尚有存乎？宋乐曲《十六字调》，今只得七字，况当时乎？○魏文侯立博士，求六代之乐，是行孔教第一人（是行之一国）。秦始皇立博士四百余人。二世尚七十余人（是行之天下）。汉武帝立五经于学宫，孔教遂定一统。孔学推行至盛。以后汉为极焉。○孔子之道，言义理在仁，言人伦在父子，言制度在井田。○孔门两大派：孟子、荀子。传经之功，荀子为多，孟子多言经世。孟子言仁制，经天下者也。荀子言礼〔制〕，正一身者也。……○太康九年，古〔文〕学行，而今文〔学〕皆亡矣。○隋《经籍志》，传公、谷者只三人。传经学者，至唐孔颖达而止。○六朝经学，南朝遵郑，北朝遵王，皆古文学也。○唐以诗赋取士，无人能通经。韩退之力矫浮靡，只成得一文章家，于经学无与，而已开宋儒之义理焉。五代无一人言〔经〕学。至宋经学之兴，始于欧阳文忠。激扬气节，始范高平。○散文亦开于欧阳文忠。文忠为昌黎再传弟子。昌黎学出于文中子，为散文之源流，（故）〔有〕宋一代，义理，折衷于闽洛。文章，折衷于欧阳。宋儒多本禅学，即孟子心学。○南宋之学，朱、张、吕、陆四大家，别有永嘉之学，而朱子集大成。○邵子之学本于先天，先天本九宫。九宫出《易纬》，然究非圣学正派。邵子出入于老氏为多。○朱子不治《春秋》，而但言义理。通孔子之人学，而不通孔子之天学。○朱子亦疑《左传》，谓"邱明全无义理"。○朱子一生，精力全在"四书"。〔而以〕《大学》《中庸》为最，而六经无与焉。○元世用朱学，延祐六年，立为科举。以"四书"立学宫，直至今日。○后汉气节，孔子治效之极也。晚明气节，朱子治效之极也。○明代全言心学，有朱、王之争。晚明高、顾二先生力矫之。言气节，故有东林焉。……○黄、顾为宋汉学枢纽。黄为宋学之终，顾为汉学之始。○国朝戴东原专主小学。其弟子一为段金坛，一为王高邮父子。金坛言训诂，高邮言语气，小学至此而极。○戴东原集汉学大成。○乾、嘉言经学，道、咸言小学，咸、同后言高邮之学。○《诗经》，乾隆后尊毛，而攻郑、攻朱。○目录之学本于《艺文志》。○郑夹漈《图谱略》《校雠略》最好，《氏族略》次之，"七音""六书"不佳。○汉朝关内侯一爵，一实侯一爵，王一爵，是三等，与《春秋》三统等同。……

七

地球之生约四万年，分三古，曰：荒古、远古、近古。○大象是洪水以前物。○各国皆言洪水，洪水后方有今日世界。○《汉书》，诸西国皆在今昆仑山，不止葱岭也。佛之阿弥，即昆仑。○古之瀚海，即今戈壁。○波斯、印度、希腊〔及中国〕约分四教。○地球之聪明，大略相仿。〔印度开国最古，〕各国政教多从印度出。○埃及开文物后，而希腊大盛。……○孔子时，创教者甚多，如棘子成、子桑伯子、微生亩、沮溺、丈人，以德报怨之或人原壤等，皆是。○朱子不独编注群经，即《楚辞》《参同契》等书皆有注。且文章、词、诗皆工，画亦工妙。○老子之学，只偷得半部《易经》。墨子之学，只得半部《春秋》。○著书之老子，与问礼之老子，及庄子所称老莱子，分三人（见《述学》）。○老子分治学、教学两派。○庄子乃孔子后学，而兼老学者也。《天下篇》力尊孔子，而自以为出老子外，则未〔能〕也。○庄子发挥〔佛氏〕"轮回"之说，与佛氏合。如"（火灭薪传）〔薪尽火灭〕""虫臂鼠肝"之类是也。……○庄子内外学俱有，而内学多。聪明太高，不肯下手耳。（田骈、慎到开一派）○杨子即老学之一。○老子阴狠到极。外似仁柔，如猫之捕鼠耳。申韩皆祖老氏也。○尉缭、鬼谷、商君，皆出老子〔学〕。○墨子专攻孔子。……○游侠亦墨学，宋钘、许行亦墨氏别派。○道家、神仙家，《汉书·艺文志》已分两派。今世所谓道家不出于老子。○邹衍奇诞，与庄子皆为孔学别派。○老学不盛于战国，而盛于汉初。○纬，即口说，当时未著之竹帛。○王肃（一作甫）伪撰《小尔雅》《家语》《大禹谟》《太誓》《甘誓》《微子之命》诸篇。○唐分《九经》。《诗》、《书》、《易》、三《传》、三《礼》也。○晋朝扫尽经学，专宗老、佛、庄。至南朝，崇尚词章，兼儒佛。○北朝之显文帝出家，梁武舍身，可谓大惑。○梁武在鸡鸣山立儒、玄、文、史四学。○佛学至今已无教矣。达摩如儒之刘歆，六祖如郑康成。日本〔佛〕尚有教。中国则宗耳。宗有十派。○范文正通经学，崇气节，行道救时。欧阳公经济文章，提倡风气，为功甚巨。○安石黜《春秋》《仪礼》。且《春秋》为断烂朝，〔故〕《仪礼》至今不（以）命题。……○老子之清虚柔退，出〔于〕孔子。墨子兼爱，亦出孔子。……○《老子》上卷讲清虚，下卷讲治国。○《列子》言："天地乃空中一细物耳。"非常之论。○自孔门外，《庄子》当为第一书。《德充符》篇，直是忘形体。○庄子近老，邹子近庄。○〔老学不盛于战国而盛于汉初〕。太康九年，立博士（见晋《荀嵩传》）。○王侃《论语义疏》得自日本，此是真书。○陆德明北学，孔颖达南学。○宋天圣四年，仁宗定为十三《经》。○后汉时牟融、楚王英大发佛学。○六朝佛学既盛，老学少衰。○佛学莫盛于北魏。○老学大盛于东晋，佛学大盛于六朝。……○唐昌〔黎〕专言词章，昌黎因文见道。○五百年来，义理则出朱子。制度则不然，朱子少言制度。○考据家如奴婢，史学家如掌吏，宋儒只得孔子之一、二。……○中国至周末始文盛。孔子出而与诸子争教焉。○以天（下）〔地〕分三等：一等为混沌、洪濛之天下；一等为兵戈，而初开礼乐之天下；一等为孔子至今，文明大开之天下。即《春秋》三世之义也。○日本自唐时始用中国礼乐，地小不能不依于人也。○孔制皆由（古来）〔旧俗〕，逐渐改变而润饰之。……○重学，为法国那白那瑟创之。○今日树木，最高者莫如巴西温士敦，有数十丈，盖近赤〔道〕（度）故。……○中国称尧、舜，犹西（齐）〔国〕称英齐。○中国称孟荀，即婆罗门称马鸣、龙树也。……托《繁露》天副人数篇，言人甚详，与物相同。

（录自吴熙钊、邓中好校点《南海康先生口说》，中山大学出版社1985年版，第3~5、12~15页）

［参校姜义华、张荣华编校《万木草堂口说》（外三种），中国人民大学出版社2010年版，第5~9、19~21、22~23、24页］

论中国学术思想变迁之大势（节录）

梁启超①

吾欲划分我数千年学术思想界为七时代：一胚胎时代，春秋以前是也；二全盛时代，春秋末及战国是也；三儒学统一时代，两汉是也；四老学时代，魏晋是也；五佛学时代，南北朝唐是也；六儒佛混合时代，宋元明是也；七衰落时代，近二百五十年是也；八复兴时代，今日是也。其间时代与时代之相嬗，界限常不能分明，非特学术思想有然，即政治史亦莫不然也。一时代中或含有过去时代之余波与未来时代之萌蘖，则举其重者也，其理由于下方详说之。

……

胚胎时代

……

综观此时代之学术思想，实为我民族一切道德法律制度学艺之源泉。约而论之，盖有三端：一曰天道，二曰人伦，三曰天人相与之际是也。而其所以能构成此思想者，亦有二因：一曰由于天然者。盖其地理之现象，空界（即天然界近于地文学范围者）之状态，能使初民（此名词从侯官严氏译，谓古代最初之民族也）对于上天而生出种种之观念也。二曰由于人为者。盖哲王先觉利导民族之特性，因而以天事比附人事以为群利也。……

……

要而论之，则胚胎时代之学术思想，全在天人相与之际，而枢纽于两者之间者，则祝与史皆有力也。今列其系统如下：

学术思想 天人相与
- （一）祝官 天事
  - （甲）司祀之祝
  - （乙）司历之祝
    - （子）历象家（即天文家）
    - （丑）历数家（即阴阳家）
    - （寅）占验家（方术之言）
- （二）史官 人事
  - （甲）志事的史家（儒家之祖）
  - （乙）推理的史家（道家之祖）

……

---

① 梁启超（1873—1929），近代政治家、思想家、学者。

全盛时代

第二节　论诸家之派别

今请据群籍，审趋势，自地理上、民族上放眼观察，而证以学说之性质，制一先秦学派大势表如下：

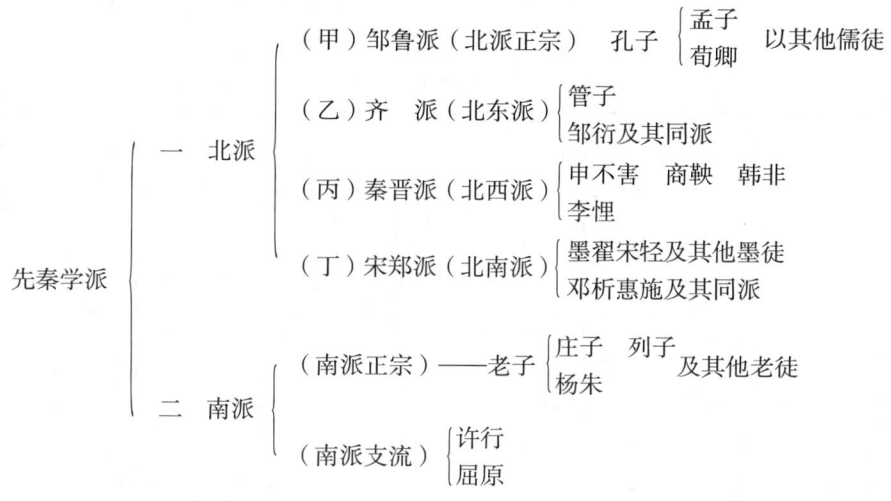

……

故全盛时代之第二期，以孔老墨三分天下。孔老墨之盛，非徒在第二期而已，直至此时代之终，其余波及于汉初，犹有鼎足争雄之姿。

……

此其大略也，虽然，吾非谓三宗之足以尽学派也。又非如俗儒之牵合附会，欲以当时之学派，尽归纳于此三宗也。不过示其势力之盛，及拓殖之广云尔。请更论余子：南北两派之中，北之开化先于南，故支派亦独多。阴阳家言，胚胎时代祝官之遗也。法家言，远祖《周礼》，而以管子为继别之大宗；申商为继祢之小宗，及其末流，面目大殊焉。名家言最后起，而常为诸学之媒介者也。孔老墨而外，惟此三家，蔚为大国，巍然有独立之姿，而三家皆起于北方，此为全盛时代第三期。

…………

故全盛时代第四期，列国之国势，楚、齐、秦三分而终并于秦，思想界之大势，亦楚、齐、秦鼎立而汇合于秦。今请更列一时期变迁表如下：

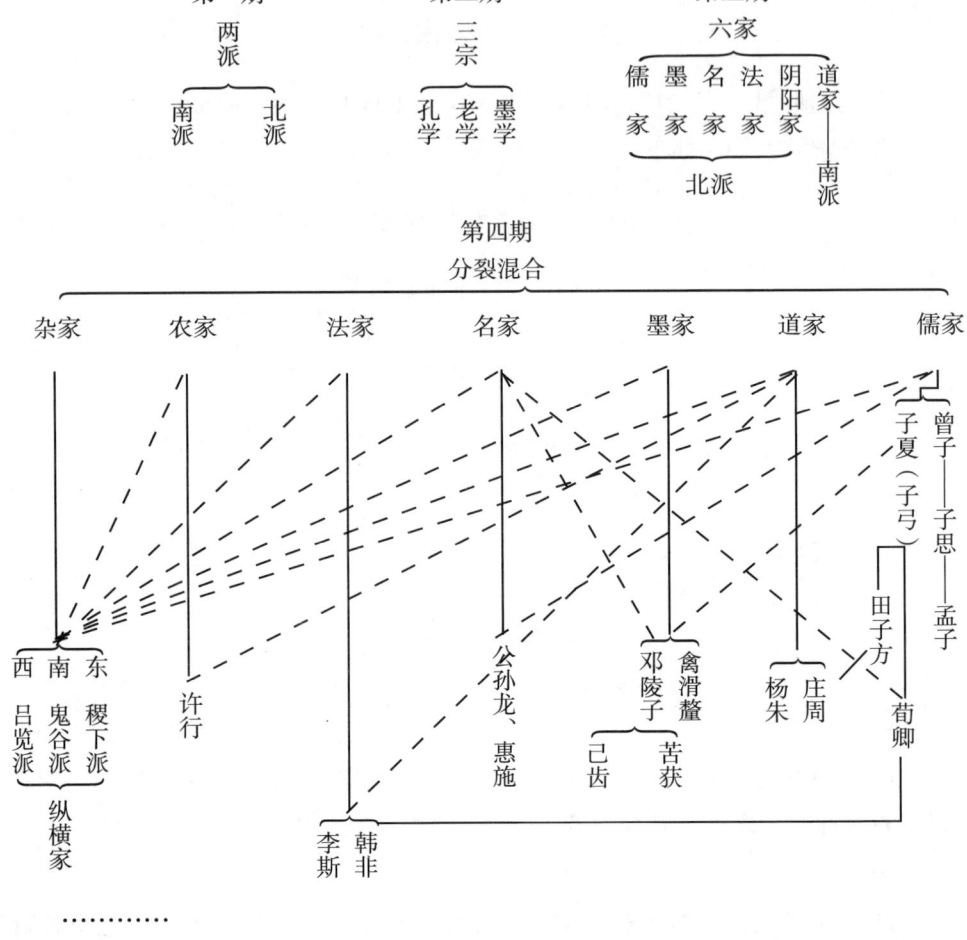

儒学统一时代

泰西之政治，常随学术思想为转移，中国之学术思想，常随政治为转移，此不可谓非学界之一缺点也。是故政界各国并立，则学界亦各派并立，政界共主一统，则学界亦宗师一统。……中国学术所以不进化，曰惟宗师一统故。而其运皆起于秦汉之交。秦汉之交，实中国数千年一大关键也。……

……………

汉儒流派繁多，综其大别，可分两种：（一）说经之儒；（二）著书之儒。

（一）说经之儒。……综而论之，两汉经师（指说经之儒——编者注），可分四种：其一，口说家。专务抱残守缺，传与其人，家法谨严，发明颇少。如田何、丁宽、伏生、欧阳生、申公、辕固生、胡母生、江翁、高堂生等其人也。其二，经世家。衍经术以言政治，所谓以《禹贡》行水，以《洪范》察变，以《春秋》折狱，以三百五篇当谏书，如贾谊、董仲舒、龚胜、萧望之、匡衡、刘向等其人也。其三，灾异家……夫人主者，无论何人，无论何时，夫安能无失德，则虽灾变日起，而无不可以附会。但使稍自爱者，能恐惧一二，修省一二，则生民之祸，其亦可以稍弥，此孔子言灾异之微意也。虽其术虚渺迂远，断不足以收匡正之实效，然用心盖良苦矣。江都最知此义，故其《对天人策》，三致意焉。汉初，大儒之言灾异，大率宗此旨也。及于末流，寖乖本谊，牵合附会，自惑惑人。如《书》则有《洪范》五行，《礼》则有明堂阴阳，《易》则京房之象数灾异，《诗》则翼奉之五际六情（齐诗派），至于《春秋》，又益甚焉，训至谶纬之学，支离诞妄，不可穷诘，骎骎竞起，以夺孔席，则两汉学者之罪也。其四，训诂家。汉初大师之传经也，循其大体，玩经文，不为章句训故，举大义而已，故读一经通一经之义，明一义得一义之用。自莽、歆以后，提倡校勘诂释之学，逮东都之末，则贾、马、许、郑，益覃心于笺注，以破碎繁难相夸尚，于是学风又一变。近启有唐陆（德明）、孔（颖达）之渊源，远导近今段（玉裁）、王（引之）之嚆矢，买椟还珠，去圣愈远。盖两汉经学，虽称极盛，而一乱于灾异，再乱于训诂。灾异乱其义，训诂乱其言，至是益非孔学之旧，而斯道亦稍陵夷衰微矣。

（二）著书之儒。今所传汉代著述，除经注词赋外，其稍成一家言者，有若陆贾之《新语》，贾谊之《新书》，董仲舒之《春秋繁露》，司马迁之《史记》，淮南王安之《淮南子》，桓宽之《盐铁论》，刘向之《说苑》《新序》，扬雄之《法言》《太玄》，王充之《论衡》，王符之《潜夫论》，仲长统之《昌言》，许慎之《说文解字》等，四百年中，寥寥数子而已。而《说文》不过字书，于学术思想，全无关系。《盐铁论》专纪一议案，亦非可以列于作者之林。《新语》真赝未定，《新书》割缀所成，未足以概作者之学识。要之汉家一代著述，除《淮南子》外，皆儒家言也，而其有一论之价值者，惟董仲舒、司马迁、刘向、扬雄、王充、王符、仲长统七人而已。……

…………

老学时代

三国六朝,为道家言猖披时代,实中国数千年学术思想最衰落之时也。申而论之,则三国六朝者,怀疑主义之时代也,厌世主义之时代也,破坏主义之时代也,隐诡主义之时代也,而亦儒佛两宗过渡之时代也。

……

一曰玄理派。自魏文提倡旷达,举世化之,前此建安七子,既已以浮靡相尚,后遂为清谈之俗者二三百年,开其宗者,实为何晏、王弼。……此后如阮籍、嵇康、刘伶、王衍、王戎、乐广、卫玠、阮瞻、郭象、向秀之流,皆以谈玄有大名于时,乃至父兄之劝戒,师友之讲求,莫不以推究老庄为第一事业。当时六经之中,除《易》理外,尽皆阁束,而诸传中称扬人学问者,皆以"研精《老》《易》"等语,《老》《易》并称,实当时之普通名词也。……故老学之毒天下,不在其厌世主义,而在其私利主义。魏晋崇老,其必至率天下而禽兽,势使然也。此为当时老学正派。

二曰丹鼎派。……此派盖导源于秦汉之交,始皇时,侯生、卢生等既倡神仙之说。汉初张良,功成身退,自言从赤松子游,其是否依托,姑弗深考,但留侯必有此等思想,可断言也。汉武迷信封禅,李少君、栾大之徒,相与炫惑,于是炼养服食之说益盛。至汉末魏伯阳,著《参同契》,密勿传授,其焰益播,至晋葛洪而集其大成。……此为当时老学第一别派。

三曰符箓派。符箓之视丹鼎,风益下矣,丹鼎派起于汉初,符箓派起于汉末。顺、桓间,宫崇、襄楷,始以吉神书上于朝。后张角用其术以乱天下,同时张道陵亦托此术,密相传授,延至后世,仰为真人,奉为天师。自是南北朝士大夫,习五斗米道者,史不绝书。而寇谦之最显于北,陶弘景最显于南。盖六艺九流,一切扫地,而此派独滔滔披靡天下矣。窃尝论之,其时佛教已入震旦,妖妄者流,窃其象教密宗最粗浅之说,以欺惑愚众,故其所言天地沦坏劫数终尽,略与佛经同。又言天尊之体,常年不灭,往往开劫度人,皆损益四《阿含》《俱舍论》等所说,剽窃之迹,显然可见。而复取两汉儒者阴阳五行之迷信以缘附之,故吾谓此时为儒佛过渡时代,此派实其最著者也。此为当时老学第二别派。

四曰占验派。自西京儒者翼奉、眭孟、刘向、匡衡、龚胜之徒,既已盛说五行，夸言谶纬，及光武好之，其流愈邑。东京儒者张衡、郎𫖮，最称名家，襄楷、蔡邕、扬厚等，亦班班焉。于是所谓风角、遁甲、七政、元气、六日七分、逢占、日者、挺专、须臾、孤虚、云气诸术，盛行于时。《后汉书·方术列传》，所载者三十三人，皆此类也。然其术至三国而大显，始俨然有势力于社会。若费长房、于吉、管辂、左慈辈，其尤著者也。其后郭璞著《葬书》，注《青囊》，为后世堪舆家之祖，而嵇康亦有《难宅无吉凶论》，则其时风水说之盛行可知。《隋志》著录《珞球子》一书（六朝人撰）。言禄命者，以为本经，而临孝公有《禄命书》，陶弘景有《三命抄》，实后世算命家之祖。卫元嵩著《元包》，庾季才著《灵台秘范》（皆北周人），为后世言卜筮者之大成。陶弘景著《相经》，为后世言相法者之祖，凡千年以来，诬罔怪诞之说，汩溺人心者，皆以彼时确然成一科学。虽谓魏晋六朝间（改问为间），为陷溺社会之罪恶府可也。此为当时老学第三别派。

…………

佛学时代

第一节　发端

吾昔尝论六朝隋唐之间，为中国学术思想最衰时代，虽然，此不过就儒家一方面言之耳。当时儒家者流，除文学外，一无所事，其最铮铮于学界者，如王（通）、陆（德明）、孔（颖达）、韩（愈）之流，其于学术史中，虽谓无一毫之价值焉可也。虽然，学固不可以儒教为限，当时于儒家之外，有放万丈光焰于历史上者焉，则佛教是已。六朝三唐数百年中，志高行洁、学渊识拔之士，悉相率而入于佛教之范围。此有所盈，则彼有所绌，物莫两大，儒教之衰亦宜。……审如是也。则虽谓隋唐之交，为先秦以后学术思想最盛时代可也。

…………

第三节　诸宗略纪

今请将六朝隋唐间有力之诸宗派列为一表，示其统系：

宗名	开祖	印度远祖	初起时	中盛时	后衰时
成实宗	鸠摩罗什	诃梨跋摩	晋安帝时	六朝间	中唐以后
三论宗	嘉祥大师	龙树、提婆	同上	同上	同上
涅槃宗	昙无谶	世亲	同上	宋齐	陈以后归入天台
律宗	南山律师	昙无德	梁武帝时	唐太宗时	元以后
地论宗	光统律师	世亲	同上	梁陈间	唐以后归华严
净土宗	善导大师	马鸣、龙树、世亲	同上	唐宋明时	明末以后
禅宗	达摩大师	马鸣、龙树、提婆、世亲	同上	同上	同上
俱舍宗	真谛三藏	世亲	陈文帝时	中唐	晚唐以后
摄论宗	同上	无著、世亲	同上	陈隋间	唐以后归法相
天台宗	智者大师	………	陈隋间	隋唐间	晚唐以后
华严宗	杜顺大师	马鸣、坚慧、龙树	陈	唐则天后	同上
法相宗	慈恩大师	无著、世亲	唐太宗时	中唐	同上
真言宗	不空三藏	龙树、龙智	唐玄宗时	同上	同上

以上十三宗，除涅槃、地论、摄论三家归并他宗外，自余十宗，皆经过极光大之时代，互相角立，支配数百年间之思想界者也。今按其所属教乘，再示一表：

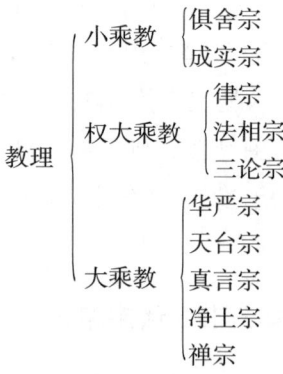

....

近世之学术（起明亡以迄今日）

第一节 永历康熙间

....

吾略以时代区分之，则自明永历（即清顺治）以迄康熙中叶，为近世第一期。于其间承旧学派之终者，得六人：曰孙（夏峰）、李（二曲）、陆（桴亭）、二张（蒿庵、杨园）、吕（晚村）。为新旧学派之过渡者，得五人，曰顾（亭林）、黄（梨洲）、王（船山）、颜（习斋）、刘（继庄）。开新学派之始者，得五人，曰阎（百诗）、二万（充宗、季野）、胡（东樵）、王（寅旭）。自余或传薪，或别起，皆附庸也，不足以当大师，凡为大师十有六人。其为学界蟊贼者得四人，曰徐（崐山）、汤（睢州）、毛（西河）、李（安溪）。今以次论之。

....

第二节 乾嘉间（略）

第三节 最近世（略）

综举有清一代之学术，大抵述而无作，学而不思，故可谓之为思想最衰时代。虽然，剥与复相倚，其更化之机章章然次第进行。通二百六十年间观察之，有不可思议之一理趣出焉，非人力所能为也。顺治、康熙间，承前明之遗，夏峰、梨洲、二曲诸贤，尚以王学教后辈，门生弟子遍天下，则明学实占学界第一之位置。然晚明伪王学猖狂之习，已为社会所厌倦，虽极力提倡，终不可以久存，故康熙中叶遂绝迹。时则考据家言，虽始萌芽，顾未能盛，而时主所好尚，学子所崇拜者，皆言程朱学者流也，宋学占学界上第一之位置。顾亭林日劝学者读注疏，为汉学之先河。其时学者渐厌宋学之空疏武断，而未能悉折衷于远古，于是借陆德明、孔冲远为向导，故六朝三唐学实占学界上第一之位置。惠、戴学行，谓汉儒去古最近，适于为圣言通鞮象，一时靡其风，家称贾、马，人说许、郑，则东汉学占学界上第一之位置。庄、刘别兴，魏、邵继踵，谓晚出学说非真，而必溯源于西京博士之所传，于是标今文以自别于古，与乾嘉极盛之学派挑战。抑不徒今文家然也，陈硕甫作《诗疏》，亦申毛黜郑。同为古学，而必右远古，郑学日见掊击。而治文字者，亦往往据鼎彝遗文以纠叔重，则西汉学占学界第一之位置。乾嘉以还，学者多雠正先秦古籍，渐可得读。二十年来，南海言孔子改制创新教，且言周秦诸子皆改制创新教。于是于孔教宗门以内，有游、夏、孟、荀异同优劣之比较；于孔教宗门以外有孔、老、墨及其他九流异同优劣之比较。凡所谓辨，悉从其朔，故先秦学占学界第一之位置。今更表列其变迁之状：

第一期	第二期	第三期	第四期
顺康间	雍乾嘉间	道咸同间	光绪间
程朱陆王问题	汉宋问题	今古文问题	孟荀问题、孔老墨问题

（上表不过勉分时代，其实各期衔接搀杂有相互之关系，非能划若鸿沟，读者勿刻舟求之）

由此观之，本朝二百年之学术，实取前此二千年之学术，倒影而缫演之，如剥春笋，愈剥愈近里，如啖甘蔗，愈啖而愈有味，不可谓非一奇异之现象也。此现象谁造之，曰社会周遭种种因缘造之！凡一社会之秀异者，其聪明才力必有所用，用之于一方既久，则精华既竭，后起者无复自树立之余地，故思别辟新殖民地以骋其脑识。宋学极盛数百年，故受以汉学，汉学极盛数百年，故受以先秦，循兹例也。此通诸时代而皆同者也，其在前两期，则霸者之所以监民也至严，学者用其聪明才力于他途，或将以自焚，故不得不自锢于无用之用，此惠、戴所以代朱、王也。其在第三期，天下渐多事，监者稍稍弛，而国中方以治经为最高之名誉，学者犹以不附名经师为耻，故别出一途以自重。吾欲名惠、戴一派为纯正经学，名龚、魏一派为应用经学，虽似戏言，实确论也。其在第四期，则世变日亟，而与域外之交通大开。世变亟，则将穷思其所以致此之由，而对于现今社会根本之组织，起怀疑焉。交通开，则有他社会之思想输入以为比较，而激刺之，淬厉之，康、谭一派，所由起也。要而论之，此二百余年间，总可命为"古学复兴时代"。特其兴也，渐而非顿耳。然固俨然若一有机体之发达，至今日而葱葱郁郁，有方春之气焉。吾于我思想界之前途，抱无穷希望也。

（录自梁启超《饮冰室合集》文集之七《论中国学术思想变迁之大势》，中华书1989年版）

论时代思潮 *

梁启超

今之恒言,曰"时代思潮"。此其语最妙于形容。凡文化发展之国,其国民于一时期中,因环境之变迁,与夫心理之感召,不期而思想之进路,同趋于一方向,于是相与呼应汹涌,如潮然。始焉其势甚微,几莫之觉;浸假而涨—涨—涨,而达于满度;过时焉则落,以渐至于衰熄。凡"思"非皆能成"潮";能成"潮"者,则其"思"必有相当之价值,而又适合于其时代之要求者也。凡"时代"非皆有"思潮";有思潮之时代,必文化昂进之时代也。其在我国,自秦以后,确能成为时代思潮者,则汉之经学,隋唐之佛学,宋及明之理学,清之考证学,四者而已。

凡时代思潮,无不由"继续的群众运动"而成。所谓运动者,非必有意识、有计划、有组织,不能分为谁主动、谁被动。其参加运动之人员,每各不相谋,各不相知。其从事运动时所任之职役,各各不同。所采之手段亦互异。于同一运动之下,往往分无数小支派,甚且相嫉视相排击。虽然,其中必有一种或数种之共通观念焉,同根据之为思想之出发点。此种观念之势力,初时本甚微弱,愈运动则愈扩大,久之则成为一种权威。此观念者,在其时代中,俨然现"宗教之色彩"。一部分人,以宣传捍卫为己任,常以极纯洁之牺牲的精神赴之。及其权威渐立,则在社会上成为一种共公之好尚,忘其所以然,而共以此为嗜。若此者,今之译语,谓之"流行",古之成语,则曰"风气"。风气者,一时的信仰也。人鲜敢婴之,亦不乐婴之,其性质几比宗教矣。一思潮播为风气,则其成熟之时也。

佛说一切流转相,例分四期,曰:生、住、异、灭。思潮之流转也正然,例分四期:一、启蒙期(生),二、全盛期(住),三、蜕分期(异),四、衰落期(灭)。无论何国何时代之思潮,其发展变迁,多循斯轨。启蒙期者,对于旧思潮初起反动之期也。旧思潮经全盛之后,如果之极熟而致烂,如血之凝固而成瘀,则反动不得不起。反动者,凡以求建设新思潮也。然建设必先之以破坏。故此期之重要人物,其精力皆用于破坏,而建设盖有所未遑。所谓未遑者,非阁置之谓。其建设之主要精神,在此期间必已孕育,如史家所谓"开国规模"者然。虽然，其条理未确立，其研究方法正在间错试验中，弃取未定，故此期之著作，恒驳而不纯，但在淆乱粗糙之中，自有一种元气淋漓之象。此启蒙期之特色也，当佛说所谓"生"相。于是进为全盛期。破坏事业已告终，旧思潮屏息伏慑，不复能抗颜行，更无须攻击防卫以糜精力。而经前期酝酿培灌之结果，思想内容，日以充实；研究方法，亦日以精密。门户堂奥，次第建树，继长增高，"宗庙之美，百官之富"，粲然矣。一世才智之士，以此为好尚，相与淬厉精进；阘冗者犹希声附和，以不获厕于其林为耻。此全盛期之特色也，当佛说所谓"住"相。更进则入于蜕分期。境界国土，为前期人士开辟殆尽，然学者之聪明才力，终不能无所用也，只得取局部问题，为"窄而深"的研究，或取其研究方法，应用之于别方面，于是派中小派出焉。而其时之环境，必有以异乎前；晚出之派，进取气较盛，易与环境顺应，故往往以附庸蔚为大国，则新衍之别派与旧传之正统派成对峙之形势，或且骎骎乎夺其席。此蜕分期之特色也，当佛说所谓"异"相。过此以往，则衰落期至焉。凡一学派当全盛之后，社会中希附末光者日众，陈陈相因，固已可厌。其时此派中精要之义，则先辈已濬发无余，承其流者，不过捃摭末节以弄诡辩。且支派分裂，排轧随之，益自暴露其缺点。环境既已变易，社会需要，别转一方向，而犹欲以全盛期之权威临之，则稍有志者必不乐受，而豪杰之士，欲创新必先推旧，遂以彼为破坏之目标，于是入于第二思潮之启蒙期，而此思潮遂告终焉。此衰落期无可逃避之运命，当佛说所谓"灭"相。

（录自梁启超《清代学术概论》，《梁启超论清学史二种》，复旦大学出版社1985年版，第1~3页）

古今学术之递变（节录）

罗振玉[①]

中国学术越三千年之久，固不能无变迁。论其大要，则由易简而日趋繁

[①] 罗振玉（1866—1940），学者。

复，因繁复而渐昧本原，又世治平则政教一，政教衰则师儒兴。今讲本朝学术，当先述历代之变迁，约分六端，略陈如下。

一、古人之所谓学

古人为学，不出伦常日用，本易知易行。而上之施教，亦至简至易，盖因物则民彝之所固有而裁成之。孟子称三代之学，一言以蔽之曰"明人伦"。非三代为然，三代以上，莫不皆然，其在《尚书·尧典》所谓，"五典""五品"者皆谓"五常"，即父子有亲，君臣有义，夫妇有别，长幼有叙，友朋有信，五达道是也。古之所谓学，盖如是而已。

二、三代政教合一

古之治天下者，作之君，作之师，政教合一，载之《尚书》与《周官》，《舜典》记舜之施教也，曰命伯夷典礼，夔典乐。礼主敬，乐主和，礼以制人身，俾不流于放荡；乐以和人心，俾不入于邪僻。所施至简。有周之教，则制定家塾、党庠、术序、国学。小学之教，由数与方名、书计、幼仪，进而学乐、诵诗、舞勺、舞象，大学则教以三德、六艺。《尚书大传》言入小学知父子之道、长幼之叙。入大学知君臣之义、上下之位。是有周之教，亦非繁难。惟其政教合一，故其盛也，《菁莪》赋而人才兴；其季也，《青衿》赋而学校坏。于是孔子兴而师儒起矣。

三、儒教勃兴

孔子生周室东迁以后，于时王室式微，政教陵替，臣弑其君者有之，子弑其父者有之。孔子有德无位，然伤人道之漓，乃祖述尧舜、宪章文武，删《诗》《书》，正《礼》《乐》，以待后王之取法。又因鲁史而作《春秋》，褒善贬恶，以垂法戒。因褒贬为天子之事，自嫌于僭，故有"知我""罪我"之叹。设教洙泗，从游三千，通六艺者七十二人，俾先圣之大经大法不坠于地。其教人也，以文行忠信而一准之。以《中庸》《孟子》嗣兴，复昌孔子之说，后王法之，乃卒拨乱世而反之正。二千年来，有天下者，循孔孟之道罔不兴。背之罔不亡。于是儒教遂为万世准则，为治天下者所莫能废矣。

四、周秦间诸子学说

春秋以降,逮于七国,世衰道微,学者竞起,谋矫社会之弊恶,以时君苛暴扰民,而庄老清净之说兴;因世风薄、贼民兴,而申韩刑名之说起;愤世人之自私自利,而墨氏唱博爱;愤世人之同流合污、徇人阿世,而杨氏唱贵我。在欧洲之治东方史者,以周秦之际为中国思想最发达之时期;而自儒教观之,则谓之异端,盖矫枉而过乎正,大《易》所谓"失之毫厘,差以千里",极其弊害之所至,将大害于人类。故孟子拒杨、墨,至以为无父无君近于禽兽,比之洪猛。至儒术则依乎中庸,不偏不易,万世由之而无弊,四海推之而皆准。是以周秦诸子之学,或言而不能行,或行而不能久,至今仅存留一种之学说。儒者之道,则如日月经天,江河行地,人类一日不灭,圣道一日不亡也。

五、两汉至隋唐间儒学兴废

自嬴秦并六国,烧诗书,坑术士,重法吏,二世而亡天下。及炎汉兴,高祖十二年行过鲁,以太牢祀孔子,为两汉尊崇儒术之始。于时人民始离汤火,以黄老为治,务清净以息民。然黄老之治,不可久也。孝文始置五经博士,武帝大合天下之书,表章六经,废黜百家,孝宣论六经于石渠,儒学一时称盛。然当世若公孙弘、张禹、孔光诸人,虽以儒学致三公,而脂韦阿世,袭儒之名而亡其实。至于刘歆,遂佐莽篡汉,班固《儒林传赞》以当时儒术之盛由于禄利,洵知言矣。光武中兴,首崇儒学,史臣称其东西诛战,不遑启处,然犹投戈讲艺,息马论道,建武五年,营起太学,车驾临幸。明帝游意经艺,每飨射礼毕,正坐自讲,诸儒并听,多召名儒以充礼官。章帝东巡至鲁,祀孔子,于是教化昌明,朝野竞奋。虽桓、灵之世,朝政昏浊,国是日非,而党锢之流、独行之辈,依仁蹈义,舍命不渝。范蔚宗谓是时权强之臣息其窥盗之谋,豪俊之夫屈于鄙生之议,所以倾而未颓,决而未溃者,皆仁人君子心力之为。其言至允。至魏武重才轻行,其下诏求贤,至欲得盗嫂受金而未遇者,于是风俗丕变。三国鼎立,未遑礼乐,人心日漓。司马代魏,崇尚老庄,弃经典而尚清谈,卒致五胡之乱。逮乎六朝,南北分立,争伐不休,民生朝不保暮,乃乞怜于释老,儒学再厄。迄隋氏统一南北,而重文学、轻儒术,一传而亡。隋之末季,文中子讲学河汾,以儒为教。李唐之兴,其弟子多至卿相,遂启三百年文明之运。太宗御宇，命孔冲远等为《五经正义》，儒学再昌，得人称盛。玄宗中衰，羯胡倡乱，天下土崩，而二颜倡勤王之师，张、许奋死绥之节，卒致恢复两京，神器不坠，乌得谓非儒术之效哉？

六、宋元明之学术

李唐以后，中更五季之乱，置君等于弈棋，臣节于焉扫地，宋艺祖即位之初，首褒韩通，洎平北汉，复释卫融，以励臣节，是为尊崇名教之渐。至真宗咸平二年，命邢昺、孙奭等校诸经疏义。仁宗庆历四年，诏天下州郡立学，作太学于京师，于是周（敦颐）、程（颐、颢）、胡（瑗）、张（载），大儒辈出，以昌明正学为己任，故靖康之变，志士投袂勤王，临难不屈。南渡之初，朱文公复奋起于诸贤之后，讲道论学，盛极一时。濂洛之风，上承洙泗，及宋之亡，忠节相望。元世祖起朔漠，及主中夏，景慕儒风，以至元二十四年置国子监，设江南各路儒学提举司，召许衡为国子祭酒。成宗加封孔子大成至圣，虽享国不久，而亡国之际，忠义之士如李黻、余阙、泰不花、福寿之死绥，察罕帖木儿之义师，扩廓之始终故主，亦儒效所致矣。明太祖崛起草莽，因孟子有"草芥寇仇"之说，至删节《孟子》，欲罢其祀。成祖革除，屠戮忠良，至夷十族，而当世士夫则被濂洛遗泽，秉节不回，九死无悔，大儒辈出，若薛（瑄）、吴（与弼）、王（守仁）、吕（柟）、陈（献章）、湛（若水）、邹（守益）、罗（洪先）等，相承不绝。至于末叶，东林诸贤聚徒讲学，虽神宗之世，奄寺横行，流毒天下，诛锄正人，榜掠朝士，乃臣节愈励，士气益张。逮于亡国，东南义师蜂起，延十余年始定。昔怀宗殉国，自叹有君无臣，而平心论之，有明一代，君德除怀宗死社稷外，他无一可称。而士夫崇尚节义，先仆后继，则亘古所无。宋儒讲学之功，虽易代而效愈彰，儒术之功，顾不远且大哉！

以上所述，历代学术之递变可得概略。大率两汉以行取人，若孝弟、力田、贤良、方正、经明、行修、孝廉诸科，尚未失古制。至博士授业，一依家法，由训诂、名物、典制以求经义，为学亦未甚繁难。故《汉书·艺文志》所载典籍无多，至隋唐以降，典籍愈多，学愈繁复。士子束发受书，至于皓首，或尚不能穷一艺。又以文取士，去行益远，殊失古人为学之本原。宋儒崛起，一矫汉、唐以后重文轻行之失，由博而反之约，流风所被，下逮元、明，师儒之功，顾不伟哉！

（录自《本朝学术源流概略》，民国十九年刊本）
（参校罗振玉著，罗继祖主编《罗振玉学术论著集》第十一集，上海古籍出版社 2010 年版，第 189~193 页）

中国文化史·绪论

柳诒徵[①]

历史之学，最重因果。人事不能有因而无果，亦不能有果而无因。治历史者，职在综合人类过去时代复杂之事实，推求其因果而为之解析，以诏示来兹，舍此无所谓史学也。人类之动作，有共同之轨辙，亦有特殊之蜕变。欲知其共同之轨辙，当合世界各国家、各种族之历史，以观其通；欲知其特殊之蜕变，当专求一国家、一民族或多数民族组成一国之历史，以觇其异。今之所述，限于中国。凡所标举，函有二义：一以求人类演进之通则，一以明吾民独造之真际。盖晚清以来，积腐襮著，综他人所诟病，与吾国人自省其阙失，几若无文化可言。欧战既辍，人心惶扰，远西学者，时或想象东方之文化，国人亦颇思反而自求。然证以最近之纷乱，吾国必有持久不敝者存，又若无以共信。实则凭短期之观察，遽以概全部之历史，客感所淆，矜馁皆失。欲知中国历史之真相及其文化之得失，首宜虚心探索，勿遽为之判断，此吾所渴望于同志者也。

吾书凡分三编：第一编，自邃古以迄两汉，是为吾国民族本其造之力，由部落而建设国家，构成独立之文化之时期；第二编，自东汉以迄明季，是为印度文化输入吾国，与吾国固有文化由抵牾而融合之时期；第三编，自明季迄今日，是为中印两种文化均已就衰，而远西之学术、思想、宗教、政法以次输入，相激相荡而卒相合之时期。此三期者，初无截然划分之界限，特就其蝉联蜕化之际，略分畛畔，以便寻绎。实则吾民族创造之文化，富于弹性，自古迄今，纚纚相属，虽间有盛衰之判，固未尝有中绝之时。苟从多方诊察，自知其于此见为堕落者，于彼仍见其进行。第二、三期吸收印欧之文化，初非尽弃所

---

① 柳诒徵（1880—1956），文化史家。

有，且有相得益彰者焉。

中国文化为何？中国文化何在？中国文化异于印、欧者何在？此学者所首应致疑者也。吾书即为答此疑问而作。其详具于本文，未可以一言罄。然有一语须先为学者告者，即吾中国具有特殊之性质，求之世界无其伦比也。夫世界任何国家之构成，要皆各有其特殊之处，否则万国雷同，何必特标之为某国某国？然他国之特殊之处，有由强盛而崩裂者，有由弱小而积合者，有由复杂而涣散者，事例綦多；而求之吾民族、吾国家，乃适相反。此吾民所最宜悬以相较，藉觇文化之因果者也。

就今日中国言之，其第一特殊之现象，即幅员之广袤，世罕其匹也。世界大国，固有总计其所统辖之面积广大于中国者，然若英之合五洲属地，华离庞杂号称大国者，固与中国之整齐联属，纯然为一片土地者不同。即以美洲之合众国较之中国，其形势亦复不侔。合众国之东西道里已逊于我①，其南北之距离则尤不逮②。南北距离既远，气候因以迥殊。其温度，自华氏表平均七十九度以至三十六度，相差至四十余度。其栖息于此同一主权之下之土地上之民族，一切性质习惯，自亦因之大相悬绝。然试合黑龙江北境之人与广东南境之人于一堂，而叩其国籍，固皆自承为中国之人而无所歧视也。且此等广袤国境，固由汉、唐、元、明、清累朝开拓以致此盛。然自《尧典》《禹贡》以来，其所称领有之境域，已不减于今之半数。

《书·尧典》："分命羲仲，宅嵎夷，曰旸谷。""申命羲叔，宅南交。""分命和仲，宅西，曰昧谷。""申命和叔，宅朔方，曰幽都。"③

《禹贡》："东渐于海，西被于流沙，朔南暨声教，讫于四海。"圣哲立言，恒以国与天下对举。

---

① 中国东至西凡六十度五十五分，美国东至西凡五十七度三十九分。
② 中国南至北凡三十八度三十六分，美国南至北凡二十四度二十六分。
③ 今人多疑《尧典》为儒家伪造，不可尽信。然《墨子·节用篇》："昔者尧治天下，南抚交趾，北降幽都，东西至日所出入，莫不宾服。"足见《尧典》所言国境非儒家臆造之语。即使此等境界，为儒、墨两家想象之词，初非唐、虞时事实，亦可见春秋之末，战国之初之人，已信吾国有此广大领域也。（柳曾符按："1899年后，殷墟甲骨文出土，有大版记四方风名者数版，与《尧典》所记合，亦可见《尧典》非儒家伪造。胡厚宣先生有《甲骨文四方风名考释》一文，足与王国维《殷卜辞中所见先公先王考》并为卜辞证史名篇。"）

《老子》:"以正治国,以奇用兵,以无事取天下。""大国者下流,天下之交。"

《大学》:"古之欲明明德于天下者,先治其国。""国治而后天下平。"

此虽夸大之词,要必自来所见,恢廓无伦,故以思力所及,名曰"天下"。由是数千年来,治权时合时分,而国土之增辟初无或间。今之拥有广土,皆席前人之成劳。试问前人所以开拓此天下,抟结此天下者,果何术乎?

第二,则种族之复杂,至可惊异也。今之中国,号称五族共和,其实尚有苗、徭、僮、蛮诸种,不止五族。其族之最大者,世称汉族。稽之史策,其血统之混杂,决非一单纯种族。数千年来,其所吸收同化之异族,无虑百数。春秋战国时所谓蛮、夷、戎、狄者无论矣,秦、汉以降,若匈奴,若鲜卑,若羌,若奚,若胡,若突厥,若沙陀,若契丹,若女真,若蒙古,若靺鞨,若高丽,若渤海,若安南,时时有同化于汉族,易其姓名,习其文教,通其婚媾者。外此如月氏、安息、天竺、回纥、唐兀、康里、阿速、钦察、雍古、弗林诸国之人,自汉、魏以至元、明,逐渐混入汉族者,复不知凡几。

《汉书》:"金日磾,字翁叔,本匈奴休屠王太子也。"

《晋书》:"卜珝,字子玉,匈奴后部人也。""段匹磾,东郡鲜卑人也。""乔智明,字元达,鲜卑前部人也。"①

《通志氏族略》:"党氏本出西羌。"

《唐书》:"王世充,字行满,本姓支,西域胡人也。""李怀仙,柳城胡人也。""哥舒翰,突骑施首领哥舒部落之裔也。""代北李氏,本沙陀部落。""王武俊,契丹怒皆部落也。""李光弼,营州柳城人,其先契丹之酋长。""李怀光,渤海靺鞨人也。""高仙芝,本高丽人。""王毛仲,本高丽人。""高崇文,其先渤海人。""姜公辅,安南人。""史宪诚,其先出于奚虏。""李宝臣,范阳城旁奚族也。"

《通志》:"支氏,其先月支胡人也。""安氏,安息王子入侍,遂为

---

① 元魏以后,鲜卑人之化为汉族者,不可胜数。

汉人。""竺氏，本天竺胡人。"

《元史》："昔班，畏吾人。""余阙，唐兀人。""斡罗思，康里氏。""杭忽思，阿速人。""完者都，钦察人。""马祖常，世为雍古部。""爱薛，西域弗林人。"（此类甚多，姑举以示例。）

《日知录》卷二十三："《章邱志》言：洪武初，翰林编修吴沈奉旨撰《千家姓》，得姓一千九百六十八，而此邑如'术'、如'偊'，尚未之录①。今访之术姓，有三四百丁，自云金丞相术虎高琪之后②。盖二字改为一字者。而撰姓之时，尚未登于黄册也。以此知单姓之改，并在明初以后。而今代山东氏族，其出于金、元之裔者多矣。""永乐元年九月庚子，上谓兵部尚书刘儁曰：'各卫鞑靼人多同名，宜赐姓以别之。于是兵部请如洪武中故事，编置勘合，赐给姓氏。'③从之，三年七月，赐把都帖木儿名吴允诚，伦都儿灰名柴秉诚，保住名杨效诚，自此遂以为例。"

凡汉族之大姓，若王、若李、若刘者，其得氏之始，虽恒自附于中国帝王，实则多有异族之改姓。其异族之姓，如金、如安、如康、如支、如竺、如元、如源、如冒者，在今日视之，固亦俨然汉族，与姬、姜、子、姒若同一血统矣。甄克思有言："广进异种者，其社会将日即于盛强。"

《社会通诠》（甄克思）："世界历史所必不可诬之事实：必严种界，使常清而不杂者，其种将日弱而驯致于不足以自存；广进异种者，其社会将日即于盛强，而种界因之日泯。此其理自草木禽兽以至文明之民，在在可征之实例。孰得孰失，非难见也。……希腊邑社之制，即以严种界而衰灭，罗马肇立，亦以严种界而几沦亡。横览五洲之民，其气脉繁杂者强，英、法、德、美之民，皆杂种也。其血胤单简者弱，东方诸部，皆真种人矣。"

---

① 《广韵》"偊"字下注云："齐大夫名。"
② 原注：土人呼术为张一反，按《金史》虎汉姓曰董，今则但为术信。
③ 按洪武中勘合赐姓，《实录》不载，惟十六年二月，故元云南右丞观音保降，赐姓名李观。又《宣宗实录》：丑闾洪武二十一年来归，赐姓名李贤。

顾欧陆诸国，虽多混合之族，而其人至今犹严种界，斯拉夫、条顿、日耳曼之界，若鸿沟然。而求之吾国，则"非族异心"之语，"岛夷索虏"之争，固亦时著于史，如：

《左传》成公四年："史佚之《志》有之曰：非我族类，其心必异。"
《通鉴》卷六十九："宋魏以降，南北分治。南谓北为索虏，北谓南为岛夷。"

而异族之强悍者，久之多同化于汉族，汉族亦遂泯然与之相忘。试问吾国所以容纳此诸族，沟通此诸族者，果何道乎？

第三，则年祀之久远，相承勿替也。世界开化最早之国，曰巴比伦，曰埃及，曰印度，曰中国。比而观之，中国独寿。

《西洋上古史》（浮田和民）："迦勒底王国，始于公元前四千年以前，至一千三百年而亡。亚述[①]兴于公元前一千三百年，至六百零六年而亡。巴比伦兴于公元前六百二十五年，至五百三十八年，为波斯所灭。……埃及旧帝国兴于公元前四千年，中帝国当公元前二千一百年，新帝国当公元前一千七百年，至五百二十七年，为波斯所灭。"

《印度五十年史》（高桑驹吉）："印度吠陀时代，始于公元前二千年，公元后七百十四年，为回教徒所征服。"

中国历年之久，姑不问纬书荒诞之说。

《春秋元命苞》："天地开辟，至春秋获麟之岁，凡二百七十六万岁。"

即以今日所传书籍之确有可稽者言之，据《书经·尧典》，则应托始于公元前二千四百年；据龟甲古文，则作于公元前一千二百年；据《诗经》，则作于公元前一千一百年，至共和纪元以后，则逐年事实，皆有可考，是在公元前

---

① 即亚西里亚。

八百四十一年。汉、唐而降,虽常有异族入主之时,然以今日五族共和言之,则女真、蒙古、满洲诸族,皆吾中国之人。是即三四千年之间,主权有转移,而国家初未亡灭也。并世诸国,若法、若英、若俄,大抵兴于梁、唐以后,即日本号称万世一系,然彼国隋唐以前之历史,大都出于臆造,不足征信。则合过去之国家与新兴之国家而较之,未有若吾国之多历年所者也。试问吾国所以开化甚早、历久犹存者,果何故乎?

答此问题,惟有求之于史策。吾国史籍之富,亦为世所未有。今日所传之正史,共计三千五百四十三卷:

《史记》一百三十卷,西汉司马迁撰。《汉书》一百二十卷,东汉班固撰。《后汉书》一百二十卷,宋范晔撰①。《三国志》六十五卷,晋陈寿撰。《晋书》一百三十卷,唐房玄龄等撰。《宋书》一百卷,梁沈约撰。《南齐书》五十九卷,梁萧子显撰。《梁书》五十六卷,唐姚思廉撰。《陈书》三十六卷,唐姚思廉撰。《魏书》一百三十卷,北齐魏收撰。《北齐书》五十卷,唐李百药撰。《周书》五十卷,唐令狐德棻等撰。《隋书》八十五卷,唐魏徵等撰。《南史》八十卷,唐李延寿撰。《北史》一百卷,唐李延寿撰。《旧唐书》二百卷,晋刘昫等撰。《新唐书》二百五十五卷,宋欧阳修、宋祁撰。《旧五代史》一百五十二卷,宋薛居正等撰。《新五代史》七十五卷,宋欧阳修撰。《宋史》四百九十六卷,元脱脱等撰。《辽史》一百十六卷,元脱脱等撰。《金史》一百三十五卷,元脱脱等撰。《元史》二百十卷,明宋濂等撰。《新元史》二百五十七卷,民国柯劭忞撰。《明史》三百三十六卷,清张廷玉等撰。

自《隋书·经籍志》以下,史部之书,每较经、子、集为多:

《隋书·经籍志》

| 六艺经纬 | 六二七部 | 五三七一卷 |
| 史部 | 八一七部 | 一三二六四卷 |

---

① 内《续汉志》三十卷,晋司马彪撰。

子部	八五三部	六四三七卷
集部	五五四部	六六二二卷
道佛	二三二九部	七四一四卷

《旧唐书·经籍志》

经录	五七五部	六二四一卷
史	八四〇部	一七九四六卷
子	七五三部	一五六三七卷
集	八九二部	一二〇二八卷
释道书	二五〇〇部	九五〇〇卷

《新唐书·艺文志》

经	五九七部	六一四五卷
史	八五七部	一六八七四卷
子	九六七部	一七一五二卷
集	八五六部	一一九二三卷

《宋史·艺文志》

经	一三〇四部	一三六〇八卷
史	二一四七部	四三一〇九卷
子	三九九九部	二八二九〇卷
集	二三六九部	三四九六五卷

《明史·艺文志》

经	九四九部	八七四六卷
史	一三一六部	二八〇五一卷
子	九七〇部	三九二一一卷
集	一三九八部	二九九六六卷

清《四库书目》

经	六九四部	一〇二六〇卷
史	五六三部	二一九四一卷
子	九〇七部	一七八九六卷
集	一二七七部	二九二五四卷

然经、子、集部，以至道、释二藏之性质，虽与史书有别，实亦无不可备史料。其第以编年纪事，及纪、传、表、志诸体为史书之界限者，初非深知史者也。世恒病吾国史书为皇帝家谱，不能表示民族社会变迁进步之状况，实则民族社会之史料，触处皆是，徒以浩穰无纪，读者不能博观而约取，遂疑吾国所谓史者，不过如坊肆《纲鉴》之类，止有帝王嬗代及武人相斫之事，举凡教学、文艺、社会、风俗以至经济、生活、物产、建筑、图画、雕刻之类，举无可稽。吾书欲祛此惑，故于帝王朝代，国家战伐，多从删略，惟就民族全体之精神所表现者，广搜而列举之。兹事体大，挂漏孔多，姑发其凡，以待来哲尔。

（录自柳诒徵撰、蔡尚思导读《中国文化史》，上海古籍出版社 2001 年版，第 1~8 页）

（参校柳诒徵《中国文化史》上，东方出版中心 2007 年版，第 1~8 页）

周末以后学术之流变 *

王国维[①]

外界之势力之影响于学术，岂不大哉！自周之衰，文王、周公势力之瓦解也，国民之智力成熟于内，政治之纷乱乘之于外，上无统一之制度，下迫于社会之要求，于是诸子九流各创其学说，于道德、政治、文学上，灿然放万丈之光焰。此为中国思想之能动时代。自汉以后，天下太平，武帝复以孔子之说统一之。其时新遭秦火，儒家唯以抱残守缺为事，其为诸子之学者，亦但守其师说，无创作之思想，学界稍稍停滞矣。佛教之东，适值吾国思想凋敝之后。当此之时，学者见之如饥者之得食，渴者之得饮，担簦访道者，接武于葱岭之

---

① 王国维（1877—1927），学者。

道，翻经译论者，云集于南北之都。自六朝至于唐室，而佛陀之教极千古之盛矣。此为吾国思想受动之时代。然当是时，吾国固有之思想与印度之思想互相并行而不相化合。至宋儒出而一调和之，此又由受动之时代出，而稍带能动之性质者也。自宋以后以至本朝，思想之停滞略同于两汉。至今日而第二之佛教又见告矣，西洋之思想是也。

（录自王国维《论近年之学术界》，载《静庵文集》，商务印书馆 1940 年版）

（参校王国维著、傅杰编校《王国维论学集》，中国社会科学出版社 1997 年版，第 212 页）

通雅·序（节录）

方以智①

学惟古训，博乃能约，当其博，即有约者通之。博学不能观古今之通，又不能疑，焉贵书籙乎？古有博于文画者，博于象数者、典制者、笺注者、词章者、名物者、隐怪者，经史既别，各有专家；小学原流，忽为细故。上下古今数千年，文字屡变，音亦屡变。学者相沿不考，所称音义，传讹而已。上古眇矣，汉承秦焚，儒以臆决。至郑、许辈起，似为犁然，后世因以为典故。闻道者自立门庭，糟粕文字，不复及此。其能曼词者，又以其一得管见，洸洋自恣，逃之虚空，何便于此？考究根极之士，乃错错然元本，不已苦乎？撼实之病，固自不一，属书赡给，但取渔猎。训故专已，多半傅会。其以博自诩者，造异志怪，学子横、子年且不逮，岂许差肩曼倩、茂先间乎？反不若君道，至能《草木状》《虞衡志》，为足佐景纯、元恪，有裨多识矣。宋之编考，夹漈颇有所见，马、章次之、伯厚次之。金石则比辑于欧、赵、吕、王，而原父、子固、彦远、长睿，辩考为力。朱子每慕六一，而于存中、泰之杂说，亦无不留心也。洪武初，刘、宋之根极，琼山、荆川之编汇，潜谷、本清之图纂，皆冒大略，少有是正。子元、仁宝，琐琐记之。陆文裕、于文定，时有一端。京山若有所窥矣，支与流裔、未委悉也。李大泌、阮雾灵，可谓强记，李属方子

---

① 方以智（1611—1671），明末清初思想家、学者。

谦补《韵会》，其疏略犹之直翁，无大发明也。新都最博，而苟取僻异，实未会通。张东莞学新都，窃取尤多。岭南之九成、子行也，澹园有功于新都，而晦伯、元美、元瑞，驳之不遗余力。以今论之，当驳者多不能驳，驳又不尽当。然因前人备列以贻后人，因以起疑，因以旁征，其功岂可没哉！今日之合而辩正也，固诸公之所望也。

（录自方以智《通雅》，中国书店 1990 年版，"通雅自序"第 6~8 页）
（参校《方以智全书》，上海古籍出版社 1988 年版，"序"第 3~4 页）

原　道（节录）

韩　愈[①]

　　凡吾所谓道德云者，合仁与义言之也，天下之公言也。老子之所谓道德云者，去仁与义言之也，一人之私言也。周道衰，孔子没，火于秦，黄老于汉，佛于晋、魏、梁、隋之间，其言道德仁义者，不入于杨，则入于墨；不入于老，则入于佛。入于彼，必出于此，入者主之，出者奴之；入者附之，出者污之。噫！后之人其欲闻仁义道德之说，孰从而听之？老者曰："孔子，吾师之弟子也。"佛者曰："孔子，吾师之弟子也。"为孔子者，习闻其说，乐其诞而自小也，亦曰："吾师亦尝师之云尔。"不惟举之于其口，而又笔之于其书。噫！后之人虽欲闻仁义道德之说，其孰从而求之？甚矣，人之好怪也！不求其端，不讯其末，惟怪之欲闻。

　　…………

　　夫所谓先王之教者何也？博爱之谓仁，行而宜之之谓义，由是而之焉之谓道，足乎己无待于外之谓德。其文《诗》《书》《易》《春秋》，其法礼、乐、刑、政，其民士、农、工、贾，其位君臣、父子、师友、宾主、昆弟、夫妇，其服麻、丝，其居宫、室，其食粟米、果蔬、鱼肉，其为道易明，而其为教易行也。是故以之为己，则顺而祥；以之为人，则爱而公；以之为心，则和而平；以之为天下国家，无所处而不当。是故生则得其情，死则尽其常，郊焉而天神假，庙焉而人鬼飨。

[①] 韩愈（768—824），唐代文学家。

曰：斯道也，何道也？曰：斯吾所谓道也，非向所谓老与佛之道也。尧以是传之舜，舜以是传之禹，禹以是传之汤，汤以是传之文、武、周公，文、武、周公传之孔子，孔子传之孟轲。轲之死，不得其传焉。荀与扬也，择焉而不精，语焉而不详。由周公而上，上而为君，故其事行；由周公而下，下而为臣，故其说长。

然则如之何而可也？曰：不塞不流，不止不行。人其人，火其书，庐其居。明先王之道以道之，鳏寡孤独废疾者有养也，其亦庶乎其可也？

（录自马其昶校注、马茂元整理《韩昌黎文集校注》第一卷，上海古籍出版社1986年版，第13~14、18~19页）

（参校童第德选注《韩愈文选》，人民文学出版社1997年版，第216~217、218~219页）

四库全书总目提要·道统录（节录）

纪　昀[①]

国朝张伯行撰。伯行字孝先，仪封人，康熙乙丑进士，官至礼部尚书，谥清恪。是书自序，谓曩于故书肆中购得《道统传》一帙，乃仇熙所著，因更为增辑。上卷载伏羲、神农、黄帝、尧、舜、禹、汤、文、武、周公、孔子及颜、曾、思、孟。下卷载周、程、张、朱。其附录中则载皋陶、稷、契、益、伊尹、莱朱、傅说、太公、召公、散宜生及杨时、罗从彦、李侗、谢良佐、尹焞。人各一传，述其言行，而以总论冠于卷端。

（录自《四库全书总目提要》卷六十三《史部·传记类存目五》，《四库全书》文渊阁本）

（参校纪昀总纂《四库全书总目提要》，河北人民出版社2000年版，第1732页）

---

① 纪昀（1724—1805），清代学者，《四库全书》总纂官。

四库全书总目提要·经部总叙

纪 昀

经禀圣裁,垂型万世,删定之旨,如日中天。无所容其赞述,所论次者,诂经之说而已。自汉京以后垂二千年,儒者沿波,学凡六变。其初专门授受,递禀师承,非惟诂训相传,莫敢同异,即篇章字句,亦恪守所闻。其学笃实谨严,及其弊也拘。王弼、王肃稍持异议,流风所扇,或信或疑,越孔、贾、啖、赵以及北宋孙复、刘敞等,各自论说,不相统摄,及其弊也杂。洛闽继起,道学大昌,摆落汉唐,独研义理,凡经师旧说,俱排斥以为不足信,其学务别是非,及其弊也悍。学脉旁分,攀缘日众,驱除异己,务定一尊。自宋末以逮明初,其学见异不迁,及其弊也党。主持太过,势有所偏,材辨聪明,激而横决。自明正德、嘉靖以后,其学各抒心得,及其弊也肆。空谈臆断,考证必疏,于是博雅之儒引古义以抵其隙。国初诸家,其学征实不诬,及其弊也琐。要其归宿,则不过汉学、宋学两家互为胜负。夫汉学具有根柢,讲学者以浅陋轻之,不足服汉儒也;宋学具有精微,读书者以空疏薄之,亦不足服宋儒也,消融门户之见而各取所长,则私心祛而公理出,公理出而经义明矣。盖经者非他,即天下之公理而已。今参稽众说,务取持平,各明去取之故,分为十类,曰《易》,曰《书》,曰《诗》,曰《礼》,曰《春秋》,曰《孝经》,曰《五经总义》,曰《四书》,曰《乐》,曰《小学》。

(录自《四库全书总目提要》卷一,《四库全书》文渊阁本)
(参校《四库全书总目提要》,河北人民出版社 2000 年版,第 49~50 页)

四库全书总目提要·子部总叙

纪 昀

自六经以外立说者,皆子书也。其初亦相淆,自《七略》区而列之,名品乃定,其初亦相轧,自董仲舒别而白之,醇驳乃分。其中或佚不传,或传而后莫为继，或古无其目而今增，古各为类而今合，大都篇帙繁富，可以自为部分者。儒家之外有兵家，有法家，有农家，有医家，有天文算法，有术数，有艺术，有谱录，有杂家，有类书，有小说家，其别教则有释家，有道家，叙而次之，凡十四类。儒家尚矣。有文事者有武备，故次之以兵家。兵，刑类也。唐虞无皋陶，则寇贼奸宄无所禁，必不能风动时雍，故次以法家。民，国之本也；谷，民之天也，故次以农家。本草经方，技术之事也，而生死系焉，神农黄帝以圣人为天子，尚亲治之，故次以医家。重民事者先授时，授时本测候，测候本积数，故次以天文算法。以上六家，皆治世者所有事也。百家方技，或有益，或无益，而其说久行，理难竟废，故次以术数。游艺亦学问之余事，一技入神，器或寓道，故次以艺术。以上二家，皆小道之可观者也。诗取多识，易称制器，博闻有取，利用攸资，故次以谱录。群言岐出，不名一类，总为荟萃，皆可采撷菁英，故次以杂家。隶事分类，亦杂言也，旧附于子部，今从其例，故次以类书。稗官所述，其事末矣，用广见闻，愈于博弈，故次以小说家。以上四家，皆旁资参考者也。二氏，外学也，故次以释家、道家终焉。夫学者研理于经，可以正天下之是非；征事于史，可以明古今之成败；余皆杂学也。然儒家本六艺之支流，虽其间依草附木，不能免门户之私。而数大儒明道立言，炳然具在，要可与经史旁参。其余虽真伪相杂，醇疵互见，然凡能自名一家者，必有一节之足以自立，即其不合于圣人者，存之亦可为鉴戒。虽有丝麻，无弃菅蒯；狂夫之言，圣人择焉。在博收而慎取之尔。

（录自《四库全书总目提要》卷九十一，《四库全书》文渊阁本）

（参校《四库全书总目提要》，河北人民出版社 2000 年版，第 2331~2332 页）

"经"、"经学"、经学史

周予同　汤志钧[①]

还在 1956 年，我国十二年科学远景规划中就有"中国经学史"一项专题；

---

① 周予同（1898—1981），经学史家；汤志钧（1924—　　），学术史家。

1959 年起，复旦大学历史系"中国古代史专门化"开始设立"中国经学史"课程。这些都说明了党和政府对这一学科的研究是重视的。

但是，对"中国经学史"的涵义认识不清，对研究"中国经学史"的任务和意义及其同中国哲学史、中国思想史的联系与分野估计不足的，在目前也不是绝无仅有。本文打算就这些问题，提出我们的初步看法，希望同志们批评指正。

什么是"经"？

这里所说的"经"，是指由中国封建专制政府"法定"的以孔子为代表的儒家所编著书籍的通称。作为儒家编著书籍通称的"经"这一名词的出现，应在战国以后；而"经"的正式被中国封建专制政府"法定"为"经典"，则应在汉武帝罢黜百家、独尊儒术以后。

东汉许慎《说文解字》说："经，织也。从糸，𦈌声。"清段玉裁注："织之从丝谓之经。必先有经，而后有纬，是故三纲、五常、六艺谓之天地之常经。"《说文解字》又说："𦈌，水脉也，从川，在一下。一，地也。壬省声。一曰水冥𦈌也，𡖊，古文𦈌，不省。"但"经"及"𦈌"字，甲骨文中未见，可知殷商时代并没有"经"。

"𦈌""经"，始见于周代铜器。盂鼎、克鼎、毛公鼎、克钟都有"𦈌"字。（参考吴大澂：《说文古籀补》；丁佛言：《说文古籀补补》；容庚：《金文编》。）克钟有"泾"字；郘公牼钟有"牼"字。虢季子白盘、齐陈曼簠有"经"字（吴大澂：《说文古籀补》；容庚：《金文编》）。但"经"的释义是"经维四方"，就是经营的意思。郭沫若先生以为"经"的初字是"𦈌"，而"经"是后起字。他说：

> 大盂鼎"敬雝德𦈌"，毛公鼎"肇𦈌先王令"，均用𦈌为经。余意𦈌盖经之初字也。观其字形……均像织机之纵线形。从糸作之经，字之稍后起者也。说文分𦈌、经为二字，以𦈌属于川部……说殊迂阔。（郭沫若：《金文丛考·金文余释·释𦈌》）

照此说来，"𦈌""经"应是一字。"经"的初字是"𦈌"，𦈌即丝，并不是川。"经"为后起字。金文中虽也有"经"字，但并不释作"经典"，它的

本义作"经纬"解。"经典"的说法,到战国后才出现。先秦诸子提到"经"的记载有:

> 《管子·戒》:"泽其四经。"
> 《荀子·劝学》:"学恶乎始?恶乎终?始于诵经,终乎读礼。"
> 《庄子·天道》:"孔子繙十二经。"

《管子》是战国时的作品,"四经"就是"四术",就是"诗、书、礼、乐"。《荀子》将"经"作"经典"解,又以"礼"与"经"相对立,似乎"礼"不属于"经"而是礼仪。《庄子·天道》属"外篇",也应是后人所作。所以将"经"作为中国儒家编著书籍的解释,应在战国以后。

秦并六国,禁止"私学",以吏为师,只许士人学习秦朝的法令制度,但朝廷上仍有博士官和儒生。西汉初期,指导政治的学说是黄老刑名之学,其次是阴阳五行之术,儒家博士不为朝廷所重视,儒家"经籍"也未正式结集为政府所"法定"。直到汉武帝,选拔春秋公羊学大师董仲舒、公孙弘为首列,独尊儒家之后,非儒家的诸子百家一概被罢斥,作为以孔子为代表的儒家书籍,才正式成为封建政府"法定"的"经典"。

此后随着中国封建社会的发展和历代儒家意识的变化,对于"经"这一名词的解释,也逐渐有所不同。就我们目前搜集到的资料,凡有四说:

一、"五常说"。东汉班固《白虎通·论五经象五常》说:"经所以有五何?经,常也,有五常之道,故曰五经。《乐》,仁;《书》,义;《礼》,礼;《易》,智;《诗》,信也。"汉儒相信阴阳五行,以"五常"与"五行"相配。训"经"为"常","常"即"常道"之义①。

二、"专名说"。今文经学派以为"经"是孔子著作的专称,孔子以前不能有经,孔子以后的书也不能称经。孔子弟子门人所述的叫做"传"或"记",弟子门人辗转相传的叫做"说"。所以只有《诗》三〇五篇、《书》二十八篇、《仪礼》十六篇(《丧服传》除外)、《易》的《卦辞》《爻辞》《彖辞》《象辞》和《春秋》经而已。这说始于鸦片战争前龚自珍的《六经正名》和《六经正名

---

① 东汉刘熙《释名》以"径"释"经",说"径"犹径路无所不通,和"常道"说相近,现从略。

答问》。以后如皮锡瑞的《经学历史》、廖平的《知圣篇》以及康有为的《新学伪经考》，也有更明确而有系统的解说。而主之最力的，则是皮锡瑞。

三、"通名说"。古文经学派与今文经学派相反，以为经是一切书籍的通称。在孔子以前，固已有经；在孔子以后的群书，也不妨称为经。"经"就是"线"，就是古代装订书的"韦编"，就是《史记·孔子世家》所称：孔子读《易》，"韦编三绝"的"韦编"。"经""传""论"的不同，只是竹简长短的不同。据说：古代"经"的竹简长二尺四寸（汉尺，下同）或一尺二寸，"论"八寸，"传"则《说文解字》释为六寸簿。这样，"经"成为群书的通称，不能占为五经、六经、七经、九经、十三经等经书的专名。对于这说系统地提出的是章炳麟，见《国故论衡》"文学总略"和"原经"诸文。

四、"文言说"。以为中国文学以骈文为正宗，而骈文源于《易》经中的"文言"。因之，凡是骈文（文言体）的书册，都可称为经。刘师培说："六经为上古之书，故经书之文，奇偶相生，声韵相协，以便记诵，而藻绘成章，有参伍错综之观。古人见经文之多'文言'也，于是假治丝之义，而锡以六经之名。……即群书之用'文言'者，亦称之为经，以与鄙词示异。"（《经学教科书》第一册第二课，见《刘申叔遗书》）

上列四说中，"五常说"训"经"为"常"，以"五常"与"五行"相配，是一种封建的宗教的解说，较为陈旧；但它以"经"为"常道"，可知西汉以后对于以孔子为代表的儒家书籍的尊重。这时的"经"已成为封建专制政府"法定"的经典。"专名说"是今文经学派的一种主张，"通名说"和"文言说"则是古文经学派以及由古文经学派派生的古典文学的主张。前者将"经"的领域局限于孔子的著作，过于狭窄；（这些书籍是否孔子所"著"，都有问题。）后者则泛指群书，又过于广泛。关于今、古文经学派对"经"名解释为什么这样距离很远，牵涉到他们对孔子、对"经典"看法的学派论争问题，这里不可能详予阐述；但一般说来，"经"的涵义，并不囿于今文经学家所说的五经，也未伸展到泛指群书为"经"。"经"的领域固然逐渐扩张，而有五经、六经、七经、九经、十三经之称，但它的扩张，是随着历代封建统治阶级的需要而日益扩张的。作为封建专制政府"法定"的"经典"，毕竟未曾泛指一般书籍。

基于上述，我们认为，中国经学史中所指的"经"，具有下列几个特点：

第一，"经"是中国封建专制政府"法定"的古代儒家书籍，随着中国封建社会的发展和统治阶级的需要，"经"的领域在逐渐扩张。自汉武帝罢黜百家，独尊儒家，设立五经博士，从而《易》《书》《诗》《礼》《春秋》"五经"就被封建专制政府所"法定"。又汉代"以孝治天下"，宣传封建宗法思想，利用血缘作为政治团结的工具，于是再将《论语》《孝经》"升格"，称为"七经"①。到了唐代，处于封建帝国极盛时期，把极力主张贵贱尊卑区别、认为阶级社会的秩序是"天道使然"的《五经正义》"钦命"为科举取士的标准书；又在"明经"科中设"三礼"（《周礼》《仪礼》《礼记》）、"三传"（《左传》《公羊传》《穀梁传》），连同《易》《书》《诗》，而有"九经"之称②。宋儒保护家族宗法制度，提倡"忠、孝、节、烈"，把《礼记》中的《大学》《中庸》抽出来和《论语》《孟子》配为四书，它是为中央集权的君主专制制度服务的，完全符合统治阶级的需要，于是《孟子》升格为"经"，而有所谓《十三经》之名（"九经"加《论语》《孝经》《孟子》《尔雅》）。明成祖永乐十二年（公元1414年）"御敕"胡广等修《五经四书大全》"颁行天下"，用封建教条来束缚思想。清康熙、乾隆年间又将这些经书多次"御纂""钦定"。可知"经"是封建专制政府"法定"的古代儒家书籍，它的扩张是随着封建专制政府需要而日渐扩张的。

第二，"经"是以孔子为代表的古代儒家书籍，它不仅为中国封建专制政府所"法定"，认为合法的"经典"，而且是在所有合法书籍中挑选出来的。后来儒家编著的书籍，固然不能称之为"经"，就是秦汉以前的儒家书籍，不是得到孔子"真传"的，也不称之为"经"。

战国时期，儒、墨并称显学，但儒家比墨家更占优势。孔子以后的儒家，据《韩非子·显学》篇所载："有子张之儒，有子思之儒，有颜氏之儒，有孟氏之儒，有漆雕氏之儒，有仲良氏之儒，有孙氏之儒，有乐正氏之儒。"这些儒家，有的也曾编著书籍，在《汉书·艺文志·诸子略》中即有《子思》二十三篇、《曾子》十八篇、《漆雕子》十三篇、《宓子》十六篇、《公孙尼子》二十八篇、《孙卿子》三十三篇等。这些书籍，有的已经亡佚，有的即使流传

---

① 按"七经"之名，始见于范晔《后汉书·赵典传》，继见于陈寿《三国志·蜀书·秦宓传》。清全祖望《经史问答》解释说："七经者，盖六经之外加《论语》。东汉则加《孝经》而去《乐》。"据此，可知汉武帝时立五经，汉武帝以后，《论语》《孝经》即渐"升格"。

② 马端临：《文献通考》卷二九《选举考·举士》。

下来，但也未尊称为"经"，如《孙卿子》(《荀子》)。这是为什么呢？主要由于以孔子为代表的儒家学说含有多面性，它总能适合整个封建时代各个时期的统治阶级的需求，成为中国封建文化的主体。孔子以后的儒家有的虽曾传"经"，但他们自己的著作却未被尊称为"经"。如秦汉儒生所传《诗》《礼》《易》《春秋》诸经说，多出自荀子，但《荀子》一书却不是"经"（参考清汪中《述学·荀卿子通论》）。这是因为荀子由人胜天地万物所造出的专制主义学说，在当时虽也曾适合政治的需用，但他不法先王，轻视仁义，否认命运，对统治阶级并不合用，他的著作也就因此始终未被后世"法定"为"经"。而合用的还是孔、孟传统的儒学。所以，不是所有儒家编著的书籍都叫做"经"，也不是所有流传下来封建专制政府认为合法的书籍都叫做"经"。"经"是从古代儒家书籍中挑选出来的，是以孔子为代表的古代儒家编著书籍的通称。至于西汉以后儒家释"经"之书，则只能称为"注""笺""解""疏"，也不能称为"经"。

第三，"经"之所以被中国封建专制政府从所有合法书籍中挑选出来"法定"为"经"，正是由于它能符合封建统治阶级的需求。因此，"经"的本身就是封建专制政府和封建统治阶级用来进行文化教育思想统治的主要工具，也是封建专制政府培养提拔统治人才的主要准绳，基本上成为整个中国封建社会中合法的教科书。上述唐宋以来的科举取士制度，便都可以说明这一点。

什么是"经学"？

"经学"一词，在文献中，最早见于《汉书·儿宽传》。

"经"和"经学"，既有联系，也有区别。所谓"经"，是指中国封建专制政府"法定"的以孔子为代表的儒家所编书籍的通称；所谓"经学"，一般说来，就是历代封建地主阶级知识分子和官僚对上述"经典"著述的阐发和议论。

所谓一般说来，就是说基本情况是如此，但也有个别的例外。其一是个别经学家的思想并不属于统治阶级，如王充是东汉的古文经学家，但他反对阴阳五行家和谶纬学，是"反对东汉主要上层建筑物的革命家"[①]。其二是清朝末年改良主义思想家以"经学家"的面貌出现、"托古改制"、进行改良主义的

---

① 范文澜：《中国通史简编》第二编，第 233 页。

政治活动，即康有为所领导的戊戌变法运动。

这种情况，在整个中国历史上，还是比较个别的。对"经"书阐发和议论的，毕竟以封建地主阶级知识分子和官僚占绝大多数。随着中国封建社会的发展，经济、政治的变化，封建统治阶级内部各阶层的变化，思想领域也起变化，对于"经"书的阐发和议论也就历代有所变化，而各自赋有时代的特点。就其阐释和议论的形式来看，是"经"书中的"经学"问题；就其阐释和议论的思想实质来看，又代表着不同的阶级（阶层）利益。前者是他们对"经学"的继承性，而后者则是他们的阶级性。从这个意义上来说，"经学"基本上是统治阶级内部各阶层随着中国社会、经济、政治情况的发展而展开思想斗争的一种形式，是历代地主阶级知识分子和官僚披着"经学"外衣发挥自己思想进行斗争的一种表现。

历代封建地主阶级知识分子和官僚之所以根据"经"书加以阐释，正是由于这些"经"书在当时是"法定"的，非根据经书议论不可；他们之间的争论，所以都能以孔子为代表的儒家"经典"为准绳，正是由于孔子为代表的儒家学说含有多面性，它总能适合整个封建时代各个时期的统治阶级的需求。所以，不管他们如何争论，却是基本上都为封建统治服务的。

中国经学史研究的特点

儒家思想是中国封建主义的正统思想。历代的封建地主阶级知识分子和官僚一方面阐释"经"书，维护封建秩序；另一方面披着"经学"外衣，发挥自己的思想，展开了思想斗争和政治斗争。这样，"经学"之史的研究，牵涉的范围就相当广泛，它同中国哲学史、中国思想史、中国文化史的研究，都有着密切的联系，而且有相互共通之处。这些经学家有着不同的世界观，它与哲学史的研究有关；"经"又是封建时代选拔人材的标准书籍，它与思想史的研究有关；这些阐释和议论经书的编著，也是我国文化遗产的一部分，它又和文化史的研究有关……但是，"经学史"的研究，毕竟不同于哲学史、思想史、文化史的研究，它也决不能为哲学史、思想史、文化史所"概括"，它有着特定的科学研究内容，是一门独立的学科。"经学史"之所以能成为一门独立的学科，就是由于它具有本门学科的特殊性。

举例来说：西汉时代的董仲舒，是有名的公羊学家；近代史上的康有为，也曾利用今文经学作为"托古改制"变法维新的理论工具。这些人物，哲学史、思想史上都要提到，都要阐明他们在中国历史上所起的作用，从而正确地认识基础与上层建筑的关系。这是"经学史"与它们的共同点。但是，尤其重要的，成为我们认识事物的基础的东西，则是必须注意它的特殊点。由于学科对象所具有的特殊的矛盾性，彼此具体研究的任务便有所不同。哲学史的研究任务是运用马克思主义对历史上的哲学体系进行彻底的批判，从而对中国哲学思想发展的历史过程作出科学的总结，以发展和丰富马克思主义的认识论和辩证逻辑。思想史的研究任务是运用马克思主义对中国社会各阶级（阶层）内部的思想流派加以系统的批判和科学的总结，因而它除掉儒家学派之外，还须对其他思想流派（如道、佛等）加以全面的分析；至于文化史，则除掉"经学"以外，还须包括文学、艺术、宗教、科学等等。所以，经学史的研究，是有其特定的内容的；它的科学的对象，是具有特殊的矛盾性的。

中国经学史研究的特点，大体包括下述几个方面：

第一，它是研究中国封建专制政府和封建统治阶级利用以孔子为代表的儒家思想进行文化教育和思想上统治的历史。历代的封建专制政府，对待"经学"问题，有时让大家争论，因为争论的范围局限于"法定"的"经典"之内；更重要的，是统一"经学"思想，以利于统一思想，巩固统治。所以汉武帝重用董仲舒，"令后学者有所统一，为群儒首"。唐太宗"钦命"孔颖达等撰定《五经正义》，作为"取士"标准。明、清两代，又将朱熹《四书集注》作为培养、提拔人才的主要准绳。

第二，它是研究中国历代封建统治阶级内部不同阶层和集团，以"经学"为形式，展开思想斗争和政治斗争的历史。他们所争论的形式是"经"，但实质上却是社会实际问题，反映了不同阶层不同集团的不同利益和不同见解。例如东汉时期今文经学和古文经学之争，"今文经学反映统治阶级内部有一部分人在政治上得势，古文经学反映别有一部分人企图在政治上得势"[①]。

第三，个别学者的思想不属于统治阶级，或者具有唯物主义的色彩，或者具有朴素的辩证因素，甚或有利用"经学"以进行革命宣传的，也都得认真地加以分析。例如清代戴震著《孟子字义疏证》，用训诂学的形式以探求《孟子》

---

① 范文澜：《中国通史简编》第二编，第228页。

"本义",痛斥当时代表统治地位的"宋学"(理学)。他这种唯物主义的学说,统治阶级就不允许它发展。清初顾炎武、黄宗羲、王夫之等,注重经史,读书与抗清联结,著述与实践(致用)一致,发扬《春秋》"夷夏之辨"的学说,以宣传民族革命。这些,正是我国文化遗产中的精华所在,应该很好地批判吸收。

中国经学史的研究任务

根据中国经学史研究的特点,它就规定了这门学科特有的研究任务。那就是:一、研究"经"的来源和性质,研究中国社会经济政治的变化如何反映在"经学"范围之内。各个不同历史时代、各个不同社会阶级(阶层)如何在"经学"范围内展开思想斗争。二、中国封建专制政府和封建统治阶级如何利用"经"和"经学"来进行文化、教育、思想上的统治。历代的"经学"思想又如何为不同阶级(阶层)或集团服务。三、随着中国封建社会的发展,在不同的历史时代中,"经学"思想发展的规律是怎样的。个别经学家的思想为什么不属于统治阶级,甚或利用"经学"进行革命宣传。对这种文化遗产,应该怎样批判吸收。这些,都是"中国经学史"研究工作者的研究任务。

由于"经学"是中国封建文化的主体,它在我国漫长的封建社会中,始终作为"正统",它关涉到我国几千年来的政治、文化、思想、哲学等发展的各个方面。它既有"经学"思想本身的系统性,也有其特有的研究范围和任务。因此,开展"中国经学史"的研究,将有助于对中国封建统治阶级在文化、教育、思想上统治特点的理解,将有助于对中国封建统治阶级随着经济政治变化而在"经学"思想上斗争规律特点的理解。

"经学"中有很多是反动的东西,是封建的糟粕,应该剔除。但"经学"中也有当时进步的东西,值得批判吸收。"经学"既成为中国封建文化的主体,中国的封建社会又是那么久长,要批判和继承我国的文化遗产,就脱离不了"经学"。这就是说:要弃其糟粕,取其精华,要通过咀嚼消化,批判吸收。因此,开展"中国经学史"的研究,对清除封建思想,吸收文化遗产,从而划清思想界线,提高觉悟水平,"古为今用",为当前的政治服务,是有着一定作用的。

五四运动以后,"经学"退出了历史舞台,但"经学史"的研究却急待开展。

为此，我们粗率而大胆地提出了上述意见，借以得到同志们的共鸣和批评。

（录自朱维铮编《周予同经学史论著选集》，上海人民出版社 1996 年版，第 649~661 页）

（参校周予同著、朱维铮编校《经学和经学史》，上海人民出版社 2012 年版，第 15~23 页）

"中华元典"界说 *

冯天瑜①

"元典"大约包涵"经典""圣典"双重意蕴而更接近"经典"。

怎样的典籍拥有前述"始典、基本之典、大典、常典、上典"诸内蕴，而可以称之"元典"呢？

如果把一个民族跨入文明门槛（以金属工具和文字发明与使用为标志）之前，称作该民族的"儿童时代"，把跨入文明门槛的初期称作"少年时代"，那么，随着金属工具的普及，国家和城市的发展，较复杂的意识形态应运而生，该民族进入创造力空前旺盛的"青年时代"。而元典正是各文明民族"青年时代"的创作物。

…………

在中华文化系统中，堪称"元典"的首推《易》《诗》《书》《礼》《乐》《春秋》等"六经"。因《乐》亡佚，实为"五经"。某些先秦诸子书也具有元典性质，如《论语》《孟子》被儒家列为主要经典，是"九经""十三经"的组成部分，宋以后又与《礼记》中的《大学》《中庸》并称"四书"，被南宋、元、明、清诸代奉为"圣经"。《老子》《庄子》被道家和道教列为主要经典，分别称《道德经》《南华经》；《墨子》被墨家视作经典。他们都在中华文化系统中享有"元典"之尊。此外一些专科的创始之作，也被该学科视作经典，如《孙子兵法》是军事学经典，有"兵学圣典""百世兵家之师"的美誉；《黄帝内经》是医学经典，陆羽的《茶经》是茶学精典，计成的《园冶》是园林建筑

---

① 冯天瑜（1924—　），学者。

经典。此类典籍因其原创性而赢得不朽，其精义至今为相关专业所尊崇，成为取之不尽的灵感源泉。

……………

元典在诸相关民族的历史生活中拥有的崇高地位，不仅由元典"文本"的内涵（"本义"）丰富性所导致，也由元典不断被诠释（"引申义"）所强化。元典"文本"的自身性质与元典"文本"的被反复解释发挥的过程，共同铸造了元典的历史地位。

（录自冯天瑜《中华元典精神》，上海人民出版社2014年版，第4~7页）

进卷·总述（节录）

叶 适①

道不可见，而在唐、虞、三代之世者，上之治谓之皇极，下之教谓之大学，行之天下谓之中庸，此道之合而可名者也。其散在事物，而无不合于此，缘其名以考其实，即其事以达其义，岂有一不当哉！

变周为秦，上下皆失，而天下之道亡。汉兴，而天下之人意其有在于《六经》，孔氏之所录者，于是《礼》《易》《诗》《书》分门为师，补续简编之断阙，寻绎章句之同异，因而为言者又数百家。当其时，大合诸儒于石渠、白虎之殿，九卿承制难问，天子称制临决，莫不自以为至矣，而道终不可明。故晋求之老、庄，梁求之佛，其甚也，使人主忘天下之富贵而听役于其言，忠智贤明之士因之以有得者，亦莫不自足于一世。南北离阻，道术湮灭，至唐起而一之，刺采百家众说，祖述汉世经师之旧，而名其书为《正义》，使天下皆取中焉。然则于圣人之道，亦莫不自谓既明而无蔽矣。夫其或出于章句，或出于度数，或出谶纬，或甘心于夷狄之学，岂不皆以为道哉？观其一代之议论，士之生于其间自为豪杰者，亦何独以远过！然则缘其名以考其实，即其事以达其义，岂非无一之当哉？

---

① 叶适（1150—1223），南宋思想家。

夫未尝求之于心，而沿习于口耳之末流，幻妄于赘附之奇庞，则虽以二千余年之久，欲挽而复于三代之上，固宜其有所不厌。而中间自为阙绝不继之世，则亦何怪于此，而治乱兴亡之所由，可胜道欤！是故今世之学，以心起之，推而至于穷事物之理，反而至于复性命之际，然后因孔氏之经以求唐、虞、三代之道，无不得其所同然者，而皇极、中庸、大学之意始可以复见而无疑。呜呼！发之而使明，操之而使存，扩之而使广，养之而使全，久之而使化，是心之用，何以异于唐、虞、三代之圣人哉？

（录自刘公纯、王孝鱼、李哲夫点校《叶适集·水心别集》卷七，中华书局1961年版，第726~727页）

同安县学朱先生祠堂记

叶 适

初，新安先生朱公为同安县主簿，今知县事毛君当时祀公学宫。

昔孔子既修述尧、舜、三代纪法垂后世，而黄、老、申、韩之流亦各自为书，学者荡析畔离，苟私所受，未有博探详考，务合本统也。及董仲舒稍推明之，与人主意合，则杂家异学始绌，而归一于孔氏矣。姑设禄利驱縻使从，岂道德果尽信哉！故经师句生无有知者，徒为短狭，蔽大义而已。独司马迁采《论语》，发明孟子不言利，为传世家；孔安国解古文《论语》；扬雄数称颜渊，笃好孟轲；《小戴礼记》《大学》《中庸》，郑玄并注之；《孟子》有赵岐，《论语》又有何晏；韩愈、李翱，文人也，愈本曾参，翱尊子思矣。

噫！二千年间，萌蘖泛滥，若存若亡，而大义之难明如此！则其博探详考，知本统所由，而后能标颜、曾、孟子为之传，揭《大学》《中庸》为之教，语学者必曰："不如是，不足达孔子之道也。"然后序次不差而道德几尽信矣，非程、张暨朱、吕数君子之力欤！

今夫笺传衰歇，而士之聪明亦益以放恣，夷夏同指，科学冒没，浅识而深守，正说而伪受，交背于一室之内，而不以是心为残贼无几矣。余每见朱公极辨于毫厘之微，尤激切而殷勤，未尝不为之叹息也。夫学莫熟于好，道莫成于乐。颜、曾、孟子所以潜其心也；行莫如诚，止莫如善。《大学》《中庸》所以致其义也。夷佛，疾疢也；料举，痒痫也；公所甚惧也。

毛君尝与余学，去而宰同安，有惠政。夫政之得民速，不如教之及民远也。

（录自《叶适集·水心文集》卷十，中华书局1961年版，第166~167页）

上仁宗皇帝书（节录）

程 颐

臣所学者，天下大中之道也。圣人性之为圣人，贤者由之为贤者，尧、舜用之为尧、舜，仲尼述之为仲尼。其为道也至大，其行之也至易，三代以上，莫不由之。自秦而下，衰而不振；魏、晋之属，去之远甚；汉、唐小康，行之不醇。自古学者众矣，而考其得者盖寡焉。

（录自《二程集·河南程氏文集》卷五《上书》，中华书局1981年版，第510页）

儒志编·原序（节录）

汪循[①]

予谓：自轲氏之说不传，儒者之言大势凡三变。在战国之时，秦汉之间，若孙、吴、苏、张、蔡、荀、列之徒，韩、李、陆、贾、刘、班，下至严安、徐乐之辈，不求知道养德以充其内，惟务骋辞炫术以竞乎外，君子羞之。然犹皆必先有其实，而后托之于言也。再变而至宋玉、相如、王褒、扬雄之流，则一以浮华为尚。沿及隋唐，愈衰愈下，徒托空言，而无实矣。三变而唐韩愈氏、宋欧阳氏先后相望，号于一世，儒者宗之。其言不为无见，但未免以文章、明道裂为两物，卒不能复乎古也。五星聚奎，文运天作，濂溪者出，建图

---

① 汪循（约1510年前后在世），明代学者。

著书，阐发幽秘，即斯人日用常行之际，示学者穷理尽性之归，上接洙泗，下启伊洛者，孟氏之后一人而已。

（录自《儒志编》，《四库全书》文渊阁本）

［参校《景（影）印文渊阁四库全书》第 696 册，台湾商务印书馆 1969 年版，第 782~783 页］

拟国史儒林传序（节录）

阮　元①

昔周公制礼，太宰九两系邦国，三曰师，四曰儒，复于司徒本俗联以师儒。师以德行教民，儒以六艺教民，分合同异，周初已然矣。数百年后，周礼在鲁，儒术为盛。孔子以王法作述，道与艺合，兼备师儒。颜曾所传，以道兼艺；游夏之徒，以艺兼道。定哀之间，儒术极醇，无少差缪者，此也。荀卿著论，儒术已乖，然六经传说，各有师授，秦弃儒籍，入汉复兴，虽黄老刑名，犹复淆杂。迨孝武尽黜百家，公卿大夫士吏，彬彬多文学矣。东汉以后，学徒数万，章句渐疏，高名善士，半入党流。迄乎魏晋，儒风盖已衰矣。司马班范，皆以儒林立传，叙述经师家法，授受秩然，虽于周礼师教，未尽克兼。然名儒大臣，匡时植教，祖述经说，文饰章疏，皆与儒林传相出入，是以朝秉纲常，士敦名节，拯衰销逆，多历年所，则周鲁儒学之效也。两晋玄学盛兴，儒道衰弱，南北割据，传授渐殊。北魏萧梁，义疏甚密。北学守旧而疑新，南学喜新而得伪，至隋唐《五经正义》成，而儒者鲜以专家古学相授受焉。宋初名臣，皆敦道谊。濂洛以后，遂启紫阳，阐发心性，分析道理，孔孟学行不明著于天下哉！《宋史》以道学、儒林分为二传，不知此即《周礼》师儒之异，后人创分而闇合周道也。元明之间，守先启后，在于金华，洎乎河东姚江，门户分歧，递兴递灭，然终不出朱陆而已。终明之世，学案百出，而经训家法，寂然无闻，揆之《周礼》，有师无儒，空疏甚矣，然其间台阁风厉，持正扶危，学士名流，知能激发，虽多私议，或伤国体，然其正道，实拯世心。是故两

---

① 阮元（1764—1849），清代学者。

汉名教，得儒经之功；宋明讲学，得师道之益，皆于周孔之道，得其分合，未可偏讥而互诮也。我朝列圣，道德纯备，包涵前古，崇宋学之性道，而以汉儒经义实之。圣学所指，海内向风，御纂诸经，兼收历代之说，四库馆开，风气益精博矣。

国初讲学，如孙奇逢、李颙等，沿前明王、薛之派；陆陇其、王懋竑等，始专守朱子，辨伪得真；高愈、应撝谦等，坚苦自持，不愧实践；阎若璩、胡渭等，卓然不惑，求是辨诬；惠栋、戴震等，精发古义，诂释圣言。近时孔广森之于《公羊春秋》，张惠言之于孟虞《易》说，亦专家孤学也。且我朝诸儒，好古敏求，各造其域，不立门户，不相党伐，束身践行，闇然自修。呜呼！周鲁师儒之道，我皇上继列圣而昌明之，可谓兼古昔所不能兼者矣。综而论之，圣人之道，譬若宫墙，文字训诂其门径也。门径苟误，跬步皆歧，安能升堂入室乎？学人求道太高，卑视章句，譬犹天际之翔，出于丰屋之上，高则高矣，户奥之间未实窥也。或者但求名物，不论圣道，又若终年寝馈于门庑之间，无复知有堂室矣。是故正衣尊视，恶难从易，但立宗旨，即居大名，此一蔽也；精校博考，经义确然，虽不逾闲，德便出入，此又一蔽也。

（录自阮元撰、邓经元点校《揅经室集·揅经室一集》卷二，中华书局1993年版，第36~38页）

孔子改制考序（节录）

康有为

若夫圣人之意，窈矣，深矣，博矣，大矣。世运既变，治道斯移，则始于粗粝，终于精微。教化大行，家给人足，无怨望忿怒之患，强弱之难，无残贼妒疾之人。民修德而美好，被发衔哺而游，毒蛇不螫，猛兽不搏，抵虫不触，朱草生，醴泉出，凤凰麒麟游于郊陬，囹圄空虚，画衣裳而民不犯，则斯制也。利用发蒙，声色之以化民，末矣。

夫两汉君臣、儒生，尊从《春秋》拨乱之制而杂以霸术，犹未尽行也。圣制萌芽，新歆遽出，伪《左》盛行，古文篡乱。于是削移孔子之经而为周公，降孔子之圣王而为先师，公羊之学废，改制之义湮，三世之说微，太平之治，大同之乐,暗而不明,郁而不发。我华我夏,杂以魏、晋、隋、唐佛老词章之学,乱以氐、羌、突厥、契丹、蒙古之风,非惟不识太平,并求汉人拨乱之义,亦乖剌而不可得,而中国之民遂二千年被暴主、夷狄之酷政。耗矣,哀哉!

朱子生于大统绝学之后,揭鼓扬旗而发明之,多言义而寡言仁,知省身寡过而少救民患,蔽于据乱之说而不知太平大同之义,杂以佛老,其道觳苦。所以为治教者,亦仅如东周、刘蜀、萧詧之偏安而已。

(录自汤志钧编《康有为政论集》上册,中华书局1981年版,第199页)
(参校蒋贵麟编《康南海先生遗著汇刊》二,宏业书局1987年版,第5~6页)

仁 学 [①]（节录）

谭嗣同 [②]

孔学衍为两大支:一为曾子传子思而至孟子,孟故畅宣民主之理,以竟孔之志;一由子夏传田子方而至庄子,庄故痛诋君主,自尧、舜以上,莫或免焉。不幸此两支皆绝不传,荀乃乘间冒孔之名,以败孔之道。曰:"法后王,尊君统。"以倾孔学也。曰:"有治人,无治法。"阴防后人之变其法也。又喜言礼乐政刑之属,惟恐钳制束缚之具之不繁也。一传而为李斯,而其为祸亦暴著于世矣。然而其为学也,在下者术之,又疾遂其苟富贵取容悦之心,公然为卑谄侧媚奴颜婢膝而无伤于臣节,反以其助纣为虐者名之曰"忠义";在上者术之,尤利取以尊君卑臣愚黔首,自放纵横暴而涂锢天下之人心。故秦亡而汉高帝术之于上:"从吾游者吾能尊显之",君主之潜施其饵也。叔孙通术之于下:"今而后知皇帝之贵",绵蕞之导君于恶也。汉衰而王莽术之于上,竟以经学行篡弑矣;刘歆术之于下,又窜易古经以煽之矣。新蹶而汉光武术之于上:"吾以柔道治天下",盖渐令其驯扰,而己得长踞之焉。桓荣术之于下:"车服,稽古之力也",挟《尚书》以为稗贩,无所用耻焉。如是者四百年,安得不召三国虎争,五胡汤沸,南北分割之乱哉?至唐一小康矣,而太宗术之

[①] 编者删除了文中的注释部分。

[②] 谭嗣同(1865—1898),晚清政治家、思想家。

于上:"天下英雄,皆入吾彀中矣。"此其猜忌为何如耶?韩愈术之于下:"君者出令者也,臣者行君之令而致之民者也,民者出粟米麻丝作器皿通货财以事其上者也。"竟不达何所为而立君,显背民贵君轻之理,而谄一人,以犬马土芥乎天下。至于"臣罪当诛,天王圣明",乃敢倡邪说以诬往圣,逞一时之谀悦,而坏万世之心术,罪尤不可逭矣。至宋又一小康,而太宗术之于上,修《太平御览》之书,以消磨当世之豪杰;孙复术之于下,造《春秋尊王发微》,以割绝上下之分,严立中外之防,惨鸷刻核,尽窒生民之灵思,使不可复动,遂开两宋南北诸大儒之学派,而诸大儒亦卒莫能脱此牢笼,且弥酷而加厉焉。呜呼,自生民以来,迄宋而中国乃真亡矣!天乎,人乎,独不可以深思而得其故乎?至明而益不堪问,等诸自郐以下可也,虑皆转相授受,自成统绪,无能稍出宋儒之胯下,而一睹孔教之大者。其在上者,亦莫不极崇宋儒,号为洙泗之正传,意岂不曰宋儒有私德大利于己乎?悲夫,悲夫!民生之厄,宁有已时耶!故常以为二千年来之政,秦政也,皆大盗也;二千年来之学,荀学也,皆乡愿也。惟大盗利用乡愿;惟乡愿工媚大盗。二者交相资,而罔不托之于孔。被托者之大盗乡愿,而责所托之孔,又乌能知孔哉?

(录自蔡尚思、方行编《谭嗣同全集》,中华书局1981年版,第335~337页)
(参校杨仁泽编《中国近代思想家文库·谭嗣同卷》,中国人民大学出版社2015年版,第37~38页)

儒家与儒教

任继愈[1]

儒这个称号不自孔子始。孔子以前社会上已有一批帮助贵族办丧事或帮助贵族执行相礼以谋生的人,这些人靠专门的知识混饭吃。孔子开始也是靠儒来谋生的,但是他比当时的儒博学,有政治主张,并参与当时的一些政治活动[2]。孔子开创的儒家是一个学术团体,又是政治团体。由于孔子一生为恢复

---

[1] 任继愈(1916—2006),哲学史家。
[2] 如《论语》中记载,孔子告诫他的弟子,"汝为君子儒,无为小人儒"。

周代的奴隶制而奔波，他的主张与历史发展方向背道而驰，所以他的活动没有成功，遭到社会和时代的冷遇。社会发展表明，孔子当时所极力主张的事物，后来都被历史所淘汰了；孔子当时极力反对的事物，后来都得到了发展、壮大。历史实践表明孔子是个反历史潮流的人物，他的思想是保守的，他的学说在当时所起的作用也是保守的。春秋时期是奴隶制崩溃、封建制形成的过渡时期[1]。孔子的社会地位并不十分显赫，他的学说也没有得到广泛的重视。孔子晚年不得已退而著书，整理典籍。他又是一个博学的学者、历史家、教育家，对古典文化的整理保存有贡献。孔子一生活动最大的成功处，就是他教育了不少有才干的学生，先后共计达三千人之多[2]。由于孔子的门徒多，势力大，他们又大部掌握文化知识，与被雇佣只会给贵族打仗守卫的武士不同，影响也较大。战国时期，儒家已成为社会上的显学，只有墨家这一派可以与之相抗衡，并先后分为八派[3]。这些不同的派别各有哪些特点，现在不可详考。从哲学的观点来划分，主要有两派，一派是唯心主义的孟子学派，另一派是唯物主义的荀子学派。

　　战国时期，各国已走着共同的道路，即由分散割据封建国家，走向统一的中央集权的封建国家。各阶级和阶层都为自己的利益而斗争。反映在思想上，即百家争鸣。百家争鸣的实质，即对当时面临行将统一的中央集权封建国家采取什么态度，由哪个阶级和阶层来执行这一历史任务。墨家代表"农与工肆之人"的利益，反对儒家亲亲的宗法制度，儒家骂墨家是"无父"。法家代表军功贵族和官僚阶层的利益，反对孝悌仁义，主张绝对君权的官僚制度。儒家虽然分为八派，有唯心主义和唯物主义的重大区别，但他们对封建制的宗法、等级制度，孟子和荀子没有两样。孟子主张"父子有亲，君臣有义，夫妇有别，长幼有序，朋友有信"（《滕文公上》）。其中最重要的是孝悌，"尧舜之道孝弟而已矣"（《告子下》）。以孝道为中心的宗法伦理思想是这种社会政治结构

---

[1] 这个问题在中国学术界有几派的说法，并没有一致的意见。大体上可分为四种说法。我主张春秋时期奴隶制向封建制过渡，战国时封建制确立。

[2] 这个数目后来的人没有提出过怀疑，可能接近真实。在社会大变革时，士这一阶层的人数逐渐扩大，后来战国中期以后，好几个国家的贵族和孟尝君、平原君、春申君，养士风气盛行，甚至一个贵族同时养士二三千人。孔子时代虽较早，一生共收纳弟子三千人，是可能的。

[3] 《韩非子·显学》称儒分为八，与墨家并称显学。这八派是：有子张之儒，有子思之儒，有颜氏之儒，有孟氏之儒，有漆雕氏之儒，有仲良氏之儒，有孙氏之儒，有乐正氏之儒。

的指导思想。孟子还认为这种社会伦理观念是天赋的本性，从而构造了他的性善说。荀子与孟子处在理论尖锐对立的地位，但他在社会伦理上也主张社会离不开孝悌、忠信、仁义等道德规范。主张维护君臣、上下的等级制。他一再强调维持这封建宗法等级制的必要性，他认为要用人为的手段，即教化的灌输，而不相信这些道德出于人的本性。这是他的性恶论的结论。其他儒家介乎孟、荀之间，其封建伦理思想则是一致的。正因为这一点有它的一致性，所以虽分为八派，毕竟还是儒家。

孔子这个奴隶主的保守派，后来成了封建社会的圣人，这是不难理解的。因为奴隶制和封建制都是贵族等级制，西周以来宗法制度被保留下来。孔子的孝悌忠信的规范略加改造，即可用于封建制。

秦汉统一是中国社会历史上的一大变革。这个变革基本上奠定了中国封建王朝二千多年的格局——即中央集权的封建统一王朝是中国封建社会被中华民族所接受并认为这是正常的状态。遇到暂时的分裂割据政治局面出现，则认为是天下分崩不正常的乱世，一定把它纠正过来，才算拨乱反正，天下大治。

政治的统一，必然伴随着思想上的统一，这是历史所要求的，也是经中外历史所证明了的。秦汉统一后，封建统治者经历了七十多年的探索，终于找到了，也可以说建成了思想统一的精神工具，即儒家。我们要特别指出的是，这时的儒家已不同于先秦时期作为一个学派参与百家争鸣的儒家，而是封建大一统的王权与神权紧密结合的儒家。这个儒家尊奉的代表人物是孔子。但这已不同于先秦时期被人们重视的学者，同时又被人们嘲笑、讽刺、打击的失意政客，而是具有高度尊严的教主。孔子既是高贵的素王，又是任人摆布的偶像，他成了神和人的复合体。封建统治者的意志，无不需要加上孔子的经典中的一言半句来支撑，才显得有权威。

奴隶制社会在欧洲发展得比较完备而典型，欧洲的封建社会则不如中国的完备而典型。中国封建社会的生产力在世界封建社会的历史上发展得很充分。作为统治这个社会的封建地主阶级不断总结统治经验，不断完善它的上层建筑，使它形成一个相当完整的体系，包括哲学、宗教、文学、艺术、法律……各个方面。

西汉和东汉统治者为了进一步巩固中央集权，他们把王权与神权进一步合流，为王权神授制造理论根据。但他们又小心翼翼地使神权限制在王权之下，而不允许平起平坐，更不用说教权凌驾王权之上了。

中国封建统治者，由于和农民起义打交道的经验多[①]，他们更懂得自觉地利用宗教来麻痹人民的反抗意志。因此汉代开始采用儒家的经典为政治、法律的措施进行说明。汉武帝时，张汤决狱，要从《春秋》中找根据，其实是捕风捉影，与《春秋》没有关系。东汉以皇帝名义召开的白虎观的会议，更是用政权来推行神权，用神权维护政权的典型例子。这时的儒家的地位已经与先秦的儒家相去更远，孔子地位被抬得更高了。

汉代儒家，先是按照地上王国的模型塑造了天上王国，然后又用天上王国的神意来对地上王国的一切措施发指示。这就是汉代从董仲舒到白虎观会议的神学目的论的实质。天为阳、为君、为父、为夫；地为阴、为臣、为子、为妇。天地自然界的秩序被说成像地上汉王朝那样的社会秩序。自然界也被赋予封建伦理道德的属性。虽然没有西方上帝造人类那样的创世说，但也有类似的地方。儒家定于一尊，儒家的经典成为宗教、哲学、政治、法律、道德，社会、生活、家庭生活以及风俗习惯的理论依据。哲学及所有科学虽不象欧洲中世纪那样都成为神学的婢女，但成了六经的脚注，则是事实。非圣等于犯法。所谓圣的标准，则不能离开儒家所规定的范围。东汉末年的黄巾大起义，动摇了汉王朝的政治统治基础。王权与神权紧密配合的汉王朝崩溃，代之而起的是分散割据的地方封建势力。政治上出现了三国分立的局面。三国时，商业交换基本停止，停止铸造货币，经济上出现了更典型的自然经济。思想上以王权、神权相结合的儒家正统思想神学目的论也受到致命的冲击。这时已出现了魏晋玄学，在民间和社会上层相继出现佛教、道教。这时，我国北方、南方少数民族也纷纷起来反抗汉族的政治压迫，起来造反。他们有时是被卖的奴隶，后来起义成功，建立了王朝[②]。他们首先冲击的是孔子儒家内中华而外夷狄的思想。他们信奉佛教。汉族农民则信奉道教。五斗米道，太平道在民中间广泛流行。

由于中国广大地区已具有高度的封建经济、政治和文化，少数民族掌权以后，也由奴隶制社会很快被带进了封建社会。封建社会的统治和被统治的关系，也很快被接受。具有中国特点的封建宗法专制主义也还得被重视。因为

---

① 中国农民起义规模大，次数多，为世界历史所仅见。
② 如刘聪、石勒等人北方民族的起义。

这一套统治人民的经验行之有效，而这一套封建伦理道德规范在儒家有深远传统。当然，起决定作用的是中国封建的经济结构和社会结构。中国封建社会的宗法制度是与中国封建社会相终始的，"三纲""五常"被儒家说成为万古不变的规范。说"万世不变"，这是古人的局限性，因为古人不知道封建社会以外还有其他生产方式。仅就中国的情况而论，说它是封建社会"万世不变"的秩序也未尝不可。

在魏晋南北朝时期，佛教、道教广泛流行，儒家失去独尊的地位，但统治者并未抛弃它，它仍然是封建思想的正统，梁武帝崇奉佛教，但梁武帝的《敕下答神灭论》的主导思想仍是儒教而不是佛教。当时的统治者用佛、道为儒教的补充，三者并用，或交替使用。三教之间有斗争，有妥协，也互相吸收。既然封建宗法制度未变，维护封建宗法制度的伦理纲常就不会被抛弃，"三纲""五常"的秩序非维持不可。因此，佛教、道教既然为这个制度服务，它也要适应封建宗法制度的要求，才能得到地主阶级的支持。农民不是先进的生产关系的体现者。农民的思想随着生产资料、政治权利的被剥夺，也被迫接受统治阶级的王权神授、天命决定论，也被封建宗法制度所束缚。佛教"五戒十善"，采用的善恶道德标准仍然不能超出三纲五常的规定范围，否则为十恶不赦。封建地主以造反为罪大恶极，无父无君也是佛教公认的构成入地狱受精神惩罚的罪行。难怪宋文帝发自肺腑地说佛教虽主张出世，但有助于王化。魏晋玄学否定了神学目的论，但未对儒家的宗法制度、三纲五常触动一根毫毛。当时名教与自然的争论，反映了玄学家们如何对待三纲五常的根本态度。不论哪一派，都不敢说不要名教。玄学最大的代表人物如王弼，还是认为孔子比老子高明①。

由于政治上南北的分裂割据，中国历史这一时期从另一方面有所发展。北方和南方在各自的统治范围内有相对安定的政治局面，于是北方和南方各民族在经济、文化的交流中有了进一步的融合。许多落后的氏族部落和奴隶制初期的少数兄弟民族之间，不断交往、了解、通婚、学习，很快赶上来进入封建社会，这就给以后隋唐建立的多民族繁荣昌盛的封建统一王朝准备了条件。

隋唐时期由于封建经济的进一步繁荣、发展，对世界经济文化交流有过贡

---

① （裴徽）问弼曰："夫无者，诚万之所资也，然圣人莫肯致言，而老子申之无已者何？"王弼回答说："圣人体无，无又不可以训，故不说也。"（何劭《王弼传》引）

献。经济、政治的繁荣发展也带动了哲学、宗教的繁荣发展。南北朝时期分裂割据的影响逐步泯除。佛教结束了南北朝长期分裂的局面,形成了统一的各宗各派;道教也混合南北,形成了统一的唐代道教。佛教、道教各自发展自己的寺院经济和宗派传法世系。儒家的经学也兼采南北经学流派,形成具有唐代特点的经学。儒、释、道三家鼎立,都得到封建王朝的大力支持①。三家服务的对象却是一家②。朝廷遇有大典,经常让三教中的代表人物在殿上公开宣讲。儒家讲儒家的经典,佛教、道教也各自讲各自的经典,时称儒、释、道三教③。儒、释、道所讲论的内容,也逐渐由互相诋毁而变成互相补充。由政府明令禁止道教攻击佛教和佛教攻击道教的文字宣传。唐初朝廷举行公开仪式中,有时规定佛教徒在先,有时规定道教徒在先,中唐以后规定佛、道两教徒齐行并进,不分先后。儒家对佛、道有所攻击,主要说他们不生产、不当兵、不纳税、不负担政府的义务,不符合中国传统的风俗习惯等等。

  封建地主阶级的总头目唐朝的皇帝,把三教都看作宗教,而三教的信徒们也自居为宗教。佛教、道教是宗教自然不成问题。宗教都主张有一个精神世界或称为天国、西方净土;宗教都有教主、教义、教规、经典,随着宗教发展形成教派。在宗教内部还会产生横逸旁出的邪说,谓之"异端"。这种状况,佛教、道教都具备。儒家则不讲出世,不主张有一个来世的天国。这是人们通常指出的儒家不同于宗教的根据。

  但是我们应当指出,宗教所宣扬的彼岸世界,只是人世间的幻想和歪曲的反映。有些宗教把彼岸世界说成是一种精神境界。在中国的历史上,隋唐以后的佛教、道教,都有这种倾向。以影响最大的禅宗为例,禅宗宣称"菩提只向心觅,何劳向外求玄?听说依此修行,西方只在眼前"(《坛经》)。禅宗主张

---

① 唐大足元年(公元701年),武则天当政时,已明白宣示,三教有共同的任务,并令人撰写《三教珠英》。(《唐会要》卷三六)

② 文宗诞日,召秘书监白居易、安国寺沙门义林、上七清宫道士杨弘元入麟德殿内道场谈论三教。居易对语中有谓"儒门释教虽名数则有异同,约义立宗,彼此亦无差别,所谓同出而异名,殊途而同归也"。(《白氏长庆集》卷六七)

③ 元魏、后周、隋世多召名行广学僧与儒、道对论,悦视王道。唐高宗召贾公彦于御前与道士、沙门讲说经义。德宗诞日,御麟德殿,命代孟容等登座与释老之徒讲论。贞元十二年四月诞日,御麟德殿,诏给事中徐岱,兵部郎中赵需及许孟容、韦渠牟与道士葛参成、沙门谈筵等等二十人讲论三教。文宗九月诞日召白居易与僧惟澄、道士赵常盈于麟德殿谈论。居易论难锋起,辞辩泉注,上疑宿构,深嗟揖之。(《僧史略》卷下)

极乐世界不在彼岸而在此岸，不在现实生活之外，就在现实生活之中，所谓出家、解脱，并不意味着离开这个世界到另一个西天。在当前日常生活之中，只要接受了宗教的世界观，当前的尘世就是西天，每一个接受佛教宗教观的众生即是佛，佛不在尘世之外，而在尘世之中。

这种观点给中国的佛教带来了独特的面貌，它也使中国的儒家逐渐成为具有中国特点的宗教——儒教。

从汉武帝独尊儒术起，儒家已具有宗教雏形。但是，宗教的某些特征，尚有待于完善。经历了隋唐佛教、道教的不断交融，互相影响，又加上封建帝王的有意识地推动，三教合一的条件已经成熟，以儒家封建伦理为中心，吸取了佛教、道教一些宗教修行方法，宋明理学的建立，标志着中国儒教的完成。它信奉的是"天地君亲师"，把封建宗法制度与出世的宗教世界观有机地结合起来。其中君亲是中国封建宗法制的核心。天是君权神授的神学依据，地作为天的陪衬，师是代天地君亲立言的神职人员，拥有最高的解释权，正如佛教奉佛、法、僧为三宝，离开了僧，佛与法就无从传播。宋朝理学兴起的时候，恰恰是释道两教衰弱的时候。佛教，为什么衰微了？因为儒教成功地吸收了佛教。为什么中国没有像欧洲中世纪那样宗教独霸绝对权威？因为中国中世纪宗教独霸的支配力量是儒教。

宗教世界观要求人们过着禁欲的生活，物质欲望是罪恶之源。安于贫困，以贫为乐的人才算道德高尚，人品卓越。宋明理学所普遍关心并反复辩明的几个中心问题有"定性"问题、义理之性与气质之性的问题、孔颜乐处问题、主敬与主静问题，存天理去人欲问题、理一分殊问题、致良知问题等等。这些问题虽以哲学的面貌出现，却具有中世纪经院神学的实质和修养方法。

程颢的《定性书》被宋明理学家公认为经典性的权威著作。这种"定性"与佛教禅宗的宗教修养方法一脉相承，所谓"动亦定，静亦定，无将迎，无内外"①，即是禅宗的"运水搬柴，无非妙道"。把人性区别为义理之性与气质之性，人欲又是挟气质以具来的罪恶。实质上是宗教的原罪观念。程颐的《颜子所好何学论》是一篇典型的宗教修养方法论，是一篇宗教禁欲主义的宣言书。张载的《西铭》也是一篇歌颂"天地君亲师"的儒教宣言，他认为人生的

---

① 《定性书》。

一切遭遇天地早安排定了，享受富贵福泽是天地对你的关怀，遭受贫贱忧戚，是天地对你的考验。天地与君亲本是一家人。二程教人主敬，程颐终日"端坐如泥塑人"，"存天理，去人欲"更是一切唯心主义理学家全力以赴的修养目标。他们所谓"天理"，无非是封建宗法制度所允许的行为准则，内容不出"三纲""五常"这些儒教教条。儒教除了有一般宗教的共同性，又有它的特点。孔子被奉为教主，具有半人半神的地位。它追求的精神境界更偏重于封建道德修养，巩固宗法制度。比如儒教孝道除了伦理义外，还有宗教性质①。儒教没有入教的仪式，没有明确的教徒数目，但在中国社会的各阶层都有大量信徒。儒教的信奉者决不限于读书识字的文化人，不识字的渔人、樵夫、农民都逃不脱儒教的无形控制。专横的族权，高压的夫权，普遍存在的家长统治，简直像毒雾一样，弥漫于每一个家庭，每一个社会角落。它简直像天罗地网，使人无法摆脱。

宋明理学体系的建立，也就是中国的儒教的完成，它中间经过了漫长的过程。宗教的教主是孔子，其教义和崇奉的对象为"天地君亲师"，其宗教组织即中央的国学及地方的州学、府学、县学，学官即儒教的专职神职人员。僧侣主义、禁欲主义、蒙昧主义，注重心内反省的宗教修养方法，敌视科学、轻视生产，这些中世纪经院哲学所具备的落后东西，儒教（唯心主义理学）也应有尽有。在内部也有个别思想家力图摆脱枷锁、正视现实，提出唯物主义观点的思想家，如宋代的陈亮、明代的王廷相、清代的王夫之、颜元、戴震等人都在不同的、领域对儒教的某一方面的问题有所抨击②，他们可称为儒教的异端。这些进步的思想家，都自称得到孔子的正统真传，假借孔子、孟子的衣冠来扮演革新的脚色。他们对孔子这样的教主则不敢怀疑。明代的李贽曾提出过不以孔子之是非为是非，这是他敢于突破藩篱的地方。他竭力抨击那些口诵圣人之言，败坏封建纲常的假道学，但他提倡忠孝仁义，维持封建宗法制，他是爱护这个制度的孤臣孽子。他对佛教五体投地。他是儒教异端，而不是反封建的英雄。

儒教限制了新思想的萌芽，限制了中国的生产技术、科学发明。明以后中国科技成就在世界行列中开始从先进趋于落后。造成这种落后，主要原因在于

---

① 见《孝经》。
② 他们给"人欲"以合法的地位，主张唯物论，反对唯心论，这都不符合儒教的原则。

中国的资本主义没有得到发展的机会，而儒教体系的完善和它对人们探索精神的窒息，也使得科学的步伐迟滞。上层建筑对它的基础决不是漠不关心的，它要积极维护其基础。中国封建社会特别顽固，儒教的作梗应当是原因之一。

自从五四运动开始提出"打倒孔家店"的口号，当时进步的革新派指出孔子是中国保守势力的精神支柱，必须"打倒孔家店"，中国才能得救。当时人们还不懂得历史地看待历史人物和历史事件，形而上学比较严重，认为好就全好，坏就全坏。由于他们不善于探索事物发展的规律，因而把春秋时期从事政治活动和教育文化事业的孔子和汉以后历代封建统治者抬出来作为教主的孔子混为一谈。孔子只能对他自己的行动承担他的历史功过，孔子无法对后世塑造的儒教教主的偶像负责。作为一个博学的学者、伟大的教育家、政治思想家，先秦儒家流派的创始人，孔子是打不倒的，历史事实不容抹掉，而且也是抹不掉的。孔子这个人在历史上的功过，现在学术界还没有一致的意见，这是一个学术争论的问题，不可能短期取得一致的意见。

儒教的形成曾经历了上千年的过程，孔子的学说共经历了两次大的改造。第一次改造在汉代。它是由汉武帝支持，由董仲舒推行的，这就是中国历史上所谓"罢黜百家，独尊儒术"[①]的措施。汉代大一统的中央集权封建宗法专制国家需要一套意识形态和它紧密配合的宗教、哲学体系。孔子被推到了前台，董仲舒、《白虎通》借孔子的口，宣传适合汉代统治者要求的宗教思想。第二次改造在宋代。宋统治者集团利用机会从唐末五代分散割据的混乱局面中捞到了政权。他们鉴于前朝覆亡的教训，把政治、军事、财政、用人的权力全部集中到中央，宋朝对外可以退让，对内则强化中央集权的封建宗法专制制度，思想文化领域里也要有与它相适应的意识形态相配合。汉唐与宋明都是中央集权的封建宗法专制制度的国家，但中央权力却是越来越集中，思想文化方面的统治方法也越来越周密。为了适应宋朝统治者的需要，产生了宋明理学，即儒教。儒家的第二次改造，虽说从宋代开始，追溯上去，可以溯到唐代。韩愈推重《大学》，用儒教的道统代替佛教的法统。李翱用《中庸》来对抗佛教的宗教神秘主义。到宋代朱熹则把《论语》《孟子》《大学》《中庸》定为"四书"，用一生精力为它作注解。朱熹的《四书集注》被历代封建统治者定为全国通用

[①] 这个看法是否成立，还有待于进一步探讨。有人不承认宋明理学是宗教，不承认董仲舒的天人感应的神学目的论是宗教，认为儒家有功，因为它抵制了宗教，事实上它本身就是一种宗教。

的教科书。"四书"从十三经中突出出来，受到特殊的重视。

朱熹制造了一个庞大的儒教体系，佛教禅宗曾把僧侣变成俗人，以求得与封建宗法制度配合；儒教则把俗人变成僧侣，进一步把宗教社会化，使宗教生活，僧侣主义渗透到每一个家庭。有人认为中国不同于欧洲，没有专横独断的宗教；我们应当看到中国有自己的独特的宗教，它的宗教势力表面上比欧洲松散，而它的宗教势力影响的深度和广度、控制群众的牢固性更甚于欧洲中世纪的教会。欧洲中世纪设有异教裁判所。中国的儒教不用火烧，不用肉刑，它"以理杀人"。被儒教残害的群众，连一点呻吟的权利也被剥夺干净，丝毫同情、怜悯也得不到。千百年来，千千万万男男女女无声无息地被儒教的"天理"判了死刑，"视人之饥寒号呼，男女哀怨，以至垂死冀生，无非人欲"①。"杀人如草不闻声"。精神的镣铐比物质的镣铐不知道严酷多少倍。

董仲舒对孔子的改造，已经使孔子的面目不同于春秋时期的孔丘。汉代中国封建社会正在上升时期，统一的封建王朝继秦朝以后，富有生命力配合当时的政治要求而形成的儒教虽有其保守的一方面，但它有积极因素。宋朝以后，中国的封建社会已进入后期，有几次资本主义萌芽都不幸没有得到正常发展的机会。宋明封建王朝的统治者推动儒教的发展，朱熹对孔子的改造，与孔子本人的思想面貌相去更远。如果说汉代第一次对孔子的改造，其积极作用大于消极作用，那末宋代第二次对孔子的改造，其消极作用则是主要的。儒教的建立标志着儒家的消亡，这是两笔账，不能混在一起。说孔子必须打倒，这是不对的；如果说儒教应当废除，这是应该的，它已成为阻碍我国现代化的极大思想障碍。

（录自《任继愈学术论著自选集》，北京师范学院出版社1991年版，第141~154页）

（参校《任继愈自选集》，重庆出版社2000年版，第169~181页）

---

① 戴震《孟子字义疏证》。

论八股存亡之关系①（节录）

严　复②

昔孔子有以见天下之至赜，而观其会通，以行其典礼，端门受命后制百王，其教有微言，有大义，所谓中人以上，中人以下者也。传微言之学者，有子、子思、孟子；传大义之言者，曾子、仲弓、荀子。此二派者，孔子之时，便日参商，迨及末流，截然相反。孟子言性善，荀子言性恶。孟子称尧舜，荀子法后王。孟子论孔子，推本于《春秋》，荀子言孔子，推本于《礼》。此其大端矣，若其小节，更仆难数。孟子既没，公孙丑、万章之徒，不克负荷，其道无传。荀子身虽不见用，而其子弟韩非、李斯等，大显于秦。秦人之政，壹听非斯，汉人因之，遂有今日。汉世六经家法，强半为荀子所传，而传经诸老师，又多故秦博士，则其学必为荀子之学无疑。故先秦两汉皆兰陵之学，而非孔子之宗子也。

汉人学经既笃，每行一事，必求合于六艺之文。哀平之间，新都得政，因缘外戚，遂觊非常，然必附会经文，始足以钳盈廷之口。求之古人，惟有周公可以附合。爰使制作伪经，随文窜入，力有不足，假借古书。古人削竹为书，漆书其上，今之一卷，古可专车。是所工也多，故传书甚少，其转徙也艰，故受毁甚易，其为费也不赀，故白屋之士不能得书者甚众。以此三者，故图书悉萃于秘府矣。歆既亲典中书，便得意抑扬，纵怀点窜，凡所欲作，悉托于经，出以示人，但谓此石渠之秘籍，非民间有也，人孰不从而信之？即不见信，又孰从而难之？况有君权，潜为驱督，于鸿都大学，承用其书，奉为大师，视为家法。新之既夷，光武不能废其学，壹犹高祖代秦不能黜荀学也。自是以往，放于有唐，服邹鲁之服，吟诗书之文者，举不能出其范围之外。故自东汉至唐，皆绍休之学，而于孔子无与也。

教宗文例，二教相遇，其始必相争，其后必相化。其相争也，教宗因之而盛。其相化也，教宗因之而衰。自金人入梦，白马东来，始译者《四十二章经》《遗教经》，始来者，拔摩腾竺法兰耳。更历魏晋至南北朝，隋唐之间，

---

① 王栻编《严复集》说此文为夏曾佑所作。
② 严复（1854—1921），清末民初翻译家、启蒙思想家。

其法大盛。文章如海，魁硕如鲫，宏深浩渺，不可端倪。自贵至贱，自智至愚，莫不身命归依，称扬赞叹。儒术视之，瞠乎后焉。然而其时之儒者，虽无大豪杰，然与缁流相抗行，顾皆能自守古人之章句，斤斤于训诂名物中以终其身，从未有羡释氏之繁昌，欲窃其唾余以张皇己教者。盖六代隋唐间，惟为老庄者，洸洋自恣。至儒之为儒，释之为释，皆从委曲繁重中来。其依于事物，不便相迁就也。唐之中叶，曹溪应化大畅宗风，直指人心，谓不诵经不持律，见性便可成佛，此其说其便于不学之人，人遂禽然归之。五宗既奥，法周沙界，佛教之传，于焉日广。佛教之力，遂于是日衰。中更五季，戎马侵陵，两汉风流，一时并绝。而惟赵州夹山之伦，尚能呼禅门之焰，为当世之所重。故禅宗之学，当世士大夫，尚多习其说者。宋兴天下初定，士大夫乃稍从事于学问，而耆宿尽矣。乃出私智，浏览诗书，其平时不渐渍于禅学者多，及读儒书，见有与禅相似者，不禁涣然冰释，怡然理顺，自以为得不传之学于遗经，而不暇考两汉经师家法若何也。斯时又因唐与西北西南诸国相通既久，波斯犹太之古学，流入中国，其学既不即亡，又不足以自立，遂俱并入于神仙家。诸儒又得而习之，乃兼斯三家，揉为一说，以立教宗。当其初不过其徒尚之，并世贤达，眉山临川之流，均退有后言，不能大行于世也。南宋以来，日以浸盛。新安既出，才力博大，志节清纯，足以举其所学，宋学于是传焉。自宋元之季，以及明初，乃诏非朱子注不读。故自宋迄今，皆紫阳之学，而于孔子之教无与也。

由斯以观，由孔子而有荀子，由荀子而有新师，而有濂洛，其于人之道，是耶非耶，吾不得而知之矣。然而天地之运，无往不复，一阴一阳之为道，一文一质之为世。孔子之道，剥极于有明，而国初顾、阎、钱、戴诸儒，已由名物制度，以求东京之学。中叶以后，庄、刘、龚、魏诸儒，又从群经大义，以求西京之学。以是卜之，他日必有更进西京，以求六艺者。椭圆之道，亦殆将返矣。徒以八股未去，挟进士以为重，横塞宇内，蔽障聪明，大道之行，至今为梗。此西京、东京两宋之儒者所不及料也。

（录自郑振铎编《晚清文选》，上海生活书店1937年版，第677~678页）
（参校郑振铎编《晚清文选》，吉林人民出版社1998年版，第683~684页）

儒与二氏出入论

汪家禧[①]

士必束身名教，而后廉隅立，趋向端。名教在法先王、崇仁义、尚礼教。是故儒高于九流，而治天下之必用儒也。道家言清净不贵名。释氏外形骸，无身安有名。猖狂妄行者，平旦气萌，鲜不翻然悔，悔思遁。二氏之学，乘其悔也而导之，曰是外也，非内也，得乎内可遗乎外也。譬行失道者，从而示曰，是亦可达也，无反行之劳，且有自适之乐。亦何有不从者？

夫尧舜文武周公孔子，万世不易之道也。儒述之，其道亦不可易。道家始黄帝，而黄帝无书。释氏梵夹，其文且殊，其言安足信。舍章著之典籍，信假托之虚辞，是惑矣。道之书莫古于老聃。庄述老而宏诞不经，开释氏之渐。汉文、景治用黄、老，而不言老、庄，知庄非老比矣。汉武表章六艺后，异学渐衰。至光武益敦崇名实，举经明行修之士，终东汉世，独行、党锢，蔚然为真儒者，史不绝书。而高密郑公，尤以清德通才，传解圣籍，儒道大昌。循是勿失，三代之风讵远哉？

正始之世，蔑礼教而崇放旷之始也。时主少臣专，国不靖矣！一二士夫，纵诞为高，视处朝廷如处传舍。以彼其人，岂不能自树立，而姑以废弃一切，自文其陋。沿及两晋，言经法者，斥为鄙俗，甚以《周易》与庄、老衡。王何之罪，上通于天，岂虚语欤？释氏袭老、庄之放旷而加甚者也，萌于东汉，盛于东晋。郭璞、孙绰、谢灵运假借其言，以消侘傺；而彼教之矫出者，又先以清言自结于朝士。外如支恭明、卫道安辈，或覃思搆精，广为翻译。石勒、苻坚诸僭国，又为张大之。历宋、齐、梁、陈，崇信遍于上下。史官言佛经之传，多于六经数十倍，其侵儒，较道加烈矣。

唐祖老子，崇道也；广建塔庙，崇释也；疏五经、兴学校，崇儒也。然道自三洞四辅说行，流为神仙；如《真诰》等言地狱，又袭释氏怪诞。尊释氏言施舍，盛庄严，震以祸福，丽而未精。以释通儒，首李翱。翱著《去佛斋说》，似辟佛者；《复性书》言灭情，固释氏旨也。然其说虽存，遵者实鲜。盖昌黎

[①] 汪家禧（1775—1816），清代学者。

韩氏以仁义之旨导天下，儒术大显，寂静之说，未能动众也。终唐之世，儒与二氏虽并崇，朝廷献纳，师友讲习，儒外固不旁及。

北宋穆修，受学华山，邵子阐之，《易》分先后天，《通书》因太极溯无极，均本道家。然周、邵之学，深明体用，继以二程，实践躬行，内圣外王，非仅仅激励名节已也。惜后二陆，提倡心学，慈湖继之，论渐空虚。朱子振六经绝续之传，使圣学不流异教，天下贵虚，拯之以实，论说经典，章明礼教。虽少岁言静坐、言警悟，晚岁尽反之。故传朱学者，历久无弊。论者或摭传注小疵，以相诘难；又甚者谓虚灵不昧，显蹈禅机。呜呼！好议论而昧大纲，有如是耶！

天人五行，汉儒亦语幽微。郑氏注经，先后异说，论学者不闻以驳杂斥之也。且泥章句训诂而荒实行者，为陋儒。朱子立朝，本末赅备。伪学之禁，宋为失人。后世和之，谓道学亡宋，何昧昧欤？统论之，儒有郑而经明，有韩而用彰，有朱而体立。二氏卒不能夺儒，三子功也。近世讲义据之学，碎义逃难，繁则生厌，必有以空悟济者，防不可不豫也。明节义，守家法如东汉，坐言起行如南北宋，名教庶以不坠欤！

（录自阮元订《诂经精舍文集》卷八，中华书局 1985 年版，第 234~236 页）

中国佛法兴衰沿革说略（节录）

梁启超

一

佛法初入中国，相传起于东汉明帝时，正史中记载较详者，为《魏书·释老志》……

　　…………

……桓、灵间，安息国僧安世高、月支国僧支娄迦谶，先后至洛阳，译佛经数十部。佛教之兴，当以此为纪元。

三国时刘蜀佛教无闻，曹魏稍翻有经典，而颖川朱士行以甘露二年出家，实为汉地沙门之始（据费长房《唐代三宝记》卷三），士行亦即中国西行求法之第一人也。吴孙权因感康僧会之灵异（参观《高僧传·会传》），在建业设建初寺，是为佛教输入江南之始；而支谦亦在吴译《维摩》《泥洹》《法句》诸经，故后此佛学特盛于江南，谦之功也。（详第五章）

至西晋时，洛下既有寺四十二所（见《释老志》），而竺法护远游西域，赍经以归，大兴译事（详第五章），河北佛教渐以光大。及石勒僭号，而佛图澄常现神通力以裁抑其凶暴（参观《高僧传·澄传》），其于佛教之弘布，极有力焉。

计自西历纪元一世纪之初至四世纪之初约三百年间，佛教渐渐输入中国且分布于各地，然其在社会上势力极微薄，士大夫殆不知有此事。王充著《论衡》，对于当时学术、信仰、风俗，皆痛下批评，然无一语及佛教，则其不为社会注目可知。沙门以外，治此学者，仅一牟融，然所著书犹真伪难断，具如前说。

……

二

……

中国佛教史，当以道安以前为一时期，道安以后为一时期。前此稍有事业可纪者皆西僧耳（即竺法护，亦本籍月支），本国僧徒为弘教之中坚活动实自安始。前此佛学为沙门专业，自安以后，乃公之于士大夫，成为时代思潮……安值丧乱，常率弟子四五百人转徙四方，不挠不乱。安十五年间，每岁再讲《放光般若》，未尝废阙。安不通梵文，而遍注诸经，妙达深旨，旧译讹谬，以意条举，后来新译，竟与合符。安创著《经录》，整理佛教文献；安制僧尼轨范，佛法宪章，后来寺舍，咸所遵守；安劝苻坚迎罗什，间接为大乘开基；安集诸梵僧译《阿含》《阿毗昙》，直接为小乘结束。安分遣弟子布教四方，所至风靡，若慧远之在东南，其尤著也。安与一时贤士大夫接纳，应机指导，咸使妙悟，大法始盛行于居士中（以上杂据《高僧传·安传》及其他诸传，不备引原文）。……

三

东晋后佛法大昌，其受帝王及士大夫弘法之赐者不少。其在北朝，则苻坚敬礼道安，其秘书郎赵正尤崇三宝，集诸僧广译经论。姚兴时，鸠摩罗什入关，大承礼待，在逍遥园设立译场，集三千僧谘禀什旨，大乘经典，于是略备。故言译事者必推苻姚二秦。北凉沮渠蒙逊供养昙无谶及浮陀跋摩，译经甚多，其从弟安阳侯京声，亦有译述。西秦乞伏氏，亦尊事沙门，圣坚司译焉。北魏太武帝一度毁佛法，及文成帝兴复之，其后转盛，献文、孝文，并皆崇奉，宣武好之尤笃，常于宫中讲经。孝明时，胡太后秉政，迷信尤甚，几于遍国皆寺，尽人而僧矣。魏分东西，移为周齐，高齐大奖佛法，宇文周则毁之。隋既篡周，文帝首复佛教，而炀帝师事智𫖮，崇奉尤笃，在东西两京置翻经院，译事大昌焉。

其在南朝，东晋诸帝，虽未闻有特别信仰，而前后执政及诸名士，若王导、周颛、桓玄、王濛、谢尚、郗超、王坦、王恭、王谧、谢敷、戴逵、孙绰辈咸相尊奉（见《弘明集》卷五引何尚之《答宋文帝问》）。及宋，则文帝虚心延访，下诏奖励，谯王义宣所至提倡，而何尚之、谢灵运等阐扬尤力。及齐，则竟陵王子良最嗜佛理，梁武帝沈约辈皆尝在其幕府，相与鼓吹。及梁，武帝在位四十年中，江左称为全盛。帝嗜奉至笃，常集群臣讲论，至自舍身于同泰寺。昭明太子及元帝皆承其绪，迭相宏奖，佛教于是极盛。陈祚短促，无甚可纪。东晋南北朝及隋帝王执政提倡佛教之情形，大略如此。

唐宋以后，儒者始与佛徒哄，前此无之也。两晋南北朝之儒者，对于佛教，或兼采其名理以自怡悦，或漠然置之，若不知世间有此种学说者然，其在当时，深妒佛教而专与之为难者，则道士也。梁僧祐《弘明集》、唐道宣《广弘明集》中所载诸文，其与道家抗辩者殆居三之一。……所谓道教者，并非老庄之"道家言"，乃张道陵余孽之邪说，其于教义本一无所有，及睹佛经，乃剽窃其一二，而肤浅矛盾，无一是处，乃反伪造《老子化胡经》等，谓佛道实出于彼，可谓诞妄已极！其壁垒本不足以自立，乃利用国民排外之心理，倡所谓夷夏论者，此较足以动人。……

佛教发达，南北骈进，而其性质有大不同者。南方尚理解，北方重迷信；南方为社会思潮，北方为帝王势力。故其结果也，南方自由研究，北方专制盲从；南方深造，北方普及（此论不过比较的，并非谓绝对如此，勿误会）。此不徒在佛教为然也，即在道教已然。南朝所流行者为道家言，质言之，即老庄哲学也。其张道陵、寇谦之之妖诬邪教，南方并不盛行。其与释道异同之争，亦多以名理相角，若崔浩焚坑之举，南人所必不肯出也。南方帝王，倾心信奉者固多，实则因并时聪俊，咸趋此徒，乃风气包围帝王，并非帝王主持风气，不似北方之以帝王者之好恶为兴替也。尝观当时自由研究之风，有与他时代极差别者。宋文帝时，僧慧琳著《白黑论》，何承天著《达性论》，皆多曲解佛法之处，宗炳与颜延之驳之，四人彼此往复各四五书，而文帝亦乐观之，每得一札，辄与何尚之评骘之。梁武帝时范缜著《神灭论》，帝不谓然也，自为短简难之，亦使臣下普答，答者六十二人，赞成缜说者亦四焉。在东晋时，"沙门应否敬礼王者"，成一大问题，庾冰、桓玄先后以执政之威，持之甚力。慧远不为之屈，著论抗争，举朝和之。冰、玄卒从众议（以上皆杂采正史各本传、《高僧传》及两《弘明集》，原文不具引）。诸类此者，不可枚举，学术上一问题出，而朝野上下，相率为公开讨论，兴会淋漓以赴之，似此者，求诸史乘，殆不多觏也。若北方则惟见寺塔、僧尼之日日加增而已。其士大夫讨论教理之文，绝无传者，即僧徒名著，亦极希，后此各大宗派，不起于北而起于南，良有以也。然则南北两派，何派能代表我国民性耶？吾敢断言曰南也。五胡以后，我先民之优秀者，率皆南渡。北方则匈、羯、鲜、羌诸族杂糅，未能淳化于吾族，其所演之事实，非根于我国民性也。

…………

四

从中国佛学史大量观察，可中分为二期，一曰输入期，两晋南北朝是也；二曰建设期，隋唐是也。实则在输入期中早已渐图建设，在建设期中亦仍不怠于输入，此不过举其概而已。输入事业之主要者，曰西行求法，曰传译经论，具详第四、第五章两章。建设事业，则诸宗之成立也。具详第六章以下。今欲使学者得一简明之概念，且略知各部分事业之联络，故以极简单之文句，先述如下（其有重要资料不能入以下诸章者，则于此处稍为详叙。望读者通前后参错观之）。

印度佛教，先有小乘，后有大乘，中国亦不逾斯轨。然小乘之行于中国，时期甚短，势力亦弱，非如印度、西域之以小乘为正统而大乘为闰位也。后汉三国所译经典，虽小乘较多，然大乘亦已间译。至两晋以后，则以译大乘为主业。诸大乘经中，方等先昌，支谶之《般舟三昧》，佛调之《法镜》，支谦之《维摩》《首楞》，法护之《宝积》《大集》《普曜》，皆其先河也。《般若》之兴，亦略同时。支谶之《道行》，法护之《光赞》，叔兰之《放光》，罗什之《摩诃》，皆其选也。此两部分皆起于西历二世纪中，而发达于四世纪末。《法华》之来，则在四世纪，法护、罗什前后两译。《涅槃》《华严》最晚出。昙谶、佛驮所译，皆在五世纪初元。至五世纪初元，而大乘要经略备，小乘之四《阿含》亦次第完成，译事告一段落焉。道安此方弘法之祖也，遍注诸经，而犹精《般若》，可谓"空宗"最初之建设者。其弟子慧远，在庐山结莲社念佛，今之"净土宗"尊为初祖焉。罗什入关，气象万千，后此大乘之"三论宗"，小乘之"成实宗"，皆于此托始。其弟子僧肇、僧叡、道生等，皆为一时龙象，自此以前，为输入全盛、建设萌芽之时期。

…………

印度大乘性、相两宗，罗什所传来者则性宗也，而相宗则未之闻。梁陈之交，真谛创翻《摄论》《俱舍》，法泰、智恺最能传其业，于是开大乘之"摄论宗"与小乘之"俱舍宗"，"摄宗"即后此"法相宗"之前驱也。世亲依《华严十地品》作《十地经论》，元魏时，菩提流支、勒那摩提合译之，北齐惠光治之最明，于是创"十地宗"，即后此"华严宗"之前驱也。以上为南北朝之重要事业。

自罗什译《中》《百》《十二门》三论，后百余年间传习极盛。至隋吉藏（嘉祥大师）大成之，创"三论宗"，此宗入唐转衰，其一部分入"天台宗"，一部分入"禅宗"焉，自《法华》《涅槃》输入后，研究极盛。六朝时有所谓"法华宗""涅槃宗"者，至隋智𫖮（智者大师）神悟独运，依《法华》创"四教五时"之义，立止观之法，学者以𫖮居天台，名之曰"天台宗"，其后唐湛然（荆溪）益大弘之，中国人前无所受而自创一宗者，自"天台"始也。此为隋代之重要事业。

唐玄奘三藏孤游天竺，十有七年，归而译书千三百卷，为我学界第一恩人。而其所最服膺者为戒贤显识之论，于是大阐之，立"法相宗"，亦称"唯识宗"。其弟子窥基最能传其学，基住持慈恩寺，故此宗或称"慈恩宗"焉。

自"十地宗"成立以后,《华严》研究日盛,唐法藏(贤首国师)与实义难陀重译《华严》,乃大阐扬之,立"华严宗",亦可谓中国自创之宗也。此后宗密(圭峰)、澄观(清凉)盛弘其业。自慧远提倡念佛,至唐善导大成之,是为"净土宗"。自道安提倡戒律,至唐道安(应为宣——编者注)大成之,是为"律宗"。自唐善无畏、金刚智传授密咒真言,是为"密宗"。此诸宗皆盛于唐,而其传最广而其流最长者,则"禅宗"也。相宗佛灭度后以衣钵授大迦叶,心心相传,历二十八代而至达摩,达摩以梁时至中国,更不译经说教,惟物色传法之人,六传而至唐慧能(六祖大鉴禅师),乃大弘之,直指一心,不立语言文字,号为"禅宗",亦称"心宗"。其徒南岳让、青原思传之,后为(疑为衍文——编者注)衍为"云门""法眼""临济""沩仰""曹洞"之五宗。数百年间,遍天下焉。此宗虽称来自印度,然自六祖以前,既一无传布,则虽谓中国自创之宗焉可耳。禅宗与"天台""华严""法相"皆极盛于唐,彼三者称"教下三家",禅宗则称"教外别传",此为唐代之重要事业。

以上诸宗,实为我国佛学之中坚。……禅宗掩袭天下而诸宗俱废。公案如麻,语录充栋,佛法于兹极盛,而佛法即于是就衰矣。

五

唐以后殆无佛学。唐以后何故无佛学耶?其内部之原因,则禅宗盛行,诸派俱绝,踞座棒喝之人,吾辈实无标准以测其深浅;其外部之原因,则儒者方剽窃佛理自立门户,国中上驷咸趋此途,而僧界益乏才。若在宋代求佛教史上有价值之人,吾惟数一延寿(永明禅师),倡"禅净合一"之教,"净宗"复兴,实受赐焉,戒环(温陵)之理解,抑其次也。元代师礼蕃僧,颇兴密教,其于显说,则未有闻。有明末叶,莲池(袾宏)、交光(真鉴)、妙峰(福登)憨山(德清)、蕅益(智旭)先后崛起,斯道称中兴焉。入清转衰,清诸帝虽皆佞佛,然实政治作用于宗教无与,于学术益无与也,清僧亦无可特纪者,惟居士中差有人,晚有杨文会者,得力于"华严",而教人以"净土",流通经典,孜孜不倦。今代治佛学者,什九皆闻文会之风而兴也。

(录自《饮冰室合集》专集之五十一,中华书局 1989 年版)
(参校麻天祥编《梁启超佛学文选》,武汉大学出版社 2011 年版,第 3~15 页)

佛教对于中国文化之影响

——二十年十月在西安高级中学讲——

太 虚①

今日蒙陕西学界开会邀为讲演，诚属难得之机缘；然余因昨日略受感冒，对于此题不能详细发挥，故仅能就其大意约略说明之。

若论及佛教之历史，固发源于印度，然印度久已绝迹，早无佛教可言；而现在能代表佛教者，惟有三处而已。三处之中，二处皆在中国，即汉地与藏地；另一处即锡兰。此三处亦可代表三时期之佛教：第一小乘极盛之时期，传入锡兰；第二大乘盛行之时期，传入中国汉地；第三小大衰亡之时期，传入中国藏地。复由锡兰传入暹罗、缅甸，由中国传入朝鲜、日本，由中国藏地传入蒙古、尼泊尔。三时之中，最能表明完全佛教之精神者，即第二时。故欲考见佛教这真象，舍中国莫由，亦可谓中国即是佛教第二之祖国。所以，近来西洋学者探讨中国之文化，亦大都以佛教为主体。故欲使中国文化传播于世界，非先发扬佛教不可；而佛教于中国文化之关系，亦为国人应知之常识。譬有中国留学于西洋之学者，常不免要与彼邦之东方学者接触，若于本国二千年来高上之佛法一无所知，岂不有愧于祖国耶？所以，余有此"佛教于中国文化之影响"之演讲。然佛教何时传入中国，史乘所载不一：有谓周朝穆天子时，西方有化人来；有谓秦始皇时，有室利房等十余人来；始皇投之于狱。彼时虽有蛛丝马迹，然尚无鲜明确实之历史，可以置诸不论；应断定汉明帝时为佛教正式输入之时期。然此二千年来之历史，因地域时代之不同，所发生之影响亦各有异，今先研究其与一般之影响。

一、佛教来中国一般之影响

佛教传入中国，由汉末至宋初，都是翻译之时期，佛教大藏中五六千卷之

---

① 太虚（1890—1947），现代佛学家。

经典，皆是此时之产物。而在六朝与唐朝之间，佛教大师辈出，奘师且在印度求得重要之梵本，翻译之切实，文笔之精美，诚能空前绝后。故当时思想界多投于佛门，受诸师之熏陶，对于佛教皆有深切之印象。然佛教始终并未参预中国政局之治乱；中国之治乱，皆属儒、道二家，佛教不过居于旁观之地位，只向本位中宣传而已。故在学术上、风俗上，皆能补偏救弊，使人心转恶向善，趋于安宁之现象，此即佛教与中国文化一般之影响也。

二、佛教对于中国艺术之影响

（一）建筑：关于佛教之艺术，法人烈维氏作有《佛教人文主义》等书，从文化上、艺术上、研究佛教之精神，以为东洋之美术，皆与佛教有关。譬如建筑，虽不如西洋之切于实用，然皆能力求美观，如房屋前后之布置，左右美妙之点缀，尤其是寺院之壮严伟大之形式，皆是模仿原始佛教之状态。如此处之大雁塔、小雁塔等，俱能代表崇高坚强之精神，此皆显而易见也。

（二）塑铸：塑，即是泥塑，中国先虽有图像雕像，然塑像自佛教入中国后始有。唐时名工之塑像，蔚为大观，美丽尽致，现在虽不能窥其真正之作品，然如日人所发现之苏州某寺唐人之塑壁，后得蔡元培等请政府保存，故今尚能考见当时美术之一般。近来国人一味破坏寺院之塑像，殊不知实是丧失中国文化之元气也。铸，即是金铸，如所铸之铜观音、铜弥陀等，亦皆有其特别之风致。又如各寺陈列之铜器大钟，以及千人之大铜锅等，亦皆是佛教之产品也。

（三）雕刻：雕刻有木有石，至于唐时名工之雕刻，余于游美国时，曾见有一石像，系自日本购得者，美人以为是极有价值之美术品，且认为是考察中国雕刻之依据。又如洛阳龙门与大同云冈之石佛，以及其他刻像等，每有数丈十余丈之高，其刻工之玲珑，人物之巧妙，皆有飘飘欲飞之势，在我国之美术界，亦是绝无仅有之作品。

（四）图画：我国虽先已有图画，然至唐朝佛教极盛时，才能登峰造极。当时名工画佛教之故事于壁上而形成一种佛像派，于我国之艺术上增光不少！不惟内容圆满精致，即作风亦多是带有印度之色彩。

（五）音乐：中国古时虽有极好之音乐，但佛教来中国后，更有新调参入，使中国之旧调，百尺竿头再进一步，亦有特别之发展。如"鱼山梵呗"，是摹佛教中极好之梵音。又如寺院中磬楗钟鼓等，皆是与僧众起居相应之礼乐，使人闻之，俗念顿消。故中国之诗人，喜闻寺中之晨钟、暮鼓，而歌咏出绝妙之诗词，此亦可见佛教音乐神力之大也！

（六）印刷：印刷为文明进化之要素，世界各国推中国为始。中国多以为冯道印刷五经为始，但从敦煌石室发见隋唐书籍后，其中大都是佛教之典籍，或是翻译，或是作述不等，其中且有隋时印刷之通俗宣传品，故知佛教在隋时早有刻板矣。当时虽是简陋，亦足以考见是冯道之先河也。

（七）戏剧：中国之戏剧，多是演前人之故事，或惩恶，或劝善。而佛教之戏剧亦然，如目连救母、归元镜等，亦是演佛教之故事，移风易俗，使人回恶向善，皆大有功于教化也。

三、佛教对于中国文学之影响

（一）切音：中国之反切与音韵，六朝时由"华严字母"等翻译，始有萌芽，至唐朝我国之切音学乃得以完成。

（二）文法：中国向来作文，只是神而明之，或是"读破万卷书，下笔如有神"，并无文法可言至。于佛教传入中国，初或是直译，或是意译，皆不甚切当；迨唐时，我国沙门学者多至印度求得原本，不惟明经中之教理，且能通彼邦之文法，于翻译上亦多别开生面，故知唐时即有梵文之文法输入我国。其"八啭声"，即是名词、代名词、动词、助词等，与西洋文化无异，然因当时无人应用，所以不能传播于民间。我们若看唐译之佛经，尚能考见其一般。又如大藏中之六离合释，亦是梵文文法之一种。现在国人多以马氏文通为我国文法之鼻祖，殊不知唐时即有佛教文法之输入也。

（三）名词：从佛教传中国后，我国文学中亦增加数万新兴之名词。现在之佛学大辞典，虽未能将所有之名词完全搜尽，但睹之亦足使人叹为观止矣！再如现在最流行自由、平等之名词，皆是佛典之成语。谚云"世间好语佛说尽"，非过言也。所以，中国之文人皆好读佛经，以助其文章之精妙。

（四）文体：佛教之经典翻译到我国，或是五七言之新诗体，或是长行。长行之中，亦有说理、述事、问答，乃至譬喻等，与中国之文学方面，亦有极大之裨助。至于唐朝以后之文体，多能近于写实顺畅以洗六朝之纤尘，未尝不是受佛教之熏陶也。

（五）诗歌：佛教原始之经典，多不易懂，故后人或作浅显之诗歌以咏之。

如马鸣菩萨所作之《佛所行赞经》，其于描写记述方面，无不尽致。梁启超谓：我国之《孔雀东南飞》之长诗，即受此诗影响，或可近信。又如禅宗之颂古，唐时寒山拾得深入浅出之新诗，实皆开白乐天与苏东坡之先河。

（六）语录：唐朝虽能改以前堆砌之骈体，然如韩昌黎等，终未离古文别创新体，至于佛教当时之大师，则能独辟蹊径，创白话之语录体，说明佛教之要义；宋时程、朱之语录，皆是模仿于禅宗。又如民国七八年时，胡适提倡白话，主张多读语录。且谓余曰：宋时佛教禅宗之语录，为我国古代极好之白话，亦可见其在我国文学中之重要矣！

（七）小说传奇杂记等：唐以后，传奇、杂记之小说，多带有儒、释、道三教之色彩。如明人所作之《归元镜》，是说明净土宗之事实；《西游记》是演述玄奘法师求法之故事，其他笔记形式，亦有如《百喻》《贤愚》《因缘》诸经者；而《西游记》且是我国四大奇书之一，亦足以见价值矣。又如西洋之《天方夜谭》，相传曾参有波斯之故事（见周越然《天方夜谭序》），盖波斯古时亦为佛教之国家，其故事亦有与佛教传说相关，《天方夜谭》采用之，故能成为述事精详，充满诗意之第一等作品。复次，如近代世界大文豪俄国之托尔斯泰，其作品能够充满美丽性、普遍性，而成为写实之鼻祖，传播于全世界，皆是因为他能够模仿佛教述实之体裁故也（参看胡寄尘所作之《托尔斯泰与佛经》）。如此，则佛教不惟于我国文学上有极大之帮助，而于世界文学上亦有其不可磨灭之影响也。

四、佛学对于中国科学之影响

（一）论理学：在世界各国论理学发生最早者，是希腊与印度。中国虽有《墨经》之上下，《荀子》之正名，然皆语焉不详。而希腊与印度俱为文明最早之国家，人民之知识亦异常发达，多有哲学之思想，重于辩论，故在希腊有逻辑，在印度有因明，为运用思想言论之法则，使自己之意见有条不紊。因明虽在唐朝即传入我国，惜惟用于佛学；现在因新学之输入，中学以上皆有论理学一科，亦渐知佛教因明之重要。若稽考西洋逻辑之进化，初本是演绎法，培根后始创有归纳法，至现在乃进为符号之理论；然佛教之因明，则能兼有其三者之长。故日本之学论理学，往往以二者作合并之研究。我国学者若能于此详加探讨，使之传于世，则中国在学术史上必另增一番光彩也。

（二）医药：我国现在之各大都市，皆通行西药，实不知东方药材有其不可磨灭之价值，即印度之医药亦然。如唐时义净法师所作《寄归传》，亦多称赞我国之药材；其传中并有二篇专论印度之医学，有疗疮、医身病、小儿病等八种，并有如何使身体强健康宁之说明。后二者可谓之卫生学，即是佛在世时亦有医学之说明，如所谓"四大不调即有四百四病"等皆是。不过，中国之医学是疗病于已然，不能防病于未然，关于通常日用之卫生，尚少有说明；而印度之医学则不然，且能注重到健康延寿方面，于佛律之中皆能见其大概。如早晨之嚼杨枝，饭后经行静坐之调养身心，寺院之静洁，殿堂之禁止涕吐，饭食之节制，俱是卫生之良法也。又如印度之医病，常主张减食或者断食。故百丈大师谓"疾病以减食为良药"，亦即此义。现在西医之疗病亦主张减食或断食，此亦可见到佛教于医学之贡献也。

（三）天文：我国从唐代至明朝，皆是用一行禅师所定之历；盖一行大师之根据，即印度之天文，迨至明朝，始由西人改之。如此，亦可见佛教之天文学，在中国有其相当之势力也。

（四）数学：此学在印度认为非常重要，即五明中工巧明之本也，与西洋之代数、几何有同等之价值。据罗什法师传，当时曾有印度之婆罗门来中国，精于数学，能测大树高度之数量与宽广之体积，然因当时无学习，故不传。但无论如何，可以断定印度之数学，实驾于我国之上也。

五、佛教对于中国习俗风尚之影响

前章已说过，佛教并未参预政治，只是居于旁观之地位，对于社会只是移风易俗而已。今依其最显著者分述于下：

（一）信三世：我国在先皆以人死如灯灭，孔子亦云"未知生，焉知死"。对于死后之如何，皆不得而知。至佛教入中国后，始信有三世，知生有所从来，死有所往，深入人心，牢不可拔。

（二）信六道：我人每见有作恶之人，虽能得福得寿，其业果不报之现世，知彼未来必堕恶道，此因知有佛教六道轮转说故也。

（三）信善恶报：因信三世六道，故信作善作恶，定有果报，或报之自身，或报之子孙，或报之来世。孔子虽谓"作善之家必有余庆，作不善之家必有余殃"，但现在人往往以作恶而得福，作善而反得祸，非难因果，即无以通，读佛经，乃知果报非惟是报之即身，实通于三世，乃可确信也。

（四）信神通力：中国古代虽信离人世外有超人格之鬼神，有其神秘之神力在冥冥之中，可以使人得祸得福，然佛教至中国后，方证明实有六种神通力。但是佛教之神通力，自有其非凡之深意在，故不惟愚夫愚妇信之，即有智者无不以为是实有也。

（五）悔罪植福：因知三世善恶果报，故注重悔恶除罪，修德祈福。

（六）延寿荐亡：由知我人生由所来，死有所往，故对于亡者追荐超度以济其灵性。复次，又因知福可以植，所以对于生者祈福修德，以保安康。

（七）修德禳灾：不惟常人如此，即我国之帝王，每因国家不幸，多责自无德，引为自咎，反躬修德，以禳灾疫，此可以视佛教印入人心之深也。

（八）设供祈愿：平祭常祀祖先与神道等，或祈家庭平安，或求身体康健，大概皆是受佛教密宗之影响也。

六、佛教对于中国哲学思想之影响

（一）汉、晋、南北、隋、唐"有、空、玄门"之思想：中国哲学之思想，在周朝已颇发达，至战国诸子齐鸣，各倡其说，诚是我国学术史光荣之一页。然汉后则惟有孔、老二家；武帝时则斥百家定儒为一尊；至魏、晋、六朝而道家复兴，盛倡其玄学，而佛教亦于斯时输入。因二者均带有宗教之色彩，且皆在社会中活动，故佛教初入中国时，二者即发生冲突，由冲突而排斥，由排斥而接近，到魏、晋时讲佛学者多取义于老、庄，而讲老、庄者亦多取义于佛经，二家逐生密切之关系。初儒家本是操政治、教育之事业，与佛教不生关系，但到后来，学佛之份子若梁武帝等，亦上了政治舞台，与儒家亦发生冲突，二家亦由相攻击而达于谅解。所以唐时明通博达之士，皆知儒家为有门，所以提倡伦理，握政权，主教育；佛家为空门，所以使人止恶向善，净意修德，以辅于治安；又以《道德经》中之"常无欲以观其妙，常有欲以观其徼"，与"玄之又玄，众妙之门"之义，而定道家为玄门。以为儒家虽是有为而作，但不得离佛教之空性；此盖以佛家之有、空、非空非有，而成此三家调和思想之根据也。

（二）宋、元、明、清"治世心身"之思想：前者之思想，即是宋、明以后三教调和思想之根据；宋明以后之学者，皆以儒教为治世之学，佛教为治心之学，道教为治身之学，以定三教相安之分位。

（三）禅宗与宋、明、儒学及仙道：佛教由隋、唐之隆盛，至唐末而入宋初，则诸宗一落千丈，当时惟有禅宗作佛教之代表，其他各派虽存若亡。禅宗不惟独称霸于佛教，且能操纵当时之思想界。禅宗乃是重在参究人生根本之原理，使人自己研究，于此求得发明后，方可论学；不但否认古书，且不信古人。故当时中国之学术大受其影响，如周、张、程、朱皆用过佛教禅宗之方法。如二程往礼周濂溪，周即命参"孔子颜回所乐为何事"。又如程子受学，半日读经，半日静坐，且常使门人观察"喜怒哀乐未发前之气象"，此与佛教禅宗之观"生从何来死往何处"何异？至于陆象山等，则更进之以"宇宙即吾心，吾心即宇宙"；明朝之王阳明，亦是袭取禅宗之方法，其以"致良知"为根本之提倡，亦与宗门先明了立足点后，再研究学问之用意相同。至于所谓与仙道之影响，亦很值得注意。宋前之道家，不过是采药、练气而已。至宋朝之后，亦大变其方针，皆言性命双修，而以先静坐修性，灭除妄想，而至寂静为入手；而后用其炼精化气为神之命功。其修性亦袭禅宗而貌似也。

（四）佛学与近今之新思想：至于我国近三四十年思想界之重要份子，如康有为、谭嗣同、章炳麟、严复、梁启超诸人，皆受佛教极大之影响。康氏本精于孔学，然能放开孔子门户，盖有取佛之《华严经》。曾谓"自大之能遍全宇宙，小之能入于微尘"，即是贤首宗大小无碍之义也；阅其《大同书》可以知之矣。谭氏曾从杨仁山居士研究内典，所著之《仁学》，尤多佛学之理想。章氏不但精于小学，且能明通于诸子，其作述如《原名》《明见》《齐物论释》等篇，国内学者皆认为空前之著作。其所以能如此对于诸子学整出其条理，盖因为他精于佛学之因明、唯识，用佛家之因明、唯识，作为研究诸子之方法，始能融会贯通故也。至于严氏所译之《天演论》与《穆勒名学》等，多是采用佛学之名词，且多附论佛学之思想，所以能执我国译界之牛耳。梁氏所讲之中国文化各种史稿，皆有涉及佛教，尤注意于《阿含经》《五蕴论》《大毗婆沙》，诸君若看其近著之中卷，即可以看见其与佛教之关系也。又如最近之学者胡适、梁漱溟等，亦都对于佛法深有研究；胡适虽醉心欧化，因为他欲全成中国哲学史大纲，而中古之哲学又与佛教有关，故他现在正在专心于佛学。不过，因为他是提倡语体文之人，所以他以为语录易读，惟从禅宗研究而已；观其对于清华大学学生所开之国学目录，三分之一皆属佛教之经典，亦可见他对于佛学之注重矣。梁漱溟近来之思想，虽欲从陆、王之理学而沟通于西洋文化，然考其思想之出发处，仍然是由于佛学。其现在对于救国，虽主张用儒教，然其内心之信仰与其生命之归宿，似乎尚在于佛教也。

以上之叙述，不过就其大概言之。

（录自《太虚大师全书》第二十二卷，宗教文化出版社2004年版，第85~98页）

道德真经广圣义序（节录）

杜光庭[①]

此《道德经》自函关所授，累代尊行，哲后明君，鸿儒硕学，诠疏笺注六十余家，则有《节解》上下、《内解》上下、《想尔》二卷、《河上公章句》、严君平《指归》十四卷、山阳王弼注、南阳何晏、河南郭象、颍川钟会、隐士孙登、晋仆射太山羊祜、沙门罗什、沙门图澄、沙门僧肇、梁隐居陶弘景、范阳卢裕、草莱臣刘仁会、吴郡征士顾欢、松灵仙人、晋人河东裴楚思、秦人京兆杜弼、宋人河南张凭、梁武帝、梁简文帝、清河张嗣、梁道士臧元静、梁道士孟安排、梁道士孟智周、梁道士窦略、陈道士诸糅、隋道士刘进喜、隋道士李播、唐太史令傅奕、唐嵩山道士魏征、法师宗文明、仙人胡超、道士安丘、道士尹文操、法师韦录、道士王元辩、谏议大夫肃明观主尹愔、道士徐邈、直翰林道士何思远……道士成元英、汉州刺史王真、道士符少明。元宗皇帝所注《道德》上下二卷，即今所广疏矣。所释之理，诸家不同，或深了重元，不滞空有；或溺推因果，偏执三生；或引合儒宗，或趣归空寂，莫不并探骊室，竞掇珠玑。

（录自董诰等编《全唐文》卷九百三十一，中华书局1983年影印本，第9701~9702页）

（参校《全唐文》，中华书局2009年版，第9701~9702页）

[①] 杜光庭（850—933），晚唐道教典籍整理者。

真　系（节录）

李　渤①

今道门以经箓授受，所自来远矣，其昭彰尤著，使搢绅先生不惑者，自晋兴宁乙丑岁，众真降授于杨君，杨君授许君，许君受子玄文，玄文付经于马朗。景和乙巳岁，敕取经入华林园，明帝登极，殳季真启还私廨，简寂陆君南下，立崇虚馆，真经尽归于馆。按黄素方，因缘值经，准法奉修，亦同师授，其陆君之教，杨许之胄也。陆授孙君，孙君授陶君，陶君搜撼许令之遗经略尽矣。陶授王君，王君又从宗道先生得诸胜诀，云经法秘典大备于王矣。王授潘君，潘君授司马君，司马君授李君，李君至于杨君，十三世矣。杨、许并越汉登真，许令亦终获度世。马、殳幸会而不业，自陆君已降，则帝者无不趋其风矣。……且知理而不知神，非长生之士也，超理入神，混合于气，无为而无不为者，我真宗之道也。

（录自《云笈七签》卷五《真系》，《四库全书》文渊阁本）

（参校张君房纂辑、蒋力生等校注《云笈七签》，华夏出版社1996年版，第23页）

论道教 *

马端临②

按道家之术，杂而多端，先儒之论备矣，盖清静一说也，炼养一说也，服食又一说也，符箓又一说也，经典科教又一说也。黄帝、老子、列御寇、庄周之书，所言者清静无为而已，而略及炼养之事。服食以下，所不道也。至赤松子、魏伯阳之徒，则言炼养而不言清静；卢生、李少君、栾大之徒，则言服食而不言炼养；张道陵、寇谦之之徒，则言符箓而俱不言炼养、服食；至杜光庭

---

① 李渤（772—831），晚唐官员、学者。
② 马端临（1254—1340），宋元之际史学家。

而下，以及近世黄冠师之徒，则专言经典科教。所谓符箓者，特其教中一事，于是不惟清静无为之说略不能知其旨趣，虽所谓炼养服食之书亦未尝过而问焉矣。然俱欲冒以老氏为之宗主而行其教，盖尝即是数说者而详其是非，如清静无为之言，曹相国、李文靖师其意而不扰，则足以致治；何晏、王衍乐其诞而自肆，则足以致乱，盖得失相半者也。炼养之说，欧阳文忠公尝删正《黄庭》，朱文公尝称《参同契》，二公大儒，攘斥异端不遗余力，独不以其说为非，山林独善之士，以此养生全年，固未尝得罪于名教也。至于经典科教之说，尽鄙浅之言，庸黄冠以此逐食，常欲与释子抗衡，而其说较释氏不能三之一，为世患蠹，未为甚巨也。独服食、符箓二家，其说本邪僻谬悠，而惑之者罹祸不浅，栾大、李少君、于吉、张津之徒以此杀其身，柳泌、赵归真之徒以此祸人而卒自婴其戮，张角、孙恩、吕用之之徒遂以此败人天下国家，然则柱史五千言，曷尝有是乎？盖愈远而愈失其真矣。

（录自马端临《文献通考》卷二百二十五"道藏书目"条，中华书局1986年版，第1810~1811页）

孔子以后之中国学术文化精神

唐君毅[1]

一、九流与六艺及孔子的精神

孔子以后，诸子百家学术之分流，同依于士人人格尊严之自觉，六艺之教之散于民间，诸子百家之派别虽多，然吾人以文化观点而论其所偏重，则皆不外承孔子所承之传统文化精神之一偏，六艺之教之一偏，或天道观念之一偏而形成。唯因其源出一本，故学术文化之分流，终向往于天下之一统。诸家学术亦终汇合于汉，以建立第一个由平民为天子之坚实而博厚之大帝国。当诸子百家学术分流之际，正战国诸雄竞长之时。然诸子中，除法家、纵横家之人物

---

[1] 唐君毅（1909—1978），思想史家，现代新儒家代表人物。

外，皆未尝特与现实之政治势力结合。故文化学术思想之分派，与现实社会政治势力之分裂，未尝互相结纳，以加深世界之分裂，如今日之欧洲然。此皆由诸子百家之源出一本，而同向往天下之一统之故也。

以诸子百家精神相较，而言其所偏重，儒家偏重法周，其学兼综六艺而特重礼乐。礼者道德之精神，乐者艺术之精神。儒家由孟子之言心性，言仁义，至荀子之言礼制，言君臣之道，至《乐记》《中庸》《易传》，乃以礼乐精神之"中和""位序""同异""内外""动静""刚柔"，说宇宙人生社会文化之全，乃儒家思想之极致。墨家薄《礼》《乐》，而不废《诗》《书》。不废《诗》者，取其民间实际生活之记载。不废《书》者，以其载古代帝王之勤劳务实之事业。最能表示中国古人之勤劳笃实之精神之古代人物，无如平水土躬稼穑有天下之夏禹。故墨家倡法夏，墨子兼爱之教所重者，在下察于百姓耳目之实，求所以使人人之得衣食，而裕其生之道。乃不重少数士君子之盛容修饰，弦歌鼓舞之礼乐生活。故墨子精神所重者，在社会经济。墨子之言兼爱，本于天志。其谓天之意志，即为兼爱万民而生养之。此传统宗教之精神，墨子之所承，亦有合于孔子天道为仁之意。然墨家视天在外，其强调天之人格性，近乎西方基督教与回教。孔、孟则以人体仁道，由天人之道之合一，以明性与天道非二。故不强调天外在之超越的人格性。由孔子、孟子以降，教人法天之仁而行仁，即所以立人道而立天道，故人无所希慕于天。然墨子则以天之兼爱为天之意志，亦即天之欲望，故如人不为天之所欲，即遭天怒，人为天之所欲，乃为天所爱。人为天之所欲，则天亦为人之所欲，而人受天赏，得福利；反之，人为天所不欲，天亦为人之所不欲，而人受天罚，得祸害。其言乃使天与人间之关系，成交易之关系。如是以行兼爱之道，遂非自尽其心性，或理当如此之谓，而若为获天之报偿之手段。此则使人之逐实际利害之情，夹杂于宗教精神之中，而使墨子对天之宗教精神，反不如孔子之高远者也。

至于法家之精神，则纯出自战国纷争之世。法家之理想，重富国强兵，而尚耕战。其战非仁者之征伐，其耕唯所以富国而弱民。法家精神之重心，不在社会经济而只在现实之国家政治。故《诗》《书》《礼》《乐》文化之本身价值，皆为所抹杀。法家不法先王，而重备当今之所急。此为对传统文化之大反叛。然法家之轻民而尊君，视君为神圣，而诡秘化之，实利用一种人民之宗教心理。而其重刑罚之理论，亦未尝不以古代政治家之措施为例。韩非称殷之刑弃灰者之事，赞太公之杀狂矞华士。夏之事业，当以劳动为主。殷之法制乃渐备，而先罚后赏。则法家之所承者，近于殷之精神者也。《诗》《书》《礼》《乐》之中，唯《书》所载二帝三王之事，为法家所诵。谓法家略有得于《书》教亦可也。

至于道家，则庄子宋人，老子楚人，其余道家多齐人。宋与齐楚之地，受周代文化之感染较浅，而楚人尤多信巫史。老庄皆以六艺为已陈之刍狗，其所喜言者，乃至德之世，尧舜以前，则夏商周之文化，固皆不在其眼中；而现实世界之纷争，更其所欲逃避。故弃社会而就自然，外游于人间世，内心则求侔于天，与造物者游。其根本之文化精神，亦可谓近求解脱之宗教精神、超现实之形上学或哲学之精神。而老庄之帝王之道，则为一种政治理想。然自老庄所言之天与道之含义言，则固是一遍在万物而无私者。此亦可说为中国古代宗教中天帝之信仰所转化，亦略同于孔子以仁言天。其不同于孔子者，唯是老庄喜说天之大仁不仁、无为无不为之德。无不为而一任万物之容与遨游于天地间，此天地之所以为大也。老庄实不重视自天道之使四时行，而百物生之生生不已、自强不息一面，以言天德。则老庄之天道，虽可谓横被四表，而不能纵通上下与终始，此则不如孔子儒家者。而庄子之言天机之动、天籁之行，咸其自己，不相为碍，谓天地有大美而不言，其所谓真人至人之生活中，含天乐在，则其人生之理想境，实亦一种游心宇宙之艺术生活，而为遥契古代乐教之精神者。化人间之乐教为天地间之乐教，而倡之于世者，庄子也。

先秦学术除儒道墨法以外，阴阳家盖原始自然哲学之所遗，与儒家仁义之教之结合。亦可谓古之卜筮与易之流。至于农家，则中国经济生活中，尚农精神之说明者。农家人物，盖皆吸道墨之余绪，而别无精义。纵横家者，列国纷争之世，以权术说天下者。名家者，由诸家之辩论，以开启对逻辑、知识论之问题特加以发挥之哲学家。诸家立义规模，要皆不足以与前四家比。而杂家之《吕览》《淮南》，则诸家分流以后，左右采获，以求反于一本之思想潮流，秦汉之际之一转折思想也。秦之灭六国与周，实现诸子所向往之抽象的一统天下之理想。然秦以政摄教而摧残学术，其精神全不是中国文化精神，故不数传而灭。唯汉兴而后，乃实现先秦诸子所向往之文化凝合之理想。杂家所代表之文化精神渐去杂以成纯，而显为董仲舒、司马迁之精神。彼等体孔子重全面人文精神而再现之。汉之文化即先秦诸家之学术思想相汇合而实现于社会之所成，而使中国民族之统一，不止于如秦之只成一抽象的形式统一，而成为真有文化内容之具体的统一者也。

二、秦汉唐宋元明清之文化精神之综贯的说明

以东西历史比论，秦之实现一抽象形式之统一于东方之世界，实类于罗马之实现一抽象的统一于西方之世界。秦以武力统一天下，罗马亦然。秦尚法，其所定制度，亦颇具规模，为汉所承。罗马之法典，亦垂范西土。二者之精神皆黑格尔所谓"理解形式"的。然罗马纯以武力法律为治，至于数百年，而后得基督教为其精神生命。而中国之秦则不三世而绝。盖以罗马之世之学术，主要唯斯多噶学派。斯多噶派之崇尚抽象之理性，正为罗马之法律精神之一部。而斯多噶派之人生思想，又不免趋于消极之忍受。中国则自孔子而后，个人人格之自尊自觉之心已甚强。儒、道、墨之学术文化精神之普遍于社会，其势不可尽泯。而皆无不与法家相反。依儒家意，唯有德者乃可为天子，孟、荀皆言禅让与征诛。道家之薄天子而不为，即看不起天子。故秦皇出游，刘邦见之曰："大丈夫当如是也"；项羽见之曰："彼可取而代也。"此乃彼等自觉其原可为天子之思想之流露，盖亦六国之后同有之思想。夫然，故天下之豪杰，可并起而亡秦。秦亡而见有具体之文化生活之人，不能只以抽象之理解形式之法律统治，亦见只恃武力之不可以治天下。西方人有罗马之以法律武力统治天下之例在前，故及今仍多以法律武力为政权之基础。斯大林犹欲学第三罗马，于法律外，再济以无限度之警察精神以治国。而在中国，则自汉代秦兴，历史二千年更无再自觉主张纯以武力法律为治之论。汉以后，中国即可谓纯为一所谓文化国，历代皆赖儒家精神之普遍贯注于社会，提高人民之文化生活，以为佐治太平之要道矣。

汉代文化之形成可谓由于凝合与广被。而此凝合与广被之所以可能，则由汉初之治，即承秦之政制。汉初尚黄老，足以宽统治者之度量。继乃尊孔子，崇儒学，以树学术文化之骨干。汉代奖励孝悌力田，使人各安其居而勤事生产，以裕民生而富国家，即所以稳定社会。察举之政治制度，则所以使人民之秀者，自下而升举于上，而用于政治，此皆为汉代文治之精髓。而武力则唯用于拓边。夫然而汉代文化之形成，其初本于道家之宽大精神为政，可谓如天之覆盖于社会；其以儒家精神立学术之骨干，可谓立大地之支柱；行察举之制度，则如使地上之人民上升；孝悌力田，所以使人各安土；而以武力拓疆域，

则所以广天地。故汉之建立一统世界似周，而又不同。周之建立一统，赖封建与宗法。其封建初乃赖武力之支持。故周代继世之天子，虽能上承天命，及其武力弱，即不能覆盖四方诸侯。周衰而在下位者，皆求升高位。昔为卿大夫者，今为诸侯；昔为诸侯，今欲霸天下。游士驰说于四方，以致卿相之位。此正如地上之物皆升而上，又无以覆盖之者，是无以遂人大一统之望也。秦乃以强力盖之，以求一统，而终亡于恣睢。故汉兴尚黄老之宽容精神，又以察举助在下位之人民之升居上位，而使上下相孚；武力横施于四方，则人民之精神亦随之而拓展；孝悌力田，又足以使人民之各安于位。是故汉代文化精神之形成，实如上天下地之混合而升降相涵。既能凝合而又能广被，此盖亦即汉代思想，又为阴阳家之成分所贯之故。阴阳家喜言天覆地载，与阴阳之升降，及五行四时之依四方而运，而中心之土不动之理，正所以象征汉代文化之精神。而汉代文学中之奏议与对策，则政治上，上下求通情合道之文章。而汉赋之铺陈扬厉，亦一向外横施以求精神之广被之表现也。

汉之一统之局分，而三国鼎立之势成。历魏晋六朝，而五胡乱华。然中国社会政治之混乱，与民族之厄运，未尝使文化因而断绝。唯以政局在分裂中，及西来文化之冲击，而传统之整一的文化系统，因以疏离。以魏晋六朝与汉相比，则汉犹周初，而魏晋六朝如战国。汉之所成就，偏在政治、军事，与经济上土地之开发。其学术以经学为主。汉人之德行，表现于使民族凝合之事功，故文学中有奏议、对策，与宫殿、都城之赋。而魏晋六朝之所成就，偏在文学、艺术，其学术以哲学、文学为主。魏晋人之人格，则见于其风度之美与性情之率真，故魏晋之诗文恒善抒怀抱。汉代学术人物之精神，阔大、朴厚而浑成。魏晋六朝人则多胸襟旷达、"形超神越"（此语见《世说新语》）。此超越精神，不如西方宗教、哲学、文艺中超越精神之表现为离世异俗之瑰意奇行，唯主要表现于日常生活之间，交游清谈之中，或寄情山水之际。魏晋六朝之精神，主要乃为道家庄子之精神之更人间化。唯非人之与天游之逍遥游，乃人与人相忘之逍遥游也。魏晋人之重个性，亦不如西人重个性之无尽伸展，而唯重人物间个性之欣赏。中国文化精神中，汉人之阔大、朴厚、浑成，转为魏晋人之疏朗、清新、俊逸，可谓中国文化精神，在地上建立帝国以后，再盘旋于空阔，优悠于虚灵，以脱去其重浊之气、沉滞之质，而归于纯化之美者也。王羲之之书法、陶渊明之诗及顾恺之之画则纯化美之代表也。

至于唐代文化之兴起，则又转魏晋之虚以入实。唐代政治规模之阔大如汉而或过之。唐代文化交通及于世界。唐承汉魏晋六朝所传佛学，更大开宗派。由魏晋六朝之重空宗，而天台，而法相与华严而禅。中国固有学术，则由玄学更转入经学，皆表现由虚入实精神。其诗由五言而至歌行，文由骈文而古文，皆亦表现一充实之美。而盛唐诗之重兴会，重情真气盛，尤表示其生命之健旺。而艺术中唐代金碧山水与壁画之华美，及雕刻中之佛像之丰盈，又皆表示唐代人精神上之富丽。整个唐代文化，多方面并行不悖之发展，为以前时代所无。此多方面之发展，未尝不似近代西洋文化之万流竞注。然唐代文化之多方面发展，有相互之照映，而不见有力量之冲突矛盾与紧张局面之存在。唐代之文化之特殊者为宗教，当时计有回教、景教、波斯教、道教与佛教。宗教势力之盛，又如西方之中世，而以佛教为最盛。佛教中又以华严为最盛。华严宗所谓一摄一切，一切摄一，一切摄一切之事理无碍、事事无碍之华严世界，正为唐代文化多方面并行发展、不相矛盾，而相涵摄之精神之最高表现。此则与西洋中世之基督教主宰文化之势力下，不免轻艺术，充满基督教与回教等之斗争，与虐待异端之事，表现截然不同之文化精神矣。

　　宋明为中国儒学再度复兴之时代。汉代儒学之用，表现于政治，而宋明儒学之最大价值，则见于教化。中国民族之精神，由魏晋而超越纯化，由隋唐而才情汗漫，精神充沛。至宋明则由汗漫之才情，归于收敛，充沛外凸之精神，归于平顺而向内敛抑。心智日以清，而事理日以明。故学术则有理学与功利之学。功利之学重明事，理学重明理。二者中唯理学能代表宋明人之心智之极。由唐诗之重性情，至宋诗之重意境；由唐诗之血肉丰腴，至宋诗之峻气瘦骨；由唐代歌行之舒畅，至宋词之婉曲；由唐人之笔记小说之一往情深，至宋元章回小说之曲叙事情；由唐代之金碧山水，至宋元之文人画；由唐代之法相华严之盛，至宋明以后禅宗净土之盛，皆表现中国民族心智之由反省而日以清明，如潦水尽而寒潭清，烟光凝而暮山紫，行李萧然，山川如画矣。然其中唯宋明理学之精神，为能由清明之智之极，觉内心之仁义礼智之理，以复见天地之心；而教人由智上觉悟，致知涵养并进之工夫，以希贤希圣，而以讲学教天下人之皆有此觉悟，此实同于孔子之使王官之学布于民间。然其所不同者，在孔子仍是先有意于政治，且孔子是以一人为天下之木铎；而宋明理学家之精神，则几全用于教化，而以一群人，共负起复兴学术、作育人才之大业也。

吾尝以《易经》元亨利贞仁义礼智之序，言中国民族文化精神之发展。则孔子承中国民族古代文化精神而立仁教，所开启之先秦文化之生机为元。秦汉之建立大帝国之政治，为礼制之实现为亨。魏晋隋唐之艺术、文学、政治、宗教等文化，多端发展，彷徨四达，为文化中之义道，如元亨利贞中之利。则宋元之精神为智，而欲由贞下起元者也。惜乎元清入主中夏，而中国文化精神之发展，乃不免受一顿挫。宋明理学之发展，由朱子之重理，至王阳明而重心，至晚明而重气，由讲宇宙人生，而讲历史文化之精神之自觉。如顾炎武、黄梨洲、王船山等，皆欲由历史文化精神之自觉，以上追三代，而起民族之生机，以建制立法，为万世开太平者也。清儒不能继其志，于是转而重考证、训诂、校勘、文字、音韵之学，以求知中国古代文化之真面目。此仍可谓是由宋明重智之精神来。然宋明所重之智，乃内心真觉悟之智，而清儒所重之智，则纯成理智上、知识上之智。此理智上、智识上之智，乃以研究历史文化中之器物文字为目的，而又非以直接研究自然社会为目的，故未能成就西洋之科学，而只成为帮助人了解中国过去学术精神之工具之学。则清儒之精神，盖非中国昔所谓求智，而亦非西洋之求智，只可谓为求知古人之真意或求信实之精神。而清代哲学、文学、艺术、宗教、政治，皆难言特殊之创造。盖皆不外求能老实学古人而近真，堪自信与被信为能传古人之衣钵、承过去之文化而已。然此求信实之精神，自为一时代之新精神。清人盖善模仿，而于汉人经学，魏晋唐宋之诗文，与宋明程、朱、陆、王之理学，元明之画，与明代以来之禅宗净土，颇皆能善学，求保存勿失。此求如实保存中国文化，即清代文化之特殊精神。然海通以还，中国文化与西洋文化相遇，清代学术文化重保存文献之精神，终不足以应大变。欧风美雨，纷至沓来。老师宿儒，遇新思潮之冲击，徒居退守之势，不免抱残守缺之讥。终至中国文化精神之堤防，乃全然溃决。而人之学习西洋文化，固未必能得彼方文化之真，而一民族之学习他方文化，又势难尽失故行。于是中西精神，互相牵挂，再加以西洋文化本身之复杂，于是国人日以动荡摇摆于新旧间与诸新间，左顾右盼，荆棘横生，矛盾百出，此乃中国文化从古至今未有之变局。而宋明以后应有之贞下起元之事，若尚渺不可期。然以此今日文化之多矛盾冲突之眼光，看中国过去历史文化之精神之发展而谓其亦如是，则蔽于今而不知古者之言。实则中国过去文化精神，不特有一贯之历史线索可寻，而汉以后中国文化精神，皆可谓只是实现先秦之文化理念之所涵。

汉唐宋明清之文化精神之发展，虽自成段落，然皆可谓次第之升进，亦皆表现中国文化之不重抽象之理性，不重一往之超越，不重绝对个体性之自由意志之精神。故秦似罗马之以抽象理性所订之法治国，而汉承之，即改而重人民具体之文化生活之安排。魏晋精神为艺术的，重人物之情性之发抒，似西洋之重个性。然魏晋人复重人物之欣赏，故有清谈，有人物之品评。隋唐宗教之盛，似中世，其文化之多方面发达似近代，而不似中世与近代之多文化冲突。宋明尚智尚理，然为由觉悟以知道德人生之理，非纯粹理智性之理。清人重考证，似科学精神，而研究对象为历史文物，其精神为求知古历史文物之实际。在整个中国文化之发展中，除为保存扩大文化而攘夷拓边之战争外，战争皆无意义，亦少促进文化之效。而中国之学术文化之人物，自春秋战国起，即未尝有借现实之武力，以实现理想者。中国以后文化之进展，皆罕假手于战争，而战争之事，多只是乱。此亦与西方战争之或为宗教战争，或为主义战争之恒有一意义，战争中因两面各有文化理想，而战争之结果，恒可促进文化理想之综合者，实不同。故整个中国文化之发展，皆表现中国文化之特殊精神者也。

（录自唐君毅《中国文化之精神价值》，广西师范大学出版社2005年版，第46~56页）

（参校唐君毅《中国文化之精神价值·中国文化与世界》，九州出版社2016年版，第42~51页）

中国文化之过去与现在（节录）

唐君毅

至于专以中国之情形而论，则由儒、释、道三教所形成之传统文化，其根底在道德宗教境界。魏晋之玄学与传统之文学艺术，皆在高度之观照境。中国之科学技术之发明，亦多赖观照性的直觉，而较少计划性的实验为之证明。由道与艺之被视为不当分，故各种专门技艺之学之分化，不如西方之甚，亦初未有近代西方之科学之分门别类之多，社会阶级、职业、行业之分立而对峙之情形，即在古代与中古，亦不如西方之希腊中世之显著。功利观念之当隶属于道义之观念之下，在中国亦几为一普遍之人生哲学。在明代以前之中国，可谓为人类社会中，较合乎一人文理想之社会。商人之地位，始终在士农工之下，而政治上，君主对学术文化虽恒存利用之心，然亦不能不加以尊崇。中国文化之大堕落，则当说始于清朝部族政权，摧残中国文化中之民族观念，继而只重传统历史之文献之整理与保存，而不重传统历史中之人文社会之理想之实现。此时代中负文献之整理保存之责之学者，其分别研究文献，加以整理之工作，日益分化为种种专门之文字、音韵、训诂、金石、校勘、版本、目录之学，以各为一专门之业，亦类似西方近代科学之日益分化为专门之业。然清代士人之只活动于书斋，而不能大活动于社会，即使学术缺乏化民成俗之效。此与明代之学者之能组织学术团体，以接三教九流，形成社会文化政治之运动者，已大不同其学风。此即由学者之自我封闭，而有之学术精神之堕落。直至西方势力侵入，经太平天国之乱，乃有曾左李胡之中兴，略表现中国传统之士人之精神。然后此之世变日亟，此士人之精神，虽屡起而亦屡仆。至于今日，而中国之命运，则整个言之，皆只是随顺西方之政治、经济、宗教与文化学术之风而转动。而西方文化中之神魔混杂之情形，亦多见于中国百年来之历史社会之中。

（录自《中国现代学术经典·唐君毅卷》，河北教育出版社1996年版，第906~907页）

（参校唐君毅《生命存在与心灵境界》，中国社会科学出版社2006年版，第666~667页）

中国哲学之精神及其发展·导论[①]

方东美[②]

第一部分 儒家哲学之体系

著者本书《中国哲学之精神及其发展》赅综四大传统——（一）儒家

[①] 编者删除了文中的注释部分。
[②] 方东美（1899—1977），思想史家。

（二）道家（三）中华各宗大乘佛学，以及（四）三派新儒家——之哲学体系。为综览各家而统摄于一密切相关之整体，首篇第一章冠以详析"中国哲学之通性与特点"，兹展示之如下：

（一）中国形上学表现为一种"既超越又内在""即内在即超越"之独特型态（transcendent immanent metaphysics），与流行于西方哲学传统中之"超自然或超绝形上学"（praeternatural metaphysics）迥乎不同。

（二）中国各家哲学体系同具三大通性与特色，悉征诸下列三论：

甲、旁通统贯论——"统贯"或"一贯"云云，意指多重。

乙、殊异道论——"道"之一辞，意蕴丰富，涵义各殊（如儒家谓之天地人"三极之道"；道家谓之"超脱解放之道"；佛家则谓之"菩提道"）。

丙、人格超升论——视个人之品格发展均可层层上跻，地地升进，臻于种种价值崇高之理想境界。

（三）就全体而论，中国哲人集体代表一种"诗人、圣贤、先知"三重复合之理想人格典型；然分别观之，抑又三家各显其不同之风姿。格局高致，各有千秋：道家陶醉诗艺幻境，故以诗人之身分出现；儒家显扬圣者气象，故以圣贤之身分出现；佛家则以苦心慧心谋求人类精神之灵明内照，故以先知之身分出现。

（四）质言之，各家原属不同格局之人格类型：道家为典型之"太空人"（故尚"虚""无"）；儒家乃是典型之"时际人"（故尚"时""中"）；佛家乃"兼综时空而迭遣"（故尚"不滞"与"无住"）；新儒家则旨在成为"时空兼综人"（故兼时空而不遣）。

（五）各家之间，无论其心态气质差异如何，其世界观或宇宙观莫不倾向于就理想层面而立论，以符合在道德、懿美、宗教等三方面高度理想之标准，则其致一也——表现于或树立道德理想之高标风范；或发抒灿溢美感之艺术幻想；或藉苦心慧心而热心谋求精神之灵明内照。

为探讨中国上古哲学思想之源起问题，尤其原始儒家，著者特别注重（一）《尚书·洪范篇》与（二）《周易》经传。"洪范九畴"与《礼记》所载种种祭祀之礼（如祭统、祭法、祭义），在内容本质上密切攸关；《易经》中之"创生宇宙论"与"人性崇高论"抑又彼此互涵，人天一贯，澈通不隔（是谓"天人合德论"）。

由洪范九畴，吾人可上溯至洪荒草原时代。其时中国初民方醉心于诗歌、神话与宗教者，犹甚于哲学也。上古思想遗风留传后世两套思想学说：一为"五行说"；一为"皇极"或"大中"之象征意符。五行说貌袭种种不同之外表形式，透过种种不同之历史阶段，逐渐演衍蜕化，沦为阴阳家之唯物哲学。盖斯说原系初民科学萌芽思想，兼拟似科学理论，辗转流入汉儒经生之手，衍成阳儒阴杂之说，腾为怪论，以伏生、董仲舒、班固等人为首，乃竟渗入儒家哲学体系，遂致原始儒家精神亦为之腐蚀而僵化。从近代比较宗教史之眼光看来，"皇极"或"大中"原是一种原始根本意符，象征神秘化之宗教信仰，深信本体与价值界之"天上原型"，惟藉永恒面之观照，始可以隐然构想者。然此乃是宗教，非可藉理性概念而予以阐明者，惟藉参与祭礼始可以亲验之，且与神权统治之政治制度或神性威权，密切相关。由于政治腐败、战祸频仍等种种巨大变故，致使原来之宗教虔信流为种种思想与情绪，宗教信仰渐次僵化衰朽，遂激起理性自觉，冀谋于思想上予以彻底之改造。经过理性改造之后，原先之光明神力遂一变而为哲学神，再藉吾人在所居处之大千宇宙中对生命之虔敬尊重之情，而对之不断地予以人性化、道德化，卒使传统之神权统治终于转向德治之途发展。同时，远古之神秘本体论，亦必藉普遍之道德理性精神，予以重新解释，终于凝成种种发乎反省自觉之道德规范；又遭逢时会，先后获得天纵之智、贤如哲王之周公大力护持，与时圣孔子及其后学之共同发扬，藉以成就高度之伦理文化；终于导致初期原始儒家之形成，强调"民为邦本"与"忠恕絜矩之道"，充分表现于共同建立一在社会、道德、精神方面之民主。此本书次篇第二章之主要论旨也。

他方面与此相映成趣者，厥为蕴涵于《易经》之另一久远传承，复又开拓出一广大悉备之哲学新天地，而迭创奇迹。《易经》此部颠扑不破之历史文献，其中含有一套图腾社会层层演进之格式间架，由图腾而氏族，由氏族而民族（家族之家族），渐次扩展，成为社会政治之体制。举凡此类史实，均可藉抽象意符卦爻之错综组合与推演而测想之（由爻而之单卦，由单卦而重为八卦，再由八卦错综组合之步骤，而演为浩浩长流，绵延无尽之抽象意符系统。《易经》始于"乾元"，而殿以"未济"，寓意深矣！）。由是观之，就此义而言，《易》之一书，主要乃是一部远古之历史文献。藉观象设卦而描绘人伦社会生活与自然情态者也。哲学思想之勃兴乃属后起，有待于对此原以记史为主之象征意符系统之建构，赋予各种不同层次、不同阶段之解释，诸如：常识层次之解释，物理层次之解释与人文层次之解释等。要之，凡此一切，终于衍成：

（一）万有含生论之新自然观。

（二）性善论之人性观（倡藉道德努力以实现美善等价值理想）。

（三）价值总论。

最后形成：

（四）价值中心观之本体论，肯定万有平等生存之理由。

在《易经》纯哲理之核心部分，孔子及其门弟子后学等，以余所谓之"时际人"身分，将一切思议想像所及者，概投注于时间变之铸模中，而一一贞定之，于以洞见吾人所居处之宇宙天地，处处布濩大生机，表现为大生广生之创造力，是谓"生生之德"。面对着此种弥贯全宇宙天地之创造力，人类即应当下自觉诚明在躬，油然而生参赞化育之感矣。于兹可见：人性崇高论，由创建初期之原始儒家显扬之、肯定之，且由之而引申出一套极高明而启人向往无穷之哲学人性论，保证人性之内在价值与尊严。第三章所敷陈之主旨，意在斯乎？！

第二部分　道家老庄哲学之体系及其对新道家及大乘佛家般若学之影响

本书第二部分计分三章：第四章"老子体系"，第五章"庄子体系"，第六章"道家思想对佛家般若哲学之影响"。

第四章形容原始道家思想为一"太空人"式之超越哲学。宛若太空人一般，道家翱翔心灵太空，造妙入微，犹然自得。为廓清历来（自战国末期以迄秦汉之际）对老子之种种曲解，著者试图自超本体论、宇宙论、现象学、道征学等各方面之观点，再根据老子本人之智慧妙语，予老子体系以系统之阐释，藉使道体、道用、道相、道征等四方面均一一彰显于老子本人之卓识慧光之下。余为此言，非谓老子哲学毫无疑难，惟此诸疑难犹有待于庄子始为之勘破与消融也。

第五章展示庄子勘破孔老原始儒道两家形上学方面种种疑难之后，复隐受邹衍、惠施之影响，发展其"无限哲学"，更极深研几发挥之，成为高超之生活方式，在在表现精神自由之无上造诣及成就。观其翱翔太空，致乎宇宙晶天之"寥天一"高处，再放旷流眄，回睇人间世之种种离奇妄诞，种种偏执妄计，现为唐诘哥德式之猖狂妄行，而呈现种种怪怪奇奇之景象，在在足资发人深省。

藉《逍遥游》与《齐物论》之旨趣"于精神上齐升万物",庄子启示吾人超脱解放之道端在:

（一）曲成人物万般个性与价值,是谓"个性与价值原理"。

（二）导致精神生命之美满超诣,是谓"超越原理"。

（三）据以浃洽自然,熙然自化,自适其适,溜乎大方,是谓"自然浃化原理"。

由是观之,庄生谆谆提撕指点,惟冀吾人至德内充,而去妄复真。

抑有进者,庄子深悟哲学语言之空灵神奇,故能极巧妙地针对描绘本体之语言,成就一套语言之批判哲学,揭示"素朴的语言图示说"之错误与循环定义及条件陈述语句之逻辑谬误,藉以发展其"实质相对论"之理论间架结构,终于导致其哲学成就之戛戛独造。稽其究也,庄子树立下一大指标,确然指点出精神民主之形上学意涵厥在于"致广大、极高明、尽精微"。

第六章显示道家精神与中华大乘佛学在般若哲学方面深相默契。老子之影响,就"本无原理"而论,对般若哲学之形成有塑造之功。如道生及其同时道侣所疏释者,史称"六家七宗"。庄子之影响先及于支遁（道林）,继深入乎僧肇。《肇论》发挥:

（一）"体用相待论"。

（二）"不真空论"。

（三）"般若无知论"。

戛戛独造,玄言妙谛,得未曾有,为中华大乘佛学首放异彩。

复次,道生酷似庄子,化形上学理论为一种高尚之精神生活之道,发为佛性哲学,肯定佛性圆满自足,直为人人本性之所固有。是故,其一方面固久与道家哲学陈相结纳,集大成于大乘佛家之般若哲学;另一方面抑又终与儒家人性纯善之说,若合符节。

第三部分　中华大乘佛学之体系

本书第三部分旨在阐发中华大乘佛学之精神,而表现于三论、天台、法相、唯识与华严四宗者。兹所论列,不及禅宗。良以禅宗虽于哲学上有其极大之重要性,然禅家多对境施宜,驰骋机锋,闪烁灵明,莫由划归统一之理趣,故暂存而不论。

学者若欲正确了解中华大乘佛学之宗趣，首须了然下列诸问题：

（一）自后汉以迄隋唐历代经典翻译之史实。

（二）在佛教之根本教义及哲理上时有冲突矛盾之处，究应如何求其融贯？

（三）六朝以来，各家有鉴于此，遂产种种不同之判教，冀能消解上述困难。其中最具成绩者，厥推天台、法相、华严三宗，宜予特别注意。

所述缘由，虽各殊异，要之，简择三乘，融归一乘，以显众生同具佛性，则固理无二致。

三论宗体系（详第八章）完成于吉藏，乃是一套彻底之批判哲学。余意以为其于"破二"——勘破二元对立之硬壳——具见摧陷廓清之功，而恪遵般若上乘神智为原则，发挥彻底之语言分析，冀暴露其限制与束缚，至于纤微而无憾，庶几达乎"圣默然"之超诣境界。同时，复根据对因缘效能之透彻批判，抑又更进一层，建立中观哲学，藉以参透因缘无性及因缘空假之玄机。

天台宗体系（详第九章），其发展时历二百余年，人更六代，迭经慧文、慧思、智𫖮、灌顶、湛然、梁肃等诸大师之集体努力，始底于完成者。在其机体主义之体系中吾人得以窥见四大要义：

（一）止观摄一切法。

再藉邃密谨严之论证，发挥。

（二）一心三观之玄义：

（1）从假入空观。

（2）从空入假观。

（3）中道平等观（藉以消融前二）。

（三）一切心灵符应理性之大用，自能归依佛智，成就法身、般若及性净解脱三德。

（四）藉大慈大悲观待万有，终使宇宙万有同登佛境，分享佛性，共成大觉。

法相及唯识两系理论（详第十章）合并成为一大宗体系，一方面自成一套知识论义之唯心论，另一方面又可视作描绘现象学及超越现象学。中国传统注疏家，遵从世亲、陈那及护法三人之教义，向来侧重唯识学。余意以为此宗重心理应移至描绘现象学与超越现象学,始足以补救唯识学之缺失,而上臻于唯智论之胜境。此种观点与思路,证之以弥勒、无著、安慧等人之教义,殊为契合。关于此层,学人不能依违两可,轻下定论,须是审慎考核本章所出之复杂论证,方可免于错误也。

华严宗体系（详第十一章）,发为一派理想唯实论,博大精深,极能显扬中国人在哲学上所表现之广大和谐性。遮那佛教之成就宛若一部芳菲蓊勃之诗篇,一方面摄取文殊所代表之超越智慧,他方面又结合普贤所采取之伟大愿行,两者因圆果满,一体俱融,组成无穷广大之一真法界,顿使人人自觉本所固有之佛性妙如印海,一时炳现。华严宗师如慧远、杜顺、智俨、法藏、澄观、宗密等,先后于此种宗教之基础上树立一种后设或超越哲学之体系,其要义可约摄之如下:

（一）法界缘起。

（二）法界三观。

（三）十玄门。

（四）六相圆融。

上述诸义,合并形成一大机体主义哲学之体系,基于"彼是相需""相摄互涵""周遍含容""一体周匝"等诸原理,以阐释宇宙万有之密切相关性（Cosmic Connexity）。

第四部分　新儒家哲学之体系

本书第四亦即最后部分,计分六章,旨在敷陈自北宋以迄清代中叶新儒家哲学之要义。然新儒诸子心态气质各异,约可分为三派:唯实主义、唯心主义与自然主义。三派理路虽殊,然其大要仍以归趣孔、孟、荀之古典传承为主旨,则其致一也。

第十二章显示各派差异。溯其原因,约有下列数端可言者:

（一）粤在远古,《尚书·洪范篇》所含藏之永恒哲学与《周易》生生不已之根本义尚未调和。

（二）新儒各家皆多少受过老庄道家以及禅宗之影响。

（三）新儒立身处世,道德态度至为严肃（可譬诸道德上之清教徒）,而因所处时代殊异,对于指陈时弊及挽救人心之主张见解,兀自不同。

三派旨趣虽殊，然其立论亦自有公同点，如下所述：

（一）于宇宙万物感应天理——秉天持理，稽赞万物，观察人性，体常尽变，浃化宇宙，感应自然。

（二）思想结构旁杂不纯——宋以后儒者承先秦两汉魏晋六朝隋唐中华文化各方面，因之在思想结构上颇难全盘摆脱旧说，独创新义，时或不免援道证佛，变乱孔孟儒家宗旨。

（三）精神物质合一，人为宇宙枢纽——大宇长宙中，物质精神两相结合，一体融贯，人处其中，悠然为之枢纽，妙能浃洽自然，参赞化育。

（四）秉持人性至善理想，发挥哲学人性论——人类对越在天，升中进德，化性起伪，企图止于至善。

此第十二章观察所得之微意，因持为申论新儒学之线索也。

在第十三、十四、十五三章之中，著者将循序讨论唯实主义派新儒学之面面观，而以北宋五子周敦颐、邵雍、张载、程颢、程颐及南宋朱子等为代表。

周敦颐（濂溪）首倡《太极图说》，开新儒学之先河。《太极图说》之真伪已引起后人纷纷怀疑，并予以不同之评价。周氏此图，得自道教中人，已成定案。观其据以化为宇宙发生论，采取道家先天向下流行说，便兀自与儒家向前创造之程序型态截然不同。濂溪真正哲学要义，通书实首发之。观其自价值中心本体论及人性论之观点，对上古永恒哲学与动态变易哲学间之冲突，力求其融会贯通，且更据以阐明"圣人诚几"之神妙，足见其真正之哲学造诣乃在此而不在彼也。邵雍倡大心体物，自是不难拓展知识领域，囊括自然天地之种种层界。其哲学体系可依下列诸原理阐释之：

（一）有限变异性。

（二）交替律动性。

（三）变化感应性。

（四）蕲向圆满性——形体性情，尽变浃化，蕲向美满。

（五）人心合德太极性——人心之灵，备天地、兼万物，合德乎太极。

（六）知识规准客观性——真知诚明，以物观物，备极客观。

（七）时分相对性。

张载承受孔孟真传，倡言"天地之塞，吾之体；天地之帅，吾其性；民吾同胞；物吾与也"。横渠以此种与天地万物同体之襟怀，发挥民胞物与之生命胜情，而建立其哲学体系，旨在"为天地立心，为生民立命，为往圣继绝学，为万世开太平"。其形上学处处充满此种精神之使命感。其志宏、其愿伟矣。

程颢机体一元论之要点，厥为人与宇宙同体，故广大生命旁通统贯，由是而领悟人心之灵无乎不在，而性情亦随宜发展，祥和浃洽，适应万变而不穷。即此一层言之，一代儒宗，其所受老庄道家及大乘佛学之精神感召，亦云大矣。

程颢所崇信者，乃弟程颐亦举莫能外。惟程颐秉性执拗，又过度笃信抽象理性之作用，往往陷于逻辑困惑而不自知。程颐自谓深通《易经》微言大义，然其因受新道家王弼"贵无论"之影响而误解易理处，亦所在多有。程颐抑又改变其同时哲匠所崇信之"格物的本体论"，而为"拟人的本体论"，并据以结合《周易》之变易哲学与《尚书·洪范篇》之永恒哲学。其衔接点关键在于密察情所未发时吾人秉性之"中"，嗣又将此一深心内证之"中"化作与大道或天理同体。依据此义，程颐深信人类如能将自身与宇宙浑化泯同，便自不难完成人性。惜其所谓完成之人性者，依旧未能免于善恶二元论之困惑，斯可憾耳。

朱熹哲学乃系汇聚众说之集合论，而非独自创获之一贯系统。其所凭借者，乃采自周敦颐、张载、二程、李侗等诸前辈。总而言之，贯乎其形上学理论者，约有五大基本概念：

（一）天道之体统。

（二）歧义之理性。

（三）人性之生成。

（四）"中"之内省体验。

（五）心灵之主宰。

朱熹漫将此五大概念合冶一炉，使之纵横贯串，而视作可以辗转交替之同一体，因之时时陷于逻辑矛盾性。本书第十五章曾就此五层予以详细分析及批评，庶使朱子哲学之优点与缺陷一一如实透显。

第十六章讨论陆象山及王阳明之唯心主义派新儒学。陆王两氏同以心体为万物之支点，视一切知识、存在与价值等概属心灵真相之展现。象山思想可以下列诸原理摄之：

（一）万有同心论。

（二）人性平等论。

（三）人心上跻天道论。

（四）仁义彰显心性论。

（五）理想价值超越论。

阳明据价值统一原理为主干，而着手建立人与万物同体之机体主义哲学系统。复据以申论身、心、意、知、物（知之对境）元是一件，层层相互连锁，一体融通，而不可分割者，并将象山之"理想超越性原理"化作"理想内在性原理"。盖以广大心体普在万物，为人人物物之所同具，而当下悉成现实矣。《大学问》一篇畅论斯旨，显示天地万物一体之仁，乃以圣贤之人格生命为其表征。据此立论，阳明复进而发挥"二元统一原理"，以存在与价值，心智与物象，知识与行动，人心与人性，人性与天道，两相浃化，一体不分。其究也，阳明乃侦知朱子所运用之哲学语言与朱子所信守之哲学理论处处扞格不通，违碍理体矣。

本章后段分析阳明心学与良知论之要义。最后更从历史透视评骘阳明哲学之成就及其与道家、佛家禅宗尤其原始儒家间之密切渊源关系等。

本书最后第十七章析论自然主义形态之新儒学。唯心主义新儒学发展臻于巅峰之际，王廷相乃倡唯气论及唯物论作为反动，一方面反对阳明心学，另一方面亦反对朱子及其学派。洎乎十七、十八两世纪，自然主义派赓续发展，终乃形成王夫之之功能派自然主义，颜元、李塨等人之实用派自然主义及戴震之物理派自然主义。之数派者，其主要兴趣仍在宇宙论及哲学人性论上，且以种种论证，证明人性纯善，复据宇宙论及人性论之观点，大声疾呼：一切哲学家均须自天上回到人间！努力以求人性之充分发展，藉使至善之理想得以完成实现。惟中西自然主义彼此之间显有一大差异：后者恒标榜价值中立；而中国哲人则于宇宙观及人性观上无不系以价值为枢纽。

（录自《中国现代学术经典·方东美卷》，河北教育出版社1996年版，第6~19页）

（参校方东美著、孙智燊译《中国哲学精神及其发展》上，中华书局2012年版，第7~17页）

古今学变①·序

[日]伊藤长胤

三代圣人之道，变为今日之学，其所由来者渐矣，岂唯一朝一夕之故也哉？一变乎汉，再变乎宋，潜移默夺于千有余岁之间，以至今日。而今日之学，不复与古之学同矣。盖自唐、虞而至周，治乱之迹，可考而知也：由周公而上，上而在位，制之礼、乐、兵、刑，设之封、井、宗、学，以使天下之人熏陶乎教化之中，治与道一，政以德行，上之所以修其身，乃其所以治天下也；由周公而下，下而不得位，与成德达材之士私相讲习于家庭之间，曰此先王之道也，百行万善，兼举措施，叙之科条，详其品目，以修其身，以告诸人，则虽与伊、傅、周、召之事业不同，而以日用彝伦为当务、济世安民为极功，而欲使天下之人同由斯道，则未尝有二致，而仁、义、礼、智四者，盖其最大且要者也，自是以上更无一语。

周衰接乎战国，礼乐废坠，干戈日寻，陵夷至于暴秦，燔经书、杀儒生，先王之道扫地尽矣！汉兴，《诗》《书》稍行，向用儒术，而当时自有当时法度，有当时政令，而先王之遗文，徒供之博士、掌故之业，世之儒者私传授以专其门，则治之与道歧为二途。加之灾异、五行之说盛行于世，凡命于两间者，必取数于五，遂以信并仁、义、乾、智，名曰"五常"，以配五行。或以为性，则其不可加损出入，犹五管之悬乎内，四支之具乎外，古者因事设教之方，遂为在己一定之物，于是乎古学之始变矣！自斯而后，为章句、训诂之学，为词章、记问之学，圣人之道晦盲不明者，千有余年。然当时议论虽肤，而距古未远，道德性命之旨，犹古之遗也。既而瞿、聃之教煽动寰区，不唯涛张之为幻，而识心见性之说乘其高明，世之学士、大夫闻其说而乐道之，奔走服从之不暇，以为轶尧、舜而驾孔子，岂翅道与治歧而为二哉？

逮宋，真儒博兴，倡明圣道，以斥异术，其造诣之深、言覃之精，固非汉、唐诸儒之所能跂及也。然以性为未发之理，无欲为作圣之方，则措诸事业者，虽未至斥以为绪余土苴，而要非其至者也，必求诸冲漠无朕之初以为性，

---

① 《古今学变》，伊藤东涯（1670—1736，名长胤）著。东涯为日本江户时代著名儒学家伊藤仁斋（1627—1705）长子，系古学派代表学者。文中"光君子"，指伊藤仁斋。

则仁、义、礼、智之不可得而闻睹，犹声之在钟中，火之在石中，徒有其名，而竟无其物，于是乎古之学再变矣。自是而后，循习之久，条贯之成，缠绵补葺，牢不可解。议论、训诂虽间有出入，而竟不能出其圈柜，唯知在宋、明疏解之中，校其长短，争其是非，而不肯上下两千余年间，通览源流之所自，直以今日之学为唐、虞、三代之学，而不知其离合沿革，不可复一言、断一事辨也。

先君子复古之见，亦非一旦之顷，遽放私言矣，服被性理之说者有年，始而崇信、体验，中而辨论、考证，因其一二可疑，而触类引申，曲畅旁通，卒有以知今日之学，非复唐、虞、三代之道。其遗言具存，手泽犹新，固无竢乎予之貂续，因叙唐、虞至宋、明学问教法之异同，以见其变之所由，非欲传之达识，姑以示儿曹，分为三卷，题曰"古今学变"云。

享保壬寅夏四月朔　伊藤长胤序

[录自《古今学变》，日本天保十四年（1843年）浪华书林群玉堂刊本]

古代中国占卜术派生的理性思维（节录）

［法］汪德迈[①]

陶工先将不成形的陶土捏成柔韧性极佳的泥团，然后按照预先的设想在转架上做成陶坯。古希腊思想烙下了陶工这种预先设计的印痕。中国思想则不同，它所体现的是玉匠的精神。玉匠首先通过试刀了解玉料的硬度，然后顺着纹理和层次在玉料上走刀，把原本藏匿在玉料中的形状显现出来；在此之前，无人知晓玉料加工后将是什么模样。中国的陶工也像是玉匠的后人，他们虽也借助转架，但他们的主要工作并非赋予陶土以某种形状，而是借助煅烧，使陶土按其固有的结构成形硬化。显示中国传统思想的我所谓形态逻辑的心理的产生可能起因于制陶工艺发明之前推理思辨的发展，那时的人善于打制石器。中国人头脑中出现"理"的概念，最初可能与他们所见到的石头上的裂缝有关。

---

① 汪德迈（1928—　　），法国汉学家。

在一块劈开的石头上，人们按照裂纹的走向用一块石头击打另一块石头，为的不是打制成一件事先设想的工具，而是获得一块更为精细的石料，以便用来更加方便地对另一块石头进行再加工，而这块石头同样是顺其纹理采得的。人们也许由此认识到，石头的裂缝体现了事物的"理"。新石器时代的人也许受到这种认识的启发，开始赋予燔祭后祭品中残骨上的裂纹以某种意义。人们在想：残骨上排列有致的裂纹是否如同石头上的裂缝，表明祭品选用得当，而排列无序的裂纹是否说明祭祀的某个环节上有不当之处呢？以后，以燔祭后残存的兽骨作为占具的雏形占卜活动，逐渐演进为名副其实的占卜，为卜兆的识别技艺提供了广阔的发展天地，从而将依据裂缝辨识事物发展方向的形状识别法，提升到对宇宙间的一切运动的合理性拥有一种普遍观念的高度。从此之后，形态逻辑思维的发展便被纳入占卜的历史之中。

（录自［法］龙巴尔、李学勤主编《法国汉学》第一辑，清华大学出版社1996年版，第263~264页）

中国对科学人道主义的贡献[①]

［英］李约瑟[②]

虽然中国的文明受到阻抑而不能独立地发展现代科学，可是中国人的思想却很早就达到了科学人道主义的水平，远在我们西方人之前。这一点恐怕绝大多数西方人是不了解的。在中古世纪中国人在科学和技术方面已经取得不少成就，而上古时代中国的哲学可以和希腊哲学并驾齐驱。在三四百年以前，中国的文化和生活水平也许远远地超过西欧；只是由于现代科学的兴起以及随之而来的一切影响，才改变了这种局面。

中国一向是儒、释、道三教并立的，而其中只有佛教是真正的出世的宗教。其他两教，儒教和道教，在本质上是一种哲学思想体系。儒教逐渐蜕化而成为一种社会习俗的规范，在某些时代中它具有高度的神圣色彩，所以各省各县的

[①] 原载于1942年《自由世界》，兹据生活·读书·新知三联书店本移录，编者删除了文中的注释部分。

[②] 李约瑟（1900—1995），科学史家。

行政长官都要到孔子庙，即文庙，去对圣人举行祭献。道教和古代中亚的黄教僧相结合而蜕化成为神秘主义，流为占卜星相之术；它人为地创造了许多神仙，和佛教相对抗。但是道教的哲学观点对于了解中国人的思想是极为重要的。

从儒教的经典著作《论语》以及伟大的儒学家孟子的著作中，我们可以认识到，儒家的学说是最富于社会意识和人道主义精神的；这是世界上任何地域的哲学思想所不能比拟的。儒家所关心的主要是社会的道义准则（当然，不能脱离当时的封建社会背景的局限性），以及社会和统治者与被统治者，家庭与国家，等等之间的关系。孔夫子说："天下有道，丘不与易也。"关于天道和神鬼的事，孔子是不愿意谈的。有人问他对神鬼的看法，孔子说："务民之义，敬鬼神而远之，可谓知矣。""未能事人，焉能事鬼。"在人类所认识的具有神圣色彩的各种体系中，可能儒教含有超自然主义的成份最少；所以孔庙比世界上任何宗教建筑具有更大的感人力量。

儒家学说终于对中国，而且也对西方，产生了最深刻的影响。在纪元前三四世纪儒家学说形成的初期，对于人的本性问题曾经发生过不少争论。有一些学派，如法家，认为人性是恶的，必须要有严厉的君主用严酷的法典才能约束起来。但是儒家坚定地认为人性在本质上是善的。所以，自从儒学在中国占统治地位之后，皮拉基亚斯和圣奥古斯丁的关系恰恰就倒转过来了。最后，哲学家庄子采取了一种比较合理的看法，认为人性是半善半恶的；用现代的语言来说，就是人性中既有落后的、自私自利的倾向，也有进步的、利他和互助的倾向。但是，就启发性而言，孟子和皮拉基亚斯的论点要比商鞅和奥古斯丁的高明得多，因为，归根到底，一切进步的社会政策都建立在对人类前途乐观的信念之上。

现在的西方人恐怕多半不知道，大约在公元 1680 年左右，儒家的经典著作译成拉丁文之后，所有伟大的法国革命的先驱者，如伏尔泰、卢骚、达朗巴、狄德罗等，是如何如饥似渴地阅读这些著作。从他们所写的评论中，我们可以认识到他们当时是如何地深受感动。

但是，从某种意义上说，儒家学说似乎太人道主义化了；因为，他们虽然讲人道主义，却是反对科学的。他们对于人类社会以外的世界丝毫不感兴趣。他们抑制这方面的兴趣。于是，就产生了道教哲学家的伟大革命，以隐晦的老子和聪明风趣的庄子为代表。道家的思想和中古世纪地中海古典的伊壁鸠鲁学派（享乐主义）有很多相似之处；卢克莱修和道家有共同的语言。为了要保持心境平静，免除一切恐惧烦恼（类似伊壁鸠鲁派的不动心的论点），道家远离尘世，退隐山林，潜思冥想，以求悟彻自然的真理。为了要求得物体的永存，或者，至少尽可能地延长生命，他们采用了许多古怪的丹方，进行饮食和药物的实验——由此产生了炼丹术，这是一切现代化学的起源。为了实现人类最终的福利，他们对于眼前的一切措施漠不关心，因为他们坚信，尽管儒教徒孜孜矻矻，终朝奔忙，如果人们对于周围的广阔世界没有真正的认识，那是丝毫无济于事的。

对道家来说，世界就是自然，它是自然而然地形成的。"人法地，地法天，天法道，道法自然。"道的自发性和自然性是不受任何上帝或神灵的制约的，正如伊壁鸠鲁派所说：

自然摆脱一切傲慢君主的约束，
立即获得了自由；按照自己的规律，
自觉地完成一切工作。
扫除所有的神灵。

这一论断具有启发性的意义，一直被认为是创造科学的一个先决条件。所谓"道"就是自然界一切事物的运转之道，并非如儒家所说，只是人类社会中人与人的相处之道。例如，我们在《庄子》中看到，庖丁为文惠君解牛的故事。庖丁奏刀騞然，只三五下就把牛解开了。文惠君问他何以能达到这样高超的技术。庖丁说，他一生研究的就是牛的筋骨和肌肉之"道"。庄子说："孔子游方（人类社会）之内者也，予游方之外者也。"

道家不遗余力地攻击"知识"，但是他们攻击的只是儒家的学院派的知识，这种知识"巧妙地作出了君王与圉夫之间的区别"。道家宣扬的一种消极思想受到后世极大的误解。道家赞扬他们所说的"谷神"和"玄牝"；他宣扬这种消极思想实际上是在探索一种虚怀若谷的求知精神，科学家在大自然面前必须具备这样的精神。道家强调必须抛弃一切先入之见；所有自然界的一切现象，无论如何琐细，无论如何卑微，都属于自然哲学家的观察范围之内。管子说："圣人犹天也，覆万物而无私；圣人犹地也，载万物而养之。"从所有道家的著作中，我们也可以看出他们是在探索如何控制自然的道理——所以管子说："圣人循万物之道以制约万物。"有时道家往往会陷入魔术性思考的迷网，而自以为已经找到了控制自然的捷径。这种情况，在他们那个时代，也是不可避免的。

确实，道家除了施行炼丹术这种经验主义的实验之外，从来没有能够提出任何探索自然的有效的方法。所以，到后来就产生了像《淮南子》那样玩弄数学魔术的无聊书籍，把一切事物都排列为固定的数字组合，例如，四方，五谷，人体的六窍，九音等等，用各种排列和组合的方式进行奇幻的算术游戏。所以，再到后来，就出现了关于王阳明的那种嘲讽性的故事。王阳明说，他对一枝竹子沉思了好几天，始终没有能够进一步领悟植物内在的道理。他感到这种格物的方法一无所得，于是转而从事唯心主义的玄学思考。

综上所述，我们有充分理由认为中国是科学人道主义的最早发源地之一。在古代，儒家提供了人道主义，而道家提供了科学。

但是，以上所述还远远不能说明中国古代哲学思想派系的全貌。在本文中，由于篇幅所限，我们还不能谈到惠子和其他逻辑学家的学派，他们和原始的科学也有重大的关系。我们也不能谈到墨子，他的学说和现代有些学者强调社会义务和科学重要性的论点是完全一致的。这两个学派都未能取得永久性的成功；但是墨家却把儒家维护社会秩序、道义的热情和道家探索、控制自然的意愿两者结合起来了。

我们最好还要谈谈比较近期思想的各个方面。西方人有一种普遍的想法，认为二千年来中国的文明是停滞不前的。如果我们对于中国历史真正有所了解，那么，这种停滞不前的论点就不攻自破了，虽然中国历史上由于官僚封建主义的发展有过一系列周期性朝代更迭的现象。在汉朝后期（约公元100年），中国出现了一位卓越的科学思想家王充。在他的《论衡》一书中，他对同时代的种种迷信思想进行了孤独的，但是坚决的斗争。他抨击那些非正统的儒家著作，或称伪经，所散布的荒谬思想，认为风暴和自然灾害都是上天降示的灾象，由于人间出现了罪恶行为，甚或由于皇帝的座位不正，所穿的衣服颜色不合时令规定，以及其他日常生活的细节所引起的。王充确实是一个伟大的怀疑论者，也是一个反对神秘主义的伟大战士。

五个世纪以后到了唐朝，中国的文学艺术达到了历史上的一个最高峰；但是直到下一朝代，宋朝（约公元 11 世纪），才出现了一个伟大的自然哲学家的学派。沈括，在他的不朽著作《梦溪笔谈》中，第一次客观地描述了许多自然现象，如，磁铁的指向性和偏差度，等等。同时，火药也已经普遍使用；那时，成吉思汗还没有在西方出现。

但是，在这一时期，在哲学方面，却是以朱熹为首的一派学者作出了重要的探讨。有人把朱熹描述为维多利亚时代前八个世纪的中国的赫伯脱·斯宾塞，这种说法似乎也不无见地。宋代的儒学家在很大程度上似乎受到佛教的影响，因为佛教的思想中有一种虽然玄妙但是很明确的世界观，这就使儒学家们意识到他们的哲学体系中正缺少一种世界观。朱熹哲学中的关键名词是"理"而不是"道"。"道"字现在往往译为"原则"，但它的原来的意思是指"玉石的纹理"。因此，"理"暗含着"模式"的意思，使我们联想到怀脱海特所说的有机体模式的概念。朱熹，很有点像亚里士多德，自己创制了一套精心设计的宇宙论，包括诸如离心力等等的程序，它非常接近于一种能量的理论。朱熹的思想水平之高可以以下列例证说明：他在西方的里昂纳多·达·芬奇之前 400 年就作出了关于化石的正确解释。

这种思想发展的进程一直延续不断，直到现代。在公元 17 世纪满族征服了明朝之后，有一位学者王船山，他不愿在新朝为官，隐居山林，潜心著述。现代的学者发现他的哲学思想中有近似辩证唯物主义的因素和先兆。

概括起来，我们可以说，中国的科学人道主义，虽然它的形成远在现代科学引入中国之前，但是它的理论主要建立在两个基础之上：它从来不把人和自然分离开来，从来不把人看作是脱离社会的人。

关于这方面，一个非常突出的范例就是道家对于"变"的精粹论点。道家超越希腊哲学家赫拉克利特而作出了"变"和"化"的区别。他们说，"圣人变而不化"。这是对形式逻辑的叛变，预示着二千年后自然科学将经历的一场革命，阐发了辩证逻辑的精义。确实，在《庄子》中，我们发现有生物进化论的阐述；在伟大的《易经》补编和《礼记》中，有完整的关于社会进化的论述。

事实上，科学人道主义在现代科学中最主要的基础就是进化的世界观。虽然，一般说来，这种进化观点主要联系到生物科学，但是它并不限于生物科学而适应于一切无机科学，因为地球上在生物出现之前已经经历了不可胜数的变化。在某种意义上说，中古世纪认为"人是世界的缩影"这种玄想在今天仍然可以运用。我们人本身是社会整体的一个组成部分；但是在我们人的身体这一层次之下还有许多不同的层次：人体的器官，器官中的细胞，细胞中的核心和细胞器，细胞器中的胶质细胞束，再往下推，还有细胞束中的有机分子，最后推到组成分子的原子和物理粒子，质子、电子、中子、正电子等等，它们永远不停地在那些微细而相当浩瀚的太阳系中运转，那就是化学元素的原子。这是我们的论据的一个方面。论据的另一方面是，我们知道这许多不同的层次在时间上形成连续性。在化学原子之前有物理粒子，而在大的、不稳定的粒子之前还有小的、稳定的粒子。在分子之前有化学原子；要经过许多世纪才出现那种相当复杂的、可以构成生物体的原子。从那一转变发生之后就开始一个极其漫长的进化过程，从最简单的微生物和原始动物逐步进化而成为人。

在这个无比庞大的进化系统中，我们看到只有一条原则贯穿其中，我们可以称之为组织层次上升的原则，即，不断向更高级的综合整体发展的进化现象。这样的一幅图像，在哲学思想上，和现代的许多哲学家（如马克思和恩格斯，怀脱海特和亚历山大和斯马茨）的论点是一致的；它不容许在对人的评价方面包含任何超自然主义的成分。究竟在这样的进化过程后面的"力量"是什么样的性质？当"千万亿单位的能量投入无限的空间和时间之中时"，最初是什么样的景象？为什么要产生这样的进化过程？这个过程会不会停止？什么时候停止？对于这些问题，我们不可能指望有多少了解，或者，可以说完全无法了解。但是，在这样的哲学体系中人的位置是很高的，这和人在旧式机械唯物主义哲学体系中的位置不同。人确实是一切生物中最最高级的；人决不能降低到较低级的层次，也不能用较低级层次的标准来理解人；人在人类社会中还要向更高级的层次发展，这种层次确实是现代的人还没有达到的。

我们现在认识到，我们整个世界的形成只能建立在两个概念之上，即，能量（现在大家都认为物质只是一种特殊形式的能量）和组织（在各个不同层次中表现为理）两个概念。在广大的宇宙中其他部分所发生的情况我们现在还知道得很少。但是，就现在看来，在所有的星群系中，像我们这样的世界——由于特别有利的气候条件而能够无限期地展开进化过程的世界——还是很少很少的，并不如某一时期人们所想象的那样多。所以，生命和人，在整个宇宙体系中，即使不是独一无二的，至少也是非常特殊的。

既然在整个进化过程中贯穿着这一条"组织层次上升"的主导线索，那么，在人类社会发展的历史中我们也要寻找这一条线索。只有根据这一条线索我们才能对历史学家们关于人类历史进展问题的争论作出评判。因此，社会组织发展的道路就很明显了；而在我们这个时代，我们的责任就是要把自己和这种现实世界发展的一切力量结合起来；因为，虽然最终的解答是没有疑问的，但是解答时间的迟早却取决于我们的努力。

毫无疑问，现代科学对于人类文明所起的最大作用就是使整个世界在地面上统一起来。人类在向更高级的组织和联合形式进展的过程中，在当前我们所面临的许多统一的任务之中，我想最重要的任务就莫过于欧美文化和中国文化之汇合了。我们愈深入地研究这两种文化，就愈深刻地感到它们就像两个不同的作曲家所谱写的两部交响曲，而其基本旋律却是完全一致的。

如果说，现代科学完全是在西方产生和发展起来的，那主要是因为西方具有社会的和经济的有利条件，而中国则缺少这种条件。确实，过去中国的情况对现代科学与有关技术的发展起着阻抑的作用。但是，许多年来，自从中国从东海岸受到西方文明的影响之后，中国人已经不断努力要赶上西方的科学发展，而且，在各个科学领域中已经出现了许许多多第一流的中国科学家和技术人材。

如果说，在我们这个时代里，我们个人的责任就是要把自己和一切推动世界向更高的社会综合层次发展的力量结合起来，这就意味着我们必须在这方面采取这样或那样的政治行动。今天这种政治行动的方式之一就是要运用一切可能的手段促进国际合作。

科学人道主义的起源至少和希腊先苏格拉底时代以及中国战国时代的哲学家一样悠久。但是，直到最近几个世纪，科学人道主义才取得世界性的胜利，而它的最伟大的胜利还有待于将来。

（录自［英］李约瑟著、劳陇译《四海之内·东方和西方的对话》，生活·读书·新知三联书店 1987 年版，第 86~95 页）

论先秦学术

先秦是中国学术的奠基期，而夏及商前期是先秦学术的胚胎阶段。先民对自然神、祖先神的敬畏和崇拜，对宇宙、社会、人生的种种幻解，都蕴藏着学术萌芽的因子，并成为先秦诸子的最初乳汁。

从殷至西周，是先秦学术的萌动阶段。殷代的巫、史、祝、卜作为中华第一代学人，总结先民原始宗教、原始思维中的素材，构建以"宗天""尚鬼"为价值枢纽的框架，原始神学以及天神哲学产生。殷人无事不卜的风习以及对"天""命""鬼"的膜拜与遵从，给殷商学术打上神本主义的深刻烙印。周承商祚，学术风格为之一变。一方面周人总结消化殷商巫史文化成果，将殷商卜筮之法系统化、理论化，所谓"连山""归藏""周易"便是经周人整理而成的"天学"与"人学"浑然一体的卜筮系统，而其中蕴涵着的"敬天""重德""保民""守贞"等观念以及素朴辩证思维方式，初步透露出中国学术由神本向人本转变，由宗教信崇向实用理性过渡的征兆。另一方面，随着封邦建国制度以及宗法制度的建立，"礼"文化初步形成，礼制以及与之相关的学术范畴、思想观念由此成为后世学人相习相传、辨难取舍恒久不衰的课题，围绕"礼"而展开的政治——伦理学，涵盖此后二千余年间诸多学术门类。

春秋战国是先秦学术的全盛期。这一时期社会剧烈动荡，诸侯混战，士阶层崛起，"学在官府"变为"学在私门"。中国学术迎来第一个发展高峰。以孔、墨、老、庄、孟、荀、韩为代表的第一群大师，在对先前杂沓纷繁的学术文化进行理性总结的基础上，探幽发微，重新阐释先辈遗存的思想资料，构建自己的体系。各派思想相互辩难、推引，共同构筑中国学术的"家园"。先秦学人对自己的学术之苑曾做过分类与描绘，《庄子·天下》举出六派，《荀子·非十二子》则有六派十二家之划分，《韩非子·显学》说儒分为八，墨离而三。这些论述大略显示出春秋战国时期的学脉宗绪。秦汉时学者对先秦时学术作出更为定型的概括：司马谈分为六家，即阴阳、儒、墨、名、法、道德；刘歆《七略》在此基础上又增加纵横、杂、农、小说四家，除去小说家，即为九流。关于九流十家之起源，汉时便有两种主要观点：《汉书·艺文志》以为皆出王官，《淮南子·要略》则以为起于救时之弊。二论各有其是。总览此期学术发展有两大起伏。一是孔、墨、老三学争胜，二是由三家推引出其他诸家。在第一起伏中，孔子、墨子、老子分别从不同角度对上古文化进行总结。在第二起伏中，诸子百家虽相互对立，亦彼此吸收，正如《汉书·艺文志》所说，诸子之学"各引一端，崇其所善"，"其言虽殊，辟犹水火"，但"相灭亦相生也"，显示出学术交融的博大气象。在此氛围中，庄子、荀子、韩非子继孔、老、墨之后再次对先前学术进行新的综合。

先秦诸子主要代表及其对后世影响可简述如下——

儒家：孔子为其宗师。孔子身后，儒分为八，其中子思、孟子、荀子之学成就最著，影响亦大。儒家在先秦即为显学，汉以后更成为学术宗主。

墨家：以墨翟为巨子。墨子而后，韩非子称墨学有相里、相夫、邓陵三派，今人则分墨学为实践派与墨辩派（墨学理论派）。秦汉以后几无传人，但其思想多为其他学派汲纳。晚清墨学有复兴之势。

道家：老子为其祖师。道家在形成之初就多途发展，庄周、列子以哲理见长，杨朱主张为我、纵乐，管子以"经济"立足，大批隐者以"厌世"为务，彭蒙、田骈、慎到以"权谋"为事，而承袭老子的申、商、韩非与权谋派又有亲缘关系，以法家现世。老庄思想对汉初新道家、魏晋玄学、宋明理学及道教基本理论有重大影响。

法家：直承道家之学与刑名之学，韩非集其大成，李斯行其法于秦。秦亡后，因其法阴毒峻刻而为正统儒学排斥，但所倡治国、御臣、使民之术为历代统治者所奉行，其"变法"思想则被后世改革家一再借鉴。

名家：代表人物有宋钘、惠施、公孙龙等，源于墨学，与法家关系密切，与儒家"正名"论亦有渊源。秦以后专修名学者寥寥，几至失传。晚清以后随着西方逻辑学的传入，先秦名学重新勾起学者的研究兴趣。

阴阳家：代表人物首推邹衍，齐、赵、燕等地有其大批信徒。秦汉时期阴阳五行之说与谶纬神学相结合而备受青睐。汉以后对阴阳五行的解说歧义纷繁，学者各依不同立场而发挥己见，阴阳学成为中国学术中最富于弹性和可塑性的学说。

纵横家：著名代表苏秦、张仪，纵横家大多属策士、政术士。后世屡有效仿者。

兵家：其代表为孙武、孙膑、吴起。有《孙子兵法》《孙膑兵法》传世。《汉书·艺文志》分先秦兵家为"权谋""形势""阴阳""技巧"四派。秦汉以后"权谋派"为兵学正宗。其"上兵伐谋""声东击西""不战而屈人之兵"等论说影响及于中外。

杂家：兼儒、墨，合名、法，贯穿众说。杂家通学在周秦之际有《吕氏春秋》面世，秦汉以后传而不坠。

庄子·天下（节录）

天下之治方术者多矣，皆以其有为不可加矣。古之所谓道术者，果恶乎在？曰："无乎不在。"曰："神何由降？明何由出？""圣有所生，王有所成，皆原于一。"

不离于宗，谓之天人。不离于精，谓之神人。不离于真，谓之至人。以天为宗，以德为本，以道为门，兆于变化，谓之圣人。以仁为恩，以义为理，以礼为行，以乐为和，薰然慈仁，谓之君子。以法为分，以名为表，以参为验，以稽为决，其数一二三四是也，百官以此相齿，以事为常，以衣食为主，蕃息畜藏，老弱孤寡为意，皆有以养，民之理也。

古之人其备乎！配神明，醇天地，育万物，和天下，泽及百姓，明于本数，系于末度，六通四辟，小大精粗，其运无乎不在。其明而在数度者，旧法世传之史尚多有之。其在于《诗》《书》《礼》《乐》者，邹鲁之士、搢绅先生多能明之。《诗》以道志，《书》以道事，《礼》以道行，《乐》以道和，《易》以道阴阳，《春秋》以道名分。其数散于天下而设于中国者，百家之学时或称而道之。

天下大乱，贤圣不明，道德不一，天下多得一察焉以自好。譬如耳目鼻口，皆有所明，不能相通。犹百家众技也，皆有所长，时有所用。虽然，不该不遍，一曲之士也。判天地之美，析万物之理，察古人之全，寡能备于天地之美，称神明之容。是故内圣外王之道，暗而不明，郁而不发，天下之人各为其所欲焉以自为方。悲夫！百家往而不反，必不合矣！后世之学者，不幸不见天地之纯，古人之大体，道术将为天下裂。

不侈于后世，不靡于万物，不晖于数度，以绳墨自矫，而备世之急，古之道术有在于是者。墨翟、禽滑釐闻其风而说之，为之大过，已之大循。作为《非乐》，命之曰《节用》；生不歌，死无服。墨子泛爱兼利而非斗，其道不怒；又好学而博，不异，不与先王同，毁古之礼乐。

黄帝有《咸池》，尧有《大章》，舜有《大韶》，禹有《大夏》，汤有《大濩》，文王有辟雍之乐，武王、周公作《武》。古之丧礼，贵贱有仪，上下有等，天子棺椁七重，诸侯五重，大夫三重，士再重。今墨子独生不歌，死不服，桐棺三寸而无椁，以为法式。以此教人，恐不爱人；以此自行，固不爱己。未败墨子道，虽然，歌而非歌，哭而非哭，乐而非乐，是果类乎？其生也勤，其死也薄，其道大觳；使人忧，使人悲，其行难为也，恐其不可以为圣人之道，反天下之心，天下不堪。墨子虽独能任，奈天下何！离于天下，其去王也远矣。

墨子称道曰："昔禹之湮洪水，决江河而通四夷九州也，名山三百，支川三千，小者无数。禹亲自操橐耜而九杂天下之川；腓无胈，胫无毛，沐甚雨，栉疾风，置万国。禹大圣也而形劳天下也如此。"使后世之墨者，多以裘褐为衣，以跂𫏋为服，日夜不休，以自苦为极，曰："不能如此，非禹之道也，不足谓墨。"

相里勤之弟子五侯之徒，南方之墨者苦获、已齿、邓陵子之属，俱诵《墨经》，而倍谲不同，相谓别墨；以坚白同异之辩相訾，以觭偶不仵之辞相应；以巨子为圣人，皆愿为之尸，冀得为其后世，至今不决。

墨翟、禽滑釐之意则是，其行则非也。将使后世之墨者，必自苦以腓无胈、胫无毛相进而已矣。乱之上也，治之下也。虽然，墨子真天下之好也，将求之不得也，虽枯槁不舍也。才士也夫！

不累于俗，不饰于物，不苟于人，不忮于众，愿天下之安宁以活民命，人我之养毕足而止，以此白心，古之道术有在于是者。宋钘、尹文闻其风而悦之，作为华山之冠以自表，接万物以别宥为始；语心之容，命之曰心之行，以聏合欢，以调海内，请欲置之以为主。见侮不辱，救民之斗，禁攻寝兵，救世之战。以此周行天下，上说下教。虽天下不取，强聒而不舍者也。故曰上下见厌而强见也。

虽然，其为人太多，其自为太少，曰："请欲固置五升之饭足矣。"先生恐不得饱，弟子虽饥，不忘天下，日夜不休，曰："我必得活哉！"图傲乎救世之士哉！曰："君子不为苛察，不以身假物。"以为无益于天下者，明之不如已也，以禁攻寝兵为外，以情欲寡浅为内，其小大精粗，其行适至是而止。

公而不当，易而无私，决然无主，趣物而不两，不顾于虑，不谋于知，于物无择，与之俱往，古之道术有在于是者。彭蒙、田骈、慎到闻其风而悦之，齐万物以为首，曰："天能覆之而不能载之，地能载之而不能覆之，大道能包之而不能辩之，知万物皆有所可，有所不可，故曰选则不遍，教则不至，道则无遗者矣。"

是故慎到弃知去己而缘不得已，泠汰于物以为道理，曰知不知，将薄知而后邻伤之者也，謑髁无任而笑天下之尚贤也，纵脱无行而非天下之大圣，椎拍輐断，与物宛转，舍是与非，苟可以免，不师知虑，不知前后，魏然而已矣。推而后行，曳而后往，若飘风之还，若羽之旋，若磨石之隧，全而无非，动静无过，未尝有罪。是何故？夫无知之物，无建己之患，无用知之累，动静不离于理，是以终身无誉。故曰至于若无知之物而已，无用贤圣，夫块不失道。豪杰相与笑之曰："慎到之道，非生人之行而至死人之理，适得怪焉。"

田骈亦然，学于彭蒙，得不教焉。彭蒙之师曰："古之道人，至于莫之是、莫之非而已矣。其风窢然，恶可而言？"常反人，不见观，而不免于魭断。其所谓道非道，而所言之韪不免于非。彭蒙、田骈、慎到不知道。虽然，概乎皆尝有闻者也。

以本为精，以物为粗，以有积为不足，澹然独与神明居，古之道术有在于是者。关尹、老聃闻其风而悦之，建之以常无有，主之以太一，以濡弱谦下为表，以空虚不毁万物为实。

关尹曰："在己无居，形物自著。其动若水，其静若镜，其应若响。芴乎若亡，寂乎若清，同焉者和，得焉者失。未尝先人而常随人。"

老聃曰："知其雄，守其雌，为天下溪；知其白，守其辱，为天下谷。"人皆取先，己独取后，曰受天下之垢；人皆取实，己独取虚，无藏也故有余，岿然而有余。其行身也，徐而不费，无为也而笑巧；人皆求福，己独曲全，曰苟免于咎。以深为根,以约为纪,曰坚则毁矣,锐则挫矣。常宽容于物,不削于人,可谓至极。

关尹、老聃乎!古之博大真人哉!

芴漠无形,变化无常,死与生与,天地并与,神明往与!芒乎何之,忽乎何适,万物毕罗,莫足以归,古之道术有在于是者。庄周闻其风而悦之,以谬悠之说,荒唐之言,无端崖之辞,时恣纵而傥,不以觭见之也。以天下为沉浊,不可与庄语,以卮言为曼衍,以重言为真,以寓言为广。独与天地精神往来,而不敖倪于万物。不谴是非,以与世俗处。其书虽瑰玮而连犿无伤也。其辞虽参差,而诚诡可观。彼其充实不可以已,上与造物者游,而下与外死生无终始者为友。其于本也,弘大而辟,深闳而肆,其于宗也,可谓稠适而上遂矣。虽然,其应于化而解于物也,其理不竭,其来不蜕,芒乎昧乎,未之尽者。

惠施多方,其书五车,其道舛驳,其言也不中。历物之意,曰:"至大无外,谓之大一;至小无内,谓之小一。无厚,不可积也,其大千里。天与地卑,山与泽平。日方中方睨,物方生方死。大同而与小同异,此之谓小同异;万物毕同毕异,此之谓大同异。南方无穷而有穷,今日适越而昔来。连环可解也。我知天之中央,燕之北、越之南是也。泛爱万物,天地一体也。"

惠施以此为大,观于天下而晓辩者,天下之辩者相与乐之。卵有毛,鸡三足,郢有天下,犬可以为羊,马有卵,丁子有尾,火不热,山出口,轮不蹍地,目不见,指不至,至不绝,龟长于蛇,矩不方,规不可以为圆,凿不围枘,飞鸟之景未尝动也,镞矢之疾而有不行不止之时,狗非犬,黄马、骊牛三,白狗黑,孤驹未尝有母,一尺之棰,日取其半,万世不竭。辩者以此与惠施相应,终身无穷。

桓团、公孙龙辩者之徒,饰人之心,易人之意,能胜人之口,不能服人之心,辩者之囿也。惠施日以其知与人之辩,特与天下之辩者为怪,此其柢也。

然惠施之口谈,自以为最贤,曰天地其壮乎!施存雄而无术。南方有倚人焉曰黄缭,问天地所以不坠不陷,风雨雷霆之故。惠施不辞而应,不虑而对,遍为万物说,说而不休,多而无已,犹以为寡,益之以怪。以反人为实,而欲以胜人为名,是以与众不适也。弱于德,强于物,其涂隩矣。由天地之道观惠施之能,其犹一蚊一虻之劳者也。其于物也何庸!夫充一尚可,曰愈贵道,几矣！惠施不能以此自宁，散于万物而不厌，卒以善辩为名。惜乎！惠施之才，驰荡而不得，逐万物而不反，是穷响以声，形与影竞走也。悲夫！

（录自郭庆藩撰，王孝鱼点校《庄子集释》，中华书局 1961 年版，第 1065~1112 页）

（参校曹础基《庄子浅注》，中华书局 2007 年版，第 386~399 页）

天下篇解（节录）

王夫之①

庄子之学，初亦沿于老子，而"朝彻""见独"以后，寂寞变化，皆通于一，而两行无碍：其妙可怀也，而不可与众论论是非也；毕罗万物，而无不可逍遥；故又自立一宗，而与老子有异焉。老子知雄而守雌，知白而守黑。知者博大而守者卑弱，其意以空虚为物之所不能距，故宅于虚以待阴阳人事之挟实而来者，穷而自服；是以机而制天人者也。《阴符经》之说，盖出于此。以忘机为机，机尤险矣！若庄子之两行，则进不见有雄白，退不屈为雌黑；知止于其所不知，而以不持持者无所守。虽虚也，而非以致物；丧我而于物无撄者，与天下而休乎天均，非姑以示槁木死灰之心形，以待物之自服也。尝探得其所自悟，盖得之于浑天；盖容成氏所言"除日无岁，无内无外"者，乃其所师之天；是以不离于宗之天人自命，而谓内圣外王之道，皆自此出；而先圣之道百家之说〔言其〕散见之用，而我言其全体，其实一也。则关尹之"形物自著"，老子之"以深为根，以物为纪"，皆其所不事；故曼衍连汙，无择于溟海枋榆，而皆无待以游，以成内七篇之玮词：博也而不仅博，大也而不可名为大，真也而审乎假以无假。其高过于老氏，而不启天下险〔恻〕之机，故申、韩、孙、吴皆不得窃，不至如老氏之流害于后世，于此殿诸家，而为物论之归墟，而犹自以为未尽，望解人于后世，遇其言外之旨焉。

（录自王夫之《庄子解》，中华书局 1964 年版，第 284~285 页）

---

① 王夫之（1619—1692），明清之际思想家。

孟子·滕文公下（节录）

尧舜既没，圣人之道衰，暴君代作，坏宫室以为污池，民无所安息；弃田以为园囿，使民不得衣食。邪说暴行又作，园囿、污池、沛泽多而禽兽至。及纣之身，天下又大乱。周公相武王诛纣，伐奄三年讨其君，驱飞廉于海隅而戮之，灭国者五十，驱虎、豹、犀、象而远之，天下大悦。《书》曰："丕显哉，文王谟！丕承者，武王烈！佑启我后人，咸以正无缺。"

世衰道微，邪说暴行有作，臣弑其君者有之，子弑其父者有之。孔子惧，作《春秋》。《春秋》，天子之事也；是故孔子曰："知我者其惟《春秋》乎！罪我者其惟《春秋》乎！"

圣王不作，诸侯放恣，处士横议，杨朱、墨翟之言盈天下。天下之言不归杨，则归墨。杨氏为我，是无君也；墨氏兼爱，是无父也。无父无君，是禽兽也。公明仪曰："庖有肥肉，厩有肥马；民有饥色，野有饿莩，此率兽而食人也。"杨墨之道不息，孔子之道不著，是邪说诬民，充塞仁义也。仁义充塞，则率兽食人，人将相食。吾为此惧，闲先圣之道，距杨墨，放淫辞，邪说者不得作。作于其心，害于其事；作于其事，害于其政。圣人复起，不易吾言矣。

昔者禹抑洪水而天下平，周公兼夷狄，驱猛兽而百姓宁，孔子成《春秋》而乱臣贼子惧。《诗》云："戎狄是膺，荆舒是惩，则莫我敢承。"无父无君，是周公所膺也。我亦欲正人心，息邪说，距诐行，放淫辞，以承三圣者；岂好辩哉？予不得已也。能言距杨墨者，圣人之徒也。

（录自杨伯峻《孟子译注》，中华书局1960年版，第154~155页）
（参校杨伯峻、杨逢彬注译《孟子》，岳麓书社2000年版，第109~112页）

荀子·非十二子（节录）

假今之世，饰邪说，文奸言，以枭乱天下，矞宇嵬琐，使天下混然不知是非治乱之所存者有人矣。

纵情性，安恣睢，禽兽行，不足以合文通治；然而其持之有故，其言之成理，足以欺惑愚众，是它嚣、魏牟也。

忍情性，綦溪利跂，苟以分异人为高，不足以合大众，明大分；然而其持之有故，其言之成理，足以欺惑愚众。是陈仲、史䲡也。

不知壹天下、建国家之权称，上功用、大俭约而僈差等，曾不足以容辨异、县君臣；然而其持之有故，其言之成理，足以欺惑愚众，是墨翟、宋钘也。

尚法而无法，下修而好作，上则取听于上，下则取从于俗，终日言成文典，及䌛察之，则倜然无所归宿，不可以经国定分；然而其持之有故，其言之成理，足以欺惑愚众，是慎到、田骈也。

不法先王，不是礼义，而好治怪说，玩琦辞，甚察而不惠，辩而无用，多事而寡功，不可以为治纲纪；然而其持之有故，其言之成理，足以欺惑愚众，是惠施、邓析也。

略法先王而不知其统，犹然而材剧志大，闻见杂博。案往旧造说，谓之五行，甚僻违而无类，幽隐而无说，闭约而无解。案饰其辞而祇敬之曰：此真先君子之言也。子思唱之，孟轲和之，世俗之沟犹瞀儒，嚾嚾然不知其所非也，遂受而传之，以为仲尼、子游为兹厚于后世，是则子思、孟轲之罪也。

若夫总方略，齐言行，壹统类，而群天下之英杰而告之以大古，教之以至顺，奥窔之间，簟席之上，敛然圣王之文章具焉，佛然平世之俗起焉，六说者不能入也，十二子者不能亲也，无置锥之地而王公不能与之争名，在一大夫之位则一君不能独畜，一国不能独容，成名况乎诸侯，莫不愿以为臣，是圣人之不得势者也，仲尼、子弓是也。

壹天下，财万物，长养人民，兼利天下，通达之属，莫不从服，六说者立息，十二子者迁化，则圣人之得势者，舜、禹是也。

今夫仁人也，将何务哉？上则法舜、禹之制，下则法仲尼、子弓之义，以务息十二子之说，如是则天下之害除，仁人之事毕，圣王之迹著矣。

（录自王先谦《荀子集解》，中华书局1988年版，第89~97页）
（参校张觉《荀子译注》，上海古籍出版社1995年版，第83~90页）

韩非子·显学（节录）

世之显学，儒、墨也。儒之所至，孔丘也。墨之所至，墨翟也。自孔子之死也，有子张之儒，有子思之儒，有颜氏之儒，有孟氏之儒，有漆雕氏之儒，有仲良氏之儒，有孙氏（指荀子——编者注）之儒，有乐正氏之儒。自墨子之死也，有相里氏之墨，有相夫氏之墨，有邓陵氏之墨。故孔、墨之后，儒分为八，墨离为三，取舍相反不同，而皆自谓真孔、墨，孔、墨不可复生，将谁使定后世之学乎？孔子墨子俱道尧舜，而取舍不同，皆自谓真尧舜，尧舜不复生，将谁使定儒、墨之诚乎？殷、周七百余岁，虞、夏二千余岁，而不能定儒、墨之真，今乃欲审尧舜之道于三千岁之前，意者其不可必乎！无参验而必之者，愚也；弗能必而据之者，诬也。故明据先王，必定尧舜者，非愚则诬也。愚诬之学，杂反之行，明主弗受也。

（录自梁启雄《韩子浅解》，中华书局1960年版，第491~493页）

吕氏春秋·不二（节录）

听群众人议以治国，国危无日矣。何以知其然也？老聃贵柔，孔子贵仁，墨翟贵廉，关尹贵清，子列子贵虚，陈骈贵齐，阳生贵己，孙膑贵势，王廖贵先，兒良贵后。有金鼓所以一耳也；同法令所以一心也；智者不得巧，愚者不得拙，所以一众也；勇者不得先，惧者不得后，所以一力也。故一则治，异则乱；一则安，异则危。夫能齐万不同，愚智工拙，皆尽力竭能，如出乎一穴者，其唯圣人矣乎！无术之智，不教之能，而恃强速贯习，不足以成也。

（录自陈奇猷《吕氏春秋校释》卷十七，学林出版社1984年版，第1123~1124页）

（参校李春玲译注《吕氏春秋》，青海人民出版社2002年版，第274~275页）

尸子·广泽（节录）

墨子贵兼，孔子贵公，皇子贵衷，田子贵均，列子贵虚，料子贵别囿，其学之相非也，数世矣而已，皆弇于私也，天、帝、后、皇、辟、公、弘、廓、宏、溥、介、纯、夏、幠、冢、晊、昄皆大也，十有余名，而实一也，若使兼、公、虚、均、衷、平、易、别囿、一实，则无相非也。

（录自《尸子》，四部备要本）
（参校李守奎、李轶《尸子译注》，黑龙江人民出版社2003年版，第42页）

论六家要指

司马谈①

《易大传》："天下一致而百虑，同归而殊涂。"夫阴阳、儒、墨、名、法、道德，此务为治者也，直所从言之异路，有省不省耳。尝窃观阴阳之术，大祥而众忌讳，使人拘而多所畏；然其序四时之大顺，不可失也。儒者博而寡要，劳而少功，是以其事难尽从；然其序君臣父子之礼，列夫妇长幼之别，不可易也。墨者俭而难遵，是以其事不可遍循；然其强本节用，不可废也。法家严而少恩；然其正君臣上下之分，不可改矣。名家使人俭而善失真；然其正名实，不可不察也。道家使人精神专一，动合无形，赡足万物。其为术也，因阴阳之大顺，采儒墨之善，撮名法之要，与时迁移，应物变化，立俗施事，无所不宜，指约而易操，事少而功多。儒者则不然，以为人主天下之仪表也，主倡而臣和，主先而臣随。如此则主劳而臣逸。至于大道之要，去健羡，绌聪明，释此而任术。夫神大用则竭，形大劳则敝。形神骚动，欲与天地长久，非所闻也。

夫阴阳四时、八位、十二度、二十四节各有教令，顺之者昌，逆之者不死则亡，未必然也，故曰"使人拘而多畏"。夫春生夏长，秋收冬藏，此天道之大经也，弗顺则无以为天下纲纪，故曰"四时之大顺，不可失也"。

夫儒者以六艺为法。六艺经传以千万数，累世不能通其学，当年不能究其礼，故曰"博而寡要，劳而少功"。若夫列君臣父子之礼，序夫妇长幼之别，虽百家弗能易也。

墨者亦尚尧舜道，言其德行曰："堂高三尺，土阶三等，茅茨不翦，采椽不刮。食土簋，啜土刑，粝粱之食，藜藿之羹。夏日葛衣，冬日鹿裘。"其送

---
① 司马谈（？—前110），西汉史学家，思想家。

死，桐棺三寸，举音不尽其哀。教丧礼，必以此为万民之率。使天下法若此，则尊卑无别也。夫世异时移，事业不必同，故曰"俭而难遵"。要曰强本节用，则人给家足之道也。此墨子之所长，虽百家弗能废也。

法家不别亲疏，不殊贵贱，一断于法，则亲亲尊尊之恩绝矣。可以行一时之计，而不可长用也，故曰"严而少恩"。若尊主卑臣，明分职不得相逾越，虽百家弗能改也。

名家苛察缴绕，使人不得反其意，专决于名而失人情，故曰"使人俭而善失真"。若夫控名责实，参伍不失，此不可不察也。

道家无为，又曰无不为，其实易行，其辞难知。其术以虚无为本，以因循为用。无成执，无常形，故能究万物之情。不为物先，不为物后，故能为万物主。有法无法，因时为业；有度无度，因物与合。故曰"圣人不朽，时变是守。虚者道之常也，因者君之纲"也。群臣并至，使各自明也。其实中其声者谓之端，实不中其声者谓之窾。窾言不听，奸乃不生，贤不肖自分，白黑乃形。在所欲用耳，何事不成。乃合大道，混混冥冥。光耀天下，复反无名。凡人所生者神也，所托者形也。神大用则竭，形大劳则敝，形神离则死。死者不可复生，离者不可复反，故圣人重之。由是观之，神者生之本也，形者生之具也。不先定其神〔形〕，而曰"我有以治天下"，何由哉？

（录自《史记》卷一百三十，中华书局 1959 年版，第 3288~3292 页）

司马谈论六家要指书后

梁启超

庄荀以下论列诸子，皆对一人或其学风相同之二三人以立言，其骡括一时代学术之全部而综合分析之，用科学的分类法，厘为若干派，而比较评骘，自司马谈始也。分类本属至难之业，而学派之分类，则难之又难，后起之学派，对于其先焉者必有所受，而所受恒不限于一家。并时之学派，彼此交光互影，有其相异之部分，则亦必有其相同之部分，故欲严格的驭以论理，而簿其类使适当，为事殆不可能也。谈所分六家，虽不敢谓为绝对的正当，然以此骡括先秦思想界之流别，大概可以包摄。而各家相互间之界域，亦颇分明，儒、墨为当时显学，其标帜最易认识，无待多论。"道德"一语，虽儒、墨及他家所同称道，然老庄一派，其对于"道"字颇赋予以特别意味，其应用之方法亦不与他家同，则其自成一派甚明也。阴阳家之书今无传者，吾辈颇难臆断其学说之内容及价值。然邹衍邹奭之徒，盖甚博辩，其说在当时学界盖甚有力。观西汉时董仲舒刘向诸大师所论述，似蒙此派之影响不鲜，则其为有力之一派可推知。然其与儒、墨、道皆非从同，则据《史记》所述绪论略可见也。"名学为整理思想之方法，各家皆有其名学，不能以'名'专立一家"。此论胡适倡之，颇含真理。然惠施、公孙龙一派，不仅以辩论名实为治学之手段，而实以为彼宗最终之目的，此其所以异于他家也。故此派不能隶属或合并于任何一派，只能别指目之曰"名家"，有固然矣。法家晚出，其于儒、墨、道、名，皆有所受。然单提直指，摆落群言，况有韩非之徒大张其军，景从实众，故析为一家，亦云至当。由此言之，此六家者实足以代表当时思想界六大势力圈，谈之提絜，洵能知类而举要矣。至如杨朱贵己，魏牟纵性，为道家养生之支流。宋钘寝兵，陈仲食力，皆墨家救世之余绪。慎到田骈弃知师物，实法家理论之所从出。凡孟、庄、荀所论列之一时鸿硕，以六家摄之，可无甚牾漏也。

刘歆《七略》踵谈之绪，以此六家置九流之前六，然以通行诸书未能尽摄也，则更立纵横、杂、农、小说四家以广之，彼为目录学上著录方便计，原未始不可，若绳以学术上分类之轨则，则殊觉不伦。纵横为对人谈说之资，绝无哲理上根据以为之盾，云何可以厕诸道术之林。农为专技，与兵、医等。农入九流，则兵、医何为见外？若以许行倡并耕论而指为农，然则墨家"以跂蹻为服"，亦可指为"织屦家"耶。至如杂与小说，既不名一家，即不得复以家数论，此又其易见者矣。故《七略》增多家数，虽似细密，实乖别裁，其不逮谈也审矣。

谈刺举六家学说特殊之点而批评其得失，亦颇能用客观公平态度，不失其鹄，虽不能如《庄子·天下篇》之直凑渊微，亦可谓能持其平者。

（录自《饮冰室合集》专集之八十二，中华书局1989年版）
（参校梁启超《清代学术概论》，东方出版社2012年版，第152~153页）

汉书·艺文志·诸子略

六艺之文：《乐》以和神，仁之表也；《诗》以正言，义之用也；《礼》以明体，明者著见，故无训也；《书》以广听，知之术也；《春秋》以断事，信之符也。五者，盖五常之道，相须而备，而《易》为之原。故曰"《易》不可见，则乾坤或几乎息矣"，言与天地为始终也。至于五学，世有变改，犹五行之更用事焉。古之学者耕且养，三年而通一艺，存其大体，玩经文而已，是故用日少而畜德多，三十而五经立也。后世经传既已乖离，博学者又不思多闻缺疑之义，而务碎义逃难，便辞巧说，破坏形体，说五字之文，至于二三万言。后进弥以驰逐，故幼童而守一艺，白首而后能言；安其所习，毁所不见，终以自蔽。此学者之大患也。序六艺为九种。

....

儒家者流，盖出于司徒之官，助人君顺阴阳明教化者也。游文于六经之中，留意于仁义之际，祖述尧舜，宪章文武，宗师仲尼，以重其言，于道最为高。孔子曰："如有所誉，其有所试。"唐虞之隆，殷周之盛，仲尼之业，已试之效者也。然惑者既失精微，而辟者又随时抑扬，违离道本，苟以哗众取宠。后进循之，是以五经乖析，儒学寝衰，此辟儒之患。

....

道家者流，盖出于史官，历记成败存亡祸福古今之道，然后知秉要执本，清虚以自守，卑弱以自持，此君人南面之术也。合于尧之克攘，《易》之嗛嗛，一谦而四益，此其所长也。及放者为之，则欲绝去礼学，兼弃仁义，曰独任清虚可以为治。

....

阴阳家者流，盖出于羲和之官，敬顺昊天，历象日月星辰，敬授民时，此其所长也。及拘者为之，则牵于禁忌，泥于小数，舍人事而任鬼神。

....

法家者流，盖出于理官，信赏必罚，以辅礼制。《易》曰"先王以明罚饬法"，此其所长也。及刻者为之，则无教化，去仁爱，专任刑法而欲以致治，至于残害至亲，伤恩薄厚。

....

名家者流，盖出于礼官。古者名位不同，礼亦异数。孔子曰："必也正名乎！名不正则言不顺，言不顺则事不成。"此其所长也。及警者为之，则苟钩〔鈲〕（鏀）析乱而已。

....

墨家者流，盖出于清庙之守。茅屋采椽，是以贵俭；养三老五更，是以兼爱；选士大射，是以上贤；宗祀严父，是以右鬼；顺四时而行，是以非命；以孝视天下，是以上同：此其所长也。及蔽者为之，见俭之利，因以非礼，推兼爱之意，而不知别亲疏。

....

纵横家者流，盖出于行人之官。孔子曰："诵《诗》三百，使于四方，不能专对，虽多亦奚以为？"又曰："使乎！使乎！"言其当权事制宜，受命而不受辞，此其所长也。及邪人为之，则上诈谖而弃其信。

....

杂家者流，盖出于议官。兼儒、墨，合名、法，知国体之有此，见王治之无不贯，此其所长也。及荡者为之，则漫羡而无所归心。

....

农家者流，盖出于农稷之官。播百谷，劝耕桑，以足衣食，故八政一曰食，二曰货。孔子曰"所重民食"，此其所长也。及鄙者为之，以为无所事圣王，欲使君臣并耕，悖上下之序。

....

小说家者流，盖出于稗官。街谈巷语，道听途说者之所造也。孔子曰："虽小道，必有可观者焉，致远恐泥，是以君子弗为也。"然亦弗灭也。闾里小知者之所及，亦使缀而不忘。如或一言可采，此亦刍荛狂夫之议也。

....

凡诸子百八十九家，四千三百二十四篇。

诸子十家，其可观者九家而已。皆起于王道既微，诸侯力政，时君世主，好恶殊方，是以九家之（说）〔术〕蜂出并作，各引一端，崇其所善，以此驰说，取合诸侯。其言虽殊，辟犹水火，相灭亦相生也。仁之与义，敬之与和，相反而皆相成也。《易》曰："天下同归而殊涂，一致而百虑。"今异家者各推所长，穷知究虑，以明其指，虽有蔽短，合其要归，亦六经之支与流裔。使其人遭明王圣主，得其所折中，皆股肱之材已。仲尼有言："礼失而求诸野。"方今去圣久远，道术缺废，无所更索，彼九家者，不犹愈于野乎？若能修六艺之术，而观此九家之言，舍短取长，则可以通万方之略矣。

（录自《汉书》卷三十，中华书局 1962 年版，第 1723~1746 页）

校雠通义·汉志诸子（节录）

章学诚①

《贾谊》五十八篇，收于儒家，似矣；然与法家当互见也。考《贾谊传》，初以通诸家书，召为博士，又出河南守吴公门下。吴公尝学事李斯，以治行第一，召为廷尉，乃荐贾谊。谊所上书，称说改正朔，易服色制度，定官兴礼乐，草具仪法。文帝谦让未遑。然诸法令所更定及列侯就国，其说皆自谊发之。又司马迁曰："贾生、晁错明申商。"今其书尚可考见；宗旨虽出于儒，而作用实本于法也。《汉志》叙录云："法家者流，出于理官。"盖法制禁令，《周官》之刑典也。"名家者流，出于礼官"，盖名物度数，《周官》之礼典也。古者刑法礼制，相为损益，故礼仪三百，威仪三千，而五刑之属三千，条繁文密，其数适相等也。是故圣王教民以礼，而禁之以刑。出于礼者即入于刑，势无中立。故民日迁善而不知所以自致也。儒家者流，总约刑礼而折衷于道，盖惧斯民泥于刑礼之迹，而忘其性所固有也。孟子曰："徒善不足以为政，徒法不能以自行。"夫法则礼刑条目，有节度者皆是也。善则钦明文思，允恭克让，无形体者皆是也。程子曰："有《关雎》《麟趾》之心，而后可以行周官之法度。"所谓《关雎》《麟趾》，仁义是也。所谓周官法度，刑礼之属皆是也。然则儒与名法，其原皆出于一；非若异端释老，屏去民彝物则，而自为一端者比也。商鞅、韩非之法，未尝不本圣人之法，而所以制而用者非也。邓析、公孙龙之名，不得自外于圣人之名，而所以持而辨者非也。儒分为八，墨分为三，则儒亦有不合圣人之道者矣。此其所以著录之书，贵知原委，而又当善条其流

---

① 章学诚（1738—1801），清史学家。

别也。贾生之言王道，深识本原，推论三代，其为儒效，不待言矣。然其立法创制，条列禁令，则是法家之实。其书互见法家，正以明其体用所备；儒固未足为荣，名法亦不足为隐讳也。后世不知家学流别之义，相率而争于无益之空名；其有列于儒家者，不胜其荣，而次以名法者，不胜其辱；岂知同出圣人之道，而品第高下又各有其得失；但求名实相副，为得其宜；不必有所选择而后其学始为贵也。《汉志》始别九流，而儒杂二家，已多淆乱。后世著录之人，更无别出心裁，纷然以儒杂二家为蛇龙之菹焉。凡于诸家著述，不能遽定意指之所归，爱之则附于儒，轻之则推于杂；夫儒杂分家之本旨，岂如是耶？

（录自章学诚著、叶瑛校注《文史通义校注》附《校雠通义》，中华书局1985年版，第1037~1038页）

（参校章学诚《校雠通义》，古籍出版社1956年版，第32~34页）

论诸子 *

章学诚

周衰文弊，诸子争鸣，盖在夫子既殁，微言绝而大义之已乖也。然而诸子思以其学易天下，固将以其所谓道者，争天下之莫可加，而语言文字，未尝私其所出也。先民旧章，存录而不为识别者，《幼官》《弟子》之篇，《月令》《土方》之训是也。辑其言行，不必尽其身所论述者，管仲之述其身死后事，韩非之载其李斯《驳议》是也。《庄子·让王》《渔父》之篇，苏氏谓之伪托；非伪托也，为庄氏之学者所附益尔。《晏子春秋》，柳氏以谓墨者之言。非以晏子为墨，为墨学者述晏子事，以名其书，犹孟子之《告子》《万章》名其篇也。《吕氏春秋》，先儒与《淮南鸿烈》之解同称，盖谓集众宾客而为之，不能自命专家，斯固然矣。然吕氏、淮南，未尝以集众为讳，如后世之掩人所长以为己有也。二家固以裁定之权，自命家言，故其宗旨，未尝不约于一律，斯又出于宾客之所不与也。诸子之奋起，由于道术既裂，而各以聪明才力之所偏，每有得于大道之一端，而遂欲以之易天下。其持之有故，而言之成理者，故将推衍其学术，而传之其徒焉。苟足显其术而立其宗，而援述于前，与附衍于后者，未尝分居立言之功也。故曰：古人之言，所以为公也，未尝矜其文辞，而私据为己有也。

（录自《文史通义校注》卷二《言公上》，中华书局1985年版，第170~171页）
（参校章学诚《文史通义》第一册，上海书店1988年版，第50~51页）

汉书·艺文志·诸子略考释（节录）

梁启超

庄、荀论列诸子，皆就各家施以评骘，而家数不附专名，至司马谈《论六家要指》，始立阴阳、儒、墨、名、法、道之目，刘略因之，加以补苴，析为九流，曰儒，曰道，曰阴阳，曰法，曰名，曰墨，曰纵横，曰杂，曰农，末附小说，都为十家。严格论之，诸家学说，交光互影，必以某氏限隶某家，欲其名实适相应，盖戛戛乎难。虽然，学派既分，不为各赋一名以命之，则无所指目以为论评之畛畔，况校理书籍，尤不能不为之类别以定编录之所归，故《汉志》以"流"分诸子，在著述方法上不能不认为适当。惟分类是否合于论理，则商榷之余地正多。司马谈所分六家，颇能代表战国末年思想界之数大潮流，从分类学上观察，应认为有相当之价值，刘略踵之以置诸九流之前六，盖亦觉其无以易矣。然以其不足以赅群籍也，乃益以纵横、杂、农、小说。纵横家次于六家后者，盖以苏张一派，传书不少，既于六家一无所合，故不得不广六以为七。然九流皆以明道术为主，换言之，则思想界之渊丛也，苏张一派，能在思想界占一位置与前六家并乎，决不然矣。杂家次在八，凡书之不能隶前七家者入焉，为编录方便起见，殆非得已，然既谓之杂，则已不复能成家。"杂家者流"一语，既病其不词矣。既以无可归类者入杂家，则农家亦当在杂家前，今反置其后，颇不可解。农为一种职业的学术，其性质与医、兵略同，窃疑刘氏之意，本不认此种书籍为与儒、道、墨、法等同类，特以"兵书""方伎"卷帙浩繁，各别为录，农仅寥寥九家，既不能独立，而又他无所丽，姑列为一"流"以附于诸子，又恐其与专明理论之书相混，故次于杂家以示别也。小说之所以异于前九家者，不在其涵义之内容，而在其所用文体之形式。桓子《新论》云："小说家合丛残小语，近取譬论以作短篇。"（《文选》注三十七引）故小说中《宋子》十八篇，其所述盖即宋钘一家之学，优足与尹文、慎到……诸书抗衡，特以文体不同而归类斯异。道家有《伊尹》《鬻子》，小说家复有《伊尹说》《鬻子说》，亦以文体示别而已。由此观之，分诸子为九家十家，不过目录学一种利便。后之学者，推挹太过，或以为中垒洞悉学术渊源，其所分类，悉含妙谛而衷于伦脊，此目论也。反动者又或讥其卤莽灭裂，全不识流别，则又未免太苛。夫书籍分类，古今中外皆以为难。杜威之十进分类法，现代风靡于全世界之图书馆，绳以论理，掊之可以无完肤矣。故读《汉志》者但以中国最古之图书馆目录视之，信之不太过，而责之不太严，庶能得其真价值也。

惟然，故研究《汉志》，最要注意者在其书目而已。其每家之结论——"某家者流盖出于某某之官"以下，殊不必重视。盖其分类本非有合理的标准，已如前述，其批评各家长短得失，率多浮光掠影语，远不如司马谈之有断制，更无论《庄子·天下篇》《荀子·解蔽篇》也。其述各派渊源所自，尤属穿凿附会，吾侪虽承认古代学术皆在官府，虽承认春秋战国间思想家学术渊源多少总蒙古代官府学派之影响，但断不容武断某派为必出于某官，最多只能如庄生所说"古之道术有在于是者某人闻其风而悦之"云尔。志所云云，实强作解事也，故今作考释，对于此部分不复更词费。

（录自《饮冰室合集》专集之八十四，中华书局 1989 年版）
（参校《清代学术概论》，东方出版社 2012 年版，第 176~177 页）

九 流（节录）

刘 昼[①]

道者，鬻熊、老聃、关尹、庞涓、庄周之类也。以空虚为本，清净为心，谦抑为德，卑弱为行。处无为之事，行不言之教，裁成宇宙不见其迹，亭毒万

[①] 刘昼（514—565），北齐文学家。

物不有其功。然而薄者，全弃忠孝，杜绝仁义，专任清虚，欲以为治也。

儒者，晏婴、子思、孟轲、荀卿之类也。顺阴阳之性，明教化之本，游心于六艺，留情于五常，厚葬文服，重乐有命，祖述尧舜，宪章文武，宗师仲尼，以尊敬其道。然而薄者，流广文繁，难可穷究也。

阴阳者，子韦、邹衍、桑丘、南公之类也。敬顺昊天，历象日月星辰，敬授民时。范三光之度，随四时之运，知五行之性，通八风之气，以厚生民，以为政治。然而薄者，则拘于禁忌，溺于术数也。

名者，宋钘、尹文、惠施、公孙龙之类也。其道正名，名不正则言不顺。故定尊卑，正名分，爱平尚俭，禁攻寝兵。故作华山之冠，以表均平之制；则别宥之说，以示区分。然而薄者，损本就末，分析明辨，苟析华辞也。

法者，慎到、李悝、韩非、商鞅之类也。其术在于明罚，讨阵整法，诱善惩恶，俾顺轨度，以为治本。然而薄者，削仁废义，专任刑法，风俗刻薄，严而少恩也。

墨者，尹佚、墨翟、禽滑、胡非之类也。俭啬、谦爱、尚贤、右鬼、非命、薄葬、无服、不怒、非斗。然而薄者，其道大觳，俭而难遵也。

纵横者，阙子、庞煖、苏秦、张仪之类也。其术本于行人，译二国之情，弭战争之患，受命不受辞，因事而制权，安危扶倾，转祸就福。然而薄者，则苟尚华诈而弃忠信也。

杂者，孔甲、尉缭、尸佼、淮夷之类也。明阴阳，本道德，兼儒墨，合名法，苞纵横，纳农植，触类取与不拘一绪。然而薄者，则芜秽蔓衍，无所系心也。

农者，神农、野老、宰氏、氾胜之类也。其术在于务农，广为垦辟，播植百谷，国有盈储，家有畜积，仓廪充实，则礼义生焉。然而薄者，若使王侯与庶人并耕于野，无尊卑之别，失君臣之序也。

观此九家之学，虽旨有深浅，辞有详略，俏儒形反，流分乖隔，然皆同其妙理，俱会治道，迹虽有殊，归趣无异。犹五行相灭亦还相生，四气相反而共成岁，淄渑殊源同归于海，宫商异声俱会于乐。夷惠异操，齐踪为贤；三子殊行，等迹为仁。

道者，玄化为本；儒者，德化为宗。九流之中，二化为最。夫道以无为化世，儒以六艺济俗。无为以清虚为心，六艺以礼教为训。若以教行于大同，则邪伪萌生；使无为化于成康，则氛乱竞起。何者？浇淳时异则风化应殊，古今乖舛则政教宜隔。以此观之，儒教虽非得真之说，然兹教可以导物；道家虽为达情之论，而违礼复不可以救弊。今治世之贤，宜以礼教为先；嘉遁之士，应以无为是务，则操业俱遂而身名两全也。

（录自《刘子校释》，中华书局1998年版，第519~522页）

（参校杨明照校注、陈应鸾增订《增订刘子校注》，巴蜀书社2008年版，第773~790页）

崇文总目叙释（节录）

欧阳修[①]

儒家类

仲尼之业，垂之六经，其道闳博，君人、治物、百王之用，微是无以为法。故自孟轲、扬雄、荀卿（周本、丛刊本作"荀况"）之徒，又驾其说，扶而大（《文粹》作"本"）之。历世诸子，转相祖述，自名一家，异端其言，或破碎于大道。然计（丛刊本作"订"）其作者之意，要之孔氏，不有殊焉。

道家类

道家者流，本清虚，去健羡，泊然自守，故曰"我无为而民自化，我好静而民自正"，虽圣人南面之术（《文粹》作"治"）不可易也。至或不究其本，弃去仁义，而归之自然，以因循为用，则儒者病之云（"云"字原脱，据《文粹》补）。

法家类

法家者流，以法绳天下，使一本于其术。商君、申、韩之徒，乃推而大之，挟其说以干世主，收取功名。至其尊君抑臣，辨职分，辅礼制，于王治不为无益。然或狃细苛，持刻深（《文粹》作"深刻"），不可不察者也。

[①] 欧阳修（1007—1072），北宋文学家。

名家类

名家者流，所以辨核名实，流别（《文粹》作"源流"）等威，使上下之分不相逾也。仲尼有云"必也正名乎"，言为政之大本，不可不正者也。

墨家类

墨家者流，其言贵俭兼爱，尊贤（《文粹》作"贵"）右鬼，非命上同，此墨家之所行也。孟子之时，墨与杨其道塞路，轲以墨子之术俭而难遵，兼爱而不知亲疏，故辞而辟之。然其强本啬用之说，有足取焉。

纵横家类

春秋之际，王政不明，而诸侯交乱。谈说之士，出于其间，各挟（《文粹》作"使"）其术，以干时君。其因时适（《文粹》作"遇"）变，当权事而制宜，有足取焉。

杂家类

杂家者流，取儒、墨、名、法合而兼之，其言贯穿众说，无所不通。然亦有补于治理（周本、丛刊本校："一作'道'。"），不可废焉。

农家类

农家者流，衣食之本（《文粹》作"大"）原也。四民之业，其次曰农。稷播百谷，勤劳天下，功炳后世，著见书史。孟子聘列国，陈王道，未始不究（《文粹》作"论"）耕桑之勤。汉兴，劭农勉人，为之著令。今集其树艺之说，庶取法焉。

小说类

《书》曰"狂夫之言，圣人择焉"，又曰"询于刍荛"，是小说之不可废也。古者惧下情之壅于上闻，故每岁孟春，以木铎徇于路，采其风谣而观之。至于俚言巷语，亦足取也。今特列而存之。

兵家类

《周礼·夏官》：司马掌军戎，以九伐之法正邦国。《书》之《洪范》："八曰'师'。"《易》之《系辞》："取诸《睽》。"此兵之所由始也。汤、武之时，胜以仁义。春秋、战国，出奇狙变，其术无穷，自田齐始，著《司马之法》。

汉兴，张、韩之徒，序次其书。武帝之世，杨仆又捃摭之，谓之《纪奏》。孝成命任宏，乃以权谋、形势、阴阳、技巧析为四种。繇是，兵家之文，既修列矣。然而《司马之法》本之礼让，后世莫行焉。惟孙武之书，法术大详。考今之列，非特四种，又杂以卜筮、刑政之说，存诸篇云。

（录自李逸安点校《欧阳修全集》第五册，中华书局2001年版，第1890~1894页）

淮南子·要略（节录）

文王之时，纣为天子，赋敛无度，杀戮无止，康梁沉湎，宫中成市，作为炮烙之刑，刳谏者，剔孕妇，天下同心而苦之。文王四世累善，修德行义，处岐周之间，地方不过百里，天下二垂归之。文王欲以卑弱制强暴，以为天下去残除贼而成王道，故太公之谋生焉。

文王业之而不卒，武王继文王之业，用太公之谋，悉索薄赋，躬擐甲胄，以伐无道而讨不义，誓师牧野，以践天子之位。天下未定，海内未辑，武王欲昭文王之令德，使夷狄各以其贿来贡，辽远未能至，故治三年之丧，殡文王于两楹之间，以俟远方。武王立三年而崩，成王在襁褓之中，未能用事，蔡叔、管叔辅公子禄父，而欲为乱。周公继文王之业，持天子之政，以股肱周室，辅翼成王；惧争道之不塞，臣下之危上也，故纵马华山，放牛桃林，败鼓折枹，摺笏而朝，以宁静王室，镇抚诸侯。成王既壮，能从政事，周公受封于鲁，以此移风易俗。孔子修成康之道，述周公之训，以教七十子，使服其衣冠，修其篇籍，故儒者之学生焉。

墨子学儒者之业，受孔子之术，以为其礼烦扰而不说，厚葬靡财而贫民，服伤生而害事，故背周道而用夏政。禹之时，天下大水，禹身执虆垂，以为民先，剔河而道九岐，凿江而通九路，辟五湖而定东海。当此之时，烧不暇撌，濡不给扢，死陵者葬陵，死泽者葬泽，故节财、薄葬、闲服生焉。

齐桓公之时，天子卑弱，诸侯力征，南夷北狄，交伐中国，中国之不绝如线。齐国之地，东负海而北障河，地狭田少，而民多智巧。桓公忧中国之患，苦夷狄之乱，欲以存亡继绝，崇天子之位，广文武之业，故管子之书生焉。

齐景公内好声色，外好狗马，猎射亡归，好色无辩；作为路寝之台，族铸大钟，撞之庭下，郊雉皆响。一朝用三千钟赣，梁丘据、子家哙导于左右，故晏子之谏生焉。

晚世之时，六国诸侯，谿异谷别，水绝山隔，各自治其境内，守其分地，握其权柄，擅其政令，下无方伯，上无天子，力征争权，胜者为右。恃连与国，约重致，剖信符，结远援，以守其国家，持其社稷，故纵横修短生焉。

申子者，韩昭釐之佐。韩，晋别国也，地墩民险，而介于大国之间。晋国之故礼未灭，韩国之新法重出，先君之令未收，后君之令又下，新故相反，前后相缪，百官背乱，不知所用，故刑名之书生焉。

秦国之俗，贪狼强力，寡义而趋利，可威以刑而不可化以善，可劝以赏而不可厉以名。被险而带河，四塞以为固，地利形便，畜积殷富。孝公欲以虎狼之势而吞诸侯，故商鞅之法生焉。

（录自《淮南子》，四部备要本）
（参校何宁撰《淮南子集释》，中华书局1998年版，第1457~1462页）

淮南子·要略书后

梁启超

自庄荀以下评骘诸子，皆比较其异同得失，独淮南则尚论诸家学说发生之所由来，大指谓皆起于时势之需求而救其偏敝，其言盖含有相当之真理。虽然，其所谓时势需求者，仅着眼于政治方面，似未足以尽之。政治诚足以影响学术，然不过动机之一而已。又其所列举诸家，若太公，若管仲，若晏子，若申子，若商君，皆非以治道术为职志。今所传诸书，率皆战国末年人依托。果著书专为救时之敝，然则诸书之出，略同一时代，则亦同一敝而已，而流派各异，何以称焉？淮南善于谈玄，妙于辞令，至于籀学与论古，未为至也。

（录自《饮冰室合集》专集之八十一，中华书局1989年版）
（参校《清代学术概论》，东方出版社2012年版，第149页）

诸子不出于王官论（节录）

胡 适[①]

今之治诸子学者，自章太炎先生以下，皆主九流出于王官之说。此说关于诸子学说之根据，不可以不辨也。……

夫言诸家之学说，间有近于王官之所守，如阴阳家之近于古占候之官，此犹可说也。即谓古者学在官府，非吏无所得师，亦犹可说也。至谓王官为诸子所自出，甚至以墨家为出于清庙之守，以法家为出于理官，则不独言之无所依据，亦大悖于学术思想兴衰之迹矣。今试论此说之谬，分四端言之。

第一，刘歆以前之论周末诸子学派者，皆无此说也。……

第二，九流无出于王官之理也。……

第三，《艺文志》所分九流，乃汉儒陋说，未得诸家派别之实也。古无九流之目，《艺文志》强为之分别，其说多支离无据。……

第四，章太炎先生之说亦不能成立。近人说诸子出于王官者，惟太炎先生为最详（其说见《诸子学略说》）。然其言亦颇破碎不完。……

吾意以为，诸子自老聃、孔丘至于韩非，皆忧世之乱而思有以拯济之，故其学皆应时而生，与王官无涉。

（录自胡适《胡适文存》卷二，上海书店 1989 年版，第 23~28、31 页）
（参校钱基博《国学必读》，上海古籍出版社 2015 年版，第 579~584 页）

论近人讲诸子之学者之失

柳诒徵

近日学者喜谈诸子之学，家喻户习，寖成风气，然撢研诸子之原书，综贯史志，洞悉其源流者，实不多觏。大抵诵说章炳麟、梁启超、胡适诸氏之

[①] 胡适（1891—1962），文学家、思想家、学者。

书，展转稗贩以饰口耳。诸氏之说子家学派，率好抨击以申其说，虽所诣各有深浅，而偏宕之词，恒缪盭于事实。后生小子，习而不察，沿讹袭谬，其害匪细！故略论之以救其失。

讲求学术，必先虚心，读书实事求是，不可挟一偏之见，舞文饰说，强古人以就我。此即诸氏所称客观之法也。

章炳麟《诸子学略说》："记事之书，惟为客观之学。党同妒真，则客观之学，必不能就。"

胡适《中国哲学史大纲》："清初的汉学家嫌宋儒用主观的见解，来解古代经典，有种种流弊。故汉学的方法，只是用古训、古音、古本等等的客观的根据，来求经典的原意。"

然诸氏好称客观，而其论学则多偏于主观，逞其臆见，削足适履，往往创为莫须有之谈，故入人罪。如：

章炳麟《诸子学略说》："老子以其权术授之孔子。而征藏故书，悉为孔子诈取。孔子之权术，乃有过于老子者。孔学本出于老，以儒道之形式有异，不欲崇奉以为本师，而惧老子发其覆也，于是说老子曰：'鸟鹊孺鱼傅沫细要者，化有弟而兄啼。'老子胆怯，不得不曲从其请。逢蒙杀羿之事，又其素所怵惕也，胸有不平，欲一举发。而孔氏之徒，遍布东夏。吾言朝出，首领可以夕断。于是西出函谷，知秦地之无儒，而孔氏之无如我何，则始著《道德经》以发其覆。藉令其书早出，则老子必不免于杀身。如少正卯在鲁，与孔子并。孔子之门，三盈三虚，犹以争名致戮。而况老子之凌驾其上者乎！呜呼！观其师徒之际，忌刻如此！则其心术可知！其流毒之中人，亦可知已！"

胡适《诸子不出于王官论》："周室王官视诸子之学术，如天地之悬绝。诸子之学，不但决不能出于王官，果使能与王官并世，亦定不为所容，而必为所焚烧坑杀耳。此如欧洲教会操中古教育之权。及文艺复兴之后，私家学术隆起，而教会以其不利于己，乃出其全力以阻抑之。哲人如卜鲁诺乃遭焚杀之惨。其时科学、哲学之书，多遭焚毁。笛卡儿至自毁其已著未刊之《天地论》。使教会当时得行其志，则欧洲今世之学术文化，尚有兴起之望耶？是故教会之失败，欧洲学术之大幸也！王官之废绝，保氏之失守，先秦学术之大幸也！"

章之论孔、老，则似近世武人政党争权暗杀之风。胡之论王官，直同欧洲中世教会黑暗残酷之状。不知其何所据而云然？章所据之论证：一为《庄子·天运篇》之文。其下文曰："'久矣夫！丘不与化为人！不与化为人，安能化人！'老子曰：'可！丘得之矣！'"郭象注曰："夫与化为人者，任其自化者也。若翻六经以说则疏也。"而章氏出以臆解。

《诸子学论略》自注见《庄子·天运篇》。意谓已述六经学，皆出于老子。吾书成，子名将夺，无可如何也。

不知"乌鹊孺鱼傅沫"等语，何以即有夺老子之名，且含逢蒙杀羿之事之意。庄以名其任化。章乃目为背师。是直不知老、孔为何等人物。故以无稽之谈诬之也。一为《论衡·讲瑞篇》。夫孔子杀少正卯之事，前人疑之者多矣。

梁玉绳《史记志疑》历引明陆瑞家，清王澍、尤侗、阎若璩等之说以辨其非实事。陆氏之说尤精。其略曰："昔季康子问政，孔子曰：'为政，焉用杀！'岂有已为政，未满旬日，而即诛一大夫耶？卯既为闻人，亦非不可教诲者，何至绝其迁善之路，而使之身首异处耶？鲁季氏三家，阳货，奸雄之尤者！司寇正刑明辟，当自尤者始。尤者尚缓而不诛。诛者可疑而不缓。两观之思，不其有辞于孔氏哉？不告而诛，不啻专杀大夫矣！圣人为之乎？凡此皆涉于无理，故不可信。朱元晦尝疑此以为不载于《论语》，不道于《孟子》，虽以左氏内外传之诬且谤，而犹不言。独荀况言之。愚谓况，忍人也！故以此为倡。当是时，吾见三桓之弱鲁矣！未闻卯之夺君也！此其刑政缓急之间，一庸吏能辨之，况吾夫子哉？"

何得以此为孔老相猜之证？章氏以此诬孔子，胡氏更为之推波助澜。《中国哲学史大纲》："孔子作司寇，七日便杀了一个乱政大夫少正卯。有人问他：'为什么把少正卯杀了？'孔子数了他的三大罪：一其居处足以撮徒成党。二其谈说足以饰褒荧众。三其强御足以反是独立。中国古代的守旧派，如孔子之流，对于这种邪说，自然也非常痛恨。所以孔子做司寇，便杀少正卯。"按胡以少正卯、邓析并举，而于杀邓析之子产，独疑其不确（《中国哲学史大纲》：《左传》鲁定公九年，郑驷颛杀邓析而用其竹刑，那时子产已死了二十一年，《吕氏春秋》和《列子》都说邓析是子产杀的，这话恐怕不确），何以于孔子杀少正卯即认为确？《左传》详载孔子会齐堕都之事，未尝记杀少正卯之事。故《荀子》《尹文子》称孔子诛少正卯，与《列子》《吕览》之称子产杀邓析同一不确。诒谓邓析尚有其人，故《传》载之。少正卯则并无其人。不然，卯之徒党既多，何以不流传其学说？

藉令孔子有杀少正卯之事，亦不得以此推之于老子。至于焚烧坑杀，则桀、纣、白起、项羽之所为，何以断定古之王官，皆是桀、纣、起、羽？《王制》有"执左道以乱政者杀"之语，未尝有执左道以乱政者焚坑之律也。欧洲教会焚杀哲人，与古王官，直是风马牛不相及。王官行事，何以必同于教会？假使如此论史，则世有嫪毐，便可断定古人无不奸淫。世有盗跖，亦可设想古人无非盗跖。恐虽宋儒，亦无此等主观的见解也。

章氏好诋孔子而笃信汉儒，故论诸子源流，犹守《七略》之说。胡氏之好诋孔子，与章同，而于诸子出于王官之说，独深非之。

胡适《诸子不出于王官论》："今之治诸子学者，自章太炎先生以下，皆主九流出于王官之说。此说关于诸子学说之根据，不可以不辨也。又近人诸子出于王官者，惟太炎先生为最详，然其言亦颇破碎不完。如引《艺文志》之说，而以为'此诸子出于王官'之证。此如惠施所云'以弹说弹'，不成论证也。"

其作《哲学史大纲》，即本此主张。从春秋时代开端，而其前则略而不论。按胡氏所据以驳刘歆、班固者，凡四书。

《诸子不出于王官论》："第一，刘歆以前之论周末诸子学派者，皆无此说也。甲，《庄子·天下篇》。乙，《荀子·非十二子篇》。丙，司马谈《论六家要指》。丁，《淮南子·要略》。古之论诸子学说者，莫备于此四书，而此四书，皆无出于王官之说。"

而其文惟引《淮南·要略》。

《诸子不出于王官论》："《淮南·要略》专论诸家学说所自出，以为'诸子之学，皆起于救世之弊，应时而兴。故有殷周之争，而太公之阴谋生。有周公之遗风，而儒者之学兴。有儒学之敝，礼文之烦扰，而后墨者之教起。有齐国之地势，桓公之霸业，而后管子之书作。有战国之兵祸，而后纵横修短之术出。有韩国之法令，新故相反，前后相缪，而后申子刑名之书生。有秦孝公之图治，而后商鞅之法兴焉'。此所论列，虽间有考之未精，然其大旨以为学术之兴，皆本于世变之所急。其说最近理。即此一说，已足推破九流出于王官之陋说矣！"

不知何以不引《庄子·天下篇》？学者但取《天下篇》一读，则胡氏之说之谬立见。

《庄子·天下篇》：

> 不侈于后世，不靡于万物，不晖于数度，以绳墨自矫，而备世之急。古之道术有在于是者，墨翟、禽滑釐闻其风而说之。……不累于俗，不饰于物，不苟于人，不忮于众。愿天下之安宁以活民命，人我之养，毕足而止，以此白心。古之道术有在于是者，宋钘、尹文闻其风而说之……公而不当，易而无私，决然无主，趣物而不两，不顾于虑，不谋于知，于物无择，与之俱往。古之道术有在于是者，彭蒙、田骈、慎到闻其风而说之……以本为精，以物为粗，以有积为不足，澹然独与神明居。古之道术有在于是者，关尹、老聃闻其风而说之。……芴漠无形，变化无常，死与？生与？天地并与？神明往与？芒乎何之？忽乎何适？万物毕罗，莫足以归。古之道术有在于是者，庄周闻其说而说之。

曰"古之道术有在于是者"，曰"某某闻其风而说之"，是诸子之学，各有原本，初非仅以忧世之乱，应时而生也。胡氏论哲学史料，再三称引《庄子·天下篇》。

《中国哲学史大纲》："《庄子·天下篇》与《韩非子·显学篇》论墨家派别，为他书所无。有许多学派的原著已失，全靠这种副料里面论及这种散佚的学派，借此可以考见他们的学说大旨。如《庄子·天下篇》所论宋钘、彭蒙、田骈、慎到、施惠、公孙龙、桓团及其他辩者的学说，都是此例。"是此书此篇之可信，非胡氏所斥诸伪书可比，何以独忘却"古之道术有在于是者"一语。岂此篇之中，独论墨家派别及辩者学说为真者，而其余皆儒家伪撰乎？然即此论墨家派别为他书所无一语，已自承"古之道术有在是者"。而其痛诋王官时，则未计及其言之矛盾也。

胡氏论学之大病，在诬古而武断，一心以为儒家托古改制，举古书一概抹杀，故于《书》则斥为没有信史的价值。

《哲学史大纲》："二十八篇之真古文，依我看来，也没有信史的价值。"于《易》则不言其来源。

《哲学史大纲》："但称孔子晚年最喜《周易》，而那时的《周易》，不过是六十四条卦辞和三百八十四条爻辞。不言《周易》之来历。"于《礼》则专指为儒家所作。

《哲学史大纲》:"儒家恐怕人死了父母,便把父母忘了,所以想出种种丧葬祭祀的仪节出来。儒家的丧礼,有种种怪现状,种种极琐细的仪文。儒家说'尧死时,三载如丧考妣。商高宗三年不言',和《孟子》所说,'三年之丧,三代共之'。都是儒家托古改制的惯技。不足凭信。"独信《诗经》为信史。

《哲学史大纲》:"古代的书只有一部《诗经》,可算得是中国最古的史料。"而于《诗经》之文又只取变风、变雅以形容当时之黑暗腐败。于《风》《雅》《颂》所言不黑暗不腐败者,一概不述。

《哲学史大纲》:"那时的政治除了几国之外,大概都是很黑暗很腐败的。"

盖合于胡氏之理想者,言之津津,不合于其理想者,不痛诋之则讳言之。此其著书立说之方法也。依此方法,故可断定曰:"古无学术。古无学术,故王官无学术。王官无学术,故诸子之学,决不出于王官。"

胡氏谓:"先秦显学本只有儒、墨、道三家。而儒家之书,十九不可信。"故据儒家之书以驳之,决不足以服胡氏之心。道、墨二家,则胡氏所心折者也。胡氏疑古,而道、墨二家则皆信古。《墨子》之书动辄称引三代圣王尧、舜、禹、汤、文、武。胡氏亦许为温故知新,彰往察来。

《哲学史大纲》:"墨子说:'凡言凡动合于三代圣王尧、舜、禹、汤、文、武者为之。凡言凡动合于三代暴王桀、纣、幽、厉者舍之。'这并不是复古守旧,这是温古而知新,彰往而察来。"是古代有所谓圣王,非儒家所伪造也。先知古代有所谓圣王,然后知王官之学所从出。王官之学所从出,亦出于《天下篇》。

《天下篇》:

> 古之所谓道术者,果恶乎在?百官以此相齿,古之人其备乎?其明而在数度者,旧法世传之,史尚多有之。其在于《诗》《书》《礼》《乐》者,邹鲁之士,缙绅先生多能明之。《诗》以道志。《书》以道事。《礼》以道行。《乐》以道和。《易》以道阴阳。《春秋》以道名分。其数散于天下而设于中国者,百家之学,时或称而道之。天下大乱,贤圣不明,道德不一,天下多得一察焉以自好。是故内圣外王之道暗而不明,郁而不发。天下之人,各为其所欲焉以自为方。

曰"百官以此相齿",曰"缙绅先生多能明之",是古代之官,有学术之明证也。立此义为前提,而胡氏之说,在在皆失其根据矣。

诸子之学,发源甚远,非专出于周代之官。章氏专以周代之官释之。

《诸子学略说》:"《周礼·太宰》言'儒以道得民'。是儒之得称久矣。司徒之官,专主教化,所谓'三物化民'。三物者,六德、六行、六艺之谓。是故孔子博学多能而教人以忠恕。"胡氏亦据《周官》以相訾謷。

《诸子不出于王官论》:"古代之王官,定无学术可言,《周礼》伪书,本不足据。即以《周礼》所言十有二教及乡三物观之,皆不足以言学术。若谓九流皆出于王官,则成周小吏之圣知,定远过于孔丘、墨翟。此所谓素王作《春秋》,为汉朝立法者,其信古之陋,何以异耶?"按《七略》原文,正未专指周官,如羲和、理官、农稷之官之类,皆虞夏之官。但据《周礼》,尚不足以证其发源之远。而《周官》之伪撰与否,更不足论矣,羲和治历,故有阴阳之学。理官典刑,故有法律之学。农稷治田,故有农家之学。此皆事义之最明者。胡氏不此之思,但以墨子一家为例,其说已偏而不全。

《诸子不出于王官论》:"墨者之学,仪态万方,岂清庙小官所能产生?凡此诸端,皆足征墨家之不出于王官。举此一家,可例其他。"而墨家之出于王官,出于清庙之守,适有确证。

《吕氏春秋·当染篇》:"鲁惠公使宰让请郊庙之礼于天子。桓王使史角往。惠公止之,其后在于鲁,墨子学焉。"

史角掌郊庙之礼,为周代王室之官。墨子学于史角之后,故曰:"墨家者流,出于清庙之守。"而胡氏猥谓其非清庙之官,何不检乃尔耶?

胡氏本文,但引章氏之说而驳之,其文曰:"太炎又云:'墨家先有史佚,为成王师。其后墨翟亦受学于史角。'史佚之书,今无所考。其名但见《艺文志》。其书之在墨家,亦犹晏子之在儒家,与伊尹、太公之在道家耳。若以墨翟之学于史角为诸子出于王官之证,则孔子所师事者尤众矣,况史佚、史角既非清庙之官,则《艺文志》'墨家出于清庙'之说,亦不能成立。"

[附注]史佚亦作逸,亦称尹佚,其事亦见于《尚书·洛诰》(逸祝册作册逸诰),见于《周书·克殷》(尹逸筴曰云云,史佚迁九鼎三巫),见于《史记·周本纪》(尹佚筴曰云云,史佚展九鼎保玉)。其名言见于《左传》(僖十五年,史佚有言曰云云),见于

《国语》（《周语》下，昔史佚有言曰云云）。其官既掌祭祀神祇，其学亦为世所诵述，何得谓无所考。又古代祝史之官，其职甚尊。《曲礼》曰："天子建天官，先六太，曰太宰、太宗、太史、太祝、太士、太卜。"周之史佚、史角，始以天官世守清庙，传其家学以开墨家。而胡氏猥谓墨者之学，岂清庙小官所能产生。守清庙者何以见为小官？即为小官，何以不能产生硕学？岂哲学家必为大官耶？

儒家出于司徒之官，论其远源，实唐虞之司徒。司徒之掌教，自唐虞至周皆然，不独周有十二教乡三物也。惟胡氏以《尚书》为没有信史的价值，则契为司徒，敷五教。及孟子所称"教以人伦"者，胡氏必皆目为儒家謷言，不可依据。请就墨子之书征之。墨子之书，常称古之三公。

《墨子·尚贤下》："汤得伊尹而举之，立为三公。武丁得傅说而举之，立为三公。"

又《尚同上》："择天下之贤者置立之以为三公。"

又《天志下》："诸侯不得须已而为正，有三公正之。"

古之三公，即司徒司马司空也。三公既多贤者，何能断定其无学术。然仅曰贤良，或但就行谊立论，不足为其人有学术之证。则更就墨子征之。

《墨子·尚同中》："选择天下贤良圣知辩慧之人，立以为天子。选择天下赞选贤良圣知辩慧之人，置为三公。"

曰"圣知"，曰"辩慧"，皆学术之美称，非仅行谊之谥号也。古者哲学家之名。所谓圣知，即哲学家也。古者（墨子所谓选择云云，皆承其上古者而言）天子三公，多有圣知辩慧之人，岂惟可以产生儒家，举凡名、法之学，无不开其先河。后世学者各得其一官之所传。而司徒掌教，惟儒家绍其统系。此《汉志》所以谓其道最高也。

《班志》："儒家者流，盖出于司徒之官。助人君，顺阴阳，明教化者也。游文于六经之中，留意于仁义之际，祖述尧舜，宪章文武，宗师仲尼以重其言。于道为最高。"

胡氏若谓古之司徒，定无学术，必须证明古之三公，绝无圣知辩慧之人，或证明《墨子》诸篇所言古之三公，皆儒家所羼入。不然，则古代王官之有学术，非儒家一家之言，天下之公言也。

胡氏属文，强词夺理，任举一义，皆有罅漏，如驳斥儒家于司徒，谓儒家之六籍，多非司徒之官所能梦见。不知司徒之官，何以不能梦见六籍？《诗》

《书》之类，经孔子删订，岂孔子以前无《诗》《书》乎？墨家时时称举《诗》《书》，多有与今日所传之《诗》《书》相同者。如《兼爱下》引《周诗》，《明鬼上》引《甘誓》之类。

《庄子·天下篇》盛称六艺，谓其"散于天下，设于中国百家，时或称道"。此岂儒家私有之物耶？胡氏欲抹杀春秋以前圣知辩慧之天子三公，故以六籍归纳于儒家，以便肆意诋毁。然道墨二家之书具在，不能恶其害已而尽去之。即令天下不读儒家之书，亦不能使人无疑于其说也。

胡氏论学，亦知寻求因果。

《中国哲学史大纲》："大凡一种学说决不是劈空从天上掉下来的。我们如果能仔细研究，定可寻出那种学说有许多前因，许多后果。"

而其讲诸子之学，则只知春秋时代之时势，为产生先秦诸家学派之原因，不知有其他之原因。若合《庄子·天下篇》、《淮南子·要略》、刘歆《七略》观之，则诸子之学，出于古代圣哲者为正因。而激发于当日之时势者为副因。举副因而弃正因，岂可谓仔细研究乎？《天下篇》无论矣。即《淮南子·要略》，亦非专主救世之弊一端也。其述儒者之学，则曰："修成康之道，述周公之训。"其述墨子之学，则曰："学儒者之业，受孔子之术，背周道而用夏政。"其述管子之书，则曰："崇天子之位，广文武之业。"夫夏及文、武、成、康、周公，皆诸子之学之前因也。胡氏削去此等文句。但曰："有周公之遗风而儒者之学兴。"是胡氏于《淮南子》之言，亦未仔细研究也。按胡氏之病原，实由于不肯归美于古代帝王官吏，一若称述其事，即等于歌功颂德的官书。

《中国哲学史大纲》："我以为《尚书》或是儒家造出的托古改制的书。或是古代歌功颂德的官书。"

不知客观之法，在得其真。伪者，不容妄为傅会。真者，亦岂可任意削灭？吾国唐虞三代自有一种昌明盛大治教并兴之真象，故儒家言之，墨家言之，即好为谬悠之说荒唐之言之庄周，亦反复言之。若削去此等事实，则后来事实，都无来历，而春秋战国时代诸子之学说，转似劈空从天上掉下来的。且其对于前此之事迹，又须诡辞曲说，尽翻成案，不但异己者不容尽泯，即其所主张崇奉之书，亦须抑扬斡旋以就其说，是亦不可以已乎！

胡氏谓学术皆出于忧世之乱，应时而生，实阴窃孔子论《易》之说。

《易·系辞下》："《易》之兴也,其于中古乎?作《易》者其有忧患乎?《易》之兴也,其当殷之末世,周之盛德耶?当文王与纣之事耶?是故其辞危。"

然窃其言而不肯明举其言,故论史而失其先后本末之序。使胡氏从孔子之言,以《易》为哲学史之开宗,次及周公之制作,则诸子之出于王官,自然一贯,无所用其强辩。而忧世之乱,应时而生之说,更可因此而证明。盖中国历年悠久,事变孔多。岂独幽厉以降,天下始乱!诸子起于周末,文、周生于殷季,其为夏氏均也。论哲学而断自春秋,岂春秋战国之时势,可以产生哲学思想,而殷商末造之大乱,不能产生哲学思想乎?且由殷周而推至唐虞,推至伏羲、神农均无不通。世乱非一次,故忧世者非仅一时代人,而学术思想之孽乳渊源,乃益厘然可见。胡氏崇奉《淮南子·要略》者也,使其仔细研究《淮南子·要略》,则知其法正与吾言相同。

《淮南子·要略》:"今《易》之乾坤,足以穷道通意也。八卦可以识吉凶,知祸福矣。然而伏羲为之六十四变,周室增以六爻,所以原测淑清之道而摅逐万物之祖也。(此可见《淮南》论道以《易》为始)文王四世累善修德行义以为天下去残除贼。而成王道。周公继文王之业,持天下之政。(此可见《淮南》论诸子本于文王周公)"惜乎其不知而妄作也!

诸子之学之发源,既当从《七略》之说,而诸子之学之失传,亦不可不考。今之讲诸子之学者,不但不知其源,复不知其流动,以诸子之学之失传,归罪于董仲舒请汉武帝罢黜百家。其说盖倡于日本人。(日本人久保天随等著东洋历史多言之。)

梁氏撰《新民丛报》时,拾其说而张大之。

梁启超论《中国古代思潮·儒学统一》章曰:

> 儒学统一云者,他学销沉之义也。董仲舒对策贤良,请"表章六艺,罢黜百家,凡非在六艺之科者绝勿进"。自兹以往,儒学之尊严,迥绝百流。二千年来,国教之局乃始定矣!吾中国学术思想之衰,实自儒学统一时代始!

胡氏《哲学史》亦言之。

《中国哲学史大纲》："汉兴以后，儒家当道，则汉武帝初年竟罢黜百家，独尊孔氏。儒家这样盛行，墨家①自然没有兴盛的希望了！"

夫吾人今日得见周秦诸子之书，能知春秋战国时代之学术思想者，繄何人之力？汉武帝之力也。

《汉书·艺文志》："汉兴，改秦之败，大收篇籍，广开献书之路。迄孝武世，书缺简脱，礼坏乐崩，圣上喟然而称曰：'朕甚闵焉。'于是建藏书之策，置写书之官。下及诸子传说，皆充秘府。"

汉武时，诸子之书，正由销沉而复行发见之时。何得谓儒学统一，即他学销沉？考汉《董仲舒列传》，称抑黜百家，立学校之官，未明言其何年。

《董仲舒列传》："仲舒对策，推明孔氏，抑黜百家，立学校之官。"

《通鉴》载仲舒对策，在建元元年。齐召南谓当在建元五年。要之仲舒对策，在汉武帝初年，无疑也。淮南王安以元狩元年死。司马谈以元狩元年死。其时皆在仲舒请黜百家之后，而淮南述太公阴谋，儒、墨、管、晏，纵横修短，刑名之书，商鞅之法，太史公《论六家要指》，皆讲求诸子之学者也。武帝罢黜百家之后，诸子之源流转明，是得谓之销沉乎？司马迁死于昭帝时。

王鸣盛《十七史商榷》："迁实卒于昭帝初。观《景帝本纪》末云：太子即位，是为孝武皇帝。《卫将军骠骑传》末段亦屡称武帝。按其文义，皆非后人附益。间有称武帝为今上者，《史记》作非一时，入昭帝时未久，即卒，不及追改也。"

其作《孟子荀卿列传》，述战国诸子，有孟子、驺子、淳于髡、慎到、环渊、接子、田骈、驺奭、荀卿、剧子、公孙龙、李悝、尸子、长卢、吁子等人，且云："世多有其书。"

《孟子荀卿列传》："自如孟子至于吁子，世多有其书，故不论其传云。"

诸子书，世既多有，更不得谓之销沉矣。成帝哀帝均重学术，向、歆父子校理秘文，于是诸子之渊源益明。

《艺文志》："成帝时，以书颇散亡，使谒者陈农求遗书于天下。诏光禄大夫刘向校经传、诸子、诗赋。步兵校尉任宏校兵书。太史令尹咸校数术。侍医李柱国校方技。每一书已，向辄条其篇目，撮其指意，录而奏之。会向卒。哀

---

① 墨家，原文为"墨守"。——编者注

帝复使向子侍中奉车都尉歆卒父业。歆于是总群书而奏其《七略》。故有《辑略》，有《六艺略》，有《诸子略》，有《诗赋略》，有《兵书略》，有《术数略》，有《方技略》。"

至东汉时，班固述之为《艺文志》。其时所存之子书凡百八十九家四千三百二十四篇，此皆汉人讲求保存之力也。若儒学统一，屏黜百家，则公孙龙墨翟之学说，何以巍然与儒家并存乎？

梁胡二氏学术不同，要皆抱一反对儒家之见，以为汉崇儒术，即不容他家置喙。不知汉人讲求诸子之学，初无轩轾之念，故其于诸家之短长，皆平心静气以论之。如：

司马谈《论六家要旨》曰："阴阳之术大祥，使人拘而多所畏。儒家博而寡要，劳而少功。墨子俭而难遵，是以其事不可遍循。名家使人俭而善失真。法家严而少恩。"

班志论九流之失，于儒家则曰："惑者既失精微，而辟者又随时抑扬，违离道本，苟以哗众取宠。后进循之。是以五经乖析，儒学浸衰。"于道家则曰："及放者为之，则欲绝去礼学，兼弃仁义。曰：'独任清虚，可以为治。'"于阴阳家则曰："及拘者为之，则牵于禁忌，泥于小数，舍人事而任鬼神。"于法家则曰："及刻者为之，则无教化，去仁爱，专任刑法而欲以致治，至于残害至亲，伤恩薄厚。"于名家则曰："及警者为之，则苟钩鈲析乱而已。"于墨家则曰："及蔽者为之，见俭之利，因以非礼，推兼爱之意而不知别亲疏。"于纵横家则曰："及邪人为之，则上诈谖而弃其信。"于杂家则曰："及荡者为之，则漫羡而无所归心。"于农家则曰："及鄙者为之，以为无所事圣王，欲使君臣并耕，悖上下之序。"

是汉人初未特尊儒家，以为至高无上，神圣不可侵犯也。梁氏徒执董仲舒"请黜百家"一语，遂以意测之，造为专制之议论。

《中国古代思潮篇》："秦汉之交，为中国专制政体发达完备时代，不喜其并立，而喜其一尊。惟孔学则严等差，贵秩序，而措之施之者，归结于君权，于帝王驭民，最为适合。故霸者窃取而利用之以宰制天下。"

不知自西汉至东汉，阴阳名法诸家，皆与儒家并立，何尝统于一尊？仲舒请罢黜百家，未见汉武有何明文，禁人习此诸家之学说也。至谓"儒家归结于君权，于帝王驭民，最为适合"，则墨家尚同一义，何以不适合于君权？且汉之好儒，独元帝耳！宣帝论汉之家法，杂用霸道，何尝纯任儒教？

《汉书·元帝纪》："帝柔仁好儒，尝侍燕，从容言：'陛下持刑太深，宜用儒生。'宣帝作色曰：'汉家自有制度，本以霸王道杂之，奈何纯任德教，用周政乎？且俗儒不达时宜，好是古非今，使人眩于名实，不知所守，何足妄任？'乃叹曰：'乱我家者，太子也！'"

董仲舒请罢黜百家之后，汉之诸帝，且不任儒，乃谓秦汉之交即为儒学统一时代，何其武断一至于此！然今日信梁氏之说者，实繁有徒。稍涉古书之藩，即纵笔而讥儒教如胡氏者，亦中梁氏之毒者也！

诸子之学，至何时中绝，此为治学术史者所不可不问者也。此事亦至易明。惟今日为梁胡诸氏之谰言所晦，故论者不诮儒家，则嗤汉武，而为吾国学术之大憝者，反为人所不知。讲学之士，第取《汉》《隋》二志相较，便知子学沦于何时。

《汉书》九流之书，见于《隋书·经籍志》者甚鲜。今为约举于左。

儒家亡二十四家，存七家。（此指汉以前之书余并同）

道家亡二十五家，存六家。（管子入法家）

阴阳一家不存。

法家亡四家，存三家。

名家亡五家，存二家。

墨家亡三家，存三家。

纵横一家不存。

杂家亡五家，存三家。

农家亡一家，余并存。

其书之亡之原因，则《隋志》历言之。

《隋书·经籍志》："董卓之乱，献帝西迁。图书缣帛，军人皆取为帷囊。所收而西，犹七十余载。两京大乱，扫地皆尽。惠怀之乱，京华荡覆，渠阁文籍，靡有孑遗。元帝克平侯，景公私经籍，归于江陵，周师入郢，咸自焚之。"

然则诸子之学之销沉者，董卓、李傕、郭汜、石勒、王弥、刘曜诸人之罪！与汉武帝何涉！与董仲舒何涉！舍奸恶凶顽之盗贼不问，而痛责一无权无勇之儒生，此吾国人之所以不乐为儒，而甘于从贼也！诸书之亡，自《隋志》

外，尚有张湛《列子序》可证。

张湛《列子序》："先君与刘正舆、傅颖根，皆王氏之甥，少游外家。舅始周，始周从兄正宗辅嗣，皆好集文籍，先并得仲宣家书，几将万卷。傅氏亦世为学门。三君总角，竞录奇书。及长，遭永嘉之乱，与颖根同避难南行，车重各称力，并有所载。而寇虏弥盛，前途尚远。张谓傅曰：'今将不能尽全所载，且共料简世所希有者，各各保录，令无遗弃。'颖根于是唯赍其祖玄父咸子集。先君所录书中有《列子》八篇。及至江南，仅有存者。《列子》唯余《杨朱》《说符》《目录》三卷。比乱，正舆为扬州刺史，先来过江，后在其家得四卷。寻从辅嗣女婿赵季子家得六卷，参校有无，始得全备。"

兵燹之祸，为学术之劫。书既不存，学说自然歇绝。湛所得之《列子》，尚系乱后凑集，其不泯于兵燹，亦云幸矣！

胡氏研究墨学，尝称鲁胜《墨辩注》。鲁胜者，西晋初年之人也。

《晋书·鲁胜传》："少有才操。元康初，官建康令，称疾去官。中书令张华遣子劝其更仕。再征博士，举中书郎，皆不就。其著述为世所称，遭乱遗失。惟注《墨辩》存。"

当西晋初，犹有讲求墨学者，安知其时不更有讲求他家学术之人。徒以乱离散佚，故至隋而无传。又《汉志》墨家有《田俅子》，梁时犹有其书，至隋而亡。

《隋书·经籍志》墨家注："梁有《田俅子》一卷，亡。"

《隋志》墨家犹有三书。至《宋史·艺文志》仅存《墨子》一种，余均不著录。则又唐末之乱亡之也。假令某一时代诸家之书具存，有专制之帝王与凶恶之儒生，一举尽焚之，则此帝王与儒生诚无所逃其罪。令其学术之微，书籍之亡，绵世历年，确因兵乱而递衰递减。而诸人束书不观，但执己见，坐儒家以万恶之名，不知是何心肝也。

焚书坑儒，只有秦始皇。其事见于《史记》。而刘海峰辨之，谓"六经亡于项羽萧何，非秦始皇之过"（见《海峰文集·焚书辨》）。是中国古学之销沉惟一之原因，只有无赖之徒作乱纵火，余皆无灭绝学术之事。即此一端，亦可见吾国文化胜于欧人。欧洲有焚杀哲人卜鲁诺之事，中国无之也。

综右所论，而吾国古代学术之源流乃可得言。其学之兴也渐，其学之衰也亦渐。故可分为五期：

第一期　伏羲以来，为萌芽时代。

第二期　唐虞及三代盛时，为官守时代。

第三期　春秋至战国，为私家学术盛兴时代。

第四期　两汉，为古学流派昌明时代。

第五期　汉末至唐末，为古学迭因兵乱销沉时代。

时期既明，更须知吾国学术思想，本来一贯，所谓儒墨道法者，皆出于王官，皆出于六艺。特持论有所偏重，非根本不能相容，不当以欧人狭隘褊嫉之胸襟，推测古代圣哲，更不当以末俗争夺权利之思想，诬蔑古代圣哲。其为文化学术之蠹贼者，实为武夫乱贼，应确定其主名为今人之炯戒。诸氏如有心拥护文化，当不以予言为河汉也。

梁、胡二氏皆痛诋刘歆。

《中国古代思潮篇》：“《艺文志》亦非能知学派之真相者也。既列儒家于九流，则不应别著《六艺略》。（诒按：此正可见《六艺》统贯诸家）既崇儒于《六艺》，何复夷其子孙以济十家？（诒按：刘歆胸中并无儒家专制统一之念）其疵一也。纵横家毫无哲理（诒按：纵横家之书久亡，不能断定其有无），小说家不过文辞（诒按：小说亦亡，不能妄断），杂家既谓之杂矣，岂复有家法可言（诒按：《汉志》明云知国体之有此见王治之无不贯，是杂家自有其家法），而以之与儒道名法墨者比类齐观。不合论理。其疵二也。农家固一家也，但其位置与兵商医诸家相等。农而可列于九流也，则如孙吴之兵，计然白圭之商，扁鹊之医，亦不可不为一流。今有《兵家略》《方技略》在《诸子略》之外，于义不完。（诒按：此正可见吾国古代以农立国，非以兵商医立国）其疵三也。《诸子略》之《阴阳家》与《术数略》界限不甚分明。（诒按：此可观《孟子列传》载驺衍之言，则知阴阳家与术数之别）其疵四也。故吾于班刘之言亦所不取。”

胡适《诸子不出于王官论》：“《艺文志》所分九流，乃汉儒陋说，未得诸家派别之实。”二氏所以知有诸家者，以歆之《七略》。因即据其分类以訾毁之。不知二氏所见九流十家之书，视歆孰多？果已尽见其所举之书而一一衡其分际，因知歆之不当耶？抑仅就今日所存者略事涉猎，遂下此判断耶？梁氏而分为二派，其说之谬，殆莫之逾！

《中国古代思潮篇》：“据群籍审趋势，自地理上民族上放眼观察，而证以学说之性质，制一《先秦学说大事表》。先秦学派：一北派，二南派。北派正宗：孔子孟子荀卿及其他儒徒。南派正宗：老子庄子列子杨朱及其他老徒。"

古代地势之分南北，或以淮为界，或以江为界，未有同在大河之南，淮水之北，而可分为南北者也。孔孟老庄所生之地，所居之境，皆无南北之分。

《史记·老子传》："老子者，楚苦县厉乡曲仁里人也。《索隐》：苦县本属陈。春秋时，楚灭陈，而苦又属楚，故云'楚苦县'。"按：楚苦县，即今河南鹿邑县，在亳县之西。

又《庄子传》："庄子者，蒙人也，名周。周尝为蒙漆园吏。"《索隐》："刘向《别录》云：'宋之蒙人也。'"《正义》："《括地志》云：'漆园故城，在曹州冤句县北十七里。'此云'庄周为漆园吏'，即此。按其城古属蒙县。"按：蒙县在今河南商丘县之东北。

苦、蒙之去曲阜邹邑，约四五百里。蒙在睢水之北，苦在沙水之北，其去淮之道里，几与去曲阜邹邑相等。而距江水之远，无论矣。梁氏既称自地理上民族上观察，不知曲阜邹邑至苦县、蒙县之间，以何等标准画分南北。度其属文之时，第以为老庄皆楚人。故误以楚为南方。不知《史记》："楚苦县"三字，是据老子之后之苦县而言。当老子时，苦县尚属陈，不属楚也。《庄子·天运篇》虽有孔子南之沛之文。

《天运篇》："孔子行年五十有一，而不闻道，乃南之沛。见老聃。"然《天道篇》亦有西藏书，见老聃之文。

《天道篇》："孔子西藏书于周室，往见老聃。"

不过据自鲁出行所指之方而言，不足据以为天下大势及学派歧分之证。如以孔子南之沛即为孔老学派分南北之证，则孔子西之周见老聃，老聃且有西度函谷之事，何不分孔老学派为东西耶？按孔老南北之说，亦出于日本人。日本人读中国书素无根柢，固不足责。梁氏自居学识高于刘歆者，何得出此不经之言耶？其论南北派别有一表，繁称博举。

《中国古代思潮篇》：

北派崇实际　　南派崇虚想

北派主力行　　南派主无为

北派贵人事　　南派贵出世

北派明政法　　南派明哲理

北派重阶级	南派重平等
北派重经验	南派重创造
北派喜保守	南派主勉强
北派畏天	南派任天
北派言排外	南派言无我
北派贵自强	南派贵谦弱

要皆强为分配，故甚其说，孔子主中庸，故论南北方之强，皆所不取，独主中道，何得硬派孔子为北派。至谓南派明哲理，则孔子之赞《易》，非以明哲理乎？有清之季，海内人物，并无南北之分。自梁氏为此说，而近年南北人乃互分畛域，至南北对峙，迄今而其祸未熄。未始非梁氏报纸论说之影响也。

胡氏菲薄汉儒而服膺清儒。

《中国哲学史大纲》："校勘之学，从古以来，多有人研究。但总不如清朝王念孙、王引之、卢文绍、孙星衍、顾广圻、俞樾、孙诒让诸人的完密谨严。"

夫清儒之有功于古籍，诚不可没。然其所见古书之多，则去向歆远甚。举亲见原书之向歆所言之学说而诋毁之，转就仅见原书之十一之人，所为补苴掇拾，斤斤辩论于逸文只字者而崇奉之，此犹一人身居衣肆，熟睹锦绣之衣，能评论其价值。一人第见残破锦绣之片，缝纫补缀，而争论其位置，谓此应为袂，彼应为领，试思此二人之见解，孰为可凭？清儒校勘古书，谓其愈于宋元明人则可，若谓为昌明古学，则犹逊于汉儒。

《中国哲学史大纲》："综观清代学术变迁的大势，可称为古学昌明的时代。自从有了那些汉学家考据校勘训诂的工夫，那些经书子书，方才勉强可以读得。"

胡氏不称汉儒昌明古学，动斥其陋，甚且谓为昏谬。

《诸子不出于王官论》："古无九流之目。《艺文志》强为之分别。其说多支离无据。如《晏子》岂可在儒家？《管子》岂可在道家？《管子》既在道家，《韩非子》又安可属法家？至于《伊尹》、《太公》、孔甲《盘盂》种种伪书，皆一律收录，其为昏谬，更不待言。"（诒按此病与梁氏正同，皆是因刘歆之书，方知其误。若无刘歆，则公等从何知其谬。《汉志》于六国人所托者，皆明注之，非无别白古书真伪之识力也。）

而于王俞诸公，低首下心，颂扬惟恐不至。孟子曰："不揣其本而齐其末，方寸之木，可使高于岑楼。"其斯之谓乎？

吾为此论，非好与诸氏辩难。只以今之学者不肯潜心读书，而又喜闻新说，根柢本自浅薄，一闻诸氏之言，便奉为枕中鸿宝，非儒谤古，大言不惭，则国学沦胥，实诸氏之过也。诸氏自有其所长，故亦当世之学者。第下笔不慎，习于诋诃。其书流布人间，几使人人养成山膏之习，故不得不引绳披根，以箴其失。至所言之浅俚，故不值海内鸿博者一哂也。

（录自《史地学报》第一卷第一号，一九二一年）

（参校桑兵、张凯、於梅舫《近代中国学术思想》，中华书局2008年版，第117~130页）

南北传统与先秦哲学思想（节录）

劳思光①

北方之周文化传统，至孔子时方有哲学思想出现。孔子之学，始于研礼；而后又溯至"义"与"仁"，遂生出中国儒学之大流。故无论孔子在血统上是否属于殷人，其精神方向则全由周文化之提升及反省生出。另一面南方之文化传统，则混合殷人及祝融民族之文化而成；实是中原之旧文化，非真出于南方土著。南方哲学思想之代表，即为老子及庄子之学说。老子固楚人；庄子宋人，而宋正殷后也。

孔孟老庄之学说，以后各有专章讨论。此处但点明儒道两大派思想之文化渊源而已。

此外，代表下层社会有墨家思想；纯代表统治阶层则有韩非之法家思想。其来源又各有不同。

儒家重德性，重政治制度，立仁义王道之说；是周文化或北方传统之哲学。道家重道，重自然，立逍遥之超离境界，是旧中原文化或南方传统之哲学。墨家信鬼神，尊权威，重功利，则是结合原始信仰与现实具体需要之学说，非直

---

① 劳思光（1927—2012），哲学家。

承两大传统者。法家则杂取儒、道、墨之观念，而以统治者之需要为中心以运用之。全是另一后起学说，然与二传统之哲学皆有旁面关系。此外，名家有形上学旨趣又喜作分析思考，盖受道家影响之后起学派。至于南北文化传统所及之范围外，渤海沿岸，燕齐故域，又有方士传统及阴阳五行种种方术思想；南方吴越一带之巫术亦留下某种神秘观念，皆对战国秦汉之思想大有影响。

（录自劳思光《新编中国哲学史》一，台湾三民书局1984年增订初版，第74页）

（参校劳思光《新编中国哲学史》一卷，广西师范大学出版社2005年版，第56页）

战国子家叙论·论战国诸子之地方性

傅斯年[①]

凡一个文明国家统一久了以后，要渐渐的变成只剩了一个最高的文化中心点，不管这个国家多么大。若是一个大国家中最高的文化中心点不止一个时，便要有一个特别的原因，也许是由于政治的中心点和经济的中心点不在一处，例如明清两代之吴会；也许是由于原旧国家的关系，例如罗马帝国之有亚历山大城，胡元帝国之有杭州。但就通例说，统一的大国只应有一个最高的文化中心点的。所以虽以西汉关东之富，吴梁灭后，竟不复闻类于吴苑梁朝者。虽以唐代长江流域之文华，隋炀一度之后，不闻风流文物更炽于汉皋吴会。统一大国虽有极多便宜，然也有这个大不便宜。五季十国之乱，真是中国历史上最不幸的一个时期了，不过也只有在五季十国那个局面中，南唐西蜀乃至闽地之微，都要和僭乱的中朝争文明的正统。这还就单元的国家说，若在民族的成分颇不相同的一个广漠文明区域之内，长期的统一之后，每至消磨了各地方的特性，而减少了全部文明之富度，限制了各地各从其性之特殊发展。若当将混而未融之时，已通而犹有大别之间，应该特别发挥出些异样的文华来。近代欧洲正是这么一个例，或者春秋战国中也是这样子具体而微罢？

[①] 傅斯年（1896—1950），历史学家、教育家。

战国诸子之有地方性，《论语》《孟子》《庄子》均给我们一点半点的记载，若《淮南·要略》所论乃独详。近人有以南北混分诸子者，其说极不可通。盖春秋时所谓"南"者，在文化史的意义上与楚全不相同（详拙论《南国》），而中原诸国与其以南北分，毋宁以东西分；虽不中，犹差近。在永嘉丧乱之前，中国固只有东西之争，无南北之争（晋楚之争而不决为一例外）。所以现在论到诸子之地方性，但以国别为限不以南北西东等泛词为别。

齐燕附　战国时人一个成见，或者这个成见正是很对，即是谈到荒诞不经之人，每说他是齐人。《孟子》"此齐东野人之语也"；《庄子》"齐谐者，志怪者也"；《史记》所记邹衍等，皆其例。春秋战国时，齐在诸侯中以地之大小比起来，算最富的（至两汉尚如此），临淄一邑的情景，假如苏秦的话不虚，竟是一个近代大都会的样子。地方又近海，或以海道交通而接触些异人异地；并且从早年便成了一个大国，不像邹鲁那样的寒酸。姜田两代颇出些礼贤下士的侯王。且所谓东夷者，很多是些有长久传说的古国，或者济河岱宗以东，竟是一个很大的文明区域。又是民族迁徙自西向东最后一个层次（以上各节均详别论）。那么，齐国自能发达他的特殊文化，而成到了太史公时尚为人所明白见到的"泱泱乎大国风"，正是一个很合理的事情。齐国所贡献于晚周初汉的文化大约有五类（物质的文化除外）。

甲、宗教　试看《史记·秦始皇本纪》《封禅书》，则知秦皇、汉武所好之方士，实原自齐，燕亦附庸在内。方士的作祸是一时的，齐国宗教系统之普及于中国是永久的。中国历来相传的宗教是道教，但后来的道教造形于葛洪、寇谦之一流人，其现在所及见最早一层的根据，只是齐国的神祠和方士。八祠之祀，在南朝几乎成国教；而神仙之论，竟成最普及最绵长的民间信仰。

乙、五行论　五行阴阳论之来源已不可考，《甘誓》《洪范》显系战国末人书（我疑《洪范》出自齐，伏生所采以入廿八篇者），现在可见之语及五行者，以《荀子·非十二子篇》为最多。荀子訾孟子、子思以造五行论，然今本《孟子》《中庸》中全无五行说，《史记·孟子荀卿列传》中却有一段，记邹衍之五德终始论最详：

　　齐有三邹子。其前邹忌，以鼓琴干威王，因及国政，封为成侯，而受相印，先孟子。其次邹衍，后孟子。邹衍睹有国者益淫侈，不能尚德，若《大雅》整之于身施及黎庶矣，乃深观阴阳消息，而作怪迂之变，《终始》《大圣》之篇十余万言。其语闳大不经，必先验小物，推而大之，至于无垠。先序今以上至黄帝，学者所共术，大并世盛衰，因载其禨祥度制，推而远之，至天地未生，窈冥不可考而原也。先列中国名山、大川、通谷、禽兽，水土所殖，物类所珍，因而推之及海外，人之所不能睹。称引天地剖判以来，五德转移，治各有宜，而符应若兹。以为儒者所谓中国者，于天下乃八十一分居其一分耳。中国名曰赤县神州，赤县神州内自有九州，禹之序九州是也，不得为州数。中国外如赤县神州者九，乃所谓九州也，于是有裨海环之。人民禽兽莫能相通者，如一区中者，乃为一州。如此者九，乃有大瀛海环其外，天地之际焉。其术皆此类也。然要其归必止乎仁义节俭，君臣上下六亲之施，始也滥耳。王公大人初见其术，惧然顾化，其后不能行之。是以驺子重于齐。适梁，梁惠王郊迎，执宾主之礼；适赵，平原君侧行撇席；如燕，昭王拥彗先驱，请列弟子之座而受业，筑碣石宫，身亲往师之，作《主运》。

邹子出于齐，而最得人主景仰于燕，燕齐风气，驺子一身或者是一个表象。邹子本不是儒家，必战国晚年他的后学者托附于当时的显学儒家以自重，于是谓五行之学创自子思、孟轲，荀子习而不察，遽以之归罪子思、孟轲，遂有《非十二子》中之言。照这看来，这个五行论在战国末很盛行的，诸子《史记》不少证据。且这五行论在战国晚年不特托于儒者大师，又竟和儒者分不开了。《史记·秦始皇本纪》：

> 卢生说始皇曰："臣等求芝奇药仙者常弗遇，类物有害之者。方中，人主时为微行，以辟恶鬼，恶鬼辟，真人至。至人主所居，而人臣知之，则害于神。真人者，入水不濡，入火不爇，陵云气，与天地久长。今上治天下，未能恬惔。愿上所居宫毋令人知，然后不死之药殆可得也。"于是始皇曰："吾慕真人，自谓真人，不称朕。"乃令咸阳之旁二百里内宫观二百七十，复道甬道相连，帷帐钟鼓美人充之，各案署，不移徙。行所幸，有言其处者，罪死。始皇帝幸梁山宫，从山上见丞相车骑众，弗善

也。中人或告丞相,丞相后损车骑。始皇怒曰:"此中人泄吾语。"案问,莫服。当是时,诏捕诸时在旁者,皆杀之。自是后莫知行之所在。听事,群臣受决事,悉于咸阳宫。侯生、卢生相与谋曰:"始皇为人,天性刚戾自用,起诸侯,并天下,意得欲从,以为自古莫及己。专任狱吏,狱吏得亲幸。博士虽七十人,特备员弗用。丞相诸大臣皆受成事,倚辨于上。上乐以刑杀为威,天下畏罪,持禄莫敢尽忠。上不闻过而日骄,下慑伏谩欺以取容。秦法,不得兼方,不验,辄死。然候星气者至三百人,皆良士,畏忌讳谀、不敢端言其过。天下之事无小大皆决于上,上至以衡石量书,日夜有呈,不中呈,不得休息。贪于权势至如此,未可为求仙药。"于是乃亡去。始皇闻亡,乃大怒曰:"吾前收天下书,不中用者尽去之,悉召文学方术士甚众,欲以兴太平,方士欲练以求奇药。今闻韩众去不报,徐市等费以巨万计,终不得药,徒奸利相告日闻。卢生等吾尊赐之甚厚,今乃诽谤我,以重吾不德也。诸生在咸阳者,吾使人廉问,或为訞言,以乱黔首。"于是使御史悉案问诸生,诸生传相告引,乃自除犯禁者四百六十余人,皆坑之咸阳,使天下知之,以惩后。益发谪徙边,始皇长子扶苏谏曰:"天下初定,远方黔首未集,诸生皆诵法孔子,今上皆重法绳之,臣恐天下不安。惟上察之。"始皇怒,使扶苏北监蒙恬于上郡。

这真是最有趣的一段史料,分析之如下:

一、卢生等只是方士,决非邹鲁之所谓儒;

二、秦始皇坑的是这些方士;

三、这些方士竟"皆诵法孔子",而坑方士变做了坑儒。

则侈谈神仙之方士,为五行论之诸生,在战国末年竟儒服儒号,已无可疑了。这一套的五德终始阴阳消息论,到了汉朝,更养成了最有势力的学派,流行之普遍,竟在儒老之上。有时附儒,如儒之齐学,《礼记》中《月令》及他篇中羼入之阴阳论皆是其出产品;有时混道,如《淮南鸿烈》书中不少此例,《管子》书中也一样。他虽然不能公然的争孔老之席,而暗中在汉武时,已把儒家换羽移宫,如董仲舒、刘向、刘歆、王莽等,都是以阴阳学为骨干者。五行阴阳本是一种神道学(Theology),或曰玄学(Metaphgiscs),见诸行事则成迷信。

五行论在中国造毒极大,一切信仰及方技都受他影响。但我们现在也不用笑他了,十九世纪总不是一个顶迷信的时代罢?德儒海格尔以其心学之言盈天下,三四十年前,几乎统一了欧美大学之哲学讲席。但这位大玄学家发轨的一篇著作是用各种的理性证据——就是五德终始一流的——去断定太阳系行星只能有七,不能有六,不能有八。然他这本大著出版未一年,海王星之发现宣布了!至于辨式 Dialektik,还不是近代的阴阳论吗?至若我们只瞧不起我们二千年前的同国人,未免太宽于数十年前的德国哲学家了。

丙、托于管晏的政论 管晏政论在我们现在及见的战国书中并无记之者(《吕览》只有引管子言行处,没有可以证明其为引今见《管子》书处),但《淮南》《史记》均详记之。我对于《管子》书试作的设定是:《管子》书是由战国晚年汉初年的齐人杂著拼合起来的。《晏子》书也不是晏子时代的东西,也是战国末汉初的齐人著作。此义在下文殊方之治术一篇及下一章《战国子家书成分分析》中论之。

丁、齐儒学 这本是一个汉代学术史的题目,不在战国时期之内,但若此地不提明此事,将不能认清齐国对战国所酝酿汉代所造成之文化的贡献,故略说几句。儒者的正统在战国初汉均在鲁国,但齐国自有他的儒学,骨子里只是阴阳五行,又合着一些放言侈论。这个齐学在汉初的势力很大,武帝时竟夺鲁国之席而为儒学之最盛者,政治上最得意的公孙弘,思想上最开风气的董仲舒,都属于齐学一派:公羊氏《春秋》,齐《诗》,田氏《易》,伏氏《书》,都是太常博士中最显之学。鲁学小言詹詹,齐学大言炎炎了。现在我们在西汉之残文遗籍中,还可以看出这个分别。

戊、齐文辞 战国文辞,齐楚最盛,各有其他的地方色彩,此事待后一篇中论之(《论战国杂诗体》一章中)。

鲁 鲁是西周初年周在东方文明故域中开辟的一个殖民地。西周之故域既亡于戎,南国又亡于楚,而"周礼尽在鲁矣"。鲁国人揖让之礼甚讲究,而行事甚乖戾(太史公语),于是拿诗书礼乐做法宝的儒家出自鲁国,是再自然没有的事情。盖人文既高,仪节尤备,文书所存独多,又是个二等的国家,虽想好功矜伐而不能。故齐楚之富,秦晋之强,有时很足为师,儒之学发展之阻力,若鲁则恰成发展这一行的最好环境。"儒是鲁学"这句话,大约没有疑问罢？且儒学一由鲁国散到别处便马上变样子。孔门弟子中最特别的是"堂堂乎张"和不仕而侠之漆雕开，这两个人后来皆成显学。然上两个人是陈人，下两个人是蔡人。孔门中又有个子游，他的后学颇有接近老学的嫌疑，又不是鲁人（吴人）。宰我不知何许人，子贡是卫人，本然都不是鲁国原儒的样子，也就物以类聚跑到齐国，一个得意，一个被杀了。这都是我们清清楚楚的认识出地方环境之限制人。墨子鲁人（孙诒让等均如此考定），习孔子之书，业儒者之业（《淮南·要略》），然他的个性及主张，绝对不是适应于鲁国环境的，他自己虽然应当是鲁国及儒者之环境逼出来的一个造反者，但他总要到外方去行道，所以他自己的行迹，便也在以愚著闻的宋人国中多了。

宋　宋也是一个文化极高的国家，且历史的绵远没有一个可以同他比：前边有几百年的殷代，后来又和八百年之周差不多同长久。当桓襄之盛，大有殷商中兴之势，直到亡国还要称霸一回。齐人之夸，鲁人之拘，宋人之愚，在战国都极著名。诸子谈到愚人每每是宋人，如《庄子》"宋人资章甫而适诸越，越人断发文身，无所用之"；《孟子》"宋人有闵其苗之不长而揠之者"；《韩非子》宋人守株待兔。此等例不胜其举，而《韩非子》尤其谈到愚人便说是宋人。大约宋人富于宗教性，心术质直，文化既古且高，民俗却还淳朴，所以学者倍出，思想疏通致远而不流于浮华。墨家以宋为重镇，自是很自然的事情。

三晋及周郑　晋国在原来本不是一个重文贵儒提倡学术的国家，"晋所以伯，师武臣之力也"。但晋国接近周郑，周郑在周既东之后，虽然国家衰弱，终是一个文化中心，所以晋国在文化上受周郑的影响多（《左传》中不少此例）。待晋分为三之后，并不保存早年单纯军国的样子了，赵之邯郸且与齐之临菑争奢侈，韩魏地当中原，尤其出来了很多学者，上继东周之绪，下开名法诸家之盛，这一带地方出来的学者，大略如下：

太史儋　著所谓《老子》五千言（考详后）。关尹不知何许人，然既为周秦界上之关尹，则亦此一带之人。

申不害、韩非　刑名学者。管、晏、申、韩各书皆谈治道者，而齐晋两派绝异。

惠施、邓析、公孙龙　皆以名理为卫之辩士。据《荀子》，惠施、邓析，一流人；据《汉志》，则今本《邓析子》乃申韩一派。

魏牟　放纵论者。

慎到　稷下辩士。今存《慎子》不可考其由来，但《庄子》中《齐物论》一篇为慎到著十二论之一，说后详。

南国　"南国"和"楚"两个名辞断不混的。"南国"包陈、蔡、许、邓、息、申一带楚北夏南之地，其地在西周晚季文物殷盛（详说论《周颂》篇），在春秋时已经好多部分入楚，在战国时全入楚境之内了。现在论列战国事自然要把南国这个名词放宽些，以括楚吴新兴之人众。但我们终不要忘楚之人文是受自上文所举固有之南国的。胜国之人文，新族之朝气，混合起来，自然可出些异样的东西。现在我们所可见自春秋末年这一带地方思想的风气，大略有下列几个头绪：

厌世达观者　如孔子适陈、蔡一带所遇之接舆、长沮、桀溺、荷蓧丈人等。

独行之士　许行等。

这一带地方又是墨家的一个重镇，且这一带的墨学者在后来以偏于名辩著闻。

果下文所证所谓苦县之老子为老莱子，则此一闻人亦是此区域之人。

秦国　秦国若干风气似晋之初年，并无学术思想可言，不知《商君书》一件东西是秦国自生的政论，如管晏政论之为齐学一样？或者是六国人代拟的呢？

中国之由分立进为一统，在政治上固由秦国之战功，然在文化上则全是另一个局面，大约说来如下：

齐以宗教及玄学统一中国（汉武帝时始成就）。

鲁以伦理及礼制统一中国（汉武帝时始成就）。

三晋一带以官术统一中国（秦汉皆申韩者）。

战国之乱，激出些独行的思想家；战国之侈，培养了些作清谈的清客。但其中能在后世普及者，只有上列几项。

（录自欧阳哲生主编《傅斯年全集》第二卷，湖南教育出版社 2003 年版，第 270~277 页）

文史通义·原道上（节录）

章学诚

道有自然，圣人有不得不然，其事同乎？曰：不同。道无所为而自然，圣人有所见而不得不然也。圣人有所见，故不得不然；众人无所见，则不知其然而然。孰为近道？曰：不知其然而然，即道也。非无所见也，不可见也。不得不然者，圣人所以合乎道，非可即以为道也。圣人求道，道无可见，即众人之不知其然而然，圣人所藉以见道者也。故不知其然而然，一阴一阳之迹也。学于圣人，斯为贤人。学于贤人，斯为君子。学于众人，斯为圣人。非众可学也，求道必于一阴一阳之迹也。自有天地，而至唐、虞、夏、商，迹既多而穷变通久之理亦大备。周公以天纵生知之圣，而适当积古留传，道法大备之时，是以经纶制作，集千古之大成，则亦时会使然，非周公之圣智能使之然也。盖自古圣人，皆学于众人之不知其然而然，而周公又遍阅于自古圣人之不得不然，而知其然也。周公固天纵生知之圣矣，此非周公智力所能也，时会使然也。譬如春夏秋冬，各主一时，而冬令告一岁之成，亦其时会使然，而非冬令胜于三时也。故创制显庸之圣，千古所同也。集大成者，周公所独也。时会适当然而然，周公亦不自知其然也。

孟子曰："孔子之谓集大成。"今言集大成者为周公，毋乃悖于孟子之指欤？曰：集之为言，萃众之所有而一之也。自有天地，而至唐、虞、夏、商，皆圣人而得天子之位，经纶治化，一出于道体之适然。周公成文、武之德，适当帝全王备，殷因夏监，至于无可复加之际，故得藉为制作典章，而以周道集古圣之成，斯乃所谓集大成也。孔子有德无位，即无从得制作之权，不得列于一成，安有大成可集乎？非孔子之圣，逊于周公也，时会使然也。孟子所谓集大成者，乃对伯夷、伊尹、柳下惠而言之也。恐学者疑孔子之圣，与三子同，无所取譬，譬于作乐之大成也。故孔子大成之说，可以对三子，而不可以尽孔子也。以之尽孔子，反小孔子矣。何也？周公集羲、轩、尧、舜以来之大成，周公固学于历圣而集之，无历圣之道法，则固无以成其周公也。孔子非集伯夷、尹、惠之大成，孔子固未尝学于伯夷、尹、惠，且无伯夷、尹、惠之行事，岂将无以成其孔子乎？夫孟子之言，各有所当而已矣，岂可以文害意乎？

达巷党人曰:"大哉孔子!博学而无所成名。"今人皆嗤党人不知孔子矣;抑知孔子果成何名乎?以谓天纵生知之圣,不可言思拟议,而为一定之名也,于是援天与神,以为圣不可知而已矣。斯其所见,何以异于党人乎?天地之大,可一言尽。孔子虽大,不过天地,独不可以一言尽乎?或问何以一言尽之,则曰:学周公而已矣。周公之外,别无所学乎?曰:非有学而孔子有所不至;周公既集群圣之成,则周公之外,更无所谓学也。周公集群圣之大成,孔子学而尽周公之道,斯一言也,足以蔽孔子之全体矣。"祖述尧舜",周公之志也。"宪章文武",周公之业也。一则曰:"文王既没,文不在兹。"再则曰:"甚矣吾衰,不复梦见周公。"又曰:"吾学《周礼》,今用之。"又曰:"郁郁乎文哉!吾从周。"哀公问政,则曰:"文武之政,布在方策。"或问:"仲尼焉学?"子贡以谓"文、武之道,未坠于地"。"述而不作",周公之旧典也。"好古敏求",周公之遗籍也。党人生同时而不知,乃谓无所成名,亦非全无所见矣。后人观载籍,而不知夫子之所学,是不如党人所见矣。而犹嗤党人为不知,奚翅百步之笑五十步乎?故自古圣人,其圣虽同,而其所以为圣,不必尽同,时会使然也。惟孔子与周公,俱生法积道备无可复加之后,周公集其成以行其道,孔子尽其道以明其教,符节囫合,如出于一人,不复更有毫末异同之致也。然则欲尊孔子者,安在援天与神,而为恍惚难凭之说哉?

或曰:孔子既与周公同道矣,周公集大成,而孔子独非大成欤?曰:孔子之大成,亦非孟子所谓也。盖与周公同其集羲、农、轩、顼、唐、虞、三代之成,而非集夷、尹、柳下之成也。盖君师分而治教不能合于一,气数之出于天者也。周公集治统之成,而孔子明立教之极,皆事理之不得不然,而非圣人异于前人,此道法之出于天者也。故隋唐以前,学校并祀周、孔,以周公为先圣,孔子为先师,盖言制作之为圣,而立教之为师。故孟子曰:"周公、仲尼之道一也。"然则周公、孔子,以时会而立统宗之极,圣人固藉时会欤?宰我以谓夫子"贤于尧、舜",子贡以谓"生民未有如夫子",有若以夫子较古圣人,则谓"出类拔萃",三子皆舍周公,独尊孔氏。朱子以谓事功有异,是也。然而治见实事,教则垂空言矣。后人因三子之言,而盛推孔子,过于尧、舜,因之崇性命而薄事功,于是千圣之经纶,不足当儒生之坐论矣。夫尊夫子者,莫若切近人情。不知其实,而但务推崇,则玄之又玄,圣人一神天之通号耳,世教何补焉?故周、孔不可优劣也,尘垢秕糠,陶铸尧、舜,庄生且谓寓言,曾儒者而袭其说欤？故欲知道者，必先知周、孔之所以为周、孔。

（录自《文史通义校注》卷二，中华书局1985年版，第120~123页）
（参校《文史通义》第一册，上海书店1988年版，第32~35页）

史记·孔子世家（节录）

孔子年十七，鲁大夫孟釐子病且死，诫其嗣懿子曰："孔丘，圣人之后，灭于宋。其祖弗父何始有宋而嗣让厉公。及正考父佐戴、武、宣公，三命兹益恭，故鼎铭云：'一命而偻，再命而伛，三命而俯，循墙而走，亦莫敢余侮。饘于是，粥于是，以糊余口。'其恭如是。吾闻圣人之后，虽不当世，必有达者。今孔丘年少好礼，其达者欤？吾既没，若必师之。"及釐子卒，懿子与鲁人南宫敬叔往学礼焉。是岁，季武子卒，平子代立。

....

孔子之时，周室微而礼乐废，《诗》《书》缺。追迹三代之礼，序《书传》，上纪唐虞之际，下至秦缪，编次其事。曰："夏礼吾能言之，杞不足征也。殷礼吾能言之，宋不足征也。足，则吾能征之矣。"观殷夏所损益，曰："后虽百世可知也，以一文一质。周监二代，郁郁乎文哉。吾从周。"故《书传》《礼记》自孔氏。……

古者《诗》三千余篇，及至孔子，去其重，取可施于礼义，上采契后稷，中述殷周之盛，至幽厉之缺，始于衽席，故曰"《关雎》之乱以为《风》始，《鹿鸣》为《小雅》始，《文王》为《大雅》始，《清庙》为《颂》始"。三百五篇孔子皆弦歌之，以求合《韶武》《雅颂》之音。礼乐自此可得而述，以备王道，成六艺。

孔子晚而喜《易》，序《彖》《系》《象》《说卦》《文言》。读《易》，韦编三绝。曰："假我数年，若是，我于《易》则彬彬矣。"

孔子以诗书礼乐教，弟子盖三千焉，身通六艺者七十有二人。如颜浊邹之徒，颇受业者甚众。……

太史公曰：《诗》有之："高山仰止，景行行止。"虽不能至，然心向往之。

余读孔氏书，想见其为人。适鲁，观仲尼庙堂车服礼器，诸生以时习礼其家，余祗回留之不能去云。天下君王至于贤人众矣，当时则荣，没则已焉。孔子布衣，传十余世，学者宗之。自天子王侯，中国言六艺者折中于夫子，可谓至圣矣！

（录自《史记》卷四十七，中华书局1959年版，第1907~1908、1935~1938、1947页）

史记·仲尼弟子列传（节录）

孔子曰"受业身通者七十有七人"，皆异能之士也。德行：颜渊，闵子骞，冉伯牛，仲弓。政事：冉有，季路。言语：宰我，子贡。文学：子游，子夏。师也辟，参也鲁，柴也愚，由也喭，回也屡空。赐不受命而货殖焉，亿则屡中。

孔子之所严事：于周则老子；于卫，蘧伯玉；于齐，晏平仲；于楚，老莱子；于郑，子产；于鲁，孟公绰。数称臧文仲、柳下惠、铜鞮伯华、介山子然，孔子皆后之，不并世。

....

颜无繇字路。路者，颜回父，父子尝各异时事孔子。……孔子传《易》于瞿，瞿传楚人馯臂子弘，弘传江东人矫子庸疵，疵传燕人周子家竖，竖传淳于人光子乘羽，羽传齐人田子庄何，何传东武人王子中同，同传菑川人杨何。何元朔中以治《易》为汉中大夫。

……

太史公曰：学者多称七十子之徒，誉者或过其实，毁者或损其真，钧之未睹厥容貌，则论言弟子籍，出孔氏古文近是。余以弟子名姓文字悉取《论语》弟子问并次为篇，疑者阙焉。

（录自《史记》卷六十七，中华书局1959年版，第2185~2186、2210~2211、2226页）

史记·孟子荀卿列传（节录）

孟轲，驺人也。受业子思之门人。道既通，游事齐宣王，宣王不能用。适梁，梁惠王不果所言，则见以为迂远而阔于事情。当是之时，秦用商君，富国强兵；楚、魏用吴起，战胜弱敌；齐威王、宣王用孙子、田忌之徒，而诸侯东面朝齐。天下方务于合纵连横，以攻伐为贤，而孟轲乃述唐、虞、三代之德，是以所如者不合。退而与万章之徒序《诗》《书》，述仲尼之意，作《孟子》七篇。其后有驺子之属。

齐有三驺子。其前驺忌，以鼓琴干威王，因及国政，封为成侯而受相印，先孟子。

其次驺衍，后孟子。驺衍睹有国者益淫侈，不能尚德，若《大雅》整之于身，施及黎庶矣。乃深观阴阳消息而作怪迂之变，《终始》《大圣》之篇十余万言。其语闳大不经，必先验小物，推而大之，至于无垠。先序今以上至黄帝，学者所共术，大并世盛衰，因载其禨祥度制，推而远之，至天地未生，窈冥不可考而原也。先列中国名山大川，通谷禽兽，水土所殖，物类所珍，因而推之，及海外人之所不能睹。称引天地剖判以来，五德转移，治各有宜，而符应若兹。以为儒者所谓中国者，于天下乃八十一分居其一分耳。中国名曰赤县神州。赤县神州内有九州，禹之序九州是也，不得为州数。中国外如赤县神州者九，乃所谓九州也。于是有裨海环之，人民禽兽莫能相通者，如一区中者，乃为一州。如此者九，乃有大瀛海环其外，天地之际焉。其术皆此类也。然要其归，必止乎仁义节俭，君臣上下六亲之施，始也滥耳。王公大人初见其术，惧然顾化，其后不能行之。

是以驺子重于齐。适梁，惠王郊迎，执宾主之礼。适赵，平原君侧行撇席。如燕，昭王拥彗先驱，请列弟子之座而受业，筑碣石宫，身亲往师之。作《主运》。其游诸侯见尊礼如此，岂与仲尼菜色陈蔡，孟轲困于齐梁同乎哉！……

自驺衍与齐之稷下先生，如淳于髡、慎到、环渊、接子、田骈、驺奭之徒，各著书言治乱之事，以干世主，岂可胜道哉！

淳于髡，齐人也。博闻强记，学无所主。其谏说，慕晏婴之为人也，然而承意观色为务。客有见髡于梁惠王，惠王屏左右，独坐而再见之，终无言也。惠王怪之，以让客曰："子之称淳于先生，管、晏不及，及见寡人，寡人未有得也。岂寡人不足为言邪？何故哉？"客以谓髡。髡曰："固也。吾前见王，王志在驱逐；后复见王，王志在音声：吾是以默然。"客具以报王，王大骇，曰："嗟乎，淳于先生诚圣人也！前淳于先生之来，人有献善马者，寡人未及视，会先生至。后先生之来，人有献讴者，未及试，亦会先生来。寡人虽屏人，然私心在彼，有之。"后淳于髡见，壹语连三日三夜无倦。惠王欲以卿相位待之，髡因谢去。于是送以安车驾驷，束帛加璧，黄金百镒。终身不仕。

慎到，赵人。田骈、接子，齐人。环渊，楚人。皆学黄老道德之术，因发明序其指意。故慎到著十二论，环渊著上下篇，而田骈、接子皆有所论焉。

驺奭者，齐诸驺子，亦颇采驺衍之术以纪文。

于是齐王嘉之，自如淳于髡以下，皆命曰列大夫，为开第康庄之衢，高门大屋，尊宠之。览天下诸侯宾客，言齐能致天下贤士也。

荀卿，赵人。年五十始来游学于齐。驺衍之术迂大而闳辩；奭也文具难施；淳于髡久与处，时有得善言。故齐人颂曰："谈天衍，雕龙奭，炙毂过髡。"田骈之属皆已死齐襄王时，而荀卿最为老师。齐尚修列大夫之缺，而荀卿三为祭酒焉。齐人或谗荀卿，荀卿乃适楚，而春申君以为兰陵令。春申君死而荀卿废，因家兰陵。李斯尝为弟子，已而相秦。荀卿嫉浊世之政，亡国乱君相属，不遂大道而营于巫祝，信禨祥，鄙儒小拘，如庄周等又猾稽乱俗，于是推儒、墨、道德之行事兴坏，序列著数万言而卒。因葬兰陵。

而赵亦有公孙龙为坚白同异之辩，剧子之言；魏有李悝，尽地力之教；楚有尸子、长卢；阿之吁子焉。自如孟子至于吁子，世多有其书，故不论其传云。

盖墨翟，宋之大夫，善守御，为节用。或曰并孔子时，或曰在其后。

（录自《史记》卷七十四，中华书局 1959 年版，第 2343~2350 页）

读 荀

韩 愈

始吾读孟轲书，然后知孔子之道尊，圣人之道易行。王易王，霸易霸也，以为孔子之徒没,尊圣人者,孟氏而已。晚得扬雄书,益尊信孟氏,因雄书而孟氏益尊,则雄者,亦圣人之徒欤!

圣人之道不传于世,周之衰,好事者各以其说干时君,纷纷藉藉相乱,六经与百家之说错杂,然老师大儒犹在。火于秦,黄老于汉,其存而醇者,孟轲氏而止耳,扬雄氏而止耳,及得荀氏书,于是又知有荀氏者也。考其辞时若不粹,要其归,与孔子异者鲜矣,抑犹在轲、雄之间乎?

孔子删《诗》《书》,笔削《春秋》,合于道者著之,离于道者黜去之,故《诗》《书》《春秋》无疵。余欲削荀氏之不合者,附于圣人之籍,亦孔子之志欤。孟氏醇乎醇者也,荀与扬,大醇而小疵。

(录自《韩昌黎文集校注》第一卷,上海古籍出版社1986年版,第36~37页)
(参校《韩愈文选》,人民文学出版社1997年版,第238~239页)

论孔门弟子 *

朱 熹①

孔门弟子,如子贡后来见识煞高,然终不及曾子。如一唯之传,此是大体。毕竟他落脚下手立得定,壁立万仞!观其言,如"彼以其富,我以吾仁""可以托六尺之孤","士不可以不弘毅"之类,故后来有子思、孟子,其传永。孟子气象尤可见。

曾子本是鲁拙,后来既有所得,故守得夫子规矩定。其教人有法,所以有传。若子贡则甚敏,见得易,然又杂,往往教人亦不似曾子守定规矩,故其后无传。

子贡俊敏,子夏谨严。孔子门人自曾、颜而下,惟二子,后来想大故长进。……

"看来人全是资质。韩退之云:'孔子之道大而能博,门弟子不能遍观而尽识也,故学焉而皆得其性之所近。'此说甚好。看来资质定了,其为学也只

---

① 朱熹(1130—1200),南宋理学家。

就他资质所尚处，添得些小好而已。所以学贵公听并观，求一个是当处，不贵徒执己自用。今观孔子诸弟子，只除了曾、颜之外，其他说话便皆有病。程子诸门人，上蔡有上蔡之病，龟山有龟山之病，和靖有和靖之病，无有无病者。"或问："也是后来做工夫不到，故如此。"曰："也是合下见得不周遍，差了。"又曰："而今假令亲见圣人说话，尽传得圣人之言不差一字，若不得圣人之心，依旧差了，何况犹不得其言？若能得圣人之心，则虽言语各别，不害其为同。如曾子说话，比之孔子又自不同。子思传曾子之学，比之曾子，其言语亦自不同。孟子比之子思又自不同。然自孔子以后，得孔子之心者，惟曾子、子思、孟子而已。后来非无能言之士，如扬子云《法言》模仿《论语》，王仲淹《中说》亦模仿《论语》，言愈似而去道愈远。直至程子方略明得四五十年，为得圣人之心。然一传之门人，则已皆失其真矣云云。其终卒归于'择善固执''明善诚身''博文约礼'而已，只是要人自去理会。"

（录自黎靖德编，王星贤点校《朱子语类》卷九十三《孔孟周程张子》，中华书局 1986 年版，第 2354~2356 页）

（参校《传世藏书·朱子语类》，海南国际新闻出版中心 1996 年版，第 991~992 页）

孟子字义疏证·序

戴　震[①]

余少读《论语》端木氏之言曰："夫子之文章可得而闻也，夫子之言性与天道不可得而闻也。"读《易》，乃知言性与天道在是。周道衰，尧、舜、禹、汤、文、武、周公致治之法，焕乎有文章者，弃为陈迹。孔子既不得位，不能垂诸制度礼乐，是以为之正本溯源，使人于千百世治乱之故，制度礼乐因革之宜，如持权衡以御轻重，如规矩准绳之于方圆平直，言似高远而不得不言。自孔子言之，实言前圣所未言；微孔子，孰从而闻之！故曰："不可得而闻。"

是后私智穿凿者，亦警于乱世，或以其道全身而远祸，或以其道能诱人心

[①] 戴震（1724—1777），清代思想家，学者。

有治无乱；而谬在大本，举一废百；意非不善，其言只足以贼道，孟子于是不能已于与辩。当是时，群共称孟子好辩矣。孟子之书，有曰"我知言"，曰"游于圣人之门者难为言"。盖言之谬，非终于言也，将转移人心；心受其蔽，必害于事，害于政。彼目之曰小人之害天下后世也，显而共见；目之曰贤智君子之害天下后世也，相率趋之以为美言，其入人心深，祸斯民也大，而终莫之或寤。辩恶可已哉！

孟子辩杨、墨，后人习闻杨、墨、老、庄、佛之言，且以其言汩乱孟子之言，是又后乎孟子者之不可已也。苟吾不能知之亦已矣，吾知之而不言，是不忠也，是对古圣人贤人而自负其学，对天下后世之仁人而自远于仁也。吾用是惧，述《孟子字义疏证》三卷。韩退之氏曰："道于杨、墨、老、庄、佛之学而欲之圣人之道，犹航断港绝潢以望至于海也。故求观圣人之道，必自孟子始。"呜乎，不可易矣！休宁戴震。

（录自戴震撰，汤志钧校点《戴震集》，上海古籍出版社1980年版，第263~264页）

（参校戴震著，何文光整理《孟子字义疏证》，中华书局1961年版，序第1~2页）

孔门弟子及后学（节录）

梁启超

孔子虽如此伟大，他门弟子中却没有很出类拔萃的人物，或者为孔子所掩，也未可知。颜渊、子路两位，想是很了不得，但可惜都早死了。有若年齿最尊，算是孔门长老，子夏、子游、子张都佩服他。曾子却不敢苟同。大概孔子卒后，孔门或分有、曾两派。曾子注重内省之学，传授子思，《大学》《中庸》两篇，就是这一派学说的精华，后来开出孟子。有子之学，像是重形式，言动都似圣人。子夏、子游、子张，和他同调，都注重外观的礼乐。一部《礼记》，多半是这一派的记述。后来荀子和这一派的渊源，像有点接近，但这不过我个人的推测。据《荀子·非十二子篇》，骂子思、孟轲那一段有两句话说："以为仲尼、子游为兹厚于后世。"像思、轲之学，和子游有点渊源，或者《礼运》的大同由子游展转传到孟子，也未可定。《非十二子篇》又有"仲尼、子弓是也"一句，荀子如此推尊子弓，把他和仲尼并称，或者荀学和仲、弓有点渊源，也未可知。

……子张在孔门中，气象最为阔大，曾子、子夏、子游都不甚以他为然。（子游曰："吾友张也，为难能也，然而未仁。"曾子曰："堂堂乎张也，难与并为仁矣。"）所以他自成一派。子游南教于吴楚，或者南方儒学，多出其传。乐正氏即乐正子春，与子思同出曾子，子思广大精微，乐正却极其拘谨，"下堂而伤其足，三月不出，犹有忧色"（《礼记·檀弓》）。确是曾子战战兢兢、临深履薄的意思，所以和思、孟分驰。仲良氏不见他书，据《孟子》书，楚国有位陈良，"北学于中国，北方之学者未能或之先"，不知是他不是。

要之，以上两书[①]所举儒家十派（除去重复），除后起的孟子、荀卿有专书可考外，其余大半失传（《汉书·艺文志》有《子思》二十三篇，今仅存《中庸》一篇）。但揣想当时最有势力，且影响于后来最大的，莫如子夏一派。子夏最老寿，算起来当在百零六岁以上，门弟子自然众多，而且当时中原第一个强国的君主魏文侯，受业其门，极力提倡，自然更得势了。后来汉儒所传六经，大半溯源子夏，虽不可尽信，要当流传有绪。所以汉以后的儒学，简直可称为子夏氏之儒了。

子夏在孔门，算是规模最狭的人。……

（录自《饮冰室合集》专集之三十六《孔子》，中华书局 1989 年版）
（参校梁启超著，夏晓虹、陆胤校《国学小史》，商务印书馆 2014 年版，第 169~171 页）

訄书·订孔（节录）

章太炎

远藤隆吉曰："孔子之出于支那，实支那之祸本也。夫差第《韶》《武》，制为邦者四代，非守旧也。处于人表，至岩高，后生自以瞻望弗及，神葆其

[①] 指《荀子·非十二子篇》《韩非子·显学》二文。

言，革一义，若有刑戮，则守旧自此始。故更八十世而无进取者，咎亡于孔氏。祸本成，其胙尽矣。"

章炳麟曰：凡说人事，固不当以禄胙应塞。惟孔氏闻望之过情有故。曰：六艺者，道、墨所周闻。故墨子称《诗》《书》《春秋》，多太史中秘书。女商事魏君也，衡说之以《诗》《书》《礼》《乐》，从说之以《金版》《六弢》。异时老、墨诸公，不降志于删定六艺，而孔氏擅其威。遭焚散复出，则关轴自持于孔氏，诸子却走，职矣。

《论语》者晻昧，《三朝记》与诸告饬、通论，多自触击也。下比孟轲，博习故事则贤，而知德少歉矣。

荀卿以积伪俟化治身，以隆礼合群治天下。不过三代，以绝殊瑰；不贰后王，以綦文理。百物以礼穿籁，故科条皆务进取而无自戾。其正名也，世方诸仞识论之名学，而以为在琐格拉底、亚历斯大德间。由斯道也，虽百里而民献比肩可也。其视孔氏，长幼断可识矣。

夫孟、荀道术皆踊绝孔氏，惟才美弗能与等比，故终身无鲁相之政，三千之化。才与道术，本各异出，而流俗多视是崇堕之。近世王守仁之名其学，亦席功伐已。曾国藩至微末，以横行为戎首，故士大夫信任其言，贵于符节章玺。况于孔氏尚有踊者！孟轲则踬矣，虽荀卿却走，亦职也。

夫自东周之季，以至禹，《连山》息，《汩作》废，《九共》绝，墨子支之，只以自陨。老聃丧其征藏，而法守亡，五曹无施。惟荀卿奄于先师，不用。名辩坏，故言瞉；进取失，故业堕；则其虚誉夺实以至是也。

虽然，孔氏，古良史也。辅以丘明而次《春秋》，料比百家，若旋机玉斗矣。谈、迁嗣之，后有《七略》。孔子死，名实足以伉者，汉之刘歆。

[录自《章太炎全集》（三），上海人民出版社1984年版，第134~135页]
（参校章太炎著，曹刚解译《中华大方略全书·訄书》，内蒙古人民出版社2006年版，第9~10页）

原儒·原学统（节录）

熊十力[①]

中国学术导源鸿古，至春秋时代，孔子集众圣之大成，巍然为儒学定宏基。春秋、战国之际，诸子百家蜂起，如十日曜天，九州布地，繁赜极矣！而儒学实为正统派，乃任异部争鸣无息，旁行不离，如太阳居中，八纬外绕也，皇矣大哉！可以观宇宙之广博无穷也。

孔子之学，殆为鸿古时期两派思想之会通。两派者：一、尧、舜至文、武之政教等载籍足以垂范后世者，可称为实用派。二、伏羲初画八卦，是为穷神知化，与辩证法之导源，可称为哲理派。孔子五十岁以前之学大概专精于实用派。《论语·述而篇》曰："子所雅言，《诗》《书》执礼，皆雅言也。"朱注："雅，常也。"又云："礼，独言执者，以人所执守而言，非徒诵说而已。"余按《史记·孔子世家》曰："古者诗三千余篇。"此孔子未删之诗也。古诗皆采自民间歌谣。上世劳动之民生息于天子诸侯大夫累级统治之下，征敛之轻重，政令之宽猛，力役之缓急，表率之仁暴，而民有休戚苦乐种种不同之感。情思动于中，讴吟出诸口，此诗之由来也。故不学《诗》则不悉天下最大多数劳动民众之疾苦，何以图治？孔子删《诗》定为三百篇，其原本三千篇，当亦并行不废。

············

中国学术思想当上追晚周，儒家为正统派，孔子则儒家之大祖也。六经虽窜乱或全亡，而《易经》大体无改。《春秋》《经》《传》虽亡失，而以纬书、何休《公羊注》及他经相参证，其大意尚可寻也。《周官经》不能无改易，而大体犹可识。此与《春秋》之思想为一贯。今文家无知之排斥，只是历史上无聊故事，后人不当为其所惑。墨翟、惠施、农家，或为科学之先导，或为社会主义之开山，皆儒家之羽翼，不可不延续其精神也。法家书罕存，《管子》可

[①] 熊十力（1884—1968），学者。

略考。道家有极深远处，亦有极不好处。取长舍短，不容绝也。

（录自熊十力著，萧萐父主编《熊十力全集》第六卷，湖北教育出版社 2001 年版，第 332~333，444 页）

（参校熊十力《原儒》，上海书店出版社 2009 年版，第 16、96 页）

战国子家叙论·论儒为诸子之前驱，亦为诸子之后殿（节录）

傅斯年

按，儒为诸子中之最前者，孔子时代尚未至于百家并鸣，可于《论语》《左传》《国语》各书得之。虽《论语》所记的偏于方域，《国语》所记的不及思想，但在孔丘的时代果然诸子已大盛者，孔丘当不至于无所论列。孔丘以前之儒，我们固完全不曾听说是些什么东西；而墨起于孔后，更不成一个问题。其余诸子之名中，管、晏两人之名在前，但著书皆是战国时人所托，前人论之已多。著书五千言之"老子"乃太史儋，汪容甫、毕秋帆两人论之已长；此外皆战国人。则儒家之兴，实为诸子之前驱，是一件显然的事实。孔子为何如人，现在因为关于孔子的真材料太少了，全不能论定。但《论语》所记他仍是春秋时人的风气，思想全是些对世间务的思想，全不是战国诸子的放言高论。即以孟、荀和他比，孟子之道统观、论性说，荀子之治本论、正儒说，都已是系统的思想；而孔丘乃是"毋意""毋必""毋固""毋我"的"学愿"。所以孔丘虽以其"教"教出好些学生来，散布到四方，各自去教，而开诸子的风气，自己仍是一个春秋时代的殿军而已。

儒者最先出，历对大敌三：一、墨家，二、黄老，三、阴阳。儒墨之战在战国极剧烈，这层可于孟、墨、韩、吕诸子中看出。儒家黄老之战在汉初年极剧烈，这层《史记》有记载。汉代儒家的齐学本是杂阴阳的，汉武帝时代的儒学已是大部分糅合阴阳，如董仲舒；以后纬书出来，符命图谶出来，更向阴阳同化。所以从武帝到光武虽然号称儒学正统，不过是一个名目，骨子里头是阴阳家已篡了儒家的正统。直到东汉，儒学才渐渐向阴阳求解放。

儒墨之战，儒道之战，儒均战胜。儒与阴阳之战（此是相化非争斗之战），儒虽几乎为阴阳所吞，最后仍能超脱出来。战国一切子家一律衰息之后，儒者独为正统，这全不是偶然，实是自然选择之结果。儒家的思想及制度中，保存部落时代的宗法社会性最多，中国的社会虽在战国大大的动荡了一下子，但始终没有完全进化到军国，宗法制度仍旧是支配社会伦理的。所以黄老之道，申韩之术，可为治之用，不可为社会伦理所从出。这是最重要的一层理由。战国时代因世家之废而尚贤之说长，诸子之言兴，然代起者仍是士人一个阶级，并不是真正的平民。儒者之术恰是适应这个阶级之身份、虚荣心，及一切性品的。所以墨家到底不能挟民众之力以胜儒，而儒者却可挟王侯之力以胜墨，这也是一层理由。天下有许多东西，因不才而可绵延性命。战国之穷年大战，诸侯亡秦，楚汉战争，都是专去淘汰民族中最精良最勇敢最才智的分子的。所以中国人经三百年的大战而后，已经"锉其锐，解其纷，和其光，同其尘"了。淘汰剩下的平凡庸众最多，于是儒家比上不足，比下有余的稳当道路成王道了。儒家之独成"适者的生存"，和战国之究竟不能全量的变古，实在是一件事。

（录自《傅斯年全集》第二卷，湖南教育出版社 2003 年版，第 268~269 页）

訄书·儒墨（节录）

章太炎

《春秋》《孝经》，皆变周之文，从夏之忠，而墨子亦曰"法禹"。不法其意而法其度，虽知三统，不足以为政。螯于圣哲者，非乐为大。彼苦身劳形以忧天下，以若自毂，终以自堕者，亦非乐为大。

何者？喜怒生杀之气，作之者声也。故渾然击鼓，士忾怒矣。枪然撞铮于，继以吹箫，而人人知惨悼。儒者之颂舞，熊经猿攫，以廉制其筋骨，使行不愆步，战不愆伐，惟以乐倡之，故人乐习也。无乐则无舞。无舞则薾弱多疾疫，不能处憔悴。将使苦身劳形以忧天下，是何以异于腾驾蹇驴，而责其登大行之阪矣？

嗟乎！巨子之传，至秦汉间而斩。非其道之不逮申、韩、商、慎，惟不自为计，故距之百年而堕。夫文始五行之舞，遭秦未灭，今五经愾可见，《乐书》独亡，其亦昉于六国之季，墨者昌言号呼以非乐，虽儒者亦鲜诵习焉。故灰烬之余，虽有窦公、制氏，而不能记其尺札也。

乌乎！佚、翟之祸，至自弊以弊人，斯亦酷矣。

[录自《章太炎全集》（三），上海人民出版社 1984 年版，第 8 页]
（参校《中华大方略全书·訄书》，内蒙古人民出版社 2006 年版，第 11 页）

墨者及墨学别派（节录）

梁启超

……自墨子卒后以迄战国之末，其受墨学影响而卓然成为大师者，犹大有人在。

第一，宋钘

《荀子·非十二子》篇以墨翟宋钘并称，则钘与翟同一学系甚明。钘即孟子书中之宋牼，或又即《庄子·逍遥游》篇之宋荣子。其学说概略，见于《庄子·天下篇》《荀子·正论篇》，孟子尊称之为"先生"，荀子称之为"子宋子"，又言其"聚人徒立师学"俱见《正论篇》），知必为当时一大师矣。《天下篇》称其主张"人我之养毕足而止"，与墨子经济学说之根本观念正同；又称其"见侮不辱，救人之斗，禁攻寝兵，救世之战"，亦纯是墨家宗旨；《孟子》记其说秦楚罢兵，谓"我将言其不利"，正合墨家实利主义；《天下篇》又言"彼以为无益于天下者，明之不如其已"，更是极端的实利主义口吻；《正论篇》述其言，谓"知见侮之为不辱，则不斗矣"，此纯是托尔斯泰之"无抵抗主义"，视墨子之非攻而主张自卫者，又进一层矣。

第二，尹文

《庄子·天下篇》以宋钘尹文并称，宋钘既属墨系，则尹文当亦然，《公孙龙子·迹府篇》《吕氏春秋·正名篇》，皆述尹文论"见侮不辱"之义，益可证文与钘确为同派，彼作为华山之冠表上下平，亦近墨子之平等主义，但今本《尹文子》二篇，对于儒墨，并有诋諆，其论皆名家、法家言，是殆从墨学一转手者。

第三，许行

许行学说，仅见《孟子》，其并耕主义，盖受墨子经济思想之影响。"其徒数十人，皆衣褐，捆履织席以为食。"亦宗墨子之"以自苦为极"。

第四，惠施

第五，公孙龙

第六，魏牟

惠施、公孙龙，皆所谓名家者流也。而其学实出于墨。《庄子·天下篇》云："墨者俱诵《墨经》，而倍谲不同，相谓'别墨'，以坚白同异之辩相訾，以觭偶不仵之辞相应。"《墨经》言名学过半，而施、龙辩辞，亦多与经出入。《天下篇》举惠施推论十事，而归宿于"泛爱万物，天地一体"。公孙龙亦尝劝燕昭王偃兵，可见两家皆宗墨学，胡适谓《天下》篇所谓"别墨"，即施龙一派，可谓特识，其详具见适所著书，不备引。

《荀子·非十二子篇》首举它嚣、魏牟，二人学说，今皆失传，然据《列子·仲尼》篇魏牟为公孙龙辩护七事，则牟盖龙之信徒，然则牟亦可入"别墨"矣。

先秦书多儒墨对举，汉人亦以儒侠对举，《史记》所谓"儒以文乱法而侠以武犯禁"是也。墨氏之教："损己而益所为"，"为身之所恶以成人之所急"，《淮南子》谓："墨子服役者百八十人，皆可使赴火蹈刃，死不旋踵"，《新语》谓"墨子之门多勇士"，然则战国末年以逮汉初，其游侠传中人物，皆谓之"别墨"可也。

今综合以上所论述，拟为墨学派别表如下：

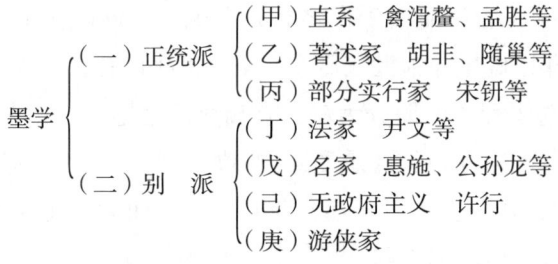

（录自《饮冰室合集》专集之三十九《墨子学案》，中华书局 1989 年版）

读墨子

韩　愈

儒讥墨以上同、兼爱、上贤、明鬼,而孔子畏大人、居是邦不非其大夫,《春秋》讥专臣,不"上同"哉?孔子泛爱亲仁,以博施济众为圣,不"兼爱"哉?孔子贤贤,以四科进褒弟子,疾殁世而名不称,不"上贤"哉?孔子祭如在,讥祭如不祭者,曰我祭则受福,不"明鬼"哉?

儒墨同是尧舜,同非桀纣,同修身正心以治天下国家,奚不相悦如是哉?余以为辩生于末学,各务售其师之说,非二师之道本然也。

孔子必用墨子,墨子必用孔子,不相用,不足为孔墨。

（录自《韩昌黎文集校注》第一卷,上海古籍出版社 1986 年版,第 39~40 页）
（参校《韩愈文选》,人民文学出版社 1997 年版,第 242 页）

墨子间诂·序

俞　樾[①]

孟子以杨墨并言,辞而辟之,然杨非墨匹也。杨子之书不传,略见于列子之书,自适其适而已。墨子则达于天人之理,熟于事物之情,又深察春秋战国百余年间时势之变,欲补弊扶偏,以复之于古,郑重其意,反复其言,以冀世主之一听,虽若有稍诡于正者,而实千古之有心人也。尸佼谓孔子贵公,墨子贵兼,其实则一。韩非以儒墨并为世之显学,至汉世犹以孔墨并称,尼山而外,其莫尚于此老乎。墨子死,而墨分为三。有相里氏之墨,有相夫氏之墨,有邓陵氏之墨。今观《尚贤》《尚同》《兼爱》《非攻》《节用》《节葬》《天志》《明鬼》《非乐》《非命》,皆分上中下三篇,字句小异,而大旨无殊,意者此乃相里、相夫、邓陵三家相传之本不同,后人合以成书,故一篇而有三乎。墨

[①] 俞樾（1821—1907）,清末文学家、经学家、朴学大师。

氏弟子，网罗放失，参考异同，具有条理，较之儒分为八，至今遂无可考者，转似过之。乃唐以来，韩昌黎外，无一人能知墨子者，传诵既少，注释亦稀，乐台旧本，久绝流传，阙文错简，无可校正，古言古字，更不可晓，而墨学尘蘿终古矣。

国朝镇洋毕氏，始为之注。嗣是以来，诸儒益加雠校，途径既辟，奥窔粗窥，《墨子》之书，稍稍可读。于是瑞安孙诒让仲容，乃集诸说之大成，著《墨子间诂》，凡诸家之说，是者从之，非者正之，阙略者补之。至《经说》及《备城门》以下诸篇，尤不易读，整纷剔蠹，脉摘无遗，旁行之文，尽还旧观，讹夺之处，咸秩无紊。盖自有《墨子》以来，未有此书也。以余亦尝从事于此，问序于余，余何足序此书哉！窃尝推而论之，墨子惟兼爱，是以尚同；惟尚同，是以非攻；惟非攻，是以讲求备御之法。近世西学中光学、重学，或言皆出于《墨子》。然则其备梯、备突、备穴诸法，或即泰西机器之权舆乎？嗟乎！今天下一大战国也，以孟子反本一言为主，而以墨子之书辅之，傥足以安内而攘外乎，勿谓仲容之为此书，穷年兀兀，徒敝精神于无用也。光绪二十一年夏，德清俞樾。

（录自孙诒让撰，孙启治点校《墨子间诂》，中华书局2001年版，"俞序"第1~2页）

论墨家 *

钱　穆[①]

"墨"字的本义，是一种刺面涂色以为奴隶标帜的刑名。古代的奴隶，或由罪犯俘虏，大率集居城市，或分配到贵族私家，或特别训练成一专门的技工。其知识程度与其身分，较之一辈儒士，或有不如，但以较普通农民社会，有的反而超出远甚。据本书作者的意见，墨家"墨"字，便是取义于古之墨刑。大抵墨家发动在古代一个工人集团里，或者墨翟自身便是一个受过墨刑的

---

① 钱穆（1905—1990），史学家、学术史家。

工人亦未可知。他较原始的弟子与徒从，恐怕也以工人为多，所以这一学派便称为墨家了。

儒家学派所得于古代传统的，是许多古代的典籍以及当时贵族阶级流行的一切礼文仪节。墨家学派的始创祖墨子，据说亦在儒家门下受业过。因此对于那些古代典籍及一切贵族礼亦多知道。但他们另有一传统，则为当时的工业技能与科学知识。

中国的工业，发达很早。殷商时代的青铜器，钟鼎之类，保存到现在的尚不少。那已是三千年前的古物了。我们只看那些铜器制造之精美，便可推想中国古代工业发展，在此以前，应该早有一个很长的时期了。中国工业亦与中国文化精神全体相配合，大抵是甚为精美而不流于奢侈，多切实用而又寓有人生伦理上的教训意味的。古代的彝器，多作宗庙祭祠之用，又多加上铭文，大半是既可作历史纪念而同时又寓有人生大义的格言和训词。这正可代表中国工业发展的方向与其意义之一斑。

铁器究竟始于何时，现尚不能定论，但春秋中叶以下，铁器使用已甚广泛。战争用的剑与耕稼用的锄，全都用铁制。

冶金术以外，在中国工业上发展极早的，要算陶器。中国古陶器的体制装饰，多与铜器相仿。大抵陶业先盛，青铜器继之，故一切仍仿陶器形制。陶器上亦多刻文。

在中国工业上发明甚早的尚有蚕桑与丝织。这至少亦是三千四五百年以前所发明的技术了。这种技术自然与人生日用有极大关系。据古史传说，在很早的古代，中国人衣服上已有刺绣，分绘日、月、星、山、龙等物象，藉以为政治上贵贱等级之分辨。此亦中国工艺美术，一切都自然归附到人生实用并寓有伦理教训方面的意味之一证。

除却陶器与丝织，中国古代工业极重要的是车的制造，这是仍然有关人生日用并更切要于战争方面的，同时亦用来表示政治上的贵贱等级。古人常以"车服"并称，可见当时车的重要。

上述铜器、陶器，丝织（衣）与木器（车）的四项，为中国古代工艺亦即美术上最重的四项。中国人的美术，常附加在工业上，而中国的工业，常注重在有关一般人生日用的器物上。这是中国工艺美术与中国整套文化精神相配合之点。

其他像庙宇、宫殿的建筑，据古书所载，似颇简朴，并不能与当时的铜器及车服等等的精美程度相配合。中国人的观念，对此等大建筑，无关一般人生日用的，似乎认为奢侈，常加反对。在中国古史上的大工程，只有有关农事的水利工程，有关交通的道路工程，及有关防御的要塞工程如长城之类。其他则全是些小工艺，既没有像古埃及人之金字塔等全属宗教意味的伟大建筑，亦没有像古希腊人石像雕刻等属于纯美术性的创制。在中国是工业与美术合流了，仅在有关一般人生日用品方面，而流露了中国人之心智与技巧，使日常人生渐于精美化，这是中国工艺美术之一种特性。

墨家学派在此工人集团的统治信仰中产生，因此他们的理论，显然偏向实用，偏向于一种极富伦理性的实用方面去。但墨家理论，不免过分注重人生实用了，因此不仅极端反对奢侈，而且也忽略了一般的审美观念之重要。但在工人集团的意见里，他们反对审美观念亦不足为奇。因为当时的审美观念，大体上是借用来分别人类的贵贱等级的。墨家反对人类社会之阶级分别，自然要牵连反对到一切文饰即审美方面了。

墨家学派，因为起于当时的工人集团，因此不仅他们熟练于种种的工艺制造，并亦通晓许多在当时有关制造方面的科学知识，尤其著名的，如墨子创制防御鲁国巧匠公输般所造攻城利器云梯的故事。如关于数学、几何学、力学、重学、光学种种方面的知识，现在有很多部分还保留在《墨子》书中几篇经和经说里。

墨家学派，不仅有许多科学智识，并亦有他们一种独创的逻辑与辩证法。这一种逻辑精神与辩证法，在墨子的言论里，到处流露出他的一种特有的风格，将来这一学派的流传，便成为名家。

但是墨家学派更重要的，在其实践精神，在其对于改造社会运动之带有宗教性的狂热。因此其工艺制造方面及逻辑辩证方面，到底成为旁枝，不占重要的地位。

（录自钱穆《中国文化史导论》，商务印书馆1994年版，第76~80页）
（参校钱穆《中国文化史导论》，九州出版社2011年版，第72~75页）

史记·老庄申韩列传（节录）

老子者，楚苦县厉乡曲仁里人也，姓李氏，名耳，字聃，周守藏室之史也。

孔子适周，将问礼于老子。老子曰："子所言者，其人与骨皆已朽矣，独其言在耳。且君子得其时则驾，不得其时则蓬累而行。吾闻之，良贾深藏若虚，君子盛德容貌若愚。去子之骄气与多欲，态色与淫志，是皆无益于子之身。吾所以告子，若是而已。"孔子去，谓弟子曰："鸟，吾知其能飞；鱼，吾知其能游；兽，吾知其能走。走者可以为罔，游者可以为纶，飞者可以为矰。至于龙，吾不能知其乘风云而上天。吾今日见老子，其犹龙邪！"

老子修道德，其学以自隐无名为务。居周久之，见周之衰，乃遂去。至关，关令尹喜曰："子将隐矣，强为我著书。"于是老子乃著书上下篇，言道德之意五千余言而去，莫知其所终。

……

世之学老子者则绌儒学，儒学亦绌老子。"道不同不相为谋"，岂谓是邪？李耳无为自化，清静自正。

庄子者，蒙人也，名周。周尝为蒙漆园吏，与梁惠王、齐宣王同时。其学无所不窥，然其要本归于老子之言。故其著书十余万言，大抵率寓言也。作《渔父》《盗跖》《胠箧》，以诋訾孔子之徒，以明老子之术。《畏累虚》《亢桑子》之属，皆空语无事实。然善属书离辞，指事类情，用剽剥儒、墨，虽当世宿学不能自解免也。其言洸洋自恣以适己，故自王公大人不能器之。

……

申子之学本于黄老而主刑名。著书二篇，号曰《申子》。

韩非者，韩之诸公子也。喜刑名法术之学，而其归本于黄老。非为人口吃，不能道说，而善著书。与李斯俱事荀卿，斯自以为不如非。

……

太史公曰：老子所贵道，虚无，因应变化于无为，故著书辞称微妙难识。庄子散道德，放论，要亦归之自然。申子卑卑，施之于名实。韩子引绳墨，切事情，明是非，其极惨礉少恩。皆原于道德之意，而老子深远矣。

（录自《史记》卷六十三，中华书局 1959 年版，第 2139~2140、2143~2144、2146、2156 页）

訄书·儒道

章太炎

学者谓黄老足以治天下，庄氏足以乱天下。

夫庄周愤世湛浊，已不胜其怨，而托卮言以自解，因以弥论万物之聚散。其于治乱也何庸？

老氏之清静，效用于汉，然其言曰："将欲取之，必固与之。"其所以制人者，虽范蠡、文种，不阴鸷于此矣。故吾谓儒与道辨，当先其阴鸷，而后其清静。韩婴有言："行一不义，杀一不辜，虽得国可耻。"儒道之辨，其扬榷在此耳。

然自伊尹、太公，有拨乱之才，未尝不以道家言为急。迹其行事，与汤、文王异术，而钩距之用为多。今可睹者，犹在《逸周书》。老聃为柱下史，多识掌故，约《金版》《六弢》之旨，箸五千言，以为后世阴谋者法。其治天下同，其术甚异于儒者矣。故周公诋齐国之政，而仲尼不称伊、吕，抑有由也。

且夫儒家之术，盗之不过为新莽；而盗道家之术者，则不失为田常、汉高祖。得木不求赢，财帛妇女不私取，其始与之而终以取之，比于诱人以《诗》《礼》者，其庙算已多。夫不幸污下以至于盗，而道犹胜于儒。

然则愤鸣之夫，有讼言"伪儒"，无讼言"伪道"，固其所也。虽然，是亦可谓防窃钩而逸大盗者也。

［录自《訄书》重订本，《章太炎全集》（三），上海人民出版社 1984 年版，第 137~138 页］

（参校《章太炎学术史论集》，云南人民出版社 2008 年版，第 290 页）

儒道传统 *

成中英[①]

儒家的传统

儒家时代的开始为孔子明白承认外在的天和人的内在德（德性、力量）有一种本质上的连结，人应该以一种等级性的爱来爱他人，以此成就我们所固有的普遍人道。因此我们可以说孔子所代表的儒家是人觉醒到自己与天以及与他人的一种关系，人的这些关系是在实践中和完满的道德来实现的，完满的道德是仁（爱与慈）、义、礼与智（分辨善恶的智慧）。仁是人所普遍具有的。义是在实践仁于各种情势和关系上发生的。礼是以适当的方式来表达自己，用礼来成就仁。如果礼是在一种情境中一个人对另外一个人的外在行为模式，则义就是实际上授与行为模式的规范原则，仁是以义的精神来成就的那种自然倾向。因此，仁是使人成为一个人的根本原则。因为人是以仁为基础来成人成己和成己成人的。也就是人以仁为基础使自己与他人联系起来，以完成自己。

追求仁的人是君子，是一个知仁和了解自己能力，且必然以仁来成就自己的人。当人完满的成就仁时，他就无入而不自得，且其一切行为必能符合义和礼的严格原则，这样他不仅是一位君子，且是圣人。因此，在儒家的思想中，仁可以进一步的代表人的完满理想，仁是与全德和一切德的要素同一的。

当天被视为与人的内在德性相关连时，天就是人的勇气和智慧的源泉。但另一方面，在孔子以及后来的孟子思想中，天不仅是一个人潜能的内在源泉，且是锻炼和限定人生的外在必要因素。了解天的这层意义后，人就当接受人生许多决定性的事实，诸如死亡、不幸等等。这些决定是可能的，因为人有其客观的自然性，即人是一客体。但是孔子和孟子认为人除了受由外在原因来决定的客观自然性外，人有一种动力性的主体性质，即人是一主体，能在道德的方向上来培育自己，因之在成就自性的充分自主和独立性方向上决定自己。这就说明不论作为一客体的外在决定和限定如何，人可以实现他的精神自由。孔子

[①] 成中英（1935—   ），美籍华人学者，哲学史家。

的重要性在于他坚持人能够成为一充分的主体，因为人有主体的性质，生命就有意义，而在关系之网的自己实际作为中，有力量追求完满。

在孔子以后的古典时代，儒家在《孟子》《荀子》和《大学》《中庸》的著作中，已大大地得到了发展。孟子明白地形成人性善的理论来作为人能趋向完满的自我教育之基础。他将人的自然感情和怜悯、羞恶、辞让、是非之心作为仁义智诸道德的基础和开始。孟子认为人的道德有一种自然的基础，而人性无非是追求道德的能力。因此人性就是完成人的固有德性，人的败德只是人放弃和迷失自己的本性，任由环境的支配。不过人不会真正失掉他的固有善性和了解需要存善的先天能力。孟子常喜欢谈论到"存心复善"。孟子爱民的政府理论，以及君主应成为人民的好榜样，就是建基在人性善的理论上。

儒家的荀子在时间上晚于孟子，他却认为人性是恶的，人的性善是人为的，不是自然的。虽然如此，荀子仍是一位忠实的儒者，相信人的能力和潜能以及个人追求完美的先天倾向。荀子的性恶论是由于看到人的欲望没有适当的限定，也就是只顾自己的利益。不过这并不是荀子有关人性的整个思想，因为荀子认为人的心灵能力或理性知能也为人的固有性质。依据经验，人必须用他的心灵和理性来成就自己和他人的利益。因此荀子讨论到以礼来教育和训练人的重要性。礼是在社会和国家中安排和组织人的行为与努力的原则。在这种意义中的礼就是理性的创造和人主要保存的美德。

儒家在中国历史中曾有许多不同的表达形式，不过在基本上，道德自我教育的必要和起码的原则，天人的合一，为了个人的自我实现，要求社会秩序和政治和谐，从汉至宋明时期，所有这些都是受到普遍肯定而从未放弃的。宋明儒家（新儒家）深深地卷入形上学冥想的理（存在和理性的原理）和气（自然之气，实体与本质）的问题。理和气也用来解释人的主要善性，人与天及一切事物的实在有一种潜在的合一性，以及为什么用自我教育能实现人的固有善性和天人合一，物我一体。

道家的传统

中国哲学的另一重要传统当然是道家。我们可以指出道家代表着古典时期由天到道概念的发展阶段。事实上的儒家著作中也曾使用道这一名词，不过极力形成道家哲学的还是老子和庄子。至此道的概念是完全不同于天与帝的概念的，道是属于终极实在，完全为非人格化的概念。道在范围上比天与帝的概念更为扩大，因为道包含世界的一切事物。不过在某一方面，道与以前的天和帝的概念具有某种共同点。道内在的与人相关连一样，从一种意义来说，道是人的不可缺少的存在。说到这一点，我们必须提醒，道不像天和帝一样，他并不能视为带给人一种特殊的恩赐，或视为深深地关注人的福祉。道对任何事物是不偏不倚的，因为道是产生、包容、转变、和保存万物的。由于道对万物不偏不倚。因此一切事物在本体上就可视作是平等的。在老子道的根本观念中实包含着本体论上平等的概念。以这种概念的道作基础，庄子就更进一步发展了世间一切事物在本体论上平等的新意义。

依庄子的见解，一切事物在本体上平等，因为事物的形成是采取自变和共变历程的。个体事物和事物的个体性并没有实体，一切事物只是在事物自变和共变的全体中相对地被决定。因此一切事物在本体上是平等也就有着既相互决定又自我活动的意义。

下面我们将述说道家哲学某些重要的特征。首先，道是整体性的。在本质上既不可界定也不可言说的，对道的不可界定和不可言说的适当解释是：道不能以任何对象来限定，也不能将其特性有限地表达出来。这也就是说，没有一种对象和特征性是能代表道而对于道不会产生偏颇和错误的概念的。

因为道不能以任何有限的特性来叙述，它就与具有有限特性的事物不同。如果具有有限特性的事物称作有，道就是有的反面，老子将它叫做"无"（非有或空处）。因此，对老子来说，道并不只是一种被消极认定的实在，而是一种不受局限的且为一切事物的源泉与原始之对象。虽然老子以空无的概念来把握道的性质，我们最好用"不受局限"或"无终止的"此一名词来提示道能实际产生人和事物的可能性。事实上老子特别认为由道所产生的一切事物都是与我们有某种关连的，我们应了解道的空无性或不受局限性，因而自道的了解中得到种种益处。

道家另一要点是，道并不是一静止的或不变的实体，而是运转与变迁的一种历程。这也就是说，由道所包含的一切事物是在运转与变迁的历程中。就这一关连来说，现在须解答两个问题。在"有"中，道以什么样的动作产生一切事物？作为变迁与运转的历程，如何来描述道？回答第一个问题是道以化生和自现来产生一切事物。很明显由道发生的历程是有着矛盾的，我们必须从辩证的观点来解决这一矛盾。

我们已经看到道是空无而又产生一切事物的。其所以如此，是由于道是一种原理，由此原理否定可以变为肯定，潜在的可以变为实际的，空无可以变为实有，一可以变为多。正由于道的否定性和潜在性，就创造和维持了每一肯定的和实在的事物。不过就在潜在变为实际、否定变为肯定、空无变为实有、一变为多时，也就发生相反的历程。在这种意义中的道是无穷尽的，且以相反相成的辩证方式来决定变迁的作用。道家认为这种意义的道，代表人生最根本的智慧，我们可以在对人生和实在的细心反省中体验到它。

因为道是变迁的，而变迁一直是由某些事物转变为另一些事物，道自身便是两相对待事物的一种统合。道的两相对待事物分别称作阴与阳，即柔和刚的力量或原理。很明显，老子认为阴阳力量代表一种统合力量的两方面，不论是个体或道的全体均如此。阴可以与否定的、潜在的、主体的、保存力等相同一，而阳则可以与肯定的、实际的、客体的和创造的相同一。从一种意义来说，阴代表道的一种无穷尽的力量，从这种力量引出各种形式的力或活动，阳则代表创造性的活动形式，不过这种创造性的活动形式在具体事物中有一种开始和终结，因此在具体事物的发展中，当阳的力量自身耗竭时，就转化为阴；但当阴具支配力量时，就会大大的造成阳的活动。变迁的历程是由道的两重运动的两种力量交互影响构成的。由阳显现阴，由阴促使阳的潜在性的运动。老子曾特别强调返（或复）的观念。返是迫于道的不可局限和无穷尽上。这是强调道为一种阴的力量。不过这并不是否定阳，因为除非阳的活动自身穷尽，一个事物就决不可能回到阴。因此在以道来解释一切事物产生的宇宙论原理时，老子也说明一切物事归宿的宇宙论原理。

老子曾将他的事物产生和事物归宿的宇宙论原理应用到人上，因为人的世界是离不开自然世界的。依照这些原理，人的福祉在于人能依循道，这也就是说，人能够保存行动的潜力，而不实际将潜力实现出来。因为人是道的一部分，且为道的产生过程的一分子，当人尽力而为耗竭自己时，他就会像作为道的一产品而遭掷弃，这可以解释为因过多努力的结果而遭受挫折与衰竭。因此，对待人生的较好方式是不盈与无为。人必须"致虚及守静"。要做到这一点就必须知"道"和养"道"。也就是学道的无为，从而使自己具有无限的创造且免于毁坏力的支配。在这种状态中，人生自然会归真返璞，事事复归其根。老子将这种理论称作无为而无不为。无为是不特意去作某些事情，无不为是依事物中的自然性去作任何事情。老子曾用了许多的比喻和形象来表达保持虚静、不盈和归真对引导人生的重要性。如果我们反省一下像水、山谷、未雕的木块、婴儿、母与阴等的自然性质与力量，就不难了解老子的论点。

就道的运转和获得人生的幸福来说，庄子在根本形式上是与老子不同的。首先，庄子并没有强调道是一切事物的源泉与原始。庄子认为道是一种普遍的表现且为一切事物的整体活动。在一切事物的相对性和相关性中，道便特殊地显示出来。庄子特别强调事物相对性和相关性的观念。事物的相对性和相关性有两重：事物彼此是相关的和相对的，且进一步与事物的全体相对和相关，这便是道。事物彼此相对和相关，意即每一事物是"此"又是"彼"，他们相对地和相关地被决定与被界定。事物彼此不同且又互相依赖。因之没有事物是绝对的或是世界的中心，这是因为每一事物是一绝对且为世界之一中心。对道来说，事物与道相关且是相对的。因为每一事物是道的一部分，且都是由自我型变和相互型变而产生的。在道的基础上，自我型变和相互型变的历程是没有限定的，道自身是一整体，由道展示了事物的自我型变和相互型变。因为如此，没有单个的事物和事物的差异是绝对的，也没有毫无差异的事物。

从道的观点来看，一个个体是道又不是道。其为道是因其为道的自我型变的例示；因为它不是全体，故又不是道。如同我们以前指出的，这种自我型变和相互型变的原理，使事物在根本上平等。进一步地应用到人生上，认识了事物的相对性和相关性，人就不会自事物的任何特殊景象产生偏见，而能对事物中所展示的一切可能的景象和可能性产生开放的心灵。这种态度能使人过一种自然和自发的生活，即使面对困境和灾难也是如此。庄子并不认为这种态度是一种被动和退却，而是从了解道所产生的一种自然积极的结果。积极地了解道即能适合道和应用道的内容，由此了解每个事物的中心性。在这种方式中，我们就可以使自己具有创造性，这是因为我们准备接受变的一切可能性，且使自己趋向自由，因为我们不会把自己固着于任何单一的固定位置上。我们可以说庄子中的道学，除自然和自发以外，使人的生活目的变得自由和富于创造性。

（录自李翔海、邓克武编《成中英文集》第一卷，湖北人民出版社 2006 年版，第 7~11 页）

论老子书 *

程 颐

问:"老子书若何?"曰:"老子书,其言自不相入处,如冰炭。其初意欲谈道之极玄妙处,后来却入做权诈者上去(如'将欲取之必固与之'之类)。然老子之后有申、韩,看申、韩与老子道甚悬绝,然其原乃自老子来。苏秦、张仪则更是取道远。初秦、仪学于鬼谷,其术先揣摩其如何,然后捭阖,捭阖既动,然后用钩钳,钩其端然后钳制之。其学既成,辞鬼谷去,鬼谷试之,为张仪说所动(如入庵中说令出之)。然其学甚不近道,人不甚惑之,孟子时已有置而不足论也。"

(录自《二程集·河南程氏遗书》卷十八《刘元承手编》,中华书局1981年版,第235页)

(参校《二程遗书》,上海古籍出版社2000年版,第286~287页)

老 子(节录)

叶 适

孔氏之道获尊于后世,非私之也。天下之大,人民之众,后世之远,内之为父子焉,外之为君臣焉,大之为天地焉,生欲以养而不匮,死欲以传而不泯,文、武、周公之不作,而舍孔氏则无由知之。然则后世之所以共尊其道者,岂私其人而已哉?

自孟轲拒杨墨,而韩愈辟佛、老,儒者因之。盖杨、墨之道既已息矣,而佛、老之学犹与孔氏并行于天下,是以儒者望而非之,以为非是而无以为儒。夫望而非之,则无以究其学之终始,而其为说也不明。昔者恶夫攻异端者。夫不修其道,以合天下之异,而纷然攻之,则只以自小而为怨;操自小之心而用不明之说,则其于佛、老也,助之而已矣。

且学者,所以至乎道也,岂以孔、佛、老为间哉?使其为道诚有以过乎孔氏,则虽孔氏犹将从之。惟其参验反覆，要之于道之所穷，卒不可以舍孔氏而他求者，故虽后世亦莫得而从也。呜呼！若此者，可以为忠厚之至，有以合于圣人之本心矣，乌在于望而非之若其世仇也？必奋而操戈焉，是未能尊其道而徒私其人者也。

（录自《叶适集·水心别集》卷六，中华书局 1961 年版，第 707 页）

老氏·老子（节录）

朱 熹

　　康节尝言"老氏得《易》之体，孟子得《易》之用"，非也。老子自有老子之体用，孟子自有孟子之体用。"将欲取之，必固与之"，此老子之体用也；存心养性，充广其四端，此孟子之体用也。

　　老子之术，谦冲俭啬，全不肯役精神。

　　老子之术，须自家占得十分稳便，方肯做；才有一毫于己不便，便不肯做。

　　老子之学，大抵以虚静无为、冲退自守为事。故其为说，常以懦弱谦下为表，以空虚不毁万物为实。其为治，虽曰"我无为而民自化"，然不化者则亦不之问也。其为道每每如此，非特"载营魄"一章之指为然也。若曰"旁日月，扶宇宙，挥斥八极，神气不变"者，是乃庄生之荒唐；其曰"光明寂照，无所不通，不动道场，遍周沙界"者，则又瞿昙之幻语，老子则初曷尝有是哉！今世人论老子者，必欲合二家之似而一之，以为神常载魄而无所不之，则是庄、释之所谈，而非老子之意矣。

　　............

　　杨朱之学出于老子，盖是杨朱曾就老子学来，故庄列之书皆说杨朱。孟子辟杨朱，便是辟庄老了。释氏有一种低底，如梁武帝是得其低底。彼初入中国，也未在。后来到中国，却窃取老、庄之徒许多说话，见得尽高。《新唐书·李蔚》赞说得好。

　　人皆言孟子不排老子，老子便是杨氏。

（录自《朱子语类》卷一百二十五，中华书局 1986 年版，第 2986~2988 页）
（参校《传世藏书·朱子语类》，海南国际新闻出版中心 1996 年版，第 1260、1261 页）

訄书·儒法

章太炎

自管子以形名整齐国,箸书八十六篇,而《七略》题之曰"道家"。然则商鞅贵宪令,不害主权术,自此始也。道其本已,法其末已!

今之儒者,闻管仲、申、商之术,则震栗色变,曰:"而言杂伯,恶足与语治?"尝试告以国侨、诸葛亮,而诵祝冀为其后世。噫!未知侨、亮之所以司牧万民者,其术亦无以异于管仲、申、商也。

然则儒者之道,其不能摈法家,亦明已。今夫法家亦得一于《周官》,而董仲舒之《决事比》,引儒附法,则吾不知也。

夫法家不厌酷于刑,而厌歧于律。汉文帝时,三族法犹在,刑亦酷矣。然断狱四百,几于兴刑措之治者,其律一也。律之歧者,不欲妄杀人,一窃箸数令,一伤人箸数令,大辟之狱差以米,则令诛。自以为矜慎用刑,民不妄受戮矣。不知上歧于律,则下遁于情,而州县疲于簿书之事,日避吏议,娓娓不暇给。故每蔽一囚,不千金不足以成狱,则宁过而贳之。其极,上下相蒙,以究于废弛。是故德意虽深,奸宄愈因以暴恣,今日是也。

仲舒之《决事比》,援附经谶,有事则有例,比于郑侯《九章》。其文已冗,而其例已枝。已用之,斯焚之可也!箸之简牍,拭之木觚,以教张汤,使一事而进退于二律。后之廷尉,利其生死异比,得以因缘为市,然后弃表埻之明,而从缪游之荡。悲夫!儒之戾也,法之毙也。

吾观古为法者,商鞅无科条,管仲无五曹令。其上如流水。其次不从则大刑随之。律不亟见,奚有于歧者?子弓曰:"居敬而行简,以临其民。"乌乎!此可谓儒法之君矣。

[录自《訄书》重订本,《章太炎全集》(三),上海人民出版社 1984 年版,第 138~139 页]

(参校《中华大方略全书·訄书》,内蒙古人民出版社 2006 年版,第 13~14 页)

訄书·儒侠（节录）

章太炎

漆雕氏之儒废，而闾里有游侠。

侠者无书，不得附九流，岂惟儒家摈之，八家亦并摈之。然天下有亟事，非侠士无足属。侯生之完赵也，北郭子之白晏婴也，自决一朝，其利及朝野。其视聂政，则击刺之萌而已矣。

［录自《訄书》重订本，《章太炎全集》（三），上海人民出版社1984年版，第140页］

（参校《中华大方略全书·訄书》，内蒙古人民出版社2006年版，第14页）

汉书·艺文志·术数略（节录）

天文者，序二十八宿，步五星日月，以纪吉凶之象，圣王所以参政也。《易》曰："观乎天文，以察时变。"然星事殟悍，非湛密者弗能由也。夫观景以谴形，非明王亦不能服听也。以不能由之臣，谏不能听之王，此所以两有患也。

……

历谱者，序四时之位，正分至之节，会日月五星之辰，以考寒暑杀生之实。故圣王必正历数，以定三统服色之制，又以探知五星日月之会。凶厄之患，吉隆之喜，其术皆出焉。此圣人知命之术也，非天下之至材，其孰与焉！道之乱也，患出于小人而强欲知天道者，坏大以为小，削远以为近，是以道术破碎而难知也。

……

五行者，五常之形气也。《书》云"初一曰五行，次二曰羞用五事"，言进用五事以顺五行也。貌、言、视、听、思心失，而五行之序乱，五星之变作，皆出于律历之数而分为一者也。其法亦起五德终始，推其极则无不至。而小数家因此以为吉凶，而行于世，浸以相乱。

……

蓍龟者，圣人之所用也。《书》曰："女则有大疑，谋及卜筮。"《易》曰："定天下之吉凶，成天下之亹亹者，莫善于蓍龟。""是故君子将有为也，将有行也，问焉而以言，其受命也如向，无有远近幽深，遂知来物。非天下之至精，其孰能与于此！"及至衰世，解于齐戒，而娄烦卜筮，神明不应。故筮渎不告，《易》以为忌；龟厌不告，《诗》以为刺。

....

杂占者，纪百事之象，候善恶之征。《易》曰："占事知来。"众占非一，而梦为大，故周有其官。而《诗》载熊罴虺蛇众鱼旐旟之梦，著明大人之占，以考吉凶，盖参卜筮。《春秋》之说訞也，曰："人之所忌，其气炎以取之，訞由人兴也，人失常则訞兴，人无衅焉，訞不自作。"故曰："德胜不详，义厌不惠。"桑谷共生，大戊以兴；鸲雉登鼎，武丁为宗。然惑者不稽诸躬，而忌訞之见，是以《诗》刺"召彼故老，讯之占梦"，伤其舍本而忧末，不能胜凶咎也。

....

形法者，大举九州之势以立城郭室舍形，人及六畜骨法之度数、器物之形容以求其声气贵贱吉凶。犹律有长短，而各征其声，非有鬼神，数自然也。然形与气相首尾，亦有有其形而无其气，有其气而无其形，此精微之独异也。

....

数术者，皆明堂羲和史卜之职也。史官之废久矣，其书既不能具，虽有其书而无其人。《易》曰："苟非其人，道不虚行。"春秋时鲁有梓慎，郑有裨灶，晋有卜偃，宋有子韦。六国时楚有甘公，魏有石申夫。汉有唐都，庶得粗觕。盖有因而成易，无因而成难，故因旧书以序数术为六种。

（录自《汉书》卷三十，中华书局 1962 年版，第 1765~1775 页）

史记·日者列传（节录）

自古受命而王，王者之兴何尝不以卜筮决于天命哉！其于周尤甚，及秦可见。代王之入，任于卜者。太卜之起，由汉兴而有。

....

司马季主曰："……述而不作，君子义也。今夫卜者，必法天地，象四时，顺于仁义，分策定卦，旋式正棋，然后言天地之利害，事之成败。昔先王之定国家，必先龟策日月，而后乃敢代；正时日，乃后入家；产子必先占吉凶，后乃有之。自伏羲作《八卦》，周文王演三百八十四爻而天下治。越王句践放文王《八卦》以破敌国，霸天下。由是言之，卜筮有何负哉！……"

（录自《史记》卷一百二十七，中华书局1959年版，第3215、3217~3218页）

史记·龟策列传（节录）

太史公曰：自古圣王将建国受命，兴动事业，何尝不宝卜筮以助善！唐虞以上，不可记已。自三代之兴，各据祯祥。涂山之兆从而夏启世，飞燕之卜顺故殷兴，百谷之筮吉故周王。王者决定诸疑，参以卜筮，断以蓍龟，不易之道也。

蛮夷氐羌虽无君臣之序，亦有决疑之卜。或以金石，或以草木，国不同俗。然皆可以战伐攻击，推兵求胜，各信其神，以知来事。

（录自《史记》卷一百二十八，中华书局1959年版，第3223页）

孔孟之间的驿站（节录）

庞　朴①

战国末年一位思想家说过，孔子死后，"儒分为八"。其实儒家学派并没有分裂到这样多，逻辑地说来，也不可能有那么多。事实大概是，"自孔子卒后，七十子之徒，散游诸侯，大者为师傅卿相，小者友教士大夫，或隐而不见"；真正能"遵夫子之业而润色之，以学显于当世"者，只有"孟子、荀卿之列"而已。

儒家学说早期发展的主要脉络大抵如此。但是我们一直缺乏足够的资料来

---

① 庞朴（1928—2015），文化史家、哲学史家。

描绘它的细部。一些传世的文献，由于年代不能敲定，也不敢贸然使用。于是，一个很重要学说的重要阶段，多年来始终若明若暗，令人徒唤奈何。

谁也不会料到，事情竟在今天出现了转机。

初步阅读了郭店楚简后可以认定，其中14篇儒家经典，正是由孔子向孟子过渡时期的学术史料，是向内探寻人心人性的开始，儒家早期心性说的轮廓，便隐约显现其中，实在是一份天赐的珍宝。

…………

此外，在天、命、性、心、情、道诸方面，都还有许多蛛丝马迹可循，都能看出儒学怎样一步步从孔子走向孟子，由于过分专门，这里就不谈了。有兴趣的朋友，读读《郭店楚墓竹简》，自能心领神会。

（录自《新华文摘》2000年第2期，第69~70页）

郭店竹简与中国哲学（论纲）（节录）

郭　沂[①]

古史系统是由记载古史的各种历史文献共同构成的。但是，由于某种原因，古史系统会遭到破坏，然后学者们又会想方设法进行重建。

在中国历史上，有三次具有重要意义的古史重建活动。

第一次是孔子对夏商周三代历史的重建。随着周王朝的日益衰微，到孔子的时候，传统的礼乐荒废了，《诗经》《尚书》等历史典籍也多有散乱缺失。对于王道废弛、邪道泛滥的现象，孔子深感痛惜，于是论次《诗》《书》，修起礼乐。到了晚年，孔子一方面整理《周易》并阐述《易》理，一方面又根据古代史书作《春秋》。就这样，三代古史系统得以不坠。直到现在，由孔子传下来的五经仍然是研究三代古史的主要史料。

第二次是汉代对先秦历史的重建。我们知道，秦始皇采纳了李斯的建议，实行焚书坑儒，将民间所藏《诗》《书》等古代典籍和各种记载百家的文献统

[①] 郭沂（1962—　），学术史家。

统烧掉。所以，刘邦建立汉王朝时，不但整个国家满目疮痍，而且历史典籍丧失殆尽，先秦古史系统有中断的危险。在这种情况下，汉初统治者废除秦代制定的"挟书律"，广开献书之路，于是涌现出大量先秦典籍。这些典籍，有的来自民间冒险收藏，有的来自学者口传，也有一批来自秦代国家图书馆。当时的历史学家们正是利用这些典籍，对先秦历史进行重建，使后人得以了解先秦历史之大概。

第三次始于本世纪初叶。汉唐学术思想界的主流，就是对汉代传下来的典籍，尤其是为孔子手订的五经进行注释、发挥。但是，当历史的车轮行进到北宋，学者们纷纷对这些典籍提出种种质疑，掀起了一场声势浩大的疑古思潮。到了近代，以古史辨派为代表的学者们更将疑古之风推向极致，传统的古史系统面临严峻的挑战。平心而论，汉代所传文献确有鱼目混珠的现象，疑古思潮在客观上也的确起到了解放思想的作用，但是，它疑古过勇、矫枉过正也是不争的事实。翻一翻张心澂的《伪书通考》，人们会惊讶地发现，中国早期典籍几乎没有不伪的了！当然这决不是事情的真相。

这正是第三次古史重建的背景，所以它与前两次的情况有所不同。前两次是古史系统因传统文献缺失而遭到破坏，重建的主要途径是整理和修复传统文献。这一次是古史系统因传统文献被怀疑而遭到破坏，重建的主要途径是以考古材料印证传统文献的可靠性，并在同时纠正和补充一些传统观点，进一步完善古史系统。

这一次古史重建的契机是甲骨文的发现。1917年，王国维先生著《殷卜辞中所见先公先王考》一文，使古书中许多被疑古派视为子虚乌有的记载重新得到证实，开始了古史重建工作。其后，他又在《古史新证》中提出以"地下之新材料"印证"纸上之材料"的"二重证据法"。"二重证据法"一直为学者所遵信，成为新的一次古史重建的基本原则。

对于中国学术思想史的研究来说，郭店竹简是千年难得一遇的重大发现，汉代以来，只有1700年前的汲冢竹书才可与之相比。……

（录自武汉大学中国文化研究院编《人文论丛特辑·郭店楚简国际学术研讨会论文集》，湖北人民出版社2000年版，第571~572页）

楚简中的新知

[美] 杜维明①

我认为郭店楚墓竹简出土以后，整个中国哲学史、中国学术史都需要重写。

为什么这样说呢？

第一，郭店楚简为我们提供了有关先秦学术的许多新知识，因此，对于"五四"以来，特别是"疑古派"所提出的许多观点，现在都需要重新认识；甚至对整个中国传统文化，都需要重新定位。

郭店楚简的材料告诉我们，孟子时代的儒家文化，至少可以有三种资源值得我们重视：（1）在孔子时代已经有非常深厚的、多元多样的文化传承的资源。在孟子时代，已经有了上千年的文化的积累。如果以经书为代表，不管是《诗经》所代表的人是感情的动物，《书经》所代表的人是政治的动物，《礼记》所代表的人是社会的动物，《春秋》所代表的人是历史的动物，还是《易经》所代表的人是具有终极关怀的动物等等。（2）许多学者，特别是国内的学者曾经提出儒家传统没有办法发展出具有独立人格的主体性的问题。然而，郭店的这批资料主体性很强。这也就是孔子所说的"匹夫不可夺志"，不仅如此，这种主体性还可以与一个人的政治地位和社会地位没有关系。毫无社会地位、政治地位的人，也可以有主体性，可以"以德抗位"。（3）虽然这是在一个凡俗的世界，但其价值观却有高层次的根源性。不管是《唐虞之道》还是《性自命出》，其中的价值观念，不能说是来自凡俗世界的根源，而且也不能完全说是来自历史的根源。这个里面有天道的问题，也就是"天命之谓性"。这里所掌握的，是历史文化的深厚的背景、主体性、社会良知、替天行道，后者实际上就是"天生人成"。

第二，从郭店楚简的材料来看，孔孟之间先秦儒学的发展，是多元多样的。我们现在的研究与认识，还要注意两个问题：第一个问题就是，这批材料的下限是否就是公元前 300 年左右，是否确实是孟子以前的材料；第二个问题

---

① 杜维明（1940—   ），学者，现代新儒家代表人物。

是，我们现在所见楚简资料只是冰山的一角，还有上海博物馆的资料没有发表，上海的资料可以丰富这批资料。这些资料和死海所出的《圣经》的早期资料一样的重要，在很多地方可能更重要，因为它们可以帮助建立起先秦儒家传承的谱系和线索。通过这批资料，我们要对战国末期直至汉代的许多资料，重新进行定位。我们对孔、孟之间先秦儒家资料的认识，会有质的飞跃，也会有许多新的发现。《孟子》学说的价值是一个很复杂而且值得深抠的领域，曾经有学者认为，孟子的学说非常简单，在政治上有点抗议精神而已，并没有什么深刻的心性之学。但现在可以说，我们如此说是把孟学简单化了，我们把这些资料中有"心"意的字都放在一起，就可以发现思孟学派有关心性情的资源非常丰富，目前，我们还不能了解他们所体现的内心世界，因为我们只能从文字上揣摸还不能真有体知；那个时代的大智大德所掌握的资源，是非常值得我们研究的。

（录自《新华文摘》2000年第2期，第70~71页）

上海博物馆藏战国楚竹书·序（节录）

陈燮君[①]

战国楚竹书的发现、保护、整理和研究，具有多学科、多领域的重大价值，全息地反映了多重的文化学术意义。战国楚竹书的简文字数之巨、跨越领域之广、所涉书篇之多、提交版本之早，都已传为美谈。这些战国楚竹书共有简数一千二百余支，计达三万五千字，在已出土楚简中占有较大比重。楚竹书内容涉及哲学、文学、历史、宗教、军事、教育、政论、音乐、文字学等，为楚国迁郢都以前贵族墓中的随葬物，先于秦始皇的"焚书坑儒"，其中以儒家类为主，兼及道家、兵家、阴阳家等。而简书本身又是书法艺术史上的重要文化遗产，其文化价值不言而喻。包括少数重本的书篇在内，这批楚竹书近百种，其中能和业已流传的先秦古籍相对照的不到十种。战国楚竹书中的古籍

---

① 陈燮君（1952—　　），博物馆学家。

版本无疑见其时间之"早"。竹书《周易》是迄今为止时间最早的一部。简长四十四厘米，三道编绳，每简书写约四十四字，书体工整严谨，字距等同。共计五十八简，涉及三十五卦内容，约一千八百字。竹简中所出现的红、黑六种标号，为历史文献中首见。这些标号反映了阴阳转换、互为因果的易学理论。竹书《恒先》是一篇难得的道家文献，整篇完整无缺。这在竹简发现史上是少见的，篇题为当时人所命名。文章论述了道家虚静的理论，提出了天地起源问题。道家的这一宇宙生成论，在中国哲学史上占有重要地位。全篇十三简，四百九十七字，简长三十九点五厘米。三道编绳，书体和《周易》相同，当为同一人所书。第三简背有篇题"恒先"两字。竹书《恒先》的发现和整理，对于道家学说的研究有其重要作用。楚竹书对于先秦音乐解密亦有特殊意义。马承源先生在《战国竹简中的诗乐》一文中曾论及楚竹书中有关先秦音乐的书——《孔子诗论》《诗乐》和几篇未见于《毛诗》的诗篇。马先生指出：诗本是音乐的组成部分，诗句就是乐曲的词。楚竹书中的《诗乐》是残件，所见七支简上端正地抄写各种诗的篇名和演奏诗曲吟唱诗的各种音高。其中有一个篇名称《硕人》，同样的篇名见于《毛诗·卫风》，古代诗有篇名相同而内容不同的情况，因此不能决定简文中的《硕人》是否与其是同一篇，但是作为诗篇名是没有问题的。其余四十种篇名有的和《毛诗》其他篇名用词的格调相似，估计都是三百零五篇以外诗的篇名，这是两千多年来未知的事情。更奇特的是在一篇或几篇成组的篇名之前写有一个特定的音名，这种音名用现今的说法就是音高。音高名用两个字组成，一是"声"名，即是五声音阶的名，其中发现了宫、商、徵、羽四个"声"名或"阶"名，其次是变化音名，有穆、和、讦等九个变化音名。其中穆、和之名，已见于曾侯乙编钟，楚王青铜钟上也有"穆商"这个名称，这九个音名是否都和楚国的乐名有关还不知道，但是可以说是楚国郢都流行诗曲的调名，因为诗曲可能有本地的，也有外地传入的。竹简上这些音调名也是以前从未见过的重要发现。现今可以知道，每一篇诗都有其特定的音高，并不是随意用任何音调都可以自由地吟唱，从这一点也可以推知《诗经》时代音乐的成熟和曲调的规范。

战国楚竹书的发现和整理还具有文字学意义。专家学者根据与郭店楚简的重本以及今本的重本的比勘，可以了解到在战国时代文字通用、约定俗成的状况，以及在文字流变过程中的今本文字的通假，这对我们解读战国文献有着直接的帮助。同时，也为研究六国文字、楚国方言提供了可靠文献。战国楚竹书的发现和整理，还提供了与今本相异、颇具比较价值的文献材料。《诗经》是我国历史上第一部诗歌总集。今本《诗经》以《国风》《小雅》《大雅》和《颂》为序。竹书《孔子诗论》中的序列与此恰相反，称为《讼》（颂）、《大夏》（夏，雅通）、《小夏》和《邦风》（汉儒为避刘邦讳，"邦"改为"国"）。《诗论·序》中的论次也和今本《诗经》中的大序相反。许多诗句用字和今本《诗经》不同。竹书《孔子诗论》没有今本《诗经》小序中"刺"（讽刺）、"美"（赞美）的内容。

战国楚竹书版本的最短尺寸是二十三点八厘米，最长尺寸是五十七点二厘米，其中有多种不同尺寸的版本。每简简宽约在零点六厘米左右，厚度为零点一厘米至零点一四厘米。编绳有两道，也有三道，一般长的竹简多数为三道编绳。编绳质料为丝。由于被埋竹简的软化以及地层的压积，一般留下的编绳都已嵌入了竹肉。竹简右侧都加工有契口，契口呈凹状，用以固定编绳。每简契口处都有编绳结，以维系上下左右，方便开卷收卷。这些尺寸和编联状况对于我们了解战国竹书的版制，研究我国图书史提供了确凿的历史证据。

［录自马承源主编《上海博物馆藏战国楚竹书》（一），上海古籍出版社 2001 年版，"序"第 2~3 页］

论秦汉学术

秦汉学术略分三阶段。

第一阶段，秦汉之际到西汉中叶，对先秦诸子学选取与综合，以寻求安邦定国路径。

秦崛起于战国群雄之间，法家与有力焉。商鞅挟早期法家李悝《法经》入秦，助秦孝公变法，使秦国力跃居七雄之首。秦王嬴政以李斯为重臣，以韩非之学为轨范，扫六合，一天下，建立专制君主中央集权国家。统一的国家需要统一的意志，春秋战国时期诸子争鸣，"多得一察焉以自好"（《庄子·天下》）的学术歧异局面，有碍统一，故而以君主集权为要旨的法家学说成为统治者首选。秦始皇采纳李斯建议，"非博士官所职，天下敢有藏《诗》、《书》、百家语者，悉诣守、尉杂烧之。有敢偶语《诗》《书》者弃市……若欲有学法令，以吏为师"，又将"犯禁者四百六十余人，皆坑之咸阳"（《史记·秦始皇本纪》）。然而一味严刑峻法并未能成就"万世"王朝，秦二世而亡，为中国历史上最短命的统一王朝。

鉴于秦王朝的忽兴忽亡，继起的汉王朝作出新的抉择。陆贾总结秦亡教训，融儒家"仁义"于道家"无为"，"无为也而无不为也"（《新语·无为》）。司马谈"论大道则先黄老而后六经"，认为道家"其为术也，因阴阳之大顺，采儒墨之善，撮名法之要，与时迁移，应物变化，立俗施事，无所不宜，指约而易操，事少而功多"，主张以先秦道家理论为基础，综合阴阳、儒、墨、名、法各家之长，形成黄老之学，建立理论体系的是淮南学派。《淮南子》以《老子》《庄子》《黄老帛书》为基本思想资料，以"纪纲道德，经纬人事"（《淮南子·要略》）为使命，建立起以新道家为主旨而总统百家的思想体系。汉初六十余年间，黄老之学成为占统治地位的学术。

汉武帝时，董仲舒以儒家纲常伦理学说为主旨，杂以谶纬之术，建立新儒家思想体系，又向武帝进言："诸不在六艺之科，孔子之术者，皆绝其道，勿使并进。"武帝纳其言，儒学逐渐占据学界正宗地位。但这时的"儒学"已综汇阴阳五行说，富于神学色彩，与先秦原始儒学颇有差异。

秦至西汉中叶，由法家而黄老，由黄老而儒术独尊，显现出以儒家为主、综合诸家的学术趋向，标示出大一统帝国寻求统治精神的轨迹。

第二阶段，西汉中叶以后，经学成为学术宗主，今文经学与古文经学争胜。

训解、阐述先秦经典的经学产生于周秦之际，秦有七十博士，汉初有十四博士。武帝倡"独尊儒术"以后，先儒经典受到格外重视，经学演成一门大学问，分今文经学和古文经学两大派别。今文经是汉代人将"六经"用通行的隶书记录下来的传本，古文经是从地下或孔壁中挖掘出来的古本"六经"，是用古文（先秦六国文字）书写的。从学统而言，今文学家以《公羊传》为主，古文学家则以《周礼》为主。今文经学较多地承袭先秦儒家思孟之学和阴阳术，古文经学则与儒家荀学和道家自然思想有较多的相通之处。两汉经学的发展有三个比较明显的起伏。（1）西汉只有今文经才立博士，加之董仲舒又为今文经学宗师，今文经学占主导地位，古文经只在非官学的儒士间私相授受。（2）西汉末，古文经学在刘歆的倡导与统治者的扶持下异军突起，古文经得以与今文经并立官学。王莽建立"新朝"，刘歆以"国师"辅政，古文经学一时独占鳌头。刘秀光复汉室（东汉），古文经学大师辈出，贾逵、马融、服虔、许慎相继执学界牛耳，古文经学成为学界主流。（3）东汉末，古文经师郑玄"网罗众家"，博采今、古文诸说，遍注群经，"自是学者略知所归"，今古文之争方告平息，"经有数家，家有数说"的势态渐渐走向合流。魏晋南北朝隋唐时期，今文经学几至灭亡，古文经学有所发展。宋以后今文经学抬头，明末清初古文经学再次盛行，乾嘉间更占主导。晚清今文经学乘社会变革之风，一度主盟学坛，民国古文经学与今文经学均不乏传人。可见，汉代今古文之争对于中国学术影响甚巨甚远。

有汉一代与经学兴衰相始终的是谶纬神学。谶纬神学缘起于先秦方士的占验之术与阴阳、术数之学，其大盛得力于董仲舒的"天人感应说"的影响以及王莽、刘秀对谶纬的鼓吹。多数经学家都相信谶纬神秘术，今文学家自不待言，古文学家亦大多信从谶纬。首倡古文的刘歆便以符命为王莽"篡汉"造势。贾逵为了立《左氏传》，不惜引谶纬以悦人主。马融、郑玄解经亦间以谶纬附会。两汉经学因谶纬而大行其道，亦因谶纬而衰亡。东汉谶纬之学是对先秦以来方术士的阴阳、术数之学的一次大整理。西晋以后，谶纬之学逐渐消失，但神秘术却与中国宗法——专制社会相始终。

与汉代正统经学发展的同时，"异端"亦崭露头角。贾谊、司马迁是汉代"异端之学"的先驱，桓谭、王充与谶纬神学公开对抗，成为汉代"疾虚妄"的中坚，王符、仲长统对当朝黑暗政治猛烈抨击，构成异端政术的强音。

第三阶段，汉末道家复兴、道教形成和发展，佛教传入中国。

从司马谈、刘安到扬雄至王充，道家学说不绝如缕。东汉末年，道家复兴已成气象，仲长统等人讲论道书，"思老氏之玄虚"，大有"清摇一世之上，睥睨天地之间"的气度。与士大夫中道家复兴相呼应的是民间道教的形成和发展。周秦之际，齐燕方仙道术之士不可胜数，他们是原始道教的创立者和承传者。两汉谶纬迷信盛行，一度有所沉寂的方仙道术复活，成为道教正式创立和发展的温床。东汉末叶，张道陵创立"五斗米道"（亦称"天师道"），张角创立"太平道"，他们集术数、阴阳、符水之术于一身，弘教于民间。张角起义失败后，"太平道"衰落，"天师道"不断发展。东汉桓帝时人魏伯阳著《参同契》，将老子修真养性之学融入道教之中，奠定了道教理论的基础。

中国人初知印度文化，始于汉武帝元狩年间，张骞通西域"始闻有浮屠之教"（《魏书·释老志》），哀帝时佛教传入内地，当时被看作神仙方术的一种。东汉末安世高传译的小乘佛典与支谶传译的大乘佛典相继面世，由此展开佛教中国化的漫长历程。

史记·秦始皇本纪（节录）

始皇置酒咸阳宫，博士七十人前为寿。仆射周青臣进颂曰："他时秦地不过千里，赖陛下神灵明圣，平定海内，放逐蛮夷，日月所照，莫不宾服。以诸侯为郡县，人人自安乐，无战争之患，传之万世。自上古不及陛下威德。"始皇悦。博士齐人淳于越进曰："臣闻殷周之王千余岁，封子弟功臣，自为枝辅。

今陛下有海内，而子弟为匹夫，卒有田常、六卿之臣，无辅拂，何以相救哉？事不师古而能长久者，非所闻也。今青臣又面谀以重陛下之过，非忠臣。"始皇下其议。丞相李斯曰："五帝不相复，三代不相袭，各以治，非其相反，时变异也。今陛下创大业，建万世之功，固非愚儒所知。且越言乃三代之事，何足法也？异时诸侯并争，厚招游学。今天下已定，法令出一，百姓当家则力农工，士则学习法令辟禁。今诸生不师今而学古，以非当世，惑乱黔首。丞相臣斯昧死言：古者天下散乱，莫之能一，是以诸侯并作，语皆道古以害今，饰虚言以乱实，人善其所私学，以非上之所建立。今皇帝并有天下，别黑白而定一尊。私学而相与非法教，人闻令下，则各以其学议之，入则心非，出则巷议，夸主以为名，异取以为高，率群下以造谤。如此弗禁，则主势降乎上，党与成乎下。禁之便。臣请史官非秦记皆烧之。非博士官所职，天下敢有藏《诗》、《书》、百家语者，悉诣守、尉杂烧之。有敢偶语《诗》《书》者弃市。以古非今者族。吏见知不举者与同罪。令下三十日不烧，黥为城旦。所不去者，医药卜筮种树之书。若欲有学法令，以吏为师。"制曰："可。"

（录自《史记》卷六，中华书局1959年版，第254~255页）

吕氏春秋序（节录）

高　诱[①]

不韦乃集儒书，使著其所闻，为《十二纪》《八览》《六论》，合十余万言，备天地万物古今之事，名为《吕氏春秋》，暴之咸阳市门，悬千金其上，有能增损一字者与千金。时人无能增损者。诱以为时人非不能也，盖惮相国畏其势耳。然此书所尚，以道德为标的，以无为为纲纪，以忠义为品式，以公方为检格，与孟轲、孙卿、淮南、扬雄相表里也，是以著在《录》《略》。诱正《孟子》章句，作《淮南》《孝经》解毕讫，家有此书，寻绎案省，大出诸子之右，既有脱误，小儒又以私意改定，犹虑传义失其本真，少能详之，故复依先师旧

---

① 高诱（约180年前后在世），东汉学者。

训,辄乃为之解焉,以述古儒之旨,凡十七万三千五十四言。

（录自陈奇猷《吕氏春秋新校释》,上海古籍出版社 2002 年版,"序"第 2 页）
（参校高诱注《吕氏春秋》,上海书店 1986 年版,"高序"第 2 页）

述学补遗·吕氏春秋序（节录）

汪 中[①]

周官失其职,而诸子之学以兴,各择其术以明其学,莫不持之有故,言之成理。及比而同之,则仁之与义,敬之与和,犹水火之相反也。最后《吕氏春秋》出,则诸子之说兼有之,故《劝学》《尊师》《诬徒》《善学》四篇,皆教学之方,与《学记》表里。《大乐》《侈乐》《适音》《古乐》《音律》《音初》《制乐》皆论乐。……凡此诸篇,则六艺之遗文也。《十二纪》发明明堂礼,则明堂阴阳之学也。《贵生》《情欲》《尽数》《审分》《君守》五篇,尚清静养生之术,则道家流也。《荡兵》《振乱》《禁塞》《怀宠》《论威》《简选》《决胜》《爱士》八篇皆论兵,则兵权谋、形势二家也。《上农》《任地》《辩土》三篇,皆农桑树艺之事,则农家者流也。其有牴牾者,《振乱》《禁塞》《大乐》三篇,以墨子非攻、救守及非乐为过,而《当染篇》全取墨子,《应言篇》司马喜事,则深重墨氏之学。……司马迁谓不韦使其客人人著所闻,以为备天地万物古今之事,然则是书之成,不出于一人之手,故不名一家之学,而为后世《修文御览》《华林遍略》之所托始。《艺文志》列之杂家,良有以也。

（录自《吕氏春秋新校释》,上海古籍出版社 2002 年版,第 1871~1872 页）

---

① 汪中（1745—1794）,清中叶文学家、史学家。

校雠略·秦不绝儒学论

郑　樵①

　　陆贾，秦之巨儒也。郦食其，秦之儒生也。叔孙通，秦时以文学召，待诏博士数岁。陈胜起，二世召博士诸儒生三十余而问其故，皆引《春秋》之义以对。是则秦时未尝不用儒生与经学也。况叔孙通降汉时，自有弟子百余人。齐鲁之风，亦未尝替，故项羽既亡之后，而鲁为守节礼义之国。则知秦时未尝废儒；而始皇所坑者，盖一时议论不合者耳。

　　萧何入咸阳，收秦律令图书，则秦亦未尝无书籍也。其所焚者，一时间事耳。后世不明经者，皆归之秦火，使学者不睹全书，未免乎疑以传疑，然则《易》固为全书矣，何尝见后世有明全《易》之人哉！臣向谓秦人焚书而书存，诸儒穷经而经绝，盖为此发也。《诗》有六亡篇，乃六笙诗本无辞；《书》有逸篇，仲尼之时已无矣；皆不因秦火。自汉已来书籍，至于今日，百不存一二，非秦人亡之也，学者自亡之耳。

（录自郑樵《通志》卷七十一，中华书局 1987 年版，第 831 页）
（参校张舜徽选编《文献学论著辑要》，陕西人民出版社 1985 年版，第 317 页）

汉书·艺文志（节录）

　　昔仲尼没而微言绝，七十子丧而大义乖。故《春秋》分为五，《诗》分为四，《易》有数家之传。战国从衡，真伪分争，诸子之言纷然淆乱。

……………

　　《易》曰："宓戏氏仰观象于天，俯观法于地，观鸟兽之文，与地之宜，近取诸身，远取诸物，于是始作八卦，以通神明之德，以类万物之情。"至于殷、周之际，纣在上位，逆天暴物，文王以诸侯顺命而行道，天人之占可得而效，于是重《易》六爻，作上下篇。孔氏为之《彖》《象》《系辞》《文

---

① 郑樵（1104—1162），宋代史学家、校雠学家。

言》《序卦》之属十篇。故曰《易》道深矣，人更三圣，世历三古。及秦燔书，而《易》为筮卜之事，传者不绝。汉兴，田（和）〔何〕传之。讫于宣、元，有施、孟、梁丘、京氏列于学官，而民间有费、高二家之说。刘向以中《古文易经》校施、孟、梁丘经，或脱去"无咎""悔亡"，唯费氏经与古文同。

　　………

　　《易》曰："河出图，雒出书，圣人则之。"故《书》之所起远矣，至孔子纂焉，上断于尧，下讫于秦，凡百篇，而为之序，言其作意。秦燔书禁学，济南伏生独壁藏之。汉兴亡失，求得二十九篇，以教齐鲁之间。讫孝宣世，有《欧阳》《大小夏侯氏》，立于学官。《古文尚书》者，出孔子壁中。武帝末，鲁共王坏孔子宅，欲以广其宫，而得《古文尚书》及《礼记》《论语》《孝经》凡数十篇，皆古字也。共王往入其宅，闻鼓琴瑟钟磬之音，于是惧，乃止不坏。孔安国者，孔子后也，悉得其书，以考二十九篇，得多十六篇。安国献之。遭巫蛊事，未列于学官。刘向以中古文校欧阳、大小夏侯三家经文，《酒诰》脱简一，《召诰》脱简二。率简二十五字者，脱亦二十五字，简二十二字者，脱亦二十二字，文字异者七百余，脱字数十。《书》者，古之号令，号令于众，其言不立具，则听受施行者弗晓。古文读应尔雅，故解古今语而可知也。

　　………

　　《书》曰："诗言志，（哥）〔歌〕咏言。"故哀乐之心感，而（哥）〔歌〕咏之声发。诵其言谓之诗，咏其声谓之（哥）〔歌〕。故古有采诗之官，王者所以观风俗，知得失，自考正也。孔子纯取周诗，上采殷，下取鲁，凡三百五篇，遭秦而全者，以其讽诵，不独在竹帛故也。汉兴，鲁申公为《诗》训故，而齐辕固、燕韩生皆为之传，或取《春秋》，采杂说，咸非其本义。与不得已，鲁最为近之。三家皆列于学官。又有毛公之学，自谓子夏所传，而河间献王好之，未得立。

　　………

　　《易》曰："有夫妇父子君臣上下，礼义有所错。"而帝王质文世有损益，至周曲为之防，事为之制，故曰："礼经三百，威仪三千。"及周之衰，诸侯将逾法度，恶其害己，皆灭去其籍，自孔子时而不具，至秦大坏。汉兴，鲁高堂生传《士礼》十七篇。讫孝宣世，后仓最明。戴德、戴圣、庆普皆其弟子，三家立于学官。《礼古经》者,出于鲁淹中及孔氏,(学七十)〔与十七〕篇文相似,多三十九篇。及《明堂阴阳》《王史氏记》所见,多天子诸侯卿大夫之制,虽不能备,犹愈仓等推《士礼》而致于天子之说。

....

古之王者世有史官,君举必书,所以慎言行,昭法式也。左史记言,右史记事,事为《春秋》,言为《尚书》,帝王靡不同之。周室既微,载籍残缺,仲尼思存前圣之业,乃称曰:"夏礼吾能言之,杞不足征也;殷礼吾能言之,宋不足征也。文献不足故也,足则吾能征之矣。"以鲁周公之国,礼文备物,史官有法,故与左丘明观其史记,据行事,仍人道,因兴以立功,就败以成罚,假日月以定历数,借朝聘以正礼乐。有所褒讳贬损,不可书见,口授弟子,弟子退而异言。丘明恐弟子各安其意,以失其真,故论本事而作传,明夫子不以空言说经也。《春秋》所贬损大人当世君臣,有威权势力,其事实皆形于传,是以隐其书而不宣,所以免时难也。及末世口说流行,故有《公羊》、《穀梁》、《邹》《夹》之传。四家之中,《公羊》《穀梁》立于学官,邹氏无师,夹氏未有书。

....

《论语》者,孔子应答弟子时人及弟子相与言而接闻于夫子之语也。当时弟子各有所记。夫子既卒,门人相与辑而论纂,故谓之《论语》。汉兴,有齐、鲁之说。传《齐论》者,昌邑中尉王吉、少府宋畸、御史大夫贡禹、尚书令五鹿充宗、胶东庸生,唯王阳名家。传《鲁论语》者,常山都尉龚奋、长信少府夏侯胜、丞相韦贤、鲁扶卿、前将军萧望之、安昌侯张禹,皆名家。张氏最后而行于世。

....

《孝经》者,孔子为曾子陈孝道也。夫孝,天之经,地之义,民之行也。举大者言,故曰《孝经》。汉兴,长孙氏、博士江翁、少府后仓、谏大夫翼奉、安昌侯张禹传之,各自名家。经文皆同,唯孔氏壁中古文为异。"父母生之,续莫大焉","故亲生之膝下",诸家说不安处,古文字读皆异。

(录自《汉书》卷三十,中华书局1962年版,第1701~1719页)

汉书·儒林传（节录）

仲尼既没，七十子之徒散游诸侯，大者为卿相师傅，小者友教士大夫，或隐而不见。故子张居陈，澹台子羽居楚，子夏居西河，子贡终于齐。如田子方、段干木、吴起、禽滑釐之属，皆受业于子夏之伦，为王者师。是时，独魏文侯好学。天下并争于战国，儒术既黜焉，然齐鲁之间学者犹弗废，至于威、宣之际，孟子、孙卿之列咸遵夫子之业而润色之，以学显于当世。

及至秦始皇兼天下，燔《诗》《书》，杀术士，六学从此缺矣。陈涉之王也，鲁诸儒持孔氏礼器（而）〔往〕归之，于是孔甲为涉博士，卒与俱死。陈涉起匹夫，驱适戍以立号，不满岁而灭亡，其事至微浅，然而搢绅先生负礼器往委质为臣者何也？以秦禁其业，积怨而发愤于陈王也。

及高皇帝诛项籍，引兵围鲁，鲁中诸儒尚讲诵习礼，弦歌之音不绝，岂非圣人遗化好学之国哉？于是诸儒始得修其经学，讲习大射乡饮之礼。叔孙通作汉礼仪，因为奉常，诸弟子共定者，咸为选首，然后喟然兴于学。然尚有干戈，平定四海，亦未皇庠序之事也。孝惠、高后时，公卿皆武力功臣。孝文时颇登用，然孝文本好刑名之言。及至孝景，不任儒，窦太后又好黄老术，故诸博士具官待问，未有进者。

汉兴，言《易》自淄川田生；言《书》自济南伏生；言《诗》，于鲁则申培公，于齐则辕固生，燕则韩太傅；言《礼》，则鲁高堂生；言《春秋》，于齐则胡毋生，于赵则董仲舒。及窦太后崩，武安君田蚡为丞相，黜黄老、刑名百家之言，延文学儒者以百数，而公孙弘以治《春秋》为丞相封侯，天下学士靡然乡风矣。

弘为学官，悼道之郁滞，乃请曰："丞相、御史言：制曰'盖闻导民以礼，风之以乐。婚姻者，居室之大伦也。今礼废乐崩，朕甚愍焉，故详延天下方闻之士，咸登诸朝。其令礼官劝学，讲议洽闻，举遗兴礼，以为天下先。太常议，予博士弟子，崇乡里之化，以厉贤材焉。'谨与太常臧、博士平等议，曰：闻三代之道，乡里有教，夏曰校，殷曰庠，周曰序。其劝善也，显之朝廷；其惩恶也，加之刑罚。故教化之行也，建首善自京师始，繇内及外。今陛下昭至德，开大明，配天地，本人伦，劝学兴礼，崇化厉贤，以风四方，太平之原也。古者政教未洽，不备其礼，请因旧官而兴焉。为博士官置弟子五十人，复其身。太常择民年十八以上仪壮端正者，补博士弟子。郡国县官有好文学，敬长上，肃政教，顺乡里，出入不悖，所闻，令相长丞上属所二千石。二千石谨察可者，常与计偕，诣太常，得受业如弟子。一岁皆辄课，能通一艺以上，补文学掌故缺；其高第可以为郎中，太常籍奏。即有秀才异等，辄以名闻。其不事学若下材，及不能通一艺，辄罢之，而请诸能称者。臣谨案诏书律令下者，明天人分际，通古今之谊，文章尔雅，训辞深厚，恩施甚美。小吏浅闻，弗能究宣，亡以明布谕下。以治礼掌故以文学礼义为官，迁留滞。请选择其秩比二百石以上及吏百石通一艺以上补左右内史、大行卒史，比百石以下补郡太守卒史，皆各二人，边郡一人。先用诵多者，不足，择掌故以补中二千石属，文学掌故补郡属，备员。请著功令。它如律令。"

制曰："可。"自此以来，公卿大夫士吏彬彬多文学之士矣。

昭帝时举贤良文学，增博士弟子员满百人，宣帝末增倍之。元帝好儒，能通一经者皆复。数年，以用度不足，更为设员千人，郡国置五经百石卒史。成帝末，或言孔子布衣养徒三千人，今天子太学弟子少，于是增弟子员三千人。岁余，复如故。平帝时王莽秉政，增元士之子得受业如弟子，勿以为员，岁课甲科四十人为郎中，乙科二十人为太子舍人，丙科四十人补文学掌故云。

自鲁商瞿子木受《易》孔子，以授鲁桥庇子庸。子庸授江东䶒臂子弓。子弓授燕周丑子家。子家授东武孙虞子乘。子乘授齐田何子装。及秦禁学，《易》为筮卜之书，独不禁，故传受者不绝也。汉兴，田何以齐田徙杜陵，号杜田生，授东武王同子中、雒阳周王孙、丁宽、齐服生，皆著《易传》数篇。同授淄川杨何，字叔元，元光中征为太中大夫。齐即墨成，至城阳相。广川孟但，为太子门大夫。鲁周霸、莒衡胡、临淄主父偃，皆以《易》至大官。要言《易》者本之田何。

（录自《汉书》卷八十八，中华书局1962年版，第3591~3597页）

汉书·五行志（节录）

《易》曰："天垂象，见吉凶，圣人象之；河出图，雒出书，圣人则之。"刘歆以为虙羲氏继天而王，受《河图》，则而画之，八卦是也；禹治洪水，赐

《雒书》，法而陈之，《洪范》是也。圣人行其道而宝其真。降及于殷，箕子在父师位而典之。周既克殷，以箕子归，武王亲虚己而问焉。故经曰："惟十有三祀，王访于箕子，王乃言曰：'乌呼，箕子！惟天阴骘下民，相协厥居，我不知其彝伦迫叙。'箕子乃言曰：'我闻在昔，鲧堙洪水，汨陈其五行，帝乃震怒，弗畀《洪范》九畴，彝伦迫致。鲧则殛死，禹乃嗣兴，天乃锡禹《洪范》九畴，彝伦迫叙。'"此武王问《雒书》于箕子，箕子对禹得《雒书》之意也。

"初一曰五行；次二曰羞用五事；次三曰农用八政；次四曰叶用五纪；次五曰建用皇极；次六曰艾用三德；次七曰明用稽疑；次八曰念用庶征；次九曰向用五福，畏用六极。"凡此六十五字，皆《雒书》本文，所谓天乃锡禹大法九章常事所次者也。以为《河图》《雒书》相为经纬，八卦、九章相为表里。昔殷道弛，文王演《周易》；周道敝，孔子述《春秋》。则《乾》《坤》之阴阳，效《洪范》之咎征，天人之道粲然著矣。

汉兴，承秦灭学之后，景、武之世，董仲舒治《公羊春秋》，始推阴阳，为儒者宗。宣、元之后，刘向治《穀梁春秋》，数其祸福，传以《洪范》，与仲舒错。至向子歆治《左氏传》，其《春秋》意亦已乖矣；言《五行》传，又颇不同。是以揽仲舒，别向、歆，传载眭孟、夏侯胜、京房、谷永、李寻之徒所陈行事，讫于王莽，举十二世，以傅《春秋》，著于篇。

（录自《汉书》卷二十七上，中华书局1962年版，第1315~1317页）

后汉书·儒林列传（节录）

昔王莽、更始之际，天下散乱，礼乐分崩，典文残落。及光武中兴，爱好经术，未及下车，而先访儒雅，采求阙文，补缀漏逸。先是四方学士多怀协图书，遁逃林薮。自是莫不抱负坟策，云会京师，范升、陈元、郑兴、杜林、卫宏、刘昆、桓荣之徒，继踵而集。于是立五经博士，各以家法教授，《易》有施、孟、梁丘、京氏，《尚书》欧阳、大小夏侯，《诗》齐、鲁、韩，《礼》大小戴，《春秋》严、颜，凡十四博士，太常差次总领焉。

建武五年，乃修起太学，稽式古典，笾豆干戚之容，备之于列，服方领习矩步者，委它乎其中。中元元年，初建三雍。明帝即位，亲行其礼。天子始冠通天，衣日月，备法物之驾，盛清道之仪，坐明堂而朝群后，登灵台以望云物，袒割辟雍之上，尊养三老五更。飨射礼毕，帝正坐自讲，诸儒执经问难于前，冠带缙绅之人，圜桥门而观听者盖亿万计。其后复为功臣子孙、四姓末属别立校舍，搜选高能以受其业，自期门羽林之士，悉令通《孝经》章句，匈奴亦遣子入学。济济乎，洋洋乎，盛于永平矣！

建初中，大会诸儒于白虎观，考详同异，连月乃罢。肃宗亲临称制，如石渠故事，顾命史臣，著为《通义》。又诏高才生受《古文尚书》《毛诗》《穀梁》《左氏春秋》，虽不立学官，然皆擢高第为讲郎，给事近署，所以网罗遗逸，博存众家。孝和亦数幸东观，览阅书林。及邓后称制，学者颇懈。时樊准、徐防并陈敦学之宜，又言儒职多非其人，于是制诏公卿妙简其选，三署郎能通经术者，皆得察举。自安帝览政，薄于艺文，博士倚席不讲，朋徒相视怠散，学舍颓敝，鞠为园蔬，牧儿荛竖，至于薪刈其下。顺帝感翟酺之言，乃更修黉宇，凡所造构二百四十房，千八百五十室。试明经下第补弟子，增甲乙之科员各十人，除郡国耆儒皆补郎、舍人。本初元年，梁太后诏曰："大将军下至六百石，悉遣子就学，每岁辄于乡射月一飨会之，以此为常。"自是游学增盛，至三万余生。然章句渐疏，而多以浮华相尚，儒者之风盖衰矣。党人既诛，其高名善士多坐流废，后遂至忿争，更相言告，亦有私行金货，定兰台漆书经字，以合其私文。熹平四年，灵帝乃诏诸儒正定五经，刊于石碑，为古文、篆、隶三体书法以相参检，树之学门，使天下咸取则焉。

…………

《前书》云：田何传《易》授丁宽，丁宽授田王孙，王孙授沛人施雠、东海孟喜、琅邪梁丘贺，由是《易》有施、孟、梁丘之学。又东郡京房受《易》于梁国焦延寿，别为京氏学。又有东莱费直，传《易》，授琅邪王横，为费氏学。本以古字，号《古文易》。又沛人高相传《易》，授子康及兰陵毋将永，为高氏学。施、孟、梁丘、京氏四家皆立博士，费、高二家未得立。

（录自《后汉书》卷七十九上，中华书局 1965 年版，第 2545~2549 页）

日知录·两汉风俗

顾炎武[①]

汉自孝武表章《六经》之后，师儒虽盛，而大义未明，故新莽居摄，颂德献符者遍于天下。光武有鉴于此，故尊崇节义，敦厉名实，所举用者，莫非经明行修之人，而风俗为之一变。至其末造，朝政昏浊，国事日非，而党锢之流，独行之辈，依仁蹈义，舍命不渝，"风雨如晦，鸡鸣不已"。三代以下风俗之美，无尚于东京者。故范晔之论，以为"桓、灵之间，君道秕僻，朝纲日陵，国隙屡启，自中智以下，靡不审其崩离，而权强之臣息其窥盗之谋，豪俊之夫屈于鄙生之议"，"所以倾而未颓，决而未溃，皆仁人君子心力之为"，可谓知言者矣。使后代之主循而弗革，即流风至今，亦何不可！而孟德既有冀州，崇奖跅弛之士，观其下令再三，至于求"负污辱之名、见笑之行、不仁不孝而有治国用兵之术者"，于是权诈迭进，奸逆萌生。故董昭太和之疏，已谓"当今年少，不复以学问为本，专更以交游为业；国士不以孝悌清修为首，乃以趋势求利为先"。至正始之际，而一二浮诞之徒，骋其智识，蔑周、孔之书，习老、庄之教，风俗又为之一变。夫以经术之治，节义之防，光武、明、章数世为之而未足，毁方败常之俗，孟德一人变之而有余。后之人君将树之风声，纳之轨物，以善俗而作人，不可不察乎此矣。

（阎氏曰：按晋世祖泰始元年乙酉，以傅玄为谏官。上疏曰："近者魏武好法术，而天下贵刑名；魏文慕通达，而天下贱守节。其后纲维不摄，放诞盈朝，遂使天下无复清议。"是致毁方败常之俗，魏文，非魏武也。清谈之风一盛于王、何，再盛于嵇、阮，三盛于王、乐，而晋亡矣。然其端则自文帝始，此亦论世者不可不考也）。

光武躬行俭约，以化臣下，讲论经义，常至夜分。一时功臣如邓禹，"有子十三人，各使守一艺，闺门修整，可为世法"。贵戚如樊重，"三世共财，子孙朝夕礼敬，常若公家"。以故东汉之世，虽人才之倜傥不及西京，而士风家法似有过于前代。

[①] 顾炎武（1613—1682），明末清初思想家、史地学家。

东京之末，节义衰而文章盛，自蔡邕始。其仕董卓，无守；卓死惊叹；无识。观其集中滥作碑颂，则平日之为人可知矣。以其文采富而交游多，故后人为立佳传。嗟呼！士君子处衰季之朝，常以负一世之名，而转移天下之风气者，视伯喈之为人，其戒之哉！

（录自顾炎武著，黄汝成集释，栾保群、吕宗力校点《日知录集释》卷十三，上海古籍出版社2006年版，第752~754页）

（参校顾炎武《日知录》，岳麓书社1994年版，第265页）

《史记》论汉初黄老之学 *

（一）

（曹参）其治要用黄老术，故相齐九年，齐国安集，大称贤相。……举事无所变更，一遵萧何约束。……百姓歌之曰："萧何为法，顜若画一；曹参代之，守而勿失。载其清静，民以宁一。"

（录自《史记》卷五十四，中华书局1959年版，第2029~2031页）

（二）

陈平曰："我多阴谋，是道家之所禁。吾世即废，亦已矣，终不能复起，以吾多阴祸也。"……

太史公曰："陈丞相平少时，本好黄帝、老子之术。……"

（录自《史记》卷五十六，中华书局1959年版，第2062页）

《汉书》论汉家霸王之道 *

孝元皇帝……为太子……仁柔好儒。见宣帝所用多文法吏，以刑名绳下……尝侍燕从容言："陛下持刑太深，宜用儒生。"宣帝作色曰："汉家自有制度，本以霸王道杂之，奈何纯任德教，用周政乎！且俗儒不达时宜，好是古非今，使人眩于名实，不知所守，何足委任！"乃叹曰："乱我家者，太子也！"

（录自《汉书》卷九，中华书局1962年版，第277页）

论老子三（节录）

魏　源①

汉人学黄、老者，盖公、曹参、汲黯为用世之学；疏广、刘德为知足之学；四皓为隐退之学；子房犹龙，出入三者，体用从容。汉宣始承黄、老，济以申、韩，其谓王伯杂用，亦谓黄、老王而申、韩伯也。惟孔明淡泊宁静，法制严平，似黄、老非黄、老，手写《申》《韩》教后主而实非《申》《韩》。呜呼！甘酸辛苦味不同，蕲于适口，药无偏胜，对症为功，在人用之而已。内圣外王之学，暗而不明，百家又往而不返，五谷莠稗，同归无成，悲夫！知以不忍不敢为学，则仁义之实行其间焉可也。

（录自《魏源集》，中华书局1976年版，第260页）

淮南子叙目（节录）

高　诱

（刘）安为辨达，善属文，皇帝为从父，数上书，召见。孝文皇帝甚重之，诏使为《离骚赋》，自旦受诏，日早食已。上爱而秘之。天下方术之士多往归焉。于是遂与苏飞、李尚、左吴、田由、雷被、毛被、伍被、晋昌等八人，及诸儒大山、小山之徒，共讲论道德，总统仁义，而著此书。其旨近《老子》，

---

① 魏源（1794—1857），清代启蒙思想家，史学家。

淡泊无为，蹈虚守静，出入经道。言其大也，则焘天载地，说其细也，则沦于无垠，及古今治乱存亡祸福，世间诡异瑰奇之事。其义也著，其文也富，物事之类，无所不载，然其大较归之于道，号曰《鸿烈》。鸿，大也；烈，明也；以为大明道之言也。故夫学者不论《淮南》，则不知大道之深也。是以先贤通儒述作之士，莫不援采以验经传。

（录自刘文典撰，冯逸、乔华点校《淮南鸿烈集解》，中华书局 1989 年版）
（参校高诱《淮南子注》，上海书店 1986 年版）

汉宋学术异同论·总序[①]

刘师培

昔周末诸子辨论学术，咸有科条，故治一学辨一事，必参互考验以决从违。《礼记·中庸》篇之言曰："故君子之道本诸身，征诸庶民，考之三王而不谬，建诸天地而不倍，质诸鬼神而无疑，百世以俟圣人而不惑。"《管子·七法》篇曰："义也、名也、时也、似也、类也、比也、状也谓之象。"而《庄子·天下》篇亦曰："古之为道术者，以法为分，以名为表，以参为验，以稽为决，其数一二三四是也。"是则古人析理，必比较分析辨章明晰，使有绳墨之可循，未尝舍事而言理，亦未尝舍理而言物也。故推十合一谓之士，不易之术谓之儒。汉儒继兴，恪守家法，解释群经，然治学之方，必求之事类以解其纷，立为条例以标其臬。或钩玄提要而立其纲，或远绍旁搜以觇其信。故同条共贯切墨中绳，犹得周末子书遗意。及宋儒说经，侈言义理，求之高远精微之地，又缘词生训，鲜正名辨物之功，故创一说或先后互歧，立一言或游移无主。由是言之，上古之时，学必有律。汉人循律而治经，宋人舍律而论学，此则汉宋学术得失之大纲也。

近世以来，治汉学者咸斥宋儒为空疏，而治宋学者，复推崇宋儒，以为接正传于孔孟。即有调停汉宋者，亦不过牵合汉宋，比附补苴，以证郑朱学派之同。夫汉儒经说虽有师承，然胶于言词立说，或流于执一。宋儒著书虽多臆说，然恒体验于

---

① 编者删去了文中的注释部分。

身心，或出入老释之书，故心得之说亦间高出于汉儒。是在学者之深思自得耳。故荟萃汉宋之说，以类区别，稽析异同，讨论得失，以为研究国学者之一助焉。

（录自《中国现代学术经典·黄侃　刘师培卷》，河北教育出版社1996年版，第714~715页）

秦汉的方士与儒生·序

顾颉刚[①]

  这本小册子经过了二十余年的时间，现在又重版了。当时我为什么要写这本书，这是该详细向读者同志报告的，因此补上这篇序。

  清朝这一代，最高的统治者挟了种族的成见，防止人民起义，屡兴文字狱，读书人一不小心就容易砍掉脑袋，甚至有灭门之祸。在这等淫威之下，逼得若干有些创造力的知识分子把他们的全部心思才力集中到故纸堆里，学问完全脱离了人生实用。这种学风当然是畸形的、偏枯的，但因他们下了苦功，也获得了意外的收获：就是在史料学的范围里开拓了一些新园地，帮助人们认识了若干未经前人揭出的史实。尤其是他们特别注意于两汉的经学——所以他们的学问叫做"汉学"——经过了长时期的搜集材料、整理材料，竟把向来看不清楚的两汉学术思想指出了一个轮廓。因为汉代学者是第一批整理中国历史资料的人，凡是研究中国古代历史和先秦各家学说的人们一定要先从汉人的基础上着手，然后可以沿源数流，得着一个比较适当的解释，所以汉代学术享有极崇高的地位，人们对于那时候的权威学说只有低头膜拜，就是有一二人不肯服从，驳斥它的不合理的地方，也会遭受到千万倍的压力把他压了下去，它的神圣不可侵犯的地位永远靠了模糊的面貌来维持。清代学者本来只是为了反抗空谈心性的宋、明理学而信仰汉代学术，但经他们深刻研究"汉学"的结果，竟使我们约略看出那时代的黑暗的内幕，知道所谓权威的汉代学术的大部分只是统治阶级麻醉民众和欺骗民众的工具，它的基础建立在宗教迷信上。我们看出

[①] 顾颉刚（1893—1980），历史学家、古史辨派创始人。

了这一点，当然要对于它的黑暗面激起甚大的反感。这个反感分明是清代学者提供给我们的，然而他们自身却还没有想到会发生这个破坏性的后果呢。

我二十岁以前住在苏州，那里是清代汉学的中心，最有接触经学书的机会，引得我喜欢在这些书里瞎摸；又因上了小学和中学，接受了一点资产阶级的科学的皮毛，所以再不能相信汉代经师的神秘话头。那时正在戊戌政变之后，这次政变是由康有为的经今文学鼓动起来的，他假借了西汉所谓《春秋》大师董仲舒的"三代改制"的话做理由，要求统治阶级变法自强。他的同道有谭嗣同、梁启超、皮锡瑞等维新派。同时和他取相反的立场的是保守派张之洞、朱一新、王先谦、王仁俊、叶德辉等人，他们的言论都载在苏舆编的《翼教丛编》里。戊戌以后，章炳麟主张种族革命，反对康有为的保皇论，又站在经古文学的立场上来抨击康氏的今文学，康氏说"新学伪经"出于刘歆一手所为，章氏便说刘歆是孔子以后的第一个人；其时助章氏张目的有刘师培等人，他们的文字多数载在邓实编的《国粹学报》。这是一场使人看得眼花缭乱的大战！少年时代的我，看他们打得这般热闹，精神上起了极大的兴奋；但自己还没有本领去评判他们的是非，又怀着异常的苦闷。不过，今文家喜欢称引谶纬，谶纬里十分之九都是妖妄怪诞的东西，这是我早已认定的，何况章氏站在革命的立场上来反对康氏的保皇呢，所以在我的理智上，认为古文家的思想是进步的，我们该走向古文家的阵营。

原来清代末年，全国的经学大师，俞樾是最有声望的一位。他担任杭州诂经精舍的山长三十余年，培养了很多的经学人才。他对于今文学和古文学采取兼容并包的态度，所以在他门下受业的人们也各就其性之所近走上了岔道：或专研古文，或笃信今文，或调和今古文。章炳麟是他门下古文派中的一个健将，崔适则是他门下今文派中的一个专家。今文经中最重要的一部书是《春秋公羊传》，那时别人多喜欢把《公羊》的话语结合当前的政治，在变法自强运动中起了大小不等的波澜，独有崔氏，虽把《公羊》读得烂熟，却只希望恢复《公羊》学的原来面目，自身未参预过政治运动。因为他极少写单篇论文发表他的主张，所以我不曾注意过他。

一九一六年，我进了北京大学文科中国哲学门。这个门（即是后来的系）是清末京师大学中经科的化身，所以经学的空气仍极浓厚。教我们《中国哲学史》的是主张不分今、古、汉、宋一切都容纳了的陈汉章先生，教《春秋公羊学》的就是这位严守专门之学的壁垒的崔适先生。崔先生发给我们的讲义是他用了毕生精力做成的一部《春秋复始》，他把《公羊传》为主，辅之以董仲舒《春秋繁露》和何休《公羊解诂》等书，把一部《公羊传》分类解释，要使人们从这里看出孔子的《春秋》大义。他说《穀梁传》和《左氏传》都是古文学，就都是伪经学，绝对不是孔子的意思。他年已七十，身体衰弱得要扶了墙壁才能走路，但态度却是这般地严肃而又勤恳，我们全班同学都十分钦敬他。可是我总想不明白：《春秋》本是一部鲁国史书，为什么不该从东周的史实上讲而必须在孔子的意思上讲？就是说这部书真是孔子所笔削的鲁国史书，一字一句里都贯穿着他的意思，为什么《经》中屡有阙文，如"夏五""郭公"之类，表明它保存了断烂的史书的原样？如果说《公羊传》的作者确是孔子的门人，最能把握着孔子的微言大义，为什么《传》中常说"无闻焉尔"，表明他并没有捉住孔子的意思？

直到一九二〇年我在北大毕业之后才认识钱玄同先生。他在日本留学时是章氏的学生，回国以后又是崔氏的学生。他兼通今古文而又对今古文都不满意。他不止一次地对我说："今文学是孔子学派所传衍，经长期的蜕化而失掉它的真面目的。古文经异军突起，古文家得到了一点古代材料，用自己的意思加以整理改造，七拼八凑而成其古文学，目的是用它做工具而和今文家唱对台戏。所以今文家攻击古文经伪造，这话对；古文家攻击今文家不得孔子的真意，这话也对。我们今天，该用古文家的话来批评今文家，又该用今文家的话来批评古文家，把他们的假面目一齐撕破，方好显露出他们的真相。……"这番议论从现在看来也不免偏，偏在都要撕破，容易坠入虚无主义。但在那时，当许多经学家在今、古文问题上长期斗争之后，我觉得这是一个极锐利、极彻底的批评，是一个击碎玉连环的解决方法，我的眼前仿佛已经打开了一座门，让我们进去对这个二千余年来学术史上的一件大公案作最后的判断了。

我既略略地辨清了今、古文家的原来面目，就又希望向前推进一步。为什么有今文家？为什么有古文家？他们出现的社会背景和历史条件是什么？固然，古文经一系列的组织和发展，由于刘歆站在最高学术地位上的鼓吹和王莽站在最高政治地位上的推动，这事对于王莽夺取汉家政权必然与以若干有利的条件，关于这一点早由方苞的《周官辨》和康有为的《新学伪经考》等书说明了。但这事如果单纯地只看作和王莽有关，那么当新室灭亡之际，古文经理应和它同归于尽，何以到了东汉反而昌盛，竟夺得了今文经的正统？又如今文学，如果单纯地只看作孔子学派师徒们的传授，那么由孔子到董仲舒不过三百年，终不该作一百八十度的转变，为什么会大讲其"怪、力、乱、神"，和孔子的思想恰恰相反？想到这里，就不得不在秦、汉时代统治阶级的需要上来看今、古文两派的变化。研究的结果，使我明白儒生和方士的结合是造成两汉经学的主因。方士的兴起本在战国时代的燕、齐地方，由于海上交通的发达，使得人们对于自然界发生了种种幻想，以为人类可以靠了修炼而得长生，离开了社会而独立永存，取得和上帝同等的地位；同时同地有邹衍一派的阴阳家，他们提倡"天人相应"的学说，要人们一切行为不违背自然界的纪律。秦始皇统一六国，巡行到东方，因为方士和阴阳家们会吹会拍，他立刻接受了海滨文化。儒生们看清楚了这个方向，知道要靠近中央政权便非创造一套神秘的东西不可，所以从秦到汉，经学里就出了《洪范五行传》一类的"天书"做今文家议论的骨干，一般儒生论到政治制度也常用邹衍的五德终始说的方式来迎合皇帝的意图，使得皇帝和上帝作起紧密的连系。皇帝的神性越浓厚，他的地位就越优越，一般民众也就越容易服服贴贴地受皇帝的统治。这种政策，皇帝当然是乐于接受的，而且确实胜过了方士们的专在幻想中寻求希望，所以儒生的地位很快地超过了方士，凡是正途的官吏都要在儒生中挑选。到了西汉之末，刘歆整理皇家的图书，发现许多古代史料，他想表彰它们，本是史学上的一件盛举；但学术性的东西是皇帝所不需要的，一定要插入对于皇帝有利的东西方能借得政治的力量，所以他唯有在《左传》里加进新五德终始说的证据，又要做出一部《世经》来证明王莽的正统。在这种空气里，光武帝就必须用《赤伏符》受命，而谶纬一类妖妄怪诞的东西就大量产生了。因此，我觉得两汉经学的骨干是"统治集团的宗教"——统治者装饰自己身份的宗教——的创造，无论最高的主宰是上帝还是五行，每个皇帝都有方法证明他自己是一个"真命天子"；每个儒生和官吏也就都是帮助皇帝代天行道的孔子的徒孙。皇帝利用儒生们来创造有利于他自己的宗教，儒生们也利用皇帝来推行有利于他们自己的宗教。皇帝有什么需要时，儒生们就有什么来供应。这些供应，表面上看都是由圣经和贤传里出发的，实际上却都是从方士式的思想里借取的。试问汉武帝以后为什么不多见方士了？原来儒生们已尽量方士化，方士们为要取得政治权力已相率归到儒生的队里来了。至于今文家和古文家，只是经书的版本不同或是经书上的解释不同，不是思想的根本有异。不过古文家究竟掌握了若干古代资料，又起得较迟，到了东汉时谶纬的妖妄性已太显著，不能取得脑筋清楚的儒生们的信仰，所以流入训诂一途，比较有些客观性而已。

一九二九年，我担任了燕京大学历史系的课务，即想竭尽我的心力来探求这方面的问题。当时曾本崔适先生《史记探源》中所指出的刘歆利用了五德相生说来改造古史系统的各种证据，加以推阐，写成《五德终始说下的政治和历史》一文，刊入《清华学报》。到一九三三年，同系教授邓之诚先生患病，请假半年，嘱我代任他的《秦汉史》一课。我就把上述的意思编撰讲义，大抵分为三个段落：从第一章到第七章，说明在阴阳家和方士的气氛下成就的秦、汉时代若干种政治制度；从第八章到第十八章，说明博士和儒生怎样地由分而合，又怎样地接受了阴阳家和方士的一套，成为汉代的经学，又怎样地从他们的鼓吹里影响到两汉时代的若干种政治制度；从第十九章到第二十二章，说明汉代的经学如何转入谶纬，谶纬对于政治又发生了怎样的作用。这二十余章文字大部分暴露了汉代思想的黑暗面，虽不能包括那时的全部学术，但确是那时学术思想的主流，在当时的学术界里无疑地占有正统的地位的。

隔了两年，上海亚细亚书局新开，来函索稿甚急；我想，在我所编的讲义中，这一份还算自成一个段落，便寄给该局出版，姑且命名为《汉代学术史略》。然而汉代的学术方面尚有很多的辉煌的果实，例如唐都、落下闳、邓平、刘歆、张衡的天文学和历法学，张衡的地震学，王景、桑钦的地理学，赵过的农学，许商、平当、贾让的水利学，淳于意、张机、华佗的医学，马钧的机械学，桑弘羊、桓宽、王符、仲长统的经济政治学说，司马谈、迁父子和班彪、固父子以及荀悦、蔡邕的史学，刘向、歆父子的古文籍考订学，杨雄、爰礼、甄丰、服虔、许慎、马融、郑玄的文字学和训诂学，以及王充的唯物主义的怀疑思想等等，都是值得大书特书的。还有汉代四次学术性的大会议：昭帝始元六年（公元前八一年）诏郡、国举贤良、文学之士，问他们民间的疾苦，他们都请罢盐、铁、榷酤的专卖，和御史大夫桑弘羊相辩难；桓宽集录为《盐铁论》一书。宣帝甘露二年（公元前五二年）诏诸儒讲《五经》同异于石渠阁，皇帝和太子太傅萧望之等评定他们的是非，添立了四家博士。平帝元始元年（公元一年），王莽征求天下通一艺、教授十一人以上，及有《逸礼》、《古书》、《毛诗》、《周官》、《尔雅》、天文、图谶、钟律、《月令》、兵法、《史篇》文字的数千人到未央宫中改正乖谬，统一异说。章帝建初四年（公元七九年）诏博士、议郎、诸儒等议"五经"同异于白虎观，魏应掌问难，淳于恭掌条奏，皇帝加以决定；班固集录这回的结论为《白虎通义》。这四次会议对于汉代学术的发展和蜕化一定有极大的关系。这本小册子里既大都没有叙及，就贸然戴上了一顶"汉代学术史"的大帽子，实在觉得不称，心中留着十分的惭愧和对于读者的无尽的歉疚。

这书出版不久，卢沟桥的战事就起来了。我流亡后方，常常一年中迁徙几次，手头又缺乏参考书籍，一切的研究都不能做；抗日战争胜利后又因兼职过多，不能集中精神在学术工作上：一蹉跎就是十八年的长时间，我的头发全白了，还不能把这本书改写。今年，出版社方面不以这书为劣陋，要我加以修正重版；又适值我光荣地参加了国家的工作岗位，由上海迁到北京，生活还没有十分安定，只能作了一些字句的小修改。所幸的，现在得有机会，改题了《秦汉的方士与儒生》，书名和内容相符，可以使我减轻些内心的不安而已。

中国的文化，从书本材料来说，是胚胎于夏、商而化成于两周；以后二千余年，为了过分尊重经学的缘故，骨子里虽不断地在创造，表面上总是承继着两周。至于叙述和说明夏、商、周三代的文化，最重要的有三个时期。第一时期是两汉，他们的目标既在曲解经书来适应于当前的统治集团的利益，把古代史实勉强拉来和当时的东西相比，他们的方法又牵缠于阴阳五行的附会，处处要使得人事和自然界应弦合拍，在这样的主观愿望之下，势不能不流入于武断的玄学，所以名为整理而实际却是梦乱，使得我们要整理三代文化时逼得先去从事于两汉文化的探索，多出了几重麻烦。第二时期是两宋，他们的目标是内心的修养，用了全力去寻求古圣先王的传授心法，这当然也是一个水中捉月的主观愿望；可是他们的治学方法却因部分地接受了禅宗的"呵佛骂祖"的精神，敢于打破久踞在学术界宝座的偶像，又因有了刻版，古籍容易传布，见多自能识广，因此辨伪考证之风大兴，在整理方面开出了一个比较能客观研究的新境界。第三时期是清代，除了它的后期之外，一般学者的目标只是希望认识古代，既不想把古代的学术思想应用在当前的政治上，也不想把它应用在内心的修养上，而只是以周还周，以汉还汉，以宋还宋，洗刷出各个时代的本来面目；他们用了细密的手腕去搜罗材料，钩稽异同，其态度的谨严和在史料学上的成就都超过了汉、宋两代。只是他们太偏于客观主义，注重积聚材料而轻视理论，好像尽制砖瓦，不打建筑图样，自然也造不起房子来；结果流于烦琐细碎，使得人们怕去亲近。到今天，有了辩证唯物论和历史唯物论做我们一切工作的最高指导，我们接受了古人的遗产，就能用了正确的方法作全面的观察，更在缜密的计划之下来分工合作，这样充分自觉地精进，我相信，一部良好的中国学术史是不难出现的。有了这部完整的学术史，哪些是我们该吸收的古人的精华，哪些是我们该抛弃的古人的糟粕，就都明白地指示出来了。我这本小册子如果能在将来的学术史里贡献上一点参考资料，就不算我空费了在经学书里摸索多年的时间和精力。

可是，这本小册子终究是二十余年前的旧作，我绝不能因为它是旧作而加以原谅。现在看来，这册书里有着明显的错误。那时的我虽已知道应当从社会背景去解决问题，但因为没有学习马克思列宁主义，不能从两汉社会的经济基础来分析当时的政治制度与学术思想，这是违背历史唯物论的，是本书的根本缺点。再说，我对阴阳、五行的来源讲得太机械、太简单了，对于谶纬思想的怎么清除则一句也没有提到，好像这种思想是突然而来又突然而去的，这岂不是一种非历史主义的叙述。至于古代的宗教迷信都有其发生的原因，在它们的歪曲反映里都能见出其中含有真实的客观的东西，而决不是一概不值得一顾可以抛弃了事的。例如阴阳、五行，虽给方士和儒生们利用了它闹得乌烟瘴气，可是追本溯源，究竟它的本质含有素朴的唯物主义成分。我们祖国的古代人民长期观察物质世界的结果，知道世界上有正、反两种力量，叫它做阴、阳；有五种广泛存在的物质，叫它做金、木、水、火、土五行；物质和物质相接触之后会起着新生和灭亡两种作用，叫它做生、克：这种唯物的分析应当在我国科学史上占有重要的地位。又如谶纬，我虽敢说它十分之九是妖妄怪诞的东西，但终有它十分之一的可宝贵的资料，《尚书纬·考灵曜》说："地恒动不止而人不知，譬如人在大舟中，闭牖而坐，舟行而人不觉也。"这不是触及了地球是在不断地运行这一客观真理，足以打破天动而地静的旧学说吗？这位一千九百年前无名的科学家的发现是多么该受我们的珍视！谶纬书里尚有这类的好材料，可见只要肯到砂砾中去搜寻自会拣到金子，决不该一笔抹杀。我在这书里，为了憎恨当时的统治集团的行为，过分强调了它的黑暗面，作下全部的否定，这不是非历史主义是什么！毛主席说："没有历史唯物主义的批判精神，所谓坏就是绝对的坏，一切皆坏；所谓好就是绝对的好，一切皆好。"

（《毛泽东选集》第三卷第八三二页）我拿了这几句话来作自我批判，知道我必该好好地学习马克思列宁主义并继续从事于两汉史的研究，才可以深入底里，发掘现在所不注意的材料，寻出现在所看不出的问题，然后方能正式写成一部《汉代学术史》，洗净了从前在不正确的观点和方法之下所发表的不正确的议论。

读者同志！我不敢请你们原谅我这本旧作，我深深地祈求你们：你们在里头见有错误的地方，请随时纠正吧！你们对于秦、汉时代的学术思想的看法和我有不同的时候，请随时见告吧！我如能依靠了群众的力量而达到比较正确的地步，那就是我的莫大的光荣了！我的通信处是北京中国科学院历史研究所。

顾颉刚

1954 年 12 月 3 日

（录自顾颉刚《秦汉的方士与儒生》，上海古籍出版社 2005 年版）
（参校《顾颉刚古史论文集》卷二，《顾颉刚全集》第二册，中华书局 2010 年版，第 464~473 页）

两汉三国学案·序（节录）

唐 晏[①]

孔子既没，弟子索居，六经始分。及其末流，逮于西汉，诸儒各自名经，然苟即一经求之，亦无不具此微义。虽各明一经，而五伦、五常之旨无少阙乏，故求孔道于两汉，大义虽乖，宏纲未泯。洎乎东京，尚能远溯斯义。此汉儒之学所以未易卒没也。爰暨贾、马、服、郑，始有菲薄前人之思，举两汉博士所传者排斥无遗，争胜前人，别求新解。不知两汉博士所传，虽未必一揆于孔门，然口耳相传，矩镬斯在；大冶覆锻，宁少遗金！乃必欲废之而别求古学，则试问贾、马、服、郑去孔子远在六七百年以上，纵使聪明睿智有迈前修，岂能揣龠扣槃，闭门合辙也乎？

（录自《两汉三国学案》，中华书局 1986 年版）

[①] 唐晏（1857—1920），文史学者。

两汉三国学案·凡例（节录）

唐　晏

西汉经学首宜辨者，为鲁与齐之分。鲁学为孔门正传，齐学则杂入衍、奭之绪余，是以余闿而参正统也。今代学人尤喜宗齐学之绪而扬其波，孔道驳矣。

（录自《两汉三国学案》，中华书局1986年版）

论汉儒（一）*

程　颢① 程　颐

汉儒如毛苌、董仲舒，最得圣贤之意，然见道不甚分明。下此，即至杨雄，规模窄狭。道即性也。言性已错，更何所得？

（录自《二程集·河南程氏遗书》卷一《端伯传师说》，中华书局1981年版，第7页）

（参校《二程遗书》，上海古籍出版社2000年版，第58页）

论汉儒（二）*

程　颐

问："汉儒至有白首不能通一经者，何也？"曰："汉之经术安用？只是以章句训诂为事。且如解"尧典"二字，至三万余言，是不知要也。东汉则又不足道也。东汉士人尚名节，只为不明理。若是明理，却皆是大贤也。自汉以来，惟有三人近儒者气象：大毛公、董仲舒、杨雄。本朝经术最盛，只近

---

① 程颢（1032—1085），北宋理学家。

二三十年来议论专一，使人更不致思。"

（录自《二程集·河南程氏遗书》卷十八《刘元承手编》，中华书局1981年版，第232页）

（参校《二程遗书》，上海古籍出版社2000年版，第283~284页）

论书篇（节录）

程 颐

子曰：汉儒之谈经也，以三万余言明"尧典"二字，可谓知要乎？惟毛公、董相有儒者气象。东京士人尚名节，加之以明礼义，则皆贤人之德业矣。

（录自《二程集·河南程氏粹言》卷一，中华书局1981年版，第1202页）

经学历史（节录）

皮锡瑞[①]

汉有一种天人之学而齐学尤盛。《伏传》五行，《齐诗》五际，《公羊春秋》多言灾异，皆齐学也。《易》有象数占验，《礼》有明堂阴阳，不尽齐学，而其旨略同。当时儒者以为人主至尊，无所畏惮，借天象以示儆，庶使其君有失德者犹知恐惧修省。此《春秋》以元统天，以天统君之义，亦《易》神道设教之旨。汉儒借此以匡正其主。其时人主方崇经术，重儒臣，故遇日食地震，必下诏罪己，或责免三公。虽未必能如周宣之遇灾而惧，侧身修行，尚有君臣交儆遗意。此亦汉时实行孔教之一证。后世不明此义，谓汉儒不应言灾异，引谶纬，于是天变不足畏之说出矣。近西法入中国，日食、星变皆可豫测，信之者以为不应附会灾祥。然则，孔子《春秋》所书日食、星变，岂无意乎？言非一

[①] 皮锡瑞（1850—1908），晚清经学家。

端,义各有当,不得以今人之所见轻议古人也。

（录自皮锡瑞著,周予同注释《经学历史》,中华书局1959年版,第106页）
（参校皮锡瑞著,周予同注释《经学历史》,中华书局2012年版,第68~69页）

论经学流变 *

梁启超

二千年来言学者,莫不推本于经术,而所谓经学者,各殊其途。汉之初兴,传经者皆解大义,不为章句,而其大义则皆口口相传,罕著竹帛。以其口口相传故,必有所受,不为臆说,当能得经之本意,以其罕著竹帛故,与闻者寡,而亦无以永其传。自诸大师云亡,而经学盖难言之矣。两京诸经生,强半以谶纬灾异阴阳五行之说释经,其果受自孔门与否,盖不可知,即曰有所受也,亦不过诸义中之一义,其不足以尽经术也明矣。其间有若董子《繁露》之说《春秋》,刘中垒《新序》之说《诗》,盖不必尽本于师说,而常以意逆志,籀经中之义蕴而引申发明之,实为经学开一新蹊径。及东汉之末,去古益远,口说益微,贾、马、服、郑诸儒出,始专以章句训诂为教,疏析文句,用力至勤,而大义盖有所未遑焉。魏晋六朝以至于唐,士不悦学,而惟以文辞相尚,三五硕学,乃出释尊门下,而儒术无足以张其军者。其间如徐遵明、刘焯、刘炫、陆德明、孔颖达、贾公彦,又为贾、马、服、郑之舆台,虽用力更勤,而所发明者更寡。至于宋而濂、洛、关、闽之学兴,刊落枝叶,鞭辟近里,经学壁垒,又为之一新。顾其所畸重者,在身心性命,而经世致用之道,缺焉弗讲,谓但有得于身心性命,而经世致用之道,举而措之矣。其极也,乃至专标《论语》《孟子》《大学》《中庸》,跻而尊诸群经之上,而汉以来所请六艺者,几于束阁。夫身心性命之不可不讲,固也。然此乃孔子所谓众人以上可以语上,而性与天道,非尽人所可得闻者。以此为普通学得乎?且谓经世致用之道,悉包含于身心性命之中,而但有得于身心性命,其他即可不学而能,则六经当更删其什八九,而孔子犹留此以供后人玩物丧志之具,则何为也?是宋儒之学,虽不得不谓为经术之一端,然其不足以尽经术,抑又明矣。明代姚江崛兴，其在宋学范围中，诚自树一帜，语于经术，则其功罪亦适与濂、洛、关、闽相等而已。本朝承宋明末流之敝，反动力作，而复古论昌。胡、阎、江、惠，导其先河，戴、段、二王，树其坚壁，自乾嘉迄今，则诸经皆有新疏。片词单义，必求所出，空言臆说，悬为厉禁，训故名物制度，钩比研索，刮垢磨光，遂使诸经无不可读之字，无不可解之句，厥功楙矣。然究其实际，又不过与徐、刘、陆、孔之徒，比肩事主，为贾、马、服、郑之功臣。即进而上之，能为贾、马、服、郑之诤友，斯峰极矣。一言以蔽之，则治章句之学而神其技者也。由此观之，则二千年来所谓经学者可见矣。由宋迄明，是为别子，虽有所得，无与大宗，而两汉、隋、唐之绪，发挥光大以极于本朝，其最伟之绩，不越章句。夫并章句而未解，更靡论于大义，斯固然矣。然谓既解章句，则治经之业已毕，而此外更无余事，天下有是学术乎？即贾、马、服、郑、徐、刘、陆、孔、惠、戴、段、王诸经师，亦岂敢谓其学即为经学。不过曰吾之为此，将以代世之治经学者省其玩索章句之劳，俾得注全力以从事于讲求大义云尔。讲求大义，实为治经者唯一之目的，玩索章句，不过为达此目的之一手段。误手段以为目的，则终其身无所得于经。人人如此，代代如此，而经学遂成无用之长物矣。夫必明大义然后乃可谓之经学，既无所容难，然则当用何法以求诸经之大义乎？此实最难置答之一疑问，而二千年来几许之大儒谦让而不敢从事者，正以此也。夫吾所欲明之大义，亦欲明其确为此经之大义者云也，然必如何而后确为此经之大义乎？是必亲受之于删定诸经之孔子乃可。即不然，亦受诸其徒。更次则受诸其徒之徒，受诸其徒之徒之徒。质而言之，则非有口说，莫知所折衷也。准此以谈，则惟先秦诸儒，可以言经学。次则西汉诸儒，犹可以勉言经学。自兹以往，口说既亡，而经学在势当成绝业。后之儒者，所以不敢于求大义者，凡以此也。然使长此以终古乎？则孔子之删述六经，果留以供后人玩物丧志之用，率天下之人而疲精敝神于章句训诂名物制度之间，而于天下国家一无所裨，何取此扰扰为也。故夫后之儒者，既不得亲受口说于孔子若孔子之徒。毋已，则亦有独报遗经，以意逆志，而自求其所谓大义而已。所求得之大义，其果为孔子之大义乎？所不敢言也。然但使十义之中，有一义焉合于孔子，则用力已为不虚。就令悉不合焉，而人人遵此道以求之，必将有一合者。又就令无一合者，而举天下以思想自由之故，性灵愈浚而愈深，或能发古人未发之奥，不特为六经注脚，且将为六经羽翼，其为功不更伟耶。吾以为生汉以后而治经学，舍此道末由矣。苟并此道而不取焉，则无异于谓当废经学而不许人以从事已耳。以此道治经者，创业先汉之董江都、刘中垒，而光大之者荆公也。

（录自《饮冰室合集》专集之二十七《王荆公》，中华书局1989年版）

论秦汉经史之学 *

钱　穆

秦之衰，汉之兴，当时之学术界，大略而言，其服务于政府者，知有法律而已。法律何自来？则沿袭之于秦。其号为深远莫测者，则高谈黄帝、老子。黄帝、老子何所语？曰：莫大于"无为"。无为而不可不为则奈何？曰"一仍旧贯"。若是，则仍守后王之法，仍知循秦人之旧而已。于是荀卿、韩非、老子，乃汇而为一流。其游食于诸侯王者，有文学，有纵横，有神仙。彼辈之所见闻，上之曰陆贾，下之曰蒯通；上下之所通，则曰安期生，曰海上仙人。彼辈莫不指天划地，睥睨于朝廷王国间，几幸天下之一旦有事，而置身于青云。否则夸宫室之壮丽，导男女之淫乐，耀药物之珍秘，竞辞赋之奢大，以图当前游食之骄逸。彼辈盖不得志于朝廷，因亦不安于秦旧，而上觊战国晚世之所有，心期诸王为燕昭，筑黄金台，而自居于郭隗死马之列。盖如是焉而止。故汉廷之表章六经，罢黜百家，实起意于"复古更化"。"更化"者，化此晚周亡秦之覆辙。"复古"者，复于三代尧舜之前轨。故《诗》《书》之在当时，见称曰"古文"。必上窥古文，始知历史渊源。必知历史渊源，始可以矫挽此晚周亡秦近世之颓波。则汉廷之宏奖经籍，实亦宏奖史学也。今试游心而思之，若果汉廷不宏奖六艺，一如秦廷之禁锢《诗》《书》，惟留黄、老、申、韩，下及枚乘、司马相如之徒之辞赋；则中国之古史，亦将何所凭藉以复传于后世。故汉廷之"经学"，就其实而论之，即当时之"史学"，而董仲舒、司马迁为其选。

董、马皆治《春秋》，皆史学也。董子之学，见之于汉廷之制度。马迁之学，则见之于国闻之整理。其均为史学甚显。其他诸儒，亦莫不曰"通经致用"。"通经"则溯诸古,"致用"则施之今。此不得谓其无当于孔学之一端。而流弊所趋,则有两歧。一曰"专经",一曰"比附"。何以谓"专经"之弊?经学必称六籍,以近代观念绳之,若《易经》属哲学,《尚书》《春秋》属史学,《诗经》属文学,《礼》《乐》属政治制度乃及社会风教,亦史学也。如是则支离破碎,无当于孔学之所求。孔子之所用心,则在人文社会之整体。必求于人文社会整体大道有所见,则必会通此诸端者而始有以见其全。故孔门所治,非哲学,非文学,非史学,非政治社会学。乃求会通此诸学,必上溯之上古,必下通之当代,直上直下,而发见夫人生之大道,以求实措之于当身。此"孔学"之所宗主也。若专经则割裂,知其一不复知其二。离于"史学"而言经,既非孔学之真旨。即复"闻一知二"乃至"闻一知十",多学而识,终非一以贯之。此所谓专经之弊也。何以谓之"比附"之弊?上治古籍,有以窥见于历古仁圣贤人之用心而实措之于当世,斯为明体而达用。不此之务,而徒援据偏辞,张皇只义,强求会通,此乃平津侯之曲学阿世。其流弊所及,则有如京氏之《易》、齐之《诗》、公羊之《春秋》,莫不上尊孔子,侪之为神,而下伍儒生于巫觋。此之谓比附之弊。于是物极必反,乃有东汉马、郑之所谓"古文经学"者起而代之。

马、郑之学,其长在能有意于笃守经籍之本真。非通诸经则不足以通一经,故不专治。淡于用世,故不比附。虽怪诞未尽,而虚华已谢。其弊则忽忘于经籍之大用。王充氏已诽之在前矣,曰:"知古而不知今,是谓陆沉。"孔子作《春秋》,笔则笔,削则削,游、夏之徒不能赞一辞。使马、郑复立于孔门,亦极于为游、夏之徒而登峰造极矣。马、郑之"述而不作",非复孔子之"述而不作"。其貌似,其神非。于是"经学""史学"乃相离以为学。班固、蔡邕为一流,马融、郑玄为又一流。经、史之分,将如河、汉之不可复合,是则东汉儒者之鄙也。

(录自钱穆《孔子与论语》,九州出版社 2011 年版,第 217~219 页)

经学史与经学之派别

——皮锡瑞《经学历史》序（节录）

周予同

一、经学的三大派

皮锡瑞《经学历史》是经学入门书籍，可以说是"经学之导言"；本篇的任务，在介绍《经学历史》于读者之前，那不过是"经学导言之导言"而已。然而因为是经学导言之导言，所以不能不对于经学先作鸟瞰的说明，以便显出经学史的重要性和本书的价值。

中国经学，假使我们慎重点说，上追到西汉初年为止，也已经有二千一百多年的历史。这二千多年中，经部书籍，因为传统的因袭的思想关系，只就量说，也可以配得说"汗牛充栋"。不说别的，我们只要一看纳兰性德汇刊的《通志堂经解》，阮元、王先谦汇刊的正、续《清经解》，也几乎使你目眩；至若列举朱彝尊《经义考》的书目，那真所谓"更仆难数"了。但是，假使我们能够应用史学家处置史料的手段，这许多繁重的著作，也不过可以归纳为三大派，所谓"经学的三大派"。这三大派都显然自有它的立场和特色；就我的私意，可称为一、"西汉今文学"，二、"东汉古文学"，三、"宋学"。

西汉今文学发生在西汉，就是所谓"今文十四博士"之学。在西汉时代，因为统治阶级的利用和提倡，在学术界几有独尊之势。后来因为古文学的暴兴，和郑玄、王肃的混乱家法，便渐渐的衰落。延到曹魏、西晋，因为政乱和胡祸的过烈，连仅存的章句传说也多随兵燹而澌灭。一直到了清代的中末叶，因为社会、政治、学术各方面趋势的汇合，于是这骸骨似的今文学忽而复活，居然在学术界有"当者披靡"的现象。当时所称为"常州学派""《公羊》学派"，就是这西汉博士的裔孙。现在清朝覆亡已十六年，但这今文派的余波回响仍然在学术界里存在着，并且似乎向新的途径发展着。

东汉古文学，稍为缜密地说，可以说是发生在西汉末年。到了东汉，因为今文派自身的腐化和古文学大师的努力，大有取今文学而代之之势。郑玄、王肃虽说混淆家法，但究竟左祖古文学，所以魏、晋时代，今文学亡灭，而古文学反日趋于发扬开展。后来六朝的南北学，隋、唐的义疏派，虽然虚实繁简不必尽同，但立场于古文学却无差异。一直到了北宋庆历以后，经学上的怀疑学派——宋学——崛兴，于是这正统派的古文学暂时衰歇。但明代末期，因为姚江学派流于虚妄，和清廷思想压迫政策的实现，于是顾炎武扛了"舍经学无理学"的大旗来复兴古文学。清代三百年学术界的权威，便被这一派所独占；所谓以惠栋为领袖的"吴派"和以戴震为领袖的"皖派"，都同东汉古文学有着血统的关系。

宋学的怀疑精神，唐代经师如啖助、赵匡、陆淳辈已开端绪；但这种风气的盛行，却不能不说在北宋庆历以后。到了南宋，因为研究方法的不同，虽可分为以朱熹为领袖的"归纳派"，以陆九渊为领袖的"演绎派"和以叶适、陈傅良为领袖的"批评派"三派；但前二派立足于哲学的见解，以理欲心性为论究的对象，而借助于经学的解释，却并没有不同。元、明以来，归纳派的朱学，因为朝廷的提倡，侥幸地取得正统的地位；而演绎派得王守仁（阳明）生力军似的加入，也颇能得天才的学者们的信仰。但这两派都是假借经学以言理学，结果所谓"尊德性"的固然流于禅释，便是所谓"道问学"的也空疏无物。于是元、明二代成为经学史上的衰落时期，而东汉古文学便乘之而复兴。

上文"经学的三大派"说，自然是极其粗枝大叶的叙述；假使详密的观察，不仅清代复兴的古文学同东汉原始的古文学不同，清代复兴的今文学同西汉原始的今文学不同，元、明的宋学与北宋的宋学不同；就是各派自身的流别，以及学者自身思想的变迁，都须加以烦琐的说明；但这决不是这简短的篇章所能容纳了。这三派的不同，简明些说，就是今文学以孔子为政治家，以六经为孔子致治之说，所以偏重于"微言大义"，其特色为功利的，而其流弊为狂妄。古文学以孔子为史学家，以六经为孔子整理古代史料之书，所以偏重于"名物训诂"，其特色为考证的，而其流弊为烦琐。宋学以孔子为哲学家，以六经为孔子载道之具，所以偏重于心性理气，其特色为玄想的，而其流弊为空疏。总之，三派固各有其缺点，亦各有其优点。我们如果说，因经今文学的产生而后中国的社会哲学、政治哲学以明，因经古文学的产生而后中国的文字学、考古学以立，因宋学的产生而后中国的形而上学、伦理学以成，决不是什么武断或附会的话。

最后还须附带说明的，就是：关于经学的分派，前人有采二派说的，有采四派说的，我个人觉得都不尽妥善。二派说可以《四库全书总目提要》为代表；它以为："自汉京以后，垂二千年……要其归宿，则不过汉学、宋学两家互为胜负。"其后江藩《国朝汉学师承记》《宋学渊源记》、阮元《国史儒林传序》都取这说。其实他们所谓"汉学"，是专指东汉古文学，并不包括西汉今文学。这样，不正是截去经学史的首尾吗？康有为《新学伪经考》前序说："凡后世所指目为汉学者，皆贾、马、许、郑之学，乃新学，非汉学也。"这种讥评的话也确有一部分理由。采取四派说的是近人刘师培。刘在《经学教科书》序例中说："大抵两汉为一派，三国至隋、唐为一派，宋、元、明为一派，近儒别为一派。"这话也很有商榷的余地。宋、元、明固自为一派，两汉及近儒不都是含有互相水火的古今文学两派吗？三国、隋、唐不就是古文学的支流吗？刘氏所以有这样的话，或者是强以时代分派的缘故。

二、经学史的重要性和它的分类

上文叙述经学的三大派，其目的不过在给读者以经学上的简明概念，以为进论经学史的预备而已。

中国经学研究的时期，绵延二千多年；经部的书籍，据《四库全书总目》所著录，已达一千七百七十三部，二万零四百二十七卷；但是很可奇怪的，以中国这样重视史籍的民族，竟没有一部严整的系统的经学通史。自然，经学史料是异常丰富的，广义的经学史或部分的经学史也不是绝无仅有；但是，如果说到经学通史，而且是严整点系统点的，那我们真不知如何回答了。皮锡瑞的《经学历史》、刘师培的《经学教科书》第一册，固然不能说不是通史；但是以两位近代著名的经今古文学大师，而他们的作品竟这样地简略，如一篇论文或一部小史似的，这不能不使我们失望了。最近日本人田成之撰《支那经学史论》，已由东京弘文堂出版。以具有二千多年经学研究的国度，而整理经学史料的责任竟让给别国的学者，这在我们研究学术史的人，不能不刺骨地感到惭愧了。

况且，就是撇开这种感情的话，而只就中国其他学术的研究而言，经学通史的撰述也是决不可少的。我们研究古史学，我们能不取材于《尚书》《左传》《周礼》等书吗？但一谈到这三部书，《尚书》的今古文成问题，《左传》

的真伪成问题，《周礼》是否为实际的政绩的记载成问题。我们研究哲学史或思想史，我们不能不论到《易》和《春秋》，但《易》的产生时期和思想来源成问题，《春秋》的笔削命意和《公》《穀》《左氏》的异同成问题。我们研究古代民间文学，当然首及《诗经》，但《关雎》等篇的美刺成问题，《静女》等篇是否恋歌成问题。最后我们说到古文字学的研究，则六书的起源，壁中古文的真伪，籀、篆、隶的变迁，无一不成问题，也无一不同经学发生密切的关系。至于将来比较宗教学、民俗学等的研究，那不仅应当探究《易》《礼》的原始意义或背景，就是举世斥为妖妄怪诞而同经学有关的谶纬，也是绝好的资料。但是说，要研究哲学、文学、史学、文字学等等的学者都先要向经学下一番苦功，不是太不经济吗？不是太不了解学术分工的作用吗？所以我说，在现在，经学之继承的研究大可不必，而经学史的研究当立即开始。因为它一方面使二千多年的经学得以结束整理，他方面为中国其他学术开一条便利的途径。

我这样热望着经学史的产生，或者会引起一般随俗者的误会。自然，我是十分清楚的，现在时行的口号是"打倒孔子""废弃经学"；但是我所不解的，是他们打倒和废弃的理由不够充分，不足以服顽旧者的心。我原是赞成"打倒"和"废弃"的，但我自以为是站在历史的研究上的。我觉得历史派的研究方法，是比较的客观、比较的公平；从历史入手，那孔子的思想和经学一些材料不适合于现代，不适合于现代的中国，自然而然地呈现在我们的眼前。我们不必高呼口号，而打倒和废弃的理由已了然于胸中。所以我们就是反对经学之学术史的研究，而只是立足于致用的、功利的观点，那经学史的完成也似乎是现代的工作之一。

经学史的需要既如上述，但在中国旧有的著述中，经学通史又这样异常缺乏；所以我们现在只得将它的范围放宽些，以寻求性质相近而较有价值的著作，这种著作，大概可分为三类：一、以经师为中心的，例如胡秉虔的《西京博士考》、张金吾的《两汉五经博士考》、王国维的《汉魏博士考》、江藩的《国朝汉学师承记》、洪亮吉的《传经表》《通经表》，以及各史的《儒林传》或《儒学传》等属之。这类著作的缺点：第一，每每是断代的记载，不能看见经学的整个趋势；第二，每每偏重个人的成就，而抹煞某一时代的全体表现；第三，甚至于仅有姓名而没有事实，或附以极简短的小传，大有"点鬼簿"的形式。二、以书籍为中心的，例如朱彝尊的《经义考》、翁方纲的《经义考补正》、郑樵《通志》的《艺文略》、马端临《文献通考》的《经籍考》、《四库全书总目提要》的经部，以及各史的《艺文志》或《经籍志》的经部属之。这类著作的缺点，大致同前者相同；虽然大多数不是断代，但不能表示经学的整个趋势却是一样。三、以典章制度为中心的，例如顾炎武的《石经考》、万斯同的《石经考》、杭世骏的《石经考异》、王国维的《五代两宋监本考》都是；在古代，选举、学校同经学也颇有密切的关系，所以《通典》的《选举门》、《通志》的《选举略》、《文献通考》的《选举考》《学校考》也属于这一类。这类著作的缺点，是每每罗致若干史料，加以排比，而不能显出这种典章制度在经学上的前因后果和其相互间的关系。总之，想真切了解经学的变迁，以上三类书籍只能作为补助的或分门的参考资料，而仍有待于经学通史。因为这种原因，所以这样简略的皮著《经学历史》竟成为适应需要而另具价值的著作了。

（录自《周予同经学史论著选集》，上海人民出版社 1996 年版，第 92~98 页）
（参校《经学和经学史》，上海人民出版社 2012 年版，第 1~5 页）

文史通义·言公上（节录）

章学诚

汉初经师，抱残守缺，以其毕生之精力，发明前圣之绪言，师授渊源，等于宗支谱系；观弟子之术业，而师承之传授，不啻乌鹊黑白之不可相淆焉，学者不可不尽其心也。公、谷之于《春秋》，后人以谓假设问答以阐其旨尔。不知古人先有口耳之授，而后著之竹帛焉，非如后人作经义，苟欲名家，必以著述为功也。商瞿受《易》于夫子，其后五传而至田何。施、孟、梁丘，皆田何之弟子也。然自田何而上，未尝有书，则三家之《易》，著于《艺文》，皆悉本于田何以上口耳之学也。是知古人不著书，其言未尝不传也。治韩《诗》者，不杂齐、鲁，传伏《书》者，不知孔学；诸家章句训诂，有专书矣。门人弟子，据引称述，杂见传记章表者，不尽出于所传之书也，而宗旨卒亦不背乎师说。则诸儒著述成书之外，别有微言绪论，口授其徒，而学者神明其意，推衍变化，著于文辞，不复辨为师之所诏，与夫徒之所衍也。而人之观之者，亦以其人而定为其家之学，不复辨其孰为师说，孰为徒说也。盖取足以通其经而传其学，而口耳竹帛，未尝分居立言之功也。故曰：古人之言，所以为公也，未尝矜于文辞而私据为己有也。

（录自《文史通义校注》卷二，中华书局1985年版，第172页）
（参校《文史通义》第一册，上海书店1988年版，第52~53页）

两汉经师今古文家法考叙

魏　源

魏源曰：余读《后汉书·儒林传》，卫、杜、马、贾诸君子承刘歆之绪论，创立费、孔、毛、左古文之宗，土苴西京十四博士今文之学，谓之俗儒，废书而喟！

夫西汉经师，承七十子微言大义，《易》则施、孟、梁丘皆能以占变知来，《书》则大、小夏侯、欧阳、倪宽皆能以《洪范》匡世主，《诗》则申公、辕固生、韩婴、王吉、韦孟、匡衡皆以三百五篇当谏书，《春秋》则董仲舒、隽不疑之决狱，《礼》则鲁诸生、贾谊、韦玄成之议制度，而萧望之等皆以《孝经》《论语》保傅辅道，求之东京，未或有闻焉。其文章述作，则陆贾《新语》以《诗》《书》说高祖，贾谊《新书》为汉定制作，《春秋繁露》、《尚书大传》、《韩诗外传》、刘向《五行》、扬雄《太玄》皆以其自得之学，范阴阳，矩圣学，规皇极，斐然与三代同风，而东京亦未有闻焉。

今世言学，则必曰东汉之学胜西汉，东汉郑、许之学综六经，呜呼！二君惟六书、三《礼》并视诸经为闳深，故多用今文家法。及郑氏旁释《易》《诗》《书》《春秋》，皆创异门户，左今右古，其后郑学大行，骎淫遂至《易》亡施、孟、梁丘，《书》亡夏侯、欧阳，《诗》亡齐、鲁、韩，《春秋》邹、夹、《公羊》、《穀梁》半亡半存，亦成绝学，谶纬盛，经术卑，儒用绌。晏、肃、预、谧、赜之徒，始得以清言名理并起持其后，东晋梅赜《伪古文书》遂乘机窜入，并马、郑亦归于沦佚。西京微言大义之学，坠于东京；东京典章制度之学，绝于隋、唐；两汉故训声音之学，熄于魏、晋；其道果孰隆替哉？

且夫文质再世而必复，天道三微而成一著。今日复古之要，由诂训、声音以进于东京典章制度，此齐一变至鲁也；由典章、制度以进于西汉微言大义，贯经术、故事、文章于一，此鲁一变至道也。

道光商横摄提格之岁，源既叙录武进礼曹刘申甫先生遗书，略陈群经家法，兹乃推广遍集两汉《儒林传》《艺文志》之文。凡得《周易》今文家施氏学第一、梁丘学第二、孟喜氏学第三，孟氏学旁出京氏、焦氏第四，《周易》古文家费氏学第五，其流为荀氏卦气之学、郑玄爻辰之学，此外又有虞翻消息卦变之学，斯为《易》学今古文传授大概也。

《尚书》今文列于博士者，有伏生、欧阳、大小夏侯二十八篇之学，有孔安国古文四十余篇之学。至东汉初，刘歆、杜林、卫宏、贾逵、马融、郑康成又别创古文之学，其篇次与今文同，而孔安国佚十六篇仍无师说，此皆不列于博士者。及东晋伪古文及伪孔《传》出，唐代列于学校，而伏、欧之今文，马、郑之古文，同时并亡。予据《大传》残编，加以《史记》《汉书》诸子所征引，共成《书古微》，斯《尚书》今、古文传授大概也。

《诗》则汉初皆习齐辕固生、鲁申公、韩婴三家，惟毛《诗》别为古文。郑康成初年习韩《诗》，及笺《诗》改从毛，于是齐、鲁、韩次第佚亡，今惟存毛《传》。及宋朱子、王应麟始略采《三家诗》残文而未得条绪；明何楷、本朝范家相、桐城徐璈次第搜辑，始获《三家诗》十之七八，而余发挥之，成《诗古微》，此《诗》今古文大概也。

小学以《说文》为宗，历代罕究。国朝顾炎武始明音学，而段、王二氏发明《说文》《广雅》，惟转注之说尚有疏舛，予特为发明之，此小学家之大概也。

《礼经》则禘祫之义，王肃与郑玄抗衡，郑主纬书感生五帝之说，肃主人帝为始祖所自出之帝，输攻墨（一本"墨"下有"守"字），秦固失之，楚亦未得，而郑玄《周礼注》计口出泉，至宋遂启王安石新法之祸。惟宋朱子纂《仪礼经传通解》，分家礼、邦国礼、王朝礼、丧祭礼，合三《礼》为一书，集三代古礼之大成，又欲采后世制度因革、损益以择其可行，国朝《读礼通考》《五礼通考》实成其志，此则古今《三礼》之大概也。

今采史志所载各家，立案于前，而后随人疏证，略施断制于后，俾承学之士法古今者，一披览而群经群儒粲然如处一堂。识大识小，学无常师，以为后之君子亦将有乐于斯乎？

（录自《魏源集》，中华书局 1976 年版，第 151~153 页）
（参校《魏源全集》，岳麓书社 2011 年版，第 122~124 页）

两汉古文学家多小学家说（节录）

王国维

《后汉书·卢植传》植上疏言："古文科斗，近于为实，而厌抑流俗，降在小学。中兴以来，通儒达士班固、贾逵、郑兴父子并敦悦之。今《毛诗》《左氏》《周礼》各有传记，其与《春秋》共相表里，宜置博士，为立学官。"循子干疏意，古文科斗实目下《毛诗》《左氏》《周礼》三家。三家皆经，而当时抑之于小学。是后汉之末，视古文学家与小学家为一，然此事自先汉已然，观两汉小学家皆出古学家中，盖可识矣。原古学家之所以兼小学家者，当缘所传经本多用古文，其解经须得小学之助，其异字亦足供小学之资，故小学家多出其中，比而录之，亦学术沟通之林也。

（录自王国维《观堂集林》卷七，中华书局 1959 年版，第 331 页）

申鉴·时事[①]（节录）

荀　悦[②]

备博士，广太学，而祀孔子焉，礼也。仲尼作经，本一而已。古今文不同，而皆自谓真本经。古今先师，义一而已，异家别说不同，而皆自谓古今（此处有误）。仲尼邈而靡质（大圣已逝，经无所质），昔先师殁而无闻（先师

[①] 括号内为明人黄省曾注。
[②] 荀悦（148—209），东汉史学家、政论家。

已丧，义无所闻），将谁使折之者？秦之灭学也，书藏于屋壁，义绝于朝野。逮至汉兴，收摭散滞，固已无全学矣。文有磨灭，言有楚夏，出有先后，或学者先意有所借定（无所证据，臆见损益），后进相友，弥以滋蔓，故一源十流，天水违行，而讼者纷如也（喻学者所传背戾互相争是也）。执不俱是，比而论之，必有可参者焉（此一首所谓备博士也）。

（录自《申鉴》诸子集成本，世界书局1935年版，第13~14页）
（参校荀悦《申鉴》，辽宁教育出版社2001年版，第10~11页）

日知录·汉人注经（节录）

顾炎武

左氏解经，多不得圣人之意。元凯注传，必曲为之疏通，殆非也。郑康成则不然，其于二《礼》之经，及子夏之《传》，往往驳正……

《论语》"子见南子"注，孔安国曰："行道既非妇人之事，而弟子不说，与之祝誓，义可疑焉。"此亦汉人疑经而不敢强通者也。

宋黄震言："杜预注《左氏》，独主《左氏》；何休注《公羊》，独主《公羊》；惟范宁不私于《穀梁》，而公言三家之失。如曰：'《左氏》以鬻拳兵谏为爱君，是人主可得而胁也；以文公纳币为用礼，是居丧可得而昏也。《穀梁》以卫辄拒父为尊祖，是为子可得而叛也；不纳子纠为内恶，是仇雠可得而容也。《公羊》以祭仲废君为行权，是神器可得而窥也；妾母称夫人为合正，是嫡庶可得而齐也。'又曰：'《左氏》艳而富，其失也诬。《穀梁》清而婉，其失也短。《公羊》辩而裁，其失也俗。'"今考集解中纠传文者得六事……

（录自《日知录集释》卷二十七，上海古籍出版社2006年版，第1487、1489~1490页）
（参校《日知录》，岳麓书社1994年版，第526~527页）

驳建立孔教议（节录）

章太炎

中土素无国教矣，舜敷五教，周布十有二教，皆掌之司徒。其事不在庠序，不与讲诵。是乃有司教令，亦杂与今世社会教育同类，非宗教之科。《易》称圣人以神道设教，斯即盥而不荐，禘之说也。禘之说孔子不知；号曰设教，其实不教也。观《周礼》神仕诸职，皆王官之一守，不以布于民常。逮及衰周，孔、老命世，老子称以道莅天下，其鬼不神；孔子亦不语神怪，未能事鬼。次有庄周、孟轲、孙卿、公孙龙、申不害、韩非之伦，浡尔俱作，皆辨析名理，察于人文，由是妖言止息，民以昭苏。自尔二千年，虽佛法旁入，黄巾接踵，有似于宗教者。佛典本不礼鬼神，其自宗乃以寂定智慧为主，胜义妙论，思入无间。适居印度，故杂以怪迂之谈，而非中土高材所留意。加其断绝婚姻，茹草衣褐，所行近于隐遁，非所以普教齐民。若黄巾道士者，符箓诡诞，左道惑人，明达之士，固不欲少游其藩。由斯以谈，佛非宗教，黄巾则犹日者、卜相之流，为人轻蔑，则中国果未有宗教也。盖自伏羲、炎、黄，事多隐怪，而偏为后世称颂者，无过田渔衣裳诸业。国民常性，所察在政事日用，所务在工商耕稼。志尽于有生，语绝于无验。人思自尊，而不欲守死事神，以为真宰，此华夏之民，所以为达。视彼佞谀上帝，拜谒法皇，举全国而宗事一尊，且著之典常者，其智愚相去远矣！即有疾疢死亡，祈呼灵保者，祈而不应，则信宿背之，屡转更易，至于十神，譬多张置罗以待雉兔，尝试为之，无所坚信也。是故智者以达理而洒落，愚者以怀疑而依违，总举夏民，不崇一教。今人猥见耶稣、路德之法，渐入域中，乃欲建树孔教以相抗衡。是犹素无创痍，无故灼以成瘢，乃徒师其鄙劣，而未有以相君也。古者上丁释菜，止于陈设芬香。至唐世李林甫，始令全国悉以牲牢荐奠，刘禹锡訾其不学。自尔乐备宫县，居模极殿，宛转近帝制矣。然庙堂寄于学官，对越不过儒士，有司才以岁时致祭，未尝普施闾阎，虵及谣俗。是则孔子者，学校诸生所尊礼，犹匠师之奉鲁班，缝人之奉轩辕，胥吏之奉萧何，各尊其师，思慕反本，本不以神祇灵鬼事之，其魂魄存亡亦不问，又非能遍于兆庶也。夫衣裳庐舍，生民之所以安止；律令文牍，国家不可一日废也。今以世人拜谒孔子，谓孔子为教主，是则轩辕、鲁班、萧何亦居然各为教主矣。若以服用世殊，今制异古，故三君不能擅宗教者，此则民国肇建，制异春秋，士俗习行，用非《士礼》。今且废齐斩之服，除内乱（谓亲属相乱）之诛，虽孔子且得名为今之教主乎？偭其候度，而奉其仪容，则诳燿也；贵其一家，而忘其比类，则偏畸也。进退失据，挟左道，比神事，其不可以垂则甚明。

盖尝论之：孔子之在周末，与夷、惠等夷耳。孟、荀之徒，曷尝不竭情称颂？然皆以为百世之英，人伦之杰，与尧、舜、文、武伯仲，未尝侪之圜丘、清庙之伦也。及燕、齐怪迂之士，兴于东海，说经者多以巫道相糅，故《洪范》，旧志之一篇耳，犹相与抵掌树颊，广为抽绎。伏生开其源，仲舒衍其流，是时适用少君、文成、五利之徒，而仲舒亦以推验火灾，救旱止雨，与之校胜。以经典为巫师豫记之流，而更曲传《春秋》，云为汉氏制法，以媚人主，而棼政纪。昏主不达，以为孔子果玄帝之子，真人尸解之伦。谶纬蜂起，怪说布彰，曾不须臾，而巫蛊之祸作，则仲舒为之前导也。自尔或以天变灾异，宰相赐死，亲藩废黜，巫道乱法，鬼事干政，尽汉一代，其政事皆兼循神道。夫仲舒之托于孔子，犹宫崇、张道陵之托于老聃，今之倡孔教者，又规摹仲舒而为之矣。彼岂不曰：东鲁之圣，世有常尊，今而废之，则人理绝而纲纪斁耶？此但知孔子当尊，顾不悟其所尊之故，今不指陈，则无以厌人望。……自孔子布文籍，又养徒三千，与之驰骋七十二国，辨其人民，知其土训，识其政宜，门人余裔，起而干摩，与执政争明。哲人既萎，曾未百年，六国兴而世卿废，民苟怀术，皆有卿相之资。由是阶级荡平，寒素上遂，至于今不废。其功四也。总是四者，孔子于中国，为保民开化之宗，不为教主。世无孔子，宪章不传，学术不振，则国沦戎狄而不复，民陷卑贱而不升，欲以名号加于宇内通达之国，难矣。今之不坏，繄先圣是赖！是乃其所以高于尧、舜、文、武而无算者也！若夫德行之教，仁义之端，《周官》已布之齐民，列国未尝坠其纲纪。故上有蘧瑗、史鰌之贤，下有沮、溺、荷蓧之德，风被土宇，不肃而成，固不悉自孔子授之。孔氏书亦时称祭典，以纂前志，虽审天鬼之诬，以不欲高世骇俗，则不暇一切粪除，亦犹近世欧洲诸哲，于神教尚有依违。故以德化，则非孔子所专；以宗教，则为孔子所弃。今忘其所以当尊，而以不当尊者奉之，适足以玷阙里之堂，污泰山之迹耳！

［录自《太炎文录初编》文录卷二，《章太炎全集》（四），上海人民出版社 1985 年版，第 194~196 页］

（参校《章太炎学术史论集》，云南人民出版社 2008 年版，第 249~252 页）

纬 书

吴廷翰[①]

《纬书》起于汉哀、平之际，王莽以此济其篡，公孙述效之。光武亦以赤符即位，乃笃好崇信，于是庸臣陋士，从风而靡。贾逵以此论左氏学，曹褒以此定汉礼乐，郑玄、何休以解经。二百年间，惟桓谭、张衡二子力非之，而不能回。至宋大明中，始有禁。隋炀帝发使搜天下书，谶纬皆焚之，自是其书乃微。秘府之藏亦皆散亡，久而其学遂绝。尝谓秦人之火为六经之灾，隋人之火乃六经之福。

《纬书》惑人，出于汉儒。乃今六经大义炳然，无复得以奸蠧于其间，其功有四：桓谭、张衡当时盖力非之，虽不能回，而赖其言以传，其功一也；王肃推引古学，王弼、杜预从而明之，而其说浸微，其功二也；隋末焚烧，掠取颇严，人不敢习，其功三也；然必至于鹤山《九经要义》之作，然后遗奸隐蠧，搜剔无余，而经义纯一，其功四也。

（录自吴廷翰著，容肇祖点校《吴廷翰集》，中华书局 1984 年版，第 155 页）

[①] 吴廷翰（1491—1559），明代思想家。

纬书思想研究的历史及其课题①（节录）

［日］安居香山②

近年来，对纬书的重视，不限于日中两国，其范围已扩展到全世界。这是因为在深入进行中国的历史、文化、思想的研究时，越来越清楚地看到不能忽视纬书的存在。另一方面，任何一门学术研究都在日益向国际性方向发展，这也是其原因之一。但是，日中两国很早就对纬书极其重视。当然，所重视的不一定是纬书思想本身，而主要是纬书的神秘性和咒术内容及其给予社会或思想的影响。另外，资料本身也未能得到综合掌握，因此，对纬书的研究也是支离片断的。现将中日两国研究纬书的历史和现况概述如下：

首先谈谈关于中国方面的研究情况。

宋代欧阳修上奏《论删去九经正义中谶纬劄子》，他断言纬书是"怪奇诡僻，所谓非圣之书"，在当时引起了对纬书的极大疑问。但是并未展开对这一问题的辩论，而仅是由此转向了辑集散佚的纬书资料方面。最早是元代陶宗仪的《说郛》一书。但该书所辑集的条数很少，直到明代孙瑴的《古微书》，才有了初具规模的纬书的辑佚。

《古微书》是孙瑴花了十年岁月辑佚而成的。他对散佚的纬书佚文，从古籍的引文中搜集起来，按照《尚书》、《春秋》、《易》、《礼》、《乐》、《诗》、《论语》、《孝经》、河图、洛书等顺序，进行整理，确立了纬书辑佚本的原型。该书的意图，显然是搜集散佚的纬书资料，但其中他在该书叙略中也提出了该资料中有许多值得考究的问题：

> 羲皞之源，钟律之要，瑞孽之符，神鬼之状，读之者皆有取焉。尝读历代史经籍艺文，空标其目，而书竟隐泯矣。间有存者，亦复如裂锦碎璧，声味不联。

如此辑成的《古微书》和他对各纬的见解以及注释等，揭开了近代研究纬

---

① 编者删去了文中的注释部分。
② 安居香山，日本纬书研究家，1992 年出齐《纬书集成》。

书的序幕，这是应该大书特书的。在《四库全书总目提要》中关于纬书，仅记有易纬，但《古微书》却被收录，并注有：

> 然则毅辑此编，于经义亦不无所裨，未可尽斥为好异。故今仍附著五经总义之末焉。

这恐怕是对该书具有独特价值的评语吧。其最大缺点是没有注明资料的出处。

及至清朝，出现了不少纬书辑佚本。现在即将出版的《重修纬书集成》所用基础资料的诸辑佚本也不外乎这些。其中，量与质上最优秀者要数赵在翰的《七纬》和乔松年的《纬攟》。但是，《七纬》没有包括河图、洛书等的谶类。尽管这些大量的辑佚书各有长短，但是，在原来资料不全的情况下能够出现这么多的辑佚书，则为今后纬书的研究工作创造了良好的条件，可以说这是前进了一大步。《重修纬书集成》把这些辑佚本作为基础资料，并将日本和中国从未辑佚的纬书资料，进行辑集、校勘出版，这可以说是集现代纬书资料之大成吧。从这个意义上也可以说，将基本上达到中日两国的纬书资料辑佚的目的。

在此过程中，纬书思想研究又如何呢？要了解这一方面的概况，只要浏览一下有关纬书的论文就一目了然。但是，这些论文多是片断，很少有系统的研究。其中有蒋清翊的《纬书源流兴废考》（一八九七年）。他把有关纬书全部史料按照"名义""燔禁""师承""论说"等部分进行整理，虽然不多，但其中尚有编者的见解。此书作为纬书史研究的开端，还是值得称道的。

然而，若论真正研究纬书思想史的，则应数顾颉刚著的《汉代学术史略》（一九三五年版）。

顾颉刚先生对此书进行部分修订后，曾于一九五五年再版，改名为《秦汉的方士与儒生》，但内容基本上无大变更。其中，如《谶纬的造作》《谶纬的内容》《谶纬在东汉时的势力》等章节表明，对有关秦汉时代的纬书思想问题，做了历史的考察。他的这一论文是在《五德终始说下的政治和历史》（一九三〇年《古史辨》第五册所收录）、《战国秦汉间人的造伪与辨伪》（一九三五年《古史辨》第七册所收录）等的研究基础上写成的，但那两篇论文中并未涉及谶纬问题。我认为他是在整理著述《汉代学术史略》时，考虑谶纬应作为汉代学术中不可缺少的部分，而把纬书问题总括地作了考察而写于卷尾的。因为该书的着眼点主要在于根据历史资料论述汉代的学术史,因此,对于我们后边要讲的如白虎观会议的历史意义及其思想等问题,该书没有提及。但是,纬书思想在汉代思想史中所起的作用,该书提出了不少问题,从而为后来的纬书研究开辟了道路。对此应给予高度的评价。

此后的纬书研究中,成绩最为显著者则数陈槃先生的一系列的纬书研究成果。从一九四八年以来,他在资料和思想两方面,陆续发表了颇有见地的论文。虽然战争时期一度中断,但现在仍继续进行研究。我的研究也颇受他的教益。关于我所受的教益的内容,将在后边章节中论述。

一九四九年,新中国成立后中国的学术界出现了新的局面。在这一形势下,纬书研究也从另一角度重新受到重视,取得新成果。侯外庐等系统地论述中国思想史的《中国思想通史》(一九五七年)这本书,把汉代思想作为"中世纪神学"而提出了谶纬思想和公羊学问题,把白虎观会议看做为政者有意图地进行的宗教会议加以论述。谶纬思想是以天人合一思想为基础的神秘主义的咒术思想,这是大家所公认的。但是,如何评价白虎观会议是在考虑汉代思想时不能忽视的关键的课题。任继愈先生所主编的《中国哲学史》(一九七九年)也大致上站在侯外庐先生的立场,把白虎观会议看做是董仲舒宗教神学的一个发展。但是在《白虎通》一书中也有应从今文经学与古文经学之争的角度来考虑的问题。虽然这一问题尚未引起日中间的学术论争,但因为这是今后研究纬书的重要课题,因此将在另一章中专题论述。

近来,在中国如吕宗力先生写的《东汉碑刻与谶纬思想》《纬书与西汉今文经学》等,开始出现了把纬书作为直接资料来研究的学者。因此可以预料,从历史、思想、宗教等各个领域里进行纬书综合研究的时期即将到来。

(录自辛冠洁等编《日本学者论中国哲学史》,中华书局 1986 年版,第 221~225 页)

易·纲领上(节录)

朱 熹

《易》只是个阴阳。庄生曰"《易》以道阴阳",亦不为无见。如奇耦、刚柔,便只是阴阳做了《易》。等而下之,如医技养生家之说,皆不离阴阳二者。

魏伯阳《参同契》，恐希夷之学，有些自其源流。

（录自《朱子语类》卷六十五，中华书局1986年版，第1605页）
（参校《传世藏书·朱子语类》，海南国际新闻出版中心1996年版，第669页）

战国汉唐诸子（节录）

朱 熹

贾谊之学杂。他本是战国纵横之学，只是较近道理，不至如仪、秦、蔡、范之甚尔。他于这边道理见得分数稍多，所以说得较好。然终是有纵横之习，缘他根脚只是从战国中来故也。汉儒惟董仲舒纯粹，其学甚正，非诸人比。只是困苦无精彩，极好处也只有"正谊、明道"两句。下此诸子皆无足道。如张良、诸葛亮固正，只是太粗。王通也有好处，只是也无本原工夫，却要将秦汉以下文饰做个三代，他便自要比孔子，不知如何比得！他那斤两轻重自定，你如何文饰得！如《续诗》《续书》《玄经》之作，尽要学个孔子，重做一个三代，如何做得！如《续书》要载汉以来诏令，他那诏令便载得，发明得甚么义理？发明得甚么政事？只有高帝时三诏令稍好，然已不纯。如曰"肯从吾游者，吾能尊显之"，此岂所以待天下之士哉？都不足录。三代之书、诰、诏、令，皆是根源学问，发明义理，所以灿然可为后世法。如秦汉以下诏、令济得甚事？缘他都不曾将心子细去读圣人之书，只是要依他个模子。见圣人作六经，我也学他作六经。只是将前人腔子，自做言语填放他腔中，便说我这个可以比并圣人。圣人做个《论语》，我便做《中说》。如扬雄《太玄》《法言》亦然，不知怎生比并！某尝说，自孔孟灭后，诸儒不子细读得圣人之书，晓得圣人之旨，只是自说他一副当道理。说得却也好看，只是非圣人之意，硬将圣人经旨说从他道理上来。……今之学者正是如此，只是将圣人经书，拖带印证己之所说而已，何常真实得圣人之意？却是说得新奇巧妙，可以欺惑人，只是非圣人之意。此无他，患在于不子细读圣人之书。人若能虚心下意，自莫生意见，只将圣人书玩味读诵，少间意思自从正文中迸出来，不待安排，不待杜撰。如此，方谓之善读书。……

问扬雄。曰:"雄之学似出于老子。如《太玄》曰:'潜心于渊,美厥灵根。'《测》曰:'"潜心于渊",神不昧也。'乃老氏说话。"问:"《太玄》分赞于三百六十六日下,不足者乃益以'踦赢',固不是。如《易》中卦气如何?"曰:"此出于京房,亦难晓。如《太玄》中推之,盖有气而无朔矣。"问:"伊川亦取雄《太玄》中说,如何?"曰:"不是取他言,他地位至此耳。"又问:"贾谊与仲舒如何?"曰:"谊有战国纵横之气;仲舒儒者,但见得不透。"

(录自《朱子语类》卷一百三十七,中华书局 1986 年版,第 3257~3259 页)

(参校《传世藏书·朱子语类》,海南国际新闻出版中心 1996 年版,第 1376~1377 页)

论汉唐学术 *

朱 熹

自孟子后,圣学不传,所谓"轲之死不得其传"。如荀卿说得头绪多了,都不纯一。至扬雄所说底话,又多是庄老之说。至韩退之唤做要说道理,又一向主于文词。至柳子厚却反助释氏之说。因言异端之教,汉魏以后,只是老庄之说。至晋时肇法师,释氏之教始兴。其初只是说,未曾身为。至达摩面壁九年,其说遂炽。

(录自《朱子语类》卷一百二十二《吕伯恭》,中华书局 1986 年版,第 2952~2953 页)

(参校《传世藏书·朱子语类》,海南国际新闻出版中心 1996 年版,第 1246 页)

汉书·董仲舒传(节录)

董仲舒,广川人也。少治《春秋》,孝景时为博士。下帷讲诵,弟子传以久次相授业,或莫见其面。盖三年不窥园,其精如此。进退容止,非礼不行,学士皆师尊之。

　　武帝即位，举贤良文学之士前后百数，而仲舒以贤良对策焉。

　　……

　　仲舒对曰："……臣闻圣王之治天下也，少则习之学，长则材诸位，爵禄以养其德，刑罚以威其恶，故民晓于礼谊而耻犯其上。武王行大谊，平残贼，周公作礼乐以文之，至于成康之隆，囹圄空虚四十余年，此亦教化之渐而仁谊之流，非独伤肌肤之效也。至秦则不然。师申商之法，行韩非之说，憎帝王之道，以贪狼为俗，非有文德以教训于天下也。诛名而不察实，为善者不必免，而犯恶者未必刑也。……"

　　……

　　"《春秋》大一统者，天地之常经，古今之通谊也。今师异道，人异论，百家殊方，指意不同，是以上亡以持一统；法制数变，下不知所守。臣愚以为诸不在六艺之科孔子之术者，皆绝其道，勿使并进。邪辟之说灭息，然后统纪可一而法度可明，民知所从矣。"

　　……

　　仲舒治国，以《春秋》灾异之变推阴阳所以错行，故求雨，闭诸阳，纵诸阴，其止雨反是；行之一国，未尝不得所欲。中废为中大夫。先是辽东高庙、长陵高园殿灾，仲舒居家推说其意，草稿未上，主父偃候仲舒，私见，嫉之，窃其书而奏焉。上召视诸儒，仲舒弟子吕步舒不知其师书，以为大愚。于是下仲舒吏，当死，诏赦之。仲舒遂不敢复言灾异。

　　仲舒为人廉直，是时方外攘四夷，公孙弘治《春秋》不如仲舒，而弘希世用事，位至公卿。仲舒以弘为从谀，弘嫉之。胶西王亦上兄也，尤纵恣，数害吏二千石。弘乃言于上曰："独董仲舒可使相胶西王。"胶西王闻仲舒大儒，善待之，仲舒恐久获罪，病免。凡相两国，辄事骄王，正身以率下，数上疏谏争，教令国中，所居而治。及去位归居，终不问家产业，以修学著书为事。

　　仲舒在家，朝廷如有大议，使使者及廷尉张汤就其家而问之，其对皆有明法。自武帝初立，魏其、武安侯为相而隆儒矣。及仲舒对册，推明孔氏，抑黜百家。立学校之官，州郡举茂材孝廉，皆自仲舒发之。年老，以寿终于家。家徙茂陵，子及孙皆以学至大官。

　　仲舒所著，皆明经术之意，及上疏条教，凡百二十三篇。而说《春秋》事得失，《闻举》《玉杯》《蕃露》《清明》《竹林》之属，复数十篇，十余万言，皆传于后世。掇其切当世施朝廷者著于篇。

赞曰：刘向称"董仲舒有王佐之材，虽伊吕亡以加，管晏之属，伯者之佐，殆不及也"。至向子歆以为"伊吕乃圣人之耦，王者不得则不兴。故颜渊死，孔子曰'噫！天丧余。'唯此一人为能当之，自宰我、子赣、子游、子夏不与焉。仲舒遭汉承秦灭学之后，《六经》离析，下帷发愤，潜心大业，令后学者有所统一，为群儒首。然考其师友渊源所渐，犹未及乎游夏，而曰管晏弗及，伊吕不加，过矣"。至向曾孙龚，笃论君子也，以歆之言为然。

（录自《汉书》卷五十六，中华书局1962年版，第2495、2509~2510、2524~2526页）

汉书·司马迁传（节录）

惟汉继五帝末流，接三代绝业。周道既废，秦拨去古文，焚灭《诗》《书》，故明堂石室金镜玉版图籍散乱。汉兴，萧何次律令，韩信申军法，张苍为章程，叔孙通定礼仪，则文学彬彬稍进，《诗》《书》往往间出。自曹参荐盖公言黄老，而贾谊、朝错明申韩，公孙弘以儒显，百年之间，天下遗文古事靡不毕集。太史公仍父子相继纂其职，曰："於戏！余维先人尝掌斯事，显于唐虞。至于周，复典之。故司马氏世主天官，至于余乎，钦念哉！"网罗天下放失旧闻，王迹所兴，原始察终，见盛观衰，论考之行事，略三代，录秦汉，上记轩辕，下至于兹，著十二本纪，既科条之矣。并时异世，年差不明，作十表。礼乐损益，律历改易，兵权山川鬼神，天人之际，承敝通变，作八书。二十八宿环北辰，三十辐共一毂，运行无穷，辅弼股肱之臣配焉，忠信行道以奉主上，作三十世家。扶义俶傥，不令己失时，立功名于天下，作七十列传。凡百三十篇，五十二万六千五百字，为《太史公书》。序略，以拾遗补艺，成一家之言，协六经异传，齐百家杂语，臧之名山，副在京师，以俟后圣君子。第七十，迁之自叙云尔。而十篇缺，有录无书。

（录自《汉书》卷六十二，中华书局1962年版，第2723~2724页）

司马迁和班固

[美] 黄仁宇[1]

司马迁作《史记》，完成于汉武帝末年。班固作《汉书》，书未成而作者因过去与外戚窦宪的关系，死于狱中，事在和帝永元四年。一属西汉，一属东汉，相去公元前及公元后各约90年。我们今日看来，这两部书好像联袂而出。其实它们间隔了180年的距离，等于我们之去前清嘉庆年代。

《史记》和《汉书》一为私人著作，另一书稿则经皇帝看过，有国史的色彩。司马迁自称"成一家之言"和"藏之名山"，已经和班固作书的宗旨不同。况且《史记》是通史，《汉书》是断代史。两位作家的个性癖好不同，也使他们取材行文之间，有相当的出入。然则公元前90年和公元后90年，中国的作家和思想家所处的环境已有大幅度的变化。其中一个重要的关键，在于汉武帝用董仲舒之建议，罢斥百家，独尊儒术。其实汉朝立国行杂霸之制，有法家思想，文景之际，施政又有道家精神，董仲舒自己的著作，还参和着阴阳五行的成分涉及灾异。总之整个汉代思想，是一种有选择性的大综合，早经中外学者阐释。我们在这里要特别强调指出的，董仲舒之尊儒，并不是以尊儒为目的，而是树立一种统一帝国的正规思想（orthodoxy），这有他自己的言辞为证。他曾对武帝说：

> 《春秋》大一统者，天地之常经，古今之通谊也。今师异道，人异论，百家殊方，指异不同，是以上亡以持一统，法制数变，下不知所守。臣愚以为诸不在六艺之科孔子之术者，皆绝其道，勿使并进。邪辟之说灭息，然后纪统可一而法度可明，民知所从矣。

这段话否定学术的独立性，坦白的承认提倡学术，旨在支持当今政权。武帝之置五经博士，立学校之官，策贤良，都根据这宗旨着眼，从此中国庞大的文官集团，有了他们施政的正统逻辑。司马迁和董仲舒同时，他读书不受这政

---

[1] 黄仁宇（1918—2000），美籍华裔历史学家。

策的影响。而班固年轻时"正规的"儒家思想，已有一百多年的基础。况且后汉创业之主光武帝刘秀自己就曾为大学生。第二个皇帝明帝刘庄更以学者自居，曾在辟雍（大礼堂）讲尚书。第三个皇帝章帝刘炟亲自在白虎观制定五经异同，班固也在列。在这种政权领导下的环境里著书，就难脱离国家所定标准的束缚了。

司马迁和班固一样，自称是周公和孔子的信徒。可是今日我们一打开《史记》，随意翻阅三五处，即可以体会到作者带着一种浪漫主义（romanticism）和个人主义的作风，爽快淋漓，不拘形迹，无腐儒气息。他自称"少负不羁之才，长无乡曲之誉"，应当是一种真实的写照。他所崇奉的"士为知己用，女为悦己容"也可以说是归源于儒家道德，可是这立场就已经和经过正统限制的所谓儒家不同了。

《史记》里写荆轲和高渐离饮酒击筑，又歌又泣，旁若无人，已近于董仲舒所说的"邪辟"。并且项羽是汉高祖刘邦的死对头，而《史记》里的《项羽本纪》排列在《高祖本纪》之前（若在后代必称"项酋""伪楚"，而"本纪"只能降格为"载记"）。文中又把项羽写成一个虽暴躁却又浑憨可爱的角色，其英雄末路，令人怜惜。与之相较，刘邦反像一个伪君子。而司马迁形容吕后残虐戚夫人，以致她亲生的儿子孝惠帝指斥她"此非人所为"。班固作《汉书》时，有关刘邦的一段，还大致采取司马迁的材料。但是他的《高后纪》则隐恶扬善，对戚夫人事一字不提，而只在书末《外戚传》内叙及。

《史记》除了《刺客列传》之外，还有《滑稽列传》《日者列传》和《龟策列传》可谓涉及九流三教，有呈现整个社会之剖面的样子。班固书里虽有《东方朔传》，却不再缕列非正派或下流的文化资料。

司马迁借着《货殖列传》发挥他个人的私利观。"夫千乘之王，万家之侯，百室之君，尚犹患贫，而况匹夫编户之民乎？"他又说："富者人之情性，所不学而俱欲者也。"而且从他看来，贫穷是做事失败的征象，除了特立独行的人可以例外，其他都应引以为耻。"若至家贫亲老，妻子软弱，岁时无以祭祀进醵，饮食被服不足以自通，如此不惭耻，则无所比矣！"迟至今日两千多年之后，很多受过教育的中国人或敢心里如此想，恐怕不会有很多人嘴里能如此说。

也因其如此，司马迁就受到班固的指责。《汉书》里就有《司马迁传》，内中批评他"又其是非颇缪于圣人，论大道则先黄老而后六经，序游侠则退处士而进奸雄,述货殖则崇势利而羞贱贫,此其所蔽也"。

这些地方还不足十分地表现班固的正统思想,最使我们看出他的作品在历史上是属于"罢斥百家独尊儒术"之后的产物者,乃是《汉书》里的卷二十《古今人表》。这表里列有古人1931人,包括传奇式的人物如女娲氏有巢氏,《论语》中有名的孔门弟子,《春秋》中的国君等,至于秦亡为止。而由作史者"显善昭恶"的按上上至下下区分为三等九则。内中得"上上圣人"者十四人,包括三皇五帝;而以周公孔子殿后。仲尼之外即再无圣人,虽孟子只与颜渊、管仲同属"上中仁人"。老子与商鞅、申子、墨翟、韩非都属"中上",与孙膑白起一流。刺客荆轲则为中中和孟尝君吕不韦同品。而"下下愚人"里有蚩尤、共工、三苗,也有倾国倾城的褒姒和妲己。秦始皇虽焚书坑儒,班固贬之为中下,因为他下面还有二世胡亥列入"下中",宦官赵高列入"下下"。

从我个人的眼光看来,除非作者束发受教以来,就先培养了一段"常经"和"异道"的观念,决难如此只凭古书里一句一段的叙述即能将这么多的人物列表区分其品格,有如衡量其材之长短。

因此我们也可以推想世俗观念中儒家的拘泥,并不一定是孔子和他门徒的真性格。多方面那些呆板的型式,还是后人之所造作,其目的在维持文官集团的紧凑。总算还是中国读书人的运气好,得有太史公司马迁在兰台令班固之前写作,否则没有《史记》,径由《汉书》开二十三史之端,中国史学的传统,必更趋向"文以载道"的方针,更缺乏"百家殊方"的真实性和生动活泼了。

(录自黄仁宇《赫逊河畔谈中国历史》,生活·读书·新知三联书店1992年版,第16~19页)

(参校黄仁宇《赫逊河畔谈中国历史》,九州出版社2007年版,第13~15页)

汉书·扬雄传(节录)

雄少而好学,不为章句,训诂通而已,博览无所不见。为人简易佚荡,口吃不能剧谈,默而好深湛之思,清静亡为,少耆欲,不汲汲于富贵,不戚戚于贫贱,不修廉隅以徼名当世。家产不过十金,乏无儋石之储,晏如也。自有大度,非圣哲之书不好也;非其意,虽富贵不事也。顾尝好辞赋。

……………

赞曰：雄之自序云尔。初，雄年四十余，自蜀来至游京师，大司马车骑将军王音奇其文雅，召以为门下史，荐雄待诏，岁余，奏《羽猎赋》，除为郎，给事黄门，与王莽、刘歆并。哀帝之初，又与董贤同官。当成、哀、平间，莽、贤皆为三公，权倾人主，所荐莫不拔擢，而雄三世不徙官。及莽篡位，谈说之士用符命称功德获封爵者甚众，雄复不侯，以耆老久次转为大夫，恬于势利乃如是。实好古而乐道，其意欲求文章成名于后世，以为经莫大于《易》，故作《太玄》；传莫大于《论语》，作《法言》；史篇莫善于《仓颉》，作《训纂》；箴莫善于《虞箴》，作《州箴》；赋莫深于《离骚》，反而广之；辞莫丽于相如，作四赋：皆斟酌其本，相与放依而驰骋云。用心于内，不求于外，于时人皆曶之；唯刘歆及范逡敬焉，而桓谭以为绝伦。

……………

时大司空王邑、纳言严尤闻雄死，谓桓谭曰："子尝称扬雄书，岂能传于后世乎？"谭曰："必传。顾君与谭不及见也。凡人贱近而贵远，亲见扬子云禄位容貌不能动人，故轻其书。昔老聃著虚无之言两篇，薄仁义，非礼学，然后世好之者尚以为过于五经，自汉文景之君及司马迁皆有是言。今扬子之书文义至深，而论不诡于圣人，若使遭遇时君，更阅贤知，为所称善，则必度越诸子矣。"诸儒或讥以为雄非圣人而作经，犹春秋吴楚之君僭号称王，盖诛绝之罪也。自雄之没至今四十余年，其《法言》大行，而《玄》终不显，然篇籍具存。

（录自《汉书》卷八十七，中华书局1962年版，第3514、3583、3585页）

扬雄太玄（节录）

叶 适

扬雄为《太玄》以准《易》，世多讥之。《易》准天地而得天地，《玄》准《易》也，几得《易》也。得《易》而得天地矣，而夫何伤，而又奚讥焉！天下患《易》之难知也，庶乎因《玄》而通之。

（录自《叶适集·水心别集》卷六，中华书局1961年版，第713页）

汉书·刘歆传（节录）

昔唐虞既衰，而三代迭兴，圣帝明王，累起相袭，其道甚著。周室既微而礼乐不正，道之难全也如此。是故孔子忧道之不行，历国应聘，自卫反鲁，然后乐正，雅颂乃得其所；修《易》，序《书》，制作《春秋》，以纪帝王之道。及夫子没而微言绝，七十子终而大义乖。重遭战国，弃笾豆之礼，理军旅之陈，孔氏之道抑，而孙吴之术兴。陵夷至于暴秦，燔经书，杀儒士，设挟书之法，行是古之罪，道术由是遂灭。汉兴，去圣帝明王遐远，仲尼之道又绝，法度无所因袭，时独有一叔孙通略定礼仪。天下惟有《易》卜，未有它书。至孝惠之世，乃除挟书之律，然公卿大臣绛、灌之属咸介胄武夫，莫以为意。至孝文皇帝，始使掌故朝错从伏生受《尚书》。《尚书》初出于屋壁，朽折散绝，今其书见在，时师传读而已。《诗》始萌牙。天下众书往往颇出，皆诸子传说，犹广立于学官，为置博士。在汉朝之儒，唯贾生而已。至孝武皇帝，然后邹、鲁、梁、赵颇有《诗》《礼》《春秋》先师，皆起于建元之间。当此之时，一人不能独尽其经，或为《雅》，或为《颂》，相合而成。《泰誓》后得，博士集而读之。故诏书称曰："礼坏乐崩，书缺简脱，朕甚闵焉。"时汉兴已七八十年，离于全经，固已远矣。

及鲁恭王坏孔子宅，欲以为宫，而得古文于坏壁之中，《逸礼》有三十九，《书》十六篇。天汉之后，孔安国献之，遭巫蛊仓卒之难，未及施行。及《春秋》左氏丘明所修，皆古文旧书，多者二十余通，臧于秘府，伏而未发。孝成皇帝悯学残文缺，稍离其真，乃陈发秘臧，校理旧文，得此三事，以考学官所传，经或脱简，传或间编。传问民间，则有鲁国（恒）公、赵国贯公、胶东庸生之遗学与此同，抑而未施。此乃有识者之所惜闵，士君子之所嗟痛也。往者缀学之士不思废绝之阙，苟因陋就寡，分文析字，烦言碎辞，学者罢老且不能究其一艺。信口说而背传记，是末师而非往古。至于国家将有大事，若立辟雍封禅巡狩之仪，则幽冥而莫知其原。犹欲保残守缺，挟恐见破之私意，而无从善服义之公心，或怀妒嫉，不考情实，雷同相从，随声是非，抑此三学，以《尚书》为备，谓左氏为不传《春秋》，岂不哀哉！

（录自《汉书》卷三十六，中华书局1962年版，第1968~1970页）

后汉书·马融列传（节录）

（马融）为人美辞貌，有俊才。初，京兆挚恂以儒术教授，隐于南山，不应征聘，名重关西，融从其游学，博通经籍。恂奇融才，以女妻之。

……………

融才高博洽，为世通儒，教养诸生，常有千数。涿郡卢植，北海郑玄，皆其徒也。善鼓琴，好吹笛，达生任性，不拘儒者之节。居宇器服，多存侈饰。常坐高堂，施绛纱帐，前授生徒，后列女乐，弟子以次相传，鲜有入其室者。尝欲训《左氏春秋》，及见贾逵、郑众注，乃曰："贾君精而不博，郑君博而不精。既精既博，吾何加焉！"但著《三传异同说》。注《孝经》《论语》《诗》《易》《三礼》《尚书》《列女传》《老子》《淮南子》《离骚》，所著赋、颂、碑、诔、书、记、表、奏、七言、琴歌、对策、遗令，凡二十一篇。

（录自《后汉书》卷六十上，中华书局1965年版，第1953、1972页）

后汉书·郑玄列传（节录）

（郑）玄少为乡啬夫，得休归，常诣学官，不乐为吏，父数怒之，不能禁。遂造太学受业，师事京兆第五元先，始通《京氏易》《公羊春秋》《三统历》《九章算术》。又从东郡张恭祖受《周官》《礼记》《左氏春秋》《韩诗》《古文尚书》。以山东无足问者，乃西入关，因涿郡卢植，事扶风马融。

融门徒四百余人，升堂进者五十余生。融素骄贵，玄在门下，三年不得见，乃使高业弟子传授于玄。玄日夜寻诵，未尝怠倦。会融集诸生考论图纬，闻玄善算，乃召见于楼上，玄因从质诸疑义，问毕辞归。融喟然谓门人曰："郑生今去，吾道东矣。"

玄自游学，十余年乃归乡里。家贫，客耕东莱，学徒相随已数百千人。及党事起，乃与同郡孙嵩等四十余人俱被禁锢，遂隐修经业，杜门不出。时任城何休好《公羊》学，遂著《公羊墨守》《左氏膏肓》《穀梁废疾》；玄乃发《墨守》，针《膏肓》，起《废疾》。休见而叹曰："康成入吾室，操吾矛，以伐我乎！"初，中兴之后，范升、陈元、李育、贾逵之徒争论古今学，后马融答北地太守刘环及玄答何休，义据通深，由是古学遂明。

....

门人相与撰玄答诸弟子问《五经》，依《论语》作《郑志》八篇。凡玄所注《周易》《尚书》《毛诗》《仪礼》《礼记》《论语》《孝经》《尚书大传》《中候》《乾象历》，又著《天文七政论》《鲁礼禘祫义》《六艺论》《毛诗谱》《驳许慎五经异义》《答临孝存周礼难》，凡百余万言。

玄质于辞训，通人颇讥其繁。至于经传洽孰，称为纯儒，齐鲁间宗之。其门人山阳郗虑至御史大夫，东莱王基、清河崔琰著名于世。又乐安国渊、任嘏，时并童幼，玄称渊为国器，嘏有道德，其余亦多所鉴拔，皆如其言。玄唯有一子益恩，孔融在北海，举为孝廉；及融为黄巾所围，益恩赴难陨身。有遗腹子，玄以其手文似己，名之曰小同。

论曰：自秦焚六经，圣文埃灭。汉兴，诸儒颇修艺文；及东京，学者亦各名家。而守文之徒，滞固所禀，异端纷纭，互相诡激，遂令经有数家，家有数说，章句多者或乃百余万言，学徒劳而少功，后生疑而莫正。郑玄括囊大典，网罗众家，删裁繁诬，刊改漏失，自是学者略知所归。王父豫章君每考先儒经训，而长于玄，常以为仲尼之门不能过也。及传授生徒，并专以郑氏家法云。

赞曰：富平之绪，承家载世。伯仁先归，厘我国祭。玄定义乖，褒修礼缺。孔书遂明，汉章中辍。

（录自《后汉书》卷三十五，中华书局1965年版，第1207~1208、1212~1213页）

后汉书·桓谭列传（节录）

桓谭字君山，沛国相人也。父成帝时为太乐令。谭以父任为郎，因好音律，善鼓琴。博学多通，遍习《五经》，皆诂训大义，不为章句。能文章，尤好古学，数从刘歆、杨雄辩析疑异。性嗜倡乐，简易不修威仪，而憙非毁俗儒，由是多见排抵。

....

是时帝方信谶，多以决定嫌疑。又酬赏少薄，天下不时安定。谭复上疏曰：

臣前献瞽言，未蒙诏报，不胜愤懑，冒死复陈。愚夫策谋，有益于政道者，以合人心而得事理也。凡人情忽于见事而贵于异闻，观先王之所记述，咸以仁义正道为本，非有奇怪虚诞之事。盖天道性命，圣人所难言也。自子贡以下，不得而闻，况后世浅儒，能通之乎！今诸巧慧小才伎数之人，增益图书，矫称谶记，以欺惑贪邪，诖误人主，焉可不抑远之哉！臣谭伏闻陛下穷折方士黄白之术，甚为明矣；而乃欲听纳谶记，又何误也！其事虽有时合，譬犹卜数只偶之类。陛下宜垂明听，发圣意，屏群小之曲说，述五经之正义，略雷同之俗语，详通人之雅谋。

（录自《后汉书》卷二十八上，中华书局 1965 年版，第 955、959~960 页）

后汉书·王充列传（节录）

王充字仲任，会稽上虞人也，其先自魏郡元城徙焉。充少孤，乡里称孝。后到京师，受业太学，师事扶风班彪。好博览而不守章句。家贫无书，常游洛阳市肆，阅所卖书，一见辄能诵忆，遂博通众流百家之言。后归乡里，屏居教授。仕郡为功曹，以数谏争不合去。

充好论说，始若诡异，终有理实。以为俗儒守文，多失其真，乃闭门潜思，绝庆吊之礼，户牖墙壁各置刀笔。著《论衡》八十五篇，二十余万言，释物类同异，正时俗嫌疑。

（录自《后汉书》卷四十九，中华书局 1965 年版，第 1629 页）

论衡·自纪（节录）

王　充[①]

（充）六岁教书，恭愿仁顺，礼敬具备，矜庄寂寥，有巨人之志。父未尝

[①] 王充（27—约97），东汉思想家、文学批评家。

答，母未尝非，闾里未尝让。八岁出于书馆，书馆小僮百人以上，皆以过失袒谪，或以书丑得鞭。充书日进，又无过失。手书既成，辞师受《论语》《尚书》，日讽千字。经明德就，谢师而专门，援笔而众奇。所读文书，亦日博多。才高而不尚苟作，口辩而不好谈对，非其人，终日不言。其论说始若诡于众，极听其终，众乃是之。以笔著文，亦如此焉；操行事上，亦如此焉。在县位至掾功曹，在都尉府位亦掾功曹，在太守为列掾五官功曹行事，入州为从事。不好徼名于世，不为利害见将。常言人长，希言人短。专荐未达，解已进者过。及所不善，亦弗誉；有过不解，亦弗复陷。能释人之大过，亦悲夫人之细非。好自周，不肯自彰，勉以行操为基，耻以材能为名。众会乎坐，不问不言；赐见君将，不及不对。在乡里，慕蘧伯玉之节；在朝廷，贪史子鱼之行。见污伤，不肯自明；位不进，亦不怀恨。贫无一亩庇身，志佚于王公；贱无斗石之秩，意若食万钟。得官不欣，失位不恨。处逸乐而欲不放，居贫苦而志不倦。淫读古文，甘闻异言。世书俗说，多所不安，幽处独居，考论实虚。

充为人清重，游必择友，不好苟交。……

…………

充既疾俗情，作《讥俗》之书；又闵人君之政，徒欲治人，不得其宜，不晓其务，愁精苦思，不睹所趋，故作《政务》之书。又伤伪书俗文多不实诚，故为《论衡》之书。夫贤圣殁而大义分，蹉跎殊趋，各自开门。通人观览，不能钉铨。遥闻传授，笔写耳取，在百岁之前。历日弥久，以为昔古之事，所言近是，信之入骨，不可自解，故作实论。其文盛，其辩争，浮华虚伪之语，莫不澄定。没华虚之文，存敦庞之朴；拨流失之风，反宓戏之俗。

…………

充书既成，或稽合于古，不类前人。或曰："谓之饰文偶辞，或径或迂，或屈或舒。谓之论道，实事委琐，文给甘酸，谐于经不验，集于传不合，稽之子长不当，内之子云不入。文不与前相似，安得名佳好，称工巧？"答曰：饰貌以强类者失形，调辞以务似者失情。百夫之子，不同父母，殊类而生，不必相似，各以所禀，自为佳好。文必有与合然后称善，是则代匠斫不伤手，然后称工巧也。文士之务，各有所从，或调辞以巧文，或辩伪以实事。必谋虑有合，文辞相袭，是则五帝不异事，三王不殊业也。美色不同面，皆佳于目；悲音不共声，皆快于耳。酒醴异气，饮之皆醉；百谷殊味，食之皆饱。谓文当与前合，是谓舜眉当复八采，禹目当复重瞳。

…………

充细族孤门。或啁之曰："宗祖无淑懿之基，文墨无篇籍之遗，虽著鸿丽之论，无所禀阶，终不为高。夫气无渐而卒至曰变，物无类而妄生曰异，不常有而忽见曰妖，诡于众而突出曰怪。吾子何祖？其先不载。况未尝履墨涂，出儒门，吐论数千万言，宜为妖变，安得宝斯文而多贤？"答曰：鸟无世凤皇，兽无种麒麟，人无祖圣贤，物无常嘉珍。才高见屈，遭时而然。士贵故孤兴，物贵故独产。文孰常在，有以放贤，是则澧泉有故源，而嘉禾有旧根也。屈奇之士见，倜傥之辞生，度不与俗协，庸角不能程。是故罕发之迹，记于牒籍；希出之物，勒于鼎铭。五帝不一世而起，伊、望不同家而出。千里殊迹，百载异发。士贵雅材而慎兴，不因高据以显达。母骊犊骍，无害牺牲；祖浊裔清，不榜奇人。鲧恶禹圣，叟顽舜神。伯牛寝疾，仲弓洁全。颜路庸固，回杰超伦。孔、墨祖愚，丘、翟圣贤。杨家不通，卓有子云；桓氏稽可，遹出君山。更禀于元，故能著文。

（录自王充著，黄晖撰《论衡校释》，中华书局 1990 年版，第 1188~1190、1194~1195、1200~1201、1205~1207 页）

（参校王充著，张宗祥校注，郑绍昌标点《论衡校注》，上海古籍出版社 2013 年版，第 575~576、578、581~582、584~585 页）

论衡·问孔（节录）

王　充

世儒学者，好信师而是古，以为贤圣所言皆无非，专精讲习，不知难问。夫贤圣下笔造文，用意详审，尚未可谓尽得实，况仓卒吐言，安能皆是？不能皆是，时人不知难；或是，而意沉难见，时人不知问。案贤圣之言，上下多相违；其文，前后多相伐者。世之学者，不能知也。

论者皆云："孔门之徒，七十子之才，胜今之儒。"此言妄也。彼见孔子为师，圣人传道，必授异才，故谓之殊。夫古人之才，今人之才也。今谓之英杰，古以为圣、神，故谓七十子历世希有。使当今有孔子之师，则斯世学者，皆颜、闵之徒也；使无孔子，则七十子之徒，今之儒生也。何以验之？以学于孔子，不能极问也。圣人之言，不能尽解；说道陈义，不能辄形。不能辄形，宜问以发之；不能尽解，宜难以极之。皋陶陈道帝舜之前，浅略未极，禹问难之，浅言复深，略指复分。盖起问难此说，激而深切，触而著明也。

孔子笑子游之弦歌，子游引前言以距孔子。自今案《论语》之文，孔子之言，多若笑弦歌之辞，弟子寡若子游之难，故孔子之言遂结不解。以七十子不能难，世之儒生，不能实道是非也。

凡学问之法，不为无才，难于距师，核道实义，证定是非也。问难之道，非必对圣人及生时也。世之解说说人者，非必须圣人教告乃敢言也。苟有不晓解之问，迢难孔子，何伤于义？诚有传圣业之知，伐孔子之说，何逆于理？谓问孔子之言，难其不解之文，世间弘才大知生，能答问、解难之人，必将贤吾世间难问之言是非。

（录自《论衡校释》，中华书局1990年版，第395~397页）
（参校《论衡校注》，上海古籍出版社2013年版，第179~180页）

论衡·非韩（节录）

王　充

韩子之术，明法尚功。贤无益于国不加赏；不肖无害于治不施罚。责功重赏，任刑用诛。故其论儒也，谓之不耕而食，比之于一蠹；论有益与无益也，比之于鹿马。马之似鹿者千金，天下有千金之马，无千金之鹿，鹿无益，马有用也。儒者犹鹿，有用之吏犹马也。

（录自《论衡校释》，中华书局1990年版，第431页）
（参校《论衡校注》，上海古籍出版社2013年版，第196页）

论衡·案书

王 充

儒家之宗，孔子也；墨家之祖，墨翟也。且案儒道传而墨法废者，儒之道义可为，而墨之法议难从也。何以验之？墨家薄葬、右鬼，道乖相反违其实，宜以难从也。乖违如何？使鬼非死人之精也，右之未可知。今墨家谓鬼审〔死〕人之精也，厚其精而薄其尸，此于其神厚而于其体薄也。薄厚不相胜，华实不相副，则怒而降祸，虽有其鬼，终以死恨。人情欲厚恶薄，神心犹然。用墨之法，事鬼求福，福罕至而祸常来也。以一况百，而墨家为法，皆若此类也。废而不传，盖有以也。

《春秋左氏传》者，盖出孔子壁中。孝武皇帝时，鲁共王坏孔子教授堂以为宫，得佚《春秋》三十篇，《左氏传》也。公羊高、穀梁寘、胡母氏皆传《春秋》，各门异户，独《左氏传》为近得实。何以验之？《礼记》造于孔子之堂，太史公汉之通人也，左氏之言与二书合，公羊高、穀梁寘、胡母氏不相合。又诸家去孔子远，远不如近，闻不如见。刘子政玩弄《左氏》，童仆妻子皆呻吟之。光武皇帝之时，陈元、范叔上书连属，条事是非，《左氏》遂立。范叔寻因罪罢。元、叔天下极才，讲论是非，有余力矣。陈元言讷，范叔章诎，左氏得实，明矣。言多怪，颇与孔子不语怪力相违反也。《吕氏春秋》亦如此焉。《国语》，《左氏》之外传也，左氏传经，辞语尚略，故复选录《国语》之辞以实。然则《左氏》《国语》，世儒之实书也。

公孙龙著《坚白》之论，析言剖辞，务折曲之言，无道理之较，无益于治。齐有三邹衍之书，汙洋无涯，其文少验，多惊耳之言。案大才之人，率多侈纵，无实是之验；华虚夸诞，无审察之实。商鞅相秦，作《耕战》之术。管仲相齐，造《轻重》之篇。富民丰国，强主弱敌，公赏罚，与邹衍之书〔不可〕并言，而太史公两纪，世人疑惑，不知所从。案张仪与苏秦同时，苏秦之死，仪固知之。仪知各审，宜从仪言，以定其实，而说不明，两传其文。东海张商亦作列传，岂苏秦商之所为邪？何文相违甚也？《三代世表》言五帝三王皆黄帝子孙，自黄帝转相生，不更禀气于天。作《殷本纪》，言契母简狄浴于川，遇玄鸟坠卵，吞之，遂生契焉。及《周本纪》，言后稷之母姜嫄野出，见大人迹，履之，则妊身，生后稷焉。夫观《世表》，则契与后稷，黄帝之子孙也；读殷、周《本纪》，则玄鸟、大人之精气也。二者不可两传，而太史公兼纪不别。案帝王之妃，不宜野出，浴于川水。今言浴于川，吞玄鸟之卵；出于野，履大人之迹，违尊贵之节，误是非之言也。

《新语》，陆贾所造，盖董仲舒相被服焉，皆言君臣政治得失，言可采行，事美足观。鸿知所言，参贰经传，虽古圣之言，不能过增。陆贾之言，未见遗阙；而仲舒之言雩祭可以应天，土龙可以致雨，颇难晓也。夫致旱者以雩祭，不夏郊之祀，岂晋侯之过邪？以政失道，阴阳不和也。晋废夏郊之祀，晋侯寝疾，用郑子产之言，祀夏郊而疾愈。如审雩不修，龙不治，与晋同祸，为之再也。以政致旱，宜复以政。政亏，而复修雩治龙，其何益哉？《春秋》公羊氏之说，亢阳之节，足以复政。阴阳相浑，旱湛相报，天道然也，何乃修雩设龙乎？雩祀神喜哉？或雨至，亢阳不改，旱祸不除，变复之义，安所施哉？且夫寒温与旱湛同，俱政所致，其咎在人。独为亢旱求福，不为寒温求祐，未晓其故。如当复报寒温，宜为雩、龙之事。鸿材巨识，第两疑焉。

董仲舒著书，不称子者，意殆自谓过诸子也。汉作书者多，司马子长、杨子云，河、汉也，其余，泾、渭也。然而子长少臆中之说，子云无世俗之论。仲舒说道术奇矣，北方三家尚矣。谶书云："董仲舒，乱我书。"盖孔子言也。读之者或为"乱我书"者，烦乱孔子之书也；或以为乱者，理也，理孔子之书也。共一"乱"字，理之与乱，相去甚远。然而读者用心不同，不省本实，故说误也。夫言烦乱孔子之书，才高之语也；其言理孔子之书，亦知奇之言也。出入圣人之门，乱理孔子之书，子长、子云无此言焉。世俗用心不实，省事失情，二语不定，转侧不安。案仲舒之书，不违儒家，不及孔子，其言烦乱孔子之书者，非也；孔子之书不乱，其言理孔子之书者，亦非也。孔子曰："师挚之始，《关雎》之乱，洋洋乎盈耳哉！"乱者，于孔子言也。孔子生周，始其本；仲舒在汉，终其末。班叔皮续《太史公书》，盖其义也。赋颂篇下其有"乱曰"章，盖其类也。孔子终论，定于仲舒之言，其修雩治龙，必将有义，未可怪也。

颜渊曰："舜何人也？予何人也？"五帝三王，颜渊独慕舜者，知己步骤有同也。知德所慕，默识所追，同一实也。仲舒之言道德政治，可嘉美也；质定世事，论说世疑，桓君山莫上也。故仲舒之文可及，而君山之论难追也。骥与众马绝迹，或蹈骥哉？有马于此，足行千里，终不名骥者，与骥毛色异也。有人于此，文偶仲舒，论次君山，终不同于二子者，姓名殊也。故马效千里，不必骥骤；人期贤知，不必孔、墨。何以验之？君山之论难追也。两刃相割，利钝乃知；二论相订，是非乃见。是故韩非之《四难》，桓宽之《盐铁》，君山《新论》之类也。世人或疑，言非是伪，论者实之，故难为也。卿决疑讼，狱定嫌罪，是非不决，曲直不立，世人必谓卿狱之吏才不任职。至于论，不务全疑，两传并纪，不宜明处，孰与剖破浑沌，解决乱丝，言无不可知，文无不可晓哉？案孔子作《春秋》，采毫毛之善，贬纤介之恶。可褒，则义以明其行善；可贬，则明其恶以讥其操。《新论》之义，与《春秋》会一也。

夫俗好珍古不贵今，谓今之文不如古书。夫古今一也，才有高下，言有是非，不论善恶而徒贵古，是谓古人贤今人也。案东番邹伯奇，临淮袁太伯、袁文术，会稽吴君高、周长生之辈，位虽不至公卿，诚能知之囊橐，文雅之英雄也。观伯奇之《元思》，太伯之《易章句》，文术之《咸铭》，君高之《越纽录》，长生之《洞历》，刘子政、杨子云不能过也。善才有浅深，无有古今；文有伪真，无有故新。广陵陈子回、颜方，今尚书郎班固，兰台令杨终、傅毅之徒，虽无篇章，赋颂记奏，文辞斐炳，赋象屈原、贾生，奏象唐林、谷永，并比以观好，其美一也。当今未显，使在百世之后，则子政、子云之党也。韩非著书，李斯采以言事；杨子云作《太玄》，侯铺子随而宣之。非、斯同门，云、铺共朝，睹奇见益，不为古今变心易意；实事贪善，不远为术并肩以迹相轻，好奇无已，故奇名无穷。杨子云反《离骚》之经。非能尽反，一篇文往往见非，反而夺之。

《六略》之录，万三千篇，虽不尽见，指趣可知，略借不合义者，案而论之。

（录自《论衡校释》，中华书局1990年版，第1161~1176页）
（参校《论衡校注》，上海古籍出版社2013年版，第561~567页）

后汉书·王符列传（节录）

王符字节信，安定临泾人也。少好学，有志操，与马融、窦章、张衡、崔瑗等友善。安定俗鄙庶孽，而符无外家，为乡人所贱。自和、安之后，世务游宦，当涂者更相荐引，而符独耿介不同于俗，以此遂不得升进。志意蕴愤，乃隐居著书三十余篇，以讥当时失得，不欲章显其名，故号曰《潜夫论》。其指讦时短，讨谪物情，足以观见当时风政，著其五篇云尔。

（录自《后汉书》卷四十九，中华书局 1965 年版，第 1630 页）

后汉书·仲长统列传（节录）

仲长统……少好学，博涉书记，赡于文辞。年二十余，游学青、徐、并、冀之间，与交友者多异之。……

统性俶傥，敢直言，不矜小节，默语无常，时人或谓之狂生。……"安神闺房，思老氏之玄虚；呼吸精和，求至人之仿佛。与达者数子，论道讲书，俯仰二仪，错综人物。弹《南风》之雅操，发清商之妙曲。消摇一世之上，睥睨天地之间。不受当时之责，永保性命之期。如是，则可以陵霄汉，出宇宙之外矣。岂羡夫入帝王之门哉！"又作诗二篇，以见其志。

（录自《后汉书》卷四十九，中华书局 1965 年版，第 1643~1645 页）

《后汉书》论原始道教之流变 *

（一）

襄楷字公矩，平原湿阴人也。好学博古，善天文阴阳之术。

…………

初，顺帝时，琅邪宫崇诣阙，上其师干吉于曲阳泉水上所得神书百七十卷，皆缥白素朱介青首朱目，号《太平清领书》。其言以阴阳五行为家，而多巫觋杂语。有司奏崇所上妖妄不经，乃收臧之。后张角颇有其书焉。

及灵帝即位，以楷书为然。

（录自《后汉书》卷三十下《襄楷列传》，中华书局 1965 年版，第 1075、1084~1085 页）

（二）

初，钜鹿张角自称"大贤良师"，奉事黄老道，畜养弟子，跪拜首过，符水咒说以疗病，病者颇愈，百姓信向之。角因遣弟子八人使于四方，以善道教化天下，转相诳惑。十余年间，众徒数十万，连结郡国，自青、徐、幽、冀、荆、杨、兖、豫八州之人，莫不毕应。

（录自《后汉书》卷七十一《皇甫嵩列传》，中华书局1965年版，第2299页）

（三）

（张）鲁字公旗。初，祖父陵，顺帝时客于蜀，学道鹤鸣山中，造作符书，以惑百姓。受其道者辄出米五斗，故谓之"米贼"。陵传子衡，衡传于鲁，鲁遂自号"师君"。其来学者，初名为"鬼卒"，后号"祭酒"。祭酒各领部众，众多者名曰"理头"。皆校以诚信，不听欺妄，有病但令首过而已。诸祭酒各起义舍于路，同之亭传，县置米肉以给行旅。

（录自《后汉书》卷七十五《刘焉列传》，中华书局1965年版，第2435页）

（四）

汉中有张修。〔骆曜教民缅匿法，角〕为太平道。（张角）〔修〕为五斗米道。太平道师持九节杖，为符祝，教病人叩头思过，因以符水饮之。病或自愈者，则云此人信道，其或不愈，则云不信道。修法略与角同，加施净室，使病人处其中思过。又使人为奸令祭酒，主以《老子》五千文，使都习，号"奸令"。为鬼吏，主为病者请祷。〔请祷〕之法，书病人姓字，说服罪之意。作三通，其一上之天，著山上，其一埋之地，其一沉之水，谓之"三官手书"。使病者家出米五斗以为常，故号"五斗米师"也。

（录自《后汉书》卷七十五《刘焉列传》注引《典略》，中华书局1965年版，第2436页）

《后汉书》论佛教传入中国之初 *

论曰：……至于佛道神化，兴自身毒，而二汉方志莫有称焉。张骞但著地多暑湿，乘象而战，班勇虽列其奉浮图，不杀伐，而精文善法导达之功靡所传述。余闻之后说也，其国则殷乎中土，玉烛和气，灵圣之所〔降〕集，贤懿之所挺生，神迹诡怪，则理绝人区，感验明显，则事出天外。而骞、超无闻者，岂其道闭往运，数开叔叶乎？不然，何诬异之甚也！汉自楚英始盛斋戒之祀，桓帝又修华盖之饰。将微义未译，而但神明之邪？详其清心释累之训，空有兼遣之宗，道书之流也。且好仁恶杀，蠲敝崇善，所以贤达君子多爱其法焉。然好大不经，奇谲无已，虽邹衍谈天之辩，庄周蜗角之论，尚未足以概其万一。又精灵起灭，因报相寻，若晓而昧者，故通人多惑焉。

（录自《后汉书》卷八十八《西域列传》，中华书局1965年版，第2931~2932页）

魏书·释老志（节录）

案汉武元狩中，遣霍去病讨匈奴，至皋兰，过居延，斩首大获。昆邪王杀休屠王，将其众五万来降。获其金人，帝以为大神，列于甘泉宫。金人率长丈余，不祭祀，但烧香礼拜而已。此则佛道流通之渐也。

及开西域，遣张骞使大夏还，传其旁有身毒国，一名天竺，始闻有浮屠之教。哀帝元寿元年，博士弟子秦景宪受大月氏王使伊存口授浮屠经。中土闻之，未之信了也。后孝明帝夜梦金人，项有日光，飞行殿庭，乃访群臣，傅毅始以佛对。帝遣郎中蔡愔、博士弟子秦景等使于天竺，写浮屠遗范。愔仍与沙门摄摩腾、竺法兰东还洛阳。中国有沙门及跪拜之法，自此始也。愔又得佛经《四十二章》及释迦立像。明帝令画工图佛像，置清凉台及显节陵上，经缄于兰台石室。愔之还也，以白马负经而至，汉因立白马寺于洛城雍门西。摩腾、法兰咸卒于此寺。

（录自《魏书》卷一百一十四，中华书局1974年版，第3025~3026页）

汉朝佛教与老庄思想之关系（节录）

陶建国①

佛教僧侣本着佛祖释迦牟尼之精神，以慈悲为度，以渡世间众生脱离烦恼，指引迷失者重返大道为心志。彼辈千里迢迢，来至中土，传播此种不同文化之宗教，其初期遭遇之困难必多。佛教僧徒于是利用中土现成之宗教，特别是广传民间之道教以增加其传教之效率。而道家一些观念，亦有助于其阐释艰深难懂之佛理，皆被其援引而入其宗教之中。故初期佛教实兼具道教及道家化之色彩。而一般社会人士亦视佛教与传统之宗教信仰无甚出入，视佛与神仙等流，佛法与修道养生同类，将佛学与老庄学说齐观。初入中国之佛教，实与道家关系密切，于形态上已呈佛道一体之面貌。

汉人既视佛、道为一类，遂将佛与黄老并祀。武帝于元狩三年，获匈奴休屠王之金人，列于甘泉宫，焚香礼拜。如此金人系佛像，当为祀佛之始。刘向《列仙传》已谓佛教徒为得仙者。《后汉书·楚王英传》谓："楚王诵黄老之微言，尚浮屠之仁祠。洁斋三月，与神为誓。"又谓："喜黄老学，为浮图斋戒祭祀。"《桓帝本纪》谓："设华盖，以祀浮图、老子。"《释氏稽古略》谓："永兴二年，帝铸黄金浮图、老子像，覆以百宝盖，宫中身奉祀之，世人以金银作佛像，自此始。"《襄楷传》谓："又闻宫中立黄老、浮屠之祠。此道清虚，贵尚无为，好生恶杀，省欲去奢。"是汉人对佛教浮屠之观念，实与道教神祇，殊无二致。不但祭祀之，且将之与黄老并列。尤见其地位之高，与配享之殊荣。

而佛教释子亦喜攀道家之名以自重。故牟子称释教为"佛道"，《四十二章经》序自称佛教为"释道"，为"道法"，而学佛则曰"为道""行道""学道"。自汉以后，释子僧徒以"道"为名，如道林、道真、道安、道生等，多至不可胜数。

汉初佛教被视为与道教同类。故来华传教之僧人，亦常被认为系禀赋神异之方士。彼等亦拥有此方技自炫，往往能达到良好之传教效果。故梁慧皎之

---

① 陶建国，道家法术思想研究者。

《高僧传》云:"安世高,自七曜五行,医方异术,乃至鸟兽之声,无不综达。又识自己前生,有多神迹,世无能量。"《出三藏记集·安世高传》亦曰:"七曜五行之象,风雨云物之占,推步盈缩,悉穷其变,兼洞晓医术,妙善针脉,睹色知病,投药必济,乃至鸟兽鸣呼,闻声知心。"其余如昙轲迦罗能知"风雨星宿,图谶运变,无不该综"。后之佛图澄"善诵神咒,能役使鬼物"以及吴之康僧会、维祇难均有灵验咒术之事迹。《高僧传》中之《习禅篇》或《神异篇》内,载中国之僧人知方技数术者甚多。可知早期之僧人与道教之方士、道士有相似之处,社会人士常以同类视之。

至于汉初佛教经典,亦多与老庄思想相通。鱼豢《魏略·西戎传》曰:"浮屠所载与中国《老子经》相出入。"《后汉书·西域传》论当时之《佛经》曰:"详其清心释累之训,空有兼遣之宗,道书之流也。"《后汉书·襄楷传》亦曰:"此道清虚,贵尚无为。好生恶杀,省欲去奢。"汉末《四十二章经》曰:"佛言出家沙门者,断欲去爱,证自心源,达佛深理,悟无为法。"牟子《理惑论》将佛道并观:"吾既睹《佛经》之说,览《老子》之要,守恬淡之性,观无为之行。"是初期佛教之教义,与道家无为恬淡之思想,时人认为无太大不同。

汉初《佛经》之翻译,由于初传中国,尚未有恰当之辞汇供取用。故多借道家词语,以求行文之便利。如东汉道士于吉之《太平清领书》,书中语汇即为《佛经》所常袭用。

(录自《两汉魏晋之道家思想》,台湾文津出版社1986年版,第412~413页)

出三藏记集·安世高传(节录)

僧 祐[①]

安清,字世高,安息国王正后之太子也。……后王薨,将嗣国位,乃深惟苦空,厌离名器。行服既毕,遂让国与叔,出家修道。博综经藏,尤精《阿毗

---
① 僧祐(445—518),南朝齐梁僧人。

昙》学,讽持禅经,略尽其妙。既而游方弘化,遍历诸国,以汉桓帝之初,始到中夏。世高才悟机敏,一闻能达,至止未久,即通习华语。于是宣译众经,改胡为汉,出《安般守意》、《阴持入经》、大小《十二门》及《百六十品》等。初外国三藏众护撰述经要为二十七章,世高乃剖析护所集七章,译为汉文,即《道地经》也。其先后所出经凡三十五部,义理明析,文字允正,辩而不华,质而不野,凡在读者,皆亹亹而不惓焉。

(录自僧祐撰,苏晋仁、萧鍊子点校《出三藏记集》卷十三,中华书局 1995 年版,第 508 页)

出三藏记集·支谶传（节录）

僧 祐

支谶本月支国人也。操行淳深,性度开敏,禀持法戒,以精勤著称。讽诵群经,志存宣法,汉桓帝末,游于洛阳。以灵帝光和、中平之间,传译胡文,出《般若道行品》《首楞严》《般舟三昧》等三经。又有《阿阇世王》《宝积》等十部经,以岁久无录,安公校练古今,精寻文体,云"似谶所出"。凡此诸经,皆审得本旨,了不加饰,可谓善宣法要,弘道之士也。后不知所终。

(录自《出三藏记集》卷十三,中华书局 1995 年版,第 511 页)

论魏晋南北朝学术

在两汉经学走向杂沓烦琐之际，玄学应运而生，道教仪式和理论进一步完善，佛教在中国立足并得到较大发展，汇合成一个学术文化的多元互动时代，文学、史学等与经学分离，走向"文的自觉"。

魏晋玄学是以老庄之学为主体，以《易》学为构架，博采外域佛学精神，在新的综合潮流下形成的学说。其渊源有三：一是汉末道家的复兴和《易》学的发展，二是汉末清议之风，三是魏初学术杂取先秦儒、道、名、法诸家的影响。玄学从何晏、王弼调和儒道开始，经过嵇康、阮籍的进一步改造，从弘扬《老子》到发挥《庄子》，提倡任自然、越名教、逍遥放达，再经过向秀、郭象等人的综合，统一自然名教，基本上完成儒道融合的过程。再往后就迈上玄学佛学化的道路。玄学以自己特有的思辨方式否定传统经学和天人合一的神学论，建立以"无"为本的宇宙论，逐渐代替经学和谶纬神秘术，支配整个魏晋学术界。玄学而外，也有学子严守汉末以来的经学传统。经学有南北之分。北朝经学重朴质，以徐遵明、熊安生、刘炫、刘焯等为代表，学风趋于保守，墨守东汉经师旧说，以章句训诂为主。南朝经学尚简约，以皇侃、费甝等为代表。讲经不拘家法，兼采众说而参以己意，其对《礼记·中庸》中"天命""心性"的探讨，成为宋代理学的渊源之一。

与玄学的发展相辅相成，魏晋南北朝时期也是道教发展的重要阶段。本时期道教直承汉末天师道教，并向两个途径发展：一是符水道教，主要流行于草泽民间；二是金丹神仙道教，它使道教由民间登上统治者的大雅之堂。晋葛洪整理战国以来的神仙方术思想，并加以系统化、理论化，形成以神仙养生为内，以儒术应世为外，儒道双修的新道教学说。齐梁句曲山（茅山）道士陶弘景继承老庄思想和葛洪的神仙理论，杂糅儒道观点，倡三教合流，从而使道教由民间鄙俗一举而成为一方学术重镇。北魏嵩山道士寇谦之在北魏太武帝支持下，清理道教，统一天师道各派，制定乐章诵法，同时削弱原始道教中所蕴含的反抗统治者压迫的思想精神，创立新的天师道。南朝刘宋庐山道士陆修静整理经书，编著斋戒仪范。道教理论体系建设获得长足发展，组织形式日趋完备，传经、授箓、斋法仪范渐趋统一，道教初具与儒、佛相抗衡的力量。

魏、晋以降，佛教势力渐盛。南朝宋文帝、梁武帝等统治者，把佛教看作是坐致太平的思想工具，大力扶持寺院和义学。北朝虽有北魏太武帝和北周武帝"灭佛"，但扬佛是主流，在资助译经、修建寺院、开凿石窟等方面成绩突出。与此同时，汉译佛教经典问世，如安世高传译的小乘佛典和支谶传译的大乘佛典《般若经》。魏、晋时，大乘派之般若学受清谈名士的青睐。此间名僧辈出。鸠摩罗什遍译佛经，三论宗、"成实宗"、天台宗、净土宗等中国佛教流派所依的经典，均以他的译经底本为依据，其门徒遍布国中，道生、僧肇、道融、僧叡又号为"什门四圣"。道安一生精研般若学，于般若学派之"六家七宗"无所不通，尤专精于"本土宗"。所定"僧尼轨范"，在规范僧众行为举止方面既详备又颇具针对性，为佛教更好地融于中国社会奠定了基础。其高足慧远既宣讲大乘般若学，又倡小乘禅数之学，还"引庄入老"，大、小乘初显合流之势，佛儒相互渗透之迹亦彰。佛教的广泛传播及其与儒、道的冲合互摄，为隋唐之际佛教的中国化奠定了基础。

魏晋南北朝时代，佛教在中国广泛流播，自然会与发展中的儒学（玄学）、形成发展中的道教发生冲突，这是中国学术与外来学术的一次大规模接触。它们之间既有悄悄的融合，也有公开的论争。儒、佛、道三者相与并存，奠定中古学术三教鼎立的大格局，对立之中的大规模融合运动从此拉开帷幕。

魏晋南北朝是"文学自觉"时代，文学摆脱经学束缚，自成格局。曹丕的《典论·论文》倡言文章乃"经国之大业，不朽之盛事"，将文提升到与经史同等地位；陆机的《文赋》强调文学创作导因于人的情志，"其始也，皆收视反听，耽思傍讯，精骛八极，心游万仞"；刘勰的《文心雕龙》伸言"心生而言立，言立而文明，自然之道也"（《原道》），并对想象及形象思维的作用有所阐发，"寂然凝虑，思接千载；悄焉动容，视通万里；吟咏之间，吐纳珠玉之声；眉睫之前，卷舒风云之色：其思理之致乎？故思理为妙，神与物游"（《神思》）。与文的自觉相联系，史学也从经学附庸衍为独立门类，成为与儒学、玄学、文学并立的学术门类。

五朝学[①]（节录）

章太炎

俗士皆曰：秦、汉之政，踔踔异晚周，六叔之俗，孑尔殊于汉之东都（六叔，指魏、晋、宋、齐、梁、陈）。其言虽有类似，魏晋者，俗本之汉，陂陀从迹以至，非能骤溃。济江而东，民有甘节，清劭中伦，无曩时中原偷薄之德，乃度越汉时也。言魏、晋俗敝者，始干宝《晋纪》，葛洪又胪言之。观洪《汉过》《刺骄》二篇，汉俗又无以愈魏、晋（《抱朴子·外篇·汉过篇》曰：历览前载，逮乎近代，道微俗敝，莫剧汉末也。此虽多斥阉尹，然又云：懒看文书、望空下名者，谓之业大志高。结党合誉、行与、口违者，谓之以文会友。斯则党锢诸公，皆在所讥矣。《刺骄篇》曰：余观怀、愍之世，俗尚骄褻，夷虏自遇。然又云：闻之汉末，诸无行自相品藻次第，群骄慢傲不入道检者，为都魁雄伯。四通八达，皆背叛礼教，而从肆邪僻，讪毁真正，中伤非党，口习丑言，身行敝事。凡所云为，使人不忍论也。此则汉末风纪已坏，非起晋也）。王符作《潜夫论》，迹盛衰，讥汉俗最甚。道"今人奢衣服，侈饮食，事口舌而习调欺。丁男不扶犁锄，怀丸挟弹，携手上山；妇人不修中馈，休其蚕织，而起学巫祝鼓舞事神。京师贵戚，衣服、饮食、车舆、庐第，奢过王制。嫁娶者车骈数里，缇帷竟道，骑奴侍童，夹毂并引。富者竞欲相过，贫者耻其不逮。一飨所费，破终身之业"（《潜夫论·浮侈篇》）。傅玄亦曰："汉末一笔之柙，雕以黄金，饰以和璧，缀以随珠，发以翠羽。公卿大夫刻石为碑，镌石为虎，碑虎崇伪，陈于三衢。妨功丧德，异端并起，众邪之乱正若此，岂不哀哉！"（《群书治要》引《傅子》）此皆道其奢侈逾分，虽干宝论晋弗能过（《晋纪·总论》曰：朝寡纯德之人，乡乏不贰之老。又曰：其妇女庄栉织纴，皆取成于婢仆，未尝知女工丝枲之业，中馈酒食之事也。先时而婚，任情而动，故皆不耻淫佚之过，不拘妒忌之恶。此与王符所说相似）。然犹未及甘陵之诈，汝南之伪也。上及朝贵，魏、晋间淫僻者，有贾充、何曾、石崇、王恺，而汉亦有诸马、诸窦、诸梁、诸袁。晋之谀臣若荀勖，汉亦有胡

[①] 编者删去了文中的部分注释。

广、赵戒。汉骨鲠者，有李膺、杜密，惟晋亦有刘毅、傅咸、刘颂之伦，美恶相覆，竟无以逾越也。闾巷之间，据道推方巍然不群者，梁鸿、韩康、徐稚、郑玄、申屠蟠，在汉世。惟魏亦有管宁、胡昭、焦先。晋而有董京、夏统、朱冲、郭文、孟陋、戴逯，又不相过。尝试论之：汉之纯德，在下吏诸生间，虽魏、晋不独失也。魏、晋之侈德，下在都市，上即王侯贵人，虽汉不独亡也。傅玄、葛洪去汉近，推迹魏、晋之失，自汉渐染，其言公。范晔离于全汉，固已远矣，徒道其美，不深迹其瑕眚。诸子非人所时窥，而范氏书日在细旃指爪之间，近习之地。是以责盈于后，而网漏于前也。粤晋之东，下讫陈尽，五朝三百年，往恶日湔，而纯美不忒。此为江左有愈于汉。徒以江左劣弱，言治者必暴摧折之。不得其征，即以清言为状，又往往訾以名士，云尚辞不责实。汉世朴学，至是委废而为土梗。且夫鸣琴之政，醇酒之治，所从来非一世也。汉季张邈从政，号为坐不窥堂，孔伷亦清谈耳。孔融刺青州，为袁谭所攻，流矢雨集，犹隐几读书，谈笑自若，城陷而奔。阮简为开封令，有劫贼，外白甚急，简方围棋，长啸曰：局上有劫，甚急！斯数子者，盖王导、谢安所从受法。及夫蓬发裼服，嘲弄嬣姘，反经诡圣，顺非而博，在汉已然。魏、晋因之，犹时有乐广、嵇绍之伦。广以风流辅名教，绍不肯以朝服执冷人之业。其余任达者虽众，渡江而稍绝矣。然名荡佚者，多归之魏、晋。迤及江左，不考其末，不推其造端，偏听生奸，君子以为耻。且夫曩世言名士者，与今异充。魏明帝曰："名如画地作饼，不可啖。"卢毓曰："常士畏教慕善，然后有名，非所当疾也。"斯固与落枲无检者反。江左之士，蠢迪检柙，丧纪、祭祀、婚姻之式少有疑殆。虽文士沙门犹质之，载在《通典》，岂可诬哉？夫驰说者，不务综终始，苟以玄学为诟。其惟大雅，推见至隐，知风之自。玄学者，固不与艺术文行牾，且翼扶之。昔者阮咸任达不拘，荀勖与论音律，自以弗逮。宗少文达死生分，然能为金石弄。戴颙述庄周大旨，而制新弄十五部，合何尝、白鹄二声以为一调。殷仲堪能清言，善属文，医术亦究眇微。雷次宗、周续之，皆事沙门慧远，尤明三礼。关康之散发，被黄巾，申王弼《易》，而就沙门支僧纳学算，眇尽其能，又造《礼论》十卷。下逮文儒祖冲之，始定圜率，至今为绳墨。其缀术文最深，而史在《文学传》（《南史》）。谢庄善辞赋，顾尝制木方文，图山川土地，各有分理，离之则州郡殊，合之则宇内一。徐陵虽华，犹能草《陈律》，非专为美言也。夫经莫穹乎《礼》《乐》，政莫要乎律令，技莫微乎算术，形莫急乎药石。五朝诸名士皆综之。其言循虚，其艺控实，故可贵也。凡为玄学，必要之以名，格之以分，而六艺方技者，亦要之以名，格之以分。治算，审形，度声则然矣。服有衰次，刑有加减。《传》曰："刑名从商，文名从礼。"故玄学常与礼律相扶。自唐以降，玄学绝，六艺方技亦衰（唐初犹守六代风，颜、孔、陆、贾之说经，李淳风、祖孝孙之明算，孙思邈、张文仲之习医，皆本六代。贾公彦子大隐，本以传《礼》得名，而作《老子述义》十卷，注《公孙龙子》一卷，则经师犹审形名也。中唐以降，斯风绝矣）。宋、元喜言性，惟算术亦巧善，今益以礼、医与律，犹弗逮兼。古之乡三物，明于本数，系于末度，亹万物而不为戾，刻雕众形而不为巧。咨惟五朝之贤耶？且夫膏粱之性，难正也。终日湛于狗马曲旃之间，不易以玄远，虽日陈礼法，正复为奇，善复为妖也，其侈弥长。栖山泽，厌韭葱葵蓼者，非有玄学，不足以自尉荐。将歆荣华、干酒肉之味，其操不终。五朝有玄学，知与恬交相养，而和理出其性。故骄淫息乎上，躁竞弭乎下。及唐，名理荡荡（唐时虽有佛学，研精者惟沙门，士大夫则擥其枝叶耳），夸奢复起，形于文辞，播于小说者，参而伍之，则居可知矣（案世人谓清谈废事，必忘大节，此实不然）。世人见五朝在帝位日浅，国又削弱，因遗其学术行义弗道。五朝所以不竞，由任世贵，又以言貌举人，不在玄学。顾炎武粗识五朝遗绪，以矜流品为善，即又过差。五朝士大夫，孝友醇素，隐不以求公车征聘，仕不以名势相援为朋党，贤于季汉，过唐、宋、明益无訾。其矜流品，成于贵贱有等，乃其短也。独有刘骥之以冠冕之族，被褐条桑，信义著于群小，厮伍之家，婚娶葬送，皆躬自造。阮孝绪姊为鄱阳王妃，凿垣逃王，终身与诸甥不相见，鄙外兄王晏，避其筦管，至于覆酱，有陈仲之操。介如任昉，犹不敢望其门。斯二子者，足以阏世贵之流矣！

　　　　［录自《太炎文录初编》文录卷一，《章太炎全集》（四），上海人民出版社1985年版，第73~77页］

　　　　（参校《章太炎学术史论集》，云南人民出版社2008年版，第316~321页）

学　变①

章太炎

汉晋间，学术则五变。

董仲舒以阴阳定法令，垂则博士，神人大巫也。使学者人人碎义逃难，苟得利禄，而不识远略。故杨雄变之以《法言》。

《法言》持论至岂易，在诸生间，峻矣。王逸因之为《正部论》，以《法言》杂错无主，然已亦无高论。顾猥曰：颜渊之箪瓢，则胜庆封之玉杯。欲以何明，而比拟违其伦类？盖忿悁之亢辞也。

华言积而不足以昭事理。故王充始变其术，曰："夫笔箸者，欲其易晓而难为，不贵难知而易造；口论，务解分而可听，不务深迂而难睹也。"作为《论衡》，趣以正虚妄，审乡背。怀疑之论，分析百端。有所发擿，不避上圣。汉得一人焉，足以振耻。至于今，亦鲜有能逮者也。然善为锋芒摧陷，而无枢要足以持守。惟内心之不光颖，故言辩而无继。充称：桓君山素丞相之迹，存于《新论》。《新论》在者，其言往往近于佌琐。或曰：宋人小说、札记之流，论在名物；其正虚妄，审乡背，近之矣。

东京之末，刑赏无章也。儒不可任，而发愤者变之以法家。王符之为《潜夫论》也，仲长统之造《昌言》也，崔寔之述《政论》也，皆辩章功实，而深疾浮淫靡靡，比于"五蠹"，又恶夫以宽缓之政，治衰敝之俗。《昌言》最恢广。上视杨雄诸家，牵制儒术，奢阔无施，而三子闶远矣。名法之教，任贤考功，期于九列皆得其人，人有其第，官有其位。故刘劭《人物志》、姚信《士纬》作焉。乱国学者，盛容服而饰辩说，以贰人主之心，"修誉不诛，害在词主"。故阮武《正论》作焉。自汉季以至蜀、魏，法家大行，而钟繇、陈群、诸葛亮之伦，皆以其道见诸行事，治法为章。然阔疏者苟欲务古，亦欲以是快其佚荡。故魏衰而说变。

当魏武任法时，孔融已不平于酒几。及魏，杜恕倜傥任意，盖孟轲之徒也。凡法家，以为人性忮忮，难与为善，非制之以礼，威之以刑，不肃。故魏

---

① 编者对文中的注释作了一些删节。

世议者言："凡人天性多不善，不当待以善意，更堕其调中。"惟杜恕甚闻之，而云：己得此辈，当乘桴蹈仓海，"不能自谐在其间也"。恕为《兴性论》，其书不传。推校之，则为主性善者。其作《体论》，自谓疏惰饱食，"父忧行丧，在礼多愆，孝声不闻"。荀卿所谓顺情性而不事礼义积伪者也。盖自魏武审正名法，钟、陈辅之，操下至严。文、明以降，中州士大夫厌检括苛碎久矣。势激而迁，终以循天性、简小节相上，固其道也。又自洛邑、许昌之际，士守恭俭，故有位至列卿，盐豉蒜果，不过一筒，日食干饭，以纸补被。魏武虽豪家，后宫食不重肉，衣不锦绣，茵蓐不缘，物无丹漆。其臣化之，朝府大吏，或挈壶飧以入官寺，日食酱脖，而有赐子一绢，犹疑以在官妄得者。夫俭不中度，解说不流，故憔悴思返，而《蟋蟀》《山樞》之诗作，魏时诸乐府犹是也。民不堪隘，宕以之奢；奢实生贪，则逾洪而无度制。然后何曾淫于嗜味，石崇果于劫略，夏侯湛侈于起居。悠悠风尘，皆冒货之士，曾、湛犹以孝友礼法称也。故曰："窃钩者诛，窃国者为诸侯。侯之门，仁义存。"絜士知不可矫以廉贞，繇是屏弃功利，殚残圣法，以镌饕夫。会在易代兴废之间，高朗而不降志者，皆阳狂远人。礼法浸微，则持论又变其始。

　　嵇康、阮籍之伦，极于非尧舜，薄汤武，载其厌世；至导引求神仙，而复崇法老庄。玄言自此作矣（魏晋间言神仙者，皆由厌薄人间，与屈平《远游》同旨，故必藉老庄抒其愤激。独葛洪笃信丹药，深疾老庄。其后陶弘景亦务服饵，而有夷甫谈空之诮。则知老庄与神仙绝殊。魏晋人本以老庄为宗，神仙则其所假托耳。汉世方士，虽亦间托老庄，如张衡、张鲁所为者，此则巫道惑人，又与神仙有异矣。大抵今之道士，本于五斗米道，其始亦托墨翟，要与导引致寿、白日冲天之说尚殊。葛洪《抱朴》内篇言丹药，外篇重儒术，如《疾谬》《诘鲍》诸篇，大旨与魏晋人绝异。盖吴士未遭禅让，无所感激，故论多守文。其惑于仙道，则洪之天性有然，与愤世长往者异趣矣）。诸言形名者，亦一二傅丽道家。裴颜崇有，似名法。管辂论五行鬼神之情，多发自然，似阴阳家（汉以后，但有数术方技之书，虽仲舒、翼奉辈，技亦如此而已。未能备九流，称阴阳家也。独管辂简核清要，与诸家有异）。鲍生好老庄，以为：儒称天生烝民而树之君，岂其皇天谆谆命之？"隶属役御，由乎争强弱而校智愚，彼苍天果无事也"。"古者无君，胜于今世"。君臣既立，变化遂滋。养游手之人，长侵割之患，虽有茅茨土阶，杂囊为帷，俭以率物，以为美谈，"所谓盗跖分财，取少为让"也。或难以为贼杀并兼，起于自然，无主将乱。曰：夫民身无在公之役，家无输调之费，内足衣食之用，外无势利之争，操杖攻劫，非人情也。且"细民之争，不过小小匹夫校力，亦何所至？""势不能以合徒众，威不足以驱异人。孰与王赫斯怒，陈师鞠旅，推无仇之民，攻无罪之国"，僵尸万计，流血丹野？"无道之君，无世不有，肆其虐乱，天下无邦。忠良见害于内，黎民暴骨于外，岂徒小小争夺之患邪？"藉使桀纣并为匹夫，性虽凶奢，安得穷其骄淫，屠割天下也！此其说虽抗如嵇康，固不敢道近，知圣人之所忧患矣。当是时，辩智闳达，浸淫反于九流。用学不师授，而其时又好笔札琦辞。故其业中绝。精絜之士，辐凑于桑门以通幽隐，自此始也。

凡此五变，各从其世。云起海水，一东一西，一南一北，触高冈，象林木而化。初世雄逸，化成于草昧，而最下矣。

然箸书莫易以杂说援比诸家。故季汉而降，其流不绝。汉时周生烈已为《要论》。其后蒋济作《万机论》，谯周作《法训》，顾谭作《新语》，陆景作《典语》，杜夷作《幽求新书》，杨泉作《物理论》。秦菁、唐滂之徒，皆有论箸，或称杂家，或缘儒老。上者稍见行事，其次乃以华言相耀。惟荀悦、徐干为愈。《申鉴》温温，怀宝自珍。《中论》朴质理达矣。殷基曰："质胜文，石建；文胜质，蔡邕；文质彬彬，徐干庶几也。"

[录自《检论》卷三，《章太炎全集》（三），上海人民出版社1984年版，第444~447页]

（参校《章太炎学术史论集》，云南人民出版社2008年版，第322~325页）

晋书·儒林列传（节录）

昔周德既衰，诸侯力政，礼经废缺，《雅》《颂》陵夷。夫子将圣多能，固天攸纵，叹凤鸟之不至，伤麟出之非时，于是乃删《诗》《书》，定礼乐，赞《易》道，修《春秋》，载籍逸而复存，风雅变而还正。其后卜商、卫赐、田、吴、孙、孟之俦，或亲禀微言，或传闻大义，犹能强晋存鲁，藩魏却秦，既抗礼于邦君，亦驰声于海内。及嬴氏惨虐，弃德任刑，炀坟籍于埃尘，填儒林于坑阱，严是古之法，抵挟书之罪，先王徽烈，靡有孑遗。汉祖勃兴，救焚拯溺，粗修礼律，未遑俎豆。逮于孝武，崇尚文儒。爰及东京，斯风不坠。于是傍求蠹简，博访遗书，创甲乙之科，擢贤良之举，莫不纡青拖紫，服冕乘轩，或徒步而取公卿，或累旬以膺台鼎，故搢绅之士靡然向风，余芳遗烈，焕乎可纪者也。洎当途草创，深务兵权，而主好斯文，朝多君子，鸿儒硕学，无乏于时。

武帝受终，忧劳军国，时既初并庸蜀，方事江湖，训卒厉兵，务农积谷，犹复修立学校，临幸辟雍。而荀颛以制度赞惟新，郑冲以儒宗登保傅，茂先以博物参朝政，子真以好礼居秩宗，虽愧明扬，亦非遐弃。既而荆扬底定，区寓乂安，群公草封禅之仪，天子发谦冲之诏，未足比隆三代，固亦擅美一时。惠帝缵戎，朝昏政弛，衅起宫掖，祸成藩翰。惟怀逮愍，丧乱弘多，衣冠礼乐，扫地俱尽。元帝运钟百六，光启中兴，贺、荀、刁、杜诸贤并稽古博文，财成礼度。虽尊儒劝学亟降于纶言，东序西胶未闻于弦诵。明皇聪睿，雅爱流略，简文玄嘿，敦悦丘坟，乃招集学徒，弘奖风烈，并时艰祚促，未能详备。有晋始自中朝，迄于江左，莫不崇饰华竞，祖述虚玄，摈阙里之典经，习正始之余论，指礼法为流俗，目纵诞以清高，遂使宪章弛废，名教颓毁，五胡乘间而竞逐，二京继踵以沦胥，运极道消，可为长叹息者矣。郑冲等名位既隆，自有列传，其余编之于左，以续前史儒林云。

（录自《晋书》卷九十一，中华书局 1974 年版，第 2345~2346 页）

北史·儒林列传上（节录）

儒者，其为教也大矣，其利物也博矣，以笃父子，以正君臣，开政化之本原，凿生灵之耳目，百王损益，一以贯之。虽世或污隆，而斯文不坠。自永嘉之后，宇内分崩，礼乐文章，扫地将尽。

魏道武初定中原，虽日不暇给，始建都邑，便以经术为先。立太学，置《五经》博士生员千有余人。天兴二年春，增国子太学生员至三千人。岂不以天下可马上取之，不可以马上临之？圣达经猷，盖为远矣。四年春，命乐师入学习舞，释菜于先师。明元时，改国子为中书学，立教授博士。太武始光三年春，起太学于城东。后征卢玄、高允等，而令州郡各举才学。于是人多砥尚，儒术转兴。献文天安初，诏立乡学，郡置博士二人，助教二人，学生六十人。

后诏大郡立博士二人，助教四人，学生一百人；次郡立博士二人，助教二人，学生八十人；中郡立博士一人，助教二人，学生六十人；下群立博士一人，助教一人，学生四十人。太和中，改中书学为国子学，建明堂、辟雍，尊三老五更，又开皇子之学。及迁都洛邑，诏立国子、太学、四门小学。孝文钦明稽古，笃好坟籍，坐舆据鞍，不忘讲道。刘芳、李彪诸人以经书进，崔光、邢峦之徒以文史达。其余涉猎典章，闲集词翰，莫不縻以好爵，动贻赏眷。于是斯文郁然，比隆周、汉。宣武时，复诏营国学，树小学于四门，大选儒生以为小学博士，员四十人。虽黉宇未立，而经术弥显。时天下承平，学业大盛，故燕、齐、赵、魏之间，横经著录，不可胜数。大者千余人，小者犹数百。州举茂异，郡贡孝廉，对扬王庭，每年逾众。神龟中，将立国学，诏以三品以上，及五品清官之子以充生选。未及简置，乃复停寝。正光三年，乃释奠于国学，命祭酒崔光讲《孝经》，始置国子生三十六人。暨孝昌之后，海内淆乱，四方校学，所存无几。

齐神武生于边朔，长于戎马，杖义建旗，扫清区县。因魏氏丧乱，属尔朱残酷，文章咸荡，礼乐同奔，弦歌之音且绝，俎豆之容将尽。永熙中，孝武复释奠于国学，又于显阳殿诏祭酒刘廞讲《孝经》，黄门李郁说《礼记》，中书舍人卢景宣讲《大戴礼》《夏小正》篇，复置生七十二人。及永熙西迁，天平北徙，虽庠序之制，有所未遑，而儒雅之道，遽形心虑。时初迁都于邺，国子置生三十六人。至兴和、武定之间，儒业复盛矣。始天平中，范阳卢景裕同从兄仲礼于本郡起逆，齐神武免其罪，置之宾馆，以经教授太原公以下。及景裕卒，又以赵郡李同轨继之。二贤并大蒙恩遇，待以殊礼。同轨云亡，复征中山张雕武、勃海李铉、刁柔、中山石曜等递为诸子师友。及天保、大宁、武平之朝，亦引进名儒，授皇太子、诸王经术。然爰自始基，暨于季世，唯济南之在储宫，性识聪敏，颇自砥砺，以成其美。自余多骄恣傲狠，动违礼度，日就月将，无闻焉尔，镂冰雕朽，迄用无成。盖有由焉。夫帝王子孙，习性骄逸，况义方之情不笃，邪僻之路竞开，自非得自生知，体包上智，而内纵声色之娱，外多犬马之好，安能入则笃行，出则友贤者也？徒有师傅之资，终无琢磨之实。贵游之辈，饰以明经，可谓稽山竹箭，加以括羽，俯拾青紫，断可知焉。而齐氏司存，或失其守，师保疑丞，皆赏勋旧，国学博士，徒有虚名。唯国子一学，生徒数十人耳。胄子以通经进仕者，唯博陵崔子发、广平宋游卿而已。自外莫见其人。幸朝章宽简，政纲疏阔，游手浮惰，十室而九。故横经受业之侣，遍于乡邑；负笈从宦之徒，不远千里。入闾里之内，乞食为资，憩桑梓之阴，动逾十数。燕、赵之俗，此众尤甚焉。齐制，诸郡并立学，置博士、助教授经。学生俱差逼充员，士流及豪富之家，皆不从调。备员既非所好，坟籍固不关怀。又多被州郡官人驱使，纵有游惰，亦不检察。皆由上非所好之所致也。诸郡俱得察孝廉，其博士、助教及游学之徒通经者，推择充举。射策十条，通八以上，听九品出身；其尤异者，亦蒙抽擢。

周文受命，雅重经典。于时西都板荡，戎马生郊，先王之旧章，往圣之遗训，扫地尽矣。于是求阙文于三古，得至理于千载，黜魏、晋之制度，复姬旦之茂典。卢景宣学通群艺，修五礼之缺；长孙绍远才称洽闻，正六乐之坏。由是朝章渐备，学者向风。明皇纂历，敦尚学艺，内有崇文之观，外重成均之职。握素怀铅，重席解颐之士，间出于朝廷；员冠方领，执经负笈之生，著录于京邑。济济焉，足以逾于向时矣。洎保定三年，帝乃下诏尊太傅燕公为三老。帝于是服衮冕，乘碧辂，陈文物，备礼容，清跸而临太学，袒割以食之，奉觯以酳之，斯固一世之盛事也。其后命辂轩而致玉帛，征沈重于南荆。及定山东，降至尊而劳万乘，待熊安生以殊礼。是以天下慕向，文教远覃。衣儒者之服，挟先生之道，开黉舍，延学徒者，比肩；励从师之志，守专门之业，辞亲戚，甘勤苦者，成市。虽通儒盛业，不逮魏、晋之臣，而风移俗变，抑亦近代之美也。

…………

汉世，郑玄并为众经注解，服虔、何休，各有所说。玄《易》《诗》《书》《礼》《论语》《孝经》，虔《左氏春秋》，休《公羊传》，大行于河北。王肃《易》，亦间行焉。晋世，杜预注《左氏》。预玄孙坦，坦弟骥，于宋朝并为青州刺史，传其家业，故齐地多习之。

自魏末，大儒徐遵明门下讲郑玄所注《周易》。遵明以传卢景裕及清河崔瑾。景裕传权会、郭茂。权会早入邺都，郭茂恒在门下教授，其后能言《易》者，多出郭茂之门。河南及青齐之间，儒生多讲王辅嗣所注，师训盖寡。

齐时，儒士罕传《尚书》之业，徐遵明兼通之。遵明受业于屯留王聪，传授浮阳李周仁及勃海张文敬、李铉、河间权会，并郑康成所注，非古文也。下里诸生，略不见孔氏注解。武平末，刘光伯、刘士元始得费甝义疏，乃留意焉。

其《诗》《礼》《春秋》，尤为当时所尚，诸生多兼通之。

《三礼》并出遵明之门。徐传业于李铉、祖隽、田元凤、冯伟、纪显敬、吕黄龙、夏怀敬。李铉又传授刁柔、张买奴、鲍季祥、邢峙、刘昼、熊安生。安生又传孙灵晖、郭仲坚、丁恃德。其后生能通《礼经》者，多是安生门人。诸生尽通《小戴礼》。于《周仪礼》兼通者，十二三焉。

　　通《毛诗》者，多出于魏朝刘献之。献之传李周仁。周仁传董令度、程归则。归则传刘敬和、张思伯、刘轨思。其后能言《诗》者，多出二刘之门。

　　河北诸儒能通《春秋》者，并服子慎所注，亦出徐生之门。张买奴、马敬德、邢峙、张思伯、张奉礼、张雕、刘昼、鲍长宣、王元则并得服氏之精微。又有卫觊、陈达、潘叔虔，虽不传徐氏之门，亦为通解。又有姚文安、秦道静，初亦学服氏，后兼更讲杜元凯所注。其河外儒生，俱伏膺杜氏。其《公羊》《穀梁》二传，儒者多不厝怀。

　　《论语》《孝经》，诸学徒莫不通讲。诸儒如权会、李铉、刁柔、熊安生、刘轨思、马敬德之徒，多自出义疏。虽曰专门，亦皆相祖习也。

　　大抵南北所为章句，好尚互有不同。江左，《周易》则王辅嗣，《尚书》则孔安国，《左传》则杜元凯。河洛，《左传》则服子慎，《尚书》《周易》则郑康成。《诗》则并主于毛公，《礼》则同遵于郑氏。南人约简，得其英华；北学深芜，穷其枝叶。考其终始，要其会归，其立身成名，殊方同致矣。

　　自魏梁越已下，传授讲议者甚众，今各依时代而次，以备《儒林》云尔。

　　（录自《北史》卷八十一，中华书局1974年版，第2703~2707、2708~2709页）

梁书·儒林列传（节录）

　　汉氏承秦燔书，大弘儒训，大学生徒，动以万数，郡国黌舍，悉皆充满，学于山泽者，至或就为列肆，其盛也如是。汉末丧乱，其道遂衰。魏正始以后，仍尚玄虚之学，为儒者盖寡。时荀顗、挚虞之徒，虽删定新礼，改官职，未能易俗移风。自是中原横溃，衣冠殄尽，江左草创，日不暇给，以迄于宋、齐，国学时或开置，而劝课未博，建之不及十年，盖取文具，废之多历世祀，其弃也忽诸。乡里莫或开馆，公卿罕通经术，朝廷大儒，独学而弗肯养众，后生孤陋，拥经而无所讲习，三德六艺，其废久矣。高祖有天下，深愍之，诏求硕学，治五礼，定六律，改斗历，正权衡。天监四年，诏曰："二汉登贤，莫非经术，服膺雅道，名立行成。魏、晋浮荡，儒教沦歇，风节罔树，抑此之由。朕日昃罢朝，思闻俊异，收士得人，实惟酬奖。可置五经博士各一人，广开馆宇，招内后进。"于是以平原明山宾、吴兴沈峻、建平严植之、会稽贺玚补博士，各主一馆。馆有数百生，给其饩廪。其射策通明者，即除为吏。十数年间，怀经负笈者云会京师。又选遣学生如会稽云门山，受业于庐江何胤。分遣博士祭酒，到州郡立学。七年，又诏曰："建国君民，立教为首，砥身砺行，由乎经术。朕肇基明命，光宅区宇，虽耕耘雅业，傍阐艺文，而成器未广，志本犹阙，非以熔范贵游，纳诸轨度，思欲式敦让齿，自家刑国。今声训所渐，戎夏同风，宜大启庠教，博延胄子，务彼十伦，弘此三德，使陶钧远被，微言载表。"于是皇太子、皇子、宗室、王侯始就业焉。高祖亲屈舆驾，释奠于先师先圣，申之以宴语，劳之以束帛，济济焉，洋洋焉，大道之行也如是。其伏曼容、何佟之、范缜，有旧名于世；为时儒者，严植之、贺玚等首膺兹选。

（录自《梁书》卷四十八，中华书局1973年版，第661~662页）

廿二史札记·北朝经学（节录）

赵　翼[①]

六朝人虽以词藻相尚，然北朝治经者尚多专门名家。盖自汉末郑康成以经学教授，门下著录者万人，流风所被，士皆以通经绩学为业，而上之举孝廉，举秀才，亦多于其中取之，故虽经刘、石诸朝之乱，而士习相承，未尽变坏。大概元魏时经学以徐遵明为大宗，周、隋间以刘炫、刘焯为大宗。按《北史·儒林传》，遵明讲郑康成所著《易》，以传卢景裕、崔瑾，是遵明深于《易》也。《尚书》之业，遵明所通者郑注之今文，后以授李周仁等，是遵明深于《尚书》也。三《礼》并出遵明之门，传李铉、祖隽、熊安生，是遵明深于《礼》也。馆陶赵世业家有服氏《春秋》，乃晋永嘉旧本，遵明读之，手撰

[①] 赵翼（1727—1814），清史学家、文学家。

《春秋义章》三十卷，河北诸儒能通服氏《春秋》者，并出徐生之门，是遵明又深于《春秋》也。至隋，刘焯于贾、王、马、郑章句，多所是非，著有《五经述议》行世，与刘炫齐名，时称二刘。炫尤博学多识，韦世康问其所能，炫曰："《周礼》《礼记》《毛诗》《尚书》《公羊》《左传》《孝经》《论语》孔、郑、王、何、服、杜等注，凡十三家，并堪讲授；《周易》《仪礼》《穀梁》，用功差少。"在朝知名之士七十余，皆谓炫所陈不谬，是炫之深于诸经也。其时治经者，各有师承。……诸儒师资有自，非同后世稗耳贩目之学也。其业既成，则各有所著，以开后学。如刘芳撰郑玄所注《周官》《仪礼音》，干宝所注《周官音》，王肃所注《尚书音》，何休所注《公羊音》，范宁所注《穀梁音》，韦昭《国语音》，各一卷。卫冀隆精服氏《左传》，难杜预《春秋》六十三事，贾思同又驳冀隆乖错者十余条。姚文安难服虔《左传解》七十七条，名曰《驳妄》，李崇祖申明服氏，名曰《释谬》。……此又可见当时治经者，各有心得，笔之于书，非如后世记问掇拾之学也。其所以多务实学者，固由于士习之古，亦上之人有以作兴之。梁越通经，道武帝命授诸皇子经，官上大夫。卢丑当太武帝监国时，入授经，后以师傅恩赐爵济阴公。张伟当太武时，以通经官中书侍郎。……孝文帝尤重儒学，尊三老五更，又开皇子之学，刘芳、李彪诸人，皆以经书进用。董征通经，宣武帝征入璇华宫，为诸王师。此元魏之崇尚经学也。李铉、邢峙皆以通经，齐文宣帝诏授太子经。马敬德博学，武成帝为后主择师，命为侍讲。其子元熙，又以《孝经》授纬太子。此高齐虽荒乱，亦尚知以经术训子也。周武帝以沈重经学，授骠骑大将军，开府仪同三司。……此宇文周之崇尚经学也。下至僭伪诸国，亦有重儒术者。姚兴时，耆儒姜龛、淳于岐等，经明行修，教授长安，诸生皆自远而至，兴每引龛等讲论道艺。胡辩讲授洛阳，关中诸生赴之者，兴敕关尉勿稽其出入。于是学者咸劝，儒风振焉。刘延明深于经学，凉武昭王以为儒林祭酒。及沮渠蒙逊平酒泉，亦躬往致礼。至牧犍，又尊为国师，亲自致拜焉。……可见北朝偏安窃据之国，亦知以经术为重。在上者既以此取士，士亦争务于此以应上之求，故北朝经学较南朝稍盛，实上之人有以作兴之也。

（录自赵翼著，王树民校证《廿二史札记校证》卷十五，中华书局1984年版，第312~314页）

廿二史札记·南朝经学（节录）

赵　翼

　　南朝经学本不如北，兼以上之人不以此为重，故习业益少，统计数朝，惟萧齐之初，及梁武四十余年间，儒学稍盛。《齐书·刘瓛传》谓，晋尚玄言，宋尚文章，故经学不纯。齐高帝少为诸生，即位后，王俭为辅，又长于经礼，是以儒学大振。建武以后，则日渐衰废。《梁书》姚察论曰，崔、伏、何、严等，遭梁之崇儒重道，皆至高官，稽古之力，诸儒亲遇之。《陈书·儒林传序》亦谓，梁武开五馆，建国学，置博士，以五经教授，帝每临幸，亲自试胄，故极一时之盛。陈初未遑劝课，间有以经学名者，亦皆梁之遗儒云。益可见经学之盛衰，总由于上之轻重也。今并叙南朝经学诸儒所著述于此。伏曼容著《周易》《毛诗》《丧服集解》《论语义》。何佟之著《礼仪》百余篇。……而宋怀方、戚衮并自魏入梁，以名其家。怀方自魏携《仪礼》《礼记疏》，秘惜不传，临死谓家人曰："戚衮若来，以此付之，否则殉葬。"戚衮在梁，亦著《三礼义记》，遭乱亡失，惟《礼记义》四十卷行于世。其时自北来者，崔灵恩、宋怀方、戚衮外，尚有孙详、蒋显等，并讲学，而音辞鄙拙，惟卢广言论清雅，不类北人。是可见梁武之世，不特江左诸儒崇习经学，而北人之深于经者亦闻风而来，此南朝经学之极盛也。

（录自《廿二史札记校证》卷十五，中华书局1984年版，第314~315页）

颜氏家训·勉学（节录）

颜之推[①]

　　自古明王圣帝，犹须勤学，况凡庶乎！此事遍于经史，吾亦不能郑重，聊举近世切要，以启寤汝耳。士大夫子弟，数岁已上，莫不被教，多者或至

---

① 颜之推（531—约597），南朝文学家、教育家。

《礼》《传》，少者不失《诗》《论》。及至冠婚，体性稍定；因此天机，倍须训诱。有志尚者，遂能磨砺，以就素业；无履立者，自兹堕慢，便为凡人。人生在世，会当有业：农民则计量耕稼，商贾则讨论货贿，工巧则致精器用，伎艺则沉思法术，武夫则惯习弓马，文士则讲议经书。多见士大夫耻涉农商，差务工伎，射则不能穿札，笔则才记姓名，饱食醉酒，忽忽无事，以此销日，以此终年。或因家世余绪，得一阶半级，便自为足，全忘修学；及有吉凶大事，议论得失，蒙然张口，如坐云雾；公私宴集，谈古赋诗，塞默低头，欠伸而已。有识旁观，代其入地。何惜数年勤学，长受一生愧辱哉！

梁朝全盛之时，贵游子弟，多无学术，至于谚云："上车不落则著作，体中何如则秘书。"无不熏衣剃面，傅粉施朱，驾长檐车，跟高齿屐，坐棋子方褥，凭斑丝隐囊，列器玩于左右，从容出入，望若神仙。明经求第，则顾人答策，三九公䜩，则假手赋诗。当尔之时，亦快士也。及离乱之后，朝市迁革，铨衡选举，非复曩者之亲；当路秉权，不见昔时之党。求诸身而无所得，施之世而无所用。被褐而丧珠，失皮而露质，兀若枯木，泊若穷流，鹿独戎马之间，转死沟壑之际。当尔之时，诚驽材也。有学艺者，触地而安。自荒乱已来，诸见俘虏。虽百世小人，知读《论语》《孝经》者，尚为人师，虽千载冠冕，不晓书记者，莫不耕田养马。以此观之，安可不自勉耶？若能常保数百卷书，千载终不为小人也。

…………

古之学者为己，以补不足也；今之学者为人，但能说之也。古之学者为人，行道以利世也；今之学者为己，修身以求进也。夫学者犹种树也，春玩其华，秋登其实；讲论文章，春华也，修身利行，秋实也。

…………

学之兴废，随世轻重。汉时贤俊，皆以一经弘圣人之道，上明天时，下该人事，用此致卿相者多矣。末俗已来不复尔，空守章句，但诵师言，施之世务，殆无一可。故士大夫子弟，皆以博涉为贵，不肯专儒。梁朝皇孙以下，总卯之年，必先入学，观其志尚，出身已后，便从文史，略无卒业者。冠冕为此者，则有何胤、刘瓛、明山宾、周舍、朱异、周弘正、贺琛、贺革、萧子政、刘绦等，兼通文史，不徒讲说也。洛阳亦闻崔浩、张伟、刘芳，邺下又见邢子才：此四儒者，虽好经术，亦以才博擅名。如此诸贤，故为上品，以外率多田野间人，音辞鄙陋，风操蚩拙，相与专固，无所堪能，问一言辄酬数百，责其指归，或无要会。邺下谚云："博士买驴，书券三纸，未有驴字。"使汝以此为师，令人气塞。孔子曰："学也禄在其中矣。"今勤无益之事，恐非业也。夫圣人之书，所以设教，但明练经文，粗通注义，常使言行有得，亦足为人；何必"仲尼居"即须两纸疏义，燕寝讲堂，亦复何在？以此得胜，宁有益乎？光阴可惜，譬诸逝水。当博览机要，以济功业；必能兼美，吾无间焉。

俗间儒士，不涉群书，经纬之外，义疏而已。……

夫老、庄之书，盖全真养性，不肯以物累己也。故藏名柱史，终蹈流沙；匿迹漆园，卒辞楚相，此任纵之徒耳。何晏、王弼，祖述玄宗，递相夸尚，景附草靡，皆以农、黄之化，在乎己身，周、孔之业，弃之度外。而平叔以党曹爽见诛，触死权之网也。辅嗣以多笑人被疾，陷好胜之井也；山巨源以蓄积取讥，背多藏厚亡之文也；夏侯玄以才望被戮，无支离拥肿之鉴也；荀奉倩丧妻，神伤而卒，非鼓缶之情也；王夷甫悼子，悲不自胜，异东门之达也；嵇叔夜排俗取祸，岂和光同尘之流也；郭子玄以倾动专势，宁后身外己之风也；阮嗣宗沈酒荒迷，乖畏途相诫之譬也；谢幼舆赃贿黜削，违弃其余鱼之旨也；彼诸人者，并其领袖，玄宗所归。其余桎梏尘滓之中，颠仆名利之下者，岂可备言乎！直取其清谈雅论，剖玄析微，宾主往复，娱心悦耳，非济世成俗之要也。洎于梁世，兹风复阐，《庄》《老》《周易》，总谓《三玄》。武皇、简文，躬自讲论。周弘正奉赞大猷，化行都邑，学徒千余，实为盛美。元帝在江、荆间，复所爱习，召置学生，亲为教授，废寝忘食，以夜继朝，至乃倦剧愁愤，辄以讲自释。吾时颇预未筵，亲承音旨，性既顽鲁，亦所不好云。

（录自王利器《颜氏家训集解》卷三，上海古籍出版社1980年版，第141、145、165、169~170、176、178~179页）

（参校庄辉明、章义和《颜氏家训译注》，上海古籍出版社1999年版，第104~106、118、121、125、127~128页）

颜氏家训后叙

于慎行①

余观鲁颜氏世谍记,自复圣之先,有爵邑于国者,固十数世矣。迨素王作,及门之徒,颜氏八人焉,斯已盛矣。其后历晋、宋、隋、唐千余年,名人硕士,垂声实载籍者,固不可胜数;北齐颜之推,其著者也。语曰:"芝草无根,醴泉无源。"岂然哉!侍郎博雅闳达,为六朝人望,所著书甚众,其逸或不传,顾独有《家训》二十篇。翰林博士颜君,今所为奉复圣祀者也,雅重其家遗书,顾此编无藏者。而鲁望洋王孙故好积书,尝购得一帙。博士君造其门请观,乃其故本,多阙不可读,博士奉而藏焉,又惧其逸也,于是重加校定,梓之其家以传。甲戌秋入贺诣阙下,以观于子曰:"此吾家天球赤刀也,愿子缀之一言。"于子受卒业,则慨曰:嗟渊哉渢渢乎,其有先贤之遗耶!非令德之后,言固不能若是。然其说著者,先儒各往往采撷之矣。夫其言阃以内,原本忠义,章叙内则,是敦伦之矩也;其上下今古,综罗文艺,类辨而不华,是博物之规也;其论涉世大指,曲而不诎,廉而不刿,有《大易》《老子》之道焉,是保身之诠也;其撮南北风土,俊俗具陈,是考世之资也。统之,有关于世教;其粹者考诸圣人不缪,儒先之慕用其言,岂虚哉?然予尝窃怪侍郎,当其时,大江以南,踵晋、宋遗风,学士大夫,操盈尺之简,日夜雕画其中,穷极绮丽,即有谈说先王,则裂眦扼腕,塞耳而不愿闻。江以北,故胡也,民控弦椎髻,王公大人,拥毡裘饮酪者居什五;即士流名裔,且将裂冠而从之。此何时也!侍郎故游江南,已又栖迟关、洛之间,乃能不没溺于俗,而秉礼树风,以准绳矩镬,修之于家,不陨先世之声问,岂不超然风气之外者哉?然余窃又以悲其不遇焉。以彼其材,毋论得游圣人之门,藉令遭统一之主,深谋朝廷,矩范当世,即汉世诸儒,何多让焉。然而播越戎马,羁旅秦、吴,朝绾一绂,夕更一绶,其志何悲也!夫河自龙门、砥柱而下,天下之水皆河也,济独以一苇之流,横贯其中,清浊可望而辨。夫济固不能不河也,然无失其济固难矣,侍郎之所遭则是哉!昔虞卿去赵,困于梁,不得意,乃著书以自见。故虞卿非羁旅,其

---

① 于慎行(1545—1607),明代文学家。

言不传。侍郎倘亦其指与？抑以察察之迹，而浮游世之汶汶，固将有三闾大夫之愤而莫之宣耶！恨不见其全书，使其志汩没而不章，窃又以悲其不传也。侍郎子若孙，则思鲁、师古，并以文雅著名；其后真卿、杲卿兄弟，大节皎皎如日星，至今在人耳，斯又圣贤之泽也。然谓非垂训之力，乌乎可哉？博士名嗣慎，衮国六十四代裔孙，醇雅而文，通达世故，能世其训者也。梓不漫矣。万历甲戌季秋望日，赐进士翰林院修撰承务郎同修两朝国史鲁人于慎行谨叙。

（录自《颜氏家训集解》附录一《各本序跋》，上海古籍出版社 1980 年版，第 550~552 页）

（参校王利器撰《颜氏家训集解》增补本，中华书局 1993 年版，第 617~619 页）

论汉晋儒者 *

程 颐

汉之儒者，所以从学者数百人，非惟风俗，亦皆笃行君子也。晋人高尚，不足道矣。

（录自《二程集·河南程氏外书》卷四《程氏学拾遗》，中华书局 1981 年版，第 373 页）

（参校《二程遗书》，上海古籍出版社 2000 年版，第 298 页）

论东汉东晋学术 *

程 颐

学者后来多耽《庄子》。若谨礼者不透，则是他须看《庄子》，为他极有胶固缠缚，则须求一放旷之说以自适。譬之有人于此，久困缠缚，则须觅一个出身处。如东汉之末尚节行，尚节行太甚，须有东晋放旷，其势必然。

（录自《二程集·河南程氏遗书》卷十八《刘元承手编》，中华书局 1981 年版，第 246 页）

两汉三国学案·凡例（节录）

唐　晏

三国之际，经学已成弩末。况值马、郑之后，多变今从古。然此风于曹魏尤甚，若蜀、吴地僻，今学尚未尽漓，故虞氏之《易》尚出于孟、杨，仲通之《书》犹本于欧、夏，余亦多出今文。惟《诗》一派，蜀、吴多从毛、郑，而魏尚存鲁说。此又不可不知者也。

…………

鱼豢《魏略》记魏末朝堂公卿以下四百余人，其能操笔者不及十人，多相从饱食而退。东汉儒学遭曹氏父子以通脱之习矫之，遂衰落至此。盖不如是不能乱大伦而成篡逆，一代沦亡必基于是。故论学至三国，不可与两汉同日语矣。

（录自《两汉三国学案》，中华书局1986年版）

汉魏博士考·案语（节录）

王国维

案：汉世所立十四博士，皆今文学也。古文诸经，终汉之世未得立于学官。惟后汉中叶后，博士之选不如先汉之严，故周防以治古文《尚书》为博士。卢植本事马融，兼通今古学，亦为博士。又中平五年所征博士十四人，若荀爽，若郑玄[①]，若陈纪，亦古文学家，爽等三人，虽征而不至，若周防、卢植，固尝任职矣，而当时实未立古文学。此三人者，盖以古文学家为今文学博士。犹孔安国虽传古文《尚书》而实为今文《尚书》博士（观安国之学传为兒宽，宽之传为欧阳高可知也）。胡常、翟方进虽兼传《左氏》而实为《穀梁》博士也。古文学之立于学官，盖在黄初之际，自董卓之乱，京洛为墟，献帝托

---

① 郑玄，原文此处为避讳改用"元"字，下同。

命曹氏，未遑庠序之事，博士失其官守，垂三十年。今文学日微，而民间古文之学乃日兴月盛。逮魏初复立太学博士，已无复昔人，其所以传授课试者，亦绝非曩时之学。盖不必有废置明文，而汉家四百年学官，今文之统已为古文家取而代之矣。试取魏时诸博士考之，邯郸淳传古文《尚书》者也，乐详、周生烈传《左氏春秋》者也，宋均、田琼皆亲受业于郑玄，张融、马照亦私淑郑氏者也，苏林、张揖通古今字指，则亦古文学家也。余如高堂隆上书述古文《尚书》《周官》《左氏春秋》，赵怡、淳于峻、庾峻等亦称述郑学。其可考者如此，则无考者可知。又以高贵乡公幸太学问答考之，所问之《易》则郑注也；所讲之《书》，则贾逵、马融、郑元、王肃之注也；所问之《礼》则《小戴记》，盖亦郑玄、王肃注也。《王肃传》明言其所注诸经皆列于学官，则郑注五经亦列于学官可知。然则魏时所立诸经，已非汉代之今文学，而为贾、马、郑、王之古文学矣。《晋书·荀崧传》："崧上疏言，晋初太学有石经古文，先儒典训，贾、马、郑、杜、服、孔、王、何、颜、尹之徒章句传注，众家之学，置博士十九人。"（《宋书·礼志》文同）《宋书·百官志》以为魏博士员数亦与之同，其说虽未可尽信，然大略不甚相远。今以荀崧所举家数，与沈约所纪魏博士员数差次之。魏时除《左传》杜注未成、《尚书》孔传未出外（荀崧言晋初章句传注有孔氏，盖谓孔安国《书传》，晋初已立孔传与否，虽不可考，然魏时确未立孔传。何以证之？孔传释《尧典》曰若稽古为顺考古道，与贾、马、王肃同，而庾峻对高贵乡公问，仅言贾、马及肃皆以为顺考古道，不及孔安国，是魏时未立《尚书》孔传之证也），《易》有郑氏、王氏，《书》有贾、马、郑、王氏，《诗》及《三礼》郑氏、王氏，《春秋左传》服氏、王氏，《公羊》颜氏、何氏，《穀梁》尹氏，适得十九家，与博士十九人之数相当。沈约之说，虽他无所征，盖略近之矣。此十九博士中，惟《礼记》《公》《穀》三家为今学，余皆古学。于是西京施、孟、梁、邱、京氏之《易》，欧阳、大小夏侯之《书》，齐、鲁、韩之《诗》，庆氏、大戴之《礼》，严氏之《春秋》，皆废于此数十年之间，不待永嘉之乱而其亡可决矣。学术变迁之在上者，莫剧于三国之际，而自来无能质言之者，此可异也。

（录自王国维著，彭林整理《观堂集林》卷四，中华书局1959年版，第188~191页）
（参校彭林编《中国近代思想家文库·王国维卷》，中国人民大学出版社2014年版，第35~36页）

晋唐学术 *

苏　辙[①]

东晋以来，天下学者分而为南北。南方简约，得其精华；北方深芜，穷其枝叶。至唐始以义疏通南北之异，虽未闻圣人之大道，而形器之说备矣。上自郊庙朝廷之仪，下至冠昏丧祭之法，何所不取于此？然以其不言道也，故学者小之。

（录自苏辙著，曾枣庄、马德富校点《栾城集·栾城后集》卷九《历代论三》，上海古籍出版社 1987 年版，第 1247 页）

（参校苏辙著，陈宏天、高秀芳点校《苏辙集》，中华书局 1990 年版，第 986 页）

论魏晋隋唐经史之学 *

钱　穆

魏晋以下，南朝则史胜，北朝则经胜。史胜者，似文而实质，以其自沉溺于当世之事变，不能超越现代而游情于古昔。经胜者，似质而实文，以其上穷往古，可举以与当世现实相绳核，而有以见当世之不尽是；有所想望参比，而求有以一变当身之卑近。于是有苏绰、王通之徒，而下启隋唐之光昌。

唐制袭于隋，隋袭于北周，此皆宇文泰、苏绰之绪余；而唐代诸贤，顾不尊苏绰而好揄扬及于河汾之王氏。此何故？曰：苏绰本于经而向下引致之于史，王通达于史而向上推致之于经。苏绰之所建树，尽于现实而止。而王通之所思虑言论者，则每每脱出于当代，寄情于玄古。经、史之末流，既一分而不可复合，则苏绰偏近史，王通偏近经。贞观一朝诸贤，讨论政教措施，不甘长自隐于周隋之胁下，而必上承两汉，远迹三代；则政法规模，虽近袭之苏绰，而风教理据，必仍遵于王通。此亦唐人之卓识，所以成其为一代之宏制者，固非偶尔而然也。

[①] 苏辙（1039—1112），北宋文学家。

顾自魏晋以来，佛学东播；当时之学术界，扩而论之，不仅经、史异途，抑且理事分席。贞观诸贤，伉直如魏徵，其于诤论所及，就当时之见解论之，亦极于就事论事而止。若必上窥邃理，穷探幽深，非如房玄龄，殆不堪当。故有唐一代，可以有"史学"，而不能有"经学"。可以有政事，而不能有教化。教化之与经学，当求之于俘屠，当求之于梵呗；而孔颖达之《五经正义》，遂终不为唐贤所重。唐人著作，如刘知几之《史通》，杜君卿之《通典》，其卓卓者，皆史学也。而经学大儒，则蔑焉无闻。而遂有昌黎韩愈氏者出。

昌黎之学，非经非史。经学非其所长，史学非其所愿。乃曰"所愿则在孟子"。必挽理而归于事，必崇事而会之理。其自道所学，则曰"好古之文，因以好古之道"。"道"则贯通古今，虽非经非史，而亦经亦史。经史之所会归，亦会归于"道"而止。经史之所本原，亦本原于"道"而止。然而此非韩愈氏一人之所能肩之而趋者。于是而下开宋儒。

（录自《孔子与论语》，九州出版社2011年版，第220~221页）

世说新语·文学（节录）

刘义庆[①]

何平叔注《老子》始成，诣王辅嗣，见王注精奇，乃神伏，曰："若斯人，可与论天人之际矣！"因以所注为《道》《德》二论。

王辅嗣弱冠诣裴徽，徽问曰："夫无者，诚万物之所资，圣人莫肯致言，而老子申之无已，何邪？"弼曰："圣人体无，无又不可以训，故言必及有，老、庄未免于有，恒训其所不足。"

傅嘏善言虚胜，荀粲谈尚玄远，每至共语，有争而不相喻。裴冀州释二家之义，通彼我之怀，常使两情皆得，彼此俱畅。

何晏注《老子》未毕，见王弼自说注《老子》旨，何意多所短，不复得作声，但应诺诺，遂不复注，因作《道德论》。

[①] 刘义庆（403—444），南朝文学家。

……

褚季野语孙安国云："北人学问渊综广博。"孙答曰："南人学问清通简要。"支道林闻之，曰："圣贤固所忘言，自中人以还，北人看书如显处视月，南人学问如牖中窥日。"

……

《庄子·逍遥篇》，旧是难处，诸名贤所可钻味，而不能拔理于郭、向之外。支道林在白马寺中，将冯太常共语，因及逍遥。支卓然标新理于二家之表，立异义于众贤之外，皆是诸名贤寻味之所不得。后遂用支理。

……

三乘[①]佛家滞义，支道林分判，使三乘炳然。诸人在下坐听，皆云可通。支下坐，自共说，正当得两，入三便乱。今义弟子虽传，犹不尽得。

支道林、殷渊源俱在相王许，相王谓二人："可试一交言。而才性殆是渊源崤函之固，君其慎焉！"支初作，改辙远之；数四交，不觉入其玄中。相王抚肩笑曰："此自是其胜场，安可争锋！"

（录自徐震堮《世说新语校笺》卷上《文学》，中华书局1984年版，第107~108、119~120、122、127页）

（参校刘义庆撰，刘孝标注，朱碧莲详解《世说新语》，上海古籍出版社2013年版，第122~123、132、135~136、138~139、146~147页）

魏晋风度及文章与药及酒之关系（节录）

鲁　迅[②]

汉末魏初这个时代是很重要的时代，在文学方面起一个重大的变化……

总括起来，我们可以说汉末魏初的文章是清峻、通脱。……

……（曹丕）说诗赋不必寓教训，反对当时那些寓训勉于诗赋的见解，用近代的文学眼光看来，曹丕的一个时代可说是"文学的自觉时代"，或如近代

[①] 三乘：指声闻乘、缘觉乘、菩萨乘。
[②] 鲁迅（1881—1936），思想家、文学家。

所说是为艺术而艺术（Art for Art's Sake）的一派。

（录自《鲁迅全集》第三卷，人民文学出版社 1973 年版，第 486、489、490~491 页）

魏晋玄学之形成及其发展（节录）

唐长孺[①]

从汉末开始，由于黄巾起义，统治阶级中的一部分士人感觉到阶级利益的动摇，因而对于东汉所行的名教之治发生怀疑，于是开始分析与批判名教，并企图重新建立一种新的统治理论。这种新理论又是反映新兴统治者对东汉旧士族的斗争，二者的不同观点便是"尚名"与"崇实"；新兴的理论发展为名理之学与新政权的名法之治相配合。

由于现实政治的变化，理论本身随之变化，便从"正名"与"循名责实"发展为"无名"。在这时期新学派有了分歧：一部分调和"有""无"，亦即调和名教与自然，这是依附司马氏政权或是与之妥协的正统玄学家；另一部分从贵无贱有出发，进而破坏司马氏政权所提倡的被认为虚伪的名教，这是反抗司马氏政权或是消极不合作的别派玄学家。正统玄学家为了排除别派玄学家在封建秩序上所起的破坏作用，与唤醒统治阶级自己的积极性，发挥了崇有的理论。到了此时名教与自然的矛盾在适合于统治阶级需要的理论上圆满解决了。

这一套理论是从东汉末年士族的削弱与消沉到门阀制度的形成与发展的长期过程中形成与发展起来的。正统玄学家主张以孝道礼法维系家族组织，这样就必须维持名教；同时主张以无为之治放任家族的扩张（自晋以来就有人不以那时的大臣不理政事为然，其实这就是取得各大族协调的无为之治）。名教与自然既已统一，所有封建秩序被认为出于自然而无可反抗，这样就可以教训人民各安本分，自得其乐。

[①] 唐长孺（1911—1994），现代史学家。

这个问题东晋时期只剩了尾声,一般名士都礼玄双修,表示名教与自然之统一。但自佛教势力渐盛,由于灵俗地主之间的矛盾,这个问题重又引起争论,然而其结论是佛教有助于名教,可以并行不悖。

东汉末年的新思潮通过长期发展过程,使名教一合于老庄的自然,再合于佛教的济俗之务,不但没有破坏,其理论基础更扩大了。这个思潮的发展并未立时结束,调和三教而以名教为骨干的思想到了宋代理学才完全形成其系统。因此我们找寻宋代理学的渊源应该从魏、晋玄学开始。

（录自唐长孺《魏晋南北朝史论丛》,生活·读书·新知三联书店 1955 年版,第 348~350 页）

［参校唐长孺《魏晋南北朝史论丛》（外一种）,河北教育出版社 2000 年版,第 335~336 页］

日知录·正始（节录）

顾炎武

魏明帝殂,少帝（史称齐王）即位,改元正始,凡九年。其十年,则太傅司马懿杀大将军曹爽,而魏之大权移矣。三国鼎立,至此垂三十年。一时名士风流,盛于洛下。乃其弃经典而尚老、庄,蔑礼法而崇放达,视其主之颠危若路人然,即此诸贤为之倡也。自此以后,竞相祖述,如《晋书》言王敦见卫玠,谓长史谢鲲曰:"不意永嘉之末,复闻正始之音。"沙门支遁以清谈著名于时,莫不崇敬,以为"造微之功,足参诸正始"。《宋书》言羊元保二子,太祖赐名曰咸、曰粲,谓元保曰:"欲令卿二子有林下正始余风。"王微《与何偃书》曰:"卿少陶玄风,淹雅修畅,自是正始中人。"《南齐书》言袁粲言于帝曰:"臣观张绪有正始遗风。"《南史》言何尚之谓王球:"正始之风尚在"。其为后人企慕如此。然而《晋书·儒林传序》云:"摈阙里之典经,习正始之余论,指礼法为流俗,目纵诞以清高。"此则虚名虽被于时流,笃论未忘乎学者。是以讲明六艺,郑（玄）、王（肃）为集汉之终;演说老庄,王

（弼）、何（晏）为开晋之始（干宝《晋纪·总论》曰：风俗淫僻，耻尚失所。学者以庄老为宗，而黜六经；谈者以虚薄为辩，而贱名检；行身者以放浊为通，而狭节信；进仕者以苟得为贵，而鄙居正；当官者以望空为高，而笑勤恪）。以至国亡于上，教沦于下，羌胡互僭，君臣屡易，非林下诸贤之咎而谁咎哉？

有亡国，有亡天下。亡国与亡天下奚辨？曰：易姓改号，谓之亡国；仁义充塞，而至于率兽食人，人将相食，谓之亡天下。魏、晋人之清谈，何以亡天下？是《孟子》所谓杨、墨之言，至于使天下无父无君而入于禽兽者也。

（录自《日知录集释》卷十三，上海古籍出版社 2006 年版，第 755~756 页）
（参校《日知录》，岳麓书社 1994 年版，第 266 页）

日知录·清议（节录）

顾炎武

古之哲王所以正百辟者，既已制官刑儆于有位矣，而又为之立闾师，设乡校，存清议于州里，以佐刑罚之穷。"移之郊遂"，载在《礼经》；"殊厥井疆"，称于《毕命》。两汉以来，犹循此制，乡举里选，必先考其生平，一玷清议，终身不齿。君子有怀刑之惧，小人存耻格之风。教成于下而上不严；论定于乡而民不犯。降及魏、晋，而九品中正之设，虽多失实，遗意未亡。凡被纠弹付清议者，即废弃终身，同之禁锢。至宋武帝篡位，乃诏："有犯乡论清议，赃污淫盗，一皆荡涤洗除，与之更始。"自后凡遇非常之恩，赦文并有此语。《小雅》废而中国微，风俗衰而叛乱作矣。然乡论之污，至烦诏书为之洗刷，岂非三代之直道尚在于斯民，而畏人之多言，犹见于变风之日乎？"予闻在下"，有鳏所以登庸；"以比三凶"，不才所以投畀，虽二帝之举错，亦未尝不询于刍荛。然则崇月旦以佐秋官，进乡评以扶国是，傥亦四聪之所先，而王治之不可阙也。

陈寿"居父丧，有疾，使婢丸药，客往见之，乡党以为贬议，坐是沉滞者累年"。阮简"父丧，行遇大雪，寒冻，遂诣浚仪令，令为他宾设黍臞，简食之，以致清议，废顿几三十年"。温峤"为刘司空使劝进，母崔氏固留之，峤绝裾而去，迄于崇贵，乡品犹不过也，每爵皆发诏"。谢惠连"先爱会稽郡吏杜德灵，及居父忧，赠以五言诗十余首，文行于时，坐废，不豫荣伍"。张率"以父忧去职，其父侍伎数十人，善讴者有色貌。邑子仪曹郎顾玩之求聘焉，讴者不愿，遂出家为尼。尝因斋会率宅，玩之为飞书，言与率奸。南司以事奏闻，高祖惜其才，寝其奏，然犹致世论，服阕后久之不仕"。官职之升沉本于乡评之与夺，其犹近古之风乎？

天下风俗最坏之地，清议尚存，犹足以维持一二。至于清议亡而干戈至矣。

洪武十五年八月乙酉，礼部议："凡十恶，奸盗诈伪、干名犯义、有伤风俗及犯赃至徒者，书其名于申明亭，以示惩戒。有私毁亭舍、涂抹姓名者，监察御史、按察司官以时按视，罪如律。"制可。十八年四月辛丑，命刑部录内外诸司官之犯法罪状明著者，书之申明亭。此前代乡议之遗意也。后之人视为文具，风纪之官但以刑名为事，而于弼教新民之意若不相关，无惑乎江河之日下已。

（录自《日知录集释》卷十三，上海古籍出版社2006年版，第764~766页）
（参校《日知录》，岳麓书社1994年版，第269~270页）

十驾斋养新录·清谈

钱大昕[①]

魏、晋人言老、庄，清谈也；宋、明人言心性，亦清谈也。孔子言"吾道一以贯之，忠恕而已矣"。孟子言"良知良能，孝弟而已矣"，故曰"道不远人"。后之言道者，以孝弟忠信为浅近，而驰心于空虚窈远之地，与晋人清谈奚以异哉？（顾亭人云"昔之清谈谈老庄，今之清谈谈孔孟"。）王安石之《新

[①] 钱大昕（1728—1804），清代史学家、文学家。

经义》，亦清谈也。神京陆沉，其祸与晋等。赵鼎言"安石以虚无之学败坏人才。今人但知新法之害百姓，不知经义取士之害士习。"

〔录自陈文和主编《十驾斋养新录》卷十八，《嘉定钱大昕全集》（七），江苏古籍出版社1997年版，第502页〕

（参校钱大昕著，陈文和、孙显军点校《十驾斋养新录》，江苏古籍出版社2000年版，第393页）

廿二史札记·六朝清谈之习（节录）

赵 翼

至梁武帝始崇尚经学……所谓经学者，亦皆以为谈辩之资。武帝召岑之敬升讲座，敕朱异执《孝经》，唱《士孝》章，帝亲与论难，之敬剖释纵横，应对如响（《之敬传》）。简文为太子时，出士林馆，发《孝经》题，张讥议论往复，甚见嗟赏。其后周弘正在国子监，发《周易》题，讥与之论辩，弘正谓人曰："吾每登座，见张讥在席，使人凛然。"（《讥传》）……袁宪与岑文豪同候周弘正，弘正将登讲座，适宪至，即令宪树义。……递起义端，宪辩论有余（《宪传》）。……是当时虽从事于经义，亦皆口耳之学，开堂升座，以才辩相争胜，与晋人清谈无异，特所谈者不同耳。况梁时所谈亦不专讲五经。武帝尝于重云殿自讲《老子》，徐勉举顾越论义，越音响若钟，咸叹美之（《越传》）。……邵陵王纶讲《大品经》，使马枢讲《维摩》《老子》，同日发题，道俗听者二千人。王谓众曰："马学士论义，必使屈伏，不得空具主客。"于是各起辩端，枢转变无穷，论者咸服（《枢传》）。则梁时五经之外，仍不废《老》《庄》，且又增佛义……风气所趋，积重难返，直至隋平陈之后，始扫除之。

（录自《廿二史札记校证》卷八，中华书局1984年版，第169页）

老子本义序

魏 源

有黄、老之学,有老、庄之学。黄、老之学出于上古,故五千言中动称经言及太上有言,又多引礼家之言、兵家之言。其宗旨见于《庄子·天下篇》,其旁出者见于《灵枢经》黄帝之言及《淮南·精神训》,其于六经也近于《易》。其末章欲得小国寡民而治之,又言以身治身、以家国天下治家国天下,则其辄言天下无为者,非枯坐拱手而化行若驰也。

静制动,牝胜牡,先自胜而后能制天下之胜,其言三宝"一慈,二俭,三不敢为天下先",故含德之厚,比于赤子,致柔之极,有若婴儿,乃混沌初开之无为也。及世运日新,如赤子婴儿日长,则其教导涵育有简易繁难之不同;惟至人能因而应之,与民宜之。故尧称无名,舜称无为,夫子以仲弓居敬行简可使南面,其赞《易》惟以《乾坤》易简为言,此中世之无为也。

天下之生久矣,一治一乱,如遇大寒暑、大病苦之后,则惟诊治调息以养复其元,而未可施以肥浓胺削之剂。如西汉承周末文胜、七国嬴秦汤火之后,当天下生民大灾患、大恫瘝之时,故留侯师黄石佐高祖,约法三章,尽革苛政酷刑,曹相师盖公辅齐、汉,不扰狱市,不更法令,致文、景刑措之治,亦不啻重视太古焉,此黄、老无为可治天下。后世如东汉光武、孝明、元魏孝文、五代唐明宗、宋仁宗、金世宗,皆得其遗意。是古无为之治,非不可用于世明矣。

至魏、晋之世,则不言黄、老而言庄、老;其言庄也,又不师其无欲,而专排礼法以济其欲,故不勇于不敢而勇于敢,动行一切之法,使天下屏息待命而己得以清净自在。遂至万事蛊废,而后王衍之流始自悔其弊,与黄、老慈俭不敢先天下之旨若冰炭霄壤之相反。而后人不分,动以黄、老相诟厉,岂不诬哉!

后世之述《老子》者,如韩非有《喻老》《解老》,则是以刑名为道德,王雱、吕惠卿诸家皆以庄解老,苏子由、焦竑、李贽诸家又动以释家之意解老,无一人得其真。其实开佛之先者莫如列子,故张湛《列子注》叙曰御寇宗旨与佛经为近,不独西方至人皆不言而自化、无为而自治一章而已。要之《列子》注莫善于张湛，《庄子》注莫善于向、郭，而《老子》注则无善本焉。

源念先圣"犹龙"之叹，与孟子辟杨朱不辟老子之故，因念经曰"言有宗，事有君"，爰专取诸家之说，不离无为无欲与无名之朴者，以为养心治事之助，视治《参同》《阴符》者，或较有益焉。其五千言章句，以河上公所分及傅奕古本为最疵，而《淮南》所引为最善；其开元御注所加与韩非所述者，皆所可取也。

（录自《魏源集》，中华书局1976年版，第253~255页）

传易图序（节录）

欧阳修

《易》之传注比他经为尤多，然止于王弼。其后虽有述者，不必皆其授受。但其传之而已。大抵《易》至汉分为三：有田何之《易》，焦赣之《易》，费直之《易》。田何之《易》传自孔子，有上、下二篇，又有《彖》《象》《系辞》《文言》《说卦》等，自为十篇，而有章句。凡学有章句者，皆祖之田氏。焦赣之《易》无所传授，自得乎隐者之学，专于阴阳占察之术。凡学阴阳占察者，皆祖之焦氏。费直之《易》亦无所授，又无章句，惟以《彖》《象》《文言》等十篇解上、下经。凡以《彖》《象》《文言》等参入卦中者，皆祖之费氏。田、焦之学，废于汉末。费氏独兴，递传至郑康成。而王弼所注，或用康成之说（比卦六四之类），是弼即郑本而为注。今行世者，惟有王弼《易》，其源出于费氏也，孔子之古经亡矣。

（录自《欧阳修全集·外集》卷十五，中华书局2001年版，第948页）

论王弼 *

程 颢 程 颐

王弼注《易》，元不见道，但却以老、庄之意解说而已。

（录自《二程集·河南程氏遗书》卷一《端伯传师说》，中华书局 1981 年版，第 8 页）

（参校《二程遗书》，上海古籍出版社 2000 年版，第 59 页）

王弼用老庄解《易》*

朱 熹

《易》本卜筮之书，后人以为止于卜筮。至王弼用老庄解，后人便只以为理，而不以为卜筮，亦非。

（录自《朱子语类》卷六十六《易·纲领上之下》，中华书局 1986 年版，第 1622 页）

（参校《传世藏书·朱子语类》，海南国际新闻出版中心 1996 年版，第 676 页）

三国志·阮籍传（节录）

瑀子籍，才藻艳逸，而倜傥放荡，行己寡欲，以庄周为模则。官至步兵校尉。

裴注：《魏氏春秋》曰：……后朝论以其名高，欲显崇之，籍以世多故，禄仕而已，闻步兵校尉缺，厨多美酒，营人善酿酒，求为校尉，遂纵酒昏酣，遗落世事。尝登广武，观楚、汉战处，乃叹曰："时无英才，使竖子成名乎！"时率意独驾，不由径路，车迹所穷，辄恸哭而反。籍少时尝游苏门山，苏门山有隐者，莫知名姓，有竹实数斛、臼杵而已。籍从之，与谈太古无为之道，及论五帝三王之义，苏门生萧然曾不经听。籍乃对之长啸，清韵响亮，苏门生逌尔而笑。籍既降，苏门生亦啸，若鸾凤之音焉。至是，籍乃假苏门先生之论以寄所怀。其歌曰："日没不周西，月出丹渊中，阳精蔽不见，阴光代为雄。亭亭在须臾，厌厌将复隆。富贵俯仰间，贫贱何必终。"又叹曰："天地解兮六合开，星辰陨兮日月颓，我腾而上将何怀？"籍口不论人过，而自然高迈，故为礼法之士何曾等深所仇疾。大将军司马文王常保持之，卒以寿终。

（录自《三国志》卷二十一，中华书局1959年版，第604~605页）

晋书·嵇康传（节录）

康早孤，有奇才，远迈不群。身长七尺八寸，美词气，有风仪，而土木形骸，不自藻饰，人以为龙章凤姿，天质自然。恬静寡欲，含垢匿瑕，宽简有大量。学不师受，博览无不该通，长好《老》《庄》。与魏宗室婚，拜中散大夫。常修养性服食之事，弹琴咏诗，自足於怀。以为神仙禀之自然，非积学所得，至于导养得理，则安期、彭祖之伦可及，乃著《养生论》。……所与神交者惟陈留阮籍、河内山涛，豫其流者河内向秀、沛国刘伶、籍兄子咸、琅邪王戎，遂为竹林之游，世所谓"竹林七贤"也。戎自言与康居山阳二十年，未尝见其喜愠之色。

康尝采药游山泽，会其得意，忽焉忘反。时有樵苏者遇之，咸谓为神。至汲郡山中见孙登，康遂从之游。登沉默自守，无所言说。康临去，登曰："君性烈而才隽，其能免乎！"康又遇王烈，共入山，烈尝得石髓如饴，即自服半，余半与康，皆凝而为石。又于石室中见一卷素书，遽呼康往取，辄不复见。烈乃叹曰："叔夜志趣非常而辄不遇，命也！"其神心所感，每遇幽逸如此。

山涛将去选官，举康自代。康乃与涛书告绝，曰：

闻足下欲以吾自代，虽事不行，知足下故不知之也。恐足下羞庖人之独割，引尸祝以自助，故为足下陈其可否。

老子、庄周，吾之师也，亲居贱职；柳下惠、东方朔，达人也，安乎卑位。吾岂敢短之哉！又仲尼兼爱，不羞执鞭；子文无欲卿相，而三为令尹，是乃君子思济物之意也。所谓达能兼善而不渝，穷则自得而无闷。以此观之，故知尧舜之居世，许由之岩栖，子房之佐汉，接舆之行歌，其揆一也。仰瞻数君，可谓能遂其志者也。故君子百行，殊途同致，循性而动，各附所安。故有"处朝廷而不出，入山林而不反"之论。且延陵高子臧之风，长卿慕相如之节，意气所托，亦不可夺也。

吾每读《尚子平》《台孝威传》，慨然慕之，想其为人。加少孤露，母兄骄恣，不涉经学，又读《老》《庄》，重增其放，故使荣进之心日颓，任逸之情转笃。阮嗣宗口不论人过，吾每师之，而未能及。至性过人，与物无伤，惟饮酒过差耳，至为礼法之士所绳，疾之如仇雠，幸赖大将军保持之耳。吾以不如嗣宗之资，而有慢弛之阙；又不识物情，暗于机宜；无万石之慎，而有好尽之累；久与事接，疵衅日兴，虽欲无患，其可得乎！

　　…………

初，康居贫，尝与向秀共锻于大树之下，以自赡给。颍川钟会，贵公子也，精练有才辩，故往造焉。康不为之礼，而锻不辍。良久会去，康谓曰："何所闻而来？何所见而去？"会曰："闻所闻而来，见所见而去。"会以此憾之。及是，言于文帝曰："嵇康，卧龙也，不可起。公无忧天下，顾以康为虑耳。"因谮"康欲助毋丘俭，赖山涛不听。昔齐戮华士，鲁诛少正卯，诚以害时乱教，故圣贤去之。康、安等言论放荡，非毁典谟，帝王者所不宜容。宜因衅除之，以淳风俗"。帝既昵听信会，遂并害之。

（录自《晋书》卷四十九，中华书局1974年版，第1369~1371、1373页）

三国志·钟会传（节录）

会尝论《易》无互体、才性同异。及会死后，于会家得书二十篇，名曰《道论》，而实刑名家也，其文似会。初，会弱冠与山阳王弼并知名。弼好论儒道，辞才逸辩，注《易》及《老子》，为尚书郎，年二十余卒。

（录自《三国志》卷二十八，中华书局1959年版，第795页）

晋书·向秀传（节录）

向秀字子期，河内怀人也。清悟有远识，少为山涛所知，雅好老庄之学。庄周著内外数十篇，历世才士虽有观者，莫适论其旨统也，秀乃为之隐解，发明奇趣，振起玄风，读之者超然心悟，莫不自足一时也。惠帝之世，郭象又述而广之，儒墨之迹见鄙，道家之言遂盛焉。始，秀欲注，嵇康曰："此书讵复须注，正是妨人作乐耳。"及成，示康曰："殊复胜不？"又与康论养生，辞难往复，盖欲发康高致也。

（录自《晋书》卷四十九，中华书局1974年版，第1374页）

晋书·郭象传（节录）

郭象字子玄，少有才理，好《老》《庄》，能清言。太尉王衍每云："听象语，如悬河泻水，注而不竭。"……

先是注《庄子》者数十家，莫能究其旨统。向秀于旧注外而为解义，妙演奇致，大畅玄风，惟《秋水》《至乐》二篇未竟而秀卒。秀子幼，其义零落，然颇有别本迁流。象为人行薄，以秀义不传于世，遂窃以为己注，乃自注《秋水》《至乐》二篇，又易《马蹄》一篇，其余众篇或点定文句而已。其后秀义别本出，故今有向、郭二《庄》，其义一也。

（录自《晋书》卷五十，中华书局1974年版，第1396~1397页）

晋书·王衍传（节录）

魏正始中，何晏、王弼等祖述《老》《庄》，立论以为："天地万物皆以无为本。无也者，开物成务，无往不存者也。阴阳恃以化生，万物恃以成形，贤者恃以成德，不肖恃以免身。故无之为用，无爵而贵矣。"衍甚重之。惟裴頠以为非，著论以讥之，而衍处之自若。……妙善玄言，唯谈《老》《庄》为事。每捉玉柄麈尾，与手同色。义理有所不安，随即改更，世号"口中雌黄"。朝野翕然，谓之"一世龙门"矣。累居显职，后进之士，莫不景慕放效。选举登朝，皆以为称首。矜高浮诞，遂成风俗焉。

（录自《晋书》卷四十三，中华书局 1974 年版，第 1236 页）

晋书·裴𬱟传（节录）

时天下暂宁，𬱟奏修国学，刻石写经。皇太子既讲，释奠祀孔子，饮飨射侯，甚有仪序。又令荀藩终父勖之志。铸钟凿磬，以备郊庙朝享礼乐。𬱟通博多闻，兼明医术。荀勖之修律度也，检得古尺，短世所用四分有余。𬱟上言："宜改诸度量。若未能悉革，可先改太医权衡。此若差违，遂失神农、岐伯之正。药物轻重，分两乖互，所可伤夭，为害尤深。古寿考而今短折者，未必不由此也。"卒不能用。乐广尝与𬱟清言，欲以理服之，而𬱟辞论丰博，广笑而不言。时人谓𬱟为言谈之林薮。

············

𬱟深患时俗放荡，不尊儒术，何晏、阮籍素有高名于世，口谈浮虚，不遵礼法，尸禄耽宠，仕不事事；至王衍之徒，声誉太盛，位高势重，不以物务自婴，遂相放效，风教陵迟，乃著崇有之论以释其蔽曰：

············

夫盈欲可损而未可绝有也，过用可节而未可谓无贵也。盖有讲言之具者，深列有形之故，盛称空无之美。形器之故有征，空无之义难检，辩巧之文可悦，似象之言足惑，众听眩焉，溺其成说。虽颇有异此心者，辞不获济，屈于所狎，因谓虚无之理，诚不可盖。唱而有和，多往弗反，遂薄综世之务，贱功烈之用，高浮游之业，埤经实之贤。人情所殉，笃夫名利。于是文者衍其辞，讷者赞其旨，染其众也。是以立言藉于虚无，谓之玄妙；处官不亲所司，谓之雅远；奉身散其廉操，谓之旷达。故砥砺之风，弥以陵迟。放者因斯，或悖吉凶之礼，而忽容止之表，渎弃长幼之序，混漫贵贱之级。其甚者至于裸裎，言笑忘宜，以不惜为弘，士行又亏矣。

（录自《晋书》卷三十五，中华书局 1974 年版，第 1042、1044~1045 页）

晋书·戴逵传（节录）

戴逵字安道，谯国人也。少博学，好谈论，善属文，能鼓琴，工书画，其余巧艺靡不毕综。……性不乐当世，常以琴书自娱。师事术士范宣于豫章，宣异之，以兄女妻焉。……

逵后徙居会稽之剡县。性高洁，常以礼度自处，深以放达为非道，乃著论曰：

…………

且儒家尚誉者，本以兴贤也，既失其本，则有色取之行。怀情丧真，以容貌相欺，其弊必至于末伪。道家去名者，欲以笃实也，苟失其本，又有越检之行。情礼俱亏，则仰咏兼忘，其弊必至于本薄。夫伪薄者，非二本之失，而为弊者必托二本以自通。夫道有常经，而弊无常情，是以六经有失，王政有弊，苟乖其本，固圣贤所无奈何也。

嗟夫！行道之人自非性足体备、暗蹈而当者，亦曷能不栖情古烈，拟规前修。苟迷拟之然后动，议之然后言，固当先辩其趣舍之极，求其用心之本，识其枉尺直寻之旨，采其被褐怀玉之由。若斯，途虽殊，而其归可观也；迹虽乱，而其契不乖也。不然，则流遁忘反，为风波之行，自驱以物，自诳以伪，外眩嚣华，内丧道实，以矜尚夺其真主，以尘垢翳其天正，贻笑千载，可不慎欤！

（录自《晋书》卷九十四，中华书局1974年版，第2457~2458页）

梁书·范缜传（节录）

缜少孤贫，事母孝谨。年未弱冠，闻沛国刘瓛聚众讲说，始往从之，卓越不群而勤学，瓛甚奇之，亲为之冠。在瓛门下积年，去来归家，恒芒屩布衣，徒行于路。瓛门多车马贵游，缜在其门，聊无耻愧。既长，博通经术，尤精《三礼》。性质直，好危言高论，不为士友所安；唯与外弟萧琛相善，琛名曰口辩，每服缜简诣。

…………

初，缜在齐世，尝侍竟陵王子良。子良精信释教，而缜盛称无佛。子良问曰:"君不信因果,世间何得有富贵,何得有贱贫?"缜答曰:"人之生譬如一树花,同发一枝,俱开一蒂,随风而堕,自有拂帘幌坠于茵席之上,自有关篱墙落于粪溷之侧。坠茵席者,殿下是也;落粪溷者,下官是也。贵贱虽复殊途,因果竟在何处?"子良不能屈,深怪之。缜退论其理,著《神灭论》曰:

....

此论出,朝野喧哗,子良集僧难之而不能屈。

（录自《梁书》卷四十八,中华书局1973年版,第664~665、670页）

《隋书·经籍志》论佛经、佛教 *

推寻典籍,自汉已上,中国未传。或云久以流布,遭秦之世,所以堙灭。其后张骞使西域,盖闻有浮屠之教。哀帝时,博士弟子秦景使伊存口授浮屠经,中土闻之,未之信也。后汉明帝,夜梦金人飞行殿庭,以问于朝,而傅毅以佛对。帝遣郎中蔡愔及秦景使天竺求之,得《佛经》四十二章及释迦立像。并与沙门摄摩腾、竺法兰东还。愔之来也,以白马负经,因立白马寺于洛城雍门西以处之。其经缄于兰台石室,而又画像于清凉台及显节陵上。章帝时,楚王英以崇敬佛法闻,西域沙门,赍佛经而至者甚众。永平中,法兰又译《十住经》。其余传译,多未能通。至桓帝时,有安息国沙门安静,赍经至洛,翻译最为通解。灵帝时,有月支沙门支谶、天竺沙门竺佛朔等,并翻佛经。而支谶所译《泥洹经》二卷,学者以为大得本旨。汉末,太守竺融,亦崇佛法。三国时,有西域沙门康僧会,赍佛经至吴译之,吴主孙权,甚大敬信。魏黄初中,中国人始依佛戒,剃发为僧。先是西域沙门来此,译《小品经》,首尾乖舛,未能通解。甘露中,有朱仕行者,往西域,至于阗国,得经九十章,晋元康中,至邺译之,题曰《放光般若经》。太始中,有月支沙门竺法护,西游诸国,大得佛经,至洛翻译,部数甚多。佛教东流,自此而盛。

石勒时,常山沙门卫道安,性聪敏,诵经日至万余言。以胡僧所译《维摩》《法华》,未尽深旨,精思十年,心了神悟,乃正其乖舛,宣扬解释。时中国纷扰,四方隔绝,道安乃率门徒,南游新野,欲令玄宗所在流布,分遣弟子,各趋诸方。法性诣扬州,法和入蜀,道安与慧远之襄阳。后至长安,苻坚甚敬之。道安素闻天竺沙门鸠摩罗什，思通法门，劝坚致之。什亦闻安令问，遥拜致敬。姚苌弘始二年，罗什至长安，时道安卒后已二十载矣，什深慨恨。什之来也，大译经论，道安所正，与什所译，义如一，初无乖舛。

初，晋元熙中，新丰沙门智猛，策杖西行，到华氏城，得《泥洹经》及《僧祇律》，东至高昌，译《泥洹》为二十卷。后有天竺沙门昙摩罗谶复赍胡本，来至河西。沮渠蒙逊遣使至高昌取猛本，欲相参验，未还而蒙逊破灭。姚苌弘始十年，猛本始至长安，译为三十卷。昙摩罗谶又译《金光明》等经。时胡僧至长安者数十辈，惟鸠摩罗什才德最优。其所译则《维摩》《法华》《成实论》等诸经，及昙无忏所译《金光明》，昙摩罗忏所译《泥洹》等经，并为大乘之学。而什又译《十诵律》，天竺沙门佛陀耶舍译《长阿含经》及《四方律》，兜佉勒沙门昙摩难提译《增一阿含经》，昙摩耶舍译《阿毗昙论》，并为小乘之学。其余经论，不可胜记。自是佛法流通，极于四海矣。东晋隆安中，又有罽宾沙门僧伽提婆译《增一阿含经》及《中阿含经》。义熙中，沙门支法领从于阗国得《华严经》三万六千偈，至金陵宣译。又有沙门法显，自长安游天竺，经三十余国，随有经律之处，学其书语，译而写之。还至金陵，与天竺禅师跋罗，参共辩定，谓《僧祇律》，学者传之。

齐梁及陈，并有外国沙门。然所宣译，无大名部可为法门者。梁武大崇佛法，于华林园中，总集释氏经典，凡五千四百卷。沙门宝唱，撰《经目录》。又后魏时，太武帝西征长安，以沙门多违佛律，群聚秽乱，乃诏有司，尽坑杀之，焚破佛像。长安僧徒，一时歼灭。自余征镇，豫闻诏书，亡匿得免者十一二。文成之世，又使修复。熙平中，遣沙门慧生使西域，采诸经律，得一百七十部。永平中，又有天竺沙门菩提留支，大译佛经，与罗什相埒。其《地持》《十地论》，并为大乘学者所重。后齐迁邺，佛法不改。至周武帝时，蜀郡沙门卫元嵩上书，称僧徒猥滥，武帝出诏，一切废毁。

开皇元年，高祖普诏天下，任听出家，仍令计口出钱，营造经像。而京师及并州、相州、洛州等诸大都邑之处，并官写一切经，置于寺内；而又别写，藏于秘阁。天下之人，从风而靡，竞相景慕，民间佛经，多于六经数十百倍。大业时，又令沙门智果，于东都内道场，撰诸经目，分别条贯，以佛所说经为三部：一曰大乘，二曰小乘，三曰杂经。其余似后人假托为之者，别为一部，谓之疑经。又有菩萨及诸深解奥义、赞明佛理者，名之为论，及戒律并有大、小及中三部之别。又所学者，录其当时行事，名之为记。凡十一种。今举其大数，列于此篇。

（录自《隋书》卷三十五，中华书局 1973 年版，第 1096~1099 页）

魏书·释老志（节录）

晋元康中，有胡沙门支恭明译佛经《维摩》、《法华》、三《本起》等。微言隐义，未之能究。后有沙门常山卫道安性聪敏，日诵经万余言，研求幽旨。慨无师匠，独坐静室十二年，覃思构精，神悟妙赜，以前所出经，多有舛驳，乃正其乖谬。石勒时，有天竺沙门浮图澄，少于乌苌国就罗汉入道，刘曜时到襄国。后为石勒所宗信，号为大和尚，军国规谟颇访之，所言多验。道安曾至邺候澄，澄见而异之。澄卒后，中国纷乱，道安乃率门徒，南游新野。欲令玄宗在所流布，分遣弟子，各趣诸方。法汰诣扬州，法和入蜀，道安与慧远之襄阳。道安后入苻坚，坚素钦德问，既见，宗以师礼。时西域有胡沙门鸠摩罗什，思通法门，道安思与讲释，每劝坚致罗什，什亦承安令问，谓之东方圣人，或时遥拜致敬。道安卒后二十余载而罗什至长安，恨不及安，以为深慨。道安所正经义，与罗什译出，符会如一，初无乖舛。于是法旨大著中原。

魏先建国于玄朔，风俗淳一，无为以自守，与西域殊绝，莫能往来。故浮图之教，未之得闻，或闻而未信也。及神元与魏、晋通聘，文帝久在洛阳，昭成又至襄国，乃备究南夏佛法之事。太祖平中山，经略燕赵，所径郡国佛寺，见诸沙门、道士，皆致精敬，禁军旅无有所犯。帝好黄老，颇览佛经。……太宗践位，遵太祖之业，亦好黄老，又崇佛法，京邑四方，建立图像，仍令沙门敷导民俗。

…………

是时，鸠摩罗什为姚兴所敬，于长安草堂寺集义学八百人，重译经本。罗什聪辩有渊思，达东西方言。时沙门道肜、僧略、道恒、道㯹、僧肇、昙影等，与罗什共相提挈，发明幽致。诸深大经论十有余部，更定章句，辞义通明，至今沙门共所祖习。道肜等皆识学洽通，僧肇尤为其最。罗什之撰译，僧肇常执笔，定诸辞义，注《维摩经》，又著数论，皆有妙旨，学者宗之。

又沙门法显，慨律藏不具，自长安游天竺。历三十余国，随有经律之处，学其书语,译而写之。十年,乃于南海师子国,随商人泛舟东下。昼夜昏迷,将二百日。乃至青州长广郡不其劳山,南下乃出海焉。是岁,神瑞二年也。法显所径诸国,传记之,今行于世。其所得律,通译未能尽正。至江南,更与天竺禅师跋陀罗辩定之,谓之《僧祇律》,大备于前,为今沙门所持受。先是,有沙门法领,从扬州入西域,得《华严经》本。定律后数年,跋陀罗共沙门法业重加译撰,宣行于时。

世祖初即位,亦遵太祖、太宗之业,每引高德沙门,与共谈论。于四月八日,与诸佛像,行于广衢,帝亲御门楼,临观散花,以致礼敬。

……凉州自张轨后,世信佛教。敦煌地接西域,道俗交得其旧式,村坞相属,多有塔寺。太延中,凉州平,徙其国人于京邑,沙门佛事皆俱东,象教弥增矣。寻以沙门众多,诏罢年五十已下者。

…………

世祖即位,富于春秋。既而锐志武功,每以平定祸乱为先。虽归宗佛法,敬重沙门,而未存览经教,深求缘报之意。及得寇谦之道,帝以清净无为,有仙化之证,遂信行其术。时司徒崔浩,博学多闻,帝每访以大事。浩奉谦之道,尤不信佛,与帝言,数加非毁,常谓虚诞,为世费害。帝以其辩博,颇信之。会盖吴反杏城,关中骚动,帝乃西伐,至于长安。先是,长安沙门种麦寺内,御骖牧马于麦中,帝入观马。沙门饮从官酒,从官入其便室,见大有弓矢矛盾,出以奏闻。帝怒曰:"此非沙门所用,当与盖吴通谋,规害人耳!"命有司案诛一寺,阅其财产,大得酿酒具及州郡牧守富人所寄藏物,盖以万计。又为屈室,与贵室女私行淫乱。帝既忿沙门非法,浩时从行,因进其说。诏诛长安沙门,焚破佛像,敕留台下四方令,一依长安行事。又诏曰:"彼沙门者,假西戎虚诞,妄生妖孽,非所以一齐政化,布淳德于天下也。自王公已下,有私养沙门者,皆送官曹,不得隐匿。限今年二月十五日,过期不出,沙门身死,容止者诛一门。"

…………

……佛沦废终帝世,积七八年。然禁稍宽弛,笃信之家,得密奉事,沙门专至者,犹窃法服诵习焉。唯不得显行于京都矣。

…………

高宗践极……天下承风,朝不及夕,往时所毁图寺,仍还修矣。佛像经论，皆复得显。

....

魏有天下，至于禅让，佛经流通，大集中国，凡有四百一十五部，合一千九百一十九卷。正光已后，天下多虞，王役尤甚，于是所在编民，相与入道，假慕沙门，实避调役，猥滥之极，自中国之有佛法，未之有也。略而计之，僧尼大众二百万矣，其寺三万有余。流弊不归，一至于此，识者所以叹息也。

（录自《魏书》卷一百一十四，中华书局1974年版，第3029~3036、3048页）

周书·武帝纪（节录）

（天和三年八月）癸酉，帝御大德殿，集百僚及沙门、道士等亲讲《礼记》。

....

（天和四年二月）戊辰，帝御大德殿，集百僚、道士、沙门等讨论释老义。

....

（建德二年）十二月癸巳，集群臣及沙门、道士等，帝升高座，辨释三教先后，以儒教为先，道教为次，佛教为后。

....

（建德三年六月）戊午，诏曰："至道弘深，混成无际，体包空有，理极幽玄。但歧路既分，派源逾远，淳离朴散，形气斯乖。遂使三墨八儒，朱紫交竞；九流七略，异说相腾。道隐小成，其来旧矣。不有会归，争驱靡息。今可立通道观，圣哲微言，先贤典训，金科玉篆，秘迹玄文，所以济养黎元，扶成教义者，并宜弘阐，一以贯之。……"

（录自《周书》卷五，中华书局1971年版，第75~76、83、85页）

对傅奕废佛僧事（节录）

法 琳①

　　塔兴周世，经十二王，至秦始皇三十四年，焚烧典籍，育王诸塔，由此沦亡，佛家经传，靡知所在。如释道安、朱士行等《经录目》云：始皇之时，有外国沙门释利防等一十八贤者，赍持佛经，来化始皇，始皇弗从，乃因防等。……《刘向传》云："向博观史籍，备览经书，每自称曰：'余遍寻典策，往往见有佛经。'"……推刘向言藏书者，盖始皇时人间藏书也，或云夫子宅内所藏之书。据此而论，岂非秦汉已前，早有佛法流行于震旦也。……故知周世，佛法久来，生盲人云，有佛祚短，良可悼矣。……逮于汉世，东流二京，所经帝王，十有六代；翻梵经本，为汉正言，相承至今，垂六百祀。是以佛日再曜，起自永平之初；经像重兴，发于开皇之始。魏人朱士行，沙门卫道安等，并为记录。总其华戎道俗，合有一百八十二人；所译经律论，或大小乘三藏杂记等，凡二千一百七十一部，总有六千四百四十六卷。

（录自《广弘明集》卷十一，四部丛刊影印本）
（参校石峻、楼宇烈等编《中国佛教思想资料选编》第二卷第三册，中华书局1983年版，第332~333页）

辨正论·九箴篇（节录）

法 琳

　　冲和子曰："璇玑文者，皆是求神仙不死之道，其次则养我今日身命，驻彩延华，傥至三五百年，以此为真耳。长生久视，义在于斯。今之道士所学之法，不复以此为念，然大都止令如佛家身死，神明更生胜地耳。若不复贵此身者，不如专心学佛道。佛道銮练精神，日明日益，甚有名理；定慧之法，孱然可修。何劳勤苦，自名道士，而实是学佛家僧法耶？学又不专，盖是图龙画

---
① 法琳（572—640），隋末唐初佛教高僧。

虎之俦耳。何不去鹿巾，释黄褐，剃须发，染袈裟，而归依世尊耶！世间道士经，及行道义理，则约数论而后通（言采佛家经论，改作道书，如《黄庭》《元阳》《灵宝》《上清》等经，及三皇之典，并改换《法华》，及《无量寿》等经而作）。修心则依坐禅而望感（言改坐禅之名，为思神之号）。《上清》尤高，而未逾上界之域；《太清》仙法，又弃置而不论。未知何法取异佛家，而称为道士也，其得意者当师佛矣。"子是南人，躬学茅山道士冲和子之法，冲和子与陶隐居，常以敬重佛法为业，但逢众僧，莫不礼拜，岩穴之内，悉安佛像，自率门徒受学之士，朝夕忏悔，恒读佛经。

（录自《广弘明集》卷十三，四部丛刊影印本）

（参校《中国佛教思想资料选编》第二卷第三册，中华书局1983年版，第358页）

译经下（节录）

慧　皎①

传译之功尚矣，固无得而称焉。……爰至安清、支谶、康会、竺护等，并异世一时，继踵弘赞。然夷夏不同，音韵殊隔，自非精括诂训，领会良难。属有支谦、聂承远、竺佛念、释宝云、竺叔兰、无罗叉等，并妙善梵汉之音，故能尽翻译之致。一言三复，词旨分明，然后更用此土宫商，饰以成制。……其后鸠摩罗什，硕学钩深，神鉴奥远，历游中土，备悉方言。……时有生、融、影、叡、严、观、恒、肇，皆领悟言前，词润珠玉，执笔承旨，任在伊人，故长安所译，郁为称首。……窃惟正法渊广，数盈八亿，传译所得，卷止千余。皆由逾越沙阻，履跨危绝，或望烟渡险，或附杙前身，及相会推求，莫不十遗八九。是以法显、智猛、智严、法勇等，发趾则结旅成群，还至则顾影唯一，实足伤哉。

（录自慧皎等《高僧传》卷三，中华书局1992年版，第141~142页）

（参校慧皎等《高僧传合集》，上海古籍出版社2011年版，第25~26页）

---

① 慧皎（497—554），南朝梁高僧。

义　解（节录）

慧　皎

　　故须穷达幽旨，妙得言外，四辩庄严，为人广说，示教利喜，其在法师乎。故士行寻经于于阗，誓志而灭火，终令般若盛于东川，忘想传乎季末。爰次竺潜、支遁、于兰、法开等，并气韵高华，风道清裕，传化之美，功亦亚焉。中有释道安者，资学于圣师竺佛图澄，安又授业于弟子慧远。惟此三叶，世不乏贤。并戒节严明，智宝炳盛。使夫慧日余晖，重光千载之下，香土遗芬，再馥阎浮之地。涌泉犹注，寔赖伊人。远公既限以虎溪，安师乃更同辇，舆夫高尚之道，如有惑焉。然而语默动静，所适唯时。四翁赴汉，用之则行也；三闾辞楚，舍之则藏也。经云："若欲建立正法，则听亲近国王，及持仗者。"安虽一时同辇，乃为百民致谏。故能终感应真，开云显报。其后荆陕著名，则以翼遇为言初；庐山清素，则以持永为上首。融、恒、影、肇，德重关中；生、叡、畅、远，领宗建业；昙度、僧渊，独擅江西之宝；超进、慧基，乃扬浙东之盛。虽复人世迭隆，而皆道术悬会。故使像运余兴，岁将五百，功效之美，良足美焉。

　　（录自《高僧传》卷八，中华书局 1992 年版，第 343~344 页）
　　（参校《高僧传合集》，上海古籍出版社 2011 年版，第 62 页）

弘明集后序（节录）

僧　祐

　　若疑汉魏法微，晋代始盛者，道运崇替，未可致诘也。寻沙门之修释教，何异孔氏之述唐虞乎？孔修五经，垂范百王，然春秋诸侯，莫肯遵用，战伐蔑之，将坠于地。爰至秦皇，复加燔烬。岂仲尼之不肖，而《诗》《书》之浅鄙哉？迨及汉武，始显儒教，举明经之相，崇孔圣之术。宁可以见轻七国，而遂废后代乎？案汉元之世，刘向序仙云：七十四人出在佛经。故知经流中夏，其来已久。逮明帝感梦，而傅毅称佛，于是秦景东使，而摄腾西至。乃图像于关阳之观，藏经于兰台之室。不讲深文，故莫识奥义。是以楚王修仁洁之祠，孝桓建华盖之祭。法相未融，唯神之而已。至魏武英鉴，书述妙化；孙权雄略，崇造塔寺。晋武之初，机缘渐深。耆域耀神通之迹，竺护集法宝之藏。所以百辟搢绅，洗心以进德；万邦黎宪，刻意而迁善。暨晋明睿悟，秉壹栖神，手画宝像，表观乐览。既而安上弘经于山东，什公宣法于关右，精义既敷，实相弥照。英才硕智，并验理而伏膺矣。故知法云始于触石，慧水流于滥觞，教必有渐，神化之常，感应因时，非缘如何？故儒术非愚于秦而智于汉，用与不用耳；佛法非浅于汉而深于晋，明与不明耳。故知五经恒善，而崇替随运；佛化常炽，而通塞在缘。一以此思，可无深惑，而执疑莫悟，可为痛悼者六也。

（录自《弘明集》卷十四，四部丛刊影印本）
（参校僧祐编撰，刘立夫、胡勇译注《弘明集》，中华书局2011年版，第343页）

广弘明集序（节录）

道 宣[①]

余博访前叙，广综弘明，以为江表五代，三宝载兴，君臣士俗，情无异奉，是称文国，智藉文开。中原周、魏，政袭昏明，重老轻佛，信毁交贸，致使工言既申，佞倖斯及，时不乏贤，剖心特达，脱颖拔萃，亦有人焉。然则昏明互显，邪正相师，据像则云泥两分，论情则倚伏交养；是以六术扬于佛代，三张冒于法流，皆大士之权谋，至人之适化也。……至如寇谦之拒崔浩，祸福皎然；郑鬋之抗周君，成败俄顷；姚安著论，抑道在于儒流；陈琳缀篇，扬释越于朝典。此之讽议，涅而不缁，坠在诸条，差难综辑。又梁、周二武，咸分显晦之仪；宋、魏两明，同乘弘诱之略；沈休文之《慈济》，颜之推之《归

---

① 道宣（596—667），唐代高僧。

心》,词彩卓然,迥张物表。尝以余景,诚为举之,弊于庸朽,综集牢落,有汉阴、博观沙门,系赞成纪,顾惟直笔,即而述之,命帙题篇,披图藻镜。

（录自《广弘明集》,四部丛刊影印本）

（参校《中国佛教思想资料选编》第二卷第三册,中华书局1983年版,第390~391页）

《般若》学之六家七宗 *

吉 藏①

（本无义）谓无在万化之前,空为众形之始。……一切诸法,本性空寂,故云本无。……（即色义有二家）一者,关内即色义。明即色是空者,此明色无自性,故言即色是空,不言即色是本性空也。此义为肇公所呵。肇公云:此乃悟色而不自色,未领色（自性空,本）非色也。次,支道林著《即色游玄论》,明即色是空,故言"即色游玄论"。此犹是不坏假名而说实相,与安师本性空故无异也。……（心无义,此义为支敏度所立）心无者,无心于万物,万物未尝无。此释意云:经中说诸法空者,欲令心体虚妄不执,故言无耳。不空外物,即万物之境不空。肇师详云:此得在于神静,而失在于物虚。……心空而犹存物,有此计有得有失也。……（识含义,此义为于法开所立）三界为长夜之宅,心识为大梦之主。今之所见群有,皆于梦中所见,其于大梦既觉,长夜获晓,即倒惑识灭,三界都空。……（幻化义,此义为壹法师所立）世谛之法,皆如幻化。是故经云:从本已来,未始有也。……（缘会义,此义为于道邃所立）缘会故有,名为世谛。缘散故即无,称第一义谛。

（录自《中观论疏》卷第二末,《中论 百论 十二门论》,上海古籍出版社2011年版,第136~137页）

---

① 吉藏（549—623）,隋唐高僧。

地论师的北道南道派 *

道 宣

（一）

　　释道宠……高齐、元魏之际，国学大儒雄安生者，连邦所重。时有李范、张宾、齐镳镜、安席，才艺所指，莫不归宗。……年将壮室……于寺出家……即日便与具戒。遂入西山，广寻藏部，神用深拔，慨叹晚知。……便诣流支，访所深极，乃授《十地》，典教三冬，随闻出疏，即而开学，声唱高广，邺下荣推。……匠成学士堪可传道千有余人，其中高者，僧休、法继、诞礼、牢宜、儒果等是也。……宠在道北教牢宜四人，光（慧光——编者注）在道南教凭范十人，故使洛下有南北二途，当现两说，自斯始也，四宗五宗，亦仍此起。

　　［录自道宣《续高僧传》（上）卷七《道宠传》，中国书店 2018 年版，第 113~114 页］

　　（参校《高僧传合集》，上海古籍出版社 2011 年版，第 162~162 页中）

（二）

　　释慧光……年十三……度而出家。……勒那初译《十地》……光时预沾其席，以素习方言，通其两诤，取舍由悟，纲领存焉。自此《地论》流传，命章开释，四分一部，草创基兹。……初在京洛，任国僧都，后召入邺，绥缉有功，转为国统。

　　（慧光门下——编者加）翘颖如林，众所推仰者十人。拣选行解，入室惟九，有儒生凭衮，光乃将入数中。

　　［录自《续高僧传》（下）卷二十一《慧光传》，中国书店 2018 年版，第 78~80 页］

　　（参校《高僧传合集》，上海古籍出版社 2011 年版，第 286~287 页）

论佛教南北之异 *

神 清①

宋人魏人,南北两都。宋风尚华,魏风犹淳。淳则寡不据道(指禅道——编者注),华则多游于艺(指思辨义学——编者注)。

(录自《北山录》卷四,金陵刻经处本)
(参校神清著,慧宝注,德珪注解,富世平校注《北山录校注》,中华书局2013年版,第210页)

北方四宗 *

安 澄②

一因缘宗,二谛诸法,无有自性。因缘起作,以为俗谛。理本寂灭,以为真谛。但凡夫妄情,计有定法。空此妄情,故云色即是空。后人谄毗昙宗。

二假名宗,万法虽殊,相假而有,皆无其实,但有名用,故名为俗。此假名法,体性寂灭,名之为真。凡假藉缘,其体寂灭,故云色即是空。后人谄成实宗。

三不真宗,一切诸法,无有实体,似同幻梦。业力机关兴鼓成立,名之为俗。俗幻梦虚诳不实,本来寂灭,以为真谛。幻梦色体无名无相,故云色即是空。后人谄三论宗。

四者真宗。世法梦幻,义非孤起,托于真理,离真无妄,妄由真起。是故经云,生死者依如来藏。然有二义,一者世谛妄想故空,理非是真。二者其体真实寂灭,是故是空,理是真妙。

(录自安澄《中论疏记》,汤用彤《汉魏两晋南北朝佛教史》,上海人民出版社2015年版,第590~592页)

---

① 神清(?—820前后),唐代高僧。
② 安澄,日本僧人。

喻道论（节录）

孙 绰①

周、孔即佛，佛即周、孔，盖外内名之耳。故在皇为皇，在王为王。佛者梵语，晋训觉也。觉之为义，悟物之谓。犹孟轲以圣人为先觉，其旨一也。应世轨物，盖亦随时。周、孔救极蔽，佛教明其本耳。共为首尾，其致不殊，即如外圣有深浅之迹。尧、舜世夷，故二后高让；汤、武时难，故两君挥戈。渊默之与赫斯，其迹则胡越。然其所以迹者，何尝有际哉？故逆寻者每见其二，顺通者无往不一。

（录自《弘明集》卷三，四部丛刊影印本）
（参校《弘明集》，中华书局2011年版，第80~81页）

正二教论（节录）

明僧绍②

论曰："二经之旨，若合符契。"正曰："夫佛开三世，故圆应无穷。老止生形，则教极浇淳。所以在形之教，不议殊生；圆应之化，爰尽物类。是周、孔、老、庄，诚帝王之师，而非前说之证。既开塞异教，又违符合之验矣。"

论曰："道则佛也，佛则道也。"正曰："既教有方圆，岂睹其同？夫由佛者固可以权老，学老者安取同佛？苟挟竟慕高，撰会杂妄，欲因其同，树邪去正，是乃学非其学，自漏道蠹，衹多不量，见耻守器矣。"

……………

"……夫理照研心，二教两得，乃可动静兼尽，所遇斯乘也。老子之教，盖修身治国，绝弃贵尚，事止其分。虚无为本，柔弱为用，内视反听，深根宁极，浑思天元，恬高人世，浩气养和，失得无变，穷不谋通，致命而俟，达不

---

① 孙绰（314—371），东晋文学家。
② 明僧绍（？—483），南朝隐士、经学家。

谋己，以公为度。此学者之所以询仰余流，而其道若存者也。……则夫学镜生灵，中天设教，观象测变，存而不论，经世之深，孔、老之极也。为于未有，尽照穷缘，殊生共理，练伪归真，神功之正，佛教之弘也。是乃佛明其宗，老全其生，守生者蔽，明宗者通。……"

（录自《弘明集》卷六，四部丛刊影印本）
（参校《弘明集　广弘明集》，上海古籍出版社1991年版，第38~39页）

与诸道人辨宗论（节录）

谢灵运[①]

同游诸道人，并业心神道，求解言外。余枕疾务寡，颇多暇日，聊伸由来之意，庶定求宗之悟。释氏之论，圣道虽远，积学能至，累尽鉴生，不应渐悟。孔氏之论，圣道既妙，虽颜殆庶，体无鉴周，理归一极。有新论道士，以为寂鉴微妙，不容阶级，积学无限，何为自绝？今去释氏之渐悟，而取其能至，去孔氏之殆庶，而取其一极。一极异渐悟，能至非殆庶。故理之所去，虽合各取，然其离孔、释矣。余谓，二谈救物之言，道家之唱，得意之说，敢以折中自许，窃谓新论为然。

（录自《广弘明集》卷十八，四部丛刊影印本）
（参校《中国佛教思想资料选编》第一卷，中华书局1981年版，第220页）

出三藏记集·鸠摩罗什传（节录）

僧　祐

自大法东被，始于汉明，历涉魏、晋，经论渐多。而支、竺所出，多滞文格义。……（什）既览旧经，义多乖谬，皆由先译失旨，不与胡本相应。于是

---

① 谢灵运（385—433），南朝佛学家、诗人。

兴使沙门僧肇、僧䂮、僧迁等八百余人，谘受什旨；更令出《大品》。什持胡本，兴执旧经，以相雠校。其新文异旧者，义皆圆通，众心惬服，莫不欣赞焉。……于是四方义学沙门，不远万里。名德秀拔者才、畅二公，乃至道恒、僧标（按，即道标）、僧叡、僧敦、僧弼、僧肇等三千余僧，禀访精研，务穷幽旨。庐山慧远，道业冲粹，乃遣使修问。龙光道生，慧解洞微，亦入关谘禀。传法之宗，莫与竞爽，盛业久大，至今仰式焉。

（录自《出三藏记集》卷十四，中华书局 1995 年版，第 533~534 页）

出三藏记集 · 法显法师传（节录）

僧 祐

（法显）常慨经律舛阙，誓志寻求。以晋隆安三年，与同学慧景、道整、慧应、慧嵬等发自长安，西度沙河。上无飞鸟，下无走兽，四顾茫茫，莫测所之。唯视日以准东西，人骨以标行路耳。……凡所经历三十余国，至北天竺。

（录自《出三藏记集》卷十五，中华书局 1995 年版，第 573~574 页）

高僧传 · 支遁传（节录）

慧 皎

年二十五出家，每至讲肆，善标宗会，而章句或有所遗，时为守文者所陋。谢安闻而善之，曰："此乃九方堙之相马也，略其玄黄而取其骏逸。"王洽、刘恢、殷浩、许询、郄超、孙绰、桓彦表、王敬仁、何次道、王文度、谢长遐、袁彦伯等，并一代名流，皆著尘外之狎。

遁尝在白马寺与刘系之等谈《庄子·逍遥篇》，云："各适性以为逍遥。"遁曰："不然，夫桀跖以残害为性，若适性为得者，彼亦逍遥矣。"于是退而注《逍遥篇》，群儒旧学，莫不叹服。……

……………

孙绰《道贤论》以遁方向子期，论云："支遁、向秀，雅尚《庄》《老》。二子异时，风好玄同矣。"又《喻道论》云："支道林者，识清体顺，而不对于物。玄道冲济，与神情同任。此远流之所以归宗，悠悠者所以未悟也。"

（录自《高僧传》卷四，中华书局 1992 年版，第 159~160、163 页）
（参校《高僧传合集》，上海古籍出版社 2011 年版，第 28~29 页）

高僧传·道安传（节录）

慧　皎

释道安……家世英儒……至年十二出家。……因事澄为师。……（冉闵乱后，安——编者加）谓徒众曰："今遭凶年，不依国主，则法事难立，又教化之体，宜令广布。"咸曰："随法师教。"乃令法汰诣杨州，曰："彼多君子，好尚风流。"法和入蜀，山水可以修闲。安与弟子慧远等四百余人渡河……

既达襄阳，复宣佛法。初经出已久，而旧译时谬，致使深藏隐没未通，每至讲说，唯叙大意转读而已。安穷览经典，钩深致远，其所注《般若道行》《密迹》《安般》诸经，并寻文比句，为起尽之义，乃析疑甄解，凡二十二卷。序致渊富，妙尽深旨，条贯既叙，文理会通，经义克明，自安始也。自汉魏迄晋，经来稍多，而传经之人，名字弗说，后人追寻，莫测年代。安乃总集名目，表其时人，诠品新旧，撰为《经录》，众经有据，实由其功。四方学士，竞往师之。……

……………

安在樊沔十五载，每岁常再讲《放光波若》，未尝废阙。晋孝武皇帝，承风钦德，遣使通问，并有诏曰："安法师器识伦通，风韵标朗，居道训俗，徽绩兼著。岂直规济当今，方乃陶津来世。俸给一同王公，物出所在。"时苻坚素闻安名，每云："襄阳有释道安，是神器，方欲致之，以辅朕躬。"后遣苻丕南攻襄阳，安与朱序俱获于坚，坚谓仆射权翼曰："朕以十万之师取襄阳，唯得一人半。"翼曰："谁耶？"坚曰："安公一人，习凿齿半人也。"既至，住长安五重寺，僧众数千，大弘法化。

（录自《高僧传》卷五，中华书局1992年版，第177~179、181页）
（参校《高僧传合集》，上海古籍出版社2011年版，第31~32页）

高僧传·慧远传（节录）

慧　皎

释慧远，本姓贾氏，雁门娄烦人也。弱而好书，珪璋秀发。年十三随舅令狐氏游学许洛。故少为诸生，博综六经，尤善《庄》《老》。性度弘博，风览朗拔，虽宿儒英达，莫不服其深致。年二十一，欲渡江东，就范宣子共契嘉遁。值石虎已死，中原寇乱，南路阻塞，志不获从。

时沙门释道安立寺于太行恒山，弘赞像法，声甚著闻，远遂往归之。一面尽敬，以为真吾师也。后闻安讲《波若经》，豁然而悟，乃叹曰："儒道九流，皆糠秕耳。"便与弟慧持投簪落彩，委命受业。既入乎道，厉然不群，常欲总摄纲维，以大法为己任。……年二十四，便就讲说。尝有客听讲，难实相义，往复移时，弥增疑昧。远乃引《庄子》义为连类，于是惑者晓然。是后安公特听慧远不废俗书。

安有弟子法遇、昙徽，皆风才照灼，志业清敏，并推伏焉。后随安公南游樊河。……远于是与弟子数十人，南适荆州，住上明寺。后欲往罗浮山，及届浔阳，见庐峰清静，足以息心，始住龙泉精舍。……

　　…………

初经流江东，多有未备，禅法无闻，律藏残阙。远慨其道缺，乃令弟子法净、法领等，远寻众经。逾越沙雪，旷岁方反，皆获梵本，得以传译。昔安法师在关，请昙摩难提出《阿毗昙心》，其人未善晋言，颇多疑滞。后有罽宾沙门僧迦提婆，博识众典，以晋太元十六年（公元三九一年），来至浔阳。远请重译《阿毗昙心》及《三法度论》，于是二学乃兴，并制序标宗，贻于学者。孜孜为道，务在弘法，每逢西域一宾，辄恳恻咨访。闻罗什入关，即遣书通好……后有弗若多罗来适关中，诵出《十诵》梵本，罗什译为晋文，三分始二，而多罗弃世，远常慨其未备。及闻昙摩流支入秦，复善诵此部，乃遣弟子昙邕致书祈请，令于关中更出余分，故《十诵》一部具足无阙，晋地获本，相传至今。葱外妙典，关中胜说，所以来兹土者，远之力也。外国众僧，咸称汉地有大乘道士，每至烧香礼拜，辄东向稽首，献心庐岳。其神理之迹，故未可测也。……

……………

远内通佛理，外善群书，夫预学徒，莫不依拟。

（录自《高僧传》卷六，中华书局1992年版，第211~212、216~218、221页）
（参校《高僧传合集》，上海古籍出版社2011年版，第37~39页）

高僧传·僧肇传（节录）

慧 皎

释僧肇，京兆人。家贫以佣书为业，遂因缮写，乃历观经史，备尽坟籍。爱好玄微，每以《庄》《老》为心要。尝读《老子德章》，乃叹曰："美则美矣，然期神冥累之方，犹未尽善也。"后见旧《维摩经》，欢喜顶受，披寻玩味，乃言始知所归矣。因此出家，学善方等，兼通三藏。及在冠年，而名振关辅。时竞誉之徒，莫不猜其早达，或千里趋负，入关抗辩。肇既才思幽玄，又善谈说，承机挫锐，曾不流滞。时京兆宿儒，及关外英彦，莫不挹其锋辩，负气摧衄。

后罗什至姑臧，肇自远从之，什嗟赏无极。及什适长安，肇亦随返。……因出《大品》之后，肇便著《波若无知论》。……时庐山隐士刘遗民见肇此论，乃叹曰："不意方袍，复有平叔。"因以呈远公，远乃抚机叹曰："未尝有也。"因共披寻玩昧，更存往复。遗民乃致书肇……肇答书曰："不面在昔，伫想用劳。得前疏并问，披寻反覆，欣若暂对，凉风戒节，顷常何如？贫道劳疾每不佳，即此大众寻常，什师休胜。秦主道性自然，天机迈俗，城堑三宝，弘道是务。由使异典胜僧，自远而至，灵鹫之风，萃乎兹土，领公远举，乃是千载之津梁。于西域还得方等新经二百余部。什师于大寺出新至诸经，法藏渊旷，日有异闻。禅师于瓦官寺教习禅道，门徒数百，日夜匪懈，邕邕肃肃，致自欣乐。

三藏法师于中寺出《律部》，本末情悉，若睹初制。毗婆沙法师于石羊寺出《舍利弗毗昙》梵本，虽未及译，时问中事，发言新奇。贫道一生猥参嘉运，遇兹盛化，自恨不睹释迦泥洹之集，余复何恨，但恨不得与道胜君子同斯法集耳。称咏既深，聊复委及，然来问婉切，难为郢人。贫道思不关微，兼拙于华语，且至趣无言，言则乖旨，云云不已，竟何所辩。聊以狂言，示酬来旨也。"

（录自《高僧传》卷六，中华书局1992年版，第249~250页）
（参校《高僧传合集》，上海古籍出版社2011年版，第44页）

续高僧传·慧思传（节录）

道　宣

　　释慧思……诵《法华》等经三十余卷，数年之间，千遍便满。……时禅师慧文，聚徒数百，众法清肃，道俗高尚，乃往归依，从受正法。性乐苦节，营僧为业，冬夏供养，不惮劳苦。昼夜摄心，理事筹度……（后入武当南岳）又以道俗福施造金字《般若》二十七卷、金字《法华》，琉璃宝函，庄严炫曜，功德杰异，大发众心。又请讲二经，即而叙构，随文造尽，莫非幽赜。后命学士江陵智顗代讲金经，至"一心具万行"处，颇有疑焉思为释曰："汝向所疑，此乃《大品》次第意耳，未是《法华》圆顿旨也。……"自陈世心学，莫不归宗，大乘经论，镇长讲悟，故使山门告集，日积高名。……自江东佛法，弘重义门，至于禅法，盖蔑如也。而思慨斯南服，定慧双开，昼谈理义，夜便思择，故所发言，无非致远，便验因定发慧，此旨不虚，南北禅宗，罕不承绪。

［录自《续高僧传》（上）卷十七，中国书店2018年版，第278~281页］
（参校《高僧传合集》，上海古籍出版社2011年版，第242~243页）

南齐书·周颙传（节录）

　　（周颙）泛涉百家，长于佛理。著《三宗论》。立空假名，立不空假名。设不空假名难空假名，设空假名难不空假名。假名空难二宗，又立假名空。西凉州智林道人遗颙书曰："此义旨趣似非始开，妙声中绝六七十载。贫道年二十时，便得此义，窃每欢喜，无与共之。年少见长安耆老，多云关中高胜乃旧有此义，当法集盛时，能深得斯趣者，本无多人。过江东略是无一。贫道捉麈尾来四十余年，东西讲说，谬重一时，余义颇见宗录，唯有此涂白黑无一人得者，为之发病。非意此音猥来入耳，始是真实行道第一功德。"其论见重如此。

……

兼善《老》《易》，与张融相遇，辄以玄言相滞，弥日不解。清贫寡欲，终日长蔬食，虽有妻子，独处山舍。

（录自《南齐书》卷四十一，中华书局 1972 年版，第 731~732 页）

《隋书·经籍志》论道经、道教 *

道经者，云有元始天尊，生于太元之先，禀自然之气，冲虚凝远，莫知其极。所以说天地沦坏，劫数终尽，略与佛经同。以为天尊之体，常存不灭。每至天地初开，或在玉京之上，或在穷桑之野，授以秘道，谓之开劫度人。然其开劫，非一度也，故有延康、赤明、龙汉、开皇，是其年号。其间相去经四十一亿万载。所度皆诸天仙上品，有太上老君、太上丈人、天真皇人、五方天帝及诸仙官，转共承受，世人莫之豫也。所说之经，亦禀元一之气，自然而有，非所造为，亦与天尊常在不灭。天地不坏，则蕴而莫传，劫运若开，其文自见。凡八字，尽道体之奥，谓之天书。字方一丈，八角垂芒，光辉照耀，惊心眩目，虽诸天仙，不能省视。天尊之开劫也，乃命天真皇人，改啭天音而辩析之。自天真以下，至于诸仙，展转节级，以次相授。诸仙得之，始授世人。然以天尊经历年载，始一开劫，受法之人，得而宝秘，亦有年限，方始传授。上品则年久，下品则年近。故今授道者，经四十九年，始得授人。推其大旨，盖亦归于仁爱清净，积而修习，渐致长生，自然神化，或白日登仙，与道合体。其受道之法，初受《五千文箓》，次受《三洞箓》，次受《洞玄箓》，次受《上清箓》。箓皆素书，纪诸天曹官属佐吏之名有多少，又有诸符，错在其间，文章诡怪，世所不识。受者必先洁斋，然后赍金环一，并诸贽币，以见于师。师受其贽，以箓授之，仍剖金环，各持其半，云以为约。弟子得箓，缄而佩之。

其洁斋之法，有黄箓、玉箓、金箓、涂炭等斋。为坛三成，每成皆置绵蔵，以为限域。傍各开门，皆有法象。斋者亦有人数之限，以次入于绵蔵之中，鱼贯面缚，陈说愆咎，告白神祇，昼夜不息，或一二七日而止。其斋数之外有人者，亦在绵蔵之外，谓之斋客，但拜谢而已，不面缚焉。而又有诸消灾度厄之法，依阴阳五行数术，推人年命书之，如章表之仪，并具贽币，烧香陈读。云奏上天曹，请为除厄，谓之上章。夜中，于星辰之下，陈设酒脯饼饵币物，历祀天皇太一，祀五星列宿，为书如上章之仪以奏之，名之为醮。又以木为印，刻星辰日月于其上，吸气执之，以印疾病，多有愈者。又能登刀入火而焚敕之，使刃不能割，火不能热。而又有诸服饵、辟谷、金丹、玉浆、云英，蠲除滓秽之法，不可殚记。云自上古黄帝、帝喾、夏禹之俦，并遇神人，咸受道箓，年代既远，经史无闻焉。

推寻事迹，汉时诸子，道书之流有三十七家，大旨皆去健羡，处冲虚而已，无上天官符箓之事。其《黄帝》四篇，《老子》二篇，最得深旨。故言陶弘景者，隐于句容，好阴阳五行，风角星算，修辟谷导引之法，受道经符箓，武帝素与之游。及禅代之际，弘景取图谶之文，合成"景梁"字以献之，由是恩遇甚厚。又撰《登真隐诀》，以证古有神仙之事；又言神丹可成，服之则能长生，与天地永毕。帝令弘景试合神丹，竟不能就，乃言中原隔绝，药物不精故也。帝以为然，敬之尤甚。然武帝弱年好事，先受道法，及即位，犹自上章，朝士受道者众。三吴及边海之际，信之逾甚。陈武世居吴兴，故亦奉焉。后魏之世，嵩山道士寇谦之，自云尝遇真人成公兴，后遇太上老君，授谦之为天师，而又赐之《云中音诵科诫》二十卷。又使玉女授其服气导引之法，遂得辟谷，气盛体轻，颜色鲜丽。弟子十余人，皆得其术。其后又遇神人李谱，云是老君玄孙，授其图录真经，劾召百神，六十余卷，及销炼金丹云英八石玉浆之法。太武始光之初，奉其书而献之。帝使谒者，奉玉帛牺牢，祀嵩岳，迎致其余弟子，于代都东南起坛宇，给道士百二十余人，显扬其法，宣布天下。太武亲备法驾而受符箓焉。自是道业大行，每帝即位，必受符箓，以为故事，刻天尊及诸仙之象而供养焉。迁洛已后，置道场于南郊之傍，方二百步。正月、十月之十五日，并有道士哥人百六人，拜而祠焉。后齐武帝迁邺，遂罢之。文襄之世，更置馆宇，选其精至者使居焉。后周承魏，崇奉道法，每帝受箓，如魏之旧，寻与佛法俱灭。开皇初又兴，高祖雅信佛法，于道士蔑如也。大业中，道士以术进者甚众。其所以讲经，由以《老子》为本，次讲《庄子》及《灵宝》《升玄》之属。其余众经，或言传之神人，篇卷非一。自云天尊姓乐名静信，例皆浅俗，故世甚疑之。其术业优者，行诸符禁，往往神验。而金丹玉液长生之事，历代糜费，不可胜纪，竟无效焉。今考其经目之数，附之于此。

（录自《隋书》卷三十五，中华书局1973年版，第1091~1094页）

述三教诗（节录）

萧　衍[①]

少时学周孔，弱冠穷六经。孝义连方册，仁恕满丹青。践言贵去伐，为善在好生。中复观道书，有名与无名。妙术镂金版，真言隐上清。密行遗阴德，显证表长龄。晚年开释卷，犹月映众星。苦集始觉知，因果方昭明。示教唯平等，至理归无生。

（《广弘明集》卷三十，四部丛刊影印本）
（参校《弘明集　广弘明集》，上海古籍出版社1991年版，第365页）

黄巾道士缘起说（节录）

章太炎

神仙之说，汉末或托老子，与其初旨背驰。今之黄巾道士，起于张陵、张鲁之伦。其奸令祭酒，虽主习老子五千言，本非虚无贵胜之道，而亦不事神仙，但为荥解劾治而已。斯乃古之巫师，其术近出墨翟，既非老庄，并非神仙之术也。

[①] 萧衍（464—549），南朝梁武帝。

……

……神仙家本出阴阳，所谓邹子之徒，燕齐怪迂之士，与老子悬远矣。若夫专为祈祷、气禁、幻化诸术者，又与神仙异流。张陵、张鲁之徒，托于老子，则非；刘根托于墨子，颇近之矣。何以言之？墨子"明鬼"，而刘根亦能"见鬼"，其道本自墨子出耳。根传云：颍川太守史祈收根诣郡，数之曰："汝有何术，而诬惑百姓？"根曰："实无它异，颇能令人见鬼耳。""于是左顾而啸，有顷，祈之亡父祖近亲数十人，皆反缚在前，向根叩头。""根嘿而不应，忽然俱去，不知所在。"是则墨子明鬼之术也。清庙之守，本近祝由，至是显箸。及费长房、左慈之伦，盖皆秉是术者，本非求长生，觊登仙也。

墨子之传，绝于汉后。其兼爱、尚同、天志之说，守城之技，经说之辩，皆亡矣，而明鬼独率循勿替。汉、晋后，道士皆其流也。前世少君、文成、五利之流，本说神仙，亦能役鬼。后及抱朴，所说亦神仙与幻术兼之。斯乃交相为用，本非一流所成也。世传张陵《黄书》，盖亦后人所托。观其行事，唯以祷祀劾鬼为主。而晋世如王羲之父子、殷仲堪辈，皆知古今、通文学者，尚犹惑于天师之道。假令纯出黄巾米贼，何能致人崇信哉？本诸墨氏，原远流长，故通人犹惑焉。其术比于神仙，弥为怪妄，是以仲长统、何晏、嵇康之徒，避而弗道。近世虽通名道士然为天师道者，专务符咒劾禁为陶贞白之术者，则知服气炼形，其大齐亦不掍也。

［录自《检论》卷三，《章太炎全集》（三），上海人民出版社1984年版，第447~449页］

（参校傅杰编校《章太炎学术史论集》，中国社会科学出版社1997年版，第273~274页）

老氏·老庄列子（节录）

朱　熹

儒教自开辟以来，二帝三王述天理，顺人心，治世教民，厚典庸礼之道，后世圣贤遂著书立言，以示后世。及世之衰乱，方外之士厌一世之纷挐，畏一身之祸害，耽空寂以求全身于乱世而已。及老子倡其端，而列御寇、庄周、杨朱之徒和之。孟子尝辟之，以为无父无君，比之禽兽。然其言易入，其教易行。当汉之初，时君世主皆信其说，而民亦化之。虽以萧何、曹参、汲黯太史谈辈，亦皆主之，以为真足以先于六经，治世者不可以莫之尚也。及后汉以来，米贼张陵、海岛寇谦之之徒，遂为盗贼。曹操以兵取阳平，陵之孙鲁即纳降款，可见其虚谬不足稽矣。

（录自《朱子语类》卷一百二十五，中华书局 1986 年版，第 2993~2994 页）
（参校《传世藏书·朱子语类》，海南国际新闻出版中心 1996 年版，第 1263 页）

校刊《抱朴子·内篇》序（节录）

方维甸①

道家宗旨，清净冲虚而已。其弊或流为权谋，或流为放诞，无所谓金丹仙药、黄白玄素、吐纳导引、禁咒符箓之术也。

秦汉方士，绝不附会老子。即依托黄帝，亦非道家之说。《汉书·艺文志》以黄帝诸篇，分属道家神仙，盖本《七略》。《七略》又本于《别录》。刘子政固诵习《鸿宝》，笃信神仙者，而典校秘书，仍别方技于诸子之外，不相淆也。

东汉之季，桓帝好神仙，祠老子。张陵之子衡，使人为祭酒，主以《老子》五千文都习。神仙之附会道家，实昉于此。《抱朴子·内篇》，古之神仙家言也。虽自以《内篇》属之道家，然所举仙经神符，多至二百八十二种，绝无道家诸子。且谓老子泛论较略，庄子、文子、关尹喜之徒，祖述黄老，永无至言，去神仙千亿里。寻其旨趣，与道家判然不同。又后世学仙者，奉魏伯阳为正宗。是书偶及伯阳内篇之名，并无一语称述，惟《神仙传》中言《参同契》假爻象以说作丹之意而已。是稚川之学，匪特与道家异，并与后世神仙家无几微之合。

余尝谓汉之仙术，元与黄老分途。魏晋之世，玄言日盛，经术多歧。道家

---

① 方维甸（1759—1815），清乾嘉时官员、学者。

自诡于儒,神仙遂混于道。然第假借其名,不易其实也。迨及宋元,乃缘参同炉火而言内丹,炼养阴阳,混合元气,斥服食胎息为小道,金石符咒为旁门,黄白玄素为邪术,惟以性命交修,为谷神不死,羽化登真之诀。其说旁涉禅宗,兼附《易》理,袭微重妙,且欲并儒释而一之。自是而汉晋相传神仙之说,尽变无余,名实交溷矣。然则葛氏之书,墨守师传,不矜妙悟。譬之儒者说经,其神仙家之汉学乎!

（录自王明《抱朴子内篇校释·附录二》,中华书局 1985 年版,第 356~357 页）

叙齐高祖废道法事 *（节录）

道 宣

昔金陵道士陆修静者,道门之望。在宋齐两代,祖述三张（指张陵、张衡、张鲁）,弘衍二葛（指葛玄、葛洪）,郄张之士,封门受箓。遂妄加穿凿,广制斋仪,糜费极繁,意在王者遵奉。

（录自《广弘明集》卷四,四部丛刊影印本）
（参校《弘明集 广弘明集》,上海古籍出版社 1991 年版,第 116 页）

《魏书·释老志》论寇谦之改造天师道教 *

谦之守志嵩岳,精专不懈,以神瑞二年十月乙卯,忽遇大神……称太上老君。谓谦之曰:"往辛亥年,嵩岳镇灵集仙宫主,表天曹,称自天师张陵去世以来,地上旷诚,修善之人,无所师授。嵩岳道士上谷寇谦之,立身直理,行合自然,才任轨范,首处师位,吾故来观汝,授汝天师之位,赐汝《云中音诵新科之诫》二十卷,号曰'并进'。"言:"吾此经诫,自天地开辟以来,不传于世,今运数应出。汝宣吾《新科》,清整道教,除去三张伪法,租米钱税,及男女合气之术。大道清虚,岂有斯事。专以礼度为首,而加之以服食闭炼。"……

泰常八年十月戊戌，有牧土上师李谱文来临嵩岳，云："……地上生民，末劫垂及，其中行教甚难。但令男女立坛宇，朝夕礼拜，若家有严君，功及上世。其中能修身练药，学长生之术，即为真君种民。"药别授方，销练金丹、云英、八石、玉浆之法，皆有决要。上师李君手笔有数篇，其余，皆正真书曹赵道覆所书。古文鸟迹，篆隶杂体，辞义约辩，婉而成章。大自与世礼相准，择贤推德，信者为先，勤者次之。

（录自《魏书》卷一百一十四，中华书局1974年版，第3050~3052页）

灭惑论（节录）

刘 勰[①]

案道家立法，厥品有三：上标老子，次述神仙，下袭张陵。太上为宗，寻柱史嘉遁，实惟大贤，著书论道，贵在无为。理归静一，化本虚柔。然而三世弗纪，慧业靡闻，斯乃导俗之良书，非出世之妙经也。若乃神仙小道，名为五通，福极生天，体尽飞腾，神通而未免有漏，寿远而不能无终，功非饵药，德沿业修，于是愚狡方士，伪托遂滋，张陵米贼，述记升天，葛玄野竖，著传仙公，愚斯惑矣。智可罔与？今祖述李叟，则教失如彼；宪章神仙，则体劣如此。上中为妙，犹不足算，况效陵、鲁，醮事章符，设教五斗，欲拯三界，以蚊负山，庸讵胜乎？标名大道，而教甚于俗；举号太上，而法穷下愚。……事合氓庶，故比屋归宗，是以张角、李弘，毒流汉季；卢悚、孙恩，乱盈晋末，余波所被，实蕃有徒。

（录自《弘明集》卷八，四部丛刊影印本）
（参校《弘明集》，中华书局2011年版，第288~289页）

[①] 刘勰（约465—约532），南朝梁文论家。

二教论·儒道升降（节录）

道　安[①]

儒道既弊，圣教不兴，何、王摹之，尚道废儒，惑乱天下，变风毁俗，遂使魏、晋为之陵迟，四夷交侵，中国微矣。

（录自《广弘明集》卷八，四部丛刊影印本）
（参校《弘明集　广弘明集》，上海古籍出版社1991年版，第143页）

二教论·道仙优劣（节录）

道　安

问：先生高谈寿夭，善积前生，业果虽详，芝丹仍略。且道家之极，极在长生，呼吸太一，吐故纳新。子欲劣之，其可得乎？答曰：老氏之旨，盖虚无为本，柔弱为用，浑思天元，恬高人世，浩气养和，得失无变，穷不谋通，达不谋己。此学者之所以询仰余流，其道若存者也。若乃练服金丹，餐霞饵玉，灵升羽蜕，尸解形化，斯皆尤乖老、庄立言本理，其致流渐，非道之俦。虽记奇者有之，而言道者莫取。昔汉武好方伎，遂有栾大之妖；光武信谶书，致有桓谭之议。书为方伎，不入坟流；人为方士，何关雅正？吾子曷为舍大而从小，背理而趣诞乎？

（录自《广弘明集》卷八，四部丛刊影印本）
（参校《弘明集　广弘明集》，上海古籍出版社1991年版，第145页）

[①] 道安（314—385），东晋、前秦时僧人。

二教论·服法非老（节录）

道 安

但今之道士，始自张陵，乃是鬼道，不关老子。何以知之？李膺《蜀记》曰："张陵避病疟于丘社之中，得咒鬼之术书，为是遂解使鬼法。后为大蛇所噏，弟子妄述升天。"……

……而张角、张鲁等，本因鬼言汉末黄衣当王，于是始服之。曹操受命，以黄代赤，黄巾之贼，至是始平。自此已来，遂有兹弊。至宋武帝，悉皆断之。至寇谦之时，稍稍还有。今既大道之世，风化宜同，小巫巾色，实宜改复。且老子大贤，绝弃贵尚，又是朝臣，服色宁异？古有专经之学，而无服象之殊。黄巾布衣，出自张鲁，国典明文，岂虚也哉？夫圣贤作训，弘裕温柔；鬼神严厉，动为寒暑。老子诫味，祭酒皆饮；张制鬼服，黄布则齐。真伪皎然，急缓可见。

（录自《广弘明集》卷八，四部丛刊影印本）
（参校《弘明集　广弘明集》，上海古籍出版社 1991 年版，第 146 页）

南北朝隋唐初道教教义学管窥

——以《道教义枢》为线索（节录）

［日］麦谷邦夫[①]

《道教义枢》是一部旨在"显至道之教法，标大义之枢要"的道教教义书。编者孟安排是活跃于高宗至武则天时期的道士，《道教义枢》是在借鉴先前问世的道教教义书的巨著《玄门大义》的基础上编纂的。由于《玄门大义》业已失传，因此《道教义枢》便成为承传初唐时期道教教义的代表作。该书的特点，简言之，是借佛教教义学的方法论，对有史以来的道教教义进行了综合

[①] 麦谷邦夫，日本国立京都大学教授、道教研究者。

的、有体系的再编。

南北朝时期,在同佛教交往的过程中,涌现出很多直接间接地受佛教教义影响的道教经典。另外,北周武帝建造起通道观,接着在隋的玄都观开始了对儒道佛三教教义的综合性的研究。其结果,对道教教义进行整理,使之系统化的时机逐渐成熟了。在这样的历史条件下,作为第一部只引用既成的道教经典进行经证,而又构成体系的道教教义书便是隋末的《玄门大义》。诚然,这部教义书,无论在体例上还是在方法、教义上,都无不显露出佛教教义的明显的影响。但是能基于道教经典,建立起独自的道教教义学,这足以说明:这个时期的道教教义已经结束了单纯模仿佛教教义的阶段,向自身完成的领域迈出了第一步。

(录自《日本学者论中国哲学史》,中华书局1986年版,第267~268页)

方术传的立传及其性质(节录)

[日] 坂出祥伸[①]

综观自《三国志》方技传以后到《明史》为止的方技乃至方术传或艺术传之类,有以下三点值得注意:

(一)《三国志》方技传后,范晔的《后汉书》方术传乃立。它详细地记述了术数者的事迹。从此,其内容和记述方法成为后世编纂正史方术传的一种固定的形式。

(二)作为术数者的组成成分,尽管医生、天文学家、相术者、占术者逐渐成为术数者队伍的主要组成部分,然而后来出现的造物技术者,如建筑者、工艺技术者,也被包括在这一术数者队伍之内了。自《魏书·术艺传》以后,这一倾向特别显著。我想,这一现象意味着术数者概念的扩大。

(三)《后汉书》以后,在正史方术传的记载中,编纂者往往试图把术数限于礼的秩序之中。所谓礼的秩序,无非就是政治制度,因此,将术数行为限

---

① 坂出祥伸,日本关西大学教授,中国思想史研究者。

于政治统治制度内的意图,就意味着术数行为本身固有一种违反统治秩序或超出统治秩序界限的性质。这也暗示出通过统治机构吸取民间科学和技术的中国科学的特点。

(录自《日本学者论中国哲学史》,中华书局1986年版,第204~205页)

《晋书·傅玄传》论魏好法术 *

玄上疏曰:"臣闻先王之临天下也,明其大教,长其义节;道化隆于上,清议行于下,上下相奉,人怀义心。亡秦荡灭先王之制,以法术相御,而义心亡矣。近者魏武好法术,而天下贵刑名;魏文慕通达,而天下贱守节。其后纲维不摄,而虚无放诞之论盈于朝野,使天下无复清议,而亡秦之病复发于今。……"

(录自《晋书》卷四十七,中华书局1974年版,第1317~1318页)

晋书·葛洪传(节录)

洪少好学,家贫,躬自伐薪以贸纸笔,夜辄写书诵习,遂以儒学知名。性寡欲,无所爱玩,不知棋局几道,摴蒲齿名。为人木讷,不好荣利,闭门却扫,未尝交游。于余杭山见何幼道、郭文举,目击而已,各无所言。时或寻书问义,不远数千里崎岖冒涉,期于必得,遂究览典籍,尤好神仙导养之法。从祖玄,吴时学道得仙,号曰葛仙公,以其炼丹秘术授弟子郑隐。洪就隐学,悉得其法焉。后师事南海太守上党鲍玄。玄亦内学,逆占将来,见洪深重之,以女妻洪。洪传玄业,兼综练医术,凡所著撰,皆精核是非,而才章富赡。

…………

……在山积年,优游闲养,著述不辍。其自序曰:

…………

道士弘博洽闻者寡,而意断妄说者众。至于时有好事者,欲有所修为，仓卒不知所从，而意之所疑又无足谘。今为此书，粗举长生之理。其至妙者不得宣之于翰墨，盖粗言较略以示一隅，冀俳愤之徒省之可以思过半矣。岂谓暗塞必能穷微畅远乎，聊论其所先觉者耳。世儒徒知服膺周孔，莫信神仙之书，不但大而笑之，又将谤毁真正。故予所著子言黄白之事，名曰《内篇》，其余驳难通释，名曰《外篇》，大凡内外一百一十六篇。

（录自《晋书》卷七十二，中华书局1974年版，第1911~1912页）

明 本（节录）

葛 洪①

或问儒道之先后。抱朴子答曰："道者，儒之本也；儒者，道之末也。先以为阴阳之术，众于忌讳，使人拘畏；而儒者博而寡要，劳而少功；墨者俭而难遵，不可遍循；法者严而少恩，伤破仁义。唯道家之教，使人精神专一，动合无形，包儒墨之善，总名法之要，与时迁移，应物变化，指约而易明，事少而功多，务在全大宗之朴，守真正之源者也。……"

（录自《抱朴子内篇校释》卷十，中华书局1985年版，第184页）

南史·陶弘景传（节录）

（陶弘景）至十岁，得葛洪《神仙传》，昼夜研寻，便有养生之志。……
…………
始从东阳孙游岳受符图经法，遍历名山，寻访仙药。身既轻捷，性爱山水，每经涧谷，必坐卧其间，吟咏盘桓，不能已已。……
…………

---

① 葛洪（283—363），东晋道教理论家、医药学家。

性好著述，尚奇异，顾惜光景，老而弥笃。尤明阴阳五行、风角星算、山川地理、方图产物、医术本草……

…………

……曾梦佛授其菩提记云，名为胜力菩萨。乃诣鄮县阿育王塔自誓，受五大戒。

（录自《南史》卷七十六《隐逸下》，中华书局 1975 年版，第 1897~1898、1899 页）

论隋唐五代学术

隋唐学术于儒学衰败之后显露出复兴气象；佛学流派形成，佛学中国化基本完成；道教借鉴儒佛学说，完善理论体系。儒、释、道并行不悖，圆融综会之势日趋彰显。

隋唐时期儒学复兴的历程颇为曲折。

隋承三百年战乱之后，重新统一中国，魏晋南北朝儒学"师说纷纭，无所取正"的乱局稍有改观，而南北经学泾渭两分的格局亦悄然生变。王通以儒为主，杂取老、释思想，并力倡儒、释、道"三教可一"说，其弟子"河汾门下"相与呼应，儒学一统苗头初显。

唐初统治者更着意统一儒学。太宗时，朝廷诏求前代通儒子孙，特加拔擢，以左丘明、公羊高、穀梁赤等配享孔子庙庭。孔颖达等杂采南北诸儒经说，撰定《五经正义》，朝廷颁示天下，作为科举取士的标准，令士子传习。陆德明、颜师古等重拾汉儒训诂之法，释证经典，声名鹊起。统治者的大力提倡，使唐初出现"儒教聿兴"的局面。初中唐之际，儒学由定于一统而走向刻板，加之"安史之乱"的爆发和佛学的蓬勃发展，儒学一度沉寂。大历年间，以啖助、赵匡、陆淳为代表的一些治《春秋》的学者以"不本所承，自用名学"显于一时，给沉闷的儒学输进清新气息，经今文学派再续传人，并开后世宋儒怀疑经传的风气。唐后期，以韩愈、李翱为代表的儒士有感于释、老之学的勃盛，意图重振儒学。韩愈竭力推崇孟子心性学说和"万物皆备于"我的精神，提出儒学传承序列，即尧、舜、禹、汤→文、武、周公→孔子→孟子→韩愈的"道统"说。李翱在《复性书》中也大谈儒家性命之道。他们所倡导的儒学显然充满魏晋玄虚味和隋唐禅学气，与佛、道学说有貌离神合之处，是宋代理学的先驱之一。

隋唐五代时期是中国佛教发展的黄金时代。如果说魏晋南北朝佛教发展重在佛教经典的翻译和介绍，那么隋唐五代时期则是以宗派创立和佛教中国化为主的阶段。在这个发展过程中，佛教流变，走着一条双向融合的轨道。一是佛教内部各派相互融合的趋向，二是与儒、道相融合的趋向。在这一双重融合潮流之中，形成唯识宗、天台宗、华严宗、净土宗、禅宗等派别。

唯识宗滥觞于南北朝时北方《十地经论》和南方《摄大乘论》。隋唐之际的玄奘，有感于佛教教理聚讼纷纭而决心西行求法，会通大乘空、有二宗以成唯识宗。因其教义烦琐，玄奘而后，仅三传便趋衰落。

天台宗、华严宗、净土宗、禅宗是地道的佛教中国学派。

天台宗的实际创始人是陈隋之际世称"天台大师"的智顗，他将南方义学、北方禅法、道教丹田炼气术、儒学人性论纳入自己的理论体系中。其说以"一心三观""圆融二谛"的实相说为思想核心，强调止观并重、定慧双修，并以"五时八教"判释全部佛说，后经门徒灌顶精细整理，成为天台宗基本教义。唐时天台九祖湛然进一步发展天台宗思想，天台宗由此大盛，湛然也被称誉为天台"中兴之祖"。

华严宗相传为陈隋间杜顺所创，但实际创始人是法藏。法藏从开始弘教便有一种博大的综合气象，其教旨在于沟通一切对立面的"圆融"和"无碍"。法藏的传人宗密在《原人论》中公开盛赞"孔、老、释迦皆是至圣"。华严宗较之以前的佛学派别更具中国本土精神。

净土宗奉东晋慧远为始祖，但该宗产生较大影响则是在隋唐。隋唐之际道绰倡"持名念佛"，以为出离尘世，往生西方极乐国土之不二法门，净土宗学说广泛传播。其后弟子善导先后住持长安光明寺、慈恩寺，广弘净土理论，正式创立净土宗，认为只要发愿念佛德生，死后就能得阿弥陀佛接引，乘佛愿力，往生西方极乐净土。由于教义通俗晓畅，修为之法便捷易行，中唐后广泛流行。该派无论是在思想理念、内容与形式，还是在宗教仪轨规范方面，都与原生形态的印度佛教大相径庭，具有明显的中国化特征。

彻底中国化的佛教是禅宗，其流传为菩提达摩→慧可→僧璨→道信→弘忍，弘忍而后一分为二，神秀居北，慧能居南，有"南顿北渐"之别，但慧能所传禅法为正统。其禅法以"定慧为本"，主张众生皆有佛性，皆可成佛，而止息皆是生禅，只要于自心顿现真如本性，即可"顿悟成佛"。因其修持方法简便易行，逐渐取代其他各宗的烦琐义学，流行日广。慧能之后，又分出青原行思和南岳怀让两支法系。禅宗是"西方"（天竺）佛教与中国社会、文化学术、民族心理水乳交融的产物。

以上四宗的共通之处在于大量吸纳儒家人性论和"内圣"之道，以及道家全身养性的有关思想资料，张扬"心性本觉"的理念，提倡"方便"成佛法门，从而与主张"心性本净""无性有情"不能成佛的印度佛教划清了界限，具有鲜明的中国本土学术性格。

五代时期文益创法眼宗（禅宗五家之一），再传弟子延寿（俗名王仲玄）撰《宗镜录》，调和佛教各宗派的宗旨分歧，主张禅、教（指禅宗以外诸宗）一致，显露以禅为主，统一其他诸家学说的趋势。这为宋明理学家援佛入儒开一大方便之门。

唐代文化氛围宽松。李唐王室偏好道教，道教亦依王室扶持而风行天下。唐代道教学人远师陶弘景，直承南朝道教符箓派。其代表人物有王远知、潘师正、司马承祯、吴筠等人。唐代道士中，有些人仍然通儒学，以名教为务；也有些人对佛教经典颇有兴趣，大量吸收乃至径抄佛典以成道经；更多的道士以方士的面目出现，从事炼丹、幻术、卜筮、斋醮的活动。唐末五代杜光庭由儒入道，总结魏晋以来的道教理论，整理刊勒道教史籍和科范仪则，对宋元道教的发展产生较大影响。

隋唐五代时期，儒、释、道在"三教并重"的文化氛围中相互推引、融会，经过五代的消长变异，为宋明理学的形成提供了丰富的思想资料。

隋书·经籍志（节录）

《诗》者，所以导达心灵，歌咏情志者也。故曰："在心为志，发言为诗。"上古人淳俗朴，情志未惑。其后君尊于上，臣卑于下，面称为谄，目谏为谤，故诵美讥恶，以讽刺之。初但歌咏而已，后之君子，因被管弦，以存劝戒。夏、殷已上，诗多不存。周氏始自后稷，而公刘克笃前烈，太王肇基王迹，文王光昭前绪，武王克平殷乱，成王、周公化至太平，诵美盛德，踵武相继。幽、厉板荡，怨刺并兴。其后王泽竭而诗亡，鲁太师挚次而录之。孔子删《诗》，上采商，下取鲁，凡三百篇。至秦，独以为讽诵，不灭。汉初，有鲁人申公，受《诗》于浮丘伯，作诂训，是为《鲁诗》。齐人辕固生亦传《诗》，是为《齐诗》。燕人韩婴亦传《诗》，是为《韩诗》。终于后汉，三家并立。汉初又有赵人毛苌善《诗》，自云子夏所传，作《诂训传》，是为"《毛诗》古学"，而未得立。后汉有九江谢曼卿，善《毛诗》，又为之训。东海卫敬仲，受学于曼卿。先儒相承，谓之《毛诗》。序，子夏所创，毛公及敬仲又加润益。郑众、贾逵、马融，并作《毛诗传》，郑玄作《毛诗笺》。《齐诗》，魏代已亡；《鲁诗》亡于西晋；《韩诗》虽存，无传之者。唯《毛诗郑笺》，至今独立。又有《业诗》，奉朝请业遵所注，立义多异，世所不行。

（录自《隋书》卷三十二，中华书局 1973 年版，第 918 页）

隋书·儒林列传（节录）

自晋室分崩，中原丧乱，五胡交争，经籍道尽。魏氏发迹代阴，经营河朔，得之马上，兹道未弘。暨夫太和之后，盛修文教，搢绅硕学，济济盈朝，缝掖巨儒，往往杰出，其雅诰奥义，宋及齐、梁不能尚也。南北所治，章句好尚，互有不同。江左《周易》则王辅嗣，《尚书》则孔安国，《左传》则杜元凯。河、洛《左传》则服子慎，《尚书》《周易》则郑康成。《诗》则并主于毛公，《礼》则同遵于郑氏。大抵南人约简，得其英华，北学深芜，穷其枝叶。考其终始，要其会归，其立身成名，殊方同致矣。

爰自汉、魏，硕学多清通，逮乎近古，巨儒必鄙俗。文、武不坠，弘之在人，岂独愚蔽于当今，而皆明哲于往昔？在乎用与不用，知与不知耳。然囊之弼谐庶绩，必举德于鸿儒，近代左右邦家，咸取士于刀笔。纵有学优入室，勤逾刺股，名高海内，擢第甲科，若命偶时来，未有望于青紫，或数将运舛，必委弃于草泽。然则古之学者，禄在其中，今之学者，困于贫贱，明达之人，志识之士，安肯滞于所习，以求贫贱者哉？此所以儒罕通人，学多鄙俗者也。昔齐列康庄之第，多士如林，燕起碣石之宫，群英自远。是知俗易风移，必由上之所好，非夫圣明御世，亦无以振斯颓俗矣。

自正朔不一，将三百年，师说纷纶，无所取正。高祖膺期纂历，平一寰宇，顿天网以掩之，贲旌帛以礼之，设好爵以縻之，于是四海九州强学待问之士靡不毕集焉。天子乃整万乘，率百僚，遵问道之仪，观释奠之礼。博士罄悬河之辩，侍中竭重席之奥，考正亡逸，研核异同，积滞群疑，涣然冰释。于是超擢奇隽，厚赏诸儒，京邑达乎四方，皆启黉校。齐、鲁、赵、魏，学者尤多，负笈追师，不远千里，讲诵之声，道路不绝。中州儒雅之盛，自汉、魏以来，一时而已。及高祖暮年，精华稍竭，不悦儒术，专尚刑名，执政之徒，咸非笃好。暨仁寿间，遂废天下之学，唯存国子一所，弟子七十二人。炀帝即位，复开庠序，国子郡县之学，盛于开皇之初。征辟儒生，远近毕至，使相与讲论得失于东都之下，纳言定其差次，一以闻奏焉。于时旧儒多已凋亡，二刘拔萃出类，学通南北，博极今古，后生钻仰，莫之能测。所制诸经义疏，搢绅咸师宗之。既而外事四夷，戎马不息，师徒怠散，盗贼群起，礼义不足以防君子，刑罚不足以威小人，空有建学之名，而无弘道之实。其风渐坠，以至灭亡，方领矩步之徒，亦多转死沟壑。凡有经籍，自此皆湮没于煨尘矣。遂使后进之士不复闻《诗》《书》之言，皆怀攘夺之心，相与陷于不义。《传》曰："学者将植，不学者将落。"然则盛衰是系，兴亡攸在，有国有家者可不慎欤！

（录自《隋书》卷七十五，中华书局1973年版，第1705~1707页）

旧唐书·儒学上（节录）

古称儒学家者流，本出于司徒之官，可以正君臣，明贵贱，美教化，移风俗，莫若于此焉。故前古哲王，咸用儒术之士，汉家宰相，无不精通一经，朝廷若有疑事，皆引经决定，由是人识礼教，理致升平。近代重文轻儒，或参以法律，儒道既丧，淳风大衰，故近理国多劣于前古。自隋氏道消，海内版荡，彝伦攸斁，戎马生郊，先代之旧章，往圣之遗训，扫地尽矣。

及高祖建义太原，初定京邑，虽得之马上，而颇好儒臣。……

（武德）二年，诏曰：

……朕君临区宇，兴化崇儒，永言先达，情深绍嗣。宜令有司于国子学立周公、孔子庙各一所，四时致祭。仍博求其后，具以名闻，详考所宜，当加爵土。是以学者慕向，儒教聿兴。

至三年，太宗讨平东夏，海内无事，乃锐意经籍，于秦府开文学馆，广引文学之士，下诏以府属杜如晦等十八人为学士，给五品珍膳，分为三番，更直宿于阁下。及即位，又于正殿之左，置弘文学馆，精选天下文儒之士虞世南、褚亮、姚思廉等，各以本官兼署学士，令更日宿直。听朝之暇，引入内殿，讲论经义，商略政事，或至夜分乃罢。又召勋贤三品已上子孙，为弘文馆学生。贞观二年，停以周公为先圣，始立孔子庙堂于国学，以宣父为先圣，颜子为先师。大征天下儒士，以为学官。数幸国学，令祭酒、博士讲论，毕，赐以束帛。学生能通一大经已上，咸得署吏。又于国学增筑学舍一千二百间，太学、四门博士亦增置生员，其书算各置博士、学生，以备艺文，凡三千二百六十员。其玄武门屯营飞骑，亦给博士，授以经业，有能通经者，听之贡举。是时四方儒士，多抱负典籍，云会京师。俄而高丽及百济、新罗、高昌、吐蕃等诸国酋长，亦遣子弟请入于国学之内。鼓箧而升讲筵者，八千余人，济济洋洋焉，儒学之盛，古昔未之有也。

太宗又以经籍去圣久远，文字多讹谬，诏前中书侍郎颜师古考定五经，颁于天下，命学者习焉。又以儒学多门，章句繁杂，诏国子祭酒孔颖达与诸儒撰定五经义疏，凡一百七十卷，名曰《五经正义》，令天下传习。十四年，诏曰："梁皇侃、褚仲都，周熊安生、沈重，陈沈文阿、周弘正、张讥，隋何妥、刘炫等，并前代名儒，经术可纪。加以所在学徒，多行其疏，宜加优异，以劝后生。可访其子孙见在者，录名奏闻，当加引擢。"二十一年，又诏曰："左丘明、卜子夏、公羊高、穀梁赤、伏胜、高堂生、戴圣、毛苌、孔安国、刘向、郑众、杜子春、马融、卢植、郑玄、服虔、何休、王肃、王弼、杜元凯、范宁等二十一人，并用其书，垂于国胄。既行其道，理合褒崇。自今有事太学，可与颜子俱配享孔子庙堂。"其尊重儒道如此。

高宗嗣位，政教渐衰，薄于儒术，尤重文吏。于是醇醲日去，华竞日彰，犹火销膏而莫之觉也。及则天称制，以权道临下，不吝官爵，取悦当时。其国子祭酒，多授诸王及驸马都尉。准贞观旧事，祭酒孔颖达等赴上日，皆讲五经题。至是，诸王与驸马赴上，唯判祥瑞按三道而已。至于博士、助教，唯有学官之名，多非儒雅之实。是时复将亲祠明堂及南郊，又拜洛，封嵩岳，将取弘文国子生充斋郎行事，皆令出身放选，前后不可胜数。因是生徒不复以经学为意，唯苟希侥倖。二十年间，学校顿时隳废矣。

玄宗在东宫，亲幸太学，大开讲论，学官生徒，各赐束帛。及即位，数诏州县及百官荐举经通之士。又置集贤院，招集学者校选，募儒士及博涉著实之流。

（录自《旧唐书》卷一百八十九上，中华书局 1975 年版，第 4939~4942 页）

旧唐书·经籍上（节录）

今录开元盛时四部诸书，以表艺文之盛。

四部者，甲、乙、丙、丁之次也。

甲部为经，其类十二：一曰《易》，以纪阴阳变化。二曰《书》，以纪帝王遗范。三曰《诗》，以纪兴衰诵叹。四曰《礼》，以纪文物体制。五曰《乐》，以纪声容律度。六曰《春秋》，以纪行事褒贬。七曰《孝经》，以纪天经地义。八曰《论语》，以纪先圣微言。九曰图纬，以纪六经谶候。十曰经解，以纪六经谶候。十一曰诂训，以纪六经谶候。十二曰小学，以纪字体声韵。

乙部为史，其类十有三：一曰正史，以纪纪传表志。二曰古史，以纪编年系事。三曰杂史，以纪异体杂纪。四曰霸史，以纪伪朝国史。五曰起居注，以纪人君言动。六曰旧事，以纪朝廷政令。七曰职官，以纪班序品秩。八曰仪注，以纪吉凶行事。九曰刑法，以纪律令格式。十曰杂传，以纪先圣人物。十一曰地理，以纪山川郡国。十二曰谱系，以纪世族继序。十三曰略录，以纪史策条目。

丙部为子，其类一十有四：一曰儒家，以纪仁义教化。二曰道家，以纪清净无为。三曰法家，以纪刑法典制。四曰名家，以纪循名责实。五曰墨家，以纪强本节用。六曰纵横家，以纪辩说诡诈。七曰杂家，以纪兼叙众说。八曰农家，以纪播植种艺。九曰小说家，以纪刍辞舆诵。十曰兵法，以纪权谋制度。十一曰天文，以纪星辰象纬。十二曰历数，以纪推步气朔。十三曰五行，以纪卜筮占候。十四曰医方，以纪药饵针灸。

丁部为集，其类有三：一曰楚词，以纪骚人怨刺。二曰别集，以纪词赋杂论。三曰总集，以纪文章事类。

（录自《旧唐书》卷四十六，中华书局 1975 年版，第 1963~1964 页）

旧唐书·高宗本纪（节录）

（上元元年）天后上意见十二条，请王公百僚皆习《老子》，每岁明经一准《孝经》《论语》例试于有司。

（录自《旧唐书》卷五，中华书局1975年版，第99页）

旧唐书·则天皇后本纪（节录）

（载初元年）有沙门十人伪撰《大云经》，表上之，盛言神皇受命之事。制颁于天下，命诸州各置大云寺，总度僧千人。

（录自《旧唐书》卷六，中华书局1975年版，第121页）

旧唐书·玄宗本纪（节录）

（开元）二十一年春正月庚子朔，制令士庶家藏《老子》一本，每年贡举人量减《尚书》《论语》两条策，加《老子》策。……

…………

（开元）二十九年春正月丁丑，制两京、诸州各置玄元皇帝庙并崇玄学，置生徒，令习《老子》《庄子》《列子》《文子》，每年准明经例考试。……

…………

（天宝元年二月）庄子号为南华真人，文子号为通玄真人，列子号为冲虚真人，庚桑子号为洞虚真人。其四子所著书改为真经。崇玄学置博士、助教各一员，学生一百人。……

…………

（天宝三年十二月）诏天下民间家藏《孝经》一本。

…………

（史臣曰：）开元之初，贤臣当国，四门俱穆，百度唯贞，而释、老之流，颇以无为请见。……

（录自《旧唐书》卷八、卷九，中华书局 1975 年版，第 199、213、215、218、236 页）

论隋唐学术 *

马端临

自汉以后，九流浸微，隋唐之间又尚辞章，不复问义理之实，虽以儒自名者，亦不知何等为儒术矣，况其次者哉。百家壅底，正涂之弊虽息，而神仙服食之说盛，释氏因果之教兴，杂然与儒者抗衡而意常先之，君子虽有取焉，而学之者不为其所误者鲜矣。

（录自《文献通考》卷二百二十五"道藏书目"条，中华书局 1986 年版，第 1810 页）

《新唐书》论唐颁《五经正义》*

帝（唐太宗）尝叹《五经》去圣远，传习浸讹，诏师古于秘书省考定，多所釐正。既成，悉诏诸儒议，于是各执所习，共非诘师古。师古辄引晋、宋旧文，随方晓答，谊据该明，出其悟表，人人叹服。……

…………

初，（孔）颖达与颜师古、司马才章、王恭、王琰受诏撰五经义训凡百余篇，号《义赞》，诏改为《正义》云。虽包贯异家为详博，然其中不能无谬冗，博士马嘉运驳正其失，至相讥诋。有诏更令裁定，功未就。永徽二年，诏中书门下与国子三馆博士、弘文馆学士考正之，于是尚书左仆射于志宁、右仆射张行成、侍中高季辅就加增损，书始布下。

（录自《新唐书》卷一百九十八，中华书局 1975 年版，第 5641~5642、5644 页）

史通·自叙（节录）

刘知几[①]

昔汉世刘安著书，号曰《淮南子》。其书牢笼天地，博极古今，上自太公，下至商鞅。其错综经纬，自谓兼于数家，无遗力矣。然自《淮南》已后，作者无绝。必商榷而言，则其流又众。盖仲尼既殁，微言不行；史公著书，是非多谬。由是百家诸子，诡说异辞，务为小辨，破彼大道，故扬雄《法言》生焉。儒者之书，博而寡要，得其糟粕，失其菁华。而流俗鄙夫，贵远贱近，传兹牴牾，自相欺惑，故王充《论衡》生焉。民者，冥也，冥然罔知，率彼愚蒙，墙面而视。或讹音鄙句，莫究本源，或守株胶柱，动多拘忌，故应劭《风俗通》生焉。五常异禀，百行殊执，能有兼偏，知有长短。苟随才而任使，则片善不遗，必求备而后用，则举世莫可，故刘劭《人物志》生焉。夫开国承家，立身立事，一文一武，或出或处，虽贤愚壤隔，善恶区分，苟时无品藻，则理难铨综，故陆景《典语》生焉。词人属文，其体非一，譬甘辛殊味，丹素异彩，后来祖述，识昧圆通，家有诋诃，人相掎摭，故刘勰《文心》生焉。

若《史通》之为书也，盖伤当时载笔之士，其义不纯。思欲辨其指归，殚其体统。夫其书虽以史为主，而余波所及，上穷王道，下掞人伦，总括万殊，包吞千有。自《法言》已降，迄于《文心》而往，固以纳诸胸中，曾不蒂芥者矣。夫其为义也，有与夺焉，有褒贬焉，有鉴诫焉，有讽刺焉。其为贯穿者深矣，其为网罗者密矣，其所商略者远矣，其所发明者多矣。盖谈经者恶闻服、杜之嗤，论史者憎言班、马之失。而此书多讥往哲，喜述前非。获罪于时，固其宜矣。犹冀知音君子，时有观焉。尼父有云："罪我者《春秋》，知我者《春秋》。"抑斯之谓也。

昔梁征士刘孝标作《叙传》，其自比于冯敬通者有三。而予辄不自揆，亦窃比于扬子云者有四焉。何者？扬雄尝好雕虫小技，老而悔其少作。余幼喜诗赋，而壮都不为，耻以文士得名，期以述者自命。其似一也。扬雄草《玄》，

[①] 刘知几（661—721），唐代史学家。

累年不就，当时闻者，莫不哂其徒劳。余撰《史通》，亦屡移寒暑。悠悠尘俗，共以为愚。其似二也。扬雄撰《法言》，时人竞尤其妄，故作《解嘲》以酬之。余著《史通》，见者亦互言其短，故作《释蒙》以拒之。其似三也。扬雄少为范竣、刘歆所重，及闻其撰《太玄经》，则嘲以恐盖酱瓿。然刘、范之重雄者，盖贵其文彩若《长扬》《羽猎》之流耳。如《太玄》深奥，理难探赜。既绝窥逾，故加讥诮。余初好文笔，颇获誉于当时。晚谈史传，遂减价于知己。其似四也。夫才唯下劣，而迹类先贤。是用铭之于心，持以自慰。

（录自刘知己撰，浦起龙释《史通通释》卷十，上海古籍出版社1978年版，第291~293页）

（参校刘知几《史通》，商务印书馆1947年版，第3~6页）

战国汉唐诸子（节录）

朱 熹

问荀扬王韩四子。曰："凡人著书，须自有个规模，自有个作用处。或流于申韩，或归于黄老，或有体而无用，或有用而无体，不可一律观。且如王通这人，于世务变故、人情物态，施为作用处，极见得分晓，只是于这作用晓得处却有病。韩退之则于大体处见得，而于作用施为处却不晓。……" "……然王通比荀扬又复别。王通极开爽，说得广阔。缘它于事上讲究得精，故于世变兴亡，人情物态，更革沿袭，施为作用，先后次第，都晓得；识得个仁义礼乐都有用处。若用于世，必有可观。只可惜不曾向上透一着，于大体处有所欠阙，所以如此！若更晓得高处一着，那里得来！只细看它书，便见他极有好处，非特荀扬道不到，虽韩退之也道不到。韩退之只晓得个大纲，下面功夫都空虚，要做更无下手处，其作用处全疏，如何敢望王通！然王通所以如此者，其病亦只在于不曾子细读书。他只见圣人有个六经，便欲别做一本六经，将圣人腔子填满里面。若是子细读书，知圣人所说义理之无穷，自然无工夫闲做。他死时极后生，只得三十余岁。它却火急要做许多事。"

（录自《朱子语类》卷一百三十七，中华书局1986年版，第3255~3257页）

（参校《传世藏书·朱子语类》，海南国际新闻出版中心1996年版，第1375、1376页）

论异端之说 *

陆九渊①

问：异端之说，自周以前，不见于传记。后世所同信其为夫子之言而无疑者，惟《春秋》《十翼》《论语》《孝经》与《戴记》《中庸》《大学》等篇。《论语》有"攻乎异端，斯害也已"之说，然不知所谓异端者果何所指。至《孟子》乃始辟杨墨，辟许行，辟告子。后人指杨墨等为异端，孟子之书亦不目以异端。不知夫子所谓异端者果何等耶？《论语》有曰："乡原，德之贼也。"《孟子》亦屡言乡原之害。若乡原者，岂夫子所谓异端耶？果谓此等，则非止乡原而已也，其他亦有可得而推知者乎？

孟子之后，以儒称于当世者，荀卿、扬雄、王通、韩愈四子最著。《荀子》有《非十二子篇》，子思、孟轲与焉。荀子去孟子未远，观其言，甚尊孔子，严王霸之辨隆师隆礼，则其学必有所传，亦必自孔氏者也。而乃甚非子思、孟轲，何耶？至言子夏、子游、子张，又皆斥以贱儒。则其所师者果何人？而所传者果何道耶？其所以排子思、孟轲、子夏、子游、子张者，果皆出其私意私说，而举无足稽耶？抑亦有当考而论之者耶？

老庄盖后世所谓异端者。传记所载，老子盖出于夫子之前，然不闻夫子有辟之之说。孟子亦不辟老子，独杨朱之学，考其源流，则出于老氏，然亦不知孟子之辞，略不及于老氏何耶？至扬子始言"老子槌提仁义，绝灭礼乐，吾无取焉耳"，然又有取于其言道德。韩愈作《原道》，始力排老子之言道德。

佛入中国，在扬子之后。其事与其书入中国始于汉，其道之行乎中国始于梁，至唐而盛。韩愈辟之甚力，而不能胜。王通则又浑三家之学，而无所讥贬。浮屠老氏之教，遂与儒学鼎列于天下，天下奔走而乡之者盖在彼而不在此也。愚民以祸福归乡之者则佛老等，以其道而收罗天下之英杰者，则又不在于

---

① 陆九渊（1139—1193），南宋哲学家，心学开创者。

老而在于佛。故近世大儒有曰"昔之入人也，因其迷暗，今之入人也，因其高明"，谓佛氏之学也。百家满天下，入者主之，出者奴之，入者附之，出者污之，此庄子所以有彼是相非之说也。

（录自陆九渊著，钟哲点校《陆九渊集》卷二十四《策问》，中华书局1980年版，第288~289页）

（参校陆九渊《象山先生全集》，商务所书馆1935年版，第286~287页）

士学上（节录）

叶 适

噫！后世之儒者，徒得其书而读之，执其所为言以自信而已，尚安能真知迂阔之意！若董仲舒、刘向、扬雄、韩愈之徒，此其于孔氏之门人弟子未能什一也，而世遂以其迂阔而骇之。诚使孔、孟复出，亲见其人，与之考论其政事而接闻其言语，其不将有大骇者耶？奈何徒尊其道而弃其人乎！

（录自《叶适集·水心别集》卷三，中华书局1961年版，第675页）

中国佛学的传统

成中英

在中国哲学中第三个重要的因素是佛学。我们必须将中国的佛学与在中国的佛学辨别开来。在中国的佛学是自印度输入的，但中国的佛学是中国本土理知的产物，为在中国佛学的后期发展。在讨论中国佛学时，一个有趣的事实常被疏忽是：中国的佛学有两派与印度佛学先辈相符合，又有两派中国佛学与印度佛学先辈不相符合。与印度佛学先辈不相符合的两派中国佛学可以视作是两派新佛学的发展，而比以前更具有意义和深度。中国佛学头两宗是三论和唯识，后两宗是天台和华严。

现在我们首先简短地讨论后两派佛学，提出其典型的概念并指明其何以比前两派佛学更重要，最后并显示这两派佛学何以可视为在理论上结合成为一种异常的地位，而广大地影响了后来的时代——慧能的禅宗立场及慧能以后的其它禅师。

在三论宗中，主要的概念是要达到不执著和圆融无碍的佛智，肯定此和肯定非此都须超越。但此四种辞端的否定之逻辑（此、彼、此与彼、非此非彼），当应用到本体论上时，就需要一种不断和无限分离与否定的概念。无论如何，这种历程是难与人自己所发现的心灵状态与稳定的实际经验相调和的。天台宗很明显的便是从关注这种型态的问题而发展的，也就是关注人与此世界的关系。

在天台宗的经典中，不断超越此与彼的否定态度是与肯定此与彼之意义的肯定态度相结合的。此世界是虚有的，因之加以弃绝，又正因虚有即是此世界，我们也就只有此世界中接受此虚有。此种思想的结果，如同天台佛学思想家所关注的。弃绝此世界即是接受此世界，接受此世界即是弃绝世界。因为我们能弃绝可以弃绝的世界，接受可以接受的世界。这样看世界，世界便是既可接受又可弃绝，既可肯定又可否定。由之真理是两层而又二而一地统合在一起。现在我们可以追问这种情形如何可能。回答是非常简单的。世界可以从辩证的观点来看，由之世界是两相对待的动性统合，而此两相对待的两端又相辅相成。有人也许可以注意到在中国经典哲学中的《老子》与《易经》中，已为这种辩证的思想提供了一种式样。

从法相宗到华严宗的理论发展历程，似乎也依循此相同的模式。在唯识的原始教义中，认为整个世界是超俗世心灵或潜意识即称作阿赖耶识的观念活动所投射。设定此一切能力的心或意识，从而设定附着于此心的观念，用来说明世界的存在。换一句话说，佛教认为世界是心的活动所变展而来的实在。因此若心碍观念活动继续且不改的话，生死轮回就不会止息。唯识理论最终目的之一在指出藉止息心的活动从而止息生死活动的途径，以及指出藉控制心的实在性从而控制世界的实在性的途径。这种观点却又是与人类的实际生活经验及世界继续存在的人之经验相冲突的。也许是基于要调和这种冲突性，华严宗便进一步地发展出一种理论，认为世界可以从多重途径来看，而智慧与真的解脱就在以多重途径来看世界，这世界就是华严的事事无碍法界观。

华严宗第一位祖师杜顺，提出了理无碍、事无碍、理事无碍、事事无碍的理论。所有这些观点，意谓世界是无穷丰富和实在的。我们就应张开自己的心眼来看此非局限于观念产物之丰富和实在的世界。从而更进一步肯定一切即一、一即一切的理论，这就可清晰地看出华严宗应是视心既为一原理又为一殊象，它存于其它一切原理与殊象之中。其它一切原理与殊象，无不具有心的原理与心的殊象，这也就是万法唯心。此种互为依借和互为关系的本体论原理，便用来恢复了世界的两种实在，及由恢复两者的原始统合而保持了世界的原有面目。这一理论也意谓着在一无限和谐的实在中，主体和客体必须为依借，因而使主体和客体都成为一实在知识的必要属性。这种思想的可能性也可从道家和《易经》所发展的辩证观点来了解。

下面我们介绍在中国哲学中禅学的发展。前面我们已经指出此文是从分析性的重建观点来介绍中国哲学，我们最好视禅宗为在它以前中国佛学传统的最后和最好的产物。这也就是说禅宗在了解空的问题有天台宗的最佳传统，在了解心或意识的问题有华严宗的最佳传统。当我们适当地了解了天台和华严宗后，就知道禅宗实有天台和华严宗所具有的最佳传统。上面已解释了两宗思想的主要论点。依此解释，我们可容易地看到天台宗发展了一种有关空的理论，承认世界实在和存在的丰富意义，且保留了心的现象学上的实在，华严宗发展了有关心或意识的现象学，承认和肯定世界本体上的实在。关于世界和人的心灵，华严和天台宗都指出了将本体和现象相互结合的可能性。虽然他们开始时是从不同的哲学背景和不同的论点出发，但所针对的方向却是相同的。

至此关于世界的实在性和人的本体及现象相互结合的可能性，亦即世界的本体的实在和心灵的现象上的活动相互统合的可能性，就实际地和明显地由禅宗的教义与实践表现出来了。依照禅宗的教义和实际，只要我们一旦见到自己的真性（本性）和本有心灵，我们就了解终极的实在和得到智慧，也就是不再受任何幻想、偏见和由心所产生的种种事象的束缚。但这并不是说丧失人的心灵或否定世界的存在。相反地，禅宗为了要达到开悟，肯定世界的存在和保有人的心灵是很重要的。因为只有保有自己的心灵和肯定世界的存在，才能从自己的心灵和世界存在的束缚中解脱出来。用佛学的术语来说，在实际的人生中有涅槃（自由），在涅槃中有实际的人生。

上述禅宗辩证性的结合，不仅仅表现在智慧的作用中，也表现在人生的实际活动中。或者用另一句话来说，不是而且不能脱离实际的人生。即使是语言，若离开了生活的内容，也不能认为是可以了解的。事实上，因为禅宗所使用的语言代表了实在的许多方面，结果就使得在实在中的一切可能性相互作用在一起。因此语言和语言的使用，除了叙述、讨论或达成一种言词上的论点外，就有许许多多的功能。通常语言可用来指其所指，我们也可以用语言指其非所指以指其所指，或者否定其所指而明即其所指。在禅学的宗师中使用语言来表示或启示开悟的境界，它的多种复杂性方式是值得仔细分析和解释的，这仍是一种大部分尚未为人进行的工作。这种分析和解释所具有的意义，不仅能显示禅宗诚朴和深厚的思想特性，且能确定语言和语言使用的潜在性质。事实上，对禅宗的宗师来说，语言的使用并不是表示或诱导开悟的唯一方法，还有其它的许多方法如身体上各种表示的动作也可以使用。

说到此处，我们对禅宗应注意的重要地方是，人的每一动作均有由现象所显明的本体意义，以及在本体上隐含着现象上的意义。禅宗法要端在以创造性的生活和自我的觉悟之日常途径，来揭露人生的秘密，化平淡为神奇，寓神奇于平淡。因此，事实上禅宗并无门外人所称的神秘或不合理的地方，这些人仅只浮面地把握禅宗的教义和其历史背景。要紧的是禅宗是自然地与世界合而为一，并非刻意将世界落入一范畴性的悟性层面中，这一点在道家与《易经》中似乎也是如此的。

人人在本质上都是一道体，人人都具有佛性，在人生的意识活动中，我们就有充足的理由说人有能力实现和成就道或佛。知与行或作为二者之间的本体关系，就很容易地导致禅宗大澈大悟的理论。大澈大悟实乃主体与客体的动性统合，也就是能知的主体和被知的客体的动性统合。

（录自李翔海编《知识与价值：成中英新儒学论著辑要》，中国广播电视出版社1996年版，第14~18页）

（参校《成中英文集》第一卷，湖北人民出版社2006年版，第11~13页）

送僧浩初序

柳宗元[①]

儒者韩退之与余善，尝病余嗜浮图言，訾余与浮图游。近陇西李生础自东都来，退之又寓书罪余，且曰："见《送元生序》，不斥浮图。"浮图诚有不可斥者，往往与《易》《论语》合，诚乐之，其于性情奭然，不与孔子异道。退之好儒未能过扬子，扬子之书于庄、墨、申、韩皆有取焉。浮图者，反不及庄、墨、申、韩之怪僻险贼耶？曰："以其夷也。"果不信道而斥焉以夷，则将友恶来、盗跖，而贱季札、由余乎？非所谓去名求实者矣。吾之所取者与《易》《论语》合，虽圣人复生不可得而斥也。

退之所罪者其迹也，曰："髡而缁，无夫妇父子，不为耕农蚕桑而活乎人。"若是，虽吾亦不乐也。退之忿其外而遗其中，是知石而不知韫玉也。吾之所以嗜浮图之言以此。与其人游者，未必能通其言也。且凡为其道者，不爱官，不争能，乐山水而嗜闲安者为多。吾病世之逐逐然唯印组为务以相轧也，则舍是其焉从？吾之好与浮图游以此。

今浩初闲其性，安其情，读其书，通《易》《论语》，唯山水之乐，有文而文之；又父子咸为其道，以养而居，泊焉而无求，则其贤于为庄、墨、申、韩之言，而逐逐然唯印组为务以相轧者，其亦远矣。

李生础与浩初又善。今之往也，以吾言示之。因北人寓退之，视何如也。

（录自《柳宗元集》卷二十五，中华书局1979年版，第673~674页）
（参校《柳河东集》，上海古籍出版社2008年版，第425~426页）

送巽上人赴中丞叔父召序（节录）

柳宗元

以吾所闻知，凡世之善言佛者，于吴则惠诚师，荆则海云师，楚之南则重

[①] 柳宗元（773—819），唐代文学家、思想家。

巽师。师之言存，则佛之道不远矣。惠诚师已死，今之言佛者加少。其由儒而通者，郑中书，泊孟常州。中书见上人，执经而师受，且曰："于中道吾得以益达。"常州之言曰："从佛法生，得佛法分。"皆以师友命之。今连帅中丞公，具舟来迎，饰馆而俟，欲其道之行于远也，夫岂徒然哉！以中丞公之直清严重，中书之辩博，常州之敏达，且犹宗重其道，况若吾之昧昧者乎？

（录自《柳宗元集》卷二十五，中华书局1979年版，第671~672页）

（参校《柳河东集》，上海古籍出版社2008年版，第424页）

《法苑珠林》提要（节录）

纪 昀

盖佛法初兴，惟明因果，暨达摩东迈，始启禅宗。譬以六经之传，则因果如汉儒之训诂。虽专门授受，株守师承，而名物典故，悉求依据，其学核实而难诬。禅宗如宋儒之义理，虽覃思冥会，妙悟多方，而拟议揣摩，可以臆测，其说凭虚而易骋。故心印之教既行，天下咸避难趋易，辨才无碍，语录日增，而腹笥三藏之学在释家亦几乎绝响矣。此书作于唐初，去古未远，在彼法之中，犹为引经据典。虽其间荒唐悠谬之说，与儒理抵牾，而要与儒不相乱，存之可考释氏之掌故。较后来侈谈心性，弥近理，大乱真者，固尚有间矣。

（录自《四库全书总目提要》卷一百四十五《子部·释家类》，《四库全书》文渊阁本）

（参校《四库全书总目提要》，河北人民出版社2000年版，第3724页）

旧唐书·武宗本纪（节录）

（会昌五年）八月，制：

朕闻三代已前，未尝言佛，汉、魏之后，像教浸兴。是由季时，传此异俗，因缘染习，蔓衍滋多。以至于蠹耗国风，而渐不觉；诱惑人意，而众益迷。泊于九州山原，两京城阙，僧徒日广，佛寺日崇。劳人力于土木之功，夺人利于金宝之饰，遗君亲于师资之际，违配偶于戒律之间。坏法害人，无逾此道。且一夫不田，有受其饥者；一妇不蚕，有受其寒者。今天下僧尼，不可胜数，皆待农而食，待蚕而衣。寺宇招提，莫知纪极，皆云构藻饰，僭拟宫居。晋、宋、齐、梁，物力凋瘵，风俗浇诈，莫不由是而致也。况我高祖、太宗，以武定祸乱，以文理华夏，执此二柄，足以经邦，岂可以区区西方之教，与我抗衡哉！贞观、开元，亦尝釐革，铲除不尽，流衍转滋。朕博览前言，旁求舆议，弊之可革，断在不疑。而中外诚臣，协予至意，条疏至当，宜在必行。惩千古之蠹源，成百王之典法，济人利众，予何让焉。其天下所拆寺四千六百余所，还俗僧尼二十六万五百人，收充两税户，拆招提、兰若四万余所，收膏腴上田数千万顷，收奴婢为两税户十五万人。隶僧尼属主客，显明外国之教。勒大秦穆护、袄三千余人还俗，不杂中华之风。於戏！前古未行，似将有待；及今尽去，岂谓无时。驱游惰不业之徒，已逾十万；废丹臒无用之室，何啻亿千。自此清净训人，慕无为之理；简易齐政，成一俗之功。将使六合黔黎，同归皇化。尚以革弊之始，日用不知，下制明廷，宜体予意。

（录自《旧唐书》卷十八上，中华书局1975年版，第605~606页）

止观统例议（节录）

梁　肃①

隋开皇十七年，智者大师去世。至皇朝建中，垂二百载，以斯文相传，凡五家师。其始曰灌顶，其次曰缙云威，又其次曰东阳小威，又其次曰左溪朗公，其五曰荆溪然公。顶于同门中慧解第一，能奉师训，集成此书。盖不以文词为本故也。或失则烦，或得则野。当二威之际，缄受而已，其道不行。天宝中，左溪始宏解说，而知者盖寡。荆溪广以传记数十万言，网罗遗法，勤矣备矣。荆溪灭后，知其说者适三四人。

（录自《全唐文》卷五百一十七，中华书局1983年影印本，第5258页）
（参校《全唐文》，中华书局2009年版，第5258页）

---

① 梁肃（751—793），唐代文学家。

大乘起信论义记（节录）

法 藏[①]

第二随教辨宗者。现今东流一切经论，通大小乘，宗途有四：一、随相法执宗，即小乘诸部是也。二、真空无相宗，即《般若》等经，《中观》等论所说是也。三、唯识法相宗，即《解深密》等经，《瑜伽》等论所说是也。四、如来藏缘起宗，即《楞伽》《密严》等经，《起信》《宝性》等论所说是也。此四之中，初则随事执相说，二则会事显理说，三则依理起事差别说，四则理事融通无碍说。以此宗中，许如来藏随缘成阿赖耶识，此则理彻于事也；亦许依他缘起无性同如，此则事彻于理也。又，此四宗，初则小乘诸师所立，二则龙树、提婆所立，三是无著、世亲所立，四是马鸣、坚慧所立。然此四宗亦无前后时限差别，于诸经论亦有交参之处，宜可准知。今此论宗，意当第四门也。

（录自《大乘起信论义记》卷一，金陵刻经处清光绪二十四年刻本）
（参校《中国佛教思想资料选编》第二卷第二册，中华书局1983年版，第292页）

华严一乘教义分齐章（节录）

法 藏

第三，叙今古立教者，谓古今诸贤所立教门，差别非一，且略叙十家以为龟镜。

一、依菩提流支，依《维摩经》等，立一音教。谓一切圣教，皆是一音一味，一雨等霪。但以众生根行不同，随机异解，遂有多种。如克其本，唯是如来一圆音教。故经云"佛以一音演说法，众生随类各得解"等是也。

[①] 法藏（643—712），唐代高僧。

二、依护法师等，依《楞伽》等经，立渐顿二教。谓以先习小乘，后趣大乘，大由小起故名为渐，亦大小俱陈故，即《涅槃》等教是也。如直往菩萨等，大不由小，故名为顿，亦以无小故，即《华严》是也。远法师等后代诸德，多同此说。

三、依光统律师，立三种教。谓渐顿圆。光师释意，以根未熟，先说无常，后说常，先说空，后说不空，深妙之义，如是渐次而说，故名渐教。为根熟者，于一法门，具足演说一切佛法，常与无常，空与不空，同时俱说，更无渐次，故名顿教。为于上达分阶佛境者，说于如来无碍解脱究竟果海，圆极秘密自在法门，即此经是也。后光统门下遵统师等诸德，并亦宗承，大同此说。

四、依大衍法师等一时诸德，立四宗教，以通收一代圣教。一、因缘宗，谓小乘《萨婆多》等部；二、假名宗，谓《成实经》部等；三、不真宗，谓诸部《般若》，说即空理，明一切法不真实等；四、真实宗，《涅槃》《严华》等，明佛性法界真理等。

五、依护身法师，立五种教。三种同前衍师等。第四名真实宗教，谓《涅槃》等经，明佛性真理等。第五明法界宗，谓《华严》明法界自在无碍法门等。

六、依耆阇法师，立六宗教。初二同衍师。第三名不真宗，明诸大乘，通说诸法如幻化等；第四名真宗，明诸法真空理等；第五名常宗，明说真理恒沙功德常恒等义；第六名圆宗，明法界自在，缘起无碍，德用圆备，亦《华严》法门等是也。

七、依南岳思禅师，及天台智者禅师，立四种教，统摄东流一代圣教。一名三藏教，谓是小乘故。彼自引《法华经》云，不得亲近小乘三藏学者。又，《智论》中说小乘为三藏教，大乘为摩诃衍藏。二名通教，谓诸大乘经中，说法通益三乘人等，及《大品》中乾慧等十地，通大小乘是也。三名别教，谓诸大乘经中所明道理，不通小乘等者是也。四名圆教，为法界自在，具足一切无尽法门，一即一切，一切即一等，即《华严》等经是也。

八、依江南愍法师立二教。一、释迦经，谓屈曲教，以逐物机，随计破著故，如《涅槃》等。二、卢舍那经，谓平等道教，以逐法性自在说故，即《华严》是也。

九、依梁朝光宅寺云法师，立四乘教。谓临门三车为三乘，四衢所授大白牛车方为第四。以彼临门牛车，亦同羊鹿，俱不得故。余义同上辨。信行禅师依此宗立二教，谓一乘三乘。三乘者，则别解别行及三乘差别，并先习小乘，后趣大乘是也。一乘者，谓普解普行，唯是一乘，亦《华严》法门，及直进等是也。

十、依大唐三藏玄奘法师，依《解深密经》《金光明经》及《瑜伽论》，立三种教，即三法轮是也。一、转法轮，谓于初时鹿野园中，转四谛法轮，即小乘法。二名照法轮，谓中时于大乘内，密意说言诸法空等。三名持法轮，谓于后时，于大乘中显了意说三性，及真如不空理等。此三法轮中，但摄小乘及三乘中始终二教，不摄别教一乘。何以故？以《华严经》在初时说，非是小乘故；彼持法轮在后时说，非是《华严》故，是故不摄《华严》法门也。此上十家立教诸德，并是当时法将，英悟绝伦，历代明模，阶位叵测。祇如思禅师及智者禅师，神异感通，迹参登位，灵山听法，忆在于今，诸余神应，广如僧传。又如云法师，依此开宗，讲《法华经》，感天雨花等，神迹如僧传。其余诸法师行解超伦，亦如僧传。此等诸德，岂夫好异，但以备穷三藏，觌斯异轸，不得已而分之，遂各依教开宗，务存通会，使坚疑硕滞，冰释朗然，圣说差异，其宜各契耳。

（录自《华严一乘教义分齐章》卷一，金陵刻经处刻本）

（参校《中国佛教思想资料选编》第二卷第二册，中华书局1983年版，第138~140页）

华严原人论·序

宗 密[①]

万灵蠢蠢，皆有其本；万物芸芸，各归其根。未有无根本而有枝末者也，况三才中之最灵，而无本源乎？且知人者智，自知者明，我今禀得人身，而不自知所从来，曷能知他世所趣乎？曷能知天下古今人事乎？故数十年中，学无常师，博考内外，以原自身。原之不已，果得其本。然今习儒道者，只知近则乃祖乃父，传体相续，受得此身，远则混沌一气，剖为阴阳之二，二生天地人

[①] 宗密（780—841），唐代高僧。

三,三生万物,万物与人,皆气为本。习佛法者,但云近则前生造业,随业受报,得此人身,远则业又从惑,展转乃至阿赖耶识,为身根本。皆谓已穷,而实未也。然孔、老、释迦皆是至圣,随时应物,设教殊途,内外相资,共利群庶。策勤万行,明因果始终;推究万法,彰生起本末,虽皆圣意,而有实有权。二教惟权,佛兼权实。策万行,惩恶劝善,同归于治,则三教皆可遵行;推万法,穷理尽性,至于本源,则佛教方为决了。然当今学士各执一宗,就师佛者,仍迷实义,故于天地人物不能原之至源。余今还依内外教理,推穷万法,初从浅至深。于习权教者,斥滞令通,而极其本,后依了教,显示展转生起之义,会偏令圆,而至于末。文有四篇,名《原人》也。

(录自《华严原人论》,清同治十一年刻本)
(参校《中国佛教思想资料选编》第二卷第二册,中华书局1983年版,第386~387页)

中华传心地禅门师资承袭图 ①(节录)

宗　密

裴休相国问

禅法大行,宗徒各异,互相诋訾,莫肯会同。切要辨其源流,知其深浅。比虽留意,未得分明。撰录之时,恐有差错,伏望略为条流分别,三五纸示,及大抵列北宗南宗。南宗中,荷泽宗,洪州、牛头等宗,具言其浅深顿渐得失之要,便为终身龟镜也。休再拜。

宗密禅师答

一、然达摩所传,本无二法,后随人变故,似殊途。扃之即俱非,会之即皆是。前者所述传记但论直下一宗,若要辨诸宗师承,须知有傍有正。今且叙师资傍正,然后述言教浅深,自然见达摩之心流至荷泽矣。

---

① 编者删去了文中的部分注释。

第一

二、牛头宗者，从四祖下傍出。根本有慧融禅师者，道性高简，神慧聪利。先因多年穷究诸部般若之教，已悟诸法本空，迷情妄执。后遇四祖，印其所解空理，然于空处显示不空妙性故。不俟久学，而悟解洞明。四祖语曰："此法从上只委一人，吾已付嘱弟子弘忍讫，汝可别自建立。"后遂于牛头山，别建一宗，当第一祖。展转乃至六代。此一宗都不关南北二宗。其南北二宗，自出于五祖门下，五祖已前都未有南北之称。

三、北宗者，从五祖下傍出，谓有神秀等一十人，同是五祖忍大师弟子。大师印许各堪为一方之师故，时人云忍生十子。于中，秀及老安智诜道德最著，皆为高宗皇帝之所师敬。子孙承嗣，至今不绝。就中，秀弟子普寂化缘转盛，为二京法主，三帝门师。但称达摩之宗，亦不出南北之号。

四、南宗者，即曹溪能大师，受达摩宗旨已来，累代衣法相传之本宗也。后以神秀于北地大弘渐教，对之故称南宗。承禀之由，天下所知，故不叙也。后欲灭度，以法印付嘱荷泽，令其传嗣。传嗣之由，先已叙之呈上，然甚阙略，今蒙审问，更约承上祖宗传记稍广。传中叙能和尚处中间云：有襄阳僧神会，俗姓高，年十四，来谒和尚。和尚问："知识远来，大艰辛，将本来否？"答："将来。"〔问〕"若有本即合识主。"答："神会以无住为本，见即是主。"大师云："遮沙弥争敢取次语。"便以杖乱打。神会杖下思惟：大善知识历劫难逢，今既得遇，岂惜身命！大师察其深悟情至故，试之也。传末又云：和尚将入涅槃，默授密语于神会。语云："从上已来，相承准的只付一人，内传法印，以印自心，外传袈裟，标定宗旨。然我为此衣几失身命，达摩大师悬记云：至六代之后，命如悬丝，即汝是也。是以，此衣宜留镇山，汝机缘在北，即须过岭，二十年外，当弘此法广度众生。"和尚临终，门人行滔超俗法海等问："和尚法何所付？"和尚云："所付嘱者，二十年外于北地弘扬。"又问："谁人？"答云："若欲知者，大庾岭上以网取之。"

五、荷泽宗者全是曹溪之法，无别教旨。为对洪州傍出故，复标其宗号。承禀之由，已如上说。然能和尚灭度后，北宗渐教大行，因成顿门弘传之障。曹溪传授碑文已被磨换故，二十年中宗教沉隐。天宝初，荷泽入洛，大播斯门，方显秀门下师承是傍，法门是渐。既二宗双行，时人欲拣其异故，标南北之名，自此而始。问：既荷泽为第七祖，何不立第八，乃至九十？后既不立，何妨据传衣为凭，但止第六？答：若据真谛，本绝名数，一犹不存，何言六七？今约俗谛，师资相传，顺世之法，有其所表。如国立七庙，七月而葬，丧服七代，福资七祖；经说七佛，持念数遍，坛场物色，作法方便，礼佛绕佛，请僧之限，皆止于七。过则二七，乃至七七，不止于六，不至八九。今传授仪式，顺世生信，何所疑焉？故德宗皇帝，贞元十二年，敕皇太子集诸禅师，楷定禅门宗旨，搜求传法傍正。遂有敕下，立荷泽大师为第七祖，内神龙寺见在铭记。又御制七代祖师赞文，见行于世。

六、洪州宗者，先即六祖下傍出，谓有禅师，姓马，名道一。先是剑南金和尚弟子也，高节至道，游方头陀，随处坐禅。乃至南岳，遇让禅师，论量宗教，理不及让，方知传衣付法曹溪为嫡，乃回心遵禀，便住处州洪州。或山或郭，广开供养，接引道流。后于洪州开元寺，弘传让之言旨，故时人号为洪州宗也。让即曹溪门傍出之派徒，是荷泽之同学。但自率身修行，本不开法，因马和尚大扬其教故，成一宗之源。

七、右且略叙诸宗师承，大概如此。然缘傍正横竖交杂难记，今画出为图，冀一览不遗于心腑。谨连次后。

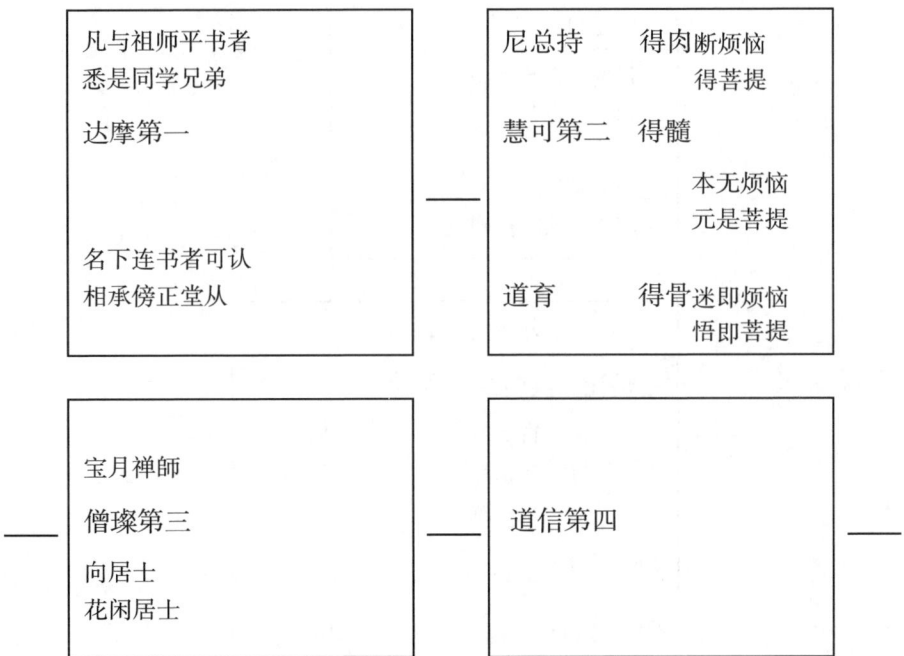

```
┌─────────────────────────┐
│ 黄梅朗禅师                │
│ 荆州显                   │
│ 舒州法藏                 │
│                         │
│ 弘忍第五                 │
│                         │
│ 法净                     │
│                         │
│ 牛头山慧融初祖            │
│                         │
│ 智岩第二　惠方第三        │
│ 法持第四　智威第五        │
│ 惠忠　马素　径山道钦      │
└─────────────────────────┘

┌─────────────────────────┐
│ 襄州通　潞州法如          │
│ 北宗神秀六　普寂七        │
│ 　　西京山北章敬寺澄      │
│ 　　东京同德寺翰          │
│ 越州方                   │
│ 果阆宜什                 │
│                         │
│ 慧能第六                 │
│                         │
│ 业州法                   │
│ 资州侁　资州处寂          │
│ 益州金　益州石            │
│ 江宁持                   │
│ 老安　陈楚章              │
│ 保唐李了法　杨州觉        │
└─────────────────────────┘

┌─────────────────────────┐
│ 　　　江陵悟兼禀径山      │
│ 南岳让　洪州马　章敬晖    │
│ 　　　百丈海              │
│ 　　　西堂藏              │
│ 　　　兴善宽              │
│                         │
│ 神会第七                 │
│                         │
│ 印宗法师能和尚于座下听《涅槃经》│
└─────────────────────────┘
```

```
            ┌─────────────────┐
            │ 魏州寂           │
            │ 荆州惠觉         │
            │ 太原光瑶         │
            │ 涪州朗           │
            │ 襄州寂芸         │
            │ 摩诃衍           │
            │ 西京大愿         │
            │ 净住晋平         │
            │ 河阳空           │
────────────┤                 ├────────
            │ 磁州智如         │
            │                 │
            │ 荆州衍           │
            │ 浮查无名花岩疏主  │
            │ 东京恒观         │
            │ 潞州弘济         │
            │ 襄州法意         │
            │ 西京法海         │
            │ 陕州敬宗         │
            │ 凤翔解脱  西京坚 │
            └─────────────────┘

            ┌──────────────────────┐
            │         │ 东京神照   │
──────────  │ 益州南印 │ 益州如一   │
            │         │ 遂州道圆   │
            │         │ 建元玄雅   │
            └──────────────────────┘
```

（录自《续藏经》二·甲·十五·五）

（参校《中国佛教思想资料选编》第二卷第二册，中华书局 1983 年版，第 459~464 页）

楞伽师资记（节录）

净 觉①

第一，宋朝求那跋陁罗三藏，南天竺国人，大乘学时号摩诃衍。元嘉年，随船至广州。宋太祖迎于丹阳郡，译出《楞伽经》。王公道俗请开禅训，跋陁未善宋言有愧。即夕梦人以剑易首，于是遂开禅训。……

第二，魏朝三藏法师菩提达摩，承求那跋陁罗三藏后。……

第三，齐朝邺中沙门惠可，承达摩禅师后。……

第四，隋朝舒州思空山粲禅师，承可禅师后。……可后粲禅师，隐思空山，萧然净坐，不出文记，秘不传说法。唯僧道信，奉事粲十二年，写器传灯，一一成就。……

第五，唐朝蕲州双峰山道信禅师，承粲禅师后，其信禅师，再敞禅门，宇内流布。……

第六，唐朝蕲州双峰山幽居寺大师，讳弘忍，承信禅师后。忍传法，妙法、人尊，时号为东山净门。又缘京洛道俗称叹，蕲州东山多有得果人，故曰东山法门也。……

第七，唐朝荆州玉泉寺大师，讳秀；安州寿山寺大师，讳颐；洛州嵩山会善寺大师，讳安；此三大师，是则天大圣皇后，应天神龙皇帝，太上皇，前后为三主国师也。……俱承忍禅师后……

第八，唐朝洛州嵩高山普寂禅师，嵩山敬贤禅师，长安兰山义福禅师，蓝田玉山惠福禅师，并同一师学法侣应行，俱承大道和上后，少小出家，清净戒行，寻师问道，远访禅门，行至荆州玉泉寺，遇大通和尚讳秀，蒙受禅法，诸师等奉事大师十有余年，豁然自证，禅珠烛照，大师付嘱普寂、敬贤、义福、惠福等，照世炬灯，传颇梨大镜，天下坐禅人，叹四个禅师曰：法山净，法海清，法镜朗，法灯明；宴坐名山，澄神邃谷，德冥性海，行茂禅枝，清净无为，萧然独步，禅灯默照，学者皆证佛心也。自宋朝以来，大德禅师，代代相承，起自宋求那跋陀罗三藏，历代传灯，至于唐朝总八代，得道获果，有

---

① 净觉，唐代僧人，唐中宗韦后之弟。

二十四人也。

（录自《中国佛教思想资料选编》第二卷第四册，中华书局 1983 年版，第 153、155、157、159、160、167、169、171 页）

唐故衡岳律大师湘潭唐兴寺俨公碑（节录）

刘禹锡[①]

佛法在九州间，随其方而化。中夏之人汨于荣，破荣莫若妙觉，故言禅寂者宗嵩山。北方之人锐以武，摄武莫若示现，故言神通者宗清凉山。南方之人剽而轻，制轻莫若威仪，故言律藏者宗衡山。是三名山为庄严国，必有达者，与山比崇。南岳律门以津公为上首，津之后云峰证公承之，证公之后湘潭俨公承之。星月丽天，珠玑同贯，由其门者，为正法焉。

（录自《全唐文》卷六百一十，中华书局 1983 年影印本，第 6163~6164 页）
（参校刘禹锡撰，卞孝萱校订《刘禹锡集》，中华书局 1990 年版，第 53 页）

智顗传（节录）

道 宣

（智顗）志学之年，士梁承圣，属元帝沦没，北度硖州，依乎舅氏。而俊朗通悟，仪止温恭，寻讨名师，冀依出有。年十有八，投湘州果愿寺沙门法绪而出家焉。绪授以十戒，导以律仪，仍摄以北度，诣慧旷律师，地面横经，具蒙指诲。因潜大贤山，诵《法华经》及《无量义》《普贤观》等，二旬未淹，三部究竟。又诣光州大苏山慧思禅师受业心观。思又从道于就师，就又受法于最师，此三人者，皆不测其位也。……

思既游南岳，顗顷便诣金陵，与法喜等三十余人在瓦官寺创弘禅法。仆射徐陵、尚书毛喜等，明时贵望，学统释、儒，并禀禅慧，俱传香法，欣重顶

[①] 刘禹锡（778—842），唐代文学家。

戴，时所荣仰。长干寺大德智辩延入宋熙，天宫寺僧晃请居佛窟，斯由道弘行感，故为时彦齐迎。颛任机便动，即而开悟。白马警韶、奉诚智文、禅众慧命及梁代宿德大忍法师等，一代高流，江表声望，皆舍其先讲，欲启禅门，率其学徒，问津取济。禹穴慧荣住庄严寺，道跨吴会，世称义窟，辩号悬流；闻颛讲法，故来设问，数开征核，莫非深隐，轻诞自矜，扬眉舞扇，扇便堕地。颛应对事理，涣然清显，遗荣曰："禅定之力，不可难也。"……

语默之际，每思林泽，乃梦岩崖万重，云日半垂，其侧沧海无畔，泓澄在于其下。……颛以梦中所见通告门人，咸曰："此乃会稽之天台山也，圣贤之所托矣。昔僧光、道猷、法兰、昙密，晋、宋英达，无不栖焉。"因与慧辩等二十余人挟道南征，隐沦斯岳。先有青州僧定光，久居此山，积四十载，定慧兼习，盖神人也。……

　　…………

颛东西重范，化通万里，所造大寺三十五所，手度僧众四千余人，写经一十五藏，金檀画像十万许躯，五十余州道俗受菩萨戒者不可称纪，传业学士三十二人，习禅学士散流江汉，莫限其数。沙门灌顶侍奉多年，历其景行，可二十余纸。又，终南山龙田寺沙门法琳，夙预宗门，亲传戒法，以德音邈远，拱木俄森，为之行传，广流于世。隋炀末岁巡幸江都，梦感智者言以遗寄，帝自制碑，文极宏丽，未及镌勒，值乱便失。

[录自《续高僧传》（上）卷十七，中国书店 2018 年版，第 281~282、288 页]
（参校《高僧传合集》，上海古籍出版社 2011 年版，第 244、247 页）

摩诃止观（节录）

智　颛[①]

　　智者生光满室，目现双瞳，行《法华经》忏，发陀罗尼，代受法师讲金字《般若》，陈隋两国，宗为帝师，安禅而化，位居五品。……智者师事南岳。

---

① 智颛（538—597），佛教天台宗创始人。

南岳德行不可思议，十年专诵，七载方等，九旬常坐，一时圆证，大小法门朗然洞发。南岳事慧文禅师，当齐高之世独步河淮，法门非世所知，履地戴天，莫知高厚。……

天台传南岳三种止观：一渐次，二不定，三圆顿，皆是大乘，俱缘实相，同名止观。渐，则初浅后深，如彼梯隥。不定，前后更互，如金刚宝置之日中。圆顿，初后不二，如通者腾空。

（录自《摩诃止观》卷一，明刻本）
（参校《中国佛教思想资料选编》第二卷第一册，中华书局1983年版，第3页）

灌顶传（节录）

道 宣

自顶受业天台，又禀道衡岳，思、颛三世，宗归莫二，若观若讲，常依《法华》。又讲《涅槃》《金光明》《净名》等经，及说圆顿、止观、四念等法门，其遍不少。且智者辩才，云行雨施，或同天网，乍拟璎珞，能持能领，唯顶一人。

［录自《续高僧传》（下）卷十九，中国书店2018年版，第31页］
（参校《高僧传合集》，上海古籍出版社2011年版，第264页）

道绰传（节录）

道 宣

（道绰）著《净土论》两卷，统谈龙树、天亲，迩及僧鸾、慧远，并遵崇净土，明示昌言，文旨该要，详诸化范，传灯宇县，岁积弥新。

［录自《续高僧传》（下）卷十九，中国书店2018年版，第49页］
（参校《高僧传合集》，上海古籍出版社2011年版，第273页）

安乐集（节录）

道 绰①

第一依中国及以此土大德所行者。余五翳面墙，岂宁自辄？但以游历披勘，敬有师承。何者？谓中国大乘法师流支三藏，次有大德呵避名利，则有惠宠法师；次有大德寻常敷演，每感圣僧来听，则有道场法师；次有大德和光孤栖，二国慕仰，则有昙鸾法师；次有大德禅观独秀，则有大海禅师；次有大德聪慧守戒，则有齐朝上统。然前六大德，并是二谛神镜，斯乃佛法纲维，志行殊伦，古今实希，皆共详审大乘，叹归净土乃是无上要门也。

（录自《安乐集》卷下，金陵刻经处清光绪二十三年刻本）

（参校《中国佛教思想资料选编》第二卷第三册，中华书局1983年版，第270页）

唐初佛教与玄奘求法 *

慧 立 彦 悰②

是时国基草创，兵甲尚兴，孙、吴之术斯为急务，孔、释之道有所未遑，以故京城未有讲席，法师深以慨然。初，炀帝于东都建四道场，召天下名僧居焉。其征来者，皆一艺之士，是故法将如林，景、脱、基、暹为其称首。末年国乱，供料停绝，多游绵、蜀，知法之众又盛于彼。法师乃启兄曰："此无法事，不可虚度，愿游蜀受业焉。"兄从之。又与兄经子午谷入汉川，遂逢空、景二法师，皆道场之大德，相见悲喜。停月余，日从之受学，仍相与进向成都。

---

① 道绰（562—645），隋唐净土宗高僧。
② 慧立（615—？），玄奘弟子，唯识宗高僧；彦悰，玄奘弟子。

诸德既萃,大建法筵,于是更听基、暹《摄论》《毗昙》及震法师《迦延》,敬惜寸阴,励精无怠,二三年间,究通诸部。时天下饥乱,唯蜀中丰静,故四方僧投之者众,讲座之下常数百人,法师理智宏才皆出其右,吴、蜀、荆、楚无不知闻,其想望风徽,亦犹古人之钦李、郭矣。

法师兄因住成都空慧寺,亦风神朗俊,体状魁杰,有类于父。好内、外学,凡讲《涅槃经》《摄大乘论》《阿毗昙》,兼通《书》《传》,尤善《老》《庄》,为蜀人所慕,总管鄷公特所钦重。至于属词谈吐,蕴藉风流,接物秀凡,无愧于弟。……

至相州,造休法师,质难问疑。又到赵州,谒深法师学《成实论》。又入长安,止大觉寺,就岳法师学《俱舍论》。皆一遍而尽其旨,经目而记于心,虽宿学耆年不能出也。

时长安有常、辩二大德,解究二乘,行穷三学,为上京法匠,缁素所归,道振神州,声驰海外,负笈之侣从之如云,虽含综众经,而遍讲《摄大乘论》。法师既曾有功吴、蜀,自到长安,又随询采,然其所有深致,亦一拾斯尽。二德并深嗟赏,谓法师曰:"汝可谓释门千里之驹,其再明慧日当在尔躬,恨吾辈老朽恐不见也。"自是学徒改观,誉满京邑。

(录自慧立、彦悰著,孙毓棠、谢方点校《大慈恩寺三藏法师传》卷一,中华书局1983年版,第7~9页)

谢高昌王表 *

玄 奘[①]

(玄奘)遗教东流,六百余祀,腾、会振辉于吴、洛,谶、什钟美于秦、凉,不坠玄风,咸匡胜业。但远人来译,音训不同,去圣时遥,义类差舛,遂使双林一味之旨,分成当现二常;大乘不二之宗,析为南北两道。纷纭争论,凡数百年。率土怀疑,莫有匠决。玄奘宿因有庆,早预缁门,负笈从师,年将二纪。名贤胜友,备悉咨询,大小乘宗,略得披览,未尝不执卷踌躇,捧经佗

[①] 玄奘(602—664),唐代高僧,佛教三大佛经翻译家之一。

儜，望给园而翘足，想鹫岭而载怀，愿一拜临，启伸宿惑。

（录自《大慈恩寺三藏法师传》卷一，中华书局1983年版，第22页）

玄奘传（节录）

道　宣

寻又下敕，令翻《老子》五千文为梵言，以遗西域。奘乃召诸黄巾，述其玄奥，领迭词旨，方为翻述。道士蔡晃、成英等，竞引释论《中》《百》玄意，用通《道经》。奘曰："佛道两教，其致天殊，安用佛言，用通道义？穷核言疏，本出无从。"晃归情曰："自昔相传，祖凭佛教，至于《三论》，晃所师遵，准义幽通，不无同会，故引解也。如僧肇著论，盛引《老》《庄》，犹自申明，不相为怪。佛言似道，何爽纶言？"奘曰："佛教初开，深文尚拥；《老》谈玄理，微附佛言。《肇论》所传，引为联类，岂以喻词，而成通极？今经论繁富，各有司南。《老》但五千，论无文解，自余千卷，多是医方。至如此土贤明何晏、王弼、周颙、萧绎、顾欢之徒，动数十家，注解《老子》，何不引用？乃复旁通释氏，不乃推步逸踪乎？"

既依翻了，将欲封勒，道士成英曰："《老》经幽邃，非夫序引，何以相通？请为翻之。"奘曰："观《老》治身、治国之文，文词具矣。叩齿咽液之序，其言鄙陋，将恐西闻异国，有愧乡邦。"英等以事闻诸宰辅，奘又陈露其情。中书马周曰："西域有道如《老》《庄》不？"奘曰："九十六道并欲超生，师承有滞，致沦诸有。至如'顺世''四大'之术，'冥初''六谛'之宗，东夏所未言也。若翻《老》序，则恐彼以为笑林。"遂不译之。

［录自《续高僧传》（上）卷四，中国书店2018年版，第59页］
（参校《高僧传合集》，上海古籍出版社2011年版，第135页）

三藏圣教序（节录）

李世民①

有玄奘法师者，法门之领袖也。……往游西域……十有七年，穷历道邦，询求正教。……承至言于先圣，受真教于上贤，探赜妙门，精穷奥业。一乘五律之道，驰骤于心田；八藏三箧之文，波涛于口海。爰自所历之国，总将三藏要文，凡六百五十七部，译布中夏，宣扬圣业。引慈云于西极，注法雨于东陲，圣教缺而复全，苍生罪而还福。

（录自《广弘明集》卷二十二，四部丛刊影印本）
（参校《中国佛教思想资料选编》第二卷第四册，中华书局1983年版，第399页）

二祖智俨和尚传（节录）

续 法②

龙朔二年，海东义想公同元晓公入大唐国，夜宿古冢，晓公因达唯心旨故，即回新罗，想公来云华礼事和尚，愿为弟子，与藏公同学。……

时义想传《不思议经》，归海东大弘，彼国推为华严初祖，并号浮石尊者。后长寿年间，藏公因胜诠法师回新罗，寄书于义想曰："夙世同因，今生同业，得于此报，俱沐大经。特蒙先师授兹奥典，希傍此业，用结来因。但以何尚章疏义丰文简，致令后人多难趣入。是以具录微言妙者，勒成《义记》，传之彼土。幸示箴诲。"想乃掩室探讨，涉旬方出。召弟子真定、相圆、亮元、表训四人，俾分讲《探玄记》，每各十卷。告之曰："博我者藏公，起予者尔辈，各宜勉旃，毋自欺也。"遂令教传一国，学遍十山，皆凭云华和尚法化力也。

（录自《中国佛教思想资料选编》第二卷第二册，中华书局1983年版，第74~75页）

---

① 李世民（599—649），唐太宗。
② 续法（1641—1728），清代佛教高僧。

窥基传（节录）

赞 宁[①]

系曰：性相义门，至唐方见大备也。奘师为《瑜伽》《唯识》开创之祖，基乃守文述作之宗。唯祖与宗，百世不除之祀也。盖功德被物，广矣大矣。奘苟无基，则何祖张其学乎？开天下人眼目乎？二师立功与言，俱不朽也。然则基也，鄂公犹子，奘师门生，所谓将家来为法将，千载一人而已。

（录自赞宁《宋高僧传》卷四，中华书局1987年版，第61页）

坛 经（节录）

慧 能[②]

（一）惠能大师，于大梵寺讲堂中，升高座，说摩诃般若波罗蜜法，授无相戒。其时座下僧尼、道俗一万余人，韶州刺史韦璩及诸官寮三十余人，儒士三十余人，同请大师说摩诃般若波罗蜜法。刺史遂令门人法海集记，流行后代，与学道者承此宗旨，递相传授，有所依约，以为禀承，说此《坛经》。

（四五）（慧能）大师遂唤门人法海、志诚、法达、智常、志通、志彻、志道、法珍、法如、神会，大师言："汝等拾弟子近前，汝等不同余人，吾灭度后，汝各为一方头，吾教汝说法，不失本宗。……"

（四七）大师言："十弟子！已后传法，递相教授一卷《坛经》，不失本宗。不禀授《坛经》，非我宗旨。如今得了，递代流行。得遇《坛经》者，如见吾亲授。"十僧得教授已，写为《坛经》，递代流行，得者必当见性。

（录自慧能著，郭朋校释《坛经校释》，中华书局1983年版，第1、91~92、98页）

---

① 赞宁（919—1001），北宋僧人。
② 慧能（638—713），唐代高僧，禅宗六祖。

唐大荐福寺故寺主翻经大德法藏和尚传（节录）

崔致远[①]

（日照）乃问："西域古德，其或判一代圣教之升降乎？"（法藏）答曰："近代天竺有二大论师，一名戒贤，二称智光。贤则远承慈氏、无著，近踵护法、难陀，立法相宗。光即远体曼殊、龙胜，近禀青目、清辩，立法性宗。"由是华梵两融，空色双泯，风除惑霭，日释疑冰。外训有言，医不三世，不服其药。矧于圣典，讵谬宪章。以梁、陈间有慧文禅师学龙树法授衡岳思，思传智𫖮，𫖮付灌顶，三叶腾芳，宛若前朝佛澄、安、远。听忆灵山之会，梦聆台岭之居，说通判四教之归，圆悟显一乘之极。藏以寝处定慧，异代同心，随决教宗，加顿为五。其一曰小乘教，其二曰始教，其三曰终教，其四曰顿教，其五曰圆教。就是或开或合，有别有同。融正觉之圆心，变方来之邪见，永标龟镜，实淬牛刀。从学如云，莫能悉数，其铮铮者略举六人：释宏观、释文超、东都华严寺智光、荷恩寺宗一、静法寺慧苑、经行寺慧英，并名雷于时，迹露于后。

（录自《法藏和尚传》，金陵刻经处本）
（参校《中国佛教思想资料选编》第二卷第二册，中华书局1983年版，第318~319页）

法藏传（节录）

赞 宁

昔者敦煌杜顺传《华严》法界观，与弟子智俨讲授此晋译之本，智俨付藏。藏为则天讲《新华严经》，至《天帝网义十重玄门》《海印三昧门》《六相和合义门》《普眼境界门》，此诸义章皆是《华严》总别义网，帝于此茫然未决。藏乃指镇殿金师子为喻，因撰义门，径捷易解，号《金师子章》，列十门总别之相，帝遂开悟其旨。又为学不了者设巧便，取鉴十面，八方安排，上下

[①] 崔致远（857—？），新罗人，朝鲜汉文学开山鼻祖。

各一，相去一丈余，面面相对，中安一佛像，然一炬以照之，互影交光。学者因晓刹海涉入无尽之义。藏之善巧化诱，皆比类也。其如宣翻之寄，亦未能舍，盖帝王归信缁伍所凭之故。洎诸梵僧罢译，帝于圣历二年己亥十月八日，诏藏于佛授记寺讲大经，至《华藏世界品》，讲堂及寺中地皆震动，都维那僧恒景具表闻奏。敕云："昨请敷演微言，阐扬秘赜。初译之日，梦甘露以呈祥；开讲之辰，感地动以标异。斯乃如来降迹，用符九会之文；岂朕庸虚，敢当六种之震。披览来状，欣惕于怀"云。其为帝王所重，实称非虚。所以华严一宗付授澄观，推藏为第三祖也。著《般若心经疏》，为时所贵，天下流行。复号康藏国师是欤！

（录自《宋高僧传》卷五，中华书局 1987 年版，第 89~90 页）

神会传（节录）

赞　宁

（神会）年方幼学，厥性惇明，从师傅授五经，克通幽赜。次寻《庄》《老》，灵府廓然。览《后汉书》，知浮图之说。由是于释教留神……闻岭表曹侯溪慧能禅师盛扬法道，学者骏奔，乃教善财南方参问，裂裳裹足，以千里为跬步之间耳。……居曹溪数载，后遍寻名迹。开元八年，敕配住南阳龙兴寺。续于洛阳大行禅法，声彩发挥。先是两京之间，皆宗神秀，若不淰之鱼鲔附沼龙也。从见会明心六祖之风，荡其渐修之道矣。南北二宗时始判焉，致普寂之门盈而后虚。……肃宗皇帝诏入内供养，敕将作大匠并功齐力，为造禅宇于荷泽寺中是也。会之敷演，显发能祖之宗风，使秀之门寂寞矣。

（录自《宋高僧传》卷八，中华书局 1987 年版，第 179~180 页）

湛然传（节录）

赞 宁

昔佛灭度后十有三世，至龙树，始用文字广第一义谛。嗣其学者号法性宗。元魏、高齐间，有释慧文默而识之，授南岳思大师，由是有三观之学。洎智者大师蔚然兴于天台，而其道益大。以教言之，则然乃龙树之裔孙也，智者之五世孙也，左溪朗公之法子也。家本儒墨，我独有迈俗之志，童卯邈焉异于常伦。年二十余，受经于左溪……乃授以本师所传止观。……至是始以处士传道，学者悦随，如群流之趣于大川也。

…………

……详其然师，始天宝，终建中，以自证之心，说未闻之法，经不云乎？"云何于少时大作佛事"，然师有焉。其朝达得其道者唯梁肃学士，故摘鸿笔成绝妙之辞。彼题目云："尝试论之，圣人不兴，其间必有命世者出焉。自智者以法传灌顶，顶再世至于左溪，明道若昧，待公而发。乘此宝乘，焕然中兴。盖受业身通者三十有九僧，搢绅先生高位崇名屈体承教者又数十人。师严道尊，遐迩归仁，向非命世而生，则何以臻此？"观夫梁学士之论，拟议偕齐，非此人何以动鸿儒，非此笔何以铭哲匠？盖洞入门室见宗庙之富，故以是研论矣。

（录自《宋高僧传》卷六，中华书局1987年版，第116~118页）

王 通（节录）

叶 适

夫通既退不用矣，于是续《书》以存汉、晋之实，续《诗》以辨六代之俗，修《元经》以断南北之疑，赞《易》道，正礼乐。其能以圣人之心处后世之变者乎！其见仁、义、礼、乐之未尝不行于天下者乎！其言曰："续《诗》可以讽，可以达，可以荡，可以独处，出则孝，入则悌，多识治乱之情。"渊乎哉其明于道者之言乎！以道观世，则以无适而非道。后世之自绝于唐、虞、三代也，是未能以道观之者也。……善哉！圣人复起，必从之矣。举三代而不遗两汉，道上古而不忽方来，仁、义、礼、乐绳绳乎其在天下也，兼三王以施四事，是无不可矣。虽然，以续经而病王氏者，举后世皆然也，夫孰知其道之在焉！

（录自《叶适集·水心别集》卷八，中华书局 1961 年版，第 743 页）

类次文中子引（节录）

陈 亮①

初，文中子讲道河汾，门人咸有记焉。其高弟若董常、程元、仇璋，盖尝参取之矣。薛收、姚义始缀而名之曰《中说》，凡一百余纸，无篇目卷第，藏王氏家。……

盖文中子没于隋大业十三年五月。是岁十一月，唐公入关。其后攀龙附凤以翼成三百载之基业者，大略尝往来河汾矣。虽受经未必尽如所传，而讲论不可谓无也。然智不足以尽知其道，而师友之义未成，故朝论有所不及。不然，诸公岂遂忘其师者哉！及陆龟蒙、司空图、皮日休诸人，始知好其书。至本朝阮氏、龚氏，遂各以其所得本为之训义。考其始末，要皆不足以知之也。独伊川程氏以为隐君子，称其书胜荀扬。荀扬非其伦也；仲淹岂隐者哉！犹未为尽仲淹者。

（录自《陈亮集》卷十四，中华书局 1974 年版，第 168~169 页）

---

① 陈亮（1143—1194），南宋思想家、文学家。

诸子辩（节录）

宋　濂[①]

《文中子中说》十卷，隋王通撰。通字仲淹，文中，盖门人私谥，因以名其书。世之疑通者有三：一云，《唐书·房杜传》中略不及其姓名，此书乃阮逸伪作，未必有其人。按，皮日休著《文中子碑》谓："通生乎陈、隋之世，以乱世不仕，退于汾、晋，序述六经，敷为《中说》，以行教于门人。"皮，唐人也，距隋为近，其言若此，果无是人乎？书果逸之伪作乎？一云，通行事于史无考，独《隋唐通录》称其有秽行，为史官所削。然史氏之职，善恶毕书，以为世法戒。人有秽行，见诸简策者多矣，何特削通哉？一云，房、杜、李、魏、二温、王、陈辈未必其门人，脱有之，何不荐诸太宗而用之？隋大业十三年五月，通已先卒，将焉荐之？刘禹锡作《王华卿墓志》，载其家世行事，有曰"门多伟人"，虽未可必其为房、杜诸公，要不可谓非硕士也。第其书出于福郊、福畤之所为，牵合傅会，反不足取信于人。如仁寿四年，通始至长安，李德林卒已九岁，而书有"德林请见"之语；江都有变，通不及闻，而书有"泫然而兴"之言；关朗在太和中见魏孝文，自太和丁巳至通生之岁开皇四年甲辰，一百七年矣，而书谓"问礼于关子朗"，此最为谬妄者也。噫！孟子而下，知尊孔子者，曰荀、扬。扬本黄老，荀杂申、商，唯通为近正，读者未可以此而轻訾之。

……

《齐丘子》六卷，一名《化书》，言道、术、德、仁、食、俭六化为甚悉。世传为伪唐宋齐丘子嵩作。张末题其后，遂云："齐丘犬鼠之雄，盖不足道，其为《化书》，虽皆浅机小数，亦微有见黄老之所谓道德，其能成功有以也。"呜呼！是书之作，非齐丘也，终南山隐者谭峭景升也，齐丘窃之者也！其云"能得一者天下可以理"，老氏说也。"魂魄魅我，血气醉我，七窍囚我，五根役我"，释氏说也。"心冥冥兮无所知，神怡怡兮无所之，气熙熙兮无所为，万虑不能惑，求死不可得"，神仙家说也。非"浅机小数"比也。使齐丘知此，

[①] 宋濂（1310—1381），明代开国文臣之首，文学家。

则何为不得其死也？其文高简，《关尹子》可亚也，实微有见于黄老所谓道德者也。

（录自罗月霞主编《宋濂全集·潜溪后集》卷一，浙江古籍出版社1999年版，第146~148页）

（参校宋濂《古书辨伪四种》，商务印书馆1931年版，第23~25页）

旧唐书·傅奕列传（节录）

贞观三十年卒，年八十五。临终诫其子曰："老、庄玄一之篇，周、孔六经之说，是为名教，汝宜习之。妖胡乱华，举时皆惑，唯独窃叹，众不我从，悲夫！汝等勿学也。古人裸葬，汝宜行之。"奕生平遇患，未尝请医服药，虽究阴阳数术之书，而并不之信。又尝醉卧，蹶然起曰："吾其死矣！"因自为墓志曰："傅奕，青山白云人也。因酒醉死，呜呼哀哉！"其纵达皆此类。注《老子》，并撰《音义》，又集魏、晋已来驳佛教者为《高识传》十卷，行于世。

（录自《旧唐书》卷七十九，中华书局1975年版，第2717页）

《新唐书》论啖助及大历时儒学 *

大历时，（啖）助、（赵）匡、（陆）质以《春秋》，施士匄以《诗》，仲子陵、袁彝、韦彤、韦茝以《礼》，蔡广成以《易》，强蒙以《论语》，皆自名其学，而士匄、子陵最卓异。

…………

赞曰：《春秋》《诗》《易》《书》，由孔子时师弟子相传，历暴秦，不断如系。至汉兴，划挟书令，则儒者肆然讲授，经典浸兴。左氏与孔子同时，以《鲁史》附《春秋》作《传》，而公羊高、穀梁赤皆出子夏门人。三家言经，各有回舛，然犹悉本之圣人，其得与失盖十五，义或缪误，先儒畏圣人，不敢辄改也。啖助在唐，名治《春秋》，摭诎三家，不本所承，自用名学，凭私臆决，尊之曰"孔子意也"，赵、陆从而唱之，遂显于时。呜呼！孔子没乃数千年，助所推著果其意乎？其未可必也。以未可必而必之，则固；持一己之固而倡兹世，则诬。诬与固，君子所不取。助果谓可乎？徒令后生穿凿诡辨，诟前人，舍成说，而自为纷纷，助所阶已。

（录自《新唐书》卷二百《儒学列传下》，中华书局1975年版，第5707~5708页）

新唐书·韩愈列传（节录）

（韩）愈生三岁而孤，随伯兄会贬官岭表。会卒，嫂郑鞠之。愈自知读书，日记数千百言，比长，尽能通六经、百家学。……

宪宗遣使者往凤翔迎佛骨入禁中，三日，乃送佛祠。王公士人奔走膜呗，至为夷法灼体肤，委珍贝，腾沓系路。愈闻恶之，乃上表曰：

> 佛者，夷狄之一法耳。自后汉时始入中国，上古未尝有也。……
>
> 高祖始受隋禅，则议除之。当时群臣识见不远，不能深究先王之道、古今之宜，推阐圣明，以救斯弊，其事遂止。臣常恨焉！伏惟睿圣文武皇帝陛下，神圣英武，数千百年以来，未有伦比。即位之初，即不许度人为僧尼、道士，又不许别立寺观。臣当时以为高祖之志，必行于陛下。今纵未能即行，岂可恣之令盛也？今陛下令群僧迎佛骨于凤翔，御楼以观，舁入大内，又令诸寺递加供养。臣虽至愚，必知陛下不惑于佛，作此崇奉以祈福祥也。直以丰年之乐，徇人之心，为京都士庶设诡异之观、戏玩之具耳。安有圣明若此，而肯信此等事哉？然百姓愚冥，易惑难晓，苟见陛下如此，将谓真心信佛，皆云："天子大圣，犹一心信向，百姓微贱，于佛岂合更惜身命？"以至灼顶燔指，十百为群，解衣散钱，自朝至暮，转相放效，唯恐后时，老幼奔波，弃其生业。若不即加禁遏，更历诸寺，必有断臂脔身以为供养者。伤风败俗，传笑四方，非细事也。
>
> 佛本夷狄之人，与中国言语不通，衣服殊制，口不道先王之法言，身不服先王之法服，不知君臣之义、父子之情。假如其身尚在，奉其国命来朝京师，陛下容而接之，不过宣政一见，礼宾一设，赐衣一袭，卫而出之于境，不令贰于众也。……

…………

每言文章自汉司马相如、太史公、刘向、杨雄后，作者不世出，故愈深探本元，卓然树立，成一家言。其《原道》《原性》《师说》等数十篇，皆奥衍闳深，与孟轲、杨雄相表里而佐佑六经云。至它文造端置辞，要为不袭蹈前人者。然惟愈为之，沛然若有余，至其徒李翱、李汉、皇甫湜从而效之，遽不及远甚。从愈游者，若孟郊、张籍，亦皆自名于时。

··········

赞曰：唐兴，承五代剖分，王政不纲，文弊质穷，蛙俚混并。天下已定，治荒剔蠹，讨究儒术，以兴典宪，薰醲涵浸，殆百余年，其后文章稍稍可述。至贞元、元和间，愈遂以六经之文为诸儒倡，障隄末流，反刓以朴，划伪以真。然愈之才，自视司马迁、杨雄，至班固以下不论也。当其所得，粹然一出于正，刊落陈言，横骛别驱，汪洋大肆，要之无抵捂圣人者。其道盖自比孟轲，以荀况、杨雄为未淳，宁不信然？至进谏陈谋，排难恤孤，矫拂偷末，皇皇于仁义，可谓笃道君子矣。自晋汔隋，老佛显行，圣道不断如带。诸儒倚天下正议，助为怪神。愈独喟然引圣，争四海之惑，虽蒙讪笑，跲而复奋，始若未之信，卒大显于时。昔孟轲拒杨、墨，去孔子才二百年。愈排二家，乃去千余岁，拨衰反正，功与齐而力倍之，所以过况、雄为不少矣。自愈没，其言大行，学者仰之如泰山、北斗云。

（录自《新唐书》卷一百七十六，中华书局1975年版，第5255、5258~5260、5265、5269页）

请韩文公配飨太学书（节录）

皮日休①

仲尼之道，否于周、秦，而昏于汉、魏，息于晋、宋，而郁于陈、隋。遇于吾唐，万世之愤，一朝而释。傥死者可作，其志可知也。今有人，身行圣人之道；口吐圣人之言。行如颜、闵，文若游、夏，死不得配食于夫子之侧，愚

---

① 皮日休（约838—约883），晚唐诗人、文学家。

又不知尊先圣之道也。夫孟子、荀卿翼传孔道，以至于文中子。文中子之末，降及贞观、开元，其传者齾，其继者浅，或引刑名以为文，或援纵横以为理，或作词赋以为雅，文中之道，旷百祀而得室授者，惟昌黎文公焉。文公之文，蹴杨、墨于不毛之地，蹂释、老于无人之境，故得孔道巍然而自正。夫今之文，千百士之作，释其卷，观其词，无不裨造化，补时政，繫公之力也。公之文曰："仆自度，若世无孔子，仆不当在弟子之列。"设使公生孔子之世，公未必不在四科焉。国家以二十二贤者，代用其书，垂于国胄，并配飨于孔圣庙堂，其为典礼也大矣美矣。苟以代用其书，不能以释圣人之辞，笺圣人之义哉？况有身行其道，口传其文，吾唐以来，一人而已。不得在二十二贤之列，则未闻乎典礼为备。伏请命有司，定其配飨之位。则自兹以后，天下以文化，未必不由夫是也。

（录自皮日休著，萧涤非、郑庆笃整理《皮子文薮》卷九，上海古籍出版社1981年版，第88页）

（参校皮日休著，萧涤非整理《皮子文薮》，中华书局1959年版，第94~95页）

翼统·韩昌黎先生（节录）

熊赐履①

愚按：韩子一生，以子舆自命。其有功名教，端在于辟异端。而晚年失足于大颠，至造庐海上，留衣为别；其集中《读墨》篇、《与孟简书》《送浮屠文畅序》皆不能免后世学者之疑，此其故何也？盖韩子因文见道者也，非有穷理尽性之功，与濂洛诸君子等者也。其《原道》《原性》《佛骨表》诸作，不过就其作用发见处，及祸福因果等说，浅浅立论尔，亦非能深究其虚无寂灭之根，为之捣其穴而犁其庭也。一旦流窜播迁，困辱挫折之余，身心摇落，把持未定，亦其宜也。然自八代以降，斯文沦丧，圣道榛芜，几与洪水猛兽等矣。高者群入于荒诞，卑者胥溺于辞章，举不知天人性命为何物。自韩子出，而天下始知正学异端，如南北苍素之不可易。孔孟之言，始昭然揭日月而行，障百

---

① 熊赐履（1635—1709），清初大臣、学者。

川而东之,回狂澜于既倒。韩子之功,虽与天壤并存可也,比隆孟轲,岂为过哉!呜呼,韩子而在,予虽为之执鞭,所欣慕也。

(录自熊赐履撰,徐公喜、郭翠丽点校《学统》卷十七,凤凰出版社2011年版,第201页)

复性书(节录)

李 翱[①]

子思,仲尼之孙,得其祖之道,述《中庸》四十七篇,以传于孟轲。轲曰:"我四十不动心。"轲之门人,达者公孙丑万章之徒,盖传之矣。遭秦灭书,《中庸》之不焚者一篇存焉。于是此道废缺,其教授者唯节行、文章、章句、威仪、击剑之术相师焉。性命之源,则吾弗能知其所传矣。道之极于剥也必复,吾岂复之时邪?

吾自六岁读书,但为词句之学,志于道者四年矣,与人言之,未尝有是我者也。南观涛江,入于越,而吴郡陆傪存焉。与之言之。陆傪曰:"子之言,尼父之心也。东方如有圣人焉,不出乎此也,南方如有圣人焉,亦不出乎此也。惟子行之不息而已矣。"呜呼!性命之书虽存,学者莫能明,是故皆入于庄、列、老、释。不知者谓夫子之徒不足以穷性命之道,信之者皆是也。有问于我,我以吾之所知而传焉,遂书于书,以开诚明之源,而缺绝废弃不扬之道几可以传于时,命曰《复性书》,以理其心,以传乎其人。乌戏!夫子复生,不废吾言矣。

(录自《李文公集》卷二,上海涵芬楼借江南图书馆藏明成化乙未刊本影印,第3~4页)

[①] 李翱(772—841),唐代文学家、思想家。

读李翱文（节录）

欧阳修

予始读翱《复性书》三篇，曰此《中庸》之义疏尔。智者诚其性，当读《中庸》。愚者虽读此，不晓也，不作可焉。又读《与韩侍郎荐贤书》，以谓翱特穷时，愤世无荐己者，故丁宁如此，使其得志，亦未必然。以韩为秦汉间好侠行义之一豪隽，亦善论人者也。最后读《幽怀赋》，然后置书而叹，叹已复读，不自休。恨翱不生于今，不得与之交；又恨予不得生翱时，与翱上下其论也。

（录自《欧阳修全集》卷七十二，中华书局2001年版，第1049页）

书韩退之学生代斋郎议后（节录）

方 苞①

夫古者学有大小，而道不分于精粗；任有大小，而人不分于贵贱。故于学无遗理，于人无抑材。自魏、晋以还，尚浮言，别流品，而隋、唐益厉之以科举，于是乎学者舍其所当习，而骛于无实之文词。习于此者，斯以为贤；得于此者，斯以为贵；而先王之道郁不行者，越数百年。

（录自方苞著，刘季高校点《方苞集》卷五，上海古籍出版社1983年版，第110页）

---

① 方苞（1668—1749），清散文家、文学理论家。

韩愈李翱在中国哲学史中之地位

冯友兰

韩愈为"文人之雄",其著作本无甚大的哲学兴趣,但有几点,可使吾人注意者。(一)韩愈极推尊孟子,以为得孔子之正传。此为宋明以来之传统的见解,而韩愈倡之。周秦之际,儒家中孟荀两派并峙。西汉时荀学为盛。仅杨雄对孟子,有相当之推崇,此后直至韩愈,无有力之后继。韩愈一倡,此说大行;而《孟子》一书,遂为宋明新儒家所根据之重要典籍焉。盖因孟子之学,本有神秘主义之倾向,其谈心谈性,谈"万物皆备于我,反身而诚",以及"养心""寡欲"之休养方法,可认为可与佛学中所讨论,当时人所认为有兴趣之问题,作相当之解答,故于儒家典籍中,求与当时人所认为有兴趣之问题有关之书,《孟子》一书,实其选也。韩愈虽排佛,但于佛学,亦有相当之知识。故《与孟尚书书》云:"在潮州时,有一老僧,号大颠。颇聪明,识道理。……实能外形骸以理自胜,不为事物侵乱。与之语,虽不尽解,要自胸中无滞碍。"(全集卷十八)又《送高闲上人序》云:"今闲师浮屠氏,一死生,解外胶。是其为心,必泊然无起;其于世必淡然无所嗜。"(全集卷二十一)当时所认为有兴趣之问题,韩愈对之亦未尝无兴趣也。(二)韩愈《原道》,特引《大学》。《大学》本为《礼记》中之一篇,又为荀学,汉以后至唐,无特别称道之者。韩愈以其中有"明明德""正心""诚意"之说,亦可认为与当时所认为有兴趣之问题有关。故特提出,而又指出"古之所谓正心而诚意者,将以有为也;今也治其心而外天下国家",以见儒佛虽同一"治心",而用意不同,结果亦异。此后至宋明,《大学》遂亦为宋明新儒家所根据之重要典籍焉。(三)韩愈《原道》提出"道"字,又为道统之说。此说孟子本已言之,经韩愈提倡,宋明新儒家皆持之,而宋明新儒家亦有道学家之名。由此之点言之,韩愈实可谓为宋明新儒家之先河也。

李翱有《复性书》,其可注意者,又有数点。(一)《中庸》本为《礼记》中之一篇,此特别提出之,此后《中庸》遂为宋明新儒家所根据之重要典籍;《易·系辞传》此亦特别提出,后亦为宋明新儒家所根据之重要典籍。(二)礼乐之功用,在原来儒家之学中,本所以使人之欲望与感情,皆发而有节而得中；此发而有节而得中：此则谓系"所以教人忘嗜欲而归性命之道"。礼乐的意义，在原来儒家之学中，系伦理的；在此则系宗教的或神秘的。即在原来儒家之学中，礼乐乃所以养成道德完全之人格；在此则礼乐乃所以使人得到此所谓"诚"之一种方法也。（三）《复性书》谓"性命之书虽存，学者莫能明，是故皆入于庄列老释。不知者谓夫子之徒，不足以穷性命之道。信之者皆是也"。此言可总代宋明新儒家讲学之动机。宋明新儒家皆认为当时所认为有趣之问题，在儒家典籍中，亦可得相当之解答。宋明新儒家，皆在中国典籍中寻求当时所认为有兴趣之问题之解答也。李翱及宋明新儒家所说之圣人，皆非伦理的，而为宗教的或神秘的，盖其所说之圣人，非只如孟子所说之"人伦之至"之人，而乃是以尽人伦，行礼乐，以达到其修养至高之境界，即宇宙合一之境界。盖如何乃能成佛乃当时所认为有兴趣之问题。李翱及宋明新儒家之学，皆欲与此问题以中国的答案，欲使人以中国的方法成中国的佛也。

《复性书》所说修养之方法，第一步为"知心无思"。然在此境界时，心只是静。此静乃与动相对之静，不静时则又动矣。再进一步，知"本无有思"。则"动静双离，寂然不动"。此寂然不动，非与动相对之静，乃"动静双离"，即超乎动静之绝对的静。故圣人虽"感而遂通天下之故"，而其心之本体，仍是"寂然不动"也。此即所谓"视听昭昭，而不起于见闻"。"物至之时，其心昭昭然明辨焉，而不应于物"。"寂然不动，不起于见闻"，"不应于物"，即"诚"也。"感而遂通天下之故"，"视听昭昭"，"物至之时，其心昭昭然明辨焉"，即"明"也。"明则诚矣，诚则明矣"。曰"知心无思"，而不曰使心无思者，盖使心无思，乃是"以情止情"。"以情止情"，则情互相止而不可穷。情为邪为妄，知其为邪为妄，则自无有，不待止之使无有也。宗密云："真心无念，念起即觉。觉之即无。修行妙门，即在此也。"李翱所说，正此意矣。大学格物致知之说，宋明新儒家对之各有解释。且因其对之解释之不同，宋明新儒家之派别亦因之而分。李翱亦可谓系此后此种争辩之发端者。

由此而言，宋明新儒家之学之基础与轮廓，韩愈李翱已为之确定。二人在中国哲学史中之地位，不可谓不重要也。

（录自《三松堂学术文集》，北京大学出版社1984年版，第216~218页）

（参校冯友兰《三松堂全集》第十一卷，河南人民出版社2000年版，第252~254页）

刘知几与《史通》①*

韩国磐②

除官修史书而外，唐朝也出现了两部重要的史学著作，系为私家所著述者。一为刘知几的《史通》，这是中国第一部系统的史评类的专著。刘知几是高宗到玄宗时人，在史馆二十余年，历史编纂的经验很丰富。并且出身于当时封建官吏的家庭，从小受到研习历史的训练，自己又很勤学，故史学知识很丰富。由于当时史学的发达，本人受过史学的专门训练，并且又有长期编纂史书的丰富经验，因而能够写成《史通》这部重要的史学著作。

《史通》这部著作，一则总结了过去的历史著作，分析说明了这些著作的优缺点，再则积极提出自己修史的主张和见解，对此后的历史著作起了一定的影响。《史通》分内篇和外篇两部，内篇的《六家》《二体》两篇，总结了过去史书著作的类别和体制，六家指《尚书》家（纪言）、《春秋》家（纪事）、《左传》家（编年）、《国语》家（国别）、《史记》家（通史纪传）、《汉书》家（断代纪传），申述各家的源流兴废和优劣所在；二体即编年和纪传，指出各有优劣，不可偏废。外篇的《史官建置》和《历代正史》两篇，概括了过去政府编纂史书机构的变化，和历朝正史（指封建政府官修的编年和纪传体史书，非专指纪传体）写作的过程。总此诸篇，实即刘知几对以前中国史学史的概述。对于此前史书著述的优点，明白肯定；其中疵颣，亦批摘不遗余力；故纪昀在《史通削繁序》中说："其抉摘精当之处，足使龙门失步，兰台变色。"他对于本纪、世家、列传、表历、书志以至史书论赞、序例、断限、称谓等，也备加论列，不仅评骘古人，也正是抒其所见。并指出修史必须广搜史料，明辨真伪，直言不讳，截去浮词。从而他提出修史必须有史才、史学、史识，三者缺一不可。故纪昀说："撰史不可无例，刘氏之书，诚载笔之圭臬也。"足见《史通》这部著作，在中国旧史学界中的评价是很高的。不过，纪昀的《史通削繁》，阉割了《疑古》和《惑经》等批儒部分，而止局限在历史著作范围内肯定刘知几的批评。

---

① 编者删除了文中的注释部分。
② 韩国磐（1919—2003），历史学家。

因此，必须简单阐述一下刘知几在他的《史通》一书中，敢于疑经批孔的斗争精神。由于他目击当时封建统治者日益腐败和纷争，即他自己所说的"于时小人道长，纲纪日坏"；同时继承了王充《论衡》等以前著作的批判精神；所以《史通》一书能够对儒家的六经和整理六经的孔丘，进行大胆的怀疑和批判。如该书外篇《疑古》说：

案鲁史之有《春秋》也，外为贤者，内为本国，事靡洪纤，动皆隐讳。……故观夫子之刊《书》也，夏桀让汤，武王斩纣，其事甚著，而芟夷不存。观夫子之定《礼》也，隐、闵非命，恶、视不终，而奋笔昌言，云鲁无篡弑。观夫子之删《诗》也，凡诸国风，皆有怨刺，在于鲁国，独无其章。观夫子之《论语》也，君娶于吴，是谓同姓，而司败发问，对以知礼。斯验世人之饰智矜愚，爱憎由己者多矣。

这里既批判了儒家的六经，更批判了手定六经的孔丘，隐瞒歪曲事实，爱憎由己。从而提出了对儒经主要是对《尚书》的十条疑问，如《书经》赞美尧的"克明俊德"，尧舜的"禅让"，都是不可信的；《尚书》中的《泰誓》，犹如陈琳"为袁檄魏"，姬昌的事殷，相当于司马氏的臣魏，而儒书任情美化，"虚为其说"等等。而概括的说，"五经立言，千载犹仰；而求其前后，理甚相乖"，这对儒家的经书，是一个有力的抨击。

不仅如此，刘知几的《史通》，还专门对孔丘所修的《春秋》提出了批判。指出《春秋》一书，他"所未谕者"十二条，批判此书"巨细不均，繁省失中"；"真伪莫分，是非相乱"。对《春秋》的歪曲史实，进行了无情的揭露。又指出后人"虚美"《春秋》者五条，为什么会产生这五种"虚美"呢？"良由达者相承，儒教传授，既欲神其事，故谈过其实"。刘知几对孔丘和儒经的批判，继承了王充《问孔》等篇的精神，以后宋朝王安石说《春秋》是"断烂朝报"，应是受到刘知几的启发的。

从刘知几对孔丘、儒经以及以前历史著作的批判、评骘来看，他是具有进步的历史观的。如他不相信儒家所美化的尧、舜、禹、汤时期，真是那样好。即以历史著作来说，他固然很推崇《左传》，但更推崇后出的《汉书》，认为此书"包举一代，撰成一书，言皆精练，事甚该密。故学者寻讨，易为其功。

自尔迄今，无改斯道"，还是以进步的观点来看待历史著作的。而他这种进步的历史观，又和他的素朴的唯物主义哲学观点密切相关的，他反对董仲舒、刘向的阴阳灾异的有神论，指出所谓"亢阳为怪，求诸人事，理必不然"。因此，可以这样说，刘知几是唐朝时具有唯物主义思想的进步历史学家，《史通》是唐朝时具有唯物主义观点的杰出的史学著作。而这种进步的历史观，又给予稍后的柳宗元、刘禹锡等以启示和影响。

（录自韩国磐《隋唐五代史纲》，人民出版社1979年版，第496~499页）

杜佑与《通典》①*

韩国磐

另一部唐朝时的史学创作，为杜佑所编纂的《通典》。杜佑为玄宗到宪宗时人，历任江西青苗使、水陆转运使、户部侍郎判度支、度支盐铁使等财政职务，以及刺史、岭南和淮南节度使，后官至宰相，进位司徒。由于他历任财政大吏，并且历任地方和中央的行政要职，故对于经济、政治等典章制度较为熟悉。而刘知几之子刘秩，准《周礼》六官的职掌，分门别类，写成《政典》三十五卷，曾为肃宗时宰相房琯所赞赏。杜佑得其书，"以为条目未尽，因而广之，加以开元礼乐"，写成《通典》二百卷。故杜佑所著《通典》，是在刘秩《政典》的基础上，以其个人经历学识来改造、加工写成的。《通典》虽源于《政典》，但其思想观点不同，如刘秩主张分封诸侯，而杜佑却反对分封，赞扬郡县制；《政典》准《周礼》编写，《通典》首列《食货》，和《周礼》大不相同。刘秩被房琯所重用，杜佑却为永贞改革派所用，政治态度上也有所不同的。

《通典》计分食货、选举、职官、礼、乐、兵、刑、州郡、边防九门，各门下再分子目。每一制度，必条贯古今，溯源明流，通其原委。并且，首述食货。杜佑在《通典》自序中说明各门编次的理由说："教化之本，在乎足衣食。《易》称聚人曰财；《洪范》八政，一曰食，二曰货；《管子》曰：仓廪

---

① 编者删除了文中的注释部分。

实，知礼节，衣食足，知荣辱；夫子曰：既富而教；斯之谓矣。夫行教化在乎设职官，设职官在乎审官才，审官才在乎精选举。制礼以端其俗，立乐以和其心，此先哲王致治之大方也。故职官设然后兴礼乐焉，教化隳然后用刑罚焉。列州郡，俾分领焉。置边防，遏戎狄焉。"这儿将各门编次先后的道理，说得清清楚楚，特别着重说明首述食货的道理，也指明了封建统治的教化与刑罚的两手。当时杜佑已知经济史的重要，将其列于首位，这不能不是他的卓见。且《通典》源于纪传体史书的书志，发展而为经济政治礼乐等典章制度的专史，越出了以人物纪传为叙史中心的范围，为史书著述开辟了新的途径，开创典基之功，亦自不小。所以书成以后，"大传于时，礼乐政刑之源，千载如指诸掌，大为士君子所称"。固然《通典》由《政典》而来，但《政典》系依《周礼》六官分门写成三十五卷，则《通典》的内容思想和编次、门类条目、卷帙等，远非《政典》所可比拟。有了《通典》这部典章制度的通史专著以后，才发展而有"三通"，再进而有"九通""十通"。

（录自《隋唐五代史纲》，人民出版社1979年版，第499~501页）

通儒道说

李　观[①]

古今儒家，多弃黄老，岂必乎天德，未必者道，上圣存于中而外施训，凡仁、信、礼、义四者流于道，道外而流于道以四化，外俱复于天下，为羲农不道而上德，则尧舜并知至德，则不列于圣教，决无四数矣。凡骈行之为仁、为信、为礼、为义，并行之为德，愈德臻静为道。故二为儒之臂，四为德之指，若忘源而决派，薙茎而掩其本树，难矣。则冲虚利害，于本末然，老氏标本，孔氏回末，不能尤过者，自中而息，岂前无路哉。及列氏、庄氏，展而针之，空清泊中，非典经与家风，鄙而窥外，俱达谊也。

（录自《全唐文》卷五百三十五，中华书局1983年影印本，第5429页）

（参校《全唐文》，中华书局2009年版，第5429页）

[①] 李观（766—794），唐代文学家。

三教论衡（节录）

白居易[①]

孔门之徒三千，其贤者列为四科。《毛诗》之篇三百，其要者分为六义。六义者：一曰风，二曰赋，三曰比，四曰兴，五曰雅，六曰颂。此六义之数也。四科者：一曰德行，二曰言语，三曰政事，四曰文学。此四科之目也。在四科内，列十哲名：德行科，则有颜渊、闵子骞、冉伯牛、仲弓。言语科，则有宰我、子贡。政事科，则有冉有、季路。文学科，则有子游、子夏。此十哲之名也。四科六义之名数，今已区别；四科六义之旨意，今合辨明。请以法师本教佛法中比方，即言下晓然可见。何者？即如《毛诗》有六义，亦犹佛法之义例，有十二部分也。佛经千万卷，其义例不出十二部中。《毛诗》三百篇，其旨要亦不出六义内。故以六义，可比十二部经。又如孔门之有四科，亦犹释门之有六度。六度者，六波罗蜜。六波罗蜜者，即檀波罗蜜、尸波罗蜜、羼提波罗蜜、毗梨耶波罗蜜、禅定波罗蜜、般若波罗蜜。以唐言译之，即布施、持戒、忍辱、精进、禅定、智慧是也。故以四科，可比六度。又如仲尼之有十哲，亦犹如来之有十大弟子，即迦叶、阿难、须菩提、舍利弗、迦旃延、目乾连、阿那律、优波离、罗睺罗、〔富楼那〕是也。故以十哲，可比十大弟子。夫儒门、释教，虽名数则有异同；约义立宗，彼此亦无差别。所谓同出而异名，殊途而同归者也。所对若此，以为何如？更有所疑，即请重难。

（录自白居易著，顾学颉校点《白居易集》卷六十八，中华书局1979年版，第1435~1436页）

黜子书（节录）

白居易

今陛下将欲抑诸子之殊途，遵圣人之要道：则莫若弘四术之正义，崇九经

[①] 白居易（772—846），唐代诗人、学者。

之格言。故正义著明，则六家之异见，不除而自退矣；格言具举，则九流之偏说，不禁而自隐矣。夫如是，则六家九流，尚为之隐退；况百氏之殊文诡制，得不藏匿而销荡乎？斯所谓排小说而扶大义，斥异端而阐微言，辨惑向方，化人成俗之要也。

（录自《白居易集》卷六十五，中华书局1979年版，第1361~1362页）

黄老术

白居易

夫欲使人情俭朴，时俗清和，莫先于体黄老之道也。其道在乎尚宽简，务俭素，不眩聪察，不役智能而已。盖善用之者，虽一邑一郡一国至于天下，皆可以致清净之理焉。昔宓贱得之，故不下堂而单父之人化。汲黯得之，故不出阁而东海之政成。曹参得之，故狱市勿扰〔而〕齐国大和。汉文得之，故刑罚不用而天下大理。其故无他，清净之所致耳。故《老子》曰："我无为而人自化，我好静而人自正，我无事而人自富，我无欲而人自朴。"此四者皆黄老之要道也。陛下诚能体而行之，则人俭朴而俗清和矣。

（录自《白居易集》卷六十二，中华书局1979年版，第1298页）

令道士在僧前诏

李世民

老君垂范，义在清虚；释迦贻则，理存因果。求其教也，汲引之迹殊途；穷其宗也，宏益之风齐致。然大道之兴，肇于遂古，源出无名之始，事高有形之外，迈两仪而运行，包万物而亭育，故能经邦致治，反朴还淳。至如佛教之兴，基于西域，逮于后汉，方被中华，神变之理多方，报应之缘匪一；洎乎近世，崇信滋深，人觊当年之福，家惧来生之祸。由是滞俗者闻元宗而大笑，好异者望真谛而争归，始波涌于闾里，终风靡于朝廷。遂使殊俗之典，郁为众妙之先，诸华之教，翻居一乘之后，流遁忘反，于兹累代。朕夙夜寅畏，缅惟至道，思革前弊，纳诸轨物。况朕之本系，出于柱史，今鼎祚克昌，既凭上德之庆；天下大定，亦赖无为之功，宜有改张，阐兹玄化。自今以后，斋供行立，至于称谓，其道士女冠，可在僧尼之前。庶敦本之俗，畅于九有；尊祖之风，贻诸万叶。告报天下，主者施行。

（录自《全唐文》卷六，中华书局1983年影印本，第73页）
（参校《全唐文》，中华书局2009年版，第73页）

释教在道法上制（节录）

武则天[①]

朕先蒙金口之记，又承宝偈之文，历教表于当今，本愿标于曩劫。《大云》阐奥，明王国之祯符；《方等》发扬，显自在之丕业。驭一境而敦化，宏五戒以训人，爰开革命之阶，方启惟新之运，宜叶随时之义，以申自我之规。……自今已后，释教宜在道法之上，缁服处黄冠之前，庶得道有识以皈依，极群生于回向。……

（录自《全唐文》卷九十五，中华书局1983年影印本，第981页）
（参校《全唐文》，中华书局2009年版，第981页）

僧道并重敕

武则天

老君化胡，典诰攸著，岂容僧辈，妄请削除。故知偏辞，难以凭据，当依对定，佥议惟允。傥若史籍无据，俗官何忍虚承？明知化胡是真，作佛非谬。道能方便设教，佛本因道而生，老释既自元同，道佛亦合齐重。自今后，僧入

[①] 武则天（624—705），唐高宗皇后、武周皇帝。

观不礼拜天尊，道士入寺不瞻仰佛像，各勒还俗，仍科违敕之罪。

（录自《全唐文》卷九十六，中华书局 1983 年影印本，第 990~991 页）
（参校《全唐文》，中华书局 2009 年版，第 990~991 页）

释疏题明道德义（节录）

杜光庭

道德尊经，包含众义，指归意趣，随有君宗。河上公、严君平皆明理国之道，松灵仙人、魏代孙登，梁朝陶隐居、南齐顾欢皆明理身之道。苻坚时罗什、后赵图澄、梁武帝、梁道士窦略，皆明事理因果之道。梁朝道士孟智周、臧玄静，陈朝道士诸糅，隋朝道士刘进喜，唐朝道士成玄英、蔡子晃、黄玄赜、李荣、车玄弼、张惠超、黎元兴，皆明重玄之道。何晏、钟会、杜元凯、王辅嗣、张嗣、羊祜、卢氏、刘仁会，皆明虚极无为理家理国之道。此明注解之人意不同也。又诸家禀学立宗不同，严君平以虚玄为宗，顾欢以无为为宗，孟智周、臧玄静以道德为宗，梁武帝以非有非无为宗，孙登以重玄为宗。宗旨之中，孙氏为妙矣。

（录自卿希泰《中国道教思想史纲》，四川人民出版社 1985 年版，第 667 页）
（参校河上公、杜光庭等注《道德经集释》，中国书店 2015 年版，第 589 页）

道德真经元德纂序（节录）

杜光庭

（老子）著《道》《德》二篇，欲明道无为也，因德以显之；德有用也，因道以明之。资立言以畅无言，因理本而宏妙本，为理身、理国之要。乃至精至极之宗，以授于舜，非谓绝仁义圣智，在乎抑浇诈聪明，将使君君臣臣、父父子子，见素抱朴，泯合于太和，体道复元，自臻于忠孝。世儒不知，以为老君之道，弃仁义、隳礼智，非立教之大方。且夫至仁合天地之德，至义合天地之宜，至乐合天地之和，至礼合天地之节，至智合天地之辨，至信合天地之时。宏淳一之源，成大同之化，混合至道，归仁寿之乡，固不在乎踶跂雍容，噢咻螯蓬，然后谓之仁义等也，故仲尼亚圣，皆默而得之。隳体黜聪，遗形去智，超乎物表，永为真人，非末学小儒之所知也。

（录自《全唐文》卷九百三十一，中华书局 1983 年影印本，第 9699~9700 页）
（参校《全唐文》，中华书局 2009 年版，第 9699~9700 页）

旧唐书·方伎列传（节录）

夫术数占相之法，出于阴阳家流。自刘向演《洪范》之言，京房传焦赣之法，莫不望气视祲，悬知灾异之来；运策揲蓍，预定吉凶之会。固已详于鲁史，载彼《周官》。其弊者肄业非精，顺非行伪，而庸人不修德义，妄冀遭逢。如魏豹之纳薄姬，孙皓之邀青盖，王莽随式而移坐，刘歆闻谶而改名；近者綦连耀之构异端，苏玄明之犯宫禁，皆因占候，辅此奸凶。圣王禁星纬之书，良有以也。国史载袁天纲前知武后，恐匪格言，而李淳风删方伎书，备言其要。……

　　…………

（孙思邈）七岁就学，日诵千余言。弱冠，善谈庄、老及百家之说，兼好释典。……

……"邈道合古今，学殚数术。高谈正一，则古之蒙庄子；深入不二，则今之维摩诘耳。其推步甲乙，度量乾坤，则洛下闳、安期先生之俦也。"……

……一行少聪敏，博览经史，尤精历象、阴阳、五行之学。时道士尹崇博学先达，素多坟籍。一行诣崇，借扬雄《太玄经》，将归读之。数日，复诣崇，还其书。崇曰："此书意指稍深，吾寻之积年，尚不能晓，吾子试更研求，何遽见还也？"一行曰："究其义矣。"因出所撰《太衍玄图》及《义决》一卷以示崇。崇大惊，因与一行谈其奥赜，甚嗟伏之，谓人曰："此后生颜子也。"一行由是大知名。武三思慕其学行，就请与结交，一行逃匿以避之。寻出家为僧，隐于嵩山，师事沙门普寂。睿宗即位，敕东都留守韦安石以礼征，一行固辞以疾，不应命。后步往荆州当阳山，依沙门悟真以习梵律。

（录自《旧唐书》卷一百九十一，中华书局1975年版，第5087~5088、5094~5095、5112页）

旧唐书·隐逸列传（节录）

（潘师正）大业中，度为道士，师事王远知，尽以道门隐诀及符箓授之。师正清净寡欲，居于嵩山之逍遥谷，积二十余年，但服松叶饮水而已。……

（司马承祯）少好学，薄于为吏，遂为道士。事潘师正，传其符箓及辟谷导引服饵之术。师正特赏异之，谓曰："我自陶隐居传正一之法，至汝四叶矣。"承祯尝遍游名山，乃止于天台山。则天闻其名，召至都，降手敕以赞美之。……

……承祯颇善篆隶书，玄宗令以三体写《老子经》，因刊正文句，定著五千三百八十言为真本以奏上之。……

吴筠，鲁中之儒士也。少通经，善属文，举进士不第。性高洁，不奈流俗，乃入嵩山，依潘师正为道士，传正一之法，苦心钻仰，乃尽通其术。开元中，南游金陵，访道茅山。久之，东游天台。筠尤善著述，在剡与越中文士为诗酒之会，所著歌篇，传于京师。玄宗闻其名，遣使征之。既至，与语甚悦，令待诏翰林。帝问以道法，对曰："道法之精，无如五千言，其诸枝词蔓说，徒费纸札耳。"又问神仙修炼之事，对曰："此野人之事，当以岁月功行求之，非人主之所宜适意。"每与缁黄列坐，朝臣启奏，筠之所陈，但名教世务而已，间之以讽咏，以达其诚。玄宗深重之。

（录自《旧唐书》卷一百九十二，中华书局1975年版，第5126~5129页）

新唐书·方技列传（节录）

（李）淳风于占候吉凶，若节契然，当世术家意有鬼神相之，非学习可致，终不能测也。以劳封昌乐县男。奉诏与算博士梁述、助教王真儒等是正《五曹》《孙子》等书，刊定注解，立于学官。……

（王）远知少警敏，多通书传，事陶弘景，传其术，为道士。又从臧兢游。……

（叶法善）世为道士，传阴阳、占繇、符架之术，能厌劾怪鬼。帝闻之，召诣京师，欲宠以官，不拜。留内斋场，礼赐殊缛。时帝悉召方士，化黄金冶丹，法善上言："丹不可遽就，徒费财与日，请核真伪。"帝许之，凡百余人皆罢。……

历高、中二宗朝五十年，往来山中，时时召入禁内，雅不喜浮屠法，常力诋毁，议者浅其好憎，然以术高，卒叵之测。……

张果者，晦乡里世系以自神，隐中条山，往来汾、晋间，世传数百岁人。武后时，遣使召之，即死，后人复见居恒州山中。

（录自《新唐书》卷二百零四，中华书局 1975 年版，第 5798、5804~5805、5810 页）

冯天瑜文存

中国学术流变

（下册）

长江出版传媒
湖北人民出版社

论宋元学术

宋代学术的主要形态是吸收了佛学成果的"新儒学"——理学，元代承其统绪。与理学形成相同时，各种非理学派别也应运而生，构成一种相反而又相成的局面。

一、北宋——儒学繁盛，理学初成

北宋初，儒学在唐后期复兴的基础上趋于繁盛。宋初诸儒各有所长，范仲淹锐意治世，以天下为己任，开启士大夫热心政治之风尚。王安石发展儒学入世传统，将经学义理阐释与"修齐治平"相结合，别创"新学"。司马光以史为鉴，排比史料为"丛目"，勒以"长编"而成《资治通鉴》。三苏所创"蜀学"也别有风骨。宋人承唐代古文运动之余绪，力倡文章子集之学，经史文学相得益彰。在这种浓郁的儒风中，"理学"脱颖而出。

理学肇始于"宋初三先生"——胡瑗、孙复、石介。三人力倡道统论，"以理解经"，提出许多理学命题。

理学开山者周敦颐创濂溪学派，以《周易》为宗，混合道家无为和儒家中庸思想，阐发"心性心理之精"。周敦颐在北宋影响不大，经南宋张栻、朱熹推崇，始尊为理学祖师。

与濂学同时者，有邵雍的象数学。邵氏主要吸收道家思想，同时兼蓄儒、释两家，以象数图式来解释宇宙的生成发展，是理学象数派。

理学的奠基者为程颢、程颐。二程曾师事周敦颐，所创洛学，援佛入儒，改造经学，建立起较完备的体系，被视为理学正宗。但二程亦有区别。程颐注重"理""器"的区分，主张以"涵养须用敬，进学在致知"的修养方法悟得天理，后为朱熹继承、发展；程颢则倡导"传心"说，强调"万善皆备"于本心,传圣人之道的方法在于扩充本心,从而开启陆九渊、王阳明心学之源。二程的及门弟子谢良佐、游酢、杨时、吕大临,号为"四大高足"。

张载所创关学为理学四大流派之一。关学在本体论、认识论、伦理学诸方面提出许多理学的基本命题,其本体论的基础是气一元论,这与其他理学流派根本不同。关学在北宋声势浩大,著名传人有吕大忠、吕大钧、张戬、范育等。在明代和清初,承袭并发展关学的主要有王廷相、罗钦顺、吕坤、王夫之等。

北宋学派纵横,学术之争主要表现为新学与理学之争。王安石创新学,以己意注释三经,阐扬义理,作为在政治上实行变法的理论根据。以二程为代表的理学派由反对变法进而反对新学。另外,在非理学派之间,新学与以司马光为代表的涑水学派、以苏轼为代表的蜀学之间也存在着学理矛盾和政争。

二、南宋——理学成熟

理学经北宋五子阐扬已具规模,南宋胡安国、张栻、吕祖谦等进一步发展,至朱熹集北宋诸子之大成,并采纳佛学思想材料,开创闽学,建立庞大的理一元论体系,理学成熟。承朱学的有黄榦、蔡元定、陈淳等。

与朱熹同时,陆九渊上承孟轲,下接程颢,以"发明本心"为宗旨,创立心一元论思想体系。陆氏门人众多,"槐堂诸子"虽称高足,但于理论上无甚建树,"甬上四先生"则多有发明,其中杨简成就尤大。

自朱陆二说出,理学内部的门户之争日甚。终宋元两代直至明前期,心学一直居于下风,只是到明代中后期王守仁出,心学才并肩朱学而蔚为大观。

理学是继先秦诸子学、两汉经学、魏晋玄学、隋唐佛学后中国学术发展的又一高峰。理学以儒家宇宙化生论和人生论为内核展开思想体系,对先秦以来的学术思想综合演绎,出入释、老,"汇纳群流,归之一趋"(钱穆《朱子新学案》),论究精深微密,超迈前古。儒学因之而得新鲜活力。

南宋时与理学对峙的有永嘉学派和永康学派。永嘉学派始倡于薛季宣,经陈傅良而发展,至叶适方集其大成。永康学派的代表人物为陈亮。两派均反对理学家空谈心性命理,主张义利双行,王霸并用,重视事功之学。

三、元代——理学普及,道教渐趋统一

因南宋偏安江左,故朱学声势虽称浩大,但在北方却甚少知音。元定天下

于一统，赵复乃传程朱理学于北方。后经许衡、刘因大力推崇、普及，程朱理学正式成为官学。至明清，学术历经数变，程朱理学的官学地位也始终没有动摇。

在南方，重要的理学家为饶鲁、吴澄。饶鲁为黄榦高弟，再传至吴澄。饶鲁虽承朱学统绪，但不拘守朱子章句，对朱陆之说多有融会。吴澄则走得更远，以致被正统理学家斥为"宗陆背朱"。元代学术潮流中的这种融会朱陆的趋势，到明代发展为阳明心学。

宋元时期，道教渐趋统一。金代大定年间，王重阳综合道教各家学说创立以道为主，兼融儒、释的全真道，王重阳门徒丘处机受成吉思汗之命，掌管天下道教，全真道盛极一时。元成宗时，封东汉张陵三十八代孙张与材为"正一教主"，总领三山（龙虎山、阁皂山、茅山）符箓，道教符箓各派统一于正一道。此后，道教正式分为正一、全真两大派。入清以后，正一道逐渐式微，全真道成为道教大宗。

宋元儒学案序录[①]

全祖望[②]

祖望谨案：宋世学术之盛，安定、泰山为之先河，程、朱二先生皆以为然。安定沉潜，泰山高明；安定笃实，泰山刚健，各得其性禀之所近，要其力肩斯道之传，则一也。安定似较泰山为更醇。小程子入太学，安定方居师席，一见异之。讲堂之所得，不已盛哉！述《安定学案》。

泰山之与安定，同学十年，而所造各有不同。安定，冬日之日也；泰山，夏日之日也。故如徐仲车，宛有安定风格；而泰山高弟为石守道，以振顽儒，则岩岩气象，倍有力焉。抑又可以见二家渊源之不紊也。述《泰山学案》。

晦翁推原学术，安定、泰山而外，高平范魏公其一也。高平一生粹然无疵，而导横渠以入圣人之室，尤为有功。孝宗尝以朝臣之请，将与欧阳充公并入泽宫，已而不果。今卒举行之，公是为不泯矣。述《高平学案》。

[①] 原文中的王梓材、冯云濠夹注删去。
[②] 全祖望（1705—1755），清代浙东史学名家。

杨文靖公有言："佛入中国千余年，只韩、欧二公立得定耳。"说者谓其因文见道。夫见道之文，非圣人之徒亦不能也。兖公之冲和安静，盖天资近道，稍加以学，遂有所得，使得遇圣人而师之，岂可量哉！述《庐陵学案》。

安定、泰山并起之时，闽中四先生亦讲学海上。其所得虽未能底于粹深，然而略见大体矣，是固安定、泰山之流亚也。宋人溯导源之功，独不及四先生，似有阙焉。或曰："陈烈亦尝师安定。"未知所据。述《古灵四先生学案》。

庆历之际，学统四起。齐、鲁则有士建中、刘颜夹辅泰山而兴。浙东则有明州杨、杜五子，永嘉之儒志、经行二子。浙西则有杭之吴存仁，皆与安定湖学相应。闽中又有章望之、黄晞，亦古灵一辈人也。关中之申、侯二子，实开横渠之先。蜀有宇文止止，实开范正献公之先。筚路蓝缕，用启山林，皆序录者所不当遗。述《士刘诸儒学案》。

小程子谓："阅人多矣！不杂者，司马、邵、张三人耳。"故朱子有"六先生"之目。然于涑水微嫌其格物之未精，于百源微嫌其持敬之有歉，《伊洛渊源录》中遂祧之（今本补入康节，非朱子原本也）。草庐因是敢谓涑水尚在"不著""不察"之列。有是哉？其妄也！述《涑水学案》。

康节之学，别为一家。或谓《皇极经世》只是京、焦末流，然康节之可以列圣门者，正不在此。亦犹温公之造九分者，不在《潜虚》也。述《百源学案》。

濂溪之门，二程子少尝游焉。其后伊、洛所得，实不由于濂溪，是在高弟荥阳吕公已明言之，其孙紫微又申言之，汪玉山亦云然。今观二程子终身不甚推濂溪，并未得与马、邵之列，可以见二吕之言不诬也。晦翁、南轩始确然以为二程子所自出，自是后世宗之，而疑者亦踵相接焉。然虽疑之，而皆未尝考及二吕之言以为证，则终无据。予谓濂溪诚入圣人之室，而二程子未尝传其学，则必欲沟而合之，良无庸矣。述《濂溪学案》。

大程子之学，先儒谓其近于颜子，盖天生之完器。然哉！然哉！故世有疑小程子之言若伤我者，而独无所加于大程子。述《明道学案》。

大程子早卒，向微小程子，则洛学之统且中衰矣！戢山先生尝曰："小程子大而未化，然发明有过于其兄者。"信哉！述《伊川学案》。

横渠先生勇于造道，其门户虽微有殊于伊洛，而大本则一也。其言天人之故，间有未当者，梨洲稍疏证焉，亦横渠之忠臣哉！述《横渠学案》。

庆历以后，尚有诸魁儒焉，于学统或未豫，而未尝不于学术有功者，范蜀公、吕申公、韩持国，一辈也；吕汲公、王彦霖，又一辈也；丰相之、李君行，又一辈也。尚论者其敢忽诸！述《范吕诸儒学案》。

涑水弟子，不传者多。其著者，刘忠定公得其刚健，范正献公得其纯粹，景迂得其数学，而刘、范尤为眉目。忠定之《语录》《谭录》《道护录》，今皆无完本，然大略可考见矣。述《元城学案》。

范正献公之师涑水，其本集可据也。其师程氏，则出自鲜于绰之讹。《伊洛渊源录》既疑之，而又仍之，误矣！陈默堂答范益谦曰："向所闻于龟山，乃知先给事之学与洛学同。"则其非弟子明矣。述《华阳学案》。

涑水尝令景迂续成《潜虚》，景迂谢不敢，然《易玄星纪》之谱，足以绍师门矣。景迂又私淑康节，惜其晚年之好佛也。然元城亦不免此。吕成公曰："景迂虽驳，其学有不可废者。"述《景迂学案》。

荥阳少年，不名一师。初学于焦千之，庐陵之再传也。已而学于安定，学于泰山，学于康节，亦尝学于王介甫，而归宿于程氏。集益之功，至广且大。然晚年又学佛，则申公家学未醇之害也。要之，荥阳之可以为后世师者，终得力于儒。述《荥阳学案》。

洛学之魁，皆推上蔡，晦翁谓其英特过于杨、游，盖上蔡之才高也。然其堕入葱岭处，决裂亦过于杨、游。或曰：是江民表之书误入《上蔡语录》中。述《上蔡学案》。

明道喜龟山，伊川喜上蔡，盖其气象相似也。龟山独邀耆寿，遂为南渡洛学大宗。晦翁、南轩、东莱，皆其所自出（五峰、紫微皆尝学于龟山之门）。然龟山之夹杂异学，亦不下于上蔡。述《龟山学案》。

廌山游肃公在程门鼎足谢、杨，而遗书独不传，其弟子亦不振。五峰有曰："定夫为程门罪人。"何其晚谬，一至斯与！予从诸书稍搜得其粹言之一二。述《廌山学案》。

和靖尹肃公于洛学最为晚出，而守其师说最醇。五峰以为程氏后起之龙象，东发以为不失其师传者，良非过矣。述《和靖学案》。

兼山以将家子，知慕程门，卒死王事。白云高蹈终身，和靖所记党锢后事，恐未然也。郭门之学虽孤行，然自谢艮斋至黎立武，绵绵不绝。述《兼山学案》。

洛学之入秦也以三吕，其入楚也以上蔡司教荆南，其入蜀也以谢湜、马涓，其入浙也以永嘉周、刘、许、鲍数君，而其入吴也以王信伯。信伯极为龟山所许，而晦翁最贬之，其后阳明又最称之。予读信伯集，颇启象山之萌芽，其贬之者以此，其称之者亦以此。象山之学，本无所承，东发以为遥出于上蔡，予以为兼出于信伯。盖程门已有此一种矣。述《震泽学案》。

程子弟子最著者，刘、李诸公以早卒故，其源流未广；晋陵周氏兄弟亦为和靖所许；其后马伸、吴给以大节见。亦有不称其薪传者，如邵溥之委蛇伪命，李处廉之以墨败。至于邢恕，则古公伯寮之伦也与！述《刘李诸儒学案》。

关学之盛，不下洛学，而再传何其寥寥也？亦由完颜之乱，儒术并为之中绝乎？《伊洛渊源录》略于关学，三吕之与苏氏，以其曾及程门而进之，余皆亡矣。予自范侍郎育而外，于《宋史》得游师雄、种师道，于《胡文定公语录》得潘拯，于《楼宣献公集》得李复，于《童蒙训》得田腴，于《闽书》得邵清，及读《晁景迂集》，又得张舜民，又于《伊洛渊源录》注中得薛昌朝，稍为关学补亡。述《吕范诸儒学案》。

世知永嘉诸子之传洛学，不知其兼传关学。考所谓"九先生"者，其六人及程门，其三则私淑也。而周浮沚、沈彬老又尝从蓝田吕氏游，非横渠之再传乎？鲍敬亭辈七人，其五人及程门。晦翁作《伊洛渊源录》，累书与止斋求事迹，当无遗矣。而许横塘之忠茂，竟不列其人，何也？予故谓为晦翁未成之书。今合为一卷，以志吾浙学之盛，实始于此。而林竹轩者，横塘之高弟也，其学亦颇启象山一派。述《周许诸儒学案》。

百源弟子承密授者，曰王豫，曰张崏，皆早死，故不传。伯温虽受辟呬负剑之教，然所得似浅。东发谓《渔樵问答》乃伯温作，其中亦有名言，所惜者《闻见录》之溺于轮回也。予又为旁搜，得杨、周等数人。述《王张诸儒学案》。

私淑洛学而大成者，胡文定公其人也。文定从谢、杨、游三先生以求学统，而其言曰："三先生义兼师友，然吾之自得于《遗书》者为多。"然则后儒因朱子之言，竟以文定列谢氏门下者，误矣，今沟而出之。南渡昌明洛学之功，文定几侔于龟山，盖晦翁、南轩、东莱皆其再传也（朱、吕皆尝从籍溪）。

述《武夷学案》。

私淑洛学而未纯者,陈了斋、邹道乡也。唐充之、关止叔,又其次也。了斋兼私淑涑水、康节,学徒最盛,建炎后多归龟山。述《陈邹诸儒学案》。

大东莱先生为荥阳冢嫡,其不名一师,亦家风也。自元祐后诸名宿,如元城、龟山、廌山、了翁、和靖以及王信伯之徒,皆尝从游,多识前言往行以畜其德。而溺于禅,则又家门之流弊乎!述《紫微学案》。

上蔡之门,汉上朱文定公最著。三《易》象数之说,未尝见于上蔡之口,而汉上独详之。尹和靖、胡文定、范元长以洛学见用于中兴,汉上实连茹而出,顾世之传其学者稍寡焉。述《汉上学案》。

龟山弟子遍天下,默堂以爱婿为首座。其力排王氏之学,不愧于师门矣!惜其早侍了斋,禅学深入之,而龟山亦未能免于此也,所以不得不输正统于豫章。述《默堂学案》。

豫章之在杨门,所学虽醇,而所得实浅,当在善人、有恒之间。一传为延平则邃矣,再传为晦翁则大矣,豫章遂为别子。甚矣,弟子之有光于师也!述《豫章学案》。

龟山弟子以风节光显者,无如横浦,而驳学亦以横浦为最。晦翁斥其书,比之洪水猛兽之灾,其可略哉!然横浦之羽翼圣门者,正未可泯也。述《横浦学案》。

武夷诸子,致堂、五峰最著,而其学又分为二。五峰不满其兄之学,故致堂之传不广。然当洛学陷入异端之日,致堂独皭然不染,亦已贤哉,故朱子亦多取焉。述《衡麓学案》。

绍兴诸儒,所造莫出五峰之上。其所作《知言》,东莱以为过于《正蒙》,卒开湖湘之学统。今豫章以晦翁故祀泽宫,而五峰阙焉,非公论也。述《五峰学案》。

白水、籍溪、屏山三先生,晦翁所尝师事也。白水师元城,兼师龟山;籍溪师武夷,又与白水同师谯天授;独屏山不知所师。三家之学略同,然似皆不能杂于禅,故五峰所以规籍溪者甚详。其时闽中又有支离先生陆祐者,亦于三先生为学侣焉。述《刘胡诸儒学案》。

中兴二相,丰国赵公尝从邵子文游,魏国张公尝从谯天授游。丰公所得浅,而魏公则惑于禅宗,然伊洛之学,从此得昌。魏公以曾用陈公辅得谤,或遂疑其阻塞伊洛之学，与丰公有异同，未必然也。陈公良翰、芮公煜之徒，亦吾道之疏附也。述《赵张诸儒学案》。

伊洛既出，诸儒各有所承。范香溪生婺中，独为崛起。其言无不与伊洛合，晦翁取之。又有襄陵许吏部，得中原之文献，别为一家。萧三顾则尝学于伊洛，而不肯卒业，自以其所学孤行，亦狷者邪？述《范许诸儒学案》。

玉山汪文定公少受知于湍石，其本师为横浦，又尝从紫微。然横浦、紫微并佞佛，而玉山粹然一出于正，斯其为干蛊之弟子也。述《玉山学案》。

和靖高弟，如吕如王如祁，皆无门人可见。盐官陆氏，独能传之艾轩。于是红泉、双井之间，学派兴焉。然愚读艾轩之书，似兼有得于王信伯，盖陆氏亦尝从信伯游也。且艾轩宗旨，本于和靖者反少，而本于信伯者反多，实先槐堂之三陆而起。特槐堂贬及伊川，而艾轩则否，故晦翁于艾轩无贬词。终宋之世，艾轩之学，别为源流。述《艾轩学案》。

杨文靖公四传而得朱子，致广大，尽精微，综罗百代矣！江西之学，浙东永嘉之学，非不岸然，而终不能讳其偏。然善读朱子之书者，正当遍求诸家，以收去短集长之益。若墨守而摒弃一切焉，则非朱子之学也。述《晦翁学案》。

南轩似明道，晦翁似伊川。向使南轩得永其年，所造更不知如何也。北溪诸子必欲谓南轩从晦翁转手，是犹谓横渠之学于程氏者。欲尊其师，而反诬之，斯之谓矣。述《南轩学案》。

小东莱之学，平心易气，不欲逞口舌以与诸公角，大约在陶铸同类以渐化其偏，宰相之量也。惜其早卒，晦翁遂日与人苦争，并诋及婺学。而《宋史》之陋，遂抑之于儒林。然后世之君子终不以为然也。述《东莱学案》。

永嘉之学统远矣，其以程门袁氏之传为别派者，自艮斋薛文宪公始。艮斋之父学于武夷，而艮斋又自成一家，亦入门之盛也。其学主礼乐制度，以求见之事功。然观艮斋以参前倚衡言持敬，则大本未尝不整然。述《艮斋学案》。

永嘉诸子，皆在艮斋师友之间。其学从之出，而又各有不同。止斋最称醇恪，观其所得，似较艮斋更平实，占得地步也。述《止斋学案》。

水心较止斋又稍晚出，其学始同而终异。永嘉功利之说，至水心始一洗之。然水心天资高，放言砭古人多过情，其自曾子、子思而下皆不免，不仅如象山之诋伊川也。要亦有卓然不经人道者，未可以方隅之见弃之。乾、淳诸老既殁，学术之会，总为朱、陆二派，而水心龂龂其间，遂称鼎足。然水心工文，故弟子多流于辞章。述《水心学案》。

永嘉以经制言事功，皆推原以为得统于程氏。永康则专言事功而无所承，其学更粗莽抡魁，晚节尤有惭德。述《龙川学案》。

三陆子之学，梭山启之，复斋昌之，象山成之。梭山是一朴实头地人，其言皆切近，有补于日用。复斋却尝从襄陵许氏入手，喜为讨论之学。《宋史》但言复斋与象山和而不同。考之包恢之言，则梭山亦然。今不尽传，其可惜也。述《梭山复斋学案》。

象山之学，先立乎其大者，本乎孟子，足以砭末俗口耳支离之学。但象山天分高，出语惊人，或失于偏而不自知，是则其病也。程门自谢上蔡以后，王信伯、林竹轩、张无垢至于林艾轩，皆其前茅，及象山而大成，而其宗传亦最广。或因其偏而更甚之，若世之耳食雷同，自以为能羽翼紫阳者，竟诋象山为异学，则吾未之敢信。述《象山学案》。

朱、张、吕三先生讲学时，最同调者，清江刘氏兄弟也。敦笃和平，其生徒亦遍东南。近有妄以子澄为朱门弟子者，谬矣！述《清江学案》。

永嘉诸先生讲学时，最同调者，说斋唐氏也。而不甚与永嘉相往复，不可解也。或谓永嘉之学，说斋实倡之，则恐未然。述《说斋学案》。

三陆先生讲学时，最同调者，平阳徐先生子宜、青田陈先生叔向也。陆氏之《谱》竟引平阳为弟子，则又谬矣！述《徐陈诸儒学案》。

西山蔡文节公领袖朱门，然其律吕象数之学，盖得之其家庭之传。惜夫《翁季录》之不存也。述《西山蔡氏学案》。

嘉定而后，足以光其师传，为有体有用之儒者，勉斋黄文肃公其人与？玉峰、东发论道统，三先生之后，勉斋一人而已。述《勉斋学案》。

庆源辅氏，亦沧洲之最也。遗书散佚，世所葺《语溪宗辅录》者，特其糟粕。述《潜庵学案》。

永嘉为朱子之学者，自叶文修公与潜室始。文修之书不可考，《木钟集》犹有存焉。自是而永嘉学者渐桃艮斋一派矣。述《木钟学案》。

南湖杜氏兄弟之在沧洲，亦其良也。再传而有立斋，为嘉定以后宰辅之最，声望几侔于涑水矣，其学传之车氏。是时天台学者皆袭赘窗、荆溪之文统，车氏能正之。述《南湖学案》。

蔡氏父子、兄弟、祖孙，皆为朱学干城，而文正之《皇极》又自为一家。述《九峰学案》。

沧洲诸子，以北溪陈文安公为晚出。其卫师门甚力，多所发明，然亦有操异同之见而失之过者。述《北溪学案》。

朱门授受，遍于南方，李敬子、张元德、廖槎溪、李果斋皆宿老也，其余亦多下中之士，存之以附青云耳。李、张诸子之书，吾不得而见之矣。述《沧洲诸儒学案》。

宣公身后，湖湘弟子有从止斋、岷隐游者。然如彭忠肃公之节概，吴文定公之勋名，二游、文清、庄简公之德器，以至胡盘谷辈，岳麓之巨子也。再传而得漫塘、实斋。谁谓张氏之后弱于朱乎！述《岳麓诸儒学案》。

宣公居长沙之二水，而蜀中反疏。然自宇文挺臣、范文叔、陈平甫传之入蜀，二江之讲舍不下长沙。黄兼山、杨浩斋、程沧洲砥柱岷、峨，蜀学之盛，终出于宣公之绪。述《二江诸儒学案》。

明招学者，自成公下世，忠公继之，由是递传不替。其与岳麓之泽，并称克世。长沙之陷，岳麓诸生荷戈登陴，死者十九，惜乎姓名多无考。而明招诸生历元至明未绝，四百年文献之所寄也。述《丽泽诸儒学案》。

象山之门，必以甬上四先生为首，盖本乾、淳诸老一辈也。而坏其教者实慈湖。然慈湖之言不可尽从，而行则可师。黄勉斋曰："《杨敬仲集》皆德人之言也，而未闻道。"予因采其最粹且平易者，以志去短集长之意，则固有质之圣人而不谬者。述《慈湖学案》。

慈湖之与絜斋，不可连类而语。慈湖泛滥夹杂，而絜斋之言有绳矩，东发先我言之矣。述《絜斋学案》。

杨、袁之年辈后于舒、沈，而其传反盛，岂以舒、沈之名位下之与？嘻！是亦有之！然舒、沈之平实，又过于杨、袁也。四先生中，沈先生师复斋，《宋史》混而列之。述《广平定川学案》。

槐堂之学，莫盛于吾甬上，而西江反不逮。如曾潭，如琴山，以及黄、邓之徒，今其绪言渺矣！甬上之西，尚有严陵，亦一大支也。述《槐堂诸儒学案》。

康节之学不得其传，牛氏父子自谓有所授受，世弗敢信也。张行成疏通其纰缪，遂成一家，玉山汪文定公雅重之。其后如祝子泾，又稍不同。至于廖应淮之徒，则益诞矣。康节本出于希夷，其后卒流而为应淮，所谓"必复其始"者与？述《张祝诸儒学案》。

自淳熙至嘉定，疏附先后诸家者，有若丘忠定公、刘文节公、楼宣献公之徒，虽不入诸先生之学派，然皆能用先圣之道，而柴献肃公尤醇。述《丘刘诸儒学案》。

嘉定而后，私淑朱、张之学者，曰鹤山魏文靖公。兼有永嘉经制之粹，而去其驳。世之称之者以并之西山，有如温公、蜀公，不敢轩轾。梨洲则曰："鹤山之卓荦，非西山之依门傍户所能及。"予以为知言。述《鹤山学案》。

西山之望，直继晦翁，然晚节何其委蛇也！东发于朱学最尊信，而不满于西山，《理度两朝政要》言之详矣。《宋史》亦有微辞。述《西山真氏学案》。

勉斋之传，得金华而益昌。说者谓北山绝似和靖，鲁斋绝似上蔡，而金文安公尤为明体达用之儒，浙学之中兴也。述《北山四先生学案》。

双峰亦勉斋之一支也，累传而得草庐。说者谓双峰晚年多不同于朱子，以此诋之。予谓是未足以少双峰也，独惜其书之不传。述《双峰学案》。

鄱阳汤氏三先生，导源于南溪，传宗于西山。而晦静由朱而入陆，传之东涧；晦静又传之径畈。杨、袁之后，陆学之一盛也（方回以为东涧晚年始宗陆，误也）。述《存斋晦静息庵学案》。

四明之学多陆氏，深宁之父亦师史独善以接陆学。而深宁绍其家训，又从王子文以接朱氏，从楼迂斋以接吕氏。又尝与汤东涧游，东涧亦兼治朱、吕、陆之学者也。和齐斟酌，不名一师。《宋史》但夸其辞业之盛，予之微嫌于深宁者，正以其辞科习气未尽耳！若区区以其《玉海》之少作为足尽其底蕴，陋矣！述《深宁学案》。

四明之专宗朱氏者，东发为最。《日钞》百卷，躬行自得之言也，渊源出于辅氏。晦翁生平不喜浙学，而端平以后，闽中、江右诸弟子，支离、舛戾、固陋无不有之，其能中振之者，北山师弟为一支，东发为一支，皆浙产也。其亦足以报先正惓惓浙学之意也夫！述《东发学案》。

四明史氏皆陆学，至静清始改而宗朱，渊源出于莲荡晏氏。然尝闻深宁不喜静清之说《易》，以其嗜奇也，则似乎未必尽同于朱。其所传为程畏斋兄弟，则纯于朱者。述《静清学案》。

巽斋之宗晦翁，不知所自。考之沧洲弟子，庐陵有欧阳谦之，实尝从游，巽斋其后人邪？其遗书宗旨，不可考见。然巽斋之门有文山，径畈之门有叠山，可以见宋儒讲学之无负于国矣。述《巽斋学案》。

勉斋之传，尚有自鄱阳流入新安者，董介轩一派也。鄱阳之学，始于程蒙斋、董盘涧、王拙斋，而多卒业于董氏。然自许山屋外，渐流为训诂之学矣。述《介轩学案》。

河北之学，传自江汉先生，曰姚枢，曰窦默，曰郝经，而鲁斋其大宗也，元时实赖之。述《鲁斋学案》。

静修先生亦出江汉之传，又别为一派。蕺山先生尝曰："静修颇近乎康节。"述《静修学案》。

草庐出于双峰，固朱学也，其后亦兼主陆学。盖草庐又师程氏绍开，程氏尝筑道一书院，思和会两家。然草庐之著书，则终近乎朱。述《草庐学案》。

径畈殁而陆学衰。石塘胡氏虽由朱而入陆，未能振也。中兴之者，江西有静明，浙东有宝峰。述《静明宝峰学案》。

继草庐而和会朱、陆之学者，郑师山也。草庐多右陆，而师山则右朱，斯其所以不同。述《师山学案》。

有元立国，无可称者，惟学术尚未替，上虽贱之，下自趋之，是则洛、闽之沾溉者宏也。如萧勤斋、同矩庵辈，其亦许、刘之徒乎？述《萧同诸儒学案》。

元祐之学，二蔡、二惇禁之，中兴而丰国赵公弛之。和议起，秦桧又禁之，绍兴之末又弛之。郑丙、陈贾忌晦翁，又启之，而一变为庆元之锢籍矣。此两宋治乱存亡之所关。嘉定而后，阳崇之而阴摧之，而儒术亦渐哀矣。其事迹已散见诸公传，又放大事表之意，述《元祐、庆元党案》（大略用《道命录》为底本）。以至晚宋如周密之徒，凡诋訾诸儒者皆附之。

荆公《淮南杂说》初出，见者以为《孟子》。老泉文初出，见者以为《荀子》。已而聚讼大起。《三经新义》累数十年而始废，而蜀学亦遂为敌国。上下《学案》者，不可不穷其本末也。且荆公欲明圣学而杂于禅，苏氏出于纵横之学而亦杂于禅，甚矣西竺之能张其军也！述《荆公新学》及《蜀学略》。

关、洛陷于完颜，百年不闻学统，其亦可叹也！李屏山之雄文而溺于异端，敢为无忌惮之言，尽取涑水以来大儒之书，恣其狂舌，可为齿冷。然亦不必辩也，略举其大旨，使后世学者见而嗤之。其时河北之正学且起，不有狂风怪雾，无以见皎日之光明也。述《屏山鸣道集说略》。

（录自黄宗羲原著，全祖望补修，陈金生、梁运华点校《宋元学案》，中华书局 1986 年版，第 1~18 页）

（参校《黄宗羲全集》第三册，浙江古籍出版社 1986 年版，第 27~47 页）

中国近三百年学术史·两宋学术

钱　穆

治近代学术者当何自始？曰：必始于宋。何以当始于宋？曰：近世揭橥汉学之名以与宋学敌，不知宋学，则无以平汉宋之是非。且言汉学渊源者，必溯诸晚明诸遗老。然其时如夏峰、梨洲、二曲、船山、桴亭、亭林、嵩庵、习斋，一世魁儒耆硕，靡不寝馈于宋学。继此而降，如恕谷、望溪、穆堂、谢山乃至慎修诸人，皆于宋学有甚深契诣。而于时已及乾隆。汉学之名，始稍稍起。而汉学诸家之高下浅深，亦往往视其所得于宋学之高下浅深以为判。道咸以下，则汉宋兼采之说渐盛，抑且多尊宋贬汉，对乾嘉为平反者。故不识宋学，即无以识近代也。

然则治宋学当何自始？曰：必始于唐，而昌黎韩氏为之率。何以治宋学必始于唐，而以昌黎韩氏为之率耶？曰：寻水者必穷其源，则水之所自来者无遁隐。韩氏论学虽疏，然其排释老而返之儒，昌言师道，确立道统，则皆宋儒之所滥觞也。尝试论之，唐之学者，治诗赋取进士第得高官，卑者渔猎富贵，上者建树功名，是谓入世之士。其遁迹山林，栖心玄寂，求神仙，溺虚无，归依释老，则为出世之士。亦有既获膴仕，得厚禄美名，转而求禅问道于草泽枯槁之间者；亦有以终南为捷径，身在江海而心在魏阙者。要之不越此两途。独昌黎韩氏，进不愿为富贵功名，退不愿为神仙虚无，而昌言乎古之道。曰为古之文者，必有志乎古之道，而乐以师道自尊，此皆宋学精神也。治宋学者首昌黎，则可不昧乎其所入矣。

昌黎以来，唐之为学者，亦无以大殊乎其昔。及乎五代，在朝为冯道，在野为陈抟，则仍唐人风气也。言宋学之兴，必推本于安定、泰山。盖至是而师道立，学者兴，乃为宋学先河。史言：

> 神宗问安定高弟刘彝："胡瑗与王安石孰优？"对曰："臣师胡瑗，以道德仁义教东南诸生时，王安石方在场屋中，修进士业。……国家累朝取士，不以体用为本，而尚声律浮华之词，是以风俗偷薄。臣师当宝元、明道之间，尤病其失。遂以明体达用之学授诸生，夙夜勤瘁，二十余年。……出其门者无虑数千余人。故今学者明夫圣人体用以为政教之本，皆臣师之功，非安石比也。"

刘氏此言，不徒善道其师，盖宋学精神，刘氏数言亦足尽之。所谓"道德仁义圣人体用，以为政教之本"者，此正宋儒所以自立其学以异于进士场屋之声律，与夫山林释老之独善其身而已者也。时孙门有石介徂徕，著《怪说》三篇及《中国论》。三怪者，一曰文章，二曰佛，三曰老。此即进士场屋之与道、释山林，彼皆无意于生民政教之事者。故安定湖学，分经义、时务两斋，经义其体，时务其用也。庆历中，诏下苏、湖取其法，著为令于太学。及皇祐，安定来太学主讲，以《颜子所好何学论》试诸生。盖自唐以来之所谓学者，非进士场屋之业，则释、道山林之趣，至是而始有意于为生民建政教之大本，而先树其体于我躬，必学术明而后人才出。题意深长，非偶然也。安定得伊川卷，大奇之，即处以学职。而伊川于安定，终其身非先生不称，于濂溪则字之曰茂叔而已。

安定同时有范仲淹希文，即聘安定为苏州教授者。泰山孙明复亦希文在睢阳掌学时所激厉索游孙秀才也。安定、泰山、徂徕三人，既先后游希文门，而江西李泰伯，希文知润县，亦罗致教授郡学，朱子记李延平语，谓"李泰伯门议论，只说贵王贱霸"者也。而希文在陕，横渠张子以兵书来见，希文授以《中庸》，曰："儒者自有明教，何事于兵？"时横渠则年十八矣。希文固以秀才时，即慨然有志于天下，尝自称曰："士当先天下之忧而忧，后天下之乐而乐。"欧阳修称之，谓范仲淹"初以忠言谠论闻于中外，天下贤士争相称慕"。王安石之于希文，亦推之为一世之师。盖自朝廷之有高平，学校之有安定，而宋学规模遂建。后人以濂溪为宋学开山，或乃上推之于陈抟，皆非宋儒渊源之真也。

宋代士大夫矫厉尚风节，既自希文启之，而希文罢知饶州，尹师鲁、欧阳永叔皆坐贬，自是而朋党之论兴。而永叔亦以奖引后进为务，其语曰："文学止于润身，政事可以及物。"故叶水心谓"欧阳氏策，为三代井田礼乐而发者五"，又称其"以经为正，而不汩于章读笺诂，此欧阳氏读书法也"。然则庐陵所以继踪高平以为宋学眉目者，岂仅于效法昌黎之为古文而有意于辟佛云尔哉！全谢山为《宋元学案》，首安定，次泰山、高平，又次庐陵，盖得之矣。

王安石介甫，亦出庐陵门。其先官淮南者四年（二十二至二十五），所谓《淮南杂说》出，一时相推以为孟子。而介甫去淮南之翌年（庆历六年），二程始见濂溪于南安。介甫极重安定，寄诗曰："先生不试乃能尔，诚令得志何如哉！"介甫之于神宗，则所谓得行其志者。刘静春谓："介甫不凭注疏，欲修圣人之经，不凭今之法令，欲新天下之法，可谓知务。"又曰："后之君子，必不安于注疏之学，必不局于法令之文，此二者既正，人才自出，治道自举。"以此评介甫，良为谛当。"修圣人之经"，即安定之经义其体也。"新天下之法"，即安定之时务其用也。安定存其说于学校，希文、永叔、介甫欲见其绩于朝廷，彼其措心设意，夫岂相远？明道《上神宗陈治法十事》，其要者若师傅、井地、学校、兵农诸大端，亦将以所发明圣人体用之学，施之政教，而返斯世于三代，以跨驾汉唐。伊川召见问治道，则曰："为政不法三代，终苟道也。"而横渠尤醉心，谓"《周礼》必可行于后世"，谓"治天下不由井地，终无由得平"，谓"井田至易行，但朝廷出一令，可以不笞一人而定"，谓"朝廷以道学、政术为二事，此正自古之可忧者"。关、洛之学，亦不过曰不凭注疏而新圣人之经，不凭今之法令而新天下之法，之二者而已。故荆公《易说》不在《三经》内，说者谓荆公不惬意故置之，然伊川独令学者习其书。明道则谓："王介甫行新法，使众君子未用与之敌，其为害不至此之甚。"而介甫于横渠，亦曰："新政方行，欲求助于子厚。"此皆北宋学术大体之可考见者。

辜较言之，北宋学术，不外经术、政事两端。大抵荆公新法以前，所重在政事；而新法以后，则所重尤在经术。明道尝言："熙宁初，王介甫行新法，并用君子小人。君子正直不合，介甫以为俗学不通世务斥去。小人苟容谄佞，介甫以为有才能知变通用之。君子既去，所用皆小人，争为刻薄，故害天下益深。"故洛学所辨，"王霸"之外，尤严"义利"，而会其归于"天理人欲"。李延平所谓"大抵前辈议论粗而大，今日议论细而小"，其间分别，盖以洛学为枢机也。

迄乎南宋，心性之辨愈精，事功之味愈淡。东莱《与朱子书》，谓："向见论治道书，其间欲仿井田之意，而科条州郡财赋之类，此固为治之具。然施之当有次第。今日先务，恐当启迪主心，使有尊德乐道之诚，众建正人，以为辅助。待上下孚信之后，然后为治之具可次第举也。傥人心未孚，骤欲更张，则众口哗然，终见沮格。"此正熙宁新法之所以败，而东莱慨切言之。张南轩则谓："学莫先于义利之辨。义也者，本心之所当为而不能自已，非有所为而为之者也。一有所为而为之，则皆人欲之私，而非天理之所存矣。"朱子谓其"广前圣之所未发，同于性善养气之功"。自是学者争务为鞭辟向里，而北宋诸儒一新天下之法以返之唐虞三代之意，则稍稍疏焉。故永嘉事功之学，为考亭之徒所不喜。艮斋、止斋、水心、悦斋皆好言《周礼》，而朱子则非之，谓："《周礼》周公未必尽行，教学者非所宜先。"然王霸之辨，犹力持弗变，虽以龙川之断断力争，朱子终不稍屈。则其一新天下之法令以返之三代之上者，如痿人之不忘起，瘖者之不忘言，固非绝然无意于斯也。近世论宋学者，专本濂溪《太极图》一案，遂谓其导源方外，与道、释虚无等类并视，是岂为识宋学之真哉！

"三代以道治天下，汉唐以智力把持天下"，此两宋诸儒所倡王霸之辨也。既欲一新天下之法令，而鄙薄汉唐为不足循，则经籍注疏之成于汉唐诸儒之手者，自亦无足存，而于是有所谓新经义之作。此不徒介甫为之，两宋诸儒，靡不为此，思以易夫旧，而其事大成于考亭。既以为三代周孔之道，晦塞于汉唐而复明于今日，则所以讲诵传述之者，有待于师道之兴起，而其精神所寄，则微见于书院之讲学。此自范希文、胡翼之已然，而荆公新法，亦汲汲以兴学校颁新经义为务，固非偶然而为矣。

故言宋学精神，厥有两端：一曰革新政令，二曰创通经义，而精神之所寄则在书院。革新政治，其事至荆公而止；创通经义，其业至晦庵而遂。而书院讲学，则其风至明末之东林而始竭。东林者亦本经义推之政事，则仍北宋学术真源之所灌注也。

（录自钱穆《中国近三百年学术史》，商务印书馆1997年版，第1~7页）
（参校钱穆《中国近三百年学术史》，九州出版社2011年版，第1~6页）

论宋代经史之学 *

钱 穆

宋儒之学，有偏于经者如王荆公，有偏于史者如司马温公。荆公、温公新旧之争，不仅争在政，亦争在其所学。荆公论政，必上追三代，偏于重理想。温公论政，则依循汉唐近效，偏于重现实。现实与理想之分，即"史学"与"经学"之分。苏氏蜀学近温公，程氏洛学近荆公。蔡京擅权，其时则尊荆公，抑温公。南渡易辙，其时则尊洛学，抑新学。要而论之，有宋一代之学，经胜于史，是其大趋。故唐人科举考诗赋，而宋自荆公以下，易之以经义。此虽温公不能违，可以觇时代之向往焉。

顾就本原论之，则"经学"实"史学"也。偏陷于近代，偏陷于现实，虽曰是史学之恒趋，实非史学之上乘。偏陷于古典，偏陷于旧籍，虽曰是经学之共向，亦非经学之真际。王安石自为《三经新义》，颁诸学官，悬为功令。其所以必造新义者，夫亦曰：经学贵通今而致用，西汉之伏、董，东汉之马、郑，其义已不足以会通之于宋世，则在宋而治经学，必赋以新义无疑。新义何自来？曰：新义虽仍一本于经，而亦缘起于世变。必不昧于世变，而又能会通之于旧统，以有见于古今百世之道贯者，而后经学之新义始立。然则经学之新义，岂不将仍求之于史学乎？荆公抱汇古宏今之大愿，而有志于勒成一家言，以一新经学之面目，固不失为识时务之俊杰；而惜乎当时之趋势附时者，不能通荆公之所通，不能志荆公之所志，则本欲变学究为秀才，转变秀才为学究，此荆公及身之自叹，不徒可以见荆公之心事，亦以见治经而不能见其大，不能求其通，仍必自陷于汉人之专经比附与夫章句训释之旧阱，而莫能自拔也。

顾荆公本身，亦自有其偏蔽。荆公创《三经新义》，实偏重于《周官》。求荆公之用心，极其所至，亦仍犹夫荀卿之"隆礼乐而杀《诗》《书》"。荆公亦仅知会通于古今之政制，而未能重定一世之事理。论荆公之学统，近之则不越欧阳永叔《本论》与《新唐书》诸志之所陈，远之亦仍沿北周苏绰之遗辙。故荆公晚年，政治趣味既衰，卜居金陵，转依释氏以自娱。是荆公虽远希上古，其造诣亦殊未能卓绝唐贤，如房玄龄、裴度诸人之所养。其本原既非，而高论创制变法，宜不为温公、东坡诸贤所悦服。故循昌黎之所想望，其先必达于庐陵与临川；而继此益进，又必止夫伊川与考亭。此有宋一代学术趋向所必然应有之大势。自今论之，其轨辙盖甚显也。

（录自《孔子与论语》，九州出版社 2011 年版，第 221~223 页）

论宋代学术 *

张舜徽[①]

人们每一提到宋代学术，便毫不例外地以理学为中心，以为空谈心性，可以概宋代学术之全。这是由于十八世纪中叶，当清代乾隆年间朴学蔚兴之际，一般学者专心力于考据，自命为"汉学"，同时又标立"宋学"名义来统括那些专言义理的读书人，而加以"空疏不学"四字的评语，并大肆攻击。壁垒既立，门户便成，两百年来，在学术上渐成为可分而不可合之势。人们由鄙弃"宋学"，便很自然地连宋代学术之全也看不见了。其实，宋代学者气象博大，学术途径至广，治学方法至密，举凡清代朴学家所称为条理缜密、义据湛深的整理旧学的方式与方法，悉不能超越宋代学者治学的范围，并且每门学问的讲求，都已由宋代学者们创辟了途径，准备了条件。宋代学者的这种功绩，应该在中国学术史上大书特书，而不容忽视和湮没的。

（录自张舜徽著，张君和选编《张舜徽学术论著选》，华中师范大学出版社 1997 年版，第 184~185 页）

（参校张舜徽《𬣙庵学术讲论集》，岳麓书社 1992 年版，第 245 页）

宋儒经学（节录）

钱大昕

王伯厚曰："自汉儒至于庆历间，谈经者守训故而不凿。《七经小传》出，

[①] 张舜徽（1911—1992），历史学家、文献学家。

而稍尚新奇矣。至《三经义》行,视汉儒之学若土梗。古之讲经者,执卷而口授,未尝有讲义也。元丰间,陆农师在经筵,始进讲义。自时厥后,上而经筵,下而学校,皆为支离曼衍之词,说者徒以资口耳,听者不复相问难,道愈散而习愈薄矣。"……

宋初儒者,皆遵守古训,不敢妄作聪明。宋景文《唐书·儒学传》于"啖助赞"深致贬斥。盖其时孙复、石介辈已有此等议论,而欧阳公颇好之,故于此传微示异趣,以防蔑古之渐。其后王安石以意说经,诋毁先儒,略无忌惮。而轻薄之徒,闻风效尤,竞为诡异之解。如孙奕说《诗》"黾勉",以"黾"为"蛙"。说《论语》"老彭",以"彭"为"旁"。罗壁谓公羊、穀梁皆姜姓,真可入笑林矣。

[录自《十驾斋养新录》卷十八,《嘉定钱大昕全集》(七)江苏古籍出版社1997年版,第491~492页]

(参校《十驾斋养新录》,江苏古籍出版社2000年版,第385页)

论宋儒 *

崔 述①

大抵宋儒之说沿于汉、晋诸儒者十之九;然沿于他人者犹少而沿于刘歆、王肃者颇多,是诚不可解也。今世之士,醇谨者多恪遵宋儒,高明者多推汉儒以与宋儒角;此不过因幼时读宋儒注日久,故厌常喜新耳。其实宋儒之说多不始于宋儒;宋儒果非,汉儒安得尽是。理但论是非耳,不必胸中存汉、宋之见也。盖凡学人,性情多好博览强记,不肯专取一事,平心殚力以求其首尾,故及其久也,遂忘其说之出于何人,衍于何书,而但习熟耳目,以为固然。是以每沿前人之误而不之觉;至有斥其人,鄙其学,而恒袭其说而不自知者。宋儒亦然,今人亦然,未可以此而笑彼也。

(录自崔述撰著、顾颉刚编订《崔东壁遗书》,上海古籍出版社1983年版,第362页)

---

① 崔述(1740—1806),清代考据学家,疑古派先驱。

宋学的特征 *

[日] 岛田虔次①

宋学的第一个特征：正统主义

关于《原道》现在可以搁下。现在要问，宋学是把什么作为目标呢？第一，首先应该举出正统主义的确立这一点。六朝时代的精神生活的一个特征，据说是价值之混乱或者叫做并存，即儒教的价值，不一定是唯一的价值。这个时代最流行的古典是《易经》《老子》《庄子》这三部书，称之为"三玄"。《易经》确实是儒家的经典，但把它当作与道家的即从儒家看是异端的《老子》和《庄子》性质相同的哲学古典，并列称之。除外，当时分类学问称为"文、史、玄、儒"，儒同玄（主要为老庄似的形而上学）以及文学、史学相对，只不过并肩平坐。而且，皇侃的《论语义疏》之中，把儒教的圣人称为"方内圣人"，将老庄、道家似的圣人称为"方外圣人"，平等地放在对称的位置上。而把佛典叫做"内典"，把儒教之书叫做"外典"的说法，在一般士大夫里也流行。此际，似乎考虑到内典这方面价值稍高。在六朝社会，儒教的权威，不被〔人们〕所承认为唯一最高的权威，而且这也伴随着儒教内部的混乱。

当时的儒学，是极专门的、所谓的经生之儒学，这如已述。在那些经生之间，据说流传着"毋庸说道孔圣之误，且顾忌言郑服之非"这样的话。提起孔子，对儒教来说，是最高的人格。而郑玄、服虔，虽可以说是汉代的大学者，然只不过是有关孔子遗留下来的经典的注释家，对儒学来说，孔子同郑玄、服虔的轻重之差别，自然是明显的。但是，忘却全体的根本精神，而只拘泥于细节的专门主义者之间，往往会发生本末颠倒（理想之混乱）。强烈地反抗这样的价值混乱状态，强调作为中国之学的儒教的正统性者是韩愈，这在前面已经谈过。而且，儒教主张自己正统性、优越性的根据在于：相对于道佛的一面性（仅是内面主义），儒教是合内外而把握之，若用后来的张横渠的话讲，则在于"合内外，平物我"（《近思录》二）之点，这也是不言而喻的。

---

① 岛田虔次（Shimada Kenji 1917—2000），日本国立京都大学文学部教授，日本中国学会会员，日本古代哲学和古代史专家。

第二个特征：修身、齐家、治国、平天下

第二，必须举出修身、齐家、治国、平天下的理想，就是说道德和政治的一致，或者哲学同政治的一致。因为已经详细地讲述了《原道》的内容，关于这一点无重新论说的必要。但不久，进入宋代，《礼记》的大学篇特别被抽出，变成了四书之一而受重视，总而言之无非是这一新的理想主义的归结。佛教"出家"主义的反人伦主义，道家"无为自然"的反文明主义，一起在这里被克服。这一场合，应该注意的是：假如把治国平天下全然当作纯粹的道德性的事情，则一个个士大夫成为有德行的君子"君子笃恭而天下平"（《中庸》），那么不会出问题。但是，若认为它同时包含着士大夫实际上担当天下国家的政务之意，此时，它就意味士大夫基于某种二重原理而行动。《孟子》里说的"达则兼善天下，穷则独善其身"，就是这个意思。另外，"若天下有道……若天下无道……"这样的表达，在儒教的古典里，不断出现。譬如"天下有道则见，天下无道则隐"（《论语·泰伯》），它的反面恐怕是伊尹的"治亦进，乱亦进"（《孟子·公孙丑上》）吧。

儒教自古以来相对于"父子天合"而主张"君臣义合"这样的主题。《礼记·曲礼》篇里有如下记载：若父亲行为有错误的场合，作为子者，"三谏不听，则号泣随之"，但是，对于君，臣"若三谏不听，则逃之"。儒教的世界（天下），可以说是具有国家和家族（个人）两个中心的椭圆。所谓的修身、齐家、治国、平天下的理想，简言之是企图使这个椭圆维持自己椭圆到底的理想主义，而不是使它向一方的中心收成的圆。应当了解，这以过去日本的"忠孝一致"的原理是不可能轻易类推下去的。

宋学的"修身、齐家、治国、平天下"，明显的是把道德主义的连续性作为自己的本质，而且它结晶成古代儒教的"礼"之意识的新版"名教"这个概念。宋以后，道学主义的官僚的上奏文，往往讲诸如由于天子端正自身的心性、激励名节，天下的难事，没有不可解的。出现如此被人们视为笑谈的事，就根源于此。

第三个特征：思辨主义

当作宋学的第三个特征，想指出思辨主义这一点。即与其广泛地追求知

识,倒不如主动去深刻地思索(实践)的态度。毋庸说,这样的倾向,并不是否定"君子多识前言往行,以畜其德"(《易经·大畜》)这一作为儒教根本性质的文化主义、读书主义。这是事实。但是,与经生的、枝节的知识,或者仅仅是博识不同,毋宁是把组织的、思辨的探究作为其特征。程明道把只暗记和博识视为"玩物丧志",加的排斥(《近思录》二),甚至连对于笔记圣人之书《五经》,也这样说。这也是一个例子。

这是否是所谓的佛教、道教的影响呢?我想视之为毋宁是新兴的士大夫的高昂的精神必然地伴随着的对于思辨的欲求和自信,但暂不作断言。关于这一点,韩愈的一派亦是先驱,韩愈的弟子李翱的《复性书》,立脚于《易经》《中庸》,可知其为宋学风格的思辨哲学的先驱。

(录自《朱子学与阳明学》第三章,岩波书店 1974 年版)
(参校岛田虔次著,蒋国保译《朱子学与阳明学》,陕西师范大学出版社 1986 年版,第 17~20 页)

宋史·道学列传(节录)

"道学"之名,古无是也。三代盛时,天子以是道为政教,大臣百官有司以是道为职业,党、庠、术、序师弟子以是道为讲习,四方百姓日用是道而不知。是故盈覆载之间,无一民一物不被是道之泽,以遂其性。于斯时也,道学之名,何自而立哉。

文王、周公既没,孔子有德无位,既不能使是道之用渐被斯世,退而与其徒定礼乐,明宪章,删《诗》,修《春秋》,赞《易象》,讨论《坟》《典》,期使五三圣人之道昭明于无穷。故曰:"夫子贤于尧、舜远矣。"孔子没,曾子独得其传,传之子思,以及孟子,孟子没而无传。两汉而下,儒者之论大道,察焉而弗精,语焉而弗详,异端邪说起而乘之,几至大坏。

千有余载,至宋中叶,周敦颐出于舂陵,乃得圣贤不传之学,作《太极图说》《通书》,推明阴阳五行之理,命于天而性于人者,了若指掌。张载作《西铭》,又极言理一分殊之旨,然后道之大原出于天者,灼然而无疑焉。仁宗明道初年,程颢及弟颐寔生,及长,受业周氏,已乃扩大其所闻,表章《大学》

《中庸》二篇，与《语》《孟》并行，于是上至帝王传心之奥，下至初学入德之门，融会贯通，无复余蕴。

迄宋南渡，新安朱熹得程氏正传，其学加亲切焉。大抵以格物致知为先，明善诚身为要，凡《诗》、《书》、六艺之文，与夫孔、孟之遗言，颠错于秦火，支离于汉儒，幽沉于魏、晋、六朝者，至是皆焕然而大明，秩然而各得其所。此宋儒之学所以度越诸子，而上接孟氏者欤。其于世代之污隆，气化之荣悴，有所关系也甚大。道学盛于宋，宋弗究于用，甚至有厉禁焉。后之时君世主，欲复天德王道之治，必来此取法矣。

邵雍高明英悟，程氏实推重之，旧史列之隐逸，未当，今置张载后。张栻之学，亦出程氏，既见朱熹，相与博约又大进焉。……

（录自《宋史》卷四百二十七，中华书局1977年版，第12709~12710页）

孔孟周程张子（节录）

朱　熹

汪端明尝言二程之学，非全资于周先生者。盖《通书》人多忽略，不曾考究。今观《通书》，皆是发明《太极》。书虽不多，而统纪已尽。二程盖得其传，但二程之业广耳。

二程不言太极者，用刘绚记程言，清虚一大，恐人别处走。今只说敬，意只在所由，只一理也。一理者，言"仁义中正而主静"。

…………

问："明道可比颜子，伊川可比孟子否？"曰："明道可比颜子。孟子才高，恐伊川未到孟子处。然伊川收束检制处，孟子却不能到。"

窦问："前辈多言伊川似孟子。"曰："不然。伊川谨严，虽大故以天下自任，其实不似孟子放脚放手。孟子不及颜子，颜子常自以为不足。"

（录自《朱子语类》卷九十三，中华书局1986年版，第2358、2359页）

（参校《传世藏书·朱子语类》，海南国际新闻出版中心1996年版，第993、994页）

伊洛正源书序

陈 亮

濂溪周先生奋乎百世之下，穷太极之蕴，以见圣人之心，盖天民之先觉也。手为《太极图》，以授二程先生。前辈以为二程之学，后更光大，而所从来不诬矣。横渠张先生崛起关西，究心于龙德正中之地，深思力行而自得之；视二程为外兄弟之子，而相与讲切，无所不尽。世以孟子比横渠，而谓二程为颜子，其学问之渊源，顾岂苟然者！

《西铭》之书，明道以为"某得此意，要非子厚笔力不能成也"。伊川之叙《易》《春秋》，盖其晚岁之立言以垂后者。间常谓其学者张绎曰："我昔状明道之行，我之道盖与明道同。异时欲知我者，求之于此文可也。"其源流之可考者如此。集之为书，以备日览，目曰《伊洛正源书》。

（录自《陈亮集》卷十四，中华书局 1974 年版，第 162 页）
（参校陈亮著，邓广铭点校《陈亮集》卷二十三，中华书局 1987 年版，第 252~253 页）

理学宗传·序（节录）

孙奇逢[①]

学以圣人为归，无论在上在下，一衷于理而已矣。理者乾之元也，天之命也，人之性也。得志则放之家国天下者，而理未尝有所增；不得志则敛诸身心意知者，而理未尝有所损。故见之行事，与寄之空言，原不作歧视之。舍是，天莫属其心，人莫必其命，而王路道术遂为天下裂矣。周子曰："圣希天"；程子曰："圣学本天"；又曰："余学虽有所受，天理二字却是自己体贴出来。"余赋性庸拙，不能副天之所与我者。幼承良友鹿伯顺提携，时证诸先正之语。尝思之，颜子死而圣学不传，孟氏殁而闻知有待，汉、隋、唐三子衍

---

① 孙奇逢（1584—1675），明末清初学者。

其端,濂、洛、关、闽五子大其统,嗣是而后地各有其人,人各鸣其说,虽见有偏全,识有大小,莫不分圣人之一体焉。余因是知理未尝一日不在天下,儒者之学乃所以本诸天也。呜呼!学之有宗,犹国之有统,家之有系也。系之宗有大有小,国之统有正有闰,而学之宗有天有心。今欲稽国之运数,当必分正统焉。溯家之本原,当先定大宗焉。论学之宗传而不本诸天者,其非善学者也。先正曰:"道之大原出于天,神圣继之。"尧舜而上,乾之元也;尧舜而下,其亨也;洙泗邹鲁,其利也;濂洛关闽,其贞也。分而言之,上古则羲皇其元,尧舜其亨,禹汤其利,文武周公其贞乎?中古之统,元其仲尼,亨其颜、曾,利其子思,贞其孟子乎?近古之统,元其周子,亨其程、张,利其朱子,孰为今日之贞乎?明洪、永表章宋喆,纳天下人士于理。熙、宣、成、宏之世,风俗笃醇,其时有学、有师、有传、有习,即博、即约、即知、即行,盖仲尼殁至是且二千年,由濂、洛而来且五百余岁矣,则姚江岂非紫阳之贞乎?余谓元公接孔子生知之统,而孟子自负为见知静言,思之接周子之统者,非姚江其谁与归?程、朱固元公之见知也,罗文恭、顾文端意有所属矣。

(录自孙奇逢著,郭祥瑞校《夏峰集》卷四,道光二十五年大梁书院重刊本)
(参校兼山堂编辑《孙夏峰全集·理学宗传》,夏峰藏板,第1~7页)

答彭进士允初书(节录)

戴 震

宋以前,孔、孟自孔、孟,老、释自老、释,谈老、释者高妙其言,不依附孔、孟。宋以来,孔、孟之书尽失其解,儒者杂袭老、释之言以解之。于是有读儒书而流入老、释者。有好老、释而溺其中,既而触于儒书,乐其道之得助,因凭藉儒书以谈老、释者。对同己则共证心宗,对异己则寄托其说于六经、孔、孟,曰:"吾所得者,圣人之微言奥义。"而交错旁午,屡变益工,浑然无罅漏。

....

昔程子、张子、朱子,其始也,亦如足下今所从事。程叔子撰《明道先生行状》曰："自十五六时，闻周茂叔论道，慨然有求道之志，泛滥于诸家，出入于老、释者几十年，返求诸六经而后得之。"吕与叔撰《横渠先生行状》曰："范文正公劝读《中庸》，先生读其书，虽爱之犹以为未足。又访诸释、老之书累年，尽究其说，知无所得，返而求之六经。"知无所得者陋之，非不知之也。朱子慕禅学，在十五六时。年二十四，见李愿中，愿中教以看圣贤言语，而其后十余年有《答何叔京》二书，其一曰："向来妄论持敬之说，亦不自记其云何，但因其良心发见之微，猛省提撕，使心不昧，既是做工夫底本领。本领既立，自然下学而上达矣。若不察良心发见处，即渺渺茫茫，恐无下手处也。所谕多识前言往行，熹向来所见亦是如此。近因返求，未得个安稳处，却始知此未免支离，曷若默会诸心以立其本，而其言之得失，自不能逃吾之鉴邪。"其一曰："今年不谓饥歉至此，夏初，所至汹汹，遂为县中委以赈粜之役，百方区处，仅得无事。博观之弊，此理甚明，何疑之有！若使道可以多闻博观而得，则世之知道者为不少矣。熹近日有事方少有省发处，如'鸢飞鱼跃'，明道以为与'必有事焉而勿正'之意同者，今乃晓然无疑。日用之间，观此流行之体，初无间断处，有下工夫处。此与守书册、泥言语全无交涉，幸于日间察之，知此则知仁矣。"二书全背愿中，复归释氏，反用圣贤言语指其所得于释氏者。至乾道癸巳，朱子年四十四，门人廖德明录癸巳所闻云："先生言：二三年前见得此事尚鹘突，为他佛说得相似，近年来方看得分晓。"是后，朱子有《答汪尚书书》云："熹于释氏之说，盖尝师其人，尊其道，求之亦切至矣，然未能有得。其后以先生君子之教，校乎前后缓急之序，于是暂置其说而从事于吾学。其始盖未尝一日不往来于心也，以为俟卒究吾说而后求之未为甚晚。而一二年来，心独有所自安，虽未能即有诸己，然欲复求之外学以遂其初心，不可得矣。"

　　程、朱虽皆先入于释氏，而卒能觉悟其非。程子曰："吾儒本天，异端本心。"朱子曰："吾儒以理为不生不灭，释氏以神识为不生不灭。"仆于《孟子字义疏证》辨其视理也，与老、释之视心、视神识，虽指归各异，而仅仅就彼之言转之，犹失孔、孟之所谓理、所谓义。朱子称"为他佛说得相似"者，彼之心宗，不特指归与此异也，亦绝不可言似。程、朱先从事于彼，熟知彼之指归，既而求之此，见此之指归与彼异矣，而不得其本，因推而本之天。夫人物，何者非本之天乎，岂得谓心必与天隔乎，彼可起而争者也。苟闻乎此，虽愚必明，虽柔必强。扩而充之，何一非务尽其心以能尽道。苟自以为是而不可与入尧、舜之道，虽言理、言知、言学，皆似而非，适以乱德。

在程、朱先入于彼，徒就彼之说转而之此，是以又可转而之彼，合天与心为一，合理与神识为一，而我之言，彼皆得援而借之，为彼树之助。以此解经，而六经、孔、孟之书，彼皆得因程、朱之解，援而借之为彼所依附。譬犹子孙未睹其祖父之貌者，误图他人之貌为其貌而事之，所事固己之祖父也，貌则非矣。实得而貌不得，亦何伤。然他人则持其祖父之貌以冒吾宗，而实诱吾族以化为彼族，此仆所由不得已而有《疏证》之作也。破图貌之误，以正吾宗而保吾族，痛吾宗之久坠，吾族之久散为他族，敢少假借哉。

（录自《戴震集》上编，上海古籍出版社1980年版，第166~169页）
（参校安正辉注《戴震哲学著作选注》，中华书局1979年版，第225~231页）

孟子私淑录（节录）

戴 震

问：周子《通书》有云："'圣可学乎？'曰：'可。''有要乎？'曰：'有。''请问焉。'曰：'一为要。一者，无欲也。无欲则静虚动直，静虚则明，明则通；动直则公，公则溥。明通公溥，庶矣哉！'"此与老氏"为道日损"，释氏"六用不行，真空妙智"之说，及陆子静言"人心至灵，此理至明，人皆有此心，心皆具是理"，王文成言"圣人致知之功，至诚无息，其良知之体，皦如明镜"者，立言不殊。后儒于周子则以为切要之指，莫敢违议，于老、释、陆、王则非之，何也？

曰：周子之学，得于老、释者深，而其言浑然与孔、孟相比附，后儒莫能辨也。朱子以周子为二程子所师，故信之笃，考其实固不然。程叔子撰《明道先生行状》，言"自十五六时，闻周茂叔论道，遂厌科举之业，慨然有求道之志，未知其要，泛滥于诸家，出入于老、释者几十年，返求诸六经，然后得之"，其不得于周子明矣；且直字之曰周茂叔，其未尝师事亦明矣；见周茂叔后，乃出入于老、释。张横渠亦访诸释、老之书累年；朱子年四十以前，犹驰心空妙。宋儒求道，往往先以老、释为借阶，虽终能觉寤老、释之非，而受其蔽，习于先入之言不察者亦不少。周子论学圣人主于无欲，王文成论致知主于良知之体，皆以老、释废学之意论学，害之大者也。"

……………

问：程叔子撰《明道先生行状》云："泛滥于诸家，出入于老、释者几十年，返求诸六经，然后得之。"吕与叔撰《横渠先生行状》云："范文正公劝读《中庸》，先生读其书，虽爱之，犹以为未足，于是又访诸释、老之书，累年，尽究其说，知无所得，返而求之六经。"《朱子语类》廖德明录癸巳所闻云："先生言：二三年前见得此事尚鹘突，为他佛说得相似，近年来方看得分晓。"（癸巳，朱子四十四岁）朱子《答汪尚书书》云："熹于释氏之说，盖尝师其人，尊其道，求之亦切至矣，然未能有得。其后以先生君子之教，校乎前后缓急之序，于是暂置其说而从事于吾学。其始盖未尝一日不往来于心也，以为俟卒究吾说而后求之未为甚晚。而一二年来，心独有所自安，虽未能即有诸己，然欲复求之外学以遂其初心，不可得矣。"考朱子慕禅学在十五六时，年二十四见李愿中，教以看圣贤言语，而其后十余年，有《答何京叔》二书，意见乃与释氏不殊，信彼为有实得，此为支离，反用圣贤言语指其所得于释氏者。及五十内外，所见渐定，不惑于释氏。合观程子、朱子、张子皆先入于老、释，究之能觉悟其非，何也？

曰：四君子皆志贤圣之志者也，其学主乎求是，故于此于彼，期在自得，不在虚名。考之六经，茫然不得性道之实体，则必求诸彼矣。求诸彼，而其言道言性确有指实，且言夫体用一致也似神，能靡不周（如说"性周遍法界，净智园妙，体自空寂"）。故朱子尝驰心空妙，冀得之以为衡鉴事物之本，极其致，所谓"明心见性"，不过"六用不行"，彼所以还其神之本体者，即本体得矣，以为如此便足无欠阙矣，实动辄差谬。在彼以自然为宗本，不论差谬与否，而四君子求是之心，久之亦知其不可恃以衡鉴事物，故终能觉寤其非也。夫人之异于物者，人能明于必然，百物之生遂其自然也。孔、孟之异于老聃、庄周、告子、释氏者，自"志学"以至"从心所欲不逾矩"，皆见夫天地、人物、事为有不易之则之为必然，而博文约礼以渐致其功。彼谓"致虚极，守静笃"，"为道日损，损之又损以至于无"，至于"道法自然"，无以复加矣。孟子而后，惟荀子见于礼义为必然，见于不可徒任自然，而不知礼义即自然之极则;宋儒亦见于理为必然,而以理为太极,为"生阳生阴之本",为"不离阴阳,仍不杂于阴阳",指其在人物为性,为"不离气质,仍不杂于气质"。盖不知理者,自然之极则也,视理俨如一物,加以主宰、枢纽、根柢之说,一似理亦同乎老、释所指者之于人为本来面目。朱子之辨释氏也,曰:"儒者以理为不生不灭,释氏以神识为不生不灭。"就彼言神识者,转之以言夫理,尊理而重学,远于老聃、庄周、告子、释氏矣。然以彼例此而不协乎此,故指孔、孟所谓道者非道,所谓性者非性,增一恍忽不可得而推究之主宰、枢纽、根柢,因视气曰空气,视心曰性之郛郭。是彼奉一自然者之神居此空气之上,郛郭之中;此奉一必然之理居此空气之上,郛郭之中也。苟知有物必有则,不以则与物二视之,庶几于孔孟之言道言性者始可通。物者,指其实体实事之名;则者,称其纯粹中正之名。实体实事,罔非自然而归于必然,天地、人物、事为之理得矣。自然之极则是谓理,宋儒借阶于释氏,是故失之也。凡习于先入之言,往往受其敝而不觉。宋儒言"道为气之主宰枢纽",如彼以"神为气之主宰枢纽"也;以"理能生气",如彼以"神能生气"也;以"理堕在形气之中,变化气质则复其初",如彼以"神受形气而生,不以形气物欲累之则复其初"也。皆改其所指为神识者以指理。其终远于老、释而近于孔、孟,则彼以自然为指归,此以必然为指归也。

(录自《戴震集》下编,上海古籍出版社1980年版,第436~437、439~442页)
(参校《孟子字义疏证》,中华书局1961年版,第154~155、157~159页)

国朝宋学渊源记(节录)

江 藩[①]

一、卷上·叙

春秋战国之际,杨、墨之说起,短长之策行,薄汤、武,非周、孔,圣人

[①] 江藩(1761—1831),清中叶经学家、目录学家。

之道几乎息矣。暴秦燔书，弃仁义，峻刑法，七十子之大义乖矣。汉兴，儒生捃摭群籍于火烬之余，传遗经于既绝之后，厥功伟哉！东京高密郑君集其大成，肄故训，究礼乐。以故训通圣人之言，而正心诚意之学自明矣；以礼乐为教化之本，而修齐治平之道自成矣。爰及赵宋，周、程、张、朱所读之书，先儒之义疏也。读义疏之书，始能阐性命之理，苟非汉儒传经，则圣经贤传久坠于地，宋儒何能高谈性命耶！后人攻击康成，不遗余力，岂非数典而忘其祖欤！惟朱子则不然，其言曰："郑康成是好人。"又曰："康成是大儒。"再则曰："康成毕竟是大儒。"朱子服膺郑君如此，而小生竖儒妄肆诋诃，果何谓哉！然而为宋学者，不第攻汉儒而已也，抑且同室操戈矣。为朱子之学者攻陆子，为陆子之学者攻朱子。至明姚江之学兴，尊陆卑朱，天下士翕然从风。姚江又著《朱子晚年定论》一篇，为调人之说，亦自悔其党同伐异矣。窃谓朱子主敬，《大易》"敬以直内"也；陆子主静，《大学》"定而后能静"也；姚江"良知"，孟子"良知良能"也。其末节虽异，其本则同，要皆圣人之徒也。陆子一传为慈湖杨氏，其言颇杂禅理，于是学者乘隙攻之，遂集矢于象山，讵知朱子之言又何尝不近于禅耶！盖析理至微，其言必至涉于虚而无涯涘，斯乃"贤者过之"之病，《中庸》之所以为难能也。儒生读圣人书，期于明道，明道在于修身，无他，身体力行而已，岂徒以口舌争哉！有明儒生龂龂辩论朱、陆、王三家异同，甚无谓也。我朝圣人首出庶物，以文道化成天下，斥浮伪、勉实行，于是朴棫之士彬彬有洙、泗之遗风焉。藩少长吴门、习闻硕德耆彦谈论，壮游四方，好搜辑遗闻逸事，词章家往往笑以为迂。近今汉学昌明，遍于寰宇，有一知半解者，无不痛诋宋学。然本朝为汉学者，始于元和惠氏，红豆山房半农人手书楹帖云"六经尊服郑，百行法程朱"，不以为非，且以为法，为汉学者背其师承何哉！藩为是记，实本师说。嗟乎！耆英凋谢，文献无征，甚惧斯道之将坠，耻躬行之不逮也。惟愿学者求其放心，反躬律己，庶几可与为善矣。至于孰异孰同，概置之弗议弗论焉。国朝儒林，代不乏人，如汤文正、魏果敏、李文贞、熊文端、张清恪、朱文端、杨文定、孙文定、蔡文勤、雷副宪、陈文恭、王文端，或登台辅，或居卿贰，以大儒为名臣，其政术之施于朝廷、达于伦物者，具载史成，无烦记录，且恐草茅下士见闻失实、贻讥当世也。若陆清献公位秩虽卑，然乾隆初特邀从祀之典，国史自必有传矣。藩所录者，或处下位，或伏田间，恐历年久远，姓氏就湮，故特表而出之。黄南雷、顾亭林、张蒿庵见于《汉学师承记》，兹不复出。此记之大凡也，附书于此。

二、卷下·记者曰

夫道学始于濂溪而盛于洛闽，自龟山辟书院以讲学，于是白鹿、鹅湖相继而起。逮及明时，讲席遍天下，而东南尤甚。至本朝，其风衰矣。爰考厥初，其讲学皆切于身心性命之旨；自道南、东林以还，但辩论朱、陆、王之异同而已，是为词费，是为近名。即以洛学而论，同时康节别立一帜，然二程不非邵，邵亦不非程也。朱陆之主敬主静及论尊德性、道问学之互异，亦各尊所闻，各行其志而已，初未尝相争相竞也。惟太极无极之说，遗书往来，辩难不置，此乃教学相长之义，岂务以词胜者哉！昔朱陆会于白鹿，象山讲"君子小人喻于义利"章，听者泣下，朱子深为叹服，谓切中学者隐微深痼之病。象山云："青田亦无陆子静，建安亦无朱元晦。"观二子之言，可见其廓然至公，无一毫私意存乎中矣。阳明之学，不过因陆子之言而发明之，其后为王学者遂视朱子为仇雠；朱子之徒又斥陆王为异端。而攻击者并文成之事功亦毁之，甚至谓明之亡不亡于朋党，不亡于寇盗，而亡于阳明之学术。吁！其言过矣！……

三、附记·记者曰

儒生辟佛，其来久矣，至宋儒，辟之尤力。然禅门有《语录》，宋儒亦有《语录》；禅门《语录》用委巷语，宋儒《语录》亦用委巷语。夫既辟之而又效之，何也？盖宋儒言心性，禅门亦言心性，其言相似，易于浑同，儒者亦不自知而流入彼法矣。至儒佛之分，在毫厘之间，若暗中分五色，饮水辨淄渑，其理至微，学者贵自得之，岂可以口舌争乎！自象山之学兴，慈湖之言近于禅矣；姚江之学继起，折而入于佛者不可更仆数矣。然尚自讳其学曰："吾之言，儒言也，非禅言也；吾之行，儒行也，非禅行也。"如沈、史诸君子是已。至明之赵大洲，始以儒证佛，以佛证儒，如香闻师诸先生是已。间尝考之，后人皆曰"援儒入佛始于杨慈湖"，然程伯子有言曰："佛言前后际断，纯亦不已是也。"是援儒入佛不始于慈湖，始于伯子矣。先君子学佛有年，明于去来，尝曰："儒自为儒，佛自为佛，何必比而同之。学儒学佛，亦视其性之所近而已。儒者谈禅，略其迹而存其真，斯可矣。必曰'儒佛一本'，亦高明之蔽也。"

（录自江藩著，钟哲整理《国朝宋学渊源记》，《国朝汉学师承记》，中华书局1983年版，第153~154、180、190页）

（参校江藩《汉学师承记·宋学渊源记》，上海书店1983年版，第1~2、27~28、38~39页）

佛学与理学 *

谢无量①

达摩东来，禅宗遂盛。神秀慧能立南顿北渐之别。南宗经唐五代，分为临济、沩仰、云门、法眼、曹洞五宗。宋时临济宗方会出，开杨岐宗。又慧南出，立黄龙宗。前后共成五家七宗。宋初诸宗，云门最盛。有契嵩者，著《谭津文集》，颇论儒释合一之旨。当时文人黄晞李觏之徒，皆惊其才。云门宗又有雪窦重显、圆通居讷、佛印了元三人。圆通居讷与欧阳修善，佛印了元又周濂溪所契者也。有《寒山卧雪记谈》载其事。当时临济派分黄龙、杨岐二宗，黄龙门下有大东林之常总，常总高弟有无尽居士张商英，著《护法论》，藏经收之。《归元直指》记黄龙、慧南禅师与周濂溪诸人之关系，有濂溪与张子厚同诣东林叩常总论性云云，及记黄龙派灵源惟清禅师答程伊川书云云。《朱子语类》及《伊洛渊源录》评程门高弟游、杨、谢诸子，皆从禅学入。杨岐宗有名者为圆悟禅师，圆悟弟子有大慧禅师宗杲与朱子早年颇有关。陈北溪答赵季仁书，谓象山曾问禅理于宗杲门下之育王德光禅师，《宋元学案》本之。盖宋时佛学大行，颇与名流相接。儒者之徒，或所讳言，佛门纪述，又不免从而张大之也。

（录自《中国学术论著辑要》，世界书局排印本）

---

① 谢无量（1884—1964），学者、诗人、书法家。

学术辨（上）

陆陇其①

汉唐之儒崇正学者，尊孔孟而已。孔孟之道尊，则百家之言熄。自唐以后，异端曲学知儒者之尊孔孟也，于是皆托于孔孟以自行其说。我曰孔孟，彼亦曰孔孟，而学者遂莫从而辨其是非。程朱出而崇正辟邪，然后孔孟之道复明，而天下尊之。自宋以来，异端曲学知儒者之尊程朱也，于是又托于程朱以自行其说。我曰程朱，彼亦曰程朱，学者又莫从而辨其是非。程朱言天理，则亦言天理，天理之名同而其所指则霄壤矣。程朱言至善，则亦言至善，至善之名同而其所指则冰炭矣。程朱言静、言敬，则亦言静、亦言敬，静、敬之名同，至所以为静、敬则适越而北辕矣。程朱之言有可假借者，则曰程朱固若是也；有不可假借者，则曰此其中年未定之论也。黑白淆而雅郑混，虽有好古笃志之君子力扶正学，亦止知其显叛程朱之非，至其阳尊而阴篡之者，则固不得而尽绝矣。盖其弊在宋元之际即有之，而莫甚于明之中叶。自阳明王氏倡为良知之说，以禅之实而托儒之名，且辑《朱子晚年定论》一书以明己之学与朱子未尝异。龙溪、心斋、近溪、海门之徒从而衍之，王氏之学遍天下，几以为圣人复起。而古先圣贤下学上达之遗法灭裂无余，学术坏而风俗随之。其弊也，至于荡轶礼法，蔑视伦常，天下之人恣睢横肆，不复自安于规矩、绳墨之内，而百病交作。于是泾阳、景逸起而救之，痛言王氏之弊，使天下学者复寻程朱之遗规，向之邪说诐行，为之稍变，然至于本源之际，所谓阳尊而阴篡之者，犹未能尽绝之也。治病而不能尽绝其根，则其病有时而复作，故至于启、祯之际，风俗愈坏，礼义扫地，以至于不可收拾，其所从来非一日矣。故愚以为明之天下不亡于寇盗，不亡于朋党，而亡于学术。学术之坏所以酿成寇盗朋党之祸也。今之说者，犹曰阳明与程朱同师孔孟，同言仁义，虽意见稍异，然皆圣人之徒也，何必力排而深拒之乎？夫使其自外于孔孟，自外于仁义，则天下之人皆知其非，又奚待吾之辨？惟其似孔孟而非孔孟，似仁义而非仁义，所谓失之毫厘，差以千里，此其所以不容不辨耳。或又曰阳明之流弊非阳明之过也，

---

① 陆陇其（1630—1692），清代理学家。

学阳明之过耳。程朱之学，岂独无流弊乎？今之学程朱者，未必皆如敬轩、敬斋、月川之丝毫无疵也。其流入于偏执固滞以至愦事者亦有矣，则亦将归罪程朱乎？是又不然。夫天下有立教之弊，有末学之弊。末学之弊如源清而流浊也，立教之弊如源浊而流亦浊也。学程朱而偏执固滞，是末学之弊也。若夫阳明之所以为教，则其源先已病矣，是岂可徒咎末学哉？

（录自《三鱼堂文集》卷二，清同治七年刊本）
（参校陆陇其撰《陆稼书先生文集》卷一，中华书局1985年版，第10~12页）

辨圣学非道学文[①]（节录）

毛奇龄[②]

圣学不明久矣。圣以道为学，而学进于道，然不名道学。凡道学两字，六经皆分见之，即或并见，亦只称学道，而不称道学。如所云，君子学道，小人学道，盖以学该道，而不以道该学。其在《论语》则曰"君子学以致其道"，而在《学记》则曰"人不学不知道"，如是而已。

惟道家者流，自鬻子、老子而下，凡书七十八部，合三百二十五卷。虽传布在世，而官不立学，不能群萃州处、朝夕肄业，以成其学事，只私相授受以阴行其教，谓之道学。道学者，虽曰以道为学，实道家之学也。

故《隋书·经籍志》明云，黄帝大道但传之其人，而不立师说。惟汉时曹参荐盖公能言黄老，而文帝师之，于是有道学一派倡始两汉。而魏、晋以降，六季最盛，如《陈书·儒林传》载，梁简文尝置宴殿堂，集玄、儒两家之士，先命道学互相质难，此正清言肆出，道学盛行之际，然犹玄、儒两判，无混杂者。

是以道书有《道学传》专载道学，人分居道观，名为道士。士者，学人之称。而《琅书经》曰："士者何？理也。身心顺理，惟道之从，是名道学，又谓之理学。"

---

① 文中夹注已为编者删除。
② 毛奇龄（1623—1716），明末清初经学家、文学家。

逮至北宋，而陈抟以华山道士自号希夷，与种放、李溉辈张大其学，竟搜道书《无极尊经》及张角《九宫》，倡太极、河洛诸教，作道学纲宗，而周敦颐、邵雍与程颢兄弟师之，遂纂道教于儒书之间。至南宋，朱熹直丐史官洪迈，为陈抟特立一《名臣大传》。而周、程诸子，则又倡《道学总传》于《宋史》中，使道学变作儒学。凡南宋儒人皆以得附希夷道学为幸。如朱氏《寄陆子静书》云："熹衰病益深，幸叨祠禄，遂为希夷直下孙，良以自庆。"又《答吕子约书》云："熹再叨祠禄，遂为希夷法眷，冒忝之多，不胜惭惧。"是道学本道家学，两汉始之，历代因之，至华山而张大之，而宋人则又死心塌地以依归之，其为非圣学，断断如也。

向在史馆，同馆官张烈倡言："阳明非道学。"而予颇争之，谓："道学异学，不宜有阳明，然阳明故儒也。"时徐司寇闻予言，问："道学是异学，何耶？"予告之，徐大惊，急语其弟监修公暨史馆总裁，削道学名，敕《明史》不立道学传，只立儒林传，而以阳明隶勋爵出儒林外。于是道学之名则从此削去，为之一快。当是时，予辨阳明学，总裁启奏，赖皇上圣明，直谕守仁之学过高有之，未尝与圣学有异同也。于是众论始定，即史官尤侗作阳明传，其后史断亦敢坦坦，以共学适道，取学道二字归之阳明，特圣学何在，则终无实指之者。

予谓圣学之中原该道字，初学圣人只谓之学，学圣既成，即谓之道。学者道之始，道者学之终。既非两途，又非两事，且并无两功夫。第从事于此，而学在是，道即在是焉。是以圣学圣道只在忠恕，虽子告子贡，多学一贯，只是学字，惟告曾子吾道一贯，则全现道字。然而道在忠恕，学亦在忠恕。忠者，中也，执道心以去人心。恕者，推也，去人心以推道心，此本尧、舜、禹、汤相传之道。当时所称道经者，而圣门诸徒则皆受之，以为学是忠恕二字，合之道经十六字，举千圣百王，贤愚治乱，古今一贯者，而只以精一允执，成学者之事，则圣学之该圣道概可见矣。

然且允执之忠，全在去人心，尽屏其自私自利之心以推其道心。是道全藉学，而忠又全藉乎恕，道学忠恕总是一贯。是以曾子忠恕曰吾道，曰夫子之道，一何郑重，而子贡以学该之，只一恕字，如子贡曰，一言而终身行，一贯也，道也。曰其恕乎，则只恕也。且以不欲勿施八字示之曰，学恕已也，又曰，我不欲人之加诸我也，吾亦欲无加诸人，恕也。而进乎道也，曰非尔所及也。恕固可进道，而时则未也，须学也，乃终以博施济众为圣仁。尧舜推忠、行恕、立圣道之极，而夫子终以能近取譬归之强恕，谓忠之必藉乎恕，道之必藉乎学，有如此。

道学则不然，并一道家，而各立名目。其在北宋，曰主静，清静教也；曰立极，无极之宗也；曰涵养用敬，则养以毓其气，敬以定其神，葆秘之事也。世无审动静，探主宰，且葆秘神气，而可云行圣学入圣道者。至南宋，云格物穷理，则又窃儒书名目以阴抒其万物之奥，圣人至赜之道教，其并非儒学早已显著。乃一闻圣道，夫子之道而相顾茫然，徒以万殊一本当之。夫万殊一本，佛家之万法归一也。且亦笼统何着落。及闻忠恕二字宜憬然矣，乃犹疑，借端曰，此不过借学者尽己推己之目以著明之。夫明，指本心明，明以学道，一贯直本之。尧舜以来，共推共执之道心，而犹曰借端，是于当身且不知，而欲其知道知学，得乎？

况博施济众，正推己之极，为子贡终身行恕之终事，并不高远。

《大学》明德必至新民；《中庸》成己必至成物；《论语》修己必至安人，安百姓。《孟子》独善其身必至兼善天下，即《学记》记学，自九年大成后，忽接曰夫然后足以化民易俗，近者悦服，而远者怀之。是博施济众，正圣道之成为圣学中所有事，而乃以子贡徒事高远斥之，则毫厘不知学道者，故曰，道学非圣学，大须辨也。

（录自《西河集》卷一百二十二，《四库全书》钦定本）

闽中理学渊源考·序（节录）

李清馥[①]

是书以龟山载道南来，罗、李递传，集成于朱，而上溯周、程，以传千载不传之秘者也。故以龟山冠冕编首，各从派系，递列相承，不以世次论其先后，而以师承订其旨归也。唐初欧阳四门与翁林诸贤勃兴，为开闽人文之始，

---

① 李清馥（1703—？），清中叶学者。

彼时师友未广也，故列未及焉。宋初，海滨四先生与安定胡氏诸公同时倡学，有鲁一变之风。然派别未著也，故另附本篇之后。是道南者赓续，虽名为衍绪，而倡作则实为开先，非独闽省一方所赖，而实千古正学之宗也。由元阅明成化间，蔡虚斋、陈剩夫、周翠渠诸贤，后先讲学，起而倡述之，经学称一时之盛。中明以后学术漓杂，迄于季造，决裂判散，使后生晚出，不复见先正本来之懿。……

（录自《闽中理学渊源考》，《四库全书》文渊阁本）
（参校张林川、周春健《中国学术著作序跋辑录》，崇文书局2005年版，第149页）

闽中师友渊源考·序（节录）

戴 震

宋之有朱子，近数百年以来学者宗之。前夫宋，则汉郑康成氏，其为世所宗千有余年，而宋儒始兴，师师相传，讲求者不外六艺之文。时之相隔，判若殊科，岂无故哉！

方《诗》《书》初出，承残灭之余，绝而复续，训诂制度，几荡然无征，则其时治经所重，断可识矣。康成氏者，集汉儒之大成者也。降自魏、晋，师法渐失，隋、唐义疏，流而为繁碎，于是宋初诸君子主于辞理晓畅。迨二程子、张子，尤多微论。朱子者，集宋儒之大成者也，稽其少时，师事胡原仲宪、刘彦冲子翚、刘致中勉之，既又受学于李愿中侗，愿中受之罗仲素从彦，仲素受之杨中立时，中立与游定夫酢、王信伯蘋皆程门高弟。盖闽中之学，自三君子为之倡，数传而得朱子，浸以益大，门人交友，翕然至盛，此《闽中师友渊源考》所为有作也。

（录自《戴震集》，上海古籍出版社1980年版，第445页）
（参校赵玉新点校《戴震文集》，中华书局1980年版，第158页）

朱 陆（节录）

章学诚

宋儒有朱、陆，千古不可合之同异，亦千古不可无之同异也。末流无识，争相诟詈，与夫勉为解纷，调停两可，皆多事也。然谓朱子偏于道问学，故为陆氏之学者，攻朱氏之近于支离；谓陆氏之偏于尊德性，故为朱氏之学者，攻陆氏之流于虚无；各以所畸重者，争其门户，是亦人情之常也。但既自承朱氏之授受，而攻陆、王，必且博学多闻，通经服古，若西山、鹤山、东发、伯厚诸公之勤业，然后充其所见，当以空言德性为虚无也。今攻陆王之学者，不出博洽之儒，而出荒俚无稽之学究，则其所攻，与其所业相反也。问其何为不学问，则曰支离也。诘其何为守专陋，则曰性命也。是攻陆、王者，未尝得朱之近似，即伪陆、王以攻真陆、王也，是亦可谓不自度矣。

荀子曰："辨生于末学。"朱、陆本不同，又况后学之哓哓乎？但门户既分，则欲攻朱者，必窃陆、王之形似；欲攻陆、王，必窃朱子之形似。朱之形似必繁密，陆、王形似必空灵，一定之理也。而自来门户之交攻，俱是专己守残，束书不观，而高谈性天之流也。则自命陆、王以攻朱者，固伪陆、王；即自命朱氏以攻陆、王者，亦伪陆、王，不得号为伪朱也。同一门户，而陆、王有伪，朱无伪者，空言易，而实学难也。黄、蔡、真、魏，皆承朱子而务为实学，则自无暇及于门户异同之见，亦自不致随于消长盛衰之风气也。是则朱子之流别，优于陆、王也。然而伪陆、王之冒于朱学者，犹且引以为同道焉，吾恐朱氏之徒，叱而不受矣。

传言有美疢，亦有药石焉。陆、王之攻朱，足以相成而不足以相病。伪陆、王之自谓学朱而奉朱，朱学之忧也。盖性命、事功、学问、文章，合而为一，朱子之学也。求一贯于多学而识，而约礼于博文，是本末之兼该也。诸经解义不能无得失，训诂考订不能无疏舛，是何伤于大礼哉？且传其学者，如黄、蔡、真、魏，皆通经服古，躬行实践之醇儒，其于朱子有所失，亦不曲从而附会，是亦足以立教矣。乃有崇性命而薄事功，弃置一切学问文章，而守一二章句集注之宗旨，因而斥陆讥王，愤若不共戴天，以谓得朱之传授，是以通贯古今、经纬世宙之朱子，而为村陋无闻、傲狠自是之朱子也。且解义不能无得失，考订不能无疏舛，自获麟绝笔以来，未有免焉者也。今得陆、王之伪，而自命学朱者，乃曰：墨守朱子，虽知有毒，犹不可不食。又曰：朱子实兼孔子与颜、曾、孟子之所长。噫！其言之是非，毋庸辨矣。朱子有知，忧当何如邪？

…………

末流失其本，朱子之流别，以为优于陆、王矣。然则承朱氏之俎豆，必无失者乎？曰：奚为而无也。今人有薄朱氏之学者，即朱氏之数传而后起者也。其与朱氏为难，学百倍于陆、王之末流，思更深于朱门之从学，充其所极，朱子不免先贤之畏后生矣。然究其承学，实自朱子数传之后起也，其人亦不自知也。而世之号为通人达士者，亦几几乎褰裳以从矣。有识者观之，齐人之饮井相捽也。性命之说，易入虚无。朱子求一贯于多学而识，寓约礼于博文，其事繁而密，其功实而难；虽朱子之所求，未敢必谓无失也。然沿其学者，一传而为勉斋、九峰，再传而为西山、鹤山、东发、厚斋，三传而为仁山、白云，四传而为潜溪、义乌，五传而为宁人、百诗，则皆服古通经，学求其是，而非专己守残，空言性命之流也。自是以外，文则入于辞章，学则流于博雅，求其宗旨之所在，或有不自知者也。生乎今世，因闻宁人、百诗之风，上溯古今作述，有以心知其意，此则通经服古之绪，又嗣其音矣。无如其人慧过于识而气荡乎志，反为朱子诟病焉，则亦忘其所自矣。夫实学求是，与空谈性天不同科也。考古易差，解经易失，如天象之难以一端尽也。历象之学，后人必胜前人，势使然也。因后人之密而贬羲、和，不知即羲、和之遗法也。今承朱氏数传之后，所见出于前人，不知即是前人之遗绪，是以后历而贬羲、和也。盖其所见，能过前人者，慧有余也。抑亦后起之智虑所应尔也，不知即是前人遗蕴者，识不足也。其初意未必遂然，其言足以慑一世之通人达士，而从其井捽者，气所荡也。其后亦遂居之不疑者，志为气所动也。攻陆、王者，出伪陆、王，其学猥陋，不足为陆、王病也。贬朱者之即出朱学，其力深沉，不以源流互质，言行交推；世有好学而无真识者，鲜不从风而靡矣。

（录自《文史通义校注》卷三，中华书局1985年版，第262~265页）
（参校《文史通义》第一册，上海书店1988年版，第76~77、78~79页）

学蔀通辨提纲·论朱陆 *

陈　建①

朱子有朱子之定论，象山有象山之定论，不可强同。专务虚静、完养精神，此象山之定论也。主敬涵养以立其本，读书穷理以致其知，身体力行以践其实，三者交修并尽，此朱子之定论也。观于《后编》《终编》可考矣。乃或专言涵养，或专言穷理，或止言力行，则朱子因人之教，因病之药也。惑者乃单指专言涵养者为定论，以附合于象山，其诬朱子甚矣，故不得不辩。

（录自陈建《学蔀通辨》，丛书集成本）
（参校陈建著，景海峰编，黎业明点校《陈建著作二种》，上海古籍出版社2015年版，第81页）

论宋明理学 *

严　复

一、《法意》按语（节录）

复按：中国赵宋以前之儒者，其所讲者，固不外耳目践履之近者也。其形上者，往往求之老佛之书。自宋之诸儒，始通二者之邮，大明乎下学上达之情，而以谓性与天道，即见于可得闻之文章，则又痛辟乎二氏之无当。自陆王二子，主张良知，而永嘉经制之学，乃逐物破道。愈为儒教偏宗，非其所尚者矣。顾自今以西学眼藏观之，则惟宗教，而后有如是之纷争。至于学界，断断不宜有此。然则，中国政家不独于礼法二者不知辨也，且举宗教学术而混之矣。吾闻凡物之天演深者，其分殊繁，则别异皙，而浅者反是。此吾国之事，又可取为例之证者矣！

（录自王栻主编《严复集》第四册，中华书局1986年版，第992页）

---

① 陈建（1497—1567），明代理学家，对朱子学有研究。

二、《道学外传》（节录）

夫学术之归，视乎科举；科举之制，董以八股；八股之义，出于《集注》；《集注》之作，实惟宋儒；宋儒之名，美以道学。村学究者，其史家《道学列传》之果耶？

（录自《严复集》第二册，中华书局1986年版，第484页）

三、《道学外传》余义

昨录《道学外传》一首，有客过而问曰："子殆坐村夫子以弱种之罪，而即以灭种之祸归狱于宋儒，何其责宋儒之甚哉！得毋袭河间之故智乎？"曰："恶在其为罪宋儒也。"昔者河间奉命编《四库全书》，书之提要并其出手，其间旁见侧出，以诋宋儒，不敢明言，务为隐语，诚壮夫之所不为矣。及其为《阅微草堂笔记》，乃明目张胆，大放厥辞，往往假狐鬼之言以攻之。夫人之自处，必有所守而后可攻人，既攻宋学，则必守汉学也。然宋学不言狐鬼矣，岂汉学遂言狐鬼哉？是汉宋两无所倚。而其所恶于宋学者，仅以宋学方严，与己之行不便，盗憎主人，民恶其上，遂不觉从而詈之耳。蒙等虽不肖，万不至效河间之所为。今之云者，实恶夫托宋儒以济其私，而贻害于君父者也。

"夷考宋人之学，大旨出于昌黎，而附益之以大鉴之学，为汉学者詈其近佛，而不知其实非佛，佛之徒又讥其拘于儒，乃因宋人而遂若不满于孔子，即西人亦然也。而不知其实非儒。自宋以来，中国之士，无一身能兼通今文、古文与性宗、相宗之学者。故谈宋学者，但知订正其一隅，而不能夹击其腹背，宋学之根原，遂不明于天下。今者风会大开，非但通上诸说者其人颇多，即能通欧洲、印度之各种古学者，亦不乏人，辨其是非，当世有人，非报馆之责也。报馆之责，在观时势之所趋，若有所管窥臆测，则敬告天下，以待当世臧否之。试思以周、程、朱、张、阳明、蕺山之流，生于今日之天下，有益乎？无益乎？吾知其必有益也。其为国也忠，其爱人也厚，其执节也刚，其嗜欲也澹。此数者，并当世之所短，而宏济艰难时所必不可少之美德也。使士大夫而能若此，则支那之兴，殆不须臾。方且尸祝之、呼吁之，恨其太少，岂恨其多哉！无如此辈所行，实在在与宋儒相反，至其为人所诘，不能自救时，乃大言称宋儒以自脱。而闻者不察，亦或以道学先生称之，则色然大喜，非喜其得名也，喜人目以迂儒，则已得乘人之解严，而一快其偷鸡摸狗之本怀也。及其败露，则好高之士，过激之人，必嫉之已甚，而遂迁怒于宋儒。夫怒宋儒者，必反宋儒。于是其待国也如传舍，以忠愤为痰魇；其待人也如市易，以敷衍为得计；其执节也，以因人而施为妙道；其嗜欲也，以及时行乐为本怀。人皆若此，大事便去，黄种便灭，更何待言！其谁之咎乎？盖学究实尸之者矣。故恶道学先生者，非恶宋儒也，正所以明此辈之与宋儒绝异，而毋以此累宋儒也。"

（录自《严复集》第二册，中华书局 1986 年版，第 485~487 页）

道学家（节录）

［美］黄仁宇

宋元理学，原称道学，《宋史》即有"道学传"。但是道学这一名词为时人取用，似在南宋。1183 年吏部尚书郑丙上疏，提及"近世士大夫有所谓道学者，欺世盗名，不宜信用"。监察御史陈贾也对孝宗赵昚说及："臣伏见近世士大夫有所谓道学者，其说以谨独为能，以践履为高，以正心诚意克己复礼为事，若此之类皆学者所共学也，而其徒乃谓己独能之。"他们攻击得最严苛的对象，乃是朱熹。

然而朱熹继承北宋程颐之学。"道学传"就说："迄宋南渡，新安朱熹得程氏正传。"而程氏兄弟又曾向周敦颐受学，周敦颐所作的《太极图说》则间接的得自五代至北宋初年的一位神秘人物，世称"华山道士"的陈抟。所以以上诸人，而更有张载，因为他也极端的崇仰二程，都受有陈抟的影响。《宋史·隐逸传》则说及"抟好读易，手不释卷"。所以理学以儒为表，以释道为里，在正心诚意之间加上了一段神秘的色彩，又归根于一种宇宙一元论，更提倡有一则有二，有阴则有阳，有正即有邪，都与这受学的源流有关。

朱熹是一个容易惹是非的人物。《朱子大全》里面有很多他自己做地方官的文件，里面看出他为人精细，处置事件也有条理，所以孝宗曾说"朱熹政事却有可观"。可是他一列于庙堂，就品评是非。朱熹初年秉承他父亲的遗志，主张拒绝向金言和。后来他却反对韩侂胄的北伐。可是他又不像孟子一样的说"此一时也彼一时也",而标榜"言规恢于绍兴之间(1162年前)者为正,言规恢于乾道以后(1173年)为邪",这已经将一个技术问题当作一个道德问题。他在1188年谏孝宗:"陛下即位二十七年,因循荏苒,无尺寸之效可以仰酬圣志。"这已经相当唐突。而他接着又解释皇帝之无成就乃是修养的功夫不够。"无乃燕闲蠖濩之中(退朝无事的暇时),虚明应物之地(心灵与外界接触时),天理有所未纯,人欲有所未尽",以致"一念之顷公私邪正是非得失之机,交战于其中"。他的建议则是"愿自今以往,一念之顷,必谨而察之,此天理耶?人欲耶?"

这段文字充分的表现着一般理学主静主敬的态度,也强调着个人心情凝静时,在思想与行动"将发未发"之际,不可错过机缘立即求善的重要。其宗旨与周敦颐所说"寂然不动者诚也,感而遂通者神也"接近。这类似宗教经验的虔诚感应,在朱子看来,与《大学》所说的"正心诚意"可以融会贯通,也和孟子所谓"养气"互相发挥。但是朱熹不以为这种方法出自个人经验,他也不以之对皇帝作私人的忠告,而认为这是天经地义,为天子及以下所有读书做官的人必所遵循。

12世纪至13世纪之交,中国面临着一段艰苦的局面:一个庞大而没有特长的官僚机构,无从掌握一个日趋繁复而多变动的社会,在全面动员长期预算膨胀下,南宋已经险象环生。而以财政上之紊乱为尤著。朱熹指出这些弱点非不真切。同时他做地方官的记录,也证明环境需要他破除成规,以便对专门问题,找到合适的解决。他不强调这些技术上的因素,而偏在半神学半哲学的领域里做文章,因此产生很多不良的影响。

....

理学迭经现代学者研钻。周程朱张的学说出入于形而上和形而下,而以张载所谓太虚无形,气有聚散,朱熹综合前人学说,阐扬气与理之构成各物最为中外学者称道。因为所叙牵涉哲学,也近于各个人的人生观,我们不能遽尔的说它对与不对。而且它在好几个世纪使中国大多数学人相信儒家的伦理观念不仅有自然法规 natural Law 的支持,而且本身就是自然法规,我们不能不赞赏它力量之庞大。可是我们在20世纪末期,正在清算传统的政治设计,亦即一种认为法制与经济的体系,必先以抽象的公式造成,由上层机构赋予下层的办法，不能不对和这种设计互为表里的思想系统进行彻底批判。

理学或道学将伦理之理与物理之理、心理之理混为一体，在 1200 年前后仍与欧洲思想界不分轩轾。可是欧洲在 1600 年前后已将有关于伦理之理与物理之理划分清楚（此亦即 Joseph Needham 所谓 natural law 与 law of nature 不同），而在中国则二者依然混同。以朱熹作总代表的理学或道学不承认宇宙间各种事物有他们力所不能及、无从解释的地方。冯友兰之《中国哲学史》内 11 至 13 章，摘录以上诸人语录 198 则，每则都出于肯定的口气，似乎人类应有的知识，都在他们确切掌握之中。这种态度无疑的已受当日皇权万能的影响（参阅"何以改革者又是书呆子"一章），即此一点已与科学精神背驰。如是理学家或道学家所谈及的很多事物（抽象之事与具体之物混为一谈），只能美术化的彼此印证，不能用数目字证明。其结果则有如 Needham 之所说，朱熹在没有产生一个牛顿型的宇宙观之前，先已产生了一个爱因斯坦型的宇宙观。

（录自《赫逊河畔谈中国历史》，生活·读书·新知三联书店 1992 年版，第 179~181 页）

（参校黄仁宇《赫逊河畔谈中国历史》，生活·读书·新知三联书店 2015 年版，第 197~199、200~201 页）

胡先生墓表（节录）

欧阳修

自（仁宗）明道、景祐以来，学者有师惟先生暨泰山孙明复、石守道三人，而先生之徒最盛。其在湖州之学，弟子去来常数百人，各以其经转相传授。其教学之法最备，行之数年，东南之士莫不以仁义礼乐为学。

（录自《欧阳修全集·居士集》卷二十五，中华书局 2001 年版，第 389 页）

李泰伯先生文集序（节录）

陆瑶林[①]

李泰伯先生，旧属南唐之裔，生于宋真宗之时，道德文章，卓绝一世，且多所著作，学者皆斗山仰之，盖屹然为宋代儒宗。然志不乐仕进，当时名卿硕辅，尝交荐登朝，授以清要，而先生意淡如也。雅志归休，高尚其事，雍雍然效教授河汾之致，一时门人如曾子固、邓润甫，其表著焉。先生先于周、程、张、朱数十年，尝与范希文诸先辈上下论议，畅发乎尧、舜以来相传之旨，于是理学大明，儒风蔚起，识者谓濂、闽、关、洛之学，皆先生有以启其绪焉。其所以羽翼圣经，匡扶世教，岂浅鲜哉！

（录自李觏著，王国轩校点《李觏集》，中华书局1981年版，第524页）

伊川先生奏状（节录）

胡安国[②]

（程颐）及当官而行、举动必由乎礼；奉身而去，进退必合乎义。其修身行法，规矩准绳，独出诸儒之表，门人高弟莫获继焉。虽崇宁间曲加防禁，学者向之，私相传习不可遏也。其后，颐之门人如杨时、刘安节、许景衡、马伸、吴给等稍稍进用，于是士大夫争相淬砺，而其间志于利禄者托其说以自售，学者莫能别其真伪，而河洛之学几绝矣。壬子年，臣尝至行阙，有仲并者言："伊川之学，近日盛行。"臣语之曰："伊川之学，不绝如线，可谓孤立，而以为盛行，何也？"岂以其说满门，人人传写，耳纳口出而以为盛乎？自是服儒冠者以伊川门人妄自标榜，无以屈服士人之心，故众论汹汹，深加诋诮。夫有为伊洛之学者，皆欲屏绝其徒而乃上及于伊川，臣窃以为过矣。夫圣人之道，所以垂训万世，无非中庸，非有甚高难行之说，此诚不可易之至论也。然

---

① 陆瑶林（1616—1695），清初诗人。

② 胡安国（1074—1138），宋代学者。

中庸之义不明久矣！自颐兄弟始发明之，然后其义可思而得。不然，则或谓高明所以处己，中庸所以接物，本末上下析为二途，而其义愈不明矣。士大夫之学，宜以孔孟为师，庶几言行相称，可济时用，此亦不可易之至论也。然孔孟之道不传久矣！自颐兄弟始发明之，而后其道可学而至也。不然，则或以六经、语、孟之书资口耳，取世资而干利禄，愈不得其门而入矣！今欲使学者蹈中庸、师孔孟，而禁使不得从颐之学，是入室而不由户也，不亦误乎！

（录自朱熹撰《伊洛渊源录》卷四，中华书局1985年版，第37~38页）

康节先生墓志铭（节录）

程　颢

昔七十子学于仲尼，其传可见者，惟曾子所以告子思，而子思之所以授孟子者耳。其余门人，各以其材之所宜为学，虽同尊圣人，所因而入者门户则众矣。况后此千余岁，师道不立，学者莫知其从来。独先生之学为有传也。先生得之于李挺之，挺之得之于穆伯长。推其源流，远有端绪。今穆、李之言及其行事，概可见矣，而先生纯一不杂，汪洋浩大，乃其所自得者多矣。然而名其学者，岂所谓门户之众，各有所因而入者与，语成德者，昔难其居。若先生之道，就所至而论之，则可谓安且成矣。

（录自《伊洛渊源录》卷五，中华书局1985年版，第46页）

康节先生行状略（节录）

张　崏①

先生治《易》《书》《诗》《春秋》之学，穷意言象数之蕴，明皇帝王霸之道。著书十余万言，研精极思三十年。观天地之消长，推日月之盈缩，考阴阳

---

① 张崏，北宋学者，邵雍弟子。

之度数，察刚柔之形体。故经之以元，纪之以会，参之以运，终之以世，又断自唐虞，迄于五代，本诸天道，质以人事，兴废治乱，靡所不载。其辞约，其义广，其书著，其旨隐。呜呼！美矣！至矣！天下之能事毕矣！先生少事北海李之才挺之，挺之闻道于汶阳穆修伯长，伯长以上虽有其传，未之详也。先生既受其学，则又游于河汾之曲，以至淮海之滨，涉于济汶，达于梁宋。苟有达者，必访以道，无常师焉。乃退居共城，庐于百原之上，大覃思于《易经》，夜不设寝，日不再食，三年而学以大成。

（录自《伊洛渊源录》卷五，中华书局1985年版，第46~47页）

横渠先生行状（节录）

吕大临①

时年十八，慨然以功名自许，上书谒范文正公。公一见，知其远器，欲成就之，乃责之曰："儒者自有名教，何事于兵？"因劝读《中庸》。先生读其书，虽爱之，犹未以为足也。于是又访诸释、老之书，累年尽究其说，知无所得，反而求之六经。嘉祐初，见洛阳程伯淳、正叔昆弟于京师，共语道学之要，先生涣然自信曰："吾道自足，何事旁求。"乃尽弃异学，淳如也。

（录自《伊洛渊源录》卷六，中华书局1985年版，第53页）

通书总论（节录）

曹　端②

五峰胡氏曰："《通书》四十章，周子之所述也。粤若稽古，孔子述三五之道，立百王继世之法；孟轲氏辟杨、墨，推明孔子之泽，以为万世不斩，人

---

① 吕大临（1040—1092），北宋金石学家，张载弟子。
② 曹端（1376—1434），明代学者。

谓孟子功不在禹下。今周子启程氏兄弟以千古不传之妙，其功盖在孔、孟之间矣。人见其书之约也，而不知其道之大也；见其文之质也，而不知其义之精也；见其言之淡也，而不知其味之长也。"（此书皆发端以示人者，度越诸子，直与《易》《诗》《书》《春秋》《语》《孟》同流行乎天下。）

朱子曰："《通书》文虽高简，而体实渊悫，且其所论，不出乎修己治人之事，未尝剧谈无极之先、文字之外也。"

…………

"周子《通书》，此近世之源也，而其言简质如此，与世之指天画地、喝风骂雨者气象不侔。

《河图》出而八卦画，《洛书》出而九畴叙，孔子于斯文兴丧未尝不推之于天。若濂溪先生者，其天之所畀而得乎斯道之传者，与不由师传，默契道体，建图属书，根极要领，当时见而知之。有程氏者，遂扩大而推明之，使天理之微，人事之著，事物之众，鬼神之幽，莫不洞然毕贯于一，而周公、孔子、孟子之传焕然复明于世。

先生之言，高极乎无极、太极之妙，而其实不离乎日用之间，幽探乎阴阳、五行之赜，而其实不离乎仁义礼智、刚柔善恶之际。其体用之一原，显微之无间，秦汉以来诚未有臻斯理者，而其实则不外乎六经、《论语》、《中庸》、《大学》七篇之所传也。

先生奋乎百世之下，深探圣贤之奥，观造化之源，而独心得之。立象著书，阐发幽秘，辞义虽约，而天人性命之微，修己治人之要，莫不毕举。

濂溪之图与书，虽其简古，渊源未易究测，然其大旨，则不过语诸学者讲学致思，以穷天地万物之理，而胜其私以复焉。其施则善始于家而达之天下，其具则复古礼、变今乐，政以养民而刑以肃之也。是乃所谓伊尹之志，颜子之学，而程子传之以觉斯人者，亦岂有以外乎日用之间哉！"

（录自曹端著，王秉伦集《曹端集》，中华书局2003年版，第25~27页）

张子正蒙注序论

王夫之

谓之"正蒙"者，养蒙以圣功之正也。圣功久矣大矣，而正之惟其始，蒙者知之始也。孟子曰："始条理者，智之事也。"其始不正，未有能成章而达者也。

或疑之曰："古之大学，造之以诗书礼乐，迪之以三德六行，皆日用易知简能之理，而《正蒙》推及夫穷神知化，达天德之蕴，则疑与大学异。子夏曰：'有始有卒者，其惟圣人乎！'今以是养蒙，恐未能猝喻而益其疑。"

则请释之曰："大学之教，先王所以广教天下而纳之轨物，使贤者即以之上达而中人以之寡过。先王不能望天下以皆圣，故尧舜之仅有禹、皋陶，汤之仅有伊尹、莱朱，文王之仅有太公望、散宜生；其他则德其成人，造其小子，不强之以圣功而俟其自得，非有吝也。《正蒙》者，以奖大心者而使之希圣，所由不得不异也。"

"抑古之为士者，秀而未离乎其朴，下之无记诵词章以取爵禄之科，次之无权谋功利苟且以就功名之术；其尤正者，无狂思陋测，荡天理，蔑彝伦，而自矜独悟，如老聃、浮屠之邪说，以诱聪明果毅之士而生其逸获神圣之心，则但习于人伦物理之当然，而性命之正自不言而喻。至于东周而邪慝作矣。故夫子赞《易》而阐形而上之道，以显诸仁而藏诸用；而孟子推生物一本之理，以极恻隐、羞恶、辞让、是非之所由生。《大学》之道，明德以修己，新民以治人，人道备矣，而必申之曰'止于至善'。不知止至善，则不定、不静、不安，而虑非所虑，未有能得者也。故夫子曰'吾十有五而志于学'，所志者知命、耳顺，不逾之矩也。知其然者，志不及之，则虽圣人未有得之于志外者也。故孟子曰'大匠不为拙工改废绳墨，羿不为拙射变其彀率'，宜若登天而不可使逸获于企及也。

特在孟子之世，杨墨虽盈天下，而儒者犹不屑曲吾道以证其邪，故可引而不发以需其自得。而自汉魏以降，儒者无所不淫，苟不抉其跃如之藏，则志之摇摇者，差之黍米而已背之霄壤矣。此《正蒙》之所由不得不异也。

宋自周子出，而始发明圣道之所由，一出于太极阴阳人道生化之终始，二程子引而伸之，而实之以静一诚敬之功，然游谢之徒，且歧出以趋于浮屠之蹊径。故朱子以格物穷理为始教，而檃括学者于显道之中，乃其一再传而后，流为双峰、勿轩诸儒，逐迹蹑影，沉溺于训诂。故白沙起而厌弃之，然而遂启姚江王氏阳儒阴释诬圣之邪说，其究也，为刑戮之民，为阉贼之党，皆争附焉，而以充其无善无恶圆融理事之狂妄流害，以相激而相成，则中道不立，矫枉过正有以启之也。

人之生也，君子而极乎圣，小人而极乎禽兽，然而吉凶穷达之数，于此于彼未有定焉。不知所以生，不知所以死，则为善为恶，皆非性分之所固有，职分之所当为，下焉者何弗荡弃彝伦，以遂其苟且私利之欲！其稍有耻之心而厌焉者，则见为寄生两间，去来无准，恶为赘疣，善亦弁髦，生无所从，而名义皆属沤瀑，两灭无余，以求异于逐而不返之顽鄙。乃其究也不可以终日，则又必佚出猖狂，为无缚无碍之邪说，终归于无忌惮。自非究吾之所始与其所终，神之所化，鬼之所归，效天地之正而不容不惧以终始，恶能释其惑而使信于学！

故《正蒙》特揭阴阳之固有，屈伸之必然，以立中道，而至当百顺之大经皆率此以成，故曰'率性之谓道'。天之外无道，气之外无神，神之外无化，死不足忧而生不可罔，一瞬一息，一宵一昼，一言一动，赫然在出王游衍之中，善吾伸者以善吾屈。然后知圣人之存神尽性，反经精义，皆性所必有之良能而为职分之所当修，非可以见闻所及而限为有，不见不闻而疑其无，偷用其蠡然之聪明，或穷大而失居，或卑近而自蔽之可以希觊圣功也。"

呜呼！张子之学，上承孔孟之志，下救来兹之失，如皎日丽天，无幽不烛，圣人复起，未有能易焉者也。

学之兴于宋也，周子得二程子而道著。程子之道广，而一时之英才辐辏于其门。张子教学于关中，其门人未有殆庶者。而当时矩公耆儒，如富、文、司马诸公，张子皆以素位隐居而未由相为羽翼。是以其道之行，曾不得与邵康节之数学相与颉颃，而世之信从者寡，故道之诚然者不著，贞邪相竞而互为畸胜。是以不百年而陆子静之异说兴，又二百年而王伯安之邪说熺，其以朱子格物道问学之教争贞胜者，犹水之胜火，一盈一虚而莫适有定。使张子之学晓然大明，以正童蒙之志于始，则浮屠生死之狂惑不折而自摧，陆子静王伯安之蠡然者亦恶能傲君子以所独知，而为浮屠作率兽食人之伥乎！

《周易》者，天道之显也，性之藏也，圣功之牖也，阴阳、动静、幽明、屈伸，诚有之而神行焉，礼乐之精微存焉，鬼神之化裁出焉，仁义之大用兴焉，治乱、吉凶、生死之数准焉，故夫子曰"弥纶天下之道"，以崇德而广业者也。张子之学，无非《易》也，即无非《诗》之志，《书》之事，《礼》之节，《乐》之和，《春秋》之大法也，《论》《孟》之要归也。自朱子虑学者之骛远而忘迩，测微而遗显，其教门人也，以《易》为占筮之书而不使之学，盖亦矫枉之过，几令伏羲、文王、周公、孔子继天立极扶正人心之大法，下同京房、管辂、郭璞、贾耽壬遁奇禽之小技。而张子言无非《易》，立天、立地、立人，反经研几，精义存神，以纲维三才，贞生而安死，则往圣之传，非张子其孰与归！

呜呼！孟子之功不在禹下，张子之功，又岂非疏瀹水之歧流，引万派而归墟，使斯人去昏垫而履平康之坦道哉！是匠者之绳墨也，射者之彀率也，虽力之未逮，养之未熟，见为登天之难不可企及，而志于是则可至焉，不至于是未有能至者也。养蒙以是为圣功之所自定，而邪说之淫蛊不足以乱之矣，故曰《正蒙》也。

（录自张载著，章锡琛点校《张载集》，中华书局1978年版，第406~410页）
（参校王夫之《张子正蒙注》，中华书局1975年版，第1~4页）

闽中理学渊源考（节录）

李清馥

一、文靖杨龟山先生时学派·叙（节录）

闽学开自有唐，欧阳四门倡起，彼时人文未著也。宋初所谓海滨四先生者与安定、泰山、徂徕同时，其学已有近里之功，彼时朋类未孚也。至龟山先生得中州正学之的，上肩周、程统绪，下启罗、李、朱历代相传之奥，于是圣学彰明较著，而邹鲁濂洛之微言大义萃于闽山海峤矣。

（录自《闽中理学渊源考》卷一，《四库全书》文渊阁本）

二、文质罗豫章先生从彦学派·叙（节录）

尝考史传，先生从杨文靖公问学，既而筑室山中，绝意仕进，终日端坐。间谒杨公，将乐溪上吟咏而归，恒充然自得。又考延平先生屏退山田，结茅水竹之间，谢绝世故余四十年，箪瓢屡空，怡然自适，然后知二公安贫守道，优游乐天，守孔、颜家法，私心向往，不禁超然寓怀于尘坌之外矣。豫章之从学，史载年四十余，后相从尚二十年，所讲贯切磨，服膺终身。文公尝言："龟山门徒千余，然语其潜思力行，任重诣极，盖罗公一人而已。"其为学，大旨尝令学者于静坐中看喜怒哀乐未发之谓中，未发时作何气象。盖其所重在涵养操存，以身体之，以心验之。此非独杨、罗、李、朱递传之学的，即程门二先生学的也。

（录自《闽中理学渊源考》卷四，《四库全书》文渊阁本）

三、文肃黄勉斋先生榦学派（节录）

慈溪黄氏震曰："乾淳之盛，晦庵、南轩、东莱称三先生。独晦庵得年最高，讲学最久，为集大成。晦庵既没，门人如闽中则潘谦之、杨志仁、林正卿、林子武、李守约、李公晦；江西则甘吉父、黄去私、张元德；江东则李敬子、胡伯量、蔡元思；浙中则叶味道、潘子善、黄子洪，皆号高弟，独勉斋先生强毅自立，足任负荷。"又勿轩熊氏禾撰《考亭书院记》云："公祠以文肃黄氏榦配，旧典也，从以文节蔡氏元定、文简刘氏爚、文忠真氏德秀，建安武夷，例也。我文公体用之学，黄氏其庶几乎，余皆守公之道不二。"又贡氏师泰撰《勉斋先生书院记》曰："文公门人弟子聪明卓越固不为少，然求其始终不渝，老而弥笃者，先生一人而已。"先生因刘子澄一拜文公于屏山之后，既慨然以斯道自任。又曰："圣贤坠绪，非文公无以明，文公遗书非先生无以成，则斯文吾道确乎其有所归矣。"又先生尝曰："年来学者但见古人有格物穷理之说，便驰心于辨析讲论之间，而不务持养省察之实。所以辨析讲论者，又不原切问近思之意。天之所以与我，与我之所以全乎天者，大本大原漫不加省，而寻行数墨入耳出口，以为即此便是学问。退而察其胸中之所存与夫应事接物，无一不相背驰。圣人教人，决不若是。"观此则文公捐馆后，诸门徒师法渐讹，不但微言既绝，而大义亦乖。勉斋数言，实救当时流弊。信乎，朱门的传也。考朱子门徒在闽中者二百余，在吴越、江右、楚、黔者亦二百余，惟勉斋黄氏之传独远。流及元代，在闽如勿轩熊氏、石堂陈氏，明代虚斋蔡氏，剩夫陈氏、翠矩周氏，皆能衍翼宗派，崇守家法，要皆谨紫阳、勉斋、北溪、爪山、西山诸遗矩。其在今日，闽海派别宗风坠绪尤可寻溯。

（录自《闽中理学渊源考》卷二十六，《四库全书》文渊阁本）

辩兵部郎官朱元晦状（节录）

叶　适

栗又言："熹本无学术，徒窃张载、程颐之绪余，以为浮诞宗主，谓之道学，妄自推尊。所至辄携门生十数人，习为春秋、战国之态，妄希孔、孟历聘之风。绳以治世之法，则乱人之首也。"臣闻朝廷开学校，建儒官，公教育于上，士子辟家塾，隆师友，私淑艾于下，自古而然矣。使熹果无学术欤？人何用仰之？果有学术欤？其相与从之者，非欲强自标目以劝人为忠为孝者，乃所以为人材计，为国家计也。惟蔡京用事，讳习元祐学术，曾有不得为师之禁。今栗以诸生不得从熹讲学为熹之罪，而又谓非治世之法，宜禁绝之，此又非其实也。

（录自《叶适集·水心文集》卷二，中华书局1961年版，第17~18页）

陆九渊集·叙（节录）

傅文兆①

象山先生之学，得之孟子求放心，先生立其大。其初年与朱先生异者，盖朱先生之学，原由闻见入，意欲先博古今，穷事变，然后使自得于心，陆先生

---
① 傅文兆，明代学者。

所以议其乃支离也。盖学以事心为主，本孔子以不失忠信为好学，以主忠信为学之固，以不事安饱而敏慎就正为学之笃，以不迁怒、贰过为学之符，未闻以博物洽闻为学也。然则闻见可废乎？考古训，效先觉，亦学之印正耳，胡可废也！故朱先生鹅湖之会后三年诗曰："书册埋头何日了，不如抛却去寻春。"至是亦觉其非，无复同异之可言矣。或者又讥其为禅学，夫禅学外人伦物理以为事者也。

陆先生兄弟六人，而先生为最少，兄弟自相师友，家道雍肃，合门千指，九世共爨，宋孝宗皇帝尝称其满门孝弟，真所谓本诸心而见之躬行之实者。且其倡道东南，及门受业者不知几千人，或称为江西三陆，或称为二陆，而先生为独著。自宋迄今，愈久弥光，谓其为禅学可乎？

（录自《陆九渊集》，中华书局 1980 年版，第 544 页）

陆九渊集·序（节录）

汪廷珍①

虞廷以十六字之心法衍道统，而理学乃得承于后代。理学者，道统所由寄也。粤自孔孟既没，微言歇绝，诸子百家之说，纷纷竞响，或择焉而不精，或语焉而不详，道其所道，而非圣人之道。迨濂溪周子出，考遗经，而得不传之绪，于以上承先哲，下开来学，嗣是二程张朱相继而起，渊源授受，表章六经，而圣道灿然复明。金溪陆象山先生与朱子同时异壤，一则主席鹿洞，一则讲学鹅湖，当世并称朱陆。观其垂训，立教易从，大抵欲人求放心，以复其本然之体，虽与朱子宗主不同，往反辨论，而其躬行实践，期无愧于圣贤之道者，则无不同也。故考陆者必参朱，考朱者不废陆。

（录自《陆九渊集》，中华书局 1980 年版，第 546 页）

---

① 汪廷珍，清代官员、学者。

范仲淹与宋初学者

董金裕①

范仲淹其志其行,为世人所乐道者,厥为他虽是一个孤儿,但却不为困境所扼,当他为秀才时,便能以天下为己任;其后在《岳阳楼记》中,更提出"先天下之忧而忧,后天下之乐而乐"之语,以表白他的心志抱负;等到他仕宦显贵之后,又能推其俸禄,设置义田,以赡活族人。实则范仲淹此种高超的志行,固然与他的学养胸怀有关,但也未尝不是受到其师戚同文的启发感召。盖戚氏与仲淹生平相类似者有下列几点:一为戚氏也是一穷困孤儿。二为戚氏也是胸怀高志,当五代时,天下丧乱,他即思见宇内混一,其所以取同文为名字者,即是此种心愿的表达。三为戚氏也是急公尚义,每遇到人家有丧事,就尽力拯济;宗族闾里间有贫乏者,则加以赒给;到了岁末,经常解衣裘与遭冻寒的人。平生不积财,也不营居室,但急人之难而已。就以上三者,可以看出他们师弟二人虽然出身都极困苦,但却不为环境所挫折,而能奋励向上,且怀抱高尚的志操,而见之于实际的义行,确实很足后人仰慕。可是他们师弟二人有一项贡献更大,影响更为深矩的表现,却往往为世人所忽略,那即是他们对于士人的栽培与学术的倡导,对于此后宋学的兴盛有莫大的关系。

戚同文一生隐居不仕,以讲学为其职志,请益之人不远千里而来,登弟者有五六十人之多。范仲淹则除曾应晏殊之聘,在睢阳书院(即应天府书院,戚同文生前讲学于此)掌教一段时期之外,一辈子大抵在政治上求发展。可是他后来虽居官贵显,仍然不忘讲学。他泛通六经,尤长于《易》,学者多来从他质疑问难,他执经讲解,毫不厌倦。对于士人的涵养作成之功,比诸其师不仅并无逊色,甚且有以过之。而有宋初年的一批有名学者大抵皆曾受过他的提挈,一时学校遍于四方,师儒之道因此而立,对于当时学术风气的养成有很大的功劳。史称他"推其俸以食四方游士,士多出其门下""感论国事,时至泣下,一时士大夫矫励尚风节,自先生倡之"《宋元学案》卷三《高平学案》),盖实录也。

宋初学者受到范仲淹奖掖之最者,有胡瑗、孙复,故《宋元学案》云:

---

① 董金裕(1945—),台湾政治大学教授。

"安定、泰山诸儒皆表扬于高平。"（卷三《高平学案》）又其对于张载的启导，更是大有功于学术，故《学案》又云："高平一生粹然无疵，而导横渠以入圣人之室，尤为有功。"（同上）此外，若石介、李觏等也都或因亲承范公的教益，或因得到范公的荐引，而在学术上有所建树。兹述胡、孙、张三人与范仲淹的关系，以见范公对宋初学者提携之功的一斑。

胡瑗在泰山苦学十年有成之后，即以经术教授吴中，及范仲淹知苏州，爱敬其为人，因聘胡氏为苏州教授，胡瑗初掌苏学，为提高教学成效，即订立严密的学规，以约束诸生。当时生徒有数百人之多，每以为苦而不能率教，范公患之，乃遣其长子范纯祐入学，时纯祐尚未及冠，年幼于其他同学，却能完全遵守学规，诸生随之，亦不敢犯。从此苏学遂为天下诸郡学的表率，而胡瑗在当时教育界的威望亦遂因此而确立，后来天子重修太学，即下令取胡氏在苏州、湖州的设教之法，以为典则。由是我们可知胡瑗所以能于当时按照其理想规模从事讲学，培养许多人才，而成为宋学的开山，与范仲淹的提举及其父子的协力，实有甚深的关系。

与胡瑗同为宋学开山的孙复，因为屡举进士不第，退居泰山之阳，精研《春秋》之学，经其高弟石介的表彰，为范仲淹所知，于是范公乃与富弼共言孙复有经术，宜在朝廷，天子遂任命孙复为国子监直讲，并召为迩英殿抵候说书。又据《宋元学案》卷二泰山学案引杨公笔录云："范文正在睢阳掌学，有孙秀才者索游，上谒文正，赠钱一千。明年，孙生复过睢阳，谒文正，又赠一千。因问何为汲汲于道路，生戚然动色曰：'母老无以为养，若日得百钱，甘旨足矣！'文正曰：'吾观子辞气，非乞客也。二年仆仆，所得几何？而废学多矣！吾今补子学职，月可得三千以供养，子能安于学乎？'生大喜，于是授以《春秋》，而孙生笃学，不舍昼夜。明年，文正去睢阳，孙生亦辞归。复十年，闻泰山下有孙明复先生，以《春秋》教授学者，道德高迈，朝廷召至，乃昔日索游孙秀才也。"按此段记录，与《宋史》卷四百三十二《孙复传》所载事实有所出入，然笔记小说家言，纵使出于穿凿，亦多有其所以产生的背景，而我们也可据此推想孙复在学成之前，纵然未必受过范公的赒济、教导，可是孙复之有得于范公的照顾荐拔，及其之所以能够卓然自立于道，必定与范公大有关系，则应该是不容怀疑的。

张载与戚同文、范仲淹师弟一样同是孤儿，然自小即志气不群。与邻人焦寅相来往，寅喜谈兵，载说其言，因此当仁宗康定年间，对西夏用兵之时，载年二十一，乃慨然以功名自许，想要结客取洮西之地。当时范仲淹正以陕西安抚招讨副使在陕督理军事，张载遂上书仲淹。仲淹知其远器，有意造就他，于是责之曰："儒者自有名教可乐，何事于兵？"（《宋史》卷四百二十七《张载传》）并以《中庸》授之，他才翻然有志于道。其后又出入于佛、老累年，最后乃反求之于六经，而终于成为关学的领导人物。按当张载上书给范仲淹之时，范仲淹正在对西夏用兵，对于自负有军事之才的张载，依理而言，正属求之不得；然仲淹并不以郡将处之，反而授以《中庸》。在常人看来，事诚反常。可是我们知道仲淹向能"先天下之忧而忧"，虽当时天下治平，然却隐忧重重，为有心者所深虑。范公知道欲起天下的沉疴，在政治军事之上犹有更为根本的教育文化问题在；而最为关键所在的就在于人才的培养与士风的陶成。因此一遇上具有远器的张载，便引导他入于圣人之域，而成就了一位大学者。此不仅可见范仲淹识见的远大，而张载的成学悟道，实得力于范公的启导更是显然。《宋史》称张载之学："以《易》为宗，以《中庸》为体，以孔、孟为法。"（卷四百二十七《张载传》）范仲淹既泛通六经，而最长于《易》，又首授《中庸》于张载，则其对于张载早年启迪之功的深远为何如，盖不难得知了。

韩愈在其《杂说》中尝言："世有伯乐，然后有千里马，千里马常有，而伯乐不常有，故虽有名马，祇辱于奴隶人之手，骈死于槽枥之间，不以千里称也。"（《韩昌黎集》卷一）这句话固然是韩愈的无限辛酸与感慨，也是千古不得施展其抱负的有志之士的无限辛酸与感慨。盖十室之邑，必有忠信，其中能加之以好学者，却未必都能够有所建树表现，最大的关键就在于是否有人加以启导识拔了。范仲淹在宋朝初年，严格而论，并不是一个纯粹的学者，但可却是当时学术界的伯乐，由于有了他，才使得宋初学界的千里马得以展足驰骋。依我看来，他对于当时学术风气的推动，才是他真正的"以天下为己任"的表现，比之于设置义田，以赡活族人之举，应该更值得后人仰慕才是。

（录自《宋儒风范》，台湾东大图书有限公司1979年版，第5~9页）

四库全书总目提要·法藏碎金录（节录）

纪 昀

盖嘉祐、治平以前，濂、洛之说未盛，儒者沿唐代余风，大抵归心释教。以范仲淹之贤而手制疏文，请道古开坛说法，其他可知。

（录自《四库全书总目提要》，《四库全书》文渊阁本）
（参校《四库全书总目提要》，河北人民出版社 2000 年版，第 3726 页）

宋元学案[①]（节录）

黄宗羲[②] 全祖望

一、涑水学案·文正司马涑水先生光（节录）

司马光，字君实……神宗即位，擢为翰林学士，先生力辞。帝曰："卿有文学，何辞为？"对曰："臣不能为四六。"帝曰："如两汉制诏可也。"竟不获辞。上疏论君德，曰仁，曰明，曰武；论治道，曰官人，曰信赏，曰必罚。其说甚备。且曰："臣平生力学所得，尽在是矣。"先生常患历代史繁，人主不能遍览，遂为《通志》八卷以献。英宗悦之，命置局续其书。至是，神宗名之曰《资治通鉴》，自制序授之，俾日进读。河朔旱伤，执政以国用不足，乞南郊勿赐金帛。先生曰："救灾节用，宜自贵近始。"与安石争议不已。会安石草诏，引常衮辞禄事责两府，两府不敢复辞。安石得政，行新法，先生逆疏其利害。迩英进读。至曹参代萧何事，帝曰："汉守萧何之法不变，可乎？"对曰："宁独汉也。使三代之君常守禹、汤、文、武之法，虽至今存可也。"侍讲吴申以先生言是，帝亦欲用先生，访之安石。安石曰："光外托劘上之名，内怀附下之实。苟在高位，则异论之人倚以为重。韩信立汉赤帜，赵卒气夺。

[①] 编者删除了文中的部分案语。
[②] 黄宗羲（1610—1695），明末清初思想家、学术史家。

今用光，是与异论者立赤帜也。"安石以韩魏公上疏，卧家求退，帝乃拜先生枢密副使。先生辞曰："陛下徒荣以禄位，不取其言，是以大官私非其人也。陛下诚能罢新法，虽不用臣，臣受赐多矣。"抗章至七八，帝犹未允。安石起视事，先生乃得请，遂求去，以端明殿学士知永兴军。徙知许州，趣入觐，不赴，请判西京御史台归洛，自是绝口不论事。求言诏下，先生感泣，欲默不忍，乃复陈六事，又移书责宰相吴充。帝欲复用先生，蔡确沮之。帝谓《资治通鉴》贤于荀悦《汉纪》，数促使终篇。及成，加资政殿学士。凡居洛十五年，天下以为真宰相，田夫野老皆号为司马相公，妇人、孺子亦知为君实也。帝崩，赴阙临，卫士望见，皆以手加额。所至，民遮道聚观，曰："公无归洛！留相天子，活百姓。"哲宗立，太皇太后遣使问所当先，先生请开言路。诏榜朝堂。大臣有不悦者，为设六语，云："若此者，罪无赦。"后以示先生，先生曰："此非求谏，乃拒谏也。"改诏行之。先生又奏修身、治国之要，其目各有三，即仁宗朝所陈者，而英宗、神宗初立，尝以为献，兹乃复申其说。起知陈洲，过阙，留为门下侍郎。元祐初，病作。时青苗、免役、将官之法犹在，先生折简与吕申公云："光以身付医，以家事付愚子。惟国事未有所托，今以属公。"乃论免役五害，乞直降敕罢之。又立十科荐士法。皆从之。拜尚书左仆射，兼门下侍郎。遂罢青苗，复常平法。是时两宫虚己以听。辽、夏使至，必问先生起居，敕边吏曰："中国相司马矣，毋轻生事，开边隙！"海内之民得离新法之苦，欢若更生，君子称其有旋乾转坤之功云。先生自见言行计从，欲以身殉社稷。宾客悯其体羸，谓宜少节烦劳，先生曰："死生，命也。"为之益力。病革，不复自觉，谆谆如梦中语，然皆朝廷天下大事也。是年九月卒，年六十八。

（录自《宋元学案》卷七，中华书局1986年版，第276~278页）

二、荆公新学略·文公王临川先生安石（节录）

王安石，字介甫，临川人。蚤有盛名。举进士高第，签书淮南节度判官。召试馆职，固辞。知鄞县，三日一治县事，起堤堰，决陂塘，为水陆之利，贷谷于民，立息以偿，俾新陈相易，邑人便之。通判舒州，以文潞公荐，再召试为群牧判官，出知常州，提点江东刑狱。入为三司度支判官，献书万余言，极陈当世之务。除直集贤院，累辞，不获命，始就职。除同修起居注，固辞，遂除知制诰。神宗即位，除知江宁府。召为翰林学士，未几，参知政事。先生既执政，设制置三司条例司，与知枢密院陈升之同领之，而青苗、免役、市易、保甲等法相继兴矣。自变法以来，御史中丞吕诲等力请罢条例司并青苗等法，谏官孙莘老觉、李公择常、胡完夫宗愈、御史张天祺戬、王子韶、陈古灵襄、程明道颢皆论安石变法非是，以次罢去。前宰相韩魏公琦，亦上疏论青苗之害，先生称疾求分司，不许。三年，拜礼部侍郎同中书门下平章事、监修国史、知制诰。其徒吕惠卿修撰经义。先生提举王韶取熙河、洮、岷、叠、宕等州，先生率群臣入贺，神宗解玉带赐之，以旌其功。慈圣光献皇后、宣仁圣烈皇后间见神宗，流涕言新法之不便者，且言王安石乱天下，神宗亦流涕，退，命先生裁损之，先生重为解，乃已。七年，神宗以久旱，益疑新法之不便，遂以吏部尚书、观文殿大学士知江宁府。明年，复拜同中书门下平章事。初，吕惠卿为先生所知，骤引至执政。洎先生再相，苟可以中先生，无不为也。会先生子雱卒，先生丐奉祠，以使相为集禧观使，封舒国公。又辞使相，乃以左仆射为观文殿大学士。元丰三年，改封荆国公，退居金陵，始悔恨为惠卿所误。哲宗即位，拜司空。明年，卒，赠太傅。……先生性强忮，遇事无可否，自信所见，执意不回。至议变法，而在廷交执不可，先生傅经义，出己意，辩论辄数百言，众皆不能诎。甚者谓："天变不足畏，祖宗不足法，人言不足恤。"罢诎中外老成人几尽，多用门下儇慧少年。久之，以旱引去。洎复相，岁余罢，终神宗世八年不复召，而思顾不久衰云。

（录自《宋元学案》卷九十八，中华书局1986年版，第3238~3239页）

三、苏氏蜀学略

（1）文公苏老泉先生洵（节录）

苏洵，字明允，眉州眉山人。年二十七始发愤为学，岁余举进士，又举茂才异等，皆不中。悉焚常所为文，闭户益读书，遂通六经、百家之说，下笔顷刻数千言。嘉祐时，与其二子轼、辙皆至京师，欧阳兖公得其所著书二十二篇，大爱其文辞，以为贾谊、刘向不过也。书既出，公卿大夫争传之，一时学者竞效苏氏为文章。以其父子俱知名，号为老苏。召试不就，除试校书郎。是时，王荆公名始盛，兖公劝先生与之游，而荆公亦愿交先生，先生曰："吾知其人矣，是不近人情者，鲜不为天下患。"乃作《辨奸论》。后十年，荆公用事，其言乃信。先生既命以官，会太常修纂建隆以来礼书，乃以为文安簿，与项城令姚辟同修《太常因革礼》。仁宗山陵事从其厚，公私骚然，先生言于韩魏公曰："昔华元厚葬其君，君子以为不臣。曷若遂先帝恭俭之德，纾百姓目前之患。"魏公谢之，为省其过盛者。礼书既成，未报，而先生卒，年五十八。……先生晚而好《易》曰："《易》之道深矣！汩而不明者，诸儒以附会之说乱之。去之，则圣人之旨见矣。"

（录自《宋元学案》卷九十九，中华书局 1986 年版，第 3275~3276 页）

（2）文忠苏东坡先生轼（节录）

苏轼，字子瞻，老泉长子。……王荆公执政，素恶其言论异己，以判官告院。四年，荆公欲变科举、兴学校，诏两制、三馆议。先生议上有曰："性命之说，自子贡不得闻，而今之学者，耻不言性命，读其文，浩然无当而不可穷；观其貌，超然无著而不可挹，此岂真能然哉！盖中人之性，安于放而乐于诞耳。陛下亦安用之？"神宗悟曰："吾固疑此，得轼议，意释然矣。"召问："何以助朕？"先生言："求治太急，听言太广，进人太锐。愿镇以安静。"时荆公创行新法，先生上书论条例司、青苗等法不便于民，且言："国家之所以存亡者，在道德之浅深，不在乎强与弱；历数之所以长短者，在风俗之厚薄，不在乎富与贫。"荆公怒，嗾御史诬奏其过，穷治无所得。先生请外，判杭州。徙知密州，再徙徐州。……先生与弟辙，夙承家学，自谓："作文如行云流水，初无定质，但行于所当行，止于所不可不止。"虽嬉笑怒骂之辞，皆可书而诵之。其体浑涵光芒，雄视百代，有文章以来，盖亦鲜矣。老泉作《易传》未成，命述其志。先生成《易传》，复作《论语说》。后居海南，作《书传》。又有《东坡集》四十卷、《后集》二十卷、《奏议》十五卷、《内制》十卷、《外制》三卷、《和陶诗》四卷。一时文人如黄庭坚、晁补之、秦观、张耒、陈师道，举世未之识，先生待之如朋俦，未尝以师资自予也。自为举子至出入侍从，忠规谠论，挺挺大节。但为小人挤排，不得安于朝廷。郁懔无聊之甚，转而逃入于禅，斯亦通人之蔽也。累赠太师，谥文忠。

（录自《宋元学案》卷九十九，中华书局 1986 年版，第 3285~3287 页）

苏门六君子文粹序

钱谦益[①]

崇祯六年冬，新安胡仲修氏访余苦次，得宋人所缉《苏门六君子文粹》以归，刻之武林；而余为其序曰：六君子者，张耒文潜、秦观少游、陈师道履常、晁补之无咎、黄庭坚鲁直、李廌方叔也。史称黄、张、晁、秦俱游于苏门，天下称为四学士。而此益以陈、李。盖履常元祐初以文忠荐起官，晚欲参诸弟子间；方叔少而求知，事师之勤渠，生死不间，其系于苏门宜也。当是时，天下之学，尽趋金陵，所谓黄茅白苇，斥卤弥望者。六君子者，以雄骏出群之才，连镳于眉山之门，奋笔而与之为异。而履常者，心非王氏之学，熙宁中，遂绝意进取，可谓特立不惧者矣。方党论之再炽也，自方叔外，五君子皆坐党，履常坐越境出见，文潜坐举哀行服，牵连贬谪。其击排苏门之学，可谓至矣。至于今，文忠与六君子之文，如江河之行地。而依附金陵之徒，所谓黄茅白苇者，果安在哉？吾尝观王氏之学，高谈先王，援据《周官》，其称名甚高。而文忠则深叹贾谊、陆贽之学不传于世，老病且死，独欲以教其子弟而已。夫食期于适口，不必其取陈羹也；药期于疗病，不必其求古方也。是故为周公而伪，不若为贾谊、陆贽而真也。真贾、陆足以救世，而伪周公足以祸世。此眉山、金陵异同之大端也。观六君子之文者，其亦有持择于斯乎？

（录自钱谦益著，钱曾笺注，钱仲联校标《牧斋初学集》卷二十九，上海古籍出版社 1985 年版，第 869~870 页）

[①] 钱谦益（1582—1664），明末清初学者。

宋元学案[①]（节录）

黄宗羲　全祖望

一、艮斋学案·文宪薛艮斋先生季宣（节录）

薛季宣，字士龙，永嘉人。……先生年十七，辟为荆南书写机宜文字，获事袁道洁溉。问道洁以义理之辨，道洁曰："学者当自求之。他人之言善，非吾有。"道洁之学，自六经百氏，下至博弈小数、方术兵书，无所不通。先生得其所传，无不可措之用也。……

百家谨案：汝阴袁道洁溉问学于二程，又传《易》于薛翁。已侍薛于宣，器之，遂以其学授焉。季宣既得道洁之传，加以考订千载，凡夫礼乐兵农莫不该通委曲，真可施之实用。又得陈傅良继之，其徒益盛。此亦一时灿然学问之区也，然为考亭之徒所不喜，目之为功利之学。

（录自《宋元学案》卷五十二，中华书局 1986 年版，第 1691 页）

二、龙川学案·文毅陈龙川先生亮（节录）

陈亮，字同甫，永康人。学者称为龙川先生。……

百家谨案：永嘉之学，薛、郑俱出自程子。是时陈同甫亮又崛兴于永康，无所承接。然其为学，俱以读书经济为事，嗤黜空疏、随人牙后谈性命者，以为灰埃。亦遂为世所忌，以为此近于功利，俱目之为浙学。

（录自《宋元学案》卷五十六，中华书局 1986 年版，第 1830~1832 页）

三、水心学案·水心习学记言（节录）

宗羲案：黄潜言"叶正则推郑景望、周恭叔以达于程氏，若与吕氏同所自出。至其根柢六经，折衷诸子，凡所论述，无一合于吕氏。其传之久且不废者，直文而已，学固勿与焉"。盖直目水心为文士。以余论之，水心异识超旷，不假梯级，谓"洙泗所讲，前世帝王之典籍赖以存，开物成务之伦纪赖以著"；

[①] 编者删除了文中的注释部分。

"《易》象、象,夫子亲笔也,《十翼》则讹矣";"《诗》《书》,义理所聚也,《中庸》《大学》则后矣";"曾子不在四科之目,曰参也鲁","以孟子能嗣孔子,未为过也;舍孔子而宗孟子,则于本统离矣"。其意欲废后儒之浮论,所言不无过高,以言乎疵则有之,若云其概无所闻,则亦堕于浮论矣。

(录自《宋元学案》卷五十四,中华书局1986年版,第1794页)

四库全书总目提要·浪语集(节录)

纪 昀

季宣少师事袁溉,传河南程氏之学。晚复与朱子、吕祖谦等相往来,多所商榷。然朱子喜谈心性,而季宣则兼重事功,所见微异。其后陈傅良、叶适等递相祖述,而永嘉之学遂别为一派。盖周行己开其源,而季宣导其流也。其历官所至,调辑兵民,兴除利弊,皆灼有成绩。在讲学之家,可称有体有用者矣。……盖季宣学问最为淹雅,自六经、诸史、天官、地理、兵农、乐律、乡遂、司马之法,以至于隐书、小语、名物、象数之细,靡不搜采研贯。故其持论明晰,考古详核,不必依傍儒先余绪,而立说精确,卓然自成一家。

(录自《四库全书总目提要》,《四库全书》文渊阁本)
(参校《四库全书总目提要》,河北人民出版社2000年版,第4126~4127页)

四库全书总目提要·止斋文集(节录)

纪 昀

自周行己传程子之学,永嘉遂自为一派,而傅良及叶适尤其巨擘。本传称永嘉郑伯熊、薛季宣皆以学行闻。伯熊于古人经制治法,讨论尤精,傅良皆师事之,而得季宣之学为多。及入太学、与广汉张栻、东莱吕祖谦友善。祖谦为言本朝文献相承,而主敬集义之功得于栻为多。然傅良之学,终以通知成败,谙练掌故为长，不专于坐谈心性。故本传又称傅良为学，自三代、秦、汉以下，靡不研究，一事一物，必稽于实而后已。盖记其实也。

（录自《四库全书总目提要》，《四库全书》文渊阁本）
（参校《四库全书总目提要》，河北人民出版社2000年版，第4101~4102页）

元儒考略（节录）

冯从吾[①]

一、赵复传（节录）

先是南北道绝，载籍不相通，洛闽之学惟行于南，北方之士惟崇眉山苏氏之学。至是复以所记程、朱诸书尽录以付枢。惟中闻复议论，始嗜其学。乃与枢谋建太极书院，立周子祠，以二程、张、杨、游、朱六君子配食。选取遗书八千余卷，请复讲授其中。复以周、程而后，其书广博，学者未能贯通，乃原羲、农、尧、舜所以继天立极，孔、曾、颜、孟所以垂世立教，周、程、张、朱氏所以发明绍续者，作《传道图》，而以书目条列于后。别著《伊洛发挥》，以标其宗旨。朱子门人，散在四方，则以见诸登载与得诸传闻者，共五十有三人。作《师友图》以寓私淑之志。又取伊尹、颜渊言行，作《希贤录》，使学者知向慕，然后求端用力之方备矣。枢既退隐苏门，乃即复传其学，由是许衡、郝经、刘因皆得其书而尊信之。北方知有程朱之学自复始。

二、许衡传（节录）

（许衡）出入经传，泛滥释、老，下至医、卜、诸子百家、兵刑、货殖、水利、算数之类，靡不研究。所至，学者翕然师之。既还怀，会姚枢讲学苏门，衡同默往行之，始获读程朱诸书，遂幡然大悟。还谓学者曰："昔所授受，殊孟浪也，今始闻进学之序矣。"取向来简帙悉焚之，使无大小皆自小学入。

[①] 冯从吾（1556—1627），明代思想家、教育家。

三、吴澄传（节录）

（吴澄）言："朱子于道问之学功居多，而陆子静以尊德性为主。问学不本于德性，则其敝必偏于言语训释，故学以尊德性为本。"议者遂以澄为陆氏之学。

（录自《元儒考略》，《四库全书》文渊阁本）

宋元学案[①]（节录）

黄宗羲　全祖望

一、鲁斋学案·文献姚雪斋先生枢

姚枢，字公茂，柳城人。少力学，内翰宋九嘉识其有王佐略。后从中书杨惟中南伐，得名儒赵氏复，以传程、朱之学。弃官居辉州时，许鲁斋在魏，至辉，就录程、朱所注书，遂依先生以居焉。世祖在潜邸，召之，待以客礼。询治道，以治国平天下之大经，汇为八目，曰：修身，力学，尊贤，亲亲，畏天，爱民，好善，远佞。次及救时之弊，分条而陈之。从征则以不杀一人为规，佐世祖以定天下，累官翰林学士承旨。年七十八卒，谥文献。

（录自《宋元学案》卷九十，中华书局1986年版，第3003页）

二、东发学案·文洁黄於越先生震（节录）

谢山《泽山书院记》曰："朱徽公之学统，累传至双峰、北溪诸子，流入训诂派。迨至咸淳而后，北山、鲁斋、仁山起于婺，先生起于明，所造博大精深，徽公瓣香为之重振。婺学出于长乐黄氏，建安之心法所归，其渊源固极盛。先生则独得之遗籍，默识而冥搜，其功尤巨。试读其《日钞》，诸经说间，或不尽主建安旧讲，大抵求其心之所安而止，斯其所以为功臣也。西山为建安大宗，先生独深惜其晚节之玷，其严密如此。婺学由白云以传潜溪诸公，以文

[①] 编者删去了文中的部分案语。

章著，故倍发扬其师说。先生独与其子弟唱叹于海隅，传之者少，遂稍暗澹。予尝谓婺中四先生从祀，而独遗东发，儒林之月旦有未当者，抑不独从祀之典有阙。《宋史儒林》所作传，本之《剡源墓表》，其于先生之学，无所发明；清容则但称先生之清节。呜呼！圣人所以叹知德之鲜也。"

又《杜洲六先生书院记》曰："慈湖之学宗陆，东发之学宗朱，门户截然，故《日钞》中颇不以心学为是。由今考之，则东发尝与杜洲之讲会，而其后别为一家者也。夫门户之病，最足锢人，圣贤所重在实践，不在词说，故东发虽诋心学，而所上史馆札子，未尝不服慈湖为己之功。然则杜洲祠祭其仍推东发者，盖亦以为，他山之石，是可以见前辈之异而同也。"

（录自《宋元学案》卷八十六，中华书局1986年版，第2886页）

三、深宁学案·尚书王厚斋先生应麟（节录）

王应麟，字伯厚，庆元府鄞县人。与弟应凤同日生。九岁通六经，从王子文埜受学。淳祐元年第进士，先生曰："今之事举子业者，一切委弃，制度典故漫不省，非国家所望于通儒。"于是闭门发愤，誓以博学宏辞科自见，假馆阁书读之。……

百家谨案：清江贝琼言："自厚斋尚书倡学者以考亭朱子之说，一时从之而变，故今粹然皆出于正，无陆氏偏驳之弊。然则，四明之学以朱而变陆者，同时凡三人矣：史果斋也，黄东发也，王伯厚也。三人学术既同归矣，而其倡和之言不可得闻，何也？厚斋著书之法，则在西山真为肖子矣。"谢山《同谷三先生书院记》曰："王尚书深宁独得吕学之大宗。或曰：'深宁之学得之王氏埜、徐氏凤。王、徐得之西山真氏，实自詹公元善之门，而又颇疑吕学未免和光同尘之失，则子之推为吕氏世嫡也，何欤？'曰：'深宁论学盖亦兼取诸家，然其纵罗文献，实师法东莱，况深宁少师迂斋，则固明招之传也。'"

（录自《宋元学案》卷八十五，中华书局1986年版，第2857~2858页）

四、静修学案·文靖刘静修先生因（节录）

刘因，字梦吉，雄州容城人。初从国子司业砚弥坚视训诂疏释之说，辄叹曰："圣人精义，殆不止此。"后于赵江汉复得周、程、张、邵、朱、吕之书，始曰："我固谓当有是也。"……

百家谨案：有元之学者，鲁斋、静修、草庐三人耳。草庐后，至鲁斋、静修，盖元之所藉以立国者也。二子之中，鲁斋之功甚大，数十年彬彬号称名卿材大夫者，皆其门人，于是国人始知有圣贤之学。静修享年不永，所及不远，然是时虞邵庵之论曰："文正没，后之随声附影者，谓修辞申义为玩物而苟且于文章，谓辨疑答问为躐等而姑困其师长，谓无所猷为为涵养德性，谓深中厚貌为变化气质，外以聋瞽天下之耳目，内以蛊晦学者之心思，虽其流弊使然，亦是鲁斋所见，只具粗迹，故一世靡然而从之也。若静修者，天分尽高，居然曾点气象，固未可以功效轻优劣也。"

（录自《宋元学案》卷九十一，中华书局1986年版，第3020~3021页）

五、介轩学案·教授马竹洲先生端临

马端临，字贵与，乐平人。父廷鸾，宋咸淳中官右丞相。时休宁曹泾精诣朱子学，先生从之游，师承有自。以荫补承事郎。宋亡不仕。著《文献通考》，自唐、虞至南宋，补杜佑《通典》之阙，二十余年而成。仁宗延祐四年，遣真人王寿衍寻访有道之士，至饶州路，录其书上进。诏官为镂板，以广其传，仍令先生亲赍所著稿本，赴路校勘。英宗至治二年，始竣工。先是，留梦炎为吏部尚书，与先生之父在宋为同相，召致先生，欲用之，以亲老辞。及父卒，稍起为慈湖、柯山二书院山长，教授台州路。三月，引年终于家。

（录自《宋元学案》卷八十九，中华书局1986年版，第2977页）

论明代学术

明代学术直承宋学统绪，主潮仍为理学。前期以程朱理学为主导，中后期阳明心学风行天下，晚明学者对理学进行批判总结。

一、明初——程朱理学一统天下

程朱理学在元代已成官学。明承元祚，经太祖、成祖先后提倡，科举考试多以朱熹注疏为旨归，故当时学者多以"述朱"为能事。

宋濂有"理学名臣"之称。其学上承南宋金华学派而尤崇程朱之学，下传方孝孺。方氏被时人视为"程朱复出"。"靖难"之后，方氏遭"灭十族"之祸，此派遂绝。

明代正统理学家多以曹端为"道统"传人。曹氏学术源出北宋周敦颐，后传薛瑄。薛瑄又广传弟子，号为浙东学派。然此派谨守宋人矩镬，在学术上无甚建树。

吴与弼一禀宋人成说，创崇仁学派。其门人胡居仁恪守师说，专讲"穷理尽性至命"；另一弟子陈献章别创白沙学派，重视"心性"之学，主"静坐""澄心"，开明代心学先河，是为明代学术主潮由朱学转向王学的桥梁。

二、明中期——王学形成与兴盛

王守仁崛起姚江，继承、发展陆九渊心学，创"致良知"和"知行合一"说。自正德至万历中，百余年间，王学风靡天下，成为明代中后期的学术大宗。

王门后学衍为七派，其中影响较大者为浙中学派和江右学派。浙中学派以钱德洪、王畿为代表，主张本体即工夫，近于"顿悟"，把王守仁的"良知"

说进一步引向禅学。江右学派以邹守益、欧阳德、聂豹、罗洪先等为代表，笃守王学传统，主张由工夫达本体，倡导渐修，以"慎独""戒惧""主静"为"致良知"的主要方法。黄宗羲认为该派是王学的正宗嫡传，救正了浙东学派通禅的偏颇。

与王守仁同时，陈献章大弟子湛若水创甘泉学派。该派亦属心学系统，但与王学各立门户，并时讲学，在当时影响也很大。

这一阶段，先后与王学相对抗的主要为王廷相、罗钦顺等。他们继承、发展北宋张载的气一元论，在"理"与"气"、"心"与"性"、"知"与"行"、"理"与"欲"等重大问题上与王学互相辩难。

三、明后期——王学变态，朱陆合流，西学引进

万历中期以后，王学发生变态。以王艮、罗汝芳、颜钧、何心隐为代表的泰州学派发挥王守仁学说中"人皆可为圣人"的思想，提出"百姓日用即道"的命题，肯定人欲的合理性，倡导功利，从而突破"名教"的羁勒。李贽进一步发扬泰州学派的传统，讽议礼教，其异端思想，终为当道者不容。泰州学派也进一步发展王学中的禅学倾向，导致王学末流形成空疏学风。

王学末流衍蔓，引出东林学派和蕺山学派融会朱王以反拨之。顾宪成、高攀龙基本恪守程朱之学，同时也肯定王守仁的"致良知"说，但反对王学末流的通禅。刘宗周从心学立场出发，创"慎独"说，试图贯通、融会理一元论和心一元论。

如果说元代的融会朱陆思潮为心学成为明代中后期的学术主潮开辟了道路，那么，明末的朱王合流，则拉开了清初批判总结宋明理学的序幕。

晚明以降，经世实学登上学坛，出现陈子龙等编纂的大型文丛《皇明经世文编》，以508卷洋洋400万字，"网罗本朝名卿巨公之文有涉世务国政者"，成"一代兵农礼乐刑政之大端"，为后起的清代经世实学开启先河。

"明末有一场大公案，为中国学术史上应该大笔特书者，曰：欧洲历算学之输入。……中国智识线和外国智识线相接触，晋、唐间的佛学为第一次，明末的历算学便是第二次。"（梁启超《中国近三百年学术史》）利玛窦、艾儒略等欧洲耶稣会士明末入华，与徐光启、李之藻、杨廷筠、王徵等合作译介西方的宗教、科技、哲学著作，开西学东渐和东学西渐之风，丰富了中国学术的内

容,也增进了西方对中国学术文化的认识。入华耶稣会士与徐、李等西学派士人重实证的学术思想,对清代乾嘉学派产生一定影响,并成为晚清西洋学术传播的先驱。

移史馆论不宜立理学传书

黄宗羲

顷有传修史条约理学四款,在局皆名公巨卿、学贯天人,诚非草野荒陋所当与议。然有空隙一介之知,私以告于同学,幸勿出之广座,徒兹纷纭也。夫圣学之难,不特造之者难,知之者亦难。其微言大义,苟非工夫积久,能见本体,则诸儒之言,有自得者,有传授者,有剽窃者,有浅而实深者,有深而实浅者。今以场屋时文之学,处诸儒于堂下,据聚讼成言门户意见而考其优劣,其能无失乎?姑以四款言之。

其一,以程、朱一派为正统,是矣。薛敬轩、曹月川、吴康斋、陈剩夫、胡敬斋、周小泉、章枫山、吕泾野、罗整庵、魏庄渠、顾泾阳、高景逸、冯少墟十余人,诸公何以见其滴骨程、朱也?如整庵之论理气,专攻朱子,理气乃学之主脑,则非其派下明矣。庄渠言:"象山天资高,论学甚正,凡所指示,坦然如由大道而行。昔疑其近于禅学,此某之陋也。"若使朱、陆果有异同,则庄渠亦非朱派。唐仁卿以从祀议阳明,泾阳谓之曰:"夫学言致知,文成恐人认识为知,走入支离,故就中间点出一'良'字;《孟子》言良知,文成恐人将此知作光景玩弄,走入玄虚,故就上面点出一'致'字,其意最为精密。"若使阳明之学可疑,则泾阳皆可疑矣。程朱格物为学之要,景逸谓才知反求诸身,是真能格物者也。此即杨中立所说"反身而诚,则天下之物无不在我"。朱子九条中甚辨其非,颇与阳明之格物相近,而差排程、朱之下乎?盖诸公不从源头上论,徒以补偏救弊之言,视为操戈入室之事,必欲以水济水,故往往不能尽合也。又云陈克庵、张东白、罗一峰、周翠渠、张甬川、杨止庵,其学亦宗程、朱,而论说不传。六君子之论说最多,其学术俱可考究,言不传者,偶未之见耳。东白之学,其言"是心也即天理也",即阳明心即理也;其言"斯道在天地,不患践之弗力,所患知之弗真",即阳明之知行合一也;已先发阳明之蕴。若阳明果异程、朱，则东白亦异程、朱矣。章枫山称一峰"方可谓之正君善俗，如我辈只修政立事而已"。枫山自知不及一峰，后人反分其优劣，何也？

其二，言白沙、阳明、甘泉宗旨不合程、朱，此非口舌可争，姑置不论。其言象山、慈湖例入儒林。按《宋史》慈湖未尝入儒林也。又言庄定山白沙友人，学亦相似。按白沙云"定山人品甚高，恨不曾与我问学"，遂不深讲。其出处之际，白沙深责之，不可言其相似。又言罗念庵本非阳明弟子，其学术颇似白沙，与王甚别。《阳明年谱》为念庵所定，钱绪山曰："子于师门不称门生而称后学者，以师在日未得及门委贽也。子谓古今门人之称，其义止于及门委贽乎？子年十四时欲见师于赣，父母不听，则及门者其素志也。今学其学者三纪于兹矣，非徒得其门，所谓升堂入室者，子且无歉焉，于门人乎何有？"念庵于是始称门人。当日之定论如此，今言与王甚别，不知其别者安在也？且不知白沙、阳明学术之异又在何等也？又言先师蕺山益归平正，殆与高、顾符合。阳明、念台功名既盛，宜入名卿列传。古来史法列儒林、文苑、忠义、循吏、卓行诸门，原以处一节之士，而道盛德备者无所俟此。故儒如董仲舒而不入儒林，忠如文天祥而不入忠义。既于儒林之中，推其道盛德备者而揭之为道学，则与前例异矣。今于高、顾诸先生则入之，于阳明、蕺山则曰功名既盛，宜入名卿列传，高、顾功名岂不盛乎？朱子之功名岂不及王、刘二先生乎？

其三，言浙东学派，最多流弊。有明学术，白沙开其端，至姚江而始大明。盖从前习熟先儒之成说，未尝反身理会，推见至隐，此亦一述朱，彼亦一述朱。高景逸云"薛云清、吕泾野语录中皆无甚透悟"，亦为是也。逮及先师蕺山，学术流弊，救正殆尽。向无姚江，则学脉中绝；向无蕺山，则流弊充塞。凡海内之知学者，要皆东浙之所衣被也。今忘其衣被之功，徒訾其流弊之失，无乃刻乎？

其四，言学术流弊，宜归一是，意不欲稍有异同也。然据《宋史》所载道学，即如邵尧夫，程子曰"尧夫犹空中楼阁"，曰"尧夫豪杰之士，根本不帖帖地"。是则尧夫之学，未尝尽同于程子也。又言阳明之后，流弊甚多，程朱门人必不至此。按朱子云："游、杨、谢三君子初皆学禅，后来余禅犹在，故学之者多流于禅。"游先生大是禅学，必是程先生说得太高，故流弊至此，是程子高第弟子已不能无流弊。刘安上、贾易人品皆在下中，至于邢恕、陆棠且为奸臣盗贼矣，而云程、朱门人必不至此，岂其然也？如以弟子追疑其师，则田常作乱之宰予，杀妻求将之吴起，皆足为孔、曾累矣。此据条约所及者言之，其间如江右之王塘南、毗陵之孙淇澳，皆卓然圣学，岂可埋没？虽然，某之叨叨分疏，终属末流，于史法无当也。夫十七史以来，止有儒林，以邹、鲁之盛，司马迁但言孔子世家、孔子弟子列传、孟子列传而已，未尝加以道学之名也。儒林亦为传经而设，以处夫不及为弟子者，犹之传孔子之弟子也，历代因之，亦是此意。周、程诸子，道德虽盛，以视孔子，则犹然在弟子之列，入之儒林正为允当。今无故而出之为道学，在周、程未必加重，而于大一统之义乖矣。统天地人曰儒，以鲁国而止儒一人，儒之名目，原自不轻，儒者，成德之名，犹之曰贤曰圣也。道学者，以道为学，未成乎名也。犹之曰志于道，志道可以为名乎？欲重而反轻，称名而背义，此元人之陋也。且其立此一门，止为周、程、张、朱而设，以门人附之。程氏门人，朱子最取吕与叔，以为高于诸公。朱氏门人，以蔡西山为第一，皆不与焉，其错乱乖谬无所折衷可知。圣朝秉笔诸公，不自居三代以上人物，而师法元人之陋，可乎？某窃谓道学一门所当去也，一切总归儒林，则学术之异同皆可无论，以待后之学者择而取之。若其必欲留此，则薛、胡、陈、王有明业以其理学配享庙庭。诸公所修者《明史》也，《明史》自合从明，而有所去取其间。犹如明朝阁部，其位一定，今以阁部不当从而颠倒其位，可乎？不可乎？嗟乎！圣学不求人知，优之劣之，于诸儒无所损益，而诸儒之著撰，传之天下后世，明眼深造，岂繄无人？窃恐有丝毫之议，上玷高明，深愿诸公慎之也！

（录自黄宗羲著，陈乃乾编《黄梨洲文集》，中华书局1959年版，第449~452页）

明儒学案·序（节录）

黄宗羲

盈天地间皆心也，人与天地万物为一体，故穷天地万物之理，即在吾心之中。后之学者，错会前贤之意，以为此理悬空于天地万物之间，吾从而穷之，不几于义外乎？此处一差，则万殊不能归一。夫苟工夫著到，不离此心，则万殊总为一致。学术之不同，正以见道体之无尽也。奈何今之君子，必欲出于一途，剿其成说，以衡量古今，稍有异同，即诋之为离经畔道，时风众势，不免为黄芽白苇之归耳。夫道犹海也，江、淮、河、汉以至泾、渭蹄踄，莫不昼夜曲折以趋之，其各自为水者，至于海而为一水矣。使为海若者，沃然自喜，曰："咨尔诸水，导源而来，不有缓急平险、清浊远近之殊乎？不可谓尽吾之族类也，盍各返尔故处！"如是则不待尾闾之泄，而蓬莱有清浅之患矣。今之好同恶异者，何以异是？

有明事功文章，未必能越前代，至于讲学，余妄谓过之。诸先生学不一途，师门宗旨，或析之为数家，终身学术，每久之而一变。二氏之学，程、朱辟之，未必廓如，而明儒身入其中，轩豁呈露。用医家倒仓之法，二氏之葛藤，无乃为焦芽乎？诸先生不肯以朦董膻精神冒人糟粕，虽浅深详略之不同，要不可谓无见于道者也。余于是分其宗旨，别其源流，与同门姜定庵、董无休操其大要，以著于篇，听学者从而自择。中衢之樽，持瓦瓯桦杓而往，无不满腹而去者。汤潜庵曰："《学案》宗旨杂越，苟善读之，未始非一贯也。"陈介眉曰："《学案》如《王会图》洞心骇目，始见天王之大，总括宇宙。"

（录自黄宗羲著，沈芝盈点校《明儒学案》，中华书局1985年版）

明儒学案·序（节录）

仇兆鳌[①]

孔、孟之学，至宋儒而大显。明初得宋儒之传者，南有方正学先生首倡浙东，北有薛敬轩先生奋起山右，一则接踵金华，一则嗣响月川，其学皆原本程、朱者也。独天台经靖难之余，渊源遂绝。自康斋振铎于崇仁，阳明筑坛于舜水，其斯道绝而复续之机乎！当时从学康斋者有陈公白沙，而甘泉之随处体认天理，足以救新会之偏。其缵绪姚江者，有龙溪、近溪，而东廓从戒惧

[①] 仇兆鳌（1638—1717），清代文学家。

觅性，念庵从无私识仁，亦足以纠二溪之谬。就两家而论，白沙之静养端倪，非即周子主静之说乎？阳明之致其良知，非即孟子良知之说乎？然而意主单提，说归偏向，遂起后来纷纭异同之议耳。虽然，白沙之学在于收敛近里，一时宗其教者，能淡声华而薄荣利，不失为暗修独行之士。若阳明之门，道广而才高，其流不能无弊。惟道广，则行检不修者，亦得出入于其中；唯才高，则骋其雄辩，足以惊世而惑人。如二溪之外，更有大洲、复所、海门、石篑诸公，舌底澜翻，自谓探幽抉微。为说愈精，去道愈远，程子所谓"弥近理而大乱真"者，此其似之矣。后此东林学兴，若泾阳、景逸诸君子，皆足以维持道脉，而蕺山刘子，一生用功，惟在慎独，则孔、孟、程、朱之学，合而为一，其有补于阳明非小矣。

（录自《明儒学案》，中华书局1985年版）

明儒学案·序（节录）

莫 晋[①]

孔子称"善人不践迹"，孟子谓"君子欲其自得"，《系辞》云"天下同归而殊涂，一致而百虑"。此三言者，千古道学之指南也。夫道无定体，学无定法，见每歧于仁智，克互用乎刚柔，钧是问仁，而克复敬恕工夫顿渐，同此一贯，而忠恕学识义别知行，各得其性之所近而已。宋儒濂溪、明道之深纯与颜子为近，伊川、横渠之笃实与曾、思为近，象山之高明与孟子为近。立言垂教，不必尽同，后人泥于著述之迹，佥谓朱子集群儒之大成，数百年来专主一家之学。

明初，天台、渑池椎轮伊始，河东、崇仁风教渐广，大抵恪守紫阳家法，言规行矩，不愧游、夏之徒，专尚修，不尚悟，专谈下学，不及上达也。至白沙静养端倪，始自开门户，远希曾点，近类尧夫，犹是孔门别派。自阳明倡良知之说，即心是理，即知是行，即工夫是本体，直探圣学本原。前此诸儒，学

[①] 莫晋（1761—1826），清代学者。

朱而才不逮朱，终不出其范围；阳明似陆而才高于陆，故可以与紫阳并立。当时若东廓主戒惧，双江主归寂，念庵主无欲，最称新建功臣。即甘泉体认，见罗止修，亦足互相表里。迨蕺山提清诚意，约归慎独，而良知之学，益臻实地，不落虚空矣。

黄梨洲先生《明儒学案》一书，言行并载，支派各分，择精语详，钩玄提要，一代学术源流，了如指掌。要其微意，实以大宗属姚江，而以崇仁为启明，蕺山为后劲。凡宗姚江与辟姚江者，是非互见，得失两存，所以阐良知之秘而防其流弊，用意至深远也。

（录自《明儒学案》，中华书局1985年版）

明史·儒林列传（节录）

粤自司马迁、班固创述《儒林》，著汉兴诸儒修明经艺之由，朝廷广厉学官之路，与一代政治相表里。后史沿其体制，士之抱遗经以相授受者，虽无他事业，率类次为篇。《宋史》判《道学》《儒林》为二，以明伊、洛渊源，上承洙、泗，儒宗统绪，莫正于是。所关于世道人心者甚巨，是以载籍虽繁，莫可废也。

明太祖起布衣，定天下，当干戈抢攘之时，所至征召耆儒，讲论道德，修明治术，兴起教化，焕乎成一代之宏规。虽天亶英姿，而诸儒之功不为无助也。制科取士，一以经义为先，网罗硕学。嗣世承平，文教特盛，大臣以文学登用者，林立朝右。而英宗之世，河东薛瑄以醇儒预机政，虽弗究于用，其清修笃学，海内宗焉。吴与弼以名儒被荐，天子修币聘之殊礼，前席延见，想望风采，而誉隆于实，诟谇丛滋。自是积重甲科，儒风少替。白沙而后，旷典缺如。

原夫明初诸儒，皆朱子门人之支流余裔，师承有自，矩镬秩然。曹端、胡居仁笃践履，谨绳墨，守儒先之正传，无敢改错。学术之分，则自陈献章、王守仁始。宗献章者曰江门之学，孤行独诣，其传不远。宗守仁者曰姚江之学，别立宗旨，显与朱子背驰，门徒遍天下，流传逾百年，其教大行，其弊滋甚。嘉、隆而后，笃信程、朱，不迁异说者，无复几人矣。要之，有明诸儒，衍伊、洛之绪言，探性命之奥旨，锱铢或爽，遂启歧趋，袭谬承讹，指归弥远。至专门经训授受源流，则二百七十余年间，未闻以此名家者。经学非汉、唐之精专，性理袭宋、元之糟粕，论者谓科举盛而儒术微，殆其然乎。

（录自《明史》卷二百八十二，中华书局1974年版，第7221~7222页）

学蔀通辨总序（节录）

陈　建

天下莫大于学术，学术之患莫大于蔀障。近世学者所以儒佛混淆而朱陆莫辨者，以异说重为之蔀障，而其底里是非之实不白也。《易》曰"丰其蔀，日中见斗"，深言掩蔽之害也。夫佛学近似惑人，其为蔀已非一日，有宋象山陆氏者出，假其似以乱吾儒之真，援儒言以掩佛学之实，于是改头换面、阳儒阴释之蔀炽矣。幸而朱子生同于时，深察其弊而终身力排之，其言昭如也。不意近世一种造为早晚之说，乃谓朱子初年所见未定，误疑象山，而晚年始悔悟，而与象山合。其说盖萌于赵东山之对《江右六君子策》，而成于程篁墩之《道一编》，至近日王阳明因之，又集为《朱子晚年定论》。自此说既成，后人不暇复考，一切据信，而不知其颠倒早晚，矫诬朱子以弥缝陆学也。其为蔀益以甚矣。语曰："一指蔽日，太山弗见。"由佛学至今，三重蔀障，无惑乎朱陆儒佛混淆而莫辨也。建为此惧，乃窃不自揆，慨然发愤，究心通辨，专明一实，以抉三蔀。前编明朱陆早同晚异之实，后编明象山阳儒阴释之实，续编明佛学近似惑人之实，而以圣贤正学不可妄议之实终焉。区区浅陋，岂敢自谓摧陷廓清，断数百年未了底大公案？而朱陆儒佛之辨，庶几由此无蔀障混淆之患；禅佛之似，庶乎不乱孔孟之真，未必不为明学术之一助之云。

（录自陈建《学蔀通辨》，《续修四库全书》九百三十九册影印明嘉靖二十七年刻本）

（参校《陈建著作二种》，上海古籍出版社2015年版，第77页）

明代理学之前驱（节录）

林继平[①]

  明代理学，乃宋代理学的延续，但在延续中，却有极大的扩展，其思想独特的诣境，往往为两宋理学诸儒所不及。其中关键性人物，固然是元代的许鲁斋（衡）。鲁斋建议元世祖定朱子学为官学，并以宏扬朱子学为己任。在此政治、学术双重力量影响之下，程朱之学，尤其是朱子学，遂成为此时中国思想的主流。由元而明，相沿不替。故就官方学术言，整个明代都是朱子学的天下，亦无不可（清代亦然）。在此对比之下，象山之学，不免式微，而一蹶不振。及到王阳明崛起，由朱子学转手，接近象山，倡良知之学，为明代理学放一异彩，与朱子抗衡，形成朱、王对峙之局。而宋明理学中程朱、陆王两大学派，由此正式定型，而壁垒森严，界限分明，各展现其思想之特色。这些历史的回顾，皆为近人所知者。

  然而，我们如深一层研究，即使程朱派的理学家，举其著者，如明初的曹月川、薛敬轩、吴康斋，稍后的陈白沙（白沙为康斋弟子，由程朱学一变而类似康节）及明代中叶的湛甘泉（甘泉为白沙高弟，其学近程朱，反而与乃师不类）、罗整庵，稍后有吕泾野，明末更有高景逸、刘蕺山（蕺山师事许敬庵，由程朱一变，而接近陆王）、黄石斋（名道周，其学亦接近陆王，其哲学诣境，较刘蕺山为高）等。其中以陈白沙、湛甘泉、罗整庵、高景逸最为特出。我们可以这么说，如果没有他们，程朱之学在形上哲学中，其诣境之高妙，即不可能完成。这实是南宋以来，程朱派思想的重大突破与发展，惜乎近人囿于黄梨洲著《明儒学案》的见解，多把他们思想上的特殊贡献忽略了。至于陆、王派的王阳明，因倡良知之学，陆学遂成王学的前驱，而象山本心之学的真面，亦隐晦不明。阳明门弟子满天下，其思想力量之壮阔，断非定官的朱子学所可比拟。然而阳明良知，其最高层面的哲学意义是什么？这与阳明创建煊赫的事功有何关连？而阳明学的发展演变与象山学一般，逐渐失真走样，又是为什么？

[①] 林继平，学者。

单就形上哲学的诣境而论，阳明弟子中如蒋道林（《明儒学案》中之楚中王门）、穆元庵（北方王门），及泰州学派的三传弟子罗近溪，这些杰出的王学者，其造诣之高卓，亦非阳明所能企及。诚然，王门的高弟，如王龙溪、王心斋、邹东廓、聂双江、罗念庵，等等，皆负盛名一时，而作者特举出不为黄梨洲所重视的蒋道林、穆元庵，并断定其哲学诣境超胜阳明，又是为什么？

我们如要切实解答上面一系列问题，并洞察前述一些程朱派学派学者的卓绝贡献，探讨明代理学途径的选择，就很重要了。须知明、清之季理学的发展，造诣最为精卓的，是关学的第二大师李二曲。他既非"王学后劲"，亦非"朱陆折衷"。其学问之渊博，不亚于朱子，而主"经济适用"；其形上哲学诣境之高卓，又超越象山、阳明。象山认为综合朱陆之长为不可能，而二曲确实做到了。因此，二曲实开出程朱、陆王外的第三派——极富于创造性的综合派。我们今天要洞知程朱、陆王之学，乃至全部宋明理学的底蕴、路线，走二曲路线，实是一条最有效的途径。

（录自林继平《明学探微》，台湾商务印书馆 1984 年版，第 6~7 页）

论晚明学术流变 *

梁启超

平心而论，阳明学派，在二千年学术史上，确有相当之价值，不能一笔抹杀，上文所引诸家批评，不免都有些过火之处。但末流积弊，既已如此，举国人心对于他既已由厌倦而变成憎恶，那么这种学术，如何能久存？反动之起，当然是新时代一种迫切的要求了。

大反动的成功自然在明亡清兴以后。但晚明最末之二三十年，机兆已经大露，试把各方面的趋势一一指陈。

第一，王学自身的反动。最显著的是刘蕺山一派，特标"证人"主义，以"慎独"为入手，对于龙溪、近溪、心斋诸人所述的王学，痛加针砭，总算是舍空谈而趋实践，把王学中谈玄的成分减了好些，但这种反动，当然只能认为旧时代的结局，不能认为新时代的开山。

第二，自然界探索的反动。晚明有两位怪人，留下两部怪书。其一为徐霞客，是一位探险家，单身步行，把中国全部都游历遍了。他所著的书，名曰《霞客游记》，内中一半虽属描写风景，一半却是专研究山川脉络，于西南——云、桂、蜀、贵地理，考证极为详确。中国实际调查的地理书，当以此为第一部。其二为宋长庚，是一位工业科学家。他所著有两部书，一部是《画音归正》，据书名当是研究方音，可惜已佚；一部是《天工开物》，用科学方法研究食物、被服、用器，以及冶金、制械、丹青、珠玉之原料工作，绘图贴说，详确明备。这两部书不独一洗明人不读书的空谈，而且比清人"专读书的实谈"还胜几筹，真算得反动初期最有价值的作品。本条所举，虽然不过一两个人一两部书，不能认为代表时代，然而学者厌蹈空喜踏实的精神，确已渐渐表现了。

第三，明末有一场大公案，为中国学术史上应该大笔特书者，曰：欧洲历算学之输入。先是马丁·路德既创新教，罗马旧教在欧洲大受打击，于是有所谓"耶稣会"者起，想从旧教内部改革振作。他的计划是要传教海外，中国及美洲实为其主要之目的地。于是利玛窦、庞迪我、熊三拔、龙华民、邓玉函、阳玛诺、罗雅谷、艾儒略、汤若望等，自万历末年至天启、崇祯间先后入中国。中国学者如徐文定、李凉庵等都和他们来往，对于各种学问有精深的研究。先是所行"大统历"，循元郭守敬"授时历"之旧，错谬很多。万历末年，朱世堉、邢云路先后上疏指出他的错处，请重为厘正。天启、崇祯两朝十几年间，很拿这件事当一件大事办。经屡次辩争的结果，卒以徐文定、李凉庵领其事，而请利、庞、熊诸客卿共同参预，卒完成历法改革之业。此外中外学者合译或分撰的书籍，不下百数十种。最著名者，如利、徐合译之《几何原本》，字字精金美玉，为千古不朽之作，无用我再为赞叹了。其余《天学初函》，《崇祯历书》中几十部书，都是我国历算学界很丰厚的遗产。又《辨学》一编，为西洋论理学输入之鼻祖。又徐文定之《农政全书》六十卷，熊三拔之《泰西水法》六卷，实农学界空前之著作。我们只要肯把当时那班人的著译书目一翻，便可以想见他们对于新知识之传播如何的努力。只要肯把那个时代的代表作品——如《几何原本》之类择一两部细读一过，便可以知道他们对于学问如何的忠实。要而言之，中国知识线和外国知识线相接触，晋、唐间的佛学为第一次，明末的历算学便是第二次。在这种新环境之下，学界空气，当然变换，后此清朝一代学者，对于历算学都有兴味，而且最喜欢谈经世致用之学，大概受利、徐诸人影响不小。

第四，藏书及刻书的风气渐盛。明朝人不喜读书，已成习惯，据费燕峰所说："《十三经注疏》除福建版外，没有第二部。"固陋到这程度，实令人吃惊。但是，到万历末年以后，风气渐变了。焦弱侯的《国史经籍志》，在"目录学"上就很有相当的价值。范尧卿则立天一阁，实为现在全国——或者还是全世界——最古最大的私人图书馆。毛子晋和他的儿子斧季，他们家的汲古阁专收藏宋、元刻善本，所刻《津逮秘书》和许多单行本古籍，直到今日，还在中国读书界有很大价值。这几位都是明朝最后二三十年间人。他们这些事业，都可以说是当时讲学的反动。这点反动，实在是给后来学者很有益的工具。

第五，还有一件很可注意的现象。这种反对，不独儒学方面为然，即佛教徒方面也甚明显。宋、元、明三朝，简直可以说除了禅宗，别无佛教。到晚明忽然出了三位大师：一莲池，二憨山，三蕅益。我们试把《云栖法汇》《梦游集》《灵峰宗论》一读。他们反禅宗的精神，到处都可以看得出来。他们提倡的是净土宗。清朝一代的佛教一直到杨仁山为止，走的都是这条路。禅净优劣，本来很难说——我也不愿意说，但禅宗末流，参话头，背公案，陈陈相因，自欺欺人，其实可厌。莲池所倡净宗，从极平实的地方立定，做极严肃的践履工夫，比之耶教各宗，很有点"清教徒"的性质，这是修持方面的反动。不惟如此，他们既感觉掉弄机锋之靠不住，自然回过头来研究学理。于是憨山注《楞伽》《楞严》；蕅益注《楞严》《起信》《唯识》，乃至把全藏通读，著成《阅藏知津》一书。他们的著述价值如何，且不必论，总之一返禅宗束书不观之习，回到隋唐人做佛学的途径，是显而易见了。

以上所举五点，都是明朝煞尾二三十年间学术界所发生的新现象。虽然读黄梨洲《明儒学案》，一点看不出这些消息，然而我们认为关系极重大。后来清朝各方面的学术，都从此中孕育出来。

（录自《中国近三百年学术史》，《梁启超论清学史二种》，复旦大学出版社1985年版，第97~102页）

（参校梁启超著，朱维铮校注《中国近三百年学术史》，复旦大学出版社2016年版，第7~11页）

明清启蒙学术的分期

萧萐父　许苏民[①]

依据明清中国社会历史变迁的特点,可以把中国早期启蒙学术的发展分为三个阶段。

第一阶段:从明代嘉靖至崇祯,约16世纪30年代至17世纪40年代。

这一阶段,是中国社会的商品经济蓬勃发展、明王朝被迫实行一系列有利于资本主义萌芽生长的有限的改革和开放政策的阶段。其特点是:"末富居多,本富益少",商业资本不再流向土地,而是转化为手工业产业资本,弃儒从商的士人和弃农经商的地主大量出现;大批农民流入城市,"延颈待雇",形成了自由的劳务市场和"机户出资、机工出力"的生产关系;不带有政治和军事性质的纯粹商业性市镇纷纷兴起,早期市民阶层开始为维护自身权益而斗争,东林党人和许多无党派人士呼唤"工商皆本",充当市民阶层的政治代言人;徽商和东南沿海人民开始向海外发展,在与西方殖民者争夺西太平洋贸易制海权的斗争中占有明显优势;明王朝被迫实行有限的改革开放政策,包括:终结土地国有制的"官民一则起科"政策,变实物赋税为货币赋税的"一条鞭法",变劳役为"以银代差"的匠籍制度改革,允许民间开矿及数次开放海禁等。但与此同时,明王朝对工商业者的掠夺、禁止讲学自由和迫害思想异端的思想文化政策,仍严重阻碍着社会的进步。

这一时期,是中国早期启蒙学术如万壑争流、千帆竞发、蔚为壮观的发展阶段,更多地具有西方文艺复兴时期"人的重新发现"与"世界的重新发现"的特征。其主要特点可概括为:抗议权威,冲破囚缚,立论尖新而不够成熟。这一时期的启蒙学术包括:以李贽为代表的重新估定一切价值、呼唤个性解放的人文主义思想,以何心隐和东林党人为代表的"以友朋代君臣""以众论定国是"的初步平等观念与早期民主思想,以赵南星、冯应京、王徵为代表的

[①] 萧萐父(1924—2000),武汉大学教授,中国哲学史家;许苏民(1952—   ),南京大学教授,中国哲学史家。

"工商皆本"的经济思想，以朱载堉、徐光启、陈第等一批晚明科学家、历史考据学家所代表的科学的知性精神的觉醒。

这一时期思想领域的中心一环，是"人的重新发现"的近代人文主义。正德间兴起的市民文学、吴中傲诞士风以及稍后归有光对复古文风的批判，为人文主义思想的诞生作了准备；王阳明学说中包含的"只信自家良知""不以孔子之是非为是非""狂者胸次""五经皆史"等因素，客观上充当了人文主义兴起的嚆矢。以王学的分化为契机，产生出"非名教所能羁络"的泰州学派；进而有李贽出，颠倒千万世之是非，呼唤复"童心"，做"真人"，"各从所好，各骋所长"，张大启蒙旗帜；由此，袁宏道的"性灵说"，汤显祖的"至情说"，冯梦龙、周铨、闵景贤的情感本体论……接踵而来，以人文觉醒对抗伦理异化，崇真尚奇，蔚为风气，成为这一时期思想启蒙的主要特色。

第二阶段：从南明弘光、永历到清康熙、雍正，17世纪40年代至18世纪30年代。

这一阶段是中国资本主义萌芽在战火中备遭摧折而后又艰难恢复和发展的阶段，是清王朝重建专制主义的政治和文化统治的阶段。其主要特征是：清王朝在推行重农、恤商的经济恢复政策的同时，强调以农为本，促使商业资本重新流向土地；在统一台湾后开放海禁，同时加以严格限制，并逐渐走向实行闭关锁国政策；全面恢复科举制，修《四库全书》等，但严禁知识分子党社活动，大兴文字狱；全面推行道德礼教下移运动，从注重经学走向定朱熹思想为一尊。

这一时期，是早期启蒙者"鸡鸣不已于风雨"的时期。新旧矛盾与民族矛盾复杂纠葛，使思想启蒙的中国特色特别显著。其主要特点可概括为：深沉反思，推陈出新，致思周全而衡虑较多。就学派分野而言，有以顾炎武为代表的经学及其考据之学，有黄宗羲开出的浙东史学，有傅山所代表的子学研究，有方以智所代表的新兴质测之学，有王夫之所代表的对宋明道学的总结。但亦互有交叉。就思想言，有以黄宗羲、唐甄为代表的反对专制主义的政治思想和"工商皆本"的经济思想；以顾炎武、颜元为代表的经世致用的"实学"思想；以方以智、方中通、梅文鼎为代表的"缘数以寻理"的科学思想；以傅山为代表的个性解放思想等。这一时期的思想，带有对晚明思想进行反思的性质，顾炎武、王夫之等从总结明亡教训的立场，指斥李贽之鼓吹"私欲"，强调"大公"。然而，顾、王等人的思想又与李贽有若隐若显的继承关系，如王夫之讲"人欲之各得""道因时而万殊""性日生日成"，等等，都可以从李贽著作中找到相似的命题。顾、王与李贽的分歧，似有乌托邦主义者与自由主义者之分歧的性质；前者敌视后者并有广泛社会基础，这是典型的中国特色。

这一时期思想史的中心一环是批判君主专制制度的初步民主思想，内容极为丰富。黄宗羲、唐甄等皆从个体出发肯认人的自然权利，批判专制主义，设计民主政治方案，以使人人"各得自私，各得自利""各得自为"为归宿。王夫之、吕留良等则从群体出发肯认人的自然权利（主要是生存权和发展权），反对"私天下"而主张"公天下"，以"保其族、卫其类"为归宿。他们的出发点和归宿各有不同，改革方案的设计也颇有区别，但他们都一致认为，国家是抽象的共名，"万民之忧乐""百姓之生死"才是具体的和高于一切的。他们的分歧反映了民族矛盾与新旧矛盾的纠葛，他们的共同点则反映了早期自由主义者与早期乌托邦主义者共有的初步的民主要求。

第三阶段：从清乾隆到道光二十年，即18世纪30年代至19世纪30年代。

这一阶段，是中国资本主义萌芽获得较大发展，但又是清王朝实行闭关锁国政策、思想专制十分严酷的阶段。以乾隆二年清政府开放矿禁为契机，在全国各地兴起了民办矿厂的热潮，商业资本大批转化为产业资本；此外，士人、地主乃至知县也纷纷弃儒、弃农、弃官办矿、经商，形成了一个作为中国近代矿业资本家之前身的新兴的"厂民"阶层；矿厂规模之大、分工管理之严密，已相当于近代大型手工工场，且普遍建立起雇佣劳动关系，有力地启动了全国商品经济的发展。统治集团内部要求取消矿产品统购统销政策的呼声日高，并在很多地区实行或部分实行，有的官员还提出了建立统一的国内自由贸易市场的要求。经济在一定程度上放开搞活了，但清王朝实行闭关锁国政策，在政治上依然借助文化专制：科举制、"文字狱"等来保持强控制。然而总体来看，清王朝对经济和文化的控制力已大大削弱。在民间，反映市民趣味的通俗流行歌曲空前盛行，且十倍百倍于晚明；戏曲舞台上《红楼梦传奇》与《牡丹亭》《桃花扇》等交相辉映，屡禁不止。

这一时期的学术的主要特点可概括为：执著追求，潜心开拓，身处洄流而心游未来。"洄流"指人为地截断中西文化交流而实行闭关政策，强化文化专制,"文字狱"之多之密超轶康熙、雍正时期。以学术流派而论,主要有四个流派:以戴震为代表的皖派,以惠栋为代表的吴派,以王念孙、汪中为代表集吴皖二派之长的扬州学派,以章学诚为代表的浙东史学后劲。此外,有独树一帜的郑燮、袁枚。乾嘉考据学者以对汉学的推崇和"尤异端寇仇乎程朱"的风格,赋予了考据学以与宋明"道学"相对抗的鲜明的学派特征,被正统学者斥为"离经叛道,过于杨墨佛老"。戴震既是考据学的大师,又是从考据中开出义理的先驱。进而有焦循、章学诚、俞正燮、包世臣、龚自珍等使戴震提倡的"志存闻道"的精神发扬光大。

这一时期启蒙思想的中心一环是学术独立和学术研究中的知性精神的发展。考据学既非科举考试的敲门砖,亦与官方意识形态相对立,却有那么多的学者去研究,实有一种超越现实利害的纯粹求知务实的精神。戴震的重"心知""察分理"的知识论,袁枚对道统论的批判和要求史学、文学脱离道统的呼声,郑燮关于"学者当自树其帜"的呐喊,以及戴震、袁枚、俞正燮、龚自珍从尊重人类自然权利之公理出发对名教"杀人""吃人",强迫妇女"节烈",扭曲人性的伦理异化的批判,等等,都是知性精神在理性和感性的层面上的表现。

这一时期的启蒙学术,带有向晚明启蒙思想复归的特征,"童心说""性灵说""解缚说""人皆有私说"等晚明思想,都被重新加以强调。它一方面可以与晚清西学东渐和向着世界认同的改革运动相接轨,从而与社会发展的一般规律相契合;另一方面,这一时期的最后一位思想家龚自珍也预见到"山中之民有大声音起,天地为之钟鼓,神人为之波涛"的农民革命风暴,预见到了这一代表中国广大农村巨大的传统文化力量所赋予的现代化道路的中国特色。

(录自萧萐父、许苏民《明清启蒙学术流变》,辽宁教育出版社1995年版,第2~7页)

论明末清初时期在思想史上演变的意义 [1]（节录）

[日]沟口雄三 [2]

十六、十七世纪的历史变动，具有世界的规模。中国在这个时期，即明末清初时期，似乎不单纯是王朝的更迭，而是显著地发生了种种新的变化。

从思想史的领域来看，这种变化遍及政治观、社会观、人生观和自然观等方面，呈现出一个划时代的变化。

明末清初是一个历史划时代的看法，已为日本历史学界所共认。但是具体到在哪一点上认为是划时代的，即在内容方面，意见还不尽相同。特别是在方法论和观点上，还存在着分歧，还没有研究上的共同前提。

山井涌氏针对明代的心学时期和清代的考据学时期，把明末清初认做经世致用学时期。他说："于此可见客观主义的思考，实证的研究方法，有关气的哲学理论，等等，都是把思想和学问向近代化的方向推进。"但是从全局来看，"从明末到清末，应认为是在思想史上从中世的思想向近代思想的过渡时期"（《明清思想史研究》第二部，《明末清初思想》，东京大学出版社，一九八〇年）。山井涌氏的方法论特点是把各个时期思想史上的现象进行分类整理，分成各种类型。但因没有完全洞察这些现象的背景即经济、政治和社会的各种变化，所以，现象相互之间的发展过程的内部联系不明确。由于这个原因，他所说"从中世到近代"的"中世"和"近代"的历史概念的内容，是完全不清楚的。

另外，岛田虔次氏从克服所谓亚洲的停滞论，特别是把中国视为"无历史持续的帝国"这种战前战中的黑格尔式中国观的立场出发，试图在从明代中叶的王阳明到明末的李卓吾这一所谓王学左派中，发现中国思想史的历史发展过程，并论证中国近代思维发展的萌芽（《中国近代思维的挫折》，筑摩书房，一九七〇年）。但是，他所说的近代思维，是以所谓自我的确立或个人的精神世界的自立这些欧洲或日本近代的各种特征为基础的概念，因而在资本主义尚未发展的清代当然找不到他的继承者。结果，他得出结论说：所谓近代思维，在明末的李卓吾已经达到顶峰，但同时也遭受了挫折。

---

[1] 编者删除了文中的注释部分。

[2] 沟口雄三（1932—2010），日本著名汉学家。

对此，岩间一雄氏把马克思的历史时代划分理论应用于中国，确定宋代至清代为封建时代，以宋代为封建思想的成长发展时期，以明代为重新改组时期，以清代为崩溃时期。明代用阳明学来弥补朱子的封建思维的破绽，改弦更张。及至明末清初时期，则是在弥补破绽之后又发生新的破绽，其后，中国封建思想即走向崩溃一途，可视为崩溃开始时期（见《中国政治思想史研究》，未来社，一九六八年）。

还有奥崎裕司氏采纳了岩间氏有关时代划分的说法，同时又引进了在明清时期思想史上农民对于地主统治的反抗的观点，认为从王阳明到李卓吾在思想史上的新动向，只不过是显示了地主统治阶级对于农民反抗的怀柔和自救的意图而已。关于明末清初时期，他与岩间氏一样，认为其怀柔和自救也是有限度的，统治阶级后来在清代的被统治阶级成长面前，已经失去了创造新思想的活力而走向没落，是没落开始的时期（见《中国乡绅地主的研究》，汲古书院，一九七八年）。

上面所述三氏的方法论和观点各不相同，但在下列三点上是不谋而合的，即第一，中国儒教，特别是天理的秩序观，是为统治阶级服务的；第二，从而中国的近代思想，是在儒教——天理的秩序观解体中产生的；第三，儒教的代理人——地主阶级与欧洲的资产阶级、市民阶级或日本的商人阶级不同，它对于中国近代的开创，并没有做出甚么创造性的贡献。因此，总的看来，三氏对于清代地主制的统治广泛发展的评价都是否定的。结果，即使承认在明代有近代思维的萌芽，封建思想的改组和增强等等新的动态，但是对于明末清初时期的评价一致认为是遭受挫折或告终的时期。

对以上三氏的研究，我曾分别加以评论过。对于岛田氏的评论我曾提出：岛田氏以天理为封建的规范，以人欲为人类的自然，这种日本的"近代"概念与中国思想史的实际情况不相符合；明末清初时期肯定并包摄人欲的新天理观，即从摒去人类的天理观转变为保存人欲的天理的变化，以及后述的清代中叶戴震所倡导的新倾向等是值得注目的；从王阳明到李卓吾，在思想史上的新动向，并不是从自我和精神的世界的自立方面，而是应从天理观的转变这一方面来进行研究的。若由此方面来研究，那么，其新动向并不是在明末清初时期夭折，而是由清代以后继承发展，成为清末共和思想即大同的公理观。根据上述理由，我对岛田氏的见解提出了批判（见《中国近代思想的屈折及发展》，东京大学出版会，一九八〇年）。

另外，岩间氏和奥崎氏认为阳明学是对封建制度的改组和加强，或者是封建统治阶级对被统治阶级的怀柔和自救。这种看法过于片面。照此观点，就看不到或歪曲了在明清时期中国思想史发展上的后述的积极方面，这是我对岩间氏和奥崎氏的批判。

我在此重申我个人的立场和观点：对于岛田氏针对亚洲停滞论，积极评价中国十五世纪以后在思想史上有新发展的新动向，我是赞成的；同时，岩间、奥崎两氏认为在中国历史的划分上以鸦片战争以后为近代，把明清时期看做封建统治的改组和崩溃的总过程，这些见解，我也是赞许的。总之，岩间、奥崎两氏从阶级斗争的观点来分析历史的发展，这种立场我是基本同意的。另一方面，在某一历史时期，任何统治阶级（明清时期是地主阶级）在其所处时代所完成的使命如果是进步的，就应当予以正确的评价，这一点我与岛田氏的观点，其结果也是趋于一致的。

（录自《日本学者论中国哲学史》，中华书局1986年版，第427~431页）

重刻方正学文集序（节录）

钱谦益

盖朱子之学，一传为何基氏、王柏氏，再传为金履祥氏、许谦氏，又再传为宋文宪公景濂。而先生少学于景濂。景濂所谓"岂知万髦牛，难媲一角麟"者也。自先生之死于革除，精忠奇节，震动古今。然后天下知正心诚意之学，果足以植天经、扶人纪；然后知圣贤中庸之道，与乡愿小人之伪学，果截然两途。于是朱子之道，得先生而大光。而有宋诸儒，三百年来之学脉，譬之中原之山川，龙脉纡回，浚发于南北戒之间，至是而始得所结局焉。故吾谓本朝之学者，当以宋文宪、王忠文暨先生为朱子之世适，而礿宗之祭，亦当以三君子为乐祖。

（录自《牧斋初学集》卷二十九，上海古籍出版社1985年版，第869页）

悔过自新说（节录）

李 颙[①]

阳明先生之学凡三变，其为教也亦三变。少之时，驰骋于词章，已而出入二氏，继乃居夷处困，豁然有得于圣贤之旨，是三变而至道也。居贵阳时，首与学者为"知行合一"之说；自滁阳后，多教学者静坐；江右以来，始单提"致良知"三字，直指本体，令学者言下有悟，是教亦三变也。

（录自李颙著，陈俊民点校《二曲集》卷一，中华书局1996年版，第10页）

富平答问（节录）

李 颙

姚江当学术支离蔽锢之余，倡"致良知"。直指人心一念独知之微，以为是王霸、义利、人鬼关也。当几觌体直下，令人洞悟本性，简易痛快，大有功于世教。而末流多玩，实致者鲜，往往舍下学而希上达，其弊不失之空疏杜撰鲜实用，则失之恍惚虚寂杂于禅，故须救之以考亭。然世之从考亭者，多辟姚江，而竟至讳言上达，惟以闻见渊博、辩订精密为学问之极，则又矫枉失直，劳罔一生，而究无关乎性灵，亦非所以善学考亭也。即有稍知向里者，又只以克伐怨欲不行为究竟，大本大原，类多茫然。必也以致良知明本体，以主敬穷理、存养省察为工夫，由一念之微致慎，从视听言动加修，庶内外兼尽，姚江、考亭之旨，不至偏废，下学上达，一以贯之矣。故学问两相资则两相成，两相辟则两相病。

（录自《二曲集》卷十五，中华书局1996年版，第129页）

[①] 李颙（1627—1705），明清之际哲学家。

朱子晚年定论（节录）

顾炎武

王文成（守仁）所辑《朱子晚年定论》，今之学者多信之，不知当时罗文庄（钦顺）已尝与之书而辩之矣。……宛平孙承泽谓："阳明所编，其意欲借朱子以攻朱子。且吾夫子以天纵之圣，不以生知自居，而曰'好古敏求'，曰'多闻多见'，曰'博文约礼'，至老删述不休，犹欲假年学《易》。朱子一生效法孔子，进学必在致知，涵养必在主敬，德性在是，问学在是。如谬以朱子为支离，为晚悔，则是吾夫子所谓好古敏求、多闻多见、博文约礼皆早年之支离，必如无言、无知、无能为晚年自悔之定论也。"以此观之，则《晚年定论》之刻，真为阳明舞文之书矣。盖自弘治、正德之际，天下之士厌常喜新，风气之变已有所自来，而文成以绝世之资，倡其新说，鼓动海内（文成与胡端敏世宁乡试同年，一日谓端敏公曰：公，人杰也。第少讲学。端敏答曰："某何敢望公，但恨公多讲学耳。"）。嘉靖以后，从王氏而诋朱子者，始接踵于人间。而王尚书（世贞）发策谓："今之学者偶有所窥，则欲尽发（废）先儒之说而出其上。不学，则借一贯之言以文其陋；无行，则逃之性命之乡，以使人不可诘。"此三言者，尽当日之情事矣。故王门高弟为泰州（王艮）、龙溪（王畿）二人。泰州之学一传而为颜山农（均），再传而为罗近溪（汝芳）、赵大洲（贞吉）。龙溪之学，一传而为何心隐（本名梁汝元），再传而为李卓吾（贽）、陶石篑（望龄）。昔范武子论王弼、何晏二人之罪深于桀、纣，以为一世之患轻，历代之害重，自丧之恶小，迷众之罪大。而苏子瞻谓李斯乱天下，至于焚书坑儒，皆出于其师荀卿高谈异论而不顾者也。《困知》之记、《学蔀》之编，固今日中流之砥柱矣。

（录自《日知录集释》，上海古籍出版社2006年版，第1061、1064~1065页）
（参校《日知录》，岳麓书社1994年版，第375、377~378页）

法　王（节录）

唐　甄①

阳明子以死力格外物，久而不得，乃不求于外，反求于心。一朝有省，会众圣人之学，宗孟子之言，而执良知以为枢。孩提之童，无不知爱其亲者，非教之爱亲而然也；及其长也，无不知敬其兄者，非督之敬兄而然也，天下之孩提皆同也。充爱亲之心而仁无不周，充敬兄之心而义无不宜，则前后之圣人不外是矣。是良知者，乃江汉之源，非积潦之水，岂有竭焉而不达于海者哉！

天之生人，有形即有心。有耳必听，有目必视，有鼻必闻，有口必尝，有手必持，有足必行。听者心听之，视者心视之，闻者心闻之，尝者心尝之，持者心持之，行者心行之。形全而无缺，则知心全而无缺。尧舜无缺，我亦无缺。是故虽夫妇之愚，是非自见，必不以是为非，以非为是；善恶自见，必不以善为恶，以恶为善。心知其是，乃背是而甘于非；心知其善，乃背善而从于恶。是岂心之本然哉？利欲蔽之也。浞、羿篡国，义心自在；盗跖杀人，仁心自在；卯酉昼晦，日光自在。自良知之说出，使天下之蒙昧其心者，于是求之。如旅夜行，目无所见，不辨东西；鸡再号，顾望一方，微有爽色，而知日之出于是也。爽色者，日之见端也；良知者，心不见端也。执此致之，直而无曲，显而无隐，如行九轨之途，更无他歧。故曰"人皆可以为尧舜"。人皆可以为尧舜者，人皆可以明心也。仲尼以忠恕立教，如辟茅成路；阳明子以良知辅教，如引迷就路。若仲尼复起，必不易阳明子之言矣。此真圣人之学也。

……

阳明子专致良知，一以贯之，明如日月，涉险履危，四通八辟而无碍也。其见于行事者，使人各当其才，虑事各得其宜，处患难而能全其用，遇小人而不失其正，委蛇自遂，卒保其功。迹其所为，大类周公。明之有天下也，亦可慨矣！为君者非悍则昏，为臣者非迂则党。倾险之智，接踵于朝；奄人之专，滔天无忌。惜阳明子之不为相也！若得为相，人主信任之专，如成王之待周

---

① 唐甄（1630—1704），清初思想家。

公，必能启君之昏，化君之悍，散党驱邪，不张皇而潜消，而天下大治矣。此诚圣人之才也。

（录自唐甄《潜书注》，四川人民出版社 1984 年版，第 28~30 页）

论心学 *

崔　述

自明季以来，学者大抵多为时文，购买讲章墨卷，晨夕揣摩，以为秘笈；此外不复寓目。其能读书不专为时文者，千百人中或仅得一二人耳；然又多以文士自居，以记览为宏博，以诗赋为风雅。其能不仅为记诵词章之学者，又千百人中之一二人耳。就此一二人，已为当世不可多得之人，然又多以道学自命，谨厚者惟知恪遵程、朱，放佚者则竟出入王、陆。然考其所言，大抵皆前人之陈言，其驳者固皆拾庄子、佛氏之唾余，即其醇者亦不过述宋儒性理之剩说。其真殚精经义，留心治术，为有用之学者，殊罕所遇。然后知学问之难言也！……逮宋以后，诸儒始多求之心性，详于谈理而略于论事，虽系探本穷源之意，然亦开后世弃实征虚之门。及陆、王之学兴，并所谓知者亦归之渺茫空虚之际，而正心诚意遂转为明心见性之学矣。余窃谓圣人之道大而难窥，圣贤之事则显而易见，与其求所难窥，不若考所易见。

（录自《崔东壁遗书》，上海古籍出版社 1983 年版，第 15~16 页）

王　学 ①

章太炎

王守仁南昌、桶冈之功，职其才气过人，而不本于学术。其学术在方策

---

① 文中夹注已删除。

矣，数传而后，用者徒以济诈，其言则只益缦简粗觕。何也？王守仁之立义，至单也。

性情之极，意识之微，虽空虚若不可以卷握，其飔理纷纭，人鬓鱼网，犹将不足方物。是故古之为道术者，"以法为分，以名为表，以参为验，以稽为决，其数一二三四是也"。《周官》《周书》既然，管夷吾、韩非犹因其度而章明之。其后废绝，言无分域，则中夏之科学衰。况于言性命者，抱蜀一趣，务为截削省要，卒不得省，而几曼衍，则数又亡以施。故校以浮屠诸论、泰西惟心合理之学说，各为条牒，参伍以变者，蛰之与昭、跛之与完也。

夫浮屠不以单说成义，其末流禅宗者为之。儒者习于禅宗，虽经论亦不欲睹，其卒与禅宗偕为人鄙。义窭乏而尚辞，固钀质也。

尝试最观守仁诸说，独"致良知"为自得，其他皆采自旧闻，工为集合，而无组织经纬。

夫其曰"人性无善无恶"，此本诸胡宏，而类者也，陆克所谓"人之精神如白纸"者也。

其曰"知行合一"，此本诸程颐，而紊者也，徒宋钘所谓"语心之容，命之曰心之行"者也。

其于旧书雅记邪，即言"尧舜如黄金万镒，孔子如黄金九千镒"，则变形于孔融者。融为《圣人优劣论》曰："金之优者，名曰紫磨，犹人之有圣也。"即言人心亡时而不求乐，虽丧亲者，蓄悲则不快，哭泣擗踊，所以发舒其哀，且自宁也，则变形于阮籍者。籍为《乐论》曰："汉顺帝上恭陵，过樊濯，闻鸟鸣而悲，泣下横流，曰：'善哉鸟鸣！使左右吟声若是，岂不佳乎？'此谓以悲为乐也。"

夫其缀辑故言如此其众，而世人多震慴之，以为自得。诚自得邪？冥心孑思以成于眇合者，其条支必贯，其飔理必可以比伍。今读其书，顾若是无组织经纬邪？守仁疾首以攻朱学。且朱学者，恒言谓之支离矣。泛滥记志而支离，亦职也。今立义至单，其支离犹自若。

悲夫！一二三四之数绝，而中夏之科学衰。故持一说者，傀卓于当年，其弟子无由缘循干条以胜其师，即稍久而浸朽败。自古皇汉先民以然，非独守仁一人也。

抑吾闻之，守仁以良知自贵，不务诵习，乃者观其因袭孔、阮，其文籍已秘逸矣。将钩沉捃喷以得若说，而自讳其读书耶？夫不读书以为学，学不可久，为是阴务诵习，而阳匿藏之。自尔渐染其学者，若黄宗羲、李绂，皆博览侈观，旁及短书。然宗羲尚往往以良知自文。章言不饰，李绂始为之。

[录自《訄书》重订本，《章太炎全集》（三），上海人民出版社 1984 年版，第 148~150 页]

（参校《章太炎学术史论集》，云南人民出版社 2008 年版，第 368~370 页）

阳明学的展开·特别是左派[①]（节录）

[日] 岛田虔次

阳明学左派

朱子同他的弟子们，虽然引起了所谓伪学之禁，即政治问题，但没有引起社会问题。阳明学派，虽然没引起什么政治问题，但却引起了社会问题。阳明学在阳明死后，若用今天的话讲，则分裂为左派和右派。左派（它的核心是所谓泰州学派）引起了被称为"阳明学横流""心学横流"的现象。即阳明学派某些思想是向社会的一般看法、权威挑战，以至败坏既成的道德，积极方面是引起道德的混乱、社会的不安，消极方面是引起社会的颓废。左派是理论上、实践上的急进主义者（小人之无忌惮者）。这里所言的急进，大概能够考虑为如下二极：在士大夫人物中合于士大夫、读书人（身份）的应有状态、传统所形成的风度，所谓"矩镬"和以圣作为目标的理论、实践。在阳明左派那里，对圣人这样的理想始终是忠实的，这就是说他们达到了无视、克服所谓"矩镬"〔的境界〕。旧矩镬、名教，作为只是习惯的东西，"外"化的东西，作为假、伪善而被抛弃、被攻击。

与左派相对的右派，可以说是正统的士大夫派、名教捍卫派。随着左派的活动变得活跃，右派自觉、不自觉地越发靠近朱子学。比如积极主张阳明视为多余的"敬"。

（录自《朱子学与阳明学》，陕西师范大学出版社 1986 年版，第 96~97 页）

---

① 编者删除了文中的注释部分。

阳明学评价的问题（节录）

[日] 荒木见悟[①]

今天，在中国的学术界，把朱子学叫做客观唯心论，与此相反，把阳明学叫做主观唯心论。这大概是基于下列前提：朱子的格物论追究客观世界的条理，相反，王阳明的格物论只不过追究主观世界的条理。按照尊重客观性的唯物史观的原则，中国思想史明代比宋代越发低落，对于人心的麻痹程度也更为厉害了。然而，王阳明提倡良知说以后，直到明末清初，涌现出富有特色的思想家，被认为堪与战国诸子百家的盛况媲美，却是客观的事实。一切历史现象，从上游的角度看是必要的，从下游的角度看也同样是必要的。晚明的思想界也是值得中华民族夸耀的一个时期。而且，起到开花作用的实际上是王阳明。在晚明的思想家中，有进步者，也有保守者，他们几乎都属于良知说的门下。然而，也许有人会问：从同一个源泉，怎么会产生出进步的思想家和保守的思想家呢？为了回答这个问题，有必要再次回顾一下良知说的特性。

良知说打破了定理论，创导一种理，而把担负此理的责任复归于心（主体）。良知说出现以后，在中国思想史上，"天"的权威急剧下降，由此也可以看出，良知说是尊重自主性和自发性的学问。但是，所谓自主性、自发性，并非只满足于观念的安排。王阳明作了这样的说明："凡某之所谓格物，其于朱子九条之说，皆包罗统括于其中。但为之要，作用不同。正所谓毫厘之差耳。然毫厘之差，而千里之缪实起于此。不可不辨。"（《传习录》卷中《答罗整庵少宰书》）良知说通常保持着关注客观世界状况的态度。如最初所看到的，提倡良知说打破了学问、思想、教养、文化等方面的僵局，抱有引出新的社会条件的目的。"阳明学是一门教导人们只专注于内心的学问"，这种规定应该说是对阳明学的重大误解。不，因为良知把目光转向了外界，目睹社会上的丑恶现象，如同"猫捉老鼠"一样敏捷而准确地做出相应的反应，所以能提高自身道义上的热情。良知是主体透过内外界的纠葛，锻炼自身，弄清自身应实践

[①] 荒木见悟（1917—2017），日本的中国思想史家，重在明代思想研究。

的理的基点。这种场合，道理的标准不能靠上天赋予，而完全凭各人的良知做出判断，因此，发生从右派到左派多种多样的分化现象，是当然的事。在这一点上，良知说具有不能固定作为单一的教理的性质。信奉定理的朱子学不会分裂，而不信奉定理的阳明学分裂为各种派系，其理由就在于此。良知说严禁成为固定的教理的奴隶。这无异于是良知的自杀行为。因此良知说的昌盛，不仅给予儒教以生气，而且也成为佛教甚至道教复兴的机缘。

随着阳明学的普及，儒教和佛教的调和论、儒佛道三教一致论开始流行，沉睡了多年的佛教进一步受其影响，开始了积极的活动。中国大陆发生了剧烈的地壳变动，中华民族迎来了"人类解放的前兆"。在排斥异端意识强烈的朱子学构成主流时，儒教以外的教理不可能有充分的用武之地，而随着阳明学的发展，儒教以外的教理一起复活起来。这是甚么缘故呢？这是因为，阳明学虽然有儒教的形式，但实际上在教理的范畴方面却具有不受拘束的体质。如果按王阳明《别湛甘泉序》（《王文成公全书》卷七）所讲，圣学和异端的不同之点，在于有无"自得"，他说："居今之时，而有学仁义、求性命，外记诵辞章而不为者，虽其陷于杨墨老释之偏，吾犹且以为贤。彼其心犹求以自得也。夫求以自得，而后可与之言学圣人之道。"这种言词，就算是以儒教作为标准加以陈述的，但如果追究其论述方式的话，则无论信奉哪种教理，如果有"自得"，就能与圣人之道相关联；如果没有"自得"，即使学习儒教，也会成为异端。就是说，圣人之道和异端的区别，不能根据教理的分类决定，而要根据本心（良知）确立与否决定。总之，所谓儒佛调和或三教一致，往往被认为从横的方面连结既成的教理，而晚明的教理的混合现象，是本心从既成的教理中适当地选取必要资料作为充实自己的素材而产生的。不是先有教理，本心追随它，而是先有本心，为了充实自己而利用教理而已。这样，良知说对于把人从教理的权威下解放出来提供了决定性的基础。这已超越了王阳明所属阶层的界限，甚至具有保证士大夫和庶民平等的体质。在这个意义上，阳明学虽然身穿儒教的外衣，但实际上摘取了赤裸裸的人的原型。

（录自《日本学者论中国哲学史》，中华书局1986年版，第374~376页）

明儒学案（节录）

黄宗羲

一、崇仁学案·叙

康斋倡道小陂，一禀宋人成说。言心，则以知觉而与理为二；言工夫，则静时存养，动时省察。故必敬义夹持，明诚两进，而后为学问之全功。其相传一派，虽一斋、庄渠稍为转手，终不敢离此矩矱也。白沙出其门，然自叙所得，不关聘君，当为别派。於戏！椎轮为大辂之始，增冰为积水所成，微康斋，焉得有后时之盛哉！

（录自《明儒学案》，中华书局1985年版，第14页）

二、白沙学案（节录）

（1）白沙学案·叙

有明之学，至白沙始入精微。其吃紧工夫，全在涵养。喜怒未发而非空，万感交集而不动，至阳明而后大。两先生之学，最为相近，不知阳明后来从不说起，其故何也。薛中离，阳明之高第弟子也，于正德十四年上疏请白沙从祀孔庙，是必有以知师门之学同矣。罗一峰曰："白沙观天人之微，究圣贤之蕴，充道以富，崇德以贵，天下之物，可爱可求，漠然无动于其中。"信斯言也，故出其门者，多清苦自立，不以富贵为意，其高风之所激，远矣。

（录自《明儒学案》，中华书局1985年版，第78页）

（2）文恭陈白沙先生献章（节录）

先生之学，以虚为基本，以静为门户，以四方上下、往古来今穿纽凑合为匡郭，以日用、常行、分殊为功用，以勿忘、勿助之间为体认之则，以未尝致力而应用不遗为实得。远之则为曾点，近之则为尧夫，此可无疑者也。故有明儒者，不失其矩矱者亦多有之，而作圣之功，至先生而始明，至文成而始大。向使先生与文成不作，则濂洛之精蕴，同之者固推见其至隐，异之者亦疏通其流别，未能如今日也。或者谓其近禅，盖亦有二，圣学久湮，共趋事为之末，有动察而无静存，——及人生而静以上，便邻于外氏，此庸人之论，不足辨也。罗文庄言："近世道学之昌，白沙不为无力，而学术之误，亦恐自白沙始。至无而动，至近而神，此白沙自得之妙也。彼徒见夫至神者，遂以为道在是矣，而深之不能极，几之不能研，其病在此。"缘文庄终身认心性为二，遂谓先生明心而不见性，此文庄之失，不关先生也。先生自序为学云："仆年二十七，始发愤从吴聘君学，其于古圣贤垂训之书，盖无所不讲，然未知入处。比归白沙，杜门不出，专求所以用力之方，既无师友指引，日靠书册寻之，忘寐忘食，如是者累年，而卒未有得。所谓未得，谓吾此心与此理未有凑泊吻合处也。于是舍彼之繁，求吾之约，惟在静坐。久之，然后见吾此心之体，隐然呈露，常若有物，日用间种种应酬，随吾所欲，如马之御衔勒也；体认物理，稽诸圣训，各有头绪来历，如水之有源委也。于是涣然自信曰：'作圣之功，其在兹乎！'"张东所叙先生为学云："自见聘君归后，静坐一室，虽家人罕见其面，数年未之有得。于是迅扫夙习，或浩歌长林，或孤啸绝岛，或弄艇投竿于溪涯海曲，捐耳目，去心智，久之然后有得焉，盖主静而见大矣。由斯致力，迟迟至二十余年之久，乃大悟广大高明不离乎日用，一真万事，本自圆成，不假人力，无动静，无内外、大小、精粗，一以贯之。"先生之学，自博而约，由粗入细，其于禅学不同如此。

（录自《明儒学案》，中华书局1985年版，第78~79页）

三、河东学案·叙

河东之学，悃愊无华，恪守宋人矩矱，故数传之后，其议论设施，不问而可知其出于河东也。若阳明门下亲炙弟子，已往往背其师说，亦以其言之过高也。然河东有未见性之讥，所谓"此心始觉性天通"者，定非欺人语，可见无事乎张皇耳。

（录自《明儒学案》，中华书局1985年版，第109页）

四、姚江学案（节录）

（1）姚江学案·叙

有明学术，从前习熟先儒之成说，未尝反身理会，推见至隐，所谓"此亦一述朱，彼亦一述朱"耳。高忠宪云："薛敬轩、吕泾野《语录》中，皆无甚透悟。"亦为是也。自姚江指点出"良知人人现在，一反观而自得"，便人人有个作圣之路。故无姚江，则古来之学脉绝矣。然"致良知"一语，发自晚年，未及与学者深究其旨，后来门下各以意见搀和，说玄说妙，几同射覆，非复立言之本意。先生之格物，谓"致吾心良知之天理于事事物物，则事事物物皆得其理。以圣人教人只是一个行，如博学、审问、慎思、明辨皆是行也。笃行之者，行此数者不已是也"。先生致之于事物，致字即是行字，以救空空穷理。只在知上讨个分晓之非，乃后之学者测度想像。求见本体，只在知识上立家当，以为良知，则先生何不仍穷理格物之训，先知后行，而必欲自为一说耶？《天泉问答》："无善无恶者心之体，有善有恶者意之动，知善知恶是良知，为善去恶是格物。"今之解者曰："心体无善无恶是性，由是而发之为有善有恶之意，由是而有分别其善恶之知，由是而有为善去恶之格物。"层层自内而之外，一切皆是粗机，则良知已落后着，非不虑之本然，故邓定宇以为权论也。其实无善无恶者，无善念恶念耳，非谓性无善无恶也。下句意之有善有恶，亦是有善念有恶念耳，两句只完得动静二字。他日语薛侃曰："无善无恶者理之静，有善有恶者气之动。"即此两句也。所谓知善知恶者，非意动于善恶，从而分别之为知，知亦只是诚意中之好恶，好必于善，恶必于恶，孰是孰非而不容已者，虚灵不昧之性体也。为善去恶，只是率性而行，自然无善恶之夹杂。先生所谓"致吾心之良知于事事物物也"四句，本是无病，学者错会文致。彼以无善无恶言性者，谓无善无恶斯为至善。善一也，而有有善之善，有无善之善，无乃断灭性种乎？彼在发用处求良知者，认已发作未发，教人在致知上着力，是指月者不指天上之月，而指地上之光，愈求愈远矣。得羲说而存之，而后知先生之无弊也。

（录自《明儒学案》，中华书局1985年版，第179~180页）

（2）文成王阳明先生守仁（节录）

先生之学，始泛滥于词章，继而遍读考亭之书，循序格物，顾物理吾心终判为二，无所得入。于是出入于佛、老者久之。及至居夷处困，动心忍性，因念圣人处此更有何道？忽悟格物致知之旨，圣人之道，吾性自足，不假外求。其学凡三变而始得其门。自此以后，尽去枝叶，一意本原，以默坐澄心为学的。有未发之中，始能有发而中节之和，视听言动，大率以收敛为主，发散是不得已。江右以后，专提"致良知"三字，默不假坐，心不待澄，不习不虑，出之自有天则。盖良知即是未发之中，此知之前更无未发；良知即是中节之和，此知之后更无已发。此知自能收敛，不须更主于收敛；此知自能发散，不须更期于发散。收敛者，感之体，静而动也；发散者，寂之用，动而静也。知之真切笃实处即是行，行之明觉精察处即是知，无有二也。居越以后，所操益熟，所得益化，时时知是知非，时时无是无非，开口即得本心，更无假借凑泊，如赤日当空而万象毕照。是学成之后又有此三变也。先生悯宋儒之后学者，以知识为知，谓"人心之所有者不过明觉，而理为天地万物之所公共，故必穷尽天地万物之理，然后吾心之明觉与之浑合而无间"。说是无内外，其实全靠外来闻见以填补其灵明者也。先生以圣人之学，心学也。心即理也，故于致知格物之训，不得不言"致吾心良知之天理于事事物物，则事事物物皆得其理"。夫以知识为知，则轻浮而不实，故必以力行为功夫。良知感应神速，无有等待，本心之明即知，不欺本心之明即行也，不得不言"知行合一"。此其立言之大旨，不出于是，而或者以释氏本心之说，颇近于心学，不知儒释界限只一理字。释氏于天地万物之理，一切置之度外，更不复讲，而止守此明觉；世儒则不恃此明觉，而求理于天地万物之间，所为绝异。然其归理于天地万物，归明觉于吾心，则一也。向外寻理，终是无源之水，无根之木，纵使合得，本体上已费转手，故沿门乞火与合眼见暗，相去不远。先生点出心之所以为心，不在明觉而在天理，金镜已坠而复收，遂使儒释疆界渺若山河，此有目所共睹也。试以孔、孟之言证之。致吾良知于事物，事物皆得其理，非所谓人能弘道乎？若在事物，则是道能弘人矣。告子之外义，岂灭义而不顾乎？亦于事物之间求其义而合之，正如世儒之所谓穷理也，孟子胡以不许之，而四端必归之心哉！嗟乎，糠秕眯目，四方易位，而后先生可疑也。

（录自《明儒学案》，中华书局1985年版，第181~182页）

五、浙中王门学案（节录）

（1）浙中王门学案·叙（节录）

姚江之教，自近而远，其最初学者，不过郡邑之士耳。龙场而后，四方弟子始益进焉。郡邑之以学鸣者，亦仅仅绪山、龙溪，此外则椎轮积水耳。然一时之盛，吾越尚讲诵、习礼乐，弦歌之音不绝，其儒者不能一二数。

（录自《明儒学案》，中华书局1985年版，第220页）。

（2）郎中徐横山先生爱（节录）

先生为海日公之婿，于阳明，内兄弟也。阳明出狱而归，先生即北面称弟子，及门莫有先之者（邓元锡《皇明书》云："自龙场归受学。"非）。其后与阳明同官南中，朝夕不离。学者在疑信之间，先生为之骑邮以通彼我，于是门人益亲。阳明曰："曰仁，吾之颜渊也。"先生尝游衡山，梦老僧抚其背而叹曰："子与颜子同德，亦与颜子同寿。"觉而异之。阳明在赣州闻讣，哭之恸。先生虽死，阳明每在讲席，未尝不念之。酬答之倾，机缘未契，则曰："是意也，吾尝与曰仁言之，年来未易及也。"一日讲毕，环柱而走，叹曰："安得起曰仁于泉下，而闻斯言乎！"乃率诸弟子之其墓所，酹酒而告之。先生始闻阳明之教，与先儒相出入，骇愕不定，无入头处。闻之既熟，反身实践，始信为孔门嫡传，舍是皆旁蹊小径，断港绝河矣。

阳明自龙场以后，其教再变。南中之时，大率以收敛为主，发散是不得已，故以默坐澄心为学的。江右以后，则专提"致良知"三字。先生记《传习》，初卷皆是南中所闻，其于"致良知"之说，固未之知也。然《录》中有云："知是心之本体，心自然为知。见父自然知孝，见兄自然知弟，见孺子入井自然知恻隐。此便是良知。使此心之良知充塞流行，便是致其知。"则三字之提，不始于江右明矣。但江右以后，以此为宗旨耳。是故阳明之学，先生为得其真。

（录自《明儒学案》，中华书局1985年版，第221~222页）

（3）员外钱绪山先生德洪（节录）

阳明"致良知"之学，发于晚年。其初以静坐澄心训学者，学者多有喜静恶动之弊，知本流行，故提掇未免过重。然曰"良知是未发之中"，又曰"慎独即是致良知"，则亦未尝不以收敛为主也。故邹东廓之戒惧，罗念庵之主静，此真阳明之的传也。先生与龙溪亲炙阳明最久，习闻其过重之言。龙溪谓："寂者心之本体，寂以照为用，守其空知而遗照，是乖其用也。"先生谓："未发竟从何处觅？离已发而求未发，必不可得。"是两先生之"良知"，俱以见在知觉而言，于圣贤凝聚处，尽与扫除，在师门之旨，不能无毫厘之差。龙溪从见在悟其变动不居之体，先生只于事物上实心磨炼，故先生之彻悟不如龙溪，龙溪之修持不如先生。乃龙溪竟入于禅，而先生不失儒者之矩矱，何也？龙溪悬崖撒手，非师门宗旨所可系缚，先生则把缆放船，虽无大得亦无大失耳。念庵曰："绪山之学数变，其始也，有见于为善去恶者，以为致良知也。已而曰：'良知者，无善无恶者也，吾安得执以为有而为之而又去之？'已又曰：'吾恶夫言之者之淆也，无善无恶者见也，非良知也。吾惟即吾所知以为善者而行之，以为恶者而去之，此吾可能为者也。其不出于此者，非吾所得为也。'又曰：'向吾之言犹二也，非一也。夫子尝有言矣，曰至善者心之本体，动而后有不善也。吾不能必其无不善，吾无动焉而已。彼所谓意者动也，非是之谓动也；吾所谓动，动于动焉者也。吾惟无动，则在吾者常一矣。'"按先生之无动，即慈湖之不起意也。不起意非未发乎？然则谓"离已发而求未发，必不可得"者，非先生之末后语矣。

（录自《明儒学案》，中华书局1985年版，第226页）

（4）郎中王龙溪先生畿（节录）

《天泉证道记》谓师门教法，每提四句："无善无恶心之体，有善有恶意之动，知善知恶是良知，为善去恶是格物。"绪山以为定本，不可移易。先生谓之权法，体用显微只是一机，心意知物只是一事，若悟得心是无善无恶之心，则意知物俱是无善无恶。相与质之阳明，阳明曰："吾教法原有此两种，四无之说为上根人立教，四有之说为中根以下人立教。上根者，即本体便是工夫，顿悟之学也。中根以下者，须用为善去恶工夫以渐复其本体也。"自此印正，而先生之论大抵归于四无。以正心为先天之学，诚意为后天之学。从心上立根，无善无恶之心即是无善无恶之意，是先天统后天。从意上立根，不免有善恶两端之决择，而心亦不能无杂，是后天复先天。此先生论学大节目，传之海内而学者不能无疑。以四有论之，惟善是心所固有，故意知物之善从中而发，恶从外而来。若心体既无善恶，则意知物之恶固妄也，善亦妄也。工夫既妄，安得谓之复还本体？斯言也，于阳明平日之言无所考见，独先生言之耳。然先生他日答吴悟斋云："至善无恶者心之体也，有善有恶者意之动也，知善知恶者良知也，为善去恶者格物也。"此其说已不能归一矣。以四无论之，《大学》正心之功从诚意入手，今曰从心上立根，是可以无事乎意矣！而意上立根者为中下人而设，将《大学》有此两样工夫欤？抑止为中下人立教乎？先生谓："良知原是无中生有，即是未发之中。此知之前，更无未发，即是中节之和。此知之后，更无已发，自能收敛，不须更主于收敛，自能发散，不须更期于发散，当下现成，不假工夫修整而后得。致良知原为未悟者设，信得良知过时，独往独来，如珠之走盘，不待拘管而自不过其则也。"以笃信谨守，一切矜名饰行之事，皆是犯手做作。唐荆川谓先生"笃于自信，不为形迹之防，包荒为大，无净秽之择，故世之议先生者不一而足"。夫良知既为知觉之流行，不落方所，不可典要，一著工夫，则未免有碍虚无之体，是不得不近于禅。流行即是主宰，悬崖撒手，茫无把柄，以心息相依为权法，是不得不近于老。虽云真性流行，自见天则，而于儒者之矩矱，未免有出入矣。然先生亲承阳明末命，其微言往往而在。象山之后不能无慈湖，文成之后不能无龙溪。以为学术之盛衰因之，慈湖决象山之澜，而先生疏河导源，于文成之学，固多所发明也。

（录自《明儒学案》，中华书局1985年版，第238~240页）

六、江右王门学案（节录）

（1）江右王门学案·叙

姚江之学，惟江右为得其传，东廓、念庵、两峰、双江其选也。再传而为塘南、思默，皆能推原阳明未尽之旨。是时越中流弊错出，挟师说以杜学者之口，而江右独能破之，阳明之道赖以不坠。盖阳明一生精神，俱在江右，亦其感应之理宜也。

（录自《明儒学案》，中华书局1985年版，第333页）

（2）文庄邹东廓先生守益（节录）

先生之学，得力于敬。敬也者，良知之精明而不杂以尘俗者也。吾性体行于日用伦物之中，不分动静，不舍昼夜，无有停机。流行之合宜处谓之善，其障蔽而壅塞处谓之不善。盖一忘戒惧则障蔽而壅塞矣，但令无往非戒惧之流行，即是性体之流行矣。离却戒慎恐惧，无从觅性；离却性，亦无从觅日用伦物也。故其言"道器无二，性在气质"，皆是此意。其时双江从寂处、体处用功夫，以感应、运用处为效验。先生言其"倚于内，是裂心体而二之也"。彭山恶自然而标警惕，先生言其"滞而不化，非行所无事也"。夫子之后，源远而流分，阳明之没，不失其传者，不得不以先生为宗子也。夫流行之为性体，释氏亦能见之，第其捍御外物，是非善恶一归之空，以无碍我之流行。盖有得于浑然一片者，而日用伦物之间，条理脉络，不能分明矣。粗而不精，此学者所当论也。先生《青原赠处》记阳明赴两广，钱、王二子各言所学，绪山曰："至善无恶者心，有善有恶者意，知善知恶是良知，为善去恶是格物。"龙溪曰："心无善而无恶，意无善而无恶，知无善而无恶，物无善而无恶。"阳明笑曰："洪甫须识汝中本体，汝中须识洪甫功夫。"此与龙溪《天泉证道记》同一事，而言之不同如此。蕺山先师尝疑阳明《天泉》之言与平时不同。平时每言"至善是心之本体"。又曰"至善只是尽乎天理之极，而无一毫人欲之私"。又曰"良知即天理"。《录》中言天理二字，不一而足，有时说"无善无恶者理之静"，亦未尝径说"无善无恶是心体"。今观先生所记，而四有之论，仍是以至善无恶为心，即四有四句亦是绪山之言，非阳明立以为教法也。今据《天泉》所记，以无善无恶议阳明者，盍亦有考于先生之记乎？

（录自《明儒学案》，中华书局1985年版，第334~335页）

（3）贞襄聂双江先生豹（节录）

先生之学，狱中闲久静极，忽见此心真体，光明莹澈，万物皆备。乃喜曰："此未发之中也，守是不失，天下之理皆从此出矣。"及出，与来学立静坐法，使之归寂以通感，执体以应用。是时同门为良知之学者，以为"未发即在已发之中，盖发而未尝发，故未发之功却在发上用，先天之功却在后天上用"。其疑先生之说者有三：其一谓"道不可须臾离也"，今曰"动处无功"，是离之也。其一谓"道无分于动静也"，今曰"功夫只是主静"，是二之也。

其一谓"心事合一，心体事而无不在"，今曰"感应流行，著不得力"，是脱略事为，类于禅悟也。王龙溪、黄洛村、陈明水、邹东廓、刘两峰各致难端，先生一一申之。惟罗念庵深相契合，谓："双江所言，真是霹雳手段，许多英雄瞒昧，被他一口道著，如康庄大道，更无可疑。"两峰晚乃信之，曰："双江之言是也。"夫心体流行不息，静而动，动而静。未发，静也。已发，动也。发上用功，固为徇动；未发用功，亦为徇静，皆陷于一偏。而《中庸》以大本归之未发者，盖心体即天体也。周天三百六十五度四分度之一，而其中为天枢，天无一息不运，至其枢纽处，实万古常止，要不可不归之静。故心之主宰，虽不可以动静言，而惟静乃能存之。此濂溪以主静立人极，龟山门下以体夫喜怒哀乐未发前气象为相传口诀也。先生所以自别于非禅者，谓："归寂以通天下之感，不似释氏以感应为尘烦，一切断除而寂灭之。"则是看释氏尚未透。夫释氏以作用为性，其所恶言者体也。其曰父母未生前，曰先天，曰主中主，皆指此流行者而言，但此流行不著于事为知觉者也。其曰后天，曰大用现前，曰宾，则指流行中之事为知觉也。其实体当处，皆在动一边，故曰"无所住而生其心"，正与存心养性相反。盖心体原是流行，而流行不失其则者，则终古如斯，乃所谓静也、寂也。儒者存养之力，归于此处，始不同夫释氏耳。若区区以感应有无别之，彼释氏又何尝废感应耶？阳明自江右以后，始拈良知。其在南中，以默坐澄心为学的，收敛为主，发散是不得已。有未发之中，始能有中节之和，其后学者有喜静厌动之弊，故以致良知救之。而曰良知是未发之中，则犹之乎前说也。先生亦何背乎师门？乃当时群起而难之哉！

（录自《明儒学案》，中华书局1985年版，第372~373页）

（4）文恭罗念庵先生洪先（节录）

先生之学，始致力于践履，中归摄于寂静，晚彻悟于仁体。幼闻阳明讲学虔台，心即向慕，比《传习录》出，读之至忘寝食。同里谷平李中传玉斋杨珠之学，先生师之，得其根柢。而聂双江以归寂之说，号于同志，惟先生独心契之。是时阳明门下之谈学者，皆曰"知善知恶即是良知，依此行之即是致知"。先生谓："良知者，至善之谓也。吾心之善，吾知之，吾心之恶，吾知之，不可谓非知也。善恶交杂，岂有为主于中者乎？中无所主，而谓知本常明，不可也。知有未明，依此行之，而谓无乖戾于既发之后，能顺应于事物之来，不可也。故非经枯槁寂寞之后，一切退听，天理炯然，未易及此。双江所言，真是霹雳手段，许多英雄瞒昧，被他一口道著，如康庄大道，更无可疑。"辟石莲洞居之，默坐半榻间，不出户者三年。事能前知，人或讶之，答曰："是偶然，不足道。"王龙溪恐其专守枯静，不达当机顺应之妙，访之于松原。问曰："近日行持，比前何似？"先生曰："往年尚多断续，近来无有杂念。杂念渐少，即感应处便自顺适。即如均赋一事，从六月至今半年，终日纷纷，未尝敢厌倦，未尝敢执着，未尝敢放纵，未尝敢张皇，惟恐一人不得其所。一切杂念不入，亦不见动静二境，自谓此即是静定功夫。非纽定默坐时是静，到动应时便无着静处也。"龙溪嗟叹而退。先生于阳明之学，始而慕之，已见其门下承领本体太易，亦遂疑之。及至功夫纯熟，而阳明进学次第，洞然无间。天下学者，亦遂因先生之言，而后得阳明之真。其哓哓以师说鼓动天下者，反不与焉。

（录自《明儒学案》，中华书局1985年版，第388~389页）

七、泰州学案（节录）

（1）泰州学案·叙（节录）

阳明先生之学，有泰州、龙溪而风行天下，亦因泰州、龙溪而渐失其传。泰州、龙溪时时不满其师说，益启瞿昙之秘而归之师，盖跻阳明而为禅矣。然龙溪之后，力量无过于龙溪者，又得江右为之救正，故不至十分决裂。泰州之后，其人多能以赤手搏龙蛇，传至颜山农、何心隐一派，遂复非名教之所能羁络矣。顾端文曰："心隐辈坐在利欲胶漆盆中，所以能鼓动得人，只缘他一种聪明，亦自有不可到处。"羲以为非其聪明，正其学术也。所谓祖师禅者，以作用见性。诸公掀翻天地，前不见有古人，后不见有来者。释氏一棒一喝，当机横行，放下拄杖，便如愚人一般。诸公赤身担当，无有放下时节，故其害如是。今之言诸公者，大概本弇州之《国朝丛记》，弇州盖因当时爱书节略之，岂可为信？

（录自《明儒学案》，中华书局1985年版，第703页）

（2）处士王心斋先生艮（节录）

时阳明巡抚江西，讲良知之学，大江之南，学者翕然信从。顾先生僻处，未之闻也。有黄文刚者，吉安人，而寓泰州，闻先生论，诧曰："此绝类王巡抚之谈学也。"先生喜曰："有是哉！虽然王公论良知，艮谈格物，如其同也，是天以王公与天下后世也；如其异也，是天以艮与王公也。"即日启行，以古服进见，至中门举笏而立，阳明出迎于门外。始入，先生据上坐。辩难久之，稍心折，移其坐于侧。论毕，乃叹曰："简易直截，艮不及也。"下拜自称弟子。退而绎所闻，间有不合，悔曰："吾轻易矣！"明日入见，且告之悔。阳明曰："善哉！子之不轻信从也。"先生复上坐，辩难久之，始大服，遂为弟子如初。……

先生以"格物，即物有本末之物，身与天下国家一物也，格知身之为本，而家国天下之为末，行有不得者，皆反求诸己。反己，是格物底工夫，故欲齐治平在于安身。《易》曰：'身安而天下国家可保也。'身未安，本不立也，知身安者，则必爱身、敬身。爱身、敬身者，必不敢不爱人、不敬人。能爱人、敬人，则人必爱我、敬我，而我身安矣。一家爱我敬我，则家齐，一国爱我敬我，则国治，天下爱我敬我，则天下平。故人不爱我，非特人之不仁，己之不仁可知矣。人不敬我，非特人之不敬，己之不敬可知矣"。此所谓淮南格物也。子刘子曰："后儒格物之说，当以淮南为正。"第少一注脚，格知诚意之为本，而正修治平之为末，则备矣。然所谓安身者，亦是安其心耳，非区区保此形骸之为安也。彼居危邦，入乱邦，见几不作者，身不安而心固不安也，不得已而杀身以成仁。文王之羑里，夷、齐之饿，心安则身亦未尝不安也。乃先生又曰："安其身而安其心者上也，不安其身而安其心者次之，不安其身又不安其心，斯为下矣。而以缂蛮为安身之法，无乃开一临难苟免之隙乎？"先生以九二见龙为正位，孔子修身讲学以见于世，未尝一日隐也。故有以伊、傅称先生者，先生曰："伊、傅之事我不能，伊、傅之学我不由，伊、傅得君，可谓奇遇，如其不遇，终身独善而已。孔子则不然也。"此终蒲轮辙环意见，阳明之所欲裁抑者，熟处难忘也。于遁世不见知而不悔之学，终隔一尘。先生曰："圣人以道济天下，是至重者道也；人能弘道，是至重者身也。道重则身重，身重则道重，故学也者，所以学为师也，学为长也，学为君也。以天地万物依于身，不以身依于天地万物，舍此皆妾妇之道。"圣人复起不易斯言。

（录自《明儒学案》，中华书局 1985 年版，第 709~711 页）

（3）参政罗近溪先生汝芳（节录）

先生十有五而定志于张洵水，二十六而正学于山农，三十四而悟《易》于胡生，四十六而证道于泰山丈人，七十而问心于武夷先生。先生之学，以赤子良心、不学不虑为的，以天地万物同体、彻形骸、忘物我为大。此理生生不息，不须把持，不须接续，当下浑沦顺适。工夫难得凑泊，即以不屑凑泊为工夫，胸次茫无畔岸，便以不依畔岸为胸次，解缆放船，顺风张棹，无之非是。学人不省，妄以澄然湛然为心之本体，沉滞胸膈，留恋景光，是为鬼窟活计，非天明也。论者谓龙溪笔胜舌，近溪舌胜笔。顾盼呿欠，微谈剧论，所触若春行雷动，虽素不识学之人，俄顷之间，能令其心地开明，道在现前。一洗理学肤浅套括之气，当下便有受用，顾未有如先生者也。然所谓浑沦顺适者，正是佛法一切现成，所谓鬼窟活计者，亦是寂子速道，莫入阴界之呵，不落义理，不落想像，先生真得祖师禅之精者。盖生生之机，洋溢天地间，是其流行之体也。自流行而至画一，有川流便有敦化，故儒者于流行见其画一，方谓之知性。若徒见气机之鼓荡，而玩弄不已，犹在阴阳边事，先生未免有一间之未达也。夫儒释之辨，真在毫厘。今言其偏于内，而不可以治天下国家，又言其只自私自利，又言只消在迹上断，终是判断不下。以羲论之，此流行之体，儒者悟得，释氏亦悟得，然悟此之后，复大有事，始究竟得流行。今观流行之中，何以不散漫无纪？何以万殊而一本？主宰历然。释氏更不深造，则其流行者亦归之野马尘埃之聚散而已，故吾谓释氏是学焉而未至者也。其所见固未尝有差，盖离流行亦无所为主宰耳。若以先生近禅，并弃其说，则是俗儒之见，去圣亦远矣。许敬庵言先生"大而无统，博而未纯"，已深中其病也。王塘南言先生："早岁于释典玄宗，无不探讨，缁流羽客，延纳弗拒，人所共知。而不知其取长弃短，迄有定裁。《会语》出晚年者，一本诸《大学》孝弟慈之旨，绝口不及二氏。其孙怀智尝阅《中峰广录》，先生辄命屏去，曰：'禅家之说，最令人躲闪，一入其中，如落陷阱，更能转头出来，复归圣学者，百无一二。'"可谓知先生之长矣。杨止庵《上士习疏》云："罗汝芳师事颜钧，谈理学；师事胡清虚（即宗正），谈烧炼，采取飞升；师僧玄觉，谈因果，单传直指。其守宁国，集诸生，会文讲学，令讼者跏趺公庭，敛目观心，用库藏充馈遗，归者如市。其在东昌、云南，置印公堂，胥吏杂用，归来请托烦数，取厌有司。每见士大夫，辄言三十三天，凭指箕仙，称吕纯阳自终南寄书。其子从丹师，死于广，乃言日在左右。其诞妄如此。"此则宾客杂沓，流传错误，毁誉失真，不足以掩先生之好学也。

（录自《明儒学案》，中华书局1985年版，第761~763页）

八、甘泉学案（节录）

（1）甘泉学案·叙

王、湛两家，各立宗旨，湛氏门人，虽不及王氏之盛，然当时学于湛者，或卒业于王，学于王者，或卒业于湛，亦犹朱、陆之门下，递相出入也。其后源远流长，王氏之外，名湛氏学者，至今不绝，即未必仍其宗旨，而渊源不可没也。

（录自《明儒学案》，中华书局1985年版，第876页）

（2）文简湛甘泉先生若水（节录）

先生与阳明分主教事，阳明宗旨致良知，先生宗旨随处体认天理。学者遂以良知之学，各立门户。其间为之调人者，谓："天理即良知也，体认即致也，何异？何同？"然先生论格物，条阳明之说四不可。阳明亦言随处体认天理为求之于外，是终不可强之使合也。先生大意，谓阳明训格为正，训物为念头，格物是正念头也，苟不加学问思辨行之功，则念头之正否，未可据。夫阳明之正念头，致其知也，非学问思辨行，何以为致？此不足为阳明格物之说病。先生以为心体万物而不遗，阳明但指腔子里以为心，故有是内而非外之诮。然天地万物之理，不外于腔子里，故见心之广大。若以天地万物之理，即吾心之理，求之天地万物，以为广大，则先生仍为旧说所拘也。天理无处而心其处，心无处而寂然未发者其处，寂然不动，感即在寂之中，则体认者，亦唯体认之于寂而已。今曰随处体认，无乃体认于感？其言终觉有病也。

（录自《明儒学案》，中华书局1985年版，第876~877页）

九、诸儒学案（节录）

（1）文庄罗整庵先生钦顺（节录）

先生家居，每平旦正衣冠升学古楼，群从入，叙揖毕，危坐观书，虽独处无惰容。食恒二簋，居无台榭，燕集无声乐。林希元曰："先生自发身词林，以至八座，其行己居官，如精金美玉，无得致疵。"先生自叙为学云："昔官京师，逢一老僧，漫问何由成佛，渠亦漫举禅语为答，'佛在庭前柏树子'。意其必有所谓，为之精思达旦，揽衣将起，则恍然而悟，不觉流汗通体。既而得《证道歌》读之，若合符节。自以为至奇至妙，天下之理莫或加焉。后官南雍，圣贤之书，未尝一日去手，潜玩久之，渐觉就实，始知前所见者，乃此心虚灵之妙，而非性之理也。自此研磨体认，积数十年，用心甚苦，年垂六十，始了然有见乎心性之真，而确乎有以自信。"盖先生之论理气最为精确，谓通天地，亘古今，无非一气而已。气本一也，而一动一静，一往一来，一阖一辟，一升一降，循环无已。积微而著，由著复微，为四时之温凉寒暑，为万物之生长收藏，为斯民之日用彝伦，为人事之成败得失，千条万绪，纷纭胶轕，而卒不克乱，莫知其所以然而然，是即所谓理也。初非别有一物，依于气而立，附于气以行也。或者因《易》有太极一言，乃疑阴阳之变易，类有一物主宰乎其间者，是不然矣。斯言也，即朱子所谓"理与气是二物、理弱气强"诸论，可以不辩而自明矣。第先生之论心性，颇与其论理气自相矛盾。夫在天为气者，在人为心，在天为理者，在人为性。理气如是，则心性亦如是，决无异也。人受天之气以生，只有一心而已，而一动一静，喜怒哀乐，循环无已。当恻隐处自恻隐，当羞恶处自羞恶，当恭敬处自恭敬，当是非处自是非，千头万绪，感应纷纭，历然不能昧者，是即所谓性也。初非别有一物，立于心之先，附于心之中也。先生以为天性正于受生之初，明觉发于既生之后，明觉是心而非性。信如斯言，则性体也，心用也；性是人生以上，静也，心是感物而动，动也；性是天地万物之理，公也，心是一己所有，私也。明明先立一性以为此心之主，与理能生气之说无异，于先生理气之论，无乃大悖乎？岂理气是理气，心性是心性，二者分，天人遂不可相通乎？虽然，心性之难明，不自先生始也。夫心只有动静而已，寂然不动，感而遂通，动静之谓也。情贯于动静，性亦贯于动静，故喜怒哀乐，不论已发未发，皆情也，其中和则性也。今以喜怒哀乐未发之中为性，已发之和为情，势不得不先性而后心矣。性先心后，不得不有罅隙可寻矣。恻隐、羞恶、辞让、是非，心也，仁义礼智，指此心之即性也。非先有仁义礼智之性，而后发之为恻隐、羞恶、辞让、是非之心也（观此知李见罗《道性编》亦一偏之论）。凡人见孺子入井而怵惕，呼蹴而不屑，此性之见于动者也，即当其静，而性之为怵惕不屑者，未尝不在也。凡动静者，皆心之所为也，是故性者心之性，舍明觉自然，自有条理之心，而别求所谓性，亦犹舍屈伸往来之气，而别求所谓理矣。朱子虽言心统性情，毕竟以未发属之性，已发属之心，即以言心性者言理气，故理气不能合一。先生之言理气不同于朱子，而言心性则于朱子同，故不能自一其说耳。先生以释氏有见于明觉自然，谓之知心，不识所谓天地万物之理，谓之不知性。羲以为，释氏亲亲仁民爱物，无有差等，是无恻隐之心也；取与不辨，而行乞布施，是无羞恶之心也；天上天下，唯我独尊，是无辞让之心也；无善无恶，是无是非之心也。其不知性者，由于不知心尔。然则其所知者，亦心之光影，而非实也。高景逸先生曰："先生于禅学尤极探讨，发其所以不同之故，自唐以来，排斥佛氏，未有若是之明且悉者。"呜呼！先生之功伟矣！

（录自《明儒学案》，中华书局1985年版，第1108~1110页）

（2）肃敏王浚川先生廷相（节录）

先生主张横渠之论理气，以为"气外无性"，此定论也。但因此而遂言"性有善有不善"，并不信孟子之性善，则先生仍未知性也。盖天地之气，有过有不及，而有愆阳伏阴，岂可遂疑天地之气有不善乎？夫其一时虽有过不及，而万古之中气自如也，此即理之不易者。人之气禀，虽有清浊强弱之不齐，而满腔恻隐之心，触之发露者，则人人所同也，此所谓性即在清浊强弱之中，岂可谓不善乎？若执清浊强弱，遂谓性有善有不善，是但见一时之愆阳伏阴，不识万古常存之中气也。先生受病之原，在理字不甚分明，但知无气外之理，以为气一则理一，气万则理万，气聚则理聚，气散则理散，毕竟视理若一物，与气相附为有无，不知天地之间，只有气更无理。所谓理者，以气自有条理，故立此名耳。亦以人之气本善，故加以性之名耳。如人有恻隐之心，亦只是气，因其善也，而谓之性，人死则其气散，更何性之可言？然天下之人，各有恻隐，气虽不同而理则一也。故气有万气，理只一理，以理本无物也。宋儒言理能生气，亦只误认理为一物，先生非之，乃仍蹈其失乎？

（录自《明儒学案》，中华书局1985年版，第1174~1175页）

十、东林学案（节录）

（1）东林学案·叙

今天下之言东林者，以其党祸与国运始终，小人既资为口实，以为亡国由于东林，称之为两党，即有知之者，亦言东林非不为君子，然不无过激，且依附者之不纯为君子也，终是东汉党锢中人物。嗟乎！此瞽语也。东林讲学者，不过数人耳，其为讲院，亦不过一郡之内耳。昔绪山、二溪，鼓动流俗，江、浙南畿，所在设教，可谓之标榜矣。东林无是也。京师首善之会，主之为南皋、少墟，于东林无与。乃言国本者谓之东林，争科场者谓之东林，攻逆奄者谓之东林，以至言夺情奸相讨贼，凡一议之正，一人之不随流俗者，无不谓之东林，若似乎东林标榜，遍于域中，延于数世，东林何不幸而有是也？东林何幸而有是也？然则东林岂真有名目哉？亦小人者加之名目而已矣。论者以东林为清议所宗，祸之招也。子言之，君子之道，辟则坊与，清议者天下之坊也。夫子议臧氏之窃位，议季氏之旅泰山，独非清议乎？清议熄而后有美新之上言，媚奄之红本，故小人之恶清议，犹黄河之碍砥柱也。熹宗之时，龟鼎将移，其以血肉撑拒，没虞渊而取坠日者，东林也。毅宗之变，攀龙髯而蓐蝼蚁者，属之东林乎？属之攻东林者乎？数十年来，勇者燔妻子，弱者埋土室，忠义之盛，度越前代，犹是东林之流风余韵也。一堂师友，冷风热血，洗涤乾坤，无智之徒，窃窃然从而议之，可悲也夫！

（录自《明儒学案》，中华书局1985年版，第1375页）

（2）端文顾泾阳先生宪成（节录）

先生深虑近世学者，乐趋便易，冒认自然，故于不思不勉，当下即是，皆令究其源头，果是性命上透得来否？勘其关头，果是境界上打得过否？而于阳明无善无恶一语，辩难不遗余力，以为坏天下教法，自斯言始。按阳明先生教言："无善无恶心之体，有善有恶意之动，知善知恶是良知，为善去恶是格物。"其所谓无善无恶者，无善念恶念耳，非谓性无善无恶也。有善有恶之意，以念为意也；知善知恶，非意动于善恶，从而分别之。为知好善恶恶，天命自然，炯然不昧者，知也，即性也。阳明于此，加一良字，正言性善也。为善去恶，所谓有不善未尝不知，知之未尝复行也。良知是本体，天之道也；格物是工夫，人之道也。盖上二句浅言之，下二句深言之，心意知物只是一事。今错会阳明之立论，将谓心之无善无恶，是性，由是而发之为有善恶之意，由是而有分别其善恶之知，由是而有为善去恶之格物，层层自内而之外，使善恶相为对待，无善无恶一语，不能自别于告子矣。阳明每言："至善是心之本体。"又曰："至善只是近乎天理之极，而无一毫人欲之私。"又曰："良知即天理。"其言天理二字，不一而足，乃复以性无善无不善，自堕其说乎？且既以无善无恶为性体，则知善知恶之知，流为粗几，阳明何以又言良知是未发之中乎？是故心无善念、无恶念，而不昧善恶之知，未尝不在此至善也。钱启新曰："无善无恶之说，近时为顾叔时、顾季时、冯仲好明白排决不已，不至蔓延为害。"当时之议阳明者，以此为大节目。岂知与阳明绝无干涉。呜呼！《天泉证道》，龙溪之累阳明多矣。

（录自《明儒学案》，中华书局1985年版，第1379页）

（3）忠宪高景逸先生攀龙（节录）

先生之学，一本程朱，故以格物为要。但程朱之格物，以心主乎一身，理散在万物，存心穷理，相须并进。先生谓"才知反求诸身，是真能格物者也"，颇与杨中立所说"反身而诚，则天下之物无不在我"为相近，是与程朱之旨异矣。先生又曰："人心明，即是天理。穷至无妄处，方是理。"深有助乎阳明"致良知"之说，而谓："谈良知者致知不在格物，故虚灵之用，多为情识，而非天则之自然，去至善远矣。吾辈格物，格至善也，以善为宗，不以知为宗也。"夫善岂有形象？亦非有一善从而知之，知之推极处，即至善也。致良知正是止至善，安得谓其相远？总之，致知格物，无先后之可言。格物者申明致之一字，格物即在致之中，未有能致而不谓之格物者。先生谓有不格物之致知，则其所致者何事？故必以外穷事物之理为格物，则可言阳明之致知不在于格物。若如先生言，人心明即是天理，则阳明之致知，即是格物，明矣。先生之格物，本无可议，特欲自别于阳明，反觉多所扞格耳。

（录自《明儒学案》，中华书局1985年版，第1402页）

十一、蕺山学案（节录）

（1）蕺山学案·叙

今日知学者，大概以高、刘二先生，并称为大儒，可以无疑矣。然当《高子遗书》初出之时，羲侍先师于舟中，自禾水省下，尽日翻阅。先师时摘其阑入释氏者以示羲。后读先师《论学书》，有答韩位云："古之有朱子，今之有忠宪先生，皆半杂禅门。"又读忠宪《三时记》，谓："释典与圣人所争毫发，其精微处，吾儒具有之，总不出无极二字；弊病处，先儒具言之，总不出无理二字。其意似主于无，此释氏之所以为释氏也。"即如忠宪正命之语，本无生死，亦是佛语。故先师救正之，曰："先生心与道一，尽其道而生，尽其道而死，是谓无生死。非佛氏所谓无生死也。"忠宪固非佛学，然不能不出入其间，所谓大醇而小疵者。若吾先师，则醇乎其醇矣。后世必有能辩之者。戊申岁，羲与恽日初同在越半年。日初，先师高第弟子，其时为《刘子节要》，临别拜于河浒，日初执手谓羲曰："知先师之学者，今无人矣，吾二人宗旨不可不同。但于先师言意所在，当稍浑融耳。"羲盖未之答也。及《节要》刻成，缄书寄羲，曰："子知先师之学者，不可不序。"嗟乎！羲岂能知先师之学者？然观日初《高刘两先生正学说》云："忠宪得之悟，其毕生龟勉，只重修持，是以乾知统摄坤能；先师得之修，其末后归趣，亟称解悟，是以坤能证入乾知。"夫天气之谓乾，地质之谓坤，气不得不凝为质，质不得不散为气，两者同一物也。乾知而无坤能，则为狂慧；坤能而无乾知，则为盲修。岂有先后？彼徒见忠宪旅店之悟，以为得之悟，此是禅门路径，与圣学无当也。先师之慎独，非性体分明，慎是慎个何物？以此观之，日初亦便未知先师之学也。使其知之，则于先师言意所在，迎刃而解矣。此羲不序《节要》之意也。惜当时不及细论，负此良友。今所录，一依原书次第，先师著述虽多，其大概具是。学者可以无未见之恨矣。

（录自《明儒学案》，中华书局1985年版，第1507~1508页）

（2）忠端刘念台先生宗周（节录）

先生起自孤童，始从外祖章颖学，长师许敬庵，而砥砺性命之友则刘静之、丁长孺、周宁宇、魏忠节、先忠端公、高忠宪。始虽与陶石梁同讲席，为证人之会，而学不同。石梁之门人，皆学佛，后且流于因果。分会于白马山，羲尝听讲。石梁言一名臣转身为马，引其族姑证之。羲甚不然其言，退而与王业洵、王毓蓍推择一辈时名之士，四十余人，执贽先生门下。此四十余人者，皆喜辟佛，然而无有根柢，于学问之事，亦浮慕而已，反资学佛者之口实。先生有忧之，两者交讥，故传先生之学者，未易一二也。先生之学，以慎独为宗，儒者人人言慎独，唯先生始得其真。盈天地间皆气也，其在人心，一气之流行，诚通诚复，自然分为喜怒哀乐、仁义礼智之名，因此而起者也。不待安排品节，自能不过其则，即中和也。此生而有之，人人如是，所以谓之性善，即不无过不及之差，而性体原自周流，不害其为中和之德。学者但证得性体分明，而以时保之，即是慎矣。慎之工夫，只在主宰上，觉有主，是曰意，离意根一步，便是妄，便非独矣。故愈收敛，是愈推致，然主宰亦非有一处停顿，即在此流行之中，故曰："逝者如斯夫！不舍昼夜。"盖离气无所为理，离心无所为性。佛者之言曰："有物先天地，无形本寂寥，能为万象主，不逐四时凋。"此是其真赃实犯。奈何儒者亦曰"理生气"，所谓毫厘之辨，竟亦安在？而徒以自私自利，不可以治天下国家，弃而君臣父子，强生分别，其不为佛者之所笑乎？先生大指如是。此指出真是南辕北辙，界限清楚，有宋以来，所未有也。识者谓五星聚奎，濂、洛、关、闽出焉；五星聚室，阳明子之说昌；五星聚张，子刘子之道通，岂非天哉！岂非天哉！

（录自《明儒学案》，中华书局1985年版，第1512页）

论泰州学派 *

李 贽[①]

当时阳明先生门徒遍天下，独有心斋为最英灵。心斋本一灶丁也，目不识一丁，闻人读书，便自悟性，径往江西见王都堂，欲与之辩质所悟。此尚以朋友往也，后自知其不如，乃从而卒业焉。故心斋亦得闻圣人之道，此其气骨为何如者！心斋之后为徐波石，为颜山农。山农以布衣讲学，雄视一世而遭诬

[①] 李贽（1527—1602），明代思想家，泰州学派宗师。

陷；波石以布政使请兵督战而死广南。云龙风虎，各从其类，然哉！盖心斋真英雄，故其徒亦英雄也。波石之后为赵大洲，大洲之后为邓豁渠；山农之后为罗近溪，为何心隐，心隐之后为钱怀苏，为程后台：一代高似一代。所谓大海不宿死尸，龙门不点破额，岂不信乎！心隐以布衣出头倡道而遭横死，近溪虽得免于难，然亦幸耳，卒以一官不见容于张太岳。盖英雄之士，不可免于世而可以进于道。

（录自李贽《焚书》卷二《为黄安二上人三首·大孝》，中华书局1975年版，第80页）

（参校张建业主编，张建业、张岱注《李贽全集注·焚书注》，社会科学文献出版社2010年版，第195页）

李 贽（节录）

容肇祖[①]

李贽初名载贽，号卓吾，又号宏甫，又号温陵居士，晚居龙湖，号秃翁，福建晋江县人……

　　……

李贽的思想，是很自由的，解放的，是个性很强的，并且是适性主义的，他的态度是批评的。他的思想是出于王守仁及王畿、王艮的一派……

自王守仁提倡良知的学说，以为良知是人人具有的，王畿更以为良知是现成的，这种学说的影响，自然可以使思想跑上最自由最解放的路径，因此古圣贤的话不能作人类思想的绝对标准，而古圣贤更不能作人们的偶像了……他（李贽）以为"咸以孔子之是非为是非，故未尝有是非"，又以为不能"以定本行赏罚"，可见他的思想是很自由，很解放的。他的思想既极自由，以为人的童心才是真心，而闻见，道理，书籍，义理，有时足以障蔽真心……他以为著作要以吾心为是非，而不必案古圣人之是非，这也是很解放的见解。

他既以为是非不必案古圣人，故又以为道在人，道无有不传，因此很反对

[①] 容肇祖（1897—1994），中国思想史家、民俗学家。

宋儒的道统的狭隘的见解……

他既以为道在人，道无有不传，抹去宋儒的狭隘的道统之说，因此他的见解是很平等的……他以为人人生知，人人可成佛，这是很平等的见解……他以为穿衣吃饭即是人伦物理，又以为真空的道理是在明察这穿衣吃饭的伦物而得的。这真是很切实很简易的见解，也是从他的平等眼光中看出来的。

（录自容肇祖《明代思想史》，齐鲁书社1992年版，第231、234、239~243页）

题念庵集后

孙奇逢

念庵阳明功臣，龙溪益友也。阳明良知之说，本之孟子不虑而知。龙溪遂以为一念灵明，无内外，无寂感，吾人不昧此一念灵明，便是致知。或以良知不足以尽天下之变，必加见闻知识补益而助发之，便是俗学。此以一念之明为极则，一觉之顷为实际也。念庵曰："不然，阳明常以入井怵惕，孩提爱敬，平旦好恶，三言为证。盖以一端之发见，未能即复其本体。故言怵惕矣，必以扩充继之；言好恶矣，必以长养继之；言爱敬矣，必以达之天下继之。孟子之意可见，阳明得其意者也。故亦不以良知为足，而以致知为功。"《念庵集》中多以此立论，故曰阳明功臣龙溪益友。

（录自《夏峰集》卷五，道光二十五年大梁书院重刊本）

题晦庵文钞

孙奇逢

宗传、旧选朱子，止取晚年。友人云若止存此，则朱、陆当欣然相得，安得许多同异？道问学与尊德性原是一桩事，正不妨并存。见圣道之大，各人入门不同。又如格物，与阳明不同，俱当互见，以示天下后世。因简朱、陆，始焉不合，继焉渐合，终焉相合之语，俱列于册。见友朋之益，相得之难。如此后之学者不知陆，并不知朱，必以为到底不合。至举晚年定论之语，亦不之信。见有人尊信陆子者，则极力摈斥之；见有人指摘陆子者，则极力推奖之，此与朱、陆何涉？适足明己之拘而不大，千古学术岂一己之意见遂为定评哉？王子格物之说，冒险犯难，历尽诸攻，始得休息，然亦与朱、王何涉？究竟建安亦无朱元晦，青田亦无陆子静，姚江亦无王伯安。

（录自《夏峰集》卷五，道光二十五年大梁书院重刊本，第32~33页）

《明经世文编》序（节录）

陈子龙①

俗儒是古而非今，文士撷华而舍实。……失今不采集，更数十年，亡散益甚，后死者之责，其曷诿焉？……则是编也，岂惟益智，其以教忠哉！

（录自陈子龙等辑《明经世文编》，中华书局1962年版）
（参校陈子龙撰，孙启治校点《安雅堂稿》卷五，辽宁教育出版社2003年版，第77~78页）

17世纪基督徒与中国人世界观的比较②（节录）

［法］谢和耐③

中国在近代曾是欧洲之外第一个接受西方科学成果的伟大文明古国。无论印度还是日本的第一批源出于西方的著作，均是自中国传去并很快遭废禁，这就是说传教区的其他国家均未能很快地了解西方的科学。第一部西方几何教科

---

① 陈子龙（1608—1647），明末学者、诗人。
② 编者删去了文中的注释部分。
③ 谢和耐（1921—2018），法国汉学家、历史学家。

书于1607年、第一部天文学论著于1614年在中国刊行。从1584年起，无疑是受奥特利乌斯地图（1570年）启发的一幅世界地图在中国石印，其纸本印版很快就在中国轰动一时，并传到了朝鲜和日本。维埃特的代数符号、直线和球面三角、对数（当时叫作尼伯记算法）、亚里士多德的宇宙论和第谷·布拉赫天文计算法，也在17世纪时传到了中国。

当时耶稣会士们为向中国传入某些欧洲科学的努力，令人赞叹不已，我们既不能否认转入的大部分知识对中国人说来都是新鲜的，又不能否认其重要意义。但在这一问题上，必须避免犯两种错误。第一种错误在于把传入的科学看得比它的实际情况要先进得多；第二种错误在于认为中国人一切都要向西方学习……那种认为起源于西方的定律和原理都要高明的思想，在我们欧洲人中是根深蒂固的。新鲜事物不仅仅在中国，而且在世界各地都会遭到顽强的抵抗。达尼埃尔·莫尔内曾指出，直到1771年，人们发现在法国出现了某些地心学说，它们"动摇了哥白尼学说，并以某些计算不太繁琐的简练天文学说来取而代之，虽然巴黎大学长期以来就放弃了批判伽利略"。18世纪的法国人接受了这些内容，为什么中国人不能也接受它们呢？虽然中国人的传统不同，而且也需要作出更大的适应努力。最可能会引起大家惊奇的地方，并不是异议和批评，因为它们的存在是正常现象，而相反却在于大批中国文士接受传教士们向他们传授的知识以及对此作出客观判断的惊人能力。有的人对求证希腊几何学热情十足。著名的意大利耶稣会士利玛窦是第一位定居在北京的传教士。他1595年在《一个中国人的回忆》中，根据一种尚不够确切的译文而独自理解了欧几里得几何原理的第一本书，他指出"那些不想服从任何理智的人，都不会按欧几里得的方式行事"。

此外，"传入"一词并不能很好地反映现实：如果欧洲科学从16世纪末起就传入了中国，那主要并不归功于传教士们的积极性，而是由于中国人自己的要求。中国人自动地对西学表现了好奇和兴趣，他们是需求者，曾卓有成效地协助编译或翻译在罗马和科英布拉耶稣会士学院中用作教科书的著作。有人可能会错误地忘记了以下事实：传教士们并不是为了到中国去讲授欧洲数学和天文学的，主要是为了在那里传播他们的宗教，而且这也是时刻都有人注意提醒他们的地方。1614年，在日本和中国的耶稣会士们的省会长瓦郎丹·卡瓦略发表了禁止向中国人讲授数学，或者是禁止讲授除了《福音书》之外的任何其他科学的教谕。这道教谕很快就撤销了，但它却表明了对此类世俗活动那原则性的敌视情绪。在华耶稣会士们自己也不放过任何机会，强调他们讲授科学与布教相比只占次要地位，唯有后者才涉及到了最重要的和最高的真谛。如果说编译和翻译事业在 17 世纪一直坚持下来了（主要著作确实是产生于这个时代），那仅仅是因为科学在中国成了耶稣会士们吸引最有学识的人、使他们之中的人接受归化、尽快定居到北京，然后在那里得以立足（即使在危机时期也如此）的最有效手段。除此之外，还有其他原因：已得到承认的西方数学和天文学的严格性和精确度可以加强宗教的权威。根据一种相当简单的推理，如果西儒们针对可见的世界之所说，在理论上已得到证实有理，那么中国人也应相信他们有关天使、魔鬼、地狱、天堂等不可见的世界以及在造物主上帝存在问题上之所说。世俗科学与宗教可以互相支持。

（录自［法］谢和耐、戴密微等著，耿昇译《明清间耶稣会士入华与中西汇通》，东方出版社 2011 年版，第 229~231 页）

徐光启传（节录）

阮　元

自利氏东来，得其天文、数学之传者，光启为最深。洎乎督修新法，殚其心思才力，验之垂象，译为图说，洋洋乎数千万言，反覆引伸，务使其理其法，足以人人通晓而后已。以视术士之秘其机械者，不可同日语矣。迄今言甄明西学者，必称光启，盖精于几何，得之有本，其识见造诣，非文魁、守忠辈所能几及也。

（录自阮元等撰《畴人传》卷三十二，光绪八年刊本）

（参校彭卫国、王原华点校《畴人传汇编》卷三十二，广陵书社 2009 年版，第 369 页）

徐光启集·序言（节录）

王重民①

当十六世纪末年徐光启降生的时候，我国东南三角地带手工业、农业的发展，首先出现了资本主义萌芽的迹象。与此同时，在科学研究方面，有李时珍、刑云路、赵士桢、宋应星，还可包括徐光启、李之藻、王徵在内，把我国传统的科学，如天文、律历、数学、动植物学、机械力学作出了总结性的工作。但由于手工业工场和国内外商业的发展对科学的推动力不大，传统科学多是停留在总结的基础上，没有能够明显的再向前迈进一步。徐光启的科学思想所以能够对当时的科学研究起着促进的作用，主要是由于他对我国的传统科学的总结能够深切的结合着我国当时农业、手工业发展的实际需要，又吸取了一些西洋科学中对于我国传统科学可以互相发明、互相补苴的地方，从而对于当时科学有了比较全面的认识，并且认识了科学发展中最主要的环节——"度数之学"的功用和地位。"度数之学"徐光启也叫作"象数之学"，就是把数学的原则引用到实验科学上去，从而发见自然界的客观法则，也就是徐光启所常说的由"数"达"理"。这就使徐光启的科学思想和科学研究有走向现代科学的倾向。

徐光启对于"象数之学"的认识是极其深刻的。他认为科学家掌握了"象数之学"，就如同工人掌握了"斧斤寻尺"，就能够"明理辨义，立法著数"，走向科学的大门了。从此"渐次推广，更有百千有用之学出焉"，那就是说，凡是农业、手工业以及一切"民生日用"的"百千有用之学"都可从"象数之学"推广出来，旁通出来。

（录自徐光启撰，王重民辑校《徐光启集》，中华书局1983年版"序言"，第32~33页）

---

① 王重民（1903—1975），古文献学家。

李我存研究作者序

方 豪[1]

朱明末造,国事尵尵,而天教西学适相俱东渐,士大夫如大旱之见长蜺,知宗教学术之无国界也,相与虚怀讲求,而我杭李太仆我存先生实为首倡。西士记先生晚年一目失明,一目又病,而舟车舆马之中,犹复挟书披览;观先生著刊之富,而知其奉教治学之勤笃,乃《四库》论《天学初函》,至诋为颠之甚者,更从而益以左袒异端之罪;自是以降,教难绵亘不绝,教中文风亦以是不振,先生遗事遗著,遂零落佚阙,至足叹也!去年春,或命不佞以语体撰先生事略,稍事表扬,不佞无似,于先生高深,曾未窥其全豹,乌足以阐扬于万一?又限于环境,未能远绍旁搜;即如高邮为先生宦游之地,乃兹编所采《高邮志》,仅止于嘉庆、道光二本,尤不足以言罔罗散逸,叕拾丛残。诸多未惬,阁置经年,顾好事者频促付梓,欲辞不可;今年春,遇法国裴化行于钱江之上,冒雪论学,其乐无穷,出稿请益,怂恿愈力;惟学殖有限,舛牾难免;商榷至当,尚有待焉;此盖未定本也。

民国二十六年立夏日杭县方豪

(录自方豪《李之藻研究》,台湾商务印书馆1966年版,第5页)

徐霞客游记·前言(节录)

上海古籍出版社

十卷《徐霞客游记》,以日记体详尽地记录了徐霞客毕生大部分行屐所至、观察所得。除散失者外,目前保存下来的达六十余万字(此外尚有部分朋友间赠答的诗文、传志、石刻等)。[……]《游记》的内容是多方面的。自山川源流、地形地貌的考察,到岩石、洞壑、瀑布、温泉的搜奇剔胜;从动物、植物

---

[1] 方豪(1894—1955),教育家、中西文化交流史家。

生态品种的比较，到矿产、手工业、居民点、物价的记录；从民情风俗的观察，到民族关系、边陲防务的关注……范围之广，鲜明地反映了资本主义萌芽时期，先进的人们注重实际，迫切需要了解自然、研究社会的强烈愿望。

［……］

在我国历史上，曾经克服千难万险、从事长途旅行，作出过重大贡献的，颇不乏人。但他们或者是奉命出使，宣扬王朝的"天威"，像张骞、郑和，或者是为了宗教的目的取经求法，如法显、玄奘。而不出于任何政治的、宗教的企图，没有政府的资助，纯粹以考察自然为目的，毕生从事旅行事业的，徐霞客为亘古第一人。在我国史籍中，地理学著述也颇为丰富。但侧重于疆域、沿革、山川、物产记述的居多，而对地貌作系统考察，对岩石、水文、植物、气候等作多方面观察记述，开创了实地考察自然、系统地描述自然的新方向的，徐霞客也是第一个，这是他超越前人和同时代人的杰出之处，也是《游记》突出的科学价值所在。

（录自徐弘祖著，褚绍唐、吴应寿整理《徐霞客游记》，上海古籍出版社1982年版）

（参校徐弘祖著，褚绍唐、吴应寿整理《徐霞客游记》，上海古籍出版社2007年版，"前言"第5~6、15页）

天工开物·序

宋应星[①]

天覆地载，物数号万，而事亦因之曲成而不遗，岂人力也哉？

事物而既万矣，必待口授目成而后识之，其与几何？万事万物之中，其无益生人与有益者，各载其半。

世有聪明博物者，稠人推焉。乃枣梨之花未赏，而臆度"楚萍"；釜鬵之范鲜经，而侈谈莒鼎；画工好图鬼魅而恶犬马，即郑侨、晋华，岂足为烈哉？

幸生圣明极盛之世，滇南车马，纵贯辽阳；岭徼宦商，衡游蓟北。为方

[①] 宋应星（1587—约1666），明代科技专家。

万里中，何事何物不可见见闻闻？若为士而生东晋之初、南宋之季，其视燕、秦、晋、豫方物，已成夷产，从互市而得裘帽，何殊肃慎之矢也。且夫王孙帝子，生长深宫。御厨玉粒正香，而欲观耒耜；尚宫锦衣方剪，而想象机丝。当斯时也，披图一观，如获重宝矣！

年来著书一种，名曰《天工开物》卷。伤哉贫也！欲购奇考证，而乏洛下之资；欲招致同人，商略赝真，而缺陈思之馆。随其孤陋见闻，藏诸方寸而写之，岂有当哉？吾友涂伯聚先生，诚意动天，心灵格物，凡古今一言之嘉，寸长可取，必勤勤恳恳而契合焉。昨岁《画音归正》，由先生而授梓。兹有后命，复取此卷而继起为之，其亦凤缘之所召哉！卷分前后，乃"贵五谷而贱金玉"之义。《观象》《乐律》二卷，其道太精，自揣非吾事，故临梓删去。

丐大业文人，弃掷案头！此书于功名进取毫不相关也。

时崇祯丁丑孟夏月，奉新宋应星书于"家食之问堂"

（录自宋应星著，潘吉星译注《天工开物译注》，上海古籍出版社 1993 年版）

（参校宋应星《天工开物》，广东人民出版社 1976 年版，第 1~4 页）

论清代学术

"国初之学大,乾嘉之学精,道咸以降之学新。"——王国维此一言说为概括清代学术的不刊之论。清学凡三变。

一、清初——经世实学勃生,对理学作批判性总结

清初之学,气象博大,总以经世致用为鹄的,而各有所成。

黄宗羲师从刘宗周,进一步修正王学,并一反王学末流的空疏,猛烈抨击君主专制,注重史学研究,开浙东学派(万斯同、全望祖、章学诚)风气之先。

顾炎武发展汉儒的治学方法,提出"经学即理学"的观点,举凡经史百家以及典章名物、天文仪象、河漕兵农、音韵训诂等无不精究,详加考证。其治经方法为乾嘉学派所继承。

王夫之学淹六经,传注无遗,系统总结发展中国古代气一元论传统,批判吸收理学、佛学中的合理因子,建立朴素唯物主义和辩证法的理论体系,达到中国古典哲学的高峰。

另外,方以智"通几""质测"之学,颜元、李塨提倡"践履",梅文鼎、王锡阐承徐光启、李之藻之余绪,发展历算学,均各标旗帜,卓有成就。至于理学,虽仍占官学宗主地位,然从学理言之,已成强弩之末,虽有孙奇逢、李颙、陆陇其张大其军,但只能在融会朱陆、消弭门户之争上做功夫,于理论上并无大的建树。

二、乾嘉间——朴学大昌

清中叶即乾隆嘉庆间,学风一变,考据学成学术主流。

康雍时期阎若璩、胡渭继承顾炎武的考据传统，用汉儒训诂方法治经、辨伪，有所创获。乾嘉间，伴随清朝统治的稳固与文化高压政策的推行，学者感于晚明学风空疏的流弊，遂转向考据一途。当世名家大多推崇汉儒朴学风尚，专力于古籍整理、辑轶辨伪、语言文字研究及古代史地、天文历法、典章制度等方面的训诂考据，朴学大盛。其间又有吴派、皖派之分。吴派导源于吴中惠周惕而成于惠栋，钱大昕、王鸣盛、江藩为中坚。该派以保守汉人学说为主，专力搜集汉儒经说加以整理考订，旁及史地、典章、音韵、金石之学。皖派导源于江永而成于皖南戴震，段玉裁、王念孙、王引之为著名传人，主张以文字学为基础，从训诂、音韵、典章制度等方面阐明经典义理，敢于突破汉人成说，提出己见。吴、皖学风虽有区分，但相互之间"不立门户，不相党伐"（《清史稿·儒林》），在整理中国古代文献方面成就卓著。其"实事求是""无征不信"的汉学路径，与近世实证主义研究方法颇相契合，对民国学术有重大影响。但"为考据而考据"的学术趣向，终使考据之法限于考经证史，于社会经济、政治进步无涉，而且烦琐弊端不可避免。

三、道咸同光——经世实学复兴，近代新学崛起

乾嘉时，常州庄存与、刘逢禄提倡今文经学。道咸间，随着西方殖民主义东侵，学者痛感亡国之祸迫在眉睫，遂一反乾嘉诸老学术道路而更变学风。龚自珍、魏源等继承庄、刘，力倡今文经学，以讲解微言大义干预时政，又讲求兵农河漕、边防海防等实用之学，还主张学习西方科学技术，以期"师夷长技以制夷"。道咸间经世实学是传统学术向近代新学转变的中介和桥梁。

同光之际，伴随洋务运动的开展，冯桂芬、郭嵩焘、郑观应、薛福成、王韬等人开晚清新学之先河。甲午战后，康有为、梁启超、严复进而倡言新学，以西方近代社会科学理论为武器，批判君主专制，力主变法图强。

康有为继承发扬今文经学传统，批驳东汉古文诸经，以"孔子改制"为旗帜，并借鉴英、日等国的立国理论力倡维新变法。谭嗣同改造陆、王心学，糅合儒、佛、西学建立"仁学"，尖锐抨击纲常名教及专制制度，其反传统之决绝，在晚清新学家中独树一帜。康有为门生梁启超作为戊戌变法鼓动家，以《时务报》、时务学堂为阵地，用"饱带情感之笔"，鼓吹新思想，介绍西方社会、政治、经济学说，并与旧学派名士展开学术上的新旧之争，影响极于一

时。变法失败后，梁启超亡命日本，十余年间，广览日译西书，又游历欧美，于从政外用力学术史研究，成一代国学宗师。严复是第一个系统译介西方学术文化的大师。1898年译《天演论》，向中国人介绍进化学说。在清末民初二十余年间，进化论成为中国学术界最具影响力与震撼力的学说。此后，又陆续翻译《原富》《群己权界论》《法意》《社会通诠》《穆勒名学》等，系统介绍西方学术经典。现代经济学、历史学、政治学、法学、社会学、逻辑学等与传统经、史、子、集面貌迥异的新兴学科得以借鉴萌生，由此掀开中国现代学术学科体系建设之序幕。

沈乙庵先生七十寿序

王国维

我朝三百年间，学术三变：国初一变也，乾嘉一变也，道咸以降一变也。顺康之世，天造草昧，学者多胜国遗老，离丧乱之后，志在经世，故多为致用之学。求之经史，得其本原，一扫明代苟且破碎之习，而实学以兴。雍乾以后，纪纲既张，天下大定，士大夫得肆意稽古，不复视为经世之具，而经史小学专门之业兴焉。道咸以降，涂辙稍变，言经者及今文，考史者兼辽、金、元，治地理者逮四裔，务为前人所不为，虽乘乾嘉专门之学，然亦逆睹世变，有国初诸老经世之志。故国初之学大，乾嘉之学精，道咸以降之学新。窃于其间得开创者三人焉：曰昆山顾先生，曰休宁戴先生，曰嘉定钱先生。国初之学创于亭林，乾嘉之学创于东原、竹汀。道咸以降之学，乃二派之合而稍偏至者，其开创者仍当于二派中求之焉。盖尝论之，亭林之学，经世之学也，以经世为体，以经史为用。东原、竹汀之学，经史之学也，以经史为体，而其所得往往裨于经世。盖一为开国时之学，一为全盛时之学，且涂术不同，亦时势使之然也。道咸以降，学者尚承乾嘉之风，然其时政治风俗已渐变于昔，国势亦稍稍不振。士大夫有忧之而不知所出，乃或托于先秦西汉之学，以图变革一切，然颇不循国初及乾嘉诸老为学之成法。其所陈夫古者，不必尽如古人之真；而其所以切今者，亦未必适中当世之弊。其言可以情感，而不能尽以理究。如龚璱人、魏默深之俦，其学在道咸后虽不逮国初乾嘉二派之盛，然为此二派之所不能摄其逸而出此者，亦时势使之然也。今者时事又剧变矣，学术之必变盖不待言，世之言学者辄伥伥无所归，顾莫不推嘉兴沈先生，以为亭林、东原、竹汀者俦也。先生少年固已尽通国初及乾嘉诸家之说，中年治辽、金、元三史，治四裔地理，又为道咸以降之学。然一秉先正成法，无或逾越。其于人心世道之污隆，政事之利病，必穷其原委似国初诸老。其视经史为独立之学，而益探其奥窔，拓其区宇，不让乾嘉诸先生。至于综览百家，旁及二氏，一以治经史之法治之，则又为自来学者所未及。若夫缅想在昔，达观时变，有先知之哲，有不可解之情，知天而不任天，遗世而不忘世，如古圣哲之所感者，则仅以其一二见于歌诗，发为口说，言之不能以详，世所得而窥见者，其为学之方法而已。夫学问之品类不同，而其方法则一。国初诸老用此以治经世之学，乾嘉诸老用之以治经史之学，先生复广之以治一切诸学，趣博而旨约，识高而议平，其忧世之深，有过于龚、魏，而择术之慎，不后于戴、钱。学者得其片言，具其一体，犹足以名一家、立一说。其所以继承前哲者以此，其所以开创来学者亦以此。使后之学术变而不失其正鹄者，其必由先生之道矣。窃又闻之，国家与学术为存亡，天而未厌中国也，必不亡其学术；天不欲亡中国之学术，则于学术所寄之人必因而笃之。世变愈亟，则所以笃之者愈至。使伏生、浮邱伯辈，天不畀以期颐之寿，则《诗》《书》绝于秦火矣。既验于古，必验于今。其在《诗》曰："乐只君子，邦君之基。乐只君子，万寿无期。"又曰："乐只君子，邦家之光。乐只君子，万寿无疆。"若先生者，非所谓学术所寄者欤？非所谓"邦家之基""邦家之光"者欤？己未二月，先生年正七十，因书先生之学，所以继往开来者，以寿先生，并使世人知先生自兹以往，康强寿耇，永永无疆者，固可由天之不亡中国学术卜之矣。

　　［录自《观堂集林（外二种）》卷二十三，河北教育出版社2001年版，第574~575页］

　　（参校于闽梅编《大家国学·王国维》，天津人民出版社2009年版，第185~186页）

清代学术概论（节录）

梁启超

"清代思潮"果何物耶？简单言之：则对于宋明理学之一大反动，而以"复古"为其职志者也。其动机及其内容，皆与欧洲之"文艺复兴"绝相类。而欧洲当"文艺复兴期"经过以后所发生之新影响，则我国今日正见端焉。其盛衰之迹，恰如前节所论之四期。

其启蒙期运动之代表人物，则顾炎武、胡渭、阎若璩也。其时正值晚明王学极盛而敝之后，学者习于"束书不观，游谈无根"，理学家不复能系社会之信仰。炎武等乃起而矫之，大倡"舍经学无理学"之说，教学者脱宋明儒羁勒，直接反求之于古经。而若璩辨伪经，唤起"求真"观念；渭攻"河洛"，扫架空说之根据，于是清学之规模立焉。同时对于明学之反动，尚有数种方向。其一，颜元、李塨一派，谓"学问固不当求诸暝想，亦不当求诸书册，惟当于日常行事中求之"。而刘献廷以孤往之姿，其得力处亦略近于此派。其二，黄宗羲、万斯同一派，以史学为根据，而推之于当世之务。顾炎武所学，本亦具此精神。而黄、万辈规模之大不逮顾，故专向此一方面发展。同时顾祖禹之学，亦大略同一径路。其后则衍为全祖望、章学诚等，于清学为别派。其三，王锡阐、梅文鼎一派，专治天算，开自然科学之端绪焉。此诸派者，其研究学问之方法，皆与明儒根本差异。除颜、李一派中绝外，其余皆有传于后，而顾、阎、胡"尤为正统派"不祧之大宗。其犹为旧学（理学）坚守残垒、效死勿去者，则有孙奇逢、李中孚、陆世仪等，而其学风已由明而渐返于宋。即诸新学家，其思想中，留宋人之痕迹犹不少。故此期之复古，可谓由明以复于宋，且渐复于汉、唐。

其全盛运动之代表人物，则惠栋、戴震、段玉裁、王念孙、王引之也，吾名之曰正统派。试举启蒙派与正统派相异之点：一，启蒙派对于宋学，一部分猛烈攻击，而仍因袭其一部分；正统派则自固壁垒，将宋学置之不议不论之列。二，启蒙派抱通经致用之观念，故喜言成败得失经世之务；正统派则为考证而考证，为经学而治经学。正统派之中坚，在皖与吴。开吴者惠，开皖者戴。惠栋受学于其父士奇。其弟子有江声、余萧客，而王鸣盛、钱大昕、汪中、刘台拱、江藩等皆汲其流。戴震受学于江永，亦事栋以先辈礼。震之在乡里，衍其学者，有金榜、程瑶田、凌廷堪、三胡——匡衷、培翚、春乔——等。其教于京师，弟子之显者，有任大椿、卢文弨、孔广森、段玉裁、王念孙。念孙以授其子引之。玉裁、念孙、引之最能光大震学，世称戴、段、二王焉。其实清儒最恶立门户，不喜以师弟相标榜。凡诸大师皆交相师友，更无派别可言也。惠、戴齐名，而惠尊闻好博，戴深刻断制。惠仅"述者"，而戴则"作者"也。受其学者，成就之大小亦因以异，故正统派之盟主必推戴。当时学者承流向风各有建树者，不可数计。而纪昀、王昶、毕沅、阮元辈，皆处贵要，倾心宗尚，隐若护法，于是兹派称全盛焉。其治学根本方法，在"实事求是""无征不信"。其研究范围，以经学为中心，而衍及小学、音韵、史学、天算、水地、典章制度、金石、校勘、辑逸，等等；而引证取材，多极于两汉，故亦有"汉学"之目。当斯时也，学风殆统于一。启蒙期之宋学残绪，亦莫能续。仅有所谓古文家者，假"因文见道"之名，欲承其祧，时与汉学为难，然志力两薄，不足以张其军。

其蜕分期运动之代表人物，则康有为、梁启超也。当正统派全盛时，学者以专经为尚，于是有庄存与，始治《春秋公羊传》有心得，而刘逢禄、龚自珍最能传其学。《公羊传》者，"今文学"也。东汉时，本有今文古文之争，甚烈。《诗》之"毛传"，《春秋》之"左传"，及《周官》，皆晚出，称古文，学者不信之。至汉末而古文学乃盛。自阎若璩攻《伪古文尚书》得胜，渐开学者疑经之风。于是刘逢禄大疑《春秋左氏传》，魏源大疑《诗毛氏传》。若《周官》，则宋以来固多疑之矣。康有为乃综集诸家说，严画今古文分野，谓凡东汉晚出之古文经传，皆刘歆所伪造。正统派所最尊崇之许、郑，皆在所排击。则所谓复古者，由东汉以复于西汉。有为又宗公羊，立"孔子改制"说，谓六经皆孔子所作，尧舜皆孔子依托，而先秦诸子，亦罔不"托古改制"。实极大胆之论，对于数千年经籍谋一突飞的大解放，以开自由研究之门。其弟子最著者，陈千秋、梁启超。千秋早卒。启超以教授著述，大弘其学。然启超与正统派因缘较深，时时不慊于其师之武断，故末流多有异同。有为、启超皆抱启蒙期"致用"的观念，借经术以文饰其政论，颇失"为经学而治经学"之本意，故其业不昌，而转成为欧西思想输入之导引。

清学之蜕分期，同时即其衰落期也。顾、阎、胡、惠、戴、段、二王诸先辈，非特学识渊粹卓绝，即行谊亦至狷洁。及其学既盛，举国希声附和，浮华之士亦竞趋焉，固已渐为社会所厌。且兹学荦荦诸大端，为前人发挥略尽，后起者率因袭补苴，无复创作精神；即有发明，亦皆末节，汉人所谓"碎义逃难"也。而其人犹自倨贵，俨成一种"学阀"之观。今古文之争起，互相诋諆，缺点益暴露。海通以还，外学输入，学子憬然于竺旧之非计，相率吐弃之，其命运自不能以复久延。然在此期中，犹有一二大师焉，为正统派死守最后之壁垒，曰俞樾，曰孙诒让，皆得流于高邮王氏。樾著书，惟二三种独精绝，余乃类无行之袁枚，亦衰落期之一征也。诒让则有醇无疵，得此后殿，清学有光矣。樾弟子有章炳麟，智过其师，然亦以好谈政治，稍荒厥业。而绩溪诸胡之后有胡适者，亦用清儒方法治学，有正统派遗风。

综观二百余年之学史，其影响及于全思想界者，一言蔽之，曰"以复古为解放"。第一步，复宋之古，对于王学而得解放。第二步，复汉唐之古，对于程朱而得解放。第三步，复西汉之古，对于许郑而得解放。第四步，复先秦之古，对于一切传注而得解放。夫既已复先秦之古，则非至对于孔孟而得解放焉不止矣。然其所以能著著奏解放之效者，则科学的研究精神实启之。今清学固衰落矣，"四时之运，成功者退"，其衰落乃势之必然，亦事之有益者也。无所容其痛惜留恋，惟能将此研究精神转用于他方向，则清学亡而不亡也矣。

············

综上所述，可知启蒙期之思想界，极复杂而极绚烂。其所以致此之原因有四：

第一，承明学极空疏之后，人心厌倦，相率返于沈实。

第二，经大乱后，社会比较的安宁，故人得有余裕以自厉于学。

第三，异族入主中夏，有志节者耻立乎其朝，故刊落声华，专集精力以治朴学。

第四，旧学派权威既坠，新学派系统未成，无"定于一尊"之弊，故自由研究之精神特盛。

其研究精神，因环境之冲动，所趋之方向亦有四：

第一，因矫晚明不学之弊，乃读古书，愈读而愈觉求真解之不易，则先求诸训诂、名物、典章、制度，等等，于是考证一派出。

第二，当时诸大师，皆遗老也。其于宗社之变，类含隐痛，志图匡复，故好研究古今史迹成败，地理阨塞，以及其他经世之务。

第三，自明之末叶，利玛窦等输入当时所谓西学者于中国，而学问研究方法上，生一种外来的变化。其初惟治天算者宗之，后则渐应用于他学。

第四，学风既由空返实，于是有从书上求实者，有从事上求实者。南人明敏多条理，故向著作方面发展。北人朴悫坚卓，故向力行方面发展。

此启蒙期思想发展途径之大概也。

然则第二期之全盛时代，独所谓正统派者（考证学）充量发达，余派则不盛，或全然中绝。其故何耶？以吾所思，原因亦有四：

一、颜、李之力行派，陈义甚高，然未免如庄子评墨子所云，"其道大觳"，恐"天下不堪"（《天下篇》）。此等苦行，惟有宗教的信仰者能践之，然已不能责望之于人。颜元之教，既绝无"来生的""他界的"观念，在此现实界而惟恃极单纯极严冷的道德义务观念，教人牺牲一切享乐，本不能成为天下之达道。元之学所以一时尚能光大者，因其弟子直接受彼之人格的感化。一再传后，感化力递减，其渐归衰灭，乃自然之理。况其所谓实用之"艺"，因社会变迁，非皆能周于用，而彼所最重者在"礼"。所谓"礼"者，二千年前一种形式，万非今日所能一一实践。既不能，则实者乃反为虚矣。此与当时求实之思潮，亦不相吻合，其不能成为风气也固宜。

二、吾尝言当时"经世学派"之昌，由于诸大师之志存匡复。诸大师始终不为清廷所用，固已大受猜忌。其后文字狱频兴，学者渐惴惴不自保，凡学术之触时讳者，不敢相讲习。然英拔之士，其聪明才力，终不能无所用也。诠释故训，究索名物，真所谓"于世无患、与人无争"，学者可以自藏焉。又所谓经世之务者，固当与时消息，过时焉则不适用。治此学者既未能立见推行，则藏诸名山，终不免成为一种空论。等是空论，则浮薄之士，何尝不可剽说以自附？附者众则乱真而见厌矣。故乾嘉以降，此派衰熄，即治史学地理学者，亦全趋于考证方面，无复以议论行之矣。

三、凡欲一种学术之发达，其第一要件，在先有精良之研究法。清代考证学，顾、阎、胡、惠、戴诸师，实辟出一新途径，俾人人共循。贤者识大，不贤识小，皆可勉焉。中国积数千年文明，其古籍实有研究之大价值，如金之蕴于矿者至丰也。而又非研究之后，加以整理，则不能享其用，如在矿之金，非开采磨治焉不得也。故研究法一开，学者既感其有味，又感其必要，遂靡然向风焉。愈析而愈密，愈濬而愈深，盖此学派在当时饶有开拓之余地，凡加入派中者，苟能忠实从事，不拘大小，而总可以有所成，所以能拔异于诸派而独光大也。

四、清学之研究法，既近于"科学的"，则其趋向似宜向科学方面发展。今专用之于考古，除算学、天文外，一切自然科学皆不发达，何也？凡一学术之兴，一面须有相当之历史，一面又乘特殊之机运。我国数千年学术，皆集中社会方面，于自然界方面素不措意，此无庸为讳也。而当时又无特别动机，使学者精力转一方向。且当考证新学派初兴，可开拓之殖民地太多，才智之士正趋焉，自不能分力于他途。天算者，经史中所固有也，故能以附庸之资格连带发达，而他无闻焉。其实欧洲之科学，亦直至近代而始昌明，在彼之"文艺复兴"时，其学风亦偏于考古。盖学术进化必经之级，应如是矣。

…………

正统派之学风，其特色可指者略如下：

一、凡立一义，必凭证据；无证据而以臆度者，在所必摈。

二、选择证据，以古为尚。以汉唐证据难宋明，不以宋明证据难汉唐；据汉魏可以难唐，据汉可以难魏晋，据先秦西汉可以难东汉。以经证经，可以难一切传记。

三、孤证不为定说。其无反证者姑存之，得有续证则渐信之，遇有力之反证则弃之。

四、隐匿证据或曲解证据，皆认为不德。

五、最喜罗列事项之同类者，为比较的研究，而求得其公则。

六、凡采用旧说，必明引之，剿说认为大不德。

七、所见不合，则相辩诘，虽弟子驳难本师，亦所不避，受之者从不以为忤。

八、辩诘以本问题为范围，词旨务笃实温厚。虽不肯枉自己意见，同时仍尊重别人意见。有盛气凌轹，或支离牵涉，或影射讥笑者，认为不德。

九、喜专治一业，为"窄而深"的研究。

十、文体贵朴实简絜，最忌"言有枝叶"。

当时学者，以此种学风相矜尚，自命曰"朴学"。其学问之中坚，则经学也。经学之附庸则小学,以次及于史学、天算学、地理学、音韵学、律吕学、金石学、校勘学、目录学,等等,一皆以此种研究精神治之。质言之,则举凡自汉以来书册上之学问,皆加以一番磨琢,施以一种组织。其直接之效果:一,吾辈向觉难读难解之古书,自此可以读可以解。二,许多伪书及书中窜乱芜秽者,吾辈可以知所别择,不复虚縻精力。三,有久坠之绝学,或前人向不注意之学,自此皆卓然成一专门学科,使吾辈学问之内容,日益丰富。其间接之效果:一,读诸大师之传记及著述,见其"为学问而学问",治一业终身以之,铢积累寸,先难后获,无形中受一种人格的观感,使吾辈奋兴向学。二,用此种研究法以治学,能使吾辈心细,读书得间;能使吾辈忠实,不欺饰;能使吾辈独立,不雷同;能使吾辈虚受,不敢执一自是。

正统派所治之学,为有用耶?为无用耶?此甚难言。试持以与现代世界诸学科比较,则其大部分属于无用,此无可讳言也。虽然,有用无用云者,不过相对的名词。老子曰:"三十辐共一毂,当其无,有车之用。"此言乎以无用为用也。循斯义也,则凡真学者之态度,皆当为学问而治学问。夫用之云者,以所用为目的,学问则为达此目的之一手段也。为学问而治学问者,学问即目的,故更无有用无用之可言。庄子称"不龟手之药,或以霸,或不免于洴澼絖"。此言乎为用不为用,存乎其人也。循斯义也,则同是一学,在某时某地某人治之为极无用者,易时易地易人治之,可变为极有用,是故难言也。其实就纯粹的学者之见地论之,只当问成为学不成为学,不必问有用与无用,非如此则学问不能独立,不能发达。夫清学派固能成为学者也,其在我国文化史上有价值者以此。

…………

道、咸以后,清学曷为而分裂耶?其原因,有发于本学派之自身者,有由环境之变化所促成者。

所谓发于本学派自身者何耶?其一,考证学之研究方法虽甚精善,其研究范围却甚拘迂。就中成绩最高者,惟训诂一科,然经数大师发明略尽,所余者不过糟粕。其名物一科,考明堂,考燕寝,考弁服,考车制,原物今既不存,聚讼终未由决。典章制度一科,言丧服,言禘祫,言封建,言井田,在古代本世有损益变迁,即群书亦末由折衷通会。夫清学所以能夺明学之席而与之代兴者,毋亦曰彼空而我实也?今纷纭于不可究诘之名物制度,则其为空也,与言心言性者相去几何？甚至言《易》者摈"河图洛书"而代以"卦气爻辰"，其矫诬正相类。诸如此类者尚多，殊不足以服人。要之清学以提倡一"实"字而盛，以不能贯彻一"实"字而衰，自业自得，固其所矣。其二，凡一有机体发育至一定限度，则凝滞不复进，因凝滞而腐败，而衰谢，此物理之恒也。政制之蜕变也亦然，学派之蜕变也亦然。清学之兴，对于明之"学阀"而行革命也。乃至乾嘉以降，而清学已自成为炙手可热之一"学阀"。即如方东树之《汉学商兑》，其意气排轧之处固甚多，而切中当时流弊者抑亦不少，然正统派诸贤，莫之能受，其驺卒之依附末光者，且盛气以临之。于是思想界成一"汉学专制"之局。学派自身，既有缺点，而复行以专制，此破灭之兆矣。其三，清学家既教人以尊古，又教人以善疑。既尊古矣，则有更古焉者，固在所当尊。既善疑矣，则当时诸人所共信者，吾曷为不可疑之？盖清学经乾嘉全盛以后，恰如欧洲近世史初期，各国内部略奠定，不能不有如科仑布其人者别求新陆，故在本派中有异军突起，而本派之命运，遂根本摇动，则亦事所必至、理有固然矣。

所谓由环境之变化所促成者何耶？其一，清初"经世致用"之一学派所以中绝者，固由学风正趋于归纳的研究法，厌其空泛，抑亦因避触时忌，聊以自藏。嘉道以还，积威日弛，人心已渐获解放，而当文恬武嬉之既极，稍有识者，咸知大乱之将至。追寻根源，归咎于学非所用，则最尊严之学阀，自不得不首当其冲。其二，清学之发祥地及根据地，本在江浙；咸同之乱，江浙受祸最烈，文献荡然，后起者转徙流离，更无余裕以自振其业，而一时英拔之士，奋志事功，更不复以学问为重。凡学术之赓续发展，非比较的承平时代则不能。咸同间之百学中落，固其宜矣。其三，"鸦片战役"以后，志士扼腕切齿，引为大辱奇戚，思所以自湔拔；经世致用观念之复活，炎炎不可抑。又海禁既开，所谓"西学"者逐渐输入，始则工艺，次则政制。学者若生息于漆室之中，不知室外更何所有，忽穴一牖外窥，则粲然者皆昔所未睹也，还顾室中，则皆沈黑积秽。于是对外求索之欲日炽，对内厌弃之情日烈。欲破壁以自拔于此黑暗，不得不先对于旧政治而试奋斗，于是以其极幼稚之"西学"知识，与清初启蒙期所谓"经世之学"者相结合，别树一派，向于正统派公然举叛旗矣。此则清学分裂之主要原因也。

…………

读吾书者，若认其所采材料尚正确，所批评亦不甚纰缪，则其应起之感想，有数种如下。

其一，可见我国民确富有"学问的本能"。我国文化史确有研究价值，即一代而已见其概。故我辈虽当一面尽量吸收外来之新文化，一面仍万不可妄自菲薄，蔑弃其遗产。

其二，对于先辈之"学者的人格"，可以生一种观感。所谓"学者的人格"者，为学问而学问，断不以学问供学问以外之手段。故其性耿介，其志专一，虽若不周于世用，然每一时代文化之进展，必赖有此等人。

其三，可以知学问之价值，在善疑，在求真，在创获。所谓研究精神者，归著于此点。不问其所疑、所求、所创者在何部分，亦不问其所得之巨细，要之经一番研究，即有一番贡献。必如是始能谓之增加遗产，对于本国之遗产当有然，对于全世界人类之遗产亦当有然。

其四，将现在学风与前辈学风相比照，令吾曹可以发现自己种种缺点。知现代学问上笼统影响凌乱肤浅等等恶现象，实我辈所造成。此等现象，非彻底改造，则学问永无独立之望，且生心害政，其流且及于学问社会以外。吾辈欲为将来之学术界造福耶？抑造罪耶？不可不取鉴前代得失以自策厉。

吾著此书之宗旨，大略如是。而吾对于我国学界之前途，实抱非常乐观。盖吾稽诸历史，征诸时势，按诸我国民性，而信其于最近之将来，必能演出数种潮流，各为充量之发展。吾今试为预言于此，吾祝吾观察之不谬，而希望之不虚也。

一、自经清代考证学派二百余年之训练，成为一种遗传，我国学子之头脑，渐趋于冷静缜密。此种性质，实为科学成立之根本要素。我国对于"形"的科学（数理的），渊源本远，根柢本厚；对于"质"的科学（物理的），因机缘未熟，暂不发展。今后欧美科学，日日输入，我国民用其遗传上极优粹之科学的头脑，凭借此等丰富之资料，瘁精研究，将来必可成为全世界第一等之"科学国民"。

二、佛教哲学，本为我先民最珍贵之一遗产，特因发达太过，末流滋弊，故清代学者，对于彼而生剧烈之反动。及清学发达太过，末流亦敝，则还元的反动又起焉。适值全世界学风，亦同有此等倾向，物质文明烂熟，而"精神上之饥饿"益不胜其苦痛。佛教哲学，盖应于此时代要求之一良药也。我国民性，对于此种学问，本有特长，前此所以能发达者在此。今后此特性必将复活。虽然，隋唐之佛教，非复印度之佛教，而今后复活之佛教亦必非复隋唐之佛教。质言之，则"佛教上之宗教改革"而已。

三、所谓"经世致用"之一学派，其根本观念，传自孔孟，历代多倡道之，而清代之启蒙派晚出派，益扩张其范围。此派所揭橥之旗帜，谓学问有当讲求者，在改良社会增其幸福，其通行语所谓"国计民生"者是也。故其论点，不期而趋集于生计问题。而我国对于生计问题之见地，自先秦诸大哲，其理想皆近于今世所谓"社会主义"。二千年来生计社会之组织，亦蒙此种理想之赐，颇称均平健实。今此问题为全世界人类之公共问题，各国学者之头脑，皆为所恼。吾敢言我国之生计社会，实为将来新学说最好之试验场，而我国学者对于此问题，实有最大之发言权，且尤当自觉悟其对此问题应负最大之任务。

四、我国文学美术根柢极深厚，气象皆雄伟，特以其为"平原文明"所产育，故变化较少。然其中徐徐进化之迹，历然可寻，且每与外来之宗派接触，恒能吸受以自广。清代第一流人物，精力不用诸此方面，故一时若甚衰落，然反动之征已见。今后西洋之文学美术，行将尽量收入，我国民于最近之将来，必有多数之天才家出焉，采纳之而傅益以己之遗产，创成新派，与其他之学术相联络呼应，为趣味极丰富之民众的文化运动。

五、社会日复杂，应治之学日多，学者断不能如清儒之专研古典；而固有之遗产，又不可蔑弃，则将来必有一派学者焉，用最新的科学方法，将旧学分科整治，撷其粹，存其真，续清儒未竟之绪，而益加以精严，使后之学者既节省精力，而亦不坠其先业；世界人之治"中华国学"者，亦得有藉焉。

以吾所观察所希望，则与清代兴之新时代，最少当有上列之五大潮流，在我学术界中，各为猛烈之运动，而并占重要之位置。若今日者，正其启蒙期矣。吾更愿陈余义以自厉，且厉国人。

一、学问可嗜者至多，吾辈当有所割弃然后有所专精。对于一学，为彻底的忠实研究，不可如刘献廷所谓"只教成半个学者"（《广阳杂记》卷五），力洗晚清笼统肤浅凌乱之病。

二、善言政者，必曰"分地自治，分业自治"，学问亦然，当分业发展，分地发展。分业发展之义易明，不赘述。所谓分地发展者，吾以为我国幅员，广埒全欧,气候兼三带,各省或在平原,或在海滨,或在山谷。三者之民,各有其特性,自应发育三个体系以上之文明。我国将来政治上各省自治基础确立后,应各就其特性,于学术上择一二种为主干。例如某省人最宜于科学,某省人最宜于文学美术,皆特别注重,求为充量之发展。必如是,然后能为本国文化、世界文化作充量之贡献。

三、学问非一派可尽。凡属学问,其性质皆为有益无害,万不可求思想统一,如二千年来所谓"表章某某、罢黜某某"者。学问不厌辨难,然一面申自己所学,一面仍尊人所学,庶不至入主出奴,蹈前代学风之弊。

(录自《梁启超论清学史二种》,复旦大学出版社1985年版,第3~6、22~24、39~40、57~59、85~88页)

(参校《梁启超全集》第十卷,北京出版社1999年版,第3069~3071、3078~3079、3085~3086、3094~3095、3108~3109页)

清代学术变迁与政治的影响[①](节录)

梁启超

一六四四年三月十九日以前,是明崇祯十七年;五月初十日之后,便变成清顺治元年了。本来一姓兴亡,在历史上算不得什么一回大事,但这回却和从前有点不同。新朝是"非我族类"的满洲,而且来得太过突兀,太过侥幸。北京、南京一年之中,唾手而得,抵抗力几等于零。这种激刺,唤起国民极痛切的自觉,而自觉的率先表现实在是学者社会。鲁王、唐王在浙、闽,永历帝在两广、云南,实际上不过几十位白面书生——如黄石斋(道周)、钱忠介、张苍水(煌言)、王完勋(翊)、瞿文忠(式耜)、陈文忠(子壮)、张文烈(家玉)……诸贤在那里发动主持。他们多半是"无官守无言责"之人,尽可以不管闲事,不过想替本族保持一分人格,内则隐忍迁就于悍将暴卒之间,外则与"泰山压卵"的新朝为敌。虽终归失败,究竟已把残局支撑十几年,成绩也算可观了。就这一点论,那时候的学者,虽厌恶阳明学派,我们却应该从这里头

---

① 原标题分上、中、下,今合为一篇;原文中部分夹注文字已由编者删除。

认取阳明学派的价值。因为这些学者留下许多可歌可泣的事业，令我们永远景仰。他们自身，却都是——也许他们自己不认——从"阳明学派"这位母亲的怀里哺养出来。

这些学者虽生长在阳明学派空气之下，因为时势突变，他们的思想也象蚕蛾一般，经蜕化而得一新生命。他们对于明朝之亡，认为是学者社会的大耻辱大罪责，于是抛弃明心见性的空谈，专讲经世致用的实务。他们不是为学问而做学问，是为政治而做学问。他们许多人都是把半生涯送在悲惨困苦的政治活动中，所做学问，原想用来做新政治建设的准备；到政治完全绝望，不得已才做学者生活。他们里头，因政治活动而死去的人很多，剩下生存的也断断不肯和满洲人合作，宁可把梦想的"经世致用之学"依旧托诸空言，但求改变学风以收将来的效果。黄梨洲、顾亭林、王船山、朱舜水，便是这时候代表人物。他们的学风，都在这种环境中间发生出来。

满洲人的征服事业，初时象很容易，越下去越感困难。顺治朝十八个年头，除闽、粤、桂、滇之大部分始终奉明正朔外，其余各地扰乱，未尝停息。就文化中心之江浙等省，从清师渡江后，不断的反抗。郑延平（成功）、张苍水（煌言）会师北伐时，大江南北，一个月间，几乎全部恢复。到永历帝从缅甸人手上卖给吴三桂的时候，顺治帝已死去七个月了。康熙帝即位那年，云南荡平，郑氏也遁入台湾，征服事业，总算告一个结束。但不久又有三藩之乱，扰攘十年，方才戡定。所以满洲人虽仅用四十日工夫便奠定北京，却须用四十年工夫才得有全中国。他们在这四十年里头，对于统治中国人方针，积了好些经验。他们觉得用武力制服那降将悍卒没有多大困难，最难缠的是一班"念书人"，——尤其是少数有学问的学者。因为他们是民众的指导人，统治前途暗礁，都在他们身上。满洲政府用全副精神对付这问题，政策也因时因人而变。略举大概可分三期：

第一期，顺治元年至十年约十年间，利用政策。

第二期，顺治十一二年至康熙十年约十七八年间，高压政策。

第三期，康熙十一二年以后，怀柔政策。

第一期为睿王多尔衮摄政时代。清兵仓猝入关，一切要靠汉人为虎作伥。所以一面极力招纳降臣，一面运用明代传来的愚民工具——八股科举，年年闹什么"开科取士"，把那些热中富贵的人先行绊住。第二期，自多尔衮死去，顺治帝亲政，政策渐变。那时除了福建、两广、云南尚有问题外，其余全国大部分，都已在实力统治之下。那群被"诱奸"过的下等"念书人"，不大用得着了。于是板起面孔，抓着机会便给他们点苦头吃吃。其对于个人的操纵，如陈名夏、陈之遴、钱谦益、龚鼎孳那班贰臣，遭蹴得淋漓尽致。其对于全体的打击，如顺治十四年以后连年所起的科场案，把成千成万的八股先生吓得人人打噤。那时清廷最痛恨的是江浙人。因为这地方是人文渊薮，舆论的发纵指示所在，"反满洲"的精神到处横溢。所以自"窥江之役"以后，借"江南奏销案"名目，大大示威。被牵累者一万三千余人，缙绅之家无一获免。这是顺治十八年的事。其时康熙帝已即位，鳌拜一派执政，袭用顺治末年政策，变本加厉。他们除遭蹴那等下等念书人外，对于真正知识阶级，还兴许多文字狱，加以特别摧残。最著名的，如康熙二年湖州庄氏史案，一时名士如潘力田（柽章）、吴赤溟（炎）等七十多人同时遭难。此外，如孙夏峰于康熙三年被告对簿，顾亭林于康熙七年在济南下狱，黄梨洲被悬购缉捕，前后四年，这类史料，若子细搜集起来，还不知多少。这种政策，徒助长汉人反抗的气焰，毫无效果。到第三期，值康熙帝亲政后数年，三藩之乱继起。康熙本人的性格，本来是阔达大度一路，当着这变乱时代，更不能不有戒心，于是一变高压手段为怀柔手段。他的怀柔政策，分三着实施。第一着，为康熙十二年之荐举山林隐逸。第二着，为康熙十七年之荐举博学鸿儒。但这两着总算失败了，被买收的都是二三等人物，稍微好点的也不过新进后辈。那些负重望的大师，一位也网罗不着，倒惹起许多恶感。第三着为康熙十八年之开《明史》馆。这一着却有相当的成功。因为许多学者，对于故国文献，十分爱恋。他们别的事不肯和满洲人合作，这件事到底不是私众之力所能办到，只得勉强将就了。以上所讲，是满洲入关后三四十年对汉政策变迁之大概。除第一期没有多大关系外，第二期的高压和第三期的怀柔，都对于当时学风很有影响。

还有应该附带论及者一事，即康熙帝自身对于学问之态度。他是一位极聪明而精力强满的人，热心向慕文化，有多方面的兴味。他极信学科学，对于天文历算有很深的研究，能批评梅定九的算书。他把许多耶稣会的西洋人——南怀仁、安多、白进、徐日昇、张诚等，放在南书房，叫他们轮日进讲——讲测量、数学、全体学、物理学等等。他得他们的帮助，制定康熙永年历，并著有《数理精蕴》《历象考成》等书，又造成极有名的观象台。——他费三十年实测工夫——专用西洋人绘成一部《皇舆全览图》。这些都是在我们文化史上值得特笔大书的事实。他极喜欢美术。西洋画家焦秉贞是他很得意的内廷供奉；三王的画，也是他的嗜好品。他好讲理学，崇拜程朱。他对于中国历史也有相当的常识，《资治通鉴》终身不离手。他对中国文学也有相当的鉴赏能力。在专制政体之下，君主的好劣，影响全国甚大，所以他当然成为学术史上有关系的人。

把以上各种事实，综合起来，我们可以了解清代初期学术变迁的形势及其来由了。从顺治元年到康熙二十年约三四十年间，完全是前明遗老支配学界。他们所努力者，对于王学实行革命（内中也有对于王学加以修正者）。他们所要建设的新学派方面颇多，而目的总在"经世致用"。他们元气极旺盛，象用大刀阔斧打开局面，但条理不免疏阔。康熙二十年以后，形势渐渐变了。遗老大师，凋谢略尽。后起之秀，多半在新朝生长，对于新朝的仇恨，自然减轻。先辈所讲经世致用之学，本来预备推倒满洲后实见施行。到这时候，眼看满洲不是一时推得倒的，在当时政府之下实现他们理想的政治，也是无望。那么，这些经世学都成为空谈了。况且谈到经世，不能不论到时政，开口便触忌讳。经过屡次文字狱之后，人人都有戒心。一面社会日趋安宁，人人都有安心求学的余裕，又有康熙帝这种"右文之主"极力提倡。所以这个时候的学术界，虽没有前次之波澜壮阔，然而日趋于健实有条理。其时学术重要潮流，约有四支：一阎百诗、胡东樵一派之经学，承顾、黄之绪，直接开后来乾嘉学派；二梅定九、王寅旭一派之历算书，承晚明利、徐之绪，作科学先锋；三陆桴亭、陆稼书一派之程朱学，在王学与汉学之间，折衷过渡；四颜习斋、李刚主一派之实践学，完成前期对王学革命事业而进一步。此则康熙一朝六十年间全学界之大概情形也。

讲到这里，当然会发生两个疑问：第一，那时候科学象有新兴的机运，为什么戛然中止？第二，那时候学派潮流很多，为什么后来只偏向考证学一路发展？我现请先解答第一个问题。

学术界最大的障碍物，自然是八股。八股和一切学问都不相容，而科学为尤甚。清初袭用明朝的八股取士，不管他是否有意借此愚民，抑或误认为一种良制度，总之当时功名富贵皆出于此途，有谁肯抛弃这种捷径而去学艰辛迂远的科学呢？我们最可惜的是，以当时康熙帝之热心西方文物，为何不开个学校造就些人材？就算他不是有心窒塞民智，也不能不算他失策。因为这种专门学问，非专门教授不可。他既已好这些学问，为什么不找些传人呢？所以科举制度，我认为是科学不兴的一个原因。

此外还有很重大的原因，是耶稣会内部的分裂。明末清初那一点点科学萌芽，都是从耶稣会教士手中稗贩进来，前文已经说过。该会初期的教士，传教方法很巧妙。他们对于中国人心理研究得极深透。他们知道中国人不喜欢极端迷信的宗教，所以专把中国人所最感缺乏的科学知识来做引线，表面上象把传教变成附属事业，所有信教的人仍许他们拜"中国的天"和祖宗。这种方法，行之数十年，卓著成效。无奈在欧洲的罗马教皇不懂情形，突然发出有名的"一七〇四年教令"。该教令的内容，现在不必详述。总而言之，是谈前此传教方法之悖谬，勒令他们改变方针，最要的条件是禁拜祖宗。自该教令宣布后，从康熙帝起以至朝野人士都鼓噪愤怒，结果于康熙四十六年把教皇派来的公使送到澳门监禁。传教事业固然因此顿挫，并他们传来那些学问也被带累了。

还有一件附带原因，也是教会行动影响到学界。我们都知道康熙末年因各皇子争位闹得乌烟瘴气。这种宫闱私斗，论理该不至影响到学问，殊不知专制政体之宫廷，一举一动，都有牵一发动全身的力量。相传当时耶稣会教徒党于皇太子允礽，喇嘛寺僧党于雍正帝胤禛，双方暗斗，黑幕重重。后来雍正帝获胜，耶稣会势力遂一败涂地。这种史料，现时虽未得有充分证据，然而口碑相传，大致可信。雍正元年浙闽总督满宝奏请，除在钦天监供职之西洋人外，其余皆驱往澳门看管，不许阑入内地。得旨施行。这件事是否于宫廷阴谋有关，姑且不论。总之康熙五六十年间所延揽的许多欧洲学者，到雍正帝即位之第一年，忽然驱除净尽。中国学界接近欧化的机会从此错过，一搁便搁了二百年了。

其次，要解答"为什么古典考证学独盛"之问题。

明季道学反动，学风自然要由蹈空而变为核实——由主观的推想而变为客观的考察。客观的考察有两条路：一自然界现象方面；二社会文献方面。以康熙间学界形势论，本来有趋重自然科学的可能性，且当时实在也有点这种机兆。然而到底不成功者，其一，如前文所讲，因为种种事故把科学媒介人失掉了；其二，则因中国学者根本习气，看轻了"艺成而下"的学问，所以结果逼着专走文献这条路。但还有个问题，文献所包范围很广，为什么专向古典部分发展，其他多付阙如呢？问到这里，又须拿政治现象来说明。

康熙帝是比较有自由思想的人。他早年虽间兴文字之狱，大抵都是他未亲政以前的事，而且大半由奸民告诉官吏徼功，未必出自朝廷授意。他本身却是阔达大度的人，不独政治上常采宽仁之义，对于学问，亦有宏纳众流气象。试读他所著《庭训格言》，便可以窥见一斑了。所以康熙朝学者，没有什么顾忌，对于各种问题，可以自由研究。到雍正、乾隆两朝却不同了。雍正帝是个极猜忌刻薄的人，而又十分雄鸷。他的地位本从阴谋攘夺而来，不得不立威以自固，屠杀兄弟，诛戮大臣，四处密派侦探，闹得人人战栗。不但待官吏如此，其对于士大夫社会，也极威吓操纵之能事。汪景祺、查嗣庭、吕留良之狱，都是雍正帝匠心独运罗织出来。尤当注意者，雍正帝学问虽远不及乃翁，他却最爱出锋头和别人争辩。他生平有两部最得意的著作，一部是《拣魔辨异录》，专和佛教禅宗底下的一位和尚名弘忍者辩论。一部是《大义觉迷录》，专与吕晚村（留良）的门生曾静辩论。以一位帝王而亲著几十万字书和一位僧侣一位儒生打笔墨官司，在中外历史上真算绝无仅有。从表面看，为研求真理而相辩论，虽帝王也该有这种自由。若仅读他这两部书，我们并不能说他态度不对，而且可以表相当的敬服。但子细搜求他的行迹，他著成《拣魔辨异录》以后，跟着把弘忍的著述尽行焚毁，把弘忍的门徒勒令还俗或改宗。他著成《大义觉迷录》以后，跟着把吕留良剖棺戮尸、全家杀尽，著作也都毁板。象这样子，那里算得讨论学问，简直是欧洲中世教皇的牌子。在这种主权者之下，学者的思想自由，是剥夺净尽了。他在位仅十三年，影响原可以不至甚大，无奈他的儿子乾隆帝，也不是好惹的人。他学问又在乃祖乃父之下，却偏要"附庸风雅"，恃强争胜。他发布禁书令，自乾隆三十九年至四十七年继续烧书二十四回，烧去的书一万三千八百六十二部。直至乾隆五十三年，还有严谕。他一面说提倡文化，一面又抄袭秦始皇的蓝本。所谓"黄金时代"的乾隆六十年，思想界如何的不自由，也可想而知了。

凡当主权者喜欢干涉人民思想的时代，学者的聪明才力，只有全部用去注释古典。欧洲罗马教皇权力最盛时，就是这种现象。我国雍、乾间也是一个例证。记得某家笔记说："内廷唱戏，无论何种剧本都会触犯忌讳，只得专搬演些'封神''西游'之类，和现在社会情状丝毫无关，不至闹乱子。"雍、乾学者专务注释古典，也许是被这种环境所构成。至于他们忠实研究的结果，在文献上有意外的收获和贡献，这是别问题，后文再讲。自康、雍以来，皇帝都提倡宋学——程朱学派，但民间——以江浙为中心，"反宋学"的气势日盛，标出"汉学"名目与之抵抗。到乾隆朝，汉学派殆占全胜。政府方面文化事有应该特笔大书的一件事，曰编纂《四库全书》。四库开馆，始自乾隆三十八年，至四十七年而告成，著录书三千四百五十七部，七万九千七十卷；存目书六千七百六十六部，九万三千五百五十六卷。编成缮写七本，颁贮各地：一、北京禁城之文渊阁本；二、西郊圆明园之文源阁本；三、奉天之文溯阁本；四、热河之文津阁本；五、扬州之文汇阁本；六、镇江之文宗阁本；七、杭州之文澜阁本。原来搜集图书制目录，本属历朝承平时代之常事，但这回和前代却有点不同，的确有他的特别意义和价值。著录的书，每种都替他作一篇提要。这种事业，从前只有私人撰述——如晁公武《郡斋读书志》，陈振孙《直斋书录解题》等，所有批评都不过私人意见。《四库提要》这部书，却是以公的形式表现时代思潮，为向来著述未曾有。当时四库馆中所网罗的学者三百多人，都是各门学问的专家。露骨的说，四库馆就是汉学家大本营，《四库提要》就是汉学思想的结晶体。就这一点论，也可以说是：康熙中叶以来汉宋之争，到开四〔库〕馆而汉学派全占胜利；也可以说是：朝廷所提倡的学风，被民间自然发展的学风压倒。当朱筠（汉学家）初奏请开四库馆时，刘统勋（宋学家）极力反对，结果还是朱说实行。此中消息，研究学术史者不可轻轻放过也。

　　汉学家所乐道的是"乾嘉诸老"。因为乾隆、嘉庆两朝，汉学思想正达于最高潮，学术界全部几乎都被他占领。但汉学派中也可以分出两个支派：一曰吴派，二曰皖派。吴派以惠定宇（栋）为中心，以信古为标帜，我们叫他做"纯汉学"；皖派以戴东原（震）为中心，以求是为标帜，我们叫他做"考证学"。此外尚有扬州一派，领袖人物是焦里堂（循）、汪容甫（中），他们研究的范围，比较的广博；有浙东一派，领袖人物是全谢山（祖望）、章实斋（学诚），他们最大的贡献在史学。以上所举派别，不过从个人学风上，以地域略事区分。其实各派共同之点甚多，许多著名学者，也不能说他们专属哪一派。总之乾嘉间学者，实自成一种学风，和近世科学的研究法极相近，我们可以给他一个特别名称，叫做"科学的古典学派"。他们所做的工作，方面很多，举其重要者如下：

　　一、经书的笺释。几部经和传记，逐句逐字爬梳，引申或改正旧解者不少，大部分是用笔记或专篇体裁，为部分的细密研究。研究进步的结果，有人综合起来作全书的释例或新注新疏，差不多每部经传都有了。

二、史料之搜补鉴别。关于史籍之编著源流，各书中所记之异同真伪、遗文佚事之阙失或散见者，都分部搜集辨证。内中补订各史表志，为功尤多。

三、辨伪书。许多伪书或年代错误之书，都用严正态度辨证，大半成为信谳。

四、辑佚书。许多亡佚掉的书，都从几部大类书或较古的著述里头搜辑出来。

五、校勘。难读的古书，都根据善本，或厘审字句，或推比章节，还他本来面目。

六、文字训诂。此学本经学附庸——因注释经文而起，但后来特别发展，对于各个字意义的变迁及文法的应用，在"小学"的名称之下，别成为一种专门。

七、音韵。此学本"小学"附庸，后来亦变成独立，对于古音、方音、声母、韵母等，发明甚多。

八、算学。在科学中此学最为发达，经学大师，差不多人人都带着研究。

九、地理。有价值的著述不少，但多属于历史沿革方面。

十、金石。此学极发达，里头所属门类不少，近有移到古物学的方向。

十一、方志之编纂。各省府州县，皆有创编或续订之志书，多成于学者之手。

十二、类书之编纂。官私各方面，多努力于大类书之编纂，体裁多与前代不同，有价值的颇多。

十三、丛书之校刻。刻书之风大盛，单行善本固多，其最有文献者，尤在许多大部头的丛书。

以上所列十三项，不过举其大概，分类并不精确，且亦不能包举无遗，但乾嘉诸老的工作，可以略窥一斑了。至于他们的工作法及各项所已表见的成绩如何，下文再分别说明。

乾嘉诸老中有三两位——如戴东原、焦里堂、章实斋等，都有他们自己的哲学，超乎考证学以上，但在当时，不甚为学界所重视。这些内容，也待下文再讲。

乾、嘉间之考证学，几乎独占学界势力，虽以素崇宋学之清室帝王，尚且从风而靡，其他更不必说了。所以稍为时髦一点的阔官乃至富商大贾，都要"附庸风雅"，跟着这些大学者学几句考证的内行话。这些学者得这种有力的外护，对于他们的工作进行，所得利便也不少。总而言之，乾、嘉间考证学，可以说是，清代三百年文化的结晶体，合全国人的力量所构成。凡在社会秩序安宁、物力丰盛的时候，学问都从分析整理一路发展。乾、嘉间考证学所以特别流行，也不外这种原则罢了。

考证学直至今日还未曾破产，而且转到别个方面，和各种社会科学会〔合〕发生影响。虽然，古典考证学，总以乾、嘉两朝为全盛时期，以后便渐渐蜕变，而且大部分趋于衰落了。

蜕变趋衰落的原因，有一部分也可以从政治方面解答。前文讲过，考证古典之学，半由"文网太密"所逼成。就这一点论，雍正十三年间最厉害，乾隆的前三四十年也还吃紧，以后便渐渐松动了。乾隆朝为清运转移的最大枢纽。这位十全老人，席祖父之业，做了六十年太平天子，自谓"德迈三皇，功过五帝"。其实到他晚年，弄得民穷财尽，已种下后来大乱之根。即就他的本身论，因年老倦勤的结果，委政和珅，权威也渐失坠了，不过凭借太厚，所以及身还没有露出破绽来。到嘉庆、道光两朝，乾隆帝种下的恶因，次第要食其报。川、湖、陕的"教匪"，甘、新的"回乱"，浙、闽的海寇，一波未平，一波又起。跟着便是鸦片战争，受国际上莫大的屈辱。在这种阴郁不宁的状态中，度过嘉、道两朝四十五年。

那时候学术界情形怎么样呢？大部分学者依然继续他们考证的工作，但"绝对不问政治"的态度，已经稍变。如大经学家王怀祖（念孙）抗疏劾和珅，大史学家洪稚存（亮吉）应诏直言，以至遭戍。这种举动，在明朝学者只算家常茶饭，在清朝学者真是麟角凤毛了。但是这种一两个人的特别行动，还算与大体无关。欲知思潮之暗地推移，最要注意的是新兴之常州学派。常州派有两个源头，一是经学，二是文学，后来渐合为一。他们的经学是公羊家经说——用特别眼光去研究孔子的《春秋》，由庄方耕（存与）、刘申受（逢禄）开派。他们的文学是阳湖派古文——从桐城派转手而加以解放，由张皋文（惠言）、李申耆（兆洛）开派。两派合一来产出一种新精神，就是想在乾、嘉间考证学的基础之上建设顺、康间"经世致用"之学。代表这种精神的人是龚定庵

（自珍）和魏默深（源）。这两个人的著述，给后来光绪初期思想界很大的影响。这种新精神为什么会发生呢？头一件，考证古典的工作，大部分被前辈做完了，后起的人想开辟新田地，只好走别的路。第二件，当时政治现象，令人感觉不安，一面政府钳制的威权也陵替了，所以思想渐渐解放，对于政治及社会的批评也渐渐起来了。但我们要知道，这派学风，在嘉、道间，不过一枝"别动队"。学界的大势力仍在"考证学正统派"手中。这枝别动队的成绩，也幼稚得很。

咸丰、同治二十多年间，算是清代最大的厄运。……到处风声鹤唳，惨目伤心。政治上生计上所生的变动不用说了，学术上也受非常坏的影响。因为文化中心在江、皖、浙，而江、皖、浙糜烂最甚。公私藏书，荡然无存。未刻的著述稿本，散亡的更不少。许多耆宿学者，遭难凋落。后辈在教育年龄，也多半失学，所谓"乾嘉诸老的风流文采"，到这会只成为"望古遥集"的资料。考证学本已在落潮的时代，到这会更不绝如缕了。

……思想界引出三条新路。其一，宋学复兴。乾、嘉以来，汉学家门户之见极深，"宋学"二字，几为大雅所不道，而汉学家支离破碎，实渐已惹起人心厌倦。罗罗山（泽南）、曾涤生（国藩）在道、咸之交，独以宋学相砥砺，其后卒以书生犯大难成功名。他们共事的人，多属平时讲学的门生或朋友。自此以后，学人轻蔑宋学的观念一变。换个方面说，对于汉学的评价逐渐低落，"反汉学"的思想，常在酝酿中。

其二，西学之讲求。自雍正元年放逐耶稣会教士以后，中国学界和外国学界断绝来往已经一百多年了。道光间鸦片战役失败，逼着割让香港，五口通商，咸丰间英法联军陷京师，烧圆明园，皇帝出走，客死于外。经这次痛苦，虽以麻木自大的中国人，也不能不受点激刺。所以乱定之后，经曾文正、李文忠这班人提倡，忽有"洋务""西学"等名词出现。原来中国几千年来所接触者——除印度外——都是文化低下的民族，因此觉得学问为中国所独有。"西学"名目，实自耶稣教会入来所创始。其时所谓西学者，除测算天文，测绘地图外，最重要者便是制造大炮。阳玛诺、毕方济等之见重于明末，南怀仁、徐日昇等之见重于清初，大半为此。西学中绝，虽有种种原因，但太平时代用不着大炮，最少亦应为原因之一。过去事实既已如此，那么咸、同间所谓讲求西学之动机及其进行路线，自然也该为这种心理所支配。质而言之，自从失香港、烧圆明园之后，感觉有发愤自强之必要，而推求西之所以强，最佩服的是他的"船坚炮利"。上海的江南机器制造局，福建的马尾船政局，就因这种目的设立，又最足以代表当时所谓西学家之心理。同时又因国际交涉种种麻烦，觉得须有些懂外国话的人才能应付，于是在北京总理衙门附设同文馆，在上海制造局附设广方言馆，又挑选十岁以下的小孩子送去美国专学说话。第一期所谓西学，大略如此。这种提倡西学法，不能在学界发生影响，自无待言。但江南制造局成立之后，很有几位忠实的学者——如李壬叔（善兰）、华若汀（蘅芳）等辈在里头，译出几十种科学书，此外国际法及其他政治书也有几种。自此，中国人才知道西人有还藏在"船坚炮利"背后的学问，对于"西学的观念"，渐渐变了。虽然，这是少数中之极少数，一般士大夫对于这种"洋货"，依然极端的轻蔑排斥。当时最能了解西学的郭筠仙（嵩焘），竟被所谓"清流舆论"者万般排挤，侘傺以死。这类事实，最足为时代心理写照了。

其三，排满思想之引动。洪秀全之乱虽终归平定，但他们所打的是"驱逐胡人"这个旗号，与一部分人民心理相应，所以有许多跅驰不羁的人服从他。这种力量，在当时还没有什么，到后来光绪末年盛倡革命时，太平天国之"小说的"故事，实为宣传资料之一种，鼓舞人心的地方很多，所以论史者也不能把这回乱事与一般流寇同视，应该认识他在历史上一种特殊价值了。还有几句话要附带一说。洪秀全之失败，原因很多，最重大的就是他拿那种"四不象的天主教"做招牌，因为这是和国民心理最相反的。他们那种残忍的破坏手段，本已给国民留下莫大恶感，加以宗教招牌，贾怨益甚。中国人对于外来宗教向来采宽容态度，到同治、光绪间，教案层见叠起，虽由许多原因凑成，然而洪秀全的"天父天兄"，当亦为原因之一。因厌恶西教而迁怒西学，也是思想界一种厄运了。

同治朝十三年间，为恢复秩序耗尽精力，所以文化方面无什么特色可说。光绪初年，一口气喘过来了，各种学问，都渐有向荣气象。清朝正统学派——即考证学，当然也继续工作。但普通经学史学的考证，多已被前人做尽，因此他们要走偏锋，为局部的研究。其时最流行的有几种学问：一，金石学；二，元史及西北地理学；三，诸子学。这都是从汉学家门庭孳衍出来。同时因曾文正提倡桐城古文，也有些宋学先生出来点缀点缀。当时所谓旧学的形势，大略如此。

光绪初年，内部虽暂告安宁，外力的压迫却日紧一日。自六年中俄交涉改订《伊犁条约》起，跟着十年中法开战，失掉安南，十四年中英交涉，强争西藏。这些事件，已经给关心国事的人不少的刺激。其最甚者，二十年中日战役，割去台湾及辽东半岛；俄、法、德干涉还辽之后，转而为胶州、旅顺、威海之分别租借。这几场接二连三的大飓风，把空气振荡得异常剧烈，于是思想界根本动摇起来。

中国为什么积弱到这样田地呢？不如人的地方在哪里呢？政治上的耻辱应该什么人负责任呢？怎么样才能打开出一个新局面呢？这些问题，以半自觉的状态日日向（那时候的新青年）脑子上旋转。于是因政治的剧变，酿成思想的剧变；又因思想的剧变，致酿成政治上的剧变。前波后波展转推荡，至今日而未已。

凡大思想家所留下的话，虽或在当时不发生效力，然而那话灌输到国民的"下意识"里头，碰着机缘，便会复活，而且其力极猛。清初几位大师——实即残明遗老——黄梨洲、顾亭林、朱舜水、王船山……之流，他们许多话，在过去二百多年间，大家熟视无睹，到这时忽然像电气一般把许多青年的心弦震得直跳。他们所提倡的"经世致用之学"，其具体的理论，虽然许多不适用，然而那种精神是"超汉学""超宋学"的，能令学者对于二百多年的汉宋门户得一种解放，大胆的独求其是。他们曾痛论八股科举之汩没人才，到这时候读起来觉得句句亲切有味，引起一班人要和这件束缚思想、锢蚀人心的恶制度拼命。他们反抗满洲的壮烈行动和言论，到这时因为在满洲朝廷手上丢尽中国人的脸，国人正在要推勘他的责任，读了先辈的书，蓦地把二百年麻木过去的民族意识觉醒转来。他们有些人曾对于君主专制暴威作大胆的批评，到这时拿外国政体来比较一番，觉得句句都餍心切理，因此从事于推翻几千年旧政体的猛烈运动。总而言之，最近三十年思想界之变迁，虽波澜一日比一日壮阔，内容一日比一日复杂，而最初的原动力，我敢用一句话来包举他，是残明遗献思想之复活。

那时候新思想的急先锋，是我亲受业的先生康南海（有为）。他是从"常州派经学"出身，而以"经世致用"为标帜。他虽然有很奇特很激烈的理想，却不大喜欢乱讲。他门下的人，便狂热不可压制了，我自己便是这里头小小一员走卒。当时我在我主办的上海《时务报》和长沙时务学堂里头猛烈宣传，惊动了一位老名士而做阔官的张香涛（之洞），纠率许多汉学宋学先生们著许多书和我们争辩。学术上新旧之斗，不久便牵连到政局。康南海正在用"变法维新"的旗号，得光绪帝的信用，旧派的人把西太后拥出来，演成"戊戌政变"一出悲剧。表面上，所谓"新学家"完全失败了。

反动日演日剧，仇恨新学之不已，迁怒到外国人，跟着闹出义和团事件，丢尽中国的丑。而满洲朝廷的权威，也同时扫地无余，极耻辱的条约签字了，出走的西太后也回到北京了。哈哈哈！滑稽得可笑，"变法维新"这面大旗，从义和团头目手中重新竖起来了。一切掩耳盗铃的举动且不必说他，惟内中有一件事不能不记载：八股科举到底在这时候废了。一千年来思想界之最大障碍物，总算打破。

清廷政治一日一日的混乱，威权一日一日的失坠。因亡命客及留学生陡增的结果，新思想运动的中心，移到日本东京，而上海为之转输。其时主要潮流，约有数支：

第一，我自己和我的朋友。继续我们从前的奋斗，鼓吹政治革命，同时"无拣择的"输入外国学说，且力谋中国过去善良思想之复活。

第二，章太炎（炳麟）。他本是考证学出身，又是浙人，受浙东派黄梨洲、全谢山等影响甚深，专提倡种族革命，同时也想把考证学引到新方向。

第三，严又陵（复）。他是欧洲留学生出身，本国文学亦优长，专翻译英国功利主义派书籍，成一家之言。

第四，孙逸仙（文）。他虽不是学者，但眼光极锐敏，提倡社会主义，以他为最先。

以上几个人，各人的性质不同，早年所受教育根底不同，各自发展他自己个性，始终没有什么合作。要之，清末思想界，不能不推他们为重镇。好的坏的影响，他们都要平分功罪。

同时还有应注意的一件事，是范静生（源廉）所倡的"速成师范""速成法政"。他是为新思想普及起见，要想不必学外国语言文字而得有相当的学识，于是在日本特开师范、法政两种速成班，最长者二年，最短者六个月毕业。当时趋者若鹜，前后人数以万计。这些人多半年已长大，而且旧学略有根底，所以毕业后最形活动。辛亥革命成功之速，这些人与有力焉。而近十来年教育界政治界的权力，实大半在这班人手里。成绩如何，不用我说了。

总而论之，清末三四十年间，清代特产之考证学，虽依然有相当的部分进步，而学界活力之中枢，已经移到"外来思想之吸受"。一时元气虽极旺盛，然而有两种大毛病：一是混乱，二是肤浅。直到现在，还是一样。这种状态，或者为初解放时代所不能免，以后能否脱离这状态而有所新建设，要看现时代新青年的努力如何了。

（录自《中国近三百年学术史》，《梁启超论清学史二种》，复旦大学出版社1985年版，第105~125页）

（参校梁启超《中国近三百年学术史》，商务印书馆2011年版，第13~37页）

五十年中国进化概论（节录）

梁启超

学问和思想的方面，我们不能不认为已经有多少进步，而且确已替将来开出一条大进步的路径。这里头最大关键，就是科举制度之扑灭。科举制度，有一千多年的历史，真算得深根固蒂。他那最大的毛病，在把全国读书人的心理都变成虚伪的因袭的笼统的，把学问思想发展的源泉都堵住了。废科举的运动，在这五十年内的初期，已经开始，郭嵩焘、冯桂芬等辈，都略略发表这种意见。到"戊戌维新"前后，当时所谓新党如康有为、梁启超一派，可以说是用全副精力对于科举制度施行总攻击。前后约十年间，经了好几次波折，到底算把这件文化障碍物打破了。如今过去的陈迹，很象平常，但是用历史家的眼光看来，不能不算是五十年间一件大事。

这五十年时间我们有什么学问可以拿出来见人呢？记得光绪二年有位出使英国大臣郭嵩焘，做了一部游记，里头有一段，大概说："现在的夷狄，和从前不同，他们也有二千年的文明。"嗳哟！可了不得！这部书传到北京，把满朝士大夫的公愤都激动起来了。人人唾骂，日日奏参，闹到奉旨毁板才算完事。曾几何时，到如今"新文化运动"这句话，成了一般读书社会的口头禅，马克思差不多要和孔子争席，易卜生差不多要推倒屈原。这种心理对不对，另一问题，总之这四十几年间思想的剧变，确为从前四千几年所未尝梦见。比方从前思想界是一个死水的池塘，虽然许多浮萍荇藻掩映在面上，却是整年价动也不动，如今居然有了"源泉混混不舍昼夜"的气象了。虽然他流动的方向和结果，现在还没有十分看得出来，单论他由静而动的那点机势，谁也不能不说他是进化。

古语说得好："学然后知不足。"近五十年来，中国人渐渐知道自己的不足了。这点子觉悟，一面算是学问进步的原因，一面也算是学问进步的结果。第一期，先从器物上感觉不足。这种感觉，从鸦片战争后渐渐发动，到同治年间借了外国兵来平内乱，于是曾国藩、李鸿章一班人，很觉得外国的船坚炮利，确是我们所不及，对于这方面的事项，觉得有舍己从人的必要，于是福建船政学堂、上海制造局等等渐次设立起来。但这一期内，思想界受的影响很少，其中最可纪念的，是制造局里头译出几部科学书。这些书现在看起来虽然很陈旧很肤浅，但那群翻译的人，有几位颇忠实于学问，他们在那个时代，能够有这样的作品，其实是亏他。因为那时读书人都不会说外国话，说外国话的都不读书，所以这几部译本书，实在是替那第二期"不懂外国话的西学家"开出一条血路了。第二期，是从制度上感觉不足。自从和日本打了一个败仗下来，国内有心人，真象睡梦中着了一个霹雳。因想道堂堂中国为什么衰败到这田地？都为的是政制不良，所以拿"变法维新"做一面大旗，在社会上开始运动，那急先锋就是康有为、梁启超一班人。这班人中国学问是有底子的，外国文却一字不懂。他们不能告诉人"外国学问是什么，应该怎样学法"，只会日日大声疾呼，说"中国旧东西是不够的，外国人许多好处是要学的"。这些话虽然象是囫囵，在当时却发生很大的效力。他们的政治运动，是完全失败，只剩下前文说的废科举那件事，算是成功了。这件事的确能够替后来打开一个新局面，国内许多学堂，国外许多留学生，在这期内蓬蓬勃勃发生，第三期新运动的种子，也可以说是从这一期播殖下来。这一期学问上最有价值的出品，要推严复翻译的几部书，算是把十九世纪主要思潮的一部分介绍进来。可惜国里的人能够领略的太少了。第三期，便是从文化根本上感觉不足。第二期所经过时间，比较的很长——从甲午战役起到民国六七年间止。约二十年的中间，政治界虽变迁很大，思想界只能算同一个色彩。简单说，这二十年间，都是觉得我们政治法律等等，远不如人，恨不得把人家的组织形式，一件件搬进来，以为但能够这样，万事都有办法了。革命成功将近十年，所希望的件件都落空，渐渐有点废然思返。觉得社会文化是整套的，要拿旧心理运用新制度，决计不可能，渐渐要求全人格的觉悟。恰值欧洲大战告终，全世界思潮都添许多活气。新近回国的留学生，又很出了几位人物，鼓起勇气做全部解放的运动。所以最近两三年间，算是划出了一个新时期来了。

这三期间思想的进步，试把前后期的人物做个尺度来量他一下，便很明白。第一期，如郭嵩焘、张佩纶、张之洞等辈，算是很新很新的怪物。到第二期时，嵩焘、佩纶辈已死去，之洞却还在。之洞在第二期前半，依然算是提倡风气的一个人，到了后半，居然成了老朽思想的代表了。在第二期，康有为、梁启超、章炳麟、严复等辈，都是新思想界勇士，立在阵头最前的一排。到第三时期，许多新青年跑上前线，这些人一躺一躺被挤落后，甚至已经全然退伍了。这种新陈代谢现象，可以证明这五十年间思想界的血液流转得很快，可以证明思想界的体气，实已渐趋康强。

拿过去若干个五十年和这个五十年来比，这五十年诚然是进化了，拿我们这五十年和别人家的五十年来比，我们可是惭愧无地。试看这五十年的美国何如？这五十年的日本何如？这五十年的德国何如？这五十年的俄国何如？他们政治上虽然成败不同苦乐不等，至于学问思想界，真都算得一日千里。就是英、法等老国，又哪一个不是往前飞跑？我们闹新学闹了几十年，试问科学界可曾有一两件算得世界的发明？艺术家可曾有一两种供得世界的赏玩？出版界可曾有一两部充得世界的著述？哎，只好等第三期以后看怎么样罢。

（录自刘柯编《梁启超史学论著四种》，岳麓书社1985年版，第6~9页）

清史稿·儒林（节录）

昔周公制礼，太宰九两系邦国，三曰师，四曰儒；复于司徒本俗联以师儒。师以德行教民，儒以六艺教民。分合同异，周初已然矣。数百年后，周礼在鲁，儒术为盛。孔子以王法作述，道与艺合，兼备师儒。颜、曾所传，以道兼艺；游、夏之徒，以艺兼道。定、哀之间，儒术极醇，无少差缪者此也。荀卿著论，儒术已乖。然六经传说，各有师授。秦弃儒籍，入汉复兴。虽黄老、刑名犹复淆杂，迨孝武尽黜百家，公、卿、大夫、士、吏，彬彬多文学矣。东汉以后，学徒数万，章句渐疏。高名善士，半入党流。迄乎魏、晋，儒风盖已衰矣。司马、班、范，皆以《儒林》立传，叙述经师家法，授受秩然。虽于《周礼》师教未尽克兼，然名儒大臣，匡时植教，祖述经说，文饰章疏，皆与《儒林传》相出入。是以朝秉纲常，士敦名节，拯衰销逆，多历年所，则周、鲁儒学之效也。两晋玄学盛兴，儒道衰弱，南北割据，所授渐殊。北魏、萧梁，义疏甚密。北学守旧而疑新，南学喜新而得伪。至隋、唐《五经正义》成，而儒者鲜以专家古学相授受焉。宋初名臣，皆敦道谊。濂、洛以后，遂启紫阳。阐发心性，分析道理，孔、孟学行不明著于天下哉！《宋史》以《道学》《儒林》分为二传，不知此即《周礼》师、儒之异，后人创分，而暗合周道也。元、明之间，守先启后，在于金华。洎乎河东、姚江，门户分歧，递兴递灭，然终不出朱、陆而已。终明之世，学案百出，而经训家法，寂然无闻。揆之《周礼》，有师无儒，空疏甚矣。然其间台阁风厉，持正扶危，学士名流，知能激发。虽多私议，或伤国体，然其正道，实拯世心。是故两汉名教，得儒经之功；宋、明讲学，得师道之益：皆于周孔之道，得其分合，未可偏讥而互诮也。

清兴，崇宋学之性道，而以汉儒经义实之。御纂诸经，兼收历代之说；四库馆开，风气益精博矣。国初讲学，如孙奇逢、李颙等，沿前明王、薛之派，陆陇其、王懋竑等，始专守朱子，辨伪得真。高愈、应㧑谦等，坚苦自持，不愧实践。阎若璩、胡渭等，卓然不惑，求是辨诬。惠栋、戴震等，精发古义，诂释圣言。后如孔广森之于《公羊春秋》，张惠言之于孟、虞《易》说，凌廷堪、胡培翚之于《仪礼》，孙诒让之于《周礼》，陈奂之于《毛诗》，皆专家孤学也。且诸儒好古敏求，各造其域，不立门户，不相党伐，束身践行，暗然自修。周、鲁师儒之道，可谓兼古昔所不能兼者矣。

综而论之，圣人之道，譬若宫墙，文字训诂，其门径也。门径苟误，跬步皆歧，安能升堂入室？学人求道太高，卑视章句，譬犹天际之翔，出于丰屋之上，高则高矣，户奥之间，未实窥也。或者但求名物，不论圣道，又若终年寝馈于门庑之间，无复知有堂室矣。是故但立宗旨，即居大名，此一蔽也。经义确然，虽不逾闲，德便出入，此又一蔽也。今为《儒林传》，未敢区分门径，惟期记述学行；若有事可见，已列于正传者，兹不复载焉。

（录自《清史稿》卷四百八十，中华书局 1977 年版，第 13098~13100 页）

辨　学

焦　循[①]

今学经者众矣,而著书之派有五:一曰通核,二曰据守,三曰校雠,四曰摭拾,五曰丛缀。此五者各以其所近而为之。通核者,主以全经,贯以百氏,协其文辞,揆以道理,人之所蔽,独得其间,可以别是非,化拘滞,相授以意,各慊其衷。其弊也,自师成见,亡其所宗,故迟钝苦其不及,高明苦其太过焉。据守者,信古最深,谓传注之言坚确不易,不求于心,固守其说,一字句不敢议,绝浮游之空论,卫古学之遗传。其弊也,局蹐狭隘,曲为之原,守古人之言,而失古人之心。校雠者,六经传注,各有师授,传写有讹,义蕴乃晦,鸠集众本,互相纠核。其弊也,不求其端,任情删易,往往改者之误,失其本真,宜主一本,列其殊文,俾阅者参考之也。摭拾者,其书已亡,间存他籍,采而聚之,如断圭碎璧,补苴成卷,虽不获全,可以窥半。是学也,功力至繁,取资甚便,不知鉴别,以赝为真,亦其弊矣。丛缀者,博览广稽,随有心获,或考订一字,或辨证一言,略所共知,得未曾有,溥博渊深,不名一物。其弊也,不顾全文,信此屈彼,故集义所生,非由义袭,道听途说,所宜戒也。五者兼之则相济,学者或具其一,而外其余,余患其见之不广也,于是乎辨。

（录自焦循《雕菰集》卷八,清道光四年刻本）
（参校《汪氏聚珍版丛书·雕菰集》卷八,苏州文学山房印行,第1~2页）

[①] 焦循（1763—1820）,清代哲学家、戏曲理论家、数学家。

清 儒①（节录）

章太炎

清世理学之言，竭而无余华；多忌，故歌诗文史桔；愚民，故经世先王之志衰。家有智慧，大凑于说经，亦以纾死，而其术近工眇踔善矣。

始故明职方郎昆山顾炎武为《唐韵正》《易诗本音》，古韵始明，其后言声音训诂者禀焉。大原阎若璩撰《古文尚书疏证》，定东晋晚书为作伪，学者宗之；济阳张尔岐始明《仪礼》；而德清胡渭审察地望，系之《禹贡》；皆为硕儒。然草创未精博，时糅杂元、明谰言。其成学箸系统者，自乾隆朝始。一自吴，一自皖南。

吴始惠栋，其学好博而尊闻。皖南始江永、戴震，综形名，任裁断。此其所异也。

先栋时有何焯、陈景云、沈德潜，皆尚洽通，杂治经史文辞。至栋，承其父士奇学，揖志经术，撰《九经古义》《周易述》《明堂大道录》《古文尚书考》《左传补注》，始精眇，不惑于瞍闻；然亦泛滥百家，尝注《后汉书》及王士禛诗，其余笔语尤众。栋弟子有江声、余萧客。声为《尚书集注音疏》，萧客为《古经解钩沉》，大共笃于尊信，缀次古义，鲜下己见。而王鸣盛、钱大昕亦被其风，稍益发舒。教于扬州，则汪中、刘台拱、李惇、贾田祖，以次兴起。萧客弟子甘泉江藩，复缵续《周易述》。皆陈义尔雅，渊乎古训是则者也。

震生休宁，受学婺源江永，治小学、礼经、算术、舆地，皆深通。其乡里同学有金榜、程瑶田，后有凌廷堪、三胡。三胡者，匡衷、承珙、培翚也，皆善治《礼》。而瑶田兼通水地、声律、工艺、谷食之学。震又教于京师。任大椿、庐文弨、孔广森，皆从问业。弟子最知名者，金坛段玉裁，高邮王念孙。玉裁为《六书音韵表》以解《说文》，《说文》明。念孙疏《广雅》，以经传诸

---

① 编者删除了文中注释。

子转相证明，诸古书文义诘诎者皆理解；授子引之，为《经传释词》，明三古辞气，汉儒所不能理绎。其小学训诂，自魏以来，未尝有也。近世德清俞樾、瑞安孙诒让，皆承念孙之学。樾为《古书疑义举例》，辨古人称名牴牾者，各从条列，使人无所疑眩，尤微至。世多以段、王、俞、孙为经儒，卒最精者乃在小学，往往得名家支流，非汉世《凡将》《急就》之侪也。凡戴学数家，分析条理，皆宷密严瑮，上溯古义，而断以己之律令，与苏州诸学殊矣。

然自明末有浙东之学，万斯大、斯同兄弟，皆鄞人，师事余姚黄宗羲，称说《礼经》，杂陈汉、宋，而斯同独尊史法。其后余姚邵晋涵、鄞全祖望继之，尤善言明末遗事。会稽章学诚为《文史》《校雠》诸通义，以复歆、固之学，其卓约近《史通》。而说《礼》者羁縻不绝。定海黄式三传浙东学，始与皖南交通。其子以周作《礼书通故》，三代度制大定。唯浙江上下诸学说，亦至是完集云。

初，大湖之滨，苏、常、松江、大仓诸邑，其民侠丽。自晚明以来，喜为文辞比兴，饮食会同，以博依相问难，故好刘览而无纪纲，其流遍江之南北。惠栋兴，犹尚该洽百氏，乐文采者相与依违之。及江永、戴震起徽州，徽州于江南为高原，其民勤苦善治生，故求学深邃，言直核而无温藉，不便文士。震始入四库馆，诸儒皆震竦之，愿敛衽为弟子。天下视文士渐轻。文士与经儒始交恶。而江淮间治文辞者，故有方苞、姚范、刘大櫆，皆产桐城，以效法曾巩、归有光相高，亦愿尸程、朱为后世，谓之桐城义法。震为《孟子字义疏证》，以明材性，学者自是疑程、朱。桐城诸家，本未得程、朱要领，徒援引肤末，大言自壮。故尤被轻蔑。从子姚鼐欲从震学，震谢之，犹亟以微言匡饬。鼐不平，数持论诋朴学残碎。其后方东树为《汉学商兑》，徽识益分。阳湖恽敬、陆继辂，亦阴自桐城受义法。其余为俪辞者众，或阳奉戴氏，实不与其学相容。夫经说尚朴质，而文辞贵优衍；其分涂，自然也。文士既以婴荡自喜，又耻不习经典。于是有常州今文之学，务为瑰意眇辞，以便文士。今文者：《春秋》，公羊；《诗》，齐；《尚书》，伏生；而排摈《周官》，《左氏春秋》，《毛诗》，马、郑《尚书》。然皆以公羊为宗。始武进庄存与，与戴震同时，独意治公羊氏，作《春秋正辞》，犹称说《周官》。其徒阳湖刘逢禄，始专主董生、李育，为《公羊释例》，属辞比事，类列彰较，亦不欲苟为恢诡。然其辞义温厚，能使览者说绎。及长洲宋翔凤，最善傅会，牵引饰说，或采翼奉诸家，而杂以谶纬神秘之辞。翔凤尝语人曰："《说文》始一而终亥，即古之《归藏》也。"其义瑰玮，而文特华妙，与治朴学者异术，故文士尤利之。

道光末，邵阳魏源夸诞好言经世，尝以术奸说贵人，不遇；晚官高邮知州，益牢落，乃思治今文为名高；然素不知师法略例，又不识字，作《诗、书古微》。凡《诗》今文有齐、鲁、韩，《书》今文有欧阳、大小夏侯，故不一致。而齐、鲁、大小夏侯，尤相攻击如仇雠。源一切捃合之，所不能通，即归之古文，尤乱越无条理。仁和龚自珍，段玉裁外孙也，稍知书，亦治《公羊》，与魏源相称誉。而仁和邵懿辰为《尚书通义》《礼经通论》，指《逸书》十六篇、《逸礼》三十九篇为刘歆矫造，顾反信东晋古文，称诵不衰，斯所谓倒植者。要之，三子皆好姚易卓荦之辞，欲以前汉经术助其文采，不素习绳墨，故所论支离自陷，乃往往如谰语。惟德清戴望，述《公羊》以赞《论语》，为有师法。而湘潭王闿运遍注五经。闿运弟子，有井研廖平，自名其学，时有新义，以庄周为儒术，左氏为六经总传，说虽不根，然犹愈魏源辈绝无伦类者。

大氐清世经儒，自"今文"而外，大体与汉儒绝异。不以经术明治乱，故短于风议；不以阴阳断人事，故长于求是。短长虽异，要之皆征其通雅。何者？传记、通论，阔远难用，固不周于治乱；建议而不雠，夸诬何益？魑鬼、象纬、五行、占卦之术，以神教蔽六艺，怪妄。孰与断之人道，夷六艺于古史，徒料简事类，不曰吐言为律，则上世人事污隆之迹，犹大略可知。以此综贯，则可以明流变；以此裂分，则可以审因革。故惟惠栋、张惠言诸家，其治《周易》，不能无揊摭阴阳，其他几于屏阁。虽或琐碎识小，庶将远于巫祝者矣。

晚有番禺陈澧，善治声律、《切韵》，为一家言。当惠、戴学衰，今文家又守章句，不调洽于佗书，始鸠合汉、宋，为《通义》及《读书记》，以郑玄、朱熹遗说最多，故弃其大体绝异者，独取小小禽盍，以为比类。此犹揣豪于千马，必有其分刊色理同者。澧亦絜行，善教授，诸显贵务名者多张之。弟子不能传其声律韵书，稍尚记诵，以言谈剿说取人。及翁同龢、潘祖荫用事，专以搜闻召诸小儒；学者务得宋元雕椠，而昧经记常事。清学始大衰。仲长子曰："天下学士有三奸焉。实不知，详不言，一也；窃他人之说，以成己说，二也；受无名者，移知者，三也。"

自古今文师法散绝，则唐有《五经》《周礼》《仪礼》诸疏，宋人继之，命曰《十三经注疏》。然《书》用枚颐，《左氏春秋》用杜预，《孝经》用唐玄宗，皆不厌人望。《周易》家王弼者，费氏之宗子，道大而似不肖，常见笑世儒；《正义》又疏略。枚颐伪为古文，仍世以为壁藏于宣父，其当刊正久矣。《毛诗传》最笃雅，《笺》失其宗，而《诗谱》能知远。郑氏三《礼》无间也，疏人或未通故言旧事，多违其本。

至清世为疏者，《易》有惠栋《述》，江藩、李林松《述补》，张惠言《虞氏义》，虽拘滞，趣以识古。《书》有江声《集注音疏》，孙星衍《古今文注疏》。《诗》有陈奂《传疏》。《周礼》有孙诒让《正义》。《仪礼》有胡培翚《正义》。《春秋左传》有刘文淇《正义》。《公羊传》有陈立《义疏》。《论语》有刘宝楠《正义》。《孝经》有皮锡瑞《郑注疏》。《尔雅》有邵晋涵《正义》，郝懿行《义疏》。《孟子》有焦循《正义》。诸《易》义不足言，而《诗》疏稍胶固，其他皆过旧释。用物精多，时使之也。惟《礼记》《穀梁传》独阙，将孔疏翔实，后儒弗能加？而穀梁氏淡泊鲜味，治之者稀，前无所袭，非一人所能就故。他《易》有姚配中，《书》有刘逢禄，《诗》有马瑞辰、胡承珙，探赜达旨，或高出新疏上。若惠士奇、段玉裁之于《周礼》，段玉裁、王鸣盛之于《尚书》，刘逢禄、凌曙、包慎言之于《公羊》，惠栋之于《左氏》，皆新疏所采也。焦循为《易通释》，取诸卦爻中文字声类相比者，从其方部，触类而长，所到冰释，或以天元术通之，虽陈义屈奇，诡更师法，亦足以名其家。黄式三为《论语后案》，时有善言，异于先师，信美而不离其枢者也。《穀梁传》惟侯康为可观，其余大氐疏阔。《礼记》在三《礼》间独寡训说。朱彬为《训纂》，义不师古；陈乔枞、俞樾并为《郑读考》，江永有《训义择言》，皆短促，不能具大体。其他《礼笺》《礼说》《礼书通故》诸书，博综三《礼》，则四十九篇在其中矣。而秦蕙田《五礼通考》，穷尽二千余年度法，欲自比《通典》，喜以世俗正古礼，虽博识，固不知量也。

然流俗言"十三经"：《孟子》故儒家，宜出；唯《孝经》《论语》《七略》入之六艺，使专为一种。亦以尊圣泰甚，徇其时俗。六艺者，官书，异于口说。礼堂六经之策，皆长二尺四寸。《孝经》谦半之。《论语》八寸策者，三分居一，又谦焉。以是知二书故不为经，宜隶《论语》儒家，出《孝经》，使傅《礼记》通论。即"十三经"者，当财减也。独段玉裁少之，谓宜增《大戴礼记》《国语》《史记》《汉书》《资治通鉴》，及《说文解字》《周髀算经》《九章算术》，皆保氏书数之遗，集是八家，为二十一经。其言闳达，为雅儒所不能论。

至于古之六艺，唐、宋注疏所不存者：《逸周书》，则校释于朱右曾；《尚书》欧阳、夏侯遗说，则考于陈乔枞；三家《诗》遗说，考于陈乔枞；《齐诗》翼氏学，疏证于陈乔枞；《大戴礼记》，补注于孔广森；《国语》，疏于龚丽正、董增龄。其扶微辅弱，亦足多云。及夫单篇通论，醇美确固者，不可胜数。一言一事，必求其征，虽时有穿凿，弗能越其绳尺，宁若计簿善承跓视而不惟其道，以俟后之咨于故实而考迹上世污隆者，举而措之，则质文蓄变，较然如丹墨可别也。然故明故训者，多说诸子，唯古史亦以度制事状征验，其务观世知化，不欲以经术致用，灼然矣！

若康熙、雍正、乾隆三世，撰修七经，辞义往往鄙倍，虽蔡沈、陈澔为之臣仆而不敢辞；时援古义，又椎钝弗能理解，譬如薰粪杂糅，徒睹其污点耳。而徇俗贱儒，如朱彝尊、顾栋高、任启运之徒，瞢学冥行，奋笔无怍，所谓乡曲之学，深可忿疾，譬之斗筲，何足选也！

［录自《检论》卷四，《章太炎全集》（三），上海人民出版社1984年版，第473~480页］

（参校《章太炎学术史论集》，云南人民出版社2008年版，第389~396页）

说林下

章太炎

昔吴莱有言：今之学者，非特可以经义治狱，乃亦可以狱法治经。莱，一金华之末师耳，心知其意，发言卓特。近世经师，皆取是为法。审名实，一也；重左证，二也；戒妄牵，三也；守凡例，四也；断情感，五也；汰华辞，六也。六者不具，而能成经师者，天下无有。学者往往崇尊其师。而江、戴之徒，义有未安，弹射纠发，虽师亦无所避。苏州惠学，此风少衰。常州庄、刘之遗绪，不稽情伪，惟朋党比周是务。以戴学为权度，而辨其等差，吾生所见，凡有五第：研精故训而不支，博考事实而不乱，文理密察，发前修所未见，每下一义，泰山不移，若德清俞先生、定海黄以周、瑞安孙诒让，此其上也。守一家之学，为之疏通证明，文句隐没，钩深而致之显，上比伯渊，下规凤喈，若善化皮锡瑞，此其次也。己无心得，亦无以发前人隐义，而通知法式，能辨真妄，比辑章句，秩如有条，不滥以俗儒狂夫之说，若长沙王先谦，此其次也。高论西汉而谬于实证，侈谈大义而杂以夸言，务为华妙，以悦文人，相其文质，不出辞人说经之域，若丹徒庄忠棫、湘潭王闿运，又其次也。归命素王，以其言为无不包络，未来之事，如占蓍龟，瀛海之大，如观掌上。其说经也，略法今文，而不通其条贯，一字之近于译文者，以为重宝，使经典为图书符命，若井研廖平，又其次也。虽然，说经者，明是非，无所于党。最上者，固容小小隙漏，而下者亦非无微末蚁子之得也。故曰："与其过而废之也，宁过而存之。"使左道乱政之说，为虏廷所假借，至于锢其人，烧其书，则肉食者之罪，上通于斗极！

甘泉江翁为《汉学师承》《宋学渊源》两记，世多病其颛固。《汉学记》与戴君钮铻。江翁受业余翁，余翁之学，本吴惠君，坚贞守师，遂擅其门，以褊心訾异己，非直江翁，清光禄卿王鸣盛，自惠君出，为《蛾术篇》，亦嗑嗑訾休宁。巷陌之学，同门相党，异夫惠君之博宥也。其他或趫鹜诸师，吐言峭刻，然能甄择，无泛爱不忍者。陈启源说西方美人，一言不善，削其名氏，斯亦谛慎者矣！《宋学记》甚捴略，所录止于穷阎苦行，排摈南方诸浮华士。而仕满洲一命以上，才有政治声闻，即弃不载。诡弹黄、顾，令人人知其非清民。诸言性与天道，诵法尧、禹，捐诸夏，仕貉戎者，始不敢攀扪宋学以矜愚子。故其书见嫉于佞人，适可以嗣《春秋》、方太史也。江翁素行虽夸，近文，尝受学江、余诸逸民，间闻其风烈，没世未尝试府县廷，韦带布衣，以终黄馘，因身为度，故其言噩噩有锋芒。清太傅阮元，学术差愈江翁，在史馆为《儒林传》，说经先顾栋高诸贱儒，讲学亦录诸显贵人，仁鄙偭陋，混殽无序，顾下于两记远甚！故知学术文史，在草野则理，在官府则衰。

仪征刘光汉赠余《字诂》《义府》，明黄生作也。其言精确，或出近世诸师上。夫伪古文之符证，发于梅鷟；周、秦古音之例，造端于陈第。惟小学，亦自黄氏发之。孰谓明无人乎？顾独唱而寡和耳。顾宁人稍后黄氏，始为《易》《诗》作《本音》，以正《唐韵》。讫于江、戴、段、王，分部渐确，外有孔氏，独明东、冬之异。音韵通，文字可以略说，则小学始自名其家。然达者能就其声类，以知通转，比合雅诂，穷治周、秦、两汉之籍，而拘者惟分析字形，明征金石，若王筠之徒，末矣！苗夔稍知声音，亦肤浅无心得。莫友芝、郑珍、黎庶昌辈，皆宝玩碑版，用意止于一点一画之间，此未为正知小学者。方之唐人，犹不失为张参、唐玄度也。史官放堕，此曹复不可得。如其上者，通神旨，知义趣，余与刘生所有志也。下之求一点一画之是非，无所望于后生。礼失则求诸野，匠师雕虫，贤于士人远矣！

近代学者，率椎少文，文士亦多不学。兼是两者，惟阳湖之张生，又非其至者也。然学者不习通俗之文，文顾雅驯可诵，视欧阳、王、苏将过之。先戴《勾股割圜记》，吐言成典，近古所未有。迩者黄以周以不文著，唯黄氏亦自谓钝于笔语。观其撰述，密栗醇厚，庶几贾、孔之遗章，何宋文之足道？戴君在朴学家，号为能文，其成一家言者，则信善矣。造次笔札酬对之辞，顾反与宋文相似。故知世人所谓文者，非其最至，言椎少文，特以匪色不足，短于驰骤曲折云尔。史家若章、邵二公，记事甚善，其持论亦在《文心》《史通》间。然史家固无木讷寡文之诮，故不悉论。若通俗不学者，其文亦略有第次，善叙行事，能为碑版传状，韵语深厚，上攀班固、韩愈之轮，如曾国藩、张裕钊，斯其选也。规法宋人，而能止节淫滥，时以大言自卫，亦不敢过其情，如姚鼐、梅曾亮，则其次也。闻见杂博，喜自恣肆，其言近于从横，视安石不足，而拟苏洵有余，如恽敬辈，又其次也。自放尘埃之外，傲睨万物，而固陋不能持论，载其清静，亦使穷儒足以娱老，如吴敏树辈，又其次也。乃夫文质相扶，辞气异于通俗，上法东汉，下亦旁皇晋、宋之间，而文士以为别传异趣，如汪中、李兆洛之徒，则可谓彬彬者矣。魏源、龚自珍，乃所谓伪体者也。源故不学，惟善说满洲故事，晚乃颠倒《诗》《书》，以钓名声，凌乱无序，小学尤疏谬，詡詡自高，以微言大义在是，其持论或中时弊，然往往近怪迂。自珍承其外祖之学，又多交经术士，其识源流，通条理，非源之俦。然大抵剽窃成说，无自得者。其以六经为史，本之《文史通义》，而加华辞。观其华，诚不如观其质者。若自文辞侧媚，自以取法晚周诸子，然佻达无骨体，视晚唐皮、陆且弗逮，以校近世，犹不如唐甄《潜书》近实。后生信其诳耀，以为巨子，诚以舒纵易效，又多淫丽之辞，中其所嗜，故少年靡然乡风。自自珍之文贵，则文学涂地垂尽，将汉种灭亡之妖耶？孔子云：觚不觚，觚哉觚哉！

　　［录自《太炎文录初编》文录卷一，《章太炎全集》（四），上海人民出版社1985年版，第119~121页］

　　（参校《章太炎学术史论集》，云南人民出版社2008年版，第384~387页）

汉学论①

章太炎

　　清时之言汉学，明故训，甄度制，使三礼辨秩，群经文曲得大通，为功固不细。三礼而外，条法不治者尚过半。而末流适以汉学自弊，则言《公羊》与说《彝器款识》者为之也。

　　循《公羊》之说，周可以黜，鲁可以王，时制可以诡更，事状可以颠倒。以《春秋》为史耶？则沈约、魏收所不为。坚指以为经耶？则吴广之帛书，张角之五斗米道也。清世言《公羊》已乱视听，今《公羊》之学虽废，其余毒遗蠹犹在。人人以旧史为不足信，而国之本实蹶矣。循《彝器释文》之说，文不必见于字书，音义不必受之故老。苟以六书皮傅，从而指之曰，此某字也。其始犹不敢正言，逮及末嗣，习为故然。直以其说破篆籀正文，而析言乱名者滋起矣。二者之败，其极足以覆国。始之为汉学者，尽瘁以善其事，收效不过参之一。后之为汉学者，转趣奇邪，祸乃流于人民种姓，所谓哲夫成城，哲妇倾城者非邪？若不辨其名氏，不审其撰箸，一切以汉学笼之，则清世之言汉学者，功未盈眦，其祸且滔天也。是何也？汉学者，或上应古文本事，或无所隐据，起于博士俗说，谶书妄作，固瑕瑜参者也。因而衍之，得失之差，固以千里矣。

　　方东树之属不悟，为《汉学商兑》以弹之。商兑可也，其所商兑非也。彼以明故训甄度制为碎，以疏弃宋儒为败俗。按清初顾炎武、张尔岐皆独行之士，志节过人。次如臧琳、陈启源辈，亦尚贫而乐道者也。其后制行渐庳，然犹循履名检，愈于佗不学者。及孙星衍之徒作，不修小行，渐以点污，亦仅仅一二人耳。素位故不闻有邢恕之倾险也，守经故不闻有胡寅之绝母也。学之碎

---

① 原文分上下二篇，今合而为一。

无害于人之躬行。宋儒之制言，不能越于群经。人固有乐群经而厌宋儒语录者。且行己之道，群经已粲然明白矣。必以疏弃宋儒为非者，后汉之士，大氐放道而行，其时乌睹所谓宋儒书耶？

乃若清士从政之士，制行苟偷，于前代为甚。则建夷秉政之为。建夷者，以军容入国，事任专断，钳语拒谏。炕于秦皇父子，方镇效之。贵倨即与人志无异，而更开卖官之窦。使贾竖婢人阶以上遂，是故鲠直敢言者必挫，廉制特立者必困，下之化上，疾于风草，是以谗谄乾没者皆是，而正人之路日弗。汤斌之徒，乍一飞跃，乃议关税，终失气噤口以死。吏道如此，斯时虽有程朱，乌能救之？安在言汉学者之咎耶？东树不知清之流化足以蛊败士行而有余，而横归过于汉学。其訾汉学也，又不知指《公羊》与《彝器释文》之缪，而猥罪明故训、甄度制者，所谓聋者之闻蚁斗以为牛鸣，而不闻辟历之下击也。

清儒以汉学植名，薄魏晋经说不道。及湘潭王闿运，与陈澧谈经大屈。归，发篋读注疏略上口，宣言清儒说经不逮注疏甚远。然闿运本文人，以旧注文义渊雅过于时人，以是定是非，殊不能慊人志。余弟子黄侃尝校注疏四五周，亦言清儒说经虽精博，其根柢皆在注疏，故无清人经说无害也。无注疏，即群经皆不可读。其说视闿运为实。要之清儒研精故训，上陵季汉，必非贾、孔所能并。其说三《礼》，虽本之郑氏，然亦左右采获，上窥周逸，旁摭汉师遗说，不局于郑氏而止。谓其根柢皆在注疏，是亦十得六七，未足以尽之也。

余谓清儒所失，在牵于汉学名义，而忘魏晋干蛊之功。夫汉时十四博士，皆今文俗儒，诸古文大师虽桀然树质的，犹往往俯而汲之，如贾景伯、郑康成皆是也。先郑、许、马濡俗说为少，然其书半亡佚。后人欲窥其微，难矣。黄初以来，始立《毛氏诗》，《左氏春秋》，《尚书》亦取马、郑，而尽废今文不用。逮《三体石经》之立，《书》《春秋》古文一时发露，然后学有一尊，受经者无所恇惑。故其时有不学者，未有学焉而岐于今文者，以是校汉世之学，则魏晋有卓然者矣。郑冲无俚，盗《石经》之字以造《古文逸书》，为世诟病。今所谓《伪孔尚书》是也。然今人知伪孔之非，为训说以更之者数家。猝然遇章句蹇棘，终已不能利解。就解其一二语，首尾相次，竟不知说何事。此有以愈于伪孔乎？无有也。清人说《周易》多摭李鼎祚《集解》，推衍其例，则郑、荀、虞之义大备。然其例既为王氏略例所破，纵如三家之说，有以愈于王氏乎？无有也。《春秋》言《公羊》者不足道，清世说《左氏》必以贾服为极。

贾服于传义诚审，及贾氏治《春秋经》，例本刘子骏，既为《杜氏释例》所破，质之丘明传例，贾氏之不合者亦多矣。《易》义广大，不可以身质。王氏与郑、荀、虞或皆有圣人之道焉，不敢知也。若《春秋》者，语确而事易见，凡例有定，不容支离。杜氏所得盖什七，而贾氏财一二耳。夫若是者，非汉人之材绌，而魏晋人之材优也。汉人牵于学官今文，魏晋人乃无所牵也。

余少时治《左氏春秋》，颇主刘、贾、许颖以排杜氏，卒之娄施攻伐，杜之守犹完，而为刘、贾、许颖者自败。晚岁为《春秋疑义答问》，颇右杜氏，于经义始条达矣。由是观之，文有古今，而学无汉晋。清世经说所以未大就者，以牵于汉学之名，蔑魏晋使不得齿列。今退而求注疏，近之矣。必牵于注疏之名以为表旗，是使何休、郑冲之徒，复乔乔然而居上也。抑余闻之，子夏于经师为最高，然仲尼作《春秋》，子夏不能赞一辞。唐宋诸儒说《春秋》者百家，皆恣为高论，轶出绳外，以是疑《春秋》非经师所能喻。前者吴起、贾谊善治《春秋》，此皆有王伯大略者。及晋则得杜预，宋有叶适（《习学记言》有论《春秋》一卷），明有高拱（有《春秋正旨》），预与适尚有文学名，拱即辅世之相而已。然其言悉为经师所不能道，岂暇论其学云何哉？夫孔门之四科，亦有相倚者也。

［录自《太炎文录续编》卷一，《章太炎全集》（五），上海人民出版社1985年版，第20~23页］

（参校《章太炎学术史论集》，云南人民出版社2008年版，第406~409页）

国朝汉学师承记·跋（节录）

汪喜孙[①]

古者国家有巡守、封禅、朝聘、燕飨、明堂、宗庙、辟雍之仪，天子广集众儒，讲议典礼，损益古今之宜，推所学以合于世用，根底六经，宪章四代，先王制作之精义，可考而知焉。自后儒以读书为玩物丧志，义理典章区而为二，度数文为，弃若弁髦，笺传注疏，束之高阁。又其甚者，肆其创获之见，

---

① 汪喜孙（1786—1847），藏书家、学者。

著为一家之言，缀王肃之卮词，弃郑君之奥论。末学肤受，后世滋惑，经学浸微，盖七百年矣。国朝汉学昌明，超轶前古。阎百诗驳伪孔，梅定九定历算，胡朏明辨《易》图，惠定宇述汉《易》，戴东原集诸儒之大成，裒然著述，显于当代。颛门之学，于斯为盛。至若经史词章金石之学，贯穿勃穴，靡不通擅，则顾宁人导之于前，钱晓徵及先君子继之于后，可谓千古一时也。

（录自《国朝汉学师承记》，中华书局1983年版，第134页）

书学案小识后（节录）

曾国藩

自陆象山氏，以本心为训，而明之余姚王氏，乃颇遥承其绪。其说主于良知，谓："吾心自有天则，不当支离而求诸事物。"夫天则诚是也，目巧所继至，不继之以规矩准绳，遂可据乎？且以舜、周公、孔子、颜、孟之知如彼，而犹好问好察，夜以继日，好古敏求，博文而集义之勤如此，况以中人之质，而重物欲之累，而谓念念不过乎？则其能无少讹耶？自是以后，沿其流者百辈，间有豪杰之士，思有以救其偏，变一说则生一蔽。高景逸、顾泾阳氏之学，以静坐为主，所重仍在知觉，此变而蔽者也。近世乾嘉之间，诸儒务为浩博。惠定宇、戴东原之流，钩研诂训，本河间献王实事求是之旨，薄宋贤为空疏。夫所谓事者，非物乎？是者，非理乎？实事求是，非即朱子所称即物穷理者乎？名目自高，诋毁日月，亦变而蔽也。别有颜习斋、李恕谷氏之学，忍嗜欲，苦筋骨，力勤于见迹，等于许行之并耕，病宋贤为无用，又一蔽也。由前之蔽，排王氏而不塞其源，是五十步笑百步之类矣。由后之二蔽，矫王氏而过于正，是因噎废食之类矣。我朝崇儒一道，正学禽兴。平湖陆子，桐乡张子，辟诐辞而反经，确乎其不可拔；陆桴亭、顾亭林之徒，博大精微，体用兼赅；其他巨公硕学，项领相望，二百年来，大小醇疵，区以别矣。

（录自《四朝学案·国朝学案小识》，世界书局1936年版）
（参校曾国藩《书学案小识后》，唐鉴撰《清学案小识》，商务印书馆1935年版，第1~2页）

近代汉学变迁论

刘师培

古无汉学之名，汉学之名始于近代。或以笃信好古该汉学之范围，然治汉学者未必尽用汉儒之说，即用汉儒之说亦未必用以治汉儒所治之书。是则所谓汉学者，不过用汉儒之训故以说经，及用汉儒注书之条以治群书耳，故所学即以汉学标名。然二百余年之中，其学术之变迁可分为四期，试述如左：

一为怀疑派。顺、康之交，治经之士若顾氏之于音韵，张氏之于《礼经》，臧氏之于故训，均有创始之功。说者以此为汉学之萌芽，不知汉学初兴，其征实之功悉由怀疑而入。如阎百诗之于古文《尚书》，始也疑其为伪作，继也遂穷其作伪之源。胡渭、黄宗炎之于《易图》，始也斥其为曲说，继也遂探其致误之由，于民间相承之说不复视为可从，其卓识为何如哉。且《书》《易》而外，所辨尤多，有陈启源《毛诗稽古编》，而后宋儒说《诗》之书失其根据；有毛奇龄《四书改错》，而后宋儒释《论》《孟》之书失其依傍；有万斯大《学礼质疑》，而后宋儒说礼之书不复宗为定论。盖宋学之行已历数百年之久，非惟不敢斥，抑且不敢疑，至胡、毛诸儒之书出，而无稽之说扫除廓清。始也疑其不可信，因疑而参互考验，因参互考验而所得之实证日益多，虽穿凿之谈、叫嚣之语时见于经说之中，然不为俗说所迷，归于自得，不得以采掇未纯而斥之也。是为汉学变迁第一期。

次为征实派。康、雍之间，为士者虽崇实学，然多逞空辩，与实事求是者不同。及江、戴之学兴于徽、歙，所学长于比勘，博征其材，约守其例，悉以心得为凭，且观其治学之次第，莫不先立科条，使纲举目张，同条共贯，可谓无征不信者矣。即嘉定三钱，于地舆、天算，各擅专长，博极群书，于一言一事必求其征。而段、王之学，溯源戴君，尤长训故，于史书诸子转相证明，或触类而长，所到冰释。即凌、陈、三胡，或条列典章，或诠释物类，亦复根据分明，条理融贯，耻于轻信而笃于深求，征实之学盖至是而达于极端矣。即惠氏之治《易》，江氏之治《尚书》，虽信古过深，曲为之原，谓传注之言坚确不易，然融会全经，各申义指，异乎补苴掇拾者之所为，律以江、戴之书，则彼此二派均以征实为指归。是为汉学变迁第二期。

次为丛缀派。自征实之学既昌，疏证群经，阐发无余，继其后者虽取精用弘，然精华既竭，好学之士欲树汉学之帜，不得不出于丛缀之一途，寻究古说，摭拾旧闻。此风既开，转相仿效，而拾骨襞积之学兴。一曰据守，笃信古训，局蹐狭隘，不求于心，拘墟旧说，守古人之言而失古人之心；二曰校雠，鸠集众本，互相纠核，或不求其端，任情删易，以失本真；三曰摭拾，书有佚编，旁搜博采，碎璧断圭，补苴成卷，然功力至繁，取资甚便，或不知鉴别，以赝为真；四曰涉猎，择其新奇，随时择录，或博览广稽，以俟心获，甚至考订一字，辨证一言，不顾全文，信此屈彼。此四派者非不绝浮游之空论，溯古学之真传，然所得至微，未能深造而有得，或学为人役，以供贵显有力者之求。是为汉学变迁第三期。

次为虚诬派。嘉、道之际，丛缀之学多出于文士，继则大江以南工文之士以小慧自矜，乃杂治西汉今文学，旁采谶纬以为名高。故常州之儒莫不理先汉之绝学，复博士之绪论，前有二庄，后有刘、宋，南方学者闻风兴起。及考其所学，大抵以空言相演，继以博辩。其说颇返于怀疑，然运之于虚而不能证之以实，或言之成理而不能持之有故。于学术合于今文者，莫不穿凿其词，曲说附会；于学术异于今文者，莫不巧加诋毁，以诬前儒，甚至颠倒群经以伸己见。其择术则至高而成书则至易，外托致用之名，中蹈揣摩之习，经术支离，以兹为甚。是为汉学变迁第四期。

要而论之，怀疑学派由思而学，征实学派则好学继以深思，及其末流，学有余而思不足，故丛缀学派已学而不思，若虚诬学派则又思而不学。四派虽殊，然穷其得失，大抵前二派属于进，后二派则流于退。丛缀学派为征实派之变相，而虚诬之学则又矫丛缀而入于怀疑，然前此之怀疑与征实相辅，此则与征实相违，不可谓非古今人不相及矣。譬之治国，怀疑学派在于除旧布新，旧国既亡而新邦普建，故科条未备而锐气方新；若征实学派是犹守成之主，百废俱兴，综核名实，威令严明；而丛缀学派又如到治既隆，舍大纲而营末节，其经营创设不过繁文缛礼之微；虚诬学派则犹国力既虚，强自支厉，欲假富强之虚声以茕黎庶，然根本既倾则危亡之祸兆。此道、咸以还汉学所由不振也，悲夫！

（录自章太炎、刘师培等撰《论中国近三百年学术史》，上海古籍出版社2006年版，第165~167页）

近代经学与政治·序①（节录）

汤志钧

儒家经学，在我国漫长的封建社会中，一直是封建文化的主体。

鸦片战争以后，中国社会性质发生变化。情况变了，经学的传统地位没有变；内容变了，经学的形式没有变。一些封建知识分子向资产阶级转化，但孔子的偶像依然存在，即使是有影响的思想家，也不断搬用或推衍儒家经籍，摆脱不了经学的羁绊。直到五四运动，彻底反对封建文化，经学才退出历史舞台。在这八十年中，新旧斗争异常尖锐，反映在思想领域，利用经学为形式展开的斗争也异常尖锐。

清代中叶，政治败坏，社会痹痿，衰朽迹象日益呈露，农民反抗起伏不已，龚自珍目睹封建制度的腐朽和社会危机的深重，预感到"乱亦竟不远矣"，提出"更法"的主张。魏源也说"五帝不沿礼，三王不袭乐"，要求学习西方的"长技"，使中国强盛。龚自珍、魏源都从刘逢禄学习"公羊学"，继承今文经学阐释经书的方法论，想从前人对经书的阐释中找出符合本阶级利益的思想材料，"救裨当世"。

鸦片战争以后社会矛盾的激化，爆发了太平天国革命，冲荡了封建等级制度和封建思想，曾国藩在镇压太平军的同时，对传统经学进行了一番改造。他要"会通汉、宋之学"，以加强本阶级的团结，"协力助剿"；即使学习西文、西艺，也要课以封建儒经。学术窒息，思想锢蔽，连宗今文经学的邵懿辰、戴望也不能自拔。

伴随着中法战争的失败和洋务运动的破产，近代经学发生变化，当康有为想望能有辅佐周成王那样的周公、能有以时王为法的典制的目的没有达到后，便改造今文经学，把资产阶级所需要的东西，诸如民权、议院、选举，等等，附会到孔子身上，以孔子为"制法之王""改制之主"。他在学习西方之

---

① 编者删除了文中的注释部分。

后，给今文经学注入了新内容，对儒家学说重作解释，建立了变法维新的理论体系，予维护封建的专制制度和封建思想以大胆冲荡。虽然封建顽固派尽力扼杀，但"斯时智慧骤开，如万流腾沸，不可遏抑"。这样，又有人提出"旧学为体，西学为用"，想在衰朽的封建躯干上，借用西学以"起疾"，认为伦纪圣道是不可变的，要"用"西学，也要"无悖于经义，无损于圣教"。要"宗经""明纲"，不能"数典忘祖"。还有人把《周礼》一书，视为政教的典范，说它"与今泰东西诸国所以致富者若合符契"，想望"尊孔振儒"，"保华攘夷"。

义和团运动的掀起，八国联军的入侵，清政府的屈辱签约，帝国主义的疯狂宰割，使得二十世纪初，风云变幻，时局激荡，有人从"维新"梦中觉醒，转向革命。章太炎就是其中的一个。本来，他是治古文经学的，在维新运动期间却和宗今文的康、梁在一起。等到他由"革政"到革命，却又运用古文反对今文，把顾炎武经学思想中的经世涵义进一步发展，并适应新的时代特点，为"排满"革命服务。这时提倡国学，标榜"国粹"的也不乏其人，他们想从古事古迹中引出爱国的思想，当然也脱离不了经籍经说。

辛亥革命，推翻了二千余年的封建君主专制制度，民主共和的观念深入人心，作为封建文化的经学，也渐成强弩之末，势不久长。

然而，任何旧事物、旧思想，总不会自动消亡的，在其渐趋没落之际，还会回光返照，垂死挣扎，经学也是这样。随着袁世凯帝制活动的加紧，一些封建遗老遗少又把作为封建社会圣人的孔子，当作封建专制政府"法定"的偶像，乔装打扮，狂吹滥捧。有人公然提出"宗祀孔子以配上帝，诵读经传以学圣人"；"以演孔为宗，以翼教为事"，一时尊孔读经之声，甚嚣尘上。

可是，复辟是不得人心的，儒经也不能"移易人心"。就在这时，轰轰烈烈的新文化运动展开，对经学和儒家创始人孔子发动了猛烈的批判，文化新潮，具有前所未有的威力。新文化运动要废除"经汉、宋两代之进化，明定纲常之条目"的"孔教之特色"。解放思想，破除迷信，孔子再"不能范围后世"，经学也就气息奄奄，危如朝露，统治二千多年思想界的经学从此一蹶不振。

（录自汤志钧《近代经学与政治》，中华书局2000年版）

五十年来中国之文学[①]（节录）

胡 适

这五十年在中国文学史上可以算是一个很重要的时期。综括起来，这五十年的重要有几点：

（1）五十年前，《申报》出世的一年（1872），便是曾国藩死的一年，曾国藩是桐城派古文的中兴第一大将。但是他的中兴事业，虽然是很光荣灿烂的，可惜都没有稳固的基础，故都不能有长久的寿命。清朝的命运到了太平天国之乱，一切病状一切弱点都现出来了，曾国藩一班人居然能打平太平天国，平定各处匪乱，做到他们的中兴事业。但曾左的中兴事业，虽然延长了五六十年的满清国运，究竟救不了满清帝国的腐败，究竟救不了满清帝室的灭亡。他的文学上的中兴事业，也是如此。古文到了道光咸丰的时代，空疏的方、姚派，怪僻的龚自珍派，都出来了，曾国藩一班人居然能使桐城派的古文忽然得一支生力军，忽然做到中兴的地位。但"桐城＝湘乡派"的中兴，也是暂时的，也不能持久。曾国藩的魄力与经验确然可算是桐城派古文的中兴大将。但曾国藩一死之后，古文的运命又渐渐衰微下去了。曾派的文人，郭嵩焘、薛福成、黎庶昌、俞樾、吴汝纶……都不能继续这个中兴事业。再下一代，更成了"强弩之末"了。这一度的古文中兴，只可算是痨病将死的人的"回光返照"，仍旧救不了古文的衰亡。这一段古文末运史，是这五十年的一个很明显的趋势。

（2）古文学的末期，受了时势的逼迫，也不能不翻个新花样了。这五十年的下半便是古文学逐渐变化的历史。这段古文学的变化史又可分作几个小段落：

（一）严复、林纾的翻译的文章。

（二）谭嗣同、梁启超一派的议论的文章。

（三）章炳麟的述学的文章。

[①] 本文作于1922年3月3日。

（四）章士钊一派的政论的文章。

这四个运动，在这二十多年的文学史上，都该占一个重要的地位。他们的渊源和主张虽然很多不相同的地方，但我们从历史上看起来，这四派都是应用的古文。当这个危急的过渡时期，种种的需要使语言文字不能不朝着"应用"的方向变去。故这四派都可以叫做"古文范围以内的革新运动"。但他们都不肯从根本上做一番改革的工夫，都不知道古文只配做一种奢侈品，只配做一种装饰品，却不配做应用的工具。故章炳麟的古文，在四派之中自然是最古雅的了，只落得个及身而绝，没有传人。严复、林纾的翻译文章，在当日虽然勉强供应了一时的要求，究竟不能支持下去。周作人兄弟的《域外小说集》便是这一派的最高作品，但在适用一方面他们都大失败了。失败之后，他们便成了白话文学运动的健将。谭嗣同、梁启超一派的文章，应用的程度要算很高了，在社会上的影响也要算很大了，但这一派的末流，不免有浮浅的铺张，无谓的堆砌，往往惹人生厌。章士钊一派是从严复、章炳麟两派变化出来的，他们注重论理，注重文法，既能谨严，又颇能委婉，颇可以补救梁派的缺点。甲寅派的政论文在民国初年几乎成一个重要文派。但这一派的文字，既不容易做，又不能通俗，在实用的方面，仍旧不能不归于失败。因此，这一派的健将，如高一涵、李大钊、李剑农等，后来也都成了白话散文的作者。

这一段古文学勉强求应用的历史，乃是新旧文学过渡时代不能免的一个阶段。古文学幸亏有这一个时期，勉强支持了二三十年的运命。

（3）在这五十年之中，势力最大，流行最广的文学，——说也奇怪，——并不是梁启超的文章，也不是林纾的小说，乃是许多白话的小说。《七侠五义》《儿女英雄传》都是这个时代的作品。《七侠五义》之后有《小五义》等等续编，都是三十多年来的作品。这一类的小说很可代表北方的平民文学。到了前清晚年，南方的文人也做了许多小说。刘鹗的《老残游记》，李伯元的《官场现形记》《文明小史》，吴沃尧的《二十年目睹之怪现状》《恨海》《九命奇冤》，等等，都是有意的作品，意境与见解都和北方那些纯粹供人娱乐的民间作品大不相同。这些南北的白话小说，乃是这五十年中国文学的最高作品，最有文学价值的作品。这一段小说发达史，乃是中国"活文学"的一个自然趋势；他的重要远在前面两段古文史之上。

（4）这五十年的白话小说史仍旧与一千年来的白话文学有同样的一个大缺

点：白话的采用，仍旧是无意的，随便的，并不是有意的。民国六年以来的"文学革命"便是一种有意的主张。无意的演进，是很慢的，是不经济的。譬如乾隆以来的各处匪乱，多少总带着一点"排满"的意味，但多是无意识的冲动，不能叫做有主张的革命，故容易失败了。太平天国的革命，排满的色彩稍明显一点，但终究算不得是有意识有计画的排满运动，故不能得中上阶级的同情，终归于失败。近二十年来的革命运动，因为是有意识的主张，有计画的革命，故能于短时期之中，收最后的胜利。文字上的改革，也是如此。一千年来，白话的文学，一线相传，始终没有断绝。但无论是唐诗，是宋词，是元曲，是明清的小说，总不曾有一种有意的鼓吹，不曾明明白白的攻击古文学，不曾明明白白的主张白话的文学。

近五年的文学革命，便不同了。他们老老实实的宣告古文学是已死的文学，他们老老实实的宣言"死文字"不能产生"活文学"，他们老老实实的主张现在和将来的文学都非白话不可。这个有意的主张，便是文学革命的特点，便是五年来这个运动所以能成功的最大原因。

以上四项，便是这五十年中国文学的变迁大势。

（录自姜义华主编《胡适学术文集·新文学运动》，中华书局1993年版，第94~97页）

（参校胡适著，季羡林主编《胡适文集》第2卷，安徽教育出版社2003年版，第259~262页）

中国19世纪晚期的传统经文与维新精神 [1]

——今古文之争在清代的复兴（节录）

［法］程艾蓝 [2]

有人看到这个题目也许会感到奇怪，不明白是什么原因让我这个一直从事

---

[1] 编者删除了文中的注释部分。
[2] 程艾蓝（1955—　　），法籍华裔汉学家。

中国古代史研究的人，突然闯入这个完全属于中国近代思想史的时期来。许多年前，我对汉代（公元前206年—公元220年）各种思想流派的研究，特别是对于有名的儒家经典今文与古文两个学派之争的研究，令我想到了这样一个问题：斗转星移，时代已经全然不同，今文学派与古文学派之争何以在将近两千年之后复兴？更令人费解的是，18世纪末就已开始重现端倪的今、古文之争，一个世纪之后竟然在动摇帝制根基的维新运动中，占据了中心地位。这个现象的令人瞩目之处在于，它"画上了句号"，换句话说，戊戌变法的维新派通过重新掀起这场中华帝国早期学术争论，居然有意无意地敲响了经文传统的丧钟，从而也就敲响了中华帝国的丧钟。

19世纪的中国面对着与日俱增的西方压力，这种压力的后果之一是唤醒了新型的民族主义意识，并将新的价值观引入中国。我在本文中想要探讨的是在这种背景之下，今文与古文之争是如何以及为何再度复兴的。随着清朝急速走向覆亡，日益迫切的问题首先是正确辨析西方影响和内部因素在促使帝国覆亡过程中各自所起的作用，其次就是界定内部因素的性质，辩明某些人所说的"经文儒学的崩溃"在其中所起的作用，而这正是本文特别关注的问题。有人说，"儒学传统"在19世纪末与20世纪初出现了分化，这究竟是指什么？

正如许多专家所指出，远在西方影响进入中国之前，人们就已强烈地感到，以典籍为代表的传统逐渐不再被视为神圣。本杰明·艾尔曼（Benjamin A. Elman）曾从多方面指出，新今文学派代表着18世纪以来的政治革新思潮。这股思潮起初并不是对于西方影响的反应，恰恰相反，它是自17世纪清初以来称雄学术界的"汉学"的合乎逻辑的延伸。今文学派在西方思想推动下与19世纪末的维新运动结合之前，就以传统的儒学既有的方式显示了某些变革精神。换言之，我们应该从中华帝国末期的历史演进本身来理解今文学派的崛起，反抗只是它后来才具有的附加成分。正如热罗姆·格利德（Jerome Grieder）所指出，真正从思想上开始意识到西方的威胁，那是后来19世纪的事。

然而，直到1905年废除科举后，"经文儒学"才寿终正寝，而在政治和体制危机最严重的19世纪末到20世纪初，论战的中心始终是儒家经典的有效性，这一点无论如何总让人感到困惑不解。因此，中西大冲撞就不能不触及中国知识分子以何种方式求助于本国文化传统这个问题。直至19世纪初期，中国知识分子所关心的始终是自己的传统,尤其是通过张灏所说的"内部对话",即"若干世纪以来中国传统内部的特殊思想论战"。由此可见,应该从"文化主义"角度去看待19世纪的政治和体制危机,在这场危机中,儒家对于治国方法的关注和今、古文两个学派之争等内部对话,具有决定性的作用。

在估量西方对19世纪中国的影响时,我们不应忘记,维新思想的两大动力,即再度为人称道的"经世"思想和发轫于18世纪末的新今文学派,远在鸦片战争前40年左右就已趋向激进,而鸦片战争则是西方列强与清朝武力对抗的开端。但是,毫无疑问,是与日俱增的西方影响及其客观上的优势,终于促使清末思想家们对传统进行彻底反思,直至撼动其根基并提出了这样一个问题:面对外来的强大挑战,中国的传统是否还能保持和发展?正如张灏所说:"许多中国知识分子认为,之所以出现危机,不只是由于西方的扩张造成了固有社会秩序的崩溃,也因为传统的天下观已被击碎。"那末,对传统的重新评价何以最终导致对它的彻底否定呢?

这一发展过程实际上表明,儒家传统的弹性已达极限。以往它虽然一直表现出具有吸引外来思想的能力(例如在很大程度上容纳了佛教),但是,人们有理由怀疑它是否能在与西方的对抗中免遭灭顶之灾。儒家传统历史悠久,流派众多,以其思想之丰富和多样,似乎不乏对付每一个新危机的办法。新今文学派起初就是这样想的。需要弄明白的是:有着两千年历史的儒学,在它的一个流派的革新过程中,旧题新解的结果竟然因一些问题而导致决裂,这些问题一方面与当年佛教带来的问题相仿,即来自本传统之外,另一方面却又不同,那就是以往佛教在政治体制方面引起的反响极小,而现在这些问题则直接威胁着帝国政治体制的存续。决裂究竟发生在哪里呢?如果说,儒家传统"走得太远",以致无法应对西方,那么它究竟走了多远呢?看来,从19世纪下半叶起,一个令人困惑的问题就摆到了中国人面前:中国将不可避免地沉沦下去,原因究竟是传统价值观本身的缺陷,抑或是它没能与西方的价值观融为一体呢?

(录自《法国汉学》编委会编《法国汉学》第三辑,清华大学出版社1998年版,第163~165页)

国朝宋学渊源记·序

达 三[①]

尝观元代之尊孔子曰："先孔子而圣者，非孔子无以明；后孔子而圣者，非孔子无以法。"至哉言乎！不唯有明讲学者所弗能及，即宋儒极力推崇，连篇累牍，亦未有若是之精确者也。盖天之生物，气具则命立，性赋则理存，而人秉天地之中以生，故为万物之灵。有斯世，则有斯人；有斯人，则有斯性。自开辟以至今日，自羲农以至今世之人，此理无一息之间断，此性亦无一人之不具也。但天道不能无寒暑昼夜之递嬗，人性不能无昏明强弱之不同，反其同而变其异，作之君，作之师，所谓修道之教也。粤稽尧、舜、禹、汤、文、武之为君，皋陶、稷、契、伊、周之为臣，其所谓继天立极者，亦不过君君、臣臣、父父、子子，各全其天性而已。

周衰，孔子生于东鲁，出类拔萃，继往开来。然使当日得行其道，亦不过致君为尧舜之君，使民为尧舜之民，原不能于各全天性之外别有神奇也。无如天厌周德，其道未能大行于天下，不得已订《诗》《书》，正《礼》《乐》，序《易象》，修《春秋》，以垂教于万世，而大经大法，精义微言，具载《六经》。后之人果能于六经身体而力行之，以之修身，则可悟前圣之心传，以之治世，则可返唐虞之盛轨，内圣外王，体用兼尽，原非为托之空言已也。至于七十二子之徒，皆亲炙门墙，身通六艺，其中惟颜、曾独得心传，诸子则各具一体。其问答之间，皆因其品诣而指示之，非厚于颜、曾而薄于诸子也。圣人之言广大精微，因人设教，使诸子各尊所闻而深造之，其要归亦未有不合于一贯之旨者也。孔子没，杨墨兴，孟子辞而距之，廓如也，然当时已有好辩之讥。暴秦焚书坑儒，典籍荡然，然斯人斯性未尝灭绝也。

汉兴，尊崇经术，诸大儒于灰烬之余，或师学渊源，专门稽古，或殚心竭虑，皓首穷经，而各守一说，不相攻击，意至厚也。昌黎崛起数百年后，推崇

[①] 达三，清代学术史家。

圣道，力排佛、老，而于荀、杨，则曰"大醇而小疵"，亦何尝于儒术之中自相牴牾哉！盖道在修己，功在安民，王道圣功，理无二致。故《大学》始言格致诚正以修身，终之以齐家治国平天下，节次不紊，事理相因，本心性以为事功，即所谓"一以贯之"者也。自宋儒道统之说起，谓二程心传直接邹鲁，从此心性事功分为二道，儒林道学判为两途，而汉儒之传经，唐儒之卫道，均不啻糟粕视之矣。殊不思洛闽心学源本六经，若非汉唐诸儒授受相传，宋儒亦何由而心悟！且详言诚正，略视治平，其何以诋排二氏之学乎！南渡后，江西陆氏、永嘉陈氏或尊德性，或讲事功，议论与朱子不合，门下依草附木者互相攻讦。沿至有明，姚江王氏平良知以建功业，稍征实学，而推尊古本《大学》，不遵朱注，于是党同伐异者又群起而攻阳明矣。

本朝列圣相承，本建中立极之学，为化民成物之政，四子书仍遵朱子，十三经特重汉儒。名贤辈出，或登廊庙，黼黻皇猷；或守蓬茅，躬行实践。府县置学官，无聚徒私议之士；文武归科第，无怀才不售之人。重熙累洽，一道同风，直迈三代而媲美唐虞矣。今世之人，幸值休明之运，果能下学上达，服古入官，言行一以孔圣为依归，则将仰高钻坚，瞻前忽后，矻矻孜孜，寸阴是惜，又何暇分唐分汉，辟陆辟王，舍己之田而芸人之田乎！

甘泉江子郑堂博学多识，有志斯文，经术湛深，渊源有自，既编《汉学师承记》，芸台宫保为跋于前，继又纂《宋学渊源记》，问序于予。予才疏学浅，曷能妄测高深！详阅其书，无分门别户之见，无好名争胜之心，唯录本朝潜心理学而未经表见于世者；其余庙堂诸公，以有国史可考，不敢僭议也。其用心至矣，其用力勤矣！因忘其谫陋，本诸师传，验诸心得，为弁数语于简端，以答其虚衷下问之意。若夫精一执中，至诚无息之渊源，请还质诸世之善法孔子者。时道光二年嘉平月，长白达三书于粤东权署。

（录自《国朝宋学渊源记》，《国朝汉学师承记》，中华书局1983年版，第150~152页）

（参校《汉学师承记·宋学渊源记》，上海书店1983年版）

浙东学术

章学诚

浙东之学，虽出婺源，然自三袁之流，多宗江西陆氏，而通经服古，绝不空言德性，故不悖于朱子之教。至阳明王子，揭孟子之良知，复与朱子牴牾。蕺山刘氏，本良知而发明慎独，与朱子不合，亦不相诋也。梨洲黄氏，出蕺山刘氏之门，而开万氏弟兄经史之学；以至全氏祖望辈尚存其意，宗陆而不悖于朱者也。惟西河毛氏，发明良知之学，颇有所得；而门户之见，不免攻之太过，虽浙东人亦不甚以为然也。

世推顾亭林氏为开国儒宗，然自是浙西之学。不知同时有黄梨洲氏，出于浙东，虽与顾氏并峙，而上宗王、刘，下开二万，较之顾氏，源远而流长矣。顾氏宗朱，而黄氏宗陆。盖非讲学专家，各持门户之见者，故互相推服，而不相非诋。学者不可无宗主，而必不可有门户；故浙东、浙西，道并行而不悖也。浙东贵专家，浙西尚博雅，各因其习而习也。

天人性命之学，不可以空言讲也。故司马迁本董氏天人性命之说，而为经世之书。儒者欲尊德性，而空言义理以为功，此宋学之所以见讥于大雅也。夫子曰："我欲托之空言，不如见诸行事之深切著明也。"此《春秋》之所以经世也。圣如孔子，言为天铎，犹且不以空言制胜，况他人乎？故善言天人性命，未有不切于人事者。三代学术，知有史而不知有经，切人事也。后人贵经术，以其即三代之史耳。近儒谈经，似于人事之外，别有所谓义理矣。浙东之学，言性命者必究于史，此其所以卓也。

朱陆异同，干戈门户，千古桎梏之府，亦千古荆棘之林也。究其所以纷纶，则惟腾空言而不切于人事耳。知史学之本于《春秋》，知《春秋》之将以经世，则知性命无可空言，而讲学者必有事事，不特无门户可持，亦且无以持门户矣。浙东之学，虽源流不异，而所遇不同。故其见于世者，阳明得之为事功，蕺山得之为节义，梨洲得之为隐逸，万氏兄弟得之为经术史裁。授受虽出于一，而面目迥殊，以其各有事事故也。彼不事所事，而但空言德性，空言学问，则黄茅白苇，极面目雷同，不得不殊门户，以为自见地耳。故惟陋儒则争门户也。

或问事功气节，果可与著述相提并论乎？曰：史学所以经世，固非空言著述也。且如六经，同出于孔子，先儒以为其功莫大于《春秋》，正以切合当时人事耳。后之言著述者，舍今而求古，舍人事而言性天，则吾不得而知之矣。学者不知斯义，不足言史学也（整辑排比，谓之史纂；参互搜讨，谓之史考；皆非史学）。

（录自《文史通义校注》卷五，中华书局 1985 年版，第 523~524 页）
（参校《文史通义》第二册，上海书店 1988 年版，第 65~66 页）

黄宗羲传（节录）

江 藩

父冤既白之后，日夕读书，十三经、二十一史及百家、九流、天文、历算、《道藏》《佛藏》，靡不究心焉。忠端遗命以蕺山刘忠正公宗周为师，乃从之游。又约吴越中向学者六十余人共侍讲席，力排陶奭龄援儒入释之邪说。……

…………

……复举蕺山证人书院之会，从之讲学者数百人。尝谓明人讲学，袭《语录》之糟粕，不以六经为根柢，束书不读，但从事于游谈。学者必先穷经，经术所以经世，乃不为迂儒。又谓读书不多，无以证斯理之变；读书多而不求于心，则又为伪儒矣。故受其教者，不堕讲学之弊，不为障雾之言。其学盛行于东南，当时有南姚江、西二曲之称。……

…………

宗羲之学出于蕺山，虽姚江之派，然以慎独为宗，实践为主，不恣言心性，堕入禅门，乃姚江之净子也。又以南宋以后讲学家空谈性命，不论训诂，教学者说经则宗汉儒，立身则宗宋学。又谓昔贤辟佛，不检佛书，但肆谩骂，譬如用兵，不深入其险，不能剿绝鲸鲵也。乃阅《佛藏》，深明其说，所以力排佛氏，皆能中其窾要。……

....

……宗羲以古文自命，有志于《明史》，虽未预修史，而史局遇有大事疑事，必咨之。其论古文曰："唐以前句短，唐以后句长；唐以前字华，唐以后字质；唐以前如高山深谷，唐以后如平原旷野。自唐以后，为文之一大变，然而文章之美恶不与焉。其所变者，词而已；所不可变者，虽千古如一日也。"此论足以扫近人规模字句之陋习矣。

（录自《国朝经师经义目录》，《国朝汉学师承记》，中华书局 1983 年版，第 124、126、127、128~129 页）

（参校《汉学师承记·宋学渊源记》，上海书店 1983 年版，第 126、128、129、130~131 页）

方以智年谱·序（节录）

谢国桢①

作为明末清初一位杰出的学者，方以智是能够和顾炎武、黄宗羲、王夫之诸家并驾齐驱的。往经侯外庐同志《中国启蒙思想史》提倡以后，始引起国内外学人之注意。但关于方以智生平活动与学术渊源，尚有许多值得研究的地方。故尔，我劝其（任道斌——编者注）对此进行研究。近年来，他遍走京皖江浙各处的图书馆和博物院，访求方以智的遗著，并从明清之际各家的著述，以及有关方志、史乘中，考察龙眠方氏的佚事，然后审量史料，积稿盈尺，终成《方以智年谱》八卷，请我审阅。我阅读了《年谱》之后，感到此书钩稽史事，用力甚勤；按年排比，是非明辨；考订整理，颇有条理。其中发幽阐微，前人所没有注意的地方，大致有以下三点：

一、方以智的爱国精神。他虽然处于明清之际的社会大动乱中，但为了不使学术成果随世湮没，在流离颠沛中仍著述不辍，而且遍交各地的学者，商磋学问，把文化传授给子弟。如他与宁都"易堂九子"魏禧、彭士望交往密切，

---

① 谢国桢（1901—1982），历史学家、文献学家。

彭士望的门生梁份（质人）著《秦边略记》，讲求我国西北地理与边塞国防设备，即受方以智的影响。又如他的学生揭暄，对天文、数学等有较深的造诣，在很大程度上也受到方以智的影响。他的次子方中通，著有《数度衍》，其中许多观点，来源于方以智。这都说明了方以智不是个空谈家，而是一位经世致用，能坐而言、起而行的志士。

二、方以智学风的变化。他的学术思想，既有朴素的辩证唯物论，也有狭隘的唯心论。比如，他认为天是浑然一气，地球和星层宛如鸡卵，浑然处于大气层中；但他也说太阳和月亮围绕地球而行。用科学的观点来看，他的看法有一部分是正确的，另一部分是错误的。晚年他为了避匿行迹，拒入仕途，明禅暗儒，并提倡"三教合一"，在晚明学者中形成了另一种典型。他的学术思想，就有"合二而一"的不彻底部分。当然，以辩证唯物主义的方法论而言，一可以分为二，那末二怎么不能合为一呢？这是数理的分解与还原，也符合事物相辅相成的常理。在百家争鸣的今天，我们更不能不加分析地株累古人，脱离当时的社会，把前人的思想一笔抹煞掉。

三、方以智的乐观主义。入清以后，南明小朝廷的腐朽糜烂，已使方以智对其失去信心，他知道门户纷争的永历政权已无所作为，不成大器，因而十次恳辞大学士之职。但忠忱之心、民族之感，仍驱使伏处草野的他，往来于永历诸文武之间。粤西沦陷前不久，方以智还到过桂林，访好友瞿式耜（稼轩）于漓江小东皋草堂，饮酒赋诗，唱和不绝。在兵马仓皇之中，仍有如此的雅兴，好像战火远在九霄之外，简直不能想象不久就会有桂林失陷于清将孔有德之手、瞿式耜与张同敞壮烈捐躯之事。这种兴致，表现了方以智的乐观主义与豁达品质。任道斌同志根据旧章，发潜彰幽，描述了这一段人所不注意的幽逸场面，分析事物，如剥春笋，又好比以翠绿荷叶上的一颗明亮水珠，来表现大雨倾盆过后的景色，使我读到这里，不禁拍案叫绝。这是编者的细心，把读者导入了胜地。

（录自任道斌《方以智年谱》，安徽教育出版社1983年版）

（参校谢国桢著，谢小彬、杨璐主编《谢国桢全集》第七册，北京出版社2013年版，第576~578页）

顾炎武传（节录）

江 藩

炎武留心经世之术，游历所至，以二马二骡载书自随。至西北厄塞，东南海陬，必呼老兵退卒询其曲折；与平日所闻不合，即发书检勘。其所著《天下郡国利病书》，聚天下图经、历朝史籍以及小说、笔记、明十三朝实录、公移、邸报之类有关于朝政民生者，酌古通今，旁推互证，不为空谈，期于致用。《肇域志》则专论山川要厄、边防战守之事，盖炎武周流西北垂三十年，边塞亭障皆经目击，故能言之了了也。

晚年，笃志六经，精研深究。居华阴，有请讲学者，谢曰："近日二曲以讲学得名，遂招逼迫，几致凶死，虽曰威武不屈，然而名之为累则已甚矣。况东林覆辙有进于此者乎！"有求文者，告之曰："文不关于经术政事者，不足为也。韩文公起八代之衰，若但作《原道》《谏佛骨表》《平淮西碑》《张中丞传后叙》，而一切谀墓之文不作，岂不诚山斗乎！"在关中论学，曰："诸君，关学之余也。横渠蓝田之教，以礼为先。孔子尝言'博我以文，约之以礼'，而刘康公亦云'民受天地之中以生，所谓命也。是以有动作礼义威仪之则以定命'。然则君子为学，舍礼何由！近来讲学之师，专以聚徒立帜为心，而其教不肃，方将赋《茅鸱》之不暇，何问其余哉！"

炎武生性兀傲，不谐于世。身本南人，好居北土，尝谓人曰："性不能舟行食稻，而喜餐麦跨鞍。"又谓北方之人饱食终日，无所用心；南方之人群居终日，言不及义，好行小慧。时人谓其评论切中南北学者之病。尝至京师，东海两学士延之夜饮，怒曰："古人饮酒卜昼不卜夜，世间惟淫奔纳贿二者皆夜行之，岂有正人君子而夜行者乎！"其狷介嫉俗如此。于同时诸君子，虽以苦节推百泉、二曲，以经世之学推黎洲，至于论经评史，亦不苟同也。

（录自《国朝经师经义目录》,《国朝汉学师承记》，中华书局1983年版，第131~132页）

（参校《汉学师承记·宋学渊源记》，上海书店1983年版，第133~134页）

日知录·序

潘 耒①

有通儒之学,有俗儒之学。学者,将以明体适用也。综贯百家,上下千载,详考其得失之故,而断之于心,笔之于书,朝章国典,民风土俗,元元本本,无不洞悉,其术足以匡时,其言足以救世,是谓通儒之学。若夫雕琢辞章,缀辑故实,或高谈而不根,或剿说而无当,浅深不同,同为俗学而已矣。自宋迄元,人尚实学。若郑渔仲、王伯厚、魏鹤山、马贵与之流,著述具在,皆博极古今,通达治体,曷尝有空疏无本之学哉。明代人才辈出,而学问远不如古。自其少时鼓箧读书,规模次第已大失古人之意,名成年长,虽欲学而无及。间有豪隽之士,不安于固陋而思崭焉,自见者。又或采其华而弃其实,识其小而遗其大。若唐荆川、杨用修、王弇州、郑端简号称博通者,可屈指数,然其去古人有间矣。昆山顾宁人先生,生长世族,少负绝异之资。潜心古学,九经诸史,略能背诵;尤留心当世之故,实录奏报,手自钞节,经世要务,一一讲求。当明末年,奋欲有所自树而迄不得试,穷约以老。然忧天闵人之志,未尝少衰。事关民生国命者,必穷源溯本,讨论其所以然。足迹半天下,所至交其贤豪长者,考其山川风俗、疾苦利病,如指诸掌。精力绝人,无他嗜好,自少至老,未尝一日废书。出必载书数簏自随,旅店少休,披寻搜讨,曾无倦色。有一疑义,反复参考,必归于至当;有一独见,援古证今,必畅其说而后止。当代文人才士甚多,然语学问,必敛衽推顾先生。凡制度典礼有不能明者,必质诸先生;坠文轶事有不知者,必征诸先生。先生手画口诵,探源竟委,人人各得其意去。天下无贤不肖,皆知先生为通儒也。先生著书不一种,此《日知录》则其稽古有得,随时札记,久而类次成书者。凡经义、史学、官方吏治、财赋、典礼、舆地、艺文、之属,一一疏通其源流,考正其谬误。至于叹礼教之衰迟,伤风俗之颓败,则

---

① 潘耒(1646—1708),清初学者,顾炎武弟子。

古称先，规切时弊，尤为深切著明。学博而识精，理到而辞达。是书也，意惟宋、元名儒能为之，明三百年来殆未有也。耒少从先生游，尝手授是书。先生没，复从其家求得手稿，较校勘再三，缮写成帙，与先生之甥刑部尚书徐公健庵、大学士徐公立斋谋刻之而未果。二公继没，耒念是书不可以无传，携至闽中。年友汪悔斋赠以买山之资，举畀建阳丞葛受箕，鸠工刻之以行世。呜呼！先生非一世之人，此书非一世之书也。魏司马朗复井田之议，至易代而后行。元虞集京东水利之策，至异世而见用。立言不为一时，《录》中固已言之矣。异日有整顿民物之责者，读是书而憬然觉悟，采用其说，见诸施行，于世道人心实非小补。如第以考据之精详，文辞之博辨，叹服而称述焉，则非先生所以著此书之意也。

（录自《日知录集释》，上海古籍出版社 2006 年版）

亭林学案·叙

徐世昌[①]等

亭林之学，实事求是，不分汉、宋门户，经世致用，规模闳峻，为有清一代学术渊源所自出。后之承学者，因其端以引申之，各成专家，而兢兢以世道人心为本，论学论治，莫能外焉。此其学之所以大也。

（录自《清儒学案》，北京文楷斋刻本）
（参校徐世昌等编纂，沈芝盈、梁运华点校《清儒学案》卷六，中华书局 2008 年版，第 267 页）

---

① 徐世昌（1855—1939），清光绪进士、翰林院编修，《清儒学案》主持者。

船山学案·叙

徐世昌等

船山生当鼎革,隐居求志四十余年,是以成书最富。平生为学,神契横渠,羽翼朱子,力辟陆、王。于《易》根底最深。凡说经必征诸实,宁凿毋陋。囊括百家,立言胥关于人心世道。在清初诸大儒中,与亭林、梨洲号为鼎足。至晚季,始得同祀庙庑,昭定论焉。

(录自《清儒学案》,北京文楷斋刻本)

(参校《清儒学案》卷八,中华书局2008年版,第369页)

王先生夫之(节录)

徐世昌等

先生之学,以汉儒为门户,以宋五子为堂奥。所作《大学衍》《中庸衍》,皆力辟致良知之说,以羽翼朱子,而渊源尤在《正蒙》一书。其所为注,究观天人之故,推本阴阳法象之原,就《正蒙》精绎而畅衍之,与自著《思问录》,皆本隐之显,原始要终。至其扶树道教,辨上蔡、象山、姚江之误者甚峻。治经于《易》致力最深,不信陈抟之学,亦不信京房之术。于先天诸图纬书杂说,皆排之甚力。亦不空谈玄妙,附合老、庄之旨。言必征实,意必切理。其说诸经,于考据求义理,后来经学专家矜为创获者,或为先生所已言。其论史,每有特识,开拓学者心胸。至《黄书》《噩梦》诸编,经世之略,可见一斑。身既终隐,不为世知。乾隆中,始采访及之,得以著录《四库》,国史入《儒林传》。道光间,始有刊本,旋毁于兵燹。同治初年,始重刊行,其学乃大显。

(录自《清儒学案》,北京文楷斋刻本)

(参校《清儒学案》卷八,中华书局2008年版,第370页)

论王夫之 *

文廷式①

王船山《读通鉴论》，明本及末，知人论世，奇伟之书也。其不满于明太祖亦时一见之，其论光武云古无不学之天子，后世乃有不学之相臣，以不学之相臣辅草泽之天子，治之不古，自高帝始，非但秦也。秦以亡而汉以兴，亡者为后戒，而兴者且为后法，人纪之存不亦难乎。明人恒以太祖比汉高，而船山之言如此，则其驱除之功与其不学之咎各得其平。凡大儒者非一世所得私。故持论不能取媚一时，贻讥千古也，船山近之矣。

（录自文廷式《纯常子枝语》，台湾文海出版社著者手稿影印本，第1109页）

崔述的立志岁月（节录）

［法］桀溺②

崔述的著作经历了奇特的命运。这位大学者在孤独中生活、工作。他经常埋怨，在他视息人世时就了解他的史学论著的人为数甚少。然而他计划并且完成了一项巨大的工程：他通过执着抉发古代文献的矛盾和谬误，梳理出可信的中国古代史。他尽其后半生30余年之力，不倦地编写、修订、改正其煌煌巨著《考信录》。这部书是12篇独立的关于古史不同时期的论文的汇编，书的标题足以概括其雄心。通过对文本的考证性阅读（"考"），以求达到对古事的可靠（"信"）叙述。假如没有这位大师唯一的"弟子"陈履和的忠诚，这部比同时代大多数名流的著作更具系统性、结构更佳的论著很可能湮没无闻。崔述于1792年在京师与陈履和邂逅相逢，此后竟无缘重晤，俩人书信来往。我们这位史学家的年轻崇拜者终于在他生前和死后刊印了崔述的著作的重要部分，完成了神奇、感人的抢救工作。19世纪的多次重梓几乎无人注意，直到20世纪，那珂通世（Naka Michiyo）、胡适、顾颉刚在崔述身上发现"科学的

---

① 文廷式（1856—1904），清末诗人、词家、学者。
② 桀溺（1927—2014），法国汉学家。

史学"的先驱,他才声名大著。

（录自《法国汉学》第一辑,清华大学出版社 1996 年版,第 131 页）

西蜀唐圃亭先生行略（节录）

王闻远①

先生十四五岁,即嗜古学,精进淬砺,不拘拘于师说。落笔卓有端绪。善为歌诗,集中如《散病》《独饮》《春游》诸诗,皆少作也。附居舅氏李研斋家。太夫人督课甚严,故先生有"昼当课其文,夜当课其诗"之句。

…………

先生贯综经史,扬榷风雅,非秦汉之书弗读也。谓"唐宋以来,文章冗弱靡曼,不克举秦火于天下,当举秦火于私家"。其著书,不肯一字袭古,曰:"言,我之言也;名,我世所称之名也。今人作述,必袭古人之文;官爵郡县,必反今世之名,何其猥而悖也!"乃精研覃思,著《衡书》九十七篇。天道,人事,前古,后今,具备其中。曰"衡"者,志在权衡天下也。后以连蹇不遇,更名《潜书》。外著《毛诗传笺合义》《春秋述传》《潜文》《潜诗》《日记》各若干卷。宁都魏叔子见先生《潜书》,曰:"是周秦之书也,今犹有此人乎!"每接宾客及致书于人,必称唐子之文掩汉而上之。华亭高谡苑,读《潜书》,极赏其奇。尝遇先生于黄鹤楼,握手谈心者屡日。先生诗有"见誉何太高,鞠躬不敢当"之句,酬谡苑也。吴江徐虹亭盛称先生之文,推为当代作家第一。宣城梅定九见先生所著诸书,倩人尽录之,曰:"此必传之作也,当藏之名山以待其人耳。"先生所著书稿,远游必携。每乘舟,辄语仆曰:"设有风波不测,汝先挟我书稿登岸,然后来救我。"一日,邻人失火,先生怀书远避,余无所恋也。其自为珍爱如此。四方雅慕先生文名,乞言者虽卑辞厚币,不稔知其人之品概,不许也。其不肯轻有奖借又如此。

（录自《潜书注》,四川人民出版社 1984 年版,第 578、580~581 页）

---

① 王闻远（1663—1741）,清代目录学家。

颜　学[1]

章太炎

　　明之衰，为程、朱者痿弛而不用，为陆、王者奇觚而不恒。诵数冥坐与致良知者既不可任，故颜元返道于地官。以乡三物者，德、行、艺也，斯之谓格物。保氏教六艺者，自吉礼以逮旁要三十六凡目也。更事久，用物多，而魂魄强，兵农、水火、钱谷、工虞，无不闲习。辅世则小大可用，不用而气志亦日以桊駏，安用冥求哉？观其折竹为刀，以胜剑客，磬控驰射，中六的也；当明室颠覆，东胡入帝，而不仕宦，盖不忘乎光复者。藉在挽近，则骑帆而动艗。故曰："勇，达德也。"又数数疢心于宋氏之亡，儒生耆老痛摧折才士，而不用其尚武，则义之所激已。然外敕九容、九思，持之一跬步而不敢堕《曲礼》；自记言行，不欺晦冥；持志微眇若是，斯所以异于陈亮也。苦形为艺，以纾民难；其至孝恻怆，至奔走保塞，求亡父丘墓以归；讲室列弦鞄弓矢，肆乐而不与众为觳；斯所以异于墨子也。形性内刚，孚尹旁达，体骏駔而志齐肃，三代之英，罗马之彦，不远矣！

　　独恨其学在物，物物习之，而概念抽象之用少。其讥朱熹曰："道犹琴也，明于均调节奏之谱，可谓学琴乎？故曰以讲读为求道，其距千里也。即又有妄人指谱而曰：'是即琴也，辨音律，协声均，理性情，通神明。'无越于是谱，果可以为琴乎？故曰以书为道，其距万里也。千里万里，何言之远也！亦譬之学琴然：歌得其调，抚娴其指，弦求中音，徽求中节，声求协律，是之谓学琴矣，未为习琴也。指从志，音从指，清浊疾徐有常节，鼓有常度，奏有常乐，是之谓习琴矣，未为能琴也。弦器可手制也，音律可耳审也，诗歌惟其所欲也，志与指忘，指与弦忘，私欲不作，而大和在室，感应阴阳，化物达天，于是乎命之曰能琴。今指不弹，志不会，徒以习谱为学琴，是渡河而望江也，故曰千里也。今目不睹，耳不闻，徒以谱为琴，是指蓟丘而谈滇池也，故曰万里

---

[1] 编者删去了文中部分注释。

也。"

夫不见其物器而习符号，符号不可用。然算术之横纵者，数也。数具矣，而物器未形，物器之差率，亦即无以跳匿。何者？物器丛繁，而数抽象也。今夫舍谱以学琴，乃冀其中协音律，亦离于抽象，欲纤息简而数之也。算者，谱者，书者，皆符号也。中国自六经百家以逮官书，既不能昭晰如谱，故胶于讲读者，呭缪于古人而道益远。非书者不可用，无良书则不可用。今不课其良不良，而课其讲读不讲读，即有良书，当一切废置邪？良书废，而务水火工虞，十世以后将各持一端以为教。昔管子明水地，以为集于天地，藏于万物，产于金石，集于诸生，故曰水神。惟佗流土（希腊人）亦谓宙合皆生于水。海克德斯（希腊人），明神火播于百昌，则为转化，藏于匋中，乾暵者为贤人，润湿者为愚人。此皆嵬琐于百物之杪枝，又举其杪枝以为大素，则道术自此裂矣。故曰滞于有形，而概念抽象之用少也。

颜氏讥李颙不能以三事三物使人习行，顾终身沦于讲说。其学者李塨、王源，亦皆惩创空言，以有用为枭极。周之故言，仕、学为一训。何者？礼不下庶人，非宦于大夫，无所师。故学者犹从掾佐而为小史。九流所萌蘖，皆畴人之法，王官之契也。然更岁月久，而儒、道、形名，侵寻张大，以为空言者，社会生生之具至爻错。古者更世促浅，不烦为通论。渐渍二三千岁，不推其终始，审其流衍，则维纲不举，故学有无已而凑于虚。且御者必辨于骏良玄黄，远知马性，而近人性之不知；射者必谨于往镞拟的，外知物埻，而内识埻之不知；此其业不火驰乎？其学术不已憔悴乎？

观今西方之哲学，不啻万物为当年效用，和以天倪，上酌其言，而民亦沐浴膏泽。虽玄言理学，至于浮屠，未其无云补也。用其不能实事求是，而鼪鼯繠纼者多，又人人习为是言，方什伯于三物，是故文实颠偾，国以削弱。今即有百人从事于三物，其一二则以爱智为空言，言必求是，人之齐量，学之同律，既得矣！虽无用者，方以冥冥膏泽人事，何滞迹之有？

颜氏徒见中国久淹于文敝，故一切以地官为事守，而使人无窈窕旷间之地。非有他也，亦不知概念抽象则然也。虽然，自荀卿而后，颜氏则可谓大儒矣。

[录自《訄书》重订本，《章太炎全集》（三），上海人民出版社1984年版，第151~153页]

（参校《中华大方略全书·訄书》，内蒙古人民出版社2006年版，第23~25页）

论颜元 *

文廷式

颜习斋质性粗,故持论每有过激之处。然其重六艺、求实用,不可非也。又深见明末国乱民穷,而士大夫高谈性命,无补世变,循至灭亡。深推其弊,归咎宋儒,与王船山、顾亭林,大概有相合处。其著《宋史评》为王荆公、韩平原辩论,博而笃,则习斋于史学考究亦深。又其言曰:宋人但见料理边疆便指为多事,见理财便指为聚敛,见心计材武便憎恶,斥为小人,此风不变,乾坤无宁日矣。此中国积弱之源,习斋痛切陈之,亦未可以为偏激也。

习斋谓张文升曰:如天不废予,将以七字富天下:垦荒、均田、兴水利;以六字强天下:人皆兵、官皆将;以九字安天下:举人材,正大经,兴礼乐。余谓但言举人材而不言教人材,则不独礼乐未可兴,即农无农学,兵无兵学,所谓富强者亦不足恃也。

(录自《纯常子枝语》,台湾文海出版社著者手稿影印本,第1083~1084页)

惠松崖传(节录)

江 藩

(松崖先生)自幼笃志向学,家有藏书,日夜讲诵,自经、史、诸子、百家、杂说及释道二藏,靡不穿穴。父友临川李绂一见奇之,曰:"仲孺有子矣。"学士视学粤东,先生从之任所,粤中高才生苏珥、罗天尺、何梦瑶、陈海六,时称惠门四子,常入署讲论文艺,与先生为莫逆交。至于学问该洽,则四子皆自以为远不逮也。及学士毁家修城,先生往来京口,饥寒困顿,甚于寒素。遭两丧,不以贫废礼。终年课徒自给,甑尘常满,处之坦如。雅爱典籍,得一善本,倾囊弗惜,或借读手钞,校勘精审,于古书之真伪,了然若辨黑白。乾隆十五年，诏举经明行修之士，两江总督文端公尹继善、文襄公黄廷桂交章论荐，有"博通经史，学有渊源"之语。会大学士九卿索所著书，未及进而罢归，然先生于两公，非有半面识也。年五十后，专心经术，尤邃于《易》，谓宣尼作《十翼》，其微言大义，七十子之徒相传，至汉犹有存者。自王弼兴而汉学亡，幸传其略于李鼎祚《集解》中。精研三十年，引伸触类，始得贯通其旨，乃撰《周易述》一编，专宗虞仲翔，参以荀、郑诸家之义，约其旨为注，演其说为疏，汉学之绝者千有五百余年，至是而粲然复章矣。……
…………

同时与先生友善者，沈彤、沈大成。大成字学子，号沃田，华亭人，有《学福斋集》。受业弟子最知名者，余古农、同宗艮庭两先生，如王光禄鸣盛、钱少詹大昕、戴编修震、王侍郎兰泉先生，皆执经问难，以师礼事之。钱少詹为先生作传，论曰："宋、元以来，说经之书盈屋充栋。高者蔑弃古训，自夸心得；下者剿袭人言，以为己有。儒林之名，徒为空疏藏拙之地，独惠氏世守古学，而先生所得尤深，拟诸汉儒，当在何邵公、服子慎之间，马融、赵岐辈不能及也。"

（录自《国朝汉学师承记》，中华书局 1983 年版，第 23~24、29 页）

（参校《宋学渊源记》，《汉学师承记·宋学渊源记》，上海书店 1983 年版，第 22~23、28 页）

戴震传（节录）

江　藩

君年十岁乃能言，就傅读书，过目成诵。塾师授以《大学章句》右经一章，问其师曰："此何以知为孔子之言而曾子述之？又何以知为曾子之意而门人记之？"师曰："此子朱子云尔。"又问朱子何时人，曰："南宋。"又问曾子何时人，曰"东周。"又问周去宋几何时，曰："几二千年。"曰："然则子朱子何以知其然？"师不能答。读书一字必求其义，塾师略举传注训解之，意不释。师恶其烦，乃取许氏《说文解字》令检阅之，学之三年，通其义，于是十三经尽通矣。随父客南丰，课学童于邵武。自邵武归，年甫二十，同县程中允洵一见奇之。时江君慎修来歙，见君，目为儒者，一日举历算中数事曰："吾积疑十有余年而未剖析者。"君为之比较，言其所以然。江君惊喜曰："今之定九也！"年二十八，补县学生。家屡空，而学日进。著《考工记图》《屈原赋注》《句股割圆记》，流传浙东、西。天台齐侍郎召南读其书，恨不识其人，江南惠定宇、沈冠云二征君皆引为忘年交。乾隆二十七年，壬午，举于乡。策蹇至京师，困于逆旅，人皆以狂生目之，几不能供馆粥；获交于钱少詹大昕，称为天下奇才。秦文恭公纂《五礼通考》，求精于推步者，少詹举君名，文恭延之，纂《观象授时》一类。后高邮王文肃公安国请君至家塾课其子念孙，一时馆阁通人如河间纪庶子昀、嘉定王编修鸣盛、青浦王兰泉先生、大兴朱笥河先生，皆与之定交，从此海内知东原氏矣。……

  …………

尝论学云："经之至者，道也；所以明道者，辞也；所以成辞者，字也。必由字以通其辞，由辞以通其道，乃可得之。"又云："治经之难，虽一事，必综其全而核之。诵《尧典》，至'乃命羲和'，不知日月星辰之所以运行，则掩卷不能卒业。诵《周南》《召南》，自《关雎》而往，不知古音，徒强以协韵，则已龃龉失读。诵古《礼》，先《士冠礼》，不知古者宫室衣服等制，已迷于其方，莫辨其用。不知古今地方沿革，则《禹贡》职方山镇川泽、《春秋》列国疆域会盟攻战之地失其处所。不知古今推步之长，则如《夏书》之'辰不集于房'鲁太史引以为正阳之月孟夏，东晋古文《尚书》系之季秋；《小雅》'十月之交'，郑康成以为周正十月，刘原父以为夏正十月；《春秋传》两记'日南至'，历代史志载步算家上考，曲合其一而卒违其一：儒者何以识古今之真伪，辨笺解之得失，决鲁历至朔之当否！不知少广旁要，则考工之器不能因文而推其制；不知鸟兽虫鱼草木之名号状类，则比兴之意乖。六书之学，训诂音声未始相离，声与音又经纬衡从宜辨。魏有孙叔然创立翻语，厥后考经论韵悉用之，晋人以译西域释氏之言。释氏之徒群习其法，因窃为己有，谓来自西域，儒者数典，不能记忆也。管吕言五声十二律，宫位乎中，黄钟之宫四寸五分为起律之本，学者蔽于钟律失传之后，不追溯未失传之先，宜乎其说之多凿也。"

（录自《国朝汉学师承记》，中华书局1983年版，第85~86、88页）

（参校《宋学渊源记》，《汉学师承记·宋学渊源记》，上海书店1983年版，第86~87、89~90页）

钱大昕传（节录）

江 藩

（钱大昕）年十五，为诸生，有神童之目。时紫阳书院院长王侍御峻询嘉定人材于王光禄西沚，以先生对。先生，西沚之妹婿也。侍御告之巡抚雅蔚，文檄召至院中，试以《周礼》《文献通考》两论，下笔千言，悉中典要，侍御叹为奇才。乾隆十六年，高宗纯皇帝南巡，献赋行在，召试举人，以内阁中书补用。在京师与同年长洲褚寅亮、全椒吴朗讲明九章算学，及欧罗巴测量弧三角诸法。时礼部尚书大兴何瑑如久领钦天监事，精于推步，时来内阁与先生论李氏、薛氏、梅氏及西人利玛窦、汤若望、南怀仁诸家之术，瑑如逊谢，以为不及也。

……………

此先生说经之大略也。至于辨文字之诂训，考古今之音韵，以及天文舆地、草木虫鱼，散见于《文集》《十驾斋养新录》者，不下数万言，文多不载。尝谓自惠、戴之学盛行于世，天下学者但治古经，略涉三史，三史以下茫然不知，得谓之通儒乎！所著《二十二史考异》，盖有为而作也。……

……先生不专治一经而无经不通；不专攻一艺而无艺不精。经史之外，如唐、宋、元、明诗文集、小说、笔记，自秦汉及宋元金石文字，皇朝典章制度，满洲蒙古氏族，皆研精究理，不习尽工。古人云"经目而讽于口，过耳而谙于心"，先生有焉。戴编修震尝谓人曰："当代学者，吾以晓徵为第二人。"盖东原毅然以第一人自居。然东原之学，以肄经为宗，不读汉以后书，若先生学究天人，博综群籍，自开国以来，蔚然一代儒宗也。以汉儒拟之，在高密之下，即贾逵、服虔，亦瞠乎后矣，况不及贾、服者哉！

先生之弟大昭，从子塘、坫、东垣、绎、侗，子东壁、东塾，一门群从皆治古学，能文章，可谓东南之望矣。

（录自《国朝汉学师承记》，中华书局1983年版，第41、49、50~51页）

（参校《宋学渊源记》，《汉学师承记·宋学渊源记》，上海书店1983年版，第41、49~51页）

十驾斋养新录·序（节录）

阮　元

　　学术盛衰，当于百年前后论升降焉。元初学者，不能学唐宋儒者之难，惟以空言高论，易立名者为事；其流至于明初《五经大全》亦极矣。中叶以后，学者渐务于难，然能者尚少。我朝开国，鸿儒硕学，接踵而出，乃远过乎千百年以前。乾隆中，学者更习而精之，可谓难矣，可谓盛矣。国初以来，诸儒或言道德，或言经术，或言史学，或言天学，或言地理，或言文字音韵，或言金石诗文，专精者固多，兼擅者尚少。惟嘉定钱辛楣先生能兼其成。由今言之，盖有九难。先生讲学上书房，归里甚早，人伦师表，履蹈粹然，此人所难能一也。先生深于道德性情之理，持论必执其中，实事必求其是，此人所难能二也。先生潜研经学，传注疏义，无不洞彻原委，此人所难能三也。先生于正史杂史，无不讨寻，订千年未正之讹，此人所难能四也。先生精通天算，三统上下，无不推而明之，此人所难能五也。先生校正地志，于天下古今沿革分合，无不考而明之，此人所难能六也。先生于六书音韵，观其会通，得古人声音文字之本，此人所难能七也。先生于金石，无不编录，于官制史事，考核尤精，此人所难能八也。先生诗古文词，及其早岁，久已主盟坛坫，冠冕馆阁，此人所难能九也。合此九难，求之百载，归于嘉定，孰不云然！

　　［录自《十驾斋养新录》，《嘉定钱大昕全集》（七），江苏古籍出版社1997年版，第1~2页］

清史稿·方东树传

　　方东树，字植之，桐城人；宗诚，字存之，从兄弟也：皆诸生。东树曾祖泽，拔贡生，为姚鼐师。东树既承先业，更师事鼐。当乾、嘉时，汉学炽盛，鼐独守宋贤说。至东树排斥汉学益力。阮元督粤，辟学海堂，名流辐凑，东树亦客其所，不苟同于众。以谓："近世尚考据，与宋贤为水火。而其人类皆鸿名博学，贯穿百氏，遂使数十年承学之士，耳目心思为之大障。"乃发愤著《汉学商兑》一书，正其违谬。又著《书林扬觯》，戒学者勿轻事著述。

东树始好文事，专精治之，有独到之识，中岁为义理学，晚耽禅悦，凡三变，皆有论撰。务尽言，惟恐词不达。年八十，卒于祁门东山书院。他所著有《大意尊闻》《向果微言》《昭昧詹言》《仪卫轩集》，凡数十卷。东树博极群书，穷老不遇，传其学宗诚。既殁，宗诚刊布其书，名乃大著。

（录自《清史稿》卷四百八十六《文苑三》，中华书局1977年版，第13430页）

龚自珍传（节录）

支伟成[①]

其为学，务博览，喜与人辩驳，虽小屈，必旁征广引，己说得申乃已。治经始由训故，继及刘申受、宋于庭游，闻常州庄氏说，则转好今文之学。然所造顾不深，亦疏家法。惟所作《古史钩沉论》谓："五经者，周史之大宗也。"与章实斋"六经皆史"之主张相近。又熟习掌故，通蒙古文，长于西北舆地，旁逮诸子道释金石术数，莫不贯串。为文瑰丽恢诡，诗亦奇境独辟。著述极富，惜多佚弗传。

（录自支伟成《清代朴学大师列传》，岳麓书社1986年版，第215页）
（参校支伟成《清代朴学大师列传》，上海人民出版社2014年版，第397~398页）

魏源传

支伟成

魏源字默深，湖南邵阳人。七八岁时，即常夜手一编呫唔达旦。十五补诸

[①] 支伟成（1899—1929），学术史家。

生，始究心阳明之学。好读史，贫无书，假之族塾。乾隆癸酉，举拔贡。翌年入都，遂留从胡墨庄问汉儒家法。侍郎周系英见其著作，力为揄扬，数月，名满京师。是时复问宋儒之学于姚镜塘，学《公羊》于刘申受，古文辞则与董桂敷、龚自珍诸人相切嗟。道光壬午，中顺天乡试。苏藩司贺长龄延辑《皇朝经世文编》，乃更留心经济之学。巡抚陶澍亦加礼重。凡海运水利诸大政，咸与咨访。己丑，应礼部试不售，援例以内阁中书候补，益熟于一代掌故沿革。比陶公督两江，用先生议，改淮北，试行票盐，引销课裕，每年额溢数十万。壬寅，英人犯海疆，江浙震动，佐钦差长白裕公幕，数月辞归。裕公阵殁，抚议遂成。有感而著《圣武记》十四卷。甲辰，成进士。以知州用，分发江苏，权知东台县事。礼耆德，惩奸猾，士民悦服。未几，丁母艰去官。读礼之暇，念曩岁夷祸，缘当事者为其鸢远，不谙底蕴所致；因搜览历代史志及明以来岛志并近译外洋诸纪述，辑《海国图志》六十卷。继又得布人玛吉士等所著书，补辑四十卷，合前书共一百卷。服阕，署兴化知县。请于大府，定收获后启坝，且筑西堤以捍秋汛。民感其德，议集资建生祠，坚阻乃止。会淮南亦改蓆政，而盐缺产课不足，檄权海州分司运判，相机调剂。咸丰辛亥，补高邮州牧。粤寇既陷扬州，则首倡团练，亲督巡防，人心始定。乃为忌者以迟误驿报劾罢。仅一佐周天爵治军皖北。避兵侨居兴化，惟手订生平著述，不与人事。

其学最精史地，故推《圣武记》《海国图志》称佳构。治经好求微言大义。于《书》，专申《史记》伏生大传，及《汉书》所载欧阳、夏侯、刘向遗说，以难马、郑，作《书古微》十七卷。于《诗》，表章齐、鲁、韩坠绪，以匡传笺，作《诗古微》二十二卷。其余尚有《公羊古微》《春秋繁露注》《曾子子思子章句》等十余种，多不传。后之论者诋其空疏少实，盖考据非其所擅，而新理解则时出也。杂文自编为《古微堂内外集》十卷。卒年六十四。

（录自《清代朴学大师列传》，岳麓书社 1986 年版，第 210~211 页）
（参校《清代朴学大师列传》，上海人民出版社 2014 年版，第 389~391 页）

魏源与晚清学风[①]（节录）

齐思和[②]

有清三百年间，学术风气凡三变。清初诸大儒，多明代遗老，痛空谈之亡国，恨书生之乏术，黜虚崇质，提倡实学。说经者则讲求典章名物，声音训诂，而厌薄玩弄性灵。讲学者亦以笃行实践为依归，不喜离事而言理。皆志在讲求天下之利病，隐求民族之复兴，此学风之一变也。其代表人物为顾炎武先生。至乾、嘉之世，清室君有天下，已逾百年，威立而政举，汉人已安于其治；且文纲严密，士大夫讳言本朝事。于是学者群趋于考据一途，为纯学术的研究；而声音训诂之学，遂突过前代，此学风之再变也。其代表人物为戴东原先生。至道、咸以来，变乱叠起，国渐贫弱。学者又好言经世，以图富强，厌弃考证，以为无用，此学风之三变也。其代表人物为魏默深先生。此三先生者，皆集前修之大成，开一时之风气，继往而开来，守先而待后，系乎百余年学术之升沉者也。惟自来言清代学术者，皆以汉学为主流，薄视经世派，以为肤浅。于顾、戴诸儒，推崇备至，至今顾、戴之名，已如日丽中天。而于魏氏则或厕诸刘、龚之间，或附见于文苑之末，皆以文士或章句之儒视之。呜呼，此岂先生之志哉？夫晚清学术界之风气，倡经世以谋富强，讲掌故以明国是，崇今文以谈变法，究舆地以筹边防。凡此数学，魏氏或倡导之，或光大之。汇众流于江河，为群望之所归。岂非一代之大儒，新学之蚕丛哉？顾世尚未有论列之者。惟王静安先生，怀淹贯之才，抱独往之识。谓晚清学术，实启于龚、魏。

（录自杨慎之、黄丽镛编《魏源思想研究》，湖南人民出版社1987年版，第1~2页）

[①] 编者删去了文中注释。
[②] 齐思和（1907—1980），历史学家，长于先秦史、世界中世纪史。

道光咸丰年间的经世实学（节录）

冯天瑜

道咸间的经世学者都以匡计天下自命，以挽救民族危机为己任。他们……注目于"人畜悲痛，鬼神思变置"的现实，去议政、论世、探学。

第一、讥切时政，诋排专制，倡言变法。

…………

第二、研讨漕运、海运、盐法、河工、农事等"大政"。

…………

第三、探究边疆史地以筹边防，"谈瀛海故实"以谋御外。

…………

第四、变一味考辨古史为"写当前的活的历史"。

…………

道咸间经世实学是近代新学赖以产生的最直接的民族文化土壤，"光绪间所谓新学者，大率人人皆经过崇拜龚氏之一时期"（梁启超《清代学术概论》）……道咸间经世派所倡导的"更法改图"之议、抨击专制之论，对于冯桂芬、王韬、郑观应以降的一系列新学家都有直接启迪……经世派重新铸造的今文经学，更成为十九世纪末叶康梁变法的重要思想武器；道咸间经世派一扫"儒者不言利"的迂说，高张"兴利""致富强"的旗帜，给新学家的"求强""求富"事业开辟了道路；道咸间经世派"违寐而之觉，革虚而之实"的学风，引导新学家抛弃蒙昧主义和空疏之学，将视线投向如火如荼的现实社会；道咸间经世派睁眼看世界、觅新知于异域的开放精神，更启发了新学家，使他们竞相向西方寻求真理……

近代新学在中国的发生发展……是中国人在近代中国环境中所作的一种精神创造，是西学与中国传统文化既相冲突、又相融合的产物。在这一复杂的相互作用过程中，道咸间的经世实学起到类似植物嫁接的砧木作用；换一种说法，道咸间的经世实学是中国的"古学"通往"新学"的中介和桥梁。

（录自冯天瑜《道光咸丰年间的经世实学》，《历史研究》1987年第4期）

清史稿·冯桂芬传（节录）

冯桂芬，字林一，号景亭，吴县人。道光二十年一甲二名进士，授编修，充广西乡试正考官，丁母忧。服阕，文宗御极，用大臣荐召见。旋丁父忧，服甫阕而金陵陷。诏募赀团练于乡，以克复松江府诸城功晋五品衔，擢右中允。赴京，期年告归。同治元年，以治团功加四品衔。乱定，复以耆宿著书裨治加三品衔。

桂芬少工骈体文，中年后乃肆力古文辞。于书无所不窥，尤留意天文、地舆、兵刑、盐铁、河漕诸政。初佐某邑令治钱谷，以事不合拂衣去，入两江总督陶澍幕。自未仕时已名重大江南北。及粤贼陷苏州，避居上海。时大学士曾国藩治军皖疆。苏州士大夫推钱鼎铭持书乞援，陈沪城危状，及用兵机宜，累数千言，其稿，桂芬所手创也。国藩读之感动，乃遣李鸿章率师东下。既解沪上围，进克苏州，皆辟以为助。……

桂芬性恬澹，服官仅十年，然家居遇事奋发，不避劳怨。凡浚河、建学、积谷诸举，条议皆出其手。先后主讲金陵、上海、苏州诸书院，与后进论学，昕夕忘倦。精研书数，尝以意造定向尺及反罗经，以步田绘图。又以江南清丈用部颁五尺步弓，田多溢额，乃考《会典》定用旧行六尺步弓量旧田，新颁者量新涨沙田。著《说文解字段注考证》《弧矢算术细草图解》《西算新法直解》《校邠庐抗议》《显志堂诗文集》，都数十卷。同治十三年，卒。

（录自《清史稿》卷四百八十六《文苑三》，中华书局1977年版，第13437~13439页）

曾涤生（节录）

钱 穆

曾国藩，字伯涵，号涤生，湖南湘乡人。……

涤生为晚清中兴元勋，然其为人推敬，则不尽于勋绩，而尤在其学业与文章。其为学渊源，盖得之桐城姚氏，而又有闻于其乡先辈之风而起者。初乾隆时，海内争务博雅考订，号为汉学，而桐城姚鼐姬传，独以古文辞名，学者相从，称桐城派。其持论颇与汉学家异。……

　　…………

　　　　于汉、宋二家构讼之端，皆不能左袒以附一哄。于诸儒崇道贬文之说，尤不敢雷同而苟随。

　　涤生论学规模，大体如此。虽自谓"粗解文章，由姚先生启之"，然平日持论，并不拘拘桐城矩矱，而以姚氏与亭林、蕙田、王怀祖父子同列考据之门，尤为只眼独具。虽极推唐镜海诸人，而能兼采当时汉学家、古文家长处，以补理学枯槁狭隘之病。其气象之阔大，包蕴之宏丰，更非镜海诸人断断徒为传道、翼道之辨者所及。则涤生之所成就，不仅戡平大难，足以震烁一时，即论学之平正通达，宽闳博实，有清二百余年，固亦少见其匹矣。

　　　　（录自《中国近三百年学术史》下册，商务印书馆1997年版，第631~632、655页）

　　　　（参校《中国近三百年学术史》，九州出版社2011年版，第627、628、653页）

抱冰堂弟子记[①]（节录）

张之洞[②]

　　一、经学受于吕文节公贤基，史学、经济之学受于韩果靖公超，小学受于刘仙石观察书年，古文学受于从舅朱伯韩观察琦。学术兼宗汉、宋，于两汉经师、国朝经学诸大师及宋明诸大儒，皆所宗仰信从。汉学师其翔实而遗其细碎，宋学师其笃谨而戒其骄妄空疏，故教士无偏倚之弊。

　　一、平生学术最恶公羊之学，每与学人言，必力诋之。四十年前，已然谓为乱臣贼子之资。至光绪中年，果有奸人演公羊之说以煽乱，至今为梗。

　　一、最恶六朝文字，谓"南北朝乃兵戈分裂、道丧文敝之世，效之何为？"凡文章本元根柢、词华而号称六朝骈体、以纤仄拗涩字句强凑成篇者，必黜之。书法不谙笔势结字而隶楷杂糅，假托包派者，亦然谓"此辈诡异险怪，欺

[①] 本篇托弟子之名，实为张之洞的"夫子自道"。
[②] 张之洞（1837—1909），清末洋务派重臣、思想家。

世乱俗，习为愁惨之象，举世无宁宇矣"。果不数年而大乱迭起，士大夫始悟此论之识微见远也。

（录自《张文襄公全集》卷二百二十八，北平开雕楚学精庐藏板）
（参校《张之洞全集》卷二百九十八，河北人民出版社1998年版，第10631页）

论"中体西用"*

梁启超

甲午丧师，举国震动，年少气盛之士，疾首扼腕言"维新变法"，而疆吏若李鸿章、张之洞辈，亦稍稍和之。而其流行语，则有所谓"中学为体，西学为用"者，张之洞最乐道之，而举国以为至言。盖当时之人，绝不承认欧美人除能制造能测量能驾驶能操练之外，更有其他学问，而在译出西书中求之，亦确无他种学问可见。康有为、梁启超、谭嗣同辈，即生育于此种"学问饥荒"之环境中，冥思枯索，欲以构成一种"不中不西即中即西"之新学派，而已为时代所不容。盖固有之旧思想，既深根固蒂，而外来之新思想，又来源浅觳，汲而易竭，其支绌灭裂，固宜然矣。

（录自《梁启超论清学史二种》，复旦大学出版社1985年版，第79页）
（参校《清代学术概论》，东方出版社2012年版，第84~85页）

治学术在专精说

薛福成[①]

中国上古之世贤者，与民并耕而食，饔飧而治。孟子讥其以大人小人之事，并而为一。盖洪荒朴略之时，文明尚未启也。厥后耕织陶冶之事，不能不

[①] 薛福成（1838—1894），清末外交家、散文家。

分。分之愈多，术乃愈精。是故以禹之圣，而专作司空，皋陶之圣，而专作士，稷契之圣，而专作司农司徒，甚至终其身不改一官，此唐虞之所以盛也。管子称天下才，其所以教民之法，不外士之子恒为士，农之子恒为农，工之子恒为工，商之子恒为商，此齐国之所以霸也。宋明以来，渐失此意。自取士专用时文试帖小楷，若谓工其艺者即无所不能，究其极乃一无所能。仕于京者忽户部忽刑部忽兵部迄无定职，仕于外者忽齐鲁忽吴楚忽蜀粤迄无定居，忽治河，忽督粮，忽运盐，亦迄无定官。夫以古之圣人所经营数十年而不敢自谓有成效者，乃以今之常人于岁月之间，而望尽其职守，岂不难哉！泰西诸国颇异于此。出使一途，由随员而领事而参赞而公使荐升为全权公使或外部大臣，数十年不改其用焉。军政一途，由百总而千总而都司而副将洊升为水陆军提督，或兵部大臣，数十年不变其术焉。他如或娴工程，或精会计，或谙法律，或究牧矿，皆倚厥专长，尽其用不相搀也，不相挠也，士之所研，则有算学、化学、电学、光学、天学、地学，及一切格致之学，而一学之中，又往往分为数十百种，至累世莫殚其业。工之所习，则有攻金攻木攻石攻皮攻骨角攻羽毛及设色砖埴，而一艺之中又往往分为数十百种。即如造炮攻金之一事也，而炮膛炮门炮弹炮架所析不下数十件，各有专业而不相混焉。造船攻木之一事也，而船板船柜船轮船机所分不下数十事，各有专家而不相侵焉。所以近年购订船炮，每由承办之一厂，向诸厂分购船料，汇集成器，而其器乃愈精。余谓西人不过略事管子之意而推广之，治术如是，学术亦如是，宜其骤致富强也。中国承宋明以来之积弊，日趋贫弱，贫弱之极，恐致衰微，必也筹振兴之善策，求自治之要图，亦惟详考唐虞以后，宋明以前之良法而渐扩充之，而稍变通之，斯可矣。

（录自郑振铎编《晚清文选》，上海书店1987年版，第227~228页）
（参校郑振铎编《晚清文选》，吉林人民出版社1998年版，第228~229页）

俞先生传

章太炎

俞先生，讳樾，字荫甫，浙江德清人也。清道光三十年，成进士，改庶吉士。既授编修，提督河南学政，革职。既免官，年三十八，始读高邮王氏书。自是说经依王氏律令。五岁，成《群经平议》，以剷《述闻》，又规《杂志》作《诸子平议》，最后作《古书疑义举例》。治群经，不如《述闻》谛，诸子乃与《杂志》抗衡。及为《古书疑义举例》，轹察䐑理，疏纱比昔，牙角才见，绅为科条，五寸之矩，极巧以䂮，尽天下之方，视《经传释词》益恢郭矣！先是浙江治朴学者，本之金鹗、沈涛，其他多凌杂汉、宋。邵懿辰起，益夸严。先生教于诂经精舍，学者乡方，始屯固不陵节。同县戴望，以丈人事先生，尝受学长洲陈奂，后依宋翔凤，引《公羊》致之《论语》。先生亦次何邵公《论语义》一卷。始先生废，初见翔凤，翔凤言《说文》"始一终亥"，即《归藏经》，先生不省。然治《春秋》颇右公羊氏，盖得之翔凤云。为学无常师，左右采获，深疾守家法违实录者。说经好改字，末年自敕为《经说》十六卷，多与前异。章炳麟读《左氏·昭十七年传》："其居火也久矣，其与不然乎？"证以《论衡·变动篇》云："綝然之气见。宋、卫、陈、郑灾。"说曰："不然者，林然之误，借林为綝。"先生曰："虽竘善，不可以训。"其审谛如此！治小学不摭商、周彝器，曰："欧阳修作《集古录》，金石始萌芽，摧略可采。其后多巫史诳豫为之，韩非所谓番吾之迹，华山之棋，可以辨形体，识通假者，至秦、汉碑铭则止。"雅性不好声色，既丧母、妻，终身不肴食，衣不过大布，进机不过茗菜，遇人岂弟，卧起有节，气深深大董，形无苟妧，老而神志不衰，然不能忘名位。既博览典籍，下至稗官歌谣，以笔札泛爱人，其文辞瑕适并见，杂流亦时时至门下，此其所短也。所著书，自《群经平议》《经说》而下，有《易说》《易穷通变化论》《周易互体征》《卦气直日考》《卦气续考》《书说》《生霸死霸考》《九族考》《诗说》《荀子诗说》《诗名物证古》《读韩诗外传》《士昏礼·对席图》《礼记郑读考》《礼记异文笺》《郑康成驳正三礼考》《玉佩考》《左传古本分年考》《春秋岁星考》《七十二候考》《论语郑义考》《何邵公论语义》《续论语骈枝》《儿笘录》《读汉碑》。自《诸子平议》而下，有《读书余录》《读山海经》《读吴越春秋》《读越绝书》《孟子高氏学》《读文子》《读公孙龙子》《读鹖冠子》《读盐铁论》《读潜夫论》《读论衡》《读中论》《读抱朴子》《读文中子》《读楚辞》，如别录。其他笔语甚众，然非其至也。年八十六，清光绪三十三年卒。

赞曰：浙江朴学晚至，则四明、金华之术荓之，昌自先生。宾附者，有黄以周、孙诒让。是时先汉师说，已陵夷矣，浙犹觳张，不驰愈缮。不逮一世，新学蠕生，灭我圣文，粲而不蝉，非一隅之忧也！

[录自《太炎文录初编》文录卷二，《章太炎全集》（四），上海人民出版社1985年版，第211~212页]

（参校《晚清文选》，上海书店1987年版，第728页）

《盛世危言》彭序

彭玉麟[①]

《盛世危言》一书，香山郑陶斋观察所著也。陶斋原名官应，少倜傥有奇志，尚气节。庚申之变，目击时艰，遂弃举业，学西人语言文字，隐于商，日与西人游，足迹半天下。考究各国政治得失利病，凡有关于安内攘外之说者，随手笔录，积年累月，成若干篇，皆时务切要之言。语云"识时务者为俊杰"，反是则为俗吏迂儒。当今日之时势，强邻日逼，俨成战国之局，虽孔孟复生，亦不能不因时而变矣。

尝读《春秋》，知当时君相，无不周知各国山川险要、风俗民情、君臣贤否；日求富强之策，不以资格限人，似无异于今日泰西各国。我朝怀柔远人，海禁大开，亦当知某国何以兴，某国何以衰。知己知彼，洞见本原，方有着手之处，岂徒尚皮毛，购船炮而已乎？余赋性木讷，不谙洋务。今阅是书，所说

[①] 彭玉麟（1816—1890），清末政治家、军事家、书画家。

中西利病情形了如指掌。其忠义之气，溢于行间字里，实获我心。故缀数语，亟劝其刊行问世，以期与海内诸公采择而力行之。将见孔孟之道风行海外，莫不尊亲；彼族之器我能制造，日新月异。自然国富兵强，四夷宾服。奚不可以是书为左券也哉！

甲申冬日衡阳彭玉麟序于海南军次。

（录自郑观应著，夏东元编《郑观应集》，上海人民出版社1982年版，第227页）

孙诒让传

章太炎

孙诒让，字仲容，浙江瑞安人也。父衣言，清太仆卿，性骨鲠，治永嘉之学，而诒让好六艺古文。父讽之曰：孺子徒自苦，经师如戴圣、马融，不阻群盗为奸劫，则贼善人，宁治史志，足以经世致远。诒让曰：以人废言不可，且先汉诸黎献，风义矙然，经训之以徒举一二人僻邪者，史官如沈约、许敬宗，可尽师耶？父乃授《周官经》，其后为《正义》，自此始。年二十，中式丁卯科乡试，援例得主事，从父宦于江宁。是时德清戴望、海宁唐仁寿、仪征刘寿曾，皆治朴学，诒让与游，学益进。以为典莫备于六官，故疏《周礼》；行莫贤于墨翟，故次《墨子间诂》；文莫正于宗彝，故作《古籀拾遗》。其他有《名原》《古籀余论》《契文举例》《九旗古义述》《周书斠补》《尚书骈枝》《大戴礼记斠补》《六历甄微》《广韵姓氏刊误》《经迻》《札迻》《述林》。又述方志为《永嘉郡记》。初，贾公彦《周礼疏》多隐略，世儒多往往传以今文师说，而拘牵后郑义者，皆仇王肃，又糅杂齐、鲁间学。诒让一切依古文弹正，郊社禘祫则从郑，庙制昏期则从王，益宣究子春、少赣、仲师之学，发正郑、贾凡百余事。古今言《周礼》者，莫能先也。墨子书多古字古言，《经》上、下尤难读，《备城门》以下诸篇，非审曲勿能治。始南海邹伯奇比次重差、旁要诸术，转相发明，文义犹诘诎不驯。诒让集众说，下以己意，神旨迥明，文可讽诵。自墨学废二千岁，儒术孤行，至是较著。诒让行亦大类墨氏，家居任恤，所至兴学，与长吏楷柱，虽众怨弗恤也。自段玉裁明《说文》，其后小学益密，然说解犹有难理者。又经典相承诸文字，少半缺略，材者欲以金石款识补苴，程瑶田、阮元、钱坫往往考奇字，征阙文，不审形声，无以下笔。龚自珍治金文，盖缪体滋多于是矣。诒让初辨彝器情伪，摈北宋人所假名者，即部居形声不可知，辄置之；即可知，审其刻画，不跌豪耗，然后傅之六书。所定文字，皆隐括就绳墨，古文由是大明。其《名原》未显于世。《札迻》者，方物王念孙《读书杂志》。每下一义，妥聭宁极，淖入凑理。书少于《诸子平议》，校雠之勤，倍《诸子平议》。诒让学术，盖龙有金榜、钱大昕、段玉裁、王念孙四家，其明大义，钩深穷高过之。晚年尝主温州师范学校，充浙江教育会长。清廷征主礼学馆，不起。年六十一。清光绪三十四年五月，病中风卒。

赞曰：叔世士大夫，狃于外学，才得魄莫，视朴学若土梗。治让治六艺，旁理墨氏，其精嫥足以摩挲姬、汉，三百年绝等双矣！遭时不淑，用晦而明，若日将暮，则五色柳谷愈章。而学不能传弟子，勉为乡里起横舍，顾以裂余见称于世。悲夫！

[录自《太炎文录初编》文录卷二，《章太炎全集》（四），上海人民出版社1985年版，第212~214页]

（参校《章太炎学术史论集》，云南人民出版社2008年版，第466~467页）

皮锡瑞传略（节录）

周予同

皮先生名锡瑞，字鹿门，一字麓云，湖南善化人。他表示敬仰西汉《尚书》今文学大师伏生，署所居曰师伏堂，学者因称师伏先生。他早岁颇有经世之志，留意郡国利病。光绪戊戌政变时，因为提倡新式学校制度，大受顽旧派的疾视，甚至于斥为乱党，交当地地方官管束。皮氏治经，宗今文，但持论平允，没有康有为那样的武断，也没有廖平那样的怪诞。他所著的书，除《经学历史》以外，还有《易经通论》一卷，《书经通论》一卷，《诗经通论》一卷，《三礼通论》一卷，《春秋通论》一卷，总称《五经通论》；《今文尚书考证》

三十卷,《古文尚书疏证辨正》一卷,《古文尚书冤词平议》二卷,《尚书大传疏证》七卷,《尚书中候疏证》一卷,《史记引尚书考》六卷,《礼记浅说》二卷,《王制笺》一卷,《春秋讲义》二卷,《左传浅说》二卷,《孝经郑注疏》二卷,《六艺论疏证》一卷,《郑志疏证》八卷附《郑记考证》及《答临孝存周礼难疏证》,《鲁礼禘祫义疏证》一卷,《三疾疏证》一卷,《圣证论补评》二卷,《师伏堂笔记》三卷,《经训书院自课文》三卷,《师伏堂骈文》六卷,《师伏堂诗草》六卷,《师伏堂咏史》一卷,《师伏堂词》一卷等。他的著作内容,虽没有很伟大的创见,如同时几位著名的经今文学大师;但学术门径很清楚,善于整理旧说;所以如《经学历史》《五经通论》等书,对于初学者,真可称为"循循善诱"。他的著作,有师伏堂自刊本,多数由湖南思贤书局刊行,流传不很广。惟《经学历史》曾有上海群益书局铅印本和商务印书馆影印本。

因为皮氏是经今文学者,所以同时经古文学者都非难他。章炳麟在《文录》卷一《驳皮锡瑞三书》中讥斥得很厉害,陈汉章在《经学通论》附录中也表示着不满意。陈氏所批评的话多属于小疵或补正,现在撮录章氏的话于下,以见清末今古文学派的争辩。章氏说:

> 善化皮锡瑞尝就《孝经》郑《注》为之义疏,虽多持纬候,扶微继绝,余甚多之。其后为《王制笺》《经学历史》《春秋讲义》三书,乃大诬谬。《王制笺》者,以为素王改制之书,说已荒忽;然《王制》法品,尽古今夷夏不可行,咎在博士,非专在锡瑞也。《经学历史》,钞疏原委;顾妄以己意裁断,疑《易》《礼》皆孔子所为,愚诬滋甚。及为《春秋讲义》,又不能守今文师说,糅杂《三传》;施之评论,上非讲疏,下殊语录,盖牧竖所不道。又其持论,多以《四库提要》为衡。《提要》者,盖于近世书目略为完具,非复《别录》《七略》之侪也;其序多两可,不足以明古今文是非;锡瑞为之悜惑,兹亦异矣。……

章氏是现代经古文学惟一大师,平素说经,反对刘逢禄、宋翔凤、魏源、龚自珍,又反对康有为、廖平,凡近代经今文学者,没有不受他的讥斥;那他的呵诋皮氏为"牧竖所不道",实毫不足怪。不过以我们第三者的眼光观察,除《春秋讲义》糅杂《三传》失了今文学者立场外,其余如主《王制》,以《易》《礼》为孔子作,正是今文学所谓"微言大义"所在。至于引用《四库提要》,这也是不得已的办法,我们似应加以原谅。

我很惭愧，我所得于皮氏的生平，仅仅简略如此。他的生卒，他的师友，他的学术的传授，我竟无法查考。我曾辗转地询问几位湖南的学者，但不是没有回音，就是以"不知"答。当这样离乱的时候，大家救死惟恐不暇，谁能留意他们以为微末的事呢？据杨树达先生说，皮氏的弟子某君拟为他撰一年谱，我诚恳地希望着，希望他的年谱早日呈现于读者之前，而将我这简短疏略的小传舍弃掉。

（录自《周予同经学史论著选集·经学史与经学之派别》，上海人民出版社1996年版，第99~101页）

（参校《经学和经学史》，上海人民出版社2012年版，第5~7页）

清故资政大夫海军协都统严君墓志铭（节录）

陈宝琛①

君于学无所不窥，举中外治术学理，靡不究极原委，抉其失得，证明而会通之。六十年来治西学者，无其比也。所译《天演论》《原富》《群学肄言》《穆勒名学》《法意》《群己权界论》《社会通诠》，皆行于世。杂文散见，不自留副，仅存诗三百余首。其为学，一主于诚，事无大小无所苟。虽小诗短札，皆精美，为世宝贵。而其战术、炮台、建筑诸学，则反为文学掩矣。

（录自《严复集》第五册，中华书局1986年版，第1542~1543页）

严几道诗文钞·序（节录）

蒋贞金②

侯官严几道先生，所学奄有中西之长，又益之以闳通之识。哀黄裔之不

---

① 陈宝琛（1848—1935），晚清大臣、学者。
② 蒋贞金，清末民初诗人。

竞，惧禹甸之沦胥，所译《天演论》《原富》《法意》《群学肄言》诸名著，借他山之力，唤醒国魂。复于天津自创《国闻报》以评骘时局，然后中夏学者，乃知欧美之富强，不在船炮，不在工商，而在瀹智合群。至所谓通儒之业，仁人之任者，固非浅人所得而妄居也。盖先生为大哲斯宾塞尔高弟子，而以祖国文学请业于桐城吴先生挚父。故先生每一文出，深入理奥而无闲，体势高峻，直摩周秦诸子之壁垒。

（录自《严复集》第五册，中华书局1986年版，第1558页）

康有为与章太炎

周予同

　　提起了康有为、章太炎，现在的青年们谁都要发笑，以为一是复辟派的领袖，一是反革命的智识份子；然而，且慢，在辛亥革命以前，把握着思想界的权威，作少数热情的青年们的导师的，不是他们两位是谁呢？中国革命思想的萌芽，不出于全部民众之事实的需求，而由于少数青年之情感的冒险；而指导这少数青年从事革命之学术思想，则又不是出发于美国独立与法国革命的理论，而是出发于中国固有的常州经今文学派与浙东史学派的学术。你将以为我又无聊的在弄文舞墨；不是的，历史是告诉我们如此的。常州经今文派自庄存与开创以后，到了龚自珍、魏源，已经有点"六经致用"的思想，而欲以经学论政治。康有为出，集经今文学之大成；一面提出《礼运》以为理想社会的目标；一面高唱《公羊》三世之义，以为达到理想社会的阶梯。康有为主张保皇，主张复辟，是的，一点儿不错；但他的荒谬的行动自有其学术上的根据，他以为现代是"据乱世"，由"据乱世"进化"大同世"，决不是一蹴可几，而必须经过"小康世"；而"小康世"呢，老实不客气的是主张"君臣父子之分，夫妇长幼之别"的有阶级性的社会。在他的意见，以为现在就要做到"货恶其弃于地也，不必藏于己；力恶其不出于身也，不必为己"的大同社会，是绝对不可能的，而且一定会招致大乱。所以他以为现在不必推翻清朝，而只要从宪法入手。当时许多人骂康有为奴性，其实呢，在他的学术立场说，在他的大同思想上说，所谓满汉民族之争，真"卑之不足高论"呢！自然，了解他全部思想的，就在他的门弟子中，也不见得多；当时附和他的，受他的指导或影响的，大概是微温的，比较理智的，比较怯懦的青年。康有为，你不要藐视他，他的确是继经今文学派的思想，代表当时政治改良派的意见，而与章太炎派对垒呢。章太炎，大家以为他是汉学家，是经古文学派的健将；不错，他的确由俞樾方面接受汉学，以继承王引之、王念孙、段玉裁、戴震、顾炎武一派的学统；但同时他受浙东史学派的影响，兼祧了章学诚、全祖望、万斯同、黄宗羲一派的学统。他是经古文学家，而同时是史学家。原来，经古文学发展到清末，已经有和浙东史学派混合之可能；我们只要看章学诚"六经皆史"一句话，已经为经古文学张目助臂不小。浙东史学派有两个特点：其一，是严种族之别，以异族入主中原，为汉族奇耻；其二，是尊崇历史，以历史与民族的兴亡有密切的关系；黄宗羲、万斯同辈努力于宋明末叶掌故的搜辑，都不过想凭藉史实以引起后死者的奋发。章太炎当时就是高举着浙东史学派的这两个火炬，向青年们号召着煽动着。他不大留意革命后的政治组织，而只是呼喊着"推翻满清""驱逐异族"。孙中山先生在当时不过以实际的行动来感动随从着的青年，而章太炎则以口舌文墨向东西南北的青年招集着；论功行赏，他在当时，的确是一位善于宣传的人物。我们回忆到我们少年的时候，也似懂非懂地在秘密地偷看着《扬州十日记》等类小册子，真可窥见浙东史学派势力的伟大呢！当时站在章氏旗帜下的，大概是急进的比较热情的，比较勇敢的青年；他们不愿在所谓异族之下求改革，而愿意拿自己的血来洗出一个新的社会。所以当时的青年界，在学术上是经古文学与经今文学之争，在政治上是革命党与保皇党之争；然其出发于中国旧有的文化与仅仅注意政治组织之上层的改革，则初无二致。结果，伟大的辛亥的双十节来了，改良派（康派）失败，革命派（章派）获得暂时的胜利，而所谓"中华民国"的招牌也从此挂起。

（录自《周予同经学史论著选集》，上海人民出版社 1996 年版，第 108~110 页）
（参校《经学和经学史》，上海人民出版社 2012 年版，第 167~168 页）

饮冰室合集序（节录）

林志钧[①]

任公先生之学凡数变。早岁从事举业，既问学南海，则治经史及宋明儒之书。任公自谓：生平于训诂词章外知有学问，自兹始。顾于《伪经》《改制》之说实非所甚喜。稍久，辄弃去。北游京师，始广读译本地理、历史、政治诸书。交夏穗卿，谭复生，吴季清、铁樵父子，则一时喜谈龚魏之学，亦涉猎佛教经论。值甲午战败，割台湾、澎湖列岛，赔款二万万两，奇辱剧痛所激，乃蹶起为政治运动。戊戌政变，去死一间，既亡命外国。三年之间，奔走南洋、澳洲、夏威夷及港、沪诸地，为实行之革命家。迨由美返日本，思想乃一变。时汤明水好言理财，任公与明水同居须磨，过从最密，以故思想亦趋于同一之途径。归国以后，反帝制、讨复辟及主参加欧战皆政绩之可纪者，而实于币制财政致力特勤。欧战后游历各国，归乃一转而为讲学生活。遂以是终其身。

以论任公先生之时代，当同、光间，社会组织与百年以前无大异，而学术界则为乾、嘉、道、咸以后最衰落之一期。考证之学已盛极而微，举世所心营目追者，惟帖括之业，四子书、五经、《通鉴》、《文选》之类，熟读之，已足为通人，目耕斋三集八股文，由束发就傅以至登巍科，掇高第，内入词林，外宰百里，皆以是为阶梯。盖师以是教，弟子以是习，不知帖括以外尚有所谓学也。以言当时之物质环境，则凡铁路、轮船、工厂之属，俱在草创，视诸今日且远不逮。报纸仅有一外商经营之《申报》。所载如官场新闻、闱墨课艺等，亦与今之所谓报纸异。读书燃油灯，光荧荧如豆，灯下作卷折楷字，日东出、月西落，昼夜四时之分不能尽道其故，如是者为当时之士大夫。

际此鄙儜恂陋举世昏睡之日，任公独奋然以力学经世为己任。其涉览之广衍于新故蜕变之交，殆欲吸收当时之新知识而集于一身。文字思想之解放无一不开其先路。其始也，言举世所不敢言，为举世所未尝为，而卒之登高之呼，声发聩振，虽老成夙学，亦相与惊愕而渐即于倾服。所谓思想界之陈涉，视同时任何人，其力量殆皆过之。而任公则自谓，其在思想界破坏力不少而建设

[①] 林志钧（约1878—约1961），闽派诗人、法学家、哲学家。

则未闻，凡自加评判之语见于集中者，以吾所知同侪及先辈自知之明，自责之严，鲜有过之者，此则任公之至不可及者已。

知任公者，则知其为学虽数变而固有其坚密自守者在，即百变不离于史是观已。其髫年即喜读《史记》《汉书》。居江户草《中国通史》（此书未成，残稿尚在），又欲草世界史及政治史、文化史等。所为文如《中国史叙论》、《新史学》及传记、学案及至传奇小说，皆涵史性。其《历史研究法》则其治史之方法论，而《政治思想史》《美文及其历史》《近三百年学术史》《佛教史》诸篇，皆为文化史之初稿。如戴东原之《原象》、《原善》、《学礼》篇（东原文集中记冕服，记爵弁等十三篇，即《学礼》篇未成之稿）、《水地记》诸篇，皆《七经小记》之初稿也。戴氏之于《七经小记》朝夕常言之，欲为此以治经也，任公先生之于文化史，亦朝夕常言之，欲为此以治史。任公先生之于史，犹之秦味经之于《礼》，旁综九流，无所不赅。惜乎时丁丧乱，而天又夺其寿，虽为文数百万言而蕴蓄未宣者，当或倍之。迩者中国社会史问题论战方始，任公不及参与讨论焉，即此已不可谓非学术界之一损失耳。

任公之为人，款挚而坦易，胸中豁然，无所盖覆。与人言，倾困竭廪恳恳焉，惟虑其不尽。世每称其文字之闳豁通彻感人特深，实其性情使然也。其哀时忧国之念，则至老不稍衰。当民国四年，日本提出廿一条要求、十四年沪案交涉诸役，文电之留于今者，读之尚凛凛然有生气。今者国难当前，其艰巨十百倍于曩日，而士气荼然。即以文字论，亦无复义愤内发，勇迈直前之概，于以知任公之不可及。斯人也，国之元气实钟厥躬，今遂不可复见矣！任公既卒，知友在北平者属余为编辑遗稿并订定已印诸集。知弗堪任而卒不克辞，是殆后死之责矣。任公病中自谓：吾年得至六十当删定生平所为文，使稍稍当意，即以自寿。盖不知其遂不起也。今年，任公而在，盖六十岁，而乃使余诠次斯集，每欲有所商榷是正，独不能起任公于九原而问之。乌乎，其可伤也已！

民国二十一年八月后死友林志钧

（录自《饮冰室合集》，中华书局1989年版）

论民国学术

民国学术承接晚清新学，又有拓展。移植西方文化，焕发传统学术的生命活力，于古今中西间探寻文化更张之路，是这一时期学术发展的基旨。

一、清民鼎革之际——近代学术分科体系确立，新的研究范式初步形成

近代学术分科建设虽在晚清已启端绪，但完善则在民国。自然科学全方位汲纳西方近现代成果，逐渐从传统经、史之学中分离出来，由附庸而蔚为大观，成为与人文社会科学相并立的独立学科。而人文社会科学中，文、史、哲各成专门之学，政治学、宗教学、经济学、法学、社会学、逻辑学、心理学等新兴学科亦得以萌生，现代学科分类体系基本确立并日臻完善。与此同时，以实证和分析为特征的研究范式应时而生，开拓者是梁启超、章太炎、王国维。梁氏前章已述，本章略叙王、章。

王国维早年以哲学研究为主，其思想深受西方哲学家康德与叔本华思想影响，中道致力文学评论与创作，民国前后，转向古史新证，尤其致力于甲骨、金文和古代简牍的考释。其学术师承乾嘉朴学传统而又别有创新。其治学方法"殆可举三目以概括之者，一曰取地下实物与纸上之遗文互相释证……二曰取异族之故书与吾国之旧籍互相补正……三曰取外来观念与固有之材料互相参证"（陈寅恪《王静安先生遗书序》），为现代学人提供了一种新的研究范式。章太炎早年师事俞樾，治文字声韵训诂之学，后于经、史、子、集无所不窥。以"研究国学、保存国粹"（《国学保存会简章》）为要旨，"以朴学立根基，以玄学致广大，批判文化，独具慧眼，凡古今政治的消息，社会文野的情状，中、印圣哲的义谛，东、西学人的所说，莫不查其利病，识其流变，观其

会通，穷其指归"（许寿裳《章炳麟》），在继承乾嘉汉学传统的基础上，以新的治学思想和方法重新阐释传统国学。尤其是他的先秦诸子学研究，剥去罩在儒家"经典"上的神圣光环，将其还原为"当代记述较多而常要翻阅的几部书"（《国学概论》），置孔子及其所创儒学为先秦诸子之一，使他成为"古文经学派最后一位大师，同时又是儒家传统的拆散者"（侯外庐《章太炎早期的政治观点和学术思想》）。

除上述外，杨文会、欧阳竟无之于佛学研究，蔡元培之于中国伦理学史及美学研究，刘师培之于经学研究，林纾之于西洋小说的翻译亦有相当影响，严复的译业更将近代西方的进化论、民约论传播入中国，对民初新学术深具启迪意义。

二、五四前后至中华人民共和国成立——学派迭出，巨子争胜，马克思主义传播并渐趋中国化

民初以降，伴随着新文化运动的猛烈冲击以及中西文化论战、科学与玄学论战、中国社会史大论战的渐次展开，各种学术思潮、派别纷纭迭出，交错嬗变。

五四前后深具影响力的学者是胡适。胡适少年时即受传统国学熏陶，又接受新式教育。1910年赴美，系统学习西方学术文化。回国后（1917年）因与陈独秀、钱玄同等人以"白话文"为突破口，力倡文学革命而声名鹊起。胡适学术以杜威的实验主义思想为指导，结合传统汉学之研究方法而另辟新径，在哲学、史学、古典小说考证、佛学诸领域都有建树。他的《中国哲学史大纲》（上）以西方哲学的知识系统，规范中国哲学与哲学史的研究对象与范围，以"证明的方法""扼要的手段""平等的眼光""系统的研究"（蔡元培《中国古代哲学史大纲·序》）重新探讨中国学术史的演进脉络。

"疑古"风气宋代及晚清已有之，五四以后"疑古"之风再盛，而集成者是顾颉刚。1923年顾颉刚发表《与钱玄同先生论古史书》，1926年《古史辨》刊行，"古史辨"派正式形成。该派以疑古辨伪为旨，提出治古史要打破"考信于六艺"的传统见解，倡"层累地造成中国古史"说，十余年间，掀动学界一大巨澜，对打破传统史学中的"唯古是信"思想，起了有力的推动作用。然而无视当时大量发现的地下新材料，将东周以上的历史一概视为"伪书的结晶"，使该派获"疑古过勇"之讥。

与疑古派学术路线迥异的是考古派或称"史料派"。其代表是傅斯年、李济、董作宾。1928年，傅斯年负责组建中央研究院历史语言研究所。在他的领导下，一批史前文化遗址得到深入发掘、考察，大量佛教经卷、汉晋木简、明清内阁档案得到整理、考辨，田野考察成一重要治学门径。李济、董作宾先后作为历史语言研究所考古组的主持人，运用现代科学方法深入考辨河南安阳小屯殷墟及其他文化遗址出土的地下遗存，推进了文化人类学和现代甲骨学的建设。

新儒家是现代学术流派的重镇之一。梁漱溟的《东西文化及其哲学》，将人类文化分为中、西、印三类型，提出"世界文化三期重现"说，主张重新认识儒学的现代价值，并断言世界未来文化就是中国文化的复兴。通贯古今，出入儒、佛、道而自成体系者为熊十力。其学以"体用不二""反求自识"为纲宗，发挥《周易》、宋明陆王心学和佛教大乘空宗法相唯识之学，建立起"境论"（本体论）、"量论"（认识论）、人生论、价值论相统一的"唯识论"。自觉建立起自己的哲学体系的另一位新儒家代表人物是冯友兰。他的《中国哲学史》是一部系统研究中国古代哲学思想的专著；其《贞元六书》改造程朱理学而自成"新理学"体系。方东美、张君劢、唐君毅、徐复观等人，亦于新儒家学说有所创获。中华人民共和国成立后，该派主要活动于我国港台地区及海外。

与新儒家学术趋向相对立的是"西化"论者。李大钊、陈独秀、鲁迅、胡适等人早年均有不同程度的"西化"倾向，系统阐述"全盘西化"的是陈序经。"西化"派的思想特点，在于把西方的物质文化、制度文化、精神文化看作是一个优于中国传统文化的系统，主张全方位引进西方文化，并将此看作是中国文化发展的方向。

继承朴学传统而又借取实证科学方法别开新路者为陈寅恪、陈垣。陈寅恪以"独立之精神，自由之思想"为宗旨，对史料穷搜旁引，比刊释证而又加以通识通解，不仅扩大了史料的搜罗范围，而且摆脱了传统朴学家拘泥于一事一物之烦琐考证的束缚，在魏晋政治思想史、隋唐制度史、蒙古史、明清之际思想文化方面均有扛鼎之作。尤其是在运用不同的文字工具释证"中国境内之古外族遗文"，比刊校订佛教经典方面，罕有其匹。陈垣与陈寅恪并称"史学二陈"。陈垣在目录、校勘、辑佚、年表、史讳以及元史、火祆、摩尼、佛、道、天主教等宗教史方面，均有开创性研究。另一国学家钱穆，以对传统文化充满"温情与敬意"，致力于诸子学、经学、史学研究，阐发中国文化在宇宙观、人生观、思维方式、行为方式及文化精神方面一以贯之的独特传统。钱氏关于中国学术史的研究系统且深入，将章太炎、梁启超的学术史论推向新高度。

鲁迅的《中国小说史略》、汤用彤的《汉魏两晋南北朝佛教史》、萧公权的《中国政治思想史》、雷海宗的《中国文化与我中国的兵》、余嘉锡的《目录学发微》、金岳霖的《知识论》，均为民国间诸领域的经典之作。

马克思主义学派的出现是这一时期学术发展的一大动向。"五四"以降，李大钊、陈独秀、瞿秋白等连续发表文章介绍俄国十月革命和马克思主义学说，从此一批学者如鲁迅、李达、范文澜等从崇信进化论转变为以唯物史观作指导，研究中国学术。郭沫若1930年出版的《中国古代社会研究》，虽有粗浅之弊，仍被尊为中国马克思主义史学的嚆矢之作。郭氏的甲骨卜辞、金文研究，则是罗振玉、王国维后中国考古学研究的发展。侯外庐、杜国庠的中国思想史研究，吕振羽的史前社会研究，范文澜、翦伯赞的中国通史研究，都力图运用唯物史观阐释中国历史及文化。

尽管这一时期学术名家的为学致思趣向各异，学术专长不同，但在继承、扬弃传统文化的基础上吸取西方文化精华，探寻中华文化的复兴之路是其共同追求。

论近年之学术界

王国维

外界之势力之影响于学术，岂不大哉！自周之衰，文王、周公势力之瓦解也，国民之智力成熟于内，政治之纷乱乘之于外，上无统一之制度，下迫于社会之要求，于是诸子九流各创其学说，于道德、政治、文学上，灿然放万丈之光焰。此为中国思想之能动时代。自汉以后，天下太平，武帝复以孔子之说统一之。其时新遭秦火，儒家唯以抱残守缺为事，其为诸子之学者，亦但守其师说，无创作之思想，学界稍稍停滞矣。佛教之东，适值吾国思想凋敝之后，当此之时，学者见之，如饥者之得食，渴者之得饮；担簦访道者，接武于葱岭之道；翻经译论者，云集于南北之都。自六朝至于唐室，而佛陀之教极千古之盛矣。此为吾国思想受动之时代。然当是时，吾国固有之思想与印度之思想互相并行而不相化合，至宋儒出而一调和之。此又由受动之时代出而稍带能动之性质者也。自宋以后以至本朝，思想之停滞略同于两汉，至今日而第二之佛教又见告矣，西洋之思想是也。

今置宗教之方面勿论，但论西洋之学术。元时罗马教皇以希腊以来所谓"七术"（文法、修辞、名学、音乐、算术、几何学、天文学）遗世祖，然其书不传。至明末，而数学与历学，与基督教俱入中国，遂为国家所采用。然此等学术，皆形下之学，与我国思想上无丝毫之关系也。咸、同以来，上海、天津所译书，大率此类。唯近七八年前，侯官严氏（复）所译之赫胥黎《天演论》（赫氏原书名《进化论与伦理学》，译义不全）出，一新世人之耳目。比之佛典，其殆摄摩腾之《四十二章经》乎？嗣是以后，达尔文、斯宾塞之名，腾于众人之口；物竞天择之语，见于通俗之文。顾严氏所奉者，英吉利之功利论及进化论之哲学耳，其兴味之所存，不存于纯粹哲学，而存于哲学之各分科，如经济、社会等学，其所最好者也。故严氏之学风，非哲学的，而宁科学的也，此其所以不能感动吾国之思想界者也。近三四年，法国十八世纪之自然主义，由日本之介绍，而入于中国，一时学海波涛沸渭矣。然附和此说者，非出于知识，而出于情意。彼等于自然主义之根本思想，固懵无所知，聊借其枝叶之语，以图遂其政治上之目的耳。由学术之方面观之，谓之无价值可也。其有蒙西洋学说之影响，而改造古代之学说，于吾国思想界上占一时之势力者，则有南海□□□①之《孔子改制考》《春秋董氏学》，浏阳□□□②之《仁学》。□氏以元统天之说，大有泛神论之臭味。其崇拜孔子也颇模仿基督教，其以预言者自居，又居然抱穆罕默德之野心者也。其震人耳目之处，在脱数千年思想之束缚，而易之以西洋已失势力之迷信，此其学问上之事业，不得不与其政治上之企图同归于失败者也。然□氏之于学术，非有固有之兴味，不过以之为政治上之手段，《荀子》所谓"今之学者以为禽犊"者也。□氏之说，则出于上海教会中所译之治心免病法，其形而上学之以太说，半唯物论、半神秘论也。人之读此书者，其兴味不在此等幼稚之形而上学，而在其政治上之意见。□氏

---

① 原书编者按：指康有为。
② 原书编者按：指谭嗣同。

此书之目的，亦在此而不在彼，固与南海□氏同也。庚辛以还，各种杂志接踵而起，其执笔者，非喜事之学生，则亡命之逋臣也。此等杂志，本不知学问为何物，而但有政治上之目的，虽时有学术上之议论，不但剽窃灭裂而已，如《新民丛报》中之《汗德哲学》其纰缪十且八九也。其稍有一顾之价值者，则《浙江潮》中某氏之《续无鬼论》，作者忘其科学家之本分，而闯入形而上学，以鼓吹其素朴浅薄之唯物论，其科学上之引证亦甚疏略，然其唯有学术上之目的，则固有可褒者。又观近数年之文学，亦不重文学自己之价值，而唯视为政治教育之手段，与哲学无异。如此者，其亵渎哲学与文学之神圣之罪固不可逭，欲求其学说之有价值，安可得也！故欲学术之发达，必视学术为目的，而不视为手段而后可。汗德《伦理学》之格言曰："当视人人为一目的，不可视为手段。"岂特人之对人当如是而已乎？对学术亦何独不然？然则彼等言政治，则言政治已耳，而必欲渎哲学、文学之神圣，此则大不可解者也。

近时之著译与杂志既如斯矣，至学校则何如？中等学校以下，但授国民必要之知识，其无与于思想上之事，固不俟论。京师大学之本科，尚无设立之日，即令设立，而据南皮张尚书之计画，仅足以养成咕哗之俗儒耳。此外私立学校，亦无足以当专门之资格者。唯上海之震旦学校，有丹徒马氏（良）之哲学讲义，虽未知其内容若何，然由其课程观之，则依然三百年前特嘉尔之独断哲学耳。国中之学校如此，则海外之留学界如何？夫同治及光绪初年之留学欧美者，皆以海军制造为主，其次法律而已。以纯粹科学专其家者，独无所闻；其稍有哲学之兴味如严复氏者，亦只以余力及之，其能接欧人深邃伟大之思想者，吾决其必无也。即令有之，亦其无表出之之能力，又可决也。况近数年之留学界，或抱政治之野心，或怀实利之目的，其肯研究冷淡干燥、无益于世之思想问题哉！即有其人，然现在之思想界，未受其戋戋之影响，则又可不言而决也。

由此观之，则近数年之思想界，岂特无能动之力而已乎，即谓之未尝受动，亦无不可也。夫西洋思想之入我中国，为时无几，诚不能与六朝唐室之于印度较，然西洋之思想与我中国之思想，同为入世间的，非如印度之出世间的思想，为我国古所未有也。且重洋交通，非有身热头痛之险；文字易学，非如佉卢之难也，则我国思想之受动，宜较昔日为易，而顾如上所述者何哉？盖佛教之入中国，帝王奉之，士夫敬之，蛮蛮之氓膜拜而顶礼之；且唐宋以前，孔子之一尊未定，道统之说未起，学者尚未有入主出奴之见也，故其学易盛，其说易行。今则大学分科，不列哲学，士夫谈论，动诋异端。国家以政治上之骚动，而疑西洋之思想皆酿乱之曲蘖；小民以宗教上之嫌忌，而视欧美之学术皆两约之悬谈。且非常之说，黎民之所惧；难知之道、下士之所笑，此苏格拉底之所以仰药，婆鲁诺之所以焚身，斯披诺若之所以破门，汗德之所以解职也。其在本国且如此，况乎在风俗文物殊异之国哉！则西洋之思想之不能骤输入我中国，亦自然之势也。况中国之民，固实际的而非理论的，即令一时输入，非与我中国固有之思想相化，决不能保其势力。观夫三藏之书已束于高阁，两宋之说犹习于学官，前事之不忘，来者可知矣。

然由上文之说，而遂疑思想上之事，中国自中国，西洋自西洋者，此又不然。何则？知力人人之所同有，宇宙人生之问题，人人之所不得解也。其有能解释此问题之一部分者，无论其出于本国或出于外国，其偿我知识上之要求，而慰我怀疑之苦痛者则一也。同此宇宙，同此人生，而其观宇宙人生也，则各不同。以其不同之故，而遂生彼此之见，此大不然者也。学术之所争，只有是非真伪之别耳。于是非真伪之别外，而以国家、人种、宗教之见杂之，则以学术为一手段，而非以为一目的也。未有不视学术为一目的而能发达者，学术之发达，存于其独立而已。然则吾国今日之学术界，一面当破中外之见，而一面毋以为政论之手段，则庶可有发达之日欤！

（录自《王国维论学集》，中国社会科学出版社 1997 年版，第 212~215 页）

吾国学术之现状及清华之职责

陈寅恪[①]

二十年以前之清华，不待予言。请略陈吾国之现状，及清华今后之责任。吾国大学之职责，在求本国学术之独立，此今日之公论也。若持此意以观全国学术现状，则自然科学，凡近年新发明之学理，新出版之图籍，吾国学人能知其概要，举其名目，已复不易。虽地质生物气象等学，可称尚有相当贡献，实

[①] 陈寅恪（1890—1969），历史学家、古典文学研究家。

乃地域材料关系所使然。古人所谓"慰情聊胜无"者，要不可遽以此而自足。西洋文学哲学艺术历史等，苟输入传达，不失其真，即为难能可贵，遑问其有所创获。社会科学则本国政治社会财政经济之情况，非乞灵于外人之调查统计，几无以为研求讨论之资。教育学则与政治相通，子夏曰"仕而优则学，学而优则仕"，今日中国多数教育学者庶几近之。至于本国史学文学思想艺术史等，疑若可以几于独立者，察其实际，亦复不然。近年中国古代及近代史料发见虽多，而具有统系与不涉傅会之整理，犹待今后之努力。今日全国大学未必有人焉，能授本国通史，或一代专史，而胜任愉快者。东洲邻国以三十年来学术锐进之故，其关于吾国历史之著作，非复国人所能追步。昔元裕之、危太朴、钱受之、万季野诸人，其品格之隆污，学术之歧异，不可以一概论；然其心意中有一共同观念，即国可亡，而史不可灭。今日国虽幸存，而国史已失其正统，若起先民于地下，其感慨如何？今日与支那语同系，诸语言犹无精密之调查研究，故难以测定国语之地位，及辨别其源流，治国语学者又多无暇为历史之探讨，及方言之调查，论其现状，似尚注重宣传方面。国文则全国大学所研究者，皆不求通解及剖析吾民族所承受文化之内容，为一种人文主义之教育，虽有贤者，势不能不以创造文学为旨归。殊不知外国大学之治其国文者，趋向固有异于是也。近年国内本国思想史之著作，几尽为先秦及两汉诸子之论文，殆皆师法昔贤"非三代两汉之书不敢观者"。何国人之好古，一至于斯也。关于本国艺术史材料，其佳者多遭毁损，或流散于东西诸国，或秘藏于权豪之家，国人闻见尚且不能，更何从得而研究？其仅存于公家博物馆者，则高其入览券之价，实等于半公开，又因经费不充，展列匪易，以致艺术珍品不分时代，不别宗派，纷然杂陈，恍惚置身于厂甸之商肆，安能供研究者之参考？但此缺点，经费稍裕，犹易改良。独至通国无一精善之印刷工厂，则难保有国宝，而乏传真之工具，何以普及国人，资其研究？故本国艺术史学若俟其发达，犹邈不可期。最后则图书馆事业，虽历年会议，建议之案至多，而所收之书仍少，今日国中几无论为何种专门研究，皆苦图书馆所藏之材料不足；盖今世治学以世界为范围，重在知彼，绝非闭户造车之比。况中西目录版本之学问，既不易讲求，购置搜罗之经费精神复多所制限。近年以来，奇书珍本虽多发见，其入于外国人手者固非国人之得所窥，其幸而见收于本国私家者，类皆视为奇货，秘不示人，或且待善价而沽之异国，彼辈既不能利用，或无暇利用，不唯孤负此种新材料，直为中国学术独立之罪人而已。夫吾国学术之现状如此，全国大学皆有责焉，而清华为全国所最属望，以谓大可有为之大学，故其职责尤独重，因于其二十周纪念时，直质不讳，拈出此重公案，实系吾民族精神上生死一大事者，与清华及全国学术有关诸君试一参究之。以为如何？

（录自陈寅恪《金明馆丛稿二编》，上海古籍出版社1980年版，第317~318页）
（参校陈寅恪《金明馆丛稿二编》，生活·读书·新知三联书店2015年版，第361~363页）

现代中国学术论衡·序（节录）

钱 穆

文化异，斯学术亦异。中国重和合，西方重分别。民国以来，中国学术界分门别类，务为专家，与中国传统通人通儒之学大相违异。循至返读古籍，格不相入。此其影响将来学术之发展实大，不可不加以讨论。

晚清之末，中国有两大学人，一康有为，一章炳麟。其时已西化东渐，而两人成学皆在国内，未出国门一步。故其学皆承旧传统。康氏主今文经学，章氏则主古文经学。而世风已变，两人虽同治经学，其崇儒尊孔之意实不纯，皆欲旁通释氏以为变。康氏著有《新学伪经考》《孔子改制考》，并自号长素，其意已欲凌驾孔子。其为《大同书》，虽据《小戴礼记·礼运篇》"大同"一语为号召，但其书内容多采释氏。惟康氏早已致力实际政治，谋求变法维新，故其宏扬释氏者并不显。章氏以为文排满下狱，在狱中读释氏书，即一意尊释，而排满之意则无变。自号太炎，乃尊顾炎武之不仕清廷，而亦显有凌驾顾氏之意。此下著书，皆崇释抑儒，孔子地位远在释迦之下。如其著《国故论衡》，一切中国旧传统只以国故二字括净。《论衡》则仅主批评，不加阐申。故曰中国有一王充，乃可无耻其鄙斥传统之意，则更昭之矣。惟其书文字艰拗，故其风亦不扬。

章氏去日本，从学者甚众，然皆务专门，鲜通学。惟黄侃一人，最为章氏门人所敬，则以其犹守通学旧轨。康氏门人少，惟梁启超任公一人，早年曾去湘，故亦受湘学影响，知尊湘乡曾氏。先创《新民丛报》，后改为《国风报》。创刊辞中大意谓，国风相异，英法皆然，中国亦当然。其识卓矣。后为《欧洲战役史论》，叙述当时欧洲第一次世界大战之来源，提纲挈领，要言不烦。如任公，实当为一史学巨擘。惜其一遵师旨从事变法维新之政治活动，未能专心为学，遂亦未臻于大成。

及第一次欧洲战役既毕，任公游欧归来，草为《欧游心影录》一书。大意谓，欧洲文化流弊已显，中国文化再当宣扬。其见解已远超其师康有为游欧归来所草《十三国游记》之上，而亦与太炎大不同。惜任公为学，未精未纯，又不寿，年未六十即辞世，此诚大可惋悼矣。

与梁任公同在北平讲学者有王国维静安。先治西学，提倡《红楼梦》。新文学运动受其影响甚大。然静安终以专治国故，名震一世。当时竞治殷墟龟甲文，而国维教学者，应先通许氏《说文》为基础。可谓当矣。惜静安亦不寿，先任公而卒，亦大堪惋悼。

胡适之早年游学美国，归而任教于北京大学，时任公、静安亦同在北平。适之以后生晚学，新归国，即克与任公、静安鼎足并峙。抑且其名乃渐超任公、静安而上之。盖自道、咸以来，内忧外患，纷起迭乘，国人思变心切，旧学日遭怀疑，群盼西化，能资拯救。任公以旧学加入新思想，虽承其师康氏，而所学实有变。适之则径依西学来讲国故，大体则有采于太炎之《国故论衡》。惟适之不遵释。其主西化，亦不遵耶。而其讥评国故，则激昂有更超太炎之上者。独静安于时局政事远离，而曾为宣统师，乃至以留辫投湖自尽。故三人中，适之乃独为一时想望所归。而新文化运动乃竟掩胁尘嚣，无与抗衡。风气之变，亦诚有难言者。

旧学宏博，既需会通，又求切合时宜，其事不易。寻瑕索疵，漫肆批评，则不难。适之又提倡新文学白话文，可以脱离旧学大传统，不经勤学，即成专家。谁不愿踊跃以赴。其门弟子顾颉刚，承康氏托古改制义，唱为疑古，著《古史辨》一书，尤不胫而走，驰誉海内外，与适之齐名。同时有冯友兰芝生，继适之《中国哲学史》首册之后，续为《中国哲学史》一书，书中多采任公诸人批驳胡适意，其书亦与适之书同负盛名。对日抗战时，余与芝生同在湘之南岳，以新撰《新理学》手稿示余，嘱参加意见。余告以君书批评朱子，不当专限理气一问题。朱子论心性，亦当注意。又其论鬼神，与西方宗教科学均有关，似亦宜涉及。芝生依余意，增《鬼神》一篇。并告余，朱子论心性，无甚深意，故不再及。并在西南联大作讲演，谓彼治哲学，乃为神学。余治史学，则为鬼学。专家学者，率置其专学以外于不论，否则必加轻鄙，惟重己学有如此。于是文学、史学、哲学，及考古发掘龟甲文等各项专门之学，一时风起云涌，实可谓皆自新文化运动启之。

…………

……中国旧文化、旧传统、旧学术，已扫地而尽。治学则务为专家，惟求西化。中国古书，仅以新式眼光偶作参考翻阅之用，再不求融通体会，亦无再批评之必要。则民初以来之新文化运动，亦可谓已告一段落。

继此当有一大问题出现。试问此五千年抟成之一中华大民族，此下当何由而维系于不坏？若谓民族当由国家来维系，此国家则又从何而建立？若谓此一国家不建立于民族精神，而惟建立于民主自由。所谓民，则仅是一国家之公民，政府在上，民在下，无民族精神可言，则试问西方国家之建立其亦然乎？抑否乎？此一问题宜当先究。

又所谓分门别类之专家学，是否当尽弃五千年来民族传统之一切学问于不顾。如有人谓，非先通康德，即无以知朱子。但朱子之为学途径与其主要理想，又何尝从先知康德来。必先西方，乃有中国，全盘西化已成时代之风气，其他则尚何言。

早于治朱子必先通康德之说之前，已有人主张不通西洋史即无以治中国史。于是帝王专制与封建社会之两语，乃成为中国史之主要纲领。又如谓非取法西方文学，即无以建立中国之新文学。于是男女恋爱武力打斗，乃为现代中国新文学必所共有之两项目。以此而言，一切学术，除旧则除中国，开新则开西方。有西方，无中国，今日国人之所谓现代化，亦如是而止矣。

余曾著《中国学术通义》一书，就经史子集四部，求其会通和合。今继前书续撰此编，一遵当前各门新学术，分门别类，加以研讨。非谓不当有此各项学问，乃必回就中国以往之旧，主通不主别。求为一专家，不如求为一通人。比较异同，乃可批评得失。否则惟分新旧，惟分中西，惟中为旧，惟西为新，惟破旧趋新之当务，则窃恐其言有不如是之易者。

（录自钱穆《现代中国学术论衡》，生活·读书·新知三联书店 2001 年版）
（参校钱穆《现代中国学术论衡》，九州出版社 2011 年版）

近年来中国学术研究的成绩

王治心

从西洋学术思想输入以后,中国学术受了很大的影响。起初梁启超用很浅显的文字,介绍许多从日本贩来的新思想,一方面又把中国固有的学术加一番整理。他的老师康长素著了《新学伪经考》,以及章太炎著了《国故论衡》,他们的文字虽不像梁氏的通俗,但在中国学术上都有一种掀动人们思想的能力。胡适之著了一本《中国哲学史大纲》上卷,可以说是最近用科学方法整理国故的起头。于是在欢迎西洋学术极浓厚的空气之下,便跟着"整理国故"的口号,有许多人注意到中国学术上去。于是在最近十多年来,整理国故的声浪很高,整理国故的成绩也不错。用科学方法研究的如胡适之的《中国哲学史大纲》,梁任公的《先秦政治思想史》《中国历史研究法》《清代学术概论》……这一类的东西。即就墨子一家的学说而言,有梁任公的《墨子学案》《墨经校释》,伍非百的《墨辩解故》,李笠的《墨子校补》,张纯一的《墨子间诂笺》《墨学分科》,蒋竹庄的《杨墨哲学》,陈柱的《墨学十讲》,郎擎霄的《墨子哲学》,以及其他在杂志上所发表的研究,如章士钊、章太炎、胡怀琛等人,散见的短篇论文很多。其他关于诸子百家的研究作品,也是如是。关于哲学的作品,如谢无量的《中国哲学史》,梁漱溟的《东西文化及其哲学》,杨明斋的《评东西文化》,钟山的《中国哲学史》,赵兰坪的《中国哲学史》,冯友兰的《中国哲学史》,李石岑的《人生哲学》,以及其他的部分研究,如《老子哲学》《周易哲学》《王充哲学》《孔子哲学》《佛教哲学》一类的东西,举不胜举。尤其文学史文化史一类,如谢无量的《中国大文学史》,林传甲、黄摩西、曾毅、胡怀琛等皆有文学史之作,最近则顾实的《中国文学史大纲》,胡适之的《白话文学史》,谭正璧的《中国文学进化史》,郑振铎的《文学大纲》《中国文学史》,谢无量的《中国妇女文学史》,梁乙真的《清代妇女文学史》,顾康伯的《中国文化史》,李继煌译的《中国文化史》,常乃悳的《中国文化小史》,柳诒徵《中国文化史》,杨东莼《本国文化史大纲》……这些作

---

① 编者删除了文中的注释部分。
② 王治心(1881—1968),思想史家。

品，自然，从价值上严格地批评起来，有许多是没有意思的，但也可以见得这几年来，中国学者在这方面的努力了。此外有许多古书的解释，如刘文典、刘家立等之于《淮南》，马叙伦之于《老子》《庄子》，刘师培的校勘诸子，章士钊、李笠等的解释《墨子》，胡适之的《戴东原哲学》，以及范文澜的疏讲《文心雕龙》，顾实的疏讲《庄子·天下篇》及《艺文志》等。更有许多人专以新式符号标点古书，如支伟成、许啸天、曹聚仁等，也可以算整理国故中一种贡献。最近又由盛极一时的哲学研究、文学研究，转变到社会研究，与新文艺研究了。如熊得山的《中国社会史研究》，陶希圣的《中国社会之史的分析》，与郭沫若的《中国古代社会研究》，及其他目不暇给的戏曲小说之类，自然中间有许多标榜着平民文学的招牌，暗里宣传别种主义，而且有许多很肉麻的"我爱你"……的所谓文艺作品，但却造成学术界另一种新风气，这种风气是好是坏，我们也不敢下断语。但是有一样，是我们可以认为好现象的，就是在考古与疑古方面，有蓬勃的气象。所谓考古，就是根据地下掘出来的材料，来研究到古代的风俗文化，如罗振玉、王国维等，他们整理那些殷墟甲骨文字，著成好几种作品。同时在疑古方面，有北大那一派人，起初讨论尧舜禹及古书的问题，如钱玄同、顾颉刚等，有《古史辨》，可以考见他们的意见。

此外有许多关于国学的定期刊物，如《国学季刊》《国学汇刊》《国学丛刊》《华国月刊》《清华学报》《学术》《国学辑林》《国学月刊》之类；在许多普通杂志中，也有关于中国学术的研究文章，从前有《甲寅》《大中华》《庸言》等类，现在有《东方杂志》《民铎杂志》《教育杂志》《小说月报》《妇女杂志》《读书杂志》《文学》等类。又有把杂志中的论文，汇刊为讨论集，及各个人的演讲录的，亦属不少。

系统的国学叙述，自有章太炎的《国学概论》以后，徐敬修的《国学常识》，曹聚仁的《国故学大纲》，钱基博的《国学必读》《国学文选类编》，洪北平的《国学研究法》，钱穆的《国学概论》，蔡尚思的《中国学术大纲》，杨东莼的《中国学术史讲话》，王易的《国学概论》，徐英的《国学大纲》，以及其他……实属不胜枚举了。

（录自王治心编著《中国学术体系》，《民国丛书》第二编第二卷，上海书店1990年影印本，第4~7页）

二十世纪中国学术概论（节录）

戴 逸[①]

20世纪的中国学术文化，大体上说，有以下特点：

一、以进化学说和唯物史观为指导思想。中国传统学术赞美上古时代的制度和人物，颂先圣而薄后王，把尧舜禹汤文武周孔子视为道统所在，后世丢失了古代道统，故而欺凌争斗，社会日益退步。19世纪末，严复翻译《天演论》，社会进化的原理风靡全国，完全改变了陈腐观念，中国人懂得了用进化史观来观察和研究人类社会，得出了与古人全然不同的结论。这样，20世纪的学术文化抛弃了传统观念，树立起近代新观念。五四运动前后，马克思主义传入中国，先进的知识分子掌握了科学的唯物史观，进一步了解生产力与生产关系，经济基础与上层建筑，社会发展的客观规律与主观能动作用等等，把学术文化的研究置于唯物史观和科学方法的指导之下。20世纪中国的学术文化有了长足的发展。20世纪的中国学人全都信从进化原理。而在1949年后，马克思主义唯物史观占有主导地位，在它的哺育下，诞育和成长了大批学者。

二、形成了新的知识分类体系。中国传统学术，分成经、史、子、集，并不严格地建立在学科分类的基础之上，其中经学特别重要，凌驾于上，且涵盖一切。《易经》中包括数学、哲学、自然科学；《书经》中包括政治学、历史学、地理学；《诗经》中包括文学、艺术、自然科学；《礼记》中包括的政治学、伦理学、教育学；《春秋》中包括历史学、政治学。许多学科尚在幼年萌芽状态，尚未从笼统的经学中分化独立出来，学科之间的界线极为模糊。20世纪的中国学术文化茁壮成长、规模齐备，形成了新的知识分类体系。自然科学移植了西方几百年积累的学术成果，独立为一大学科。其中分门别类，学支林立，建立了数、理、化、生、农、工、医等大学科，门类繁多、内容充实，洋洋大观，达到了较高水平，且有裨于国计民生。而人文和社会科学中，文史哲分离，形成各自的专业，经济学、法学、教育学、社会学、新闻学、政治学、心理学等新学科，纷纷诞生独立。由于20世纪人类社会的飞速进步，人

[①] 戴逸（1926—　　　），历史学家，清史编纂委员会主任。

们对自然、社会、人类自身的认识更加深入，知识量、信息量巨大增长，学术文化的内容日益充实，范围日益扩展，完全突破了传统的经、史、子、集的旧框架，形成了近现代社会科学与自然科学的新的学科分类体系。

三、理性方法的运用。传统学术研究的方法不够精密、逻辑不够严谨，推理判断带有一定程度的主观色彩。治学中带有直观感悟，冥心静思，自省修养等等。某些非理性的方法，如形象的、感悟的、信仰的、揣测的、情绪的方法，只要能表达研究对象或真实或虚幻的状态，就能形成某种学术性的知识，如古代的瀛海九州说、天人感应说、明心见性说。20世纪的中国学术引进西方的研究方法，运用归纳和演绎，重视证据，"无征不信""孤证不立"，摒弃主观成见，抱着冷静、客观的态度，以理性方法对确定的对象进行具体、准确的认知活动。在自然科学中运用显微镜、望远镜以及其它科学仪器和实验手段，在社会科学中则着重调查研究的方法，获取第一手的实际材料。20世纪的学术文化追求的是精确而具体地把握现实世界的丰富多样性，进而认识其本质和规律。近现代学术崇尚的是理性精神而非感悟、信仰或权威。

四、高扬爱国主义精神。中国进入20世纪，帝国主义的侵略更加凶狠，封建军阀和国民党政府的压迫更加残酷，内忧外患，民不聊生。20世纪的中国学者们目睹山河破碎、人民苦难，抱着无限的同情，唤起自己的责任感，慷慨以拯救天下为己任，在各个学术领域中苦心探索，矢志钻研，目的就是为了救国。20世纪的中国学术是在风雨如磐的苦难岁月中诞生发育的。反对帝国主义侵略、反对封建主义压迫，使国家富强、人民幸福是20世纪学者们共同的强烈愿望。搞自然科学的希望科学救国，搞经济学的希望实业救国，搞教育学的希望教育救国，搞政治学的希望国家繁荣昌盛，搞哲学的希望振兴民族精神，搞历史学的希望以历史经验教育和唤起民众，搞文学的塑造了众多威武不屈的民族英雄的光辉形象。20世纪的中国学术文化伴随中国的苦难而产生，它推动国家的前进、呼唤民族的奋起、激励大众的斗争，因此，爱国主义渗透其中，成为它主要的精神支持。20世纪的中国学术高扬着爱国主义的旗帜。

（录自张巨才、刘殿祥《闻一多学术思想评传》，北京图书馆出版社2000年版，"代序言"第4~6页）

中国现代学术经典·总序[1]（节录）

刘梦溪[2]

七

....

史学在中国自有不间断的传统，由传统史学转为现代史学，应该顺理成章。然而向传统史学置疑容易，提出史学的新概念、真正建立新史学，殊非易易。已故经学史家周予同先生1941年写的《五十年来中国之新史学》一文中，有下面的论述："学术思想的转变，仍有待于凭借，亦即凭借于固有的文化遗产。当时，国内的文化仍未脱经学的羁绊，而国外输入的科学又仅限于物质文明；所以学术思想界虽有心转变，而凭借不丰，转变的路线仍无法脱离二千年来经典中心的宗派。"事实确是如此。单是新史学与经今文学的关系有所釐清，已是困难重重。按周予同的说法，晚清治史诸家中，崔适、夏曾佑都是经今文学兼及史学。只有梁启超是逐渐摆脱了今文学的羁绊，走上了新史学的道路。

就此点而言，任公先生对现代史学的贡献可谓大矣。而现代史学中的学术史一目，也是任公先生开其端的。此诚如梁之好友林志钧所说："知任公者，则知其为学虽数变，而固有其坚密自守者在，即百变不离于史是观已。"但梁之史学，前期和后期的旨趣不尽相同。1901至1902年写作《中国史叙论》和《新史学》的梁启超，对传统史学的态度甚为决绝，他总结出旧史学的"四蔽""二病""三恶果"，摧毁力极大。后来写《清代学术概论》《历史研究法》和《历史研究法补编》，则表现出对传统史学不无会意冥心之处。但不论前期还是后期，梁之史学都有气象宏阔、重视历史整体、重视史学研究的量化、重视科际整合的特点。他把中国历史分为三个阶段：从黄帝到秦统一，为上世史，称作"中国之中国"；秦统一至乾隆末年，为中世史，称作"亚洲之中国"；乾隆末年至晚清，为近世史，称作"世界之中国"。这是一种着眼于大历史的分期方法，颇能反映中国历史演化的过程。

---

[1] 编者删除了文中的注释部分。

[2] 刘梦溪（1941—　　），文学史家、学术史家。

胡适的史学在梁的基础上又有所跨越，《白话文学史》《中国哲学史大纲》，在专史方面已是开新建设的史学了。但胡适实验的多，完成的少，他的作用主要在得风气之先。二十年代兴起的古史辨学派，除了受康有为所代表的晚清今文学的影响，与胡适的《中国哲学史大纲》直接"从周宣王以后讲起"有很大关系。所以当1923年顾颉刚在《读书杂志》上发表《与钱玄同先生论古史书》，提出著名的"层累造成说"，胡适立即给予支持；而钱玄同和傅斯年也作有力的回应，疑古思潮遂掀起波澜。当时与疑古思潮相对立的是释古派和考古派。也有的说还有泥古派或信古派，指起而与顾颉刚、钱玄同论争的柳诒徵等文化史家，影响不是很大，且用"泥古"或"信古"字样概括他们的观点也相当不准确，可暂置不论。考古派前面讲到了，首功当然是罗、王、郭、董"四堂"和李济。释古派则以王国维和陈寅恪为代表。如果认为梁启超提出的多，系统建设少，王、陈的特点，是承继的多，开辟的也多。

特别是陈寅恪的史学，是最具现代性和最有发明意义的中国现代史学的重镇，这一点当时后世鲜有异词。他治史的特点，一是在史识上追求通识通解；二是在史观上格外重视种族与文化的关系，强调文化高于种族；三是在史料的运用上，穷搜旁通，极大地扩大了史料的使用范围；四是在史法上，以诗证史、诗史互证、借传修史，使中国传统的文史之学达致贯通无阻的境界；五是考证古史而能做到古典和今典双重证发，古典之中注入今情，给枯燥的考证学以新的生命；六是对包括异域文字在内的治史工具的掌握，并世难有与其比肩者；七是融会全篇的深沉强烈的历史兴亡感；八是史著文体熔史才、诗笔、议论于一炉。他治史的贡献，主要在对"中国境内之古外族遗文"的释证、对佛教经典不同文本的比刊对照、对各种宗教影响于华夏人士生平艺事的考证、对隋唐政治制度文化渊源的研究、对晋唐诗人创作所作的历史笺证、对明清易代所激发的民族精神的传写等等，在所有这些方面都有创辟胜解。他治史的精神，则是"独立之精神，自由之思想"，这是他学术的力量源泉，也可以称作陈氏之"史魂"。

陈垣与陈寅恪并称"史学二陈"。陈垣的专精在目录、校勘、史讳、年表，并兼擅词章。史源学一目，是他的创造。治史的成绩集中在宗教研究和元史研究。从继承的史学传统来说，清代史家赵翼、钱晓徵对他的影响最大。所以陈寅恪评赞其史学之贡献时说："近二十年来，国人内感民族文化之衰颓，外受世界思潮之激荡，其论史之作，渐能脱除清代经师之旧染，有以合于今日史学之真谛，而新会陈援庵先生之书，尤为中外学人所推服。盖先生之精思博识，吾国学者，自钱晓徵以来，未之有也。"但陈垣五十年代以后世潮润及己身，没有再写出重要的著述；陈寅恪则挺拔不动，愈到晚年愈见其著述风骨。

　　中国现代学术之史学一门最见实绩，真可以说是人才济济，硕果丰盈。梁、王、顾、胡和二陈之外，张荫麟、李泰棻、郭沫若、钱穆、范文澜、翦伯赞，都是具通史之才的史学大师。专史方面，雷海宗、汤用彤、柳诒徵、萧公权、侯外庐、向达、杨联陞等，也都有足可传世的代表性著作。

　　至于哲学，走向现代的步履就更其艰难了。

　　中国传统哲学的高峰，一表现为先秦子学，再表现为宋明理学。此外佛教哲学在隋唐有较大的发展，此不具论。总之宋明以后，独立之哲学日趋衰微，哲学思想往往消融到实际人生态度和社会伦理中去，真个是道混成而难分了。影响之下，清中叶直至晚清以还，包括龚自珍、魏源、严复、康有为、梁启超、章太炎诸人，虽然不无自己的哲学思想，却不是以哲学的专精而名家的。……

　　能够自觉地建立自己的哲学思想体系的是冯友兰。冯氏1918年毕业于北京大学文科中国哲学门，次年赴美，1924年获哥伦比亚大学哲学博士学位。1930年和1933年，先后写出并出版《中国哲学史》上、下卷。这是第一部有系统地研究中国传统哲学的专书。陈寅恪、金岳霖都给予高度评价。1937至1946年，冯氏通过《贞元六书》的写作，进而完成了他的新理学的哲学体系。值得注意的是，作者在绪论章中特别提出他是"'接著'宋明以来底理学讲底，而不是'照著'宋明以来底理学讲底"。这点很重要，正好与我们前面讲的宋以后哲学的独立性有所减弱，可以相印证。

　　中国传统学术里最缺乏的是逻辑学。这涉及到中国人的思维特性问题。因此传统哲学并不以追求完整的理论体系为目标。影响所及，现代学术中的哲学一门，数理哲学一向不发达。中国传统哲学中所缺少的另一个东西是知识论。唯其如此，金岳霖的哲学值得我们格外注意。金早年毕业于清华大学，1920年获美国哥伦比亚大学哲学博士学位，后留学英国剑桥大学。直接给他以影响的是罗素哲学和穆尔哲学，这两位在二十世纪初是国际上最具影响力的分析哲学泰斗。金岳霖本人是个哲学天才，很少有另外的人像他那样既有逻辑的头脑又有建构知识系统的能力。1935年，他的《逻辑》一书作为大学丛书之一种出版。1940年，《论道》出版，1948年，《知识论》竣稿，终于建立起了以知识论为骨架的哲学体系。他是现代中国为数很少的可以不借助人只借助符号写作的哲学家。这是他与冯友兰不同的地方。

（录自《中国现代学术经典·顾颉刚卷》，河北教育出版社1996年版，"总序"第33~37页）

中国近来学术思想界的变迁观

顾颉刚

吾没有学问，不能用学问去运思，所以思想没有统系，察物不能明确。本号因为是思想问题的专号，很要就近来见闻，对于这项事实记载一二；但可恨我不懂知识论，也不懂社会心理学，没有了论辩的根本，凡所记载，不过是些浮末罢了。又僻居在此，没有多书可翻，凡所论证，都不过若忘若记的一些，与翔实二字相去太远。承同社诸位敦促成此，实在惭愧。所有纰缪、遗漏、浅陋的地方，至望阅者大大的诲正。

民国八年，一月，三十一号

（一）承前的统系

吾从前以为近三十年的中国学术思想界是由旧趋新、易旧为新的时期；是用欧变华的时期。但现在看来，实不尽然。第一，古今学术思想的进化，只是一整然的活动。无论如何见得突兀，既然你思想里能够容纳，这容纳的根源，就已在意识界伏着。这伏着的东西，便是旧的；容纳的东西，便是新的。新的呈现，定然为旧的汲引而出；断不会凭空无因而至。所以说"由旧趋新"则可，说"易旧为新"则不可。第二，中国到了现在的境界，说他专受了欧化的鼓动，可有些冤枉：现在事物的外观上面，确是触处可见欧式；至于内部的精神，多半是盲从的新思想，同牢不可破的旧思想。所以要说他近来的变迁，先说他承前的统系。

（甲）在学术上面。我想了中国近来学术的变迁，虽开新的大是可悲，而承前的实在不坏。记得《新民丛报》里边，有一篇郑浩的《中国学术穷通变化论》（书不在手头，记得约略是此题），说：中国学问元、明后腐败已甚，清代的学问，是由腐败而进于精辟的境界。即此进步，自能弘通；即无欧洲科学之传播，亦当有笛卡儿、培根其人生于其间。……我想这话，并非虚诬，只因近日学者，过分受了社会的牵制，所以停滞不能进步；至于从前所取的路径，已有向科学方面走去之势，终是可信。中国的学问，向来是以礼乐兵农为实质，以文字书籍为形式；实质为形式所限，所以"居则为三皇五帝之书，用则为家国天下之政"。倘使事实与古义有所违牾，乃是事实自己的错谬，应当改造事实，使之合于古义。他们因为认定古义是不变的，所以也拿时势按捺住，不许他变。这一半因服古的心思太重，没有什么疑虑；一半因实物的考察不多，没有什么比较所致。一到了清代朴学家的手里，便不然了。他肯就实物考察，作精密的说明，又因为好古，所以要别伪存真，不管他圣经贤传都去仔细评量一回，拿从前人深根固柢的两个习性都推翻了。他们遇见了经史上讲天文的话，就去考察天文；考察天文必须习算学，就去习算学。他们晓得古人的意思是由古代的语言文字发表出来，要懂得古人的意思先要懂得古代的语言文字，所以竭力的做音韵学、文字学。遇见了讲声律的话，讲生物的话，讲伦理的话，讲社会制度的话，讲地理沿革的话，都是一一的寻根讨原，证之实境，务极尽而后止。虽多是就零碎事物去立证，不能尽用科学的方法去驾驭事物；但明确的证据供给得多了，后来的人自然容易联络完成完整的体系。清以前的学问是个"应用主义"，都悬一修齐治平的目标，看得学与用最是密切。这个意思归到根本，原是不错，但他所学的东西是不是可用的？该用的？倘是不管他所造的因，只求他所要的果，这便糟了。清代朴学家所学的只是一个"求是主义"，并不要用，而且晓得他所学的并不是学的本体，乃是学的途径，离开实用尚是远得很，要费极繁难的力量才能达到真实的用，所以看那些夸言经世的是个"无本之学"，或是个"不学之夫"。这样做去虽是迂缓，却是深教人由学致用，不要轻率做去，已留下了以后用当其实的端苗了。后来科学知识灌输进来，中国的学人对他很表景仰，就是顽固的人也得说声"西学为用"，这便是清代朴学的功效。因为朴学是向科学方面走去的，所以一旦碰见就得吸引进来。你看二三十年前那些学者,如李善兰、华衡芳、刘铎这辈人同全国向风之士,对了数学、物理学等科何等的用心,倘使学者社会常能保持那时的热忱,到今日应如何的进步?

清代乾隆年间,中国的学问号称"义理""词章""考据"三类。但是当时义理、词章不过复演旧戏,没有什么变化,人家看得未免生厌,他的势力就渐衰微了。单是求是的考据一项方兴未艾,一方既有博学精研的学者,一方又有贵官的提倡,习成了风气,竟成了"惟考据为学问,其他均非学问"的观念。那时有两个卓荦不群的学者起来立异,开创成两个学派,与今日的学术界发生了很大的关系。这两位就是陆燿、章学诚。

今先说陆先生。从前的人看得经过重了,说他是"为万世制治之书",所以说到经世,不管他时势合不合,总是拿经去致用。上面已经说过他们的弊病是不肯就社会的实状去考察他的需要,反将"不经世"当作"经世",以不需要的供给他的需要,如此,安得不窘于应务。陆先生起来,看出他们的不是,所以将近世人"切实论时下状况应兴应革"的文字钞成一部《切问斋文钞》,他的宗旨是:

> 以今人之文言古人之所已言与其所不必言,不若以今人之所欲言与其所必当言者以著之文。(《自序》)

这句话在学古的潮流里说出来大不容易,他晓得现在有"现在的时势",住在现在的时势里头,应有"针对现在时势的思想"产生出来。凡义理、词章、考据等东西都不能针对现在的时势,所以都不是"现在时势的应用物",拿学问界模仿拘墟之见大大的打破。后来魏源拿这部书扩充成为《经世文编》,他们一派的学问更见完备,就与义理等三学并立,而为经济学(在此只可仍旧名,不能管他与现在计学的俗名冲突改造)。陆氏此编的出版,尚在中国太平的时候。隔了六十年,内忧外患一齐来了,要筹种种的对付方法;受外国的凌辱深了,要筹种种的自强方法,经济一学,就与其他三学同应了几回考试。大家看了成绩,深晓得时势需要的学问全在经济,而不在其他,所以大家都勉力去做这番功夫,称他做"时务",如今变称了"法政"。我写这段,提出陆先生,并非说他开今日的时势,也非说今日的政论家继承他的学问。这因他是个先觉,他开了这样的学风,兴起学人对于这项的注意研究,进益就便利了。

次说章学诚。从前人对于研究学问的方法太不考究,所以他们对于学问的"考验""分类""批评""应用"很是粗疏,或便缺去。有了清代的朴学,在考验方面肯用心了;有了经济学派,在应用方面又肯留神了;但是没有分类、批评,仍不能见学问的真处。章先生的学问就是弥补这缺憾的。从前人对于学问的观念迷离惝恍得很,零零碎碎的东西做得一点,无不可成为学问,只要古人有句话我就得听他指挥,希望自己做得古人的奴仆,这便是学问的目的。古人的时代不同,心思不同,所以学问弄得割裂纷纭,要去找他共同之点,无奈但见枝叶而无从得其根干。到了章先生出来,大声疾呼的说道:书籍不是学问,考证的功夫也不是学问,学问只是"在事物上体会着,再在心思里裁断着的境界"。因为在事物上体会着,所以言是应当公的,义是应当通的;因为在心思里裁断着,所以意志是应当尊重的,虚妄是应当辟除的。至于体物施断的方法怎样呢?则在(一)分别条贯去考察他的同异,所以要做目录学;(二)探其源流去寻到他的来因,所以要做史学。这实在是科学的方法了,在那时模仿的学风里有这等的手笔,实在可为拜倒(《文史》《校雠通义》不在手头,无从得实证,姑且拿我理想里的章先生写出来,待后再核)。写好了上面一段,记起我有一则日记说章先生的,拿出一看,加入上条之下,似乎重复,弃去又是可惜,我就钞出他来:

> 从前的时候,对于中国学问和书籍不能有适当的分类,学问只是各家各派,书籍只是经、史、子、集,从没有精神上的融和。他们心里以为学问只有一个是真,其余是伪,随各人所信,抱定了一个同其他反对起来,所以他们对于分类的观念只是"罗列不相容的东西在一处地方"罢了;至于为学的方法,必得奉一宗主,力求统一,破坏异类,并不要在分类上寻个"通观",所以弄成了是非的寇仇,尊卑的阶级,大家看了他们的"彼一是非,此一是非",又没有正当的批评,凡不入党的只是过于谨慎,说"非读破万卷书,不得妄下雌黄",所以纵是极博,总没有彻底的解悟。自从章实斋出,拿这种"遮眼的鬼墙"(此吴谚,言鬼迷人,人觉处处有墙,其实无墙)一概打破,说学问在自己,不在他人;圣贤不过因缘时会而生,并非永久可以支配学问界的;我们当观学问于学问,

不当定学问于圣贤。又说学问的归宿是一样的，学问的状态是因时而异，分类不过是个"假定"，没有彼是此非。可说在在使读书者有旷观遐瞩的机会，不至画地为牢的坐守着；有博观约取的方法，不至作四顾无归的穷途之哭。这功劳实在不小，中国所以能容受科学的缘故，他的学说很有赞助的力量。中国学问能够整理一通成为"国故"，也是导源于此。

不料这种学风的反动，倒成就了一个"今文学派"。原来中国人的习惯，看得圣人，看得经书，都是神乎其神，不是常人所可几及的东西。自从清代的朴学施下了实地的功夫，考究一番，始晓得"垂教万世的经书"乃是"一代典章的史书"，既然是部史书，则所做疏解、考证的功夫当然与史学无异。章学诚处此潮流，奋其裁断，所以说"六经皆史"；"集六经之大成者不在孔子，而在周公"。看六经是学问的材料，不拿学问当做六经的臣仆；拿从前对于经学的界说根本撤消，做经学的人只是考古，并非希圣，说得明明白白。然而那一定要崇圣、希圣的人也是有的，而且朴学方法过分拘谨，那些意气发皇的人无从畅快的发泄一下，所以即不"希圣"，亦要"托圣"，他们觉得自己治经的宗旨不能与这辈考古的人去融和一气。至于理学的经学，也已失败，不能重兴，就想法翻出西汉经学的议论创做了一个今文学派，说要做"经学的经学"，不要做"史学的经学"。那朴学家所得，不过典章制度的粗迹，至于"笔削微旨""传授心法"是他们永不能见到的。单有西汉人去古较近，"微言大义"还得遗留些，所以要治经的，惟有归依这派。西汉人的崇圣程度同附会手段本是最高的，他们看得圣人的一言、一动、一出、一入莫不有"精微美妙可以赞叹"的地方，竟把孔子当了"全知全能普遍永存的上帝"，一切政治、学术、宗教都从孔子的言行里演绎出来，所以清代的今文学派也就如法安排，保持"天诞圣人"的尊严。适此时外国来中国传基督教的人渐渐的多，他们也略略听得些教义，觉得与本学派的推尊孔子也差不多，遂立了"孔子是中国的教主"一个观念，所以今文学的影响在学术上是"深探孔子的微言"，在政治上是"提倡改制"，在宗教上是"建立孔教"。

上面所说"科学""国故""政治""宗教"四样，在三十年内，新有的东西固然是对了外国来的文化比较吸引而后成的，但是在中国原有学问上——"朴学""史学""经济""今文派"——的趋势看来，也是向这方面走去，所以容易感受新来的文化。假使中国从前的学问不是如此，则欧化进来以后，精神上的迎距、事实上的表见，决不与今日相同是可决的。——其他尚有对于新道德、新文学思想的端倪，也是我读清代人书籍所觉悟的，不过不多，吾的学问更不够批判的程度，所以不说了。

（乙）在政治风俗上面。第一道德败坏的原因。清代顶缺乏的东西无过道德，中国的道德向来不曾独立，只是靠着经书；宋儒变古，倡出理学，道德，就靠在理学上面；传到明代，流弊渐多，讲学家不过"高谈心性，标榜声气"，实在是虚妄。所以清代的求实、求是的朴学家痛恨这种到极步。清初顾炎武、邵廷寀一辈人已极出力破坏。政治上，恐怕讲学的人鼓吹革命，也定做了禁令，不许有这事实。讲学虽则歇了，而所谓"义理"，所谓"宋学"，仍是存在。到了乾、嘉之间，朴学的体系大备，戴震、阮元、江藩的一辈人，对了义理，对了宋学，攻击得更是厉害，以至学子看见了理学二字，即起了"伪学"的联想，虽有做"桐城文章"的几个人去提倡，那里提倡得起？打倒理学本没要紧，但是要撤销旧道德，总要建设新道德。从前的道德既是附着在理学上面，自然要使新道德附着在朴学上面，他们也有些觉悟，所以戴震做《孟子字义疏证》，阮元做《性命古训》，将道德上常用的字按着古义去解说他，希望有所改造。但是大部分做朴学的人尚没有到这境界，不能成为风气，就难见得效果。旧道德已经废去，新道德还没有建设起来，就有了两种的趋势：一种无知无识的乡愚去拿道士派的善书做道德，还有宣讲乡约的《圣谕广训》《劝善要言》也是同类；一种桀黠变诈的人，他在学问上得不着什么人生的归宿观念，以为道德是没有的事情，放着胆子胡乱去做。普通社会既然没有道德的学风去煽着，大家拿势利主义去作事，道德便一层层的堕落，看着道德、正义不过是文字上的装饰品；即如曾国藩的以谨厚自居，尚说要开一"绝无良心科"举人应事，虽则是笑话，就可见那时的世风了。所以愤激的理学家说"洪、杨之难为朴学所造成"，这虽是责非其罪，但是他们能破坏旧道德而不能确实创造新道德，以至大家漂泊无归，是实有的事情。到了现在一切的束缚都没有了，新道德依然没有建设，所以作事更胡闹，造成这样卑鄙、荒谬、黑暗的社会。

第二政治社会败坏的原因。这一百年里头时势的变迁太速，学问总是追赶不上，既然没有处置时势的学问，就不得不胡乱去适应，那些拘谨的人尚是不敢乱做，只有一班无赖策士最是高兴，他们学问虽则空无所有，只是善于趋时，能够说话，无论新旧中外他都会装扮。那时需要对付时势的人很急，既没有真学问的人，就不得不拿假学问的人去冒充。这辈人便可用剽疾精悍的手段得个能名，藉此幸进，去遂他"干禄"的欲望。政界里头既然开了这一门不必有实学，也不必拘资格的，大家从风而靡，都想走邪路得些便宜、侥幸，所以刘孚京说那时的世风道：

> 以更张为任事，以权算为贤能，以守经为迂儒，以能言房事为宏达……古之君子学焉而经济以生，今之君子以经济为学，是使不学之人怀躁妄之心而行尝试之术也。

到了"不学之人怀了躁妄之心去行尝试之术"的境界，讲经济的愈多，政治社会便愈不可收拾了。

（二）新旧的争执

时势剧急的迁流，一般人的心思总不能同他一样迁流，或要革新，或要守旧，即同新同旧的里边，尚有分量的不同、目的的不同，所以争执决是难免。中国人争执新旧的弊病，在于看得这二件事过分固定着实，竟不能离开物质界，所以他们行事时牵涉了爱憎之见，各向一极端走去，事情就凝滞难办了。爽爽快快的说，他们欢喜新的，就有了"凡西洋的都是新的，凡新的都是好的"一个论式；欢喜旧的呢？就有了"凡本国的都是旧的，凡旧的都是好的"一个论式。他们两派永远的冲突着，他们绝没有共通的论点，只是各说各的话，所以这些争端永远分解不明白。如果各人抱了各的心思没有关系倒也罢了，无如社会里交互联络的关系实在复杂，逢事不能不去做，要做不能不去发表意见。他们的意见争不明白，他们的势力是有高下的，所以一切事件的解决全归势力了。诸君不必在亲戚朋友里看去。就是这几年的政变，除掉了他们权利的私心，真实显出他们所靠的道理来，那有不如此的？他们头脑的简单实在可叹了！论到实在，本来没有什么新旧，只是一个当前的境界；在这境界里头，只有当做不当做的两条道路，在此分别去就，事就完了。只因分别去就关系复杂，我与人有深切的关系，不得不比较一回，去定个舍己从人、或是舍人从己的态度。又今日的事情同从前有深切的关系，不得不回思一番去定个变不变的趋向，这回思的东西很长久的叫他做旧，不长久的叫他做新，新与旧只有一地方、时间不同的关系，至于关涉了他处地方，这新旧的对象已乱，便不能说了。本国的东西有旧的也有新的，外国的东西有新的也有旧的；或者本国以为旧的，外国反谓新的；本国以为新的，外国反谓旧的。怎么能一句断定呢？就退一步说，凡外国的文化事物无论他在本国的新旧，到了吾国来总要算他新的，中国原有的东西无论他的新旧，对待洋货总要算他旧的；然而尚有他本身的好坏同对于一个境界适宜不适宜的几支分别。将"新旧""中外""好坏""宜不宜"四事排列起来就有十六个式子。正当细细地考量去定从违，怎能随他们的意气去执着了一个呢？这种极粗浅的道理，不值方家一笑的东西，反弄成了"盈天鼓沸"，大家满身是汗，实在可笑了。

今先说新的方面。这方面人果真对于现状有不满足的地方，想去改良他，但是厌故喜新，无意识的冲动也是很多的，以致不能用智理去考察是非然否，一往无前的盲动，引得那班不懂什么的人随着他去做更激烈的盲动。虽说要立事业必得用感情去刺激徒党，然而假借侥幸多得一分，即是以后的失败受累多定一分。从前的维新派咧、革命党咧，现在的社会党咧、民党咧，都是如此。所以在形式上看去，虽然进步很速，而在实际上看来，既是没有真精神，随之而起仍是"空手说白话"，同没有改进一样；但是旧精神却已破坏了。他们言行无所归依，所以比了从前的现象更恶——我说这话并不是反对新，乃是反对盲动的新。盲动的新不减，真实的新不增。现在有一辈人因想维持共和新事业，听得他人说现状不好，就要骂为希望复辟。照我想来便是有人真的希望复辟，也没可惧，只是使人希望复辟的原因，却大大的可惧！我们应该常想，用何法才能使人绝不起希望复辟的心思？那班的"新"，换言之便是"革命"，现在的人太好说革命了，民国元年社会党发出的通告说：种族革命、政治革命，于几个月内完全成功，所少的是社会革命，我们应该急起直追的做去。他不能明白历史上几千年传衍的国性是怎样的？社会的组织是怎样的？要去变更他应怎样的做去？做去以后，有利应如何的举起？有害应如何的遏止？只管说要革命，革命得越快越有光荣，革命岂有这样容易的道理。他们所依靠的只有外国鼓吹社会主义的小册子。说着社会学三字，他们很厌闻。因为社会学的书籍里边很有与社会主义不相容的地方，他们不能明白所叫为社会学的并不是一本书，也不是几家学者，乃是"前人对于社会问题的积理，同古今在社会问题内的事实。用我们的精神去观察、去判断的结果"。假使社会主义不见容于社会学，则社会主义便无存在的理由；假使社会主义有确乎不拔的根据，社会学便得有社会主义的正义。今竟相戒不研究社会学，便是个无本的事业，无本的事业是最怕人揭穿的，所以用愚民的法术，专将自由、平等、博爱的口头禅去引起暴徒、乡愚归向的感情。因为他们只望有动作，不要有思想，所以社会党有了好几年，他们所说总是极浅极悍的几句空泛话，幸而他们的志愿没有达到，要是做了，国内的乱象又不知怎样呢。推此类的心思去看维新、革命等派，这等趋势大都免不掉的。维新派里的樊锥说："风情土俗一革从前，搜索无剩，惟泰西者是效。"他虽针对中国弊政说的，然而他不说"惟善者是效"，而说"惟泰西者是效"，仿佛泰西的社会是个纯善而无恶的，无论什么都是可效。至于从前的风情土俗能否一律革除？革除起来又能否搜索无剩？搜索无剩的革除能否纯利无弊？这都不管了。革命党里认定炎、黄之胄是个善种，东胡之裔是个恶种……这次的革命号称黑血革命，因为是报纸鼓吹成的，革命期的《民立报》最有势力，今将这报翻出来一看，除了粗激的刺戟奋兴之外，何曾有些意义？后来请了章士钊去做编辑，他依了学理立论，就不容于国民党了。听说他们在日本开会，有一位先生跳上台去大声疾呼的说道："现在的中国，必定要革命，中国非革命不可，诸君不要忘记了革命！"只是一句话说三句，满堂就起了一回如雷的掌声。——这是听来的，不知道可信与否？但革命党中确有此种神态——可见他们只要有命令，不要有商榷。所以要干起来，只要写了种族革命四个字挂在眼前，就此做去。看见"非其种者"就是"锄而去之"；做政治革命也是如此，买了固定的范本照样临就是了。说来说去总是奴性未除，所以必待命令的遣唤，不能自己放出心思来去审量他的是非当否。不审度周详，便要称心适意做事，仿佛做没有本钱的买卖，虽则一鼓作气能成，表面上的事业终究立脚不住，是容易失败的。现在表面上的成绩总是有了，譬如街头无赖子穿了博士式的制服到博士会里照相，照相片上不能不说他是个博士；所希望的只要这个无赖晓得穿这身衣服的惭愧。肯黾勉加功、脚踏实地的修养起来，真有了博士的学问，就可追认他是个"真博士"了。这便是有自觉心人的事业。新近因孔教的反动，有几个人拿今世的人生观去判定孔子的本身也该推倒，我想这也不必。古人的价值是因古代的时势而有的，在从前的时势自然有这样的价值,如今回溯从前这价值,自然依旧存在,原是推不倒的。"道""礼"等名词原是抽象的,也没有什么固定的善恶,经书原是史书,有何可燔之理?只要现在能够认真考出一个精密适宜的人生观来,隐浃人心,那种无谓的孔教自然会得消灭,何须用"不塞不流、不止不行"的专制手段做去?又有因了新文学的冲动要废弃中国语言,因了从前人的思想陈腐要废弃中国书籍,这种话实在爽利,实在滑稽,但是只当登载在报纸末页的"快人快语"里边,怎能当他正义去鼓吹呢!

次说那种旧的。这辈人更没有可说,他们只是被旧俗笼罩周密,只能守祖宗的成法,不懂还有什么思辨推察、推陈出新的道理,加以新的既多盲动,触处成错,他们看见了盲动的错处就说是新的错处,新的错处越多,旧的好处越见,自然要去守旧攻新了。他们向新的自夸之处,只是有经验。所谓经验,只是翻老账付钱,自己不负责任,并不是对于事实有衡量的功夫。譬如一篇文章,新的是要作的,旧的是要钞的,叫一千个人做一个题目,必然是坏的多好的少;叫一千个人钞一篇文章,一定没有什么出进,这何等的稳当?何等的轻便?可恨时势是要变的,老文章是不会变的,以不变当变,他们终是不舒服,所以很想缚着时势老是这样,不许他变;提出"复古"一个题目来,复了古可以不动心思充足他们的惰性,复了古可以借嚣张为名去压制新党——这是手段,非此篇所当言。他们反对种族革命的理由是"深恩厚泽,食毛践土";反对政治革命的理由是"国不可无君,权不可在下";反对社会革命的理由是"荡检逾闲,大背礼教"。这种话一半是法古,一半仍是阶级的势利思想,只要推演上去,问他"何谓"?"何故"?"何能"?他也没有原理可说,原也不待驳了!他们对于学问上有二种的观念:一种是看见中国学说与外国学说有相同的地方,就说外国学问的精者都是在中国学问里盗去,那种不相同的就不是精华了;因为他与墨家精神事实很是相同,就说外国的学问只是墨家一派。王仁俊的《格致古微》……一种是看中国与西学不能相容,怕他胜了要埋没中学,竭力争斗要保存国学成个正统,就似抱残守阙的学究常谈"新学夺席,神州损其烂辉",他们对着这个现象最是痛心!但是我看了这一句,觉得生了七个疑问:(一)学为何?(二)神州之烂辉为何?(三)新学为何?(四)新学何故而夺神州烂辉之席?(五)所夺者为何?(六)新学夺席后神州之烂辉何以有损?(七)所损者为何?唉!现在不是争道统的时候了,为什么这班学究还在那里发愤，务必"内中华而外夷狄"呢？

除了新旧二者，还有第三者似是而非的调和派。这辈调和派就是常言所谓"学贯中西"的人，里边还可分为三派——因时派、体用派、实利派。因时派的宗旨惟在"挟策干时"，时势新了，他就说新的话；旧了，他也会随顺，用句成语说他，就是"曲学阿时，哗众取宠"。他们在甲午之前，大家摩拳擦掌、意气慷慨，真像愿身殉前敌的样子。戊戌之前，他们切陈时弊，痛哭流涕，真像满腹经纶的样子。他们所学的人只是战国的策士，所学的辞气是龚自珍的文章。到了光绪末年，宪法问题起了，他们就读法政书同梁启超的报纸，到现在或做官僚，或做政客，或做报馆主笔，政治上、社会上的新旧潮流都能敷衍得人而圆融。他们自谓最能适应时势，其实，只是受时势的驱遣罢了。这辈人本未有思想可说，不过记出来见见此刻的风气。体用派呢？他们以为新旧都不可废，中学做体，西学做用，最为无弊，所以说"中学为内学，西学为外学。中学治身心，西学应世事"。中学的不适用，是他们晓得的，至于中学的体是不是靠得住的，西学的体是不是靠不住的，精神同物质是不是可以分而为二绝无关系的，他们没有细细去想，只说"用"是五洲一样的，"体"则各有各的精神、各的习惯，未能强同，这也很是有理。但是精神、习惯能否迁变？要否迁变？是不是既有了这个精神、这个习惯是一成不变的？中国处此世界是不是能够不受潮流的感触仍旧闭关自守的？这便没有衡量一下了。因为他们看得用是因时的，体是不变的。看外国的哲学、政治学对待中国的圣学颇有不同，就指定他为异论，所以制造局要开的，强学会就要禁了，农工商医的物质科学要设大学分科去研究的，精神科学就不见踪影了。到底要抱一不变，惟有"弱其志，强其骨"的愚民一法，此种思想清末大吏持之最多，张之洞尤为其间最有力的，他所做的《劝学篇》完全是此类思想的表见。一方面讲兵矿铁路农工商，一方面讲教忠、明纲、宗经、正权，在从前看来实是最知大体的人，今日看来他对于新趋势防微杜渐这等细心，竟是阻挡不住，未免冤屈他的苦心了。——这派本可称为旧派，因他自谓周知中外大势，所以放在调和派里。实利派呢？他们晓得旧的"体"不可用了，却对于新的"体"也不能领会他们的精神，没有什么归宿。他们看得最亲切的是个实利，所以就把实利当做精神的归宿点。他们所处的时势比体用派后，所得的学问还比体用少，因为体用派只是对于精神科学上存了不通用的成见，却晓得精神方面足以驾驭物质，是很重要的,虽偏于旧,究竟尚肯用功。实利派虽是没有新旧的争执,并不是他的学问到了融会贯通的程度,只是他们以为争新争旧只是一句空话,至于用上则供给时势所需原是一样,只要供给得不错就是了。他们的影响足以使人丧失志气,做趋附迎合的勾当,现在做官的经验主义、讲教育的实用主义、伦理观念的随俗主义,都可归纳在里头,至于所以造成此派的缘故,由于旧精神已经突破,新精神尚未产生。上述三派,第一种是不要有精神,所以新旧都很随便;第二种是承认物质,不承认精神,所以新旧或拒或取;第三种是不懂有精神,所以新旧问题也无从发生。至于新旧的真实价值、精神物质的真实关系,调和的真实方法,调和不调和的真实异同、是非、利害,他们总不能觉悟的——今日改革社会的最善方法,就是使他们对于上述诸题有真实的觉悟。

(三)变迁的线索

今更略叙三十年来变迁的线索。第一,在政治上,甲午以前,大家对于外国的欺凌十分愤激,大家想自强,自强必变法,他们对于变法的目的、方法、是非、利害,不甚认得清楚,以为只要变就是了。变的目的,只是与富强之国同其形式;变的方法,就是"天变不足信、祖宗不足法、人言不足畏",卤莽干去。只有戊戌四十余天的运命,就被旧势力驱逐尽了。旧势力十分得意,也要称心适意的向维新反对方面尽力干去,遂致庚子义和团的大乱。新旧两方都已失败,单有那似是而非的调和派仍得保持他们的地位,他们因为不新不旧,所以可新可旧,新旧都有失败,他们不会失败,直到如今政权总脱不了这辈人的掌握。这辈人既没有学理可论,办事的方法只是敷衍因循,所以中国的政治这样的没进步!说到政法之学,起初只有读中国古政书,要想摈斥后世的独夫政治,恢复尧、舜三代的善政,后来觉得难行,想恢复综核名实的法家,开明专制之论由此而起;一方因嫉旧而致嫉满,提倡革命。那时的革命论固也有见到创建共和国的,大多数的心理不过是个报仇主义,想继续明末遗臣的义师,或太平天国的事业罢了。自后学法政的渐多,都有立宪的趋向,开明专制论一辈人向君主立宪一方面干去,革命党一辈人向民主立宪一方面干去。清末预备立宪未成,而革命起,民主立宪一方占了胜利;君主立宪主虚君共和论,势不可挽,乃以"只问政体不问国体"之义自文,同居一种立宪政体之下。但是共和初建,与旧习抵牾的地方自然多有,于是国情论大振,君主立宪的余波利用时机而活动，卒成洪宪之变；至今政论家虽怀抱着不相同的心思，却都带了民主立宪的面具。从前论政治的以清议自居，对于政治现象不良之处肯出力攻击，虽多客气，总不甚违背他的是非之心；自从法政成了学课，作为登进的阶梯，一方面又有了政党去做官吏的奥援，于是他们的是非心为利禄心所遮蔽，只要用私心阴谋去操纵他人，或是受人金钱给人利用，既是卑人，亦是卑己，弄得官僚、政客、言论家都丧失了人格。自从讲势力讲阴谋，便顾不得道理，也无从用道理去弥缝，所以他们倡出学理同事实不一致的话来；他们既无学理管束，便可随心所欲的干去，无论如何的荒谬，总不能不认他为事实，到了决裂之后，两方都将他们心里要做的事实，切实的分头干去，他人亦莫敢如何！好在一旦失败，仍旧有人在事实上去顾全他的，所以更可肆无忌惮！可怜这个正大光明人事逃不了的学理，被他们压在海底去了——我绝不解法政上说诸端，不晓得对不对？不过发表我个人对于这项迁流的感想罢了。

第二，在学问上。三十年前的学人不通外国文，但是那时很要晓得外国事情，不得不将广学会的李提摩太、花之安历史、宗教书，同文馆的丁韪良法政书及制造局的傅兰雅、林乐知科学工业书去用心研究，往往能造精深之域——如李善兰译《几何原本》由伟烈亚力口述。精思是正，遵为善本——严复译《天演论》，举国风行，刻版至数十种。《湘学报》《时务报》出来，几乎家有其书。出版界亦异常发达，虽则编译不佳，总能扩张眼界，晓得世界上有这样的境界。戊戌以后，政府的态度虽变，而学术界上依旧进行，梁启超办《新民丛报》，不啻一种函授讲义，灌输常识的功劳实在不小，罗振玉、王国维等办《农学报》《教育世界》，邓实办《国粹学报》，都能激起阅者对于学问的趣味，又有《白话报》同叶瀚编辑的《蒙学报》，灌输幼童的知识，都很风行。不料后来却渐渐的变了，到了如今，大家眼光看学问只是个酬世品，只是个装饰品，倘使再进一步可以没有应酬的、装饰的，学问这个东西就得根本斩绝了。推原他的缘故，大约一则由于法政派势力遮盖，二则由于学校志气堕落。庸众的心思是随着几个名人巨公转的，从前的名人巨公处这时势觉得非有学问救济不可，所以毕力提倡学问；庸众虽然不懂，也得随着附和，那真要研究学问的人却得了大大的供给，做起学问来非常顺利，所以学问界能够发达，戊戌以前是名人巨公并力提倡的，戊戌以后巨公虽然不再提倡，名人因为他不得志，更加奔走呼号，所以庸众的信仰心犹有所系。自从宪法问题起来，名人为着后日的地步计,必须在党务上兼程进行,日夜阴谋操纵之不暇,那里还管得什么学问?他们怠了,庸众的信仰心就解体了。真要昌明学问的人要发行一种书,要创办一种事业,那里有人肯供给他钱?那里有人肯帮他去鼓吹?要寻出研究学问的时间,已为生计剥夺尽了。他们既然无力涵养发挥自己的学问,那些自己程度不高而肯讨教他人学问的人,除非亲接也没有地方可以讨教处,就渐渐的懈怠,至于忘了。那时法政思想乘时而起,数千年来没有"权"的人民,今竟有了选举权、参政权,怎能不"踌躇满志、喜而忘其所以"呢?势利主义弥漫人心,与法政事业固结不解,怎能不日日堕落腐败与正当的学问冲突不相容呢?到了现在为着私人权利的竞争,竭力发展他们先天的兽性,整天的杀人抢钱还是不够,那里还管得脱离兽性的学问,开几处学校实在是极不得已的敷衍了。提起学校更是伤心,学校原是教育界惟一的事业,同文化有怎样的关系?政治风俗不好可用学问去纠正他,学校乃是灌输学问、创造学问的机关,他先坏了,谁去纠正呢?从前的时候,学人尚可脱离科举自己求学,现在的时候要在学校外寻许多笃志研精的人,可是寻不到了。——寻不到的缘故,可就为了生计,贫穷的人不许他们进学校,不许他们研究学问——驱全国读书的人都进学校,朝夕提撕,分外的有功效了;但是这朝夕提撕的东西,是没精神的课业,是有主义的实利,是成为风气的趋附势利心,所以见起功效来就是照样变本加厉了。办学校的只是款待教员,抚辑学生去顾他的生计。问他什么叫学问,为什么要开学校,他也答不出来。教员对于课业并不是要学生确得益处,只是为生计所迫,不得不做较偷窃稍"冠冕"的上课事业,至于学问如何也非他所愿闻,所以学生对于上课的观念不过是牺牲时间去供给教员的薪水来源罢了。可怜他们不懂学问,看着教员得了学问的资格原是这样用的,把他们的向上心成了一个"要赚钱须得资格,要得资格须在学校毕业"的论式,因为要贯彻他赚钱须毕业的宗旨,所以在课堂上安坐了五年十年,忍受了几十次的考试,无论他们在学问的精神上绝无所得,就是讲起实用来也不过受人驱遣的工匠罢了;其更坏的,至于结起同盟做"以后少数人得了职业擢引大家去吃饭"的张本。他们只要社会里能容受他吃饭,倘你问他们吃饭以外有无别事,那种社会可进不可进,同盟的人能不能容留在一种社会,就要笑说你迂了。这种风气开于留学界的法政派,大家看得他有利,逐渐推行到国内来了。其余的坏事情又不知有多少?总而言之,"对于学问只要敷衍,对于堕落十分勉力"就是了，唉，真真的可哭！吾常想老辈的坏没有可怕，因为他们放手的日子一天近一天了；至于小辈的坏继继绳绳，方日出而不竭，他们方才接手，或者尚未接手，即已伏下了大大的恶根，他日的结果也不必细想了。现在人常说：从前的政府怕清议，现在的政府不怕清议。吾想：现在何尝有清议？那班政论即是党议，党则大家有的，有什么可怕？清议是要由学理来的，请看那蕴藏学理的学问，讲习学问的学校，现在是怎样的境界？学校里的人早已把学理打消了，除掉了私心的党论，再不能发生公平的清议了。"学""仕"本来是一贯的东西，有这的"学"，就应有这的"仕"。政府的卑鄙、黑暗、荒谬的趋势，只是当然的因果，有什么可怪呢？——现在学校的恶劣状况，同所以致此的原由，心中所蓄甚多，发凡在此，待后日再细论。

（四）将来的希望

吾一方面想现在的中国恶业胜利层层的种下恶因，将来的境界必然较今更是黑暗。但是在一方面想有天良的人看着这种社会情况愈恶，他感触得愈不舒服，要去改革心思愈决定，循这路进行，善恶两方经过一剧烈的战争，固说不定恶胜善败，但总是善胜恶败的希望多，因为恶的利益总是极不普遍的；作恶的人虽然舒服，那恶业愈众，感受困苦的人就愈多，只要那些人能够自觉，自然立能归向正义，去剧激反对恶人，以众敌寡，胜利可以预卜；况且精神学说能够昌盛，必有令恶人启自觉的机会，晓得他自己罪孽深重，一经忏悔，自然能渐渐地把积毒消去。吾常想恶人只是不知他四面的环境有不许他知的趋向，不知而作是不能负责任的。我们若要做长善灭恶的事业，惟有使他们对于人生问题有智理的观照，有彻底的觉悟，他懂了自然他能干了。我们只要去引导，不要去干涉，要是他们自己见得时，这便是根本改革成功。

精神学说在中国极不昌盛，自从战国以来，只有先圣先王的精神，没有自己的精神；自从严复译了《天演论》《群己权界论》等书，其他又有"民权""自主""自由""平等"诸名词见在出版物里，大家看了方晓得自己是一个人，不是一个附属品，只因突然见得希奇，又因为各方面的学问没有到解悟这问题的程度，互相传说，意思渐错，弄得卤莽灭裂，不知所云，反成了暴徒的口实。为今之计，惟有将各科学问平均发达，使智识迁变由渐而来，而为他归宿的哲学、社会学更加注意，时时将"人为何？道德为何？时势为何？"等问题触起社会的注意,而所由以解决这些问题的材料又多具备着,不愁他错误横决,自然能移风易俗于无形了。

现在世界的新潮流剧激进行,一个社会顺了他的趋向去盲从变易,是很容易的,盲从的变易自然会适应新潮流,但是保不住他必向善的方面走去。要是一种的变易,只管他新、不管他善,到也罢了,无奈人类的进化是有意志的进化,不比虫类的进化是无意志的进化。无意志的进化只管适应,只管新好了,有意志的进化为着从前的关系,以后的情形,是要向善的方面的:时势来了,看着他不善,就要去改变他,不肯贸贸然的适应,并且不愿时势顺着潮流自至,要用意志创造出一个世界来。所以现在顺着潮流的革命,实在不能称他是"人类的进化",只能称为"劣等人类的盲目适应"。劣等人没有真实的智理去辨别事物,只管顺化迁流的适应,推其所至,自然容易到荒谬黑暗的地步。这种形式的新,即是痛苦之本;但世界上愚人总比智人多。盲目的适应终是不可免的事实。所赖于学问的:消极上在指出正义,减少盲动的力量;积极上在处盲动之外创造出一正当适宜的境界。此创造出来的正当适宜的境界,乃是精神的新,乃是由善的方向发出的新,乃是学问的最高的用。希望自今以后学者多多造出这样的新社会,多多适应这样的新,使大家得一个真实的进步。

我想我们的学问虽然够不到创造新境界的程度,究竟可以尽我们的力量鼓吹改造,使大家有个需要新境界的观念,只要有这样观念的人多了,自然新境界渐渐有创造的希望。但是从前人抱这样的心思的决非没有,还为什么无声无臭的埋没着,或是至今随俗融和丧失他的个性呢?为什么真实学问的势力不能去改革社会而做学问的人反被社会融化了呢?照此说来,我们有三个问题须常悬在心目间:

(一)如何做学问——学问的目的如何?学问的方法如何?

(二)如何能够自立到"确乎不可拔"的程度?

(三)如何去改革社会?

这三个问题实在是一个问题,即"如何能用学问去改革社会?"诸君!倘使看得这社会是应当改革的,还是快些去努力求学才是!

(录自《宝树园文存》卷一,《顾颉刚全集》,中华书局2011年版,第125~145页)

(参校《近代中国学术思想》,中华书局2008年版,第99~116页)

救学弊论

章太炎

士先志，不足以启其志者，勿教焉可也；尊其所闻则高明，行其所知则光大，不足以致高明光大者，勿学焉可也。末世缀学，不能使人人有志，然犹什而得一，及今则亡。诸学子之躁动者，以他人主使故然，非有特立独行如陈东、欧阳澈者也。且学者皆趣侧诡之道，内不充实，而外颇有謏闻，求其以序进者则无有，所谓高明光大者，亦殆于绝迹矣。

凡学先以识字，次以记诵，终以考辨，其步骤然也。今之学者能考辨者不皆能记诵，能记诵者不皆能识字，所谓无源之水，得盛雨为潢潦，其不可恃甚明。然亦不能尽责也。识字者古之小学，晚世虽大学或不知，此在宋时已然。以三代之学明人伦，则谓教字从孝，以《易》之四德元合于仁，则谓元亦从人从二，此又何责于今之人邪？若夫记诵之衰，仍世而益甚，则趣捷欲速为之。盖学问不期于广博，要以能读常见书为务。宋人为学，自少习群经外，即诵荀、扬、老、庄之书。自明至清初，虽盛称理学经学者，或于此未悉矣。

明徐阶为聂豹弟子，自以为文成再传，亦读书为古文辞，非拘于王学者。然陈继儒《见闻录》载其事，曰：吾乡徐文贞督学浙中，有秀才结题用颜苦孔之卓语。徐公批云杜撰，后散卷时，秀才前对曰：此句出《扬子·法言》。公即于台上应声云：本道不幸科第早，未曾读得书。是明之大儒未涉《法言》也。清胡渭与阎若璩齐名，于《易》知河洛先天之妄，于《书》明辨古今水道，卓然成家。然《尚书·蔡沈传》有云陟方乃死，犹言殂落而死。胡氏以为文义不通，不悟殂落而死语亦见《法言》。且扬子于《元后诔》亦云殂落而崩，以此知《法言》非有误字，必以文义不通为诟，咎亦在扬子，不在蔡沈矣。是清初大儒未涉《法言》也。夫以宋世占毕之士所知，而明、清大儒或不识，此可谓不读常见书矣。自惠、戴而下，诵览始精，有不记必审求之，然后诸考辨者无记诵脱失之过。顾自诸朴学外，粗略者尚时有。章学诚标举《文史》《校雠》诸义，陵厉无前，然于《汉·艺文志》儒家所列平原老七篇者误仞为赵公子胜，于是发抒狂语，谓游食者依附为之，乃不悟班氏自注明云朱建，疏略至是，亦何以为校雠之学邪？是亦可谓不读常见书者矣。如右所列，皆废其坦途，不以序进，失高明光大之道。然今之学者又不必以是责也。

吾尝在京师，闻高等师范有地理师，见日本人书严州宋名睦州，因记方腊作乱事，其人误以方腊为地名，遂比附希腊焉。而大学诸生有问朱元晦是否广东人者，有问段氏《说文注》是否段祺瑞作者，此皆七八年前事，不知今日当稍进邪？抑转劣于前邪？近在上海闻有中学教员问其弟子者，初云孟子何代人，答言汉人，或言唐、宋、明、清人者殆半。次问何谓五常，又次问何谓五谷，则不能得者三分居二。中学弟子既然，惧大学过此亦无几矣。

然余观大学诸师，学问往往有成就者，其弟子高材勤业亦或能传其学，顾以不及格者为众，斯乃恶制陋习使然。制之恶者，期人速悟，而不寻其根柢，专重耳学，遗弃眼学，卒令学者所知，不能出于讲义；习之陋者，积年既满，无不与以卒业证书，与往时岁贡生等。故学者虽惰废，不以试不中程为患。学则如此，虽仲尼、子舆为之师，亦不能使其博学详说也。夫学之夐鄙，无害于心术，且陋者亦可转为娴也。适有佻巧之师，妄论诸子、冀以奇胜其俦偶，学者波靡，舍难而就易，持奇诡以文浅陋，于是图书虽备，视若废纸，而反以辨丽有称于时。师以是授弟子，是谓诬徒，弟子以是为学，是谓欺世，斯去高明光大之风远矣。其下者或以小说传奇为教，导人以淫僻，诱人以倾险，犹曰足以改良社会，乃适得其反耳。苟征之以实，校之以所知之多寡，有能读《三字经》者，必堪为文学士，有能记鲍东里《史鉴节要便读》者，则比于景星出黄河清矣。

老氏云：大道甚夷而民好径。夫学者之循大道亦易矣，始驱之于侧诡之径者，其翁同龢、潘祖荫邪？二子以膏粱余荫，入翰林为达官，其中实无有。翁喜谈《公羊》，而忘其他经史。潘好铜器款识，而排《说文》，盖经史当博习，而《说文》有检柙，不可以虚言伪辞说也。以二子当路，能富贵人，新进附之如蚁，遂悍然自名为汉学宗。其流渐盛。康有为起，又益加厉。谓群经皆新莽妄改，谓诸史为二十四部家谱。既而改设学校，经史于是乎为废书，转益无赖，乃以《墨子·经说》欺人，后之为是，亦诚翁、潘所不意，要之始祸者必翁、潘也。

他且勿问，正以汉学言之。汉人不尽能博习，然约之则以《论语》《孝经》为主，未闻以《公羊》为主也。始教儿童皆用《仓颉篇》，其后虽废，亦习当时隶书，如近代之诵《千字文》然，未闻以铜器款识为教也。盖为约之道，期于平易近人，不期于吊诡远人。今既不能淹贯群籍，而又以《论语》《孝经》《千字文》为尽人所知，不足以为名高，于是务为恢诡，居之不疑，异乎吾所闻之汉学也。子夏曰："贤贤易色，事父母能竭其力，事君能致其身，与朋友交言而有信，虽曰未学，吾必谓之学矣。"子夏为文学之宗，患人不能博习群经，或博习而不能见诸躬行，于是专取四事为主。汉世盖犹用其术。降及明代，王汝止为王门高弟，常称见龙在田，其实于诸经未尝窥也。然其所务在于躬行，其言学是学此乐，乐是乐此学者，为能上窥孔颜微旨。借使其人获用，亦足以开物成务，不必由讲习得之。所谓操之至约，其用至博也。诚能如是，虽无识字、记诵、考辨之功何害？是故汉、宋虽异门，以汉人之专习《孝经》《论语》者与王氏之学相校，则亦非有殊趣也。

徐阶政事才虽高，躬行不逮王门耆旧远甚，即不敢以王学文其贪陋之过。且其职在督学，督学之教人，正应使人读常见书，己不能读而诸生知之，于是痛自克责，是亦不失为高明光大也。若翁、潘之守《公羊》执铜器，其于躬行何如？今之束书不观，而以哲学墨辨相尚者，其于躬行复何如？前者既不得以汉学自饰，后者亦不得以王学自文，则谓之诳世盗名之术而已矣。是故高明光大之风，由翁、潘始绝之也。

夫翁、潘以奇诡眇小为学，其弊也先使人狂，后使人陋。尽天下为陋儒，亦犹尽天下为帖括之士，而其害视帖括转甚。则帖括之士不敢自矜，翁、潘之末流敢自矜也。张之洞之持论，蹈乎大方，与翁、潘不相中，然终之不能使人无陋，而又使人失其志，则何也？凡学者贵其攻苦食淡，然后能任艰难之事，而德操亦固，汉、宋之学者皆然。明虽少异，然涉艰处困之事，文儒能坦然任之。其在官也，虽智略绝人，退则家无余财，行其素而不以钓名，见于史传者多矣。

张之洞少而骄蹇，弱冠为胜保客，习其汰肆，故在官喜自尊，而亦务为豪举，以其豪举施于学子，必优其居处，厚其资用，其志固以劝人入学，不知适足以为病也。自湖北始设学校，其后他省效之，讲堂斋庑备极严丽，若前世之崇建佛寺然，学子家居无是也；仆从周备，起居便安，学子家居无是也。久之政府不能任其费，而更使其家任之，学子既以粉华变其血气，又求报偿，如商人之责子母者，则趣于营利转甚。其后学者益崇远西之学，其师或自远西归，称其宫室舆马衣食之美，以导诱学子。学子慕之，惟恐不得当，则益与之俱化。以是为学，虽学术有造，欲其归处田野，则不能一日安已。自是惰游之士遍于都邑，唯禄利是务，恶衣恶食是耻，微特遗大投艰有所不可，即其稠处恒人之间，与齐民已截然成阶级矣。向之父母妻子，犹是里巷翁媪与作苦之妇也。自以阶级与之殊绝，则遗其尊亲，弃其伉俪者，所在皆是。人纪之薄，实以学校居养移其气体使然。

观今学者竞言优秀，优秀者何？则失其勇气，离其淳朴是已。虽然，吾所忧者不止于庸行，惧国性亦自此灭也。夫国无论文野，要能守其国性，则可以不殆。金与清皆自塞外胜中国者也，以好慕中国文化，失其朴劲风，比及国亡，求遗种而不得焉。上溯元魏，其致亡之道亦然。蒙古起于沙漠，入主中夏，不便安其俗，言辞了戾，不能成汉语（观元时诏书令旨可知），起居亦不与汉同化，其君每岁必出居上都，及为明所覆，犹能还其沙漠，与明相争且三百年。清时蒙古已弱，而今喀尔喀犹独立也。匈奴与中国并起，中行说告以勿慕汉俗，是故匈奴虽为窦宪所逐，其遗种存者犹有突厥、回纥横于隋唐之间，其迁居秦海者，则匈牙利至今不亡。若是者何也？元魏、金、清习于汉化，以其昔之人为无闻知，后虽欲退处不毛，有所不能。匈奴、蒙古则安其土俗自若也。夫此数者悉野而少文，保其野则犹不灭，失其野则无噍类，是即中国之鉴矣。

中国人治之节，吾所固有者已至文，物用则比于远西为野。吾守其国性，可不毙也。今之学子慕远西物用之美，太半已不能处田野。计中国之地，则田野多而都会少也。能处都会不能处田野，是学子已离于中国大部，以都会为不足，又必实见远西之俗行于中国然后快。此与元魏、金、清失其国性何异？天诱其衷，使远西自相争，疮痍未起，置中国于度外耳。一旦有事，则抗节死难之士必非学子可知也。且夫儒者柔也，上世人民刚戾，始化以宗教，渐又化以学术，然后杀伐之气始调。然其末至于柔弱，是何也？智识愈高，则志趣愈下，其消息必至于是也。善教者使智识与志趣相均，故不亟以增其智识为务，中土诸书皆是也。今之教者唯务扬其智识，而志趣则愈抑以使下，又重以歆慕远西，堕其国性，与啖人以罂粟膏，醉人以哥罗方，无以异矣。推学者丧志之因，则张之洞优养士类为之也。

吾论今之学校先宜改制，且择其学风最劣者悉予罢遣，闭门五年然后启，冀旧染污俗悉已涤除，于是后来者始可教也。教之之道，为物质之学者，听参用远西书籍，唯不通汉文者不得入。法科有治国际法者，亦任参以远西书籍授之。若夫政治经济，则无以是为也。然今诸科之中，唯文科最为猖披，非痛革旧制不可治。微特远西之文徒以绣其鞶帨，不足任用而已，虽所谓国学者，亦当有所决择焉。夫文辞华而鲜实，非贾傅、陆公致远之言。哲学精而无用，非明道定性象山立大之术。欲骤变之，则无其师，固不如已也。说经尚矣，然夫穷研训故，推考度制，非十年不能就。虽就或不能成德行，不足以发越志趣。必求如杜林、卢植者以为师，则又不可期于今之教员也。此则明练经文，粗习注义，若颜之推所为者，亦可以止矣。欲省功而易进，多识而发志者，其唯史乎？其书虽广，而文易知，其事虽烦，而贤人君子之事与夫得失之故悉有之。其经典明白者，若《周礼》《左氏内外传》，又可移冠史部，以见大原（昔段若膺欲移《史记》《汉书》《通鉴》为经，今移《周礼》《左氏》为史，其义一也），其所从入之途，则务于眼学，不务耳学。为师者亦得以余暇考其深浅也。如此则诡诞者不能假，慕外者无所附，顽懦之夫亦渐可以兴矣。厥有废业不治，积分不足者，必不与之卒业证书。其格宜严而不可使滥，则虽诱以罢课，必不听矣。

然今之文科，未尝无历史，以他务分之，以耳学圄之，故其弊有五：一曰尚文辞而忽事实。盖太史兰台之书，其文信美，其用则归于实录，此以文发其事，非以事发其文，继二公为之者，文或不逮，其事固粲然。今尚其辞而忽其事，是犹买珠者之好其椟也。二曰因疏陋而疑伪造。盖以一人贯串数百年事，或以群材辑治，不能相顾，其舛漏宜然，及故为回隐者，则多于革除之际见之，非全书悉然也。《史通》曲笔之篇，《通鉴》考异之作，已往往有所别裁。近代为诸史考异者，又复多端，其略亦可见矣。今以一端小过，悉疑其伪，然则耳目所不接者，孰有可信者乎？百年以上之人，三里以外之事，吾皆可疑为伪也。三曰详远古而略近代。夫羲农以上，事不可知，若言燧人治火，有巢居桧，存而不论可也。《尚书》上起唐虞，下讫周世。然言其世次疏阔，年月较略，或不可以质言。是故孔子序《甘誓》以为启事，墨子说《甘誓》以为禹事，伏生太史公说《金滕》风雷之变为周公薨后事，郑康成说此为周公居东事，如此之类，虽闭门思之十年，犹不能决也。降及春秋，世次年月，始克彰著。而迁、固以下因之，虽有异说，必不容绝经如此矣。好其多异说者，而恶其少异说者，是所谓好画鬼魅，恶图犬马也。不法后王而盛道久远之事，又非所以致用也。四曰审边塞而遗内治。盖中国之史自为中国作，非泛为大地作也。域外诸国与吾有和战之事，则详记之，偶通朝贡则略记之，其他固不记也。今言汉史者喜说条支、安息，言元史者喜详鄂罗斯、印度，此皆往日所通，而今日所不能致。且观其政治风教，虽往日亦隔绝焉。以余暇考此固无害，若徒审其纵迹所至，而不察其内政军谋何以致此。此外国之人之读中国史，非中国人之自读其史也。五曰重文学而轻政事。夫文章与风俗相系，固也。然寻其根株，是皆政事隆污所致，怀王不信谗，则《离骚》不作，汉武不求仙，则《大人赋》不献。彼重文而轻政者，所谓不揣其本，求之于末已。且清谈盛时，犹多礼法之士。诗歌盛时，犹有经术之儒。其人虽不自襮于世，而当世必取则焉。故能持其风教，调之适中。今徒标揭三数文士，以为一时士俗，皆由此数人持之，又举一而废百也。扬榷五弊，则知昔人治史，寻其根株。今人治史，摭其枝叶。其所以致此者，以学校务于耳学，为师者不可直说事状以告人，是以遁而为此。能除耳学之制，则五弊可息，而史可兴也。

吾所以致人于高明光大之域，使日进而有志者，不出此道。史学既通，即有高材确士欲大治经术，与明诸子精理之学者，则以别馆处之。诚得其师，虽一二弟子亦为设教。其有豪杰间出，怀德葆真，与宋明诸儒之道相接者，亦得令弟子赴其学会。此则以待殊特之士，而非常教所与也。能行吾之说，百蠹千穿，悉可以使之完善。不能行吾之说，则不如效汉世之直授《论语》《孝经》，与近代之直授《三字经》《史鉴节要便读》者，犹愈于今之教也。

（录自章太炎、刘师培等撰，罗志田导读，徐亮工编校《中国近三百年学术史论》，上海古籍出版社 2006 年版，133~141 页）

（参校姜义华编《中国近代思想家文库·章太炎卷》，中国人民大学出版社 2015 年版，第 371~376 页）

最近二十年来中国学术蠡测

——为《东方杂志》二十周年纪念作

甘蛰仙[①]

一、导言

不佞研究室中，有精神上之益友焉，《东方》其一也。相随既久，时有所忘；非健忘也，以会意而忘言耳，以久要而忘年耳。及今见此君二十周岁征文启，乃知其有意邀观众谋欢叙也。吾夙不工为颂祷之辞；但既为观众中之一员，而视之为精神上之一益友；自不妨勉作一度之谈晤，而略举其平居之所闻见所研究者相质证焉。其研究之目标为《二十年来中国学术蠡测》。——既曰"蠡测"，自亦不能如作学术史之求精求备；此吾下笔之先，所当为读者诸君正告者也。

吾以为中国之学术界，在最近二十年，实为大蜕变大革新之一时代。其蜕变革新也，实由种种重要关系所促成。纵的方面，则历史关系使然也；横的方面，则环境关系使然也。惟其有历史关系也，故吾在述论二十年来学术渊源之先，不能不作二十年以前中国学术界之一瞥；惟其有环境关系也，故又必述论近二十年来中国学术界之背景。而纵面的渊源，横面的背景，有其交互关系，又必得有主要人物出而活动，乃能形成时代精神。就吾蠡测所及，在最近之一时代（最近二十年），康、梁、林、严、章、胡六先生实可谓为学术界活动之中心；故本论中即分述此六家学说之梗概；时复出己见批评之，而以余论殿焉。

二、二十年以前中国学术界之一瞥

研究近二十年来中国学术渊源问题，须先步步上溯，而放眼以观千年来中国学术之主潮，即宋元明清诸代学术思潮之起伏也。北宋之学术界，胡安定、孙明复、范文正、欧阳永叔诸子，实为启蒙期之先驱；而周濂溪、程明道、伊川、张横渠、邵康节诸家，尤为哲学运动之主要人物；其所成就，盖骎骎超轶

[①] 甘蛰仙，民国时期学术史家。

汉唐，而上追先秦之儒家矣。南宋首推朱晦庵、陆象山、张南轩、吕伯恭四家。张、吕早卒；朱子以道问学为主，陆子以尊德性为主；一则穷理致知，一则先立其大；学说颇不相同，故末流多争论；则已由极盛期而入于蜕分期矣。元代学者，虽承宋儒之绪余，而其道不振；惟词曲特盛。明代学术界，初期以吴康斋、陈白沙为代表；至王阳明出而斯道始再臻极盛。其功业既焜燿有明，其门弟子又几遍海内。江右以后，专标致良知之旨；其工夫之直截了当，良足矫彼时代朱派末流支离锢蔽之习；非仅助象山张目已也。其徒如龙溪绪山心斋之伦，均有光明俊伟之气象。演述师说，时出己裁；笃信其说者甚众，而反对者亦不乏人。晚明顾叔时、高景逸讲学东林，颇欲返于程朱，于陆王一派，不无微词。而较有折衷主义之精神者，仅一冯少墟。（拙著《冯少墟之哲学》，载民国十二年十一月，《北京晨报·副镌》中）少墟者，清儒李二曲学说之所从出也。

清初黄梨洲、孙夏峰、李二曲号三大儒，均尊阳明，励躬行，颇复酌取洛闽之长以自广。顾亭林先生与三先生均有因缘，而笃守程朱，于姚江学派，不甚为然。其于《日知录》《文集》中，盖情见乎辞矣。时有王船山者，南荒长逋，其名寂寂；平生痛诋党人标榜之习。其为学也，务以汉儒为门户，以宋五子为堂奥，而得力于横渠者尤多。若夫朱舜水，乃国学之唯一输出者，对于明代讲学家，概以"迂腐"目之。（详见《舜水遗集·答林春信问》。）有若颜习斋、李恕谷之伦，则又病宋贤为无用，至谓"必破一分程朱，始入一分孔孟"（李塨著《颜习斋先生年谱》卷下）。重办事不尚读书，其道大觳，卒以不昌。而二曲、夏峰之学，当时虽盛，能衍其传者亦寡。梨洲手定《明儒学案》，为创作的学术史之最有价值者。所著《明夷待访录》，摧暴君之恶焰，扬民权之天声，尤为难能可贵。此数家者，其治学之途辙，虽各异乎，要皆归于经世致用。若其故国之思，流露楮墨，则更同为彼时代民族精神之一强烈的表征，晚清学界之革命论，风起云涌，殆莫非远绍诸老之精神也。

清初顺康间之学风，历雍正而至乾隆时代，完全蜕变矣。乾隆时代学术界之主潮，则汉学思潮也。汉学家之主要标的，在乎考证；与宋学家穷理尽性之学，宗旨各异。康熙时代，学者虽稍稍从事考据，然并未成为风气；即学术界偶有论争，大要不越朱王问题之范围；质言之，即彼时代舍"宋明学批评运动"外，无特别色彩也。就中反对王学最力者为陆稼书；其造诣差可肩随元儒；以视陆桴亭、张杨园辈，似较逊一筹矣。至乾嘉时代，则凡程朱陆王之异同是非，似均已不成问题；一时学者，务揭汉学之标帜，以为学术之公准。吴、皖二派，其主要潮流也。吴派以惠定宇为中心，皖派以戴东原为中心。定宇之学，以信古为标帜，说者谓之纯汉学；东原之学，以求是为标帜，说者谓之考证学。此外尚有扬州派，焦理堂、汪容甫，其领袖也；浙东派则全谢山、章实斋，其代表也。诸派所用之治学方法，均与科学家归纳的研究法极相近；其研究之对象，不外古书：说者称之为科学的古典学派，谅已。就中全谢山曾修定梨洲《宋元学案》，集中多述清初诸老之学行，颇觉杰出；而东原之建设，尤远在惠氏之上。此其考证之学，所以风靡一世；而戴门后学，段玉裁、王念孙、王引之，均能名其家也。至道光时代学风又一变。

道光时代重要学派，则常州学派也。此派欲在乾嘉间考证学的基础之上，建设顺康间经世致用之学；经学词章，兼营并顾；而龚定庵、魏默深，实为其重要代表。(拙著《思想家龚定庵》一篇，载民国十一年七月，《北京晨报·副镌》中)盖于阐绎学理之外，颇复微讽时政矣。顾时机尚未成熟，其思潮不能不暂就潜伏。迄咸同之交而学风又一变。——则宋学之复活也。

自乾嘉以来，宋学二字，几为大雅所不道；至是得曾文正其人出而提倡之！文正与罗罗山辈，以宋学相砥砺，而能应用于事功方面。其对于乾嘉诸老，亦颇不没其长。文正之言曰：

乾隆中，闳儒辈起，训诂博辨，度越昔贤；别立微志，号曰汉学，摈有宋五子之术，以为不得独尊。而笃信五子者，亦屏弃汉学，以为破碎害道，斷斷焉而未有已。吾观五子立言，其大者多合于洙泗，何可议也？其训释诸经，小有不当；固当取近世经说以辅翼之；又可屏弃群言以自隘乎？斯二者亦俱识焉。(《曾文正公文集·圣哲画像记》)

执两用中，曾氏有焉。其于清儒，首推亭林；而同时唐镜海，则瓣香稼书；皆程朱派也。至光绪间，朱次琦出，而思想界之倾向，又为之一变。近二十余年来中国思想界之骤变，朱氏与有功焉，此吾本篇之作，所为托始于朱先生也。

三、近二十年中国学术源流及其背景（上）

朱门高弟，首推康南海（有为），其再传弟子，则吾师新会梁先生（启超）也。任公先生近三十年来，屡述其师承，有云：

> 吾师南海康先生，少从学于同县朱子襄先生（次琦）。朱先生讲陆王学于举世不讲之日，而尤好言历史法制得失。其治经则综糅汉宋今古，不言家法。（《饮冰室集》，《中国学术思想变迁之大势·最近世之学术》）

又自述其早年与陈通甫再谒南海：

> 请为学方针；先生乃教以陆王心学，而并及史学西学之梗概……生平知有学自兹始。（《饮冰室集》，《三十自述》）

其为学也，从陆王入手，以为先立其大之计；视顾曾之宗尚程朱，一则尊德性，一则道问学；其道实相资为用焉。前二十年，任公尝删节梨洲所著之《明儒学案》。其自撰《德育鉴》，实兼采朱陆两学派之说，于清儒极推尊曾文正。文正作育人才之旨，饮冰三致意焉。有云：

> 曾文正所谓转移习俗而陶铸一世之人者，必非不可至之业。虽当举世混浊之极点，而其效未始不可睹。抑正惟举世混浊之极，而志士之立于此漩涡中者，其卓立而湔拔之，乃益不可以已也！（商务印书馆本，《饮冰室丛著》第二种，《德育鉴》一七零页）

饮冰讲学最契之友，曰谭复生、夏穗卿。复生治王船山之学有心得；既交任公，乃盛言大同。大同义者，任公闻诸南海者也。穗卿治龚（定庵）、刘（申受）今文学；每发一义，辄与任公相视莫逆。任公三十以前之思想，受影响最深。其于龚氏，或亦如南海之于廖季平乎？廖季平者，王湘绮之高弟也；湘绮以公羊学名其家；讲学成都，得季平而其说益昌。蜀中尚有刘裴村（光第）者，治朱子之学，践履笃实。（拙著《清儒裴村学案》，载民国十二年七月,《北京晨报·副镌》中)戊戌政变,谭、刘死焉。康、梁亡命海外,动心忍性,其道力益复精进矣。任公在日本时,曾与太炎往复论学,因缘浸深。

章太炎者,俞曲园之弟子也。曲园为曾氏所取士,所著书有二三种称精绝。(拙著《二十世纪中国文坛之新鬼》一编,其第三章专论曲园,原稿载十一年五月,《北京晨报·副镌》)太炎治考证学,颇受俞氏之影响。太炎,浙东人也;受全谢山、章实斋辈之影响最深;于皖学亦有所见。曾撰《释戴篇》,以评东原之学。任公著《清代学术概论》,对于东原,更复极力表彰。意者在最近之将来,必且有"新戴震主义"运动,焕现于国学界乎?

闽中有林琴南、严几道,两家在晚清翻译界极有贡献。几道与穗卿论学最相契;当任公办《新民丛报》时,曾通书问。(见《严几道文钞》)及任公之主撰《庸言》也,琴南先生担任小说译席,颇相推许;其自为学,则宗夏峰;谓:"讲学唯其是……从夏峰先生教也。"

五四前后,陈独秀、胡适之昌言文学革命。而太炎弟子钱玄同致书独秀则云:

> 梁任公先生实为近来创造新文学之一人。……鄙意论现代文学之革命,必数及梁先生。(见《胡适文存》卷一,页三七)

适之自序所著《中国哲学史大纲》亦云:

> 我做这部书,对于……近人,我最感激章太炎先生。(《中国哲学史大纲》卷上,再版自序,一页)

明乎此,则近二十年来中国学术界之渊源及其流变,亦从可睹矣。

四、近二十年中国学术源流及其背景(下)

鄙意以为二十年以前之中国学术,实为国内学者最近二十年来所凭藉之最大部分的资料;故前文述论近二十年国学界之渊源,务必通观有清一代,而步步上溯,以见其所从来之远且久也。

顾纵的方面,其学术思潮,导源于先辈,既信而有征矣;而横的方面,受范于环境者，其迁变之迹，亦不可无述也。请继此而言近二十年中国学术界之背景何如？

由二十年以前，上溯下推，觉各时代学派之变化，殆莫不与彼时代之政治的社会的背景，极有关系。宋明社会，佛学盛行；故彼时之理学家，莫不泛滥其间；后乃转手以奉孔孟。而阳明良知之学，豁悟于谪居蛮荒之际，其政治生活之挫折，在学说上，似又不无间接影响矣。清初顺康间诸老，志在光复，故其论学也，务期赴经世致用之鹄。继起者鉴于清廷文网日密，大狱叠起；至乾嘉时代，乃力避政治势力之压迫，而相率跧伏于考证圈内以自全。嘉道之交，教匪回乱，海寇间作；社会上局部的秩序，颇受影响；学者蒿目时屯，乃渐奋笔作政论，规天下大计。及咸同间，洪杨乱作，而汉学果为人所迁怒而厌闻。一时英拔之士，竞趋于事功之一途；此宋学运动之所以再起也。及乎内乱削平，而外患又交作。先是道光间，鸦片战败，割让香港，五口通商。咸丰间，英法联军陷京师，受创已巨。至光绪六年，中俄交涉，改订《伊犁条约》；十年，中法之战，失安南；十四年中英交涉，强争西藏；二十六年，八国联军破京师；而二十年中日之战，更割台湾及辽东半岛。俄、法、德干涉还辽之后，转为胶州、旅顺、威海卫之分别租借。主权丧失，国且不国。加以民族精神，为清初诸老遗著中所提挈者，至此时期，学人读之，如受电然；故晚清思想界之主要人物，率皆昌言变法自强，讲求时务，参稽西学以自救。而最早以新学名之梁任公，出而主办《时务报》，其显例已。

自雍正元年，放逐耶稣会教士以后，讲求西学之机会久绝。及平洪杨之乱，曾文正、李文忠之伦，始再加提倡。其对于西学，所最佩服者，不外船坚炮利。迨江南制造局成立后，李善兰、华衡芳辈，颇忠实从事于自然科学社会科学之译述，卒以独醒独清，难以促群众之觉悟；而当时最能了解西学之郭筠仙，竟侘傺以死；亦可测验彼时代之社会心理矣。

二十年以前之社会的政治的背景，略如上述。最近二十年来，变化尤多。而一九〇四年，日俄之战，我国民对之，乃更有一种新觉悟。说者以日之胜俄，归功于小学教育。而"普及教育"之呼声，遂遍国中。其最早编印教科书以备采用者，当推商务印书馆；而其最持平之《东方》，亦即于此时应运而起也。

壬寅癸卯之交，梁任公在日本主办《新民丛报》，颇风行一时，在思想界曾发生重大影响。庚戌间,改办《国风报》。民国初元,办《庸言报》;乙卯办《大中华》;任公先后所撰政论,均与时势极有关系。而《异哉所谓国体问题者》等篇[嗣载《饮冰室丛著》,《政闻时言》中(?),商务印书馆出版],尤为"护国之役"成功之要因。则政局之变迁,与思想家之人格争回论,非无关系,抑又昭然若揭矣。

五、康南海之经学

最近二十年来,在中国思想界发生影响最巨者,首推康梁之学,戊戌变法,其第一主要人物,则康南海也。南海之学,虽从陆王心学入手;其研究范围,则甚广博。远承龚、魏之遗风,而为今文学运动之中心。讲学万木草堂,得其传者,梁任公也。南海尝述其师教云:

> 以躬行为宗,以无欲为尚,气节摩青苍,穷极问学,含汉释宋,源本孔子,而以经世救民为归。古之学术,有在于是者,则吾师朱九江先生以之。(《康南海文钞》第五册三十二页,《朱九江先生佚文序》,清光绪三十四年作)

观吾南海之学,亦以"经世救民"为鹄,而有超汉学,超宋学之精神者也。其注《大学》《中庸》《论语》诸书,均于曾朱之学,有所纠正;《孟子微》尤洞彻道原。其言曰:

> 千年以来……上蔽于守约之曾学,下蔽于杂伪之别说;于大同神明仁命之微言大义,皆未有发焉。(《论语注序》)

又曰:

> 《论语》之学,实曾学也;不足以尽孔子学也。……不足大彰孔道也。(同上)

此怀疑《论语》而于曾学表示不满之证也。又云:

> 宋明以来，言者虽多……皆向壁虚造，仅知存诚明善之一旨，而遂割弃孔子大统之地，僻陋偏安于一隅。(《中庸注序》)

其于朱子，尤多微词；谓：

> 朱子未明孔子三世之义；(《大学注序》)
> 朱子……蔽于据乱之说，而不知太平大同之义；杂以佛老，其道觳苦。(《孔子改制考叙》)

盖南海治宋学，从象山入，宜其不慊于朱子；然改制之义，三世之义，则实南海之新发明；而非向来学者之所能梦见者也。其在汉学方面，则集今文派之大成，而攻击古文家刘歆，不遗余力。谓：

> 曾门之真书，亦为刘歆之伪学所乱，而孔子之道益杂糅矣。

又云：

> 刘歆篡圣，作伪经以夺真经；公穀《春秋》焦京《易说》既亡，而今学遂尽，诸家遂奄灭，太平大同之说皆没；于是孔子之大道，扫地尽矣。(《南海论语注序》)

南海对于汉学宋学，既皆有所不满，而思摧陷廓清之，自亦当有新建设以饷思想界。其杰作当推《孔子改制考》《新学伪经考》《大同书》三部；而《春秋笔削大义微言考》，亦多独到处。其要义曰：

> 《春秋》在义不在事与文；
> 《春秋》之义，传以口说而不在文字；
> 《春秋》义之口说，传在公穀；
> 公穀只传大义；其非常之微言，传在公羊家董仲舒何休……(《春秋

笔削大义微言考发凡》,《康南海文钞》五册,四至七页)

任公述之,则云:"康先生之治《公羊》治今文也,其渊源颇出自井研(廖平)……然所治同,而所以治之者不同。"(《饮冰室集》,《最近世之学术》。)吾于南海之言"义"见之矣。此所微引,虽系南海二十年以前所著书,然欲知其经学之立脚点,于此不可忽也。南海又尝自序云:

> 光绪甲午之岁,以吾所撰《新学伪经考》,明古文学诸经之伪,今文学诸经之真;令学者去伪得真,易从易明。(《南海文钞》五册,三页)

又云:

> 天未丧斯文,牖予小子明,得悟笔削微言大义于二千载之下。既著《伪经考》而别其真赝,又著《改制考》而发明圣作。因推公穀董何之口说,而知微言大义之所存;又考不修《春秋》之原文,而知笔削改本之所托。先圣太平之大道,隐而复明,暗而复彰。(同上,二页)

南海之所自信者略如此:盖纯然今文派经学家,而带有极浓厚之宗教色彩者也。其《大同书》自序著书之动机,最为明了。其言曰:

> 吾既生乱世,目击苦道,而思有以救之。昧昧我思,其惟行大同太平之道哉!遍观世法,舍大同之道,而欲救生人之苦,求其大乐,殆无由也。(《文钞》十册,五页,《大同书》甲部第一章)

梁任公先生于民国九年,著《清代学术概论》,其二十三、二十四两章,专论南海之学;谓《大同书》为南海"自身所创作"(原书,一三二页)。

"全书……于人生苦乐之根原,善恶之标准,言之极详辩;然后说明其立法之理由;其最要关键,在毁灭家族。"(同上,一三五页)更进而肯定南海在学术史上之位置云:

> 有为著此书时，固无一依傍，无一剿袭；在三十年前，而其理想与今世所谓世界主义社会主义者，多合符契；而陈义之高且过之。呜呼！真可谓豪杰之士也已！

其评述师说，毫无溢美，洵觉难能可贵。南海学说在思想界所起之影响，任公所叙，已极详确。吾观任公先生自身亦深受乃师之影响，而鼓舞其责任心，自运其创造力，汲汲焉为思想界开辟新国土者也。

六、梁任公之史学及儒家人生哲学

康梁并称久矣！两先生皆以经术作政论；然比而论之，则南海乃经学家而笃于托古者也；新会则史学家而善于协时者也。夫化之进也，非有一二孤往高蹈之硕彦，不足以表显其个性之异撰；非有一二因时制宜之通儒，不足以表见社会性之同然。两先生之学术，虽有同异，要其适性则一也。

任公早年之学说，饶有"推倒一世"之气概，此海内之所共知。兹纯就学理上观之，则其所著《墨学微》，当是饮冰二十年前得意之作。最近二十年来，赓续研究；先后撰著《墨经校释》《墨子学案》；凭藉新知以商量旧学，所造益见深邃。吾所最憬然有感者，尤在墨学之受用。新会之言曰：

> 墨教之根本义，在肯牺牲自己。《墨经》曰："任，士损己而益所为也。"《经说》释之曰："任，为身之所恶以成人之所急。"墨子之言教以身教者，皆是道也。（《墨子学案》第二自序一页）

观此，则知自来"以道觉民"者，必有其所以然矣。十一年十月间，新会著《先秦政治思想史》，于"墨家……极伟大极崇高之人格感化力……"（原著，二七七页）仍极注重；而于儒家之人生哲学，尤深有会心。谓：

> 儒家以活的动的生机的唯心的人生观为立脚点，其政治论当然归宿于仁治主义——即人治主义。（《先秦政治思想史》二百六十页）

又曰：

> 以一个私人，出其真的全人格以大活动而易天下；自生民以来，未有盛于孔子也。（同上，八一页）

其著书之动机，不外欲药现代时敝。谓：

> 吾侪今日所当有事者，在如何而能应用吾先哲最优美之人生观，使实现于今日。（同上，三百十一页）

其笔锋带有极浓厚之情感，故读者心弦多为所动。书中屡言：

> 人，活物也，自由意志之发动，日新而无朕……（二五三页）
> 人生为自由意志之领土；求"必然"于人生，盖不可得。得之则戕人生亦甚矣。（二五五页）

至十二年四五月间，"自由意志"问题，遂成为"玄学科学论战"之导线；亦可推测此书在国内思想界所起之影响，达何程度已。

吾观任公先生之著作，最贯穴有体者，当推《先秦政治思想史》及《中国历史研究法》两部。《政治思想史》所言，往往带新宋学之精神；而在《历史研究法》中则自言：

> 吾所用研究法，纯为前清乾嘉诸老之严格的考证法，亦即近代科学家所应用之归纳研究法也。（原书，百三十页）

又云：

> 吾以为有一最要之观念为吾侪所一刻不可忘者，则吾所屡说之"求真"两字——即前清乾嘉诸老所提倡之实事求是主义是也。（十一年一月初版，《中国历史研究法》一五九页）

观此则超汉学之精神,又活跃呈露矣。一面就实事求客观之是,一面复"大活动"以期完成超客观之人格;任公三十年来之所自信者,或亦不外乎是也。

当玄学科学论战最剧时,尊科学者,至举《历史研究法》为科学的作品之显例。以吾观之,亦史学家之本色然也。书中最精要处,在论史料数章,谓"史料散在各处,非用精密明敏的方法以搜集之,则不能得。又真赝错出,非经谨严之抉择,不能甄别适当"。则作史之需有相当技术,亦其理之固然也。关于搜集史料之法,任公就生平所致力搜集之诸项特别史料,颔困麋而出之,最足引起学者治史之兴味。关于鉴别史料之法谓宜就其伪者而辨之,取其误者而正之。任公云:

> 鉴别史料之误者或伪者,其最直捷之法,则为举出一极有力之反证。……然历史上事实……往往有明知其极不可信,而苦无明确之反证以折之者;吾侪对于此类史料,第一步只宜消极的发表怀疑态度,以免为真相之蔽;第二步遇有旁生的触发,则不妨换一方面从事研究,立假说以待后来之再审定。

夫立假说乃科学家所取之步骤也;怀疑的态度,科学家之态度也;史学而能持此态度,循此步骤,可期完成一种唯真的史学——此言乎正误的鉴别也。抑尤有其辨伪的鉴别法焉;谓宜先辨伪书,次辨伪事。任公所立鉴别伪书之公例,凡十有二:

(1)其书前代从未著录,或绝无人征引,而忽然出现者,什有九皆伪。

(2)其书虽前代有著录,然久经散佚,乃忽有一异本突出,篇数及内容等与旧本完全不同者,什有九皆伪。

(3)其书不问有无旧本,但今本来历不明者,即不可轻信。

(4)其书留传之绪,从他方面可以考见,而因以证明今本题某人旧撰为不确者,亦不可轻信。

(5)真书原本经前人称引,确有左证,而今本与之歧异者,则今本必伪。

(6)其书题某人撰,而书中所载事迹,在本人后者,则其书或全伪或一部分伪。

(7)其书虽真,然一部分经后人窜乱之迹,既确凿有据,则对于其书之全体，须慎加鉴别。

（8）书中所言，确与事实相反者，则其书必伪。

（9）两书同载一事，绝对矛盾者，则必有一伪或两俱伪。

（10）各时代之文体，盖有天然界画，多读书者自能知之；故后人伪作之书，有不必从字句求枝叶之反证，但一望文体，即能断其伪者。

（11）各时代之社会状态，吾侪据各方面之资料，总可以推见崖略。若某书中所言其时代之状态与情理相去悬绝者，即可断为伪。

（12）各时代之思想，其进化阶段，自有一定；若某书中所表现之思想与其时代不相衔接者，即可断为伪。

此十有二例，其前九系据具体的反证而施鉴别，后三系据抽象的反证而施鉴别。至于鉴别伪事之方法则亦有七：

（1）辨证宜勿支离于问题以外。

（2）贵举反证……反证以出于本身者，最强有力。

（3）伪事之反证，以能得直接史料为最上。

（4）对于所举反证，有一番精密审查之必要。

（5）时代错迕，则事必伪；此反证之最有力者也。

（6）有其事虽近伪，然不能从正面得直接之反证者只得从旁面间接推断之；若此者名曰比事的推论法——此种推论法，只能下盖然的结论，不宜轻下必然的结论。

（7）有不能得事证而可以物证或理证明其伪者，名之曰推度的推论法。……此法之应用，亦有限制。其确实之程度，盖当与科学智识骈进。（见《历史研究法》第五章）

凡此关于伪事伪书之鉴别法或辨证法，均极精审。昔我综评此书，谓其"为中国史学界辟一新天地"；"……其搜罗之宏富，树义之坚卓。视刘知几、章实斋殆过之"。（拙著《最近四年中国思想界之倾向与今后革新之机运》，载十一年十二月，《北京晨报·副镌》）凡以此也。

余如《朱舜水年谱》《渊明年谱》《陶集考证》等书，均饮冰最近惨淡经营之作；因尚未印行，故拟俟后日再加论次焉。

由今而言，梁先生《先秦政治思想史》与《中国历史研究法》二书，一则推本"新宋学"之精神，一则循"超汉学"之轨途；一则示人生之正鹄，一则启治学之通轨。轨途者，所由者也；鹄的者，所求者也。苟知其鹄，自循厥轨；他学皆然，实不仅仅为历史学界导先路也。

康梁在二十年前，均以新学名。及今观之，梁先生开来之绩，当更伟已。此言乎整理国故之一方面也。以云介绍欧化，则任公居日本时，亦曾努力从事。（商务印书馆汇刻其文，名曰《西哲学说一脔》）顾求其专以译业名者，则批评界往往推严几道与林琴南。

七、林琴南之小说译品

林、严两先生在晚清译业史上各皆有其相当之位置；顾其译业发展之方向，则迥乎不同。琴南长于叙事，故专译小说文学作品；几道长于阐理，故专译社会哲学著述。其于国学，各有相当之素养；琴南得力于史传者最多，几道则得力于诸子者为多。几道尊功利主义，导源于英哲；琴南治夏峰之学，则纯然明学一派也。琴南于宋儒朱陆学说，两存而潜究之。几道则好用"格物致知"之辞，以译斯宾塞尔之书。其思想上之立脚点，不甚相同；要其译书以求雅为标准，则殊车共轨。质言之，即侧重意译也。二十年前，梁任公摘译摆伦之诗，颇有此意。云：

> 必取泰西文豪之意境之风格，镕铸之以入我诗。然后可为诗界开一新天地。取索士比亚、弥儿敦，摆伦诸杰构，以曲本体裁译之，非难也。一九〇一年，《新中国未来记后评》。

至近数年间，适于意译直译两是正之；说见《中国古代之翻译事业》一篇。而林、严则始终尚雅者也。严几道之言曰：

> 原书文理颇深，意繁句重；若依文作译，必至难索解人；故不得不略为颠倒；此以中文译西书定法也。（《群己权界论·凡例》三页）

又云：

> 译文取明深义，故词句之间，时有所傎到附益，不斤斤于字比句次，

而意义则不倍本文。(《天演论·译例言》)

又云:

> 用汉以前字法句法,则为达易。用近世俗利文字,则求达难。(同上)

质言之,即彼确信尚雅为求达之主要方法,而为达即所以为信也。彼其先后移译赫胥黎《天演论》、斯宾塞尔《群学肄言》、穆勒约翰《群己权界论》《名学》、甄克思《社会通诠》、孟德斯鸠《法意》、斯密亚丹《原富》诸书,咸由是道也。

琴南之译小说作品也亦然。尝自言曰:

> 间以《汉书》法写之;虽不及孟坚之高简劲折,而吾力亦用是罢矣。(《鬼山狼侠传序》)

可为确证。又尝自评其译品云:

> 所译《巴黎茶花女遗事》,尤凄惋有情致。(《畏庐文集》二十五页)

而适之对于此书,亦颇推之。此外如《块肉余生述》《吟边燕语》《黑奴吁天录》《战血余腥记》《剑底鸳鸯》等书,均极能状物情。其译书之旨趣,归于"尚武",则亦晚清时代之背景使然也。其言曰:

> 余之译此,冀天下尚武也。……究武而暴,则当范之以文;好文而衰,则又振之以武。今日之中国,衰耗之中国也。……余……但有多译西产英雄之外传,俾吾种亦去其偞敌之习,追躅于猛敌之后。老怀其以此少慰乎!(《译司各德剑底鸳鸯序》,清光绪三十三年作)

顾一方面虽盛称西产之英雄,而又一方面则仍笃守本国之常道,而无敢或违。梁任公评之,谓其"每译一书,辄因文见道"(《清代学术概论》一六二页)。

洵确论也。

畏庐行文，既务"因文见道"；其论治古文辞之先决问题，亦云：

> ……当深究乎古人心身性命之学，言之始衷于理，且与道合。（《畏庐文集》三页）

然于修辞方面，仍极措意。集中诸作，类皆矜慎敛遏，肖其性情以出。著有《春觉斋论文》（一名《畏庐论文》，由商务印书馆重行出版）行于世。独于桐城文派之说，颇不谓然，屡起而辟之，云：

> 夫桐城岂真有派？惜抱……亦非有意立派也。
> 学者能溯源于古，多读书，多阅历，范以圣贤之言，成为坚确之论，韩欧之法程自在；何必桐城？即桐城一派，亦岂能超乎韩欧而独立耶？……后生小子，胡敢妄辟桐城？然论文不能不取法乎上。（《春觉斋论文·述旨》）

正惟畏庐先生对于此派末流，深致不满；故其治"古文辞"也，务"取法乎上"；笃好韩文，诵之数十年，醰醰乎其有味也。尝云：

> 仆治韩文三十五年；其始得一名篇，书而粘诸案而羃之；日必启读；读后复羃；积数月始易一篇。此三十五年中，韩之集凡十数周矣！由韩之道而推及《左》《庄》《史》《汉》，无有不得其奥。顾以才力荏懦，知韩而不能韩，滋可恨也！……（《畏庐三集》稿本，《答甘大文书》）

其自述治古文辞之经验如此，尚不无谦辞；而几道寿琴南七十，则更有"佩玉居然利走趋"之语，用昌黎之文以相比况。（参看《畏庐三集》稿本，《告严几道文》）此琴南所以有"晚岁荷推致"（《寿严几道六十》，《畏庐诗存》卷上十一页）之叹也欤？

八、严几道之群学译品

林先生之晚节,为几道所推重,既如上述矣;以言盛年时代,其知几道最深者,饮冰、梦旦而外,亦莫畏庐若也。畏庐之言曰:

> 自吾交几道严子,读其所译斯宾塞氏之《群学》,立巨干而繁出其众枝;无待留间设难,抑客而伸主也,劫取猎略,炫奇而市博也。揭弊存理,循物取验;其历也有阶,其向也有的该涉众途,窥微取精;必使举世之人,知所谓群者之果有学也;群之有学,必确涉乎万理万事,而始获乎群学之实验者也。嗟乎!此而不母诸名数之学,而精其深造之功,又安能综万理万事而尽得其实验耶?(《畏庐文集》五十五页,《尊疑译书图记》,壬寅年作;尊疑即几道别号)

琴南之所谓阶,犹几道之所谓术也;其所谓的,犹几道之所谓鹄也。术鹄二义,为治学者之所宜知;几道为吴翊庭序《涵芬楼古今文钞》时,似已畅所欲言矣。——翊庭尝撰《涵芬楼文谈》,其于"古文辞",亦有志"辟派"者也。(翊庭尝云:诗派可废,文派亦可废)

几道先生所译斯宾塞尔《群学肄言》,实乃斯氏治群学所由之途术也。二十年以前,几道自叙移译此书之动机。云:

> 廿年以往,不佞尝得其书而读之,见其中所以儆戒学者以诚意正心之不易,即已深切著明矣;而于操柄者一建白措注之间,辄为之穷事变,极末流,使功名之徒,失步变色,俛焉知格物致知之不容已。乃窃念近者吾国以世变之殷,凡吾民前者所造因,皆将于此食其报,而浅谭剽疾之士,不悟其所从来如是之大且久也;辄攘臂疾走;谓以旦暮之更张,将可以起衰,而以与胜我抗也。不能得;又搪撞号呼,欲率一世之人,与盲进,以为破坏之事。顾破坏宜矣,而所建设者又未必其果又合也;则何如稍审重而先咨于学之为愈乎?(《群学肄言·译序》一页)

则其"审重"译书,亦感于吾国"时变之殷"而作也。又自述其心得,而说明此书在学术界之位置。云：

> 不佞读此，在光绪七八之交；辄叹得未曾有；生平好为独往偏至之论，及此始悟其非。
>
> 窃以为其书实兼《大学》《中庸》精义而出之以翔实。以格致诚正为治平根本矣；每持一义，又必使之无过不及之差；于近世新旧两家学者，尤为对病之药。……（《群学肄言·译余赘语》三页）

斯氏之学，其与《大学》《中庸》之义，是否恰合，自另为一问题。然就几道译品观之，则此书十六篇中，实亦不乏精湛之论。《知难篇》于能治之难，所治之难，心物对待之难，言之最深切著明。而《缮性》《宪生》《述神》三篇，尤为西学正法眼藏。《缮性篇》云：

> 群学者，一切科学之汇归也。……欲治群学，于是玄间，著三科之学，必先兼治之。（原书二六九页）

几道著《西学通门径功用说》，即以此为根据；可考见几道对于科学之概念矣。至译穆勒《群己权界论》（癸卯年出版），其动机亦与前说相类。几道云：

> 十稔之间，吾国考西政者日益众；于是自繇之说，常闻于士大夫。顾竺旧者既惊怖其言，目为洪水猛兽之邪说；喜新者又恣肆泛滥，荡然不得其义之所归。——以二者之皆讥，则取旧译英人穆勒氏书，颜曰《群己权界论》，畀手民印版以行于世。（《群己权界论序》一页）

"二者皆讥"，折衷一是：吾于《权界论》中见之矣！原书云：

> 事理之杂陈也，往往以一部分之是非，而全体之是非以立。二理对峙，若相觝击；推其至理，乃以为同。或二义皆坚矣，而所取者必在彼而不在此，夫理如衡然，智者允执厥中，而两端之所以为重轻者，则其心之所独观，而常人未有此也。欲其有之，其于两端之义，必察之以至

平之心，而无幽不瞩而后可。下此者固不能也。此其术至精；别嫌明彻，必待此而后济。方其为论也，虽一时无与反对，亦必制为主客，而为难者极思罄虑，求至坚不可破之辞以自攻；庶几真理乃可见耳。（原书五十二页）

真理之难求也如此；将求真理不可不"执中"持平也又如此；则所谓"每持一义必使之无过不及之差"者，果信而有征也。几道郑重致词云：

使中国民智民德而有进今之一时，则必自宝爱真理始。（《群己权界论凡例》五页）

为真理而爱真理，此固我辈所负荷之重大使命也。不相尚以真理，而欲善其群，必不可得之数也。严译群学之书，如《群学肄言》《群己权界论》《社会通诠》三种，咸称名著。顾前二书言乎其所当然；而最后一种，则就社会已然之实际，为推其所以然；实交互为用，不可偏废者也。几道译《社会通诠案语》，曾引起太炎之反驳，然仍各有其相当之价值；故论群学方面之建设，则几道实以译述而兼创作之功者焉。

九、章太炎之文字学及其唯识化的《庄子齐物论》释

太炎先生之学，主观之学也。其整理国故之作品，与康梁异曲同工。其主观色彩之浓重，颇似康氏，故与几道客观之学及任公主观客观交用之学，均不相侔。惟主观客观交用，故立言各有攸当；惟专尚客观，故其言纡徐；惟专重主观，故其言挺拔。太炎之言曰：

主观之学，要在寻求义理，不在考证异同。既立一宗，则必自坚其说；一切载籍，可以供我之用；非束书不观也；虽异己者亦必睹其籍，知其义趣；惟往复辩论，不稍假借而已。（《诸子学略说》）

吾观太炎之作《社会通诠商兑》（《太炎别录》卷二），亦欲藉以"自坚其说"也。太炎早岁作政谈，专提倡单调的种族革命论，情见乎词，随在可验；即观

此篇，亦可仿佛一二矣。

太炎在经学界属古文派；所著有《刘子政左氏说》及《春秋左传续叙录》，率皆力尊左氏刘歆，与公羊家言绝相反。其论革命，驳孔教，与长素亦异趣。然其远绍残明遗老之精神，则与梁、谭不谋而合。章氏，浙人也，受黄梨洲、全谢山之影响颇深；而梁任公、谭复生倡民权共和之说，则将梨洲《明夷待访录》节钞印布；于晚清思想之骤变，极有力焉。

太炎著述甚伙；其自述治学之历程，附详《蓟汉微言》。所撰《国故论衡》实为《章氏丛书》之主要部分；犹之《国学蠡酌》为《饮冰室丛著》之主要部分也。《论衡》卷下，诸子之部，《原道》《原名》《明见》《辨性》诸篇，均多精语。文学之部，其思想颇导源于章实斋。其下文学界说，务取最广义，与阮元绝相反。阮氏者，近百年文选派之一要人也。太炎论诗，不满于唐宋以下诸家；此断代的观察，与通史家之眼藏，浸以殊矣。以余观之，唐宋诸家佳作颇复不少。而近二十余年以诗名家如郑海藏、陈散原者，实亦不可谓非善学宋诗者也。

小学之部，在章氏此书中，最称精卓。《古双声说》中，其所证明，实与钱辛楣同功。《语言缘起说》谓"诸语言皆有根"，"不凭虚起"；《转注假借说》以"转注假借，悉为造字之则"；均不刊之论。惟专宗《说文》，不免与金文家异趣。今之治文字形义学者，如王静安、罗叔言辈，有所发明，颇复能开新生面；然以言乎文字音韵学，则太炎固岿然鲁灵光也。太炎治小学之根本观念，可证诸夙昔之言论。其言曰：

> 余以为文字训故，必当普教国人；九服异言，咸宜撢其本始。(《正言论》)

虽实行绝难；然存其说，亦足觇学者之特别风标焉。

太炎小学专著，以《文始》为最有名；《新方言》亦难能可贵。其著《文始》之动机不外：

> 闵前修之未闳，伤肤受之多妄；独欲浚抒流别；相其阴阳……(《文始叙例》)

撰《新方言》，则孤怀微旨寓焉。其言曰：

> 余少窥扬许之学，好尚论古文，于《方言》未惶暇也。中更忧患，悲文献之衰微，诸夏昆族之不宁一；略籀殊语，征之古音，稍稍得其解理。

又云：

> 后生不可待也；及吾未入丘墓之时，为之理解，犹愈于放失已。(《新方言自序》)

此可见太炎之抱负矣。又述其著书之希望及感慨云：

> 读吾书者，虽身在陇亩，与夫市井贩夫，当知今之殊言，不违姬汉。既陟升于皇之赫戏，案以临瞻故国，其恻怆可知也。

其言哀以思，其音凄以厉；吾于是不能仅以文字学家目之矣。

佛学亦太炎之所笃好也。晚清思想界，泰半喜研究佛学。复生学佛，最能赴以积极精神；任公造论，亦往往推挹佛教。太炎则运用唯识以释先秦诸子；其释《庄子》，多独辟之虑；与几道之以斯宾塞释《老子》；皆可谓不落恒蹊者也。太炎自序云：

> 为诸生说《庄子》……旦夕比度，遂有所得；端居深观而释《齐物》；乃与瑜伽华严相会。(《菿汉微言》卷末)

其要义曰：

> 齐物者，一往平等之谈。详其实义，非独等视有情，无所优劣；盖离言说相，离名字相，离心缘相；毕竟平等，乃合齐物之义。次即般若所云字平等性，语平等性也。其文皆破名家之执，而亦兼空见相。如是

乃得当然无阂……（《齐物论释》）

又曰：

齐其不齐，下士之鄙执；不齐而齐，上哲之玄谈。自非涤除名相，其孰能与于此？……

又曰：

夫能上悟唯识，广利有情；域中故籍，莫善于《齐物论》。

简单言之，务使庄子哲学成为唯识化；此则太炎之所为《释齐物论》也已！其参酌太炎之说，而能另以知识论为立脚点，解释先秦诸子者，则胡适之也。

十、胡适之之墨辩的名学

近数年来，谈"新文化运动"者，往往推陈独秀、胡适之为巨子。独秀在《新青年》所发表之文章，锋芒甚锐。适之较平和，而主张白话文学甚力。同时蔡孑民亦断言白话派必占优胜；然于美术文则仍以为有一部分须用文言。（说见《国文之将来》）蔡先生对于学说，夙取兼容并包主义；自言与琴南所提出之"圆通广大"四字，颇不相背。（见孑民《答林琴南书》）适之著有《中国哲学史大纲》卷上，关于先秦时代知识论一方面，极有发明；就中解释《墨辩》的名学之一部分，最为详密。即第八篇《别墨》是也。

适之先生根据《庄子·天下篇》推求别墨倍谲不同之处，谓皆由墨家之徒，于宗教的墨学之外，另分出一派科学的墨学；别墨即此派科学的墨学也。又以为《经》上下、《经说》上下、《大取》《小取》六篇，皆别墨之书，非墨子所自作；举四理由：

（1）文体不同；
（2）与他篇理想不同；
（3）《小取》两称"墨者"，故决不出墨子手；
（4）所言与惠施、公孙龙相同，当为施、龙之徒所作。

按此胡氏衍孙仲容之说也；任公于此，曾有所商兑，说详《读墨经余记》，兹不赘。然其以此六篇为中国古代名学最重要之书，则吾侪所可征信者。盖中国古代精密的知识论，未或过此六篇也。

适之解释知之三种（闻、说、亲），辩之七法（或、假、效、辟、侔、援、推），深入显出，语语扼要。谓：

> 科学家最重经验（墨子说的"百姓耳目之实"），但是耳目五官所能亲自经历的实在不多；若全靠亲知，知识便有限了；所以须有推论的知识。（《中国哲学史大纲》一九六页）

又云：

> 这七种之中，"推"最为重要。

彼谓推即归纳法，其细则有三：（1）求同，（2）求异，（3）同异交得。由能以穆勒之五律，与墨之三法，作比较的研究，故言之亲切如此，至其用实验主义解释墨家哲学，则更适之之本来面目，人所共晓，无俟余之多赘矣。顾余所最心折者，尤在《墨子小取篇新诂》。（《文存》卷二，页三五至七四）

窃尝通观近二十余年来，国内思想界对于先秦诸子作局部的精细的研究而能有新发明者，只得——

梁饮冰之《墨经校释》，

章太炎之《齐物论释》，

严几道之《老子评》（原名《评点老子》，东京并木活版所印），及

胡适之此篇（《小取篇新诂》），而已。

适之与饮冰相继治墨学，而各有独到处。适之之言曰：

> 梁先生在差不多二十年前就提倡墨家的学说了。他在《新民丛报》里，曾有许多关于墨学的文章，在当时曾引起了许多人对于墨学的新兴趣。我自己便是那许多人中的一个人。（《墨经校译后序》二页）

吾侪观此，其可推见学术的共业之重大意义也已。

十一、余论

抑余论述康、梁、林、严、章、胡诸先生之学说，而怦怦然有感者，则六先生之治学精神及其研究方法，多可采用也。

康、梁治学，初皆由陆王入，继乃兼综汉宋。南海在汉学方面，集今文派之大成。章太炎在汉学方面，亦为古文派之后劲。其说虽或相反；要皆有研究之价值，允宜两存而精究之。

林、严均为译界之先驱。林译小说，长篇多至百余部，其治学精神之锐进可知。严译诸籍，泰半为治社会哲学之重要参考书，而名学实为其门径。

今几道已归道山，琴南亦已年逾古稀矣！烟楼作画，点染名山，不复与世相闻问；则夫译著之事，宁非后进者所当继长增高耶？

吾师梁新会先生近数年来著述精神最雄迈，落笔如飞不知老之将至。以大文之愚鲁荏稚，亦怦怦焉不敢自暴弃，而思今后向新宋学，超汉学之目的，努力以进：梁先生督之也！

辛酉壬戌之交，适之先生在京师；每有述造，大文辄自幸得先读其稿本。既而南下养疴，别且经年；追思昔游，犹在心目！

在昔有宋，学术之兴也，二程先生实为朱陆两学派之开山。清代汉学之兴也，亭林顾先生实为之初祖。吾读诸先生之遗书，辄复思受取其向道之精神及其治学方法而运用之。

明道之从濂溪游也，吟风弄月以归。伊川之在太学也，务取先辈之长。而亭林更乐道人善，至作《广师篇》以张之。彼其修养力学力，均超轶绝伦，犹且如此；况藐焉小子，百无一能者耶？

果遵康、梁、林、章诸先生之道，以治先秦两汉唐宋明清之学，将无不得其阃奥；而凡有其特长，可以供吾之效法及受用者，亦皆吾之师也。

——谨持此义。以质诸二十年来所常晤之挚友《东方》，而即以为《东方》寿！读者诸君，当亦能谅我而教我欤？

（录自《近代中国学术思想》，中华书局 2008 年版，第 185~207 页）

五十年来中国之哲学（节录）

蔡元培[①]

中国哲学，可以指目的，止有三时期：

一是周季，道家、儒家、墨家等，都用自由的思想，建设有系统的哲学，等于西洋哲学史中希腊时代。

二是汉季至唐，用固有的老庄思想，迎合印度宗教。译了许多经论，发生各种宗派。就中如华严宗、三论宗、禅宗、天台宗等，都可算宗教哲学。

三是宋至明，采用禅宗的理想，来发展儒家的古义。就中如陆王派，虽敢公然谈禅，胜似程朱派的拘泥，但终不敢不借儒家作门面。所以这一时期的哲学，等于欧洲中古时代的烦琐哲学。

从此以后，学者觉得宋明烦琐哲学，空疏可厌。或又从西方教士，得到数学、名学的新法，转而考证古书，不肯再治烦琐的哲学，乃专治更为烦琐之古语学、古物学等。不直接治哲学，而专为后来研究古代哲学者的预备。就中利用此种预备，而稍稍著手于哲学的，惟有戴震，他曾著《孟子字义疏证》与《原善》两书，颇能改正宋明学者的误处。戴震的弟子焦循著《孟子正义》《论语通释》等书，阮元著《性命古训》《论语论仁论》等篇，能演戴震家法，但均不很精深。这都是五十年以前的人物。

最近五十年，虽然渐渐输入欧洲的哲学，但是还没有独创的哲学。所以严格的讲起来，"五十年来中国之哲学"一语，实在不能成立。现在只能讲讲这五十年中，中国人与哲学的关系，可分为西洋哲学的介绍与古代哲学的整理两方面。[②]

五十年来，介绍西洋哲学的，要推侯官严复为第一。严氏本到英国学海军，但是最擅长的是数学。他又治论理学、进化论兼涉社会、法律、经济等学。严氏所译的书，大约是平日间研究过的。译的时候，又旁引别的书，或他所目见的事实，作为案语，来证明他。他的译文，又都是很雅驯，给那时候的学者，都很读得下去。所以他所译的书，在今日看起来，或嫌稍旧；他的译

---

① 蔡元培（1868—1940），教育家、学者。
② 编者仅节录"西洋哲学的介绍"中的部分文字。

笔,也或者不是普通人所易解。但他在那时候选书的标准,同译书的方法,至今还觉得很可佩服的。

他译的最早而且在社会上最有影响的,是赫胥黎的《天演论》(Huxley: Evolution and Ethics and other Essays)。自此书出后,"物竞""争存""优胜劣败"等词,成为人人的口头禅。严氏在案语里面很引了"人各自由,而以他人之自由为界""大利所在,必其两利"等格言,又也引了斯宾塞尔最乐观的学说。大家都不很注意。

严氏于《天演论》外,最注意的是名学。彼所以译 Logic 作名学,因周季名家辨坚白异同与这种学理相近。那时候《墨子》的《大取》《小取》《经》《经说》几篇,《荀子》的《正名》篇也是此类。后来从印度输入因明学,也是此类。但自词章盛行,名学就没有人注意了。严氏觉得名学是革新中国学术最要的关键。所以他在《天演论》自序及其他杂文中,常常详说内籀外籀的方法。他译穆勒的《名学》(John Stuart Mill: System of Logic),可惜止译了半部[……]

严氏所最佩服的,是斯宾塞尔的群学。在民国纪元前十四年,已开译斯氏的《群学肄言》(H. Spencer: Study of Sociology),但到前十年才译成……盖严氏译这部书,重在纠当时政客的不学。同时又译斯密的《原富》(A. Smith: Inquiry into the Nature and Causes of the Wealth of Nations);以传布经济哲学;译孟德斯鸠的《法意》(C.D.S. Montesquieu: Spirit of Law),以传播法律哲学。彼在《原富》的凡例说:"计学以近代为精密,乃不佞独有取于是书,而以为先事者:盖温故知新之义,一也。其中所指斥当轴之迷谬,多吾国言财政者之所同然,所谓从其后而鞭之,二也。其书于欧亚二洲始通之情势,英法诸国旧日所用之典章,多所纂引,足资考镜,三也。标一公理,则必有事实为之证喻,不若他书,勃窣理窟,洁净精微,不便浅学,四也。"可以见他的选定译本,不是随便的。

严氏译《天演论》的时候,本来算激进派,听说他常常说"尊民叛君,尊今叛古"八个字的主义。后来他看得激进的多了,反有点偏于保守的样子。他在民国纪元前九年,把他四年前旧译穆勒的 On Liberty 特避去"自由"二字,名作《群己权界论》。又为表示他不赞成汉人排满的主张,译了一部甄克思的《社会通诠》(E. Tenks: History of Politics),自序中说:"中国社会,犹然一宗法之民而已。"

严氏介绍西洋哲学的旨趣，虽然不很彻底，但是他每译一书，必有一番用意。译得很慎重，常常加入纠正的或证明的案语，都是很难得的。

《天演论》出版后，"物竞""争存"等语，喧传一时，很引起一种"有强权无公理"的主张。同时有一种根据进化论，而纠正强权论的学说，从法国方面输进来，这是高阳李煜瀛发起的。李氏本在法国学农学，由农学而研究生物学，由生物学而研究拉马尔克的动物哲学，又由动物哲学而引到克鲁巴金的互助论。他的信仰互助论，几与宗教家相像。民国纪元前六年顷，他同几个朋友，在巴黎发行一种《新世纪》的革命报，不但提倡政治革命，也提倡社会革命，学理上是以互助论为根据的。卢骚与伏尔泰等反对强权反对宗教的哲学，纪约的自由道德论，也介绍一点。李氏译了拉马尔克与克鲁巴金的著作，在《新世纪》发表。虽然没有译完，但是影响很大。李氏的同志如吴敬恒、张继、汪精卫等等，到处唱自由，唱互助，至今不息，都可用《新世纪》作为起点。

严、李两家所译的，是英、法两国的哲学（惟克鲁巴金是俄国人，但他的《互助论》，是在英国出版的）。同时有介绍德国哲学的，是海宁王国维[……]
[…………]

王氏介绍尼采学说，不及叔本华的详备；直到民国九年，李石岑所编《民铎》杂志第二卷第一号，叫作尼采号，就中叙述的有白山的《尼采传》，符所译的 Nüge《尼采之一生及其思想》。译大意的，有朱侣云的《超人和伟人》，张叔丹的《查拉图斯特拉的绪言》，刘文超的《自己与身》之类。批评的，有李石岑之《尼采思想之批评》，与 S.T.W. 的《尼采学说之真价》，比较的详备一点了。

《民铎》杂志第三卷第一号，在民国十年十二月一日出版的，是柏格森号。就中叙述的是严阮澄的《柏格森传》。译述的是蔡元培的《哲学导言》，柯一岑的《精神能力说》与《梦》，严阮澄的《绵延与自我》，范寿康的《柏格森的时空论》，冯友兰的《柏格森的哲学方法》。比较的是杨正宇的《柏格森之哲学与现代之要求》，瞿世英的《柏格森与现代哲学之趋势》，范寿康的《直观主义哲学的地位》。与佛学比较的，是吕澂的《柏格森哲学与唯识》，梁漱溟的《唯识家与柏格森》，黎锦熙的《维摩语经纪闻跋》。批评的是李石岑的《柏格森哲学之解释与批判》，张东荪的《柏格森哲学与罗素的批评》。又有一篇君劢的《法国哲学家柏格森谈话记》……

《民铎》杂志的尼采号，有尼采之著述及关于尼采研究之参考书；柏格森号亦有柏格森著述及关于柏格森研究之参考书。这可算是最周密的介绍法。

柏格森号中作《柏格森哲学与罗素的批评》一篇的张东荪，是专门研究柏格森哲学的。他已经译了柏氏的《创化论》（L'evolution Créatrice），现在又译《物质与记忆》（Matiére et Mémoire），听说不久可译完。

作《法国哲学家柏格森谈话记》的君劢，就是张嘉森，他是近两年专在欧洲研究新哲学的。到法国，就研究柏格森哲学。到德国，就研究倭铿哲学。他不但译这两个哲学家的书，又请柏氏、倭氏的大弟子特别讲解；又时时质疑于柏氏、倭氏。他要是肯介绍两氏的学说，必可以与众不同。介绍倭铿学说的人，还没有介绍柏氏的多，但《民铎》杂志第一卷，也有李石岑关于倭氏学说的论文。

柏氏、倭氏都是我们想请他到中国来讲学的人，倭氏因太老，不能来了。柏氏允来，尚不能定期。我们已经请到过两位大哲学家：一位是杜威，一位是罗素。

杜威的哲学，从詹姆士 William James 的实际主义演进来的。杜威将来的时候，他的弟子胡适作了一篇实验主义，绍介他，先说明实验主义的起原，道："现今欧美很有势力的一派哲学，英文叫做 Pragmatism，日本人译为'实际主义'。这个名称本来还可用，但这一派哲学里面，还有许多大同小异的区别，'实际主义'一个名目，不能包括一切支派。英文原名 Pragmatism 本来是皮耳士（C.S. Peirce）提出的。后来詹姆士把这个主义应用到宗教经验上去，皮耳士觉得这种用法不很妥当，所以他想把原来主义，改称为 Pragmaticism，以别于詹姆士 Pragmatism，英国失勒（F.C.S. Schiller）一派，把这个主义的范围更扩充了，本来不过是一种辩论的方法，竟变成一种真理论和实在论了（看詹姆士的 Meaning of Truth，页五十一）。所以失勒提议改用'人本主义'（Humanism）的名称。美国杜威一派，仍旧回到皮耳士所用的原意，注重方法论一方面；他又嫌詹姆士和失勒一般人，太偏重个体事物和意志的方面，所以他不愿用 Pragmatism 的名称，他这一派自称为工具主义（Instrumntalism），又可译为'应用主义'或'器用主义'。因为这一派里面有这许多区别，所以不能不用一个涵义最广的总名称。'实际主义'四个字让詹姆士独占，我们另用

'实验主义'的名目来做这一派哲学的总名。就这两个名词的本义看来,'实际主义'(Pragmatism)注重实际的效果,'实验主义'(Experimentalism)虽然也注重实际的效果,但他更能点出这种哲学所最注意的是实验的方法。实验的方法,就是科学家在试验室里用的方法。这派哲学的始祖皮耳士常说他的新哲学不是别的,就是'科学试验室的态度'(The Laboratory Attitude of Mind)。这种态度,是这种哲学的各派所公认的,所以我们可用来做一个'类名'。"这一节叙杜威学派的来源很清楚,后来杜威讲"现代三大哲学家",又把詹姆士的学说介绍了一回。所以杜威一来,连詹姆士也同时介绍了。

杜威在中国两年,到的地方不少,到处都有演讲。但是长期的学术演讲,止在北京、南京两处,北京又比较的久一点。在北京有五大演讲,都是胡适口译的:

第一,社会哲学与政治哲学。

第二,教育哲学。

第三,思想之派别。

第四,现代的三个哲学家。

第五,伦理讲演。

胡氏不但临时的介绍如此尽力,而且他平日关于哲学的著作,差不多全用杜威的方法,所以胡氏可算是介绍杜威学说上最有力的人。他在杜威回国时,又作了一篇《杜威先生与中国》。就中有一段说:"杜威先生不曾给我们一些关于特别问题的特别主张——如共产主义、无政府主义、自由恋爱之类——他只给了我们一个哲学方法,使我们用这个方法去解决我们自己的特别问题。他的哲学方法,总名叫做'实验主义';分开来可作两步说:(1)历史的方法'祖孙的方法':他从来不把一个制度或学说,看作一个孤立的东西,总把他看作一个中段:一头是他所以发生的原因,一头是他自己发生的效果;上头有他的祖父,下头有他的子孙。捉住了这两头,他再也逃不出去了!这个方法的应付,一方面是很忠厚宽恕的,因为他处处指出一个制度或学说所以发生的原因,指出他历史的背景,故能了解他在历史上的地位与价值,故不致有过分的苛责。一方面,这个方法又很是严厉的,最带有革命性质的。因为他处处拿一个学说或制度发生的结果,来评判他本身的价值,故最公平,又最厉害。这种方法,是一切带有评判精神的运动的一个武器。(2)实验的方法:实验的方法，至少注重三件事：（一）从具体的事实与境地下手；（二）一切学说理想，一切知识，都只是待证的假设，并非天经地义；（三）一切学说与理想，都须用实行来试验过。实验是真理的唯一试金石。第一件——注意具体的境地——使我们免去许多无谓的问题，省去许多无意识的争论。第二件——一切学理都看作假设——可以解放许多'古人的奴隶'。第三件——实验——可以稍稍限制那上天下地的妄想冥想。实验主义只承认那一点一滴做到的进步——步步有智慧的指导，步步有自动的实验——才是真进化。"可算是最简要的介绍。

胡氏以外还有杜威的弟子蒋梦麟、刘伯明、陶知行，等等。蒋氏方主持《新教育》，特出了一本杜威号。刘氏、陶氏，当杜威在南京、上海演讲时，担任翻译。刘氏还译了杜威所著的思维术。

罗素在北京也有五大讲演：

第一，数理逻辑。

第二，物之分析。

第三，心之分析。

第四，哲学问题。

第五，社会构造论。

都是赵元任口译的。在《数理逻辑》印本后，有张崧年试编罗素既刊著作目录一卷。

在罗素没有到中国以前，已有人把他著的书翻译了几部，如《到自由之路》《社会改造原理》等。罗素的数学与哲学，我国人能了解而且有兴会的，很不多。他那关于改造社会的理想，很有点影响。他所说的人应当裁制他占有的冲动，发展他创造的冲动，同称引老子的"生而不有，为而不恃，长而不宰"主义，很引起一种高尚的观念，可与克鲁巴金的"互助"主义，有同等价值。

（录自高平叔编《蔡元培全集》第四卷，中华书局 1984 年版，第 350~356、360~365 页）

（参校欧阳哲生编《中国近代思想家文库·蔡元培卷》，中国人民大学出版社 2014 年版，第 388~399 页）

中国哲学的调整与发扬①（节录）

贺　麟②

大体上讲来，中国哲学在近五十年来是有了进步。这进步的来源，可以说是由于西学的刺激，清末革新运动的勃兴，从佛学的新研究里得到方法的训练和思想识度的提高与加深。我们试简单地结算一下，至少有了下列几点，可以值得我们大书特书：（一）在这几十年中，陆王之学得了盛大的发扬；（二）儒、佛的对立，得了新的调解；（三）理学中程朱与陆王两派的对立，也得了新的调解；（四）对于中国哲学史有了新的整理。

要叙述最近五十年来从旧传统里发展出来的哲学思想，似乎不能不从康有为（1858—1927）开始。康氏于五十年前（1891），开始讲学于广州长兴里之万木草堂，以一派宗师、思想政治礼教之大改革家自命。综他生平的思想，虽经过激变，由极激烈之改革家，变为极顽固之守旧派。然他生平用力较多，气味较合，前后比较一贯服膺的学派仍是陆王之学。他在万木草堂时，对于梁任公、陈千秋作学问的方针，仍"教以陆王心学"。平时著书立说，大都本"六经注我"的精神，摭拾经文以发挥他自己主观的意见，他的《新学伪经考》一书，论者称其为"考证学中之陆王"，洵属切当。他《大同书》中许多胆大激越的理想，如毁灭家族，公妻共产，破除国界、种界、形界、类界、级界等等主张，也颇与王学末流猖狂的一派相接近，他晚年提出"不忍"为他所独办的刊物之名称，所谓不忍亦与孟子恻隐之心、阳明良知之说较接近。

至于康氏的两个大弟子，谭嗣同（1865—1898）和梁任公思想亦倾向陆王。嗣同著《仁学》一书，他所谓仁，乃佛之慈悲，耶之博爱，阳明之良知糅合体。他主张"冲决网罗"，特别注重打破名教礼教世俗的束缚，以恢复仁，象山所谓本心，阳明所谓良知。"仁为天地万物之源，故唯心，故唯识。"他大声疾呼地反对荀子，尊敬孟子，扬陆王而抑程朱。他说，"二千年来之政，秦政也，皆大盗也；二千年来之学，荀学也，皆乡愿也。惟大盗利用乡愿，惟乡愿工媚大盗。"他认为惟黄梨洲及王船山二家比较能代表儒家的真面目，因

---

① 编者删除了文中部分注释。
② 贺麟（1902—1992），哲学家，现代新儒家代表学者之一。

为"黄出于陆王，陆王将缵庄之仿佛，王出于周张，周张亦缀孟之坠遗"。至于谭氏的性情行径之近似王学中泰州、龙溪一派，更属显然。所以我认为康谭二人皆以陆王之学为其中心思想，不过两人皆以气盛，近于粗疏狂放，比较缺乏陆王之反本心性的精微穷理工夫罢了。

梁任公（1873—1929）作学问的方面多，思想言论变迁甚速，影响亦甚大，然而他全部思想的主要骨干，仍为陆王。他最初受学于康有为，所传授者，据他三十自述，系以陆王之学为主。他也是当时"排荀运动"中一员大将。深感"各派经师二千年内，壹皆盘旋荀学肘下，孟学绝而孔学亦衰，于是专以绌荀申孟为标帜"。他在湖南时务学堂时，亦以讲陆王修养论及公羊、孟子民权论为主。他曾选有《节本明儒学案》，其重心当然在揭示王学的精要。据作者的印象，任公先生谈义理之学的文字，以五四运动前后，在《时事新报》发表的几篇谈孟子要旨的文章，最为亲切感人。对于"先立乎其大则小者不能夺"之旨，发挥得最透彻。他晚年专注于史学，但在他去世前三两年，我们尚曾读到他一篇斥朱子支离，发挥阳明良知之学的文章。他终身精神发皇，元气淋漓，抱极健康乐观的态度，无论环境如何，均能不忧不惧，不为失望恐怖所侵入。年老而好学弥笃，似亦得力在此。

章太炎（1869—1936）为一代国学大师，门弟子遍天下。然而他的哲学思想却没有什么传人，也很少有人注意到。据我看来，他的思想深刻缜密，均超出康梁，在哲学方面亦达到相当高的境界，其新颖独到的思想不惟其种族革命的思想，是当时革命党主要的哲学代言人，而且可以认作五四运动时期新思想的先驱。所以我在这里对他的思想不得不多为表彰几句。他对哲学的贡献，第一，在于提倡诸子之学的研究，表扬诸子，特别表扬老庄，以与儒家抗衡，使学者勿墨守儒家。这是他承孙诒让、俞曲园之绪而加以发扬的地方。其对革新思想和纯学术研究的贡献，其深度远超出当时的今文学派，而开新文化运动时，打孔家店的潮流之先河。不可否认地胡适先生曾受其影响。第二，在于发挥道家的自然主义，用佛学解释老庄，他所著《齐物论释》一书，尤多奥义，且能运用西方无政府主义、个人放任主义等说，以发挥老庄自然放任之旨。在他《国故论衡》中有"明见"一篇，最富哲学识度，又有"原道"三篇，最能道出道家的长处，而根据许多史实，指出道家较儒家在中国政治史上有较大较好的贡献，尤值得注意。他的《检论》中，有"四惑论""五无论"等篇，否定了许多流行的观念和世俗的执迷。(可惜《章氏丛书》不在身边,一时无法详述其内容)其勇于怀疑,与康有为之破除九界,谭嗣同之冲决网罗,有同等甚或较大的解放思想,超出束缚的效力。他不单是反对传统的中国思想,他同样反对西方的新思想……

　　章氏这些否定一切、打破束缚的思想,正是使他精神上得以解放超脱的不二法门。不是这样,他便无法"转俗成真"。至于他在哲学上所深造自得的境界,可引《菿汉微言》中自道甘苦的几句话来表明:"及囚系上海,专修慈氏世亲之书,此一术也,以分析名相始,以排遣名相终,从人之途与平生朴学相似,易于契机。""为诸生说《庄子》,旦夕比度,遂有所得。端居深观而释《齐物》,乃与《瑜伽》《华严》相会。""自揣平生学术,始则转俗成真,终乃回真向俗。"现代西方哲学,大部分陷于支离繁琐之分析名相。能由分析名相而进于排遣名相的哲学家,除怀特海教授外,余不多觏。至转俗成真,回真向俗,俨然柏拉图"洞喻"中所描述的哲学家胸襟,足见章氏实达到相当圆融超迈的境界。

　　由"回真向俗"一点,我们可以知道他晚年比较留心政局,回复到儒家。他晚年创办一个刊物,叫做《华国》,一方面意识到他有昌明国学的重任,一方面鉴于社会风纪的败坏,国势的衰弱,他每以气节鼓励青年,并特别表扬孔门中有勇知方的子路,而反对空疏的性理之辨。即谓其思想渐趋于接近陆王,亦无不可。他并且指出阳明之学的长处在"内断疑悔,外绝牵制"(此语不审出自何处,引自嵇文甫著《晚明思想史论》,页57),确甚精要。

　　如果说国学大师章太炎先生的贡献在于融会佛老,则佛学大师欧阳竟无(1871—1943)先生的贡献,便在于融会儒佛。欧阳先生为人为学笃实光辉,允为一代大师。其所述作,均切于身心,激于悲愤,故皆弘毅瑰伟,精力弥满,感人甚深。他是石棣杨仁山居士门下四大弟子之一(余三人为桂伯华、黎端甫、李证刚),承继杨氏事业,一生尽瘁弘法,刻书教学,创立支那内学院。他在佛学方面的贡献,不在本篇范围。本文拟只就他发扬陆王之学的地方略加叙述,以见时代趋势。据说他早年因中日之战,感慨杂学无济,乃专治陆王,期以补救时弊。当时对阳明之学,见之至深,执之至坚,友人劝他学佛学,皆被严拒。后因得见杨仁山居士,并遭母丧后,方摒绝一切,归心佛法,潜研法相唯识,深探般若涅槃,阐幽发微,精到有识。自"九一八"事变以后,忠义愤发，复转而以般若融贯孔学，表彰陆王。他与人论孔学书，有"陆量宏而程量隘"的话（陆指象山，程指伊川）。又他所刻的《〈中庸读〉叙》中，引象山《大人诗》而叹曰："嗟乎象山，天下大乱，孔学将亡，吾乌得其人而旦暮遇之！"他对于象山这样推尊景仰，想来不仅由于象山与他皆是江西人，有同乡关系罢。……

在新文化运动时期，中国思想界的趋势是无选择地介绍西方的思想学术，并勇猛地攻击传统的文化和礼教。这时对于哲学有兴趣的人虽很多，然而尚说不上对于任何哲学问题有专门系统的研究。这时的思想界可以说是只达到"文化批评"的阶段，批评中西文化的异同优劣，以定建设新文化改革旧文化的方向。在当时大家热烈批评中西文化的大潮流中，比较有系统，有独到的见解，自成一家言，代表儒家，代表东方文化说话的，要推梁漱溟先生在1921年所发表的《东西文化及其哲学》一书。

梁先生认为儒家与佛家为两个不同的路向，他不采取一般援儒入释，援释入儒的融会儒佛的办法。当他早年发表《究玄决疑论》，信仰佛法时，便决心出世，独居茹素，过佛家的生活。后来因他思想折回儒家一路，便随之改变生活，结婚肉食，发挥儒家思想，以解答当时甚为迫切的东西文化问题。

…………

对于儒家思想的辩护与发挥，他坚决地站在陆王学派的立场，提出"锐敏的直觉"以发挥孔子的仁和阳明的良知。他特别着重锐敏的直觉是反功利的，不算账的，不分别人我的，不计算利害得失，遇事不问为什么，而但求此心之所安的生活态度。这直觉是随感而应的，活泼而无拘滞的，刚健的，大无畏的行为的泉源。他对于西方文化中的功利成分和当时在中国很流行的实用主义，曾予以深切有力的排斥。此说一出，颇合刚从西洋游历回来，发表《欧游心影录》以为东方文化呼吁的梁任公的脾胃，于是梁任公也对于中国人"无所为而为"的人生态度，大加赞扬。因此当时提倡西化的人如吴稚晖等，都常常把二位梁先生认作攻击的对手。按不算账或无所为的态度在某意义下，亦契合老庄思想。但梁先生是自孟子及陆象山的"义利之辨"出发，注重道德意义，而非老庄之纯任自然。

关于东西文化问题，漱溟先生郑重提出：中国文化是否会被西方文化推翻？或中国文化是否有根本翻身成为世界文化的机会？换言之，他要问，中国文化是否有不可磨灭、颠扑不破者在？在我们现在看来，此问题或许已不成问题，然而在当时全盘西化，许多人宣言立誓不读线装书，打倒孔家店的新思潮澎湃的环境下，大家对于中国文化根本失掉信心。他所提出的问题确是当时的迫切问题。他的答案当然很足以助长国人对于民族文化的信心和自尊心。他认为上面所说的儒家的人生态度，就是使生活有意义有价值的态度，有其独特的永久普遍的价值，且足以拯救西方人在功利竞争中精神生活上的苦恼与烦闷。他指出西洋、中国、印度三种文化出于三种不同的人生态度；西洋人肯定现实生活，而向前逐求；中国人肯定现世生活而融融自得，且以向前逐求为戒；印度人则否认现世生活而要求脱去此世界，取消此生命。一向前，一持中调和，一向后。三家文化的路向根本不同。这是他观察三方文化的"色彩""风气""趋向"，所得的大概印象，他并不是不承认有例外。所以假如你举出少数例子，说中国人和印度人也有向前的人生态度，西洋人也有出世向后的人生态度，你是不能推翻他的大概印象的。最有趣的是，他复根据经济、科学、哲学种种变迁的动态，而预言西方将逐渐由向前的态度而趋于中国人持中调和的态度，且最后将更进而趋向印度人向后的路向。因此他预言着中国文化在最近的将来将复兴，印度文化在更远的未来将复兴。这种说法在当时颇足以使人对整个东方文化的前途，有了无限的乐观和希望。他这种看法，不论对与不对，是基于综观世界文化演变的事实所得到的知识和态度，并不是逻辑的公式，亦不是基于文化哲学的普遍原理。这是他的长处，因为以事实作根据而推测；也是他的弱点，因为缺乏文化哲学的坚实基础。他这种弱点，于他最近两年来所发表的"理性与理智之分别""论社会演进上中西殊途"等文章里更显得清楚。因为他只是撷拾许多零碎的事例，说西洋有宗教，中国无宗教，说中国人富于理性，西洋人只有理智、缺乏理性等，不惟对文化的本质、宗教的本质、宗教在文化中地位等问题，缺乏哲学的说明，且亦有违陆象山"人同此心，心同此理"的根本原则了。

他虽用力于比较东西文化路向的异同，然而他却有一长处，即他没有陷于狭隘的中西文化优劣的争执。且很着重地说，西方人的科学和德谟克拉西，中国人应全盘接受，认为这两种是人类生活中"谁能出不由户"的普遍要素。不用讳言，他隐约地暗示着东方的人生态度比西方人向前争逐的态度要深刻要完善。他一面重新提出儒家的态度，而一面主张全盘接受西方的科学和民主，亦未完全逃出"中学为体,西学为用"的圈套。然而他却巧妙地避免了东方优于西方文化的偏狭复古的见解。他也没有呆板地明白赞成中体西用或旧瓶装新酒的机械拼合。这不能不说是他立论圆融高明的地方。

哪知受了他影响的人,就把他隐约暗示的言外之意,很露骨的全盘托出了。试读下面这一段:"西方文化者求生存竞争之文化,其宗旨在征服自然,争取支配。中国文化者淑身善世之文化,其宗旨在明明德于天下。佛教文化者转依解脱之文化,其宗旨在一切众生我皆令入无余涅槃而灭度之。由是可知西方文化者,人类最原始之文化,亦较低之文化也;中国文化乃其较高者;佛教文化则最高者也。"这一段话可以说是把梁先生东西文化比较观的流弊与弱点和对于西方文化之精神背景,特别对于超功利的道德艺术玄学宗教方面之缺乏了解,亦暴露无余了。

新文化运动以来,倡导陆王之学最有力量的人,当然要推梁漱溟先生。不过梁先生注重的是文化问题。他发挥儒家陆王一派思想,亦重在人生态度方面,很少涉及本体论及宇宙论。近十余年来,他兴趣且又转入经济政治的理论及乡村建设工作方面,似已放弃发挥王学的使命了。

黄冈熊十力(子真)先生,与梁先生为讲友,且曾入支那内学院问学于欧阳先生,乃代之而起。得朱陆精意融会儒释,自造新唯识论。对陆王本心之学,发挥为绝对的本体,且本奇辟之说,而发展设施为宇宙论,用性智实证以发挥陆之反省本心,王之致良知。……

…………

复性学院主讲马一浮(1882—1967)先生,本系隐居西子湖畔的一位高士,也是我国当今第一流的诗人。自倭寇内侵,离开杭州后,方有意发布其学术思想以绍国人。初在国立浙江大学讲学,有《泰和会语》及《宜山会语》刊布。既主讲四川乐山复性书院,前后刊印有《复性书院讲录》九种。真可算得"综贯经术,讲明义理"老而弥笃了。马先生兼有中国正统儒者所应具备之诗教、礼教、理学三种学养,可谓为代表传统中国文化的仅存的硕果。其格物穷理,解释经典,讲学立教,一本程朱,而其返本心性,祛习复性则接近陆王之守约。他尤其能卓有识度,灼见大义,圆融会通,了无滞碍,随意拈取老庄释典以阐扬儒家宗旨,不惟不陷于牵强附会,且能严格判别实理玄言,不致流荡而无归宿。

....

根据以上对于近五十年来中国哲学的叙述,我们很可以看出,如何由粗疏狂诞的陆王之学,进而为精密系统的陆王之学,如何由反荀反程朱的陆王之学进而为程朱、陆王得一贯通调解的理学或心学。并且可以看出这时期儒家哲学之发展,大都基于佛学的精研,因而儒学、佛学也得一新的调解。

至于过去这五十年来何以陆王学派独得盛大发扬,据个人揣想也并非无因。大约由于:(一)陆王注重自我意识,于个人自觉、民族自觉的新时代,较为契合。因为过去五十年,是反对传统权威的时代,提出自我意识,内心直觉,于反抗权威,解脱束缚,或较有帮助。(二)处于青黄不接的过渡时代,无旧传统可以遵循,无外来标准可资模拟。只有凡事自问良知,求内心之所安,提挈自己的精神,以应付瞬息万变的环境。庶我们的新人生观、新宇宙观,甚至于新的建国事业,皆建筑在心性的基础或精神的基础上面。在前清咸同年间,清朝中兴名臣如曾涤生、胡润之、罗罗山三人,均能本程朱之学,发为事功。我们不禁要问,在过去五十年内,哲学界中陆王之学颇为盛行,但能本陆王之学,发为伟大事功者,又有没有代表人物呢?我们可以答道,有的。孙中山先生就是王学之发为事功的伟大代表。中山先生倡知难行易之说。此说虽经哲学界的人士如胡适、傅铜、冯友兰诸先生的批评,然而仍颠扑不破,成为鼓舞国人,为革命建国建立心理基础的一个力量。而且中山先生知难行易之说所推出之两大结论,其一,能知必能行,即包含知行合一的道理。盖能知必能行,即真知必能与行为合一之意。如有人问能知而未必能行者,其故何在,则必须借阳明"知而不行,只是未知"之说以解答之。故能知必能行与"知而不行,只是未知",皆是知行合一论的两种不同说法。又中山先生曾力言"以行而求知,因知以进行"的知行合一并进,为近代文明进化之特征。盖以行而求知,即由行以求与知合一。因知以进行,即由知进而求与行合一。且"因知以进行"即包含阳明"知是行之始,行是知之成"的精意。足见"知行合一"实是中山先生所特别注重而有新发挥者。又知难行易之旨,孔、孟、程、朱皆有提示。希腊精神尤重知难行易。皆不免有重知轻行的流弊。中山先生独提出"不知亦能行"的原则,遂使其学说富于近代精神。盖不知亦能行,非谓无知亦能妄为,盲目亦能冥行,乃意在指出革命建国之事,急在眉睫,不能老沉耽于求知冥想,而延迟实行。须(一)本冒险精神以行。(二)本信心以勇往力行。（三）本科学假设以实验进行。（四）本先知先觉的理想、专家的设计而努力实行。亦即行以求知，且行且知，不行不能知之意。此外中山先生提倡大同思想，革命先革心之教，及军人精神教育，对知仁勇三达德有亲切发挥，于民族主义演讲中提出八德加以新发挥，而能对儒家思想有新的阐述，有益于恢复民族的自信心，促进民族意识的自觉，并有助于唤醒民族灵魂。故作者认为中山先生虽只是一意融会西洋思想，发扬民族精神，以应革命需要，而无意中契合于象山"大人"的理想，阳明知行合一的学说，并灌注之以近代精神，而应用之于革命事业者。

学院的哲学家们似乎多囿于成见，少有人愿意剀直承认孙中山在中国哲学上的贡献。这样会将哲学与革命分成两橛，也会以为革命建国的伟业可以不基于深厚的哲学素养。而一般讲党义的人，似乎又把孙中山的哲学思想推崇得过高，把他的哲学见解信条化，权威化，不惟有碍于学术思想的自由发展，且亦无补于《孙文学说》的发扬光大。我希望我在这里揭示出了一个平允公正的看法。

近二十年来关于中国哲学史的研究与整理，我们应该提到胡适先生著的《中国哲学史大纲》上册，冯友兰先生著的《中国哲学史》，及汤用彤先生著的《汉魏两晋南北朝佛教史》三书。胡适的书于开新风气，提示新方法影响很大。他受过传统汉学家考证方法的训练，于《墨经》的考订，贡献较大，而又首以流畅有力的白话文著书，且又以实用主义的观点评论各家学说（特别批评儒家，表扬墨家的实用主义）。在当时新文化运动上，实一很广泛传播对青年颇有影响的著作。他这书的宗旨，在他的英文本《先秦名学史》的导言里说得较为显明，即要（一）使中国人于传统道德或礼教的权威里解放出来，（二）提倡非儒家的诸子哲学的研究，以减轻儒家一尊的束缚，而开思想自由之风。这两点，实代表新文化运动对于改革传统思想的方案，而他这书确于这两方面在当时有一定的影响。不过就我们现在看来，儒家之定一尊，之权威化，亦即儒家思想之失掉真面目、真精神，故新文化运动消极地反对儒家的躯壳和权威，积极地于启发对儒家真面目、真精神的发扬，亦有其功绩。后来，胡适又著有"说儒"一篇，根据历史材料，说明儒家的历史的和职业的背景。他指出儒者本为殷代的遗民，以传授礼文，导演礼仪为职业者，至孔子始发扬其精神，蔚然成为显学，甚至成为宗教。这篇文章似又退回到尊孔态度，并且引起有些人误认为从职业或出身方面去解释孔、老、墨的异同，就算是唯物史观。

冯友兰先生能够在几年内一气将两厚册《中国哲学史》写成，这是难能的地方。书中摘录了不少的材料，极便参考之用。上卷以苏格拉底在西方哲学上的地位比拟孔子在中国哲学史上的地位，以桑他耶纳认宗教为诗之说，解释儒家的"礼"之富于诗味，说法似较新颖。于公孙龙子的学说，他也有特殊研究，使向来沉晦而少人注意的学说粲然明白。惟下卷中，于中国佛学部分，或有须得更求改进的地方。且对陆王学说太乏同情，斥之为形而下学，恐亦不甚平允。且与近来调和朱陆的趋势不相协合。他以西方新实在论的共相说，去解释朱子的"理"，这可以说是他后来的新理学的滥觞。……

写中国哲学史最感棘手的一段，就是魏晋以来几百年佛学在中国的发展，许多写中国哲学史的人，写到这一期间，都碰到礁石了。然而这一难关却被汤用彤先生打通了。汤先生以缜密的头脑、渊博的学问，熟悉东西方哲学文学，学习过梵文及巴利文，以治印度哲学，承继他家传的佛学，并曾在支那内学院听过欧阳竟无先生讲佛学，同时他又得到了西洋人治哲学史的方法，再参以乾嘉诸老的考证方法。所以他采取蔡勒尔（Zeller）治《希腊哲学史》一书的方法，所著的《汉魏两晋南北朝佛教史》一书，材料的丰富，方法的谨严，考证方面的新发现，义理方面的新解释，均胜过别人。他并且要采文德尔班（Windelband）写西方哲学史的方法，以问题为中心，写一部《魏晋玄学》。他过去两三年所发表的"言意之辨""向郭义之孔子与庄周""王弼论圣人有情"等篇，就是此书中的各章。他还著有《印度哲学史》及《隋唐佛教史》（均北京大学讲义本）尚未正式印行，足见他矜审的态度了。他超出哲学各派别的争论之上，极力避免发表他自己的哲学主张，然而从他佛教史中分别名僧与高僧一段，谁也可以知道他的意向之所在了。他尝说，真正高明的哲学，自应是唯心哲学。然而唯心之心，应是空灵的心，而不是实物化或与物对待之心。这已充分透露出他的哲学识见了。他的佛教史虽采用了精密的考证方法，然而却没有一般考据家支离繁琐的弊病。据作者看来，他得力于两点：第一为以分见全，以全释分的方法。他贵在汇通全时代或一个哲学家整全的思想。他每因片言只字，以表证出那位大师的根本见解，并综合一人或一时代的全部思想，以参证某一字句某一章节之确切的解释。第二，他似乎多少采取了一些钱穆先生所谓治史学者须"附随一种对其本国已往历史之温情与敬意"的态度。

他只是着眼于虚心客观地发"潜德之幽光",设身处地,同情了解了古哲,决不枉屈古人。既不抨击异己之古人,亦不曲解古人以伸己说。试看他提到辅嗣、子玄、子期、远公、道公、生公等人之亲切熟稔,就可见得他尚友千古之同情态度,已溢于言表了。

他根据他多年来对中国文化学术史的研究和观察,对于中国哲学发展之继续性(continuity)有了新颖而深切的看法。他一扫认中国哲学的道统在孟子以后,曾经有过长期失传的偏狭的旧说。他为中国哲学自来就一脉相传没有中断。即在南北朝隋唐时代,当佛学最盛、儒学最衰时期,中国人并未失掉其民族精神。外来的文化只不过是一种偶然的遇合、外在的刺激,而中国人利用之、反应之、吸收之,以发扬中华民族精神,并促进中国哲学的新发展。他这种说法当然是基于对一般文化的持续性和保存性的认识。这种宏通平正的看法,不惟可供研究中国文化和中国哲学发展史的新指针,且于积极推行西化的今日,还可以提供民族文化不致沦亡断绝的新保证。而在当时偏激的全盘西化声中,有助于促进我们对于民族文化新开展的信心。

（录自贺麟《五十年来的中国哲学》,上海人民出版社 2012 年版,第 16~25、28、30~36 页）

（参校贺麟《五十年来的中国哲学》,商务印书馆 2002 年版,第 3~23 页）

哲学在当代中国

（在第八届国际哲学大会上宣读,1934 年于布拉格）

冯友兰

筹备委员会通知我们,本届大会的重点,在于"批评有关人生需要的流行哲学观念"和"分析对于公共事务的哲学影响",所以在这篇简短的报告里,我不打算涉及技术性的哲学问题,诸如宇宙构成,或知识有效性,这些问题是在学院的圈子里讨论的。我只限于讲我认为是时代精神在中国的理性表现,这些表现若不是指导着,也是标志着中国向何处去。

中国当前面临的"现在",并非她的"过去"的自然发展,而是违反她的意志强加于她的。她不得不面对全新的局势,一直极其困惑。为了使局势更好理解,为了更明智地适应局势,她只好有时用过去解释现在,又有时用现在解释过去。换言之,她必须把她必须面对的新文明与她已有的旧文明联结起来,使二者彼此不生疏,而互相可以理解。除了解释,还有批评。在她用旧文明解释新文明,或者用新文明解释旧文明的时候,别无他法,只好有时用旧的眼光批评新的,又有时用新的眼光批评旧的。因此,对两种文明的解释和批评,就是东方西方在中国会合的自然产物,它打动了中国人心,并在近五十年间形成中国思想的主流。

可以看出:对新旧文明的解释和批评,近五十年中,根据对外来新文明有知或无知的程度,在不同的时间阶段而各不相同。大致说来有三个阶段。第一阶段的标志是,在光绪皇帝驾下康有为领导的命舛的戊戌变法。康有为是儒家公羊学派的学者。照公羊家说,孔子是一位具有神性的大师。孔子设计了模式,可以包括人类进步各阶段。主要有三阶段。第一阶段是据乱世,第二是升平世,第三是太平世。在据乱世,人各为其国。在升平世,所有文明国家联合为一国。在太平世,人皆文明而人类联合为一个和谐的整体。孔子预先知道这些未来的一切。孔子相应地设计了三套社会组织。照康有为说,东西方之间的交往,欧美的政治社会改革,表示人们正在从据乱世向较高阶段即升平世进步。绝大部分的,也许是全部的,西方的政治社会制度,早已含蕴于孔子教义之中。康有为是当时维新运动领袖。但是按他的意见,他所作所为并非采用西方新文明,倒不如说是实行孔子的旧教义。他写了许多儒家经典注解,将他的新思想注入其中。此外他还写了一部《大同书》,在书中具体描绘出将在太平世变成现实的乌托邦。此书性质如此猛烈而革命,甚至绝大多数乌托邦著作家为之瞠目结舌,虽然如此,康有为本人却不是空想家。他坚持说,他在此书中提出的纲领,不到人类文明最高阶段即人类进步最后阶段,决不可以付之实施。他要实施的政治纲领是坚持君主立宪。

当时维新运动中,康有为的一位同事谭嗣同,是一位更能哲学思维的思想家。他写了一部《仁学》,书中也讲孔子关于人类进步的三世之说。照他说,孔子虽然提出了三世总模式,但是孔子所讲的大都是据乱世。因此缘故,孔子常被误解为卫护传统制度和常规道德的人。基督教义主张博爱和上帝面前人人平等，十分接近孔子关于升平世的教义。接近孔子关于太平世的教义是佛教，它超越了一切人世分别和常规道德。

这个时代的主要精神是：领袖们都不与来自西方的新文明对抗，他们对它的价值更不乏欣赏。但是他们欣赏其价值仅限于适合想象的孔子模式的范围。他们用旧的解释新的，用旧的眼光批评新的。后来可见，建立民国的辛亥革命，其哲学根据主要是取自中国哲学。孟子说的"民为贵，社稷次之，君为轻"，曾被大事引用和发挥。像卢梭这样的欧洲革命著作家们的学说也发挥了作用，但是中国人的想法是，他们之所以正确是与孟子相合。

第二阶段的标志是新文化运动，在1919年达到高潮。这个阶段的时代精神是用新的眼光批评旧的。陈独秀和胡适是这场批评的领袖。胡适写了《中国哲学史大纲》，还只出版了上卷。其实这部书与其说是中国哲学史，不如说是中国哲学批判。中国哲学的两个影响最大的学派，儒家和道家，都受到严厉的批评和质问，所用的是功利的和实用的眼光。胡适是争取个人自由与发展，因此他觉得儒家错了，因为儒家教导个人从属于其君其父，其国其家。胡适是提倡奋斗精神与征服自然，因此他觉得道家错了，因为道家教人乐其自然。读他这部书，感觉不到别的，只感觉到，整个中国文明是完全走错了路。

这部书的反作用便是出现一位旧文明的捍卫者。胡适的《哲学史》出版不久，另一位哲学家梁漱溟出版了另一部书，名为《东西文化及其哲学》。在这部书中，梁漱溟主张每个文明各代表一种生活路向。有三种主要的生活路向：一种是目的在于满足欲望，一种是限制欲望，一种是否定欲望。我们若选上第一种生活路向，就有欧洲文明；若选上第二种，就有中国文明；若选上第三种，就有印度文明。这三种文明应当代表人类进步的三个阶段。人们应当首先尽力认识自然，征服自然。人们在自然界的地位打好了充足的底子以后，就应当限制欲望，懂得如何知足。但是生活有些内在矛盾无法在生活内部解决。因此人类最后一招，是否定欲望，否定生活，走这种路向。中国人，印度人，不是错在产生了看似无用的文明。他们的文明，都是第一流的，其中都有人类非采用不可的东西。中国人，印度人，都错在没有经过第一路向，就采用第二、第三路向。他们的路子对了，但是时间错了。所以这位东方文明捍卫者也认为，在东方文明中也一定有些东西错了。他的书因此也是时代精神的一种表现。

第三阶段的标志是1926年的民族运动，结果建立了现在的国民政府。这个运动本是以国共合作的力量进行的。孙中山，是辛亥革命领袖，也是这个运动的领袖，以共产社会为最高社会理想。但是他不是共产主义者，因为他反对阶级斗争和无产阶级专政的学说。他以为，理想社会应当是爱的产物，不是恨的产物。不久国共分裂，后者正在受到镇压。由于这个运动，中国人对于西方新文明的态度发生新的转折。体现在政治经济组织中的西方新文明，一度被人认为是人类制度之至善，现在则被认为不过是人类进步的一个阶段。历史没有结束，它正在创造中。历史趋向的最终目的，现在认为是世界和平，人类合一，看来与古老的东方，比与现代的西方，更为相投。其实，如果我们只取马克思关于人类进步的学说，撇开其唯物的解释，就看出它与康有为代表的公羊学派学说之间，不无相似之处。谭嗣同果然在他的《仁学》中，尽管既不知道黑格尔，也不知道马克思，照样指出了马克思主义者可称为人类进步的辩证性质的东西。他指出，在未来理想社会与当初原始社会之间有些相似。但是在我们达到理想社会时，并不是回到原始社会，我们前进了。

第三阶段的精神，与第一阶段的精神，是一样的吗？不，第一阶段的精神领袖们基本上只有兴趣以旧释新，而我们现在则也有兴趣以新释旧。第二阶段的精神领袖们只有兴趣指出东方西方的不同，而我们现在则有兴趣看出东方西方之所同。我们认为，东方西方若有什么不同，那就是不同环境的产物。在不同的环境，人们有不同的反应。我们若从产生反应的环境来看反应，我们也许可以用黑格尔的话说，凡是实际的也是有理的。因此我们现在没有兴趣用另一种文明的眼光去批评某种文明，像第一、第二阶段的精神领袖们所做的那样，但是有兴趣用另一种文明去阐明某种文明，使两种文明都能被人更好地理解。我们现在有兴趣于东方西方的互相解释，而不是互相批评。我们把它们看做人类进步同一趋势的不同实例，人类本性同一原理的不同表现。这样，东方西方就不只是联结起来了，它们合一了。

这种精神也可以在专门哲学著作中看到。对于中国的与欧洲的哲学观念在作比较和研究，没有任何意图去断定哪个一定正确，哪个一定错误，只不过是怀有兴趣要弄清一种观念用另一种观念讲是什么。希望不久以后我们可以看到，欧洲哲学观念得到中国直觉和体验的补充，中国哲学观念得到欧洲逻辑和清晰思想的澄清。

我认为这就是近五十年中国历史三个阶段中时代精神的特征。若要应用黑格尔辩证法，我们可以说，第一阶段是"正"，第二阶段是"反"，第三阶段是"合"。

（录自《三松堂全集》第十一卷，河南人民出版社 2000 年版，第 266~270 页）
（参校《近代中国学术思想》，中华书局 2008 年版，第 290~293 页）

从典范转移的角度看当代中国哲学思想的变局[①]（节录）

刘述先[②]

……中国自汉代以来两千年间以儒家思想为主导，似乎并没有看到有什么典范的改变。但在儒家的架局下面，却又好像的确可以看到有某种几近典范的改变。我们很快就可以想到所谓的汉宋之争。汉代政治化的儒家以经学为主轴。宋明理学则以义理为中心，昌言天道性命相贯通，这一条线索发展到黄宗羲为止画上了句号。到了清初陈确、戴震又开始了"达情遂欲"的新典范，然而这一新典范并未得到充量的发展，不久清代学术即转归考据。把典范转移的观念应用到当代中国哲学，就会产生非常复杂的理论效果。本文所作只是一个初步的尝试。应该注意的是，库恩的科学革命论似乎预设了一种历史单线的进程观，旧的典范被取代以后即一去不返，好像杜绝了"文艺复兴"的可能性。但宋学继承汉学之疲而起，汉学并未绝迹，清代又大张汉学的旗帜。当然清学不可以等同于汉学，但历史未始不可以解释为一螺旋式前进的过程。同样，宋明理学在乾嘉之学盛行时几乎销声匿迹，但到今日却又有当代新儒家，以崭新的面貌重新恢复这一统绪。由此可见，在哲学思想发展的领域以内，典范并不是一去不返的，事实上不断有文艺复兴，也不断有视域的融和以及新典范的兴起。这些现象都必须得到充分的重视才能够把握到哲学思想发展的轨迹，对之有相应的理解。

到了现代，面对西方的船坚炮利，中国被逼得醒悟到自己的文化在许多

[①] 编者删除了文中的注释部分。
[②] 刘述先（1934—2016），哲学史家，现代新儒家代表学者之一。

方面远远落后于西方，而发生了所谓的"意义的危机"。张灏指出，五四反传统的狂潮之际，"迷失"状态达到了极致，包括"道德迷失""存在迷失"与"形上的迷失"等不同层面。也就是说，儒家传统的典范受到了严峻的挑战，一度竟受到扬弃的命运。在我为 1995 年新出的《剑桥哲学字典》（Cambridge Dictionary of Philosophy）撰写《中国哲学》条目时曾论及当代中国哲学的发展，就明白指出，传统中国哲学，包括儒家思想，决不是当代中国哲学的主流。近百年来各种西方思想蜂拥而入。如今快到 20 世纪末，总结一百年来中国哲学的走势，大致可以看到以下的趋向。首先得势的是西方自由主义的思想，可以胡适为代表；其次是马列主义的思想，以毛泽东为代表，迄今仍为大陆思想的主导原则，而为其意识形态的根据；最后不免出人意表的是，在近年来越来越引人注意的是，当代新儒家思想向传统的回归。由此可见，儒家思想虽不是 20 世纪中国哲学思想的主流，但传统思想并未一去不返。即大陆学者，也有许多同意杜维明和我的说法，认为当代中国思想的前途乃在于西方、马列以及新儒家三个思潮的健康互动。而在日本与"亚洲四小龙"创造了经济奇迹之后，也越来越多学者肯定儒家思想可以为未来提供重要的精神资源而不容加以忽视。这就是我们将步入 21 世纪之前所面对的思想状态。

（录自刘述先《儒家思想开拓的尝试》，中国社会科学出版社 2001 年版，第 3~5 页）

中国佛学界最近思潮之观察

显　教[①]

（一）导言

梁任公之论"时代思潮"也，曰："凡文化发展之国，其国民于一时期中，因环境之变迁，与夫心理之感召不期而思想之进路同趋于一方向，于是相与呼应，汹涌如潮然。始焉其势甚微几莫之觉，寝假而涨——涨——涨达于满度

[①] 显教，佛学研究者。

过时焉则落以渐至于衰熄。凡思非皆能成潮，若成潮，则其思想必有相当之价值，而又适合于其时代之要求者也。凡时代非皆有思潮，有思潮之时代，必文化昂进之时代也。"佛法复兴运动，垂数十年，其已形成思潮与否，有何等之价值与否，其法化果有进焉与否，皆为今日紧要问题，不可以不察也。然同一观察焉，甲得之则如彼，乙得之则如此，有相异乃至绝异者，则各有主观的搀杂其间之故。凡观察当以客观的为准，今吾所言其纯为客观者欤，吾不知也，吾姑言吾所见而已。

（二）略举过去之时代思潮

吾于未论最近思潮之前，当先略举过去之时代思潮以资比较，亦因以知最近思潮之由来。回顾过去，具有时代思潮之资格者，佛灭度后六百年间有迦旃延子世友法胜等宏扬小乘，可谓小乘之时代思潮。七百以至九百年间，有龙树提菩等宏扬般若性宗，可谓性宗之时代思潮。九百以至一千一百年间，有无着世亲护法等宏扬瑜伽相宗，可谓相宗之时代思潮。过是以往至于印度佛教衰落，则承龙智之学，密宗兴盛，可谓密宗之时代思潮。其在中国，初期佛教，典籍未备，无思潮之可言。罗什以后至于唐初，经僧肇嘉祥智者等之宏扬，总可谓之性宗之时代思潮及玄奘翻译法相典籍，窥基慧沼智周之徒，从而宏扬之，凡百数年间，可谓相宗之时代思潮。过是以后，至于会昌中国佛教臻于极盛，若法相，若贤首，若禅，若净，若律，若密，同时并兴，万派争鸣，千岩竞秀，不能分其谁主谁伴，谁高谁下。其思想界线展于全国之智识阶级，故治中国学术史者，总称之为佛学思潮之时期。会昌而后，迄于清末，一千余年之间，唯禅净台贤略保残喘，余宗几于绝灭，是为衰落时期。波平浪静，亦无思潮可言。以前各个思潮，其价值如何，进退如何，前人已有论定，兹不复及。

（三）最近思潮之测定

最近有思潮乎？曰：有。最近思潮之云何？简言之，则对于千余年残局之反动，而以复古为其职志者也。其动机及其内容，皆与清代儒学之运动极相类，而可谓其蜕影者也。清代儒者，不满意于宋明理学之积弊，学者习于束书不观，游谈无根，故大唱复古，崇尚考证，务绝臆说，实事求是，论者谓有科学之精神也。吾国佛学，会昌而后，除台贤禅净苟全生命外，余宗俱就衰息。降至清末，讲教者唯知有法华楞严而已。修持者惟知弥陀一句，话头一个而已，解陋行浅，于斯为极。（台贤禅净始建宗时，本各有博大包容气象，亦自有其价值，但后学不务扩张本宗之领域，愈益缩小其范围，其结果确能阻碍全部佛法之进行。）于是一般学者，大不满意于此现状，欲求解放，而复古之运动以起。此种运动，首先即在超逸台贤禅净局促之范围，以研究隋唐性相之古学，而尤以法相学者为特盛。继又穷求法相之源于俱舍，于婆娑，于六足，于阿含，愈复愈古，于是有所谓原始佛教者之声浪日高。而千余年来，无数宝典，惟供尘封蠹蚀者，至是皆磨炼洗刷，放大光明，不可谓非进步已。凡复古运动之起，必相随以考证，清学有然，近代佛学亦然。近代之佛学，不重谈玄说妙，而在实事求是，异本异译之校勘，历史年代之排比，昔人视为无关紧要者，今皆奉为实学。论者亦以为当用科学方法以整理佛法也。此项运动，当以支那内学院及武昌佛学院为代表。内学院欧阳竟无先生主持之，佛学院太虚法师主持之。太虚法师学问渊博，贯通内外，而以唯识为之折衷，固一时代之大人物也。内学院则多居士，居士而能精研佛法为吾佛门助者无如今日。此吾侪所当破除畛域加额赞颂者也。或曰，台贤禅净之学，犹遍中国，而总合两院学者才百数人耳，奚足以表时代思潮？曰：否。台贤禅净学者虽多，而千余年如一日，乃等流之象无特殊发展，足以表示时代思潮者。法相专门学者虽属少数，全国学者，无论台贤禅净，苟非不能，莫不多少受其影响，且其发生运动未久，犹在涨——涨——涨之时期中，声势日高，波浪愈阔，而于所谓时代思潮者，盖跃如也。

（四）最近思潮之形成

最近思潮胡为而形成耶，不外仗因托缘。何者为因？清末佛法衰敝已极，衰极将兴，物理自然，是此时代，固有复兴之可能性也。又因海上交通，隋唐古疏散佚者，陆续珠还，一般学者，好古之念骤热，因见古疏之宏博精深，愈厌近学之局漏肤浅，于是超越台贤禅净之范围，直欲上探慈恩那烂祇园原始之教义，而复古之声浪遂不可复抑。何者为缘？自交通便利，东西消息，向之阻于天限者，皆得接于耳鼓。印度、锡兰、蒙古、安南、缅甸诸佛教国，其所流行非在台贤禅净，而为性相阿含，影响所及，使复古学者毅力精进，无所顾虑。清代儒学，既饶科学精神。近时科学，又复风靡一世，国中二三硕学，皆以考证之精神与科学之方法，结合之以整理国故，好事者仿取其法，以施之佛学，亦能着着奏效，于是佛学考证之风亦日盛矣。内学院本属金陵刻经处，刻经处创于杨仁山先生。仁山初运法相典籍于东瀛，有志研究，未有所造而逝。其徒竟吾先生，得力于校经，乃专宗法相，旁涉法性小乘，于慈恩之学，颇有发明。十数年来，校勘授徒，孜孜不倦，故其门下多所造就，殆成吾国最近佛学界之知识阶级。

（五）最近思潮之评价

凡一学术之行于世，过一时代，移一国土，易一民族，翻一文字，乃至一经各个人之脑中，皆能改变其性质。佛学至今，远三千年，国土一移，民族一易，文字一翻，中间又经诸祖师之立宗分派各别组织。吾人一溯原始佛教，诚不无泉水在山出山之感矣，欲革此弊，惟有复古佛学古学也。愈复古，则愈得其本来面目，此自然之势也。又佛法之来吾国初集成于天台，再集成于贤首，台贤二宗可谓吾国佛法之结晶。千余年来遂不能出其范围。无论若何高度之文化，一成为结晶体，久之必僵腐而蕴毒。今蔽锢如是其久，欲求解放，非因循故辙所能为功。解放之法，惟有二途，一革新，二复古。吾佛法非如世间学术之可随世智轻易改革也，乃不得不出复古之一途，观今复古之声浪传达未久，而解放之功效立著，于佛法真相，亦较能见之亲切。故此运动，吾必认为极有价值者也，且吾所乐称道者，尤在考证之学。印度人以乏史识著世，吾国国史，向屏佛法为异端，而不屑言，言之亦弗能详。佛教徒亦承印人旧习，大率以佛法为超时间的，未曾注意，故今一翻藏教，异本异译，纷歧错杂，时代人名，支离乖违。历史饥饿已极，信之者但侊侗附会，或执一废余，不信者谓咸出诞妄，一概抹杀于此而不加一番精密之考证，则佛法前途，殊非佳象。且宋儒解经徒以时代隔越，而一经考证，臆说叠见。况佛学年代既远，但恃译本，欲望文生解，以明佛意，徒增迷雾而已。论者谓清凉嘉祥，尚不免臆说，况于后人。即如《楞严》一经，注疏数十家，理解矛盾，文字水火，几成千年战局。今若得一原本，以校勘之，吾知皆有不免哑然者。自考证之学起，于吾国古说尽付怀疑，惟务考校异本异译，华本不足，则征之西藏本，征之巴利本，征之少数之梵本，虽潦鹤之误，阿难之世已所不免，而必如是乃为近似，则断然也。然则考证之学，虽非真正佛学而为研究今日佛学之所必需，则吾敢昌言者也。夫考证不必尽循古人之说，亦求其是而已。今人见考证者所得结案，或有反于古，乃惶然忧惧，以为破坏佛法，将在于兹，此则大谬。盖考证之目的，非求乖违于古，实欲效忠于古。古学荒芜，考证者斩其荆棘，辟其草莱，恢复其原状，得不谓之大有功乎？夫佛学实学也，因考证而去其后世之谬误则有之，若谓因之而佛法将随之而破坏，则决无是理。苟佛法因考证而果能破坏，则诚所谓诞妄之学矣，吾亦何所顾惜而不破坏之，吾诚知佛法为真实之学，譬之真金，愈锻炼，愈明净，愈考证，愈真实，则何乐而不为之。虽然，考证不易言，佛学之考证，尤不易言。时地悬远，梵本失没，异说纷纭，神话错杂，偶一不慎，则窜乱佛法，诬蔑前古，欺罔后学，罪莫大矣。其中尤以神话之事最难处理，盖考证与神话，两性最相冲突故。若于世俗学术，则一概屏除而已。而佛法学理实有神事之可能性，若尽除之，则大伤学理，若尽信之，则亦不无后人构画之处，吾信最少必有一部分之事实，万不可以磨灭，于此等处，最宜回翔审慎，否则或好立新异，应顺世俗心理，则佛法之破坏，诚所不免，此则吾欲忠告于世之学者也。

（六）余论

欧洲文艺之复兴，大倡复古之说，欲以解放中世纪黑暗时代之现状也，及现状解放，继以改造，则并与古学而解放之矣。清代学术之运动，亦大倡复古之说，欲以解放宋明理学积敝之现状也。及现状解放，适来西洋科哲之学，一时人心，莫不厌旧喜新，则亦并与古学而解放之矣。盖复古革新二种运动，性虽相克，而实相生，此亦一奇异之现象也。佛学复古运动未久，而改造革新之说，已晨鸡三唱，此于现在虽无何等声势，继是以往，将或别成一时期之思潮，恐已不可遁避，此亦吾侪所乐预为推测论列之事。请略引伸，以终吾篇。佛法而可改造乎？吾不敢言。佛法而定不可革新乎？吾亦不敢言。欧阳先生之言曰："吾人现在研究，乃结论后之研究，推阐发挥，皆不能外于已定之结论，非由研究遂别得一新结论也。"此虽似复古派之口吻而实千古不易之至言也。佛法者，非如世间学问可言进化如来者，如古佛之再来，佛佛道同，真理不变，不惟一时一地为然，亘三世徧十方亦莫不然，胡为而言改造。虽然，佛法者，亦方便之法也，方便则无局定，或东或西，或古或新，恶乎不可，局定一法，不能与世随顺，将必遗世而独立，佛法遗世独立，则亦背于为世津梁，对机说法之义矣。或曰，得真实而行方便，固无不可，若因方便而失真实，则恶乎可。前不云乎，凡一学术之行于世，过一时代，移一国土，易一民族，翻一文字，乃至一经各个人之脑中，皆能改变其性质，甚矣正本清源之大不易易，若复从提倡革新，则末流所及，本之存者几希。曰：是固然也。然而时潮所趋，万牛不能以挽，然则奈何。曰：复古之后，继以革新，斯固如是，及新之弊，而复继以复古，斯亦意中之事。革新以顺时，复古以正本，不正本无以顺时，不顺时恶用正本，二者交相为用，互为调济，不可取舍，如春与秋，自然循环，吾侪恶用客心于其间哉。

（录自《近代中国学术思想》，中华书局2008年版，第215~220页）

最近二三十年中中国新发见之学问

王国维

古来新学问起，大都由于新发见。有孔子壁中书出，而后有汉以来古文家之学；有赵宋古器出，而后有宋以来古器物、古文字之学。惟晋时汲冢竹简出土后，即继以永嘉之乱，故其结果不甚著，然同时杜元凯注《左传》、稍后郭璞注《山海经》，已用其说；而《纪年》所记禹、益、伊尹事，至今成为历史上之问题。然则中国纸上之学问赖于地下之学问者，固不自今日始矣。自汉以来，中国学问上之最大发现有三：一为孔子壁中书，二为汲冢书，三则今之殷虚甲骨文字、敦煌塞上及西域各处之汉晋木简、敦煌千佛洞之六朝及唐人写本书卷、内阁大库之元明以来书籍档册，此四者之一已足当孔壁、汲冢所出，而各地零星发见之金石书籍，于学术有大关系者尚不与焉。故今日之时代，可谓之发见时代自来未有能比者也。今将此二三十年发见之材料，并学者研究之结果，分五项说之。

（一）殷虚甲骨文字

此殷代卜时命龟之辞，刊于龟甲及牛骨上。光绪戊戌、己亥间始出于河南彰德府西北五里之小屯，其地在洹水之南，水三面环之，《史记·项羽本纪》所谓"洹水南、殷虚上"者也。初出土后，潍县估人得其数片以售之福山王文敏(懿荣)。文敏命秘其事,一时所出,先后皆归之。庚子,文敏殉难,其所藏皆归丹徒刘铁云(鹗)。铁云复命估人搜之河南,所藏至三四千片。光绪壬寅,刘氏选千余片影印传世,所谓《铁云藏龟》是也。丙午,上虞罗叔言参事始官京师,复令估人大搜之,于是丙丁以后所出多归罗氏。自丙午至辛亥所得约二三万片。而彰德长老会牧师明义士(T. M. Menzies)所得亦五六千片。其余散在各家者尚近万片,近十年中乃不复出。其著录此类文字之书,则《铁云藏龟》外,有罗氏之《殷虚书契前编》《殷虚书契后编》《殷虚书契菁华》《铁云藏龟之余》、日本林泰辅博士之《龟甲兽骨文字》、明义士之《殷虚卜辞》(The Oracle Records of the Waste of Yin)、哈同氏之《戬寿堂所藏殷虚文字》凡八种,而研究其文字者,则瑞安孙仲容比部始于光绪甲辰撰《契文举例》,罗氏于宣统庚戌撰《殷商贞卜文字考》,嗣撰《殷虚书契考释》《殷虚书契待问编》等,商承祚氏之《殷虚文字类编》复取材于罗氏改定之稿。而《戬寿堂所藏殷虚文字》余亦有考释。此外孙氏之《名原》亦颇审释骨甲文字,然与其《契文举例》皆仅据《铁云藏龟》为之,故其说不无武断。审释文字自以罗氏为第一,其考定小屯之为故殷虚,及审释殷帝王名号,皆由罗氏发之。余复据此种材料作《殷卜辞中所见先公先王考》,以证《世本》《史记》之为实录;作《殷周制度论》,以比较二代之文化。然此学中可研究发明之处尚多,不能不有待于后此之努力也。

(二)敦煌塞上及西域各地之简牍

汉人木简,宋徽宗时已于陕右发见之,靖康之祸,为金人索之而去。当光绪中叶,英印度政府所派遣之匈牙利人斯坦因博士(M. Aurel Stein)访古于我和阗(Khotan),于尼雅河下流废址得魏晋间人所书木简数十枚;嗣于光绪季年,先后于罗布淖尔东北故城得晋初人书木简百余枚,于敦煌汉长城故址得两汉人所书木简数百枚,皆经法人沙畹教授(Ed. Chavannes)考释。其第一次所得印于斯氏《和阗故迹》(Sand-buried Ruins of Khotan)中;第二次所得别为专书,于癸丑甲寅间出版。此项木简中有古书、历日、方书,而其大半皆屯戍簿录,于史地二学关系极大。癸丑冬日,沙畹教授寄其校订未印成之本于罗叔言参事,罗氏与余重加考订,并斯氏在和阗所得者景印行世,所谓《流沙坠简》是也。

（三）敦煌千佛洞之六朝唐人所书卷轴

汉晋牍简，斯氏均由人工发掘得之，然同时又有无尽之宝藏于无意中出世而为斯氏及法国之伯希和教授携去大半者，则千佛洞之六朝及唐五代宋初人所书之卷子本是也。千佛洞本为佛寺，今为道士所居。当光绪中叶，道观壁坏，始发见古代藏书之窟室。其中书籍居大半，而画幅及佛家所用幡幢等亦杂其中。余见涃阳端氏所藏敦煌出开宝八年灵修寺尼画观音像，乃光绪己亥所得；又乌程蒋氏所藏沙州曹氏二画像，乃光绪甲辰以前叶鞠裳学使（昌炽）视学甘肃时所收。然中州人皆不知。至光绪丁未，斯坦因氏与伯希和氏（Paul Pelliot）先后至敦煌，各得六朝人及唐人所写卷子本书数千卷及古梵文、古波斯文及突厥、回鹘诸国文字无算。我国人始稍稍知之，乃取其余约万卷，置诸学部所立之京师图书馆。前后复经盗窃散归私家者，亦当不下数千卷。其中佛典居百分之九五。其四部书为我国宋以后所久佚者，经部有未改字《古文尚书孔氏传》、未改字《尚书释文》、糜信《春秋穀梁传解释》《论语郑氏注》、陆法言《切韵》等；史部则有孔衍《春秋后语》，唐西州、沙州诸《图经》，慧超《往五天竺国传》等（以上并在法国）；子部则有《老子化胡经》、摩尼教经、景教经；集部有唐人词曲及通俗诗、小说各若干种。己酉冬日，上虞罗氏就伯氏所寄景本写为《敦煌石室遗书》排印行世。越一年复印其景本为《石室秘宝》十五种，又五年癸丑复刊行《鸣沙石室逸书》十八种，又五年戊午刊行《鸣沙石室古籍丛残》三十种，皆巴黎国民图书馆之物，而英伦所藏则武进董授经（康）、日本狩野博士（直喜）、羽田博士（亨）、内藤博士（虎次郎），虽各抄录景照若干种，然未有出版之日也。

（四）内阁大库之书籍档案

内阁大库在旧内阁衙门之东，临东华门内通路，素为典籍厅所掌，其所藏书籍居十之三，档案居十之七。其书籍多明文渊阁之遗，其档案则有历朝政府所奉之朱谕、臣工缴进之敕谕批折、黄本、题本、奏本、外藩属国之表章、历科殿试之大卷。宣统元年，大库屋坏，有司缮完乃暂移于文华殿之两庑，然露积库垣内尚半。时南皮张文襄（之洞）管学部事，乃奏请以阁中所藏四朝书籍设京师图书馆，其档案则置诸国子监之南学，试卷等置诸学部大堂之后楼。壬子以后，学部及南学之藏复移于午门楼上之历史博物馆。越十年，馆中复以档案四之三售诸故纸商，其数凡九千麻袋，将以造还魂纸，为罗叔言所闻，三倍其价购之商人，移贮于彰义门之善果寺。而历史博物馆之剩余，亦为北京大学取去渐行整理，其目在《大学日刊》中。罗氏所得以分量太多，仅整理其十分之一，取其要者汇刊为《史料丛刊》十册，其余今归德化李氏。

（五）中国境内之古外族遗文

中国境内古今所居外族甚多，古代匈奴、鲜卑、突厥、回纥、契丹、西夏诸国均立国于中国北陲，其遗物颇有存者，然世罕知之。惟元时耶律铸见突厥《阙特勤碑》及《辽太祖碑》。当光绪己丑，俄人拉特禄夫访古于蒙古，于元和林故城北访得突厥《阙特勤碑》《苾伽可汗碑》、回鹘《九姓可汗》三碑。突厥二碑皆有中国、突厥二种文字，回鹘碑并有粟特文字。及光绪之季，英、法、德、俄四国探险队入新疆，所得外族文字写本尤伙。其中除梵文、法卢文、回鹘文外，更有三种不可识之文字，旋发见其一种为粟特语，而他二种则西人假名之曰第一言语、第二言语，后亦渐知为吐火罗语及东伊兰语，此正与玄奘《西域记》所记三种语言相合。粟特语即玄奘之所谓"窣利"，吐火罗即玄奘之"睹货逻"，其东伊兰语则其所谓葱岭以东诸国语也。当时粟特、吐火罗人多出入于我新疆，故今日犹有其遗物。惜我国人尚未有研究此种古代语者，而欲研究之，势不可不求之英、法、德诸国。惟宣统庚戌，俄人柯智禄夫大佐于甘州古塔得西夏文字书，而元时所刻河西文《大藏经》后亦出于京师，上虞罗福苌乃始通西夏文之读。今苏俄使馆参赞伊凤阁博士（Ivanoff）更为西夏语音之研究，其结果尚未发表也。

此外，近三十年中，中国古金石、古器物之发见，殆无岁无之，其于学术上之关系亦未必让于上五项，然以零星分散，故不能一一缕举。惟此五者分量最多，又为近三十年中特有之发见，故比而述之。然此等发见物，合世界学者之全力研究之，其所阐发尚未及其半，况后此之发见亦正自无穷，此不能不有待少年之努力也。

（录自《静庵文集续编》，《王国维遗书》第五册，上海古籍书店1983年版）
（参校《大家国学·王国维》，天津人民出版社2009年版，第67~71页）

五十年来中国之新史学（节录）

周予同

一

中国史学在世界文化史上有其光荣的地位与悠久的历史。

中国史学的演变，从殷商以来，依个人的私见，可分为四期：第一期称为"萌芽期"，从殷商直至春秋以前，甲骨上的刻辞、《易》的一部分的《卦辞》《爻辞》、《今文尚书》中的一小部分，可认为代表的材料。第二期称为"产生期"，从春秋经战国而至汉初，相传为孔子著修的《春秋》，以及《竹书纪年》《国语》《世本》等书，可认为伟大的代表的作品。第三期称为"发展期"，从汉初直至清末民初。这是中国史学史上最重要的定型的时期，纪传体的"二十五史"，编年体的正续《资治通鉴》，纪事本末体的"九种纪事本末"，以及偏重政制的"十通"，专记学术的"四朝学案"，都可认为丰饶的代表的作品。第四期称为"转变期"，从清末期民初以至现在。在这一时期内，史学的著作虽还没有形成另一种定型，但与第三期的史学著作，无论就历史哲学或历史方法论方面，也就是章学诚所谓"史意""史识""史学""史法"各方面，已逐渐不同，实无容否认或讳言的事。为行文简便起见，萌芽、产生、发展三期的中国史学，可称为"旧史学"；而第四期，转变期的史学，可称为"新史学"。

……

七

直接受康有为经今文学的启示，而使中国史学开始转变、开始脱离经学羁绊的是梁启超。

梁启超是康氏的入室弟子，依常理说，是继承康氏学统最适当的人物；然而因为康梁二氏性格的不同，而终于分手。……

梁氏对于康氏，始从而终离，除性格不同的原因外，治学途径的变异亦是

---

① 编者删去了文中的部分注释。

一大关键。康氏始终是经学家,其谈史也只是为了治经。因为康氏是经学家,所以始终谈"伪经",谈"改制",甚至于以神秘性谈孔子。梁氏已由经师弟子转变而为新史学家,所以留意于"我国旧思想之总批判及其所认为今后新思想发展应遵之途径"……

　　…………

八

　　使中国史学完全脱离经学的羁绊而独立的是胡适。崔适只是以经今文学兼及史学,夏曾佑只是由经今文学转变到史学,梁启超也只是逐渐脱离经今文学而计划建设新史学。只有胡适,他才是了解经今文学、经古文学、宋学的本质,接受经今文学、经古文学、宋学的文化遗产,而能脱离经今文学、经古文学与宋学的羁绊,以崭新的立场,建筑新的史学。转变期的史学,到了他确是前进了一步。胡适为什么会有这样的业绩?除了个人的天才与学力的原因之外,我们不能不归因于时代的反映。"五四运动"前后本是中国社会飞跃的一个时期,而胡适正是以"代言者"的姿态踏上了这一个时期。异日如有人专究现代中国以及胡适的史学,如果忽略了第一次世界大战的爆发、中国民族资本主义的抬头、西洋进化论思想的发展以及中国戊戌以来文化水准的提高等等史实,他将决不能了解胡适,而且也决不能了解中国转变期的史学!

　　胡适的历史哲学与历史方法论很清楚的很简洁的表现在他自己的两篇文章里:一是《介绍我自己的思想》(即《胡适文选自序》),一是《中国哲学史大纲》上卷第一篇的《导言》。在前一篇文章里,他将十年内一百四五十万字的三集《胡适文存》选了二十二篇文字,分为五组:第一组选录《演化论与存疑主义》《杜威先生与中国》等六篇,泛论思想的方法;第五组选录《国学季刊发刊宣言》《古史讨论的读后感》等四篇,代表他对于整理国故问题的态度与方法。前者和他的历史观有关,后者和他的方法论有关。他说:他的思想受两个人的影响最大:一位是赫胥黎,一位是杜威。赫胥黎教他怎样怀疑,教他不信任一切没有充分证据的东西;杜威教他怎样思想,教他处处顾到当前的问题,处处顾到思想的结果。换句话说,就是存疑主义(agnosticism)与实验主义(pragmatism)建立起他的全部思想,而同时建立起他的史观。存疑主义与实验主义都是由达尔文的生物进化论派生的,所以简括地说,胡氏也和转变初期的史学家相同，都受着进化论的影响，只是比他们更了解得透澈而能更圆滑的应用而已。在方法论方面，他提出两个基本方法，"一个是用历史演变的眼光追求传说的演变，一个是用严格的考据方法来评判史料"，而"这不过是赫胥黎、杜威的思想方法的实际应用"。所以胡氏的史观与方法论仍然是"一以贯之"。在《中国哲学史大纲·导言》一篇，对于历史方法论，有较具体的说明。他说，研究哲学史有三个目的：一是"明变"，二是"求因"，三是"评判"。但要达到这三个目的，先须做一番"述学"的工夫。所谓"述学"，第一步是"审定史料"，第二步是"整理史料"。审定史料的证据可分五种：一是"史事"，二是"文字"，三是"文体"，四是"思想"，合称为"内证"；五是"旁证"。整理史料的方法约有三端：一是"校勘"，二是"训诂"，三是"贯通"。胡氏的一切史学著作虽不能说完全依着这步骤，达到这目的；但在他自己，确以为是在很客观的向着这方面努力。

是不是完全如胡氏自己所说，他只在接受西洋文化，受着赫胥黎和杜威两人的思想的影响呢？不是的。胡氏究竟是中国人，他一样的受着中国文化遗产的培养。依个人的私见，胡氏与其说用西洋的思想来整理"国学"——其实只是广义的史学，不如说集合融会中国旧有的各派学术思想的优点，而以西洋某一种的治学的方法来部勒它，来涂饰它。他平素称誉朱熹，称誉戴震，固然因为这两位学者治学的精神与方法有些近于所谓西洋的科学精神与科学方法，不仅仅因为他们也是安徽人；但很显然的，胡氏及其同派者都继承了宋学的怀疑的精神，采用了汉学古文派的考证的方法。我们只能说前修未备，后学加密，却不能说他们和宋学派及汉学的古文学派毫无学术上的关联。宋学家，如欧阳修疑《易》"系辞""文言"以下非孔子所作，苏轼讥《书》"康王之诰"为失礼，朱熹说《诗》邶、鄘、卫、郑、陈各风多淫泆之辞，苏辙指《周礼》是秦、汉诸儒以意损益之作，王安石斥《春秋》为"断烂朝报"，李觏、司马光批评《孟子》的史识，他们的方法固然有时欠精审，但他们的疑古的精神和胡氏及其同派者所叫喊的"上帝尚可以批评"，"拿证据来"，不是一脉相通吗？至于胡氏与清代考证学，即汉代古文学所派生的学问，不仅有密切的关系，而且完全接受他们治学的业绩与方法，更是非常明显。在《中国哲学史·导言》里，他谈文字，谈校勘，谈训诂，称誉戴震、王念孙、王引之、俞樾、孙诒让、章炳麟以及卢文弨、孙星衍、顾广圻这一班朴学大师。蔡元培在这部书的序文里，说他"生在世传'汉学'的绩溪胡氏，禀有'汉学'的遗传性，虽自幼进新式的学校，还能自修'汉学'，至今不辍"。梁启超也说"绩溪诸胡之后有胡适者，亦用清儒方法治学，有正统派遗风"。这种恭誉的话，胡氏并不否认，而且坦然地接受，这能说他和汉学古文派没有关系吗？

胡氏及其同派者，除承受宋学的精神与汉学古文派的方法以外，对于清末高度发展的汉学今文派的思想体系，实也有一脉相承之概。《中国哲学史》和以前出版的中国哲学研究著作，无论中国人或日本人写作的，都有两个最大不同之点，即：一，中国哲学思想不始于尧、舜、禹、汤、文、武、周公，而始于老子与孔子；老、孔以前的思想史料，不采用《尚书》而采用《诗经》。这在现在，似不足惊为新异；但在当时，民八"五四"以前，却是颇大胆的"尝试"。然而，这种思想的来源，不是很显然的受了康有为《孔子改制考》一书的影响吗？中国文化既然始于孔子，尧、舜、文、武不过是儒家托古的人物，《帝典》《皋陶》不过是儒家托古的礼制，则为史而治史，为信史而撰史，将这些伪装的人物和书籍一笔撇开，不是很合理的方法吗？其次，胡氏的古代哲学史所以能将老、孔、墨诸子等视齐观，或者已受章炳麟"诸子学"和梁启超《论中国学术思想变迁之大势》等文的影响，但康氏《孔子改制考》一书，说诸子都是"托古改制"，意在尊崇孔子、实则夷孔子与诸子并列，不能不说是曾给了胡氏以思想上的启示。又其次，如胡氏说"论《春秋》的真意，应该研究《公羊传》和《穀梁传》，晚出的《左传》最没有用"；说秦焚书不是古代哲学中绝的真原因；说诸子不出于"王官"，《汉书·艺文志》"诸子略"并未能说明诸子产生的原因；这些理论，或是袭用今文学的见解，或是由今文学的见解而加以扩大、加以转变。

关于胡氏这一派和今文学的关系，钱玄同有更忠实的叙述。他说："一九〇九，细绎刘申受（逢禄）与龚定盦（自珍）二人之书，始背师（章太炎师专宗古文，痛诋今文）而宗今文家言。……自一九一一读了康、崔二氏之书，乃始专宗今文。"又自述受业崔适的经过，说："自一九一一（辛亥）至一九一三（民国二），此三年中，玄同时向崔君质疑请益；一九一四年（民国三）二月，以札问安，遂自称弟子。"他初由章炳麟研究文字学，后由崔适接受今文学。他的《答顾颉刚书》，他的《重论经今古文问题》，更其是他论《左传》与《国语》的关系问题，都带有非常浓厚的今文学的色彩。胡氏的弟子顾颉刚也曾叙述到他和今文学的关系。"自从读了《孔子改制考》的第一篇之后，经过了五六年的酝酿，到这时始有推翻古史的明了的意识和清楚的计划。"又说："我的推翻古史的动机固是受了《孔子改制考》的明白指出上古茫昧无稽的启发，到这时而更倾心于长素先生（有为）的卓识。"总之，胡氏及其同派者的学术思想继承着今文学的思想体系而加以扩大，加以转变，是无可讳言的。

那末，他们是今文学者的"流风余韵"吗？那又不然。他们不是经学家而是史学家，他们不是旧的史学家而是新的转变期的史学家。胡适说自己"不主张'今文'，也不主张'古文'"。钱玄同说自己"从一九一七以来，思想改变，打破'家法'观念，觉得'今文家言'什九都不足信"。顾颉刚说："我对于今文家的态度总不能佩服。……他们拿辨伪做手段，把改制做目的，是为运用政策而非研究学问。"他们由今文学胎育出来，而结果却否定今文学，这便是中国现代学术界演变的历程！钱玄同去姓而自称"疑古玄同"，其实"疑古"已成这一派的标帜而与"考古""释古"成为中国现代史学三派之一。就"疑古派"所研究的史料与方法而论，或可称为"记载考证派"，以与"考古派"之称为"遗物考证派"相别。所谓"记载考证派"，因为他们的材料限于记载的书本，而他们的方法不出于史实的考证而已。

胡氏《中国哲学史大纲》上卷的出版，恰当着"五四运动"的发展，曾风行一时。过了三年，民国十一年（公元一九二二年），梁启超在北京大学哲学社讲演，曾加以批评，但也不过指出本书的若干缺点，并未能将"疑古派"的史观与方法论的缺陷加以暴露。民国十六年（公元一九二七年）以后，中国学术思想界，更其是史学方面，渐趋复杂。当时批评胡氏的文章颇多，而以李季的批判一书最为热辣，然而并未引起胡氏的答辩。顾氏《古史辨》出版后的经过也和这大致相同。当第一册初出版时，很引起学术界的趣味；但不久接上来的是许多深刻的批评，其中较热辣的是马乘风的一篇批判文字。平心而论，一种历史哲学或一种历史方法论，都有其优点，也都不免有其缺点，而其优点与缺点且每每随着社会的时代的进展而无法遮掩，只有历史的本身才是客观的公平的批判者。"疑古派"在中国史学史上自有其不可一笔抹煞的业绩，他们继承今文学的思想体系，采用古文学的治学方法，接受宋学的怀疑精神，而使中国的史学完全脱离经学而独立，这在中国学术演进史上是不能不与以特书的。

至于他们的史料限于记载的书本,他们的研究方法仍不免带有主观的成见,他们的研究范围仅及于秦、汉以前的古史以及若干部文学著作,因之,他们的成绩不免消极的破坏多于积极的建设。至于进化论、存疑主义与实验主义,应否应用于史观,则"见仁见智","是亦一无穷,非亦一无穷",在简短的本篇只好暂存而不论;而况在这派学者中,对这种思想,究竟了解到怎样的程度,应用到怎样的阶段,也未能一概而论呢。

九

对于疑古派的研究方法提出修正意见的是"考古派",这派的代表者,在初期有王国维,在后期有李济。这派的起源并不后于疑古派,但他们能卓然自成一派,以与疑古派平分中国现代史学界,却在疑古派形成之后。这派与今文学和宋学已可说毫无关系,与古文学的治学方法虽有学统上的一点联系,但到了后期(最近),连这一点联系也在若有若无之间。这派和我所说的史料派有密切的关系,但比史料派前进了或深入了一步。史料派只注意史料的发现、搜集与整理;至于整理后的史料应如何与中国已有的史学配合或如何修正中国史学,他们可存而不论。至于考古派,他不仅注意新的史料与旧的史学的关联,而且因而建立他们的历史方法论,因而建立他们的史观。到了这派的后期学者,中国史学不仅脱离经学的羁绊,而且脱离中国一切以往旧文化的羁绊;远古的史料,而处以崭新的技术,中国史学到此已完全宣告独立,谁能否认这是中国史学的大进步呢?

……………

继王氏之后而使考古派史学飞跃一步的是李济。王氏的治学方法还和古文学的考证派有相当的关联,而李氏则是纯粹受西洋考古学的训练的学者。李氏初回国,从事于仰韶文化(中国新石器时代文化)的发现,曾著有《西阴村史前的遗存》一书。到民国十七年(公元一九二八年),中央研究院成立;次年(公元一九二九年),李氏为该院历史语言研究所考古组主持安阳小屯殷墟的发掘。从这以后,殷商地下史料的获得,才由偶然的发现进而为科学的发掘;同时,地下史料的范围也由甲骨而扩大到铜器、陶器以及其他材料。由"甲骨学"的名称而转变为"小屯文化"、"青铜器时代文化"或"白陶文化"研究,以与前一时代的"仰韶文化"、"新石器时代文化"或"彩陶文化"研究相对,这正表示中国新史学发展的标帜。……

对于史料派及考古派加以批评的,在现代学人间,还不大见到。就我所知的,只有钱穆。钱氏大概将这两派合称为考订派;他说:"考订派则震于科学方法之美名,往往割裂史实,为局部窄狭之追究。以活的人事换为死的材料。治史譬如治岩矿,治电力,既无以见前人整段之活动,亦于先民文化精神漠然无所用其情。彼惟尚实证,夸创获,号客观,既无意于成体之全史,亦不论自己民族国家之文化成绩。"钱氏站在"通史致用"的观点,要求治史者"附随一种对其本国已往历史之温情与敬意",其出发点是情感的、公民的;考古派站在"考史明变"的观点,希望治史者抱一种"无征不信"的客观的态度,其出发点是理智的、学究的。钱氏斥责他们为"以活的人事换为死的材料",其实考古派也可以说自己是"将死的材料返为活的人事的记载,以便治史者引起对于本国已往历史之温情与敬意"。依个人的私见,这两种见解并不是绝对对立的,考古派的研究方法虽比较琐碎,研究的范围虽比较狭窄,但这种为史学基础做打桩的苦工是值得赞颂的。钱氏说,"治国史不必先存一揄扬夸大之私,亦不必抱一门户立场之见,仍当于客观中求实证,通览全史而觅取其动态"。所谓"于客观中求实证",考古派学者不是很好的伙伴吗?

十

继疑古派与考古派而崛起的是释古派。胡适在《中国哲学史大纲》中虽然也曾提出治史的三个目的为"明变"、"求因"与"批判";但疑古派与考古派究竟多只做到"明变"的一部分工作,而没有达到"求因"与"批判"两个目的。——考古派对于这两个目的根本加以忽略;疑古派的"求因"工作每不是客观的而流于臆说的,因之他们的"批判"也并不会完全中肯。——换句话说,疑古派与考古派只叙说历史现象之如此,而没有深究历史之所以如此;再换句话说,只是历史之现象论,而非历史之动力论。释古派便是对于这种学术上的缺点而企图加以补充。其次,或者更重要的,释古派所以产生或者由于社会的原因。从民八"五四"以后,中国社会形态极变幻的能事,许多知识分子因不安于现状而探究鸦片战争以后中国现代社会的形态及其本质,因而再追溯产生这现代中国社会之以往各期的社会的形态及其本质,而且想用一种理论以解释这各期社会形态与本质之所以形成及其转变。释古派注意社会史,而中国社会史研究成为近十多年来中国史学界的专题，或者都可以于此得到解释。所以释古派与疑古派及考古派的另一异点，便是后两派注意于局部的断代的（时代之代，非朝代之代）研究，而释古派则喜为全面的通史的研究。

释古派的初期代表人物是胡汉民。民国八年（公元一九一九年）下半年间，他在《建设》杂志第一卷第三号上发表了一篇关于中国哲学史研究的文章，显然的采用和胡适不同的观点。胡汉民承认中国古代曾有井田制度，而井田制度的破坏实为先秦诸子产生的原因。胡适受今文学的影响，否认中国古代曾有所谓井田制度；他在这年十一月间写信给廖仲恺，说：这篇文章的全体，他是很佩服的；汉代哲学一段更有独到的议论；而且他也并不是反对这研究的观点，只似乎不必从井田破坏一方面着想。于是由哲学史的讨论一变而为井田制的有无与本质问题的论战。当时参加这论战的还有廖仲恺、朱执信、吕思勉和季融五诸人，一直讨论到次年（民国九年，公元一九二〇年）的五月，终于无结果而罢。

使释古派发展而与疑古派、考古派鼎足而三地成为中国转变期的新史学的是郭沫若。郭氏在民国十七年（公元一九二八年）避居日本时，用杜衎的笔名，在《东方杂志》上连续发表关于《易》《诗》《书》之社会背境与思想反映的研究文字，又在《思想》杂志上发表《中国社会之历史的发展阶段》一文。次年（民国十八年，公元一九二九年），又补作《卜辞中的古代社会》和《周金中社会史观》二文，合编为《中国古代社会研究》一书，于民国十九年（公元一九三〇年）三月在现代书局出版。在这部书的序文里，他主张承接罗振玉、王国维的业绩，而对于疑古派的所谓"整理国故"表示不满。……

与郭氏同属于释古派而见解却又歧异的是陶希圣。陶氏于民国十八年（公元一九二九年）到二十一年（公元一九三二年）间，继续编写《中国社会之史的分析》、《中国社会与社会革命》、《中国社会现象拾零》、《中国封建社会史》、《西汉经济史》、《中国政治思想史》（未完）、《中国问题之回顾与展望》等，产量相当丰富。但因为陶氏并不是单纯的客观研究的理论家，所以时被不同派系的人所指责；而且陶氏各书中的见解前后每不一致，所以更予人以指责的机会。对于陶氏各书指责得最热辣的是翦伯赞所著书中的一段。（见翦伯赞《历史哲学教程》页一五四至一六〇——原注）

从郭、陶二氏以后，释古派的分裂与争论日甚一日，且已超出学术研究范围之外。嵇文甫说从公元一九二八年（民国十七年）到一九三五年（民国二十四年）这六七年间，中国社会史的研究可分为三个阶段：第一是概说时期，第二是论战时期，第三是搜讨时期；这话大致是正确的。在这时期中，能够以纯粹学术研究的态度写作的，有冯友兰的《中国哲学史》。冯氏在本书中虽然没有很明显的表白自己史学的立场，但他曾经说过"释古一种应系史学之真正目的，而亦是中国史学之最新的趋势"。在本书中，如他说"中国实只有上古与中古哲学，而尚无近古哲学"；因划分"自孔子至淮南王为子学时代；自董仲舒至康有为为经学时代"。关于子学时代哲学发达的原因，他反对胡适的见解，以为"于其时政治制度、社会组织及经济制度皆有根本的改变"。至于经学时代的出现，他以为"秦、汉大一统，政治上定有规模，经济社会各方面之新秩序亦渐安定。自此以后，朝代虽屡有改易，然在政治、经济、社会各方面，皆未有根本的变化，各方面皆保其守成之局。……"这种以社会史的背景来说明哲学的产生与其演变，不能不认与释古派声息相通。此外如叙述"阴阳家思想中之宇宙间架"，叙述"五行"，叙述"阴阳家与科学"，叙述"《列子》中之机械论"，都和以往讲述中国哲学史者不同其面貌。但"七七事变"以后，冯氏的思想论调已渐起变化，而接受——或者接近——陈寅恪的见解，即所谓"一方面吸收输入外来之学说，一方面不忘本来民族之地位"，更努力于海格尔历史哲学中所谓"合"的工作，企图稳定宋、明理学的地位，以上承儒家的道统，而渐与释古派分手了！

较冯氏《哲学史》一书稍后出而态度较为明显的是范寿康的《中国哲学史通论》。在这部书的《绪论》里，他主张以"社会的存在"说明"社会的意识"；所以他对于中国今后哲学思想的建立也恰与陈寅恪的见解不同。

释古派自身的论争非常激烈，而别派所给予的指斥也很露骨，但都不免含有非学术的宗派的气息，而未能为冷静的客观的论断。比较能不以盛气出之的，还是冯友兰。他在马乘风《中国经济史》序文里，说："释古一派之史学多有两种缺陷：第一种是……往往缺乏疑古的精神。……往往对于史料，毫不审查，见有一种材料，与其先入之见解相合者，即无条件采用。……第二种缺陷是……往往谈理论太多……感觉他是谈哲学，不是讲历史。……我们应当以事实解释证明理论，而不可以事实迁就理论。"冯氏所不满于一般的释古派的，第一是方法问题，第二是技术问题；并非在于理论基础。换言之，还是"人"

的问题,"书"的问题,而不是"史观"的本身问题。其次以较沉痛的语调出之是钱穆。他在《国史大纲》的《引论》里,说:"革新派之于史也,急于求智识,而怠于问材料。……其于史,既不能如记诵派所知之广,亦不能如考订派所获之精。……彼之把握全史,特把握其胸中所臆测之全史。彼对于国家民族已往文化之评价,特激发于其一时之热情,而非有外在之根据。其绾合历史于现实也,特借历史口号为其宣传改革现实之工具。彼非能真切沉浸于已往之历史智识中,而透露出改革现实之方案。彼等乃急于事功而伪造智识者。"钱氏这些话固然不专指斥释古派,梁启超、胡适等亦在指斥之列,即他所说的革新派史学的三期——由政治革命而文化革命而经济革命——但他对于经济革命论派更其沉痛;他说:"使此派论者有跻蹰满志之一日,则我国史仍将束高阁,覆酱瓿,而我国人仍将为无国史智识民族也。"按释古派的目的在于把握全史的动态而深究动态的基因;与钱氏所主张的"于客观中求实证,通览全史而觅取其动态",并无根本的冲突。所成为争辩的焦点在于历史应否"求因",及把握什么以作求因的工具而已。不过国内自命为释古派的学人,每每热情过于理智,政治趣味过于学术修养,偏于社会学的一般性而忽略历史学的特殊性,致结果流于比附、武断。但从民国八九年以来,释古派因论争批评,也并非毫无进步;如果说这派发展,中国史学便要束阁覆瓿,那却未免过虑了。

(录自《周予同经学史论著选集》,上海人民出版社1996年版,第514、537~538、542~548、552~559页)

(参校《经学和经学史》,上海人民出版社2012年版,第169~170、185~186、188~193、195~200页)

"古史辨派"的方法论[①](节录)

杨向奎[②]

顾颉刚先生在大学读书时读的是哲学系,那是在辛亥革命后不久,社会变

---

① 编者删除了文中的注释部分。
② 杨向奎(1910—2000),中国古代史家、思想史家。

动得太剧烈了,使他迷惑而找不到解决社会问题的道路。辛亥革命的潮流既退,袁世凯的暴虐和遗老们的复古空气又嚣张起来,几年前愉快的心情和热烈的希望化作了悲哀的回忆,这使他精神不宁而心情不安,只想在哲学中求得解决。顾先生说自己是一个热情的人,不会向消极方面走去而至信佛求寂灭的,他总想以心理学和社会学为基础而解决人生问题。加以见事较多,感到世界上事物的繁杂离奇而打算明了它们之间的关系,得到一个简单的纲领,把所见的东西理出一个头绪来,当时他以为只有研究哲学才能办到。但他说他的学术野心未免太高了,要整理国故就想用一个人的力量去整理清楚,要认识宇宙和人生就想凭了一时的勇气去寻讨最高的原理,他说他这样卤莽奔驰了许久,他认识到宇宙的神秘了,知道最高的原理是藏在上帝的柜子里,永远不会公布给人类看的,人之所以为人本只要发展他的内心的感情,理智不过是要求达到情感的需求时的一种帮助,并没有独立的地位。不幸,人类没有求知的力量而有求知的欲望,要勉强做不能做的事情,于是离了情感而言理智,但这仅仅是一种虚妄而已,实际上何曾真能探得宇宙的神秘。用尽了人类的理智,固然足以知道许多事物的真相,但可知道的只有很浅近的一点,决不是全宇宙。科学家究竟比幻想者高明,科学家凭了实证,以穷年累月之力知道些慊截的真事物。所以我们不作学问则已,如其要作学问,便应当从最小的地方作起。最高的原理是不必费气力去探求的了,只有一粒一粒地播种,一篑篑地畚土,把自己看做一个农夫或土工而谨慎将事,才是我们的本分事业。这是一种信仰,颉刚先生说他有了这种认识以后,知道过去的哲学基础是建设于玄学上的,其中虽然有许多精美的言论,但实际上只是解颐之语而已,终不能以此为论定。科学的哲学正在发端,也无从预测它的结果。要想有真实的哲学,只有先从科学做起,大家择取一小部分的学问而努力,等到各科平均发展以后,自然会有人出来从事于会通的工作而建设新的哲学。所以我们现在再不当宣传玄想的哲学,以致阻碍了纯正科学的发展。

正当颉刚先生从哲学上找不到出路而痛苦的时候,胡适之从美国回来了,他到北大当了哲学教授。他来了,他不管以前的课业,重编讲义,开头一章是《中国哲学结胎的时代》,用《诗经》作时代的说明,丢开了唐、虞、夏、商,径从周宣王以后讲起,这一改把一班充满三皇五帝的脑筋骤然作了一个重大打击,骇得一堂中舌挢而不能下,但胡的讲学却给颉刚先生带来了史学方法论。

那数年中胡适之发表了许多论文,颉刚先生说在这些论文中有许多研究历史的方法,他都理解了而接受下来,并且使他有了信心,以为最合于他的性情的学问乃是史学。一九二〇年胡适之给《水浒传》作了一篇长序,在这篇长序中找出了《水浒》本事的来历和演变的层次。假使没有这篇考证,这件故事的变迁状况只在若有若无之间,我们便将因其模糊而猜想其简单,哪能知道得如此清楚。自从有了这种启示,他更回想起以前当戏迷时所受的启发,觉得用这种方法,可以讨究的故事真不知有多少,而这些故事的演变都有它的层次,绝不是一朝一夕之故,倘若能像胡适之考证《水浒》一样,把这些层次寻究出来,更加有条不紊的贯穿,看他们是怎样的变化,岂不是一件有意义的工作?同时他又想起胡适之的一些古史论文,比如讲井田的文字,方法和《水浒》的考证一样,可见研究古史也尽可以应用研究故事的方法,因此使他想起戏剧中的故事,薛平贵历尽了穷困和陷害的艰难,从乞丐而将官,而外国驸马以至做到皇帝,不是和舜之历尽了顽父嚣母傲弟的艰难,从匹夫而登庸而尚帝女,以至受了禅让而做皇帝一样吗?这些事情如果用了史实的眼光去看,实在无一处不谬,但若用了故事的眼光去看,便无一处不合了。又如戏中人的好坏是最容易知道的,因为只要看他们的脸子和鼻子就行。我们只要用了角色的眼光去看古文中的人物,便可以明白尧、舜和桀、纣所以形成了两极端的品性,做出两极端的行为的缘故,也就可以领会他们所受的颂誉和诋毁的积累的层次。因为颉刚先生接触到这些事实,这使他形成了一种新的眼光,对于中国古代史也就有了特殊的看法。

  以上是顾颉刚先生介绍他自己治古史的方法论。这方法论也追述到他自己的宇宙观。胡适之也曾经自己叙述他治学方法的本原,他有一篇《古史讨论的读后感》,后来他说《古史讨论》的一篇在他的《文存》里要算是最精彩的方法论。这里面讨论了两个基本方法:一个是用历史演变的眼光来追求传说的演变,一个是用最严格的考据方法来评判史料。他并且引证颉刚先生的话说他从《水浒传考证》和《井田辨》等文字中得到历史方法的暗示。这个方法用历史演化的眼光来追求每一个传说演变的历程。他说他考证《水浒》的故事,包公的传说……井田制度都用了这个方法,并且引顾先生的话说"我们看史迹的整理还轻而看传说的经历却重。凡是一件史事,应看它最先是怎样,以后的逐步逐步的变迁是怎样"。其实对于纸上的古史迹追求其演变的步骤,便是整理它了。胡适之接着又叙述他的考证方法道，我们对于"证据"的态度是：一切史料都是证据，但史家要问：

（一）这种证据是在什么地方寻出的？

（二）什么时候寻出的？

（三）什么人寻出的？

（四）依地方和时候上看起来，这个人有做证人的资格吗？

（五）这个人虽有证人的资格，而他说这句话时有作伪（无心的或有意的）的可能吗？

他说这种考证方法，是要读者们学得一点科学精神，一点科学态度，一点科学方法。科学精神在于寻求真实，寻求真理。科学态度在于抛开成见，搁起感情，只认得事实，只跟着证据走。科学方法只是"大胆的假设，小心的求证"十个字，没有证据，只可悬而不断。证据不够，只可假设，不可武断，必须等到证实以后，方才奉为定论。

这种方法不仅影响顾先生，当时它的影响还是相当大的。不过"古史辨派"的方法论还有另一面，就是清末的经今文经学。顾先生说当他买到康有为的《新学伪经考》后，翻阅一过，知道它的论辨基础完全建立在历史的证据上。后来又谈到康有为的《孔子改制考》，第一篇论上古事茫昧无稽，说孔子时，夏、殷的文献已苦于不足，何况三皇五帝的事实。它很清楚地把战国时的学风叙述出来，更是一部绝好的学术史。虽然他说孔子作六经的话不能令人信服，但六经中掺杂了许多儒家托古改制的思想是不容否认的。因为颉刚先生也受有今文学派的影响，所以在《古史辨》中的方法论也就采纳了刘歆造伪说，在许多地方会看到"刘歆窜入"的说法。

....

我们认为存在着两种最基本的科学：用辩证唯物的观点去研究自然发展规律是物理学；用历史唯物主义的观点去研究社会的发展规律是历史学。宇宙和社会的神秘是人们还没有找到或是没有完全找到它们的发展规律，这规律性的探索是打开神秘禁区的钥匙。《古史辨》的工作虽然是探讨中国古代史，传说中的中国古代史的形成规律，但这种规律和社会历史的发展规律不相同，它只是在探索社会发展规律前的一种清扫工作。我在一篇文章中曾经指出："五四"运动以后，在中国史学界出现了一种疑古学风，这种学风发展成为以顾颉刚先生为代表的"古史辨派"。也就是在这个时候，和"古史辨派"的学风相反，不是怀疑中国古代史，而是利用出土的甲骨、金文证明中国古代典籍中的古史记载而说明其可信者是王国维先生。王国维是利用甲骨、金文解释中国古代史的创始人。这种方法，现在来看是平常的而且是应当的，但在当时来说，这是新奇的事。我们看一看和王国维同时的学术权威，经学今古文大家康有为和章太炎的学风，就更加清楚。康有为主张变法，提出"托古改制"，因而他不相信某些典籍中的古史记载，认为是出于刘歆的伪造，他不相信出土的钟鼎彝器。章太炎的政治主张和康有为不同，在经学上互相水火，在中国古代史上的观点也各不相同，他相信传统的三皇五帝的古史体系，但他也不相信甲骨、金文。在当时，经学就是国学，两位经学大师垄断了当时的国学界。而王国维先生冲破这种垄断，以甲骨证商史，用金文证周史，在中国古代史的研究上或者说是在中国古代史料的训诂考据工作上，作出了卓越的贡献，如果说"古史辨派"在扫荡不科学不合实际的古史传说上作出了贡献，那末王国维则在建设可信的古史系统上作出了成绩。他们是一破一立，同时存在，至郭沫若同志的《中国古代社会研究》出版后，乃出现了一个崭新的境界。

（录自中华书局编辑部编《中华学术论文集·论"古史辨派"》，中华书局1981年版，第24~27、39~30页）

现代化的意义和中国现代化的尝试（节录）

张君劢[①]

（一）第一次尝试的人是曾国藩和李鸿章。在这个时候，曾、李都承认西方在技术与自然科学方面优于中国，于是在福州设立造船厂，在上海设立兵工厂，并设立翻译馆翻译有关枪炮制造、造船、航海、化学、天文及国际法等西方书籍，北平与上海各设外语学校一所。这些都是鸦片战争与太平天国之乱以后的设施。

[①] 张君劢（1887—1969），现代学者、政治家、哲学家。

（二）一直到一八九四年中日战争结束，中国政治家尚未想到专制君主政体有改革的必要，虽然于一八七七年出使詹姆士朝廷的中国第一位使节也是曾国藩之友的郭嵩焘曾上书大清皇帝说：英国议会制度之完善一如夏商周三代的政体。一八九四年中日战争之后，一位有远见的派驻日本的黄公使，写了一本《日本史》，内中有很多章叙述明治维新的事。告诉中国人政体有改革必要的，他是第一个。在黄之后，康有为、梁启超及其他维新领袖上书清朝皇帝说，政治维新是救国之道。康的建议虽于一八九四年被光绪皇帝所采纳，但一八九八年六月十一日到同年九月二十日的百日维新，却因慈禧太后所发动的政变而挫败了。

（三）一九一一年的革命。一九○○年义和团之变后，所有的中国人都明白清朝统治者不适于治理国政。孙逸仙博士是一位具有远见的人，他认为专制君主改为民主共和制是进入现代化的途径；鼓吹几年之后，留日的中国学生，为了推翻满清政府，便组织同盟会。一九一一年，武昌新军的起义，为所有其他二十省的新军发出推翻清朝的信号。皇室看到这种情形，由于他们已无力镇压各省的叛变，摄政王与皇室会商之后，便决定退位。清朝皇室的退位，就是把政治权力交给人民，虽然政权的移转可在短时间里完成，但合法而和平地治理却需要相当的经验、诚实与守法精神。袁世凯成为首任中华民国总统之后，作为共和国的总统，他并未抛弃他是皇位篡夺者的想法，所以他企图改共和为袁家朝代，称其统治为洪宪。他仅仅统治了几个月，这是因为蔡锷将军与梁启超已在云南与广西起义。洪宪运动之后，中国青年察觉到一纸宪法，其本身是不能生效的，为使中国成为一个现代国家，某些彻底的改变必须进行。这便是五四运动的暗含意义。

（四）五四运动。这是许多活动的一个说法。这个运动从学生示威游行反对中国在凡尔赛和约签字开始，因为在这个和约里规定一九一四年日本在战争中自德国手中获得的胶州湾租借地归日本所有。不过，这个运动却包含若干其他方面：

1. 文学革命——由古体变为白话；
2. 主张自由恋爱——男女有选择配偶的权利；
3. 要求建立真正的民主政体；
4. 强调科学研究的重要。

胡适博士和陈独秀是这个运动的领袖。胡适与陈独秀虽同为文学改革而努力，但他们对马克思主义或共产主义的看法却不相同，五四运动之后，陈独秀变成中国共产党的首领，而笃信杜威博士实用主义的胡适仍旧拥护民主。

从这一现代化的叙述，我们可以了解，现代化是由旧的思想、观察或统治变为新的思想、观察或统治，但在实际生活中，现代化乃是一场人们个性的冲突。它总是站在进步与自由一方的人和站在保守或激进一方的人之间的斗争。这便是基督教会为什么有路德、加尔文、茨温格利也有正教会派的道理。在学问方面，一方面有培根，另一方面有亚里斯多德派；在科学方面，有伽利略和宗教法庭；在政治方面，有路易十四和革命分子。在中国，进步分子和保守分子也作相同的对抗：例如，在政治上，康有为和光绪皇帝站在一边，慈禧太后及其党羽站在另一边；在文化方面也有敌对的阵营：一方认为中国文化的地位很高，西方的成就止于技术阶层，而急进派则要在整个过程中全盘模仿西方。

（录自《中国现代化与儒家思想复兴》，封祖盛编《当代新儒家》，生活·读书·新知三联书店 1989 年版，第 142~144 页）

（参校《中国现代学术经典·张君劢卷·中国现代化与儒家思想复兴》，河北教育出版社 1996 年版，第 693~695 页）

中国五四时代反传统以后的归趋（节录）

徐复观[①]

以五四运动为中心所发生的反传统运动，从历史上看，是有其必然性的。自鸦片战争以后，与西方多方面的接触，使我们遇着历史上所未曾有过的新情势，不是传统可以应付。民主科学，未曾在传统中出现，但必须彻底加以接受。为了接受新事物，应付新情势，在传统未被重新调整以前，常须出之以反传统的方式，这在历史上是数见不鲜的。所以五四时代的反传统，是有其意义的。但我们要了解，政治的统治，和社会的传统，并不是一样东西。反对不合理的统治，是那一国的传统都承认的。我们两千年的专制政治，也自然会浸透到我们的传统中去。为彻底打倒专制，也必须把传统中的专制因素加以清除。

---

① 徐复观（1903—1982），政论家、学术史家。

不过当时所走的路，第一个错误，是把不合理的统治，与文化中的传统混在一起，而要加以一齐打倒。例如，他们把反对君主，和反对父母，看作是一样事情，以为父权社会，和专制君主，同样是罪大恶极的，因此而主张彻底打倒传统的家庭制度。但他们没有想到，有许多人受到专制的毒害，却很少有人受到严父的毒害。第二个错误，他们以为传统与科学是不相容的；要接受科学，便必须彻底打倒传统。殊不知许多大科学家，依然过着传统生活的样式；而现在守着传统的家庭，也决不会反对自己的子弟研究科学。第三个错误，他们不了解有许多传统的风俗习惯，是由新事物的出现而自然会改变的。例如新式纺织业出，农村的纱织便自然淘汰；交通发达，社会生活频繁，原有的大家庭制，及以祠堂为家族活动中心的自治体，也自然解体。有了电灯，便自然不会眷恋"一灯如豆"。诸如这类无言的淘汰、演进，只待新鲜事物不断地出现，用不上喧嚷、叫唤的。但当时却以为必须一一由文化运动来加以廓清，反而很少作积极建设的努力。在我的印象中，当时的文化运动者，叫唤的工作做得太多，像"民生实业公司""三友实业社"这类的事情做得太少。第四个错误，他们根本不了解低次元的传统，与高次元的传统，有很大的区别。更不了解高次元传统的自觉，对落后的不合理的风俗习惯，同样是一种批判力量；对民主科学，同样是一种推动的力量。却把中国文化中的高次元传统，视作为与包小脚、吃鸦片烟是相同，乃至是不可分的东西，而要加以彻底打倒。为达到此目的，吴虞们便要打倒孔家店，钱玄同们便称孔子为"妖道"而主张废除汉字，废除汉语，以便把中国文化斩草除根。殊不知谁站在中国文化的立场，而会赞成包小脚、吃鸦片呢？在我的记忆中，我的父亲便是痛恨包小脚，连水烟都不准沾一点的人。严复、林纾曾反对科学吗？孙中山、梁启超、梁漱溟、张东荪、张君劢、熊十力、唐君毅，这些先生，有谁人不主张科学，有谁人不主张民主，有谁人反对吸收西方文化？近来有许多人骂我是义和团，但我对西方文化的追求，乃至于对新鲜事物的兴趣，似乎比骂我的人知道得多一点，吸收得也多一点，最低限度，似乎比口里喊现代化的人，对于新事物的兴趣要高一点。更奇怪的是，许多喊现代化，骂我是义和团的人，除了千方百计，想当外国人以外，自身既不研究科学，更不敢面对民主。而我们一般朋友，对民主倒还能始终保持一种堂堂正正的态度。也从来不曾妨碍到自己的儿女、学生，对科学的学习。所以五四时代的彻底反传统的运动，对于科学民主来说，有许多是没什么必要，而只是徒增纷扰的。

不过，人类的行为，遇着情势剧烈转换的时代，矫枉每每会过正。五四时代的反传统，实在是"事有必至，理有固然"。当时反传统反得太过，事实上也是不易避免。所以今日我们只可加以反省，而不必去深责。只要让其自然发展下去，这一股激流，便会完成它应有的任务，而平静下来。这即是新传统的形成。在新传统中，有淘汰、有吸收，以保持整个文化的谐和、进步。并且五四以后，文化的发展，大体上也是走的这一条路。由反传统而向传统的复归，以形成新传统，这可以说是人类的天性，是历史的规律。若要完成五四时代彻底打倒传统，而不稍加折扣，事实上只有诉之于暴力。假定既反对暴力，便只有走我们以高次元传统的自觉，融和中西，以形成新传统之路。在文化的大方向上，除这两条路以外，我看不出有第三条路。最可怕的是：反传统者反的是传统中最好的，而提倡传统者却提倡传统中最坏的。这样便没有文化之路可走。

不过，我们目前所走的路，在民族意识消沉，社会心理浮动，每一个人只有当前，而没有过去与未来的情势之下，是最艰难的一条路。但我们只有把个人的生命，融入于民族、社会，及连结过去与未来的历史感觉之中，来走我们艰难的路，以规整我们文化发展的大方向。

（录自黄克剑、林少敏编《徐复观集·论传统》，群言出版社1993年版，第625~627页）

陈独秀与文学革命（节录）

胡　适

今天这个题目，说起来有很多不方便的地方，因为我们既是同事，而且主张也颇相同。在民国十二年，上海出版了一部《科学与人生观论集》，那时陈先生已经同我们分别到上海去了。这部二十万字的集子，我做了一篇序，陈先生也写了一篇，他极力反驳我，质问我，陈先生那时已转到马克思主义那方面去了。他问我所说马克思的唯物史观可以解释大多数的话，能否再进一步，承认它能解释一切。他说白话文也是因为产业发达，人口集中，才产生出来的，他说"常有人说白话文的局面是胡适之、陈独秀一般人闹出来的，其实这是我们的不虞之誉，中国近来产业发达，人口集中，白话文完全是应这个需要而发生而存在的"；"适之等若在十三年前提倡白话文，只需章行严一篇文章便驳得烟消灰灭，此时章行严的崇论宏议有谁肯听？"他是注重经济的条件的，我也没有反驳他，因为他不否认人的努力，两个人的主张不算冲突，不过客观的条件虽然重要，但不仅限于经济一个条件，至于文化的条件，政治的条件，也是不能否认的。

陈先生与新文学运动有三点是很重要的背景。

一、他有充分的文学训练，对于旧文学很有根底，苏曼殊、章行严的小说文章，他都要做个序子，这是散文方面的成绩。说到诗他是学宋诗的，在《甲寅》杂志他发表过许多作品，署名"独秀山民""陈仲""陈仲子"，他的诗有很大胆的变化，其中有一首哭亡兄，可说是完全白话的，是一种新的创造。他更崇拜小说，他说曹雪芹、施耐庵的《红楼梦》《水浒传》比较归有光《姚姬传》的古文要高明的多，在那时说这种大胆的话，大家都惊异得很，这可见他早就了解白话文的重要，他最佩服马东篱的元曲，说他是中国的Shakespeare。

二、他受法国文化的影响很大，他的英文、法文都可以看书，我记得《青年》杂志（即后来的《新青年》）上，他做过一篇《法兰西人与近代文明》表示他极端崇拜法国的文化，他说法国人发明了三个大东西，第一是人权说（Rights of men），在1789年法人Lafayette做《人权宣言》（La declaration des droits I'hommes），美国的《独立宣言》也是他做的。第二是生物进化论，法人Lamarck在1809年做《动物哲学》，其后五十年才有达尔文出来。第三是有三个法国人Babeuf, Aaint-Aimon, Tonrier，是马克思的先声，首开社会主义的风气。但另外还有一点，陈先生没有说到，就是新文学运动，其实陈先生受自然主义的影响最大，看他一篇《欧洲文艺谈》，把法国文学艺术的变化分成几个时期：（一）从古典主义到理想主义（即浪漫主义）；（二）从浪漫主义到写实主义；（三）从写实主义到自然主义，把法国文学上各种主义详细地介绍到中国，陈先生算是最早的一个，以后引起大家对各种主义的许多讨论。

三、陈先生是一位革命家，那时我们许多青年人在美国留学，暇时就讨论文学的问题，时常打笔墨官司，但我们只谈文学，不谈革命，但陈先生已经参加政治革命，实行家庭革命。他家是所谓大世家，但因恋爱问题及其他问题同家庭脱离了关系，甚至他父亲要告他。有一次他到北京，他家开的一所大铺子的掌柜听说小东人来了，请他到铺子去一趟，赏个面子，但他却说"铺子不是我的"，可见他的精神。在袁世凯要实现帝制时，陈先生知道政治革命失败是因为没有文化思想这些革命，他就参加伦理革命、宗教革命、道德的革命，在《新青年》上有许多基本革命的信条：（一）自主的不是奴隶的；（二）进步的不是保守的；（三）进取的不是退隐的；（四）世界的不是锁国的；（五）实利的不是虚文的；（六）科学的不是想象的，这是根本改革的策略。民国五年袁世凯死了，他说新时代到了，自有史以来，各种罪恶耻羞都不能洗，然而新时代到了，他这种革命的精神，与我们留学生的消极的态度，相差不知多少。他那时所主张的不仅是政治革命，而是道德艺术一切文化的革命！

民国四年《甲寅》杂志最后一期有两篇东西，一篇是学校国文教材之商榷，反对用唐宋八家的文章做材料，要选更古的文章，汉魏六朝的东西做教材，这是一趋势；又一篇是通讯，名记者黄远庸写的（他后来在美国旧金山被暗杀了），他说："愚见以为居今论政，实不知从何处起说，洪范九畴，亦只能明夷待访……至根本救济，还意当提倡新文学入手，综之当使吾辈思潮，如何能与现代思潮接触，而促其猛省，而其爱须与一般之人生出交涉，法须以浅近文艺，普遍四周……"章士钊答他说文学革命须从政治下手，此又一潮流。但陈先生却恭维自然主义，尤其是左拉（Zala）。有一个张永言写一封信给他，引起他对文学的兴味，引起我与陈先生通讯的兴味，他说现在是古典到浪漫主义的时期，但应当走到写实主义那方面去，不过我同时（看到）《新青年》第三号上，有一篇谢无量的律诗《寄会稽山人八十四韵》，后面有陈先生一个跋："文学者，国民最高精神之表现也，国民此种精神委顿久矣，谢君此作，深文余味，希世之音也。子云相如而后，仅见斯篇，虽工部亦只有此工力，无此佳丽，谢君自谓天下文章尽在蜀中，非夸矣，吾国人伟大精神，犹未丧失也欤？于此征之。"他这样恭维他，但他平日的主张又是那样，岂不是大相矛盾？我写了封信质问他，他也承认他矛盾，我当时提出了八不主义，就是《改良文学（文学改良）刍议》，登在《新青年》上，陈先生写了一个跋。

他想到文学改革,但未想到如何改革,后来他知道工具解放了就可产生新文学,他做了一篇《文学革命论》,我的诗集叫《尝试》,刊物叫《努力》,他的刊物叫《向导》,这篇文章又是《文学革命论》!他的精神于此可见。他这篇文章有可注意的两点:(一)改我的主张进而为文学革命;(二)成为由北京大学学长领导,成了全国的东西,成了一个严重的问题。他说庄严灿烂的欧洲是从革命来的,他高张文学革命军大旗,为中国文学开辟一个新局面,他有三大主义:(1)推倒雕琢的阿谀的贵族文学,建设平易的抒情的国民文学;(2)推倒陈腐的铺张的古典文学,建设新鲜的立诚的写实文学;(3)推倒迂晦的艰涩的山林文学,建设明了的通俗的社会文学,他愿意拖了四十二生的大炮为之前趋,打倒十八妖魔:明之前后七子和归,方,姚,刘!这就是变成整个思想革命!

最后,归纳起来说,他对于文学革命有三个大贡献:

一、由我们的玩意儿变成了文学革命,变成三大主义;

二、由他才把伦理、道德、政治的革命与文学合成一个大运动;

三、由他一往直前的精神,使得文学革命有了很大的收获。

其他关于陈先生的事,可以看《独立评论》第二十四期傅斯年的《陈独秀案》。

(录自《胡适学术文集·新文学运动》,中华书局 1993 年版,第 189~192 页)
(参校耿云志编《中国近代思想家文库·胡适卷》,中国人民大学出版社 2015 年版,第 110~113 页)

反儒家运动的历史意义及其影响[①]

韦政通[②]

从《新青年》攻击儒家的言论,很明显可以看出来,它一方面促使传统力

---

① 编者删除了文中的注释部分。

② 韦政通(1927—2018),哲学家、学术史家。

量的消退，一方面扩张了新思潮的影响力，二者之消长，形成以后文化思想变革中连锁反应的一个新起点。以下我们就要从连锁反应中，观察反儒家运动的历史意义及其影响。

1. 文学革命

在《新青年》杂志上展开的文学革命运动，最初只不过是一个文体革新的运动。清末的革命党人，为着宣传上的需要，早就办过多种白话报，但影响不大。到了《新青年》时代，白话文运动与反儒家运动同时起来，后来成为新文化运动中成效卓著、影响最大的一个运动。因为它提供了一种新的文学工具，对思想与感情的解放，产生了最直接而有效的功能。严复翻译的西洋名著，信、达、雅三个条件都具备，就因用的是古文，结果流布未广。"五四"以后澎湃的新思潮，如果不是因为白话文的被普遍采用，不可能有那样大的声势。当时提倡白话文，所以能顺利成功，是因它紧跟着反儒家运动而起，后者为它提供了千载难逢的良机。反儒家运动，虽仅是促成白话文运动的外在因素，但就促其顺利成功的一点说，仍不能不说是它历史意义的一部分。

2. 知识青年的觉醒

如果说《新青年》的反儒家言论，和它对民主、科学、个人价值以及法治精神等的肯定，是一种启蒙运动，而启蒙运动的目标又是在觉醒国民的话，那么后来的历史证明，这个运动是相当成功的。

就在反儒家言论的高潮中，民国七年末，包括罗家伦、傅斯年在内的北大学生，组织了"新潮社"，并于翌年元月创刊《新潮》。据发起人之一傅斯年的回忆："我们杂志纯是由觉悟而结合的。"他们觉悟了甚么？可从筹办《新潮》的旨趣看出来：（1）批评的精神；（2）科学的主义；（3）革新的文词。由这三点可以看出，《新潮》大抵是在《新青年》的影响下诞生的。于《新潮》同时稍前创刊于北京的杂志，有王统照、徐彦之、郑振铎等的文艺刊物《曙光》，瞿秋白、耿济之、许地山等的《新社会》，他们也都是受《新青年》影响的一群年轻人。研究"五四"运动的专家周策纵曾统计过，在"五四"运动时期，全国有一千多种新办的刊物，这些刊物把启蒙运动的影响力扩及全国。"五四"运动就是一群觉醒的青年，为了要把他们的觉醒付诸行动，才闹起来的。演变到"六三"，终于因为全国各大都会的商人、工人和学生们结合起来采取一致行动，于是造成一次空前的全民觉醒运动。

据胡适的了解，一九一九年的学生运动，曾获得如下的收获：（1）引起学生的自动精神；（2）引起学生对于社会国家的兴趣；（3）引出学生作文演说的能力、组织的能力、办事的能力；（4）使学生增加团体生活的经验；（5）引起许多求知识的欲望。这是站在一个教师的立场所看到的。中华民国的创建者孙中山先生，对"五四"运动，曾有一段精彩的评论，他说："自北京大学学生发生"五四"运动以来，一般爱国青年无不以革新思想，为将来革新事业之预备，于是蓬蓬勃勃发抒言论，国内各界舆论，一致同唱，各种新出版物为热心青年所举办者，纷纷应时而出，扬花吐艳，各极其致，社会遂蒙绝大之影响。……此种新文化运动，在我国今日诚思想空前之变动，推原其始，不过由于出版界之一二觉悟者从事提倡，遂致舆论放大异彩，学潮弥漫全国。……故此种新文化运动，实为最有价值之事。"这一段话可视为《新青年》思想运动的历史意义及其影响的绝佳证词。

3. 国故整理与古史讨论

《新青年》的反儒家运动，余波荡漾，在连锁性的反应中，又出现了一个属于整理国故的推翻古史的运动，整理国故的呼声，首倡者为章太炎，提出具体计划者是胡适，实行这个计划最有力的是顾颉刚。顾是一位极具雄辩又富想像力的史学者，由于他的热情和毅力，推动了古史的讨论，在民国九年起的十余年间，疑古成为学术界的一时风尚，后来编成的七册《古史辨》，代表那一时期学术上的辉煌成就。《古史辨》的工作，由疑古而释古，除了史学本身的成就外，对中国的现代化运动也有一定贡献，经由古史的讨论，使上古帝王的权威被推翻了；由于上古帝王的权威被推翻，道统的观念就失去历史的依据；道统观念失去历史的依据，建基于道统观念的崇古价值取向，自然丧失其支柱，面临崩塌的命运。尹凯士（Alex lnkeles）说："一个人愈趋向于现在及将来，而不趋向于过去，愈现代化。"如果这话是真，那么《古史辨》的工作是有助于中国现代化的。

顾颉刚是北大学生，也是新潮社重要分子，他所以能在中国当代史学上占一个重要的地位，开始是因为受到《新青年》言论的鼓舞，顾氏在回忆中曾如此说过："要是不遇见孟真和适之先生，不逢到《新青年》的思想革命的鼓吹，我的脑中积着的许多打破传统说的见解，也不敢大胆宣布。"果然，他成为民初反传统风潮中的后起之秀，也由于这方面的贡献，终于使他获得中国古史的牛顿和达尔文的美誉。

(录自《现代儒家的挫折与复兴》,《当代新儒家》,生活·读书·新知三联书店 1989 年版,第 95~98 页)

(参校韦政通《儒家与现代中国》,上海人民出版社 1990 年版,第 176~179 页)

论五四及其以后新一代知识分子的崛起①

——《剑桥中国史》第十二卷第八章(节译)

[美] 本杰明·史华慈②

新传统主义——从文化遗产中寻求真理

迄今为止,西方的有关著作很少注意五四运动的另一后果,即与五四运动的"全盘性反传统"正好反向的整个"新传统主义"。而对与这种倾向有关的代表人物的忽视,则又基于这样一种前提——假定 1949 年新传统主义的最终破产宣告了这一思想的全无价值。首先应当指出,这里所涉及的人物与上面讨论过的大众文化的倾向关系甚微。他们一旦认定上层文化同"中国精神"大体一致,便大胆地转向了过去的上层文化。而且,他们在不同程度上还了解现代西方思想,并毫不犹豫地利用它们来论证自己的主张。约瑟夫·勒文森认为,从西方哲人的思想里寻找证据这一点,再次表明他们思想"因循守旧"的本质,同时暴露出中国传统思想对保持自身的优势缺乏信心。这是通过从中国思想中寻找与西方相同价值观来维护民族自豪感的又一例证。然而,当这种浪漫的文化民族主义不断出现时(最引人注目的是 1927 年以后国民党的思想体系),人们就不能预言说这是照例必有的老一套了。

勒文森的看法对于刘师培、柳亚子和其他五四前参加革命的国粹派来说是正确的,但五四以后这批旧式国粹派的后继者则代表了完全不同的另一类

① 编者删除了文中的注释部分。
② 本杰明·史华慈(1916—1999),美国当代中国学家。

人。像梅光迪、吴宓等都曾在哈佛大学从师于著名学者爱尔文·白璧德（Irving Babbit）。他们与国粹派虽仍然有关系，但却采用了完全不同的方法，这些在其所主办的《学衡》杂志中得到了表现。他们通过白璧德，接触了作为人生批评者的西方文学批评家传统。白璧德把"古典的"和"浪漫的"范畴提高到人生态度的高度，认为"古典的"代表超历史的审美、伦理标准，以及个人精神生活的"内省"，它象征着秩序和组织；而"浪漫的"则代表着所有标准的丧失，个人感情和集体生活的失控等等。《学衡》领导人相信，正是这些范畴表明了文化的差别。他们在很大程度上受白璧德的影响，认为儒学的价值和中国古典文学象征着中国最为古典的部分。这是否代表"文化民族主义"或一种超文化心灵共鸣的实感尚不能确定。实际上，"新传统主义"这一特殊标志本身并不重要。自认为是儒学真正继承人的梁漱溟，就认为整个国粹派的学术和审美所关注的中心，体现了一种"抱残守缺"的倾向。

值得注意的是，指明五四以后"新传统主义"思潮主导路线的仍为常常多变的梁启超。梁作为中国民间代表团成员参加了巴黎和会。他在游历欧洲时，真正感觉到一次大战灾难过后欧洲大陆许多思想家的忧虑和沮丧情绪。这次游历促使他写成《欧游心影录》一书，书中实际上对"东西方文明"的本质进行了重新估价。这种形式的议论，以前严复、陈独秀等人的著作中已经有过，其讨论往往把本来很复杂的文明简单化了，在他们那里，文明成了容易处理的两极。梁认为，西方文明实质上始终是一种物质文明（如其所称），该文明一心以科技去征服自然，最终成就了一个个人、阶级、民族之间无情冲突的达尔文主义世界。梁氏对西方文明的评价有过一个前后矛盾的转变，以前他把达尔文主义视为一种正确学说加以热情吸收，而现在西方的批评家则把达尔文主义当作了导致一战灾祸的罪魁。既然这就是西方文明的实质（其侵略好战的本性有更早的历史根源），既然他现在发现西方到处是像倭铿、柏格森这样具有更多精神倾向的批评家，那么现在他就要致力于去发掘东方文化的价值了。

然而，与我们的论题更为相关的，是梁启超此时从何处发现中国精神核心的问题。他不是在他过去研究过的所谓"外在世界"的学说——关于礼义、制度和社会组织法则的学说以及关于物质世界构造的理论中发现的。在这方面中国还必须大量学习西方的物质和社会技术。他恰恰是在那些强调"内在世界"的思想方式——朱熹、王阳明的宋明新儒学以及他年轻时颇感兴趣的佛教哲学中发现的。独特的中国文化精髓,在于其信奉人具有将自己同不可理喻的万物之源统一起来的内在直觉,和一种产生精神力量与道德自我改造的源泉。相反,西方自由的思想,则仅仅以人的生理需要为满足,而不根据宇宙中基本的道德自律。

就梁这个多变的人来说,人们实在很难完全确定其思想的渊源。约瑟夫·勒文森认为,此时的梁从他新发现的中国精神优越感中,得到了一般民族主义式的极大满足。这种假说可能是很正确的。而梁氏从宋明新儒学中找到中国思想的核心这一点,则预示着下一时期整个新传统主义运动的主要倾向。

科学与人生观的论战

新传统主义呈现的另一重要阶段,同时也阐明了中国"科学"一词定义的是"科学与人生观论战"。这一论战是由梁启超的年轻朋友,学过德国哲学的张君劢在1923年发动的。张氏认为,科学不能解释人生,因为人生是"主观的,直觉的,自由意志的,个人独特的"。这种观点既反映出德国关于"自然科学与精神科学"(Naturwissenschaft und Geisteswissenschaft)的争论,又体现了他对新康德主义的研究。与梁启超不同,张君劢敏锐地意识到德国哲学与英美经验主义传统的对立。不过,他却似乎能迅速实现从康德认识论的不可知论向王阳明的宇宙直觉主义的转变。

当时,知识界最具体代表科学的是丁文江,他接受了张君劢攻击科学的全面挑战。自从严复的著作第一次论述科学以来,"科学"一词就在中国传播着一种绝对正确的理念。而从一开始流行的那种"科学概念",则属于培根的归纳主义。这一概念,在严复翻译的穆勒《名学》中有过最完整的表达。约翰·杜威以经验和实验为中心的科学方法论明显保留了这一传统,尽管他对英国感觉论者的经验主义有很深的保留态度。然而,从严复到毛泽东,似乎没有什么人怀疑像斯宾塞的社会达尔文主义和马克思主义之理论体系的基础,而这些理论体系恰是建立在由归纳观察获得概念的基础之上的。在中国,很少有人认为自然科学的利刃主要在于数学和演绎推理的力量,而不在于观察和简单的实验秩序。

丁文江的观点基于卡尔·毕尔生的《科学入门》的实验主义认识论。该书认为科学只提供了人们组织和分析人与万物唯一联系的感觉材料的方法，除此之外，人们永远也不可能了解表象的"本身"。虽然，他在这里稍稍引进了西方认识论的不可知论，但其科学观却没有脱离科学主义的传统。正如夏绿蒂·弗斯在本卷第七章所指出的那样，丁文江的地质科学正好是一种观察分析科学。参加论战的其他人如吴稚晖、胡适，还有最终成为共产党的陈独秀等，几乎都忽视了丁文江的认识论（也即杜威的认识论），他们坚信，科学要么证实吴稚晖提倡的交织着佛道观念意象的机械唯物论，要么证实马克思主义新的真实的社会科学。胡适和陈独秀都认为科学是支配自然界和社会的一种工具，这就削弱了张君劢所信仰的个人"内在"改造的精神和道德力量的基础。此外，这场争论完全揭示了这一事实，即科学一词本身已不再提供任何统一的共同基础。

张君劢的论点及其随后的发挥，再一次表明新传统主义更重要的核心大体上是新儒家思想，尤其是王阳明的思想。

这里必须说一下王阳明在五四之后传统思想的中心地位。无需对王阳明及信徒进行过多分析，就可以看到他对各式各样人物如梁漱溟、熊十力，甚至蒋介石都具有感召力。王阳明最信仰把人和万物根本联系起来的"心"的内在直觉作为精神道德生活的源泉。这里我们发现了一个站在直觉立场上对西方哲学的对抗性反应，即对西方后笛卡尔认识论的不可知论和"无价值"宇宙观的反应。王阳明的直觉论导致了他协调儒学道德——政治价值观的结果。他那"内在之光"的信仰自身产生了与传统儒学的"外在世界"观分离的可能性。相反，朱熹则坚持必须通过"格物"才能"致知"，这似乎难免要把他束缚在传统秩序的"物"上。最后，王阳明认为，直觉的道德洞悉只能从具体社会情境的世界里个人的行为过程中获得，而这种情境至少给世间的行动以某种强大的动力。

新传统主义运动中的一个最著名人物是梁漱溟（写此书时，他仍健在）。由于他早年完全熏染于严复、梁启超所制订的西式教育路线，所以在1911年以后那令人沮丧的年代中没有被推入新文化阵营。他的父亲梁济是儒家道德的活榜样，这一纯正榜样足以使他抵制鲁迅全盘否定传统的观点。相反，他首先是在佛教，而后又从王阳明学说中寻求慰藉。

这里不打算详述他1921年写成的名著《东西文化及其哲学》，但需指出，该书的西方观与梁启超在许多方面极为一致。他认为，中国文化的精髓在于早就发现了人的本质是其精神——道德性，当没有受阻时，这种精神——道德性导致人的内在协调和人与人之间的自然移情。而西方动的文明，在梁漱溟看来，它导致了一个畸形的资本主义消费社会，同时也使其发明了那些满足人类基本需求的办法。中国需要采用这些办法，但却不能损失其精神基础。梁漱溟完全接受了王阳明哲学的行动主义要素，他似乎和王阳明一样相信，儒学不但含有对个体实在而且含有对社会实在的肯定意义，也就是说，儒学不但注重内在世界而且注重外在世界。这种信仰逐渐使他对乡村建设运动产生了兴趣。当时这一运动已在进行中且得到了西化派人物晏阳初、陶行知等人的支持。梁认为，中国农村的广大民众尚没有受到城市资本主义腐朽影响的侵蚀，但他们却遭受着贫困、腐败和动荡的无数灾难。

（录自王跃、高力克编《五四：文化的阐释与评价——西方学者论五四》，山西人民出版社 1989 年版，第 120~126 页）

现代科学对中国思想的教条影响（节录）

［美］郭颖颐[①]

就科学的全面应用来说，在 20 世纪前半叶，中国的各种条件是令人沮丧的，但却激发了思想界对科学的赞赏，对此，我们可称之为"唯科学主义"（scientism）。简言之，唯科学主义认为宇宙万物的所有方面都可通过科学方法来认识。中国的唯科学论世界观的辩护者并不总是科学家或者科学哲学家，他们是一些热衷于用科学及其引发的价值观念和假设来诘难，直至最终取代传统价值主体的知识分子。这样，唯科学主义可被看作是一种在与科学本身几乎无关的某些方面利用科学威望的一种倾向。在中国，科技的落后更加强了人们对国家富强的盼望，所以，当我们发现中国许多受过西式教育的知识分子对于科学的巨大热情时，也就不必惊讶了。

---

① 郭颖颐（1932— ），美籍华裔学者，长于现代思想史研究。

……………

由于儒学为思想和文化提供参考框架的功能衰退，各种思想流派涌入中国，掀起了关于历史、语言、哲学和社会大论战等意识形态冲突。中国思想界对待现代文明的复杂成分的热情和渴望，正像它过去把儒学的价值态度体系和中国人生活中的佛教、道教方面综合起来理解时一样。所有这些计划及其反计划（新思想运动、学生运动、其他种种运动），都自信给自己贴上了完全科学的标签。科学精神取代了儒学精神，科学被认为是提供了一种新的生活哲学。

［录自郭颖颐《中国现代思想中的唯科学主义（1900—1950）·唯科学主义的根源》，雷颐译，江苏人民出版社1998年版，第1、8页］

陈序经文化论著辑要·前言（节录）

杨　深[①]

在陈序经一生的学术思想中，最引人注意的是他在三十年代正式提出的"全盘西化论"。陈序经本人后来说，早在一九二五年前后（动身去美国留学前后），他和卢观伟、陈受颐就已经感到全盘西化的必要了。一九二八年秋天他从美国回来，并在国内逗留了十个月。在此期间，他与卢观伟、陈受颐同在岭南大学工作，他们对于全盘西化的共同主张，曾轮流做过十余次演讲，陈序经还到广州各校做过好几次演讲。一九三〇年，陈序经在德国留学时写了《东西文化观》一文，并公开发表于一九三一年四月的《社会学刊》第二卷第三期。在这篇文章中，他第一次采用西方人类学、社会学和文化学的基本理论，比较系统地分析中国固有文化和西方近代文化的异同，评价双方的优劣，批判了复古派和折衷派，明确提出了全盘接受西方文化的主张。这篇文章相当于他的中西文化观的一个大纲，他以后的有关著作都是对这里提出的基本观点的更详细的论证、补充与完善。可见，陈序经的全盘西化论是在二十年代中期开始形成的，而在留学欧美时得到加强，并于三十年代初期正式提出。

---

① 杨深（1952—　　），研究方向是现代西方文明理论。

陈序经的全盘西化论的形成既有社会历史的一般根据，也有他个人的特殊根据。陈序经出生与成长的时代，正是中国人民身受封建主义和帝国主义压迫与侵略的苦难深重的时代，贫穷与落后，内忧与外患促使先进的中国人向西方寻求救国救民的真理，他是中国近代历史上这一潮流的直接继承者。

……………

陈序经留学回国后的最初几年，是在岭南大学任教。一九三三年他在协和大学和中山大学做过中国文化问题的长期演讲，最后于一九三三年十二月二十九日在中山大学做了一次题为《中国文化之出路》的公开讲演，讲稿发表于一九三四年一月广州《民国日报》"现代青年"栏第八二六、八二七期。由此在广东引起了一场文化论战。一波未平，一波又起。一九三五年一月十日的《文化建设》月刊第一卷第四期上发表了王新命、何炳松等十教授写的《中国本位的文化建设宣言》，又名《一十宣言》或《十教授宣言》。一时，各种文化派别、政治力量的思想代表都纷纷著文参战，以至在一九三五年形成了"五四"以来又一次中西文化问题的大论战。在一九三四和一九三五这两年中，陈序经坚持他一贯的全盘西化观点，对于来自复古派、折衷派和马克思主义的经济史观的诘难与批评，一一予以答辩。但在这两次思想交锋中，也暴露了他的全盘西化论的一些理论漏洞。他在这时期的论战文章主要有：《中国文化之出路》《关于中国文化之出路答张磬先生》《对于一般怀疑全盘西化者的一个浅说》《关于全盘西化答吴景超先生》《再谈"全盘西化"》《从西化问题的讨论里求得一个共同信仰》《评张东荪先生的中西文化观》《评〈中国本位的文化建设宣言〉》《全盘西化的辩护》《读十教授〈我们的总答复〉后》等等，并在一九三五年十二月三十日从他的全盘西化论的角度出发，写了一篇对这场论战的总结性文章《一年来国人对于西化态度的变化》。这些文章基本上都收入了《全盘西化言论集》《全盘西化言论续集》和《全盘西化言论三集》。

（录自杨深编《走出东方——陈序经文化论著辑要》，中国广播电视出版社1995年版，第3~4、8~9页）

自述学术次第（节录）

章太炎

余生亡清之末，少恚异族，未尝应举，故得泛览典文，左右采获。中年以后，著纂渐成，虽兼综故籍，得诸精思者多。精要之言，不过四十万字，而皆持之有故，言之成理。不好与儒先立异，亦不欲为苟同。若《齐物论释》《文始》诸书，可谓一字千金矣。晚更患难，自知命不久长，深思所窥，大畜犹众。既以中身而陨，不获于礼堂写定，传之其人，故略录学术次第，以告学者。顷世道术衰微，烦言则人厌倦，略言又惧后生莫述。昔休宁戴君，著书穷老，然多发凡起例，始立规摹，以待后人填采。其时墨守者有元和惠氏，尚奇者有长州彭氏，皆非浮伪妄庸士也，人多博览，亦知门径。一身著述，既有不暇，则定凡例以俟后生，斯亦可矣。今者讲诵浸衰，徒效戴君无益。要令旧术之繁乱者，引以成理，所谓提要钩玄，妙达神旨，而非略举大纲，为钞疏之业也。敢告诸生，亹亹不已，识大识小，弘之在人。

余少年独治经史《通典》诸书，旁及当代政书而已，不好宋学，尤无意于释氏。三十岁顷与宋平子交，平子劝读佛书，始观《涅槃》《维摩诘》《起信论》《华严》《法华》诸书，渐近玄门，而未有所专精也。遭祸系狱，始专读《瑜伽师地论》及《因明论》《唯识论》，乃知《瑜伽》为不可加。既东游日本，提倡改革，人事繁多，而暇辄读藏经，又取魏译《楞伽》及《密严》诵之，参以近代康德、萧宾诃尔之书，益信玄理无过《楞伽》《瑜伽》者。少虽好周秦诸子，于老庄未得统要。最后终日读《齐物论》，知多与法相相涉，而郭象、成玄英诸家悉含胡虚冗之言也。既为《齐物论释》，使庄生五千言，字字可解，日本诸沙门亦多慕之。适会武昌倡义，束装欲归。东方沙门诸宗三十余人属讲佛学，一夕演其大义，与世论少有不同。东方人不信空宗，故于法相颇能听受，而天台、华严、净土诸巨子，论难不已，悉为疏通滞义，无不厌心。余治法相，以为理极不可改更，而应机说法，于今尤适。桂伯华初好华严，不喜法相，末乃谓余曰："今世科学论理日益昌明，华严、天台，将恐听

---

① 编者删除了文中的注释部分。

者藐藐，非法相不能引导矣。释迦之后，弥勒当生，今其弥勒主运之时乎？"又云："近世三百年来，学风与宋明绝异，汉学考证则科学之先驱，科学又法相之先驱也。盖其语必征实，说必尽理，性质相同尔。"斯言可谓知学术之流势者矣。余既解《齐物》，于老氏亦能推明。佛法虽高，不应用于政治社会，此则惟待老庄也。儒家比之，遂焉不相逮矣。然自此亦兼许宋儒，颇以二程为善，惟朱、陆无取焉。二程之于玄学，间隔甚多，要之未尝不下宜民物，参以戴氏，则在夷惠之间矣。至并世治佛典者，多以文饰膏粱，助长傲诞，上交则谄，下交则骄，余亦不欲与语。余以佛法不事天神，不当命为宗教，于密宗亦不能信。

余治经专尚古文，非独不主齐、鲁，虽景伯、康成亦不能阿好也。先师俞君，曩日谈论之暇，颇右《公羊》。余以为经即古文，孔子即史家宗主。汉世齐学，杂以燕、齐方士怪迂之谈，乃阴阳家之变。鲁学犹近儒流，而成事不符已甚。康成所述，独《周礼》不能杂以今文。《毛诗笺》名为宗毛，实破毛耳。景伯谓《左氏》同《公羊》者什有七八，故条例多为元凯所驳。余初治《左氏》，偏重汉师，亦颇傍采《公羊》，以为元凯拘滞，不如刘、贾闳通。数年以来，知释例必依杜氏。古字古言则汉师尚焉，其文外微言，当取二刘以上。元年之义，采诸吴起，专明政纪，非可比傅乾元也；讥世卿之说，取之张敞，所指则季氏、田氏、赵氏，非如《公羊》谰言崔、尹也。北平《历谱》、长沙《训故》之文，汉以后不遗只字，余独于《史记》得之。《十二诸侯年表》所载郑妾梦兰、卫鞭师曹、曹人戈雁诸事，《左氏》皆不志其年，而《年表》有之，斯必取诸《历谱》者矣。采用传文，时或改字，观《尚书》改字本于安国，则知《左氏》改字于长沙矣。所次《左传读》，不欲遽以问世者，以滞义犹未更正也。《毛诗》微言，所得尤众，藏之胸中，未及著录，今则亡矣。

…………

余治小学，不欲为王菉友辈，滞于形体，将流为《字学举隅》之陋也。顾、江、戴、段、王、孔音韵之学，好之甚深，终以戴、孔为主。明本字，辨双声，则取诸钱晓徵。既通其理，亦犹所歉然。在东闲暇，尝取二徐原本，读十余过，乃知戴、段而言转注，犹有泛滥。繇专取同训，不顾声音之异，于是类其音训。凡说解大同，而又同韵或双声得转者，则归之于转注。假借亦非同音通用，正小徐所谓引伸之义也。转复审念，古字至少，而后代孳乳为九千，唐宋以来，字至二三万矣。自非外域之语，字虽转繁，其语必有所根本。盖义相引伸者，由其近似之声，转成一语，转造一字。此语言文字自然之则也。于是始作《文始》，分部为编，则孳乳浸多之理自见。亦使人知中夏语言，不可贸然变革。又编次《新方言》，以见古今语言，虽递相嬗代，未有不归其宗，故今语犹古语也。凡在心在物之学，体自周圆，无间方国。独于言文历史，其体则方，自以己国为典型，而不能取之域外。斯理易明，今人犹多惑乱，斯可怪矣。《新方言》不过七八百条，展转访求，字当逾倍。余成书以后，犹颇有所得者，今亦不能自续。弟子有沈𦸇者，实好斯事，其能继余之志乎？

余少已好文辞，本治小学，故慕退之造词之则。为文奥衍不驯，非为慕古，亦欲使雅言故训，复用于常文耳。犹凌次仲之填词，志在协和声律，非求燕语之工也。时乡先生有谭君者，颇从问业。谭君为文，宗法容甫、申耆，虽体势有殊，论则大同矣。三十四岁以后，欲以清和流美自化。读三国、两晋文辞，以为至美，由是体裁初变。然于汪、李两公，犹嫌其能作常文，至议礼论政则踬焉。仲长统、崔寔之流，诚不可企。吴、魏之文，仪容穆若，气自卷舒，未有辞不逮意，窘于步伐之内者也。而汪、李局促相斯，此与宋世欧阳、王、苏诸家务为曼衍者，适成两极，要皆非中道矣。匪独汪、李，秦、汉之高文典册，至玄理则不能言。余既宗师法相，亦兼事魏、晋玄文。观夫王弼、阮籍、嵇康、裴𬱟之辞，必非汪、李所能窥也。尝意百年以往，诸公多谓经史而外，非有学问，其于诸子、佛典，独有采其雅驯，撦其逸事，于名理则深惎焉。平时浏览，宁窥短书杂事，不窥魏、晋玄言也。其文如是，亦应于学术耳。余又寻世之作奏者，皆知宗法敬舆。然平彻闲雅之体，始自东汉，讫魏、晋、南朝皆然，非敬舆始为之也。中书奏议，文益加详，一奏或至五六千字，若在后代，则览者易生厌倦。故宋时已有贴黄，清初且制全疏不得过三百字，斯由繁而不杀，成此穷反也。曾涤生窥摹陆公，颇复简约，其辞乃如房行制义，若素窥魏、晋、南朝诸奏，则可以无是过矣。由此数事，中岁所作，既异少年之体，而清远本之吴、魏，风骨兼存周、汉，不欲纯与汪、李同流。然平生于文学一端，虽有所不为，未尝极意菲薄。下至归、方、姚、张诸子，但于文格无点，波澜意度，非有昌狂俪规者，则以为学识随其所至，辞气从其所好而已。今世文学已衰，妄者皆务为骫骳，亦何暇訾议桐城义法乎？余作诗独为五言。五言者，挚仲治《文章流别》，本谓俳谐倡乐所施。然四言自《风》

《雅》以后，菁华既竭，惟五言犹可仿为。余亦专写性情，略本钟嵘之论，不能为时俗所为也。

....

余于晚明遗老之书，欲为整理而未逮也。……

余昔在南皮张孝达所，张尝言国学渊微，三百年发明已备，后生但当蒙业，不须更事高深。张本好疏通，不暇精理，又见是时怪说流行，惧求深适以致妄，故有是语。时即答曰："经有古、今文，自昔异路；近代诸贤，始则不别，继有专治今文者作，而古文未有专业，此亦其缺陷也。"十余年中，思近世学术未备，犹不止此。诸治史学者，皆留心地理、官制，其他已甚瘠矣。姓氏之学，自《元和姓纂》以降，郑樵亦粗明其统绪，至邓氏《辩证》，渐确凿矣。元明以降，转变增损，又益繁多，未见近代有治此者也。形法之学，旧籍惟《唐律》为完。汉、晋、南北朝之事，散在史传，如补兵以减死，督责以代杖，又皆律外方便之门，皆当校其异同，评其利病。又未见近代有治此者也。食货之学，非独关于租赋，而权度之大小，钱币之少多，垦田之盈诎，金银粟米之贵贱，皆与民生日用相系，此不可不论列者，又未见近代有治此者也。乐律之学，略有端倪。陈氏《通义》，发明荀勖之学，可谓精且博矣。然清康熙朝所审定者，丝声倍半相应，竹声倍半不相应；相应者乃八与一、九与四。其言人气折旋，必有度数，皆由证验所明；更谓丝器不可名以律吕，亦可谓得理者。而陈君犹取倍半相应之说，两者孰是，必听音而后知之，非衍算所能尽理，又未有商略是非者也。斯四术者，所包闳远，三百年中，何其衰微也！此皆实事求是之学，不能以空言淆乱者。既尚考证，而置此弗道乎？其他学术，虽辨证已精，要未可谓达其玄极。夫学术不在大小，要能精审，则可以成天下之亹亹。自百工技艺之微，所诣固有高下殊绝者，大方之粗疏，或不如小物之精理矣。故近世小学，似若至精，然推其本则未究语言之原，明其用又未综方言之要。其余若此类者，盖亦多矣。若夫周、秦九流，则眇尽事理之言，而中国所以守四千年之胙者也。玄理深微，或似佛法，先正以邹鲁为衡，其弃置不道，抑无足怪。乃如庄周《天运》，终举巫咸，此即明宗教惑人所自始。惠施去尊之义，与名家所守相反。子华子迫生不若死之说，又可谓管乎人情矣。此皆人事之纪，政教所关，亦未有一时垂意者。汪容甫略推墨学，晚有陈兰甫始略次诸子异言，而粗末亦已甚。此皆学术缺陷之大端，顽鄙所以发愤。古文经说，得孙仲容出，多所推明。余所撰著，若《文始》《新方言》《齐物论释》及《国故论衡》中《明见》《原名》《辨性》诸篇，皆积年讨论，以补前人所未举。其他欲作《检论》明之。而时不待人，日月亦将逝矣。昔人云："百龄影徂，千载心在。"岂不痛哉！

（录自《中国现代学术经典·章太炎卷》，河北教育出版社 1996 年版，第 642~644、647~649、653~655 页）

（参校《章太炎学术史论集》，云南人民出版社 2008 年版，第 468~470、473~474、479~481 页）

王静安先生遗书序（节录）

陈寅恪

自昔大师巨子，其关系于民族盛衰学术兴废者，不仅在能承续先哲将坠之业，为其托命之人，而尤在能开拓学术之区宇，补前修所未逮。故其著作可以转移一时之风气，而示来者以轨则也。先生之学博矣，精矣，几若无涯岸之可望，辙迹之可寻。然详绎遗书，其学术内容及治学方法，殆可举三目以概括之者：一曰取地下之实物与纸上之遗文互相释证。凡属于考古学及上古史之作，如《殷卜辞中所见先公先王考》及《鬼方昆夷猃狁考》等是也。二曰取异族之故书与吾国之旧籍互相补正。凡属于辽金元史事及边疆地理之作，如《萌古考》及《元朝秘史之主因亦儿坚考》等是也。三曰取外来之观念，与固有之材料互相参证。凡属于文艺批评及小说戏曲之作，如《红楼梦评论》及《宋元戏曲考》《唐宋大曲考》等是也。此三类之著作，其学术性质固有异同，所用方法亦不尽符会，要皆足以转移一时之风气，而示来者以轨则。吾国他日文史考据之学，范围纵广，途径纵多，恐亦无以远出三类之外。此先生之书所以为吾国近代学术界最重要之产物也。

（录自《金明馆丛稿二编》，上海古籍出版社 1980 年版，第 219 页）

（参校陈寅恪著，陈美延编《陈寅恪集·金明馆丛稿二编》，生活·读书·新知三联书店 2001 年版，第 247~248 页）

陈垣《元西域人华化考》序

陈寅恪

有清一代经学号称极盛，而史学则远不逮宋人，论者辄谓爱新觉罗氏以外族入主中国，屡起文字之狱，株连惨酷，学者有所畏避，因而不敢致力于史，是固然矣。然清室所最忌讳者，不过东北一隅之地，晚明初清数十年间之载记耳。其他历代数千岁之史事，即有所忌讳，亦非甚违碍者，何以三百年间，史学之不振如是？是必别有其故，未可以为悉由当世人主摧毁压抑之所致也。夫义理词章之学及八股之文，与史学本不同物，而治其业者，又别为一类之人，可不取与共论。独清代之经学与史学，俱为考据之学，故治其学者，亦并号为朴学之徒。所差异者，史学之材料大都完整而较备具，其解释亦有所限制，非可人执一说，无从判决其当否也。经学则不然，其材料往往残阙而又寡少，其解释尤不确定，以谨愿之人，而治经学，则但能依据文句各别解释，而不能综合贯通，成一有系统之论述。以夸诞之人，而治经学，则不甘以片段之论述为满足。因其材料残阙寡少及解释无定之故，转可利用一二细微疑似之单证，以附会其广泛难征之结论。其论既出之后，固不能犁然有当于人心，而人亦不易标举反证以相诘难。譬诸图画鬼物，苟形态略具，则能事已毕，其真状之果肖似与否，画者与观者两皆不知也。往昔经学盛时，为其学者，可不读唐以后书，以求速效。声誉既易致，而利禄亦随之。于是一世才智之士，能为考据之学者，群舍史学而趋于经学之一途。其谨愿者，既止于解释文句，而不能讨论问题。其夸诞者，又流于奇诡悠谬，而不可究诘。虽有研治史学之人，大抵于宦成以后休退之时，始以余力肆及，殆视为文儒老病销愁送日之具。当时史学地位之卑下若此，由今思之，诚可哀矣。此清代经学发展过甚，所以转致史学之不振也。近二十年来，国人内感民族文化之衰颓，外受世界思潮之激荡，其论史之作，渐能脱除清代经师之旧染，有以合于今日史学之真谛，而新会陈援庵先生之书，尤为中外学人所推服。盖先生之精思博识，吾国学者，自钱晓徵以来，未之有也。今复取前所著《元西域人华化考》，刻木印行，命寅恪序之。寅恪不敢观三代两汉之书，而喜谈中古以降民族文化之史，故承命不辞。欲藉是略言清代史学所以不振之由，以质正于先生及当世之学者。至于先生是书之材料丰实、条理明辨，分析与综合二者俱极其工力，庶几宋贤著述之规模，则读者自能知之，更无待于寅恪之赘言者也。挚仲洽谓杜元凯《春秋释例》本为《左传》设，而所发明，何但《左传》。今日吾国治学之士，竞言古史，察其持论，间有类乎清季夸诞经学家之所为者。先生是书之所发明，必可示以准绳，匡其趋向。然则是书之重刊流布，关系吾国学术风气之转移者至大，岂仅局于元代西域人华化一事而已哉？

（录自《金明馆丛稿二编》，上海古籍出版社1980年版，第238~239页）
（参校《陈寅恪集·金明馆丛稿二编》，生活·读书·新知三联书店2001年版，第269~270页）

刘先生行述（节录）

陈钟凡[①]

刘先生讳师培，字申叔，江苏仪征人也。曾祖文淇、祖毓崧、伯父寿曾，均以治左氏春秋名于清道咸同光之世，列传国史。父贵曾亦以经术发名东南。先生少承先业，服膺汉学，以《春秋三传》同主诠经，《左传》为书，说尤赅备。审其仪例，或经无传著，或经略传详，以传勘经，知笔削所昭，类存微旨。汉儒说左氏据本传以明经义。凡经字相同，即为同旨。又引月冠事。明经有系月不系月之分，创获实多，亦较二传为密……

清代经师治古文者，自高邮王氏父子以降，迄于定海黄氏、德清俞氏、瑞安孙氏，各揭厥识，匡微补缺，阐发宏多。若夫广征古说，足诤马郑之违，且钳今师之口，则诸家未之或逮。故述造视前师为洧，而精当浸浸过之。信乎！研精覃思持之有故者矣。又历检群籍，至于内典道藏无不究宣。尝取老、庄、荀、董之书，雠正讹脱，独创新解，按文次列，成《老子斠补》二卷，《庄子斠补》一卷，《荀子斠补》四卷，《墨子拾补》二卷，《楚辞考异》八卷，《贾子新书斠补》三卷，《春秋繁露斠补》三卷，计所发正凡数百事，均王、洪、俞、孙之所未诠。盖先生每论定一说，必旁推交通，百思莫能或易，乃著简

[①] 陈钟凡（1882—1982），古典文学家、红学家。

毕，其精审有如此。雅性勤劬，博览载籍，过目成诵，久而不渝，神志亦缘是日骞，年未四十，疾疢缠萦，狄涤医门，岁无闲日，以民国八年十一月二十日卒于北京，上距生于清光绪甲申年闰五月二日，享年三十有六。生平精力敚于著述，世变纷纶，匪所能悉，而以贫病故不能亡情爵秩，时时为金壬牵引，致不退不遂，入于坎陷，非深知先生者，孰能谅之？先生于学无所不窥，而论文则考型六代，掸源两京。尝谓汉魏之际，文学未尝别自成科，宋文立四学，文学乃与儒玄分馆，故《南史》恒以文史文义并词，而《文章志》诸书亦以当时称盛。凡所持论见《文说》《广文言说》《文笔诗笔词笔考》。又裒次所为辞、赋、诗、文如干首成《左庵文集》五卷。

（录自《刘申叔先生遗书》，宁武南氏 1936 年校印）

余嘉锡先生小传（节录）

李学勤[①]

余嘉锡（1884—1955），字季豫，后号狷庵，或称狷翁，湖南常德人……
……

余嘉锡是卓有成就的目录学家，或者用现在通行的名词说，是文献学家。他毕生精力，除教学外，全用于读书著述。其藏书十分丰富，但专为研习用，不收宋元珍本。他不赞成那些推重冷僻书籍的藏书家，请罗振玉榜其书房为"读已见书斋"。实际他精于目录版本，所藏书多为明清精刻精校，阅读时必取五色笔，将心得记于眉上行间，功夫之勤，不是一般学人所能做到。

目录学是余嘉锡长期讲授的课程，《目录学发微》一书，就是他从 1930 年到 1948 年在北京各大学使用的讲义。中国历代典籍浩如烟海，要想充分运用，必须有目录学的知识。余先生此书不是简单地开列图书目录，而是总结从西汉刘向、刘歆父子到清代诸儒的目录之学，结合学术史的背景，真正做到辨章学术，考窥源流，对目录学的功用、体例、流变等方面都有详细阐发，形成

---

① 李学勤（1933—2019），历史学家、古文字学家。

了目录学的一套理论体系。

与《目录学发微》相比美的余先生另一力作，是《古书通例》，也是他30年代在各大学授课时的讲义，一名《古籍校读法》。前人读古书，多自语句训释着眼，很少注意到古书固有的体例。余嘉锡则强调："当先明古人著作之体，然后可以读古书。"指出古书"一时有一时之文体，一代有一代之通例。参互考校，可以得其情；排比钩稽，可以知其意"。相反地，如不明古书体例，就会在理解上产生歧误，甚至作无端的怀疑。《古书通例》一书，就汉魏以前书籍详加诠释，分为《案著录》《明体例》《论编次》《辨附益》四卷，篇幅虽然不大，却是言简意赅，广征博引，使读者认知古书体例原和后世作品不同，如果不明白古人著述主旨和古书编定的原委，便难免厚诬前人，又贻误后学。应该指出，余先生此书虽作于六十年前，其论断却往往为近年考古发现的简帛佚籍所证实。

《四库提要辨证》二十四卷，系余嘉锡平生心血所萃。如前所述，他自少年时读《四库全书总目提要》，将札记抄撮辑集，三十余年，已积稿二十余册。1931年曾删除重复，编写目录，合经史子集四部，有七百多篇，于是逐渐补充修改。七七事变发生，他担心存稿散失，于是选取较成熟的史子两部二百二十余篇付梓，是为《四库提要辨证》的初印本。此后，他工作不懈，续有增益，至临终前，合计四部达到四百九十篇，编成《四库提要辨证》的定本，是一部有很高学术价值的专著，对于目录学以及学术史的研究是不可磨灭的贡献。

余嘉锡还有《汉书艺文志索隐》书稿，可惜没有刊行。

北平沦陷期间，余先生又开设"《世说新语》研究"课程，并着手撰作校注，终于纂成《世说新语笺疏》。此书体例一仿裴松之《三国志注》，不仅校雠推勘，补遗正谬，还对书中史迹多有评论。学者认为他"不仅是由考史而论史，而且是论古所以喻今。在当时的沦陷区自有其正士风、励志节的深刻意义在"（周祖谟先生语）。于此也可以看到余先生在历史学上的造诣。

余嘉锡先生的历史学论文，包括前面提到的《宋江三十六人考实》等篇，均已收入《余嘉锡论学杂著》。他对中国传统史学的评价，颇与时人不同，如说"宋人史学胜清儒"即其一例。综观他的这方面论作，不止考证精细，而且富于识见，多有新义。《论学杂著》中还有若干与目录学有关的作品，可与他的几部专著参看。殿后的《读已见书斋随笔》，短小精当，也很有启发性。

余嘉锡另有一种著作，是《元和姓纂校补》八卷。1952年秋，他撰写《四库提要辨证》中的《元和姓纂》一篇，曾提到此书"用力颇勤"，深恐不能出版，付诸流水。这篇辨证写完，他就中风不起了。据说《元和姓纂校补》目前只找到一种过录本，并非最后完稿，这真是一大憾事。

（录自《中国现代学术经典·余嘉锡　杨树达卷》，河北教育出版社1996年版，第3、5~7页）

自　传（节录）

钱基博[①]

基博论学，务为浩博无涯涘，诘经谭史，旁涉百家，抉摘利病，发其阃奥。自谓集部之学，海内罕对。子部钩稽，亦多匡发。而为文初年学《战国策》，喜纵横不拘绳墨。既而读曾文正书，乃泽之扬马，字矜句炼；又久而以为典重少姿致，叙事学陈寿，议论学苏轼，务为抑扬爽朗。所作论说、序跋、碑传、书牍，颇为世所诵称；碑传杂记，于三十年来民情国故，颇多征见，足备异日监戒。论说书牍，明融事理，而益以典雅古遒之辞出之，跌宕昭彰。序跋则以生平读书无一字滑过，故于学术文章得失利病，多抉心发奥之论。湘乡曾广钧读其文而诧叹焉；既则贻以书曰："吾子上说下教，虽强聒而不舍，然而仆睹子之学必不大。何者？熔史铸子，裁以昌黎，从前推孙渊如有此萌芽，钱竹汀略创轮椎。吾子以运以豪气，扛以健笔；四十岁后，篇题日富，必能开一文派；特惜言皆有物，较空言格律及虚神摇曳者有难易之分；造诣虽宏，徒侣必不能广耳！"南通张謇以文章经济，为江南北士流所归重；及读基博文而叹曰："大江以北，未见其伦！"吴江费树蔚曰："岂惟江北，即江南宁复有第二手！"而謇尤广为延誉。闻者或疑阿私所好。而不知基博未瞻一面，未通一书。兴化李详论文不囿风气，好称子部杂家之学；顾于并世文人，少所许可；

[①] 钱基博（1887—1957），古文字学家、教育家。

尤力诋林纾，以谓："观其所译小说，重在言情，纤浓巧丽，浮思古意。三十年来，胥天下后生，尽驱入猥薄无行，终以亡国。昔人言王、何之罪，浮于桀、纣。畏庐之罪，宏科何律！畏庐既以此得名，可以已矣；而又高论文章，因择举世所宗，又为时贵意旨倾向，复起桐城之焰，鼓之以炉鞴，势令海内学子从风而靡，一与其小说等，而其富厚之愿始毕。此仆所为不平！"而独甚推基博，贻书谓："所重足下者，能多读书而下笔辄古。畏庐偾于豚上，不畏耳！若足下之虎，且相率而辟易。弟自此不敢轻量足下矣！"基博则复之曰："博生平论文，不立宗派。在曩时桐城之学满天下，博固不欲附桐城以自张；而在今日又雅弗愿捶桐城已死之虎，取悦时贤；拙著《古文辞类纂解题》，固尝微申厥旨。桐城之文，尚澹雅而薄雕镂，而畏庐则刻削伤气，纤秾匪淡，于桐城岂为当行！而气局褊浅，十五六年前，徒以博偶有掎抚，见之不胜愤愤，无端大施倾轧，文章化为戈矛，儒林沦于市道，属商务不印拙稿，而不知博本勿赖市文为生，有友人介绍博任北师大国文讲座；其时畏庐在北京文坛，气焰炙手可热，亦作臧仓，致成罢论；知者多为不平。然博以为真读书人，正当化矜释躁，征其学养。何意畏庐六十老翁，不能宏奖后进，而党同妒道若是！胜我不武，不胜见笑。博苟卓然有以自立；畏庐尸居余气，文章真赏，来者难诬，身后千秋，尚赖博为论定。而畏庐乃必欲穷之于所往，博岂遂为所穷，徒见其不自量耳！当日固以如是；岂在今日，博转欲拾其唾余，藉以自重。及畏庐身价既倒，博撰次现代中国文学史，平情而论，胸中既未尝有不平之气，更何必加以寻斧，效恶声之必反！故博前日于畏庐不肯降心以相从；而在时移势异之今日，亦不敢助长者张目，作寻声之骂，呵禁不样。"而于是详服其有度也！……题楹联云："书非三代两汉不读，未为大雅；文在桐城阳湖之外，别辟一涂。"则固有以自信矣。盖商务印书馆出版宜兴张振镛所著《中国文学史分论》论次之如此。顾基博独自谓所著文章，取诂于《许书》，缉采敫《萧选》，植骨以扬、马，驶篇似迁、愈，雄厚有余，宁静不足，密于综核，短于疏证。文之佳恶，吾自得之；后世谁相知定吾文者耶！

（录自《中国现代学术经典·钱基博卷》，河北教育出版社1996年版，第934~937页）

陈寅恪先生史学述略稿·前言（节录）

王永兴[①]

我国传统学术文化，颇重视学术思想和典章制度的渊源系统，故本书以较多篇幅，阐述先生史学之渊源。渊源乃先生史学所承袭者，承袭与发展不可分，即渊源流变，史学思想与治史方法亦包括在渊源系统之中。先生之史学渊源于宋贤，述先生之史学思想及治史方法，不能不首先简要申述宋贤之史学思想及治史方法。宋贤史学如《通鉴》等书，乃我华夏民族传统学术文化中之瑰宝。其史学思想及治史方法，近数十年来，除寅恪先生及少数学者外，鲜有人注意并论述之。甚至有人目为封建专制帝王将相之事而不屑一顾。为此，不得不稍详阐释，如司马君实《答范梦得》一文，乃学习司马君实、李仁甫长编考异治史之法的主要文献，初学者甚至一般研究者真正读懂恐不无困难，因此不能不逐段逐句加以校释，此或有违于著书之体例，不得已也。

先生为文著述，从不空泛议论，从不发无根据的意见，本书述先生史学之源以及史学思想、治史方法，必依据史实，并尽量广搜群籍，尽量避免单文孤证，从师教也。

本书述先生三部专著三篇文章之主旨，着眼于先生著书之用心所在及论述的特点，间或涉及书文的内容，但非重复其内容也。先生读两《唐书》札记千余条，实学习寅恪先生史学指示门径之著作也，为了便于初学者，谨略加疏证其中一小部分。

吾华夏民族之优良传统：治学与为人不可分。寅恪先生读书为己，平生未尝侮食自矜，曲学阿世。立身以独立之精神、自由之思想为本；待人接物，以诚不以谋；不为权势而屈己志，不图名利以洁己身；贬斥势力，尊崇气节。其授业教诲后世，为光大华夏民族之优良传统，亦为华夏民族之光辉未来；以身以言，示范作则；期诸百世也。故本书申述先生之史学，不能不涉及先生之为人，即先生之高尚品德，例如独立之精神、自由之思想。在本书申述先生史学思想部分，我举出"独立之精神，自由之思想"所体现的"不忘本来民族之地位"为先生史学根本思想之一，此语乃相对"吸收输入外来之学说"而言（见《金明馆丛稿二

[①] 王永兴（1914—2008），历史学家。

编》，载《冯友兰中国哲学史下册审查报告》），"不忘本来民族之地位"即不忘本来民族之独立。先生之言乃有所为而发。不以本民族之独立为出发点，吸收输入外来的思想习俗，致使本民族或民族历史的一段时期或一部分地区失去本民族之独立性，因而改变历史性质以及历史面貌，非鲜见之史实也。因此，先生之"不忘本来民族之地位"的史学思想，即民族学术独立及民族独立之思想。

司马君实、欧阳永叔总结宋以前华夏民族传统史学，而又有新的、更高层次的发展，形成千古罕匹之宋代史学。千余年后，陈寅恪先生继承总结宋贤史学，而又发展之，开辟了华夏民族史学的新时代。这一新阶段史学的主要思想基本上离不开本书所述"求真实、供鉴戒""独立之精神，自由之思想"，其史学方法也离不开长编考异之法，斯寅恪先生所以能在华夏民族过去现在和未来史学史中占有特殊崇高地位也。今后实现民族学术独立者，唯有振兴宋学，此先生再三昭示于吾侪，并为后学做出榜样者。振兴宋学，必须以寅恪先生之学为根柢。本书以大半篇幅申述先生之史学思想及治史方法均为此主旨而发也。职是之故，时下有人误解先生之人之学已成为过去，非也。先生之人之学，更属于未来，共三光而永光。开宗明义，读者鉴之。

（录自王永兴《陈寅恪先生史学述略稿》，北京大学出版社1998年版，第15~16页）

胡适学术文集总序[①]（节录）

姜义华[②]

十

综观胡适一生的学术活动，他用力最深影响最大的还是所谓的"科学方法"。从某种意义上讲，他的整个学术活动，无论是从事哪一方面的具体研究，都是围绕着"科学方法"展开的……胡适思想中有一种非常明显的化约论

[①] 编者删除了文中的注释部分。
[②] 姜义华（1939—   ），近代中国学术史家。

倾向，他把一切学术思想以至整个文化都化约为方法，他所重视的永远是一家或一派学术、思想背后的方法、态度和精神，而不是其实际内容。他认为一切学说的具体内容都包括了"论主"本人的背景、时势以至个性，因此不可能具有永久的普遍的有效性，但是方法，特别是经过长期应用而获得证验的科学方法，则具有客观的独立性，能够长久地显示它们的价值。

众所周知，在五四新文化运动中胡适对实用主义的介绍以及把实用主义贯穿于文学改良、整理国故、倡导科学方法和社会改造的"实验"，在思想界产生了极大的影响，胡适也反复说过他的思想基本上便是杜威的实验主义。但是实用主义作为20世纪初叶的一场哲学运动，能够给现代人提供一个令人心悦的行动方案，是有深刻的历史背景的。它不仅反映了美国人好将抽象事物联系到具体事物的兴趣，也反映了"美国人要吸取欧洲哲学中最好的东西的努力"。对于实用主义的历史背景和思想渊源，胡适却没有兴趣去探究，而是以"历史的方法"和"实验的方法"去把握，并多次声明，杜威没有给中国带来任何特别主张用以解决任何特别问题，只留下一种名之为实验主义的"哲学方法"。他相信杜威实用主义的方法可以从杜威基于美国社会背景而发展出来的一些特别主张中抽象出来，成为具有客观独立性的科学方法。

胡适通过考据学方面的训练去接近杜威的方法论。他说："杜威对有系统思想的分析帮助了我对一般科学研究基本步骤的了解。他也帮助了我对我国近千年来——尤其是近三百年来——古典学术和史学家治学的方法，诸如'考据学''考证学'，等等。〔这些传统的治学方法〕我把它们英译为 evidential investigation（有证据的探讨），也就是根据证据的探讨，〔无征不信〕。在那个时候，很少人（甚至根本没有人）曾想到现代的科学法则和我国古代的考据学、考证学，在方法上有其相通之处。我是第一个说这句话的人；我之所以能说出这话来，实得之于杜威有关思想的理论。"在胡适看来，实用主义中的"历史的方法"及其"假设"和"求证"的一套运作程序，一方面和考证学的方法同属一类，另一方面又比考证学高出一个层次，因而可以扩大应用于解决一切具体的社会问题；他也深信这便是科学方法最新和最高的形式。确实，杜威实用主义的方法较之清代朴学更精密、更严格、更系统，对于迷恋考据学的胡适具有较大的说服力和吸引力是毫不奇怪的。因为这既是他早已耳熟能详的东西，又涵有新的成分，而且还标上"科学方法"的标签。胡适在方法论层次上将实用主义方法论和中国传统考据学结合起来，使他的研究领域比之考据学大为扩展，不复局限于几部古典经籍的研究，既可以用来研究小说、戏剧、民间传说，又可以用来分辨古史的真伪，还可以用来批评传统的制度和习俗。

但是，胡适所谓"科学方法"终究未能脱离传统考据学的窠臼。他能够在学术领域开辟诸多研究的新境地，却无法满足一个急剧变革的社会对于"改变世界"的急迫要求。他的俗世声名以所谓"科学方法"赢得，以考据学为起点，又以考据学为终点，以埋头钻研一部支离破碎的《水经注》伴其终身，即为证明。当然，胡适提倡"科学方法"在当时中国的学术思想界还是有实际效果的。熊十力是非常不赞成胡适思想的人，但他也承认，"在五四运动前后，适之先生提倡科学方法，此甚紧要。又陵先生虽首译名学，而其文字未能普遍。适之锐意宣扬，而后青年皆知注重逻辑。视清末民初，文章之习，显然大变"。艾思奇在《廿二年来之中国哲学思潮》一文中也说："在五四文化运动中，科学方法之被人重视是谁也不能否认的。实验主义虽然与笛卡尔、培根等的学说不同，要不外仍是一种从科学借来的方法论。哲学上的思想方法之科学化，就历史的意义上来说，比其他任何的研究介绍都更极重要。胡适的《中国哲学史大纲》之价值，可以说远远不及他的'拿证据来'的实验主义精神之价值。实验主义在今日，谁也知道是一种错误的思想方法，它能一变而成唯心论哲学。但在当时，作为与传统迷信抗战的武器，还不失为历史推进的前锋。"

（录自《胡适学术文集·新文学运动》，中华书局1993年版，第20~23页）

与顾颉刚论古史书（节录）

傅斯年

论颉刚的古史论。三百年中，史学、文籍考订学，得了你这篇文字，而有"大小总汇"。三百年中所谓汉学之一路，实在含括两种学问：一是语文学；二是史学、文籍考订学。这两以外，也更没有什么更大的东西：偶然冒充有之，也每是些荒谬物事，如今文家经世之论等。拿这两样比着看，量是语文学的成绩较多。这恐怕是从事这类的第一流才力多些，或者也因为从事这科，不如从事史学、文籍考订者所受正统观念限制之多。谈语言学者尽可谓"亦既觏止"之觏为交媾,"握椒"之为房中药。汉宋大儒,康成、元晦,如此为之,并不因此而失掉他的为"大儒"。若把"圣帝明王"之"真迹"布出,马上便是一叛道的人。但这一派比较发达上差少的史学考订学,一遇到颉刚的手里,便登时现出超过语文学已有的成绩之形势。那么你这个古史论价值的大,还等我说吗?这话何以见得呢?我们可以说道,颉刚以前,史学考订学中真正全是科学家精神的,只是阎若璩、崔述几个人。今文学时或有善言,然大抵是些浮华之士;又专以门户为见,他所谓假的古文,固大体是假;他所谓真的今文,亦一般的不得真。所有靠得住的成绩,只是一部《古文尚书》和一部分的左氏《周官》之惑疑(这也只是提议,未能成就);而语文那面竟有无数的获得。但是,这语文学的中央题目是古音,汉学家多半"考古之功多,审音之功浅",所以最大的成绩是统计的分类通转,指出符号来,而指不出实音来。现在尚有很多的事可作,果然有其人,未尝不可凌孔撵轩而压倒王氏父子。史学的中央题目,就是你这"累层地造成的中国古史",可是从你这发挥之后,大体之结构已备就,没有什么再多的根据物可找。前见《晨报》上有李玄伯兄一文,谓古史之定夺要待后来之掘地。诚然掘地是最要事,但不是和你的古史论一个问题。掘地自然可以掘出些史前的物事、商周的物事,但这只是中国初期文化史。若关于文籍的发觉,恐怕不能很多(殷墟是商社,故有如许文书的发现,这等事例岂是可以常希望的)。而你这一个题目,乃是一切经传子家的总锁钥,一部中国古代方术思想史的真线索,一个周汉思想的摄镜,一个古史学的新大成。这是不能为后来的掘地所掩的,正因为不在一个题目之下。岂特这样,你这古史论无待于后来的掘地,而后来的掘地却有待于你这古史论。现存的文书如不清白,后来的工作如何把它取用?偶然的发现不可期,系统的发掘须待文籍整理后方可使人知其地望。所以你还是在宝座上安稳的坐下去罢,不要怕掘地的人把你陷了下去。自然有无量题目要仔细处置的,但这都是你这一个中央思想下的布列。犹之乎我们可以造些动力学的 Theorem,但这根本是 Newton 的。我们可以研究某种动物或植物至精细,得些贯通的条理,但生物学的根本基石是达尔文。学科的范围有大小,中国古史学自然比力学或生物学小得多。但它自是一种独立的,而也有价值的学问。你在这个学问中的地位,便恰如牛顿之在力学,达尔文之在生物学。去年春天和志希、从吾诸位谈,他们都是研究史学的。"颉刚是在史学上称王了,恰被他把这个宝贝弄到手;你们无论再弄到什么宝贝,然而以他所据的地位在中央的原故,终不能不臣于他。我以不弄史学而幸免此危,究不失为'光武之故人也'。几年不见颉刚,不料成就到这么大!这事原是在别人而不在我的颉刚的话,我或者不免生点嫉妒的意思,吹毛求疵,硬去找争执的地方;但早晚也是非拜倒不可的。"

(录自《傅斯年全集》第一卷,湖南教育出版社2003年版,第446~447页)

中国近三百年学术史·自序

钱 穆

民国二十年秋,余始任教国立北京大学,为诸生讲近三百年学术史,因撮记要指备诵览。迄今五载,粗成首尾。

窃谓近代学者每分汉宋疆域,不知宋学,则亦不能知汉学,更无以平汉宋之是非,故先之以《引论》,略述两宋学术概要。又以宋学重经世明道,其极必推之于议政,故继之以《东林》。

明清之际,诸家治学,尚多东林遗绪。梨洲嗣轨阳明,船山接迹横渠,亭林于心性不喜深谈,习斋则兼斥宋明,然皆有闻于宋明之绪论者也。不忘种姓,有志经世,皆确乎成其为故国之遗老,与乾嘉之学,精气复绝焉。

抑余治诸家书,犹多余憾。亭林最坚卓,顾其辞荐也,则曰:"人人可出,而炎武必不可出。"二甥既为清显宦,弟子潘次耕,亲兄备受惨毒,亦俯首为清臣。梨洲晚节多可讥。晚村独持夷夏之辨不变,然余读其遗训手迹,缕缕数百言,皆棺衾附身事耳,独曰"子孙虽贵显,不许于家中演戏",则无怪后人之入翰苑也。船山于诸家中最晦,其子则以时文名。习斋力唱经世干济,恕谷乃为游幕。徐狷石所谓"遗民不世袭",而诸老治学之风乃不得不变。继之以潜邱、西河,此国亡不复后之所谓考据学也。复继之以穆堂、谢山,此国亡不复后之所谓义理学也。彼其所以与晚明诸遗老异者,岂不在朝廷哉!岂不在朝廷之刀锯鼎镬、富贵利达哉!

乾隆御制《书程颐论经筵札子后》有云:"夫用宰相者,非人君其谁乎?使为人君者,但深居高处,自修其德,惟以天下之治乱付之宰相,己不过问,幸而所用若韩、范，犹不免有上殿之相争，设不幸而所用若王、吕，天下岂有不乱者！此不可也。且使为宰相者，居然以天下之治乱为己任，而目无其君，此尤大不可也。"夫不为相则为师，得君行道，以天下为己任，此宋明学者帜志也。今曰"以天下治乱为己任尤大不可"，无怪乾嘉学术一趋训诂考订，以古书为消遣神明之林囿矣。于此而趋风气，趁时局，则治汉学者必以诋宋学为门面，而戴东原氏为其魁杰。起而纠谬绳偏，则有章实斋，顾曰："六经皆史，皆先王之政典。"然为之君者既不许其以天下治乱为己任，充实斋论学之所至，亦适至于游幕教读而止，乌足以上媲王介甫、程叔子之万一耶！

嘉道之际，在上之压力已衰，而在下之衰运亦见。汉学家正统如阮伯元、焦里堂、凌次仲皆途穷将变之候也。起而变之者，始于议政事，继以论风俗，终于思人才，极于正学术，则龚定庵、曾涤生、陈兰甫其选也。然而皆无以大变乎其旧，则亦无以挽世运于复隆。南海康氏起，大声疾呼，学术有不暇正，人才有不暇论，风俗有不暇辨，一切务以变法改制为救亡，而托附之于保皇。是复欲以天下治乱为己任，而又不能使其君深居高处而不过问，则徒为两败之道也。

尝试论之。中华之受制于异族，有三期焉：一曰五胡元魏，再曰辽金元，三则满清。当元嘉之末运，一时名流胜望，相继南迁，其留而在北者，犹守旧辙，务经学，上承两汉之遗，皆南士清玄之所鄙吐而不道者。然而胡姓之贵，受其薰陶，绵缀不绝，卒成周隋之治，下开唐基，此一期也。辽金用汉人，仅保所掠而已。元人挟其武强，最鄙汉化为不足尊，其治无可言。时则中华之文运几辍，然譬如严冬雪虐，枝叶虽辞，根荄无伤也。故明人之学，犹足继宋而起。满清最狡险，入室操戈，深知中华学术深浅而自以利害为之择，从我者尊，逆我者贱，治学者皆不敢以天下治乱为心，而相率逃于故纸丛碎中，其为人高下深浅不一，而皆足以坏学术、毁风俗而贼人才。故以玄烨、胤禛、弘历踞其上，则幸而差安，以颙琰、旻宁、奕䜣、载淳、载湉为之主，则终不免于大乱。而说者犹谓满族入关，卒为我所同化，政权虽移，中华之文运依然，诚浅之乎其为论也。

今日者，清社虽屋，厉阶未去，言政则一以西国为准绳，不问其与我国情政俗相洽否也。扞格而难通，则激而主"全盘西化"，以尽变故常为快。至于风俗之流失，人心之陷溺，官方士习之日污日下，则以为自古而固然，不以屑怀。言学则仍守故纸丛碎为博实。苟有唱风教，崇师化，辨心术，核人才，不忘我故以求通之人伦政事，持论稍稍近宋明，则侧目却步，指为非类，其不诋诃而揶揄之，为贤矣！

斯编初讲，正值"九一八事变"骤起。五载以来，身处故都，不訾边塞，大难目击，别有会心。司马氏表六国事，曰"近己则俗变相类"，是书所论，可谓近已矣。岂敢进退前人，自适己意？亦将以明天人之际，通古今之变，求以合之当世，备一家之言。虽不能至，心向往之。盖有详人之所略，略人之所详，而不必尽当于著作之先例者。知我罪我，所不敢问也。

中华民国二十六年一月九日自序于北平之未学斋

（录自《中国近三百年学术史》，商务印书馆 1997 年版）
（参校《中国近三百年学术史》，九州出版社 2011 年版）

傅孟真先生的思想（节录）

胡 适

孟真活了五十五岁，他早年的情形我不很知道。我们可以把他从做学生时代到死，分为四个部分来说。第一部分是他青年做学生时代的思想；第二部分是他壮年个人做学术时代的思想；第三部分是他壮年时期在历史语言研究所时代的思想；第四部分是他晚年的思想，也是最危急最动荡的时候的思想。

第一，先说他做学生时代的思想。他的第一篇文章就是我给他校阅的，在《新青年》杂志上刊出来。那时候，他就是最能了解当时新思潮新文化运动的人。我在若干年后才知道他在很早的时候就是胡适之的"保驾人"，在不知不觉中已经替我作了保护的工作。诸位看过顾颉刚先生的《古史辨》第一集，上边一个七万字的长序吗？里边曾说到我当时在北大教哲学史的情形。那时北大中国哲学系的学生都感觉一个新的留学生叫做胡适之的居然大胆的想纹断中国的哲学史；因为原来讲哲学史的先生们，讲了两年才讲到商朝，而胡适之一来就把商朝以前的割断，从西周晚年东周说起。这一班学生们都说这是思想造反；这样的人怎么配来讲授呢！那时候，孟真在学校中已经是一个力量。那些学生们就请他去听听我的课,看看是不是应该赶走。他听了几天以后,就告诉学生们说:"这个人书虽然读得不多,但他走的这一条路是对的。你们不能闹。"我这个二十几岁的留学生,在北京大学教书,面对着一班思想成熟的学生,没有引起风波;过了十几年以后才晓得是孟真暗地里做了我的保护人。

那时候他很注意北大一般教授提倡的新思想,他知道这个运动要成为一个很大的力量,就与他的一班同学朋友办了一个《新潮》杂志。他在《新潮》杂志上发表的文章,现在都已收集在《遗著》第一册里边。从那些文章中可以看出他那个时代的思想,是赞成文学改革、白话运动的,是赞成新思想的。我可以引一段他的文字来代表他早年的思想。这篇文章叫做《白话文学与心理的改革》。他认为文学改革应该引起一个思想的改革运动。任何文章都可以用白话来写;几百年来曾有人用白话写过最好的小说、诗、词、曲等。但最重要的是白话文学运动应该是一个新思想运动;如果这个运动中没有新思想,那么这个运动是站不住的。所以他说:"用手段高强的文学,包括着'人的'思想,促动大家对于人生的自觉心,是我们的使命。"又说:"未来的真正中华民国,还须借着文学革命的力量造成。"这是很大胆的说法。他的结论是:"真正的中华民国必须建设在新思想的上面,而新思想必须放在新文学的里面。"他年轻的时候这样主张,到了晚年还是这样主张。他所说的"真正的中华民国必须用文学革命的力量造成"这个理想,到现在还没有能够完全实现。这一点是我们后死的朋友应该接受而努力的,同时又是后死的朋友们应该常常想念到的。他的早年思想是前进的。他在文学改革新思想运动上是一个领导者,在二十几岁的时候就能指导出一条正确的大路。

第二,他留学国外时期的思想。他初回国时,即任中山大学文学院长,兼授文史功课。在这个时期,以及后来在中央研究院历史语言研究所工作的时候,常将留学时所想过的许多有关古史或古代中国文学史的问题加以探讨。他不赞成用哲学史的名字来讲中国思想,而主张用中国思想史的名字。他的壮年几本最伟大的、继往开来的学术论著,都是在留学时期中就已想到的,他以最强的记忆,能够综合起来,在旧的材料中,用新的思想,新的方法,再配上新的材料,找出新的重要的问题。这个时期我们可以说孟真在中国学术史上占了一个最高的地位。这就是他三十一岁至四十五岁这一时期。

我可以举出这个时期中他的几篇文章作说明。一、《中国古代文学史讲义》：这是一部了不得的著作。我们知道，凡是一个大的思想家，往往撒出许多种子；有些种子掉在石头上被人踏碎了，有些种子撒在肥沃的泥土上，有了生命，就发生了力量。昨天晚上，我看他的书，想到恐怕有许多朋友都还不能十分了解他的重要性。一九二六年我到巴黎，他那时在柏林，知道我来到法国，特地从柏林赶来与我同住了许多天。我们白天同在法国国家图书馆读书，晚上在中国馆子吃饭，饭后常常谈到晚上一二点钟，充分互相讨论。那个时候他就已经撒下了许多种子。他说：中国一切文学都是从民间来的，同时每一种文学都经过一种生、老、病、死的状态。从民间起来的时候是"生"，然后像人的一生一样，由壮年而老年而死亡。这个观念，影响我个人很大。说到这个观念，我们常常想起孟真贡献最大的就是他的思想。中国文学无论是小说、词、曲、诗，都是来自民间，慢慢的才跑到上层，影响到士大夫阶级。但到了士大夫手上以后，就慢慢的老了、死了。这个观念，曾经在他的《中国古代文学史》中撒下许多有价值的种子。我相信这些种子将来还可以继续在中国文学史方面发生影响。二、《史学方法导论》：在现在看起来还是有许多有价值的种子在这个导论里边。三、《性命古训辨证》：这是他唯一的一部写成书的著作，其中方法是值得我们继续的。四、《古代中国与民族》：这是他没有完成的一部大书，有的时候也想定名为《民族与古代中国》。这是说明古代民族的来源的。可惜这部伟大的著作没有完成。但他曾经发表了几篇论文，如《姜原》，提供了许多有助于研究的材料；另一篇为《周东封与殷遗民》，说明从周室东征到山西北部，征服了整个东部的情形。这一篇文章我公开承认影响我最大，最能够表现他的意思。再有一篇是《夷夏东西说》，出版在蔡先生六十周年纪念特刊上；搜集的材料丰富，将东西夷夏加以区分；很少人有这样锐利的眼光。

现在回过头来谈谈他《周东封与殷遗民》这篇文章。我在《中国哲学史》内提到古代服三年之丧这个问题，感觉到很困难。孔子的弟子宰我曾说一年就够了，但孔子却说，"夫三年之丧，天下之通丧也"。过了一百年以后，当滕文公继承他父亲为滕侯时，孟子居然说动了滕文公，说丧礼应服三年。但当时滕国的士大夫都不赞成；他们都反对"三年"。他们说，"吾宗国鲁先君莫之行，吾先君亦莫之行也"。这两句话与孔子的话是冲突的。孔子说三年之丧为天下之通丧，而滕国的大夫又说鲁国未曾行过，我滕国也没有行过，究竟是孔子说假呢？还是滕国大夫错了呢？孟真在这一篇文章中说，"孔子之天下，大约即是齐、鲁、宋、卫，不能甚大，可以'登泰山而小天下'为证"。当时周统治中国，老百姓多为殷之遗民；上层阶级均用周礼，一般老百姓则仍用殷礼。故孔子曾说，"丘也，殷人也"。殷朝虽然已经灭亡，但其后七百年间，上边统治阶级与下边人民的习俗不同。绝对多数的老百姓是殷遗民，而三年之丧是殷民的制度；孔子自称殷人，所以孔子以三年之丧为天下通丧是不错的。而滕国大夫所讲"鲁先君莫之行，吾先君亦莫之行"，也没有错；因为滕是文王的子孙，鲁是周公的子孙，都是殷的统治民族，所以与老百姓不同。能够把这个观念来解释《论语·先进篇》第一章的，二千多年来，孟真还是第一个人。这章的原文是：

子曰："先进于礼乐，野人也；后进于礼乐，君子也。如用之，则吾从先进。"

孟真以为：

野人即是农夫，非如后人用之以对"斯文"而言；君子指卿大夫阶级，即统治阶级。先进后进，自是先到后到之义。礼乐是泛指文化，不专就玉帛钟鼓而言。名词既定，试翻译做现在的话如下：

那些先到了开化的程度的，是乡下人；那些后到了开化程度的，是"上等人"。如问我何所取，则我是站在先开化的乡下人一边的。

先开化的乡下人自然是殷遗民，后开化的上等人自然是周的宗姓婚姻了。

现在有许多人提倡读经：我以为对这几句话解释得通才配读经；如果解释不通，不配读经！

孟真有绝顶天才，他替我解决了《中国哲学史》上不能解决的问题。我接受了他的观念，写了一篇五万字的文章，叫做《说儒》，从这个观念来讲古代思想，根本推翻了我过去对于中国古代思想史的见解。所以今天在各位老朋友面前，格外表示我对他无限的哀思。

第三，是要说第三时期，也是他壮年的时期。他以伟大的力量将古代民族、古代历史问题和古代史料，作了一个继往开来的事业。但刚才所说的是他个人学术研究的部分，现在要说的这一部分则为他在历史语言研究所的工作。他是能够实行从前英国大哲学家培根所讲的"集团研究"的，一个人研究学问究竟精力有限；大规模的分工合作，团体研究是比较容易有成就的。培根三百年前的理想，到了一百多年前才由世界上一般先进国家慢慢地做到。孟真回国的时候，正是我国团体研究机关刚开始的时候。我们可以说，孟真在中央研究院的工作，是中国做团体研究最成功的；用不着我来详细介绍。他在民国十七年时替历史语言研究所定出三个目标：一、凡能直接研究材料，便进步；凡间接的研究前人所研究或前人所创造的系统，而不能丰富细密参照所包含的事实，便退步。二、凡能扩张研究的材料，便进步；不能的，便退步。这就是他所说的"上穷碧落下黄泉，动手动脚找东西！"三、凡能扩充他作研究时应用的工具的，便进步；不能的，便退步。他以这三个目标与同人互相勉励；后来二十年的成绩可以证明他领导的能力。因为他有眼光，有办法，有领导能力，所以才有这样的表现。

第四，是他中年至晚年的思想。他早年思想，是站在文学思想革命的前哨，是一个领导者，是一个力量。以后到晚年，他仍是继续他早年在《新潮》时代的那种地位。……

（录自王为松编《傅斯年印象》，学林出版社1997年版，第79~85页）

董作宾先生小传（节录）

裘锡圭[①]

1921年冬董氏赴北京求深造。次年在北京大学作旁听生。1923至1924年在北京大学研究所国学门作研究生，兼任国学门歌谣研究会的刊物《歌谣周刊》的编校。1925至1927年先后任福建协和大学国文系教授、中州大学文学

---

① 裘锡圭（1935—　），中国古文字学家。

院讲师、北京大学研究所国学门干事、中山大学副教授等职。1927年下半年任职于中山大学时，与傅斯年相识。傅氏是为中央研究院筹建历史语言研究所（下文简称"史语所"）的主要人物，对董氏的学术生涯有重要影响。

1928年春"史语所"筹备处在广州成立，聘请当时因母病回南阳的董氏为通信员。8月董氏赴安阳小屯，为筹备处调查殷墟甲骨出土情况。10月"史语所"正式成立，聘董氏为编辑员。同月，由董氏主持在小屯进行试掘，获有字甲骨800余片及其他器物多种，是为"史语所"第一次殷墟发掘。1932年"史语所"改聘董氏为研究员。从1928年10月至1937年6月，"史语所"共进行殷墟发掘15次。由于抗日战争的爆发，这项考古工作被迫中止。董氏是第一、五、九等三次发掘的主持人，第二、三、四、六、七等次发掘的参加者，并受中央古物保管委员会委托，监察第十一、十三两次发掘。此外，他还参加过城子崖的发掘工作（1930），主持过滕县的发掘工作（1933），并调查过登封的周公测景（影）台古迹（1936）。

董氏在"史语所"成立至抗日战争爆发这一时期中的主要学术工作，是整理、研究"史语所"发掘所得的殷墟甲骨。董氏的甲骨文断代学说就是在这一整理研究过程中形成的。1933年董氏发表著名的《甲骨文断代研究例》一文（载《庆祝蔡元培先生六十五岁论文集》上册），奠定了他在甲骨学界的地位。

抗战期间，董氏随史语所内迁，大部分时间生活在昆明和四川南溪。抗战胜利后，在1946年冬回到南京。1944至1946年，董氏曾代理"史语所"所长职务。董氏在抗战期间的主要学术工作，是根据甲骨文资料研究殷代年历。其研究成果《殷历谱》由董氏手写成清稿付石印，出版于1945年。

1947至1948年，董氏应美国芝加哥大学之聘，任中国考古学客座教授，讲授甲骨、金文等课程。1948年底返国。是年，董氏被选为中央研究院院士。董氏所编的著录第一至九次殷墟发掘所获甲骨文的《殷虚文字甲编》，以及著录第十三至十五次殷墟发掘所获甲骨文的《殷虚文字乙编》的上辑，也都于是年出版（《乙编》中辑于1949年出版，下辑于1953年在台北出版）。《甲编》早在1936年就已编成付印，由于战争的影响，拖延到10余年后才得以出版。《甲编》《乙编》二书共著录甲骨13000余片，"史语所"发掘所获有字甲骨绝大多数已包括在内。

1949年，董氏随"史语所"迁至台北市，除任"史语所"研究员外，还被聘为台湾大学教授。1951 至 1955 年 8 月，任"史语所"所长，同时仍兼台湾大学教授。1955 年 8 月赴香港，任香港大学东方文化研究院研究员，以后又在香港大学、崇基书院、新亚书院、珠海书院等校任历史学或甲骨钟鼎文教授。1958 年秋返台，仍任台湾大学教授和"史语所"研究员。1963 年 11 月 23 日病逝于台湾大学附属医院。董氏治学的晚期致力于古史年历的研究，所著《中国年历总谱》1959 年由香港大学出版。董氏赴台后比较重要的著述，还有《西周年历谱》（1952，载《"史语所"集刊》23 本下册）、《甲骨学五十年》（1955，后由严一萍扩编为《甲骨学六十年》）等。此外，董氏还创办了《大陆杂志》和《中国文字》期刊。

建立殷墟甲骨文断代学说，是董氏在学术上最重要的贡献。董氏在 1931 年发表于《安阳发掘报告》第三期的《大龟四版考释》一文中，第一个指出殷墟甲骨卜辞中记"贞人"之名的现象以及"贞人"名在甲骨断代上的重要作用。他指出很多卜辞开头一句中的"卜"下"贞"上一字，是记占卜时命龟者之名的，并将这种命龟者定名为"贞人"。他认为殷墟甲骨卜辞是 200 余年间七世十一王的卜辞，应该根据坑层、同出器物、占卜事类、所祀帝王、贞人、文体、用字、书法这八种标准来加以断代。在 1933 年发表的《甲骨文断代研究例》中，董氏全面论证了他的断代学说，把断代标准定为世系、称谓、贞人、坑位、方国、人物、事类、文法、字形、书体等十项，并将殷墟甲骨文的时代划分为五期：盘庚、小辛、小乙、武丁为第一期，祖庚、祖甲为第二期，廪辛、康丁为第三期，武乙、文丁为第四期，帝乙、帝辛为第五期。断代学说大大提高了甲骨文作为历史和语言资料的价值，把甲骨文研究推进到一个新的阶段，具有极为深远的意义。但是董氏似乎认为同一时期的甲骨文基本上应该有同类的书法、字形、文法、事类等等（实际情况与此有颇大出入），因此把本应分开的为甲骨文分类（即按照字形、书法等方面的特点把全部甲骨卜辞分成一些不同的类型）和为甲骨文断代（即根据甲骨卜辞中出现的对先王的称谓等线索确定各类卜辞的时代）这两个步骤混同了起来，这是不妥当的。这种简单化的做法导致了董氏分期上的一些失误。

在《殷历谱》中，董氏又提出了分派的学说，作为分期学说的补充。他根据甲骨卜辞所反映的礼制等方面的情况，把祖庚以前诸王和武乙、文丁划入旧派，祖甲、廪辛、康丁和帝乙、帝辛划入新派；认为武乙、文丁卜辞，尤其是所谓"文武丁（即文丁）卜辞"具有复古倾向。据近人研究，董氏所谓具有复古倾向的武乙、文丁卜辞，多数可能是武丁时代和武丁至祖庚时代的卜辞，只是跟其他武丁时代和祖庚时代卜辞属于不同类型而已，复古之说恐不可信。不过分派的学说不管其具体结论是否可信，确实揭示出了甲骨卜辞中一些需要加以解释的重要现象，对于甲骨文的断代研究和礼制等方面的研究是起了推进作用的。

总的来看，董氏的断代学说尽管有不够精确和错误之处，但其主流显然是正确的。董氏在甲骨断代方面的开创和奠基之功，是为学者们所公认的。

董氏在《殷历谱》中大量使用把见于同一片和不同片甲骨上的很多有关卜辞按占卜日期排列起来进行综合研究的排谱方法，并从"新派"的卜辞中整理出了商王按照严格规定的日程逐个祭祀先王、先妣的"五种祀典"（后来的研究者或称为"周祭"）的制度，这些对于甲骨文研究也都起了较大的推进作用。但是董氏在研究殷代年历方面所得出的结论，并没有得到大多数学者的承认。

董氏所著单篇文章颇多，内容涉及甲骨学、古文字学、殷商文化与历史、古史年历与历法、民俗与歌谣、古代艺术以及语言学等很多方面。其文集有1962年世界书局出版的《董作宾学术论著》和1963年艺文印书馆出版的《平庐文存》。董氏卒后，其弟子严一萍搜集其著述，编成《董作宾先生全集》，由严氏所办的艺文印书馆于1978年出版。全书共十二册，董氏的专著和绝大部分文章都已收录在内。

（录自《中国现代学术经典·董作宾卷》，河北教育出版社1996年版）
（参校裘锡圭《文史丛稿——上古思想、民俗与古文字学史》，上海远东出版社1996年版，第206~210页）

新儒家与当代中国的思想危机[1]（节录）

［美］张灏[2]

新儒家并不是从1949年后才突兀地出现于思想界，而是自五四时代即长

---

[1] 编者删除了文中的注释部分。
[2] 张灏（1937—　），中国近代思想史家。

期发展的一般趋势。这篇宣言（指《为中国文化敬告世界人士宣言》——编者注）的签署者之一——张君劢，他是提倡民主政治的老将，也是民社党的领导者，自五四时期即热烈地捍护中华文化传统。其他牟宗三、唐君毅与徐复观三人，都是任教于港台的中国哲学与文学教授，也都是保守派大师熊十力的弟子门人。他们的思想见解亦受到梁漱溟的影响，只不过影响的程度各不相同而已。梁漱溟是另一文化保守主义的领导者，也是熊十力的好友。如同张君劢，熊、梁二人亦早在20世纪初期就达到了思想的成熟期，而且随在五四运动后几年就提倡思想的保守主义。因此，1958年宣言所代表的当代新儒家思想，可说是自20世纪20年代的保守主义主流所发展而来的。

自始，新儒家即显著地与其他两支文化保守主义不同，这两支文化保守主义在五四之前的文化界即具声势。其一的"国粹学派"从一般文化的或种族的特性的观点，来界定中国固有的国粹，新儒家则不如此，而是从一传统流派——儒家——来认同于中国文明。当国粹学派以排外意识的努力，在某一文化种族的历史特性中，寻求中国固有的国粹之时，新儒家却以普遍意识来宣称，在儒家思想里，中国文化具有超越文化本性的价值。

这种对儒家之普遍性意义的强调，令人想起现代中国保守主义的另一早期发展，即是19世纪90年代后期康有为所倡的儒教运动，这运动视儒家为全国性的与世界性的宗教。直到民国初年，康有为和他的弟子仍致力于建立一全国性的儒教组织，借以对抗基督教的传布。为了支持"保教"运动，康有为采取了19世纪复兴的汉学今文家的理论，形成康氏对儒家之独特的诠释。这种诠释的重点在于康氏视孔子为教主，犹如基督教的教主一般。

一如康有为的保教运动，在新儒家中也有明显的趋向，视儒家为宗教道德的信仰。康氏尝试借着建立儒家的组织性基础来提倡儒学，新儒家则以明示孔子宗教哲学性的信念来提倡儒学。康氏从今文汉学汲取其对儒家的宗教性诠释，新儒家则从宋明理学里建立儒学的宗教观。事实上，新儒家与其他当代中国的文化保守主义的最大分野，即在于其自视为宋明理学"伦理精神象征"（ethicospiritual symbolism）的现代保护者，他们视此为儒家信仰的精髓。这种对宋明理学之"伦理精神象征"的强调，仍存于1958年文化宣言之中。

（录自张灏著，任锋编校《转型时代与幽暗意识——张灏自选集》，上海人民出版社2018年版，第105~106页）

熊十力全集·编者序（节录）

萧萐父

　　熊先生生于清末光绪十一年即一八八五年（甲午战争前十年），卒于一九六八年（新中国成立后廿年）。他的一生，正当我们民族经历着空前苦难，在苦难中觉醒奋起而屡遭挫折，又勉力克服艰危险阻而赢得进步的年代；同时，在文化领域，中西新旧各种思潮的汇合激荡，也空前剧烈。正是这种特殊的历史条件和文化背景，诞生了熊十力这样充满忧患意识的爱国者和民主斗士，培育出熊十力哲学这样独具民族特色的辩证思维体系。这是我们民族的哲学智慧在苦难历程中的升华，是我国近现代的哲学文化遗产中的珍品。

　　熊先生的学术创造，具有反映时代脉搏的深沉思想动力。他戎马青春，投身于辛亥革命。辛亥之后，亲见洪宪改元、张勋复辟，民主革命成果被封建军阀所篡夺，而曾经革命的人，绝少在身心上用功夫者，忧时之思深，愤世之情急。如他自言："吾年十六七，便以革命从戎……三十左右，因奔走西南。念党人竞权争利，革命终无善果；又目击万里朱殷，时或独自登高，苍茫望天，泪盈盈雨下，以为祸乱起于众昏无知，欲专力于学术，导人群以正见。自是不作革命行动，而虚心探中印两方之学。"（《尊闻录》）他以如此深挚的忧国情怀，弃政从学，转入学术理论的钻研，其内在动力，绝非消极的"逃世""孤往"，而是满怀悲愿所激发的高度自觉的历史责任感。如他晚年追述："余伤清季革命失败，又自度非事功材，誓研究中国哲学思想，欲明了过去群俗，认清中国何由停滞不进。故余研古学，用心深细，不敢苟且。"（《乾坤衍》）熊先生作为辛亥革命失败的痛苦中觉醒之一员，他深研中国传统学术，进行严肃的历史反思，其明确的目的，就在于总结"中国何由停滞不进""革命终无善果"的历史原因和思维教训。他主要从两方面着眼，一方面着眼于对中国封建专制主义传统遗毒的清理，对此他观察敏锐，爱憎分明，认定"两千年专制之毒"，乃至《儒林外史》等所揭露的"一切人及我身之千丑百怪"，都需要大力清除；尤其历代统治者标榜的"以孝治天下""移孝作忠"等宗法伦理政治信条，"支持帝制，奴化斯民"，更必须彻底清算。新中国建立后，他仍反复叮咛："吾国帝制久，奴性深，不可不知。"（《熊十力与刘静窗论学书简》）

另一方面，区别于一般菲薄固有文化，漠视优秀传统的崇洋论者，熊先生又深入总结出辛亥革命失败的原因之一在于"清季革命思潮自外方输入，自己没有根芽"（《原儒》），即民主革命的理论在中国缺乏应有的根基和思想土壤。因而，他上下求索，试图在传统文化中去"掘发固有之宝藏"，竭力为他心目中的民主革命理想——诸如否定神权，反对帝制，"树立人权""宏大人道""荡平阶级""实行民主""同于大公""协于至平"等等，找到自己民族传统中的"根芽"，赋予它们以民族化的理论形态和现代化的时代内容，借用古代的语言和传统思维模式来表达新的时代精神。他对《周易》《春秋》《周礼》及《礼运》等儒家经传的独特解释，以及对历代政治学术的评论，几乎全是围绕民主革命和自由平等社会的理想设计这一主题。他采取这种"引古筹今""六经注我"的方式所表达的思想内容，实际是对封建专制主义和封建蒙昧主义的尖锐批判，是对东方近代化的思想价值和特殊道路的探索和追求，力图使西方输入的"自由、平等、人权"等民主革命理论得到系统地中国化，从而对先天不足的辛亥革命进行理论补课。尽管他对自己从儒经中发掘的所谓"革命""自由""民主"乃至"社会主义"等义蕴的阐释，往往是托古论今，不免穿凿，但跳动在熊先生说经评史论著中的文化寻根意识却是时代的脉搏，深刻地表露了他对民主革命理想的忠贞，对社会主义的向往，对中华文化慧命和祖国的前途充满信心。细读熊先生书，无不有此感受，并自会得到崇高的精神激励。

熊十力先生的学术创造，具有熔铸百家、敢破敢立的思想特征。他生当二十世纪前半叶风雨如磐的半殖民地旧中国，西化惊涛，复古逆流，相反相因，交互激荡，使不少人迷惘不知所归。熊先生正当此时进入学界，他没有随波逐流，而是以异乎寻常的苦学精思，自循中国哲学启蒙的特殊道路，自觉地把王阳明、王船山视为自己的哲学先驱，把明清之际的启蒙思潮视为中西新旧文化递嬗的枢纽，更广博地扬榷今古，另开一条承先启后、推陈出新的学术途径。论者或把熊先生的学术道路简括为初由儒转佛，出入空有二宗，旋又由佛返孔而归宗于《大易》。这也并非无据。但熊先生治学立言的根本特点，不在学脉数变，而在于自有主宰，不囿成说，力破门户，强调"夏虫井蛙，学者宜戒"，而主张博采兼综，"以平等心究观古今各大学派"，"析其异而观其通，舍其短而融其长"，因而与当时的崇洋论者和复古论者都异其趣，与拉杂比附而浪言融通者亦卓尔不同。他虽自谦对现代科学与西方哲学了解不多，而就其博涉所及，确能以高一层次的哲学思路，通贯古今，平章华梵，衡论中西，出入于儒、佛、老、庄及宋明诸子，自立权衡，自创体系。其以"新唯识"或"体用论"为名所自创的独特的哲学体系，有人称之为"新佛家"或"新法相宗"，又有人称之为"新儒家"或"新陆王学"或"新易学"等。其实，作为开拓性的哲学家，自当熔铸丰富的先行思想资料，故其论著中，逐处遮破佛法，睥睨西学，痛斥奴儒，且明确自称："吾惟以真理为归，本不拘家派……然吾毕竟游乎佛与儒之间，亦佛亦儒，非佛非儒，吾亦只是吾而已矣。"（《新唯识论》语体本）这就难于以某种固有的学派范式去加以评定，或诃其乖违佛理，或赞其不坠儒宗，或美其归宗《大易》，或疵其抨击宋儒，似皆持论有据而与熊氏思想全貌实未必相应。熊先生的哲学思想，虽有其自为经纬的严整系统，在其境论（本体论）、量论（认识论）、人生论、价值论中也各有其理性思辨的范畴体系，但熊氏哲学的根本精神，在于以"体用不二"为致思途径所展开的"本体与主体合一""德慧与知识并重""内圣与外王一贯"的思想，尊生主动，自强不息，高扬在文化创造、道德实践中的主体性原则和"不为物化"的"人道之尊"。不仅在后"五四"时期的中国哲学论坛上独树一帜，卓然成家，而且以其所达到的现代思维水平，以其所阐扬的人文精神与人文价值，既与二十世纪世界哲学思潮相汇通，又保持了"东方哲学的骨髓与形貌"，故得以蜚声海内外，在中国和世界文化思想史上都具有一定的地位。熊氏哲学虽不免有其固有的理论矛盾和时代局限，但其博大体系中的人格光辉、智慧探索和多方面的学术贡献，则是我国近现代哲学领域中极为珍贵的思想遗产。

（录自《熊十力全集》，湖北教育出版社 2001 年版）

熊十力与胡适 *①

［美］杜维明

根据大家熟悉的材料，把熊十力和胡适作一粗略的比较也许可以帮助我们

---

① 编者删除了文中的注释部分。

进一步了解他的风格。因为这两位学人分别代表了当代中国学术界两种截然不同的思维模式。胡适试图以其从西方学得的范畴把中国的问题加以概念化，熊氏则从儒家人文主义的立场来体究西学的优劣。在今日学术界里，当胡适的煽动性思想久已过时之际，熊氏生动的睿见，正在专业哲学家的心里，开始找到同情的回响。

胡适来自一个相当富裕的士绅家族。他是一个世界性的学者，具有一帆风顺的教育背景，广泛的学术视域，高度的声誉，与具有影响力的地位。熊氏则来自一个穷苦潦倒的家庭，是否接受过任何正规教育，都难以断定。他的学术背景以儒释道三教为主，西学的知识则来自翻译著作。他借着兼差性质的讲学以糊口，而他的社会影响力似乎微不足道。作为民主的自由主义与实用的科学主义的斗士，胡氏位居众所瞩目的舞台中心，为时长达十数年。他是文雅的，善辩的，擅长社交的。他所莅临讲演的大厅，经常是爆满的。在尖锐的对比下，熊氏为了自己对儒家之"道"的见解，孤寂地战斗了一生。他是泥土气息极浓，傲视群伦，甚至有些古怪的儒学大师。他只有一小群坚定不渝的道友和门生。有些人偶而来听他讲学，主要是出于好奇的缘故。胡适和思想主流保持密切的接触。他的老师，杜威，在两年的访华期间（一九一九年五月—一九二一年七月），掀起了实用主义的广大热潮。相反地，熊氏若不是由于自主的抉择，就是情势使然，而将其讲学局限于为数甚少的学术范围。他对伟大的东方精神传统的关切，就像印度诗人泰戈尔一般，泰氏在一九二四年所宣扬的普通的人类同胞爱，并没有在中国引起年轻一代学生的热衷反应。

就学术层面而言，且不论其早年所接受的古典教育，胡适是打倒孔家店运动的大力支持者。他提倡科学方法，宣扬以确定为对象的问题，谋求步步解决的途径。在思想上他完全投身于西学。除了朱熹的"格物"观念之外，他排拒宋明，以为在理学的全部传统里，很少看到有任何时代的意义。他相信，中国接受佛学而印度化，对于中国心灵的合理性只有负面的影响。他虽然对于古代中国的逻辑、白话文学、墨子与清代学术的研究有开风气的贡献，但多半是用来显示所谓科学方法如何运用的例证。相反地，熊氏则致力于将儒家的理论予以创造性的发扬。他从哲学上来探究中国传统底本体论的基础，并对当代的价值系统作全盘的重新考察。他深深地献身于儒家的人格理想，也潜心致力于佛学的研究。事实上，正好和胡适以知性的实用的方式重新组构中国社会的进路成一鲜明的对照。熊氏和中国社会有血肉不可分割的关系，因此唯有深入其中才能体验出一条革新的道路。当胡氏以外在的、冷静的态度来看中国的主要问题，熊氏则全然地认同于这苦难中国的现实命运并以此为发心的根本。胡适在考察当时中国所面临的某些特别的社会和思想的问题时，多少是带点超然的态度，而熊氏则因中国价值系统的精神破产，而深受其苦，困心衡虑于其中而不忍自拔。

他们相互冲突的观念，似乎曾导致两人之间的私嫌，这种情况是不足为奇的。当胡适的同调，想必是资格审查委员会之类的成员，开始质疑熊氏当初受聘在北大任教的原由始末，熊氏及其二三弟子因这些所谓"名流学者"的"浅薄粗俗"而无法忍受北大的学风，在他们看来，北京大学除了虚有声名外，根本没有深厚的学术基础。

事实上，熊氏所孜孜不倦的努力之一，就是揭露名流学者的浮夸。他们可以花上许多时间来讨论红楼梦的哲学观点或作者真伪的问题，这在熊氏看来，只是为中国知识分子之精神的瓦解，凭添更多怪异的现象而已。他们甚少触及一些深刻的伦理宗教性意义的问题。他们宣称，科学方法能开启古典学问的新领域，而这在熊氏认为是不可靠的。熊氏觉得，他们所真正成就的只不过是殊少创见的乾嘉余绪而已，在他们的影响之下，学生们无意于和自家的文化遗产建立体验上的关联，也无意于深入探究西方思想的学术基础。在他看来，科学主义与经院主义，混同一气，既阻塞了通往科学思想与古典学问之路，也妨碍了把可以开花结果的理念用高层次的哲思加以系统陈述的努力。

一般认为，五四运动（一九一九年）发生之后，在采用新观念上，中国知识界的创源已经获得大量的解放，熊氏对此则持有异议；他批判当时对西方学问之支离破碎的态度只是旋生旋灭的潮流风尚而已。熊氏说道，新文学，实用主义哲学，与应用科学，轮番上阵，各领风骚。当新文学正时髦的时候，学生们都想要成为作家。接着，他们又对哲学趋之若鹜。最后，他们相信，惟有应用科学才能满足他们对实学的追求。熊氏严厉地指出，即使史宾塞、穆勒、赫胥黎、达尔文、叔本华、尼采、柏格森、杜威、罗素诸人的移译著作在中国大量销行，亦与事无补；因为这些新颖的洞见与观点其实来自西方深厚的哲学传统，必须这个传统真正地进入中国人的心灵。否则，一些与西方有关的捕风捉影之谈只会导致国内思想界的暧昧、混乱、肤浅，以及其他各种不健康的现象。

当大多数的史家解释说，在文化吸收（cultural assimilation）的早期阶段，这种现象是不可避免的；熊氏则大声疾呼，那些负责介绍西学的名流学者，竟完全漠视其所自任之事业的庄严性与复杂性。虽然他们有意将这些五光十色的理论移介到中国来，他们并不拟对这些理论提出有系统的论述。熊氏力称，要吸取已成为西方主要的思想动力的哲学洞见，其不二法门就是继续努力地去了解其根源的概念。唯有如此，才能够真正进入其传统，并且将这些洞见发展为"己物"，也就是成为中国心灵中不可分割的部分。熊氏进一步地指出，现代中国的盲从西学，如《吕氏春秋》上所载的海上逐臭之夫，不唯徒劳无益，并且连中国所固有的识见都糟蹋了。

（录自《探究真实的存在——略论熊十力》，《熊十力全集》附卷上，湖北教育出版社 2001 年版，第 844~849 页）

自述早年思想之再转再变 ①（节录）

梁漱溟②

近著《人心与人生》于第七章中曾自述其对人类心理之认识前后转变不同，因亦言及其人生思想尝有三期之不同：（1）近代西洋功利主义思想，（2）古印度人的出世思想，（3）中国古时的儒家思想；顾未遑道其间转变由来。兹用申述其概略如次。

第一期思想与近代西洋功利主义同符

今以暮年追忆早年之事，其时期段落难于记忆分明，大约十岁以后，二十岁以前，可说为第一期。此期主要受先父思想之影响，以利害得失来说明是非善恶，亦即以是非善恶隶属于利害得失之下也。认为人生要归于去苦、就乐、趋利、避害而已。是非善恶者，社会之公名，从其取舍标示其所尚与所耻，而离开利害得失又何有取舍耻尚乎？此一哲学思维，与西欧边沁、穆勒诸家为近，原非吾父所有，而出于我的头脑。然父实启导之。

---

① 编者删除了文中的注释部分。
② 梁漱溟（1893—1988），思想家、教育家、社会活动家。

愚生于 1893 年，即甲午中日战争前一年。国难于此，既日亟矣；先父忧国之心于此弥切。寻中国所以积弱不振，父谓是文人之所误。"文人"指读书人居于社会领导地位而什九唯务虚文，不讲实学。说话，不说实话（虚夸）；做事，不做实事，循此不改，不亡其国不止。反观西人所以致富强者，岂有他哉？亦唯讲实学，办实事而已。东邻日本蕞尔小国，竟一战胜我者，亦唯其步趋西洋求实之效耳。凡此"实学""实事"之云，胥指其用实用者。此种实用主义或实利主义，恒随时见于吾父一言一行之间，而在我绕膝趋庭日夕感染中。此即此期思想形成之由来。

转入古印度的出世思想为第二期

功利主义对于人生是肯定其欲望的。径直可以说，欲望就是人生的一切。——人生不就是在欲望的满足或不满足中度过乎？然古印度人的出世思想却与此相反，恰好是完全否定欲望的，亦即根本否定人生的。我如何竟从功利主义一转而抱出世思想呢？

我生来有一好用思想的头脑，因而于所谓利害得失者不囫囵吞枣，而必究问其词之内涵果何所指？利害云，得失云，非二事也；异其名，同其实。核求其实，则最后归着当不外苦与乐乎？苦与乐是人生所切实感受者。人之趋利避害亦在去苦就乐耳。利害得失信非必就个体生命而言之，然一家一国乃至世界范围的利害得失，其最后结果不仍归落在其人的苦乐感受上耶？

....

你莫以为人类所遇到的问题，经人类一天一天去解决，便一天从容似一天也。我告诉你：所谓问题的解决，除掉引入一更高更难的问题外没有他义。其最后便将引到一个无由解决的问题为止。什么无由解决的问题？要生活而不要老死，就是个无由解决的问题。

一切问题原都出自人类生命本身而不在外面；但人们却总向外面去求解决。这实在是最普泛最根本的错误！放眼来看，有谁明见到此呢？恐怕只有佛家了。其余的诸子百家，古今中外一切圣哲，尽你们存心解救生民苦难，而所走的路子却全没有脱出这根本错误之外，都是不足取的。于是我此时一转而趋向古印度人根本否定人生的出世思想。我当时初非受了佛家影响而倾慕出世的，乃是自家思想上追寻到此一步，然后觅取佛典来参考学习，渐渐深入其中的。

"欲望就是人生的一切"那种看法，此时并未改变；只不过由肯定欲望者，一变而判认欲望是迷妄。慨叹人生不外是迷妄苦恼的一回事，诚如佛家之所说：起惑，造业，受苦。

再转而归落到中国儒家思想为第三期

大约1911年后1920年前，都是我志切出家入山之时；虽以老父在，未即出家，而已守佛戒茹素不婚。后来我在清理先父遗笔手泽时（1925年春）所撰《思亲记》一文，有如下的几句话：

> 漱溟自元年（指民国元年）以来，谬慕释氏。语及人生大道必归宗天竺，策数世间治理则矜尚远西；于祖国风教大原，先民德礼之化顾不知留意，尤大伤公之心。（下略）
>
> （原文见《桂林梁先生遗书》卷首）

我转归儒家思想之晚，即此可证。

我于1920年冬放弃出家之念，于1921年冬末结婚，所以第三期思想应从1920年算起。在思想上如何起变化的呢？略说如次——

．．．．．．．．．．．．

前后综合起来，人生盖有三条路向：

一、肯定欲望，肯定人生；欲望就是人生的一切。

二、欲望出在众生的迷妄；否定欲望，否定一切众生生活，从而人生同在否定之中。

三、人类不同于其他动物，有卓然不落于欲望窠臼之可能；于是乃肯定人生而排斥欲望。

儒家自来严"义""利"之辨、"天理""人欲"之辨者，盖皆所以辨别人禽也。

1920年讲于北京大学，次年出版之旧著《东西文化及其哲学》，即以此三条路向或云三种人生态度为其立论之本，谓儒家、佛家之学从人类生活发展变化历史途程上看，实皆人类未来文化之早熟品；瞻望前途，中国文化即将在最近未来复兴于世。自己既归宿于儒家思想，且愿再创宋明人讲学之风——特有取于泰州学派之大众化的学风——与现代的社会运动融合为一事。其详具见原书，兹不多及。后此我之从事乡村运动即是实践其所言。

（录自中国文化书院学术委员会编《梁漱溟全集》第七卷，山东人民出版社2005年版，第178~179、181~182、184~185页）

梁漱溟与中国的文化保守主义①

［美］艾恺②

假如我们拘限于"文化保守主义"的一般范畴，那么，乍看之下梁漱溟的思想和行为似乎只是张之洞"中学为体，西学为用"的另一种表述而已。这种理论上区分"体""用"，使这些谨慎的中国改革者在专制末期时为保守的现代化提供方便的公式。他们既能够挺住对中国文化之"体"的信守，又可以安心理得地仿学西方的船坚炮利，以谋富国强兵。早先所指涉的中国之"体"的本质并不清楚，通常是提到某些中国道德哲学与社会习俗的基本原理。张之洞晚年时，为时势所逼，不得不采取更为具体的尺度来保存"体"，提倡传统文学的研究，这指出了无论他心目中的"体"的根本性质是什么，"体"总是不可自古典的和历史的学问中抽离出来。

同时，有些反满的革命者——张之洞的政治上和意识形态上的敌手——为了其自身的目标，开始使用相同的基本概念，"国粹"。他们采用日本的新造语"国粹"来替代"体"，但是张之洞有时也用"国粹"一词来指称中国之"体"的一般性概念。由诸如章太炎、刘师培所领导的国粹派一直维持到五四运动，是时《学衡》派的吴宓和梅光迪继之而起。到了《学衡》派，中国之"体"只成为另一个古典的"摇篮"文化——等同于但并不优于西方的古典文化。国粹观念的谱系可下及一九三〇年代，为政治服务的国民党新传统主义者，戴季陶和陈立夫，甚至一直到最近的中华文化复兴运动。

在国粹学派诸多不同的化身中，全都致力于保存中国的精神，他们相信这

---

① 编者删除了文中的注释部分。
② 艾恺（1942—　），美国汉学家，近代中国思想史家。

精神乃深藏于文学遗产中。于是，他们为国粹所下的特别工夫乃集中于经传的章句训诂、历史和纯文学，他们并将其努力与欧洲文艺复兴时复兴西方古典研究等视齐观。犹如张之洞，他们欢迎西方社会的、政治的和经济的形式，以为保护中国国粹之资。虽然有所保留，梁漱溟也接受西方的政治形式与科技，以致力于保存中国的文化本质，或更精确地说，保存儒家的伦理价值。他也试着去开创真真正正的中国文化复兴。

在这思潮的"前五四"阶段，自古以降的今古文之争又重新燃起——这次是落在建立儒家为宗教的论题上。康有为，今文学派的殿军，觉得要善加自保中国的灵魂，则得将儒家建立为正式的国家宗教，予以制度化，这种见解完全符应今文学派对孔子的态度。古文学派反对孔教的想法，主张学问的主要作用就是"道统"的赓续——放诸四海而皆准的绝对价值系统——"道"是先民所发现，并历经圣贤的代代沿承。梁漱溟特别以此道统自许。他对康有为并不尊重，而且"孔教"令他"呕吐"。以圣贤自居，梁氏觉得当今只有他能够全然了解"道"，因此以沿承道统为己任："前贤所谓'为往圣继绝学，为万世开太平'，此为我一生使命。"

然而，梁氏与其他国粹派学者之间存有根本的差异。首先，梁氏并不隶属于任何学派，而他的国学知识远比不上博学如章太炎之辈。

显然不同于"后五四"之文化保守主义的着力处，梁氏并不重视文学遗产和经义训诂。他摒除从传统文献去做饾饤枝节的研究，认为这是白费精力，他也视小说，美文，诗词为可悲的虚掷生命。他还可算是白话文的拥护者。他用白话写了十几本著作（的绝大部分）和百余篇文章。梁氏明白地拒绝国粹派对于维护固有文化的努力，他指那些"国故"只是"堆积一些陈旧古董"和"死板板烂货"而已。

我们在确定梁漱溟保守主义的性质时，所遭遇到的难题的也就是我们研究民国时代保守主义的更大问题。梁氏是充满复杂和矛盾的一团乱丝。他是佛学学者，但却宣称二十世纪中国佛教的复兴是"自私的书蠹，利用心理的弱点来获得影响"的有害工作。他是终身不渝的反军国主义者，却又是四大军阀的朋友和顾问。他是一个反动者，将蒋介石和袁世凯归为一类，毛泽东和他自己是一类，他认为国民党是保守的，而共产主义则适合于中国的真正需要。像这种与李大钊、毛泽东和周恩来的关系密切，而与国民党的新传统主义者的理论家陈立夫只有点头之交的人，到底是那类的保守主义者？

（录自《当代新儒家》，生活·读书·新知三联书店1989年版，第286~288页）

新原人·自序（节录）

冯友兰

"为天地立心，为生民立命，为往圣继绝学，为万世开太平。"此哲学家所应自期许者也。况我国家民族，值贞元之会，当绝续之交，通天人之际，达古今之变，明内圣外王之道者，岂可不尽所欲言，以为我国家致太平，我亿兆安心立命之用乎？虽不能至，心向往之。非曰能之，愿学焉。此《新理学》《新事论》《新世训》，及此书所由作也。此书虽写在《新事论》《新世训》之后，但实为继《新理学》之作。读者宜先观之。书中所征引，多有不及注出处者。盖以乱离颠沛，检查不便。亦以此书非考据之作。其引古人之言，不过以与我今日之见相印证，所谓六经注我，非我注六经也。

（录自冯友兰《新原人》，《民国丛书》第五编，上海书店1996年版）
（参校《三松堂全集》第四卷，河南人民出版社2001年版，第463页）

新儒家哲学的基本范畴 *①

张君劢

一

儒家哲学思想的基础有如下述：理智的自主，心的作用与思想，德性学说，宇宙的存在，现象与实体，或者道与气，这些都是儒家思想的基本观念，

---

① 编者删除了文中的注释部分

我们为什么不敢说它们可以被用来复兴中国思想呢？

（一）理智的自主

理智是人所固有的，这个观点是孟子所主张的，我现在引他下面的话：

> 恻隐之心，仁也；羞恶之心，义也；恭敬之心，礼也；是非之心，智也。仁义礼智，非由外铄我也，我固有之也，弗思耳矣。故曰："求则得之，舍则失之。"

孟子接着说，理义这些德性是人人所共有的。他说：

> 口之于味也，有同嗜焉……目之于色也，有同美焉。至于心，独无所同然乎？心之所同然者，何也？谓理也，义也。圣人先得我心之所同然耳。
> …………

（二）心的作用与思考

孔子认为学与思同样重要，孟子则正相反，他特别指出，心的作用是思，思比学更重要。

孟子说："耳目之官不思，而蔽于物。物交物，则引之而已矣。心之官则思，思则得之，不思则不得也。"写下不知道如何去思这句话的孟子，意思是说人不知道如何分类，如何看出事物的比较价值，或看出是与非的区别。孟子所说的"思"，就是理论方面的"判断"和伦理方面的"评价"。

…………

（三）万物

孟子认为学问必基于类或万物的观念。"类"这个词语是《孟子》全书的基本概念。他说：

> 岂惟民哉？麒麟之于走兽，凤凰之于飞鸟，太山之于丘垤，河海之

于行潦，类也。圣人之于民，亦类也。

孟子表明类的概念对各种不同的学问是非常重要的。孟子在这里为我们指出四类：动物中的走兽、飞鸟、山岳的地理名称以及沟池。孟子看得很清楚，分类的方法是做学问的第一步。

在孟子类的概念中，"人"是理性的动物，他之分出这一类，其目的在把人提高到自觉的程度，并使人能运用他的道德反省能力。这就是说，就人而言，思想的合理性是主要的特征。

……

（四）物质世界与抽象世界

中国人自有史以来，即做了一连串天文学上的发现，他们知道星、太阳、月食，以及一年中的季节依自然法则运转。孟子引叙下列的诗并加上孔子的评注。

（《诗》曰：）"天生烝民，有物有则。民之秉彝，好是懿德。"孔子曰："为此诗者，其知道乎！"

孔子评注这首诗的意义，指出抽象世界的存在，而在抽象世界中，道是无处不在的。这就是说，在可以观察的现象之上，道在抽象世界中存在。这里，我们发现柏拉图所谓的"理念"。在变化的现象世界之上，还有不变的和永久的理念或真实世界。

（录自张君劢《儒家哲学之复兴》，中国人民大学出版社2006年版，第64~67页）

二

吾人再就儒家哲学之特点言之：

第一，天地万物。儒家自孔孟以来，无不肯定天地间万物之有，而未尝有怀疑之意。《大学》曰："物有本末，事有终始。"其所谓"物"，详于八条目中之格物、致知、正心、诚意、修身、齐家、治国、平天下。……朱子《补传》之语曰："即凡天下之物，莫不因其已知之理而益穷之，以求至乎其极。"此即儒家肯定宇宙间事物之态度也。儒家所深排者为释氏虚无寂灭之说，张横渠之言曰："释氏妄意天性，而不知范围天用，反以六根之微，因缘天地，明不能尽，则诬天地日月为幻妄。"佛家以山河大地觉迷所生，缘心起灭，悉属幻妄，乃宗教家之言，与儒家之以常识观察万物者自不相同也。横渠更有言曰："凡可状皆有也，凡有皆象也，凡象皆气也。"宋儒之中，以"有"为出发点者，莫过于横渠。……

第二，致知穷理。儒家承认天地万物之存在，然同时以为天地万物之理，必经由心乃能知，乃能通其理。朱子曰："人心之灵莫不有知，而天下之物莫不有理，唯于理有未穷，故其知有不尽。"由宋儒以来，致知穷理成为哲学界之主要任务。其所谓"致知穷理"，重于德性，轻于物理，故其致知之方法，远不如西方科学家之知之精细，然其致知之心之真切，可与西方媲美。……

第三，推己及人。儒家认定己与人之间，有其彼此共同之点，可名曰精神感召，或心心相印。因此有语言、有学术、有社会构造。我之所言，可以喻他人；我之所知，可以达诸他人；我之所行，可以责人之共行，尤其注意于人类同知义理、同有德性。孟子曰："无恻隐之心非人也，无羞恶之心非人也，无辞让之心非人也，无是非之心非人也。……人之有是四端也，犹其有四体也。……知皆扩而充之矣。"《中庸》引孔子之言曰："道不远人，人之为道而远人，不可以为道。"此即言道之所以为道，出于人心之同然，乃举忠恕之德以为之例证，更以父子君臣兄弟朋友之对待关系以明之。……

第四，形上形下。儒家认形下形上之相通，必以形下为基，然后进而达于形上。《易》曰："形而上者谓之道，形而下者谓之器。"器指物理世界中之有形可见、有迹可求者言之，道指其中之义理言之。张南轩氏之言曰《易》之论道器，特以一形上下言之也。然道虽非器，而道必托于器，如礼乐刑赏，是治天下之道也。礼虽非玉帛，而礼不可以虚拘，乐虽非钟鼓，而乐不可以徒作。刑本遏恶也，必托于甲兵，必寓于鞭扑，赏本扬善也，必表之以旗常，铭之以钟鼎，故形而上者之道托于器而后行，形而下者之器，得其道无弊。可知物质界与人心中之义理之不可离，若离而为二，则一方有唯物主义，他方有唯心主义矣。更有但认物质而不知有心有人，则其为祸尤甚矣。……

儒家之最高理想为"尽性知天"四字，此四字见于《孟子》。实则此四字早见于《中庸》之中，所论尤为翔实。《中庸》之言曰："能尽其性，则能尽人之性；能尽人之性，则能尽物之性；能尽物之性，则可以赞天地之化育"。《中庸》所以形容天地之言曰："今夫天，斯昭昭之多，及其无穷也，日月星辰系焉，万物覆焉。今夫地，一撮土之多，及其广厚，载华岳而不重，振河海而不泄，万物载焉。……《诗》曰：'维天之命，于穆不已。'盖曰天之所以为天也。"此为儒家所信之宗教，由有形以推及于无形者也。

（录自《儒家哲学之复兴》，中国人民大学出版社2006年版，第18~23页）

三

所幸，对中国哲学的发展而言，佛教在中国的传播，实际上是促使中国哲学"回到孔子"的运动。这是本书所欲叙述自唐至清新儒学运动的出发点。以下我将简列中国哲学的主要观念。

一、至善。二、道或理。三、物则。四、理与气。五、理一分殊。六、常与变。七、形上，形下。

八、万物莫不有对。九、相反相成。十、礼，命。十一、本体，工夫。

我将简单说明这些概念。《易经》与《大学》中含有至善的观念。至善乃宇宙的第一原则。《易经》的首卦称为"乾"，其中含有四种赋性：（1）元；（2）亨；（3）利；（4）贞。就作为最高的整体而言，宇宙建立在规律，相续及扩延的基础上。这表示善存在于整个宇宙之中——物性及人性中都有善的存在。我们可以用分析人性中善的同样方式来分析宇宙。《大学》说："大学之道，在明明德，在新民，在止于至善。"这是基本原则。《大学》在揭示基本原则之后，列举八种达到至善的方法：（1）正心；（2）诚意；（3）致知；（4）格物。这四种方法用于（1）修身；（2）齐家；（3）治国；（4）平天下。这似乎是柏拉图菲里巴斯（Philebus）的翻版，菲里巴斯中包括理智活动与快乐生活两种观念。

理与气。哲学史上最引起争论的问题之一是：在宇宙形成过程中，理（精神）先出现还是物质先出现？张载认为气先出现，但二元论者朱熹却认为两者不可分离,有人问朱熹何者在先,朱熹说是理在先。他在《太极图说》解说中就是持这种看法。朱熹似乎表示,在探讨世界的构成时,这两个因素立于相同的基础,可是,在追溯世界创生的起源时,却又像亚里士多德,认为宇宙间有一不动的动者。

"一与多"是另一争论的问题。解决这个问题的最简单方法,是根本忽略这个问题的存在。朱熹和王阳明都认为宇宙的根源是理,只是两人所持的理由不同而已。王阳明是唯心主义一元论者,他认为理是宇宙的中心,他的理论体系建筑在所谓天地灵明之说。朱熹是二元论者,他认为理与气是两个基本概念。朱熹比较接近笛卡儿,因笛卡儿认为心灵和空间是两个不同的实体。

当程颢发现相反者——阴和阳、正和负——往往成对时,便认为万物莫不有对。据他看来,这是宇宙间运动的根源,也是变化的基础。我们可以说,这是中国的辩证法。

必然与自由。西方所谓的定命论与非定命论,在中国便是人力与天命之说。例如,道家认为自然有无上的力量,因此,人类除了服从天命所定的必然法则之外别无他途。不过,儒家认为人的理想目标及德性是借人力而实现的。所谓自由,并非与因果律相矛盾或不服从法则的支配,只是崇高观念的实现。

本体与工夫。在王阳明后半生中,他专心一志探求本体。本体不可捉摸,因此,王学落入禅宗的陷阱之中。东林学派之产生即是由反对此而来的。因此,东林学派认为"无工夫即无本体"。这就是说,本体并非超过悟性之外的绝对存在者。本体和工夫是两个互为依倚的变元,其间的关系有如亚里士多德所谓形式与质料之间的关系。

(录自张君劢《新儒家思想史》,中国人民大学出版社 2006 年版,第 548~549 页)

四

新儒学涉及的问题很多,举凡宇宙论、形上学、知识论、伦理学、心理学都包括在内。这些学问构成新儒学的理论方面。但是,新儒学还有实践的一面,借其实践的一面,新儒学奠定了中国自宋代至与西方接触这一时期的生活方式。这方式的内容如何呢?可以归纳为下列五点:(1)道统;(2)反映受佛教菩萨观念影响的圣学;(3)经典;(4)到处存在的新书院制度;(5)一种新的为政和行政设施。以上五点代表五种制度,新儒学之所以数百年来对中国社会发挥深刻的影响力,就是靠这五种制度。

(一)道统

这种脉络继承有点像基督教某些宗派的使徒继承观念。或者用另一种方式解释:在欧洲,如果某一哲学家建立一套哲学系统,另一哲学家可以按照自己思想方式光大这套哲学系统。因此,康德建立一个系统,但菲希德①、谢林和黑格尔都超越康德。可是,中国的情形不同,系统比较严格。以新儒学为例,我们可以视之为孟子以来一脉相承的结果。孟子建立两个标准,阐释何者为自此以后一脉相传的思想。这两个标准是:(1)尧舜为理想君王的表征,很像柏拉图所谓的哲人王。(2)人性本善。后世哲人如果逸出这两个标准,便不得入祀孔庙,这表示他不属正统儒家。逸出第二个标准的例子是荀子,因为荀子主张人性本恶。逸出第一个标准的例子是陈亮(一一四三——一一九四),因为陈亮不只赞扬尧舜,还赞扬汉唐诸帝。所以朱熹认为他不应称为儒者。

道统说始于唐之韩愈,下一章我们会详细讨论韩愈,因为他是新儒学的开拓者。韩愈说:"尧以是传之舜,舜以是传之禹,禹以是传之汤,汤以是传之文武周公,文武周公传之孔子,孔子传之孟轲。轲之死,不得其传焉。荀与扬也,择焉而不精,语焉而不详。"②

朱熹对道统问题也说过一段话。他说:"盖自邹孟氏没而圣人之道不传。世俗所谓儒者之学,内则局于章句文词之习,外则杂于老子释氏之言,而其所以修己治人者,逐一出于私智人为之凿,浅陋乖离,莫适主统,使其君之德不得比于三代之隆,民之俗不得跻于三代之盛。若是者盖已千有余年于今矣。

"濂溪周公先生,奋乎百世之下,乃始深探圣贤之奥,疏观造化之原,而独心得之。立象著书,阐发幽秘。词义虽约,而天生性命之微,修己治人之要,莫不毕举。河南两程先生既亲见之而得其传。于是其学遂行于世。士之讲于其说者,始得以脱于俗学之陋,异端之惑,而其所以修己治人之意,亦往往有能卓然不惑于世俗利害之私,而慨然有志于尧舜其君民者。盖三先生者,其有功于当世,于是为不小矣。"

---

① 今译费希特。——原书编者注

② 《韩愈全集》卷十一,《原道》。

周濂溪与二程子之后，朱熹承继道统。还有其他许多人得各朝皇帝诏令配祀孔庙。

中国人对道的观念建筑在一套道德价值之上，这套道德价值除在哲学家著作中被讨论以外，也在尧舜的仁政，孔子、孟子和朱熹等圣贤的生活中具体地表现出来。每一个圣人，无论是贤君如尧舜或学者如孔子，都以其自己的方式阐明大道：尧舜以仁政表现大道，孔子以著述表明大道。道本身永远像日月一样的自存，但是，道之明与不明，则在阐明大道的人。

（二）圣学

宋儒哲学的主要原则确立以后，宋学便被称为圣学。有志于圣学的人强调，除非人能正心诚意，否则便不能献身于学。这种生活需要不断地专心一致于成圣成贤，需要不断地奋发以符合孔孟的理想。

颜回是接近孔子的弟子之一，《论语》说："回也其庶乎，屡空。"这两句话的意思是说颜回放弃他所有的世俗财富。宋学创始者之一的程颐，参加进士考试时，试题即为"颜子所好何学论"。程颐在文中反复陈述克己自制以及向道之志，他认为凡希望按照新儒家标准而生活的人，必须放弃高官厚利的欲望，必须轻视世俗的权力和财富。

加入宋儒行列的另一条件是放弃老佛异端。新儒学虽得益于禅宗思想家，却觉得佛理中空寂谈得太多；换句话说，他们认为佛家太过热心于贬却人生的一般活动。佛老的理想太高，太不重视人的责任。

宋儒不断解释如何成圣。周敦颐在《通书》中说："圣希天，贤希圣，士希贤。伊尹颜渊大贤也，伊尹耻其君不为尧舜。一夫不得其所，若挞于市。颜渊不迁怒，不贰过，三月不违仁。志伊尹之所志，学颜子之所学。过则圣，及则贤，不及则亦不失于令名。"

从周敦颐到他最后一位信从者之间的新儒者当中，始终保持着这种追求圣与睿智的热情。

周敦颐弟子程颐对于如何成就圣与睿智之道，也作过重要的解释。程颐说："学而无觉，则何益矣？又奚为学？思曰睿，睿作圣。才思便睿以至作圣。"又曰："古之学者一。今之学者三，异端不与焉：一曰辞章之学，二曰训诂之学，三曰儒者之学。欲趋道，舍儒者之道不可。"

程颐弟子尹焞对如何致圣之道曾作二十一问。他问："圣可学乎？"曰："可。"曰："有要乎？"曰："有。""请问焉。"曰："一为要。一者无欲也。无欲则静虚动直。静虚则明，明则通；动直则公，公则溥。明通公溥，庶矣乎。"

又曰："意未萌于心，言未出诸口。神莫得而窥，人莫得而咎。君子贵慎独，上不愧屋漏。"

新儒者特别强调为学对成圣事业的重要性和不可缺。因此，他们认为孔孟不是天生的圣人，孔孟之成圣，皆因志于学——或者用今天的话来说，皆因"读书"的关系。圣与超自然之知无关，圣人可由学思而成。

宋儒论成圣之道，使人想起佛家所谓的菩萨信：

一切即一，一即一切，菩萨精进，不退不怠，不避苦，不趋乐，为解救众生故；诸佛将现彼前，彼不厌诸佛现。彼处甚深法，见无量功德海。六道一切众生，彼爱之如子，灭除染污不净。

宋儒认为颜渊和伊尹是两个最标准的典型人物，前者富智，后者救民于水火。这两个人具体地表现了仁义之德，仁义之德相当于佛家的悲慧。

（三）经典

最初，宋儒致力于探究道或究竟实在或日常生活中实际接触的世界各方面。他们在这方面的著述很多。可是，他们立刻发现，自己的著述虽然够新，却缺乏维系人心的充分力量。于是，宋学的领导人物便回到孔子编述的五经与四书，以便在五经和四书中找到理论的根据。

五经即《书经》《诗经》《易经》《礼记》和《春秋》。宋儒在重新研究了这些经书以后，觉得由来已久的五经并没有提供一套哲学系统。最后只好诉诸四书。四书便成为宋学的经典。

四书即《论语》《孟子》《大学》和《中庸》。《论语》和《孟子》当然是属于经典，因为两者乃孔孟之作。《大学》和《中庸》是宋儒从前述《礼记》中摘录出来的。为新儒者所希望建立的完全哲学体系实际提供理论基础的，就是《大学》和《中庸》。

宋学的经典，除了四书五经之外，还包括朱熹、二程子和他人的注解。当然，这些注解既不能离开儒家原先的思想太远，又不能离开其他先儒的注解太远，同时，还要维护新儒学的原理。换句话说，透过这些注解，四书五经成为新儒家哲学体系的反映。明初诸帝甚至钦定朱熹及其学派的注解为唯一可以留存的注解。这就是说，从此以后，凡是参加科举考试的士子，都应根据新儒家的注解应试。这加强了朱熹的威望，使他成为仅次于孔子的人物，以往有孔夫子和孟夫子，现在则多了一位朱夫子——"夫子"二字是一种尊称，意即师长或老师。

宋代有句话："四子，六经之阶梯；《近思录》，四子之阶梯。"这句话充分表示了朱熹所达到的地位。当初，《近思录》只是宋学创始者的语录，后来，则与四书五经同列。《近思录》这个名称意指"内省思想的记载"，布鲁斯（J. P. Bruce）误译为"近代思想"（Modern Thought）。布鲁斯一定不知"近思"两字出自《论语》；"博学而笃志，切问而近思，仁在其中矣。"其中近思两字即朱子标题所取的意思，意即"反躬自省"或"内省思维"，"近"字根本没有"近代"的意思。

现在我们再回到本题来，收集宋儒语录的《近思录》对宋学所讨论的主题和一贯特性作了广泛的观察。此书的目录可能引起读者的兴趣：

卷一　道体；卷二　为学；卷三　致知；卷四　存养；卷五　克治；卷六　家道；卷七　出处；卷八　治礼；卷九　治法；卷十　政事；卷十一　教学；卷十二　警戒；卷十三　辨异端；卷十四　观圣贤。

《近思录》的特色是它从道体开始，这和《论语》或《孟子》大为不同。《论语》和《孟子》是两部有关人生各方面的讨论和对话集。换句话说，《论语》和《孟子》没有提供一套哲学体系，而《近思录》却从道体开始，以次讨论终身、家道、为政等。《近思录》是一部有系统的作品，从基本原则开始，最后讨论到实际人生。

《近思录》最后成为新儒家最有名的一部著作。凡希望成为正统哲学家者都要研习它，而且行为还要合乎它的规范。朱熹自己曾经说过，这部书正合入门阅读之需。直到最近还是如此，我记得很清楚，在我幼年时期，曾经看到喜爱《近思录》的人，全神贯注地阅读，忘记案头的香已经烧完了。

（四）书院

早在宋代之前，中国就有了学校。但新儒家创设的书院却有其本身的特色，这些特色使宋代书院与早期所有学校都不一样。宋代书院大多是学者私人创设的。凡是一位学者和一群弟子聚居的地方，都渐渐演变为书院。最初，书院的数目不多，可能设在山顶、湖畔、林中或瀑布之旁。据说书院的式样最初都是仿照印度佛教僧侣精舍的型式，也有点像中古欧洲的修道院。

宋代书院的宗旨和教习课程是渐渐形成的，而且因创设者的最初想法而不同。只要创设者的影响力还在，他的制度还有活力，意见不同者之间往往形成热烈的论辩。后来书院成为国家的机构，每一州县都有一两个书院，都是为当地学者设立的。于是，书院失去了大部分原有的活力。中国与西方世界接触时，书院便开始没落了。

不过，我们现在回到朱熹及当时其他伟大哲学家最初建立新书院旨趣和方针的时代。当时朱熹任职南康，他去庐山时发现一处名叫白鹿洞而且风景优美的地方。唐朝时曾有位隐士居住该处。因为他常常打发一头白鹿去市场驮回日常用品，所以有白鹿洞之名。朱熹对白鹿洞附近环境的印象非常深刻，便上表皇帝准许在该地设立书院，因此便有白鹿洞书院之设。书院成立以后，得到皇帝的赐书，并且获得邻近的土地，以土地的租税维持书院的日常开支。白鹿洞书院历史档案中载有土地的大小、出租的财产以及收入和支出，这个书院是新儒家书院的典型。

在我们叙述白鹿洞书院院规以前，先应提醒读者注意，我们现在所述事件的时代是西元十一世纪，那时的知识并不完整。书院教习的课程都是关于个人生活、家庭生活、个人对国家义务——总之，是关于道德价值方面的。如果读者记住白鹿洞书院课程与近代大学课程之间的这一不同点，便会了解朱熹为白鹿洞书院所立院规的意义。白鹿洞书院院规如下：

第一部分：1. 父子有亲；2. 君臣有义；3. 夫妇有别；4. 长幼有序；5. 朋友有信。

上为五教之目，尧舜使契为司徒，敬敷五教，即此是也。学者学此的方法先后也有五种。

第二部分：1. 博学之；2. 审问之；3. 慎思之；4. 明辨之；5. 笃行之。

上为为学之序。学问思辨四者旨在穷理。最后一项，范围较广，从修身到处事接物都包括在内。

第三部分：1. 言忠信；2. 行笃敬；3. 惩忿窒欲；4. 迁善改过。

上为修身之道。

以下为参与公众事务的基本规则。即

第四部分：1. 正其谊不谋其利；2. 明其道不计其功。

上为处事之道。

第五部分：1. 己所不欲勿施于人；2. 行有不得反求诸己。

上为接物之要。

以上所述乃朱熹白鹿洞书院的情形。我们早已说过白鹿洞书院为其他各书院的典范，甚至创设书院者的哲学观点和朱子尽管不同，然而书院的形式还是以白鹿洞书院为范本，以陆九渊和王阳明为例，陆王学派重视心的功用，因此，他们的教育内容和朱熹不同，强调心即理之说，然而他们所设的书院仍以白鹿洞书院为范本。陆王学派反对朱熹那种博览群籍的做法，而直接诉诸本心。但是，尽管有这种不同之处，作为教育机构的书院，仍是所有新儒学哲学家非常重视和热心倡导的。

的确，这些思想家都认为教育乃最重要的行政活动，因为他们了解，只有教育才可以开化民智。因此，他们重视教育，而智育只为激发读书、论辩和推理的能力而已，因德育本身就包含智的活动在内。有时，像骑、射、舞等体育活动也在他们教育范围之内。所谓德育即指正心、诚意、修身、齐家、治国、平天下。

根据新儒家的看法，教育的目的是在人民之间造成良善的道德风气。但是，从过去一直到现在，国家科举取士所要求的却是以优美文词写作文章的能力，以宋儒的看法，这根本不是真正的教育。于是，以朱熹白鹿洞书院为典型的一种新式教育，乃是一种旨在使学者心中产生新信念并建立学者品格的真正创新。这种新式教育首创于宋，中经元明两代，直到清代与西方接触频繁时才废而不用。

（五）为政

新儒家具有合宜的世界观，包括宇宙论、知识论和人生观。它的教育计划出于它的世界观,同样,它的为政原理也出于它的世界观。新儒家以尧舜及三代诸帝为理想的政治典型。它的为政设施富于革命性,因此,不得不视三代诸帝为柏拉图理想国中的守护者,认为中国古代的哲人王是以正心诚意修其身的,所以,他们了解人民的需要。这些帝王是否真正存在,不是重要问题,但在《书经》中我们可以发现他们的懿言,教人如何正心,如何止于至善。在实际政事中,宋儒当然知道不能自限于古代经书所载的,应该留意当下环境的需要。

程颢上《论十事札子》是说明新儒家为政理论的最好例子。

(1)师傅。皇帝虽有绝对权力,仍须重视他人的见解。这可使他避免盲目和偏激。

(2)六官。中国的政府组织可以远溯古代,古代设有六部门,即:(甲)宰相——宰相的职权是协调政府所有各部门;(乙)兵部;(丙)关于法律;(丁)关于典礼;(戊)关于粮食;(己)关于教育。程颢认为当时的政府组织应加改革,以期与古制相称,因当时官秩淆乱,行政效率低下,而使人民受苦。

(3)经界。程颢指出,人民拥有足够的耕地时才能活下去。因此,土地的界限应该分明,以示产权,土地该平均分配。他惋惜唐以后计口授田之制荡然无存,以致当时富者田连阡陌,而贫者流离饿殍。

(4)乡党。中国有句谚语:善政始于乡里,所以程颢认为政事应该从村里开始。这种小小的地区是基于宗族、职业或邻里组织的团体。程颢深深地觉得,这种团体在亲睦、疾病、饥馑、灾荒上可以相互关切。由于这种相互利益所产生的健全道德风气,所以,村里应作为政事的基础。

(5)贡士。宋代当然没有投票选举之制,但中国历史上曾有过一种近似选举的制度。任何被视为良善而能干的人,都可能为乡里贡举送至京师,参与政事。这种乡里贡举官吏的方法后来因某种理由不复再见,也许是由于正式考试制度的发展而中断了。程颢说:"今贡举不本于乡里而行实不修,秀士不养于学校而人材多废。"

(6)兵役。古时,兵农不分,农人服完兵役之后,仍旧回到农事工作,没有专业的士兵。可是,程颢觉得他那个时候兵已离农独立,而且态度骄横,不事生产——他惋惜这种情况,主张兵农合一。

(7)民食。程颢主张贮粮政策。古时国有三十年之通,余九年之食以制国用,无三年之食者,则国非其国。程颢在描述古今异势时说:"今盗贼纵横,饥羸满路。如有连年之歉,当何以处之?"因此,他主张回到古制,均田务农,积谷防饥。

(8)四民。根据程颢的看法,任何国家均应有四民,换句话说,均应有从事四种职业的人民,即士、农、工、商。四民各有常职。农者十居八九,故衣服易给而民无所苦。程颢说:"今京师浮民,数逾百万,游手游食,不可赀度。"于是程颢建议减少城市人口,将城市人口遣归农村。

(9)川泽。程颢所谓的自然富源即今天所谓的森林、野兽、鱼类等。他主张保存自然富源以备在适当时节利用。否则,如果取之无节,用之不时,即自然富源不时而尽。像现代主张保护天然资源者一样,也惋惜人们对森林的不当焚伐以及对鱼兽的无益猎杀。

(10)分数。程颢认为冠、婚、丧、祭、车、服器用,广差等分别,不得逾僭,如果众皆适度,则财用易给。可是,他说:"如今礼制未修,奢靡相尚。商贩之家,其用度或逾王公——此大乱之道也。"

从程颢奏陈的十项政事看,他多么重视人民的福利。对他而言,公益是为政的起点,他特别重视人民间土地的公平分配与粮食的充分供应。

朱熹为南康令时,曾想实现程颢的部分计划。他最希望做到的是测量土地以便合理分配,以及储备充分粮食以应不时之需。然后在谷物价廉时储备余粮以便借平价而调节粮价。不过,朱熹这个政策与其说合乎程颢奏陈的十事,不如说合乎王安石的理论。安石为宋代政治改革家,曾提出许多改革经济的新措施,青苗、储粮等法便是其中的一部分。王安石的理论太过集权,在中国行不通,引起各方面的反对,新儒家便是反对者之一。然而,朱熹在南康却实行王安石的某些观点,朱熹甚至说,尽管这位政治改革者其他方面错了,至少他的青苗等法是可取的,是不应驳斥的。朱熹曾为文论说最后一点,说明为什么它是为了人民福利而设施的。

一直到现在为止,我们所讨论的新儒家为政理论都是关于中央政府的功能。宋儒也曾设计地方政治制度,此地方政治制度叫做乡约。乡约和中国地方自治的关系相当于卢骚的社约(Social Contract)与西方民主政治的关系。

第一个提出乡约观念而且行之具有良好道德效果的是朱熹友人,名叫吕大钧。如果读者记得中国所谓的地方自治与西方的地方自治不同,西方的地方自治事项是有关如修筑道路、警察、税收等地方立法、地方行政和经济事项，那么，便会更清楚地了解这个观念的意义。过去中国人所谓的地方自治是：（1）在道德行为方面相互规劝；（2）如有犯错互相告诫；（3）遵守社会礼节，如婚丧时的相互致贺慰问；（4）紧急事情发生时的相互协助，如遇大火灾、水灾、盗贼、疾痛、死亡等。所谓乡约含有人人相互协助的意思。

吕大钧这个观念行之已久，中间除了遇到特殊情况略加改变以适应环境之外，一直持续到明朝。王阳明守江西时，将它加以改变以用于江西南部。不过，原则还是一样的。

王阳明提出乡约之前有一篇前言，他在前言中强调社会环境对人民行为所生影响力的重要性。他说，如有人弃其宗族，畔其乡里，四出而为盗，岂独其性之异，其人之罪哉？亦由我有司之无道，教之无方，亦由于父老之过，未能及时警告，亦由于乡里朋友之过，未能导之向善。王阳明拟想的乡约是教人在道德责任之下结合一起，彼此友善相对，彼此相助，避免诉讼。总之，自我检点而避免邪恶。

王阳明乡约内容叙述乡约的组织：（1）一人为约长；（2）二人为约副；（3）四人为约正；（4）四人为约史；（5）四人为知约；（6）二人为约赞。置文簿三扇，其一扇备写同约姓名及逐日出入所为，由知约保管。其他二扇，一书彰善，一书纠过，由约长保管。彰善之书应明确。纠过之书，用词应温和婉转。

任何加入乡约的人都有向公众提出困难问题的权力。约长将问题提请大会根据公平合理原则以求实际的解决。王阳明乡约中特别强调，约长和约正应负责解决这个问题，因为，否则的话，将导约众于错误之途。

约众不得延纳赋税，不得偷窃牛马，不得挟怨寻仇。约众应切实注意，当儿女达到适婚年龄时，应使男婚女嫁，父母不应要求过多嫁妆。父母之丧不应过分铺张。

王阳明所拟的乡约对约众集会方面有详细的规定。约众集会时，约长应宣读约内条款，并要敦劝约众诚意严格遵守约款。不诚心遵守约款，神明将降罚于违背约款之人。约长宣读约款后，约众应起立表示赞同之意。然后，四位约史各就适当位置以便记录善行，明告犯错者的错误行为，以及给后者自辩的机会。经过这些步骤之后应举行宴会。宴会结束时，约长应起立发言："今有善而为人所彰固可喜。苟遂以为善而自恃，将日入于恶矣。有恶而为人所纠固可愧。苟能悔其恶而自改，将日进于善矣。然则今日之善者，未可自恃以为善，而今日之恶者，亦岂遂终于恶哉？"

现在吕大钧和王阳明的乡约变成了一种劝人如何成为优良公民的方法。

当新儒家发展其体系时，立刻显示许多迹象，表示它已形成一套特有的行为模式、确定的政治态度以及品评人物及制度的标准。此一发展阶段形成了某种独特性，而且在某种意义之下，是不易与新儒家以外其他人物和派别相混的。例如，新儒学的伟大创始者之一程颐，被王安石这一派视为大敌，而王安石是执掌政权的人。苏东坡这一派的人对宋儒也表示怀疑的态度。

南宋时期新儒家的集大成者朱熹与秦桧及蔡京之间的关系，最能说明新儒家与当权者之间的敌对态度。这些官吏主张对金议和，而这位哲学家却主张强硬的态度。最后，蔡京迫害朱熹这一派的人，说他们宣扬伪学。

宋代有两次大规模的迫害新儒家，其主要目标为新儒家的领导者，即北宋的程颐和南宋的朱熹。但别人也受害了，包括那些实际上并非属于程朱学派的首辅和尚书。当局曾发布两次黑名单：一次称为元祐党人（西元一〇八七年），另一次称为庆元党人（一一九五年）。

不过，宋儒的追随者内心都很平静，这种平静的态度使他们能够泰然面对外来的迫害。程颐死前还劝他的弟子不必参加他的葬礼，只要遵行其道就好了。换句话说，他知道送葬的人多只是一种铺张，实际上无补于事。朱熹的坚忍刚毅也是如此。在朱熹声名大噪以后，皇帝召见他。如果不是当时掌权者韩侂胄忌他，说他是道学家，宣扬伪学，很可能已身居高位。于是，朱熹只好乞归田里，韩侂胄对此意犹未足，还发布命令禁止一切论学的集会，三年之后（一一九八年），朱熹和其他五十八个人被列入黑名单中。

尽管受到迫害，宋儒还是完成了彻底复兴儒家的使命。新儒家的分子，随时都准备接受祸害，因此，文天祥死于元人囚室，而明朝末年，更有许多新儒者为大明牺牲生命。其他未死的人，也尽量保持忠于明室的精神。如《宋元学案》和《明儒学案》的作者黄宗羲就是这一种人，他曾多方设法拯救明朝以免亡于满清，并发誓不事异族。事实上，他也确实没有在清廷做过官。其他新儒者如王阳明和曾国藩，他们幸而处在比较好的时代。前者虽因反对宦官刘瑾曾一度遭放逐，终于得守江西，平定宁王之乱。王阳明是所有新儒者中最成功的一位政治家。曾国藩生当满清末造,曾平定太平天国之乱,其在军事上的成功,和王阳明一样。

无论成功或失败,新儒者都能忠实地遵守他们的信念。无论是私下为学,国家为官,民族危急存亡之秋,他们都能保持着大无畏的精神。不过,他们也遇到哲学上的反对者。如明末顾炎武就曾攻击王阳明之学,说王学太尚心性之谈。事实上,顾炎武将明朝之亡归咎于新儒家的玄谈。颜元也非难宋学太专心于沉思默想工夫,不重视骑射等实际技术,而这些实际技术对于抵抗满洲人却是大有用处的。但是,尽管有这许多从政治或学理方面而来的反对之词,宋儒却成功地复活了儒家,并奠定了从韩愈到曾国藩其间一千多年中国人的精神生活。新儒学的成就至少能使其信从者勇敢地面对宋明两代的亡国之难。

(录自《新儒家思想史》,中国人民大学出版社 2006 年版,第 34~48 页)

五

(一) 绪论

…………

我以为吾儒家之出发点,一曰万物之有,二曰致知之心,此二者等量齐观,同认之为有,与西方之分现象与实有为二,乃以现象为云烟过眼,而进求实有永久者之更生。以观觉所及之物为实有,而或为唯实派,或以理想所构成之概念(即心)为实有,而成功唯理唯心派,此为中西哲学之差异有不可同日而语矣者。然吾国因无此特有点之故,免了许多无谓之派别之执,虽程、朱、陆、王理在内或理在外之辨,与西方唯心唯实两派不无相关之处,然此心物二者同为实有之特点,矻然特立数千年之久矣。

(二) 万物之有

外界之有,为物之自存自在乎?抑待心而后认识乎?此为哲学上之大争执,不易片言折狱者也。……

……道术、功德、情性,哲学或形上学之名物也。星辰日月,雷电雪霜,天文学之名物也。五岳、四渎、洿泽、水泉,地理上之名物也。跂行喘息,蜎飞蠕动,根着叶长,动物学、生物学之名物也。父子之亲,君臣之义,夫妇之别,长幼之序,社会伦理中之名物也。宫室栋宇,建筑学中之名物也。桑麻、丝枲，农业界之名物也。轮辕、舟楫，工业技术中之名物也。君臣狱罪赏罚，政制法律中之名物也。辟雍庠序，教育界之名物也。五经六艺，学术著作之名物也。仁义礼智，道德之名物也。此十二类之名物，在吾国昔日无哲学科学之分类，将各物各名使之各有所隶属，亦无所谓基本理论之学，将思考中之概念属之逻辑之中，此种种者概名之曰万事万物。道也、事也、心也、物也、常也、变也，置之于同一水平之上，从不因道德以排官觉之所见，亦不挟官觉以排道德。以《大学》之八条目言之，所谓物、知、意、心、身、家、国、天下，一概平视，从未有此轻彼重之分，何尝有挟物以排心之争乎？更何有个人为国存在或国为个人存在之争乎？凡此种种，概名之曰有。张横渠曰："凡可状者皆象也。"又曰："有无虚实，通为一物。"张南轩曰："在道不溺于无，在器不堕于有。"吾国学者对于内外之有，平等一视，养成一种对于一切之有，无否定之论。其主虚无寂灭之佛家，亦知有四大、五根、六尘、八识之有。儒家对于外界之存在，未有怀疑之者，亦不足怪矣。或者以为儒家之所谓有，类于西方所称之素朴的唯实主义。我以为何种唯实主义为正确，何种为不正确，此哲学上之大问题，应首先分别，而后者是非乃有定论。

....

（三）致知之心

人之所以知外物，赖乎有心。心为知之管钥，尽人能言之矣。其在吾国，自战国以来，早已知心之能知，一方由于官觉，他方由于心思，二者相合而成。孟子曰："口之于味也，有同嗜焉；耳之于声也，有同听焉；目之于色也，有同美焉。至于心，独无所同然乎？心之所同然者，何也？谓理也，义也。"口目耳鼻所尝、所见、所闻、所臭者为官觉之知，义理者思中之知。孟子此段，似乎口目耳鼻之所司者为味、色、美等，而以理义属之于心。然官觉与心官之思之不可分离，以荀子之言证之足矣。《荀子·正名篇》曰：

> 形体色理以目异，声音清浊调竽奇声以耳异，甘苦咸淡辛酸奇味以口异，香臭芬郁腥臊洒酸奇臭以鼻异，疾痒沧热滑铍轻重以形体异，说故喜怒哀乐爱恶欲以心异。心有征知。征知，则缘耳而知声可也，缘目而知形可也。然而征知必将待天官之当簿其类而后可也。五官簿之而不知，

心征之而无说，则人莫不然，谓之不知，此所缘而以同异也。

荀子言中，最可注意，五官各有所司，目之所司为形为色，耳之所司为声之清浊节调，口之所司为味之甘苦辛酸，体之所司为疾痛与其所接触者。此五官各有所司，然其上更有复查或综合调查之心，以验其合与不合，名之曰征知。如此言之，先有官觉以分别形色声音甜酸苦辣与体之刚柔软硬，然后再由心施以最后调查，以验五官簿籍中之所记者是否相合，与五官之所记与心是否相符，则官觉与心之不可离，孟荀已见及之矣。

（录自《儒家哲学之复兴》，中国人民大学出版社 2006 年版，第 81、83~84、89~90 页）

近 20 年中国学人有关当代新儒学研究之述评

郭齐勇[①]

一、回顾

近 20 年来，我国学术界对现当代新儒学的研究，成就斐然。这一研究是随着我国改革开放而开始的。门户打开以后，海外学者，首先是海外华裔学者，继而是港台两地学者纷纷来祖国大陆讲学，接着，他们的论文、著作陆续被引进。这当然只是外缘。内在的原因，则是内地学者反思"五四"以来至"文化大革命"对传统文化，对本民族文化遗产的伤害，重新思考传统与现代的关系。

1983 年，北京大学汤一介教授与业师萧萐父教授联手筹划编辑出版《熊十力论著集》。1984 年 10 月，北大冯友兰、张岱年、朱伯崑、汤一介等先生共同发起，联合北京及香港、台湾与海外数十位教授，建立民间学术团体——中国文化书院，由汤先生主其事。该院在 1985—1989 年间连续开办了大规模的

[①] 郭齐勇（1947—   ），中国哲学史家，专长儒学研究及现代新儒家研究。

中国传统文化与中外文化比较等方面的讲习班、进修班、函授班等，邀请梁漱溟、冯友兰、张岱年诸前辈和美国杜维明、成中英等学者公开讲学。1985年冬在湖北黄冈，武汉大学与北京大学联合举办"熊十力思想国际学术研讨会"，武汉大学举办中国文化讲习班。上述活动开风气之先，成为国内学者从事新儒学研究的先导和铺垫，造成了研究氛围。1987年秋、1990年底在北京，中国文化书院还分别举办了梁漱溟、冯友兰思想国际学术会议。1987年，李泽厚先生在北京东方出版社出版的《中国现代思想史论》中发表了《略论现代新儒家》的专论。

1986年11月，"现代新儒学思潮研究"被确立为国家社科基金"七五"规划重点课题，1992年初又被列为"八五"规划重点课题。方克立教授和李锦全教授主持的课题组于1990—1995年在中国社会科学出版社出版了《现代新儒学研究论集》两辑、《现代新儒家学案》一种（三巨册，有梁漱溟、张君劢、熊十力、马一浮、冯友兰、贺麟、钱穆、唐君毅、牟宗三、徐复观、方东美等11人的学案），还出版了"现代新儒学研究丛书"专人与专题研究系列（后详）。课题组主要成员20余人遍及国内重点高校与科研院所。他们在这10年间另出版有关专著10余种，发表有关论文300余篇。方克立先生还主编了"现代新儒学辑要丛书"14种，由中国广播电视出版社出版，分别辑录了熊十力、梁漱溟、马一浮、张君劢、方东美、冯友兰、贺麟、唐君毅、牟宗三、徐复观、杜维明、刘述先、余英时、成中英等14位代表人物的代表性论著。上述工作客观、平实、公正、全面地评介了这一思潮及其主要思想家、学者。①此期间，课题组与有关学校、学术机构联手，多次举办现代新儒家的专题与专人的学术会议。当然，钱穆、方东美、余英时能否列入现代新儒家的范围，海内外学界颇有不同的看法，余英时先生不同意把乃师钱穆划归这一阵营，更不用说他自己了。余先生认定现代新儒家只是具有心学取向的熊十力师徒，取狭义的界定方式，而刘述先则赞同祖国大陆学者的广义界定方式，认为除余先生外，钱、方二位大师仍可属于这一阵营。②

1988年底在香港法住文化书院由霍韬晦先生主持的"第一届唐君毅思想

---

① 参见方克立《现代新儒学与中国现代化》，天津人民出版社1997年版，第608~609页。
② 参见余英时《犹记风吹水上鳞》，台北三民书局1991年版；刘述先《对于当代新儒家的超越内省》，《中国文化》1995年第12期。

国际会议",成功地促进了香港、台湾与祖国大陆学者在研究当代新儒学方面的互动。此后,两岸学者的交流颇为频繁。台湾鹅湖学派于 1992 年底在台北、1994 年底在香港分别举办的第二、三届"当代新儒学国际学术会议"都有不少内地学者参与。1993 年 3 月在杭州师院举行的"马一浮国际学术研讨会",1995 年 8 月在成都由四川省社会科学院与香港法住文化书院合办的"第二届唐君毅思想国际会议",同月在武汉由武汉大学与台湾东海大学合办的"徐复观思想与现代新儒学发展学术讨论会",1998 年 9 月在济南由中国孔子基金会、山东大学与台湾《鹅湖》月刊社、台湾文哲所等合办的"牟宗三与当代新儒学国际学术会议"(第五届当代新儒学国际会议),1995 年 12 月在北京、1997 年 10 月在郑州与开封、2000 年 12 月在北京举行的"冯友兰思想国际会议"等都开得比较成功。此外,由中国孔子基金会于 1989 年与 1994 年的 10 月和国际儒学联合会于 1999 年 10 月在北京举办的大型的纪念孔子诞辰的国际儒学研讨会上,由国际中国哲学会于 1993 年夏在北京、1995 年夏在波士顿、1997 年夏在汉城、1999 年夏在台北举办的大型的中国哲学双年年会上,均设有当代新儒家的专场,不少学者发表有关专论,例如前述汉城会议就设有牟宗三专场。内地近 10 多年来不少中国文化与中国哲学的学术会议,如中华孔子学会、中国现代哲学研究会举行的若干次会议均涉及到当代新儒学研究的问题。学术期刊、同仁集刊上发表的有关论文也日益增多。这一研究蔚然大观,诚为显学。有一批学者,例如方克立、李锦全、吕希晨、郑家栋、宋志明、胡伟希、黄克剑、罗义俊、陈来、杨国荣、高瑞泉、李宗桂、陈少明、景海峰、王守常、田文军、李维武、颜炳罡、蒋国保、余秉颐、张祥浩、施忠连、韩强、李翔海、郑大华、周炽成、萧滨、柴文华、洪晓楠等在这一领域取得了丰硕的成果。我个人也在这一领域做了十数年研究,虽成就不大,然获益匪浅。

二、成果

内地介绍新儒家的有影响的书籍,除前述《学案》、"辑要丛书"外,还有黄克剑等编、群言出版社出版的"当代新儒家八大家集"(八种),封祖盛与景海峰编的《当代新儒家》、罗义俊编著《评新儒家》及罗义俊与陈克艰编的《理性与生命》等。关于这些人物的选集,十多年来已出版了不少,兹不一一赘述。当然,最为重要的是全集的编纂与出版。《梁漱溟全集》(山东人民出版社）、《马一浮集》（浙江古籍出版社与浙江教育出版社）、《三松堂（冯友兰）全集》（河南人民出版社）已经出版，《马一浮先生遗稿续编》已由台北广文书局出版。萧萐父与汤一介二先生主编的《熊十力论著集》（三册）已由北京中华书局出版。萧萐父先生与我合编的《熊十力全集》（十册）2001年由湖北教育出版社出版。唐君毅、钱穆先生的全集已分别由台北学生书局、联经出版公司出版。牟宗三先生的全集即将在台北出版。钱、张、唐、牟、徐、刘的各种著作在台、港两地比较好找，内地图书馆亦购进不少。牟宗三先生的著作"讲座系列"数种和巨著《心体与性体》等陆续在上海古籍出版社印行。徐复观先生的多种著作将由上海三联书店印行。我与郑文龙合编的《杜维明文集》将由武汉出版社于2002年出版。

从宏观、整体上研究现、当代新儒学的著作，1993年以前出版的有：郑家栋的《现代新儒学概论》（广西人民出版社，1990年）、宋志明的《现代新儒学研究》（中国人民大学出版社，1991年）、胡伟希的《传统与人文：对港台新儒家的考察》（中华书局，1992年）、黄克剑与周勤合著的《寂寞中的复兴——论当代新儒家》（江西人民出版社，1993年）、吕希晨主编的《中国现代文化哲学》（天津人民出版社，1993年）等。此后，1994—1995年，郑家栋、叶海烟主编的《新儒家评论》一、二辑，由中国广播电视出版社出版。陈来在台湾出版论文集《哲学与传统——现代儒家哲学与现代中国文化》（允晨文化公司，1994年）。1995年海峡文艺出版社推出了黄克剑另一种关于新儒家的专著：《挣扎中的儒学：论海峡彼岸的新儒学思想》。近几年，从总体上研究新儒家的著作有：1997年，天津人民出版社出版了方克立先生十年来关于现代新儒学研究的论文专集——《现代新儒家与中国现代化》。同年，广西教育出版社出版了郑家栋的《当代新儒学史论》（应当说明的是，郑著基本同于他1995年在台北桂冠图书公司出版的《当代新儒学论衡》）。与郑著同时在广西教育社出版的，还有陈来的《人文主义的视界》。1998年，北京图书馆出版社出版了颜炳罡的《当代新儒学引论》。这几部著作很有深度，力图对新儒家作出反省超越。广西师大出版社1999年3月出版的《郭齐勇自选集》，集中了我关于当代新儒学研究的十数篇论文，其中有3篇论文通论这一思潮，有11篇论文分论梁漱溟、熊十力、马一浮、钱穆、贺麟、唐君毅、牟宗三、徐复观，本书也应列入这一类。

方克立、李锦全主编的"现代新儒学研究丛书"分人物与专题两个系列。人物研究系列由天津人民出版社出版,从1993年至1997年,每年出一册,分别是:郭齐勇的《熊十力思想研究》、曹耀明的《梁漱溟思想研究》、张祥浩的《唐君毅思想研究》、吕希晨与陈莹的《张君劢思想研究》、宋志明的《贺麟新儒学思想研究》。专题研究系列于1992年至1994年由辽宁大学出版社出版,分别有:陈少明的《儒学的现代转折》、郑家栋的《本体与方法——从熊十力到牟宗三》、韩强的《现代新儒学心性思想研究》、武东生的《现代新儒家人生哲学研究》、李毅的《中国马克思主义与现代新儒学》、赵德志的《现代新儒家与西方哲学》、施忠连的《现代新儒学在美国》、卢升法的《佛学与现代新儒家》等。其中郑、韩、武、李著都是方克立教授在南开大学指导的博士论文。此外还有王泽应的《现代新儒家伦理思想研究》(湖南师范大学出版社1997年)。

除前述方、李主编的丛书外,百花洲文艺出版社的"国学大师丛书"、北京图书馆出版社的"二十世纪中国著名学者传记丛书"、人民出版社的"二十世纪名人传记丛书"等,都涉及到现代新儒家人物研究。

关于熊十力研究,除"熊十力思想国际会议"论文集《玄圃论学集——熊十力生平与学术》(三联书店,1990年)和前述郭著《熊十力思想研究》外,还有:景海峰的《熊十力》(东大图书出版公司,1991年)、郭齐勇的《天地间一个读书人·熊十力传》(1994年由台北业强出版社与上海文艺出版社同时出版)、宋志明的《熊十力评传》(百花洲文艺出版社,1994年)、张庆熊的《熊十力的新唯识论与胡塞尔的现象学》(上海人民出版社,1995年)和丁为祥的《熊十力学术思想评传》(北京图书馆出版社,1999年)等。《天地间一个读书人·熊十力传》收录了我批评台湾学者翟志成的两篇文章。1992年,翟志成在台北《当代》杂志发表《长悬天壤论孤心》一文,论述1948—1950年熊十力在广州的经历和往来函札,诋毁熊氏的人格与学问。我的《为熊十力先生辩诬》和《翟志成"审订"之〈熊十力佚书九十六封〉纠谬》二文,在史料考订的基础上,予以反驳。这两篇文章发表于1993年夏在北京召开的国际中国哲学会和1994年2、3月号的《鹅湖》月刊上,这场论战颇为引人注目。

关于梁漱溟研究,除前述曹耀明书外,还有:李渊庭、阎秉华夫妇合编的《梁漱溟先生年谱》(广西师大出版社,1991年),马勇的《梁漱溟文化理论研究》(上海人民出版社,1991年)与《梁漱溟评传》(安徽人民出版社,1992年),王宗昱的《梁漱溟》(台北东大图书出版公司,1992年),郑大华的《梁漱溟与胡适》(中华书局,1994年),景海峰与黎业明合著的《梁漱溟评传》(百花洲文艺出版社,1995年),郭齐勇与龚建平合著的《梁漱溟哲学思想》(湖北人民出版社,1996年),李善峰的《梁漱溟社会改造构想研究》(山东大学出版社,1996年),郑大华的《梁漱溟学术思想评传》(北京图书馆出版社,1999年)以及马东玉的《梁漱溟评传》等。

关于马一浮研究,有毕养赛主编的《中国当代理学大师马一浮》(上海人民出版社,1992年)、毕养赛与马镜泉主编的《马一浮学术研究》(杭州师院印行,1995年)、马镜泉等的《马一浮评传》(百花洲文艺出版社,1993年)等。

关于张君劢研究,除前述吕希晨等的《张君劢思想研究》外,还有:刘义林、罗庆丰的《张君劢评传》(百花洲文艺出版社,1996年),郑大华的《张君劢传》(中华书局,1997年)与《张君劢学术思想评传》(北京图书馆出版社,1999年),以及近年由湖南教育出版社出版的陈先初的博士论文《精神自由与民族复兴——张君劢思想综论》等。陈小兰在已故石峻教授指导下于1995年完成有关张君劢新儒学思想的博士论文。

关于钱穆研究,有罗义俊的论文多篇,有郭齐勇与汪学群的《钱穆评传》(百花洲文艺出版社,1995年)、汪学群的《钱穆学术思想评传》(北京图书馆出版社,1998年)、陈勇的《钱穆传》(人民出版社,2001年)等。

关于冯友兰的研究,蔚为大观。专著有:王鉴平的《冯友兰哲学思想研究》(四川人民出版社,1988年),田文军的《冯友兰与新理学》(台北远流出版公司,1990年)和《冯友兰新理学研究》(武汉出版社,1990年),殷鼎的《冯友兰》(台北东大图书出版公司,1991年),蔡仲德的《冯友兰先生年谱初编》(河南人民出版社,1994年),程伟礼的《信念的旅程·冯友兰传》(上海文艺出版社,1994年),李中华的《冯友兰评传》(百花洲文艺出版社,1996年),范鹏的《道通天地·冯友兰》(山东画报出版社,1998年),陈战国的《冯友兰哲学思想研究》(北京大学出版社,1999年),宋志明、梅良勇的《冯友兰学术思想评传》(北京图书馆出版社,1999年)等。此外,近年来出版了数种会议论文集,即李中华编的《冯友兰先生纪念文集》(北京大学出版社,

1993年）、王中江等编的《冯友兰学记》（三联书店，1995年）、冯钟璞等编的《冯友兰先生百年诞辰纪念文集》（清华大学出版社，1995年）、蔡仲德编的《冯友兰研究》第1辑（国际文化出版公司，1997年）、高秀昌编的《旧邦新命——冯友兰研究第2辑》（大象出版社，1999年）等。单纯编的《解读冯友兰》四册，1999年由深圳海天出版社出版，他又编有《三松堂主——名人笔下的冯友兰与冯友兰笔下的名人》，由上海东方出版中心出版。单纯于1997年在牟钟鉴教授指导下，陈鹏于1995年在汤一介教授指导下完成有关冯友兰研究的博士论文，迄今未见正式出版。我的同事田文军教授是冯学研究专家，除前述两种专著外，他近几年来又发表了有关冯友兰与保守主义、与中国哲学史学及冯友兰的生活方法新论、论鬼神等专论。我也在1998年第3期《中州学刊》上发表了关于冯友兰哲学及其方法论的内在张力的专论。

关于贺麟研究，有张学智的《贺麟》（台北东大图书出版公司，1992年）、宋祖良与范进编《会通集——贺麟生平与学术》（三联书店，1993年）、王思隽与李肃东的《贺麟评传》（百花洲文艺出版社，1995年）及前述宋志明书等。

关于牟宗三研究，有前述郑家栋的《本体与方法——从熊十力到牟宗三》、其他的郑著数种及《牟宗三》（台北东大图书出版公司，2000年）。颜炳罡著有《整合与重铸——当代大儒牟宗三先生思想研究》（台湾学生书局，1995年）和《牟宗三学术思想评传》（北京图书馆出版社，1998年）。王兴国在方克立先生指导下于2000年完成博士论文《从逻辑思辨到哲学架构——牟宗三哲学思想进路》。

关于徐复观的研究，有李维武编的论文集《徐复观与中国文化》（湖北人民出版社，1997年）与专著《徐复观学术思想评传》（北京图书馆出版社，2001年）。我的同事李维武教授是徐复观研究专家，近几年来他还发表了有关徐复观的文化哲学、中国文化、政治理想、道家思想及其与孙中山、唐纵的比较等专论。中山大学萧滨在李锦全教授指导下作的关于徐复观的博士论文《传统中国与自由理念——徐复观思想研究》，已于1999年在广东人民出版社出版。

方克立指导的李翔海的博士论文《寻求德性与理性的统一——成中英本体诠释学研究》1998年在台北文史哲出版社出版。郭齐勇指导的单波的博士论文《道德理想主义的重建——唐君毅哲学思想研究》已于1997年获得通过，已由人民出版社出版（改书名为《心通九境》）。此外，罗义俊关于牟宗三，蒋国保关于方东美，滕复关于马一浮，田文军关于冯友兰的新著也即将问世。

三、研究重点

关于当代新儒家前两代代表人物的研究，一直是内地学界关注的重点。从哲学上看，熊十力和牟宗三当然是重中之重。

我的硕士论文《熊十力及其哲学》出版于1985年，博士论文《熊十力思想研究》完成于1990年，出版于1993年，指导教师是萧萐父教授。我认为，熊氏作为第一代现代新儒家中对形上学建构有兴趣的学者，为现代新儒学思潮奠定了一个基础。他的"境论"即是他的本体论与宇宙论。他是保留了传统儒学之宇宙论的学人。他重建大本大源，把"本心"解释为宇宙本源与吾人真性，是具有能动性的创生实体。他的本体论是"仁"的本体论，涵有内在—超越、整体—动态、价值中心、生命精神的意蕴。在整个现代儒学思潮中，他在精神上启导了唐、牟、徐。重建本体是熊的关键性思考。他的形上学建构，特别是终极实存的思考和道德形上学的创慧，在牟宗三那里得到充分发展。他的"体用不二"之论，特别是道德自我开出文化建制的思想，在唐君毅那里得到充分发展。他的历史文化意识，在徐复观那里得到充分发展。熊先生虽然没有写出"量论"（认识—方法论），但他对"性智"与"量智"、"体认"与"思辨"、"表诠"与"遮诠"的讨论，即包含在他的"境论"之中。熊十力的"澄明"之境，是在良知的具体呈现中体证、契悟天道。这与冯友兰的新实在论的思考方式完全不同，也不是冯友兰的"负的方法"可以代替的。熊先生高扬了东方的本体玄思，即在澄明状态中的存在之思。我们不妨说，这是牟宗三的"智的直觉"、杜维明的"体知"的先导。我的研究还涉及唯识学与熊氏新论在"性觉"与"性寂"上的不同，即儒、佛心性论上的差别。

以下我介绍郑家栋、颜炳罡对牟宗三哲学的研究。中国社会科学院研究员郑家栋认为，牟宗三依据儒家哲学（特别是宋明理学）的本心、性体、良知概念，诠释和改造康德的自由意志，把康德作为"理念""设准"的自由意志本体化、实体化，使之成为一个普遍的、绝对的、贯通道德界与存有界、决定一切也创造一切的形上实体，由此跨越了康德所严格遵守的自然世界和应然世界之间的界限，取代和消解了康德哲学中的物自身和上帝观念，把康德成就的

"道德的神学"改造为儒家形态的"道德的形上学"。

山东大学教授颜炳罡认为,牟宗三由早期的逻辑学走向哲学认识论,再走向文化意识的阐扬,进而重建道德的形上学,最终归于圆教与圆善。牟先生的两层存有论(执的存有论与无执的存有论)是以中观西,以西观中,交参互入,圆融会通的结果。而"德行优先性于知识""人虽有限而可无限""人可有智的直觉"是其完备的道德的形上学的三大根据。牟先生的道德形上学把中国传统哲学推展到一个前所未有的高度。牟氏道德的形上学进一步向上翻,即逼出圆教与圆善的观念。圆教源于佛教天台宗,圆善源于康德哲学。圆满的善就是道德与幸福之间实现恰当的匹配。牟氏认为,圆善的实现不能象康德那样以上帝作保障,而儒家的自由无限心本身就是德福一致之机。真正的圆教在儒家。作者认为,牟先生从境界形上学的角度解决了圆善问题。

郑家栋认为,就方法而言,在梁、熊、冯、牟等人那里,儒家哲学的重建已经经历了一个由具体(直觉、体认)到抽象(知性分析),再到理性的具体("即存有即活动"的辩证思考)的过程。这里有一个问题就是如何引进西方哲学的概念系统、分析方法来诠释中国哲学。就主导倾向而言,西方的学理是理智的、分析的,中国精神则是实践的、体证的,二者之间必然存在着某种张力。如何使这两方面完满地统一起来?实践型的中国哲学能否真正实现"分析的"重建?在这些方面,当代新儒家的努力和尝试具有不容忽视的价值。郑家栋又认为,伴随着由传统书院向现代学院的转化和学理化、知识化的过程,理论与实践之间的张力亦表现得日益突出:儒学正在远离实际生活过程,丧失其知行合一的实践品格,单纯地成为一种专业研究的对象,成为一种知识系统和专家之业。儒学之作为身心性命之学的真正危机,不是来自外在攻击,而是来自专业大潮冲击下"知"与"行"的内在分离。如何重建儒学与实际的生活世界的联系,或许是更为重要、更为艰难的课题。

中国内地学人对第二、三代当代新儒家的兴趣日隆,有关唐、牟、徐,有关杜维明、刘述先、成中英研究的论文渐渐多了起来。郭齐勇指导胡治洪、姚才刚分别做有关杜维明、刘述先的博士论文,正在进行之中。

关于所谓"后'现代新儒家'时代"的讨论亦在内地展开。一般认为,1995年牟先生逝世标志这一时代的到来。亦有人认为,余英时1991年发表《钱穆与新儒家》即标志这一时代的到来。根本上是"新儒家"与"新儒学"、

"尊德性"与"道问学"的疏离和"一元"向"多元"的发展。实际上，牟宗三晚年非常强调知识理性和"为学"。余英时批评"良知的傲慢"，指出熊、牟一系是"教"而不是"学"，把乃师钱穆与自己从"新儒家"中划开。刘述先的《如何正确理解熊十力》《对于当代新儒家的超越内省》等文①强调"当代新儒家的重心逐渐由道统的担负转移到学统的开拓、政统的关怀"。成中英明确区分"新儒家"与"新儒学"、"价值"与"知识"，强调以批判的理性（而不是内在体验）为方法，裁决真实性与现实性，在客观性的基础上建立知识（而不是在主体体验的基础上印证价值），以知识探讨为价值判断、选择或重建之基础（而不是先肯定价值，再寻求知识手段，以实现价值理想）。②所谓第三代现代新儒家已不再泥执"道统"意识，有更宽广、更开放的文化视域。即使是杜维明，虽然为儒家的源头活水流向世界而不懈陈辞，坚持儒家的核心价值，推动儒学的第三期发展和重建，并展开文明对话（特别是与基督教、伊斯兰教的对话），但他关心的主要是儒学作为世界文化的一种精神资源对于现代人生活和全球伦理之可能发生的影响。从"文化中国"等课题的阐释都可以看出，这已经不是在内圣基础上开出新外王，或坚持在道统意识的基础上开出新政统与学统的问题。此外，台湾《鹅湖》学派已在调整、分化与改组。中国内地学人更重视包括儒家、道家、佛家等在内的多种精神资源的开发及对于时代课题、制度建构、民间社会、日常生活和世界现实多重问题的回应。这至少表明，当代新儒学或当代新儒家的讨论，的确引起内地学人的广泛关注，大有裨益于祖国大陆思想界的健康发展及与世界上各思潮的对话、沟通。③当然，笔者认为，我们不必急于谈论"超越牟宗三"或"后新儒家"问题，对于当代新儒家还有一个理解和消化的过程。例如学界还有很多人并不了解牟宗三或新儒家，只是人云亦云地把牟的深度哲理简约化为"企图以老内圣开出新外王"云云。

此外，我们还应注意，祖国大陆研究新儒家的学者并非铁板一块，同样在变化着。方克立教授对罗义俊、蒋庆等先生的若干论著提出了较严厉的批评，

---

① 刘述先：《如何正确理解熊十力》，《当代》1993年第81期。
② 成中英：《当代新儒学与新儒家的自我超越：一个致广大与尽精微的追求》，《新儒家评论》1995年第2期。
③ 参见洪晓楠《也谈后新儒家时代》，《哲学动态》1997年第7期。

认为他们过于认同新儒家而有越界之虞。①刘启良 1995 年在上海三联出版社出版的《新儒学批判》及在《湘潭大学学报》1995 年第 1 期上发表的《新儒学十评》，笔者认为相当简单化，对这一思潮、代表人物与著作及研究现状未作透彻了解，批判太过，其论著的学术规范性不够。至于根本没有读过当代新儒家任何一种著作，抓住只言片语，就横加指责的，也大有人在。当然，也有一些研究者逐渐加深了对当代新儒家的理解，进而在为道、为学诸方面体验生命的学问。

四、问题意识

学界对现当代新儒学思潮和人物的研究，活跃了关于文化、思想、学术的思考并提出了诸多问题，配合学界其他学者与其他讨论，萌生了问题意识。

1. 跳出传统文化与现代化二元对峙的模式，并由此反省现代性，重新思考东亚精神文明与东亚现代化的关系问题。东亚现代化不仅仅是对西方冲击的被动反应，传统与现代不仅仅是单线递进的关系。东亚诸国的现代化有自身的内发性，是在世界与东亚、世界与中国互动背景下自身的调适与发展的历程。东亚现代化有自身的精神、制度、人才资源。当代新儒家提出了现代性中的传统、现代性的多元倾向和从民族自身资源中开发出自己的现代性的问题。杜维明指出："不能只把现代化当做一个全球化的过程，也不能把现代化当做一个同质化的过程，更不能把全球化当做一个西化的过程。正是全球化的意识，使得根源性意识越来越强。也正是这一原因，我们……特别突出现代性中的传统。"②现代性在西方诸国有不同的内涵和特质，其在东亚及世界其他地区也应当有不同的形式、内容与精神。当代新儒家充分重视协调世界思潮与民族精神，整合世界性与根源感、现代性与民族本己性。全球化问题在我国大规模地讨论之先，当代新儒家思潮已经提供了不同于启蒙理性的新的思路，率先体认到现代化不等于西化，不同地域的文明都蕴藏着现代的、普遍的价值，可以进行创造性转化。全球化绝不意味着某一种话语霸权的进一步扩张。在东亚诸国家和地区的现代化过程中，其地域与民族的文化大传统和小传统已经并将继续

---

① 方克立：《现代新儒学研究十年回顾》，《社会科学战线》1997 年第 2 期；《评大陆新儒家推出的两本书——〈理性与生命〉》（一）（二），《晋阳学刊》1996 年第 3 期。

② 杜维明：《人文精神与全球伦理》，载《人文论丛（1999 年卷）》，武汉大学出版社 1999 年版。

起着巨大的多重作用，在一定层次或程度上创造并丰富着现代化、现代性的新模式。

2. "文明对话"与"文化中国"。梁漱溟在新文化运动末期已经开始了跨文化比较与对话的工作，虽不免粗疏，却代表了一种思路。唐君毅起草的，唐君毅、牟宗三、徐复观、张君劢联署的1958年《中国文化与世界宣言》①，虽因强调一本性而遭到不少批评，但平心而论，他们的宣言和其他丰富的有高度学术水准的论著、讲学，具有深刻的意义。现代新儒家为跨文化比较、对话和融合做了大量的工作。文明冲突在历史上和现时代已屡见不鲜，惟其如此，文明对话与沟通才尤显重要。文明对话与沟通如何可能呢？首先是民族文化精神的自觉自识。如果某种非西方文明或所有的非西方文明失掉了本己性，成为强势文明的附庸，恰恰使文明对话成为不可能之事。第三代新儒家更强调开放性。杜维明指出："文化与文化的交流，不是零和游戏，不必采取你争我夺的方式，越交流双方的资源就越多。如果以发扬传统精致文化为基础，和西方深刻的价值进行沟通，我们应向两方面开放，要向当代西方而不是狭隘意义上的工具理性和只突出富强价值的西方，而是当代西方之所以成为西方的精神源头充分开放。要了解基督教、犹太教、回教在西方文艺复兴时所起的积极作用，了解古希腊的哲学智慧，了解中世纪的发展对西方的影响。"②"文化中国"的问题虽然并非当代新儒家首倡，海内外各方面学者均有论述，但近年来以杜先生阐释最多。事实上，除了"地理中国""政治中国""经济中国""军事中国"之外，确实有受中国文化不同程度浸润或影响的地域与人群，谓之为"文化中国"未尝不可。这些地域与人群的现代生存样态、价值意识、思维方式、心理结构，的确与多元性的中国文化有千丝万缕的联系，对整个世界未来的多元、良性发展起着积极的作用。

3. 儒家价值与全球伦理、环境伦理、生命伦理。20世纪90年代以来，世界宗教、文化学者非常关注世界伦理的问题。这显然必须调动世界各宗教、文化、伦理的资源。鉴于当代纷争的世界需要取得伦理共识与普遍和谐的相处之道，1993年，天主教背景的孔汉斯（Hans Kung）教授起草的《世界伦理

---

① 唐君毅：《中华人文与当今世界》，台北学生书局1975年版。
② 杜维明、袁伟时：《关于文化中国若干问题的对话》，《现代与传统》1995年第4期。

宣言》为 120 位不同宗教的代表所签署。该宣言把包括孔子在内的世界上各文明、各宗教的原创性的思想家提出的"己所不欲，勿施于人"的原则放到了重要的地位。孔子的这一思想有助于国家间、宗教间、民族间、社群间、个体间的相互尊重，彼此理解与沟通。《世界伦理宣言》能否为联合国所通过，那是另一个问题，但有关此问题的热烈讨论，实属客观需要，大势所趋，理所当然。当代新儒家学者努力参与了全球伦理的建构。刘述先在这一背景下阐扬儒家的"为己之学"及"仁义礼智信"等核心价值观的现代意义。他尤以宋儒"理一分殊"的睿识，来解决既尊重差别又平等互待的问题，并接通传统与现代、一元与多元①，调动儒家资源来参与新的环境伦理、生命伦理的建构亦已成为热点。《中庸》中天、地、人、物各尽其性的原则为历代儒家所重视，这的确是生态与生命伦理的一个重要的生长点。"尽己性、人性、物性即是让天地万物各遂其性，各适其情，即是参赞天道，反之，参赞天道即在于能使自己、他人和天地万物都得到充分的生长发展，得以各尽其性分。"②儒家主张"仁者与天地万物为一体"，儒学中的自律、仁爱、不伤害、公义原则等，均有重大的价值和世界意义。

4. 儒学与现代民主、与自由主义的关系。现代新儒家的三代代表人物都重视接纳西方近世以降的自由、民主、法治、人权的价值，多有创获。他们在政治诉求上并不保守，在民主政治的理念与制度建设（例如宪政）上，在以德抗位、批评权威方面绝不亚于自由主义者（例如胡适）。梁漱溟、张君劢、徐复观就是其中的佼佼者，熊十力、唐君毅、牟宗三在理论上也有不少建树③。自孔孟以来，儒家的政治主张与道德原则相配合，其中可以作为现代民主政治之资源的颇为不少。对政治化的儒学也不必一概否定，而需要做具体的历史的分析。儒学的经世原则，对社会政治的参与与批评，民贵君轻思想，及历史上与之相应的结构、制度，均不能一言以蔽之，咒曰"肮脏的马厩"。对民间社会、言论空间，道统、学统、政统、治统的相对制衡，新儒家多有发挥。关于本土政治、法律资源的开发，关于"儒家自由主义"的概念，学术界有多方面的讨论，亦成为当代新儒学的又一向度。我以为，就自由主义者必须具有的独

---

① 刘述先：《儒家思想意涵之现代阐释论集》，台湾研究院文哲研究所筹备处 2000 年版。
② 李瑞全：《儒家生命伦理学》，台北鹅湖出版社 1999 年版。
③ 参见何信全《儒学与现代民主——当代新儒家政治哲学研究》，中国社会科学出版社 2001 年版。

立的批评能力和精神，必须具有的道德勇气、担当精神而言，就自由、理性、正义、友爱、宽容、人格独立与尊严等自由主义的基本价值而言，就民主政治所需要的公共空间、道德社群而言，就消极自由层面的分权、制衡、监督机制和积极自由层面的道德主体性而言，儒家社会与儒家学理都有可供转化和沟通的丰富资源。

  5. 儒学的宗教性与超越性。这是第二、三代当代新儒家的理论创识。当代新儒家学者不是从制度仪轨的层面而是从精神信念、存在体验的层面肯定儒学具有宗教性的。性与天道的思想亦即儒家的宗教哲学。安身立命的"为己之学"具有伦理宗教的意义。儒家的"天"与"天道"既是超越的，又流行于世间，并未把超越与内在打成两橛。① 关于当代新儒家的"超越内在"说，海内外学者都有不少批评，以为"超越"不能同时是"内在"的。但现当代新儒家与传统儒家在基本品格上是一致的，他们更为关心的不是认识论，而是价值论、本体论问题。这样，"超越"一词也不是在认识论上讲的，而是从本体—境界论上去讲的。所谓的"超越性"指的是神性、宗教性，又可以表示现实性与理想性或者有限性与无限性之间的张力②。依据"天人合一"这样一种理念，高高在上的天道与人的"良知""本心"是相通不隔的，如果"天道""天"具有神性，那么，说人之"良知""本心"也因此获得神性，应是能够成立的。为何在儒家看来，"宇宙心灵"和"个体心灵"可以浑化为一，原来，所谓"天"，是具有神性意义的天和义理之天，并不是指的外在于人的自在之物，而"天"也是一个本体——价值论的概念，其认识论意味是十分淡薄的。如果从认识论角度来看"尽心、知性、知天"，又把天看成外在的客观存在，便显得难以理解，像"心外无物"这样的说法就只能是疯话了。超越性与宗教性虽不是完全相同的概念，但是在现当代新儒家的心目中，二者是相通的。因为，超越的"天"完全没有认识论意味，而只是价值之源。如果超越性被理解为神性、宗教性，而天人又是相通不隔的，那么，以"内在超越"来解释传统儒家的思想便不是不可理解了。换句话说，超越的价值理想追求，可以通过人的修身增德而在充满人间烟火的红尘中实现。这样一种超越，的确与西学中的超越

---

  ① 参见郭齐勇《当代新儒家对儒学宗教性问题的反思》，《中国哲学史》1999 年第 1 期。
  ② 李明辉：《当代儒学的自我转化》，中国社会科学出版社 2001 年版。

有所不同。它不需要也很难得到认识论意义上的、实证主义方式的"证实",而需要的是儒者的身体力行,自证自信。

此外还有许多问题,例如儒学的草根性或者儒学与生活世界的关系、儒学与女性主义的关系,等等,都为当代新儒家所关切,限于篇幅,不能尽述。

五、前瞻

现当代新儒家是在文化失范、意义危机的时代应运而生的思潮、流派,在不同时期针对中外不同的思想文化问题,其论域亦在不断改变。总体而言,这一流派继承光大了中国人文精神,对世界现代病提出了中国人的批评反省。目前西方人文学界的主潮不再是针对"神性",而是针对"物性",即针对着科技和商业高度发展所导致的"物"的泛滥和"人"的异化而展开批判。例如宗教人文主义认为,近代以来的文明社会,带来了人的精神的世俗化与物化,使人的高级的精神生活、灵性生活的品质日益下降。马利坦(Maritain)批判文艺复兴和启蒙运动的人类中心主义,使人逐渐离开了神与神圣性,这是人自身的堕落的开始,主张回到人与神的合作,以拯救人的堕落。这是要借助宗教精神来避免人的再度沦落(即功利化、工具化、异己化、物化)。存在主义、西方马克思主义、文化批判思潮所批评的,正是科技至上导致的"工具理性"的过度膨胀或"理性的暴虐"对人的奴役。唐君毅先生曾经指出,现代人所面临的荒谬处境是"上不在天,下不在地,外不在人,内不在己"。中华人文精神,特别是儒家的人文精神,可以救治现代人的危机。它强调用物以"利用厚生",但不可能导致一种对自然的宰制、控御、破坏;它强调人文建构,批评迷信,但决不消解对于"天"的敬畏和人所具有的宗教精神、终极的信念与信仰。儒家甚至主张人性、物性中均有神性,人必须尊重人、物(乃至草木、鸟兽、瓦石),乃至尽心——知性——知天,存心——养性——事天。至诚如神,体悟此心即天心,即可以达到一种精神的境界。儒家并不脱离生活世界、日用伦常,相反,恰恰在庸常的俗世生活中追寻精神的超越。外王事功,社会政治,科技发展,恰恰是人之精神生命的开展。通过当代新儒家的弘扬,中华人文精神完全可以与西学、与现代文明相配合。它不反对宗教,不反对自然,也不反对科技,它可以弥补宗教、科技的偏弊,与自然相和谐,因而求得人文与宗教、与科技、与自然调适上遂地健康发展。

当代新儒家阵营正在分化、重组的过程中。近几年来有"新儒家"与"新儒学"之辨，有"知识"与"价值"的二分，也有"后牟宗三""后新儒学"的崛起。海峡两岸的儒家学者在互动中彼此靠拢、位移的事也多所发生。林安梧发表了"后牟宗三"或"后新儒学"的提纲，提出"儒学革命论"[①]，强调重视"气"论，重视客观面，回到船山学，多少受到内地学者的影响。内地研究者中也在发生分化，亦不乏由同情的理解到对新儒学之价值更加认同者。

新儒家学者的关切也有所区别。杜维明、刘述先关心儒家与基督教、伊斯兰教的对话。杜维明重视的是儒学作为世界文化的一种精神资源对于现代人生活和西方、全球之可能发生的影响。刘述先认为，当代新儒家由道统的承担转移到学统的开拓、政统的关怀。成中英强调，应当以批判的理性而不是内在的体验为方法，在客观性的基础上建立知识而不是在主体体验的基础上印证价值，应以知识探讨为价值判断、选择或重建之基础，而不是先肯定价值，再寻求知识手段以实现价值理想。

在过去不到 20 年的时间里，中国内地关于当代新儒家的研究工作，在资料整理和义理阐释方面都取得了长足的进步。我相信，在未来 10 年间，将增强反思性和交叉性，弥补一些专题、专人研究上的薄弱环节，更加深入细腻，更加符合学术规范。研究对象的论文、著作之原著原版原发表报刊，编纂得比较好的全集、年谱、年表、日记、书札等，无疑是研究者的主要依据。但是，不肯去查原件原著原版原发表报刊，是一个很普遍的问题，我看到不少论著，甚至博士论文，引述的主要是各类选集本，这是有毛病的（当然，编纂得比较好的选集本不是不可以用，但要慎用）。更有甚者，有的作者对已有研究成果置若罔闻，有的作者所引材料抄自别人的论著，靠二传手、三传手，甚至连史实、论证过程和结论都抄，问题更大。

中国内地学者更重视包括儒、释、道等在内的多种精神资源的开发及对于时代课题、制度建构、民间社会、日常生活和世界现实多重问题的回应。新儒家的研究大有裨益于思想界的健康发展及与世界上各思潮的对话、沟通。最后，我相信，这一研究将有助于活化中国传统的精神遗产，促进全球化与本土

[①] 参见林安梧《儒学革命论——后新儒家哲学的问题向度》，台北学生书局 1998 年版。

化的互动，养育出有根基的思想大师。

［录自冯天瑜主编《人文论丛（2001年卷）》，武汉大学出版社2002年版，第459~469页］

新汉学与新宋学

童书业[①]

  战争固然直接给予文化以打击，但同时也间接给予文化以发展。自从五四运动以后，中国文化的主流仍始终是向着"朴学"（包括文献学和自然科学）一条路线发展的。有许多人说："最近中国的学术，只有史地学比较有成绩。"这句话自有相当的理由。只是现在国人所谓的"史地学"，通常都只限于文献考据学一个小范围，因之所谓"比较有成绩"，也只是文献考据学比较有成绩罢了。

  抗战以后，学术界的潮流确是有些变化了，这变化是由向外的考据学的研究渐次转移成向内的道理的探求。这固然是因为战时治考据的参考工具书不易得，和环境不便作细密的研究工作的缘故，但是按照文化发展的自然趋势看起来，这种转变，是也很合历史的潮流的。

  海格尔的"辩证法"，诚然有些玄学的嫌疑，然而这种理论应用到学术思想史上来，则确有其不可磨灭的真实性。我们只须观察古今中外的学术思想史上的重要变迁，便可明白"正、反、合"的公式是无一时一地可以逃脱的。不信，我们且把中国学术思想史作个例子，来证明这点。

  中国最早的学术文化，便是春秋以前的"王官之学"。所谓"王官之学"都是世传的专门技术和记诵之学，这类学问都是向外的，相当于后世的经学和考据学。春秋后期以后，私人讲学的风气兴起，从孔子到诸子百家，所讲的都是修身治国平天下的大道理，专门技术和记诵之学全被轻视。这类讲道理的学问，显然是向内的，便是前期王官之学的反动。秦始皇和汉武帝的学术统一运动，使诸子百家的自由思想寿终正寝，继之而来的是经学时代，思想定于一

[①] 童书业（1908—1968），历史学家，古史辨派代表之一。

尊，全国学者所从事的都是章句训诂等玩意儿，这又是向外的学问，乃是前期诸子之学的反动。后汉中期以后，自由思想的风气又起，道家中兴，便引起后来的"魏晋玄学"，这又是内向的学问，是当时章句训诂之学的反动。此后佛教经典大量输入，初期的佛教家所从事的多是翻译讲解的工作，与其时儒家的义疏之学正相呼应，这又是向外之学，是魏晋玄学的反动。唐代中期以后，佛教渐渐中国化，讲"顿悟"的禅宗出现，配合了儒家的中兴运动，糅合而成宋明的理学，这又是向内的学问，是前期佛教烦琐哲学和儒学的义疏之学的反动。明末以来，一般学人厌弃理学的空疏，转向经学考据的途径，直到五四以后的整理国故运动，都是一条线上的物事；虽然其间有明末清初的经世致用之学和清末的经今文学运动，带有非纯粹朴学的色彩，但这些不过是当时政治局势的反映，而且其根本精神仍是考据的而非义理的，所以仍脱不出"向外"的范围。总而言之，清代的考据的经学和最近的考证的史地学，都是向外的学问，是宋明的理学的反动。以上这些学术思想的发展，都合乎辩证法的法则，乃是一件不容否认的事实！

考据之学已独霸了三百多年的天下，到这世界和国内大势整个变迁的时候，自然又该有一种新的学术潮流兴起，这是历史的必然趋势，最近的"新宋学"运动，可说是应合这个历史的趋势的。

所谓"新宋学"运动，是指近来一班喜讲道理的学者的讲道理运动。这班学者的讲学，往往被人们误解，认为有某种用意，他们既不容于传统的学术界，又不容于自认为"前进"的思想界，在新旧两派的夹攻下，他们的处境可谓很苦。其实这不过是一种新思想潮流兴起时不易被人们了解的自然现象，原是无足多怪的。

目前的"新宋学运动"的根柢，当然还很浅薄，它还不曾成为学术的主潮，然而其趋势已很明显，是应用汉学的实证精神来讲道理，这是它与旧宋学不同之点。旧宋学是完全主观的、独断的，而新宋学则是客观的、批判的；旧宋学所发挥的是个人的玄想，而新宋学所发挥的则是依据科学的、发现的、相对的真理，和社会政治的实际情况而产生的理论，旧宋学是宗教化的玄学，新宋学是科学化哲学或思想。

本来五四运动的考证学称为"新汉学"，其异于旧汉学之点，一般人所知道的是：旧汉学不能打破传统的观念，脱不了"经学"的色彩，新汉学能打破传统的观念，完全抱着为学问而学问的态度去治学；旧汉学的范围狭，新汉学的范围广。其为一般人所忽略，而实为新汉学最主要的特色的，是它的批判精神，这实是宋学的遗产而为新汉学所吸收的。旧宋学虽是一种独断的玄学，然其中实也含有批判的精神；尤其是程朱一派的宋学，本以"格物致知"为号召，他们对于现实的世界也曾下过一番研究的功夫，所以他们往往对传统的学问和政治社会能作一种比较客观的批判。清代的考据学家中，也有少数人如戴震、崔述等能继承宋学的批判精神，对于经史的研究能作大胆的断判。但这种超时代的人物，其真实的贡献，往往不为当时人所了解，这也是时代使然，无足深怪的。新汉学的特点，便在完全接受旧宋学的批判精神，对于传统的思想，旧史的传说，常能作勇猛无情的批判；我们只须看《胡适文存》与《东原遗书》和《程朱语类》的关系，《古史辨》与《东壁遗书》和《书疑》《诗疑》的关系，便能承认这个论断是对的了。

新汉学所以不能脱离旧汉学的圈套，是在它精神虽异而研究范围并无多大的两样的一点，这是它不及新宋学能代表一新时代思潮的地方。所以我们认为未来的思想的主流，也属新宋学一派。不过此后的学术界应与过去的不同，过去的学术界可以让一派的思想独霸，此后的学术界却决不是这样，主潮之外，其他的学术思想也当有其相当的地位，我们决不能说，此后又是讲理学的世界了，用不着考据了。

（录自童书业著，童教英整理《童书业史籍考证论集》，《童书业著作集》第三卷，中华书局 2008 年版，第 777~780 页）

（参校《近代中国学术思想》，中华书局 2008 年版，第 387~389 页）

试谈马克思主义在中国[1]（节录）

李泽厚[2]

一、1918年—1927年

…………

1918年至1919年初，李大钊连续发表了《法俄革命之比较观》《庶民的胜利》《Bolshevism的胜利》，表示了对俄国十月革命的赞赏、支持。1919年5月李大钊发表了《我的马克思主义观》，这可说是第一篇真正介绍马克思主义学说的长文，也标志着中国最早一批进步知识分子对马克思主义的接受和理解。从这篇文章中可以看出，十月革命的成功和河上肇等日本人的第二手的翻译著作，便足以使中国这些知识分子抓住马克思主义的某些基本要点，迅速和果断地接受了它，成为中国第一批马克思主义者。之所以如此，首先是近现代救亡主题的急迫现实要求所造成，同时也是中国传统的实用理性的展现，即要求有一种理性的信仰来作为行动的指针。马克思主义的基本理论和十月革命的实践效果使这种潜在的可能变为现实。

马克思主义有各方面的丰富内容，恩格斯在马克思墓前演说中曾指出唯物史观和剩余价值是马克思两个重大发现。剩余价值理论本就是无产阶级进行社会主义革命的理论依据和思想基石。但在当时，中国的资本主义刚才起步，无产阶级也非常薄弱，连进行宣传鼓动的厂矿企业都少得可怜，这一基本学说的实用性质和实用范围都非常有限。因此，尽管李大钊、陈独秀等人介绍马克思主义时，都要介绍剩余价值学说，但如果细看一下，便会发现，他们介绍的重点，真正极大地打动、影响、渗透到他们的心灵和头脑中，直接决定或支配其实际行动的，更多是马克思主义的唯物史观。其中，又特别是阶级斗争学说。

…………

---

[1] 编者删除了文中的注释部分。
[2] 李泽厚（1930—　　　），哲学家、美学家。

二、1927年—1949年

…………

瞿秋白1923年由苏联回国，重办《新青年》作为共产党的理论季刊。在《新青年之新宣言》一文中，瞿秋白公开宣布《新青年》是"无产阶级的思想机关"，具有鲜明确定的阶级性、党性、革命性，同时，又提出"当严格的以科学方法研究一切，自哲学以至于文学，作根本上的考察，综观社会现象之公律而求结论"，即科学性的方法论，他要求以科学革命性的方法论来研究问题、指导实践。在二十年代，瞿秋白依据唯物史观评论过科玄论战，在此文中，又提出了自由与必然的哲学问题。也正是瞿秋白，这时候把"辩证唯物论"介绍到中国来。……

…………

关于毛泽东，许许多多的人已经写了许许多多，估计还将是一个长久讨论的题目。本文暂不拟对此饶舌过多。这里只想着重指出，毛泽东首先是作为一个杰出的军事战略家和策略家，不断在战争中战胜敌人而获有威信和地位的。由于对中国国情——分散的小生产的农村封建经济，下层社会的结构、习性和各个阶层人物的十分熟悉，以及对中国农民起义传统的留意，对《三国演义》《老子》的谙熟，和他素来主张身体力行，重视亲身实际经验同传统中国哲学的修养，使他比其他人都更能在一场以农民为战斗主体、以农村为周围环境的农民革命战争中如鱼得水，胜任愉快，最充分发挥一个具有渊博学识（主要是中国旧学）的知识分子的领导作用。毛以这种优胜条件和几次胜利战争在革命军队的广大干部中建立了自己的思想领导的威望。

毛最光辉的理论论著无疑是有关军事斗争的论著，其代表是《中国革命战争的战略问题》（1936年12月）和《论持久战》（1938年5月）。毛在这些论著中，总是尽量地把这些战争问题提到马克思主义辩证唯物论的认识论的理论形态上来论证和叙说。同时他又非常重视为列宁称之为"马克思主义灵魂"的"具体问题的具体分析"。毛的许多论著的论述形式似乎是从一般到特殊，而思维的实际过程却是从特殊到一般，即从感性到理性，从个别到一般的经验总结。毛泽东由于从实际出发，很重视事物的经验特殊性，反对套用一般的公式、教条去认识问题和解决问题，但又总是把这特殊性提高到一般性的规律上来，这成为他思想的一个特点。

……………

中国是一个有军事传统和军事思想遗产的古国。在《中国古代思想史论·孙老韩合说》中，我曾指出"兵家辩证法的特色"："第一，是一切从现实利害为依据，反对用任何情感上的喜怒爱憎和任何观念上的鬼神'天意'来替代或影响理知的判断和谋划……只有在战争中，只有在谋划战争、制定战略、判断战局、选择战机、采用战术中，才能把人的这种高度清醒、冷静的理知态度发挥到充分的程度"；"第二，必须非常具体地观察、了解和分析各种现实现象，重视经验"；"第三，在这种对现实经验和具体情况的观察、了解、分析中，要迅速地从纷繁复杂的错综现象中发现和抓住与战争有关的本质或关键……尽快舍弃许多次要的东西，避开繁琐的细部规定，突出而集中、迅速而明确地发现和抓住事物的要害所在……要求以一种概括性的二分法即抓住矛盾的思维方式"；"第四……客观在这里作为认识对象不是静观的而是与主体休戚相共的，是从主体的功利实用目的去把握的"。毛的军事思想的哲学明显地近似或符合这个中国古老的兵家辩证法，而与西方的辩证法根本不同。这个辩证法是与主体实践行动密不可分的辩证法，从而它也是认识论、实践论。

那么，它们与马克思主义究竟有什么关系呢？显然，所有这些与剩余价值理论、与历史唯物论（唯物史观）并无关系。但它与辩证唯物论却有关系，被毛泽东运用得很熟练的可说是实践中的中国传统的兵家辩证法，后来便以马克思主义辩证法的矛盾学说和马克思主义唯物论的能动反映论改造和表述出来了，或者也可以反过来说，马克思主义的唯物论和辩证法结合中国实际（农民革命战争）和传统（兵家辩证法）而中国化了。

（录自李泽厚《中国现代思想史论》，东方出版社 1987 年版，第 144~145、160~161、168~169、171~172 页）

（参校李泽厚《中国现代思想史论》，生活·读书·新知三联书店 2008 年版，第 151~152、169、176~177、180~181 页）

李达生平事略（节录）

《李达文集》编辑组

……………

在一年多的时间里（指1918年——本书编者），他勤奋地研读了《共产党宣言》、《资本论》第一卷、《〈政治经济学批判〉序言》、《国家与革命》等马列著作和其他介绍马克思主义的书籍，开始成为马克思主义的信奉者。他翻译了《唯物史观解说》《社会问题总览》《马克思经济学说》等书，在国内出版，比较系统地介绍了马克思主义的三个组成部分（一九二〇年三月李大钊同志发起的马克思主义研究会曾把他译的《马克思经济学说》列为阅读文献之一）。……

……………

在湖南期间（1922—1927年——本书编者），李达以极大的精力从事唯物史观的研究。他在自修大学讲授唯物史观。当自修大学被军阀赵恒惕封闭后，又在湖南公立法政学校、湖南大学、湖南第一师范学校继续讲授唯物史观，并写成了《现代社会学》一书，于一九二六年六月正式出版。在书中，他系统地阐述了唯物史观和科学社会主义的基本原理，论述了世界革命和中国革命的问题，并批判了各种反马克思主义的学说。他明确地指出中国是一个"半封建"社会，是"帝国主义国家之半殖民地"；"夫民族革命之对象虽在颠覆帝国主义，而弱小民族内为虎作伥之封建阶级或帝国主义之代表，亦在推翻之列"。并尖锐地提出革命领导权的问题："领导民族革命运动者，果为资产阶级乎，抑为无产阶级乎？"他的回答是，"能成为民族革命之中坚者"，是"弱小民族之无产阶级"，是"共产党"。他还推断了民族革命成功后的前途，指出："民族革命成功时，小资产阶级得势，则必采用私人资本主义；无产阶级得势，则必采用国家资本主义"，"国家资本主义乃社会主义之过渡"。他还强调了中国革命必须与国际无产阶级联合，指出"不与国际无产阶级相联合"的"机会主义之民族革命，较不革命尤为有害"。李达多年以后自认为这本书只是"摸索写成的不成熟的著作"，但在当时，这本书确是很切合革命需要的。……

……………

在这段时间内（指1932—1937年——本书编者），在哲学方面，李达撰写了《社会学大纲》《社会进化史》两本专著及《辩证逻辑与形式逻辑》等论文，还与雷仲坚合译了西洛可夫的《辩证法唯物论教程》。

《社会学大纲》的内容是辩证唯物主义和历史唯物主义，全书四十余万字，一九三五年由北平法商学院作为讲义刊印修订后，一九三七年五月由上海笔耕堂书店出版。李达在此书的四版序言中指出："中国社会已经踏进了伟大的飞跃的时代，我无数同胞正在壮烈的牺牲着，英勇的斗争着，用自己的血和肉，推动着这个飞跃的实现，创造着这个大时代的历史。这真是有史以来空前的大奇迹！可是，战士们为要有效的进行斗争的工作，完成民族解放的大业，就必须用科学的宇宙观和历史观把精神武装起来，用科学的方法去认识新生的社会现象，去解决实践中所遭遇的新问题，借以指导我们的实践。这一部《社会学大纲》是确能帮助我们建立科学的宇宙观和历史观，并锻炼知识的和行动的方法的。因此，我特把这书推荐给战士们之前。"《社会学大纲》在革命根据地和国民党统治区都有广泛的影响。……

（录自北京图书馆《文献》丛刊编辑部、吉林省图书馆学会会刊编辑部编《中国当代社会科学家》第2辑，书目文献出版社1983年版，第112、119、125页）

（参校《李达文集》编辑组编《李达文集》第一卷，人民出版社1980年版，第4、10~11、16~17页）

中国古代社会研究·自序

郭沫若[①]

对于未来社会的待望逼迫着我们不能不生出清算过往社会的要求。古人说："前事不忘，后事之师。"认清楚过往的来程也正好决定我们未来的去向。

只要是一个人体，他的发展，无论是红黄黑白，大抵相同。

由人所组织成的社会也正是一样。

中国人有一句口头禅，说是"我们的国情不同"。这种民族的偏见差不多各个民族都有。

[①] 郭沫若（1892—1978），文学家、历史学家。

然而中国人不是神，也不是猴子，中国人所组成的社会不应该有甚么不同。

我们的要求就是要用人的观点来观察中国的社会，但这必要的条件是须要我们跳出一切成见的圈子。

中国的社会固定在封建制度之下已经二千多年，所有中国的社会史料，特别是关于封建制度以前的古代，大抵为历来御用学者所湮没、改造、曲解。

在封建思想之下训练抟琯了二千多年的我们，我们的眼睛每人都成了近视。有的甚至是害了白内障，成了明盲。

已经盲了，自然无法挽回。还在近视的程度中，我们应该用近代的科学方法来及早疗治。

已经在科学发明了的时代，你难道得了眼病，还是要去寻穷乡僻境的巫觋？

已经是科学发明了的时代，你为甚么还锢蔽在封建社会的思想的囚牢？

巫觋已经不是我们再去拜求的时候，就是在近代资本制度下新起的骗钱的医生，我们也应该要联结成一个拒疗同盟。

胡适的《中国哲学史大纲》，在中国的新学界上也支配了几年，但那对于中国古代的实际情形，几曾摸着了一些儿边际？社会的来源既未认清，思想的发生自无从说起。所以我们对于他所"整理"过的一些过程，全部都有从新"批判"的必要。

我们的"批判"有异于他们的"整理"。

"整理"的究极目标是在"实事求是"，我们的"批判"精神是要在"实事之中求其所以是"。

"整理"的方法所能做到的是"知其然"，我们的"批判"精神是要"知其所以然"。

"整理"自是"批判"过程所必经的一步，然而它不能成为我们所应该局限的一步。

在中国的文化史上实际做了一番整理工夫的要算是以清代遗臣自任的罗振玉，特别是在前两年跳水死了的王国维。

王国维一生的学业结晶在他的《观堂集林》和最近所出的名目实远不及《观堂集林》四字冠冕的《海宁王忠悫公遗书》。

那遗书的外观虽然穿的是一件旧式的花衣补褂，然而所包含的却多是近代的科学内容。

这儿正是一个矛盾。

这个矛盾正是使王国维不能不跳水而死的一个原因。

王国维，研究学问的方法是近代式的，思想感情是封建式的。两个时代在他身上激起了一个剧烈的阶级斗争，结果是封建社会把他的身体夺去了。

然而他遗留给我们的是他知识的产品，那好像一座崔巍的楼阁，在几千年来的旧学的城垒上，灿然放出了一段异样的光辉。

罗振玉的功劳即在为我们提供出了无数的真实的史料。他的殷代甲骨的搜集、保藏、流传、考释，实是中国近三十年来文化史上所应该大书特书的一项事件。还有他关于金石器物、古籍佚书之搜罗颁布，其内容之丰富，甄别之谨严，成绩之浩瀚，方法之崭新，在他的智力之外，我想怕也要有莫大的财力才能办到的。

大抵在目前欲论中国的古学，欲清算中国的古代社会，我们是不能不以罗、王二家之业绩为其出发点了。

我们所要的是材料，不要别人已经穿旧了的衣裳；我们所有的是飞机，再不仰仗别人所依据的城垒。

我们要跳出了"国学"的范围，然后才能认清所谓国学的真相。

清算中国的社会，这是前人所未做到的工夫。

清算中国的社会，这也不是外人的能力所容易办到。

不是说研究中国的学问应该要由中国人一手包办。事实是中国的史料，中国的文学，中国人的传统生活，只有中国人自身才能更贴切的接近。

世界文化史的关于中国方面的纪载，正还是一片白纸。恩格斯的《家庭、私有制和国家的起源》上没有一句说到中国社会的范围。

外国学者对于东方情形不甚明了，那是情理中事。中国的鼓睛暴眼的文字实在是比穿山甲、比猬毛还要难于接近的逆鳞。外国学者的不谈，那是他们的矜慎；谈者只是依据旧有的史料、旧有的解释，所以结果便可能与实际全不相符。

在这时中国人是应该自己起来，写满这半部世界文化史上的白页。

外国学者已经替我们把路径开辟了，我们接手过来，正好是事半功倍。

本书的性质可以说就是恩格斯的《家庭、私有制和私产国家的起源》的续篇。

研究的方法便是以他为向导，而于他所知道了的美洲的印第安人，欧洲的古代希腊、罗马之外，提供出来了他未曾提及一字的中国的古代。

恩格斯的著作中国近来已有翻译，这于本书的了解上，乃至在"国故"的了解上，都是有莫大的帮助。

谈"国故"的夫子们哟！你们除饱读戴东原、王念孙、章学诚之外，也应该知道还有马克思、恩格斯的著作，没有辩证唯物论的观念，连"国故"都不好让你们轻谈。

然而现在却是需要我们"谈谈国故"的时候。

我们把中国实际的社会清算出来，把中国的文化，中国的思想，加以严密的批判，让你们看看中国的国情，中国的传统，究竟是否两样！

对于未来社会的待望逼迫着我们不能不生出清算过往社会的要求。目前虽然是"风雨如晦"之时，然而也正是我们"鸡鸣不已"的时候。

一九二九年九月二十日夜

（录自郭沫若著作编辑出版委员会编《郭沫若全集·历史编》第一卷，人民出版社1982年版，第6~10页）

（参校《近代中国学术思想》，中华书局2008年版，第261~264页）

范文澜历史论文选集·序[①]（节录）

刘大年[②]

三

回顾一下，我们知道，范文澜同志早就讲授历史，但并非一开始就用马克思主义讲授历史。1931年，他出版一本论述中国历史书的著作，绪言中引许

[①] 编者删除了文中的注释部分。
[②] 刘大年（1915—1999），历史学家。

慎、江永、吴大澂、王国维等人关于"史"字的解说，论证史书的由来；广泛评述《春秋》《史记》以下的史书及其作者，而没有一句话讲到社会历史的阶级内容。足见直到这时，他对马克思主义理论还不熟悉，治学没有脱离汉学家的道路。但在政治上，范文澜同志的进步是比较早的。1926年起，他就受到党组织的帮助。他同情无产阶级革命事业，拥护党的领导，反对国民党、蒋介石的卖国独裁统治。1935年、1936年间，他写出一本书名《大丈夫》的通俗读物，宣传爱国思想。序言全部抄录古书上的文字，暗中对国民党、蒋介石痛加斥责、鞭挞。抗日战争爆发，年龄四十多岁了的范文澜同志，毅然脱下大学教授的长褂，穿起军装，成了一名游击队战士。政治思想的不断前进，使他的学术思想终于大踏步地迈上了马克思主义的康庄大道。

长期研究、讲授中国传统文化，对于形成范老后来著作的民族风格，有决定的意义。

周恩来同志在《学习毛泽东》那篇重要文章中，讲到读旧书的问题举范文澜同志为例说：五四运动时，"他就专门研究汉学，学习旧的。但是范文澜同志一旦脑子通了，对编写中国历史就有帮助，就可以运用自如"。事情确实如此。抗日战争以前，范老相继出版《正史考略》《群经概论》《文心雕龙注》《水经注写景文抄》等书。从历史、经学到文学评论，都在钻研、整理之列。那些著作的内容，不外乎清代朴学家们反复搜求、讨论的内容。清代朴学家的工作，据梁启超的分类，有儒家典籍笺释、史料搜补鉴别、辩伪书、辑佚书、校勘、文字训诂、方志类书编纂、丛书校刊等十多项。范围包括经学、史学、文学思想史的资料。所有这些工作，归结起来，就是一项工作：搜集、鉴别、解释、整理历史资料。范老先在这方面下了很深的工夫，一旦接受马克思主义指导，那些史料知识就充分发挥出了它的作用。从《中国通史简编》等著作上我们可以看出：第一，资料丰富，方面广泛。毛主席很重视这一点，指出《中国通史简编》资料多，让人愿意看下去。无产阶级"文化大革命"中，毛主席特地派人告诉范老，说中国需要一部通史，要他照自己的观点、体系，把《中国通史简编》写完，一直写到中华人民共和国成立以前。第二，训诂依照故传，解说严谨，没有那种望文生义的东西。学术思想的斗争，文学作品评价、文学流派变迁等，或博采旧闻，或结合中国传统理论（如刘勰《文心雕龙》、钟嵘《诗品》等）加以评述，都比较深入。第三，文字锻炼纯熟，有着中国古代卓越史家"文史兼通"的优点。在《中国通史简编》里化古代汉语为现代汉语，驱遣自如。"庾信文章老更成"，后期有些文字写得更为出色。毛主席说：我们这个民族有数千年的历史，有它的特点，有它的许多珍贵品。我们不应当割断历史。"马克思主义必须和我国的具体特点相结合并通过一定的民族形式才能实现"。范文澜同志就因为熟谙传统文化，比较好地把马克思主义和我国的民族特点结合起来，造就了自己著作的个性，具有独特的风格。

但同样显著的是，长期在中国封建文化中兜圈子，使范老的学术研究没有能够完全摆脱旧的、封建传统思想的束缚。

史料解释因为强调要有依据，只相信汉儒，不采取后人的研究。范老声明："《诗》多采毛亨、郑玄说。"毛诗包括毛序、毛传。毛序历来是一个引起争论的问题。其源流兴废，《四库全书总目》上有扼要评述。范老相信毛序对《诗》篇主旨的说明，早见于《群经概论》上面，列有种种证据。到了写《中国通史简编》，这个见解也没有改变。

比史料上尊信汉儒更重要的，还有历史观点上受浙东学派的束缚。范文澜同志生长于浙江绍兴，早年向往章炳麟等人的学问，又长期走着清代朴学家的治学路径，这都可以与浙东学派接上渊源。浙东学派，包括黄宗羲（余姚）、万斯同（宁波）、全祖望（宁波）、章学诚（绍兴）等著名的思想家、历史家。清末的章炳麟也被列入这个学派里面。熟知"夷夏之防"，抱着不同程度的反满观念，大概要算这个学派的思想特征。黄宗羲多次参加抗清斗争，著《明儒学案》，开中国学术思想史研究的先河（又著《明史案》二百四十卷，已亡失）。万斯同师事黄宗羲，不接受清廷史馆职位，独立撰成《明史稿》。全祖望治文献学，讲述明末节烈遗事，尝说："史臣不立节烈传，所当立传者何人？"据说晚清改革家受他暗示的不少。章学诚著《文史通义》，其中讲到浙东学术，认为浙东贵专家，浙西尚博雅。"浙东之学，言性命者必究于史，此其所以卓也"。章炳麟受全祖望、章学诚影响很深，究心明清间的掌故，鼓吹排满，提倡种族革命论，这是大家都知道的。除了浙东学派的思想熏陶，也还有讲学的师承关系。范老受业于自称只信奉"毛爷爷"（指毛亨）的讲学家黄侃和经学名师刘师培；黄侃则受业于章炳麟。刘师培不算浙东学派，但他在一段时间里反满思想同章炳麟一样激烈。他们参与创办《国粹学报》，进行排满复汉宣传。浙东学派的历史观点对范老的影响，明显地反映在《中国近代史》

等作品上。《中国近代史》没有着重叙述社会各阶级相互关系演变的过程、关键，一个主要原因，是把批判、揭露清朝统治者摆到了首要的地位上。

……范文澜同志已经在历史研究中作出了自己的重大贡献。指出他没有完全摆脱封建传统思想的束缚，只是对事情作客观的说明。科学事业没有可以由一人一时去完成的。问题在于后来者善于承袭前人的遗产，加以发扬光大。这是只有采取科学态度才能做到的。

（录自中国社会科学院近代史研究所编《范文澜历史论文选集》，中国社会科学出版社 1979 版，第 9~13 页）

我国马克思主义史学的开拓者——吕振羽（节录）

吴　泽[①]

吕振羽同志是我们党优秀的无产阶级革命战士，是我国第一代马克思主义史学的开拓者之一。……

在三四十年代之际的中国社会史大论战中，吕师[②]先后撰写《史前期中国社会研究》《殷周时代的中国社会》和《中国政治思想史》等专著，揭开了中国原始社会结构和发展规律之谜，首创了殷商奴隶制社会论和西周封建说，并运用马克思主义社会形态学说和阶级观点阶级分析方法，同当时和以往非科学的中国政治思想学说史进行了针锋相对的斗争，为中国马克思主义史学体系的草创和形成作出了卓越贡献。

1927 年大革命失败以后，革命暂时处于低潮。为了探索大革命失败的原因，许多人都在研究中国当时的社会性质和革命性质的问题。当时中国社会究竟是封建社会、资本主义社会，还是半殖民地半封建社会？中国革命究竟是民主革命、社会主义革命，还是反帝反封建的民族民主革命？有些学者宣称，中国的封建社会早已摧毁，封建势力已变成"残余的残余"；还有些人说，中国根本不存在什么革命问题，只要努力开矿、办工业、造铁路就行了。他们妄图

[①] 吴泽（1913—2005），历史学家。
[②] 作者为吕振羽的学生，故有此称。——本书编者

转移革命目标,甚至取消中国人民反帝反封建的革命斗争。这场论战引起很多学者各种各样的反思。有些人认为世界上各个国家"国情"不同,人类社会历史的发展没有什么共同的或一般的科学规律,更不承认马克思主义的五种社会形态学说。针对上述观点,郭沫若同志首先奋笔撰写了《中国古代社会研究》巨著,以马克思主义的历史唯物主义为指导,把中国古代社会划分为:西周以前为原始社会,西周是奴隶社会,战国以后,特别是秦以后为封建社会,论证了社会形态学说序列体系的科学性和规律性,有力地支持了我们党所领导的新民主主义革命事业。吕师也挥笔撰著了《史前期中国社会研究》(1934年7月人文出版社出版)。这是马克思主义传播到中国以后第一部全面系统地揭示我国史前社会经济结构、母系氏族社会到父系氏族社会等血缘氏族制度奥秘的科学著作。

对中国史前社会的历史,历来有很多神乎其神的口碑传说。一些封建史家把传说中的"三皇五帝"时代说成是"大道之行也,天下为公"的黄金时代;近代资产阶级改良派还据此而铺演成"大同世界"的理想王国;还有些人利用史前史,"言必称尧舜",鼓吹复古主义。"五四"以来的一些史家主张中国古史是由古代神话传说逐次地编制而成。虽有其反封建的积极意义,遗憾的是,他们连把古人口碑传说中所蕴含的一定史学也完全否定了,是不全面的。吕师依据历史唯物主义的理论和方法,结合民族学、民俗学、神话学,以及当时仅有的一些地下出土文物作相互印证,对古文献中大量上古神话传说进行了科学的系统的剖析、考察,发现传说中所说的"茹毛饮血""未有宫室",同人类原始社会中早期原始人生活的特点相合;"民知其母,不知其父",同母系氏族社会的特点相合。在母系氏族社会之后,还经历了一个父系氏族社会发展阶段,从而把多少年来隐秘在人们心中的谜底揭开了。吕师还考证了神话传说所反映出来的区域和有关文物出土区域的大致的一致性,有关神农氏和尧舜禹神话所指明的时代和仰韶期文物所指明的时代的大致的一致性,确认神话传说反映着一定的原始社会历史的史迹、史实。这就使他对整个古代社会发展规律的揭示有了不可动摇的意义,初步完成了对史前社会研究的探索工作。这确是个重要的开拓,震撼了当时史坛。翦伯赞说得好:"吕振羽对于中国先阶级社会史的研究上,是尽了一个开辟的任务。"当时,史学界有人认为中国古史上有"原始社会"的说法,是"海市蜃楼"的幻觉,妄图否定历史唯物主义社会形态学。吕师的这一揭示，对当时中国革命事业有着多么重要的历史意义和理论意义啊！

1934年底，吕师又撰成《殷周时代的中国社会》（1936年由不二书店出版）。关于殷周社会的性质，郭沫若曾有过精深的研究。吕著的可贵之处在于创立了殷商奴隶制社会论和西周封建说。这对中国历史科学的研究有着十分重大建树的意义。吕师认为铁器是文明国家产生的条件之一，但中国黄河流域特别是黄土地带土质松疏，自古以来是农业温床，没有铁器的青铜时代也可以发展入奴隶制社会。他根据当时地下出土文物史实，认定殷代确已进入奴隶制社会，并从财产形态、阶级构成、国家形成过程等方面作了全面考察，创立了殷商奴隶制社会说。这一学说，不仅论定了奴隶制社会是人类社会发展过程中必经阶段的理论，而且在中国古代历史的具体史实上肯定了殷代中国社会就是奴隶制社会，得到了国内外许多历史学家的认可。郭老于1944年在其发表的《古代研究的自我批判》一文中，也改变了他原来的殷商是原始氏族社会的观点。殷商社会性质问题的诸家学说，自此日趋一致。

（录自刘茂林、叶桂生《吕振羽评传》，社会科学文献出版社1990年版）

韧的追求·自序（节录）

侯外庐[①]

"坎坷的历程"[②]，是在《中国哲学》催稿时仓促定的书名，朋友们多嫌它不理想。其实，我跌跌绊绊走过来的八十余年，概以"坎坷"二字，是符合实际的，改与不改，无可无不可。然而，经大家一再好意提醒，细细斟酌，确乎也感到，除生活颠困之外，精神理想的磨砺、心力的劳瘁，"坎坷"二字不足况味。要改个书名，亦易亦难。易者，近乎情理的词语如潮如汐；难者，我今天的心情，如同启笔时的心情一样，唯求做到诚实地、朴素地反映我和我所处环境的真相，时时有所忐忑的，只恐有失于此，而雅俗之分，早已不在顾念

[①] 侯外庐（1903—1987），历史学家、思想家。
[②] "坎坷的历程"为作者自传《韧的追求》的原拟书名。——本书编者

之中。我半生所为，着力严肃评判古人，深知史学的美，只有"朴""实"二字。我本不过平平一介书生，因为经历着伟大的时代，才确立自己终生不渝的理想和观点。远言之，我爱羡王船山六经责开生面的气魄，仰慕马克思达到的科学高峰，近言之，自认最能理解鲁迅先生为民族前途，交织着忧愤和信念的，深沉而激越的，锲而不舍的"韧"的战斗。大半生来，在我追求、研究的不平坦历程中，鞭策力是共产主义拯救中国的理想，但是具体实践中，也并非时时都靠宏大口号支撑。坦白说，相当多的时候，我的信条几乎只有一个字，那便是鲁迅先生所倡导的那个伟大的字——"韧"！从这一点而言，我写这本自叙，实在不过如同一个凿石的老匠或拓荒的农人回视作业，检点得失时的自白。

是的，我从事史学研究，就像石匠和拓荒人的乐此不疲。

拓荒何乐？乐在有目标，有知遇，有知己，有成群的同伴。

半个多世纪来，中国新兴史学队伍赢得科学，挣脱枷锁，是有所作为，无愧时代和民族的。在这个队列的名录中，有郭沫若、李达、杜国庠、吕振羽、翦伯赞、范文澜、吴晗、尚钺、尹达……与他们同伍，是我的殊荣。我们这一代投身革命的史学工作者，是争先恐后、热热闹闹、纷争不已、悲喜交集，敞开赤诚的胸怀，披着鳞鳞的伤痕，饮着不尽相等的辛酸，一起奋斗过来的。岁月无情，更不堪十年浩劫，"素交零落尽"。追怀故人，慷慨难抑，只因为欣逢改革的曙光，我才禁不住要竭尽声力告慰故人，"以所观乎今，考所学乎古"，所谓"见而知之者"，一百多年来振兴民族的理想有望实现了！我们共同为之奋斗的理想终于就要实现了！也只因为欣逢改革的曙光，作为幸存者的我，才有可能写下这本回忆，为朋友们留下不能忘却的记念。

（录自侯外庐《韧的追求》，生活·读书·新知三联书店 1985 年版）
（参校侯外庐《韧的追求》，人民出版社 2015 年版）

附 录

学派 学说 学者概览

学 派

二画
九　峰
九流十家

三画
三论宗
三　原
上　蔡
大　乘
子张之儒
子　学
子思之儒
小说家
小　乘
广　平
马克思主义

四画
五斗米

五　峰
今文经学家
天台宗
天　师
太一道
太　平
水　心
邓陵氏之墨

五画
东　发
东　林
乐正氏之儒
北　溪
古文经学家
正　一
永　康

永　嘉
甘　泉
申　韩
白　沙
龙　川

六画

仲良氏之儒
伊　洛
全　真
关　学
农　家
华严宗
名　家
后期墨家
孙氏之儒
安　定
有　宗
杂　家
江　右
百　源
考　古
考　亭
西　山
西　化
阴阳家

七画

兵　家
吴　派
宋　尹

纵横家
苏　门
陆　王
龟　山

八画

事　功
净土宗
和　靖
国　粹
孟子之儒
学　衡
定　川
宝　峰
河　东
法相宗
法　家
空　宗
经　学
茅　山
贤首宗
金　华

九画

临　川
临济宗
勉　斋
南　轩
姚　江
思　孟
洛　学

岳　麓
相夫氏之墨
相里氏之墨
荆公新学
草　庐
闽　学
泰　山
泰　州

十画

浙　中
浙　东
涅　槃
涑　水
真大道教
般　若
诸子百家
诸子学

十一画

乾　嘉
唯识宗
密　宗
晦　静
深　宁
清　江
理　学
黄　老

十二画

婺　学
巽　斋

游　夏
皖　派
禅　宗
程　朱
道　学
道　家
鲁　斋

十三画

慈　湖
新道家
新儒家
源氏之儒

十四画

漆雕氏之儒
疑　古
管　商
蜀　学
静　明
静　修

十五画

墨　家
横　渠

十六画

豫　章
颜　李
鹤　山
儒　家
濂　学

学 说

三画
义 利
义 理
子 学
马克思主义

四画
中 学
五 行
今文经学
内圣外王
心 学
文 学
方 术
方 伎
王 霸

五画
北 学
古文经学
古 学
史 学
圣 学
旧 学
汉 学
玄 学
甲 骨
目 录
训 诂

六画
传统学术
传统儒学
刑 名
名 学
朴 学
西 学
阴 阳
阴阳五行
齐 学

七画
佛 学
佛 教
宋 学
陆王心学

八画
国 学
官 学
实 学
性 命
性 理
经今文学
经古文学
经 学
金 石

九画
修齐治平

南　学
显　学
音　韵

十画

哲　学
格　致
诸子学

十一画

理　气
理　学
理　欲
象　数
逻辑学
黄　老

十二画

禅　学
程朱理学
道　术

道　学
道　教
道　器
鲁　学

十三画

新　学
新道学
新道教
新儒学

十五画

墨　学

十六画

儒　术
儒　学

十九画

谶　纬

二十画

霸　王

学　者

二画

丁文江

三画

万斯大
万斯同
子　张
子　思

子　夏
马　融
马端临

四画

公孙龙
公羊高
太　虚
孔　子

孔安国
孔颖达
尹　文
支　谶
方东树
方以智
方孝孺
毛　亨
毛奇龄
毛泽东
王　充
王　艮
王　通
王　符
王　韬
王　畿
王夫之
王引之
王守仁（阳明）
王安石
王廷相
王应麟
王远知
王国维
王念孙
王鸣盛
王重阳
邓　析

五　画

丘处机

冯从吾
冯友兰
冯桂芬
叶　适
司马迁
司马承祯
司马谈
左丘明
弘　忍
玄　奘
田　骈
申不害
皮锡瑞

六　画

伏　生
全祖望
关　尹
刘　向
刘　因
刘　安
刘　基
刘　歆
刘师培
刘宗周
刘知己
刘逢禄
吕　坤
吕不韦
吕纯阳

吕祖谦
吕振羽
孙　子（武）
孙　膑
孙中山
孙诒让
安世高
庄　子（周）
庄存与
成玄英
朱　熹
朱执信
朱舜水
毕　沅
江　永
江　声
江　藩
汤用彤
纪　昀
老　子（聃）
许　慎
许　衡
达　摩
阮　元

七　画

严　复
何　休
何心隐
余嘉锡

利玛窦
吴　起
吴　虞
吴　澄
吴与弼
宋　钘
张　鲁
张　仪
张　良
张　角
张　载
张　衡
张之洞
张天师
张君劢
张君房
张道陵
张履祥
李　达
李　济
李　悝
李　贽
李　觏
李　颙
李　翱
李大钊
杜光庭
杨　朱
杨（扬）雄
杨文会

汪　中
苏　洵
苏　秦
苏　轼

八　画

邹　衍
邹守益
陆　贾
陆　淳
陆九渊
陆陇其
陆修静
陆桴亭
陆德明
陈　亮
陈　垣
陈　确
陈独秀
陈寅恪
陈傅良
陈献章
鸠摩罗什
周　公
周　颙
孟子（轲）
服　虔
欧阳竟无
法　显
法　藏

竺道生
罗汝芳
罗洪先
罗钦顺
罗振玉
范　缜
范文澜
郑　玄
郑　众
郑　兴
郑　樵
郑观应
金岳霖

九　画

荀子（况）
荀　悦
皇　侃
神　会
神　秀
胡　渭
贺　麟
赵　复
赵　翼
饶　鲁
娄　谅
俞　樾
侯外庐
柳宗元
段玉裁

洪亮吉
胡安国
胡居仁

十　画

鬼谷子
唐　甄
唐　鉴
徐　爱
晁　错
桓　宽
桓　谭
班　固
贾　谊
贾　逵
真德秀
郭沫若
钱　穆
钱大昕
钱基博
钱德洪
陶弘景
顾炎武
顾宪成
顾颉刚
高攀龙

十一画

商　鞅
唊　助
崔　述

康有为
曹　端
梁启超
梁漱溟
梅　赜
梅文鼎
章太炎
章学诚
寇谦之
阎若璩
黄　震
黄百家
黄宗羲
龚自珍

十二画

傅斯年
彭　蒙
惠　施
惠　栋
惠士奇
惠周惕
智　颉
智　俨
湛　然
湛若水
焦　竑
焦　循
程　颐
程　颢

董仲舒
董作宾
谢　玄
道　信
道　安
道　绰
韩　非
韩　愈
鲁　迅
十三画
慎　道
窥　基
十四画
僧　祐
僧　肇
廖　平
管　仲
蔡元培
谭嗣同
十五画
墨　子
慧　能
慧　思

慧　琳
潘师正
翦伯赞
颜　元
颜之推
颜师古
穀梁赤
十六画
薛　瑄
薛季宣
薛福成
十七画
戴　圣
戴　逵
戴　德
戴　震
十八画
魏　源
魏伯阳
瞿秋白
二十画
灌　顶